Paul Tillich
Main Works / Hauptwerke
Volume 3 / Band 3

Paul Tillich
Main Works / Hauptwerke

Edited by / Herausgegeben von
Carl Heinz Ratschow

with the collaboration of / unter Mitarbeit von
John Clayton, Gert Hummel,
Erdmann Sturm, Michael Palmer,
Robert P. Scharlemann, Gunther Wenz

Volume 3 / Band 3

1998
De Gruyter – Evangelisches Verlagswerk GmbH
Berlin · New York

Paul Tillich

Writings in Social Philosophy and Ethics

Sozialphilosophische und ethische Schriften

Edited by / Herausgegeben von

Erdmann Sturm

1998
De Gruyter – Evangelisches Verlagswerk GmbH
Berlin · New York

♾ Printed on acid-free paper
which falls within the guidelines of the ANSI
to ensure permanence and durability.

Library of Congress Cataloging-in-Publication-Data

Tillich, Paul, 1886–1965.
Writings in the social philosophy and ethics / Paul Tillich: edited by Erdmann Sturm = Sozialphilosophische und ethische Schriften / Paul Tillich ; herausgegeben von Erdmann Sturm.
(Main works ; v. 3 = Hauptwerke ; Bd. 3)
English and German.
Includes bibliographical references.
ISBN 3-11-011537-9
1. Sociology, Christian. 2. Christian ethics. I. Sturm, Erdmann. II. Title. III. Series: Tillich, Paul, 1886–1965. Selections. 1987 ; v. 3.
BR45.T54 1987 vol. 3
[BT738]
230 s--dc21
[261] 97-50310
CIP

Die Deutsche Bibliothek – Cataloging-in-Publication-Data

Tillich, Paul:
Main works = Hauptwerke / Paul Tillich. Ed. by Carl Heinz Ratschow. With the collab. of John Clayton ... – Berlin ; New York : de Gruyter ; Berlin : Evang. Verl.-Werk

Vol. 3. Writings in social philosophy and ethics / ed. by Erdmann Sturm. – 1998
ISBN 3-11-011537-9

Printed in Germany

Jacket design: Rudolf Hübler, Berlin
Typesetting: Ready made, Berlin
Printing: Werner Hildebrand, Berlin
Binding: Lüderitz & Bauer-GmbH, Berlin

Contents / Inhalt

Einleitung in Paul Tillichs sozialphilosophische und ethische Schriften

In seinem autobiographischen Rückblick „Auf der Grenze“[1] sieht Paul Tillich sich u.a. auch auf der Grenze von Theorie und Praxis. Es habe, so berichtet er, bei ihm kein Zweifel daran bestanden, daß er „zur Theorie und nicht zur Praxis bestimmt sei“. Reine theoria gewähre reine eudaimonia. Aber Wahrheit im religiösen Sinne sei immer existentielle Wahrheit, die entsprechend dem Johannes-Evangelium *getan* wird.

Tillichs sozialphilosophische und ethische Schriften lassen sich am besten als Schriften auf der Grenze zwischen Theorie und Praxis verstehen. Das gilt für alle in diesem Band vereinten Texte in gleicher Weise. Allerdings tritt das politische Element erst mit dem Ende des Ersten Weltkrieges und mit der Revolution in sein Bewußtsein. Wie seine Gemeinde- und Feldpredigten der Jahre 1909 bis 1918 belegen, stand er wie die meisten deutschen Intellektuellen der Politik indifferent gegenüber. Das erste Zeugnis seiner neuen Einstellung ist seine Unterschrift unter ein Flugblatt des „Bundes Neue Kirche“ vom Dezember 1918. Die neue Kirche, die er nach dem Zusammenbruch der bisherigen, mit dem Staat verbundenen Kirche aufbauen will, soll sich von der alten Kirche vierfach unterscheiden. Die neue Kirche soll ihre Stellung im „gesamten Geistesleben“ wiedergewinnen und sich nicht auf das religiös-christliche Leben im engeren Sinn beschränken. Sie stellt sich „mit aufrichtiger Sympathie auf den Boden der neuen Republik“ und bejaht die Ideale des Sozialismus. Die alte Kirche habe sich mit dem Nationalismus und Militarismus verbündet, die neue Kirche bejahe die Herrschaft des Rechtsgedankens in den internationalen Beziehungen und den Aufbau des Völkerbundes. Schließlich soll aus einer „behördlich regierten Pastorenkirche“ eine „parlamentarisch verfaßte Volkskirche“ werden.

Die Autorität der noch immer „behördlich regierten“ Kirche bekommt er zu spüren, als er am 16. Mai 1919 auf einer Versammlung der „Unabhängigen Sozialdemokratischen Partei“ (USPD) in Berlin über das Thema „Christentum und Sozialismus“ referiert. Zusammen mit seinem Freund Richard Wegener publiziert er den Inhalt seines Vortrages in einer kleinen Broschüre: *„Der Sozialismus als Kirchenfrage“* (1919). Sie beginnt mit den Sätzen: „Es war die *dogmatische* Fragestellung, welche bisher die Kirche bewegte; von nun an wird es die *ethische* sein. Noch sind die evangelischen Kirchen darauf nicht vorbereitet; weder die theoretischen noch die praktischen Probleme sind geklärt“ (3). So wird für Tillich der Sozialismus zur Frage an die Kirche.

---

[1] GW XII 13-57 [22f.].

Unter Sozialismus versteht Tillich im Jahre 1919 nicht den Sozialismus von Karl Marx und August Bebel, sondern den romantisch-anarchistischen von Proudhon, vor allem von Gustav Landauer. Wenige Tage nach der Ermordung Gustav Landauers beginnt Tillich sein erstes Kolleg an der Berliner Theologischen Fakultät. Das Thema lautet: „Das Christentum und die Gesellschaftsprobleme der Gegenwart". Er untersucht in diesem ersten kulturtheologischen Entwurf den religiösen Gehalt des Konservativismus, Liberalismus, Sozialismus und Anarchismus und plädiert für den föderalistischen Anarchismus Gustav Landauers. Er zitiert Gustav Landauer: „Nicht den Staat wollen wir anbeten, sondern den Geist ...".[2] Tillich will eine neue, religiös geleitete Kultur. Ihm schwebt eine Synthese von deutscher Romantik (Novalis' „Die Christenheit oder Europa") und französischem Frühsozialismus vor und glaubt, vor einer Zeitenwende zu stehen, vor einer neuen Reformation. Schaffen könne man diesen Geist einer neuen Gesellschaft nicht, aber man könne Formen schaffen („einen Tempel"), in die der neue Geist sich ergießen kann. Der föderalistisch-anarchistische Sozialismus – von St. Simon, Fourier, Proudhon und Gustav Landauer stellt für ihn diese Form da: eine „Geistgemeinschaft", ein „Tempel über den Vulkanen" der Gesellschaft.

Der Begriff „religiöser Sozialismus", wie Tillich ihn damals verstand, deutet die Idee einer solchen geistigen Synthese von Religion und Gesellschaft an. Es ging ihm nicht um eine zufällige und äußerliche Zusammenarbeit von Christentum und Sozialismus, wie Hermann Kutter und Leonhard Ragaz sie wollten, sondern um die prinzipielle religiös-metaphysische und geschichtsphilosophische Klärung und Begründung ihres inneren Zusammenhangs und damit des Inhalts des neuen „synthetischen Zeitalters". Wir begegnen hier der Hochstimmung, wie sie für Tillichs Denken unmittelbar nach der Revolution charakteristisch war. „War nicht doch alles Romantik, Rausch, Utopie?", wird er 1926 fragen und zu bedenken geben, daß der Geist der bürgerlichen Gesellschaft viel zu stark sei, „als daß er durch Romantik, Sehnsucht und Revolution überwunden werden könnte" (21).[3]

Von großer synthetischer Kraft ist Tillichs 1922 erschienene Schrift *„Masse und Geist. Studien zur Philosophie der Masse"*. Die Masse, damals häufig Gegenstand der Agitation, Phrase oder Sentimentalität und damit in Gegensatz gestellt zur Persönlichkeit, Bildung, Kultur und Religion, wird hier zu einem Problem, das, „in der Tiefe erfaßt, das Problem des Geistes ist" (3).[4]

---

[2] Vgl. vom Verf., „Nicht den Staat wollen wir anbeten, sondern den Geist ..." Gustav Landauers Programm des anarchischen Föderalismus in Paul Tillichs kulturtheologischem Entwurf von 1919. In: Hanna Delf/ Gert Mattenklott (ed.), Gustav Landauer im Gespräch. Symposium zum 125. Geburtstag. Tübingen 1997, 129-148.

[3] Kairos. Ideen zur Geisteslage der Gegenwart. In: MW/HW 4, 181.

[4] Die Seitenzahlen beziehen sich jeweils auf die Druckvorlage.

Die Masse erscheint als das Ungeformte (etwa im Unterschied zur Persönlichkeit). Entscheidend aber ist für Tillich nicht die Form eines Wesens als solche, sondern die Unbedingtheit des Unbedingten, der Gehalt, der durch jedes Bedingte hindurchbricht. Hintergrund dieses Gedankens des Durchbruchs des Unbedingten durch jede Form hindurch ist das reformatorische Prinzip der Rechtfertigung. So ist die Masse nicht massa perditionis, sondern massa sancta, Trägerin des Heiligen, des Gehalts des Unbedingten, das seinerseits nicht ein Etwas oder Besonderes ist. Fragen wir, was denn gerade die Masse im Unterschied zur Persönlichkeit oder zur Kirche qualifiziert, in paradoxer Weise heilig zu sein, so ist es – nach Tillich – eine bestimmte Form der Masse: der Charakter ihrer Unerschöpflichkeit und Quantität (39). Tillichs Abhandlung ist ein Beispiel für seine religiös-philosophische Interpretation eines Gegenstandes der Sozialphilosophie und Sozialpsychologie. Er durchdenkt das Problem der Masse aber auch unter ethischen und pädagogischen Gesichtspunkten.

Eine kritische Bewertung des Persönlichkeitsideals legt er in seinem Vortrag *„Die Überwindung des Persönlichkeitsideals“* von 1927 vor. Statt vom Durchbruch des unbedingten Gehalts durch die bedingte Form hindurch spricht er nun vom unbedingten Sein und der Selbstmächtigkeit. Dem unbedingten Sein gegenüber sind wir „nie und in keiner Form unser mächtig“ (85). Darin liegt für Tillich die entscheidende Kritik des Ideals der Persönlichkeit, besonders auch der religiösen Persönlichkeit. Denn „das Unbedingte ist unser mächtig, ob wir es wollen oder nicht, zur Zerstörung oder zur Begnadigung“ (85). Die religiöse Persönlichkeit bannt den religiösen Akt „in die Grenzen der Persönlichkeitsformung, der Humanität oder bloßen Vernunft“ (85). Sie will „die Klarheit Gottes in der Welt der Zweideutigkeit verwirklichen“ und muß daran scheitern.

Im Persönlichkeitsideal geht die ihm gegebene Seinsmächtigkeit verloren durch das Übergewicht des Sich-Bemächtigens. Er unterscheidet zwischen dem Sein in seiner Unmittelbarkeit und dem Sich-dieses-seines-Seins-Bemächtigen. Die Persönlichkeit hat sich über die Dinge und ihre Seinsmächtigkeit erhoben, hat sie entmächtigt und entleert. Die andere Seite dieser Vergewaltigung der Dinge ist die Unterwerfung der Persönlichkeit unter die Maschine. Tillich will einen Person-Ding-Zusammenhang, der nicht durch Herrschaft, sondern durch Verbundenheit mit den Dingen in Hingabe und Eros gekennzeichnet ist. Herrschaftsverhältnisse bestimmen die Persönlichkeit auch in den sozialen und ökonomischen Verhältnissen. Dies bedeutet die völlige Unterwerfung der Persönlichkeit unter die ökonomischen Gesetze und „die Entleerung des persönlichen Lebens durch das Ringen um Existenz gegen den ständig aufsitzenden Dämon der Sorge“ (79). Wie kann die Persönlichkeit aus der Katastrophe, in die sie geraten ist, wieder hinausfinden? Tillich sieht nur eine Möglichkeit: Indem sie sich einordnet in die Zusammenhänge des sozialen Lebens und in ihnen „die Tiefe und Seinsfülle wiederentdeckt, die an sich in ihnen liegt" (81). Dies erinnert an Gustav Landauers Vision eines mit neuem Geist erfüllten Menschenbundes.

Tillich hat in den USA den Text von 1927 sprachlich und stilistisch erheblich überarbeitet bzw. leichter lesbar gemacht. Es ist aber erstaunlich, daß er seine Kritik am Persönlichkeitsideal zwanzig Jahre später, in anderer Umgebung und anderer Sprache, sachlich unverändert vorträgt. Der gesellschaftliche und geschichtliche Kontext seiner Kritik war 1948 in den USA kein anderer als der von 1927 in Deutschland. Aber er hat seine Kritik hier wie dort aus den Quellen der deutschen Romantik, vor allem der Philosophie Schellings gespeist.

Stärker als die Schrift „Masse und Geist" läßt der Vortrag „Die Überwindung des Persönlichkeitsideals" eine Nähe zu religiös-sozialistischen Gedankengängen erkennen. Aus der Zahl der Publikationen Tillichs zum religiösen Sozialismus sind zunächst die 1923 veröffentlichen *„Grundlinien des Religiösen Sozialismus. – Ein systematischer Entwurf"* zu nennen.

Der religiöse Sozialismus nimmt für Tillich eine prophetische Haltung ein. Es ist eine dritte Haltung über der sakramental-geschichtsunbewußten und der rational-geschichtskritischen Haltung. „Profetie erfaßt das Kommende, Gesollte, aus dem Lebenszusammenhang mit dem Gegenwärtigen, Gegebenen" (3). Auch der Sozialismus ist eine prophetisch-eschatologische Bewegung – *„auf dem Boden einer autonomen, auf sich selbst gestellten Welt"*, wie Tillich in der Schrift *„Die sozialistische Entscheidung"* (127) schreibt. Dieses Element der Erwartung gegen Ursprungsmythos und Harmonieglauben verbindet Karl Marx mit den Propheten des Alten Testaments. Diesem Thema geht Tillich 1935 in dem Aufsatz *„Marx and the Prophetic Tradition"* nach. Bereits in den „Grundlinien" von 1923 klingt es kräftig an. Prophetie und ihr Symbol, die Erwartung, sind die Einheit von Gericht und Gnade, andernfalls wird Prophetie gnadenlose Gesetzespredigt. Alles, was unter dem unbedingten Nein und dem unbedingten Sollen steht, steht auch unter dem unbedingten Ja. Religiöser Sozialismus ist wie der Sozialismus eine prophetische Bewegung. „Aber er muß wissen, daß die Gegenwart des Unbedingten das Prius alles bedingten Handelns, daß der unbedingte Sinngehalt das Prius aller Sinnformen ... ist" (Grundlinien, 4).

Den Inhalt der prophetischen Geschichtsschau, den Zeitpunkt, in dem das gegebene Heilige und das geforderte Heilige sich treffen, nennt er „Kairos". Kairos-Bewußtsein ist prophetisches Bewußtsein.

Das Ziel des religiösen Sozialismus sind konkrete, schöpferische Synthesen von Form und Gehalt, in denen die absolute Synthesis sich offenbart. Er nennt solche konkrete Synthesis Theonomie. Theonomie ist – im Unterschied zur Utopie – „Einheit von heiliger Form und heiligem Gehalt in einer konkreten Geschichtslage" (4f.). Aber in die Theonomie mischt sich das Dämonische. Darum kann eine Identität von Religion und Kultur nicht behauptet werden. Die Religion enthält der Kultur gegenüber immer ein obligatum religiosum, ein Ja, und ein reservatum religiosum, ein Nein. Mit dieser Unterscheidung wandte sich Tillich 1934 gegen Emanuel Hirsch und dessen Rezeption der prophetisch-eschatologischen Kairos-Idee und ihre Verkehrung in eine sakramentale Weihe des Geschehens des Jahres 1933. In seinem Protest gegen Hirschs Mißdeutung der Kairos-Lehre kommt er auf die in den „Grundlinien des Religiösen Sozialismus" ausgeführte Unterscheidung zwischen dem reservatum und dem obligatum religiosum zurück. „Das obligatum ohne reservatum ist Deine Haltung", schreibt er in seinem „Offenen Brief an Emanuel Hirsch".[5] Dieser gebe zwar dem einzelnen ein reservatum, nämlich das persönliche Gottesverhältnis, nicht aber der Kirche. „Damit hebst Du sie auf, machst sie ohnmächtig gegenüber den Weltanschauungen oder Mythen, die den tolalen Staat tragen. Und es ist nicht angängig, ... diese Wehrlosigkeit, wie Du es nennst, in eine Kraft umzudeuten. Der Protestantismus ist auch ohnedies wehrlos genug. Gäbe es aber kein reservatum, in das er sich vor den geschichtlichen Mächten zurückziehen könnte, so wäre er nicht nur wehrlos, so wäre er längst nicht mehr da. Der religiöse Sozialismus wußte, als er die Lehre vom reservatum religiosum annahm, daß er das Religiöse niemals in das Sozialistische auflösen darf, daß die Kirche etwas ist auch abgesehen von dem Kairos, d.h. von der Verheißung und Forderung, die er in dem weithin sichtbaren Anbruch sozialer und geistiger Neuordnung der Gesellschaft sah" (Sp.327).

Tillichs theoretische Beschäftigung mit dem Sozialismus, insbesondere seine Einsicht in die wirtschaftlichen und sozialen Zusammenhänge („Dämonien") des Kapitalismus haben ihn in den „Grundlinien des religiösen Sozialismus" zu einer Ablehnung des Anarchismus und Pazifismus und zur Bejahung des Rechtsstaates und der staatlichen Gewaltanwendung gegen das Unrecht veranlaßt. Eine übergreifende Rechtsidee ist zu bejahen. „Der religiöse Sozialismus lehnt den mystischen und naturalistischen Anarchismus ab. Er steht auf der Formung des Rechts und bejaht damit die Gewalt, die das Recht durchsetzt. Das gilt nicht nur innen-, sondern auch außenpolitisch: So sehr der naturalistische Anarchismus des Krieges zu verwerfen ist, so sehr auch die mystische Anarchie eines religiösen Pazifismus, der dem Rechtsbrecher nicht widersteht ... Es gibt keinen direkten Weg von der mystischen Gemeinschaftsidee zur politischen Gestaltung. Zwischen beiden steht das Recht und die rechtstragende Macht und die Gewaltanwendung gegen das Unrecht" (20). Die ontologische Grundstruktur von Recht und Macht, wie er sie später in seiner Schrift *Love, Power, and Justice* beschreiben wird, deutet sich hier schon an. Die Liebe steht nicht über dem Recht und über der Macht, sondern Liebe, Macht und Gerechtigkeit bilden eine spannungsvolle ontologische Grundstruktur.

---

[5] Die Theologie des Kairos und die gegenwärtige geistige Lage. In: Theologische Blätter 13. Jg., 1934, Sp. 305-328 [327].

Wie der radikale Konkurrenzkampf ist auch der Klassenkampf Ausdruck des dämonischen Charakters des Kapitalismus. Der religiöse Sozialismus muß ihn – nach Tillich – als eine historisch bedingte Realität bejahen; denn er ist Abwehr des Unrechts. In dem Aufsatz *„Klassenkampf und religiöser Sozialismus“* (1930) stellt er die These auf, daß die Stellung zum Klassenkampf der Maßstab dafür sei, ob der Sozialismus und vor allem der religiöse Sozialismus „den Anspruch auf Ernsthaftigkeit erheben darf“ (190). Die proletarische Situation ist die Situation der Bedrohtheit, Ungesichertheit, Ausgestoßenheit, Hoffnungslosigkeit und Sinnlosigkeit, ontologisch ausgedrückt: proletarische Existenz ist Verfehlung des Seins, Bedrohung des Seins durch das Nicht-Sein. Aber im menschlichen Sein ist auch Getragenheit. Sie ist das Primäre. Ohne ein Wissen um die Getragenheit wüßten wir nicht um die Bedrohtheit. Das ist eine transzendentalphilosophische Argumentation. Während im Humanismus des Abendlandes das Bewußtsein um die Bedrohtheit und Getragenheit des menschlichen Seins verschwunden ist, ist der Sozialismus „das Aufbrechen und Offenbarwerden“ der Situation der Bedrohtheit „in der *gesellschaftlichen* Sphäre“ (199). Aber das Proletariat ist Träger des Kampfes gegen diese Situation und damit eines neuen Sinnglaubens, „einer neuen Getragenheit“. „Im Klassenkampf will das Proletariat das erreichen, was ihm vorenthalten wird, den Sinn eines menschlichen Lebens“ (204). Aber Tillich wendet sich auch gegen die Übersteigerung des Endlichen ins Jenseitige. Aus ihr folge notwendig die „metaphysische Enttäuschung“ (208). Der Sozialismus muß erkennen, „daß in der Sphäre des Menschlichen Sinnerfüllung des Menschlichen nicht möglich ist“ (210). Jede Überwindung eines Dämonischen sei „Fülle der Zeit“, aber nicht Ziel und Ende der Zeit. Das Reich Gottes ist nicht da, sondern „nahe herbeigekommen“. Es „berührt gleichsam die Wirklichkeit“ und zeigt ihr eine neue Sinnerfüllung. Gegen Marx nennt er die Vorgeschichte die eigentliche Geschichte der Menschheit. „Wir sind immer in der Vorgeschichte, nämlich in der Geschichte, die vor der Erscheinung des Unbedingten steht“ (210).

Die proletarische Situatation hatte Tillich definiert als Situation der Bedrohtheit und der Getragenheit durch einen neuen Sinn. Diese Beurteilung der menschlichen Situation verbindet das proletarische Bewußtsein mit dem protestantischen Verständnis der menschlichen Situation. In dem Aufsatz *„Protestantisches Prinzip und proletarische Situation“* (1931) unterscheidet Tillich zwischen dem protestantischen Prinzip und der protestantischen Verwirklichung. Das protestantische Prinzip ist nicht identisch mit Protestantismus oder Christentum, sondern Prinzip schlechthin. Es behauptet die Negativität der menschlichen Situation. Diese Negativität ist nicht die Endlichkeit, sondern die Bestimmungswidrigkeit der menschlichen Situation. Diese Bestimmungswidrigkeit drückt sich in der proletarischen Situation als soziales Schicksal aus und ist *mit* der Geschichte gegeben, sie liegt der Geschichte zugrunde, aber sie ist nicht aus der Geschichte ableitbar. Sie ist unableitbar. Eine ontologische Notwendigkeit ist damit nicht behauptet. Auch ist Tillich eine logische Inkonsequenz seiner Ontologie nicht vorzuwerfen. Gott als die Macht des Seins ist lebendiges, nicht totes Sein, und alles Sein ist Leben.

Die proletarische Situation hilft dem Protestantismus in seinem Kampf gegen die sakrale und humanistische Form der Ideologie, gegen den „selbstgemachten Gott" (16). Im „selbstgemachten Gott" des Protestantismus wird die menschliche Situation humanistisch und idealistisch verhüllt. Zu solchem ideologischen Bild des Menschen gehören sicher auch ein Allgemein-Begriff des Menschen und Aussagen über sein Wesen und seine Natur. Die „konkrete Lage" hat das Primat, d.h. die Bestimmungwidrigkeit aller Menschen. In diesem Punkt kommt Tillich der kritischen Theorie Max Horkheimers und Theodor Adornos nahe. Aber man wird fragen können, ob Tillich diese Position in seinem späteren Aufsatz *„Man and Society in Religious Socialism"* (1943) durchgehalten hat. Jedenfalls hat Adorno gegen die anthropologischen Axiome dieses Aufsatzes schärfsten Protest eingelegt.

„Sozialismus" ist für Tillich eine geschichtliche Bewegung, die am Lebensprozeß Anteil hat und darum auch Wagnis ist. Der von der Sozialdemokratischen Partei geprägten Arbeiterbewegung wirft er Erstarrung und Bewegungslosigkeit vor. Das publizistische Organ eines kritischen Sozialismus sollten die 1930 gegründeten (und 1933 verbotenen) „Neuen Blätter für den Sozialismus" sein. Mit Tillichs programmatischem Aufsatz „Sozialismus" wird das erste Heft der Zeitschrift eröffnet. Darin spricht er von der menschlichen Angst vor allem Neuen, die zu Verhärtungen und Vergötzungen führt. Sie muß im Wagnis überwunden werden. „Der Sozialismus muß neu gewagt werden, wie er einmal gewagt worden ist" (2). Die spätere Formel „Glaube ist das Ergriffensein von dem, was uns unbedingt angeht" wird hier vorweggenommen: „Die eine Wurzel unseres Glaubens an die Kraft des Sozialismus ist das unbedigte Ergriffensein von dem, was im Sozialismus letztgemeint ist" (4). Die Formel steht hier aber in einem sehr konkreten Kontext, dem der proletarischen Situation. Der sozialistische Glaube ist „die sinngebende Kraft ... eines sonst sinnlos gemachten Daseins" (4). Er fordert eine Gesellschaft, „in der es jedem einzelnen und jeder einzelnen Gruppe möglich ist, ihren Lebenssinn zu erfüllen" (5). Tillich vermeidet hier die Begrifflichkeit der Ontologie und spricht vom Lebenssinn des einzelnen und einer sinnerfüllten Gesellschaft. Die klassenlose Gesellschaft ist „sinnerfüllte Gesellschaft", „in der die Lebensmächtigkeit eines jeden einzelnen und jeder Gruppe sich verwirklichen kann" (9).

Angesichts des heraufkommenden Nationalsozialismus und mit dem Blick auf den Sozialismus schreibt Tillich 1931 den Aufsatz *„Das Problem der Macht"*. Er sieht den Sozialismus befangen in der aufklärerisch-bürgerlichen Anti-Macht-Ideologie. Der Sozialismus darf Macht nicht von der Gewalt her verstehen. Macht liegt in der Struktur des Seins selbst. Tillich nimmt hier vorweg, was er in *Love, Power, and Justice* (1954) sagen wird. Alles Lebendige ist Begegnung von Seinsmacht mit Seinsmacht, ist „Einheit von Bleiben in sich und Vorstoßen über sich hinaus" (158). Sein ist „Ausgleich von Mächtigkeitsspannungen", gesellschaftliches Sein ist „Ausgleich von Machtspannungen" (159). Die Gesellschaft ist das „Ineinander von Mächtigkeit der Gesamtgruppe und der machthabenden Untergruppe" (161). Die Untergruppe – sagen wir: die Führung einer politischen Partei – ist die Gruppe, „in deren Mächtigkeit die Gesamtgruppe ihre eigne Mächtigkeit anschauen kann" (160). Die Gesamtgruppe gibt der machthabenden Untergruppe *Anerkennung*, aber sie vertritt ihr gegenüber auch die *Forderung* der Gesellschaft, „daß die Machtposition der tragenden Gruppe Lebenssinn und Seinsmächtigkeit der Gesamtgruppe zum Ausdruck bringe" (162).

Machtverzicht ist demnach Verzicht auf gesellschaftliches Sein. Oft ist Machtverzicht mehr oder weniger erzwungen. Aber Tillich kennt Machtverzicht auch im positiven Sinn: nicht aus Ohnmacht, sondern aus höchster Mächtigkeit. Der Grund für die Möglichkeit, auf Macht zu verzichten, liegt darin, daß das Sein darauf angelegt ist, über sich selbst hinauszugehen. Auch das Proletariat ist Träger einer „kommenden Erfüllung menschlichen Seins", die die Erfahrung überschreitet. Diese kommende Erfahrung hat „objektive Heiligkeitsqualität" (168). Tillich hält es für möglich, daß ein Volk als ganzes – „in einem unerwarteten geschichtlichen Augenblick" (169) – so ergriffen wird von der „transzendenten Norm", daß es auf Macht verzichtet.

Tillichs *„Zehn Thesen"*, schon 1932 veröffentlicht, sind eine unmißverständliche und entschiedene Ablehnung des Nationalsozialismus. Tillich sieht die „volks- und menschheitszerstörenden Dämonien" des Nationalsozialismus. Er warnt die protestantische Kirche vor einem Bündnis mit der Nationalsozialistischen Partei. „Der Protestantismus hat seinen prophetisch-christlichen Charakter darin zu bewähren, daß er dem Heidentum des Hakenkreuzes das Christentum des Kreuzes entgegenstellt" (127).

Der Staatsstreich vom 20. Juli 1932, durch den die demokratische Regierung von Preußen abgesetzt und Preußen zerschlagen wurde, war für Tillich die „Katastrophe des sozialistischen Reformismus". Im Schatten dieser Katastrophe hat Tillich *„Die Sozialistische Entscheidung"* geschrieben, das Buch, in dem er in programmatischer Weise die Probleme des Sozialismus ökonomisch-soziologisch und vor allem religiös-philosophisch durchdenkt.

Mit Recht hat der Berliner Religionsphilosoph Klaus Heinrich in seiner „Vorbemerkung zur Neuauflage" von 1980 die „Sozialistische Entscheidung" „ein zentrales Buch des Widerstandes in diesem Jahrhundert" genannt – und zwar des Widerstandes „kraft ... Geschichtsbewußtsein".[6] Vielleicht sollte man

---

[6] Die „Vorbemerkung zur Neuauflage" ist im vorliegenden Band in der Textgeschichte des Werkes „Die sozialistische Entscheidung" abgedruckt.

besser sagen: des Widerstandes kraft des prophetischen Protestes gegen den Kult der ungebrochenen Ursprungsmächte und des sozialistischen Protestes gegen die politische Romantik.

Die entscheidende These des Buches lautet: *„Sozialismus ist Prophetie auf dem Boden einer autonomen, auf sich selbst gestellten Welt“* (127). Das Symbol des Sozialismus ist die „Erwartung“ – nicht das Warten oder die Hoffnung oder die Utopie.

Die These vom prophetischen Charakter des Sozialismus begründet Tillich durch eine anthropologische Argumentation. Der Mensch ist im Unterschied zur Natur „ein Lebensprozeß, der nach sich und seiner Umwelt fragt, der an sich und seine Umwelt Forderungen stellt, der also nicht eins ist mit sich, sondern die Doppelung hat, in sich zu sein und zugleich sich gegenüber zu stehen, sich zu denken und von sich zu wissen“ (17). Er findet sich vor (vgl. Heideggers „Geworfensein“) und fragt nach dem Ursprung, nach dem Woher? *„Das ursprungsmythische Bewußtsein ist die Wurzel alles konservativen und romantischen Denkens in der Politik“* (19). Aber der Mensch findet sich nicht nur vor, sondern er erfährt eine Forderung, die ihn loslöst von der Gebundenheit an das Gegebene. Er fragt auch: Wozu? In dieser Frage steckt eine Forderung. Die Forderung „fordert etwas, was noch nicht da ist, was sein soll, was zur Erfüllung kommen soll“ (19). Die Frage wozu? verweist auf ein „unbedingt Neues“. Der Mensch hat die Möglichkeit, „hinauszugehen über das, was er vorfindet in sich und um sich“ (20). Diese Brechung des Ursprungsmythos durch die unbedingte Forderung ist die Wurzel des liberalen, demokratischen und sozialistischen Denkens in der Politik. Die Forderung ist für den, der sie erfährt, nicht fremd. Sie stellt vor ihn sein eigenes Wesen als Forderung hin. Sie ist also in seinem Ursprung begründet. Doch ist es seinem Ursprung gegenüber ein „unbedingt Neues“. Wir müssen deswegen zwischen dem wahren und dem wirklichen Ursprung des Menschen unterscheiden. Die Forderung aber ist die Forderung nach Erfüllung des wahren Ursprungs. Der Mensch erfährt sie nur vom anderen Menschen her, in der Begegnung vom „Ich“ und „Du“. „Inhalt der Forderung ist darum, daß dem ‚Du‘ gleiche Würde mit dem ‚Ich‘ zugestanden wird, die Würde, frei zu sein, Träger zu sein der Erfüllung dessen, was im Ursprung gemeint ist. Die Anerkennung des Du als gleicher Würde mit dem Ich ist die Gerechtigkeit“ (21). Das „wirklich Ursprüngliche“ muß also der wahren Macht des Seins, d. h. der Gerechtigkeit unterworfen werden.

Das sozialistische Prinzip faßt er im Symbol der Erwartung zusammen. „Erwartung richtet sich auf etwas, was nicht ist, aber sein soll, auf ein Unbedingt-Neues, das nicht war, aber im Kommen ist ... In der Geschichte kommt die neue Möglichkeit zur Wirklichkeit“ (127f.). Weil Geschichte „Spannung auf das Kommende“, „die neue Ordnung der Dinge“ ist, kann keine Gegenwart behaupten, daß die neue Wirklichkeit in ihr erfüllt sei. Die neue Wirklichkeit kommt *in* der Geschichte und bleibt doch *über* ihr.

Erwartung schließt – im Unterschied zum Warten – das Handeln ein. So ist Erwartung immer Erwartung von Verheißenem und Gefordertem. Das Ineinander von Forderung und Verheißung charakterisiert prophetische und sozialistische Erwartung. Die Erwartung ist darum für Tillich immer zugleich jenseitig und diesseitig. Damit ist der Gegensatz von Diesseits und Jenseits aufgehoben: „Das Diesseitige ist in Wahrheit jenseitig, ... das Jenseitige ist in Wahrheit diesseitig" (138).

Das sozialistische Prinzip soll der Ausdruck für die „Dynamis" des Sozialismus sein. Tillich hatte 1930 den Sozialismus als „Wagnis" und Lebendiges bezeichnet. Hier wird deutlich, daß sein Begriff von Sozialismus sich mit der geschichtlichen Realität des Sozialismus nicht deckt.

Als erste Schrift aus der amerikanischen Zeit ist der Aufsatz *„The Totalitarian State and the Claims of Church"* (1934) in den vorliegenden Band aufgenommen worden. Er behandelt die Idee des totalen Staates und den Anspruch der Kirche und ihrer Verkündigung im Sinne des ersten Gebotes. Hintergrund ist der deutsche Kirchenkampf.

In dem Aufsatz *„Marx and the Prophetic Tradition"* (1935) weist er in der marxistischen Geschichtsdeutung eine latente Transzendenz und in der Prophetie eine leicht verhüllte Immanenz nach. Er kritisiert die einseitige Immanenz des Marxismus, die dieser „im Widerspruch mit sich selbst durchbrechen muß" (29), und den Verlust des prophetischen Geistes im Christentum. Der Vortrag *„Marxism and Christian Socialism"* (1942) spiegelt die Auseinandersetzungen im „Fellowship of Socialist Christians" wider, nachdem Reinhold Niebuhr sich vom Sozialismus losgesagt und der Demokratie zugewandt hatte. Die Frage wurde gestellt, ob Marxismus und religiöser Sozialismus sich nicht überlebt haben. Tillichs Antwort ist charakteristisch. Marxismus und religiöser Sozialismus sind für ihn „geistige Schöpfungen", deren Wirkungen durch ihre historischen Erfolge nicht erschöpft sind. Sie haben einen unendlichen, unerschöpflichen Sinn und stellen – wie die Propheten, der Platonismus und der Protestantismus – „einen bleibenden Typus geistiger Möglichkeiten" dar (18). Sie sind nicht als Formen einer schon vergangenen Geschichte preiszugeben. Eduard Heimanns Frage an Tillich lautete damals: But is this still Marxism?

„Geistige Schöpfungen" sind für Tillich Synthesen von Form und Gehalt. Darum kann auch die Freiheit nicht auf politische und rechtliche Freiheit reduziert werden. In seinem Aufsatz *„Freedom in the Period of Transformation"* von 1940 unterscheidet Tillich zwischen der Form der Freiheit, d.h. der politischen Freiheit, und ihrem Gehalt, der Freiheit der geschichtlichen Selbstbestimmung, die in der menschlichen Natur verankert ist. Tillich macht sich keine Illusionen über die Gefährdung der Freiheit. Er weiß von den selbstzerstörerischen Tendenzen des Spätkapitalismus, der alles beherrschenden Macht des Nationalismus und der profanen technischen Zivilisation. Er weiß, daß politische Freiheit allein die geschichtliche Freiheit nicht garantieren kann und daß in einem Zeitalter des Totalitarismus (1940 !) „die Freiheit im Sinne autonomer Kreativität nur in einer esoterischen Form existieren kann" (139). Doch die geschichtliche Freiheit muß gerettet werden, „wenn das Humanum gerettet werden soll" (144).

In seinem Vortrag *„Man and Society in Religious Socialism"* von 1943 gibt Tillich eine Darstellung seiner Anthropologie. Der Mensch steht *in* der Geschichte, aber er *weiß* Geschichte und steht *über* der Geschichte. Weil der Mensch das Gegebene weiß, schafft er „etwas Neues jenseits des Gegebenen über das Gegebene hinaus" (14). Hier begegnen wir der Kategorie des geschichtlich Neuen. Aber die Begriffe des Prophetischen und der Erwartung fehlen. Tillich geht es um eine Anthropologie: „Der Mensch *ist* endliche Freiheit" (13). „Endliche Freiheit" heißt aber auch Tragik, und Tragik ist Schuld und Unausweichlichkeit. Damit ist jede Form von Utopismus ausgeschlossen. Unser schöpferisches Handeln aber hat teil am schöpferischen Handeln Gottes. Darum ist unser schöpferischer Akt von unendlicher Bedeutung. Jede Gesellschaft setzt schöpferische Freiheit voraus. Vergleicht man diesen Anspruch mit dem Aufsatz „Sozialismus" von 1930 oder mit der „Sozialistischen Entscheidung" von 1933, fällt die Konzentration auf die „Wesensnatur" des Menschen auf. Der kleine Beitrag *„Beyond Religious Socialism"* von 1949 belegt seine Skepsis, ob der religiöse Sozialismus (in Europa und in den USA) eine Zukunft hat. Statt vom Kairos spricht er von der „heiligen Leere", die ausgehalten werden muß.

Im Herbst 1943 hatte Tillich die Leitung des Council for a Democratic Germany übernommen. Das von ihm entworfene *„Programm für ein demokratisches Deutschland"* (1944) gibt Einblick in seine politische Gedankenwelt. Er wendet sich gegen die Pläne, Deutschland wirtschaftlich zu zerschlagen. Deutschlands Wirtschaft soll in ein europäisches Wirtschaftssystem integriert werden.

Der Begriff „Utopie" hat bei Tillich durchweg eine negative Färbung. In dem „Offenen Brief an Emanuel Hirsch" von 1934 räumt er ein, daß jeder prophetisch-eschatologischen Bewegung die Gefahr des Utopismus anhaftet und daß er im Ringen mit den Problemen der Utopie die Kairos-Idee gefunden habe. „Kairos" ist der Gegenbegriff zu „Utopie".

Eine differenzierte Sicht der Utopie findet sich in dem 1951 in Berlin gehaltenen Vortrag *„Politische Bedeutung der Utopie im Leben der Völker"*. Er gibt eine ontologische und anthropologische Begründung der Utopie. Sie hat ihr Fundament im Grund des Seins und im Wesen des Menschen. Der Mensch ist das Wesen, das über das Gegebene hinausgehen kann, das „die Möglichkeit" hat. Die Verwirklichung von Möglichkeit macht aus seiner Freiheit endliche Freiheit, entfremdet ihn von seinem wahren Wesen.
Die Utopie ist wahr, weil sie das Wesen des Menschen – „das innere Ziel seiner Existenz" (52) – ausdrückt. Aber von diesem wahren Wesen ist der Mensch abgefallen. Er ist unter den Bedingungen der Existenz seinem wahren

Wesen entfremdet. Seine Existenz ist Existenz in Tragik und Schuld. Dies übersieht der Utopismus. Eine ausschließlich transzendente Utopie ist nicht Ausdruck des neuen Seins, von der die christliche Botschaft spricht. Es muß etwas Neues in der horizontalen Linie geschehen. Aber dieses Neue ist zweideutig und vorläufig. Die eine Ordnung liegt in der horizontalen Ebene, die andere in der vertikalen. Aber beide Ordnungen nehmen gegenseitig aneinander teil. Und in dem, was in der Geschichte geschieht, „verwirklicht" sich das Reich Gottes – in Raum und Zeit – vorwegnehmend, fragmentarisch. An die Stelle der Utopie setzt Tillich den *„Geist der Utopie, der die Utopie überwindet"* (65).

Nach dem Zweiten Weltkrieg machte Tillich die Beobachtung, daß unser letztes Anliegen nicht mehr die Verwandlung der Wirklichkeit ist, sondern die „Besinnung auf den Seins- und Sinngrund unseres Lebens".[7] Diese Feststellung gilt gewiß auch für Tillichs *„Love, Power, and Justice"* von 1954. Der Unterschied zum prophetisch-eschatologischen Denken, in dem die Begriffe „Kairos", ‚Erwartung", „Geist der Utopie" eine dominante Rolle spielen, ist offenkundig. Und es handelt sich, wie der Untertitel der Schrift sagt, um „Ontological Analyses and Ethical Applications". Erst am Ende der Schrift – im Kontext des Begriffs der „holy Community" – taucht der Gedanke des Reiches Gottes auf. Aber: „Fulfilment is bound to eternity, and no imagination can reach the eternal" (124).

Liebe, Macht und Gerechtigkeit sind in der menschlichen Existenz – in der Welt der Entfremdung – voneinander getrennt, sie stellen sich gegeneinander. Essentiell, im göttlichen Grund, sind sie geeint. In Gottes *neuer* Schöpfung sind sie *wieder* geeint. Der Mensch ist zwar von seinem Seinsgrund, von sich selbst und von seiner Welt entfremdet, aber er kann die Verbindung mit dem schöpferischen Grund nicht völlig zerreißen. Die wiedervereinigende Liebe, die Macht, die sich dem Nichtsein entgegensetzt, und die schöpferische Gerechtigkeit sind in ihm immer noch lebendig. In Gottes neuer Schöpfung in der Welt – Tillich nennt sie holy community bzw. Geistgemeinschaft – bricht die Agape-Qualität der Liebe in die Libido-, Eros- und Philia-Qualität ein und erhebt sie über die Zweideutigkeiten ihrer Selbstzentriertheit. Die Macht des Geistes wirkt entsprechend ein auf Macht und Gewalt. Die Rechtfertigung durch Gnade hebt die Gerechtigkeit über ihre Zweideutigkeit. In der Geistgemeinschaft werden Liebe, Macht und Gerechtigkeit in ihrer ontologischen Struktur bejaht, „aber ihre entfremdete und zweideutige Wirklichkeit wird verwandelt in eine Manifestation ihrer Einheit im göttlichen Leben" (116).

---

[7] Vertical and Horizontal Thinking. In: The American Scholar. A Quarterly for the Independent Thinker. Vol. 15, No.1, 1945/46, 102-105, zit. nach GW V (Die Frage nach der Zukunft der Religion) 32-36 [35].

Dies ist trinitarische Onto-Theologie. Tillich ist der Auffassung, daß alle Probleme von Liebe, Macht und Gerechtigkeit zu einer ontologischen Analyse treiben und daß die drei Begriffe im Sein selbst verwurzelt sind.

Liebe muß in ihrem ontologischen Charakter gesehen werden. Das Sein kann sich nicht verwirklichen (Sein ist Leben!) ohne die Liebe, „die alles, was ist, hintreibt zu allem, was ist" (25). Liebe ist der Drang nach Wiedervereinigung des Getrennten. Es gibt eine letzte Zusammengehörigkeit des einen mit dem anderen. „In der liebenden Freude über den anderen ist die Freude über die eigene Seinserfüllung durch den anderen gegenwärtig" (25).

Sein ist Seinsmächtigkeit. Leben ist Selbstbejahung. Ausdruck der Seinsmächtigkeit eines Seienden ist seine Selbstbejahung angesichts des Nichtseins. Die endliche Seinsmächtigkeit des Menschen ist verwurzelt in der unendlichen Seinsmächtigkeit Gottes.[8] Zu ihrer Aktualisierung braucht die Macht Zwang und Gewalt, aber es gibt eine letzte Einheit von Macht und Liebe, denn die Macht überwindet das Nichtsein, indem sie es in sich hineinnimmt, und die Liebe ist wiedervereinigende Liebe.

Auch Gerechtigkeit ist ein ontologischer Begriff. Sie ist die Form, in der die Macht des Seins sich verwirklicht. Allem Seienden steht ein „wesensgemäßer Anspruch auf Gerechtigkeit" zu, eine Seinsberechtigung. Das „Du" hat einen Anspruch, als ein „Ich" anerkannt zu werden. Worin besteht inhaltlich der innere Anspruch eines Wesens auf Seinsgerechtigkeit? Tillichs Antwort lautet: „in der Erfüllung innerhalb der Einheit universaler Erfüllung" (65). Ihr Symbol ist das Reich Gottes. Tillich nennt diese Gerechtigkeit „verwandelnde" oder „schöpferische" Gerechtigkeit (64). Sie ist eine Form, in der die wiedervereinigende Liebe sich verwirklicht.

In seinen „Ethical Applications" wendet er seine ontologische Analyse auf das Problem der Gerechtigkeit im Bereich der Personalethik und das Problem der Macht in der Sozialethik an. Die Einheit von Liebe, Macht und Gerechtigkeit ist ontologische Einheit im Sein-selbst, in Gott. Das Heilige, in dem sie vereinigt sind, soll aber in Zeit und Raum „heilige Wirklichkeit" werden, „neue Schöpfung" in der Welt der Entfremdung.

In *„Morality and Beyond"* (1963) richtet sich Tillich gegen einen „normenlosen Relativismus" wie gegen einen „gnadenlosen Moralismus". Er fragt nach etwas, was in Theorie und Praxis Relativismus und Legalismus transzendiert und findet die Antwort in der „Neuen Wirklichkeit", die mit dem Kommen des Christus erschienen ist und an der wir teilhaben können.

---

8 Der Satz „Human power is the possibility of man to overcome non-being infinitely" (40) muß korrigiert werden in: „Human power is the possibility of man to overcome non-being within the limits of his finitude, divine power is the possibility of God to overcome non-being infinitely". Vgl. den kritischen Apparat zu S. 40 der Druckvorlage.

Tillich will keine äußerliche Abhängigkeit der Moral von der Religion und ihren Geboten. Religion im Sinne der Erfahrung des Unbedingten ist vielmehr implizit in der Moralität enthalten. Der moralische Imperativ – das „Du sollst" – hat Unbedingtheitscharakter und damit eine religiöse Dimension. Gegen den Relativismus der Psychologie und Soziologie hält Tillich an dem Unbedingtheitscharakter des moralischen Imperativs (im Sinne Kants) fest. Die moralischen Gebote werden von der Religion nicht formuliert, aber ihr Ursprung ist religiös. Die Agape als letzte Norm aller moralischen Gebote weist auf die transzendente Quelle des moralischen Imperativs hin. Schließlich gibt es auch in der moralischen Motivation ein religiöses Element: nicht das gebietende Gesetz (wie auch bei Kant), sondern die Gnade.

Der moralische Imperativ ist nicht die Forderung, etwas Bestimmtes zu tun, sondern zu sein und zu werden, nämlich das, was der Mensch essentiell ist: eine Person. Moralität ist „die Konstituierung der Person als Person in der Begegnung mit anderen Personen" (Systematische Theologie III 116). Die Inhalte gibt die Kultur der Moralität, also bestimmte Ideale, Gebote, Traditionen. Die drei Funktionen des menschlichen Geistes (Moralität, Kultur, Religion) sind also eng miteinander verknüpft. Statt von „Person" kann Tillich auch von einem „vollkommen zentrierten Selbst" sprechen, das der Welt, zu der er gehört, gegenübersteht. Der Mensch ist das Wesen, das seine konkrete Umgebung transzendiert in der Richtung auf Welt. Dieser Satz impliziert eine ganze Ethik. „Es gibt kein Selbstbewußtsein ohne Weltbewußtsein, aber wir müssen auch das Umgekehrte behaupten: Weltbewußtsein ist möglich nur auf der Grundlage eines vollständig entwickelten Selbstbewußtseins."[9]

Die Forderung, ein zentriertes Selbst zu werden, ist die Forderung an den Menschen, das *aktuell* zu sein, was er *essentiell* ist. Das Gewissen interpretiert Tillich als die „leise Stimme der essentiellen Natur des Menschen, die sein aktuelles Sein richtet" (34). Das gebietende Gesetz ist Ausdruck der Kluft zwischen unserem essentiellen und aktuellen Sein. Es kann uns nicht dazu bewegen, unser wirkliches Sein in Richtung auf unser wahres Sein zu verwandeln. Nur das Paradox der Gnade, die „Annahme des Unannehmbaren", hat Kraft, zum Handeln zu motivieren. „Morality and Beyond" heißt: die Moralität erhält ihre Kraft und ihr Kriterium von dem, was Moralität transzendiert.

Bleibendes Prinzip der Ethik „in einer sich wandelnden Welt" ist die Agape (die Liebe im neutestamentlichen Sinn), die die endlichen Möglichkeiten des Menschen transzendiert. Die Liebe aber muß in Zeit und Raum verwirklicht werden. Sie wandelt sich entsprechend der besonderen Situation. In diesem

---

[9] Ontologie, unveröffentlichte Vorlesung Sommer 1951, 4. Stunde (PTAM).

Kontext führt Tillich den Begriff „Kairos" wieder ein. Aus einem neutestamentlich-christologischen und geschichtstheologischen Begriff wird ein Begriff für das moralische Handeln der Liebe. Die Ethik der Liebe verwirklicht sich von Kairos zu Kairos. Nicht das Gesetz, allein die Liebe kann sich in einer sich wandelnden Welt jedem Kairos anpassen. „Darum muß die Ethik in einer sich wandelnden Welt als eine Ethik des Kairos verstanden werden" (89).

Wir können „Morality and Beyond" mit Hilfe der Begriffe Autonomie, Heteronomie und Theonomie verstehen (vgl. John Clayton in MW/HW 4,46–51). *Autonome* Moral ist Moral ohne Religion. Sie ist relativistisch und naturalistisch. In einer *heteronomen* Moral werden dem Menschen von außen Gebote auferlegt, die nicht in seiner essentiellen Natur verwurzelt sind. Tillichs Ethik zielt auf eine *theonome* Moral. In einer theonomen Ethik entspricht das moralische Gesetz der essentiellen Natur des Menschen. Tillich steht hier in der protestantischen Tradition des Naturrechts. Seine theonome Ethik ist eine Ethik der Liebe und des Kairos.

In einem sich wandelnden Jahrhundert hat Tillich unterschiedliche ethische Ansätze entwickelt, die in den hier publizierten Schriften mehr oder weniger deutlich hervortreten: einen prophetisch-sozialistischen Ansatz, einen ontologisch-anthropologischen Ansatz und schließlich die Ethik des Kairos der Liebe. Gibt es etwas Gemeinsames in der Mannigfaltigkeit? Ein gemeinsames Merkmal ist zweifellos die religiöse Fundierung aller sozialphilosophischen und ethischen Aussagen. Aber auch das Ziel des moralischen Handelns ist in allen seinen Schriften dasselbe: das, was er in *„Love, Power, and Justice"* umschreibt als „den inneren Anspruch eines Seienden auf Entfaltung seines Wesens im Zusammenhang mit allem Lebendigen in der Welt" (67).

Abkürzungen

GW = Paul Tillich, Gesammelte Werke (hg.von Renate Albrecht), 14 Bde.; Stuttgart 1959ff.

EGW = Ergänzungs- und Nachlaßbände zu den Gesammelten Werken von Paul Tillich, 8 Bde.; Stuttgart 1971ff.; Berlin/New York 1994ff.

MW/HW = Paul Tillich, MainWorks/Hauptwerke (ed. by/hg. von Carl Heinz Ratschow); Berlin/New York 1987ff.

PTAH = Paul Tillich Archives, Andover-Harvard Theological Library, Harvard Divinity School, Cambridge, Massachusetts.

PTAM = Paul-Tillich-Archiv, Universitätsbibliothek Marburg, D-35008 Marburg.

[ ] = Ergänzung durch den Herausgeber

Introducing Paul Tillich's Writings in Social Philosophy and Ethics

In his autobiographical sketch *On the Boundary*[1] Paul Tillich sees himself standing on the boundary between theory and practice. There was never any doubt in his own mind or in the judgment of others that he was marked out for theory and not for practice. Pure theory offers pure eudaimonia. But truth in a religious sense, he argued, is always existential truth, truth that is *acted* – in accordance with the Gospel of St. John.

We can interpret Tillich's writings in social philosophy and ethics best by regarding them as being written on the boundary between theory and practice. This applies to all texts of this volume. However, the political element did not come to the fore until the end of the First World War and the outbreak of the revolution. Like most of the German intellectuals before the war, his attitude toward politics had been one of indifference. His sermons given from 1909 to 1918 confirm this evaluation.

The first evidence of his new attitude is his signature put to a leaflet of the "Bund Neue Kirche" (New Church Association) of December 1918. The new church, which he wants to build, after the previous church connected with the state has collapsed with the collapse of that state, should differ from the old church on four points. The new church must regain its position in the whole intellectual and cultural life of the nation. It must not restrict itself to the internal religious life. "It is based on the soil of the new republic with sincere sympathy" and affirms the ideals of socialism. The old church has been allied with nationalism and militarism, the new church approves of the rule of law in international relations and the construction of the League of Nations. And, finally, the official "Pastorenkirche" must become a democratic and parliamentary "Volkskirche."

When he gave a lecture on *Christianity and Socialism* in a meeting of the "Unabhängige Sozialdemokratische Partei Deutschlands" (USPD) in Berlin in May 1919, he felt the displeasure of the official church. With his friend Richard Wegener, he published the content of his lecture in a booklet *"Der Sozialismus als Kirchenfrage"* (1919). It begins with the words: "It was the formulation of *dogmatic* questions that concerned the church up to now; from now on they will be *ethical* questions. The Protestant churches are not yet prepared for them; neither the theoretical nor the practical problems are settled." Thus, Socialism becomes a question for the church.

In 1919, Tillich means by socialism not the socialism of Karl Marx, but the romantic-anarchistic socialism of Proudhon, Bakunin, and above all,

---

[1] In: Paul Tillich, The Interpretation of History. Part One Translated by N. A. Rasetzki. Parts Two, Three and Four Translated by Elsa L. Talmey. New York, London 1936, 3-73 [17].

Gustav Landauer. A few days after Gustav Landauer's murder, Tillich began his first lecture at the Berlin faculty of theology. Its subject was: "Christianity and the problems of present society." In these first outlines of his theology of culture, he examines the religious import of conservatism, liberalism, socialism, and anarchism and pleads for the federalist anarchism of Gustav Landauer. He quotes Gustav Landauer: "It is not the state which we want to adore, but the Spirit ..."[2] Tillich strives for a new religious culture. He has in mind a synthesis of German Romanticism (cf. Novalis's "Christendom or Europe") and of early French socialism, and thought he stood at a turning point in history, before a new Reformation. We are not able to create this spirit of a new society, he argued, but we can create forms ("a temple") which the new spirit can pour into. The federalist-anarchistic socialism of St. Simon, Proudhon, Bakunin, and Landauer provides, for Tillich, this new form: a "holy community" ("Geistgemeinschaft"), "a temple above the volcanoes" of society.

The term "religious socialism", as Tillich understood it, suggests the idea of this synthesis of religion and society. He sympathized neither with an accidental nor an external cooperation between Christianity and socialism, as did Hermann Kutter and Leonhard Ragaz, but with a fundamental clarification of their interior interrelation, interpreted from the point of view of religion, metaphysics, and philosophy of history, and, therefore, of the content of this new "synthetic age."

Here, we encounter the high spirits characteristic of Tillich's thought just after the revolution. "Was it not all romanticism, euphoria, and utopia?", he will ask later, in 1926, and take into consideration the insight that the spirit of bourgeois society will be "much too strong to be overcome by romanticism, yearning, and revolution."[3]

A great synthetic strength characterizes Tillich's work *"Masse und Geist. Studien zur Philosophie der Masse"*, published in 1922. The masses, at that time often the object of agitation, rhetoric, and sentimentality and, therefore, cut off from personality, education, culture, and religion, become a problem which is, "if it is understood in its depth, the problem of spirit" (3).[4] The masses, unlike personality, seem like something unformed. But, for Tillich, not the form of a being as such is decisive, but the unconditional character of the Unconditional, the import which breaks through every conditional

---

[2] Cf. by the author: "Nicht den Staat wollen wir anbeten, sondern den Geist ..." Gustav Landauers Programm des anarchischen Föderalismus in Paul Tillichs kulturtheologischem Entwurf von 1919. In: Hanna Delf/ Gert Mattenklott (ed.), Gustav Landauer im Gespräch. Symposium zum 125. Geburtstag. Tübingen 1997, 129-148.

[3] Kairos. Ideen zur Geisteslage der Gegenwart. In: MW/HW 4, 181.

[4] Page numbers refer to the respective setting copy.

form. The background of this idea of the breakthrough of the Unconditional through any form is the principle of justification as the principle of Reformation. Thus, masses are not massa perditionis, but massa sancta, the bearers of the holy, the import of the Unconditional which, for its part, is not "a something." If we ask, by which criterion just the masses, unlike personality or the church, are qualified to be the "holy masses," we get Tillich's answer that it is a particular form that qualifies the masses: the character of their inexhaustability and their quantity. Tillich's discourse is an example for his religious-philosophical interpretation of an object of social philosophy and social psychology. But he also considers the problem of the masses using ethical and pedagogical criteria.

In his lecture *"Die Überwindung des Persönlichkeitsideals"* (1927) he presents a critical evaluation of the ideal of personality. Here, he speaks of unconditional being and the self-empowerment instead of the breakthrough of the unconditional import through the conditioned form. With respect to the Unconditional, "we can never in any way gain self-empowerment" (85). This, for Tillich, is the decisive criticism of the ideal of personality and, especially, of the religious personality. "The Unconditional gains power over us to destroy or to reprieve us, like it or not" (85). The religious personality confines the religious act "within the limits of pure reason or mere humanity" (85). It wants to actualize "the clarity of God in the world of ambiguity" and is doomed to fail.

In the idea of personality man's power of being is lost by the predominance of the power of self-determination. He distinguishes between his being in its immediacy and his determination of this, his being. Personality has elevated itself above the things and their power of being; it has deprived them of their power. Another side of this violation of the things is the subjection of the personality to the machine. Tillich conceives a correlation of personality and things characterized not by power and control but by connection with the things in devotion and the spirit of eros. Forms of social power determine personality in the social and economic realms as well. This means a complete subjection of personality to the economic laws and "an emptiness of personal life produced by the concentration on the needs of daily life and by the ever present demon of anxiety" (79). How can the personality come out of the catastrophe which it got into? Tillich sees only one possibility: by fitting itself into the connections of social life and by rediscovering "the depth and power of being which actually is in them" (81). This reminds us of Landauer's vision of a mankind filled with new spirit.

In the USA Tillich has published the text of 1927 in a revised edition. It is surprising to see him criticizing the ideal of personality 20 years later, in a new environment and in another language, but without changing the essential content of his essay. In 1948 in the USA, the social and the historical basis of his criticism was not very different from that of Germany in 1927.

But in Germany he had developed his criticism from the sources of German Romanticism, especially the philosophy of Schelling.

We can see his closeness to the ideas of religious socialism much more distinctly in his essay "Die Überwindungs des Persönlichkeitsideals" than in his book "Masse und Geist." From his publications on religious socialism we mention first his *"Grundlinien des Religiösen Sozialismus. Ein systematischer Entwurf,"* published in 1923.

Religious socialism adopts the prophetic attitude. It is a third attitude in addition to a sacramental attitude that lacks historical consciousness and a rational attitude that is historically critical. "Prophetism grasps the future that should come from its living connection with the present that is given" (3). Socialism, too, is a prophetic-eschatological movement – "on the soil of an autonomous, self-sufficient world," as Tillich writes in his book *"Die sozialistische Entscheidung"* (127). This element of expectation in contrast with its absence in the myth of origin and in heteronomous faith connects Karl Marx with the prophets of the Old Testament. In his essay *"Karl Marx and the Prophetic Tradition"*, Tillich deals with this subject. In his "Grundlinien" from 1923 it is touched upon specifically. Prophetism and expectation, its symbol, are seen as a unity of judgment and grace – or they become a graceless proclamation of law. Everything that stands under the unconditional "no" and under the unconditional "ought to," also stands under the unconditional "yes" and the unconditional "being." Religious socialism like socialism is a prophetic movement. "But it [Religious socialism] must recognize that the presence of the Unconditional is the prius of all conditioned action, that the unconditional import of meaning, that the development of form (Gestalt) is the prius of all form-creation (Gestaltung)" (4).

He calls the content of the prophetic view of history the moment of time in which the given holy and the demanded holy meet, "kairos." Awareness of kairos is the spirit of prophetism.

The goals of religious socialism are *concrete,* creative syntheses of form and import in which the *absolute* synthesis is revealed. He calls this concrete synthesis theonomy. Theonomy, unlike utopia, is "the unity of sacred form and sacred import in a concrete historical situation" (4-5). But the Demonic mixes with the theonomy. For this reason we cannot maintain the identity of religion and culture. Religion contains within itself a "yes", an obligatum religiosum, and a "no", a reservatum religiosum. With this distinction, Tillich opposed, in 1934, Emanuel Hirsch and his reception of the prophetic-eschatological idea of kairos and its reversal in a sacramental consecration of the events of 1933. In his protest against Hirsch's misinterpretation of the doctrine of the kairos, he refers to the distinction between the obligatum religiosum and the reservatum religiosum, explained more than ten years earlier in his "Grundlinien des Religiösen Sozialismus." "Your attitude is the obligatum religiosum without the reservatum religiosum," he writes in 1934 in his "Open Letter to Emanuel Hirsch."[5] Hirsch gives, he stated, a reservatum religiosum to the individual, viz. the personal relationship to God, but he does not give it to the church. "Because of that you are abolishing it and making it powerless against the Weltanschauungen or myths bearing the totalitarian state. It is not feasible to change the meaning of this defencelessness, as you call it, into power. Anyway, Protestantism is defenceless enough. But if there were no reservatum to which it could withdraw from the historical powers, it would not only be defenceless; it would no longer exist. When religious socialism accepted the doctrine of the reservatum religiosum, it knew that it must never allow the religious element to dissolve into the socialistic, and that the church is something apart from the kairos, viz. the promise and the demand it saw in the widely visible dawn of social and intellectual reconstruction of society" (327).

Tillich's theoretical studies of socialism, especially his knowledge of the economic and social connections of capitalism, have led him to reject in his "Grundlinien des Religiösen Sozialismus" anarchism and pacifism and so approve the state under the rule of law and the separation of powers against injustice. "Religious socialism rejects mystical as well as naturalistic anarchism. It insists upon the form of justice and, accordingly, affirms the force that maintains it. This applies not only to domestic but also to foreign policy. Just as the naturalistic anarchism of war is to be rejected, so also is the mystical anarchism of religious pacifism, which does not oppose the lawbreaker ... There is no direct way from the mystical idea of community to the creation of political form. Justice stands between the two, and the justice-bearing power, and the use of force against injustice" (20). The basic ontological structure of law and power is suggested as it later will be described in *"Love, Power, and Justice."* Love is not above justice, but love, power, and justice form an ontological structure of tensions. The class struggle is, however, like radical competition, an expression of the demonic character of capitalism. Religious socialism, Tillich argued, must affirm the class struggle as a historical reality for it is a defence against injustice. In his essay, *"Klassenkampf und religiöser Sozialismus"* (1930), he maintains that socialism, and particularly religious socialism, "can be taken seriously only if it takes the class struggle seriously" (190). The proletarian situation is the situation of threatenedness, insecurity, hopelessness, and meaninglessness. Ontologically understood, proletarian existence means missing being ("Seinsverfehlung"); it means a threat to the being by non-being. But the human being is also defined by what supports it. The support is primary. "It is impossible to know the threat to a human being without knowing what supports it as well"

---

[5] Die Theologie des Kairos und die gegenwärtige geistige Lage. In: Theologische Blätter 13 (1934) col. 305-328 [327].

(192). This is an argument of transcendental philosophy. While in the humanism of the West all awareness of the threat and the support of the human being has disappeared, socialism is "the irruption and manifestation of this situation in the *social* sphere" (199). But the proletariat is the bearer of the struggle against this situation and, therefore, of a new faith in meaning, "of a new support" (205). "In the class struggle the proletariat wishes to obtain that of which it has been deprived, the meaning of human life" (204). But Tillich also opposes the elevation of this finite to transcendent status. As a result of this a "metaphysical disappointment" (208) would follow. Socialism must recognize "that fulfillment of the meaning of the human life is not possible in the human sphere" (210). Every conquest of the demonic is "the fullness of time", but not the end or goal of time. In contrast to Marx, he calls prehistory the real history of mankind. "We are always in prehistory, that is, in the history that anticipates the history of the appearence of the Unconditional" (210).

Tillich had defined the proletarian situation as a situation of threat and support by giving it a new meaning. In this judgment about the human situation, the proletarian and the Protestant understanding of the human situation agree. In his essay, *"Protestantisches Prinzip und proletarische Situation"* (1931), Tillich distinguishes between the Protestant principle and historical Protestantism. The Protestant principle implies a judgement about the human situation, namely, that it is a negative situation. This negativity is not finiteness itself, but the "perversion of human nature" ("Bestimmungswidrigkeit"). The "perversion of human nature" shows its reality in the social realm, namely, in the proletarian situation. It is given *with* history, but we cannot derive it *from* history. It is not derivable. An ontological necessity of it is not maintained. We cannot reproach Tillich for being logically inconsistent in this point. God, the power of being, Tillich insists, is a living being, not a dead being, and all being is life.

The proletarian situation helps Protestantism in its struggle against the sacramental and humanistic ideology, against the "man-made God" (16). The "man-made-God" is the humanistic or idealistic veiling of the human situation. There is no doubt: a general concept of "man" and his nature belongs to an ideological image of man. At this point Tillich's view is close to Max Horkheimer's and Theodor Adorno's. But we can ask whether he maintains this position in his essay *"Man and Society in Religious Socialism"* (1943). Anyhow, Adorno made a strong protest against the anthropological axioms of this essay of 1943.

"Socialism" is for Tillich a historical movement which takes part in the process of life and, therefore, is a venture. He reproaches the German labour movement, shaped by the Social Democratic Party (SPD), for being rigid and immovable. The "Neue Blätter für den Sozialismus," founded in 1930 and prohibited in 1933, was the public organ of a critical socialism. The first number begins with Paul Tillich's programmatic essay *"Sozialismus"* (1930). He speaks in this of man's fear of everything new, a fear which results in hardening and idolization. Fear must be overcome by venture. "Socialism must be ventured anew, as it once has been ventured" (2). Here his later formula is anticipated: "One root of our power is the unconditional being, grasped by what is ultimately meant" (4). But this formula is in a concrete context, namely, the proletarian situation. Socialist faith is "the meaning-giving power ... of an existence otherwise made meaningless" (4). He demands a society "in which every individual and every group can fulfill the meaning of its life" (5). Tillich avoids ontological terminology and speaks of the meaning of life of individuals and of a meaningful society. "Classless society" is "meaningful society," "in which the power of life of every individual and every group can actualize itself" (9).

In the face of the approaching takeover of power by National Socialism and in view of socialism, he deals with *"Das Problem der Macht"* (1931). He sees socialism dominated by a bourgeois anti-power ideology. But, Tillich argues, it is wrong to equate power and force. Power lies in the structure of being itself. Here Tillich anticipates his *"Love, Power, and Justice."* Everything living is an encounter of power of being with power of being, of "a union of remaining within itself and advancing beyond itself" (158). Being is "a balance of tensions of might" (159). "Social being is a balance of tensions of power" (159). Society is the "intertwining of the might of the total group and the sub-group in power" (161). The sub-group – e.g. the leaders of the political parties – is the group "in whose might the total group can view its own might" (160). The total group gives consent to the sub-group in power, but it also represents the demand of society "that the position of power of the leading group shall express the meaning of life and might of existence of the total group" (162).

Renunciation of power, therefore, is renunciation of social being. Often renunciation of power is more or less forced. But, for Tillich, renunciation of power can have a positive meaning: renunciation can be the expression, not of impotence but of the highest might. Renunciation of power has its foundation in power itself. In every power there is an element of renunciation, because being tends to transcend itself. Even the proletariat is the "bearer of the coming fulfillment of human existence," rising beyond the experience. This coming fulfillment has "an objective quality of holiness" (168). Tillich thinks it is possible that a people – "in an unexpected historical moment" – "is seized as a whole by the transcendent idea and for its sake renounces power" (169).

Tillich's *"Zehn Thesen",* published already in 1932, reject National Socialism distinctly and unambiguously. Tillich sees the "demonic nature of National Socialism destroying peoples and mankind". He warns the Protestant churches of an alliance with the National Socialist Party. "Protestantism has to prove its prophetic-Christian character in opposing the Christianity of the cross to the paganism of the swastika" (127).

The coup of 20 July 1932 by which the Prussian democratic government was dismissed and Prussia was shattered, was for Tillich "the catastrophe of socialist reformism." Close to the time of this catastrophe, Tillich wrote his *"Die sozialistische Entscheidung"* (1933), the book in which he analyzes, in a programmatic manner, the problems of socialism.

In his "preliminary remark" to the reprint of 1980, Klaus Heinrich, philosopher of religion, has called the "sozialistische Entscheidung" "a central book of resistance in this century", namely, the resistance "by virtue of historical awareness."[6] Perhaps we would do better to say this: of the resistance by virtue of the prophetic protest against the ritual of the unbroken powers of origin and by virtue of the socialist protest against political romanticism.

The decisive thesis of his book is: *"Socialism is prophetism on the soil of an autonomous, self-sufficient world"* (127). The symbol of socialism is "expectation" – neither waiting nor hoping nor utopia.

Tillich gives an anthropological reason for the prophetic character of socialism. Man is, in contrast to nature, "a process of life which asks about itself and its environment, which places demands on itself and its environment, which is therefore not one with itself, but has the 'doubleness' to be in itself and at the same time to stand over against itself, to think itself, to know of itself" (17). Man discovers himself as given (cf. Heidegger's "being thrown") and asks the question "whence?" *"The consciousness of the myth of origin is the root of all conservative and romantic thinking in politics"* (19). But man does not only discover himself, he experiences a "demand" that loosens his being bound to the given. He also asks the question: "whither?" In this question is a demand, which "demands something which is not yet there, which should be, which should come to fulfillment" (19). The question "whither?" points to an "unconditional new". Man has the possibility "to go beyond what he finds in and around himself" (20). This breaking of the myth of origin by the unconditional demand is the root of liberal, democratic, and socialist thinking in politics. The demand is not "foreign" to man. It places his own essence before himself as a demand. It is based on his own origin. But it is, in relation to the origin, an "unconditionally new." Because of this, we must distinguish between the true and the actual origin of man. But the demand is the demand of fulfillment of the true origin. Man hears the demand only from the other person, in the encounter of "I" and "you."

---

[6] The "preliminary remark" is published in this volume within the Textgeschichte of "Die sozialistische Entscheidung."

"The content of the demand is that the 'you' be given the same dignity as the 'I', the dignity to be free, to be a bearer of the fulfillment of what is meant in the origin. The recognition of the 'you' as having equal dignity with the 'I' is justice" (21). The actual origin, therefore, must be subjected to the true power of being, namely, to justice.

Tillich summarizes the socialist principle with the symbol of expectation. "Expectation directs itself toward what is not, but shall be, toward the unconditionally-new that has never been but is coming ... In history this new possibility is realized" (127-8). Because history is "tension toward that which is to come," "the new order of things," no present time can affirm that the new reality is fulfilled within it. The new reality comes in history and yet remains above it.

Unlike waiting, expectation implies acting. Thus expectation is always expectation of the promised and the demanded. The intertwining of the promised and the demanded characterizes the prophetic and socialistic expectation. Expectation is, therefore, for Tillich at the same time transcendent and immanent. He abolishes the opposition between immanence and transcendence: "The immanent is in reality transcendent, ... the transcendent is in reality immanent" (138). The socialist principle is the expression of the "dynamis" of socialism. In 1930, Tillich had characterized socialism as a venture and as something living. It is evident that this concept of socialism does not coincide with the historical reality of socialism.

His first essay of his American period has the title *"The Totalitarian State and the Claims of Church"* (1934). It deals with the idea of the totalitarian state ("born out of insecurity of historical existence during the epoch of late capitalism" [417]) and the claim of the church and its teaching, in the sense of the first commandment. The struggle between church and state in Germany is the background of this text.

In his essay, *"Marx and the Prophetic Tradition"* (1935), he proves a latent transcendence in the Marxist interpretation of history and a barely concealed immanence in prophetism. He criticizes both the one-sided immanence of Marxism, "in a self-contradiction it has to transcend" (29), and the loss of prophetic spirit in Christianity. The lecture *"Marxism and Christian Socialism"* (1942) reflects the discussions in the "Fellowship of Socialist Christians" after Reinhold Niebuhr had renounced socialism and turned to democracy. The question was asked whether Marxism and religious socialism had become things of the past. Tillich's answer is characteristic of his thinking. Marxism and religious socialism, for him, are "spiritual creations," the effects of which are not exhausted by their historical successes – and failures, we might amplify. "They have an infinite, inexhaustible meaning." They represent "a lasting type of spiritual possibilities" (18) – like Prophetism, Platonism, and Protestantism. They must not be dismissed as forms of past history. Eduard Heimann's question asked to Tillich then was: But is this still Marxism?

"Spiritual creations" are syntheses of form and content. For this reason, freedom, too, cannot be reduced to political and legal freedom. In his essay, *"Freedom in the Period of Transformation"* (1940), Tillich distinguished between the form of freedom, i.e. political freedom, and its content, i.e. freedom of historical self-determination which is rooted in human nature. Tillich does not have any illusions about freedom. It is jeopardized by the self-destructive tendencies of later capitalism, by an all-controlling nationalism, and by a secularized technical civilization. He knows political freedom alone is not able to guarantee historical freedom; and in a totalitarian period (in 1940 !), "the freedom of an autonomous creativity can exist only in an esoteric form" (139). But historical freedom must be saved, Tillich argues, "if humanity is to be saved" (144).

In his above mentioned lecture, *"Man and Society in Religious Socialism"* (1943), Tillich gives a portrayal of his anthropology and social philosophy. Man stands *in* history, but he *has* history and *knows* that he has history. In knowing history he is *above* history. And, in knowing the given, man produces "something new beyond the given" (14). Here, we encounter the category of the historical new. But the concepts of "prophetism" and "expectation" are missing. Tillich is concerned with an anthropology defined by the idea that "man is finite freedom" (13). But "finite freedom" means tragedy, and tragedy means guilt and inescapability. Tragedy excludes all forms of utopianism. Our creative action participates in the divine creativity. It has, therefore, an infinite meaning. Every society presupposes creative freedom. If we compare this lecture with the essay "Sozialismus" from 1930 or with the "Sozialistische Entscheidung" from 1933, the concentration on man's essential nature is evident. The little article *"Beyond Religious Socialism"* (1949) verifies Tillich's scepticism about whether religious socialism has a future in Europe (and in the USA). Instead of the kairos, he now speaks of the "sacred void" we have to endure.

In the fall of 1943, he had assumed the chairmanship of the "Council for a Democratic Germany." The *"Programm für ein demokratisches Deutschland"* (1944), drafted by him, gives us an insight into his political thinking concerning Germany just before the end of the war. He rejects the plan to destroy the German productive power. But it "should be integrated in an international system of production and consumption" (1).

In his "Open Letter to Emanuel Hirsch" (1934), he admits that every prophetic-eschatologic movement holds the danger of utopianism and that he himself found the idea of kairos in wrestling with the problem of utopianism. "Kairos" is the counter concept of "utopianism."

In Tillich's thinking, the concept of utopia has a negative tinge. In his lecture, *"Politische Bedeutung der Utopie im Leben der Völker"*, given in Berlin in 1951, we find a subtle, multifaceted account of utopia. He gives an ontological and anthropological foundation of it. Its basis is in the ground of being and in human nature. Utopia is true because it expresses man's essence – " the inner aim of his existence" (52). But man broke with his true nature. He is, in his existence, estranged from his true nature. His existence is existence in tragedy and guilt. Utopianism fails to notice that. An exclusively transcendent utopia cannot be an expression of the New Being, of which the Christian message is witness. In the horizontal dimension something new must happen. But this new is only a preliminary and ambiguous one. One order is a horizontal, the other a vertical, order. But both orders participate reciprocally in each other. The kingdom of God is actualized in historical events – in time and space, in fragmentary and anticipatory ways. Tillich replaces utopia by "the spirit of utopia that conquers utopia" (65).

After the Second World War, Tillich states that our ultimate concern is no more the transformation of our existence, but "the foundation of our existence as the content of our real concern: the pendulum has started swinging back to the vertical element in religion."[7] This conclusion also is valid for Tillich's book *"Love, Power, and Justice"* (1954). The contrast to the prophetic-eschatological thinking in which the concepts "kairos", "expectation", "spirit of utopia" play an important part, is evident. He deals, as the subtitle says it, with "Ontological Analyses and Ethical Applications." Only at the end of his book does the concept of the kingdom of God turn up – in the context of the "holy community". But: "Fulfillment is bound to eternity, and no imagination can reach the eternal" (124).

Love, power, and justice are separated and conflicting, in existence, in the world of estrangement. They are united in God. Also in God's new creation they are united. It is true, man is estranged from the ground of his being, from himself and from his world, but he cannot completely cut the tie with the creative ground. Reuniting love, the power of resisting non-being, and creative justice are still active in him. In God's new creation in the world – Tillich calls it "holy community" – the agape-quality of love cuts into the libido-, eros-, and philia-quality of love and elevates it beyond the ambiguities of its self-centredness. The power of the spirit has the same effect on power and compulsion. Justification by grace elevates justice above its ambiguities. In the spiritual community love, power, and justice are affirmed in their ontological structure, "but their estranged and ambiguous reality is transformed into a manifestation of their unity within the divine life" (116).

This is a trinitarian onto-theology. Tillich maintains that all problems of love, power, and justice drive to an ontological analysis and that the three concepts are rooted in being itself.

---

7 Vertical and Horizontal Thinking. In: The American Scholar. A Quarterly for the Independent Thinker. Vol. 15, No. 1, 1945/46, 102-105 [104].

Love must be understood in its ontological character. Being is not actual (being is life !) without love, "which drives everything that is towards everything else that is" (25). Love is the drive towards the reunion of the separated. There is an ultimate belongingness of one thing with the other. "In the longing joy about the 'other one' the joy about one's own self-fulfillment by the other is also present" (25).

The power of being is an ontological concept. Being is power of being. Life is self-affirmation. "The self-affirmation of a being inspite of non-being is the expression of its power of being" (40). Man's finite power of being is rooted in God's infinite power of being.[8] Power needs force and compulsion for its actualization, but there is an ultimate union of power and love, because power overcomes non-being by taking it into itself and love is reuniting love.

Justice, too, is an ontological concept. It is the form in which the power of being actualizes itself. Everything that has being has an "intrinsic claim for justice," a "justice of being" (63). The "thou" has the claim to be achnowledged as an ego. What is the content of the ultimate intrinsic claim of a being for its justice of being? Tillich's answer is: "fulfillment within the unity of universal fulfillment" (65). Its symbol is the kingdom of God. He calls justice "transforming" or "creative justice" (64). It is the form in which reuniting love actualizes itself.

In his "ethical applications" he applies the results of his ontological analyses to the problem of justice in personal relations and to the problem of power in group relations. The unity of love, power, and justice is an ontological unity in being-itself, in God. The holy in which they are united, shall become "holy reality" in time and space, "new creation" in the world of estrangement.

In *"Morality and Beyond"* (1963) Tillich opposes "normless relativism" and "graceless moralism." He asks for something that transcends both relativism and legalism in theory and action. The answer is this: the new reality which has appeared with the coming of the Christ and in which we can participate.

Tillich does not think of an external dependence of morality on religion and its commands. But religion, in the sense of the experience of the Unconditional, is implicit in morality itself. First, the moral imperative – the "thou shalt" – has the character of the Unconditional and a religious dimension. Against the relativism of psychology and sociology, Tillich sticks

---

[8] The sentence "Human power is the possibility of man to overcome non-being infinitely" (40) must be corrected to: "Human power is the possibility of man to overcome non-being within the limits of his finitude, divine power is the possibility of God to overcome non-being infinitely." Cf. the critical apparatus.

to the unconditional character of moral imperative (as Kant understands it). The moral commands are not given and formulated by religion, but their source is religious. Second, agape, being the ultimate norm of all moral commands, points to the transcendent source of the moral imperative. Third, a religious dimension is also present in moral motivation: not the commanding law (as it was for Kant), but grace.

The moral imperative does not demand that we do something, but that we be and become what man essentially is, viz. a person. Morality is the "constitution of a person as person in the encounter with other persons" (Systematic Theology III 95). Culture provides the contents of morality, namely, concrete ideals, commands, and traditions. The three functions of human spirit interpenetrate one another. Instead of "person," Tillich speaks of a "completely centered self," as well, " having himself as a self, in the face of a world to which he belongs" (19). Man is the being which transcends its concrete environment in the direction of the world. This sentence implies a complete set of ethics. "There is no self-consciousness without world-consciousness; but we also must maintain the reverse: there is no world-consciousness without self-consciousness."[9]

The demand to become a centered self is the demand on a person to become actually what that person is essentially. Tillich interprets conscience as "the silent voice of man's essential nature, judging his actual being" (34).

The commanding law is the expression of the contrast between our essential and actual being. It cannot move us to transform our actual being in the direction of our true being. Only the paradox of grace, the "acceptance of the unacceptable" (63), has the power to motivate us to act. "Morality and Beyond" means that morality gets its power and its criterion from that which transcends morality, from beyond.

In a changing world, agape, transcending man's finite possibilities, is the universal and unchangeable principle. The principle of love, however, must actualize itself in time and space. It transforms itself according to the particular situation. In this context, Tillich uses his concept of kairos. A concept of New Testament christology and of philosophy of history becomes a concept for love's moral action. In a changing world, not the law but love is able to adapt itself to every kairos. "Therefore, ethics in a changing world must be understood as ethics of the kairos" (89).

We can understand "Morality and Beyond" with the help of the concepts of autonomy, heteronomy, and theonomy. Autonomous morality is morality without religion. It is relativistic and naturalistic. In a heteronomous morality, man is subjected to external commands which are not rooted in his essential nature. Tillich's ethics is directed at theonomous morality. In theonomous

---

9 Ontology, unpublished lecture in Berlin, 1951, summer, No. 4 (PTAM).

morality moral law is in accordance with man's essential nature. Thus, Tillich is in the Protestant tradition of natural law. His theonomous ethics is ethics of love or ethics of the kairos of love.

In a changing century, Tillich has developed different approaches to ethics. In his writings, published in this volume, they stand out more or less plainly: his prophetic-socialistic approach, his ontological-anthropological approach and his ethics of the kairos of love. Is there, in this diversity, a common element? A common characteristic is, undoubtedly, the religious foundation of all his statements in social, philosophy and ethics. Furthermore, the aim of moral acting in all his writings is the same: that which he calls in *Love, Power, and Justice* "the intrinsic claim of being to be acknowledged as what it is within the context of all beings" (67).

Abbreviations

GW = Paul Tillich, Gesammelte Werke (hg.von Renate Albrecht), 14 Bde.; Stuttgart 1959ff.

EGW = Ergänzungs- und Nachlaßbände zu den Gesammelten Werken von Paul Tillich, 8 Bde.; Stuttgart 1971ff.; Berlin/ New York 1994ff.

MW/HW = Paul Tillich, MainWorks/Hauptwerke (ed. by/ hg. von Carl Heinz Ratschow); Berlin/New York 1987ff.

PTAH = Paul Tillich Archives, Andover-Harvard Theological Library, Harvard Divinity School, Cambridge, Massachusetts.

PTAM = Paul-Tillich-Archiv, Universitätsbibliothek Marburg, D-35008 Marburg

[ ] = added by the editor

1. Der Sozialismus als Kirchenfrage (1919)

A. Antwort von Lic. Dr. Paul Tillich und Dr. Richard Wegener auf die Anfrage des Ev. Konsistoriums der Provinz Brandenburg. Berlin, 27. Mai 1919 (Typoskript, Personalakte Pfarrer Dr. Richard Wegener, Ev. Zentralarchiv Berlin, Sign. 14/ 24.616).

A/1. Christentum und Sozialismus. Bericht an das Konsistorium der Mark Brandenburg. In: GW XIII (1972) 154–160. Unvollständiger Abdruck von A.

A/2. Christentum und Sozialismus. In: Die Zeichen der Zeit. Evangelische Monatsschrift für Mitarbeiter der Kirche. Evangelische Verlagsanstalt Berlin, 40. Jg., 1986, 205–208. Fehlerhafter Abdruck von A.

A/3. Answer to an Inquiry of the Protestant Consistory of Brandenburg. By Paul Tillich. Translated by James Luther Adams. In: Metanoia. An Independent Journal of Radical Lutheranism. Vol. 3, Sept., 1971, Number 3, 10–12.9.16 [sic!]. Übersetzung von A/1.

B. (Druckvorlage) Der Sozialismus als Kirchenfrage. Leitsätze von Lic. theol. Dr. phil. Paul Tillich, Privatdozent der Theologie an der Universität Berlin, und Dr. phil. Carl Richard Wegener, Jugendpastor des Stadtsynodalbezirks Berlin. 1919. Grachtverlag, Berlin C2, An der Schleuse 2.

C. Der Sozialismus als Kirchenfrage. In: GW II (1962) 13–20.

D. Der Sozialismus als Kirchenfrage. In: Tillich-Auswahl. Herausgegeben von Manfred Baumotte. Mit einer Einführung von Carl Heinz Ratschow. Band 3: Der Sinn der Geschichte. Gütersloher Taschenbücher Siebenstern 428. Gütersloher Verlagshaus Gerd Mohn. Gütersloh 1980, 7–14. [Abdruck von C].

E. Le Socialisme: une question pour l'Église. In: Paul Tillich, Christianisme et socialisme. Écrits socialistes allemands (1919–1931). Traduction de Nicole Grondin et Lucien Pelletier. Introduction de Jean Richard. Les Éditions du Cerf, Éditions Labor et Fides, Les Presses de l'Université Laval 1992, 11–20 [Übersetzung von C].

Zur Textgeschichte

Am 14. Mai 1919 hatten Richard Wegener und Paul Tillich auf einer Versammlung der Ortsgruppe Zehlendorf der Unabhängigen Sozialdemokratischen Partei (USPD) über das Thema „Christentum und Sozialismus" referiert. Auf eine entsprechende Vorankündigung im „Zehlendorfer Anzeiger" vom 12. Mai 1919 hin wandte sich das Evangelische Konsistorium Berlin am 16. Mai an beide Referenten mit der Aufforderung: „Sie wollen sich hierüber baldigst äußern". Beide antworteten dem Konsistorium mit einer gemeinsamen Abhandlung zum Verhältnis von Christentum und Sozialismus (= A). In ihr finden sich die Grundgedanken der von ihnen auf Einladung der USPD gehaltenen Referate. Im Wingolfrundbrief vom September 1919 teilt Tillich nähere Einzelheiten zu diesem „kleinen Kampf mit dem Konsistorium" mit (EGW V 143f., vgl. auch 145f.).

Im erwähnten Rundbrief berichtet er: „Die Grundgedanken, die ich damals dem Konsistorium antwortete (zusammen mit meinem Freunde Dr. R. Wegener), habe ich mit ihm in Form einer kleinen aus 30 Leitsätzen bestehenden Broschüre drucken lassen: ‚Der Sozialismus als Kirchenfrage', sie erscheint in diesem Monat im Grachtverlag, Berlin C2, An der Schleuse 2 (Selbstverlag von Dr. Wegener)" (EGW 153).

In A und B bezeichnen sich Paul Tillich und Richard Wegener als Autoren der Abhandlung bzw. der Leitsätze. Tillichs Freund Richard Wegener (1883–1967), seit 1911 Jugendpastor der Synode Berlin III, wurde allerdings schon im Oktober 1919 „zur Bearbeitung von Volkshochschulfragen" in das preußische Ministerium für Wissenschaft, Kunst und Volksbildung berufen. Zum Berliner Kreis der „Religiösen Sozialisten" um Paul Tillich hat er nicht gehört.

[a]Der Sozialismus als Kirchenfrage[a]

[b]Es war die *dogmatische* Fragestellung, welche bisher die Kirche bewegte; von nun an wird es die *ethische* sein. Noch sind die evangelischen Kirchen darauf nicht vorbereitet; weder die theoretischen noch die praktischen Probleme sind geklärt.

Endgültige Lösungen geben zu wollen, maßen wir uns nicht an; nur um die notwendige Diskussion zu fördern, übergeben wir die folgenden Leitsätze der Öffentlichkeit. Sie behandeln nicht den gesamten Problemkomplex: Christentum und Sozialismus, sondern begründen nur die Forderung einer positiven Stellungnahme der Kirche und ihrer Vertreter gegenüber Sozialismus und Sozialdemokratie.[b]

Das Problem gliedert sich [c]nach drei[c] Gesichtspunkten:

I. Das Verhältnis des Christentums zu den Gesellschaftsordnungen überhaupt [d]und der sozialistischen insbesondere.[d]

II. Die Stellung des Sozialismus und der sozialistischen Parteien zu Christentum und Kirche.

III. Die Aufgaben der Kirche gegenüber dem Sozialismus und seinen Parteien. |

I.
[e]*Das Verhältnis des Christentums zu den Gesellschaftsordnungen überhaupt und der sozialistischen insbesondere.*[e]

[f] 1. Aus der Unbedingtheit des religiösen Prinzips folgt, daß es unabhängig ist von jeder bestimmten Kulturform und ihrer geistigen, gesellschaftlichen und wirtschaftlichen Ausprägung. Abzulehnen sind deshalb alle Versuche, das Christentum an sich einer bestimmten Gesellschaftsordnung gleichzusetzen und es seines prinzipiell überkulturellen Charakters zu entkleiden.

2. Andererseits aber wird das religiöse Prinzip nur dadurch *konkret,* daß es Ausdruck gewinnt in bestimmten Formen des Kulturlebens. Abzulehnen sind deshalb ebenso alle Versuche, die unter Verkennung dieser Universalität das Christentum auf ein bestimmtes Gebiet, z.B. der Erkenntnis (Orthodoxie) oder des persönlichen Lebens (Mystik, Quietismus) beschränken wollen.[f]

[g]3. Es ist nun nicht zu verkennen, daß das Christentum in dieser Bewegung [h]vom Unbedingten zum Bedingten mit den autonomen Formen des Kulturlebens zu einer unauflöslichen, wenn auch jeweils | wechselnden Einheit wird. So ist es eins geworden, wie[h] mit den Hauptformen des philosophischen Weltbewußtseins, des ästhetischen Welterlebens, des ethischen Persönlichkeitsideals, so auch mit den großen Formen der Gesellschafts- und Wirtschaftsordnung. In engste soziologische Verbindung sind nacheinander getreten: die alte Kirche mit der spätrömischen Sklavenwirtschaft, die frühkatholische Kirche mit Cäsarismus und Militarismus, die mittelalterliche Kirche mit Naturalwirtschaft, Lehnsverfassung und Hörigkeit, der Kalvinismus mit Kolonialkapitalismus und Demokratie, die lutherische Kirche mit Agrarwirtschaft und absolutistisch-patriarchalischem Obrigkeitsstaat, die moderne Kirche mit Hochkapitalismus, Nationalismus und Militärstaat.

[i]4. Zu allen Zeiten und in all seinen Ausprägungen hat das Christentum in der *Liebesethik Jesu* die grundlegende Norm für das Gemeinschaftsleben gesehen; an ihr gemessen, hat[i] das Christentum für gewisse Formen der Gesellschaftsordnung eine größere *Affinität* [j]als für andere; die Ethik der Liebe trägt in jede Gesellschafts- und Wirtschaftsform ein Ferment der Kritik, das um so erregender ist, je mehr sich jene auf Gewalt, Unterdrückung, Eigennutz gründen. Darum konnte das Christentum mehr Verwandtes in der mittelalterlichen als in der spätrömischen Gesellschaftsstruktur finden und sich enger mit ihr verbinden; darum muß es, unserer Überzeugung nach, im gegenwärtigen Moment in Opposition treten gegen die kapitalistische und militaristische Gesellschafts|ordnung, in der wir stehen und deren letzte Konsequenzen im Weltkrieg offenbar geworden sind.

[k]5. Die Ethik[k] der christlichen Liebe erhebt Anklage gegen eine Gesellschafts|ordnung, die bewußt und *grundsätzlich* auf [l]dem[l] wirtschaftlichen und politischen Egoismus aufgebaut ist, und fordert eine neue Ordnung, in welcher das [m]Bewußtsein[m] der *Gemeinschaft* das Fundament des gesellschaftlichen [n]Aufbaues[n] ist. [o]*(Idee des Sozialismus).*[o]

[p]6. Sie[p] erhebt darum Anklage gegen den *grundsätzlichen* Egoismus der Privat- und Profitwirtschaft, [q]die ihrem Wesen nach ein Kampf aller gegen alle ist,[q] und fordert eine Wirtschaft der Solidarität aller und der Freude nicht am Gewinn, sondern am [r]Werk[r] selber.

[s]7. Sie[s] erhebt Anklage gegen den *grundsätzlichen* Egoismus [t]einer Gliederung der Gesellschaft nach Klassen, durch welche der Klassenkampf notwendig verewigt wird[t]; gegen das auf Geld und Erbschaft gegründete Privileg der Bildung, das den [u]sittlich zerstörenden Gegensatz von „Gebildet“ und „Ungebildet“ geschaffen hat; sie fordert eine Gesellschaft, in der die Stände nicht zu Klassen werden, und die gleiche Bildungsmöglichkeit der Befähigten *jedes* Standes.[u]

[v]8. Sie[v] erhebt Anklage gegen den *grundsätzlichen* Egoismus der [w]nationalen Machtpolitik[w] und die Rechtfertigung [x]der Lüge und Unterdrückung[x] durch die nationale Idee und fordert die Beugung [y]aller Staaten unter eine überstaatliche Rechtsordnung.[y] |

[z]9. Aber nicht nur in seiner Anklage gegen die kapitalistische Gesellschaftsordnung, sondern auch in seiner Verteidigung gegen die Angriffe, sowohl des Kapitalismus als auch der Kirche, kann sich der Sozialismus auf die Ethik der christlichen Liebe berufen.[z]

[a]10. Es wird dem Sozialismus vorgeworfen, daß er durch Ausschaltung des Egoismus als wirtschaftlicher Triebkraft die Produktion lähmen würde; er kann darauf, im Sinne der christlichen Ethik, erwidern, daß nicht der Mensch um der Produktion, sondern die Produktion um des Menschen willen da ist, und daß nicht die Produktion von möglichst vielen Luxusgütern für einzelne, sondern von notwendigen Lebensgütern für alle sittliches Ziel der Wirtschaft ist.

11. Es wird dem Sozialismus vorgeworfen, daß er der natürlichen und göttlichen Ordnung zuwider sei, indem er die Unterschiede der Menschen und Völker aufheben wolle; dem kann er erwidern, daß eine auf Gemeinschaft und Liebe aufgebaute Gesellschaftsform nichts mit dem egalitären Ideal zu tun hat, sondern eine Rangordnung des Könnens anerkennen und auch nationale Eigenart bejahen muß. Denn es liegt im Wesen der Liebe, das Einzelne gerade in seiner Besonderheit zu bejahen.

12. Dem Sozialismus wird ein schwärmerischer Idealismus nachgesagt, der die Wirklichkeit des Lebens, insonderheit der Sünde übersehe. Den Vorwurf der Schwärmerei kann der wissenschaftliche und praktische Sozialismus mit Recht von sich weisen; der wissenschaftliche, weil er überhaupt nicht for|dern, sondern Entwicklungsnotwendigkeiten feststellen will, der praktische, weil er in seiner straffen Disziplin zur Genüge gezeigt hat, daß er die menschliche Natur kennt. Soweit der Sozialismus aber ein ethisches Ideal vertritt, ist er in der gleichen Lage wie jeder ethische Idealismus, daß die Einsicht in die Hindernisse, die entgegenstehen, kein Grund zum Verzicht auf das Ideal selber sein darf. Auch jede Arbeit der Kirche lebt von diesem Idealismus.

13. Es wird dem Sozialismus vorgeworfen, daß er mit seinem Diesseitigkeitsideal der Transzendenz des Christentums entgegenstehe. Aber ebenso, wie es der Ethik der Liebe wesentlich ist, auch das Diesseits von sich aus gestalten zu wollen, ebenso kann der Sozialismus eine Betrachtungsweise anerkennen, die alles Bedingte, Zeitliche unter den Gesichtspunkt eines Unbedingten, Ewigen stellt.

14. Es wird dem Sozialismus endlich vorgeworfen, daß er durch Änderung der Zustände den Menschen ändern wolle. Der umgekehrte Weg aber müsse gegangen werden. Er kann darauf erwidern, daß es Pflicht der Liebe ist, die äußeren Hindernisse, insonderheit die stumpfmachende Arbeitssklaverei zu beseitigen, die es Unzähligen in allen Ständen schwer, ja psychologisch fast unmöglich macht, geistigem Leben überhaupt und damit auch der Religion offen zu sein.

15. Spricht somit vom Standpunkt der christlichen Liebe aus nichts gegen, aber alles für den Sozialismus, so führt auch die geschichtsphilosophische Be-| trachtung zu der Einsicht, daß Christentum und Sozialismus zur Vereinigung bestimmt sind. Mit wirtschaftlicher Einheit war allzeit in der Geschichte geistige Einheit verbunden, der Einheitspunkt aber des Geistes ist die Religion. Wo aber die wirtschaftliche Einheit sich auflöste, wurde auch das Geistesleben widerspruchsvoll und die Religion verlor ihre einigende Kraft. In einer solchen Periode der Auflösung standen wir; ein neues Zeitalter der Einheit hebt an; der Sozialismus wird seine wirtschaftliche und gesellschaftliche Grundlage bilden. Das Christentum aber steht vor der Aufgabe, dieser Entwicklung seine sittlichen und religiösen Kräfte zuzuführen und dadurch eine neue große Synthese von Religion und Gesellschaftskultur anzubahnen.[a] |

II.
[b]*Die Stellung des Sozialismus und der Sozialdemokratie zu Christentum und Kirche.*[b]

[c]16. Aus dem Bisherigen ist zur Genüge deutlich, daß das Christentum der sozialistischen Idee nicht verneinend, sondern unbedingt bejahend gegenüberstehen muß. Es scheint nun aber, als ob der gegenwärtige empirische Sozialismus eine solche Stellungnahme unmöglich machte, und zwar sowohl der sogenannte wissenschaftliche Sozialismus als auch die sozialistischen Parteien.

17. Über den wissenschaftlichen Sozialismus ist zu bemerken: die fälschlicherweise materialistisch, richtig ökonomisch genannte Geschichtsauffassung des Marxismus enthält an und für sich weder Materialismus noch eine Ablehnung des Geisteslebens, sondern behauptet lediglich einen ursächlichen Zusammenhang zwischen der ökonomischen Grundlage und dem geistigen Aufbau der Kultur, eine Einsicht, die richtig benutzt von äußerster methodischer Fruchtbarkeit ist und vor jeder Verwechslung mit metaphysischem Materialismus aufs strengste behütet werden muß. Im übrigen zeigen die vielen nichtmarxistischen For|men des Sozialismus, daß Sozialismus und Marxismus keineswegs identisch sind.[c]

18. Was aber [d]die[d] *sozialistischen Parteien* betrifft, so muß unterschieden werden zwischen [e]ihrer[e] Stellung zum Christentum und der Stellung zur Kirche, zwischen einzelnen Worten einzelner Vertreter und der formulierten Meinung der Parteien, zwischen dem Ideal und seiner empirischen Vertretung. Diese Unterscheidungen, die das Christentum, wie jede geistige Bewegung, für die Beurteilung seiner selbst mit Recht fordert, muß es gerechterweise auch dem Sozialismus zugute kommen lassen.

[f]19. Zweifellos gibt[f] die empirische Vertretung des Sozialismus in Vergangenheit und Gegenwart zu mancherlei Kritik Anlaß.[g] [h]Insbesondere[h] gilt das von der materialistischen Gesinnung, die [i]gerade aus dem kapitalistischen Bürgertum in die Arbeiterkreise gedrungen ist. Es wäre aber unberechtigt, den gegenwärti-

gen Zustand der sozialistischen Bewegung mit seinen offensichtlichen Schäden, der im wesentlichen auf das Schuldkonto des Krieges kommt, dem Sozialismus zum Vorwurf zu machen. Sehr vieles von dem, was augenblicklich von Anhängern des Sozialismus im Namen des Sozialismus getan wird, steht mit der sozialistischen Idee in schärfstem Widerspruch.[i]

[j]20. Es hat auch[j] eine Anzahl sozialdemokratischer Führer, namentlich der deutschen Sozialdemokratie, am Ende des vorigen Jahrhunderts, Äußerungen getan[k], die nicht nur Feindschaft gegen die Kirche, sondern gegen das Christentum und die Religion über|haupt verraten. [l]Darum ist aber[l] der materialistische *Atheismus* [m]noch keine[m] dem Sozialismus wesentliche Erscheinung[n]; vielmehr [o]ist er[o] eine Erbschaft der *bürgerlichen* [p]Kultur[p], die von vielen Sozialdemokraten aus agitatorischen Gründen gern übernommen wurde.[q] Es ist aber auch vielen Führern der gegenwärtigen Sozialdemokratie nicht mehr verborgen, daß die bisherigen Methoden des Parteikampfes zu einer Entleerung und Entgeistigung der Bewegung geführt haben. Es wird deshalb in ihren Kreisen die Forderung nach einer ethisch-religiösen Beseelung des Sozialismus immer lauter erhoben, und immer klarer erkannt, daß der Sozialismus nicht nur Wirtschafts-, sondern vor allem auch Erziehungsangelegenheit ist.

21. Die Stellung der Sozialdemokratie zur *Kirche* ist die einer grundsätzlichen Indifferenz gegen das konfessionelle Kirchentum („Religion ist Privatsache") und einer grundsätzlichen Ablehnung alles Staatskirchentums, also eine radikale Durchführung des Toleranzgedankens einerseits, des religionsfreien Staatsgedankens andererseits; der Widerspruch der Sozialdemokratie richtet sich lediglich gegen die gegenwärtigen mit bürgerlich-kapitalistischer und nationalistischer Gesellschaftsordnung aufs innigste verbundenen Staatskirchen, die in den meisten Fällen auf der Seite ihrer Gegner standen und nur wenig Verständnis zeigten für [r]die Verwandtschaft[r] des sozialistischen Ideals mit der Ethik der Liebe.

22. Kann auch die radikale Trennung von religiösem und staatlichem Leben *von beiden Seiten | her* [s]manchem[s] Bedenken unterliegen, kann auch die Kritik der Sozialdemokratie von der gegenwärtigen Kirche vielfach als ungerecht empfunden werden[t], so ist es darum doch keineswegs berechtigt, der Sozialdemokratie prinzipielle Christentumsfeindlichkeit vorzuwerfen; vielmehr gleicht ihre ethische Kritik in mancherlei [u]Beziehung[u] derjenigen der[v] Gemeinschafts- und Sektenkreise, denen man zwar Unkirchlichkeit, aber nicht Unchristlichkeit vorwerfen kann.

23. Was endlich die [w]revolutionäre Haltung der Sozialdemokratie betrifft, so kann sie nur demjenigen für schlechthin unchristlich gelten, dem Christentum gleichbedeutend ist mit Luthertum[w]. Die reformierte Kirche hat, seit Beza, gelehrt, daß im Fall des Versagens der höheren Obrigkeit die niedere das *Recht zur Revolution* hat, eine Lehre, der die Erhaltung des niederländischen und englischen Protestantismus zu danken ist. Auch Thomas von Aquino hat das Recht und unter bestimmten Voraussetzungen, auch die *Pflicht zur Revolution* anerkannt. Selbst das revolutionsfeindliche Luthertum hat im Schmalkaldischen und Dreißigjährigen Krieg bewaffneten Widerstand gegen den Kaiser geleistet. |

III.
[x]*Die Aufgaben der Kirche gegenüber dem Sozialismus und seinen Parteien.*[x]

24. Ist somit weder in der sozialistischen Idee, noch in den sozialistischen Parteien ein grundsätzlicher[y] Gegensatz gegen Christentum und Kirche enthalten[z], so ergibt sich daraus die Notwendigkeit einer positiven Stellungnahme der Kirche gegenüber Sozialismus und Sozialdemokratie.

25. [a]Positive Stellung ist noch nicht[a]: Wille zur *christlichen Sozialreform.* Diese bedeutet – ohne daß damit ihre relative Notwendigkeit bestritten werden soll – ein Mittel zur Erhaltung der prinzipiell kapitalistischen Gesellschaftsform durch Abschneiden ihrer schlimmsten Auswüchse. Es entspricht aber dem Geist der Liebe mehr, das Übel selbst auszurotten, als die Leiden, die es immer wieder bringt, durch Teilmaßregeln mildern zu wollen[b]; es ist das höhere Ziel, die Grundlagen des wirtschaftlichen Elends zu vernichten, als die Verelendeten durch[c] eine „soziale Gesetzgebung" aus dem Schlimmsten zu retten; es ist ein höheres Ziel, die Möglichkeit des wirtschaftlichen Egoismus zu unterbinden, als ihn durch Arbeiterschutzgesetze oder den Appell an die | Pflicht patriarchalischer Fürsorge einzuschränken. Es ist auch das höhere Ziel, durch rücksichtslose Bekämpfung des nationalen Egoismus, durch [d]übernationale[d] Rechtsorganisation die Quelle des Krieges zu zerstören, als durch Liebeswerke die Wunden des Krieges zu lindern; sind nun auch soziale Fürsorge und Gesetzgebung für jetzt und wohl noch längere Zeit [e]nicht[e] zu entbehren, so muß doch das Ideal, sie überflüssig zu machen, auch von denen anerkannt werden, die es für nicht ganz realisierbar halten; die Kirche aber muß dieses Ideal zu dem ihren machen und im Namen der christlichen Liebe seine Verwirklichung fordern.

26. [f]Positive[f] Stellung der Kirche zum Sozialismus ist ferner nicht[g] der Versuch, *die Arbeiterschaft für die gegenwärtigen Kirchen zu gewinnen.* So begreiflich dieser Versuch auch ist, so notwendig ist er doch in der augenblicklichen Lage zum Scheitern verurteilt. Der sozialistische Arbeiter sieht mit Recht in der gegenwärtigen Kirche eine Verbündete des kapitalistischen Klassenstaates und in ihren Einrichtungen und Lebensformen eine bürgerliche Schöpfung[h]. Es hieße deshalb, [i]den[i] *Judenchristen* ähnlich, die [j]den[j] Heidenchristen das jüdische Zeremonialgesetz auferlegen [k]wollten[k], den Sozialisten das Gesetz der bürgerlichen Lebensform auferlegen[l], [m]würde[m] das Christentum die positive Stellung zu ihnen von ihrer Teilnahme an der gegenwärtigen Lebensform der Kirche abhängig machen; es hieße gänzlich auf sie verzichten. |

Im übrigen ist zu bedenken, daß der Sozialismus nicht nur eine Arbeitersache ist, sondern *ein neues ethisches Ideal,* das[n] für alle Kreise[o] Geltung hat. Das Problem wird verschoben, wenn man die Frage Christentum und Sozialismus verwechselt mit der Frage: Kirche und Arbeiterschaft.

27. Können die beiden besprochenen Wege nicht zum Ziele führen, so bleibt nur der dritte: Vertreter des Christentums und der Kirche, die auf sozialistischem Boden stehen, treten ein in die sozialistische Bewegung, um einer künf-

tigen Verbindung von Christentum und sozialistischer Gesellschaftsordnung den Weg zu bahnen.

Darin sind[p] vorangegangen die christlichen Sozialisten der Schweiz, Hollands, der nordischen Länder, Englands. [q]In Deutschland befindet sich die entsprechende Bewegung noch in ihren ersten Anfängen.[q]

28. [r]Von den Kirchenleitungen aber ist zu fordern, daß sie[r] allen denen, die diesen schwierigen, unbekannten, [s]wichtigen[s] Weg gehen und aus christlicher und sozialistischer Überzeugung heraus die Vereinigung beider in neuen Formen des [t]kirchlichen und[t] gesellschaftlichen Lebens suchen, [u]keineHindernisse in den Weg legen[u], [v]vielmehr anerkennen, daß eine christlich-sozialistische Bewegung aus christlichem und kirchlichem Interesse nicht nur zu dulden, sondern in hohem Maße zu begrüßen ist. Die weitere Entwicklung dieser Bewegung ist von entscheidender Bedeutung für die Zukunft der deutschen evangelischen Kirchen.[v] |

[w]29. In dem Maße, in welchem die christlich-sozialistische Bewegung erstarkt, wird sie Einfluß auf die Gestaltung der Kirche gewinnen können. *Aus der Bewegung selbst werden dann die positiven und negativen Forderungen hervorwachsen.* Das eine ist aber jetzt schon zu verlangen, daß niemand, weil er sozialistisch denkt, von Leben und Leitung der Kirche ferngehalten wird, weder Pfarrer noch Laie. Nur dann ist Aussicht vorhanden, daß die Kluft zwischen Sozialismus und Christentum auf dem Boden der vorhandenen Kirchen überbrückt wird. Andernfalls wird die christlich-sozialistische Bewegung von vornherein in kirchenfeindliche Bahnen gezwungen.[w]

30. Es wird nicht zu vermeiden sein, daß dadurch auch auf ethischem Gebiet Gegensätze in der Kirche lebendig werden; diese Gegensätze waren bisher dadurch vermieden worden, daß die Kirche sich wesentlich negativ gegen [x]das der christlichen Ethik verwandteste[x] der ethisch-politischen Ideale, den Sozialismus, stellte, mitveranlaßt freilich [y]durch[y] die ebenso negative Haltung der Vertreter dieses Ideals gegen die Kirche. Es ist nun aber der ungeheure Vorzug der Kirche vor der Sekte, daß sie derartige Spannungen tragen und fruchtbar machen kann für ihre eigene Entfaltung; lehnt die Kirche die Vereinigung von Christentum und Sozialismus ab, so hat sie in einem Volk, das sich fast zur Hälfte für den Sozialismus entschieden hat, das Recht verwirkt, sich *Volkskirche zu* nennen; nimmt sie den Sozia|lismus in sich auf, so hat sie zwar für den Augenblick mancherlei Schwierigkeiten und für lange hinaus Kämpfe und Spannungen zu ertragen; sie hat aber wahrhaft christlich gehandelt an denjenigen ihrer Glieder, die als Sozialisten [z]in[z] Gegensatz stehen müssen zu ihrer gegenwärtigen Form; sie hat wahrhaft kirchlich gehandelt, indem sie die Gegensätze nicht ausgeschieden, sondern in sich aufgenommen hat. *Sie hat damit, um den Preis gegenwärtiger Belastung durch neue Spannungen, sich die Möglichkeit gesichert, ihre Sendung in der Zukunft zu erfüllen.*

Kritischer Apparat

Berücksichtigt werden lediglich die sich in A findenden Abweichungen, nicht aber die durch Unvollständigkeit und Fehler sowie durch Modernisierung der Interpunktion bedingten Varianten in A/1, A/2 und C. In den Übersetzungen A/3 und E finden sich keine Sinnabweichungen.

3 a–a A: ohne Überschrift

b–b: fehlt in A, A/1 bis A/3, statt dessen A: Aus der Anfrage des Ev. Konsistoriums der Provinz Brandenburg vom 16. Mai 1919, unseren Vortrag in Berlin-Zehlendorf betreffend, ist nicht zu ersehen, welche Gesichtspunkte für die Antwort maßgebend sein sollen.
Wir glauben jedoch, annehmen zu dürfen, daß es sich nicht um politische Tätigkeit überhaupt, sondern um politische Tätigkeit bei einer bestimmten Partei, nämlich der *Unabhängigen Sozialdemokratischen Partei Deutschlands*, handelt. Wir ergreifen deshalb die Gelegenheit, unsere Anschauung über das Verhältnis von *Christentum und Sozialismus*, bezw. von Kirche und sozialistischen Parteien zu grundsätzlichem Ausdruck zu bringen.
Wir geben damit zugleich den wesentlichen Inhalt unserer, auf Einladung der genannten Partei gehaltenen Referate wieder und legen dar, welche Gründe uns veranlaßt haben, sie zu übernehmen.

c–c A: uns nach folgenden drei

d–d fehlt in A

4 e–e fehlt in A

f–f statt dessen A: Wir sind der Überzeugung, daß das Christentum, wie die Religion überhaupt, seinem Wesen nach ein Erlebnis Gottes in und über allen Dingen ist, ein Erlebnis, das zu jeder Zeit und in jeder Lage möglich und an sich unabhängig ist auch von jeder gesellschaftlichen und wirtschaftlichen Form. Wir lehnen deshalb alle Versuche ab, das Christentum mit einer Gesellschaftsordnung gleich zu setzen und es seines innerlichen, persönlichen Charakters zu berauben.
Wir wissen aber auch, daß das Christentum die Kraft und den Willen in sich trägt, das Menschheitsleben von sich aus zu gestalten, sei es die Erkenntnis der Wahrheit, sei es das Werden der Einzelpersönlichkeit, sei es das Leben der Gesellschaft. – Wir lehnen deshalb ebenfalls jede Form des Christentums ab, die es bei der reinen Innerlichkeit festhalten will.

g die Ziffer fehlt in A, wie alle weiteren Ziffern (bis 30) der Druckvorlage in A fehlen.

5 h–h A: von innen nach außen auf die selbstgewachsenen Formen des Kulturlebens stößt, an denen es nicht einfach vorbeigehen, sondern die es von sich aus gestalten muß und von denen es wiederum gestaltet wird. So hat es sich in wechselseitiger Durchdringung verbunden

i–i A: Dabei ist aber zu beobachten, daß

j in A folgt: besitzt

6 k–k A: Der Geist

l–l A: den

m–m A: Gefühl

n–n A: Aufbaus

o–o fehlt in A.

p–p A: Er

q–q A: in der jeder eines jeden Feind ist, weil sein Mehrgewinn durch Mindergewinn oder Ruin des Anderen bedingt ist,

r–r A: Werke

s–s A: Er

t–t A: der Klassen und Stände, deren jeder sich zu bereichern sucht durch Ausnutzung des anderen;

u–u A: Gegensatz unüberbrückbar und unaufhebbar macht; gegen die prinzipielle Bejahung des Klassenkampfes, und fordert: Aufhebung der Klassen, Aufhebung des Bildungsprivilegs der Besitzenden, Aufhebung der Ausnutzungsmöglichkeit eines Standes durch den anderen.

v–v A: Er

w–w A: Nationen

x–x A: jeder Form der Lüge, der Gewalt

y–y A: der Völker unter die Idee des Rechts, die Herstellung des Gemeinschaftsbewußtseins auch der Völker.

7–9 z–z fehlt in A.

a–a A: Wenn dem Sozialismus erwidert wird, daß durch die Ausschaltung des Egoismus als wirtschaftlicher Triebkraft die Produktion verringert werden würde, so könnte er, selbst wenn er es zugestehn müßte – im Geiste der christlichen Liebe – darauf hinweisen, daß nicht der Mensch um der Produktion, sondern die Produktion um des Menschen willen da ist; daß nicht die Herstellung möglichst vieler Luxusgüter für eine bestimmte Klasse, sondern möglichst vieler lebensnotwendiger Güter für alle sittliches Ziel der Wirtschaft ist.

Er kann aber, darüber hinaus, zeigen, daß mit der wirtschaftlichen Zerspaltenheit allzeit in der Geschichte eine geistige Zerspaltenheit verbunden war, und mit der wirtschaftlichen Einheit eine geistige Einheit, und daß die Seele geistiger Einheit die Religion ist; er kann darum mit Recht die Überzeugung aussprechen, daß die geistige Zersplitterung, in der wir stehn, nur überwunden werden kann unter gleichzeitiger Überwindung der wirtschaftlichen, und daß die Idee einer neuen religiös erfüllten Einheitskultur nur realisierbar ist auf dem Boden einer neuen gesellschaftlichen und wirtschaftlichen Einheit, deren Seele die Religion ist.

Es ist unsere Überzeugung, daß wir am Beginn dieser Entwicklung stehn; sie kann nur aufgehalten, nicht mehr gehindert werden; das Christentum aber steht vor der Entscheidung, ob es diese Entwicklung beseelen und führen wird oder ob es, abseitsbleibend, in prinzipiell vergangenen Gesellschaftsformen und Gesellschaftskreisen verengen und verkümmern wird.

Wie aber auch die ethische und wissenschaftliche Meinung über das Verhältnis von Christentum, Kapitalismus und Sozialismus sein mag, eins ist unter allen Umständen festzuhalten, daß es dem Christentum möglich und notwendig ist, mit *jeder* Wirtschafts- und Gesellschaftsform in Verbindung zu treten, auch mit dem Sozialismus, und daß eine prinzipielle Ablehnung des Sozialismus im Namen des Christentums der Universalität des Christentums widerspricht.

10 b–b fehlt in A

c–c A: Ist in dem Bisherigen gezeigt worden, daß das Christentum nicht nur die

Möglichkeit, sondern – unserer Überzeugung nach – die Verpflichtung hat, mit dem Sozialismus in Verbindung zu treten, so ist nun das Entscheidende vom Sozialismus zu zeigen.
Die *sozialistische Idee* bietet an und für sich kein Hindernis einer Verbindung mit dem Christentum.
Der Einwand, daß das sozialistische Ideal ein Diesseitigkeitsideal sei, vergißt, daß auch das Christentum ein Diesseitigkeitsideal enthält. Der Einwand, daß das sozialistische Ziel idealistische Schwärmerei sei, die an der Wirklichkeit des Lebens, insbesondere der Sünde zerbrechen müsse, verleugnet das Wesen des ethischen Idealismus überhaupt, für den Thatsachen niemals Gegenbeweise, sondern Widerstände sind, die überwunden werden müssen.
Die sozialistische Idee steht dem Christentum nicht entgegen. Aber auch die *sozialistische Wissenschaft* nicht. Die, fälschlicherweise, materialistisch, richtiger ökonomisch genannte Geschichtsauffassung des Marxismus enthält an und für sich weder Materialismus noch eine Ablehnung des Geisteslebens und der Religion, sondern behauptet lediglich einen ursächlichen Zusammenhang zwischen der ökonomischen Grundlage und dem geistigen Aufbau der Kultur, eine für alle Geisteswissenschaften äußerst fruchtbare methodische Einsicht, die weder mit Atheismus noch mit metaphysischem Materialismus irgend etwas zu tun hat.

11 d–d A: die Stellung der
e–e A: der
f–f A: Wir verkennen nicht, daß
g A fügt an: gibt
h–h A: Insonderheit
i–i A: auch die Arbeiterkreise nicht unberührt gelassen hat. Wir behaupten aber, daß ein erheblicher Teil der Vorwürfe auf Unkenntnis und parteipolitischer Entstellung beruht, ein Schicksal, das auch dem Christentum zu keiner Zeit erspart geblieben ist.
j–j A: Wir wissen auch, daß
k A fügt an: haben
12 l–l A: Wir bestreiten aber, daß
m–m A: eine
n A fügt an: sei
o–o A: behaupten wir, daß er
p–p A nach Komma: kritisch-skeptischen Kultur ist
q A fügt nach Komma an: um durch Ausrottung des Jenseitsgedankens dem Willen zu einer gerechten Gestaltung des Diesseits eine größere Stoßkraft zu geben.
r–r A: den Zusammenhang
13 s–s A: manchen
t A fügt an: kann auch die Gleichsetzung von Urchristentum und Sozialismus, historisch betrachtet, nicht zugestanden werden,
u–u A: Beziehungen
v A fügt ein: gerade am Urchristentum sich orientierenden
w–w A: Stellung der Sozialdemokratie zur *Revolution* betrifft, so ist zunächst festzustellen, daß ein notwendiger Zusammenhang zwischen der sozialistischen Idee und der revolutionären Taktik nicht besteht. Andererseits kann die revo-

lutionäre Haltung der Sozialdemokratie nur demjenigen für schlechthin unchristlich gelten, der Christentum und Luthertum gleichsetzt.

x–x fehlt in A.

y A fügt nach Komma ein: im Wesen liegender

z A fügt an: ist vielmehr die Sehnsucht nach einer Erfüllung mit sittlich-religiösem Geist in weiten Kreisen des Sozialismus lebendig,

a–a A: Unter positiver Stellungnahme verstehen wir nicht:

b A fügt ein: es ist das höhere Ziel, die Voraussetzungen des Almosengebens aufzugeben, als die Armut durch Almosen zu lindern;

c A fügt ein: die Werke der christlichen Liebestätigkeit oder

15 d–d A: internationale

e–e A: noch nicht

f–f A: Unter positiver

g A fügt ein: zu verstehen

h A fügt an: zu dem ihm die psychologische Vermittlung fehlt.

i–i A: dem

j–j A: dem

k–k A: will

l A fügt an: wollen

m–m A: wollte

16 n A fügt an: Vertreter in allen Kreisen hat und

o A fügt an: ethische

p A fügt an: uns

q–q A: Nur in Deutschland giebt es bisher noch keine entsprechende Bewegung.

r–r A: Wir sind der Überzeugung, daß es im höchsten Interesse der Kirche liegt,

s–s A: aber unendlich wichtigen

t–t A: christlichen oder

u–u A und B: nicht nur keine Hindernisse in den Weg zu legen

v–v A: sondern sie mit allen Kräften moralisch und praktisch zu unterstützen.

17 w–w A: Eins aber ist, unserer Überzeugung nach, unter allen Umständen zu fordern, daß die Kirche sich jeder, ausgesprochenen oder unausgesprochenen, Stellungnahme gegen den Sozialismus und die sozialistischen Parteien enthält und ihren Vertretern die Freiheit läßt, allen Richtungen anzugehören. Ob sie gleichzeitig dem Geistlichen die öffentliche politische Tätigkeit untersagt oder erlaubt, ist eine Frage, deren Entscheidung lediglich von der Rücksicht auf das Amt abhängen dürfte. Freilich wird es keinesfalls zu verhindern sein, daß ethische Ideale, wie sie hinter den großen politischen Bewegungen des Konservatismus, der Demokratie, des Sozialismus stehen, in der gesammten privaten und amtlichen Tätigkeit des Pfarrers, z.B. in der Seelsorge, zum Ausdruck kommen. Jedenfalls ist zu verlangen, nicht nur vom sozialistischen, sondern auch vom christlichen Standpunkt, daß, solange das Recht öffentlicher politischer Betätigung des Pfarrers besteht, es für alle Parteien gleichmäßig zugestanden wird.

x–x A: eins – unserer Überzeugung nach das höchste und dem Christentum kongenialste –

y–y fehlt in A.

18 z–z A: im

2. Masse und Geist
Studien zur Philosophie der Masse (1922)

A. Persönlichkeit und Masse. Einleitung: Bildtypen. Handschrift (PTAH, box 110:002). – Bezieht sich auf: Masse und Persönlichkeit. I. Die Typen der Masse. A (= S. 5–8 der Druckvorlage).

B. Masse und Persönlichkeit. In: Die Verhandlungen des 27. und 28. Evangelisch-sozialen Kongresses abgehalten in Leipzig, am 15. und 16. Oktober 1918 und in Berlin am 23. und 24. Juni 1920. Göttingen: Vandenhoeck & Ruprecht 1921, S. 76–95. – Bezieht sich auf S. 5–23 der Druckvorlage.

C. Masse und Religion. In: Blätter für Religiösen Sozialismus. Herausgeber: Carl Mennicke. 2. Jahr. Berlin, Januar 1921. Nr. 1, S. 1–4; Februar 1921. Nr. 2, S. 5–7; März 1921. Nr. 3, S. 9–12. – Bezieht sich auf S. 37–55 der Druckvorlage.

D. (Druckvorlage:) Masse und Geist. Studien zur Philosophie der Masse (Volk und Geist, H. 1). Verlag der Arbeitsgemeinschaft Berlin und Frankfurt a. M. 1922.

E. Masse und Geist. In: GW II (1962) 35–90.

F. Masse et esprit. Études de philosophie de la masse. In: Paul Tillich, Christianisme et socialisme. Écrits socialistes allemands (1919–1931). Traduction de Nicole Grondin et Lucien Pelletier. Introduction de Jean Richard. Les Éditions du Cerf, Éditions Labor et Fides, Les Presses de l'Université Laval 1992, 47–112.[Übersetzung von E]

Zur Textgeschichte

Wie Tillich im Vorwort von D mitteilt, enthält der Band zwei Vorträge und einen Aufsatz. Daß beide Vorträge bereits vorher veröffentlicht wurden (B und C), bleibt unerwähnt. Den Vortrag „Masse und Persönlichkeit" hat Tillich am 23.6.1920 auf dem Evangelisch-sozialen Kongreß in Berlin gehalten. Zuvor hatte Walter Goetz, Prof. der Geschichte in Leipzig, Publizist und Mitglied des Reichstages (DDP), politisch liberal eingestellt und Lujo Brentano und Friedrich Naumann nahestehend, über das Thema „Masse und Persönlichkeit" referiert. Tillich hielt also das Korreferat, und das Thema war ihm vorgegeben. Die Referate wurden von älteren Vertretern des Evangelisch-sozialen Kongresses gehalten, die Korreferate „von den Vertretern einer jüngeren Schicht, den sogenannten Religiös-Sozialen", wie Karl Ludwig Schmidt später rückblickend feststellte (Die Verhandlungen des 29. und 30. Evangelisch-sozialen Kongresses, Iserlohn 1923, S. 34). So hatten zum Thema „Das soziale Evangelium im neuen Deutschland" Paul Rohrbach und Karl Mennicke, zum Thema „Die Erhaltung der Kirche als sozialen Faktors" Hans Schlemmer und Günther Dehn gesprochen. An der Diskussion über die Vorträge von Goetz und Tillich beteiligten sich u.a. Theodor Heuß, Dozent an der Deutschen Hochschule für Politik in Berlin, Friedrich Naumann nahestehend, Konrat Weymann, Oberverwaltungsgerichtsrat und Vorstandsmitglied der von Friedrich Siegmund-Schultze geleiteten Sozialen Arbeitsgemeinschaft Berlin-Ost, der Theologe Martin Rade sowie

Elsbeth Krukenberg, Frauenpolitikerin und Vorstandsmitglied des Evangelisch-sozialen Kongresses. „(Pfarrer) Georg Liebster unterstrich die Tendenz des Korreferenten, den Wert und die entscheidende Bedeutung der Masse hervorzuheben. Die Persönlichkeit ist in jedem Falle nur Repräsentant und ihre Wirkung auf die Masse untergeordnet gegenüber der Wirkung der Masse auf die Persönlichkeit. Die Strömungen des Volkslebens sind Gottes Stimme. Wir müssen immer lauschen, was Gott uns durch die Masse zu sagen hat. Rade sprach sich ähnlich aus: auch die größten Persönlichkeiten werden aus der Masse heraus geboren. Wir müssen die Masse lieben und sie zum Persönlichwerden erlösen, sonst werden wir das Massenproblem nie bezwingen. Frau Krukenberg unterstreicht in Tillichs Ausführungen, daß wir die Menschen nie zu Objekten machen dürfen und dadurch Masse schaffen. Selbsttätig, Subjekte im Wirtschaftsleben sollen sie werden, wie es das Betriebsrätegesetz will" (Die Verhandlungen des 27. und 28. Evangelisch-sozialen Kongresses, Göttingen 1921, S. 95).

Tillich seinerseits beteiligte sich an der Diskussion über das Referat von Hans Schlemmer und das Korreferat von Günther Dehn. Wie im Bericht über die Verhandlungen mitgeteilt wird, stimmte man „weit überwiegend" dem Referenten zu und „verhielt sich gegen den religiös-sozialen Standpunkt des Korreferenten kritisch, z.T. unbedingt ablehnend". Otto Baumgarten bekannte „sehr ernst", „die ganze Tragik der Gegensätze empfunden zu haben" (S. 126). In seiner Autobiographie berichtet er: „Man wird es begreifen, wenn ich selbst als verantwortlicher Regisseur der Tagung, der auch die eigenartige Mischung der Referenten aus Anhängern der alten Kongreßrichtung und aus solchen der jungen radikalen Richtung zu verantworten hat, mir kein Urteil erlaube über das Ergebnis der Tagung... Mir hat das lebendige Eintreten der geistes- und willensstarken Vertreter der religiös-sozialen Jugend in die Verhandlungen viel geboten, und vermag ich auch hinterher das kühne Unternehmen, mit der Heranziehung dieses linken Fügels das Ausbleiben des rechten Fügels zu riskieren, nicht zu bedauern ... Man wird doch wohl behaupten dürfen, daß wir zum erstenmal einen größeren Versuch gemacht haben, die beiden sozialen Bewegungen des modernen Protestantismus, den von Naumann geführten evangelisch-sozialen Reformismus und den von Ragaz und Kutter inspirierten religiös-sozialen Radikalismus, auf dem Grunde der gemeinsamen evangelischen Glaubensüberzeugung zusammenzufassen" (Ders., Meine Lebensgeschichte, Tübingen 1929, S. 418).

Günther Dehn deutete sicher auch Mennickes und Tillichs Position auf dem Evangelisch-sozialen Kongreß an, wenn er in seinem Schlußwort erklärte: „Gegensätze sind ja allerdings vorhanden, und es scheint mir nur erfreulich zu sein im Interesse der Klärung, daß sie heute deutlich und scharf zum Ausdruck gekommen sind. Es ist eben doch ein Unterschied zwischen der alten reformistisch-liberalistischen Anschauung, wie sie der evangelisch-soziale Kongreß vertritt, und der neuen Einstellung, die man vielleicht die radikale nennen könnte, wie sie durch die Korreferate zum Ausdruck gekommen ist" (Verhandlungen, S. 127).

Über die Entstehung des Aufsatzes „Masse und Bildung" konnte nichts ermittelt werden. Der Vortrag bzw. Aufsatz „Masse und Religion" gibt einen Einblick in die

Diskussionslage des Berliner Kreises der Religiösen Sozialisten. Carl Mennicke, der Herausgeber der „Blätter für Religiösen Sozialismus", hat ihn als eine entscheidende Klärung von Fragen" bezeichnet, die seine eigenen in den „Blättern" erschienenen Aufsätze nur aufwerfen konnten (Blätter für Religiösen Sozialismus, Januar 1921, Nr. 1, S. 1 Fußnote).

Zum Thema „Masse und Geist" vgl. auch Tillichs im Jahre 1912 in Berlin-Moabit gehaltene Predigt über „das Rätsel der Masse", wo er u.a. ausführt: „Auf jedem Antlitz in diesen Massen leuchtet aus dem Auge der Strahl des Ewigen, das in ihnen schlummert. Jeder von ihnen hat eine unendliche Sehnsucht, die Sehnsucht der Seele nach Gott" (P. T., Frühe Predigten (1909–1918), hrsg. und mit einer historischen Einleitung versehen von Erdmann Sturm, EGW VII, Berlin-New York 1994, S. 253–269 [254f.]). Das Thema „Masse" war 1895 durch Gustave Le Bon (Psychologie des foules) angestoßen worden (übers. ins Deutsche von Rudolf Eisler: Psychologie der Massen, Leipzig 1908). Vgl. auch S. Sieber, Die Massenseele. Ein Beitrag zur Psychologie des Krieges, der Kunst und Kultur, Dresden und Leipzig 1918, sowie S. Freud, Massenpsychologie und Ichanalyse, Wien 1921. Literarisch hat das Thema Ernst Toller in seinen Dramen behandelt. Hermann Pongs vergleicht Tillich und Toller (Tollers Dramen vom Menschen der Masse, in: Die Christliche Welt 38, 1924, Sp. 462–472).

Eine von Tillich in „Religiöse Verwirklichung" (1. Aufl. Berlin 1930, 2. Aufl. o.J. [1931], S. 298 Anm. 15) behauptete „2. Aufl. 1929" von „Masse und Geist" mit dem Untertitel „Studien zur Soziologie der Masse" konnte nicht nachgewiesen werden.

Masse und Geist
Studien zur Philosophie der Masse

[a]*Vorwort*

Die zwei Vorträge und der Aufsatz, die hier vereinigt sind, stellen kein streng geschlossenes System dar, vielmehr bearbeitet jeder in sich und ohne Hinweise auf die andern das Problem in eigenem Gedankenkreis und mit eigenen Begriffen. Stärker aber als die Unterschiede ist die gemeinsame Grundanschauung, die in den drei Aufsätzen nach drei Richtungen hin zum Ausdruck gebracht ist: nach der ethisch-sozialen, nach der geistig-pädagogischen und nach der philosophisch-religiösen Seite. So umfassen sie, sich ergänzend, die drei Hauptgebiete des bewußten Lebens und rechtfertigen den Gesamttitel: Masse und Geist. Die Grundidee stammt nicht aus parteipolitischer Voreingenommenheit – manche kritische Bemerkung über die mir am nächsten stehende, sozialistische Richtung mag das beweisen –, auch nicht aus soziologischer oder philosophischer Reflexion – Reflexionen auszusprechen ist überflüssig –, sondern aus dem Weltgeschehen der letzten Jahre, wie es sich mir und vielen anderen mit unabwendbarer Gewalt zur Deutung aufdrängte, und aus einem, wohl religiösen Wurzeln entstammenden, [b]Hingezogensein[b] zu den dunklen Tiefen des Massenlebens mit seiner Not, seiner Formlosigkeit und schöpferischen Kraft. Daß es dennoch nicht Gefühle, sondern Gedanken sind, die ich zum Ausdruck gebracht habe, Gedanken, die das Resultat intensiver philosophischer Arbeit sind, wird hoffentlich nirgends zweifelhaft bleiben. Freilich bilde ich mir nicht ein, die Probleme gelöst zu haben. Das ist in so engem Rahmen und zur Zeit vielleicht überhaupt nicht möglich. Was ich aber hoffe, ist dieses: durch den Sumpf, in den die Behandlung des Massenproblems durch Schlagwort, Phrase und Agitation geraten ist, einen Graben geführt zu haben, der sich durch ernsthafte, schlagwortfreie Debatte zu einem lebendigen Fluß ausweiten und manche Giftstoffe unseres geistigen und sozialen Lebens wegtragen kann. Mein Hauptwunsch aber ist, denen, die sich mit Recht oder Unrecht als die Geistigen fühlen, zu zeigen, daß das Problem der Masse, in der Tiefe erfaßt, das Problem des Geistes selbst ist und nicht eine Sache des Hasses oder der Sentimentalität, daß darum seine Behandlung höchste Ernsthaftigkeit und völlige Gewissenhaftigkeit seelisch und gedanklich verlangt, und daß jeder schlagwortartige Gebrauch des Wortes „Masse" nicht nur ein soziales Unrecht, sondern eine Schuld ist am Geiste selbst.

Berlin, im Oktober 1921
[c]Paul Tillich[ca]||

[d]*Masse und Persönlichkeit*[d]

[e]*I. Die Typen der Masse*[e]

[f]*A.*[f]

[g]Zu einer Zeit, wo die Einsicht in den unzerreißbaren Zusammenhang aller Seiten des Kulturlebens [h]sich allenthalben[h] durchzusetzen beginnt, wo umfassende [i]Kultur-Analyse den Blick geöffnet hat für die letzte Tiefe[i], in [j]der[j] der Quell aller Geistesschöpfungen entspringt und [k]sich gleichmäßig[k] in alle ergießt, in solcher Zeit weiterer Horizonte wird es nicht [l]überraschen[l], wenn ich [m]die Entwicklung eines sozialethischen Problems mit der Hinwendung auf ein scheinbar ganz fremdes[m] Gebiet beginne, wenn ich versuche, die erste [n]Anschauung[n] dessen, was [o]die Begriffe „Masse" und „Persönlichkeit" uns sagen können[o], in Werken der Malerei zu finden.

Die Malerei ist stumme Offenbarerin und spricht doch dem deutenden Geist oft vernehmlicher als das [p]begriffstragende[p] Wort. Denn sie dringt auf uns ein mit der [q]unwiderleglichen[q] Kraft unmittelbarer Anschauung. So [r]will ich es denn unternehmen, an den wichtigsten Bildstilen[r], in denen [s]Massen zur Darstellung kommen und zu Führerpersönlichkeiten in ein bildmäßiges Verhältnis gesetzt sind, die Art der Masse und ihre Erfassung im Geiste der Zeit aufzuzeigen. Das reiche Anschauungsmaterial, das so erwächst, wird der begrifflichen Durchdringung wesentlich vorarbeiten.[s]

Beginnen wir mit einem [t]mittelalterlich frühgotischen Bilde[t], etwa einer „Kreuztragung" mit großem Gefolge, oder einer „Geburt" mit Hirten und Königen, oder einem Profanbild, etwa einer „Schlacht". Die Menge ist vollkommen beherrscht durch die übergreifende Idee, die sie repräsentiert, sei es die Idee der Nachfolge oder der staunenden Anbetung oder des Kampfes; alles Individuelle ist ausgelöscht: – *ein* Gesichtsausdruck, *eine* Kopfhaltung, *eine* Körper- und Gewandlinie, *eine* Lichtstärke macht sie einander gleich. Und keiner tritt ganz hervor. Die Vorderen überdecken die [u]hinten Stehenden[u] so, daß diese nichts sind als ein Beitrag zu der Menge, die ein zweidimensionaler Raum zusammenschließt unter Verhinderung jeder dreidimensionalen Eigenexistenz zu einem *corpus mysticum,* das ganz erfüllt ist von dem transzendenten Leben einer supranaturalen Idee kosmischer Umfassung[v]. Und der Führer, d.h. der formale Schwerpunkt des Bildes, sei es Christus oder | Pilatus, die Madonna oder ein König, ist hervorgehoben nicht durch individuelle Charakterisierung, sondern durch die formale Stellung im Bilde: daß er im Mittelpunkt steht, nicht überschnitten durch andere Körper, daß er größer ist als die andern, reicher geschmückt, daß die innere Mystik, die durch die Menge geht, in ihm in einer großen Gebärde zur Vollendung und zum Ausschwingen kommt; er ist der Offenbarungsmittler, der Repräsentant der supranaturalen Idee, die dem ganzen Bild seinen Gehalt gibt.[w]

Was sagt uns solch Bild? Daß wir in einer Zeit weilen, in der es weder Masse noch Persönlichkeit als losgelöste, selbständige Realitäten gibt, sondern in der alles einzelne, ob einer oder viele, getragen ist von ideellen Mächten, von „Universalia" im Sinne des philosophischen [x]„Realismus" (den wir jetzt eher Idealismus zu nennen geneigt wären): eine[x] Hierarchie realer Allgemeinbegriffe, beginnend bei dem [y]höchsten[y], der Gottheit, ist das Wirkliche der Welt. In dieser Hierarchie, die auch das soziale Leben umfaßt, hat jeder seinen Platz, Führer und Geführte, die sich nur dadurch unterscheiden, daß die Führerpersönlichkeit deutlicher, prägnanter die allgemeine Idee sichtbar macht, die alle trägt und durchwaltet, gliedert und einordnet. Um dieses mystischen Ideenrealismus willen möchte ich [z]hier vom *mystischen Begriff der Masse* reden.[z]

Wir kommen zu einem spätgotischen oder Frührenaissancebild, namentlich in Deutschland und Holland, wo klassische Tradition kein Hindernis für die freie Entwicklung der jetzt einsetzenden Stilbewegung bildete. Eine „Verspottung", eine „Gefangennahme", ein „Bauernfest": [a]alles[a] ist verändert: der [b]einzelne[b] ist entdeckt[c], und das Natürliche ist entdeckt[d]; die mystisch geschlossene Masse ist aufgelöst in lauter einzelne, höchst realistisch erfaßte Individuen. Sie haben ihren Naturraum, die dritte Dimension gefunden; der Bildraum ist perspektivisch vertieft zum unendlichen [e]Weltraum[e], der einzelne steht vor dem Allgemeinen; das Allgemeine ist bedeutungslos geworden[f]; die Komposition ist aufgelöst, die Bilder zerfallen in unorganisierte Einzelheiten; die Führer haben die Führerstellung verloren; selbst Christus ist einer unter der realistischen Menge geworden, überschnitten, umgeben, an irgend einer Seite des Bildes; ebenso wichtig wie [g]er der[g] Landsknecht, der ihn schlägt, der Soldat, dem das Ohr abgeschlagen wird; die mystische Masse samt ihren Führern ist aufgelöst in lauter gleichartige, charakterisierte und in ihrer Realität interessante [h]einzelne[h]. – Und doch gibt es etwas, was auch diese [i]vielen[i] zusammenhält; zwar nicht die supranaturale Idee, auch nicht die allgemeine [j]Natur (eine solche läßt der Nominalismus der Zeit nicht zu), sondern[j] die Natur jedes einzelnen, die psychologische Gleichartigkeit, die in Haß und Schmerz und Lust doch einen Zusammenschluß gibt; zwar nicht von oben her und darum nicht stilistisch in der Bildform, aber von unten her, in der gleichen Triebbestimmtheit aller einzelnen bis hin zu einer Verzerrung der Leidenschaft, die fast eine neue [k]Einheit – der Fratze –[k] schafft. Und der [l]Führer[l], auf den der Blick fällt, ist im Grunde [m]der[m], in dem die Leidenschaft den gröbsten Ausdruck gefunden hat, | der Schreier und Agitator[n]. Es ist die Zeit, in der die mittelalterliche Gesellschaft sich auflöst, in der das Übernatürliche zu verblassen beginnt vor der neu entdeckten Natur, in der der Realismus der Idee zerstört wird durch die nominalistische Kritik und [o]das einzelne[o] auf den [p]Thron[p] gehoben wird, die Zeit der beginnenden sozialen Revolution, die Bildform der herannahenden Bauernkriege. – *Es ist [q]die realistische Masse, die die mystische ablöst[q].*

[r]Eine neue Bedeutung gewinnt die Masse in der Barokkunst.[r] Eine „Kreuzaufrichtung", ein „[s]jüngstes[s] Gericht", ein „Reiterkampf" von Rubens etwa [t]mögen[t] uns ein Bild von dem geben, was hier vorliegt. Es sind nicht mehr die [u]einzelnen[u], die etwa eine gleiche Leidenschaft äußerlich zusammenschließt, es ist ein flutendes Leben, das durch alle hindurchgeht, das jede Einzelheit hineinzieht in [v]ihren[v] Strom, das realistisch ist[w] und doch in größerer Tiefe wurzelt, als die Psychologie der Masseninstinkte, das wieder metaphysisch ist und doch nicht supranatural. Es ist das innere, Natur und Mensch zusammenschließende, schäumende Leben, das auch die Menge zu einer dynamischen Einheit macht[x] und das den Führer mitumschließt, aber so, daß er[y] [z]herausgehoben[z] ist aus der Flut der Leiber und Bewegtheiten, der überschäumenden und wirbelnden Linien, daß er [a]gleichsam der Kamm[a] der Woge ist, der Punkt, in dem sie sich auftürmt zu ihrem [b]stärksten[b], sprühendsten Leben, über ihr und doch ganz in ihr, sie vollendend und doch ganz getragen von ihr. – Es ist die Zeit, in der das Supranatural-Religiöse eine innere persönliche Angelegenheit des [c]einzelnen[c] geworden ist, in der das ganze europäische Leben in seinen Tiefen aufgewühlt ist[d] und der Kampf der persönlichen Glaubensüberzeugungen und das Neuwerden der Gesellschaft nach Zerfall der mittelalterlich universalistischen Einheit in gewaltigen Erschütterungen sich darstellt. Niemand und nichts bleibt von dieser Bewegung unberührt; doch ist es mehr die städtische und die aristokratische Gesellschaft, die die Bewegung trägt, während es in der realistischen [e]Periode[e] der Bauer war, der im [f]Mittelpunkte[f] stand, und in der mystischen der Mönch. – *Es ist die dynamische Masse mit aristokratischer Gipfelung, die diese [g]bewegteste[g] Zeit der europäischen Geschichte erfüllt.*

Wir kommen zur Gegenwart, die seit 1 ½ Jahrzehnten [h]auf dem[h] Übergang zweier Stile und damit zweier Lebensgefühle [i]steht; des impressionistischen zum expressionistischen.[i] Der Impressionismus ist [j]die[j] Stilform des [k]individualistischen[k] Bürgertums der zweiten Hälfte des 19. Jahrhunderts. Nehmen wir ein [l]Boulevardbild[l] von Monet, ein [m]Kaffeehausbild[m] von Degas, Proletarier- und

Fabrikbilder, so sehen wir alles einzelne aufgelöst in die Alleinheit der Natur, aber nicht der [n]Natur im metaphysischen Sinne[n], sondern der Naturoberfläche; es ist nicht der [o]innerliche[o] Lebensschwung des Barok, sondern [p]es ist[p] das Licht, das [q]äußerlich überdeckend[q], Menschen und Dinge vereinigt. Die Masse ist da;[r] der Impressionist sieht sie,[s] wie er alles sieht, was zwischen Himmel und Erde ist; aber sie ist ihm keine Wesenheit; sie ist ihm eine Licht-, eine Farb-, eine | Bewegungsstudie; sie ist ihm ein Stück Naturoberfläche, das [t]er anschauend in neuer[t] Impression erlebt, eine Vision des Augenblicks, interessant, pikant, im Grunde[u] ein Stück Landschaft, das der Form [v]nach[v] neu zu erobern ist; und wie der Masse, so geht es dem [w]einzelnen. Tritt er in einem Massenbild hervor, so ist es nicht seine sachliche Bedeutsamkeit[w], die ihn hervorhebt, sondern ein Formalproblem, das an ihm zu lösen ist. Die Form ist alles, die Form, die höchste Technik und Rationalität geworden ist, hell, kühl, trotz [x]alles[x] Feuerwerks der Farbe[y] an der Oberfläche [z]wohnend. Das[z] Zeitalter der vollendeten Technik, der Weltstädte und des Zerfalles aller festen Linien und Umrisse![a] Die Masse ist da; aber sie ist nicht da als[b] eigene Potenz, wie in allen [c]vorhergehenden[c] Stilen; sie ist nur da als Oberfläche wie alles andere; sie ist nur da als Gegenstand einer formalen Technik; sie ist nur Objekt, nicht Subjekt:[d] Objekt der Agitation und der Bildung, Objekt der Fürsorge und – der Verachtung: die Zeit der Sozialgesetze, der Sozialistenverfolgung und des Marxismus. *Es ist die technische Masse, die der Impressionismus offenbart, die Masse als Objekt der Impression und der Technik.*

Im ersten Jahrzehnt des 20. Jahrhunderts wird das anders. Wieder ist es die Malerei, die prophetisch als erste den neuen Geist verkündigt:[e] die Dinge beginnen, eine neue Wesenheit zu bekommen; zwar ihre äußere Form wird noch mehr aufgelöst, als es im Impressionismus der Fall war, aber nicht um bei dieser Auflösung stehen zu bleiben, sondern um auf den Grund der Dinge, der Welt zu gehen.[f] So wacht eine neue Mystik auf, ein neues [g]Innenerleben[g] der Dinge[h], und schafft einen neuen Stil. Es gibt viele expressionistische Massenbilder; denn nicht die Landschaft, sondern das Geist tragende Menschengesicht ist hier das [i]Wichtigste[i] geworden; aber nicht in seiner naturalistischen Tatsächlichkeit, sondern in seiner metaphysischen Bedeutsamkeit. Eine neue gleichmäßige [j]Formgebung[j] ähnelt die einzelnen einander an, schließt sie[k] in einen wieder zweidimensional gewordenen Bildraum. Ein dumpfes Etwas lastet auf diesen Massen, eine metaphysische Unerlöstheit, Erlösungssehnsucht; bald ist sie darum der Tierheit angenähert, bald über [l]die Menschheit[l] zu ekstatisch visionärer Höhe erhoben. Die Masse ist Subjekt, ganz Subjekt, der Führer, der Erlöser fehlt; und man fühlt: Er kann nicht von oben kommen. Er muß aus der Tiefe der Massensehnsucht geboren [m]werden[m]. Die christlichen Symbole, die wieder Verwendung finden, sind eben nur Symbole; sie bleiben fremd, wenn sie nicht umgedeutet werden zu Symbolen des Leidens der Masse, in der Erlöste und [n]Erlöser[n] eins sein müssen, soll es wahrhaft Erlösung sein. *Es ist [o]die[o] Masse der immanenten Mystik, die der Expressionismus offenbart*[p], es ist die Zeit des Weltkrieges, des[q] Ausbruchs der russischen Seelenchaotik und der kommunistischen [r]Märtyrer[r]. –

[s]Wir sind am Ende [t]der[t] geschichtsphilosophischen Übersicht: Das Ende schließt sich mit dem Anfang zusammen: [u]Eine neue mystische[u] Masse ist im Werden; nur daß [v]die Mystik[v] nicht supranatural, von oben geleitet ist, sondern immanent, aus den Tiefen der Seele [w]hervorbrechend, in [x]diesseitiger[x] Wirklichkeit bleibt.[w] |

[y]*B.*[y]

[z]Es ist zu allen Zeiten Masse vorhanden, aber sie hat nicht immer die gleiche Bedeutung; wenn wir die fünf Formen, die wir aus den Bildern abgelesen haben, gruppieren, so kommen wir im wesentlichen auf drei Gruppen: *diejenigen Massen, die durchwaltet sind von einem unmittelbar geistigen, mystischen Prinzip; diejenigen, in denen dieses Prinzip fehlt und dafür äußere Mächte, wie Naturinstinkte oder Technik, den Massencharakter schaffen; und diejenigen, in denen ein inneres Prinzip mit bewegender Kraft nach Gestaltung ringt.* Es ist nun zwischen diesen drei Typen der Massenbildung ein sehr tiefgehender Unterschied, so tiefgehend, daß es fast bedenklich erscheinen kann, den Begriff der Masse auf alle drei anzuwenden. Wenn Masse „die Größe des Widerstandes ist, die [a]ein Körper der ihn bewegenden[a] Kraft leistet", wenn seine Merkmale[b] sind: Qualitätslosigkeit aller seiner Teile (Atome), Fehlen jeder Eigenbewegung, Unterworfenheit unter mechanische Gesetze, absolute Objektivität und Verdinglichung [c]der Kraft[c], wenn das Masse ist, so scheint dieser Begriff höchstens für die zweite der genannten Gruppen zuzutreffen: die realistisch-technische (mechanische) Masse. Sie ist in der Tat das schwierigste Problem der Massenbetrachtung: aber sie ist nicht isoliert gegen die beiden andern; sie ist das Resultat der Auflösung der organisierten, mystischen Masse; sie ist die Grundlage der bewegten, dynamischen Masse; es ist nicht möglich, die eine Form zu begreifen ohne die andere. Und darum ist auch ein weiterer[d], von dem naturwissenschaftlichen Bild abliegender Begriff von Masse gerechtfertigt: Jeder Zusammenschluß von Menschen, die in diesem Zusammenschluß in irgend einer Beziehung ihre individuellen Qualitäten aufgeben zu Gunsten einer Gesamtqualität, kann in weiterem Sinne Masse genannt werden. Und es gibt keinen Zusammenschluß von Menschen, wo ein Zurückstellen an Eigenarten und Selbständigkeiten nicht bewußt oder unbewußt stattfände. Genaueres über diese Dinge sagt die Massenpsychologie, deren Gesetze bei jeder beliebig großen (oder kleinen) und beliebig gearteten Menge Anwendung finden; sie zeigen, daß niemand, nicht einmal ein bewußter Individualist, das Recht hat, sich schlechterdings über die Masse zu erheben, daß es niemandem und keiner Zeit erspart werden kann, das Problem: [e]Masse und Persönlichkeit[e] in sich selbst zu lösen. Immerhin wird es möglich sein, mit Hilfe der drei typischen Formen, die wir kurz als *den mystischen, den dynamischen, und den technischen Typus* bezeichnen wollen, die Grundzüge einer allgemein gültigen Lösung zu geben, einer Lösung, die vor allem auch für das Problem unsrer Zeit: [f]technische Masse und Persönlichkeit[f], bedeutungsvoll sein kann. Im Vordergrund steht dabei offenbar der Gegensatz der mystischen und der technischen Masse; die dyna-

mische ist deutlich eine Übergangserscheinung, die in sich selbst mehr das mystische oder das technische Element ausgeprägt hat, aber eben als ein be-| wegtes, auf Umformung drängendes[g]; und das ist der Grund, diesen Typus als besonderen herauszuheben. Da es sich jedoch nicht darum handelt, die Masse an und für sich zu betrachten, sondern in ihrer Beziehung zur Persönlichkeit, so ist es nötig, nunmehr den Begriff der Persönlichkeit zu erfassen und in seinen typischen Ausgestaltungen und seinem Verhältnis zu den verschiedenen Massentypen zu verfolgen.

II. Die Typen der Persönlichkeit

[h]*A.*[h]

[i]Unter Persönlichkeit verstehen wir: *die Erhebung einer Individualität zu einem selbständigen Träger gültiger Werte.* Die Persönlichkeit ist *selbständig,* sie erhebt sich auf individueller Basis, ist nicht bloß der zufällige Verwirklichungsort allgemeingültiger Werte, die ebensogut anders verwirklicht werden könnten – wie es der Kantianismus will. Das individuelle Moment ist konstitutiv, nicht zufällig für die Idee der Persönlichkeit. Und die Persönlichkeit ist Träger *gültiger Werte:* nicht Individuen mit höchster Kraftentfaltung untergeistiger Art sind Persönlichkeiten, wie zuweilen das Renaissanceideal mißdeutet wird;[j] nur wo Wertverwirklichung das Individuelle prägt, ist Persönlichkeit. Und endlich: die Persönlichkeit ist *Träger* von Werten: [k]nicht[k] die Hinausstellung von objektiven Werten, etwa wissenschaftlicher, politischer, ästhetischer Art macht schon Persönlichkeit; sondern nur das Geformtsein durch diese Werte. Freilich ist dieser Unterschied nur relativ, da Wertschaffen nicht möglich ist ohne Werterleben; und jedes Werterleben eine Formung ausübt; aber beide Größen sind doch weithin unabhängig,[l] von einander variabel und müssen unterschieden werden.

Es ist nun erforderlich, den Persönlichkeitsbegriff in mehrfacher Beziehung näher zu bestimmen und einige grundlegende Unterscheidungen festzustellen.

Das geistige Leben ist ein Prozeß ununterbrochener Formschöpfung und -Umbildung auf allen Seiten des erkennenden, anschauenden, handelnden Bewußtseins. In der Form findet der Geist sich selbst und seine Lebensfülle; ohne die Form geht er ins Leere und verfliegt. Alles Persönlichkeitswerden ist darum notwendig ein Erfülltwerden mit Formen des geistigen Lebens, mit Wertformen. Aber die Form ist [m]nicht absolut selbständig[m]; in all ihrer Eigengesetzlichkeit ist und bleibt sie doch immer der Ausdruck eines Gehaltes, dessen „Wort" sie ist. Der Gehalt ist[n] eine letzte Einstellung zur Wirklichkeit, ein unmittelbares Lebens- und Weltgefühl, ein Erfahren des [o]Unbedingt-Wirklichen[o], [p]das allem Sinn, Grund und Halt ist[pq] und selbst doch nicht „Etwas" ist, nicht eine Form neben oder über anderen, sondern die Bedeutung, die Substanz, die „Kraft" jeder Form ist. Der Gehalt ist unmittelbar, unreflektiert, unbewußt; er kann da sein bei geringster Formausprägung und | er kann fast (nicht ganz) fehlen bei höchster Geformtheit. Dadurch ist[r] eine wichtige Unterscheidung begründet:

[s]ob[s] eine Persönlichkeit durch Erfüllung mit starkem Gehalt oder ob sie durch vollendete Ausprägung der Formen charakterisiert ist, das macht einen typischen und für unsere Frage grundlegenden Unterschied aus. *Das Problem: [t]Masse und Persönlichkeit[t] gewinnt eine völlig andere Bedeutung, ob es vom Form- (wie gewöhnlich) oder vom Gehaltstypus der Persönlichkeit betrachtet wird.*

Ein anderer durchgreifender Unterschied ist begründet in dem Verhältnis der Persönlichkeit zum Sittlichen. Die sittliche Persönlichkeit ist nicht notwendig geistig und die geistige nicht notwendig sittlich. Zwar gilt auch dieser Gegensatz nicht unbedingt.[u] Mit der inneren Aneignung geistiger Werte sind notwendig sittliche Akte der Hingabe, der Wahrhaftigkeit usw. verbunden; und mit der Einfügung in eine sittliche Sphäre wird auch der Geist dieser Sittlichkeit, die sittliche Kultur im Sinne bestimmter Inhalte, irgendwie angeeignet;[v] aber diese Aneignung kann sehr ungeistig und jene Hingabe sehr schwach bleiben. *Der Unterschied von geistiger und sittlicher Persönlichkeit ist unverkennbar und für das Problem „Masse und Persönlichkeit" gleichfalls von höchster Bedeutung.*

Die dritte Unterscheidung ist darin begründet, daß die Persönlichkeit entweder bestimmt werden kann nach ihrem [w]Eigen-Sein[w], oder nach ihrem Sein für die Menge. *Im ersten Falle haben wir es mit der Eigenpersönlichkeit, im zweiten Falle haben wir es mit der Führerpersönlichkeit zu tun.* Es gibt Persönlichkeitstypen, deren Eigencharakter es unmöglich macht, daß sie Beziehung zur Menge haben, und es gibt solche, in denen diese Beziehung von vornherein angelegt ist. Auch hier handelt es sich nicht um einen absoluten Gegensatz, aber um einen Unterschied, der in jedem einzelnen Fall beachtet werden muß. – Mit diesen drei Unterscheidungen gehen wir nun an die Typologie der Persönlichkeitsideale.

[x]*B.*[x]

[y]Die Darstellung wird am zweckmäßigsten mit dem Unterschied von Form- und Gehaltstypen beginnen, um dann das Verhältnis der sittlichen Persönlichkeit zu beiden und ihre eigenen Hauptformen zu besprechen. In jedem einzelnen Fall aber [z]muß[z] die Frage nach dem Gegensatz von Eigenpersönlichkeit und Führerpersönlichkeit berücksichtigt werden. Nur so ist es überhaupt möglich, der Fülle der Gestaltungen des Persönlichkeitsideals und seiner Beziehung zur Masse gerecht zu werden; doch sollen die Grenzen der abendländischen Entwicklung nicht überschritten werden.

Der Formtypus der Persönlichkeit wurzelt in der Renaissance; der Glaube, in den Formen des klassischen Altertums die natürlich-allgemeingültigen Formen des Menschlichen überhaupt gefunden zu haben, die An|knüpfung an die organischen Naturformen und das Ideal der in sich geschlossenen Harmonie, der Eindruck gewaltiger, allseitig durchgebildeter, formreifer Persönlichkeiten, wie Leonardo, und nicht zuletzt der Kampf gegen die [a]gehaltsgeleerten[a],[b]oft verzerrten[b] und doch noch anspruchsvoll herrschenden Typen der kirchlich-mittelalterlichen Welt, das alles führt zu dem klassischen Formideal, das sich uns in den individuellen Bildtypen der großen Renaissancemaler[c] offenbart, am vollendetsten vielleicht in Raffaels „Disputa" und „Schule von Athen". Hier ist jeder einzelne ein charakteristisch durchgebildeter, auf individueller Grundlage sich erhebender und doch von gültigen Werten geformter Typus, kraftvoll in sich geschlossen, ruhend in dem Bedeutungsgehalt, den er, und nur er, darstellt. – Freilich, von einer Massenbeziehung ist keine Spur zu entdecken; *es sind vollkommene Vertreter des Typus der Eigenpersönlichkeit;* die Masse ist das [d]Noch-nicht-Geformte[d], aus der heraus einzelne sich loslösen und die große Form verwirklichen. Der ungeformten Masse gegenüber bleibt das Pathos der Distanz und die Geste des Wohlwollens.

Es sind zwei Gestaltungen, die von hier ausgehen und sich gleichzeitig entwickeln, die eine auf dem Wege über das Barok, die andere auf dem Wege über die Aufklärung;[e] *der aristokratische Typus des Rokoko und der pädagogische des Rationalismus.* Der erste: Träger der vollkommenen Lebensform, der zweite: Träger der vollkommenen Erkenntnisform. In beiden ein Weiterwirken des Ideals der durchgeformten Persönlichkeit, im ersten umgebogen zu einem naturalistisch-ästhetischen Gesellschaftsstil, im zweiten umgebogen zu einem sachlich-moralischen Schulmeisterideal.[f] Die Persönlichkeit des Rokoko, nicht Eigenpersönlichkeit im Sinne des Klassischen, sondern in einer doppelten Beziehung zur Masse: sie schlechthin negierend als das Ausgeschlossene, und zugleich sie notwendig voraussetzend als die Basis, auf der allein die Durchführung der aristokratischen Lebensform möglich ist; der Aufklärer [g]dagegen[g] bemüht, möglichst weite Kreise in die Formung der Vernünftigkeit aufzunehmen, [h]in der[h] Überzeugung, [i]dies[i] durch sachliche Belehrungen und durch moralische Postulate zu [j]erreichen[j], seiner Intention nach ebenso bezogen auf Masse, wie seiner Wirklichkeit nach ihr fremd.

Die in Goethe wieder repräsentierte ursprüngliche Gestaltung des klassischen Ideals wird unter dem Einfluß der eben geschilderten Typen *in der bürgerlich-liberalen Gesellschaft zu dem Ideal des „Gebildeten";* es ist im wesentlichen gebunden an einen bestimmten regulierten Studiengang [k]mit staatlich geleiteten[k] Examina und öffnet den Eintritt in die festgeschlossene Schicht der Bildung, die von dem übrigen Teil des Volkes durch eine schlechthin unüberbrückbare Kluft innerlich und äußerlich geschieden ist. Was als Persönlichkeitsform gedacht war, ist einerseits zur Lebensform im gesellschaftlichen Sinne geworden – darin folgte das Bürgertum der Aristokratie –, und ist andrerseits Examens- und Berufswissen geworden, das der Lehrer zu übermitteln hat – darin wirkte die Aufklärung weiter. Das Verhältnis zur Masse | ist hier ähnlich widerspruchsvoll, wie im Rokoko: Ausgeschlossensein und Unentbehrlichsein der Masse; nur kommt die rationalistisch-demokratische Tendenz auf Ausbreitung der Bildungsschicht hinzu, der die Masse selbst entgegenkommt, indem möglichst viele in ihr sich durch Wissensaneignung den Weg zur Bildungsschicht bahnen wollen, um an der politischen und wirtschaftlichen Herrschaft derselben teilzunehmen – womit dann der Sinn des klassischen Ideals völlig entleert ist.

Diese Entwicklung des Formideals zeigt deutlich, daß es aristokratisch im höchsten Sinne ist, d.h., daß es nur für einzelne universale Persönlichkeiten Bedeutung haben kann und immer hat; aber sofort herabsinken muß, wenn es zur Prärogative eines anders gewachsenen Kreises oder zum Mitteilungsobjekt an die zur gesellschaftlichen Führung bestimmte Jugend wird, oder wenn es gar als Mittel zur wirtschaftlichen und politischen Macht mißbraucht wird. Das Formideal in seiner Reinheit ist aristokratisch und ohne Beziehung zur Masse.

Der Gehaltstypus der Persönlichkeit ist in der abendländischen Kultur grundlegend repräsentiert durch die frühmittelalterliche Periode; nicht eine abstrakte Formung ist es, die von außen her über die einzelnen geworfen wird, sondern eine Darbietung von Symbolen, deren einziger Sinn es ist, einen geistigen Gehalt, eine unmittelbare Substanz des Lebens zu übermitteln. Auch die klassischen Formen sind ja ihrer ursprünglichen Bedeutung nach Ausdruck eines bestimmten Gehaltes. Aber es ist nun gerade ihre Eigentümlichkeit, von diesem Gehalt sich abzulösen, eine abstrakte Allgemeingültigkeit zu beanspruchen und infolge ihrer autonomen Naturgrundlage auch durchsetzen zu können; während die Formen einer Kultur mit geschichtlich begründeter geistiger Substanz eben nichts sind als Repräsentanten dieser Substanz; Ausdrucksformen, nicht Geltungsformen. Infolgedessen ist es möglich, daß der geringste Besitz solcher Ausdrucksformen genügen kann, die ganze Fülle des Gehalts zu übermitteln[l] und höchste Gehaltstypen der Persönlichkeit zu schaffen, wo die Formung kaum zu bemerken ist. –[m] Das aber nimmt diesem Typus jede aristokratische Verengung; er ist universal; er ist verwirklicht in der Masse, insofern die Masse [n]die[n] Trägerin der geistigen Substanz ist. *Mystische Masse und Gehaltstypus der Persönlichkeit widersprechen sich nicht, sondern gehören zueinander.* – Der Führer aber steht nicht jenseits der Masse; lebt doch auch er von derselben Substanz, die die Masse in sich trägt, und ist Führer nur dadurch, daß er sie kräftiger, bewußter in sich darstellt. Er trägt die Symbole, die für alle gültig sind; er ist selbst Symbol, und durch ihn hindurch leuchtet der Gehalt des Ganzen, [o]das[o] größer ist als er.

Nach einer Wiederkehr dieser mystisch-substantiellen Kultur [p]sehnt[p] sich die Romantik. Novalis in seinen [q]Phantasieen[q] über die Christenheit und die europäische Gesellschaft hat die romantische Stimmung vorzüglich zum Aus|druck gebracht. In dem französischen romantischen Sozialismus und seiner Konstruktion der drei Perioden:[r] der ursprünglichen organischen, der kritischen und der wiederhergestellten, findet die gleiche Tendenz eine historisch sehr viel wirksamere Vertretung. [s]*Es ist*[s] *das Eigentümliche aller Romantik, daß es der Boden des Formtypus ist, von dem aus sie den neuen Gehaltstypus schaffen will,* daß es der einzelne durch-, ja überformte Geist ist, der müde geworden seiner subjektiven Zugespitztheit und ästhetischen Lebensform wieder hinein will in einen allgemeinen Gehalt. Nun aber ist ein neuer Gehalt nicht Sache des Wünschens und Wollens, nicht Sache einzelner schöpferischer Genies, sondern ist ein Schicksal, das über die Massen kommt, und[t] von innen und von unten her gestaltet, [u]und in dem[u] einzelnen höchstens seine Bewußtheit findet. So bleibt die Romantik in der Sphäre der Eigenpersönlichkeit, aber erfüllt von Sehnsucht nach geistiger Substanz; und der einzelne schwebt in der unerreichbaren Höhe ironischer Formüberlegenheit, feindlich gegen die Bildungsschicht, sehnsüchtig nach der proletarischen Masse und ihr doch fremd, sein höchstes Ziel schließlich findend in der genialen Produktion, der Schaffung einer neuen – Form.

Auch in der neuen Mystik der Gegenwart ist viel Romantik; der ästhetisch-ironische Typus der Persönlichkeit mit Sehnsucht nach Substanz ist noch vertreten; er zeigt sich in dem bewußten, reflektierten, unprimitiven Willen zur Primitivität, er zeigt sich in der subjektiven Gewalttätigkeit des Zerbrechens gegebener Formen; aber es ist doch ein Neues da. *In der Tiefe der Massen bewegt sich die Ahnung eines Seelenlebens vor aller Form;* sie greift nach dem unberührten Gehalt primitiverer Seelenzustände in den östlichen Völkern; sie erschüttert die geistig lebendige Jugend, die sich von der Verderbnis standes- und national-egoistischer Machtgelüste rein erhält, sie fühlt [v]ungeahnte[v] Einheiten mit[w] totgesagten Frömmigkeitsformen, sie ist ekstatisch und revolutionär, sie ist demütig und opferwillig, sie ist erwartungsvoll und gewiß! Langsam entwickelt sich ein neuer Persönlichkeitstypus: Wirklich frei geworden von [x]der[x] Formanbetung, die auch in der Romantik noch nicht überwunden war, dennoch die Form beherrschend, aber nicht, um sich mit ihrer [y]Hilfe[y] über die [z]Gehalt-tragende[z] Masse zu erheben, sondern um in der Fortentwicklung der Form diesem Gehalt zum Ausdruck zu verhelfen. Erfüllt von dem Bewußtsein, mehr empfangen zu haben als geben zu können, Führer, nicht Herrscher oder Wohltäter, Offenbarer – auch im Gegensatz zu dem oberflächlichen, sich selbst mißverstehenden, von vergangenen Formen suggerierten Massenwillen – Offenbarer der wahren Gestaltungssehnsucht der Masse.

Der dritte Typus der Persönlichkeit ist der ethische, der in einem eigentümlichen dialektischen Verhältnis zu den beiden andern steht. Er ist Formtypus, insofern er sich auf die sittliche Formung der Persönlichkeit gründet;[a] *er ist aber zugleich dem Ge|haltstypus verwandt, insofern er völlig indifferent ist gegen die Fülle und den Reichtum kultureller Formungen* und bei einem geringsten Grad derselben seine höchste Vollendung erreichen kann. Er bedeutet im Grunde nichts anderes, als daß das Individuum sich überhaupt als Träger von Werten setzt, ganz gleich welche Werte im einzelnen in Betracht kommen. So kann sich die volle Höhe einer ethischen Persönlichkeit in einem sachlich geringen Dienst zeigen, den ein kulturell völlig ungeformter Mensch der Gemeinschaft erweist, während die Verweigerung desselben einen Träger höchster geistiger Form [b]an ethischem Persönlichkeitsrang[b] weit unter den andern stellt. Das gleiche Verhältnis besteht aber auch zu dem Gehaltstypus. Das reine Erfülltsein von einem geistig-seelischen Gehalt entscheidet noch nicht über die ethische Persönlichkeitsqualität eines Menschen; sie kann gering sein trotz starker Erfülltheit mit Gehalt, wie es bei [c]Trägern kultischen und mystischen Geistes[c] nicht selten der Fall ist; während größte Nüchternheit mit starker ethischer Kraft verbunden sein kann.

Zu weltgeschichtlicher Bedeutung ist dieser Typus in der [d]*europäischen*[d] *Entwicklung durch den Protestantismus gekommen.* Die Reformation protestierte sowohl gegen den kulturellen Formtypus der Renaissance als auch gegen den kultisch-mystischen Gehaltstypus des Mittelalters, soweit beide nicht der ethischen Persönlichkeitsform untergeordnet und von ihr begrenzt [e]wurden[e]. In der ursprünglichen Konzeption der Reformation war die ganze Fülle ihres Gehaltserlebnisses, der neuen Erfahrung der Paradoxie des Göttlichen, enthalten; aber gerade die Begründung dieses Erlebens auf die Voraussetzung ethischer Persönlichkeitsentfaltung bewirkte ein Entschwinden des ursprünglichen Gehalts, der in den Massen keine unmittelbare kultisch getragene Substantialität hatte und haben konnte. In dieser Beziehung war die Auseinandersetzung mit der revolutionären Massenbewegung und ihren mystischen Propheten, den „Schwärmern", maßgebend. Der Versuch, einen neuen Gehaltstypus zu schaffen, wurde unterdrückt, damit aber auch die Loslösung des Protestantismus von der Masse besiegelt. Was blieb, war der ethische Persönlichkeitstypus, der sich nun in zwei Richtungen entwickelte, ganz ähnlich dem Formtyp und mit ihm sich mannigfaltig kreuzend.

Die eine Linie entwickelte sich am stärksten auf lutherischem Boden als ethischer Pflichttypus. Von vornherein war das Luthertum auf Unterordnung eingestellt; in wachsendem Maße gipfelte die Sozialethik in pflichtmäßiger Einordnung in die Gesellschaft mittelst der Berufserfüllung; und da diese im Beamtentum [f]am[f] reinsten zum Ausdruck kommt, so entsteht das ethische Formideal der sich ein- und unterordnenden Pflichterfüllung nach Art des Beamten. Die Masse ist Objekt ihrer Tätigkeit, aber nicht nach Maßgabe eines [g]Einheitsgefühls[g] mit ihr, sondern mittelst der strengen Bindung an allgemeine festgelegte Formen, die für Individuelles wenig Spielraum lassen. Für das außerberufliche Leben tritt an Stelle der Berufsordnung die bürger|liche Sitte, deren Befolgung in gleicher Weise unter das unbedingte Pflichtgebot fällt und die Idee der ethischen Persönlichkeit schließlich zur Trägerin der unantastbaren ethisch-gesellschaftlichen Konvention macht. Der Führer aber steht unter dem gleichen Pflichtgesetz wie der Geführte: der erste und der letzte Diener des Staates unterscheiden sich nur durch verschiedene Berufskreise; als Persönlichkeit sind sie durch Pflichterfüllung gleichartig. – Die Masse, die außerhalb dieses Kreises steht, wird als schuldvoll unethisch beurteilt und als ein die feste Sittenformung zerstörendes Element empfunden, das durch äußeren Zwang äußerlich dem allgemeingültigen Gesetz unterworfen werden muß. Daher [h]denn[h] auf diesem Boden eine starke Massenbildung einsetzt und der Gegensatz zu dem „letzten Diener des Staates" seitens der Masse ebenso scharf ist wie [i]zu dem ersten[i]. Der ethische Persönlichkeitstypus dieser Linie ist also [j]Massen-fremd[j], obgleich er in allen Ständen und Schichten Vertreter hat. Das macht sich charakteristisch bemerkbar, wenn er in den Dienst der Massenbewegung tritt (Gewerkschaft und sozialistische Parteibürokratie) und die Kraft der gleichartigen Formung ihn dem Staatsbeamten annähert und den Massen verdächtig macht. — *Die andere Linie des ethischen Persönlichkeitsideals geht aus von dem Individualismus der reformierten Frömmigkeit,* deren Wurzeln in dem persönlichen Prädestinationsgedanken liegen und deren Fortentwicklung und Profanisierung sie der liberalen und demokratischen Richtung angenähert hat. Hier ist alles unbedingt auf die Selbstverantwortlichkeit gestellt. Die Prädestination ist ein absoluter Akt Gottes, der aus allen, auch kirchlichen Bedingungen grundsätzlich heraushebt und den [k]einzelnen[k] dem Absoluten gegenüber isoliert. Durch die Schicksale der reformierten Kirche, durch das gleichzeitige Erstarken des Handels und die Lokkerung der wirtschaftlichen Zwangsordnungen wird die religiöse Isolierung des [l]einzelnen[l] zu einer praktisch-wirtschaftlichen, und zwingt zur Entfaltung höchster Willensenergien im profanen Leben. So entsteht der Typus der auf sich selbst gestellten, sich durchsetzenden[m] starken Einzelpersönlichkeit, deren [n]Vorbild[n] im Unterschiede von dem Beamten des lutherischen Protestantismus der Kaufmann ist. In der unermüdlichen Arbeitsleistung, in der Vornehmheit des geschäftlichen Handelns, in der persönlichen Schlichtheit und reichen Opferwilligkeit [o]erfüllt[o] sich die ethische Form dieses Typus; sie hat ihn zum Herrscher der Welt gemacht. Auch er ist im Prinzip universal: jeder hat die Möglichkeit, sich in gleicher Weise durchzusetzen; und jeder, der sich durchgesetzt hat, ist gleich geachtet, wie die ersten und letzten Diener des Staates im Luthertum. – Aber wie dort so entsteht auch hier der faktische Gegensatz zwischen denen, die sich durchgesetzt haben, und der Masse derer, denen es nicht gelungen ist. Und dieser Gegensatz erreicht unerhörte Schärfe, sobald dieser Typus seine ethischen Qualitäten verliert und in den reinen Machttypus übergeht; das aber ist fast unvermeidlich, weil die Isolierung, in der der [p]einzelne[p] hier steht, ihn keiner übergeordneten sozialethischen Form unterwirft, wie im | Beamtentum, sondern ihn nach Art einer Naturgewalt mit der Stärke seines Willens und der technischen Kraft seiner Intelligenz frei wirken läßt. Damit ist [q]denn[q] freilich die Sphäre der Persönlichkeit im Sinne eines Trägers von Werten überhaupt verlassen:[r] an Stelle der Einordnung in eine übergreifende sozial-ethische Formung tritt die Anpassung an die Naturordnung des „Kampfes ums Dasein“. – [s]Wenn[s] dieser Machttypus [t]sich[t] mit dem allgemeinen Bildungstypus verschmilzt und sich das Beamtentum dienstbar macht, ist der Gegensatz zur Masse vollendet.

Wo der protestantische Persönlichkeitstyp dem Profanisierungsprozeß nicht verfallen ist, wo also das religiöse Gehaltserlebnis der Reformation nachwirkt, finden sich zahlreiche Übergänge zum Gehaltstypus, teils in kirchlich-kultischer, teils in mystisch-pietistischer Form. Beide sind der Masse gegenüber nicht nur prinzipiell offen, sondern auch in Wirklichkeit mit ihr in Verbindung. Dennoch erreichen sie die Masse als Ganzes nicht; denn zwischen ihnen und ihr steht[u] das Joch der ethischen Form, das dem [v]einzelnen[v] auferlegt wird und [w]das[w] niemand ihm abnehmen kann. Diejenigen aber, die innerhalb dieses Kreises stehen, und ihn bewußt bejahen, sind zusammengeschlossen zu der freien Gemeinschaft der Gewissen, der höchsten Lebensform dieser Sphäre der Persönlichkeitsbildung.

Damit sind die entscheidenden Typen der Persönlichkeit [x]herausgestellt[x], soweit sie für das Problem der Masse in der abendländischen Kultur in Betracht kommen. *Zusammenfassend kann gesagt werden, daß der Gehaltstypus der Persönlichkeit universalistisch die Masse umfaßt, daß der geistige Formtypus aristokratisch sie ausschließt, und daß der ethische Persönlichkeitstyp dem Anspruch nach universell, der Verwirklichung nach individuell, an die Masse die unbedingte Forderung stellt, eben damit aber die Masse verlieren muß.*

III. Die Erhebung der Persönlichkeit aus der Masse

[y]*A.*[y]

[z]*Das Problem der Masse heißt Persönlichkeit. Die Lösung ist*[a] *weder möglich durch den geistigen noch durch den sittlichen Formtypus. Die Lösung ist nur möglich durch den Gehaltstypus.* Sie ist abhängig von dem Vorhandensein eines die Masse erfüllenden „Gehaltes" – eines geistig-seelischen Prinzips, das unmittelbar in jedem einzelnen gegenwärtig ist und all seinen Lebensäußerungen Sinn, Ziel und Tiefe gibt, auch dann[b] wenn er selbst geistige und sittliche Form nur in geringem Maße in sich trägt. Daß ein [c]solcher[c] Gehalt gegenwärtig fehlt, macht eine reale Gegenwartslösung unmöglich. Solange die geistigen Werte, selbst die | Religion[d] nur in der Form der Problematik, der Reflexion und des Widerspruchs existieren, solange ihre Erfassung abhängig ist von bestimmten gedanklichen und pädagogischen Voraussetzungen, die immer nur bei einzelnen erfüllt sind, solange muß die Masse unter dem Fluch der Unpersönlichkeit stehen. Und keine „Volksbildung" und keine „Volkserziehung" kann daran etwas ändern, aber auch keine politische und wirtschaftliche Umformung, die nichts anderes ist als wirtschaftlich und politisch, die nicht selbst der Ausdruck eines neuen Welterlebens [e]unmittelbarer[e] und schlechthin überzeugender Art ist. Das Kommen eines neuen Gehaltes ist eine Schicksalstatsache, die man nicht machen [f]kann[f], die man höchstens ersehnen und für die man sich innerlich frei machen kann.

In all diesen Ausführungen klingt die Überzeugung durch, daß ein solcher Gehalt in der Tat hervorbrechen will, doch ist hier nicht der Ort,[g] diese Überzeugung zu begründen, zumal sie überhaupt eine Sache des Erlebens oder der Intuition und nicht des Beweisens ist. Unberührt aber davon bleibt der Sinn der Ausführungen selbst, der vor die Alternative stellt, entweder an die Schicksalswendung im positiven Sinne zu glauben oder das Ende unserer Kultur infolge der wachsenden Entpersönlichung der Masse und der wachsenden Entleerung der geistigen Formen vorauszusehen. Keine noch so starke sittliche Energie [h]einzelner[h] und ganzer Kreise könnte daran etwas ändern, da [i]sie[i] ja nie zu einer neuen aus den Tiefen des Gehalts geborenen und darum überzeugenden Idee führen könnte, sondern höchstens alte Formen und Ideen von außen her aufzwingen. Das aber würde die Entwicklung aufhalten, nicht hindern können.

Was gegenwärtig getan werden kann, ist teils negativ teils vorbereitend: der Formtypus ist in seiner Begrenztheit zu durchschauen und seine Herrschaft zu brechen; die rein negative überlegen-aristokratische Stellung zur Masse ist scharf zu bekämpfen und das Verhältnis von Persönlichkeit und Masse gedanklich und erlebnismäßig auf eine neue Basis zu stellen.

Die Grenze des geistigen Formtypus ist darin begründet, daß er von einem unmittelbaren Gehalt leben muß, daß es aber sein Wesen ist, durch Reflexion, Dialektik und Subjektivierung diesen Gehalt in wachsendem Maße zu entleeren, seiner Unmittelbarkeit zu berauben und dadurch zu zerstören;[j] eben damit aber seine eigenen Wurzeln abzugraben und in der glänzenden Zuspitzung der [k]Dekadenz-Geistigkeit[k] sich selbst aufzuheben. – Die Grenze des ethischen Formtypus aber liegt darin, daß er ohne starkes Gehaltserlebnis bestimmte Formen mit ethischer Unbedingtheit umkleidet: Moralgesetze, Sitten, Konventionen, die dadurch zu heteronomen, knechtenden, Feindschaft erweckenden „Gesetzen" werden, den Hüter dieser Formen aber zum Vertreter des bürgerlichen Pharisäismus und seiner tiefen Unethik machen. – So schwankt die ausschließlich auf den Formtypus aufgebaute Kultur zwischen unschöpferisch-zerrissener[l]-selbstzerstörender Geistigkeit und konventionell-bürgerlich-religiösem | Moralismus, die immanente Dialektik des reinen Formtypus verhängnisvoll offenbarend.

Mit dieser Kritik ist notwendig eine neue Blickwendung zur Masse verbunden; zunächst wird sich die schlagwortmäßige Verachtung der Masse in ihrer Unklarheit, Unwahrhaftigkeit und Schuld offenbaren. Welche Masse ist gemeint, wenn von Masse gesprochen wird? Die allgemeine soziologische Erscheinung der Massenbildung? So muß der Redende sich selbst mit einschließen, vielleicht [m]gerade[m] im Moment seiner Rede am deutlichsten. Oder ist die technische Masse gemeint? So ist zu bedenken, daß jede [n]Selbsterhebung[n] über sie, jede Abwehr und Kluftvertiefung ein schuldvolles Mitschaffen und Verfestigen ihrer Existenz ist. *Das meiste Reden von Masse ist Torheit oder Schuld*[o]. Oder ist die mystische Masse gemeint? So hat der, der sich über sie erhebt, das Urteil seiner eigenen Leere und bloß [p]formalen[p] Subjektivität gesprochen. Freilich wußte man [q]in dem[q] Zeitalter der technischen Weltbetrachtung kaum mehr etwas von dem Wesen einer mystischen Masse – und das macht vieles Urteilen über die Masse zum mindesten verständlich, wenn auch nicht weniger schuldvoll.

Die geforderte, positive Wertung der Masse schließt eine Bejahung der gegenwärtigen Formen der Massenbewegung nicht ein, sondern weithin aus. Der technische Geist erfüllt sowohl die Demokratie wie den Sozialismus. Technischer Geist aber steht dem tiefsten Wesen der Masse schroff entgegen; er ist ein Produkt der [r]subjektivistischen[r] bürgerlichen Formkultur; er setzt eine Loslösung des Bewußtseins von den Dingen voraus, durch den sie Objekt und Mittel zum Zweck werden; er ist es, der auch die Masse geschaffen hat, die Objekt und Mittel zum Zweck einzelner ist. Eine Erlösung von der technischen Masse ist niemals allein dadurch möglich, daß diese einzelnen vernichtet werden; wo der technische Geist als praktischer Materialismus und Profanisierung des Lebensgefühls herrscht, treten sofort andere einzelne an Stelle der Entfernten, die Masse aber bleibt in unerlöster Seelenlosigkeit. Es ist der höchste Triumph der bürgerlich-technischen Formkultur, daß ihr Geist auch die ihr feindliche Massenbewegung ergriffen und sie ihrer tiefsten Gewalt beraubt und weithin unfruchtbar gemacht hat. Erst wo der Sozialismus beginnt, dieses ihm feindliche Gift auszustoßen, ist er[s] Erlöser der Massenpsyche und [t]Weglenker[t] einer neuen mystischen Masse mit schöpferischer Kraft.

[u]*B.*[u]

Nach diesen Andeutungen über die gegenwärtige Lage soll als Abschluß eine systematische Darstellung des Verhältnisses von Masse und Persönlichkeit im

Sinne einer idealen Synthese beider folgen. Ob und in welchem Maße sie verwirklicht werden kann, ist eine empirische Frage, von der die prinzipielle Gültigkeit der entwickelten sozialethischen Idee unabhängig ist, – wobei freilich zugegeben werden muß, daß eine solche Idee nur entwickelt werden konnte, | weil die Überzeugung besteht: sie ist nichts als eine Nach- und Weiterzeichnung der gegenwärtigen geschichtlichen Grundtendenzen.[v]

Die Bausteine zu dem Aufbau [w]unserer[w] Gedanken haben wir [x]durch die[x] Betrachtung der Massen- und Persönlichkeitstypen gewonnen. Was die Massenbegriffe betrifft, so liegt auf der Hand, daß die technische Masse als [y]Persönlichkeits-vernichtendes[y] und zu überwindendes Prinzip hier nicht in Betracht kommt; ebensowenig aber die dynamische Masse, die ja eine Übergangserscheinung ist, und darum zwar von größter Wichtigkeit für die gegenwärtige Massenpädagogik, nicht aber für die Darstellung einer idealen Synthesis ist. Die Grundlage muß also die mystische Masse geben. Auf dieser Grundlage sind dann in drei Stufen der Gehaltstypus, der geistige und der ethische Formtypus aufzubauen.

Die mystische Masse trägt in ihrer Tiefe in unmittelbarer, ungebrochener Weise ein einheitliches „Prinzip", ein fundamentales Weltgefühl, eine Grundstellung des Bewußtseins zu dem Unbedingt-Wirklichen, [z]das[z] selbst unbewußt und ungeformt die Quelle aller Bewußtheit und Formung ist. Dieses Grundprinzip gibt jedem einzelnen und allen Dingen ihre Bedeutung. Es stellt jeden an [a]seinen[a] Platz und gibt allen eine Beziehung, durch die sie[b] Träger des alles erfüllenden Grundgefühls werden. So ist es organisierendes Prinzip im gesellschaftlichen und sinngebendes Prinzip im geistigen Leben.

Die Grundleistung des organisierenden Prinzips liegt darin, daß es jedem einzelnen eine unmittelbare Beziehung zu sich selbst und ihm damit eine eigentümliche selbständige Bedeutung gibt. Der Gegensatz von [c]Subjekten und Objekten[c] des gesellschaftlichen Lebens, die Wurzel aller mechanischen Massenbildung, ist aufgehoben. *Jeder ist Subjekt, insofern er eine eigenartige Darstellung des Grundprinzips ist, und jeder ist Objekt, indem durch ihn der Sinn des Ganzen zur Verwirklichung kommt.* Das bedeutet aber [d]der[d] Idee nach Aufhebung derjenigen Rechtsformen in Wirtschaft, Recht und Staat, die es ermöglichen, daß einzelne die übrigen zu Mitteln ihres Eigenzweckes machen. – Eine solche Forderung brauchte nicht erhoben zu werden, wenn es sich um den ethischen Persönlichkeitstyp handelte; dieser ist in jeder Lage möglich, in Sklaverei, Hörigkeit und Lohnarbeit, aber immer nur als einzelner Fall. Wo aber der Gehaltstypus der Persönlichkeit aus der mystischen Masse universell hervorgehen soll, da muß eine lebendige Teilnahme der Massen an der Bewegung des Gesamtlebens möglich sein; daher z.B. die repräsentative Bedeutung jedes Standes im Mittelalter bis hin zum Bettler und seiner gesellschaftlich notwendigen Funktion, daher die ununterbrochene Tätigkeit der Kirche im Sinne der Milderung und des Ausgleichs der gesellschaftlichen Gegensätze von dem Begriff der organischen Gesellschaft aus; daher die Forderung der gegenwärtigen Massenbewegung, jeden [e]Einzelnen[e] zum Subjekt des politischen und wirtschaftlichen Prozesses zu machen. |

Daß dieses weder mit einer abstrakten Demokratie noch mit einer abstrakten Sozialisierung erreicht werden kann, ist selbstverständlich. Nur die höchst geformte geistige Persönlichkeit kann die allgemeinsten Formungen geben, während die Masse immer nach [f]begrenztem Formbewußtsein[f] urteilen muß und darum faktisch zum Objekt von Parlamenten, Kabinetten, Parteiführern und Wirtschaftsbürokraten wird, eine Tendenz, die dem technischen Geist der bürgerlichen Formkultur[g] und nicht dem Sinn der Masse entstammt. – Subjekt des gesellschaftlichen Lebens ist der einzelne nur dann, wenn er in all seinem Tun und Erleiden etwas sehen kann, was für ihn selbst bedeutungsvoll und für das er selbst verantwortlich ist, und das zugleich eine allgemeine Bedeutung hat, die über jeden einzelnen hinausführt in die Tiefen des Lebenssinnes selbst. *Das ist möglich, wenn er Formen empfängt und Formen gibt nur in dem begrenzten Kreise, in dem er lebendig und schöpferisch wirken kann, wenn er aber zugleich sich jederzeit bewußt bleibt, daß dieser engere Kreis ein Glied eines größeren ist und durch ihn hindurch ein Glied des Gesamtlebens, dessen innerster Sinn im [h]Kleinsten wie im Größten[h] offenbar wird!*

Erleichtert und gesteigert wird die Einheit mit dem Gesamtleben dadurch, daß jeder einzelne in mehreren Kreisen steht, in naturgegebenen und frei gewählten, in dem einen in engerem, in dem anderen in weiterem Raum, in dem einen mehr als Subjekt, mehr als Führer, in dem anderen mehr als Objekt, mehr als Geführter, in keinem aber nur das eine oder das andere. Die Aktivität, die Selbstverantwortlichkeit und das Selbstinteresse der kleinsten Kreise, im wirtschaftlichen, politischen und geistigen Sinne, ihr Zusammenschluß zu größeren und größten Kreisen bis hin zur Menschheit überhaupt als letztes und höchstes Gemeinschaftserlebnis, das ist es, was allein den Gegensatz von Persönlichkeit und Masse aufheben und jeden zur Persönlichkeit im Sinne des „Gehaltstypus" machen kann. Voraussetzung ist freilich, daß wirklich ein „Gehalt" da ist; denn sonst bekommt alles Tun doch wieder lediglich materiellen Sinn und wird, einschließlich Geist und Religion, zu einem politischen Machtmittel, mit Hülfe dessen die einen zu Subjekten, die anderen zu Objekten, die einen zu Formpersönlichkeiten, die anderen zu formloser Masse werden.[i]

Wo aber ein „Gehalt" da ist, und wo er die Gesellschaft aufbaut aus lebendigen Kreisen und universalen Zusammenfassungen, da gewinnt auch die geistige Formung einen andern Sinn; sie verliert ebenso wie das politische und wirtschaftliche Leben ihre Abstraktheit und wird die Bewußtwerdung des lebendigen Ganzen in den Formen der konkreten Kreise, in denen der einzelne steht. Je mehr Kreise es sind, in deren Schnittpunkt einer lebt, je weiter und umfassender sie sind, desto reicher und weiter wird seine geistige Form sein; aber niemals wird sie den Zusammenhang verlieren mit den konkreten Wurzeln der kleinsten Kreise; der Unterschied von [j]Gebildet und | Ungebildet[j] hört auf, ein qualitativer zu sein[k] und damit ein unüberbrückbarer [l]Gemeinschafts-sprengender, Masse-schaffender[l]. Nur [m]in der großen[m] Form schöpferischer Persönlichkeiten tritt etwas qualitativ Neues hervor; aber nicht zur [n]Erzeugung[n] eines Gegensatzes zwischen geformt und ungeformt, sondern zur Darstellung höchst möglicher menschlicher Formung, die einsam dasteht über den relativen Unterschieden, °unerreichbar°, und doch durchblutet von dem Leben und Gehalt der Gesamtheit. – Das bedingt freilich, wie die Befreiung[p] von der Knechtung unter wirtschaftlichen und politischen Abstraktheiten, so auch die Befreiung von dem abstrakten Bildungsideal und das Hineinführen in die Tiefe der konkreten Geistigkeit, deren Walten in jeder Seite der Wirklichkeit offenbar ist. Geistige Form heißt nun nicht mehr Aneignung eines bestimmten Wissensbesitzes, auch nicht die Fähigkeit, sich selbständig in diesem Gebiete zu bewegen und neuen Besitz zu erwerben, sondern heißt bewußtes Eindringen in die Tiefe der unmittelbar erlebten konkreten Gebiete von der schlichtesten Handwerklichkeit bis zu den höchsten Spitzen der Politik oder der Wissenschaft. Das bedeutet nicht Einseitigkeit; denn einerseits ist die Zahl der Kreise, in deren Schnittpunkt einer stehen kann, prinzipiell unbegrenzt, andererseits gibt es in jedem, auch kleinsten Einzelgebiet, einen unmittelbaren Weg zu dem alles durchwaltenden Prinzip, zu dem [q]reinen[q] Gehalt, der in [r]aller[r] Form [s]lebt[s]. *Geistige Form ruht nicht auf der Mannigfaltigkeit der Peripherie, sondern auf der Einheit des Zentrums*[t]. [u]*Darum*[u] *kann der engste Kreis eine stärkere Form geben als der weiteste – wenn anders ein Zentrum da ist – und der Unterschied von Persönlichkeit und Masse, von* [v]*Gebildet und Ungebildet*[v], *ja von Gehaltstypus und geistigem Formtypus der Persönlichkeit ist aufgehoben.*

Wie verhält sich nun der ethische Formtypus zu diesem Aufbau? Es war gezeigt, daß er ohne Erfülltsein mit Gehalt in sich selbst unmöglich wird und übergeht in den [w]reinen[w], unterpersönlichen Machttypus. Er stellt der Idee nach also auch nur eine Ausformung des Gehalts dar, diejenige nämlich, durch welche die Lebensformen der Gesamtheit [x]von dem einzelnen in ihrer Gültigkeit erfaßt und bejaht[x] werden; [y]darum[y] nimmt jeder, der sich in das Gesamtleben einfügt, an dieser Form teil; nur wer sich nicht einfügt [z]aus Willkür[z], ist von dem Charakter als ethische Persönlichkeit gänzlich entfernt; aber diese [a]Einfügung[a] ist verschieden, je nachdem sie als Kompromiß mit den individuellen Formlosigkeiten oder als unbedingte Bejahung der ethischen Form gegen jede individuelle Hinderung auftritt; nur das zweite schafft ethische Persönlichkeit im Vollsinn. *Diese ethischen Persönlichkeiten und die Gemeinschaften, in denen sie sich ausdrücklich zusammenschließen oder unbewußt eins sind, tragen in der Tat das Gesetz der Gesellschaft*[b] *auf ihren Schultern. Sie sind das Gewissen der Gesamtheit.* Aber sie irren, wenn sie mehr sein wollen; sie vergessen dann, | daß auch sie leben von dem Gehalt, der die Gesamtheit erfüllt und den Formen und Gesetzen in Sitte, Sittlichkeit und Recht erst Bedeutung und Kraft gibt. [c]Nur wenn[c] die ethische Persönlichkeit diese Bindung vergißt, tritt sie in Gegensatz zu den übrigen und schafft Masse. Sonst aber ist sie ein lebendiges, tragendes, alle Kreise und Stände durchdringendes Element, und hat mit der Last der höchsten Verantwortung zugleich die Seligkeit der stärksten Formung, unabhängig von der Weite oder Enge der geistigen Form, allen zugänglich, und doch, weil Sache der Freiheit, nur [d]in[d] einzelnen erreicht:[e] das Knochengerüst der Gesamtheit, aber ein starres [f]Skelett, wenn ohne[f] das Blut des Gehaltes und ohne Muskeln und Haut der geistigen Formung.

Das führt nun zu dem letzten der Probleme, dem des Führers, dem Hirn und den Nerven unseres Bildes vergleichbar. Es ist klar, daß ohne geistige und ethische Form der Führer nicht möglich ist; aber beide machen ihn noch nicht. Hinzukommen muß das unterpersönliche Moment der Kraft, der intellektuellen, deren Gipfel die große Intuition, und der willentlichen, deren Gipfel die heroische Tat ist. Die Überlegenheit, die der Führer hat, zerstört leicht den organischen Aufbau, und schafft den Gegensatz der Masse – wenn nämlich der Führer den Gehalt verloren hat, und die Form leer geworden und in den Dienst der Macht getreten ist. *Der „ungläubige" Führer ist das Verderben der Gesellschaft; denn an Stelle des „Glaubens" tritt das Interesse, [g]dem[g] die Macht dienstbar gemacht wird.* Und dagegen kann keine „Methode" der Führerauswahl und Führerzüchtung (mechanische Begriffe!) etwas helfen; sondern allein die gemeinsame Gehaltserfülltheit [h]von Führern und Masse[h]. Nur auf dem Boden des „Glaubens" ist der wahre Führer möglich, der mehr kann und mehr sieht als die andern, und doch nichts ist und nichts sein will als Diener und Träger des Ganzen um deswillen, das [i]allem[i] Sinn, Bedeutung und Ewigkeit gibt.

So treiben alle Fragen zu der einen Antwort: daß aus der Tiefe eines neuen Gehalts die Menschheit geboren werden muß, in welcher der Gegensatz von Masse und Persönlichkeit überwunden ist. Ein neuer Gehalt aber ist Gnade und Schicksal;[j] das mag die betrüben, die alles machen und zwingen wollen; sie sind selbst ein Symbol des Zeitalters der Masse und werden es nicht überwinden, auch nicht durch sozialistische und demokratische Technik, noch weniger freilich durch Rückkehr zu zerbrochenen Formen. Daß wir das aber jetzt [k]zu sehen vermögen[k], daß wir der Technik und der Macht nicht mehr glauben, mag [l]auch[l] ein Symbol sein, dafür nämlich, daß ein neuer Gehalt im Herannahen ist. Solange er fehlt, kann alles Reden über Masse und Persönlichkeit nichts helfen, kann höchstens zeigen, warum nichts helfen kann (das ist freilich schon [m]Hilfe[m]); ist er da, so ist Reden nicht mehr nötig, so gibt es nicht mehr „Masse" und nicht mehr „Persönlichkeit", sondern nur den Menschen, der Gehalt und Form in sich trägt in unlöslicher Einheit. ||

Masse und Bildung

Bildung der Masse ist nicht Bildung des einzelnen in der Masse. Zu zeigen, daß sie es nicht ist, daß jene versteckt-aristokratische Zielsetzung den Sinn des Problems verfehlt, daß alles darauf ankommt, sie zu überwinden, das gerade ist die Aufgabe. *Von der Masse als Masse reden wir, nicht von dem einzelnen, der sich mit Hilfe der Bildung über die Masse erheben will.* Zwar: auch von ihm reden wir, zeigen den Ort, wo er geistesgeschichtlich steht, wo er sein, nur zu begrenztes, Recht hat. Denn das Thema „Bildung und Masse", in seiner letzten Tiefe erfaßt, treibt unmittelbar in eine Breite, die kaum ein Problem des Bildungswesens unberührt läßt.

Wir sprechen zuerst vom Wesen, dann von der Bildung der Masse.

I. Das Wesen der Masse

„Masse“ ist Schlagwort geworden. Im politischen wie im sozialen Leben. Schlagwort verachtender Überlegenheit, wie fanatischer Götzenanbetung, Schlagwort gütigen Herabneigens, wie obrigkeitlicher Hoheit. Wer ernsthaft von „Masse“ reden will, muß schärfste Begriffsbestimmung erzwingen, muß durch logische Klärung die Schlagworterhitzungen zur Abkühlung bringen. Es gibt zwei Begriffe von Masse, einen formalen und einen materialen, der erste psychologisch-soziologisch, der zweite historisch-sozial.

Masse im formalen Sinn ist die Zusammenfassung einzelner, die in dieser Zusammenfassung aufhören, als einzelne zu sein. Ihre Einzelform geht verloren, sie werden einer Gesamtform unterworfen. Der einzelne wird Atom, entkleidet seiner Qualität, seiner Eigenbewegung, bloße ^{n}Quantität^{n}, unterworfen der Bewegung der Masse. Massenpsychologie treiben, das heißt feststellen: wie die Seele, eingegangen in die Massenform, sich unterscheidet von der Seele in ihrer Einzelform; wie der gleiche als Massenatom sich selbst als Einzelwesen widerspricht.

Grundlegend ist festzustellen, daß in der seelischen Massenbewegung Elementc, aus ihrem seelischen Zusammenhang herausgerissen und losgelöst von ihm, für sich wirksam werden. Was in dem einzelnen Ergebnis einer langen inneren Entwicklung ist, was in seiner Seele lebt, durch tausend Fäden verbunden mit dem Gesamtleben der Seele, das wird nun selbständig. Die hem|menden, reflektierenden, färbenden Kräfte fallen fort. Dadurch aber wird alles anders. In zwei Gesetzen mag diese Veränderung zusammengefaßt werden.

Das Gesetz der Unmittelbarkeit besagt, daß die Masse nicht reflektiert, sondern ist. Daß sie objektive, keine subjektive Existenz hat, daß sie, mit Hegel, an sich, nicht für sich ist. Sie weiß nicht um das, was sie tut. Wo sie zu sich selbst kommt, da geschieht es durch einzelne, den Aussprecher und Führer. Unmittelbar ist die Masse, und darum vollkommen gegenwärtig, losgelöst von Vergangenheit und Zukunft, von Erinnertem und Bedachtem, ohne Ständigkeit der Entwicklung, fähig, in wechselnde Extreme zu fallen, kurz: irrational in ihrer Motivation. – Das alles klingt nach Kritik und steht doch vor aller Kritik. Es ist wertindifferent. Im Werterfüllten wie im Wertwidrigen liegen der Masse Möglichkeiten, die der Einzelseele verschlossen sind. Das Gesetz der Unmittelbarkeit kann die unmittelbar biologischen Instinkte zu hemmungsloser Herrschaft führen. Es kann aber auch ein unmittelbar geistiges Prinzip sein, das in der Masse und nur in der Masse sich durchsetzt, möge es auch später von einzelnen Bewußten subjektiv geformt und ausgeprägt werden. Und die Gegenwärtigkeit der Masse, sie kann bedeuten Hingegebensein an den Augenblicks-Instinkt und sie kann Bereitschaft sein für die geistige Offenbarung der Gegenwart, die zu empfangen die „unreine“ d.h. vergangenheitsbelastete subjektive Geistigkeit nie im Stande wäre. Und die Irrationalität der Motive kann ebenso dem Irrationalen von unten, dem Wahnsinn, wie dem Irrationalen von oben, dem Schöpferisch-Neuen, Platz geben.

Das andere Gesetz der Massenpsychologie ist das Gesetz der Steigerung. Wenn die Hemmungen des individuellen Geisteslebens fehlen, wenn das Gleiche sich wiederholt, in jedem von Neuem, und wie im Wechselstrom das Erlebnis des einen das gleiche Erlebnis des andern hervorlockt, wenn die Masse sich selbst als Masse erlebt, so gibt das ihrer Bewegung eine Wucht und Gewalt, die grundsätzlich ins Unendliche geht.

Beide Seiten des Seelenlebens, die emotionale wie die intellektuelle, sind davon betroffen. Die Kraft der Begeisterung, die Steigerung der Leidenschaften, des Mutes bis zur Selbstaufopferung und Selbstzerstörung, sind an jeder Massenbewegung sichtbar. Versteckter wirkt das Gesetz der Steigerung auf der intellektuellen Seite, denn der Reflektionsprozeß in seiner Kompliziertheit ist nicht Sache der Masse. Von hier aus gesehen, ist der einzelne notwendig klüger als die Masse. Aber Intuitionen einfacher, großer Art, Hellsichtigkeiten über das, was der objektive Geist im gegenwärtigen Moment bereitet, können die Masse weit über alle subjektive Intelligenz erheben.

Das Niveau der Masse kann dem geistigen Gehalt nach höher sein als das jedes einzelnen, wenn es auch der intellektuellen Form nach tiefer steht. Ist der einzelne klüger, so ist die Masse genialer. Ist der einzelne weiser, so ist die Masse böser und besser. |

Auch hier gilt das Gesetz der Wertindifferenz. Die Steigerung kann ins Monumentale und Heroische führen, ebenso aber auch ins Dämonische und Zerstörende. Und die Intuitionen der Masse können dem Geist und dem Widergeist folgen. – Die Gesetze der Massenpsychologie sind Naturgesetze. Sie gelten immer und notwendig und für jede zusammengefaßte Mehrheit. Sie beginnen schon zu wirken, wo zwei einheitlich durch ein drittes bewegt sind. Sie gelten für jede soziale Schicht, für eine Verbrecherbande wie für einen Fürstenkonvent. Sie zwingen mit ironischer Überlegenheit sogar eine Versammlung von bewußten Individualisten, z.B. wenn sie sich mit dem Schlagwort „Masse“ gegenseitig ihr Überlegenheitsgefühl verstärken.

Wir wenden uns *dem materialen Begriff von Masse zu. Er besagt, daß es das Wesen einer bestimmten Gruppe von Menschen ausmacht, wesentlich unter massenpsychologischer Formung zu stehen.* Klassen und Stände, Rassen und Kreise, deren Schicksal es ist, von einer individuell geistigen Formung ausgeschlossen zu sein, bilden die Masse im historischen Sinne. Es ist nicht notwendig, daß es eine solche Masse gibt, es ist vielmehr ein Verhängnis, wenn sie entsteht, und ein Problem, wie sie entsteht.

In jedem Menschen sind von Natur gegeben eine Reihe seelischer Tendenzen, die ebenso allgemein sind in ihrem Vorhandensein, wie besonders in ihrer individuellen Ausprägung. Es ist die Sphäre des subjektiven Gemütslebens in Freude und Trauer, Sorge und Hoffnung, Liebe und Freundschaft, Sehnsucht und Erinnerung. Überall gleichartig sind die Elemente, überall verschieden ihre Mischung. Natur und Schicksal bringen sie zur Auslösung, zur Steigerung und Abstumpfung. Aber diese Substanz, der Urstoff des menschlichen Gemütslebens bleibt nicht ohne Formung. Was weder Natur noch Schicksal, noch der individuelle Charakter vermögen, das vermag die gestaltende Kraft des Geistes in Geschichte und Gemeinschaft. Tradition, Sittenbildung, Weltbild, Religion sind die Kräfte, die jenen Urtendenzen des Seelenlebens Form, Grenze und Ausdrucksmöglichkeiten geben. Durch sie bekommt das Seelische bedeutungsvolle Inhalte, es wird zum Geistigen. Die Sphäre des subjektiven Gemütslebens wird zu einer Stätte subjektiv-objektiver Geistigkeit. Der formende Geist °aber selbst° wohnt noch eine Schicht tiefer als jede seiner Formen. Er ist das schöpferische Prinzip aller Kulturgestaltung, die geistige Kulturseele im Unterschied von jeder naturgewachsenen Einzelseele. Wo immer in einer Gesellschaft ein solch objektiv-geistiges Prinzip in der Tiefe lebt und mit unmittelbarer, selbstverständlicher Gewalt das gesamte Leben beherrscht und durchdringt, da empfindet jeder einzelne die Formung, die ihm gegeben wird, zugleich als eigene, ihm gemäße Form. Jeder einzelne ist zugleich Subjekt und Objekt des Lebensprozesses. Die Stätte im Gesamtleben, an die er gestellt ist, der Beruf, zu dem er in Wahrheit *berufen* ist, Sitte und Sittlichkeit, die er selbst mitträgt, die geistigen Elemente in Religion und | Kunst, in Poesie und Welterkenntnis, die seine Seele erfüllen, das alles ist eine Grenze, die doch nicht begrenzt, ein Zwang, der doch nicht als Zwang empfunden wird. Denn die Einzelfreiheit ist eins mit dem Sinn des Gesamtlebens.

Masse entsteht, wo in einer Gesellschaft das schöpferisch geistige Prinzip sich auflöst, wo es seine unmittelbare Gültigkeit, und damit seine selbstverständlich formende Kraft verliert. Wenn einzelne zu höchster subjektiver Formung gelangte Persönlichkeiten sich kritisch zu der Grundlage stellen, auf der sie gewachsen sind, wenn der Naturbegriff zu einer Waffe wird gegen die Gestaltungen der Tradition, wenn die geistige Substanz diesem Angriff nicht mehr gewachsen ist, dann ist der Augenblick ihrer Auflösung gekommen, und wenn dann auch im Lauf der Entwicklung von der subjektiven Geistigkeit her ein neues Verhältnis zu den Gestaltungen der Überlieferung gewonnen wird, wenn höchste romantisch-historische Einfühlungsfähigkeit den Schein einer neuen Objektivität erweckt, so ist dennoch die Unmittelbarkeit zerbrochen. Es ist subjektive Geistigkeit, die in ein subjektives, bejahendes oder verneinendes Verhältnis zu den Formen der Vergangenheit tritt. Zwar entwickelt sich auf dieser Grundlage die Kultur zu ihrer höchsten Blüte, wenn in gewaltigem Ringen zwischen Überlieferung und individueller Schöpferkraft die großen Werke subjektiver Geistigkeit hervorgebracht werden. Weil aber die Unmittelbarkeit, die geistige Substanz, immer mehr verlassen, und infolgedessen die Form zu immer subjektiverer Zuspitzung getrieben wird, in der sie sich schließlich selbst verzehrt, so endet diese Entwicklung notwendig in einem Augenblick gänzlicher Erschöpfung; und das gilt ebenso für das ästhetisch-intellektuelle wie für das sozial-wirtschaftliche Gebiet.

In dem Maße, in dem geistige Substanz kritisch zersetzt und die subjektive Geistigkeit zur höchsten Vollendung gesteigert wird, in dem Maße wird die Menge von der geistigen Formung ausgeschlossen, sie wird bloßes Objekt, wird Masse; sie verliert die vorhandene geistige und soziale Formung. Noch lebt in ihr, nie ganz unterdrückt, nie ganz zerstörbar die Unmittelbarkeit des Gemüts mit seinen ursprünglichen Tendenzen und Bewegungen. Aber je weniger diese Tendenzen sich in einer Formung erfüllen können, je mehr das Seelische seiner geistigen Inhalte entleert wird, desto mehr verkümmert es. Die auflösende Kritik des Subjekts dringt in alle sozialen Schichten, die schöpferische Kraft des Subjekts aber ist nur einzelnen gegeben und kann auch da nicht die unmittelbare Kraft des objektiven Geistes ersetzen.

Nicht für alle Massen und Stände gleichmäßig pflegt dieser Prozeß wirksam zu werden. Es kann eine Einzelschicht aus dem Gesamtleben ausgeschlossen und ganz zum Objekt herabgedrückt werden, wie z.B. die Sklavenschicht. Es kann andrerseits, wenn in der Gesellschaft der Auflösungsprozeß schon weit vorgeschritten ist, eine Schicht relativ unberührt davon sein, wie | etwa die ländliche Bevölkerung. Freilich sind beide Zustände vorübergehend: ist ein starkes organisierendes Prinzip vorhanden, so wird schließlich auch der Sklave und der Bettler miteingeschlossen, man denke an ihre Stellung in der hierarchischen Stufenleiter des Mittelalters. Und ist das Ferment der Auflösung da, so hält auch das scheinbar unbewegliche Land nicht Stand. Man denke an den Gegensatz des Agrar-Kapitalisten und Land-Proletariers.

Betrachten wir nun die so entstehende Masse genauer. Man kann drei Stadien in ihr unterscheiden, nicht als eine geschichtliche Aufeinanderfolge (obgleich auch das zutreffen kann), sondern als eine Unterscheidung verschiedener Typen, die im allgemeinen gleichzeitig vorhanden sind, aber dem Sinne nach, dialektisch, als ein Nacheinander aufgefaßt werden müssen. *Wir unterscheiden die mechanische, die dynamische und die organische Masse.* Davon fällt die organische Masse außerhalb unserer Betrachtung, denn es ist die aufgehobene, ihres Charakters als Masse beraubte Masse. Sie zu nennen hat lediglich den Sinn, ein Idealziel der Massenentwicklung aufzustellen. Es bleiben also für unsere Betrachtung die mechanische und dynamische Masse.

Die mechanische Masse ist das unmittelbare Resultat des Auflösungsprozesses der geistigen und gesellschaftlichen Einheit. Ihr entscheidendes Merkmal ist die Entseelung infolge des Verlustes aller geistigen Formen, wie Religion, Sitte, Familie, Heimat, Beruf. Die treibende Kraft in den Bewegungen der mechanischen Masse sind darum die biologischen Instinkte, der unmittelbare Existenzwille, der Wille zur Macht in ungebrochener elementarer Gewalt. Für die Träger der geistigen und gesellschaftlichen Subjektivität ist die mechanische Masse Objekt und Mittel: Objekt der politischen Beherrschung, sei es durch absolute oder demokratische Kabinette, sei es durch Agitation von oben oder von unten; Objekt der wirtschaftlichen Beherrschung, die in der Masse nur Quantitäten bezahlter Arbeitskraft sieht; Objekt der Wissenschaft, der Medizin wie der Psychologie, der Statistik wie der Soziologie; Objekt der Kunst, die ihr Bedürfnis nach realistischen Stoffen oder nach interessanten Impressionen an der Masse befriedigt; Objekt der Moralpredigt und Bearbeitung mit Bildungsstoffen; Objekt der sozialen Gesetzgebung und humanitären Fürsorge. Immer aber Objekt, immer das, mit dem etwas geschieht, immer Mittel für einen über ihr liegenden Zweck, und infolge ihrer seelischen Abstumpfung und geistigen und gesellschaftlichen Entleerung gezwungen, sich zu unterwerfen, ein Machtmittel, ein Wirtschaftsmittel, eine Maschine: die mechanische Masse.

Doch in der Tiefe leben die urmenschlichen Tendenzen weiter, verkümmert, entgeistigt, aber nicht zerstört. Sie sind die Stätte, an der ein neues Prinzip geboren werden kann; wo dies geschieht, da tritt an die Stelle der Unmittelbarkeit der biologischen Instinkte die Unmittelbarkeit eines geistigen Instinktes, noch vielfach verunreinigt und verdeckt durch die biologischen Tendenzen, dennoch das Tiefste in der Bewegung, die nun nicht mehr mechanisch, | sondern dynamisch ist. Freilich das Prinzip dieser Bewegung ist noch stumm; es hat sein Offenbarungswort noch nicht gefunden; es hat noch keine subjektiv-objektive Formung angenommen. Wer das Wort findet, annähernd findet, der ist, auch wenn er zunächst von den mechanischen Tendenzen der Masse ans Kreuz geschlagen wird, dennoch ihr Führer, nicht als Träger einer massenfremden geistigen Subjektivität, sondern als einer, der, im Tiefsten zusammengeschlossen mit der Masse, das offenbart, was als dunkles Prinzip in ihr ist.

Die Bewegung der dynamischen Masse hat zunächst eine negative Tendenz; sie richtet sich gegen die Formen der Subjektivität [p]*im*[p] *Geistes- und Gesellschaftsleben, durch deren Wirksamkeit sie eben zur Masse geworden ist,* oder, wenn der Prozeß nicht zum Abschluß gekommen ist, zu werden drohte. *Die dynamische Masse ist immer revolutionär,* nicht immer, nicht einmal am häufigsten, im politischen Sinne, immer aber geistig und gesellschaftlich zugleich. Sie muß es sein; denn der Sinn ihrer Bewegung ist ja die Überwindung des Zustandes als Masse und aller Formen, die diesen Zustand schaffen. Aus dem vorhandenen oder drohenden Dasein als mechanische Masse, zu dem Ziel einer organischen, aufgehobenen Masse geht die Bewegung der dynamischen Masse, ganz gleich, ob das Ziel erreicht wird oder nicht. Die größten Zeiten der Geschichte erhalten ihre Monumentalität durch diese Bewegung; man denke an die religiöse Bewegung der hellenistisch-urchristlichen Zeit, an die politische und Rassenbewegung der Völkerwanderung, an die geistig-religiöse der Reformation, an die wirtschaftliche des Sozialismus; ob es die Schicht der Sklaven und Unterworfenen oder der ausgeschlossenen Barbarenvölker oder der passiven Laien oder der unfrei-freien Lohnarbeiter war, immer ging aus der wirklichen oder drohenden Massenmechanisierung eine geschichtsumwälzende Massendynamik hervor.

Natürlich sind diese ganzen Dinge nicht schematisch-konstruktiv gemeint. Eine dynamische Massenbewegung kann da sein, noch ehe es zu einer wirklichen mechanischen Massenbildung gekommen ist; sie kann zu einer organischen Entmassung führen, sie kann aber auch mit einer Mechanisierung endigen, besonders wenn sie nicht alle Schichten wirklich in der Tiefe erfaßt hat, wie z.B. die englische und französische Revolution. Es ist auch nicht so, als ob eine bisher mechanische Masse plötzlich als Ganzes dynamisch wird; nur die vorwärts treibenden – aber doch zur Masse gehörenden – Elemente pflegen die Träger der Dynamik zu sein. Ebenso ist nicht gesagt, daß in der organischen, aufgehobenen Masse nun das mechanische und dynamische Element ganz fehlen wird. Immer gibt es Gruppen, die in die Gefahr der Mechanisierung geraten und in sozialen Kämpfen reagieren; immer gibt es einzelne, in denen eine überlegene Subjektivität geistiger oder gesellschaftlicher Art sich aufgipfelt, und immer gibt es Kreise mit radikaler Formkritik und revolutionärer Dynamik; aber es ist etwas anderes, ob dadurch die geistige Einheit aufgehoben wird, oder ob sie stark genug ist, diese Spannungen zu ertragen. |

Es hat demnach die Unterscheidung der drei Stadien der Massenbildung einerseits den Sinn einer inneren Gesetzlichkeit – die durchaus nicht historisch real zu werden braucht – andererseits den Sinn einer Charakterisierung gewisser Zeiten, ohne daß die anderen Stadien ausgeschlossen wären. Und in diesem Sinne soll sie ihre Fruchtbarkeit nunmehr an dem Bildungsproblem erweisen.

II. Die Bildung der Masse

Der Entwurf eines Bildungsideals für die Masse in ihren verschiedenen Beziehungen muß ausgehen von der Bildung des einzelnen, insofern er noch vor der Masse steht, des einzelnen in der Subjektivität des Gemüts, und muß hinführen zu dem Zustand, in dem die Masse als solche nicht mehr existiert und der einzelne eine subjektiv-objektive geistige Formung angenommen hat.

Die Sphäre des subjektiven Gemüts kann man als die Sphäre des Lyrischen bezeichnen im Sinne des unmittelbaren Empfindungsgehaltes der Seele. Die Bildungsarbeit in dieser Richtung hat die Aufgabe, die geistigen Werte in lyrischer Formung an die Menschen heranzubringen, losgelöst von ihrer objektiv-geistigen Bedeutung. Vor allem auf dem Land wird diese Richtung vorherrschen müssen, ohne darum in der Stadt ganz ausgeschlossen zu sein. Die Erkenntnisübermittlung wird soweit als möglich an die Heimat im geographischen, geschichtlichen und naturwissenschaftlichen Sinne anzuknüpfen haben. Der Begriff der „sinnigen Naturbetrachtung" hat hier seinen Platz. Die Kunstvermittlung muß alle lyrischen Elemente in den Vordergrund stellen, das Lied vor allem, die Musik, soweit sie lyrisch bedeutsam ist, das Märchen, das Romanschicksal, soweit es im Grunde lyrisches und nicht dramatisches Schicksal ist; [q]der[q] Humor, soweit er das tägliche Leben umspielt; die bildende Kunst, insofern sie Darstellerin unmittelbarer Gemütswerte ist, wie Richter, Schwind und manche der Altdeutschen und Holländer, auch Volkstracht und Volkstanz. Auch sittliche und religiöse Werte lassen sich in dieser Form übermitteln: der Sinn und die Bedeutung der Sittenbildung in der Familie, des Sonntags und der Festzeiten, das Lyrische und Gemütsmäßige der Religion. Im Ganzen: Darbietung von Feierstunden, in denen die Seele zu sich selbst kommt und zu der Seligkeit anschauender und begreifender Erfüllung ihres Sehnens. Vollkommen ist das freilich nur möglich, wenn die geistige Formung all dieser Dinge unerschüttert ist. Darin liegt die Begrenzung der ganzen Sphäre des Lyrischen. Denn es ist auf keinen Fall möglich, die Auflösung des objektiven Geistes und der Gesellschaft rückgängig zu machen und zu vorkritischen „Idyllen" zurückzulenken, wie lyrische Romantik so oft schwärmt. Nur das ist möglich, mit Hilfe der Darbietung dieser

Gemütswerte die Sehnsucht nach neuen Erfüllungen wach zu halten und so zu der Überwindung des schweren Krisenzustandes der mechanischen Masse beizutragen. |

Die Bildung der mechanischen Masse zu besprechen, kann nur den Sinn haben, einerseits festzustellen, wie sich in einer ausgesprochenen Massenentwicklung die Bildungsbestrebungen tatsächlich gestalten, und andererseits zu zeigen, was daran für eine höhere Betrachtung bekämpfenswert und was dauernd gültig ist. *Das Charakteristikum der Massenbildung in geistig-gesellschaftlichen Zerfallszeiten ist dieses, daß die Bildung Besitz einer kleinen subjektiv durchgeformten Bildungsschicht geworden ist, und daß Volksbildung als der Versuch betrachtet wird, etwas von diesem Bildungskapital als Wohltätigkeit an die Schichten der Ungebildeten abzugeben.* Es entspricht das genau dem Verhältnis von subjektiver und objektiver Masse, das wir oben auf allen Gebieten nachgewiesen hatten. Der tatsächliche Zustand der Volksbildungsbestrebungen in den letzten Jahrzehnten des vorigen Jahrhunderts bestätigt diese prinzipielle Einsicht. Dem Bildungskapitalismus der „Gebildeten" kommt die Masse selbst entgegen, wenn sie die Bildung als Machtmittel der herrschenden Klassen auffaßt und sie zum Zweck eigener Machtergreifung erstrebt. Unter diesen Umständen tragen die Bildungsbestrebungen von oben und von unten her lediglich dazu bei, die Entwicklung zum mechanischen Massenzustand zu beschleunigen und den Zustand selbst zu verfestigen. Die Lage des Geisteslebens selbst wirkt in der gleichen Richtung: einerseits kritische Zersetzung aller gegebenen Werte, andererseits Dogmengläubigkeit vorläufigen Forschungsresultaten der Wissenschaft gegenüber; am unbedingtesten seitens der Masse, die dem lebendigen Prozeß des Forschens fern steht. So wird der Besitzcharakter des Wissens zu einem Elementargefühl. – Die Darstellung dieser Dinge enthält unmittelbar ihre Kritik. Aber die negative Kritik allein reicht nicht aus. Auch das mechanische Bildungsprinzip hat eine bestimmte, dauernde Bedeutung: *Es ist technische Formung, die hier erstrebt und erreicht wird.* Die Ausrüstung im Lebenskampf, die Beherrschung der Natur, die siegreiche Höherentwicklung der biologischen Organe, auch des Intellekts, das ist zwar ein technisch-mechanisches, aber doch notwendiges Ziel. Es darf freilich seine Stätte nur da haben, wo der technische Gesichtspunkt bewußt zur Anwendung kommt, in Fortbildungsschulen, in Fachschulen, in Parteischulen. Die Hauptsache ist, daß der technische und der geistige Gesichtspunkt klar geschieden werden. Wo das nicht geschieht, haben wir ein typisches Merkmal mechanischer Massenbildung.

Dieses Urteil gilt auch für die der mechanischen Massenbildung entsprechende Auffassung vom Wesen der Volkshochschule. Sieht man ihre Aufgabe darin, eine gewisse Elite aus der Masse herauszuheben und in die Sphäre der Bildungsschicht zu steigern, so hat man damit auf der einen Seite die Sphäre der subjektiven Geistigkeit, der „Gebildetheit" zu einem Idealziel gemacht, auf der anderen Seite die Masse als Ganzes gerade dadurch daß man einzelne aus ihr herausfischt, in ihrer Verdammnis der „Ungebildetheit" | gelassen; man hat den Gegensatz von Subjekt und Objekt vertieft, die mechanische Massenwerdung ʳbefördertʳ.

Der tiefere Sinn der Volkshochschularbeit kann erst im Anschluß an die Bildung der dynamischen Masse besprochen werden, der wir uns nun als dem entscheidenden Problem zuwenden.

In der dynamischen Masse ist der Gegensatz von subjektiver Bildungsschicht und Masse als Objekt der Bildung aufgehoben. Nicht die biologischen Kräfte sind es, die dieser Masse ihren tiefsten Antrieb geben, sondern ein unbewußt geistiges Prinzip; nicht fremde, subjektive Bildungselemente sind es demgemäß, die sie formen können, sondern allein der aus jener Bewegung selbst hervorwachsende Geist; es ist dabei ja selbstverständlich, daß dieser Geist nicht in jeder Beziehung etwas Neues schafft; will er zur Formung kommen, so muß er sich an die vorhandenen Formen in irgend einer Kontinuität anschließen; und darum ist es notwendig, daß die Führer der dynamischen Masse dieser Formen mächtig sind, aber nicht wie bei der mechanischen Massenbildung, um diese Formen als etwas Fertiges nach unten weiter zu geben, sondern um mit ihrer Hilfe, zerbrechend und umformend aus der Tiefe des objektiven Prinzips zu neuer Formung zu gelangen.

Daraus ergibt sich für den Führer der dynamischen Masse, daß er von dem gleichen geistigen Prinzip bewegt sein muß wie die Masse, daß er innerlich frei sein muß von den Formen der subjektiven Geistigkeit, die er vor der Masse voraus hat. Nur wer durchgebrochen ist durch die gesamte Formenwelt der subjektiven Bildungsschicht, auch durch ihre höchsten Formen; nur wer innerlich frei geworden ist für die Dynamik des objektiven Geistes in der Masse; *nur wer die revolutionäre Kraft der dynamischen Masse in sich mitschwingen fühlt, kann ihr Bildner sein; d.h. kann in gemeinsamer Arbeit nehmend und gebend zu Formen führen, in der die Masse ihrer Bewegtheit Ausdruck sieht.* Ist das Gesetz der Unmittelbarkeit das erste Gesetz der Massenpsychologie, so ist die Forderung, unmittelbar zu sein im Geistigen, die erste Forderung an den Massenbildner.

Diese Unmittelbarkeit ist gegenwärtig nur schwer zu finden, am wenigsten ist sie vorhanden in der Sphäre der individualistisch-bürgerlichen Kultur, am meisten in den Kreisen der Konfessionen und sozialistischen Parteien. Aber auch hier nur in gebrochener Weise. Der Gegensatz der Konfessionen und Parteien zerstört allenthalben die Unmittelbarkeit, indem er zu autonomen, subjektiv begründeten Entscheidungen treibt; und die Kraft der subjektiven Geistigkeit war groß genug, bis in die verschlossensten Kreise religiöser oder politischer Dogmengläubigkeit zu dringen. Die nationale Idee aber, die zeitweise mit gewaltiger Dynamik und Unmittelbarkeit die Massen ergriffen hatte, und in ihrer Art als Musterbeispiel für dynamische Massenbewegung erscheinen konnte, hat durch ihre Zuspitzung auf den kapitalistischen Machtkampf und die militaristische Mechanisierung ihren unzureichenden geistigen Gehalt offen|bart und demgemäß stark in der Richtung auf mechanische Massenbildung gewirkt. Da das nationale Prinzip nie letztes geistiges Fundament sein kann, ist der Protest der Massen gegen die Vorherrschaft dieses Prinzips geistig berechtigt. Um so schwieriger ist es, das eigentliche, tiefste Prinzip der Massendynamik gegenwärtig zu finden, und es ist zweifellos nicht möglich ohne eine Art prophetischen Erfaßt-werdens von ihm durch alle glänzenden Formen subjektiver Geistigkeit und alle trüben Formen biologischer Instinkte hindurch. Nur wer so erfaßt ist, kann selber erfassen, und dann formen und bilden.

Es gibt nun aber eine Hilfe für den Bildner der dynamischen Masse; sie folgt aus dem zweiten Gesetz der Massenpsychologie, dem Gesetz der Steigerung. *Welches Prinzip es auch im Innersten sein mag, das die Massendynamik treibt, es hat unter allen Umständen die Form des Erhabenen, des dinglich Erhabenen oder Monumentalen und des persönlich Erhabenen oder Heroischen.* Daraus folgt der Geist, in dem alle Bildungswerte überhaupt erst möglich werden für die dynamische Masse, der Geist des Monumentalen und des Heroischen. Deutlich wird das an dem Gegensatz zu dem, was charakteristisch ist für die bürgerlich-individualistische Kultur: dem Differenzierten und dem Problematischen. Es genügt, diese beiden Worte zu nennen und auf ihre unbedingt herrschende Bedeutung in der bürgerlichen Geisteskultur hinzuweisen, um zu erkennen, daß sie nicht die Form sein können, in der die Masse ihre Dynamik erlebt. Wir wollen nun kurz die wichtigsten Geistesgebiete durchgehen, um auf das Monumentale und Heroische in ihnen hinzuweisen. Selbstverständlich kann es sich nicht darum handeln, eine bestimmte Auswahl von Formen unter diesem Schema zu bringen und sie der Masse von außen her aufzudrängen; das wäre ja wieder durchaus nach Art der mechanischen Massenbildung; sondern es kommt darauf an, der Masse zu zeigen, wie in den gewaltigen Schöpfungen dieser Art die gleiche innere Dynamik sich Formen geschaffen hat, die auch in ihr lebendig sind. Unter dem Motto „tua res agitur“ muß die Masse zum Mitschaffen, zum Nachschaffen und Umschaffen dieser Dinge geführt werden; es darf ihr nichts dargeboten werden, was sie nicht erlebt als ihr eigenes Tun.

Die Architektur mit der monumentalen Linie, der Burg und ihrer Dynamik des Kampfes, des Domes mit seiner Dynamik nach oben, des modernen Fabrikgebäudes, des Bahnhofs und Hafens mit ihrer die Erde umspannenden Dynamik, die inneren Kräfte, die all das türmten und bezwangen, die Heraushebung dieser Elemente der Massenseele und ihre Steigerung und Wandlung in der Masse der Gegenwart, *die Hineinführung in den monumentalen Raum,* den sie sich schafft und umschafft als Symbol ihrer eigenen Größe: das ist der Sinn einer Bildung der dynamischen Masse. – *Der primitive, abstrakte und monumentale Stil in der Malerei,* fern von den subjektiven Differenziertheiten des Impressionismus, wie des rein individualistischen Expressionismus, kann auch für die Malerei eine Beziehung | zur dynamischen Massenpsyche herstellen, die gerade auf diesem Gebiet sehr schwer zu erreichen ist. *Der Tanz in den Massenformen* der Prozession und ihrer modernen Abwandlung, der *Demonstration;* in Form des Einzuges, der Parade, des Sportkampfes läßt die Dynamik der Masse in unmittelbar sinnliche Erscheinung treten, und gibt ihr als Ausdrucksbewegung das Gefühl ihrer eigenen Monumentalität. – *Die Musik in der dramatischen Lyrik* manchen Chorals, Prozessions-, Kampf- und Revolutionsliedes, in der Massendynamik eines Oratoriums, mancher Oper und dramatischen Orchesterschöpfung treibt die Gefühlsgewalt der inneren monumentalen Bewegtheit zur Höhe und Bewußtheit und dient wie kaum etwas anderes dem Gesetz der Steigerung. – Wichtiger vielleicht noch ist *die Dramatik,* so wichtig, daß man, wie die subjektive Gemütssphäre als das Lyrische, *die Massendynamik als Sphäre des Dramatischen* bezeichnen kann; hier ist der Ort des Heroischen, nicht freilich im Problemdrama subjektiver Psychologie, auch nicht im Sinn einer objektiven Darstellung für „interessierte“ Zuschauer, sondern so, daß der Unterschied zwischen Schauspielern und Zuschauern aufgehoben, als ganz äußerlich überwunden ist, und das Drama von allen miterlebt, mitgespielt wird, als ihr eigenstes wirklichstes Erleben. Nicht Kammerspiele für Feinschmecker und Psychologen, sondern das große Schauspiel für Träger revolutionärer, heroischer Dynamik.

Dieses dynamische Prinzip ist nun auch für die Stellung der dynamischen Masse zur Welterkenntnis grundlegend; die Auffassung der Geschichte nicht als eine Ansammlung von interessanten Ereignissen oder Forschungsproblemen, sondern als die Stätte der großen Dramatik des Massengeschehens der Völker, der Stände, der Ideen, der Heroen, bis hin zur Gegenwart, wo der Kampf weitergeht und jeder einzelne Mitträger dieses Dramas der Weltgeschichte ist. Von hier aus auch Deutung des Naturgeschehens mit geschichtlich-dramatischen Kategorien, die Astronomie und ihre monumentale Anschauung des Welten-Werdens und -Sterbens, die Geologie mit ihrer Geschichte der Erdperioden und den ungeheuren Katastrophen, aus denen sie hervorgegangen sind, die Biologie und die Dynamik des Lebens bis hin zur Menschheit mit ihrem Kampf um die Erdherrschaft, und in allem die Beziehung auf die Gegenwart und ihre Fortsetzung dieses Werdens und Ringens: *Das ist dynamisches Wissenserlebnis.* – Und endlich die philosophische Zusammenfassung und Sinngebung alles dessen in der Geschichte der Philosophie, die selbst ein Teil des großen Dramas ist, und jetzt vor neue große Entscheidungen stellt; und schließlich das Wagnis einer eigenen kosmischen Dramatik, wie sie da war in der altchristlichen Heilsdramatik, in der augustinisch-kalvinistischen Reichsgottes-Geschichtsphilosophie, in der marxistischen Gesellschaftsdynamik. Das führt nun weiter zur *Ethik.* Mit Nützlichkeits- und Tugendethik ist der dynamischen Masse gegenüber nichts getan; auch das gehört in die | mechanische Massenbildung. *Sondern die unbedingte heroische Forderung ist es,* die allein von Wirkung ist, das Stellen einer innerlich unendlichen Aufgabe, die Einfügung in eine Gemeinschaft des Kämpfens um höchste Werte.

Damit ist unmittelbar *die Sphäre des Religiösen berührt.* In einer solchen Auffassung des geistig Dynamischen ist das [s]Religiöse[s] enthalten als innere Potenz, ohne daß es zu aktueller konfessioneller Ausprägung zu kommen braucht; nur so kann in der gegenwärtigen Lage von einer religiösen Bildung der Masse die Rede sein: *die Religion als die innerste, unbewußte Glut, aus der die Dynamik der Masse ihre Kraft nimmt,* – auch dann, wenn sie sich gegen die empirischen Religionsformen wendet.

Wir sind am Ende unseres Ganges durch die Bildungswerte; nicht um Vermittlung von Formen handelt es sich, sondern um die Selbstanschauung des eigenen Innersten der dynamischen Masse in den Formen des Monumentalen und Heroischen; je mehr diese Formen Ausdruck des Prinzips der gegenwärtigen

Massendynamik werden können, desto freudiger werden sie angeeignet werden; das aber ist die Last der Volksbildung unserer Tage, daß diese Formen noch nicht oder nur [t]sehr[t] anfangsweise gefunden sind, daß wir noch [u]immer[u] auf die Einfühlung in fremde Formen angewiesen sind; und daß andererseits bei Führern und Masse die Belastung mit den Formen der subjektiven Geistigkeit so groß ist, daß das Erleben der eigenen inneren Dynamik dadurch oft ganz gehemmt wird. Darum brauchen wir Bildner, bei denen diese Hemmungen [v]ganz[v] überwunden sind, und die nichts geben wollen, als Ausdruck dessen, was in der Dynamik der Masse, die auch sie beseelt, lebendig ist.

Daraus folgt nun eine höhere Idee der Volkshochschule, ganz anders als die in der mechanischen Masse. Nicht einzelne aus der Masse herausheben in die Sphäre der subjektiven Geistigkeit und sie dort festhalten, sondern sie durch diese Formen hindurchführen, um sie frei zu machen von ihnen und frei zu machen für das Erlebnis des in ihnen lebendigen Geistes; sie gewissermaßen zu einem Vortrupp derer zu machen, die der Masse das Wort finden helfen, in dem sie sich erlöst von der Unbewußtheit ihrer drängenden Dynamik und organische, d.h. aufgehobene, erlöste Masse wird.

Von der Bildung der organischen Masse zu reden, überschreitet unsere Aufgabe. In ihr ist die Idee vorhanden, die Form geworden ist, und formend das Leben des Geistes und der Gesellschaft durchdringt. Bildung heißt hier: an seinem Platz und in seiner Aufgabe geformt sein durch den das Ganze tragenden und durchdringenden Geist, der universell und individuell, objektiv und subjektiv zugleich ist. Doch damit dieser Zustand komme, damit die dynamische Masse organisch werde, muß sie sich erfaßt haben in ihrer eigenen Dynamik, muß Bildung der Masse Selbsterfassung der Massendynamik sein, und unter dem Wort stehen: *daß die Armen wieder ihres Reichtums und die Reichen ihrer Armut froh geworden sind.* |

Masse und Religion

I. Die Heiligkeit der Masse

[w]„*Das Thema der Religion ist Gott und die Seele*“[w], so wird man uns zurufen, sobald wir die Worte [x]Masse und Religion[x] zusammenstellen; „überall einige für Gott zu gewinnen, Seelen zu retten, religiöse Persönlichkeiten zu schaffen, das ist der Sinn der religiösen Botschaft[y], und alles andere ist nur Mittel, das verschwinden darf, sobald dieser Zweck erreicht ist“ ... „*Das Thema der Religion ist die Aufrichtung des Gottesreiches über allen einzelnen,* über Völkern und Rassen; der Einzelne ist ein Baustein in diesem Riesenbau der göttlichen Wirklichkeitsformung; ob er an dieser oder jener Stelle steht, ob er mehr oder weniger geformt ist, das ist verhältnismäßig gleichgültig; es gibt Sterne vielerlei Ordnung, aber auch die Massen der niedrigsten Ordnung strahlen noch wider das innere Licht, das alles durchdringt“ – so treten für uns ein die Träger des kirchlich-universalistischen Denkens und bezeugen, daß ohne Massen kein Bau aufgeführt werden kann, der in die Ewigkeit gebaut sein soll.

Mächtig hat dieser Gegensatz [z]alle Zeit[z] das religiöse Denken bewegt. Auf der einen Seite wurde es hingetrieben zu der grauenvoll-großartigen Paradoxie des Prädestinationsgedankens, des Glaubens an die Erwählung Einzelner zu dem ewigen Ziel und der Verwerfung ganzer Völker, Massen, Zeiten in die qualvolle Nichtigkeit ewiger Zielferne. Auf der anderen Seite – und gerade aus der Unerträglichkeit dieses Gedankens hervorbrechend – wuchs eine religiöse Geschichtsphilosophie, in der die Frage nach dem religiösen Schicksal der Masse weltumspannende Antworten gefunden hat. Es ist eben der Widerstreit der beiden großen religiösen Gedanken, die alle Zeit miteinander ringen;[a] die Unbedingtheit der göttlichen Majestät, die alles verbrennt, was nicht der unbedingten Forderung genügt, und die Universalität der schaffenden Allgegenwart, die Unendlichkeiten bewegt zur Offenbarung ihrer Herrlichkeit.

Wir wollen unsere Frage in zwei andere zerlegen, in die objektiv-prinzipielle nach der Heiligkeit der Masse und in die subjektiv-psychologische nach der Religion der Masse.[b] Wir beginnen mit der ersten Frage als der grundlegenden: was bedeutet die Masse für Gott und seine Selbstoffenbarung? Freilich:[c] etwas über Gott aussagen – ein unmögliches Unterfangen, wenn Gott eine selbständige Wirklichkeit neben anderen | Wirklichkeiten, wenn er ein Objekt über den Objekten, ein Wesen über den Wesen, wenn er darum ein Problem ist, und nicht die Voraussetzung aller Problematik; wenn auch nur die Frage, ob er ist oder nicht ist, aufgeworfen werden kann. Eine [d]Philosophie[d], in der man sinnvoll auch nur fragen kann, ob Gott ist oder nicht ist, ist gottlos; das Apriori jedes Gottesbeweises ist Gottlosigkeit. Aber selbst diese wie jede Form der Gottlosigkeit setzt Gott voraus; sie weiß es nur nicht. Denn sie weiß nicht, daß Gott die Voraussetzung jedes Fragens ist, weil jedes Fragen die Unbedingtheit des Wahrheitsbewußtseins in sich trägt und jede letzte Antwort den Geist hinwegträgt über den Abgrund des Nichts und den Widerspruch des Werdens und ihm Ruhe schafft in dem Erfassen des [e]unbedingt Wirklichen[e] – ob das Symbol dafür Gott oder Atom, Materie oder Ich, Geist oder Gesellschaft heißt, oder Tao, [f]oder[f] Atman,[g] oder Ananke ... *was heilig ist, ist Gott.* Was aber ist heilig? – nicht so darf man fragen, sondern: was könnte nicht heilig sein, da doch durch alles der ewige Gehalt des Unbedingten (*das selbst nicht wieder ein* [h]*Etwas*[h] *ist)* hindurchbricht.

[i]*„Gott und die Masse“*[i], *das heißt also die Offenbarung des Heiligen, des Unbedingt-Wirklichen durch die Masse hindurch.* Hat die Masse ein ewiges Recht, ist sie eine einzigartige notwendige Offenbarungsform des reinen Gehaltes? Ist sie ein Wurzelelement des Geistes und des Seins – oder ist sie das zu Überwindende, das bloße Material zur individuellen Form, auf die aller Sinn zuletzt zielt?

Die alten Theologen in ihrer bildlich-metaphysischen Ausdrucksform unterscheiden zwei Elemente im Gottesbegriff: *Gott als allerrealstes Wesen und Gott als geistig-sittliche Persönlichkeit, Gott als absolute Substanz und Gott als vollkommenste Form.* Im katholischen Bewußtsein herrscht das erste Element, im protestantischen das zweite. Für den Katholiken ist Gnade Übertragung göttlicher Substanz, für den Protestanten ethische Gemeinschaft mit der göttlichen Persönlichkeit. Darum schafft der Katholizismus eine Religion der Massen und eine überpersönliche Mystik, die kein Gegensatz[j] sondern eine innere Konsequenz der Religion der Masse ist; und der Protestantismus schafft einzelne Persönlichkeiten und persönliche Gemeinschaft, was wiederum zusammengehört[k] und – verliert die Massen. Denn die Masse ist nur dann heilig, wenn im Prinzip des Heiligen selbst, im Unbedingten, ein Moment enthalten ist, das allein durch die Masse zur Offenbarung kommen kann. Dieses Moment aber kann nicht die ethisch-persönliche Form, sondern nur der substantiell-irrationale Gehalt des Unbedingt-Wirklichen sein. Nun kann man aber unschwer zeigen – und Religionsgeschichte, Religionspsychologie und -philosophie sind gemeinsam am Werke[l] es zu tun –[m], daß das Grundlegende in der Religion nicht die Bejahung der unbedingten Form, sondern die Sehnsucht nach dem alle Form zersprengenden irrationalen Gehalt ist; ja, man kann zeigen, daß die Form-Frömmigkeit der ethischen Religion sich nur so|lange vom ethischen Rationalismus unterscheidet, nur solange Religion ist, als das Hindurchstrahlen des unerfaßlichen Gehaltes durch die Form des ethischen und logischen Gesetzes die inneren Schwingungen schafft. Es gibt keine Anschauung göttlicher Majestät, in der nicht die Unendlichkeit alles Seienden der Thron seiner Erhabenheit, in der nicht die Unerschöpflichkeit der Masse Ausdruck seiner Unbedingtheit ist. *Die Masse ist heilig; denn sie ist Offenbarung der schöpferischen Unendlichkeit des Unbedingt-Wirklichen,* und insofern der Unbedingtheit des Unbedingten, angeschaut durch die Kategorie der Quantität. Es besteht also eine notwendige Beziehung zwischen dem Heiligen und der Masse; das Heilige könnte nicht als Heiliges, das Unbedingte nicht als Unbedingtes offenbar werden ohne sie.

Bisher war von der Masse im Allgemeinen die Rede; was aber von ihr gilt, das gilt auch von der *Masse im soziologischen Sinne:*[n] sie hat eine eigentümliche Heiligkeitsqualität über Persönlichkeit und Gemeinschaft hinaus. Mag sie jenen gegenüber als das Ungeformte, zur Form Bestimmte erscheinen, dem Absoluten gegenüber hat sie einen eigenen Sinn, ganz abgesehen von der Beziehung zur Persönlichkeitsform. Hier aber macht sich eine Schwierigkeit geltend: in der übrigen Wirklichkeit ist den Dingen kein Ziel gesetzt, das über ihr unmittelbares Dasein hinausgeht, infolgedessen besteht zwischen ihrem Einzelsein und ihrem Sein als Masse kein Widerspruch. Anders in der geistigen Welt, wo das Sein als Masse in Gegensatz treten kann zu dem Einzelsein der geformten Persönlichkeit. Nicht von Heiligkeit der Masse wäre dann zu reden[o] sondern von der Verwerflichkeit des Bleibens in der Masse, von der „massa perditionis", der negativen Seite der Vollendung Einzelner. Damit stehen wir wieder vor der anfangs angedeuteten Antithese. Das religiöse Prinzip selbst gibt das Mittel zur Lösung: den Grundsatz der Paradoxie, um den man im Reformationszeitalter unter der Formel der Rechtfertigung gekämpft hat, der in der Mystik und Romantik als Einheit des Absoluten und Relativen erfaßt wurde, und den wir heut wieder verstehen können als Hindurchbrechen des unbedingten Gehaltes durch die Bedingtheit jeder Form. Dieser Grundsatz besagt, daß keine Einzelform fähig ist, den Gehalt des Unbedingt-Wirklichen anders in sich zu tragen, als durch eine paradoxe Verneinung zugleich und Bejahung des Relativen. Damit ist von der Idee des Heiligen aus jeder Anspruch eines Einzelnen abgewiesen, sich absolut zu setzen. Weder eine Persönlichkeit, noch eine Gemeinschaft, weder ein Volk, noch eine Kirche hat Anspruch auf Absolutheit. *Es gibt keinen Kreis der* [p]*Vollkommenen*[p] *neben einer* [q]*massa perditionis*[q]. Die Unbedingtheit des Heiligen, die einerseits die unbedingte Forderung stellt, läßt andererseits nicht zu, daß irgend ein Wesen zwischen sich und [r]den[r] andern eine Kluft schafft, durch die es selbst in die Sphäre des Heiligen eingeschlossen, die anderen davon ausgeschlossen werden. Und das gilt für alle Menschen[s] und alle Kreise, für alle Zeiten und alle Konfessionen; und es gilt nicht nur auf ethisch-religiösem, son|dern auch auf intellektuell-ästhetischem und auf rechtlich-politischem Gebiet. Das ist der tiefste Grund, warum jede Entheiligung der Masse unheilig ist und notwendig zur pharisäischen Verzerrung des Bewußtseins führt. Damit ist die religiöse Wurzel der üblichen verkehrten Einstellung zur Masse aufgedeckt:[t] Das absolute, göttliche Urteil wird zu einem relativen, menschlichen Urteil herabgedrückt; das absolute Ja und Nein, das gleichzeitig über alle ergeht, wird zu einem Ja über Einzelne und zu einem Nein über die Masse. Damit [u]ist es aber[u] in seinem Wesen verkannt und entwürdigt. *Die Heiligkeit der Masse im soziologischen Sinne ist also darin begründet, daß die Majestät des Heiligen sich in ihr als Gnade offenbart, die trotz der unbedingten Geltung der ethischen Form nicht zuläßt, daß irgend ein Wesen sich vor dem Unbedingten über die andern erhebe.*

Von hier aus öffnet sich nun der Blick auf die unermeßliche Fülle der Geister, in deren Reichtum der unendliche Sinn des Seins zur bewußten Verwirklichung kommt. Denn es ist ja gerade das Wesen des Paradox, nicht alles einem abstrakten Schema zu unterwerfen:[v] einem Gesetz, das knechtet, sondern sich in der schöpferischen Eigenart und Selbständigkeit jedes Wesens zur Darstellung zu bringen. So wird die unendliche Fülle der Geisterwelt in Völkern und Zeiten, in Ständen und Sprachen in noch höherem Sinne eine Offenbarung des Heiligen[w] als die Welt der [x]Dinge selbst; denn in diesen[x] stellt sich das Heilige nur dar als Erhabenheit der schöpferischen Macht,[y] in jener aber zugleich als Majestät der schöpferischen Gnade.

Wir haben bisher das eine Moment des Massenbegriffs behandelt, das quantitative der unübersehbaren Menge, die Heiligkeit der unendlichen Fülle in der Welt der Dinge und der Geister. Der Begriff der Masse hat aber noch ein qualitatives Moment in sich – und das ist das wichtigere –,[z] nämlich den Zusammenschluß der einzelnen Teile zu einer Einheit, in der das Einzelne seine Eigenbedeutung verliert und eingeht in die Einheit der Masse und ihre Bewegung.[a]

Das kann als bloßer Verlust erscheinen und wird auch meistens so gefaßt, ist es aber nicht; denn dem Verlust steht ein Gewinn gegenüber, auch in Bezug auf die Offenbarung des Heiligen und ganz besonders in dieser Beziehung. *Die Eigenform der Dinge, ihre Selbstheit ist nicht nur Offenbarung, sondern auch Verhüllung des ewigen Gehaltes;* in jeder Individualität liegt die Tendenz, sich selbst als kosmisches Zentrum zu setzen und damit dem Sinn der Unbedingtheit, dem Heiligen[b] zu widerstehen. Wo aber das Einzelne hineingezogen ist in die übergreifende Einheit der Masse, da wird es dieser Selbstheit beraubt und gezwungen, in unmittelbarer Weise seine periphere Bedeutung anzuerkennen; und zwar gilt das in doppelter Richtung, nach rückwärts[c] der Ursache, und nach vorwärts[d] dem Zweck zu: einerseits der Gedanke, daß jede Einzelform nur die [e]leichte[e] Oberflächenkräuselung eines Ozeans gleichartiger Substanz ist, andererseits die Anerkennung, daß jeder Ein|zelzweck aufgehoben ist in der Bewegung der Masse nach umfassendem Gesetz zu umfassendem Zweck – [f]das[f] beides zerbricht den unheiligen Hochmut der reinen Selbstzwecklichkeit und treibt zu der Idee, [g]welche[g] die alten Theologen in dem immer wiederkehrenden Satz ausdrückten, daß der Zweck aller Zwecke die „Ehre Gottes" ist, [h]das heißt[h] die Durchsetzung der Unbedingtheit und Heiligkeit des reinen Gehaltes gegenüber jedem Einzelzweck.

In der Welt der Geister bedeutet die Zugehörigkeit zu der Masse [i]zugleich[i] das Fehlen der Geformtheit [j]des Einzelnen, und diese geistige Ungeformtheit ist es ja gerade, die das traditionelle Aburteilen über die Masse begründet. Nun aber bedeutet individuelle Ungeformtheit nicht Ungeformtheit überhaupt[j], sondern sie bedeutet[k] Unterworfenheit einer übergeordneten Form [l]gegenüber[l], die nicht zum bewußten Eigenbesitz geworden ist, sondern unmittelbar triebhaft wirkt. Dadurch[m] gerät die Masse trotz der brutalen Eigenwilligkeit des formlos-willkürlichen Einzelnen in eine viel tiefere Abhängigkeit von übergreifenden Gesetzen, als es der geistig durchgeformte Einzelne oder Einzelkreis je könnte. Die Masse ist ein feineres Instrument für kosmisches Geschehen als der verselbständigte Einzelne[n]. *So wird die Masse zum Träger der übergreifenden Schicksale der Geisterwelt.* Denn das Schicksal kommt aus dem Irrationalen des reinen Gehaltes und spottet jeder Berechnung der Träger der Form: „vox populi vox dei", auch wenn sie „vox diaboli" ist, denn sie ist „vox fati", des Schicksals, das über Gut und Böse steht, über dem Gegensatz von Formbejahung und Formverneinung, und unmittelbare Offenbarung des reinen Gehaltes selbst[o]. So erhebt sich über [p]dem[p] Schmerz und Zorn gegen die oft grauenvolle Ungeformtheit und Brutalität der Masse (und zwar *jeder* Masse, *jedes* Standes und *jedes* Kreises) die Ehrfurcht vor der Masse als Trägerin des ihr selbst unbewußten, Welt gestaltenden Schicksals.

Gegen diesen Gedanken erheben sich mehrere Einwände. In erster Linie der, daß es nicht die Masse, sondern die Persönlichkeiten sind, die geschichtsbildend wirken und in ihrem Willen das Schicksal tragen. Aber der Gegensatz in dieser Fassung liegt an der Oberfläche. Da die Masse als Masse keine bewußte Eigenform hat, so ist es selbstverständlich, daß eine Formgebung nur durch Einzelpersönlichkeiten vermittelt werden kann;[q] und es ist weiter nur natürlich, daß bei dieser Vermittlung die Einzelpersönlichkeit auf Widerstände stoßen muß, die aus vergangenen Formungen stammen. Die Masse ist außerstande, von sich aus die in ihr lebendige [r]Schicksalsidee[r] zu fassen, ja sie erkennt sie oft nicht einmal, wenn sie ihr in einer Persönlichkeit als Offenbarung entgegentritt. Daher der Kampf zwischen Masse und Persönlichkeit. Dieser Kampf[s] ist seinem eigentlichen Sinne nach ein Kampf der neuen, in der Masse vorbereiteten und zur Offenbarung drängenden Idee gegen die festgewordenen Formen früherer Ideen.

Daß diese Deutung richtig ist, daß die neue Idee wirklich in der Masse als unbewußter Gehalt und Gestaltungsdrang vorhanden sein muß, [t]wenn[t] anders es sich um eine geschichtsbildende, | um eine wahrhafte Schicksalsidee handelt, – das geht daraus hervor, daß eine Idee nur durch die Resonanz der Masse geschichtsbildend sein kann. *Eine Idee muß „vorbereitet" sein, nicht nur eine geistige, sondern auch eine politische Idee, eine weltbewegende Tat, die Massenkraft* [u]*und Massenschwäche*[u] *und Massensehnsucht braucht.* Die sieghafte Stärke, die Überzeugungskraft einer Idee, einer Tat, ist die Adäquatheit ihrer Form an die weltgeschichtliche Lage, an die unbewußte Notwendigkeit, die sich in den Symptomen einer heranbrechenden Epoche [v]äußert[v].

Die hier gegebene Auffassung der Masse als Vermittlerin der großen weltgeschichtlichen Schicksale gibt zu weiteren Fragen nach dem Wesen und dem letzten Träger der Schicksalsmacht Anlaß. Einige Andeutungen mögen genügen.[w] Es ist unbedingt notwendig, über die Annahme eines rein innergeistigen Prozesses hinauszugehen. Die idealistische Schicksalsdialektik, wie sie am bedeutungsvollsten Hegel vertreten hat, ist nicht zureichend, weil sie sich lediglich in der Sphäre der reinen Form hält und die formzersprengende Bedeutung des irrationalen Gehaltes nicht kennt. Hier liefert eine wichtige Ergänzung die Marxistische Auffassung, insofern sie die Bedeutung der soziologischen Verhältnisse für die historischen Schicksale sehen gelehrt hat. Aber auch sie ist nicht zureichend, denn die wirtschaftliche und gesellschaftliche Lage kann nicht anders wirksam werden als durch die Seelen der Menschen hindurch, und auch diese unterliegen Veränderungen und schicksalsmäßigen Umformungen ihrer rezeptiven und reaktiven Organe. Die Seele aber steht [x]in unmittelbarem[x] Zusammenhang mit dem Leib. Die soziologische und psychologische Einheit der Masse ist zugleich eine biologische, eine Einheit der Körper. Und auch in den biologischen Bewegungen, die durch die Leibeinheit der Masse hindurchgehen, offenbart sich die Schicksalsgebundenheit aller Geschichte. Die biologische Bewegung aber ist wieder verwurzelt in den Tiefen des dynamischen und astralen Weltgeschehens, dessen Einzelgesetze die Naturwissenschaft zwar berechnen kann, dessen einheitliche Gesamtbewegung aber nur angeschaut werden kann als Idee eines kosmischen Schicksals, dessen unerfaßlicher Sinn alles Einzelne an den großen Schritt der Gesamtentwicklung fesselt. Diese Schicksalsidee ist frei von jeder idealistischen oder materialistischen, psychologischen oder soziologischen, biologischen oder mechanistischen Rationalisierung. Sie hat alle diese Seiten in sich, aber sie selbst liegt tiefer als jede [y]Daseinsform[y] in dem Abgrund des Unbedingt-Wirklichen, [z]das mehr ist als jede seiner Formen[z]. Diese Idee steht [a]dann[a] auch jenseits des Gegensatzes von Freiheit und Notwendigkeit, von Determinismus und Indeterminismus. *So wird durch die Schicksalsidee die individuellste geistige Form, die selbständigste sittliche Persönlichkeit unlöslich verbunden mit dem universalen kosmischen Geschehen. Vermittlerin aber des Weltschicksals* [b]*für die Welt des Geistes*[b] *ist die Masse.*

Ein zweiter Einwand geht nicht von der Einzelpersönlichkeit, sondern von der Gemeinschaft aus, und dem Gedanken, daß die [c]Gestaltungsgesetze[c] des |

geistig-sozialen Daseins nie von der Masse als solcher, sondern nur von Kreisen bewußter geistig-sittlicher Formung getragen werden. Die Tatsache ist unbestreitbar: die sittliche Gemeinschaft ist, selbst wenn sie durch einen noch so kleinen Kreis dargestellt wird, Trägerin der gesamten sozialen und dadurch indirekt auch geistigen Existenz der Gesellschaft. Weder ein Einzelner[d] noch die Masse ist dazu imstande. *Der Einzelne ist Offenbarungsmedium, die Masse ist* [e]*Schicksalsvermittlerin*[e]*; die unsichtbare* [f]*und sichtbare*[f] *Gemeinschaft der sittlich bewußten Persönlichkeiten aber ist Trägerin aller Form in der Welt des Geistes;*[g] und es ist eine Schicksalstatsache von höchster Bedeutung, ob solche Kreise stark sind oder nicht. Oft braucht das Schicksal ihre Stärke, oft aber[h] ihre Schwäche, um durch schnelleres Zerbrechen alter Formen Neues werden zu lassen, das dann freilich selbst wieder Kraft und Bedeutung nur durch jene gewinnen kann. Damit ist die Bedeutung der sittlichen Gemeinschaften gegenüber der Masse festgestellt, zugleich aber auch die Grenze ihrer Geltung eingesehen:[i] auch der stärkste[j] sittliche Wille kann nicht Formen erhalten, die schicksalsmäßig verfallen sind, in denen die Masse nicht mehr den Ausdruck des in ihr lebendigen Gestaltungswillens anerkennen kann. Der Versuch, Schicksal zu machen, muß auch dem reinsten[k] sittlichen Wollen mißlingen, weil er eine Verletzung der Majestät und Irrationalität des Unbedingt-Wirklichen ist.

Somit haben wir das Verhältnis von Masse, Persönlichkeit und sittlicher Gemeinschaft in ihrer religiösen Bedeutung entwickelt, und es ist angebracht, auf den eingangs entwickelten Widerspruch von pietistischem und kirchlichem Denken zurückzublicken. Die Grenzen des kirchlichen Denkens, typisch vertreten von der katholischen Form des Christentums, liegen darin, daß es die Masse nur insoweit in Betracht zieht, als sie eingeschlossen ist in die [l]Formeinheit[l] des kirchlichen Organismus; die Masse außerhalb bleibt *„massa perditionis"*. Damit ist wieder eine *Form,* nämlich die der Kirche, absolut gesetzt und dementsprechend die pharisäische Beurteilung aller außerkirchlichen Formen herrschend. Es ist aber die eigenartige Heiligkeitsqualität der Masse solange nicht verstanden, als das Reich Gottes begrenzt gedacht ist von einer empirisch-kirchlichen Wirklichkeit. Das Reich Gottes ist [m]aber[m] unabhängig von jeder Form, auch von jeder kirchlichen und konfessionellen. Es bricht jederzeit und überall in die Welt des Relativen, wo immer das Unbedingte durch irgend eine relative Form hindurch erlebt wird. Weil es aber unabhängig ist von jeder Form, darum ist es vermittelt durch die schicksalstragende Masse, die niemals und nirgends eine *„massa perditionis"*, sondern immer und überall durch die Paradoxie des Unbedingten eine *„massa sancta"* ist. *Wir ergreifen also die universale Intention des kirchlichen Denkens, aber wir müssen ablehnen jedes kirchliche Absolutheitsbewußtsein. Nur dann ist die Heiligkeit der Masse und durch sie hindurch das Prinzip des Heiligen selbst gewahrt.* |

Dem kirchlichen Universalismus, der die Massen sich eingliedern will, steht gegenüber der pietistische Individualismus, der unter Verzicht auf die Massen Einzelne zusammenschließen will zu formerfüllter, religiös-sittlicher Gemeinschaft. Auch diesem Ziel müssen wir unbedingt zustimmen,[n] denn alle geistige

Formung und damit die geistig-soziale Existenz auch der Massen beruht auf dieser unbedingten Bejahung der ethischen Form; und es ist berechtigt von hier aus zu urteilen, daß jeder, der sich von einer solchen sichtbaren oder unsichtbaren Gemeinschaft ausschließt, das Ziel seiner persönlichen Formung nicht erreicht hat und darum „unselig“ ist. Aber auch hier lehnen wir die Begrenzung ab, die darin liegt, daß alles, was in diese Form nicht eingegangen ist, aus der Beziehung zum Absoluten, aus der Sphäre des Heiligen überhaupt ausgeschlossen wird. Und wir lehnen ab, was damit notwendig zusammenhängt, daß diese Gemeinschaften ihren Sinn lediglich in ihrer Beziehung auf das Absolute sehen, anstatt sich zu wissen als Träger und Offenbarer der Heiligkeit der Form in einer [o]formlos „unseligen“[o], nach Form ringenden Gesellschaft und Masse. *Sie selbst aber, die Träger der Form, müssen sich getragen wissen von der Formsehnsucht, dem irrationalen Gehalt, der in den Massen lebt in verborgener Tiefe, und jeden Einzelnen in schicksalsmäßige Abhängigkeit bringt von dem ewigen Gehalt selbst, dem* [p]*Unbedingt-Wirklichen*[p]*, dem Heiligen. Das ist der Sinn und das ist die Notwendigkeit des tiefparadoxen Satzes von der Heiligkeit der Masse.*

II. Die Religion der Masse

A.

Es gibt zwei [q]*Grundtypen*[q] *der Religion und es gibt zwei Typen der Masse, die ihnen entsprechen: der Gehalts- und Formtypus der Religion, der organische und*[r] *dynamische Typus der Masse.*

[s]Das[s] Bewußtsein des Unbedingten, das die Grundlage der Religion als [t]notwendiger[t] Geistesfunktion bildet, kann sich in zwei Richtungen darstellen; es kann Bewußtsein des alle Einzelwirklichkeit zerbrechenden und zugleich erfüllenden, grauenvollen und zugleich beseligenden Gehaltes des Lebens und der Wirklichkeit sein: die mystische Erfassung des [u]Unbedingt-Wirklichen[u]; und es kann Bewußtsein des alle Einzelform übersteigenden, ewigen und unverbrüchlichen [v]Soll[v] sein: die ethische und logische Erfassung des [w]Unbedingt-Gültigen[w]. Das erste ist das Prinzip aller ekstatischen, enthusiastischen, formzerbrechenden Erscheinungen der Religion, das zweite ist Prinzip aller sozialen, rechtlichen, formschaffenden Wirkungen der Religion,[x] doch ist das erste immer das tragende Prinzip; denn auch das Bewußtsein der gültigen Form stammt aus der | übermächtigen Gewalt des Gehaltserlebnisses, und hat sich nur langsam von ihm losgelöst und verselbständigt. Es kann sich aber nie soweit verselbständigen, daß nicht noch eine „Ekstase der ewigen Form“ [y](vergl. Kants Grabschrift)[y] da wäre – sonst ist das Gebiet der Religion verlassen. – Aus dem Gehaltstypus der Religion stammt auch das mystische und kultische Element der [z]Religion[z], während der Formtypus seine Vollendung erreicht hat, wo er den Kultus umgewandelt hat in ethische Hingabe und den Mythos in die Anschauung des ewigen Gesetzes als Natur- und Sittenordnung.[a]

Die Wirklichkeit bietet kaum Beispiele reiner Typen; und das entspricht nicht nur einem allgemeinen Gesetz des Lebens, sondern auch einer besonderen

Eigenart des Religiösen. Die Religion hat allenthalben die Doppeltendenz, die gegensätzlichen Typen scharf herauszuarbeiten,[b] und – sie einer Synthese zuzuführen;[c] in jeder bedeutungsvollen religionsgeschichtlichen Entwicklung wird es leicht sein, beides zu [d]beachten[d]: die allmähliche Loslösung des Formbewußtseins von den [e]kultisch-mythischen[e] Grundlagen bis zu heftigstem Widerspruch[f] – die Entstehung engerer[g] mystisch-ekstatischer Kreise –[h] und die fruchtbaren Verbindungen zwischen beiden unter Aufnahme gereinigter Elemente des [i]ursprünglichen[i] kultisch-mythologischen Bewußtseins.[j] Und doch gibt es sehr wesentliche Unterschiede in der Betonung des einen oder anderen Elementes; wenn wir darum Typen aufstellen, so ist das berechtigt, obwohl in jedem der zu behandelnden Typen schon der Weg der Loslösung und Wiedervereinigung durchschritten ist. *Es ist die kultisch-pädagogische und die eschatologische Form der Frömmigkeit, von der wir sprechen müssen, beide eine Synthese von Form- und Gehaltsbewußtsein, die erste aber unter dem Exponenten des Gehalts, die zweite unter dem der Form.*

Die erste, die wir [k]urbildlich[k] anschauen können[l] in der katholischen Kirche, trägt das Bewußtsein der ewigen Gültigkeit des Gesetzes in sich,[m] und macht von seiner Bejahung die Gemeinschaft mit dem Unbedingten abhängig; sie ist aber zugleich erfüllt von den mystisch-sakramentalen Kräften, die einerseits zum Gehorsam gegen das Gesetz befähigen, [n]andrerseits[n] über die ganze Sphäre des Gesetzes hinausführen zu der gnadenvollen Berührung mit dem ewigen Gehalt selbst. In Mythos und Kultus stellt sie diesen ihren Besitz als unmittelbare Gegenwart des Göttlichen in [o]jedem[o] zugänglicher Weise dar, der grundsätzlich gewillt ist, sich ihrer ethisch-pädagogischen Zucht zu unterwerfen. [p]Sie umfaßt und gestaltet von dem Boden[p] des Heiligen her alle Lebensäußerungen des [q]einzelnen[q] und gibt dem Leben der Masse eine große gehaltvolle, alles [r]umschließende[r] Form; sie ist ein Symbol der Gegenwart des Ewigen und macht dadurch die Zeit bedeutungslos; das Bewußtsein streckt sich nicht nach vorn auf neu zu schaffende Wirklichkeiten, sondern nach oben zu der unveränderlichen Wahrheit und nach unten in den gegebenen Lebenskreis, der mit jener Wahrheit zu durchdringen ist. So verbinden sich [s]individualgeschichtliche[s] Motive, | die der ethischen Forderung entstammen, mit einem universalgeschichtlichen Quietiv, das auf dem Besitz und der unmittelbaren Gegenwart des Göttlichen beruht.

In der eschatologischen Frömmigkeit ist alles Motiv,[t] und nichts Quietiv. Das Hereinbrechen der großen[u] weltgeschichtlichen Katastrophe ist es ja gerade, was alle Kräfte aufs [v]Höchste spannt[v], und zwar nach vorn auf das kommende Gottesreich. Alle verborgene Sehnsucht, alle innere und äußere Not, die Last der Schuld und die Sinnlosigkeit der Schicksale, die Verderbnis der Welt und die Ungerechtigkeit der sozialen Ordnung, all das ergießt sich in die leidenschaftliche Hoffnung des zukünftigen Absoluten. Gott ist nicht der Seiende, sondern der Kommende; er ist nicht [w]ruhende[w] Substanz, sondern weltverwandelnder Wille; des Menschen aber ist es, sich zu bereiten zur Teilnahme an der Herrschaft Gottes. – Die Leidenschaftlichkeit der Erwartung, die [x]Wendung[x] über alles Gegebene und Gegenwärtige hinaus, der Enthusiasmus der Sehnsucht, das macht es naturgemäß unmöglich, daß diese Frömmigkeit in ihrer reinen Ausprägung mehr ist,[y] als ein Übergangszustand;[z] die Gegenwart[a] fordert gebieterisch ihr Recht auf Erfüllung mit heiligem Gehalt;[b] die Hoffnung [c]mit[c] ihrer konkreten Form bleibt unerfüllt und wendet sich nach innen und nach oben. Der Enthusiasmus kann zwar die Menge einen Augenblick [d]täuschen[d], wenn er ausgesprochen wird als [e]Hort[e] ihrer Sehnsucht, aber [f]er[f] kann nicht ohne Erfüllungen immerwährend dauern. So endet jede Bewegung dieser Art entweder als Enttäuschung, oder wenn sie tiefe Wurzeln in dem Schicksal der Zeit hatte, als kultisch-pädagogische Organisierung des Gegenwärtigen.

So geht die Bewegtheit des mystisch-kultischen [g]Typs[g] von unten nach oben und wieder zurück von oben nach unten,[h] und hat in dieser Doppelheit [i]Bewegung und Ruhe[i] in Einheit, während der eschatologische [j]Typ[j] ausschließlich nach vorn gerichtet ist, bis er durch die Gewalt der Gegenwärtigkeit umgebogen wird nach oben und nach unten[k], und so übergeht in den anderen[k]; weil aber die Unbedingtheit des Religiösen in dieser Beruhigtheit nicht weilen läßt, brechen aus ihr immer neue eschatologische Wellen hervor, die einen, um bald zu versanden, die anderen, um ein neues Meer zu bilden.

Der einzelne in der mystisch-kultischen Form gehört zur Masse als Trägerin der unbewußten religiösen Substanz, aus der heraus alle Lebensäußerungen Gestalt gewinnen,[l] und die selbst tiefer liegt,[m] als alles [n]einzelne[n]; und wenn er hervorragt über die anderen, so doch nur als ausdrucksvoller Repräsentant des gleichen inneren Sinnes, und wenn er sich ganz loslöst zu den Höhen mystischer Einsamkeit, so ist es doch nur so, als ob er die Linie nach oben radikal durchführen wollte[o] im Gegensatz zu dem natürlichen Schwergewicht, [p]das[p] nach unten zieht. |

Der einzelne in der eschatologischen Form tritt stärker heraus, weil infolge des Übergewichts des Ethischen die Teilnahme an dem absoluten Zustand abhängig gedacht ist von seiner ethisch-religiösen Qualität. Da aber die Bewegung eine Gesamtbewegung der stärksten religiösen Kräfte ist, da sie aus einem Gesamtschicksal [q]herausgeboren[q] ist und auf ein Gesamtschicksal, das über jedem [r]einzelnen[r] steht, hindrängt, ist auch hier der einzelne eingeschlossen in die Masse – solange der Enthusiasmus [s]vorhält[s]. Erlischt er, so besteht die Möglichkeit einer Verselbständigung des [t]einzelnen[t] in ganz anderem Maße als bei dem mystischen Typus.

Wo diese Möglichkeit zur Wirklichkeit wird, da haben wir es mit dem *ethisch-kultischen Typus zu tun, der urbildlich anzuschauen ist im Protestantismus.* Der tiefe innere Widerspruch, den er enthält (Ethik und Kultus)[u] ist einerseits der Grund seiner Schwäche, andererseits der Ausdruck seiner paradoxen Tiefe. –[v] Paradox und widerspruchsvoll ist[w] auch sein Verhältnis zur Masse.[x] Soweit er kultisch bestimmt ist und die Rudimente der Kultmystik in ihm leben, hat er eine ungeheure Bedeutung für die Masse der von ihm beherrschten Völker; soweit er die ethisch-persönliche Seite trägt, kann es ihm nicht gelingen, ein lebendiges Verhältnis zur Masse zu gewinnen. Das wäre nur möglich durch eine neue eschatologische Bewegung;[y] aber die muß sein kirchlicher Konservativismus (das Quietiv) ablehnen. Daher denn die Volkstümlichkeit eschatologischer [z]„Sekten“[z] neben ihm,[a] und die gänzlich außerkirchliche eschatologische Massenbewegung des Sozialismus, die [b]beide[b] die Unzulänglichkeit des Protestantismus zur Lösung des Massenproblems bezeugen. *Es sind allein der mystisch-kultische und der eschatologische Typus, die für die Religion der Masse in Betracht kommen.*

Die Betrachtung der religiösen Typen hat schon von selbst zu Andeutungen über die entsprechenden Gestaltungen der Masse geführt. Die organische Masse ist die von einem unbewußten,[c] unmittelbaren, selbstverständlich zwingenden, mystischen Prinzip erfüllte Masse, die, von diesem Prinzip [d]aus gestaltet[d] und geformt, alle Lebensäußerungen mit dem Bewußtsein der Heiligkeit und inneren Notwendigkeit [e]vollzieht[e]. Die dynamische Masse ist in Bewegung auf dieses Prinzip hin, das in ihr geboren werden soll[f] durch offenbarendes Wort und gestaltende Tat[g], aber sie hat es noch nicht.[h] Darum ist sie revolutionär bewegt, ganz gleich, ob sie die Weltänderung durch Eingriff von oben erwartet,[i] oder mit dem Schwert in der Hand selbst durchsetzen will. Hier ist die Masse als Masse [j]in höchstem[j] Sinne aktiv,[k] als Schicksalsträgerin durch den Enthusiasmus der Sehnsucht oder der Tat.

Mit diesen Gedanken ist die allgemeine Grundlage gegeben, von der aus die Frage nach der Religion [l]der Masse[l] zu beantworten ist. Es kommt darauf an, ob einer der genannten Typen gegenwärtig vorhanden oder im Kommen ist,[m] und welche Gestalt er hat; [n]das hängt aber[n] von Entwicklungen ab, die | im [o]Innern[o] der Religion selbst und in ihrem Verhältnis zum allgemeinen Geistesleben begründet sind.

B.

Die Herausentwicklung des ethisch-kultischen [p]Typs[p] in der Reformation hat die mystisch-pädagogische Einheit der katholischen Kirche zerbrochen und der Autonomie des [q]einzelnen[q] zu entscheidender Bedeutung verholfen. Dadurch wurde die Bahn frei für das Einströmen der im Mittelalter gebundenen,[r] aber nicht überwundenen, autonomen Formentwicklung des griechischen Geisteslebens. Die Autorität der mystisch erfüllten und hierarchisch zum Absoluten sich aufgipfelnden Kirche wurde im Nerv getroffen; es wurde ihr eine Wunde zugefügt, aus der der unmittelbare Gehalt langsam ausströmte. Alle autoritativen [s]Hemmungen[s] in Orthodoxie und Gegenreformation führten zwar zu einer abstrakten Verschärfung des [t]Autoritätsprinzips,[t] konnten sein Zerbrechen aber nicht mehr hindern, da das Lebensblut der Unmittelbarkeit entflossen war. Mit der mystischen Unmittelbarkeit lösten sich langsam auch ihre mystischen und kultischen Ausdrucksformen [u]auf[u]; die ganze Welt der [v]formzersprengenden[v], supranaturalen Mysterien und Symbole wurde eine Beute der autonomen Kritik des wissenschaftlichen Formbewußtseins. Was an die Stelle trat, waren große [w]wirklichkeitsumspannende[w], aber nicht [x]wirklichkeitsübersteigende[x] Formbegriffe: die Prinzipien der philosophischen Systeme. Was an ekstatischem Lebensgefühl die [y]Urheber[y] erfüllte, das war nicht gerichtet auf die[z] Transzendenz, sondern auf die

[a]neuerlebte[a], begeistert bejahte, begriffsdurchleuchtete, künstlerisch geschaute Immanenz: Natur und Geschichte. Das Heilige war vom Himmel auf die Erde gekommen, der Mythos zur Philosophie, der Kultus zur Kunst geworden.

Die Masse freilich hatte in dieser Entwicklung verloren,[b] *ohne zu gewinnen.* Die kultisch-pädagogische Form ihres religiösen Lebens war zerstört; naturgemäß wandte sie sich der [c]anderen[c], eschatologischen Form zu. Die Reformation wurde von den Massen aufgefaßt als eine revolutionär-eschatologische Bewegung; nur in dieser Form konnte sie lebendig an ihr Anteil nehmen;[d] aber diese Form wurde von den Führern abgestoßen [e]zu Gunsten[e] eines kultischen Konservativismus, der sich auf die weltlichen Mächte stützte. Nur so war ein Zurückfluten der Bewegung in den Katholizismus zu verhindern; so aber [f]mußte die Sehnsucht der Massen[f] ohne wirkliche Erfüllung bleiben. Diese Lage verschärfte sich, als auch die Reste des kultischen Bewußtseins von der aufklärerischen Kritik erschüttert wurden, die ästhetische Weltbejahung aber nur den obersten Schichten auf Kosten der Massen möglich war, die unter dem hemmungslos, weil unmystisch gewordenen Macht- und Autoritätsprinzip leiblich und seelisch verdarben. Und doch war auch in ihnen der Geist der Immanenz mächtig; *aber er konnte nicht, wie bei den Oberen, ein | Geist der Weltbejahung sein;*[g] *sondern er mußte ein Wille zur Weltgestaltung werden.*

Der revolutionär-eschatologische Geist, der aus der Reformationszeit nachwirkte, verband sich mit der Philosophie des absoluten Naturrechts, das als Gottes-, Vernunft- und Naturgesetz zur Verwirklichung drängt,[h] und die Welt verwandeln will in ein Reich der Vernunft und der Gerechtigkeit. Nicht von oben her kommt das Himmelreich durch einen weltverwandelnden Akt Gottes, sondern von der Menschheit wird es herbeigezwungen mit Geist und Schwert. Von der französischen Revolution und ihren Auswirkungen im 19. Jahrhundert bis zu den extrem kommunistischen Kreisen der Gegenwart erfüllt dieser eschatologische Enthusiasmus die Massen,[i] und treibt sie als das Heilige, das ihnen geblieben ist, zu opfervoller Hingabe und heroischem Kampf.

Wir haben also seit der Aufklärung in Europa eine Massenreligion des eschatologischen Typus, die sich von den eschatologischen [j]*Sektenbewegungen*[j] *dadurch unterscheidet, daß sie auf dem Boden der Immanenz steht.* Aus diesem Unterschied ergeben sich nun eine Reihe von Konsequenzen, die es dem ungewohnten Auge oft schwer machen, hier von Religion zu reden, weil es üblich war, diesen Namen für [k]die[k] Beziehung zu [l]einem[l] transzendenten [m]Gottwesen[m] aufzusparen; wer aber Religion als Funktion der Unbedingtheit oder Heiligkeit auffaßt, für den besteht an dem religiösen Charakter dieser Bewegungen kein Zweifel. – *Zunächst ist an Stelle autoritativer Bindungen irgendwelcher Art das Bewußtsein der Autonomie getreten;* es erfüllt die Massen mit einer Unmittelbarkeit und Leidenschaftlichkeit, die nur zu erklären ist aus dem Gefühl:[n] einem schweren Joch entronnen zu sein; und es macht sie mißtrauisch gegen jeden Versuch, namentlich von religiöser Seite, sie unter ein neues Joch der Autorität zu zwingen. Dennoch hat diese Autonomie ihre heimliche Dialektik: Das Mittel, durch das die Befreiung sich vollzog, war die Aufklärung – ein Wort, das in den Massen noch eine überraschend große Rolle spielt, nachdem es sonst im Geistesleben längst jeden Gebrauchswert verloren hat. Die Aufklärung aber ist wissenschaftliche Aufklärung; und so tritt an die Stelle der religiösen Autorität die wissenschaftliche. Aber wir müssen noch genauer hinsehen: es ist nicht die Wissenschaft als solche, die zur Autorität geworden ist – die gibt es ja auch nicht – sondern eine bestimmte Wissenschaft, diejenige nämlich, in der die Masse den Ausdruck ihrer Lage, ihrer Sehnsucht, des in ihr lebendigen Prinzips finden konnte. So ist also das autoritative Element doch nicht die wissenschaftliche Form, sondern die unmittelbare Gewißheit, die gerade in dieser Form ihren Ausdruck findet. [o]Diese[o] Form konnte nicht der konkrete Mythos des naiven Bewußtseins, sondern mußte der abstrakte Mythos der Wissenschaft sein. Aber die Wissenschaft ist ins unendliche problematisch. Das ist ihre Autonomie. Als Ausdruck einer bestimmten Innerlichkeit darf die Wissenschaft jedoch nicht Problem, sondern muß Gewiß heit sein. Dieser innere Widerspruch wird sehr stark empfunden, sobald [p]Volksbildungsarbeit[p] den Dogmatismus der Revolutions-Philosophie zu erschüttern droht; dann verbindet sich häufig eine energische Abwehrbewegung mit einer höflichen Verbeugung vor der Wissenschaft: Beides gleichberechtigt und gleich notwendig und doch vorerst [q]unvereinbar[q]. *Tiefer aber als das rationale Autonomiebewußtsein erfüllt die Gewiß|heit eines irrationalen Gehaltes, der unter keinen Umständen [r]verschüttet[r] werden darf, die Seele der Masse und gibt ihr trotz der Autonomie die Festigkeit und Geschlossenheit einer dogmatischen Überzeugung.*

Eine zweite Folge des Immanenzstandpunktes ist die, daß die Hoffnung auf den weltgestaltenden Umschwung sich nicht gründet auf die Kraft eines supranaturalen Eingriffs, sondern auf das Selbstgefühl der weltbeherrschenden Vernunft; es scheint damit jedes religiöse Element aus der Hoffnung ausgeschieden zu sein; es scheint allein der Wille zu wirken, der sich von der Gottheit loslöst, weil er selbst weiß, was gut und böse ist, der den Turm zu Babel aufbaut als Zeichen der selbstgewissen Menschenkraft, der das Feuer vom Himmel holt und die Erde umschmiedet zur Stätte eigener Herrschaft. Aber auch diese Selbstgewißheit der Vernunft ist dialektisch: [s]sie[s] erweist ihre Vollendung erst in dem Augenblick, wo die Vernunft gleichsam den Menschen aus den Händen genommen und durch den Geschichtsprozeß zu einer übergeordneten Schicksalsmacht wurde. Ob man aber mit den Kreuzfahrern das „Gott will es" oder mit Hegel-Marx und ihren [t]Gläubigen[t] das „Es muß" des dialektischen Prozesses auf sein Banner schreibt, in beiden Fällen ist das Erlebnis der Tiefe vorhanden, in der das Geschehen die Weihe der Heiligkeit empfängt. Der Unterschied ist freilich der, daß im Gottesgedanken der irrationale Wille Gottes dem Menschen jede Entscheidung nimmt; während der dialektische Prozeß als Vernunftprozeß das vernünftige Wissen und Handeln des Menschen zu seiner Verwirklichung braucht. Daher denn auch an diesem Punkt eine Spannung die eschatologische Frömmigkeit der Massen belastet: [u]der[u] Gegensatz zwischen dem unbedingten Glauben an die Schicksalsnotwendigkeit, die sich in jedem Falle durchsetzen muß,[v] und dem Willen, durch eigene Tat das Schicksal zu verwirklichen. *In dem Maße aber, in dem der Ton auf die zweite Seite fällt, geht die Gewißheit des* [w]*jetzigen*[w] *Schicksals über in die Probleme der revolutionären Taktik. Und doch ist das Tiefste auch hier nicht die Taktik, sondern der Glaube.*

Eng damit zusammen hängt die Frage nach dem Kultus der revolutionären Masse. An und für sich liegt dem eschatologischen Bewußtsein das Kultische fern, da es nicht durch die Gegenwart, sondern durch die Zukunft auf das Absolute gerichtet ist. Aber dieses Gerichtetsein ist doch selbst wieder eine innerliche Wirklichkeit, die nach äußerem Ausdruck verlangt; und so finden wir denn in den unzweifelhaft typischen Kreisen eschatologischer Erfülltheit | sofort mit einer inneren Abwendung von dem alten Kultus[x] Ansätze eines neuen [y]verbunden[y]. Die Gemeinschaft des Geistes führt zu zeiträumlicher Gemeinschaft, und diese ist nicht möglich ohne gewisse Formen, die naturgemäß aus dem gemeinsamen Geist hervorwachsen. Auch die gegenwärtige revolutionäre Masse hat solche Formen ausgebildet. Freilich haben auch sie die Doppelheit in sich:[z] teils Darstellungen innerlichen Gemeinschaftsgefühls, teils Mittel zu äußerlichem[a] Kampf zu sein, und demgemäß zwischen irrationalen Ausdrucksformen und rationaler Parteitechnik hin- und herzuschwanken. Das wird [b]solange[b] nicht als Gegensatz empfunden, [c]als[c] die politisch-taktische Einheit im Wesentlichen unerschüttert ist; sobald aber hier scharfe Gegensätze [d]hervortreten[d], und überhaupt aus dem Parteileben der ursprüngliche Enthusiasmus zu entweichen beginnt unter dem Druck der technischen Verfestigung der Parteieinrichtungen, [e]sucht sich in dem gleichen Maße[e] das kultische Bedürfnis außerparteiliche Stätten (Jugendweihen, Feierstunden [f]usw.[f]). *Auch hier also ist tiefer und stärker als die Zweckeinrichtung das Gemeinschaftsgefühl und die Sehnsucht nach gemeinsamer Ausdrucksform des Heiligen.*

Das führt zu der Frage nach der Gemeinschaft und ihren Grundlagen selbst. An Stelle der Prinzipien religiöser Gemeinschaftsbildung scheint in der immanent-eschatologischen Massenbewegung ein äußerlich-empirisches Prinzip getreten zu sein: die Klasse. Sie ist die Grundlage der Partei und ihrer Lebensäußerungen, sie ist die Trägerin der revolutionären Gläubigkeit. Also nicht göttliche Berufung, sondern zufällige Zugehörigkeit zu einer bestimmten Gesellschaftsschicht begründet die Gemeinschaft der Masse. An keinem Punkte scheint der unreligiöse Charakter deutlicher zu sein,[g] als gerade hier. Und doch ist auch hier leicht zu sehen, daß etwas anderes, umfassenderes im Hintergrund steht: *Das Klassenbewußtsein ist der historisch bedingte Ausdruck des* [h]*Menschheitsbewußtseins*[h]. Die Klasse ist Träger der Bewegung, aber das Ziel ist die Menschheit. Die Klasse ist der Erstling, die Völker und Rassen werden folgen. Das [i]Menschheitsgefühl[i] aber richtet sich nicht auf den Menschen als biologische Sondererscheinung, sondern auf die Menschheit als Trägerin aller Werte, als bestimmt, Werte zu verwirklichen auf mannigfaltigster Grundlage. Es handelt sich also um die autonome Wendung des Gedankens der Gottebenbildlichkeit aller Menschen, die alle Menschen zur Gemeinschaft der Gotteskinder bestimmt. Der Kampf [j]aus[j] Nationalismus, Konfessionalismus, Rassenhaß usw. wird deswegen ersetzt durch den Kampf gegen denjenigen, der[k] die Menschenwürde des

Menschen nicht achtend, sich selbst aus der Menschengemeinschaft ausschließt. Das ist der Sinn des Klassenkampfes.[1] Aber insofern die Klasse ein empirisch Gegebenes ist, wird der Sinn des Kampfes widerspruchsvoll, und demgemäß die Gemeinschaft hinübergleitend zum Interessenverband [m]und[m] Klassen-Patriotismus: [n]auch[n] dieses eine Folge der inneren Dialektik des religiösen Immanenzstandpunktes. |

Die letzte Wurzel dieser Spannungen aber ist folgende: [o]jedes[o] Erlebnis des Heiligen in den Dingen bedeutet ein Transzendieren der Dinge, ein [p]Hinaufgehen[p] über ihre Unmittelbarkeit und empirische Bedingtheit in eine Sphäre des Unbedingten. *Etwas als heilig ansehen heißt: Durch etwas hindurch den Sinn der Unbedingtheit erfassen. Das geschieht im mystisch-kultischen Typ als Gegenwärtigkeit, im eschatologischen Typ als Herannahen des Unbedingten.* Beides aber bedeutet eine Paradoxie gegenüber jeder relativen Wirklichkeit:[q] es [r]bricht[r] die selbstgenugsame Ruhe ihrer einfachen Gegebenheit und treibt in eine allen Formen jenseitige Sphäre. Diese Art notwendiger Transzendenz alles Religiösen verbindet sich nun mit einer immanenten Formbejahung, und daraus ergeben sich alle jene Widersprüche: zwischen innerer Bindung und Autonomie, zwischen Schicksalsglaube und politischer Taktik, zwischen Kultsehnsucht und Parteitechnik, zwischen [s]Menschheitsgemeinschaft und Gesellschaftsklasse[s], zwischen unbedingtem Ziel und bedingten Mitteln, zwischen Heiligkeit und Zweck. *In der Not dieses Widerspruches verzehrt sich die religiöse Glut der eschatologischen Massenbewegung unserer Zeit.*

C.

Es ist nicht möglich, dieser Not mit rückgewandten Forderungen einer neuen Transzendenz und Autorität zu begegnen; es ist aber auch nicht nötig; denn eine tiefere Betrachtung wird zeigen, daß es sich hier im Grunde um eine jede eschatologische Frömmigkeit gleich drückende Schwierigkeit handelt und daß die Lösung der jeweilige Übergang in die kultisch-pädagogische Form ist. Sobald nämlich die transzendenten Hoffnungen inhaltlich bestimmt werden sollen, ergibt es sich, daß sie nur als idealisierte Schattenbilder der Immanenz gedacht werden können; und mehr noch: trotz alles Wartens auf den göttlichen Eingriff wird die Wartezeit zugleich als Vorbereitungszeit gedacht. Dem [t]fern abwesenden[t] Gottesreich ist die Bahn zu ebnen, zwar nicht in der Welt im Ganzen, wohl aber in der Gemeinde der Erwählten. Jede Aktivität aber zielt auf Formschöpfung und setzt Kulturwirklichkeit, auch wenn es sich um spezifisch-religiöse Kultur handelt; das aber ist nicht möglich ohne Anwendung technischer Gesichtspunkte, wie sie z.B. in den späten Briefen des Neuen Testaments erscheinen. Der Unterschied ist freilich der, daß es sich hier um Formschöpfungen handelt, die ausdrücklich [u]in[u] der Weltgestaltung [v]ihr Ziel finden[v]. Aber der Unterschied verliert an Bedeutung, sobald man an die Kirchen denkt, die entweder [w]an sich[w] weltgestaltend wirken, wie der Katholizismus und Kalvinismus, oder sich in den Dienst der staatlichen Wirklichkeitsformung stellen, wie das Luthertum und die griechische Kirche. Die immanente Eschatologie ist universaler, gleichsam kirchlicher,[x] (weil der individuelle Erwählungsgedanke keine Rolle für sie spielen kann), als die transzendent-|eschatologischen Sekten. Darum ist aber auch auf dem Boden der immanenten Eschatologie eher eine Einigung mit dem kultisch-pädagogischen Typus möglich: Es braucht nicht zu dem schmerzvollen Abbrechen der eschatologischen Hoffnung zu kommen, wie bei einer enttäuschten Weltkatastrophenerwartung. Der technische Gesichtspunkt, der nur zu oft den religiösen Schwung herabdrückte, erweist sich darin als Mittel zu einem stetigen Übergang ohne Bruch, und wirkt so indirekt religiös förderlich.

Die Lösung aus der dialektischen Not der immanenten Eschatologie ist also die Rezeption der kultisch-pädagogischen Sphäre auf ihrem Boden. Die Gegenwart des Heiligen erweist sich in dem Vorhandensein einer Gemeinschaft, die den unbedingten Willen zur Gestaltung einer neuen Wirklichkeit in sich trägt;[y] aber diese Gemeinschaft ist nicht durch individuelle Auswahl zustande gekommen, sondern sie ruht auf dem schicksalgegebenen Vorhandensein einer revolutionären Klasse. Die Aufnahme der mystisch-kultischen Elemente bedeutet also keineswegs einen Verzicht auf den nach vorn gerichteten weltgestaltenden Willen; sie bedeutet aber die Bewußtwerdung des Unbedingten als [z]innere[z] Triebkraft dieses Willens,[a] und die Loslösung des Heiligkeits-Erlebens von Technik und Taktik.

So muß und wird die wissenschaftliche Autonomie sich scheiden von dem überwissenschaftlichen Symbol eines Erlebens der Welt, der Geschichte und des gegenwärtigen Schicksals. Es kann keine dogmatische Nationalökonomie, Historie oder Erkenntnistheorie geben; wohl aber kann es einen schöpferischen Willen geben, der sich einen Ausdruck sucht auch in den wechselnden Formen wissenschaftlicher Erkenntnis, in erster Linie aber eine Sinndeutung des Geschehens von einem eigenen fundamentalen Sinnerlebnis her ist. Die Wahrheit dieser Deutung ist eins mit der inneren Notwendigkeit des geschichtlichen Augenblicks und sie ist solange unerschütterlich, also „dogmatisch", als sie innerlich notwendig ist und mit der Kraft des Heiligen die Seelen durchflutet. *Den Schicksalsaugenblick deutet keine Wissenschaft, sondern allein der schöpferische Wille; er aber unbedingt; denn er ist sich selbst Subjekt und Objekt.* Er kann darum auch nicht kritisiert werden, sondern nur negiert; er kann auch durch keine Skepsis der von ihm erfüllten Masse genommen werden, er trägt sie und wird von ihr festgehalten,[b] wie ein unverbrüchliches Dogma; und doch muß es kein Dogmatismus sein; denn nicht der wissenschaftliche Ausdruck wird geglaubt; nicht eine Form wird absolut gesetzt, sondern ein Sinn, ein Gehalt, eine Schöpfung. Noch ist ein solches Symbol nicht da; noch schwankt das Bewußtsein der revolutionären Masse zwischen Dogmatismus und Autonomie. *Die Schaffung eines Symbols, das beides in sich trägt, die unbedingte Sicherheit des Sinnes und die unendliche Problematik der wissenschaftlichen Form ist die eine Voraussetzung einer kommenden Religion der Masse.* |

Ebenso steht es mit dem Gegensatz von Schicksalsglaube und selbstherrlicher Vernunft. Nirgends ist es wichtiger als hier, die Loslösung zu vollziehen. Nur so kann die religiöse Gewißheit von dem kommenden Sieg des „Reiches der Vernunft“ gegenüber allen Wechselfällen der politischen Lage und gegenüber allen Begrenztheiten jedes Zustandes erhalten bleiben. Das Schicksal kann nicht gemacht, es kann aber auch nicht berechnet werden. Weder die Willkür einer technischen Zielsetzung, noch der Zwang einer berechneten Dialektik des Logischen oder Wirtschaftlichen reicht an die Tiefe des Geschehens heran. Das Bewußtsein aber um seine Unergründlichkeit und irrationale Heiligkeit und zugleich um seine Offenbarung in den Seelentiefen der eschatologischen Masse, die Hingabe an diese Tiefe und Heiligkeit über aller rationalen [c]Technik[c] des Berechnens und [d]Handelns[d] – das ergibt die unbedingte Gewißheit und die unbedingte Kraft der Massenreligion. Die technischen Dinge, die Mißerfolge und die Begrenztheiten, die Schwächen und Niederlagen, aber auch die Siege und Fortschritte der Bewegung stehen unterhalb der absoluten Gewißheit, und können der absoluten Hingabe weder etwas hinzufügen noch hinwegnehmen. Denn nicht auf sie richtet sich der Glaube, sonst wäre es kein Glaube, sondern schwankende Wahrscheinlichkeitsberechnung. Die Verbundenheit mit dem zur Offenbarung drängenden heiligen Gehalt, mit der Schicksalstiefe, die aus der Unbedingtheit in die Welt des Bedingten hineinragt, sie ist die Wurzel der immanent-eschatologischen Frömmigkeit. Menschen, in denen dieser Gehalt bewußt oder unbewußt lebendig ist, sind die Glaubenden und Tragenden dieser Bewegung. Die Führer aber des politischen Kampfes und der wissenschaftlichen Erfassung sind getragen und beauftragt, ohne daß sie zum Guten oder Schlechten eine letzte Entscheidung geben könnten. Entscheidend ist allein die in der Tiefe wirkende unmittelbare Schicksalsmacht, das Bewußtsein um das Heilige in der Seele der Masse. *Damit kommt in die nach vorwärts drängende Dynamik, die so leicht in technischen rationalen [e]Aktivismus[e] übergeht, ein mystisch-statisches Moment von oben und nach oben; an [f]die[f] Stelle des rationalen „Machens“ tritt ein unmittelbares und darum zwingendes Gestalten von innen heraus.*

Damit ist nun auch die Grundlage für einen kultisch-pädagogischen Aufbau gegeben, der losgelöst ist von allen technischen Gesichtspunkten des Parteikampfes. Das Heilige als der letzte Sinn des Daseins wird angeschaut, sowohl in seiner ewigen Gültigkeit und immerwährenden Gegenwart, als auch in seiner die Weltlichkeit gestaltenden Energie. *Die kultische [g]Anschauung[g] richtet sich also in gleicher Weise nach oben und nach [h]vorn[h]; denn das Heilige ist immer zugleich das, was ist, und das, was sein soll.* Das was ist als der unbedingte Gehalt, der erfaßt wird durch jede Form hindurch; das was sein soll als die unbedingte Gültigkeit der Form, die die Welt gestalten soll. Die einseitige Beziehung auf das zweite macht die Gegenwart unheilig und die Seele leer und macht schließlich die Person zum | Mittel der Sache. Wo aber das Heilige lebendig gegenwärtig angeschaut und erlebt wird, da ist das „Himmelreich“ niemals nur in der Zukunft, sondern immer schon mitten unter uns und in uns, und alles Weltgestalten ist Auswirkung eines Vorhandenen, das angeschaut und verehrt wird, nicht Anfertigung eines Gedachten oder Errechneten, das erhofft und gefunden wird.

Endlich muß auch das universale Menschheitsbewußtsein völlig befreit werden von der Verderbnis eines Klassen-Patriotismus, und getrennt werden auch von der notwendigen Bejahung der Klasse als Hauptkämpfer des Überganges. Nicht die empirische, sondern die ideale Klasse ist Grundlage der religiösen Gemeinschaft. Die Kritik aber von der idealen her, die identisch ist mit der idealen Menschheitsgemeinschaft, richtet sich mit gleicher Energie gegen die eigene Klasse, wie gegen die gegnerischen. In der Technik des politischen Kampfes ist das nicht möglich. In der Sphäre des religiösen Gemeinschaftsgefühls ist es selbstverständlich. Man denke an den „Krypto-Kapitalismus" in der Arbeiterklasse, an diktatorisches Führertum und Parteimechanismus. All das sind Folgen politisch notwendiger Dinge; und was notwendig ist, hat auch [i]sein Recht[i] vom Heiligen her. Aber es hat ebensoviel Unrecht wie Recht in sich. *Unbedingt heilig ist allein die ideale Klasse, die ideale Menschheitsgemeinschaft, das „Reich Gottes".*

Durch diese Scheidung des religiösen und technischen Gesichtspunktes, durch die Unterordnung des rationalen Prinzips unter das irrationale Schicksal ist der immanent-eschatologische Typ von seinem inneren Widerspruch befreit, ohne doch einer Reaktion zum Transzendenten anheim gefallen zu sein; er ist fortentwickelt zum kultisch-pädagogischen Typ, ohne doch seinen eschatologischen Schwung verlieren zu müssen. Nicht um eine transzendente Wirklichkeit handelt es sich, sondern um ein inneres „Transzendieren", ein Hinausgehen der Dinge über ihren [j]unerforschlichen[j] Sinn zu dem Sinn des Unbedingten [k]im mystischen und im aktivistischen, im anschauenden und im gestaltenden Sinn[k]. Soweit nicht Hemmungen und Reaktionen vorliegen, entwickelt sich die Religion der Masse in dieser Richtung. Sie ist nicht kirchlich, aber sie ist auch nicht weltlich. Sie sieht die Verwirklichung des Heiligen nicht in der Seele und nicht in der Kirche, sondern in der Welt[l] – das ist ihre Immanenz; aber sie weiß, daß diese Verweltlichung nicht kommen kann durch Technik und Taktik, sondern allein durch die Seelen und ihre Gemeinschaft, aus der die Kraft des Unbedingten schöpferisch hervorbricht, das ist ihr Transzendieren. *So vereinigt die werdende Religion den eschatologischen und den kultisch-pädagogischen, den Form- und den Gehaltstypus der Religion auf dem Boden der Immanenz,*[m] *und bildet eine Einheit beider Formen der Religion der Masse.*

Kritischer Apparat

Druckvorlage ist D. Die eigenwillige, wohl auf Tillichs Manuskript zurückgehende Orthographie und Interpunktion wird, abgesehen von offensichtlichen Druckfehlern, beibehalten. Die Versionen A, B und C werden im Apparat berücksichtigt. E modernisiert Orthographie und Interpunktion der Vorlage, z.B. „Barok" wird in „Barock", „mittelst" in „mittels", „der einzelne" in „der Einzelne" verändert. E löst Satzketten auf, wobei Semikola in Punkte verwandelt werden. Diese durchgängig von E vorgenommenen modernisierenden Änderungen werden im Apparat nicht notiert, wohl aber Änderungen des Wortbestandes. F folgt E und wird nicht berücksichtigt.

3 a–a fehlt in A und B
b–b E: Hinzugezogensein

c–c fehlt in E

5 d–d A: Persönlichkeit und Masse

e–e A: Einleitung: Bildtypen

f–f fehlt in A, B und E

g A: M.D.u.H.! [= Meine Damen und Herren!]
B: a)
E: 1

h–h A: auf allen Seiten sich

i–i A: Kulturschau Blicke in die Tiefen des Geisteslebens getan hat

j–j A: denen

k–k A: gleicher Weise sich

l–l A: als überraschend empfunden werden

m–m A: einen Vortrag über ein sozialethisches Centralproblem mit der Hinwendung zu einem ganz fremden

n–n A: Offenbarung

o–o A: jene Begriffe uns sagen mögen

p–p A: Begriffs-tragende

q–q A: unwiderlegbaren

r–r A: gestatten Sie mir denn, Ihnen einige Bildstile

s–s A: Menschen-Mengen zusammengefaßt und zu Führer-Persönlichkeiten im stilistischen Sinne in irgend eine Beziehung gesetzt sind, nachfühlend zu deuten.

t–t B: mittelalterlich-frühgotischen Bild

u–u A: Hinteren

v A und B setzen Gedankenstrich hinter den Punkt, B bildet dann Absatz.

6 w A und B setzen Gedankenstrich hinter den Punkt, ohne Absatzbildung.

x–x A: Realismus, den wir jetzt eher Idealismus zu nennen geneigt wären. Eine
B: Realismus (den wir jetzt eher Idealismus zu nennen geneigt wären). Eine

y–y B: Höchsten

z–z A und B: dieses den mystischen Begriff der (A:) Menge/ (B:) Masse nennen.

a–a A und B: alles

b–b B: Einzelne

c in A und B kein Komma

d in B statt des Semikolon Doppelpunkt

e–e A und B: Welt-Raum

f in A statt des Semikolon Doppelpunkt

g–g A: er, der
E: der

h–h A: Einzelne

i–i A: Vielen

j–j A: Natur: Eine solche läßt der Nominalismus der Zeit nicht zu, aber
B: Natur: eine solche läßt der Nominalismus der Zeit nicht zu; aber

k–k A: Einheit der Fratze

l–l A: Führer, der,

m–m B: derjenige

n in A statt des Punktes Doppelpunkt

o–o A: der einzelne
B: das Einzelne

p–p A: Tron

q–q A: der Begriff der realistischen Menge, der den mystischen ablöst. Die realistische Menge aber ist Masse.

r–r A: In einem Auf und Ab, durch Wellental und Wellenberg geht die Bewegung, die die europäische Menschheit ergriffen hat, durch die Jahrhunderte weiter bis zur Gegenwart. Ich möchte nur einen Wellenberg herausstellen, der für unser Problem von Bedeutung ist, die Mengenauffassung des Barok.

s–s B: „Jüngstes

t–t A und B: möge

u–u B: Einzelnen

v–v B: seinen

w in B folgt Komma

x in A und B folgt Komma

y in A folgt: gleichsam

z–z A und B: herausgehoben
D und E: heraufgehoben

a–a A: der Gipfel

b–b A: schäumendsten

c–c A: Einzelnen

d in A und B folgt Komma

e–e fehlt in A

f–f A: Mittelpunkt des Interesses

g–g A: kulturell stärkste

h–h B: im

i–i A: steht, die zu charakterisieren sind, und die wir impresissionistisch zu nennen pflegen.
B: steht: des impressionistischen zum expressionistischen.

j–j fehlt in A

k–k A: naturalistischen

l–l B: Boulevard-Bild

m–m A: Kaffeebild

n–n A: metaphysischen Natur

o–o A: innewohnende

p–p fehlt in B

q–q fehlt in B

r in B statt des Semikolon Doppelpunkt

s A und B ohne Komma

8 t–t A und B: anschauend er eine neue

u in A folgt: doch

v–v fehlt in A und B

w–w A: einzelnem, mag er in einem Massenbild hervortreten, es wird nicht seine sachliche Bedeutsamkeit sein,

x–x A und E: allen

y in A folgt Komma

z–z A: liegend: Stil im
B: wohnend: das

a in A und B statt des Ausrufungszeichens Punkt

b in B folgt: eine

	c–c	B: hervorgehenden [Druckfehler]
	d	in A und B folgt: Objekt der Ausnutzung und der Beherrschung,
	e	A setzt statt des Doppelpunktes Komma und fährt fort: der im Nahen ist.
	f	in A folgt: Der Grund der Dinge aber, der ist die ... der Mystik, wohnt Menschen im Herzen.
	g–g	A: Innenerlebnis
	h	A und B ohne Komma
	i–i	B: wichtigste
	j–j	A: Stilgebung
	k	in A folgt: zusammen
	l–l	A: das Menschliche
	m–m	fehlt in A. B: sein
	n–n	A: Erlösung
	o–o	fehlt in B
	p	in A und B statt des Komma Semikolon
	q	in A folgt: furchtbaren
	r–r	A: Märtyrer, des Marx feindlichen anarchischen Sozialismus.
	s	A bildet neuen Absatz
	t–t	A: dieser
	u–u	A: Ein neuer mystischer Begriff der
	v–v	A: er
		B: Mystik
	w–w	A: hervorbricht.
	x–x	B: d i e s e r
9	y–y	fehlt in B und E
	z	B: b)
		E: 2.
	a–a	B: eine Körper bewegende
	b	in B folgt: demnach
	c–c	fehlt in B
	d	in B kein Komma
	e–e	B: „Masse und Persönlichkeit“
	f–f	B: „Technische Masse und Persönlichkeit“
10	g	in B statt des Semikolon Punkt mit anschließender Großschreibung
	h–h	fehlt in B und E
	i	B: a)
		E: 1.
	j	in B statt des Semikolon Doppelpunkt
	k–k	B: Nicht
	l	in B kein Komma
	m–m	B: absolut nicht selbständig
	n	in B folgt: immer
	o–o	B: unbedingt Wirklichen
	p–p	E: das allem Sinn Grund und Halt gibt
	q	in B folgt Komma
11	r	in B folgt: aber
	s–s	B: Ob
	t–t	B: „Masse und Persönlichkeit“

u in B statt des Punktes Doppelpunkt mit anschließender Großschreibung
v in B statt des Semikolon Punkt mit anschließender Großschreibung
w–w B: Eigensein
x–x fehlt in B und E
y B: b)
E: 2.
z–z B: mußte
12 a–a E: gehaltsentleerten
b–b B: formlos-verzerrten
c in B folgt: so wunderbar
d B: Nochnicht-Geformte
e in B und E statt des Semikolon Doppelpunkt
f in B folgt Gedankenstrich
g–g B: aber
h–h B: und die
i–i B: das
j–j B: vermögen
k–k B: und staatlich geleitete
13 l in B folgt Komma
m in B fehlt Gedankenstrich
n–n fehlt in B
o–o B: der
p–p B: sehnte
q–q E: Phantasien
14 r in B statt des Doppelpunktes Komma
s–s B: Aber es ist nun
t in B folgt: sie
u–u B: und im
E: in dem
v–v B: ungekannte
w in B folgt: alten, längst
x–x fehlt in B
y–y B: Hülfe
z–z B: gehalt-tragende
a in B statt des Semikolon Doppelpunkt mit anschließender Kleinschreibung
15 b–b B: im ethischen Persönlichkeitsrange
c–c B: kultischem und mystischem Geiste
d–d B: abendländischen
e–e B: würden
f–f B: im
g–g B: Einheitsgehalts
16 h–h B: dann
i–i B: gegen den „ersten“
j–j B: massenfremd
k–k B: Einzelnen
l–l B: Einzelnen
m in B Komma
n–n B: Typus

	o–o	B: zeigt
	p–p	B: Einzelne
	q–q	B: dann
	r	in B statt des Doppelpunktes Punkt mit anschließender Großschreibung
	s–s	B: wo
	t–t	fehlt in B und E
	u	in B folgt: doch
	v–v	B: Einzelnen
	w–w	B: und
	x–x	B: herausgehoben
	y–y	fehlt in B und E
	z	B: a) E: 1.
	a	in B folgt: aber
	b	in B Komma
	c–c	B: solches
18	d	in B Komma
	e–e	B: unmittelbar
	f–f	fehlt in B
	g	in B kein Komma
	h–h	B: Einzelner
	i–i	B: er
	j	in B statt des Semikolon Komma
	k–k	B: Dekadence-Geistigkeit
	l	in B statt des Bindestrichs Komma
19	m–m	B: Grade
	n–n	B: Selbstüberhebung
	o	in B Gedankenstrich nach dem Punkt
	p–p	B: formaler
	q–q	E: im
	r–r	B: subjektivischen
	s	in B folgt: der
	t–t	B: Weg-Bereiter
	u–u	fehlt in B und E
20	v	in B nach dem Punkt drei Gedankenstriche
	w	B: unsrer
	x–x	B: in der
	y–y	B: persönlichkeitsvernichtendes
	z–z	B: die
	a–a	B: einen
	b	in B folgt: ein
	c–c	B: Subjekt und Objekt
	d–d	B: die
	e–e	B: einzelnen
21	f–f	B: begrenzter Form
	g	in B Komma
	h–h	B: kleinsten wie im größten
	i	in B nach dem Punkt ein Gedankenstrich

	j–j	B: gebildet und ungebildet
22	k	in B Semikolon
	l–l	B: gemeinschaftssprengender, masseschaffender
	m–m	B: in großer
	n–n	B: Wirkung
	o–o	B: unmittelbar
	p	in B folgt: des einzelnen
	q–q	B: einen
	r–r	B: allem
	s–s	B: gewinnt
	t	in B folgt: in dem Maße, in dem dieses ergriffen ist.
	u–u	B: Darin
	v–v	B: gebildet und ungebildet
	w–w	fehlt in B
	x–x	B: in ihrer Gültigkeit erfaßt und getragen
	y–y	B: in einer Weise
	z–z	B: (aus Formlosigkeit, nicht um höherer Formen willen)
	a–a	B: Teilnahme
	b	in B folgt nach Komma: von dem sie als Organismus lebt,
23	c–c	B: Wenn
	d–d	B: im
	e	in B statt des Doppelpunktes Komma
	f–f	B: Skelett ohne
	g–g	B: denen
	h–h	B: am Führen der Masse
	i–i	fehlt in B
	j	in B statt des Semikolon Doppelpunkt
	k–k	B: sehen können
	l–l	fehlt in B
	m–m	B: Hülfe
25	n–n	D: Qualität [Druckfehler] E: Quantität
27	o–o	E: selbst aber
30	p–p	D und E: in [Druckfehler]
31	q–q	E: den
33	r–r	E: gefördert
36	s–s	D: religiöse [Druckfehler]
	t–t	fehlt in E
	u–u	fehlt in E
	v–v	fehlt in E
37	w–w	vgl. Adolf von Harnacks zusammenfassende Formel für die Verkündigung Jesu: „Gott der Vater und der unendliche Wert der Menschenseele". Darin zeige sich, daß das Evangelium *„die Religion selbst ist"* (Das Wesen des Christentums. Leipzig 1902, S. 41). Vgl. auch Augustins berühmtes Dictum „Gott und die Seele verlange ich zu erkennen. Sonst nichts? Nein, sonst nichts" (Soliloqia I, 2, 7).
	x–x	C: „Masse und Religion"
	y	in C kein Komma

	z–z	C: allezeit
	a	in C statt Semikolon Doppelpunkt
	b	in C vor dem Punkt: (die in einem zweiten Aufsatz behandelt werden soll)
	c	in C fehlt Doppelpunkt
38	d–d	C: Theologie
	e–e	C: Unbedingt-Wirklichen
	f–f	fehlt in C
	g	in C fehlt Komma
	h	C: Etwas"
	i–i	C: Gott und die Masse
	j	in C Komma
	k	in C Komma
	l	in C Komma
	m	in C kein Komma
39	n	in C statt Doppelpunkt Semikolon
	o	in C Komma
	p–p	C: Vollkommenheit
	q–q	C: „massa perditionis"
	r–r	C: dem
	s	in C Komma
40	t	in C statt Doppelpunkt Punkt
	u–u	C: aber ist es
	v	in C statt Doppelpunkt Komma
	w	in C Komma
	x–x	C: Dinge. Denn in dieser
	y	in C kein Komma
	z	in C kein Komma
	a	C bildet keinen Absatz
	b	in C kein Komma
	c	in C kein Komma
	d	in C kein Komma
	e–e	fehlt in E
41	f–f	fehlt in E
	g–g	E: die
	h–h	fehlt in E
	i–i	C: nicht
	j–j	C: überhaupt
	k	in C folgt: zugleich
	l–l	fehlt in C
	m	in C folgt: aber
	n	in C statt Semikolon Punkt mit anschließender Großschreibung
	o	in C folgt ist
	p–p	C: den
	q	in C statt Semikolon Komma
	r–r	C: Schicksalsstunde
	s	in C folgt: aber
	t–t	D: anderes [Druckfehler]
42	u–u	fehlt in C

	v–v	C: äußern
	w	in C statt Punkt Doppelpunkt
	x–x	C: im unmittelbaren
	y–y	C: jeder dieser Formen
	z–z	fehlt in C
	a–a	C: darum
	b–b	fehlt in C
	c–c	C: Gestaltungssätze
43	d	in C kein Komma
	e–e	C: Schicksalsmittlerin
	f–f	fehlt in C
	g	in C statt des Semikolon Doppelpunkt
	h	in C folgt: auch
	i	in C statt Doppelpunkt Semikolon
	j	in C Komma
	k	in C Komma
	l–l	C: Einheit
	m–m	fehlt in C
44	n	in C statt Komma Semikolon
	o–o	C: formlos-unseligen [ohne Komma]
	p–p	D: Unbedingt Wirklichen [Druckfehler]
	q–q	C: Grundlagen
	r	in C folgt: der
	s–s	C: Und das
	t–t	C: notwendige
	u–u	C: unbedingt Wirklichen
	v–v	C: Sollens
	w–w	C: unbedingt Gültigen
	x	in C Punkt mit anschließender Großschreibung
45	y	Tillich meint die Inschrift der Kanttafel an der Zyklopenmauer des Königsberger Schlosses. Sie ist ein Zitat aus der „Kritik der praktischen Vernunft" und lautet: „Zwei Dinge erfüllen das Gemüt mit immer neuer und zunehmender Bewunderung und Ehrfurcht, je öfter und anhaltender sich das Nachdenken damit beschäftigt: Der bestirnte Himmel über mir und das moralische Gesetz in mir."
	z–z	fehlt in C
	a	C bildet keinen Absatz
	b	C kein Komma
	c	in C statt Semikolon Punkt mit anschließender Großschreibung
	d–d	C: beobachten
	e–e	C: kultisch-mystischen
	f	in C statt Gedankenstrich Komma
	g	in C Komma
	h	in C fehlt Gedankenstrich
	i–i	C: ursprünglich
	j	in C statt Punkt Gedankenstrich
	k–k	C: vorbildlich
	l	in C Komma

m in C kein Komma
n–n C: andererseits
o–o C: Jedem
p–p C: So umfaßt und gestaltet sie von der Idee
q–q C: Einzelnen
r–r C: umfassende
s–s C: starke individual-gesetzliche
46 t in C kein Komma
u in C Komma
v–v C: höchste spannt [ohne Komma]
w–w C: suchende
x–x C: Hinwendung nach vorn
y in C kein Komma
z in C statt Semikolon Punkt mit anschließender Großschreibung
a in C folgt: aber
b C: statt Semikolon Punkt mit anschließender Großschreibung
c–c C: in
d–d C: täuschen
e–e C: Wort
f–f fehlt in C
g–g C: Typus
h in C kein Komma
i–i C: ihre Bewegung und ihre Ruhe
j–j C: Typus
k–k fehlt in C
l Komma fehlt in C
m Komma fehlt in C
n–n C: Einzelne
o Komma in C
p–p C: was
47 q–q E: geboren
r–r C: Einzelnen
s–s C: anhält
t–t C: Einzelnen
u Komma in C
v kein Gedankenstrich in C
w in C folgt: darum
x in C statt Punkt Doppelpunkt mit anschließender Kleinschreibung
y in C statt Semikolon Komma
z–z C: Sekten
a in C kein Komma
b–b C: leider
c in C kein Komma
d–d C: ausgestaltet
e–e C: durchzieht
f in C Komma
g in C statt Komma Semikolon
h in C statt Punkt Doppelpunkt mit anschließender Kleinschreibung

	i	in C kein Komma
	j–j	C: im höchsten
	k	in C kein Komma
	l–l	fehlt in C
	m	in C kein Komma
	n–n	C: das aber hängt
48	o–o	C: Inneren
	p–p	C: Typus
	q–q	C: Einzelnen
	r	in C kein Komma
	s–s	C: Hemmungsversuche
	t–t	C: Autoritätsprinzip
	u–u	fehlt in C
	v–v	C: Form-zersprengenden
	w–w	C: Wirklichkeits-umspannende
	x–x	C: Wirklichkeits-übersteigende
	y–y	C: Seelen
	z	in C folgt: mystische
	a–a	C: neu erlebte
	b	in C kein Komma
	c–c	C: andern
	d	in C statt Semikolon Punkt mit anschließender Großschreibung
	e–e	C: zugunsten
	f–f	C: mußten die Massen
49	g	in C statt Semikolon Komma
	h	in C kein Komma
	i	in C kein Komma
	j–j	D: Sektenbewegung [Druckfehler]. C und E: Sektenbewegungen
	k–k	C: eine
	l–l	C: irgendeinem
	m–m	C: Gotteswesen
	n	in C statt Doppelpunkt Komma
	o–o	D: Dieser [Druckfehler] C und E: Diese
50	p–p	C: Welt-Bildungsarbeit
	q–q	C: unerreichbar
	r–r	C: erschüttert
	s–s	C: Sie
	t–t	C: Glaubenden
	u–u	C: Der
	v	in C kein Komma
	w–w	C: heiligen
51	x	in folgt: ungewollte
	y–y	fehlt in C
	z	in C statt Doppelpunkt Komma
	a	in C folgt: politischen
	b–b	C: so lange

	c–c	C: wie
	d–d	C: heraustreten [ohne nachfolgendes Komma]
	e–e	C: in dem Maße sucht
	f–f	C: etc.
	g	in C kein Komma
	h–h	C: Unterschiedsbewußtseins
	i–i	C: Unterschiedsgefühl
	j–j	C: gegen
	k	in C Komma
	l	in C statt des Punktes Semikolon mit anschließender Kleinschreibung
	m–m	C: und
		D: der [Druckfehler]
		E: des
	n–n	C: Auch
	o–o	C: Jedes
52	p–p	C und D: Hinaufgehen [Druckfehler?]
		E: Hinausgehen
	q	in C statt des Doppelpunktes Semikolon
	r–r	C: sprengt
	s–s	C: Menschheits-Gemeinschaft und Gesellschafts-Klasse
	t–t	C: herannahenden
	u–u	C: mit
	v–v	C: nichts zu tun haben, während die ggenwärtige Bewegung der Masse ausdrücklich in der Weltgestaltung ihr Ziel findet.
	w–w	C: von sich aus
	x	in C kein Komma
53	y	in C statt Semikolon Komma
	z–z	C: innerer
	a	in C kein Komma
	b	in C kein Komma
54	c–c	C: Problematik
	d–d	C: Handelns
		D und E: Handels [Druckfehler?]
	e–e	C: Aktualismus
	f–f	fehlt in C
	g–g	C: Weltanschauung
	h–h	C: unten
55	i–i	C: seinen Rest
	j–j	C: unmittelbaren
	k–k	C: in mystischer und aktivischer, in anschauender und gestaltender Bedeutung.
	l	in C statt Gedankenstrich Semikolon
	m	in C kein Komma

3. Grundlinien des Religiös[en] Sozialismus. Ein systematischer Entwurf (1923)

A. (Druckvorlage) Grundlinien des Religiös. Sozialismus. – Ein systematischer Entwurf von Paul Tillich. Blätter für Religiösen Sozialismus. Herausgeber: Carl Mennicke. 4. Jahr, Nr. 8/9/10 (S. 1–24), August-Oktober 1923. Verlag der Blätter für religiösen Sozialismus.

B. Grundlinien des Religiösen Sozialismus. In: GW II (1962) 91–119.

C. Basic Principles of Religious Socialism. In: Paul Tillich, Political Expectation. Ed. and with an Introduction by James Luther Adams. New York: Harper and Row, 1971, 58–88. – Übersetzung von B.

D. Grundlinien des Religiösen Sozialismus. Ein systematischer Entwurf. In: Tillich-Auswahl. Herausgegeben von Manfred Baumotte. Mit einer Einführung von Carl Heinz Ratschow. Band 3: Der Sinn der Geschichte. Gütersloher Taschenbücher Siebenstern 428. Gütersloher Verlagshaus Gerd Mohn. Gütersloh 1980, 48–76. – [Abdruck von B].

Zur Textgeschichte

Eine handschriftliche, stichwortartige Fassung dieser programmatischen Schrift Paul Tillichs trägt die Überschrift „Die religiöse Erneuerung des Sozialismus" (PTAH, box 110:006, S. 1–30). Sie enthält die Teile A: „Die religiös-sozialistische Grundhaltung: die Prophetie", B: „Das religiös-sozialistische Ideal: die Theonomie", C: „Der Kampf des religiösen Sozialismus: Dämonie und Theokratie", D: „Der Weg des religiösen Sozialismus: die Ekklesia". „Erneuerung des Sozialismus" – unter diesem Leitthema stellten die Mitarbeiter der „Blätter für Religiösen Sozialismus" ihre Grundanschauung in einer Reihe von neun Vorträgen in der Zeit zwischen dem 31.10.1922 und dem 6.3.1923 vor und zwar als „Politische Arbeitsgemeinschaft" der Deutschen Hochschule für Politik (in der Alten Bauakademie in Berlin). Die Leitung der Arbeitsgemeinschaft oblag Paul Tillich; die Vorträge wurden von Alexander Rüstow, Adolf Löwe, Arnold Wolfers, Eduard Heimann, Carl Mennicke und Paul Tillich selbst gehalten. Am 14. 11.1922 referierte Tillich über das Thema „Formkräfte der abendländischen Geistesgeschichte" und am 6.3.1923, zum Abschluß der Arbeitsgemeinschaft, zusammen mit Carl Mennicke über das Thema „Der Sozialismus als Wirklichkeit und Aufgabe" (Blätter für Religiösen Sozialismus, 3. Jahr, November 1922, Nr. 11, 44).

Einen ersten, dem Manuskript entsprechenden Vortrag hielt Tillich im Winter 1922/23 – wann und wo, konnte nicht ermittelt werden. Es ist möglich, daß er ihn in Berlin in der „Politischen Arbeitsgemeinschaft" an der Deutschen Hochschule für Politik gehalten hat. Für diese Vermutung spricht die Tatsache, daß Alexander Rüstow, der zum Berliner Kreis um die „Blätter für Religiösen Sozialismus" gehörte, mit Tillich über dessen Vortrag diskutiert hat (s.u.).

Tillich hat den Vortrag – unter dem Titel „Sinn und Wesen des religiösen Sozialismus" auf der Kasseler Tagung der verschiedenen religiös-sozialen Gruppen (10.–12. Oktober 1923) wiederholt. Nach Tambach (1919) und Marburg (1920) war es die dritte Tagung dieser Art. Die Neuwerkbewegung um Hermann Schafft, einen Freund Paul Tillichs, hatte u.a. die Berliner Gruppe um die „Blätter für Religiösen Sozialismus", den Bund religiöser Sozialisten (Berlin), den Volkskirchenbund evangelischer Sozialisten (Baden) und die Jungsozialisten nach Kassel eingeladen. Die Schweizer Gruppe um Leonhard Ragaz war nicht vertreten. Referenten waren neben Paul Tillich Carl Mennicke, der Heidelberger Philosoph Hans Ehrenberg, Pfarrer Fritze und Martin Buber.

Über Tillichs Vortrag berichtete M. Löffler: „In lebendig-frischer Dialektik erläuterte er seine Auffassung des religiösen Sozialismus als einer universalen Bewegung. Er behandelte die innere Haltung, Ziel, Kampf und Weg des religiösen Sozialismus. Kaum ein Gebiet, das der Redner nicht in seinen systematischen Entwurf einbezog. In seiner energisch gewollten Wissenschaftlichkeit wirkte der Vortrag nüchtern, aber theoretisch. In der Aussprache kam ganz richtig zum Ausdruck (Martin Buber), daß man auf den persönlich eigenen Standpunkt zugunsten eines Systems nicht verzichten will. Immerhin, Tillich hatte alte Motive aufklingen lassen oder wenigstens angeschlagen, die der Tagung als Leitmotiv dienten" (Christliches Volksblatt: Sonntagsblatt evangelischer Christen, hg. vom Badischen Volkskirchenbund, 1923, Nr. 43, 3).

Kritisch bemerkt Hans Ehrenberg über die Tagung u.a.: „Man kann die soziale Frage zwiefach ansehen: erstens vom Standpunkt des reuigen Bourgeois oder vom Standpunkt des leidenden Proletariers. Der erste Standpunkt bringt die Frage mit sich: was sollen wir tun?, der zweite beschwört die ganz andersartige Frage: was ist geschehen, was geschieht, was wird geschehen? Es könnte so scheinen, als wenn die, welche so fragen, wie die erst genannten fragen, die Verbundeneren, Tieferen wären, aber dieser Schein beruht auf Täuschung. Wir sind nicht die Träger der Zeit, sondern Kinder ihres Wesens und Unwesens, ebenso wie es die anderen Menschen unserer Tage sind. Als mitlebende, mitleidende und auch mittätige Zuschauer unserer Zeit können wir eine Sonderstellung einnehmen, durch Erkenntnis der Zeit in rücksichtsloser Wahrheitsliebe und durch Aufrüttelung unserer Nächsten in liebevoller Bußpredigt; aber eine Sonderaufgabe des Tuns haben wir nicht und können daher nicht bestimmte Situationen mit Stichwörtern versehen. Wünsche dieser Art, die auf der Kasseler Tagung laut wurden, erscheinen mir Ausdruck einer Selbsttäuschung, ja Einbildung zu sein. Im Volkskirchenbund haben wir seit je die Einstellung, daß wir keine politische Aufgabe im Sinne eines Tuns haben: wir scheiden streng zwischen dem, was wir wollen, und dem politischen Willen. Auch darin stehen wir im Gebiet der Kirche, wo die Politik immer nur indirekt auftreten kann. So sind wir gleichwohl Politiker, und warum sollten wir nicht, so ist ‚religiös-sozial' kein Panier, sondern nur der Hintergrund für unser politisches Auftreten ... Ob je noch wieder eine religiös-soziale Tagung zustande kommen wird ? Wer kann es wissen ? Und doch bezweifle ich es. Eine Gesamtbewegung läßt sich nicht bilden; darüber wollen wir uns nicht hinwegtäuschen" (ebd., Nr. 45, 3).

Unmittelbar nach der Tagung wurde Tillichs Vortrag in Nr. 8/9/10 (August-Oktober 1923) der „Blätter für Religiösen Sozialismus" abgedruckt. Mennicke maß dieser Arbeit Tillichs offenbar große Bedeutung bei. So führte er den Text mit einem ganzseitigen Titel wie bei einem Buch ein und gab ihm innerhalb des Jahrgangs der „Blätter" eine eigene Paginierung. Zugleich erschien das Heft als Sonderdruck.

Tillichs Kasseler Vortrag löste im Kreis der Freunde eine Diskussion über dessen Systematik, insbesondere über dessen Ontologie, aus (ebd., Nr. 5/6, Mai/Juni 1924). Mennicke berichtete über einen kritischen Brief eines Freundes an Tillich, in dem er diesem zu bedenken gab: „Mir will scheinen, als hättest Du Dich allzulange einer einmaligen, vor langer Zeit gehabten Erleuchtung hingegeben, jener Einsicht von der Zweiheit von Gehalt und Form... Du überspanntest die Bedeutung des Geschauten und beruhigtest Dich deshalb damit, und Du verlorst die Wirklichkeit, die Schau in die Wirklichkeit,vor lauter Idee, vor lauter gefundenem Begriff." Seine sachliche Kritik an Tillichs Kasseler Vortrag fomuliert er so: „Ich glaube, philosophisch gesprochen, müßte ich sagen, daß Deiner ganzen Lehre eine sie begründende Ontologie mangelt, besser vielleicht, daß Deine in den ‚Grundlinien' durchschimmernde Ontologie mangelhaft und lückenhaft ist, offenbar weil Du Dich mit dem ‚Sein' der ‚Wirklichkeit' gar nicht auseinandersetztest und immer wieder in die Betrachtung der Geisteshaltung verfällst" (ebd., 17).

In seiner ausführlichen Stellungnahme zu den an ihn gerichteten kritischen Anfragen gibt Tillich folgenden aufschlußreichen Hinweis zur Entstehungsgeschichte des Textes: „ Mein Aufsatz über die Grundlinien des religiösen Sozialismus ist die Ausarbeitung des Vortrages von vor etwa einem Jahr. Nachdem ich ihn gehalten hatte, hatte ich das Gefühl, daß er liegen bleiben und ausreifen müßte zu einem größeren Werk. Schon die letzten Kapitel meines Systems der Wissenschaften [MW/HW 1,113], vor allem aber meine Religionsphilosophie [MW/HW 4,117], die seit Oktober bei Ullstein liegt und des Druckes harrt, führten über ihn hinaus, ebenso meine Auseinandersetzung mit Barth [MW/HW 4,91]. Ich mußte den Aufsatz fertigstellen, weil ich im August und September völlig außerstande war, ein neues Referat für Kassel zu machen und Mennicke drängte. Ich habe das selber sehr bedauert, und der Erfolg hat mir Recht gegeben. Es fehlt dem Aufsatz die Ursprünglichkeit und Frische, die der Vortrag im vorigen Winter noch hatte. Dafür sind die Gedanken klarer gefaßt und schärfer durchgeführt, und das war auch bei dem Begriff des Dämonischen nötig, von dem Rüstow mit Recht sagte, daß er im Vortrag durch zu weite Fassung unklar geworden wäre. Und die Forderung der absoluten Klarheit und Schärfe muß ja doch wohl bestehen bleiben, so lange der Versuch wissenschaftlicher Begriffsbildung gemacht wird. Aber vielleicht war es überhaupt falsch, die Grundlinien des religiösen Sozialismus in wissenschaftliche Begriffe fassen zu wollen. Vielleicht wäre hier der freie anschauliche Stil des politischen, ethischen oder religiösen Redners am Platze gewesen. Für Kassel wenigstens wäre das sicher günstiger gewesen. Aber das ist nun einmal nicht meine Fähigkeit und Aufgabe; mich drängt mein ganzes Wesen dazu, die letzte wissenschaftliche Klarheit und Prägnanz zu suchen, und das hat immerhin die Wirkung gehabt, daß in Kassel, wie in Berlin und anderen Orten ein Teil meiner Begriffe gerade auch von den Gegnern immer wieder angewendet wurde, nachdem sie vorher gegen die Begrifflichkeit gekämpft hatten. Ich wäre Euch dankbar, wenn Ihr Euch gelegentlich einmal mit der fortgeschrittenen Begrifflichkeit meines Systems der Wissenschaften, und, sobald sie gedruckt ist, meiner Religionsphilosophie auseinandersetzen würdet. Hier würdest Du auch eine ausführliche Ontologie finden, die auf allen Seinsgebieten durchgeführt ist" (ebd. 18f.).

Grundlinien des Religiösen Sozialismus
[a]Ein systematischer Entwurf[a]

| Es ist meine Aufgabe, unsere Überzeugungen in systematischer Zusammenfassung darzulegen. Was in den vorhergehenden Vorträgen gesagt ist, soll von einheitlichen Gesichtspunkten aus verstanden, bearbeitet und eingeordnet werden. Ein System aber ist eine individuelle Schöpfung; nicht eine äußerliche Zusammenfassung kann darum beabsichtigt sein, sondern ein selbständiger, alle berührten Probleme von innen her neu erfassender Aufbau. Nur die Gemeinschaft der letzten Zielsetzung und der entscheidenden Lösungsversuche ist gewahrt. Sic muß sich, wenn sie echt ist, unmittelbar, im produktiven Akt selbst bewähren.

Es sind vier Gedankenreihen, die der Reihe nach entwickelt werden sollen: Wir fragen nach der *inneren Haltung,* nach dem *Ziel,* nach dem *Gegner* und nach dem *Weg* des religiösen Sozialismus.

I.
Die innere Haltung des [b]religiösen[b] Sozialismus.

Wir unterscheiden zwei Grundhaltungen zur jeweiligen Gegenwart: die sakramental-geschichtsunbewußte und die rational-geschichtskritische. – Die sakramentale Haltung ist durch das Bewußtsein um die Gegenwart des Göttlichen bestimmt, sei es in primitiver Heiligung alles Wirklichen, sei es in Fixierung des Heiligen auf bestimmte Gegenstände und Handlungen. Hier liegt die Wurzel der heiligen Symbole und Formen, der heiligen Rechts- und Gemeinschaftsbeziehungen; von hier aus erklären sich die unantastbaren Zusammenhänge zwischen Mensch und Boden, zwischen gegenwärtigen und vergangenen Geschlechtern, zwischen Herrschern und Beherrschten, zwischen Bluts-, Volks- und Rassengemeinschaften. Alle diese Verhältnisse sind sakramental begründet, ganz gleich, welche Anlässe zu der sakramentalen Weihe geführt haben, und sie verdanken diesem Charakter ihre Gewalt, ihre Dauer, ihre Unverletzlichkeit, zugleich aber auch die Lebensfülle, die sie vermitteln, den Lebensgehalt, den sie offenbaren. Die Geschichte wird hier als Mythos geschaut. Sie zeigt die Anlässe, die zu sakramentaler Weihung geführt haben, sie enthält die göttlichen Taten, auf denen der Gehalt und der Wert der Gegenwart beruhen. Es kann kein

Zweifel sein, daß auch heute noch weite Kreise, namentlich des Bauerntums, sich in dieser Geschichtsunbewußtheit befinden und daß die sakramentale Geisteslage aus der Bodengebundenheit immer neue Stärkung erfährt, wenn auch die Einwirkung des kritischen Geistes noch so energisch ist. Es ist ein großer Fehler, wenn man von städtischer Geisteslage aus diese Tatsache übersieht, und vor allem, wenn man ihr metaphysisches Recht und ihre Bedeutung für jeden sozialen Aufbau nicht begreift.

Die entgegengesetzte Geisteslage geht nicht von dem Gehalt und der Weihe, sondern von der Form und dem Recht aus. Auch in der sakra|mentalen Haltung gibt es Form und Recht: aber sie treten nicht als Form hervor: die innere Richtung ist nicht das Richtige, sondern das Heilige, das mit dem Richtigen eins sein, ihm aber auch widersprechen kann. In der rational-kritischen Haltung dagegen wird das Heilige, das nicht zugleich das Richtige und Geformte ist, abgelehnt. Der Geist richtet sich auf die Form und verliert darüber die Gegenwart des Heiligen; er kommt in Abstand zu allem Gegebenen und wird leer und gehaltlos; ins Unendliche geht er der unbedingten reinen Form nach, ohne sie finden zu können. Dieser kritisch-rationale Geist ist der echte Erbe des urmenschlichen Wandertriebes und er erhebt sich vorzüglich in sozialen Verhältnissen, die auf Bodenentwurzelung beruhen, in Kolonien und Städten. Es ist der titanische weltgestaltende Wille, der das Heilige, dessen Gegenwart er verloren hat, durch Formschöpfung wiederherstellen will. Aber dieser Wille, aus dem alle schaffende Aktivität des Geistes fließt, zerbricht an dem Verlust, den er notwendig bewirkt: Das gegebene Heilige kann nicht ersetzt werden durch das aufgegebene Heilige. Die Reflexion, die schaffende Aktivität ist unendlich und entleert alles Gegenwärtige zu Gunsten eines nie verwirklichten Zukünftigen. Das ist die Tragik aller Reflexion, daß sie die Entfernung zum Wirklichen, die sie aufheben will, durch sich selbst notwendig vertiefen muß. Das ist die Unfruchtbarkeit aller bloß reflektierten Haltung zur Gegenwart, daß sie die Zukunft, die sie fordert, nicht nur nicht schaffen kann, sondern ihr Kommen hindert. So wenig es in unserem Kreise notwendig ist, an der sakramental-geschichtslosen Auffassung Kritik zu üben, so notwendig ist es, auf die Gefahr der rationalen Kritik hinzuweisen. Zahlreiche kritische Gegenwartsbewegungen stehen unter dem Verhängnis der Reflexion und ihrer Unfruchtbarkeit, auch wenn sie wie z.B. die Jugendbewegung aus der Reflexion in das subjektive Gefühl flüchten. Gehalt schaffen kann das eine so wenig wie das andere; denn beide stehen auf dem gleichen Boden der subjektiven Loslösung von dem unmittelbar Heiligen und seiner unbedingt sinnerfüllenden Kraft.

Im Unterschied von beiden Richtungen nimmt der religiöse Sozialismus die profetische Haltung ein. Sie ist die Einheit und höhere Form beider. Auf dem Boden eines gegebenen Heiligen erhebt sich die Forderung des gesollten Heiligen. Profetie ist weder Mantik, die Künftiges voraussagt, noch Ethik, die Künftiges fordert. Profetie erfaßt das Kommende, Gesollte, aus dem Lebenszusammenhang mit dem Gegenwärtigen, Gegebenen. Sie hat das Heilige, aber sie hat es durch das Recht und die Form hindurch; sie ist losgelöst von der sakramentalen Indifferenz, aber sie verfällt nicht der rationalen Entleerung. – Die Profetie ist eine konstante religiöse und geistige Funktion, die schwächer und stärker, reiner und verzerrter sein, die aber nie fehlen kann. Sie ist die religiöse Einheit von Ethos und Geschichtsmetaphysik, und kann von Einzelnen, von Kreisen und Bewegungen, ja selbst von Massen getragen sein. Sie ist in dem Maße irrtumsfähig als sie zur Mantik wird und sie ist in dem Maße unfruchtbar als sie zur Moral wird.

Für den religiösen Sozialismus kann es nur die profetische Haltung geben. Sie ist im Sozialismus selbst da, wenn auch vielfach verzerrt durch Reflexion, Rationalismus und Taktik. Es kommt alles darauf an, daß diese Elemente im Sozialismus untergeordnet werden und seine reine profetische Kraft offenbar wird. Ob das gelingt oder nicht, davon hängt das Schicksal | der sozialistischen Bewegung ab. – Für alles Reden über religiösen Sozialismus ist entscheidend, ob es aus der profetischen Haltung heraus geschieht oder nicht. Jede Debatte, die sich nur in der rationalen Ebene hält, dringt nicht zu dem Wesen vor. Es gibt ein notwendiges Mißverstehen des Profetischen durch das Rationale. So hat die bürgerliche Wissenschaft den Sozialismus und die Aufklärung die Glaubenslehren widerlegt – mit Erfolg in der rationalen Sphäre, aber unter Verfehlung des Wesens selbst. Sie erreichte nicht das Metaphysische und Ethische und ihre Einheit, das Profetische jener Schöpfungen. – Dennoch darf der religiöse Sozialismus das rationale Element nicht unterschätzen. Er muß gerade aus seinem profetischen Bewußtsein heraus das Recht und die Form radikal bejahen; er darf die richtige Form nicht schwächer, sondern er muß sie stärker fordern als der Rationalismus. Aber er muß wissen, daß die Gegenwart des Unbedingten das Prius alles bedingten Handelns, daß der unbedingte Sinngehalt das Prius aller Sinnformen, daß das Wachsen der Gestalt das Prius aller Gestaltung ist.

Wir haben für den Inhalt der profetischen Geschichtsschau das Wort „Kairos" gebraucht. Es bedeutet den mit unbedingtem Gehalt und unbedingter Forderung erfüllten Zeitmoment. Es enthält keine Weissagung auf eine nähere oder fernere Zukunft; soweit es derartiges mitschwingen läßt, gesellt sich Mantik zur Profetie und Irrtumsmöglichkeit zur unbedingten Gewißheit. Aber Kairos bedeutet auch nicht eine bloße Forderung, ein bloßes Ideal. So weit derartiges mitschwingt, ist es entweder als Blickrichtung gemeint, nicht als Wirklichkeit, oder es ist Utopie. Kairos ist der erfüllte Zeitmoment, in dem das Gegenwärtige und Zukünftige, das gegebene und das geforderte Heilige sich berühren, und aus dessen konkreten Spannungen die neue Schöpfung hervorgeht, in der heiliger Gehalt sich verwirklicht in der gesollten Form. Profetie ist Bewußtsein des Kairos im Sinne des Wortes: μετανοεῖτε, πεπλήρωται ὁ καιρός καὶ ἤγγικεν ἡ βασιλεία τοῦ θεοῦ. So einigen sich sakramentale und kritische Haltung im Bewußtsein des Kairos, im Geist der Profetie.

II.
Das Ziel des [c]religiösen[c] Sozialismus.

Auf die Frage, was unter der „Herrschaft Gottes“ zu verstehen sei, muß zuerst und grundsätzlich die Antwort gegeben werden, die Verwirklichung des unbedingten Gehaltes in der unbedingten Form gemäß dem Wort, daß „Gott ist Alles in Allem“. Aber dieses Wort drückt eine Idee aus. Es spricht von der Wahrheit des Wirklichen, aber nicht von der Wirklichkeit selbst. In der Wirklichkeit finden sich eine Reihe schöpferischer Synthesen von Form und Gehalt, in denen sich die ewige Idee, die absolute Synthesis offenbart. Eine solche konkrete Synthesis nennen wir Theonomie. Sie ist der Inhalt der profetischen Geschichtsschau, sie ist die Schöpfung, die im Kairos zugleich als gegeben und als gefordert (als nahe herbeigekommen) erlebt wird. Theonomie ist ein Zustand, in dem die geistigen und sozialen Formen erfüllt sind mit dem Gehalt des Unbedingten als dem tragenden Grund, dem Sinn und der Realität aller Formen. Theonomie ist die Einheit von heiliger Form und heiligem Gehalt in einer | konkreten Geschichtslage. Die Theonomie erhebt sich in gleicher Weise über die Formindifferenz der sakramentalen Geisteshaltung, wie über die Gehaltsentleerung der formalen Autonomie. Sie erfüllt die autonomen Formen mit sakramentalem Gehalt. Sie schafft eine heilige und zugleich gerechte Wirklichkeit.

Die Theonomie unterscheidet sich in gleicher Weise von der jenseitigen wie von der diesseitigen Utopie. Die jenseitige Utopie, die absolute Gottesherrschaft als konkretes Ideal, pflegt mit der sakramentalen, die diesseitige Utopie, das vollendete Vernunftreich, pflegt mit der kritischen Haltung verbunden zu sein. Die jenseitige Utopie ist tiefer, insofern sie die Einheit von Form und Gehalt in der absoluten Gottesherrschaft sieht und darum auch die Natur, die Grundlage aller Formverwirklichung, in den Zustand der Vollkommenheit mit aufgenommen denkt. Aber sie verwechselt Idee und Erscheinung, Wahrheit und Wirklichkeit. Sie macht die Idee zu einer höheren Wirklichkeit und ordnet damit das Unbedingte neben das Bedingte, was dem Wesen des Unbedingten widerspricht und das Bedingte entwertet. Nicht nur vom sozialistischen, sondern noch viel mehr vom religiösen Standpunkt aus muß jeder Theologie der Entwertung des Diesseits widersprochen werden. Die Wirklichkeit ist die Stätte der Offenbarung des Unbedingten, in der individuellen wie in der universalen Geschichte. Und niemand und keine Zeit kann an der Idee mehr Anteil haben, als er in der Erscheinung verwirklicht. Das ist der unbedingte Ernst, der dem Bedingten zukommt, im Einzelleben wie in der Gemeinschaft. Die Bejahung des Diesseits bedeutet aber nicht Bejahung der diesseitigen Utopie. Diese ist vielmehr eben so nachdrücklich abzulehnen wie die jenseitige. Sie ist utopischer als jene, insofern sie die Natur unangetastet läßt und auf irrationaler Naturbasis einen rationalen Gesellschafts- und Geistesbau errichten will. Sie vergißt, daß die unbedingte Form niemals als solche verwirklicht werden kann, daß sie letzte Abstraktion, rein ideeller Richtungspunkt ist, aber keine Realität. Alles Wirkliche aber ist die individuell schöpferische Synthese von allgemeiner Form und irrationalem Naturgrunde. Denn alles Wirkliche ist konkret. Der religiöse Sozialismus unterscheidet sich von der Utopie dadurch, daß sein Ziel individuell-schöpferisch, konkretgeschichtsgeboren ist. Er will Theonomie, nicht rationale Utopie. In der Theonomie aber ist das Individuelle, Konkrete, Schöpferische gewahrt. Denn der Gehalt einigt sich nicht anders mit der Form als in dem schöpferisch Individuellen, auf dem irrationalen Naturgrunde.

Aus diesen Bestimmungen über das Wesen der Theonomie ergibt sich unmittelbar ihr Verhältnis zur Religion und Kultur. In der idealen Theonomie kann es kein Nebeneinander beider geben. Jede Nebenordnung von Unbedingtem und Bedingtem macht das Unbedingte bedingt und ein Bedingtes unbedingt. Alle Kultur ist aktualisierte Religion und alle Religion aktualisiert sich als Kultur. Es gibt keinen anderen Ausdruck für die Richtung des Geistes auf das Unbedingte als die bedingten Formen und kein anderer Gehalt kann den bedingten Formen Sinn und Realität geben, als der unbedingte Sinn, auf dem sie ruhen. Je mehr eine Geisteslage diese Einheit von Form und Gehalt verwirklicht, desto mehr ist sie als theonom zu bezeichnen. |

Aber diese Bestimmungen sind nicht ausreichend. Die Theonomie verwirklicht sich individuell schöpferisch auf dem irrationalen Naturgrunde, dem sie ihre individuelle Formgebung abringt. Wo individuelles Schöpfertum ist, da ist auch Widerstand gegen den Schöpfungsprozeß, da sind Formen, die im Widerspruch zur Form stehen. Den Inbegriff dieser der unbedingten Form widerstrebenden und darum zerstörerischen und sich selbst zerstörenden Formen nennen wir das Dämonische, im Gegensatz zu der Einheit der dem Unbedingten unterworfenen Formen, dem Göttlichen. In jeder Kultur mischen sich göttliche und dämonische Formen. Niemals kann infolgedessen eine einfache Identifizierung von Religion und Kultur behauptet werden. Die Religion hat immer ein Doppelverhältnis zur Kultur. Sie enthält in sich ein Nein, ein „Reservatum religiosum" und ein Ja, ein „Obligatum religiosum". Vermöge des Reservatum religiosum zieht sich der religiöse Geist von den dämonisch verzerrten bedingten Formen einer Zeit auf sich selbst, auf die im engeren Sinne heilige Persönlichkeit und heilige Gemeinschaft zurück. So erklärt sich die kulturell negative Haltung des Urchristentums, der spätantiken Mystik, des Luthertums, als religiöses Reservat gegen die Übermacht im sozialen, persönlichen und politischen Leben. Dieses religiöse Reservat kann und muß immer wieder in Wirksamkeit treten; es ist der Grund für die Abgrenzung einer heiligen neben der profanen Sphäre; aber es wird falsch und macht dem Dämonischen die Bahn frei, sobald es die andere Seite vergißt, das Obligatum religiosum. In Wirklichkeit ist die Religion ja niemals im Stande, die kulturellen Formen zu entbehren. In dem innerlichsten Akt religiöser Vertiefung sind Formen kultureller Schöpfung wirksam und die „die Welt" ablehnenden religiösen Gemeinschaften sind in den Formen ihrer Ablehnung und in ihren eigenen Lebensformen selbst „Welt". Das Reservatum ohne das Obligatum ist unmöglich und unwahr. Ebenso unwahr aber ist die Bejahung des Obligatum ohne Reservatum, wie sie dem autonomen Protestantismus sehr nahe liegt. Die Auflösung der Religion in Kulturarbeit vergißt, daß alle Kultur von dem Unbedingten lebt, das in der Religion gemeint ist und daß darum eine Kulturreligion nicht nur die religiöse Substanz vergeudet, sondern auch die Kultur ihres Gehaltes beraubt. Darum verhält sich die Kultur mit Recht so ablehnend gegen den Kulturprotestantismus und darum lehnt die Religion mit Recht die Gleichsetzung von Religion und Sozialismus ab. Für den religiösen Sozialismus kann es nur diejenige Stellung zur Kultur und auch zum Sozialismus geben, die mit der Doppelforderung von Reservatum und Obligatum religiosum bezeichnet ist.

Aus dem Gesagten ergibt sich endlich auch die Stellung der Theonomie zu den Kirchen und Konfessionen. Sie sind die Repräsentanten des Reservatum religiosum und daraus folgt positiv und negativ ihre Wertung: positiv, insofern sie die Konzentrationspunkte des religiösen Geistes sind, negativ, insofern sie in ihren Formen genau so Kultur sind wie die ihnen gegenüberstehende profane Kultur; positiv, insofern es unmöglich ist, und ein Fehler der kritisch rationalen Haltung, wenn man meinte Symbole machen zu können; negativ, insofern kein Symbol Anspruch auf Absolutheit erheben darf. Weder gegeneinander noch gegen die Formen der profanen Kultur sind die Kirchen mit ihren kultischen und mythischen Symbolen absolut. Jede Religion steht unter dem Nein vom Unbedingten her. Damit ist die Exklusivität des Konfessionellen aufgegeben, aber nicht durch | Kritik am Konfessionellen überhaupt, sondern durch Vertiefung der Konfession bis zu dem Punkt, wo sie sich selbst [d]vor dem Unbedingten[d] aufhebt. Nicht skeptische und rationale, sondern nur innerreligiöse Kritik kann die Hybris der Konfessionen überwinden. Diese letzte Negation vor dem Unbedingten schließt darum keineswegs ein starkes Ja im Bedingten aus. In der empirisch kulturellen Sphäre hat der konfessionelle Kampf das gleiche Recht wie der Kampf in allen schöpferischen Geistesgebieten. Aber die schöpferische, symboltragende Überzeugung von der Wahrheit der eigenen Konfession ist nicht identisch mit der Gewißheit des Unbedingten selbst, die sich über die ganze Ebene der Überzeugungen, auch der konfessionellen, erhebt. Die Erfassung dieser Doppelheit von Gewißheit und Überzeugung gegenüber jedem religiösen Symbol ist die Voraussetzung für ein auf die Menschheit gerichtetes religiöses Einheitsbewußtsein, das fern ist von kritischer Entleerung des Konfessionellen und seiner individuell schöpferischen Symbole. Diejenige Religion hat allein die Kraft, die Weltreligion zu werden, die diese Negativität gegen sich selbst in ihr eigenes Symbol aufnimmt. Je mehr Negativität gegen sich selbst vom Unbedingten her, desto mehr berechtigter Absolutheitsanspruch einer Konfession und Kirche, desto leichter für den religiösen Sozialismus, in die Symbole einer solchen Kirche einzugehen. Aber nicht nur gegen sich selbst als Konfession, sondern auch gegen sich selbst als spezifisch religiöse Sphäre richtet sich das Nein vom Unbedingten her. Die Religion ist um so wahrer, je mehr sie, ohne Verlust ihrer spezifisch religiösen Kraft, sich selbst als Religion gegenüber der Kultur aufhebt, je näher sie der Theonomie steht, in der die religiösen Symbole der letzte und allgemeinste Ausdruck des autonomen Kulturbewußtseins sind und die autonomen Kulturformen Ausstrahlungen sind der Erfülltheit mit dem Gehalt des Unbedingten. Je näher eine Religion diesem Ideal der Theonomie steht, desto leichter kann der autonom geborene religiöse Sozialismus sich mit ihr einen. Denn Theonomie ist das Ziel des religiösen Sozialismus.

III.
Der Kampf des ᵉreligiösenᵉ Sozialismus.

A. Grundsätzliches.

Die Theonomie, wie sie von dem gegenwärtigen Zeitmoment aus sich darstellt, kommt am deutlichsten durch Erfassung dessen zum Ausdruck, was gegenwärtig der Verwirklichung der Theonomie entgegensteht. Aus dem Kampf des religiösen Sozialismus wird sein Ziel am sichtbarsten. Der Theonomie steht gegenüber die Herrschaft des Dämonischen. Der Kampf einer religiösen Bewegung kann sich niemals gegen das Profane, Unreligiöse richten. Das lebt in dem Religiösen und hat gerade so viel Realität, als noch religiöse Substanz in ihm steckt. Der Kampf der Religion ist vielmehr gegen die gegengöttliche Religion, gegen das Dämonische gerichtet. Eine aus der Tiefe geschöpfte Feststellung der Kampfobjekte des religiösen Sozialismus muß darum von dem allgemeinen Wesen des Dämonischen ausgehen und von da aus die Dämonie dieses Kairos verstehen.

Das Dämonische ist die Erhebung des irrationalen Grundes aller individuellen schöpferischen Formverwirklichung im Widerspruch mit der un|bedingten Form. Widerstand gegen die unbedingte Form kann das Irrationale aber nur leisten, insofern es sich selbst in Formen kleidet und diese der unbedingten Form entgegenstellt. Das Dämonische ist niemals formlos. Darin gleicht es dem Göttlichen. Es gleicht ihm aber auch darin, daß es nicht in der Form aufgeht, sondern gehalterfüllt die Form zersprengt. Das Dämonische ist anschaubar wie das Göttliche in dem Ekstatischen, Übermächtigen, Schauervollen. Während aber die Ekstatik des Göttlichen die unbedingte Form bejaht und darum Formen schafft, zerstört die Ekstatik des Dämonischen die Form. An der Stellung zur unbedingten Form scheiden sich Göttliches und Dämonisches.

In der unmittelbar sakramentalen Geisteslage ist Göttliches und Dämonisches gemischt. Die Erhebung des Göttlichen gegen das Dämonische, also die Zersprengung der sakramentalen Unmittelbarkeit nennen wir theokratisch. Wir verstehen unter diesem Begriff nicht die äußerliche Erscheinung einer Priester- oder Religionsherrschaft, sondern den Willen, im Namen der heiligen unbedingten Form die dämonischen Heiligkeiten zu überwinden; es wäre nicht schwer zu zeigen, daß die tiefste Wurzel auch der äußeren Theokratie diese innere theokratische Tendenz ist, die freilich oft genug selbst wieder ins Dämonische verkehrt wird. Theokratische Bewegungen in diesem Sinne sind also äntidämonische innerreligiöse Reformbewegungen, wie der jüdische Profetismus, der Mohammedanismus, das Reformmönchtum, der Kalvinismus, die sozial-ethischen Sekten. Eine theokratische Bewegung in diesem Sinne ist auch der religiöse Sozialismus.

Das Ziel der theokratischen Bewegungen ist die Herrschaft der unbedingten Form, des Richtigen und Gerechten. Sobald aber dieses Ziel erreicht ist, droht die Gefahr, daß der heilige Gehalt verloren geht. Es droht der Formalismus und die Entleerung. Die Form macht sich frei von der sakramentalen Gebundenheit und ihrer Gehaltsfülle. Sie wird profan. Die Theokratie geht über in Autonomie. Die Autonomie ist imstande, die reinen Formen in allen Gebieten mit rationaler Vollendung herauszuarbeiten, aber sie kann es von sich aus auf keinem Gebiet zu erfüllten Formen bringen. Sie lebt von dem Gehalt der Vergangenheit und wird um so lebensferner, je mehr sie die reinen abstrakten Formen herausbringt. Die vollendete Autonomie wäre die vollendete Zerstörung des Lebens. Aber das Leben läßt sich nicht zerstören, und ist der göttliche Gehalt der Theonomie vergeudet, so bricht aus dem Lebensgrunde der überwundene dämonische Gehalt hervor und benutzt die autonome Form zur Zerstörung der Form. Diese Wiedererhebung des Dämonischen ist das Merkmal autonom entleerter Zeiten und die eigentliche Gegenbewegung gegen die werdende Theonomie in unserer Zeit. Daraus ergibt sich die Doppelseitigkeit des Kampfes der werdenden Theonomie gegen die Dämonie dieses Kairos. Einerseits sind es unüberwundene Reste alter sakramentaler Dämonien, denen gegenüber der religiöse Sozialismus den theokratischen Kampf mit Hülfe der autonomen Formen fortsetzen muß. Andererseits sind es die Wiedererhebungen des Dämonischen, die in den von der autonomen Formkritik geschaffenen leeren Raum eindringen und unter Benutzung der autonomen Formen vielfach sakramentale Bedeutsamkeit anstreben. Zwischen beiden steht die autonome Form. Sie steht beiden gegenüber und kann doch niemals als Form, sondern immer nur als Ausdruck des Gehaltes gewollt werden. Gegen die sakramentale und gegen | die naturale Dämonie richtet sich der Kampf des religiösen Sozialismus. Entsprechend der Doppelheit aller Formgebung, die entweder ideale oder reale, entweder theoretische oder praktische Formen schafft, kann auch der Stoff aller Formverwirklichung, der irrationale Grund, doppelt aufgefaßt werden. Entweder als Trieb zur Einswerdung mit dem Seienden, oder als Trieb zur Erhebung über das Seiende, als Wille zur Hingabe und als Wille zur Selbstbehauptung. Liebe und Macht sind die polaren und doch in der Wurzel identischen Urstoffe aller schöpferischen Formgebung und darum die Träger der göttlichen und der dämonischen Ekstase. Beide Urelemente des Schöpferischen sind von jeher gesehen und in meistens einseitiger Überordnung gewürdigt worden: die Liebe vor allem bei Plato, in zahllosen Erscheinungen der Mystik, in der Romantik u.a.m., der Wille zur Macht im Voluntarismus, in der Naturphilosophie der Renaissance, bei Böhme, Schelling, Schopenhauer, Nietzsche u.s.f., beide in der realistischen Psychologie und Soziologie, vor allem in der Dichtung, aber auch in der Wissenschaft. Maßgebend für die Heraushebung dieser beiden Kräfte als Symbole des schöpferischen Grundes ist ihr in sich dialektischer Charakter, ihre Fähigkeit, in göttlicher und dämonischer Ekstase durchzubrechen. Beide Kräfte sind in jeder schöpferischen Wirklichkeit enthalten; es ist nicht möglich, Machtwille von Liebe oder Liebe von Machtwille zu scheiden. Doch ist in jeder Erscheinung das eine oder das andere deutlicher zu erkennen. Die Herrschaft der reinen Form sucht beides auszutreiben; und die vollendete Autonomie der Form würde eine rationale Wirklichkeit ohne Erotik und Dynamik schaffen. Sie würde ohne Dämonie, aber auch ohne Göttlichkeit sein. Eine solche Wirklichkeit aber kann es nicht geben, denn das Wirkliche in allem Wirklichen sind die erotisch-dynamischen Kräfte, die seinen Grund und Abgrund bilden. Es wäre ein Mißverständnis, wollte man diese Begriffe in der universalen Anwendung, die sie hier finden, eigentlich, im psychologischen oder soziologischen Sinne gegenständlich, nehmen. Damit würde man sich einer schlechten Metaphysik schuldig machen. Vielmehr sind sie symbolisch zu nehmen als Ausdruck des schöpferischen Grundes, der in den durch sie benannten Erscheinungen sich besonders symbolkräftig offenbart. Was sie symbolisieren sollen, der irrationale Grund, ist aber nicht mehr logisch, sondern nur metalogisch erfaßbar.

Damit sind die grundlegenden Bestimmungen gegeben, mit denen es möglich ist, an eine Deutung des gegenwärtigen Kairos vom Unbedingten her heranzutreten. Auf allen Gebieten muß der religiöse Sozialismus den Kampf führen gegen die Dämonien der sakramentalen Geisteslage und gegen die neu hereingebrochenen naturalen Dämonien. In diesem Kampf muß er sich der reinen rationalen Form bedienen, wie sie ihm von autonomer Kultur der letzten Jahrhunderte übergeben ist. Aber er muß darüber hinaus um die Offenbarung eines neuen heiligen Gehaltes ringen, durch den die autonome Form erfüllt wird. In dem Kampf gegen sakramentale und naturale Dämonien nimmt der religiöse Sozialismus rationale, liberale und demokratische Elemente in sich auf. In dem Ringen um einen neuen Gehalt öffnet er sich den theonomen Elementen vergangener und gegenwärtiger sakramentaler Geisteslagen. In beiden Fällen aber sucht er die dämonischen Elemente auszuscheiden: Im Liberalismus und Rationalismus die infolge der Entleerung eingedrungenen naturalen Dämonien, im Sakramentalismus die mitgeführten und vielfach verhärteten sakramentalen Dämonien.|

B. Der Kampf in der theoretischen Sphäre[1]

Den Aufbau der Geistesfunktionen behandelt die Wissenschaftssystematik. Wir entnehmen ihr die grundlegende Einteilung in weltaufnehmende und weltgestaltende Funktionen und in jeder der beiden Gruppen wieder die Einteilung in Funktionen der bedingten Sinngebung und der Richtung auf den unbedingten Sinn. So stehen gegenüber in der theoretischen Sphäre Wissenschaft und Kunst der Metaphysik, in der praktischen Sphäre Recht und Gemeinschaft dem Ethos. Die Funktionen des Bedingten unterscheiden sich wieder so, daß Wissenschaft und Recht mehr der Form, Kunst und Gemeinschaft mehr dem Gehalt zugewandt sind.

[1] Vergleiche mein Buch: „Das System der Wissenschaften nach Gegenständen und Methoden." Göttingen 1923. Vandenhoeck & Ruprecht.– Zu beziehen durch den Verlag der „Blätter" [= MW/HW 1, 113–263].

In der sakramentalen Geisteslage ist die Richtung auf den unbedingten Sinn, den alles fundierenden Sinngehalt durchaus beherrschend. Die logischen und ästhetischen Formen sind Ausdruck des allgegenwärtigen Gehaltes; sie wurden bejaht um ihrer Ausdruckskraft für die metaphysische Schau, nicht um ihrer autonomen Geltung willen. Heilige Wissenschaft und heilige Kunst schaffen Symbole einer metaphysischen Grundhaltung. Sie sind eng verbunden und ihr einheitliches Symbol ist der Mythos. Die Dinge haben mythische, innere, speziell sakramentale Bedeutsamkeit. Sie sind nicht eigentlich Dinge, sie sind Wesen von eigener Mächtigkeit und eigener Eroskraft, und durch Eros und Machtwille tritt der Geist mit ihrem innersten Kern in Beziehung.

Aber diese sakramentale Bedeutung der Dinge beraubt sie ihrer formalen Bedeutung. Sie werden nicht in ihren Eigenformen erfaßt, sondern in ihren metaphysischen [f]Eros- und Macht-Beziehungen[f]. Sie werden vom Eros vergewaltigt, und sakramentale Formverzerrungen im Logischen wie im Ästhetischen erhalten heilige Unantastbarkeit und Absolutheit. Die dämonische Gewalt derartiger heiliger Sinnwidrigkeiten äußert sich in der Niederhaltung und Zerstörung der geistigen Freiheit und Schöpferkraft, mit der sie Völker und Klassen in untermenschlicher Unfreiheit und Unbeweglichkeit halten und jeden autonomen Versuch zerbrechen. Die unüberwindliche Furcht vor dem Dämonischen in den Dingen, die Knechtschaft des Tabu und das zerbrochene Wahrheitsbewußtsein sind die dämonischen Wirkungen der heiligen Formwidrigkeit in der theoretischen Sphäre.

Gegenüber diesen Formen des Dämonischen, die in dem sakramentalen und orthodoxen Konfessionalismus eine Gegenwartsmacht sind, muß der theokratische Kampf fortgesetzt werden, den der Protestantismus und die Renaissance begonnen haben, und den die Aufklärung zur autonomen Reife geführt hat. Der Ernst und die Strenge der autonomen Haltung Kants, der empirischen Wissenschaften und der klassisch-realistischen Kunst darf der kommenden Theonomie nicht verloren gehen. Als Vorkämpfer der Gerechtigkeit im Sozialen muß der religiöse Sozialismus auch im Theoretischen den Dingen die Gerechtigkeit geben, die in der Bejahung ihrer Eigenformen, ihrer rationalen, logischen oder ästhetischen Zusammenhänge beschlossen liegt.

So lange dieser Kampf mit den Kräften profetisch-theokratischen Gehaltes geführt wird, entgeht er dem Schicksal der Entleerung. Er ist getragen von Welt-Eros und -Dynamis, wie in den großen Erscheinungen | der Renaissance bis hin zum 17. Jahrhundert. Sobald dieser Gehalt aber schwindet, bleibt nichts übrig, als die leere Erhabenheit der autonomen Form und der unendlichen wissenschaftlichen und künstlerischen Formfindung. Und dieser leeren Form bemächtigt sich dann eine andere Erotik und Dynamik als die auf das Unbedingte gerichtete göttliche.

Das Verlieren innerer Mächtigkeit und Eroskraft, dem die Dinge in der rationalen Wissenschaft ausgesetzt sind, findet nicht etwa bei einem System formaler Beziehungen sein Ende, die ihren eigenen abstrakten, bloß formalen Charakter durchschauen. Vielmehr bemächtigt sich dieser Formen eine neue Dämonen-furcht. Es entsteht der Glaube entweder an die sinnlose Notwendigkeit oder an die sinnlose Willkür als Kern der Dinge. An Stelle sinnhafter Schicksalszusammenhänge und geistiger Wesenhaftigkeit, deren höchste Form die schöpferische Freiheit ist, tritt die dämonische Doppelgestalt Notwendigkeit und Zufall. Ob im Naturalismus oder naturalistischen Voluntarismus, im Metaphysischen wie im Pragmatischen, immer hat der Gott dämonisch-ekstatische, sinnzerbrechende Züge. Weltgehalt und Weltsinn klaffen auseinander. – Dem Erkenntnisobjekt entspricht die Erkenntnishaltung. Die kritisch-rationale Nüchternheit und gehaltsindifferente skeptische Sachlichkeit der Wissenschaft wird benutzt, um eine Hybris des Rationalen zu begründen, die alle Reste sakramentaler Unmittelbarkeit auflöst, nun aber einen neuen irrationalen Grund sucht, um den verlorenen metaphysischen Gehalt zu ersetzen. Es ist die subjektive Eros- und Machtbeziehung zu den Dingen, die jene Hybris des Rationalen trägt, es ist ihre der Außenseite des Erkennenden zugewandte Außenseite, die Stelle, wo die Dinge sich dem subjektiven Eros und dem subjektiven Machtwillen öffnen, es ist die der Technik und dem Nutzen zugängliche Form der Dinge, auf die sich die rationale Hybris stützt. So entsteht ein naturaler Subjektivismus, der dem sakramentalen Objektivismus gleicht und die gleichen dämonischen Konsequenzen hat. Denn diese Abhängigkeit der Erkenntnishaltung von dem subjektiven Eros- und Machtwillen, deren klassischer theoretischer Ausdruck der Pragmatismus ist, bedeutet ein Zerbrechen des Erkenntnissinnes, eine Isolierung des Erkennenden vom Erkannten und ein Zerschlagen des universalen Organismus der Wahrheit. Der religiöse Sozialismus, der in der sozialen Sphäre die universale Gemeinschaft will, muß auch um die universale, lebendige Erkenntniseinheit ringen und der dämonischen Subjektivität des Pragmatismus entgegentreten, nicht nur in der liberal-individualistischen, sondern auch in der marxistisch-soziologischen Form. Er muß den Dingen ihre eigene Gestalt, ihre eigene Mächtigkeit und Eroshaftigkeit lassen; er muß ihnen Schicksal und Freiheit wiedergeben; und er muß darum durch die mechanisierte Außenseite hindurchdringen zu dem Punkt, wo der universale Zusammenhang des Erkennens und damit eine theonom- und nicht dämonisch-metaphysische Haltung erwächst. Die Lehre von der Gestalterkenntnis, von der schöpferischen Sinnerfüllung und von der metalogisch-dynamischen Methode der Philosophie, sind Versuche, in dieser Richtung vorzustoßen. Es sollen Wege sein zur neuen Theonomie im Erkennen[2].

In der ästhetischen Sphäre bewirkt die Hinwendung zu den Eigenformen der Dinge eine klassisch-realistische Richtung. Die dämonischen | Verzerrungen des ᵍHieratischenᵍ Stiles werden zu Gunsten der reinen geschlossenen Formen überwunden. Das Wesen des Ästhetischen als eigene Sinnfunktion mit eigenen Sinnnormen wird offenbar. Entsprechend der theokratisch-autonomen Erfassung des Heiligen werden die mythischen Symbole klassisch durchgeformt und in die ästhetische Sphäre erhoben. Der Mythos verliert seine religiös-metaphysische

[2] Vergl. System der Wissenschaften.

Qualität und wird Kunst. Aber der klassische Realismus ist nur solange lebensvoll, als der mythische Gehalt in ihm nachwirkt. Verliert er ihn, so entsteht der klassizistische Formalismus, der nun seinerseits von dem subjektiven Eros- und Machtwillen ergriffen und zu neuen naturalistisch-dämonischen Schöpfungen gebraucht wird. Es sind die subjektive Erotik, die Impression und der Machtwille der ästhetischen Distanz, die die ästhetische Form benutzen und da, wo sie ihr eigenes dämonisches Wesen erfassen, den formlosen Realismus oder die Kunst der [h]Dekadence[h] schaffen. Damit ist in der ästhetischen Sphäre die Parallelschöpfung zum Naturalismus und Pragmatismus erreicht. Dem gegenüber liegen in der expressionistischen Richtung und dem neuen Verstehen der hieratischen und primitiven Kunst Tendenzen auf eine mit sakramentalem Gehalt erfüllte theonome Kunst. Es ist für den religiösen Sozialismus, der um Symbole einer theonomen Gemeinschaft ringen muß, von höchster Bedeutung, an diesen Bewegungen teilzunehmen und sie durch Kritik vom Metaphysischen her davor zu schützen suchen, daß sie selbst wieder, wie es vielfach geschieht, der Subjektivität und dem Ästhetizismus unterliegen.

In beiden Gebieten der theoretischen Sinnerfüllung ist das theonome Ziel eine Haltung, in der die autonomen von sakramental-dämonischer Verzerrung befreiten Formen wiederum befreit werden von den mit ihrer Entleerung eintretenden naturalistisch dämonischen Verzerrungen und erfüllt werden mit dem Gehalt des Unbedingten. Das echte Metaphysische ist keine Theorie und kein Dogma, sondern es ist eine Richtung des sinnerfüllenden Geistes, die Richtung auf das Unbedingte; und es kommt darauf an, dieser Richtung in Wissenschaft und Kunst einen solchen Ausdruck zu geben, daß beide, unbeschadet der Autonomie ihrer Formen in neuer Vereinigung Symbole schaffen einer neuen theonomen Vereinigung von Geist und Wirklichkeit.

C. Der Kampf in der praktischen Sphäre.

1.

In der sakramentalen Geisteslage sind Recht und Gemeinschaft auf Verwirklichung des Unbedingten gerichtet. Die Gemeinschaft ist Kulturgemeinschaft, und alle sozialen Beziehungen haben sakramentale Weihe. Die autonome Persönlichkeit und mit ihr das autonome Recht und die autonome Gesellschaft sind noch nicht hervorgetreten. Die Persönlichkeit ist vollkommen beherrscht durch die sakramentalen Beziehungen zum Boden, zum Besitz, zur Familie, zum Stamm, zur Klasse, zum Volk, zur staatlich-kultischen Hierarchie. In dieses auf Mächtigkeit und Eros beruhende kultisch geweihte System von sachlichen und persönlichen Beziehungen ist die Persönlichkeit eingeschlossen, aus ihm hat sie ihren Gehalt, ihre Fülle und ihre Bedeutsamkeit; aber durch dieses System wird auch ihre | autonome Formentfaltung gehindert und gestört. Aus ihm stammen die heiligen Ungerechtigkeiten, die dämonischen Zerbrechungen und Opferungen der Persönlichkeit um der sakramental-geheiligten Macht- und Erosbeziehungen willen. Das Verhältnis zur Frau, zum Kind, zum Sklaven, zum Fremdling, zum

Angehörigen der minderen Kaste, zum Feind usf., das Niederhalten der autonomen Persönlichkeitswerte und Sozialbeziehungen in dem eigenen Bluts-, Stammes-, Geschlechtszusammenhang, die Hinderung rational-technischer Beherrschung des Bodens und der übrigen Natur – all das sind die Konsequenzen der sakramentalen Sozialhaltung. Um ihretwillen beginnt der [i]theokratische[i] Kampf gegen den Sakramentalismus, der Kampf um Gerechtigkeit, Gleichheit, Anerkennung der Persönlichkeit, Befreiung von der Naturknechtschaft. In diesem Kampfe, der am gewaltigsten und erfolgreichsten von der jüdischen Profetie geführt ist, muß sich der religiöse Sozialismus stellen; er muß alle sakramentalen Dämonien, ihre feudalen, bäuerlichen und kirchlichen Reste bekämpfen und geht in diesem Kampfe weithin mit dem Liberalismus und der Demokratie zusammen. Der Begriff des Menschenrechtes ist für ihn keine Phrase, sondern das Symbol siegreicher Überwindung heiliger Ungerechtigkeiten, sakramentaler Dämonien.

Aber der religiöse Sozialismus weiß auch, daß die leeren Formen der Freiheit und Gleichheit Abstraktionen und keine Wirklichkeiten sind; wenn der sakramentale Gehalt der sozialen Sphäre durch den Sieg der reinen Form entwichen ist, so bemächtigen sich der subjektive Eros- und Machtwille dieser Form und verzerren sie dämonisch. Der religiöse Sozialismus sieht die naturalen Dämonien, die sich mit dem wachsenden Sieg der rationalen Gesellschaftsform einstellen; er sieht seine Hauptaufgabe in ihrer Bekämpfung und dem Ringen um neuen Gehalt. Dieser doppelte Kampf gegen sakramentale und naturale Dämonien soll nun in den Gebieten der Wirtschaft, des Rechts, des Staates, der Gemeinschaft betrachtet werden.

2.

In der sakramentalen Geisteslage ist das Verhältnis zum Boden und zu den übrigen Sachen gefestigt und mythisch begründet. Die Mächte des Bodens und die Gottheiten der übrigen Güter stehen mit dem Besitzer in einer besonderen innerlichen Beziehung. Es ist ein heiliger Eros, der das Eigentum begründet und eine heilige Mächtigkeit, die den Menschen über die Sache stellt, dabei aber der Sache ihr Eigenwesen, ihre innere Mächtigkeit läßt. Nur unter bestimmten Einschränkungen und in engen Grenzen ist die Nutzung der Dinge möglich; darüber hinaus wahrt die Furcht vor dem Tabu den Dingen ihr Eigenwesen. Die Sache ist noch nicht Sache, aber darum auch die Person noch nicht Person, und die verborgenen Gewalten der Dinge unterdrücken die Erhebung des Persönlichen mit dämonischer Gewalt. Infolgedessen erstreben theokratische und rationale Bewegungen immer auch eine Aufhebung der sakramentalen Sachheiligung und eine Erfassung der Dinge in ihrem rationalen Sachwert. Die Dinge werden ihrer inneren Mächtigkeit beraubt; sie werden rationale Wirtschaftsmittel; zuerst die beweglichsten Güter, am meisten das, was dem Tausch dient, das Geld, zuletzt der unbewegliche Boden. Mit dem rationalen Sachwert, den sie gewinnen, verlieren die Dinge ihren kultischen Eroswert. Je | mehr das Ding Ware ist, desto weniger steht es mit dem Besitzer in Erosbeziehung, desto weniger innere Mächtigkeit hat es. In dieser inneren Entleertheit aber wird das Ding zum Objekt des subjektiven Eros und des subjektiven Machtwillens. Der bloße Genußwille und der unendliche Herrschaftswille [j]bemächtigten[j] sich der Dinge, die Waren geworden sind, und unterwirft sie sich in einem Maße, das auch die Möglichkeit innerer Erosbeziehungen aufhebt, ins Unendliche. Der rational geleitete, subjektive Machtwille hat keine Grenzen; aber er muß, um das Grenzenlose beherrschen zu können, sich selbst seines inneren Gehaltes begeben, ihn der leeren unendlichen Aktivität opfern. Was er den Dingen nahm, verliert er selbst und wird zu einer Sache in dem gewaltigen Sachprozeß der unendlichen Wirtschaft. Die naturale Dämonie zerbricht die Persönlichkeit genau wie die sakramentale.

Damit ist das eine entscheidende Problem der ökonomischen Ethik aufgenommen, das Bedürfnisproblem. Eine Befreiung von dem Unendlichkeitstrieb der rational-liberalen Wirtschaft ist nur möglich durch eine Umgestaltung des Erosverhältnisses zu den Dingen. Nicht das Eigentum ist verderblich, sondern dasjenige Eigentum, das nicht zum Eigentum im Sinne innerer Mächtigkeit und Erosbeziehung geworden ist. Eigentum im echten Sinne ist von Natur begrenzt und eine notwendige Grundlage der persönlichen Mächtigkeit. Nicht das dämonische Tabu, sondern das lebendige Erosverhältnis zwischen Person und Sache begründet in der Theonomie das Bedürfnis. Eine Wirtschaft, die der Bedürfnisbefriedigung in diesem Sinne [k]diente[k], muß zu einer fundamentalen Umstellung der Wirtschaft führen. Sie ist ein Ziel des religiösen Sozialismus, so schwierig es auch zu erreichen ist, da die mit der rational unendlichen Weltnutzung verbundene Menschheitsvermehrung ein nur langsam zu überwindendes Hindernis ist.

Der zweite entscheidende Punkt in der Betrachtung der Wirtschaft ist das technische Verhältnis der Persönlichkeit zu den Dingen im Produktionsprozeß. Mit den Schranken des Tabu fällt jede Einschränkung der unendlichen technischen Dingnutzung. Es kommt ausschließlich die rationale Seite der Dinge in Betracht und mit ihr die Notwendigkeit, daß die Menschen sich ihr anpassen; es entsteht die Mechanisierung des Produktionsprozesses, deren Symbol die Maschine ist. Auch bei einer veränderten Bedürfniswirtschaft kann freilich keine Rede davon sein, daß die Maschine aufhört. Zerstörungen der Maschine sind Rückwanderungen zu der sakramentalen Dämonie und Anerkenntnisse, daß das die Technik hindernde Tabu zu Recht bestand. Nur darum kann es sich handeln, der Maschine das Mechanische zu nehmen, das in Wahrheit nur eine Seite ihres Wesens ist. Im Kern aber ist die Maschine eine echte Gestalt mit individuellen Gestaltqualitäten, die eine produktive Einfühlung und einen lebendigen Eros verlangt. Infolgedessen ist es keineswegs die mechanisierte, sondern die lebendige Persönlichkeit, die der Maschine adäquat ist, wenn auch in bestimmten und dem Handwerk gegenüber sehr wesentlichen Grenzen, die sich aus der Unterordnung unter die rationalen Gesetze ergeben. Aber auch diese Grenzen können erweitert und die einzelne technische Gestalt durch Einfügung in den universalen Zusammenhang der Produktion weit über das Handwerkliche an innerer Bedeutsamkeit hinausgehoben werden. Es kann und muß einen Mythos der Technik geben | und darum auch eine kultische Weihe der technischen Produktion, wie es Beides im Handwerk gab.

Für den religiösen Sozialismus ergibt sich aus dem Gesagten, daß er unter Anerkennung der technisch rationalen Dingverwertung das Eros- und Mächtigkeitsverhältnis zwischen Ding und Person neu begründen muß, daß er unter Ablehnung alles maschinenstürmerischen Ressentiments und auch aller Flucht in handwerkliche Idylle dem Erosverhältnis zwischen technischer Gestalt und Persönlichkeit zur Wirkung verhelfen und dem universalen, technischen und weltwirtschaftlichen Prozeß mythische und kultische Weihe geben muß. Damit ist sein Widerspruch eben so sehr gegen romantische Reaktion wie gegen die naturale dämonische Autonomie der Wirtschaft ausgedrückt und die Idee einer theonomen Wirtschaftshaltung aufgestellt.

3.

Das Wirtschaftsproblem muß immer von zwei Seiten her gefaßt werden; einerseits kommt das Verhältnis von Person und Sache, andererseits das Verhältnis von Person und Person in Betracht. Die erste Seite ist in den meisten ökonomischen Theorien vernachlässigt worden. Man hielt den unendlichen rationalen Machtwillen in der Wirtschaft für eine selbstverständliche Voraussetzung. Die letzten Ausführungen haben gezeigt, daß das keineswegs der Fall ist. Aber sie bedürfen freilich der Ergänzung durch die andere Seite.

Der Verhältnis von Person zu Person ist in der sakramentalen Geisteslage bestimmt durch die unmittelbare, kultisch geweihte Gemeinschaft. Mit der sakramentalen Unmittelbarkeit ist die dämonische Verkehrung von Macht und Eros, die Unterdrückung von Persönlichkeiten, notwendig verbunden. Die theokratische Reaktion gegen das Sakramentale erstrebt infolgedessen Befreiung der Persönlichkeit, und insofern diese Befreiung alle betrifft, Gleichheit vor dem Recht. Damit löst sich das Recht von der unmittelbaren Einheit mit dem Sozialen ab; es wird formal und autonom und tritt unter die Kategorien der Freiheit und Gleichheit. Die Idee der Menschenrechte ist der vollkommenste Ausdruck der theokratisch-rationalen Tendenz in der praktischen Sphäre. Es ist für den religiösen Sozialismus selbstverständliche Forderung, daß er der absoluten Rechtsidee zur radikalen Durchführung verhilft. Hier schließt der religiöse Sozialismus unmittelbar an den religiösen, theokratischen Liberalismus an und muß gemeinsam mit ihm den Kampf gegen die sakramental-dämonischen persönlichkeitzerstörenden Mächte fortführen – ganz gleich, ob gegen europäische Restbestände oder gegen asiatische Ungebrochenheit der sakramentalen Geisteslage.

Aber mit dem Sieg der reinen Rechtsform sind die heiligen Eros- und Machtbeziehungen und damit der lebendige Gehalt der Gemeinschaft entschwunden. Es ist das entstanden, was man Gesellschaft genannt hat, was aber nur eine unwirkliche Abstraktion ist, das System rationaler Beziehungen gleichberechtigter einzelner ohne Gehalt der Gemeinschaft. In diese gehaltlose Form aber brechen die subjektiv-naturalen Dämonien ein.

In der vollendeten Gesellschaft wird die Verteilung der Güter nach einer abgestuften inneren Mächtigkeit ersetzt durch den freien Wettbewerb. Die liberale Idee der freien Persönlichkeit wird naturalistisch-subjektiv umgebogen. Die stärkste intellektuelle und willensmäßige Kraft hat die größten | Chancen, in dem rationalen Prozeß der Dingausnutzung zu siegen. Der unendliche Trieb der Dingbeherrschung, der getragen ist von dem subjektiven Eros jedes Einzelnen, führt zu dem unendlichen Kampf aller gegen alle. Wo in diesem Kampf sich Gemeinschaften bilden, sind sie durch den Kampf gegen die anderen bestimmt, ihr Ende ist das Ende des gemeinsamen Interesses. Und das gilt nicht nur für Verbindungen, die eigens zu diesem Zweck geschaffen sind, sondern es dringt auch in die andersartig gegründeten Gemeinschaften ein: Familie, Stand, Geschlecht, Ort, Nation werden zu wirtschaftlichen Interessenverbänden, soweit nicht die irrationalen Mächte, aus denen diese Gemeinschaften hervorgegangen sind, noch Widerstand leisten können. Die autonome unendliche Wirtschaft beginnt ihren Kampf um den Primat über alle anderen Sozialfunktionen und gewinnt ihn. In dem Maße aber, in dem sie ihn gewinnt, schafft sie soziale Lagen, die den Stempel des Dämonischen unverkennbar an sich tragen. Sobald die Beziehungen von Person zu Person in die der reinen Rechtsform aufgegangen sind und der Inhalt der gemeinsamen Arbeit die wirtschaftliche Dingnutzung geworden ist, gestaltet sich das soziale Machtverhältnis ausschließlich nach dem wirtschaftlich begründeten Machtverhältnis. Dieses aber ist bedingt einerseits durch überkommene sakramentale Machtstellungen, die ihres Sinnes verlustig gegangen sind, andererseits durch persönliche Eigenschaften, die der unendlichen rationalen Dingnutzung entsprechen, Eigenschaften, wie sie namentlich durch religiös-theokratischen Geist gezüchtet werden, z.B. im Judentum und Kalvinismus. Aus diesen Voraussetzungen baut sich die rein sachliche Kapitalherrschaft auf, die einerseits jedem Einzelnen sein formales Recht gibt, andererseits jeden Einzelnen in das System des rationalen Wirtschaftsprozesses stellt, in dem es nur sachliche Abhängigkeiten, kein inneres Mächtigkeits- und Erosverhältnis gibt. Dieses System der rein sachlichen Macht auf der einen, der rein sachlichen Abhängigkeit auf der anderen Seite führte zu dem eigentlichen Klassengegensatz des kapitalistischen Zeitalters. Der Klassenkampf ist keine allgemeingültige soziale Erscheinung, sondern die Konsequenz einer rational durchgeformten ökonomischen Gesellschaftsordnung, in der die Beziehungen innerer Mächtigkeit zu äußeren Machtbeziehungen geworden sind. Die Kapitalherrschaft führt notwendig zum Klassenkampf, da es der rein subjektive Eros- und Machtwille ist, der das rationale Instrument in seinen Dienst nimmt. Zugleich aber erschwert der rationale Charakter der kapitalistischen Wirtschaft diesen Kampf außerordentlich, weil nur wenige die rationalen Qualitäten zur Wirtschaftsführung haben.

Für den religiösen Sozialismus ergibt sich daraus die Bejahung des Klassenkampfes, nicht im Sinne einer absoluten, sondern einer historisch bedingten Wirklichkeit. Der Klassenkampf ist die Abwehr des Unrechtes, das die innerlich gehaltlose radikale Durchführung der Menschenrechte gebracht hat. Der Klassenkampf ist aber selbst, genau wie der radikale Konkurrenzkampf ein Ausdruck für den dämonischen Charakter der kapitalistischen Wirtschaft. Die innere Grenze des Klassenkampfes liegt darin, daß er in der Sphäre des unendlichen rationalen Wirtschaftswillens bleiben muß. In dieser Sphäre aber ist die Versachlichung der Machtverhältnisse unausbleiblich. Die Träger der Macht zerreißen, getragen von subjektivem Machtwillen und ausgestattet mit überlegener rationaler und wirtschaftlicher Kraft, jede heteronome Bindung. Es kann für sie keinen anderen Willen | geben, da es keinen anderen Gehalt gibt. Ebenso werden die Unterworfenen notwendig mechanisiert, da sie nur in dieser Mechanisierung für das gemeinsame Ziel brauchbar sind. Der religiöse Sozialismus muß darum dem Klassenkampf ein Ziel geben, durch das er aus den Grenzen des rationalen Wirtschaftswillens gehoben wird. Sein letztes Ziel muß gerade die Befreiung von dem Ethos der unendlichen rationalen Wirtschaft und die Gewinnung einer theonomen Wirtschaftshaltung sein. Das Problem der Kapitalherrschaft ist nicht aus sich heraus lösbar, so lange die Dämonie des unendlichen subjektiven Wirtschaftswillens herrscht. Der Gedanke, daß durch Vergesellschaftung der Produktionsmittel die Kapitalherrschaft zu brechen wäre, übersieht, daß der subjektive Eros- und Machtwille die rationale Wirtschaft getragen hat und daß sie zusammenbrechen muß, sobald dieser Träger ohne Ersatz ausgeschaltet wird. Nur dann kann die Sozialisierung Erfolg haben, wenn die Gemeinschaft der Gemeinwirtschaft einen Sinn geben kann, durch den an Stelle des subjektiven Machtwillens ein universaler religiöser Eros tritt. Nur ein solcher, im Unbedingten wurzelnder Wirtschaftssinn kann die Führer zu Trägern innerer Mächtigkeit machen und die Geführten entmechanisieren, und ihnen das Bewußtsein des Anteils an der gemeinsamen Schöpfung geben. An Stelle rationaler Machtverhältnisse treten theonome Mächtigkeits- und Bedeutungsabstufungen. Der subjektive Eros verliert seine Schärfe dadurch, daß er aufgenommen wird in den universalen Eros.

Dadurch gewinnt nun auch der Begriff der Sozialisierung einen neuen Sinn. Sozialisierung im Sinne des Staatssozialismus ist der eroslose Gegenbegriff gegen die Subjektivität des absoluten Privateigentums. Während das absolute Privateigentum eine Konsequenz der isolierten formalen Rechtspersönlichkeit ist, ist der Staatssozialismus eine Konsequenz des formalen rationalisierten Rechtsstaates. Wo dagegen die sozialen Beziehungen bestimmt sind durch die innere Mächtigkeit und Eroskraft des Einzelnen und der rechtsetzenden Gemeinschaften, da tritt, trotz voller Anerkennung der formal rechtsgleichen Persönlichkeit, die Idee des Lehens auf, d.h. die Idee einer Verfügung über die Güter, entsprechend der inneren Mächtigkeit und Bedeutsamkeit des Einzelnen und der einzelnen Gemeinschaft für den Lebensgehalt des Ganzen. Naturgemäß hört ein solches Verfügungsrecht mit dem Aufhören der Bedeutsamkeit des Betreffenden für das Ganze selbst auf. Dadurch verliert der Besitz seine Exklusivität; er wird repräsentativ und ermöglicht eine innere Teilnahme aller an dem Lehnsgut, über das Einzelne verfügen. – Der religiöse Sozialismus kann also die eroslose Besitzenteignung ebensowenig vertreten wie das subjektive dynamische Verfügungsrecht; in einem auf der Lehnsidee und dem repräsentativen Eigentum aufgebauten Besitzrecht sieht er die Verwirklichung der theonomen Forderung.

4.

Träger alles Rechts ist die [l]rechtssuchende[l] Gemeinschaft, der Staat. Welche Gemeinschaft zur [m]rechtssetzenden[m] Gemeinschaft wird, ist dabei gleichgültig. Für die Gegenwart sind die Nationen die wesentlichen Träger der staatlichen Idee. In der sakramentalen Geisteslage ist der Staat getragen von derjenigen Schicht, die den Gehalt des Ganzen am mächtigsten in sich trägt; sie hat die Autorität; denn alle Autorität ist kul|tisch sakramental begründet. Mit der sakramentalen Qualität der Autorität verbindet sich aber die dämonische Vergewaltigung sowohl der rechtsunterstellten wie der rechtsfremden. Demgemäß hat die theokratische Reaktion notwendig demokratische und universalistische Tendenzen. Mit der vollendeten Theokratie wäre die innerstaatliche Demokratie und die überstaatliche Rechtseinheit verwirklicht. Es ist das Ideal der radikalen politischen Demokratie, die unter Absehen von allen irrationalen Mächtigkeiten nur den rationalen Einzelnen und die rationale Allgemeinheit kennt. Die Erfüllung des demokratischen Ideals wäre die Auflösung des staatlichen in einen universalen, in sich ruhenden Rechtsorganismus: die reine praktische Form.

Aber alles Recht bedarf zu seiner Realisierung eines Recht setzenden und durchführenden Willens. Gegen die reine Form steht ja in jedem Augenblick die Formlosigkeit, die Willkür, und das Recht bedarf, um verwirklicht zu werden, der Macht, die im Kampf mit der Willkür zur Gewalt wird. Mit diesem Element der Macht, das in jeder Rechtsetzung enthalten ist, verbindet sich der soziale Eros, der dem Recht einen individuell-schöpferischen Inhalt gibt. Beide aber, Macht und Eros, die unauflöslich mit dem Wesen des Staates verknüpft sind, werden, sobald die radikale Demokratie den sakramentalen Gehalt ausgetrieben hat, ins [n]natural dämonische[n] umgebogen. Es sind im wesentlichen zwei Mächte, die um den Staat kämpfen, die Wirtschaft und das Nationale. Ihnen stehen gegenüber die Reste alter kultischer Aristokratien oder Hierarchien auf der einen, und die Demokratie und nationale Beamtenschaft als Vertreter des formal Staatlichen auf der anderen Seite. Aus dieser Sachlage ergibt sich die Gruppierung der Parteien im gegenwärtigen Deutschland. Als Vertreter der rationalen Formidee vom Einzelnen her die Demokratie, vom Allgemeinen her die Beamtenschaft, die erste stark durchsetzt von Mächten der liberalen Wirtschaft, die [o]zweiten[o] gestützt auf Elemente alter sakramentaler Autoritäten. Daneben die Altkonservativen als reine Repräsentanten der ehemals kultischen, inzwischen vielfach naturalistisch gewordenen Aristokratie und das Zentrum gestützt auf hierarchisch heteronome Mächte, eine Nachwirkung vergangener Theonomie. Endlich die liberale Wirtschaftspartei und ihr Gegenspiel, die [p]sozialistisch-demokratische[p] Reaktion, und die nationalistische Bewegung, die sich in der national-liberalen Idee mit der Wirtschaft und in der Deutschnationalen Idee mit der konservativen Aristokratie verbindet. Der dämonische Charakter der

Wirtschaftsherrschaft offenbart sich in der Benutzung der rationalen Rechtsform des Staates zur Begründung der Kapitalherrschaft, teils durch rein wirtschaftliche, teils durch in ihr begründete politisch-agitatorische Übermacht und in den besprochenen Auswirkungen dieser Herrschaft im sozialen Leben. Die Dämonie des Nationalismus zeigt sich in dem Verhältnis der Staaten zueinander, in der Aufhebung des Rechts gegenüber der fremden Nation und in den innerpolitischen und sozialen Rückwirkungen dieser Zerbrechung der Rechtsidee.

Die nationale Idee, im Sinne des gegenwärtigen Nationalstaates, ist keine direkte Nachwirkung des ursprünglichen sakramentalen Nationalbewußtseins.[q]Es[q] ist vielmehr hindurchgegangen durch die jüdisch-christliche Verneinung der nationalen Gottheiten und durch die mittelalterliche Theonomie. Die gegenwärtigen Nationalstaaten sind entstanden durch Auflösung der mittelalterlichen übernationalen Theonomie. Der moderne Na|tionalismus ist als theokratischer Imperialismus geboren. Alle großen europäischen Nationalstaaten sind nicht aus primitiv-naturalem Machtwillen imperialistisch, sondern sie sind es als Träger theokratischer Ideen, am meisten diejenige Nation, die religiös am stärksten theokratisch war, die englische. Erst mit dem Entweichen des theokratisch-religiösen Geistes ergriff der subjektiv-nationale Eros- und Machtwille die theokratisch-rationale Staatsform und schuf den Nationalismus als religiöse Dämonie. Nationalismus und Wirtschaftswille stehen vielfach im Gegensatz zueinander. Am verderblichsten offenbart sich ihre Dämonie, sobald sie sich miteinander verbinden, wie z.B. im Weltkrieg.

Für den religiösen Sozialismus ergeben sich aus dieser Sachlage folgende Grundlinien: Innerpolitisch kann eine parteiliche Festlegung für ihn nicht in Betracht kommen. Zu bekämpfen sind die Reste sakramentaler, usw– hierarchischer und aristokratischer – Machtformen, die der Bejahung der reinen Rechtsform widersprechen; zu bekämpfen ist gleichzeitig die Erhebung der naturalen Machtformen, der Wirtschaft, der nationalen Idee oder jenes anderen auftauchenden Machtwillens, der die rationale Form des Staates in seinen Dienst nimmt. Zu bejahen ist als allgemeine Form der durchrationalisierte demokratische Rechtsstaat; aber diese Form, die nur ein abstraktes Regulativ, niemals eine Wirklichkeit ist, muß erfüllt werden mit dem heiligen Gehalt einer schöpferischen Theonomie. Der Staat muß getragen sein von dem Eros und der inneren Mächtigkeit derer, in denen der theonome Gehalt am mächtigsten zum Ausdruck kommt; er muß in sich tragen ein lebendiges System von Spannungen, in denen das Wirtschaftliche, das Nationale, das Bluthafte u.s.w. in ihrer Bedeutung für die absolute übergreifende Idee gewertet werden. Die formale Gleichheit muß ergriffen und bis zur Durchbrechung erfüllt werden, nicht von naturaler, dämonischer, sondern von heiliger, göttlicher Ungleichheit, einer Ungleichheit, die auf der Spannung theonomer Mächtigkeit und Eroskraft beruht und eben darum eins ist mit einer Freiheit, die nicht das Recht subjektiver Willkür, sondern die Möglichkeit wesenhafter Entfaltung bedeutet.

Für die äußere Politik gilt in analoger Weise, daß die Dämonie des naturalistischen Nationalismus, in Sonderheit, wenn er sich sakramentale Weihe zu geben sucht, zu bekämpfen und die übergreifende theokratische Rechtsidee zu bejahen ist; aber nicht als leere Mächtigkeit und Eros vernichtende und darum von nationaler Willkür benutzte Form, sondern als Aufbau nationaler und rassenhafter Mächtigkeiten. Wie die stärksten Träger der innerstaatlichen Theonomie die nationale Führerschicht stellen sollen, so die stärksten Träger der theonomen Menschheitsidee die Führervölker. Nicht Bildung an sich, nicht Blut an sich, nicht rationale Kraft an sich, nicht bewußte Züchtung, aber auch nicht subjektive Genialität schaffen die theonome, innerlich mächtige Führerschicht, sondern die Erfülltheit mit der Kraft des heiligen Gehaltes, der das Ganze trägt. Erst wenn der subjektive Eros und die subjektive Mächtigkeit eingegangen sind in den heiligen Eros und die heilige Mächtigkeit,[r] schaffen sie eine innerlich berechtigte und darum festgegründete Führerschicht.

Diese Stellungnahme bringt den religiösen Sozialismus in Gegensatz zu dem [s]rechtsverneinenden[s] radikalen, inner- und außenpolitischen Pazifismus. Anschauungen wie die von Tolstoi haben nur scheinbar etwas mit dem religiösen Sozialismus zu tun. In Wahrheit heben sie ihn auf inso|fern sie die eine seiner Grundlagen, die Bejahung der Rechtsform, nicht anerkennen. Sie übersehen, daß nur durch den Zwang gegenüber der Willkür das Recht als Recht sich behaupten kann und daß die Aufhebung des Zwanges der Willkür die Macht gäbe, also ein Zurückweichen des Theokratischen vor dem Dämonischen wäre. Oder aber sie verkünden den utopischen Glauben an eine willkürlose, des Dämonischen unfähige, darum auch eros- und machtlose und darum unschöpferische Welt. Sie verkünden eine mystische Aufhebung der Form. Der religiöse Sozialismus lehnt den mystischen wie den naturalistischen Anarchismus ab. Er steht auf der Form des Rechts und bejaht damit die Gewalt, die das Recht durchsetzt. Das gilt nicht nur innen-, sondern auch außenpolitisch: So sehr der naturalistische Anarchismus des Krieges zu verwerfen ist, so sehr auch die mystische Anarchie eines religiösen Pazifismus, der dem Rechtsbrecher nicht widersteht, oder in utopischer Weise die spannungsreichen individuell-schöpferischen Mächte verleugnet. Es gibt keinen direkten Weg von der mystischen Gemeinschaftsidee zur politischen Gestaltung. Zwischen beiden steht das Recht und die [t]rechtstragende[t] Macht und die Gewaltanwendung gegen das Unrecht. Nur der Heilige und die heilige Gemeinschaft können in symbolisch repräsentativem Sinne auf das Recht verzichten, dessen Anerkennung und Bestand dabei aber Voraussetzung dafür ist, daß ihr Rechtsverzicht religiösen und nicht anarchischen Sinn haben soll. Niemals aber kann der Staat, die [u]rechtstragende[u] Gemeinschaft, auf [v]rechtsdurchsetzende[v] Gewalt verzichten.

5.

Der Staat als die [w]rechtstragende[w] Gemeinschaft ist die umfassendste Sozialerscheinung und zugleich diejenige, die für alle anderen die rationale Formung gibt. Aber das soziale Leben geht nicht auf in staatlich-rechtlicher Form. Es gibt eine vom Recht freibleibende, autonom soziale Form, die sich in Sitte, Tradition, Takt u.s.w. symbolisch darstellt. Diese Formen sind infolge ihres stärkeren Widerstandes gegen die Rechtsrationalisierung länger Träger des Gehaltes als die rechtlich erfaßten Dinge. Sie sind infolgedessen auch länger mit kultisch-sakramentaler Qualität bekleidet und weniger entleert als jene, aber der Unterschied ist nur relativ. Einerseits sucht die rationale Rechtsform die unmittelbaren und symbolischen Gemeinschaftsformen möglichst weitgehend in sich aufzulösen, andererseits führt die Erhebung der autonomen Persönlichkeit zu einem Zerfallen der unmittelbaren Sozialformen. Den Anstoß zu dieser Entwicklung gibt die theokratische Reaktion gegen die dämonische Unterdrückung der Persönlichkeit, so z.B. im Geschlechtsverhältnis, im Familienverhältnis, im Geschlechter- und Ortsverband, im Herrschaftsverhältnis u.s.f. Überall bedeutet hier die Theokratie Befreiung der autonomen Persönlichkeit, Aufhebung der sakramentalen Weihen und Forderung freier Gemeinschaftsbildung. Der religiöse Gehalt, der in der Theokratie lebendig ist, wirkt sich in der Persönlichkeit und ihrem Inneren aus; es entsteht die Sphäre der religiösen und seelischen Intimität, die so charakteristisch für die kalvinistische Theokratie ist. Die Gemeinschaften, vor allem der Staat, werden gänzlich ihres Gehaltes beraubt. Nur in die Familie flüchtet sich ein Rest sakramentaler Unmittelbarkeit, der aber immer mehr durch das Eindringen des wirtschaftlichen Familienegoismus beschränkt wird. Die freien Ge|meinschaften, die der Durchführung der theokratischen Idee dienten, werden zu Zweckverbänden im Dienste des subjektiven Eros- und Machtwillens. Aber auch die Persönlichkeit wird, je mehr sie autonom und rational wird, ihres heiligen Gehaltes beraubt. Es entsteht die Abstraktion des Trägers der reinen Vernunft, eine Abstraktion, deren Erhabenheit nicht darüber täuschen darf, daß sie unwirklich ist und daß die reine Vernunftform sofort von den Mächten des subjektiven Eros gepackt, erfüllt und durchbrochen wird. Es entsteht die naturalistische willkürliche Umbiegung der autonomen Persönlichkeit, in derem subjektiven Eros- und Machtwillen die theokratische Persönlichkeit zerbricht. Die übergreifenden Sozialformen sind gleichzeitig zu Gegenständen einer abstrakten Pflichtforderung geworden, die um so abstrakter und unwirklicher wird, je mehr sie sich vom sozialen Eros loslöst. Sie gehen über in die bürgerliche Sitte und werden eine Beute des wirtschaftlichen Machtwillens. An Stelle der abstrakten Pflichtordnung tritt der Mechanismus der wirtschaftlichen Notwendigkeit, an Stelle des Vernunftgesetzes tritt das Machtgebot der Wirtschaftsführer. Der Gehalt der Gemeinschaft ist entwichen und die Gemeinschaftsformen sind Symbole der Interessengemeinschaft geworden, unter deren Decke der Interessengegensatz und der subjektive Eros ihr Spiel treiben.

Für den religiösen Sozialismus ergibt sich in allen Beziehungen des sozialen Lebens die Aufgabe, die sakramentalen Dämonien zu bekämpfen, z.B. Dinge wie die sakramentale persönlichkeitszerbrechende Ehre, und die Form der autonomen Persönlichkeit und der freien Gemeinschaft durchzusetzen. Gleichzeitig aber müssen die in die reinen Formen einbrechenden Dämonien, die Willkür der subjektiven Erotik und des subjektiven Machtwillens bekämpft werden. Es gilt für den religiösen Sozialismus um eine theonome Gemeinschaft zu ringen, in der die sozialen Formen, Sitten und Traditionen nicht Ausdruck und Verhüllung zugleich des wirtschaftlichen Machtkampfes und der subjektiven Erotik, sondern Symbole eines heiligen Gehaltes sind, der in die Eros- und Machtbeziehungen des reichen sozialen Lebens eindringt und sie erreicht und einer unbedingten Idee unterwirft. Nur Gemeinschaft im „Metaphysischen" kann Gemeinschaften tragen und erfüllen. Alles andere kommt schließlich auf Willkür und Interesse heraus, auf Zufall oder Mechanisierung.

Der verlorene Gehalt der Gemeinschaft kann nicht ersetzt werden durch Gemeinschaft in Geist und Kultur. Denn der Geist, der bloße Form ohne Gehalt des Bedingten ist, löst die Gemeinschaft auf. Die autonome Form der Kultur, die formale Bildung, ist nur wenigen zugänglich; sie isoliert, und sie ist subjektiv bedingt, sie treibt zu unendlichem Gegensatz aller gegen alle. Sie schafft eine kleine Bildungsschicht und läßt den übrigen die abgenützten und korrumpierten Formen, den „Kitsch" in Kunst und Wissenschaft, in Sitte und Rechtsauffassung. Es entsteht eine exklusive Aristokratie der Bildung an Stelle einer repräsentativen Aristokratie des Geistes. Auch der Geist, der erfüllt ist mit dem Gehalt, der das Ganze trägt, ist als Geist, als Formung nur wenigen zugänglich. Aber er schafft Symbole, die allen verständlich sind. Die Bildung dagegen, die Form ohne Gehalt angeeignet hat, bleibt unverständlich, treibt zu falscher Nachahmung an und macht die Kluft der wirtschaftlichen Klassenscheidung unüberbrückbar. Die dämonische Gewalt des Minderwertigen in der Masse gehört zu den verhängnisvollsten Wirkungen der exklusiven Formbildung. Der In|stinkt packt die Form und macht sie sich in verunstalteter Weise zu eigen. Aber die subjektive Erotik im Geistigen, bei den Trägern der Bildung, ist dem Wesen des Geistes in gleicher Weise zuwider, und von gleicher dämonisch verheerender Wirkung wie die Verunstaltung des Geistes in der Masse. Nur eine theonome Geistigkeit erträgt eine Geistesaristokratie. Denn durch die gemeinsame metaphysische Intention aller wird jede theonome Form zum gemeinsamen, verbindenden und nicht trennenden Symbol.

Auch hier sind die Richtlinien für den religiösen Sozialismus deutlich: Anerkennung der autonomen Bildung gegen hierarchische oder aristokratische Heteronomien, Bekämpfung des subjektiven Eros der Bildungsträger und der Mechanisierung des Geistes in den Massen, Ringen um einen Gehalt, der gemeinsame, theoretische und praktische formende Symbole schafft,[x] und getragen ist von einer repräsentativen geistigen Aristokratie, die von dem gleichen Gehalt lebt wie alle anderen.

Damit sind im Praktischen wie im Theoretischen die Grundlinien dessen gezogen, was der religiöse Sozialismus zu bekämpfen und um was er zu ringen hat. Es ist das Dämonische im naturalen wie im sakramentalen Sinne, gegen das er kämpfen muß, und es ist die Theonomie im Sinne der Einheit von Form und Gehalt, um die zu ringen ihm aufgegeben ist. Überwindung der sakramentalen Dämonie durch theokratischen Kampf und Durchsetzung der autonomen Form, aber nicht, um bei der autonomen Form stehen zu bleiben, denn das ist nicht möglich – sie wird des göttlichen Gehaltes entleert, sofort eine Beute des dämonischen Gehaltes –, sondern um die autonome Form erfüllen zu lassen von theonomem Gehalt. Der Gegner ist das Dämonische, nicht in dem Sinne, als sollten die irrationalen Kräfte[y] Macht und Eros, die das Dämonische tragen, vernichtet werden – der Versuch dazu ist entweder rationaler Utopismus oder mystische Formzerstörung – sondern das Gleiche, das im Dämonischen zerstörerisch, weil formzerbrechend offenbar wird, soll in der Theonomie göttlich, d.h. formerfüllend offenbar werden. Das entspricht der Idee des Kairos, der ja auch nicht auf rationale Utopie oder mystische Weltvernichtung geht, sondern auf neue schöpferische Erfüllung der Formen mit einem Gehalte, der getragen ist von Macht und Eros, aber hindurchgegangen ist durch den Gehorsam gegen die unbedingte Form und darum nicht dämonisch, sondern göttlich ist.

Die verschiedenen Seiten der theonomen Idee sind in dem Gesagten nur angedeutet, nicht durchgeführt. Ihre Durchführung ist die Aufgabe des religiösen Sozialismus, theoretisch und praktisch. Das Entscheidende aber, der neue Durchbruch des Gehaltes, ist nicht Sache des Arbeitens, sondern ist Schicksal und Gnade. Der Glaube an den Kairos ist der Ausdruck für das Bewußtsein, in einem solchen Schicksal zu stehen, von einem neuen Durchbruch des Unbedingten berührt zu sein. Alle rationale Arbeit in Theorie und Praxis kann keinen anderen Sinn haben, als diesem Gehalt Ausdruck zu geben auf jedem Gebiet.

IV.
Der Weg des [z]religiösen[z] Sozialismus.

Das Bewußtsein um den Kairos im Sinne der werdenden Theonomie schafft eine Gemeinschaft derer, die von dem gleichen Gehalt erfüllt sind | und um das gleiche Ziel ringen. Es ist eine Gemeinschaft derer, die den Ruf des Kairos hören und sich in ihm verstehen. Eine solche Gemeinschaft ist keine Kirche im Sinne der sakramentalen Geisteslage: denn sie geht nicht von bestimmten heiligen Formen und Symbolen aus. Vielmehr steht sie in theokratischer und autonomer Kritik gegenüber den gegebenen Symbolen, deren dämonische Verzerrung sie bekämpft. Das gilt gegenüber allen vorhandenen Konfessionen, aber es gilt nicht allen gegenüber in gleicher Weise. Der religiöse Sozialismus steht derjenigen Konfession am nächsten, die das kritisch-theokratische Element am stärksten in sich trägt, wenn er sich auch im Ziel denjenigen Konfessionen näher weiß, in denen die theonome Idee eine, wenn auch dämonisch ausgeartete, Ausprägung gefunden hat. Das macht seine eigentümliche Doppelstellung gegenüber den reformatorischen und den katholischen Ausprägungen der christlichen Idee aus, daß er in der kritischen Haltung mit den radikal-reformatorischen Formen, in der theonomen Idee mit einem von der dämonischen Heteronomie befreiten Katholizismus gehen muß. Es folgt weiter daraus, daß der religiöse Sozialismus mit keiner der Konfessionen unmittelbar identisch ist. Eben so wenig ist die Gemeinschaft derer, die vom Bewußtsein des Kairos getragen sind, eine Sonderkonfession, eine religiöse Sekte. Neue religiöse Gemeinschaftsbildungen gehen nicht aus Autonomie und Kritik hervor, sondern nur aus einer Neuerfassung und Umbildung alter Symbole. Religiöse Neuschöpfungen stehen in lebendigem Zusammenhang mit den Schöpfungen der Vergangenheit. Sie brechen nur aus den tiefsten Spannungen innerhalb einer Konfession hervor. Der religiöse Sozialismus ist aber geboren auf dem Boden der kritischen Autonomie. Er hat von sich aus keine symbolschöpferische Kraft und kann darum keine religiöse Gemeinschaft im konkreten speziellen Sinne bilden. Ob er in kommenden Entwicklungen sich mit einer religiösen Gemeinschaftsbildung im engeren Sinne zusammenschließen wird, ist eine Frage, die gegenwärtig ohne Bedeutung ist.

Ebensowenig, wie mit einer religiösen Konfession, ist der religiöse Sozialismus identisch mit einer kulturellen Bewegung oder einer politischen Partei. Der religiöse Sozialismus ist also weder mit dem politischen Sozialismus identisch, noch bildet er eine Partei neben ihm. Er nennt sich „Sozialismus", weil er die antidämonische Kritik des Sozialismus historisch und sachlich übernommen hat und den politischen Kampf des Sozialismus, soweit er die Herrschaft der politisch-sozialen Dämonien brechen will, unterstützt. Aber der religiöse Sozialismus übersieht nicht, inwieweit der politische Sozialismus selbst von diesen Dämonien ergriffen ist, und er weiß vor allem, daß die sozialistische Idee nicht mit dem Ziel der politischen Taktik gleichgesetzt werden darf. Er muß es darum ablehnen, der Partei als solcher oder einem Wirtschaftsprogramm als solchem religiöse Weihe zu geben. Er behält den Blick offen für die theonomen Elemente auch in anderen Parteien und Bewegungen und er kann die Gemeinschaft mit sich nicht negativ oder positiv von der Parteizugehörigkeit abhängig machen. Aber er verlangt allerdings die Anerkennung der sozialistischen Kulturkritik und des sozialistischen Kampfes gegen sakramentale und naturale Dämonien.

Der religiöse Sozialismus ist eine Gemeinschaft von solchen, die sich im Bewußtsein des Kairos verstehen und um das Schicksal, um die Gnade der Theonomie ringen. Sie können in jeder Partei, Konfession, Bewegung | wirken, soweit diese ihrem Wirken Raum geben und den Kampf gegen die dämonischen Elemente in ihnen zulassen. Nur so kann sich der religiöse Sozialismus davor schützen, sich vorzeitig zu objektivieren, heteronom zu werden und damit seiner eigenen Kritik zu verfallen. Wohl sind enge und engste Zusammenschlüsse der Kairosbewußten möglich. Aber sie müssen den Charakter des Vorläufigen behalten, bis Symbole und Formen gefunden sind, die der unmittelbare Ausdruck der gesamten Geisteslage sind, die darum nicht heteronom und rational wirken. Die Überwindung des Vorläufigen aber, das Wachsen einer neuen Theonomie kann nur geschehen durch einen neuen schöpferischen Durchbruch des Gehaltes, der in den Symbolen der Vergangenheit offenbar geworden ist. Ohne einen solchen Durchbruch ist eine theonome Geisteslage unmöglich. Ist er aber geschehen – und es ist der Kairosglaube, daß er geschieht – dann ergießt er sich in die Formen, die aus seinem Geiste heraus geschaffen sind und an denen mitzuschaffen Aufgabe des religiösen Sozialismus ist.–

Kritischer Apparat

B ändert durchgängig die Schreibweise „Profet“, „profetisch“ in „Prophet“, „prophetisch“, desgleichen „Kalvin“, „kalvinistisch“ in „Calvin“, „calvinistisch“. In B wird außerdem die Interpunktion modernisiert. Nur über diese Änderungen hinausgehende Änderungen in Interpunktion und Wortbestand werden im folgenden aufgeführt.

1 a–a		fehlt in B, C, D
2 b–b		B: Religiösen
4 c–c		B: Religiösen
7 d–d		A: von dem Unbedingten; B: vor dem Unbedingten; C: before the Unconditional. Geläufiger ist bei Tillich, auch in diesem Text, die Wendung „vom Unbedingten her“, vgl. auch die parallele Formulierung in „Die religiöse Erneuerung des Sozialismus“, S. 10: „Aufhebung der Exklusivität vom Unbedingten her. Nicht rationaler, skeptischer Relativismus, sondern innerreligiöse Kritik vom Unbedingten her“. Da es im übernächsten Satz heißt: „Negation vor dem Unbedingten“, gebe ich dieser Lesart auch hier den Vorzug vor der geläufigen Wendung „von dem Unbedingten“.
e–e		B: Religiösen
10 f–f		B: Eros- und Machtbeziehungen
12 g–g		B: hieratischen
h–h		B: Dekadenz
13 i–i		A: theoretische; B: theokratische. Vgl. „Die religiöse Erneuerung des Sozialismus“, S. 18: „Hier Fortsetzung des theokratischen Kampfes des religiösen Sozialismus: Gegen den Sakramentalismus der Ehe, der Familie und des Geschlechtes, vor allem der Kirchen und ebenso gegen die mystisch-erotische Entpersonalisierung“.
14 j–j		B: bemächtigen
k–k		B: dient
17 l–l		B: Recht setzende
m–m		B: Recht setzende
18 n–n		B: Natural-Dämonische
o–o		B: zweite
p–p		B: sozialistisch-kommunistische
q–q		B: Sie
19 r		A: ohne Komma; B setzt Komma
s–s		B: Recht verneinenden
20 t–t		B: Recht tragende
u–u		B: Recht tragende
v–v		B: Recht durchsetzende
w–w		B: Recht tragende
22 x		A: ohne Komma B setzt Komma
y		B setzt Komma; C: the irrational forces, that is, power and eros
23 z–z		B: Religiösen

4. Die Überwindung des Persönlichkeitsideals
Ein Vortrag (1927)
The Idea and the Ideal of Personality (1948)

A. (Druckvorlage) Die Überwindung des Persönlichkeitsideals. Ein Vortrag. In: Logos. Internationale Zeitschrift für Philosophie der Kultur. Unter Mitwirkung von Bruno Bauch. Julius Binder. Ernst Cassirer. Edmund Husserl. Friedrich Meinecke. Rudolf Otto. Heinrich Rickert. Eduard Spranger. Karl Vossler und Heinrich Wölfflin herausgegeben von Richard Kroner, Band XVI, 1927 – Verlag von J.C.B. Mohr (Paul Siebeck) Tübingen, 68–85.

B. Die Überwindung des Persönlichkeitsideals. In: Paul Tillich, Religiöse Verwirklichung. Furche-Verlag Berlin, 1. Aufl. 1930. – 2. unveränderte Aufl. Berlin o. J. [1931], 168–189 und 295–298 [Anmerkungen].

C. Die Überwindung des Persönlichkeitsideals. In: GW III (1965) 83–100.

D. (Druckvorlage) The Idea and the Ideal of Personality. In: Paul Tillich, The Protestant Era. Translated and with a Concluding Essay by James Luther Adams. The University of Chicago Press, Chicago, Illinois 1948, 115–135.

E. Persönlichkeitsidee und Persönlichkeitsideal. In: Paul Tillich, Der Protestantismus. Prinzip und Wirklichkeit. Schriften zur Zeit, Neue Folge, hrsg. von August Rathmann. Steingrüben-Verlag Stuttgart 1950, 159–180.

Zur Textgeschichte

Dieser Text hat eine komplizierte Geschichte. Tillich hat ihn – nach der Erstveröffentlichung im Jahre 1927 – zunächst in die 1930 bzw. 1931 unter dem Titel „Religiöse Verwirklichung" erschienene Aufsatzsammlung aufgenommen, erweitert um 22 Anmerkungen. Er ist ein drittes- bzw. viertesmal in GW III (Das religiöse Fundament des moralischen Handelns. Schriften zur Ethik und zum Menschenbild) veröffentlicht worden, jedoch ohne die Anmerkungen.

Tillich selbst hat den Aufsatz für seine 1948 unter dem Titel erschienene Sammlung "The Protestant Era" so stark umgearbeitet, daß die Abweichungen, die sich schon in dem neuen Titel "The Idea and the Ideal of Personality" zeigen, in einem kritischen Apparat nicht angemessen dokumentiert werden können und eine vollständige Publikation nahelegen. In der von August Rathmann herausgegebenen Übersetzung des Buches "The Protestant Era", 1950 unter dem Titel „Der Protestantismus. Prinzip und Wirklichkeit" veröffentlicht, ist darum auch dieser Aufsatz ins Deutsche übersetzt worden. Tillich bzw. Rathmann hat also nicht etwa auf die frühere, deutsche Version zurückgegriffen, sondern sich für die Publikation der Übersetzung der erheblich veränderten Version von 1948 entschieden. Zwischen beiden Versionen liegt der Abstand von mehr als zwei Jahrzehnten bzw. von Dresden und New York.

Nur in A wird die Arbeit schlicht als „Ein Vortrag" bezeichnet. Erst in der Aufsatzsammlung „Religiöse Verwirklichung" teilt Tillich mit, daß es sich um einen Vortrag handelt, den er auf der Augustusburg (im Kreis Freiberg/Sachsen) Pfingsten (= 23./24. Mai) 1926 gehalten hat (S. 295). Tillich hat ihn in der von Richard Kroner herausgegebenen Zeitschrift „Logos" publiziert. Der an der Technischen Hochschule Dresden lehrende Philosoph Richard Kroner hatte sich beim sächsischen Kultusminister Robert Ulich sehr für die Berufung Tillichs an die „Kulturwissenschaftliche Abteilung" der Technischen Hochschule eingesetzt (vgl. Wilhelm & Marion Pauck, Paul Tillich. His Life & Thought. San Francisco 1989, S. 98f.). Er war später während ihres gemeinsamen Exils Tillichs philosophischer Kollege am Union Theological Seminary in New York.

Hier werden die Versionen A und D abgedruckt.

Die Überwindung des Persönlichkeitsideals. Ein Vortrag

I.

[a]*Einleitung: Prinzipielles.*[a]

Persönlichkeit ist dasjenige Seiende, das seiner selbst mächtig ist.

Das Seiende hat in jeder seiner Gestalten eine bestimmte Seinsfülle und eine Ausdruckskraft für die Tiefe, den Abgrund, dem es entstammt; und es hat in der Wirkung auf anderes [b]Seiende[b] eine Mächtigkeit, durch die es einen bestimmten Rang im Zusammenhang der Dinge einnimmt.[c] Diese Ausdruckskraft, diese Mächtigkeit hat es zunächst unmittelbar; die Form, in der sich seine Seinsfülle darstellt, ist ihm aufgeprägt, ist, wie es selbst, unmittelbar gegeben. Auch der ontologische Ort, auf dem Persönlichkeit entsteht, hat zunächst eine unmittelbare Prägung, eine ihm natürlich gegebene Mächtigkeit; eine solche freilich, die es von allem anderen Seienden unterscheidet. Der soziale Ausdruck dafür ist die Anerkennung eines Wesens als Person. Sie besagt, daß an diesem Ort Persönlichkeit möglich und gefordert ist. Persönlichkeit ist also Verwirklichung dessen, was in der Person und nur in ihr möglich ist: [d]Daß[d] das Seiende seiner selbst mächtig werde.

Wir können das gleiche auch so ausdrücken: *Persönlichkeit ist das Seiende, das frei ist.* Frei sein heißt[e] seiner selbst mächtig sein. Das Freiheitsproblem hat seine reale Wurzel darin, daß die Freiheit sich erhebt auf einem individuellen, bestimmten, natürlichen Seinsgrund, der als solcher Unmittelbarkeit hat und unterworfen ist unter das Gesetz; und daß eben dieses Sein als freies nicht nur mächtig, sondern | auch seiner selbst mächtig ist, sich erhebt über seine Unmittelbarkeit, seine Unterworfenheit. Diese Spaltung des Identischen in bloßes Sein und Sich-dieses-Seins-Bemächtigen ist die Tiefe des Freiheitsproblems. Aus ihr erklärt sich, daß die Erfassung der Freiheit nur möglich ist in einem Akt der Selbstbemächtigung. Die Schuldebatte über die Willensfreiheit arbeitet mit abstrakten, von der Wirklichkeit der Selbstbemächtigung losgelösten Reflexionsgebilden, die geistesgeschichtlich nur in einer Zeit möglich sind, wo sich die Vergegenständlichung und Vergewaltigung der Seinsmächtigkeiten völlig durchgesetzt hat, also in einer Zeit des rationalen Dinggedankens. Die Sache selbst, um die es sich in der Freiheit handelt, kann in jenen Verhandlungen gar nicht erfaßt werden, weil sie von *beiden* Seiten im voraus verneint ist. Die Freiheit verwirklicht sich in jedem Akt vollkommener Selbstbemächtigung eines Seienden. Sie kann in der Selbstanschauung eines solchen Aktes jederzeit angetroffen und erkennend aufgefaßt werden.

Ein anderer Ausdruck für die gleiche Sache ist es, wenn wir sagen: *Persönlichkeit ist dasjenige individuelle Sein, das sich zum universalen Sein erhebt.* Das Seiende wird ja dadurch frei, daß es sich über seine unmittelbar gegebene Form erhebt. Aber das wäre noch keine Freiheit, keine Selbstmächtigkeit, wenn es die eigene Form mit einer anderen vertauschte. Freiheit ist nicht Verwandlungsfähigkeit. Persönlichkeit ist nicht Möglichkeit unbegrenzten Formwechsels, wie die Romantiker zum Teil meinten. Sie übersahen, daß sie damit den Ort aufgaben, auf dem sich allein Persönlichkeit erheben kann, das individuelle Sein. Die romantische Persönlichkeit gerät darum in die Entleerung und Entmächtigung unbegrenzter Einfühlungsfähigkeit, sofern dieser keine übergreifende, allem Wechsel gegenüber freie Einheit die [f]Wage[f] hält. Eine solche aber kann es in der Konsequenz des romantischen Verhaltens nicht geben, da die romantische Persönlichkeit des zufälligen Seins, auf dem sie ruht, niemals wirklich mächtig wird, sondern in der Absicht, sich einzufühlen, sich in [g]Anderes[g] zu verwandeln, in Wirklichkeit sich selbst ungeformt, unbemächtigt mit sich führt. Aus der mangelnden Einheit folgt dann die Sehnsucht nach einer übergreifenden Einheit, etwa einer autoritativen Kirche. Zur Persönlichkeit aber kommt es so nicht. – Die Erhebung des Individuellen zum Allgemeinen bedeutet nicht Wechsel der Form, sondern Erhebung zur universalen Form, die jedem [h]Einzelnen[h] innewohnt, also Erhebung zur Welthaftigkeit. *Der Weltbegriff ist das notwendige Korrelat zum Persönlichkeitsbegriff.* Dadurch daß das Seiende als universale Form dem [i]Einzelnen[i] gegenübertritt, wird [j]dieses[j] seiner selbst | mächtig. Der die Welt setzende Akt ist die Tat, in der das Seiende sich von seiner Unmittelbarkeit losreißt, in der es sich auf sich selbst stellt,[k] und alles Seiende sich gegenüberstellt. Am Makrokosmos wird der Mikrokosmos sich seines Charakters als Kosmos bewußt, wie umgekehrt die Erfassung der Welt als Welt nie möglich wäre, wenn das Erfassende nicht die Qualität hätte, Mikrokosmos zu sein.[l] – Durch die Erfassung der Welt als Welt entsteht die Abgeschlossenheit des Persönlichen, die es zu einem Selbst-Seienden, Freien, seiner selbst Mächtigen macht. Die Voraussetzung der geschlossenen Persönlichkeit ist die Geschlossenheit der Welt als Gegenstand. Und doch weiß die Persönlichkeit sich in die Welt einbezogen. Sie hat eine Seite, nach der sie der Welt gegenüber offen ist. Eine völlige Abschnürung von dem kosmischen Mutterleib[m] würde das Seiende der Seinsfülle berauben, der es sich doch als Persönlichkeit bemächtigen soll. Die Einheit von Abgeschlossenheit und Offenheit charakterisiert das seiner selbst mächtige Sein.

Die Möglichkeit zu dieser Spannung aber ist dadurch gegeben, daß die Freiheit dem zur Persönlichkeit bestimmten Einzelwesen als unbedingte Forderung entgegentritt, daß das Seiner-selbst-mächtig-Werden nicht der Willkür überlassen bleibt, sondern als unbedingter Anspruch jede Willkür verneint.[n] Wäre es anders, so würde der Akt, in dem die Persönlichkeit sich gegen die Welt stellt, jederzeit zurückgenommen werden können. Das All würde, wie es im echt dämonischen Kronos-Mythos geschieht, seine Kinder verschlingen. Aber der unbedingte Anspruch, der aus der Tiefe des eigenen und des fremden Seins an die Persönlichkeit ergeht, sich als Persönlichkeit dem Kosmos gegenüber zu behaupten, zeigt dem entdämonisierten Blick, daß die letzte, tragende Tiefe des Seienden und ihr letzter, unbedingter Sinn Selbstmächtigkeit ist. Damit ist der Punkt erreicht, wo die Persönlichkeit ihr Fundament hat: *Das Seiner-selbst-mächtig-Sein ist die eigentliche, die letzte Macht des Seins;* und diese setzt sich existentiell, erscheinend in der Persönlichkeit durch.

[o]Hier[o] ist der Ort, an dem es notwendig wird, die demonstrative Fassung des Themas zu begrenzen: Eine Überwindung der Persönlichkeits*idee* hieße eine Überwindung dessen, was vom tragenden Grund unseres Seins als unbedingter Anspruch über uns steht, hieße Widerspruch gegen unser Wesen und, wenn es religiöse Weihe erhalten wollte, Dämonie. *Eine Überwindung der Persönlichkeitsidee wäre nicht Überwindung, sondern Überwundensein.* Die unbedingte Anerkennung der Persönlichkeitsidee oder des seiner selbst mächtigen Seins als Tiefe des Seins ist ein Ausdruck für die Über|windung dämonischer Persönlichkeitszerstörung und mit der christlichen Verkündigung unlöslich verbunden.

Hier liegen die Wurzeln für die personifizierende Symbolik, die Mythos und Dogma dem Unbedingten gegenüber anwenden. Sie ist notwendig und durch keine rationale, mystische oder pantheistische Kritik aufzuheben. Diese religiösen Haltungen sind vielmehr ständig von der Dämonie der Entpersönlichung und Rückkehr in die primitive Weltgebundenheit bedroht. Unerträglich im religiösen und geistigen Sinne wird die personifizierende Symbolik nur dann, wenn sie aus einem Urteil über Wesen und Tiefe des Seins zu einem [p]Existentialurteil[p] über ein höchstes Seiendes wird, dem wir gegenüberstehen, dessen Existenz oder Personhaftigkeit wir beweisen oder widerlegen können. Denn in diesem Augenblick wird der tragende, immer jenseitige Grund des Seins zu einem Stück Welt, gegen das sich die Abgeschlossenheit unserer Persönlichkeit entweder behauptet – mit dem Willen, selbst Gott zu sein –[q] oder dem sie sich unterwirft – mit dem Verzicht auf Selbstmächtigkeit und Persönlichkeitscharakter. In dieser Alternative ist ein wichtiges Stück religiösen Lebens als Spannung von Autonomie und Heteronomie erfaßt. Das richtige Verständnis für die Selbstmächtigkeit als Sinn und Tiefe des Seienden befreit von jenem verhängnisvollen Widerstreit.[r]

Damit ist das prinzipielle Material beschafft;[s] die Persönlichkeitsidee in ihrer Unbedingtheit umschrieben und anerkannt. Nun ergeben sich zwei Möglichkeiten: *Wenn Persönlichkeit das seiner selbst mächtige Sein ist, so kann die unmittel-*

bare Mächtigkeit des Seins so überwiegen, daß die Bemächtigung, der Akt der Freiheit geschwächt, unterdrückt wird. Oder es kann der Akt des Sich-Bemächtigens ein solches Übergewicht erlangen, daß die unmittelbare Mächtigkeit des Seins [t]*verloren geht*[t]. Im ersten Fall entsteht Fülle, Verbundenheit mit dem Sein, Bewegtheit, Ungeformtheit, Unabgeschlossenheit, im zweiten Fall entsteht Konzentration, Abgeschlossenheit, Festigkeit, Durchformung, Unoffenheit.

Das zweite ergibt das Persönlichkeitsideal, von dessen Überwindung geredet werden soll.[u] – Aus der Fülle möglicher Gesichtspunkte für den Aufweis und die Bewertung des Persönlichkeitsideals wählen wir einige zentrale Anliegen unserer gegenwärtigen Geisteslage. Die Gliederung der Gedanken richtet sich naturgemäß nach den Seinsbeziehungen, die das Leben der Persönlichkeit darstellen. Sie können nach drei Richtungen hin herausgehoben werden: Die Dingbeziehung: Persönlichkeit und Ding|welt; die Persönlichkeitsbeziehung: Persönlichkeit und Gemeinschaft; und eine dritte Beziehung, die beiden gegenübersteht und zugleich die Voraussetzung beider ist: Die Beziehung der Persönlichkeit zu dem Sein, das unmittelbar *ihr* Sein ist, aus dem sie sich erhebt und dessen sie sich bemächtigt: Persönlichkeit und Seele. – In allen drei Beziehungen stellen wir die Frage nach dem [v]Unbedingten[v], also religiösen Sinn des Persönlichkeitsideals. Dieser kann nicht Gegenstand einer besonderen Frage werden, hier wie nirgends; denn das Unbedingte ist nie ein Besonderes.

II.
Persönlichkeit und Dingwelt.

Diese Frage ist im Unterschied von der zweiten verhältnismäßig selten behandelt worden. Und doch ist sie gleich wichtig und erfordert in unserer Geisteslage stärkste Aufmerksamkeit.

Das primitiv mythologische Dingerlebnis ist Erlebnis der numinosen Mächtigkeit der Dinge. Ihre Seinsfülle, ihr Teilhaben am unbedingten Sein verleiht ihnen für das Bewußtsein sakrale Qualität. Infolgedessen haben sie eine ungeheure, jeden Augenblick des Lebens erfüllende, erschütternde, tragende Bedeutung. Das gesamte praktische Leben, der gesamte Umgang mit der Dingwelt hat rituellen Charakter. Die Persönlichkeit ist gebunden an die Dingmächtigkeit. Sie steht unter der ständigen Auswirkung und Ausstrahlung der Seinsfülle in den Dingen. Sie selbst ist der Dingwelt eingeordnet, die freilich ihrerseits nicht Dingwelt in unserem Sinn, sondern Welt von Mächtigkeiten ist.

Mit der Erhebung der Persönlichkeit oder mit der Weltwerdung des unmittelbaren Seins ändern sich die Beziehungen, die Objekte werden der Einheit „Welt" eingeordnet und dadurch vergegenständlicht, verdinglicht. Nicht mehr ihre Seinsfülle, ihre sakrale Ausstrahlung ist entscheidend, sondern ihre Zugehörigkeit zu dem gegenständlichen Sinnzusammenhang „Welt":[w] Dadurch verlieren sie ihren sakralen Charakter, ihre erfüllende und tragende, aber auch ihre erdrückende und zerbrechende Gewalt. *Die Dinge werden entmächtigt.*

Das kann auf verschiedene Weise geschehen, je nach der Art, in der die Welt als Einheit erfaßt wird. Bei den Juden ist es die Unterwerfung der Dinge unter den Schöpfergott, der identisch ist mit dem die Persönlichkeit unbedingt beanspruchenden sittlichen Gott. Die Dinge verlieren vor diesem Anspruch jedwede sakrale Mächtigkeit; ihnen bleibt der ästhetische Widerschein der unbedingten Mächtigkeit des schöpferischen | Geistes und die Aufgabe, Material der Gesetzeserfüllung zu sein. Bei den Griechen sind die Dinge Glieder des intellektuellen und ästhetisch anzuschauenden, in sich ruhenden Kosmos. Ihre Mächtigkeit wandelt sich in ihr begriffliches Wesen und die Zusammenhänge ihrer kosmischen Verknüpfung. Die Persönlichkeit als Trägerin der rationalen Intelligenz erhebt sich über die Dingwelt und nimmt teil an der Selbstanschauung der höchsten Intelligenz, der reinen, in sich ruhenden Form. Die sakrale Mächtigkeit entschwindet den Dingen, wie die Geschichte der späteren griechischen Plastik ebenso deutlich zeigt wie die Philosophie. – Im Protestantismus ist es das zentrale religiöse Angesprochensein, durch das mit den Sakramenten die sakrale Mächtigkeit der Dinge verkümmert. Es bleibt auf lutherischem Boden ein gehorsames Sich-Einfügen in die sachliche Notwendigkeit. Nur diese Haltung: Gehorsam, Pflichterfüllung, mehr profanisiert[x] Tüchtigkeit, hat im Dingverhältnis Bedeutung, nicht die innere Mächtigkeit der Dinge. Die Natur als das „sinnliche Materiale der Pflicht" ist die extreme Fichtesche Formulierung dieser Tendenz, die bei Luther selbst infolge seines starken Eindrucks von dem in der Natur waltenden irrationalen Gott noch fehlt. Die Hermannsche Theologie, in der der Naturlauf nur als Hemmnis des persönlichen Lebens erscheint und die Apologetik ganz auf diese Situation aufgebaut ist, gibt der Tendenz einseitigen, aber höchst symbolkräftigen Ausdruck. – Im Calvinismus ist es mehr die Beherrschung der Dinge, ihre Rationalisierung im Dienst der Reich-Gottes-Ziele, ihre Ernüchterung, der Kampf gegen ihre Rausch- und Ekstasequalität, durch die die Natur entmächtigt wird. Jedes Ja zu ihrer Mächtigkeit wird hier als Kreaturvergötterung empfunden und verabscheut. Extremer Antisakramentalismus und darum extreme Dingentwertung verbindet sich mit eindrucksvollster Erhebung der herrschaftlichen Persönlichkeit. – Profanisiert stellt sich diese Haltung dar in der modernen wissenschaftlich-technischen Bewegung. Nicht die Erkenntnis des Kosmos an sich, sondern die Erkenntnis der Mittel zu seiner Beherrschung ist das Ziel der rationalen Entwicklung des Abendlandes. Sie schafft die *technische Ding-Entmächtigung.* Die Welt im Sinne der Maschine ist ihr Mythos und die Erhebung der herrschaftlichen Persönlichkeit über die technisch beherrschte Dingwelt ihr Ethos. – All diese Entwicklungen und Entmächtigungsformen der Dinge haben sich in der gegenwärtigen Lage auf dem Boden der bürgerlichen Gesellschaft vereinigt, gegenseitig abgeschliffen und die geistige Haltung durchweg bestimmt.

Der erste und anschaulichste Ausdruck dieser Lage ist die künstlerisch-handwerkliche Form, die den Dingen aufgeprägt wird, reell und ideell. | *Statt einer Gestaltung, die aus dem Eingehen in die innerste Fülle und Mächtigkeit stammt, wird ihnen eine äußerliche, ästhetische Form aufgezwungen.* Nicht die Mächtigkeit der Sachen drückt sich in der künstlerischen Naturanschauung und der handwerklichen Formung der Dinge aus; nicht Symbole der sie tragenden Seinstiefe sind ihre Linien und Farben, sondern Zeichen eines subjektiven, willkürlichen, die Dinge vergewaltigenden,[y] und darum schlechten Geschmackes. Die Straßen und Zimmer unserer Städte sind Dokumente der Vergewaltigung der entmächtigten Dinge. Ebenso die sentimentale Naturpoesie. Aus jedem Ornament, aus jedem Vers, die dieser Geisteslage entstammen, springt uns die Lüge, die Fassade, der Kitsch entgegen, die Vergewaltigung der Dinge durch das willkürliche Subjekt. Umgekehrt üben die Dinge nun ihrerseits Herrschaft über die herrschaftliche Persönlichkeit aus. Die Dinge waren zum Spiel ihrer Willkür geworden[z] und nun wird sie selbst zum Spielball der verzerrten Dingwelt, in der sie lebt. Der Widersinn unserer Dingauffassung ist die Rache der vergewaltigten Dinge, ist das Gericht über die eroslose Erhebung der Persönlichkeit und die Entmächtigung der Dingwelt.

Der gegenwärtige Ruf nach Sachlichkeit ist der Kampfruf gegen jenen Zustand. Er geschah zunächst im Namen dessen, worin die Vergegenständlichung der Dinge sich vollzogen hatte, der Technik. Der technische Zweck verbietet weithin eine der reinen Zweckbeziehung widersprechende Gestaltung. Der Maschinenkolben duldet keine Ornamente. Er hat seine rationale Mächtigkeit, die höchste Hingabe erfordert. Die tiefsten und feinsten Gestalter der Dinge und der Naturanschauung gehen nun von hier aus weiter, um den Dingen ihre innere Macht wiederzugeben. Sie suchen die Seinsgrundlage, über der sie sich als Persönlichkeiten erhoben haben, wieder in sich aufzunehmen. *Sie suchen sich mit den Dingen zu einen, nicht herrschaftlich, sondern hingebend, eroshaft.* Sie suchen einen Person-Ding-Zusammenhang zu schaffen, der nicht auf Vergewaltigung beruht. Dieser Kampf gegen Lüge und Verzerrung ist aber durchaus nicht eine Angelegenheit einzelner Führer; er ist ein gemeinsamer, nicht moralischer, sondern schöpferisch-produktiver Kampf.[a] Er führt in Wesensschichten der Dinge, die nicht mehr nur durch die technische Zweckbestimmung bestimmt sind.[b] Wie überhaupt kein Ding, auch nicht Eisen und Beton[c] dadurch restlos bestimmt sind. Er gibt die Möglichkeit, Symbole zu schaffen für das Getragensein des Seienden vom Unbedingten, für die Schau, die auch in jedem Ding etwas sieht von jener Tendenz, die in der Persönlichkeit durchbricht, der Tendenz, seiner selbst mächtig zu werden. |

Die ästhetische Vergewaltigung der Dinge ist die eine Seite des wesenswidrigen Verhältnisses von Persönlichkeit und Dingwelt. Die andere Seite ist im Gegensatz dazu die völlige Unterwerfung der Persönlichkeit unter die mechanischen Notwendigkeiten, die Voraussetzung der Dingbeherrschung sind und die nun ihrerseits die Persönlichkeit entmächtigen. Sie wird durch diese Unterwerfung zu einem Element des maschinellen Vorganges, [d]d. h.[d] sie wird einbezogen in den Weltzusammenhang der reinen Zwecke, [e]den[e] sie sich ursprünglich um ihrer Erhebung willen gegenübergestellt hatte. – Freilich ist diese Mechanisierung des Persönlichen durch das Maschinelle kein unentrinnbares Verhängnis, *denn auch die Maschine hat wie jedes Ding Elemente der Selbstmächtigkeit*[f] und diese werden oft aufs stärkste von ihren Dienern empfunden, gelegentlich ebenso stark wie bei einem lebendigen Wesen. Die Durchführung dieser Tendenz im Gesamtprozeß des maschinellen Arbeitens, die Ermöglichung zahlreicher Erosbeziehungen dieser Art, die Schaffung eines Mythos, in dem der lebendige Sinn der maschinellen Dingbeherrschung sich ausdrückt, all dieses würde die Mechanisierung überwinden können. Und in dem Maße, in dem das grundsätzlich geschehen ist, könnte auch die Entäußerung der Persönlichkeit zugunsten des Maschinellen gelegentlich Opfer im Sinne höchster Freiheit, Ausdruck stärkster Selbstmächtigkeit sein. – Gegen diese Entwicklung aber stehen Kräfte, die nicht im Maschinellen selbst liegen und die jenes Opfer für Unzählige zu einem endgültigen und erzwungenen machen. Die sachgemäße Entwicklung der Technik, die die Neigung hat, jedes ganz mechanisierte Moment des Arbeitsprozesses der Maschine zu übergeben, wird durch ökonomische Herrschaftstendenzen gehemmt. Die soziale Machtverteilung führt dazu, daß die teilweise immer notwendige Mechanisierung des Arbeitsprozesses zu einem einseitigen, unverständlichen, sozial erzwungenen Opfer wird. Hier greift das Gemeinschaftsverhältnis maßgebend in die Formung des Dingverhältnisses ein.[g]

Persönlichkeit und Dinggestaltung stehen wesensmäßig so zueinander, daß im Werk die Persönlichkeit mit der Wesenstiefe der Dinge, mit ihrer geformten Seinsfülle in Verbindung kommt. Diese Verbindung ist erfüllend für die Persönlichkeit und erlösend für das Ding. Denn es geschieht dabei ein Zusammenschluß der verwirklichten Freiheit mit der gebundenen,[h] aber zur Verwirklichung drängenden Freiheit, der Selbstmächtigkeit mit der bloßen Mächtigkeit. Das ist der Reichtum der Werkhingabe, der sogar das Opfer vielseitiger Persönlichkeitsformung rechtfertigt. Nur von hier aus darf auch das Opfer beansprucht werden, das jedem Ding auferlegt wird, wenn es um der Einordnung in umfassendere Mächtig|keiten willen in seiner Eigenmächtigkeit beschränkt wird. Diese Form der Herrschaft über das Ding ist zugleich Dienst am Ding und Anerkennung seiner Seinstiefe. *Das wahre Werk ist ein Wechseldienst von Persönlichkeit und Ding, das falsche Werk ist gegenseitige Vergewaltigung von Ding und Persönlichkeit.*[i]

Ganz allgemein gilt für das Verhältnis von Persönlichkeit und Dingwelt: Die Persönlichkeit als das freie, seiner selbst mächtige Sein bedarf um ihrer selbst willen eines Dingzusammenhanges wechselseitiger Seinserfüllung. Durch die Erhebung der Persönlichkeit über das Ding und die Unterdrückung der Dingmächtigkeit wird das Ding zum Objekt der Willkür des zufälligen persönlichen Seins; es wird vergewaltigt, und es rächt diese Vergewaltigung mit Verzerrung und Mechanisierung des Persönlichen. Nur eine solche Erhebung der Persönlichkeit ist wesensgemäß, in der die Mächtigkeit der Dinge gewahrt bleibt, in der sie einbezogen werden in den Persönlichkeitsprozeß und zu Symbolen werden für das [j]unbedingte[j] tragende Sein. *Die Persönlichkeit nicht als Vergewaltiger, sondern als Sinnerfüller des Seienden und darum in Hingabe und Eros verbunden mit dem Ding, das ist der Sinn des wesenhaften Dingverhältnisses.*

III.
Persönlichkeit und Gemeinschaft.

Unterpersönliches wird, wenn auch eroshaft, von der Persönlichkeit angeeignet, denn es kann ihr nicht den Widerstand der Selbstmächtigkeit entgegensetzen. Persönlichkeit kann nicht angeeignet werden; sie wird zerbrochen oder sie wird aufgenommen in Gemeinschaft;[k] denn in ihr lebt der unbedingte Widerstand, der aus der vollendeten Selbstmächtigkeit folgt.[l] Dieser Widerstand aber ist die Bedingung dafür, daß Persönlichkeit entstehen kann. Nur durch ihn bekommt das Werden zur Persönlichkeit den Charakter unabweisbarer Forderung. Nur an der fremden Persönlichkeit geht der Persönlichkeit ihr eigenes Wesen auf. Nur in der Gemeinschaft von Ich und Du kann Persönlichkeit werden.

Die Gemeinschaft aber greift über die Persönlichkeit hinaus. Sie hat eine eigene Seinsfülle, die nicht aus der Summe der Persönlichkeiten stammt. Sie hat ein Eigenleben, das die Persönlichkeit tragen, aber auch vergewaltigen kann. Daraus ergibt sich in der Gemeinschaftsbeziehung der Persönlichkeit eine der Dingbeziehung entsprechende Lage. In der | primitiv-rituellen Auffassung des sozialen Lebens haben die sozialen Gestalten, Familie, Stand, Ort, Volk, Kultgemeinschaft[m] eine sakrale Mächtigkeit, die den einzelnen unbedingt einordnet, seine Selbstmächtigkeit in die Grenzen der übergreifenden Einheit zwingt, sie dadurch hemmt, bricht, ja zerbricht,[n] und ihr doch zugleich Leben, Fülle, Tiefe, Sinn und Gehalt gibt. Nicht der einzelne, sondern die Tradition, der Lebensstrom, der durch die Geschlechter hindurchgeht, die heilige Sitte, das sakrale Recht tragen die Gemeinschaft. Der einzelne ist getragen und nur als Glied auch mittragend. Und nicht das persönliche Leben des einzelnen, sondern das Leben des Ganzen, das vergangene und zukünftige eingeschlossen, ist das Ziel der Gemeinschaft. Der einzelne ist Mittel und nur als Glied des Ganzen auch Ziel.

Die Erhebung der Persönlichkeit zu reiner Selbstmächtigkeit ist Erhebung über die sozialen Bindungen und Einordnungen. Sei es die unbedingte Forderung der Gesetzesreligion, die jeden einzelnen zur Verantwortung zieht, sei es die rationale Auflösung der alten Bindungen in der autonomen Kultur, sei es die nominalistische Kritik an den übergreifenden Seinsmächten, sei es die protestantische Stellung des einzelnen allein auf sein mit Gott ringendes Gewissen, sei es die von aller Gemeinschaft unabhängige individuelle Prädestination, sei es der demokratisch-revolutionäre Versuch, eine neue Gesellschaft rational vom einzelnen her aufzubauen – auf all diesen Wegen wird die Gemeinschaft entmächtigt. Die Persönlichkeit wird Träger und Ziel des sozialen Lebens. Sie unterwirft sich die sozialen Zusammenhänge ihren Zwecken entsprechend, genau wie die Dingwelt. Die übergreifenden Einheiten werden profanisiert, entleert. *Die sozialen Gruppen verlieren ihre Macht, die Persönlichkeit zu zerdrücken und zu zerbrechen,*[o] *aber auch ihre Macht, sie zu tragen.* In dem Maße, in dem die Loslösung der Persönlichkeit fortschreitet, tritt eine Seinsentleerung ein, die zu einem Zusammenbruch der Selbstmächtigkeit führt und zu der Unterwerfung von Persönlichkeit und Gesellschaft unter naturhafte Gesetze ökonomischer und psychologischer Art, die die Persönlichkeit formal gewährleisten, inhaltlich zerstören. Das kann gegenwärtig sowohl an den sozialpolitischen wie an den sozialpädagogischen Tatsachen aufgezeigt werden.

Jede Gemeinschaft ist gegründet auf eine Rangordnung von Mächtigkeiten. In der sakralen Auffassung des Gemeinschaftslebens ist die sozial mächtige Persönlichkeit Repräsentant der Mächtigkeit, die dem Ganzen innewohnt. Ihre Gewalt stammt nicht von ihr.[p] Sie ist genau begrenzt durch den Sinn, den sie für das Ganze hat, sie macht persönliche | Entwicklungsmöglichkeiten zunichte, aber sie ist auch geschützt durch ihren Ort, den jeder anerkennt und der teilhat an der Heiligkeit des Ganzen. Es fehlt grundsätzlich (anders als grundsätzlich kann all dieses nicht behauptet werden) der private, mit der einzelnen Persönlichkeit verbundene Charakter der Gewalt und damit der Widerspruch fremder gleichfalls privater [q]Gewaltstrebungen[q]. Darum beugt man sich vor dieser Gewalt, im Innersten von ihr überzeugt, auch bei mangelnder Eignung des Trägers.

Mit der Erhebung der Persönlichkeit fallen die heiligen Machtstufen fort. Jeder hat zunächst die Mächtigkeit, die das Persönlichkeit-Sein als solches gibt, und diese ist bei allen gleich. Daraus folgt die Forderung der Gleichheit vor dem Recht und der Freiheit von den die Selbstmächtigkeit bannenden Rechten anderer. Es folgt die Zwecksetzung, die jede Einzelpersönlichkeit zum Ziel des Gesamtlebens macht und der Rechtsform nach jedem die gleichen Mittel in die Hand gibt. Aber das Herrschaftsverhältnis kann nicht aufhören. Es gehört zum Wesen des gesellschaftlichen Aufbaus. Und so entsteht eine Herrschaftsstellung, die allein begründet ist auf dem naturhaften Machtwillen des einzelnen, ohne repräsentative Bedeutung, ohne Verantwortlichkeit. Ihr gegenüber steht die Entmächtigung der Masse, die Objekt dieser Herrschaft ist, auch nur naturhaft, nicht innerlich getroffen, nicht auf Grund innerer Beugung vor einer Mächtigkeit, die das Ganze trägt. *Das Herrschaftsverhältnis, das so entsteht, ist privat, unsakral, außerpersönlich, aber nicht minder zwingend für Herrscher und Beherrschte.* Es ist die vornehmlich in der Wirtschaft sich durchsetzende Herrschaftsform, deren Grundlage der freie Vertrag ist, also die Unantastbarkeit der selbstmächtigen Persönlichkeit. Doch gilt das gleiche auch weithin für die politische Herrschaft, insofern diese vermittelt ist durch die überlegene Handhabung des psychologisch-publizistischen Apparates. Die Folgen dieser Erhebung der Persönlichkeit über die seinshaften Mächtigkeiten der Gemeinschaft sind das Verhängnis unserer gesellschaftlichen Lage.

Für die Inhaber der Wirtschaftsmacht bedeutet diese Lage den Zwang, im Dienst der Wirtschaftsgesetze und im Kampf mit allen anderen Gleichmächtigen ihr persönliches Leben einzusetzen. Sie werden in diesem Naturprozeß der Wirtschaft zu einem ungeformten, von höheren Gewalten getriebenen Stück Naturdynamik. Die persönliche Ärmlichkeit zahlreicher Wirtschaftsführer ist umgekehrt proportional der ungeheuren naturhaft machtvollen Stoßkraft und Herrschaftlichkeit, die sie unverantwortlich und unrepräsentativ in der Hand haben. Auch darin kann | Opfer liegen. Gewöhnlich aber ist es Verbindung von Zwang und Herrschaftswille.

Für die Objekte ihrer Herrschaft bedeutet diese Sachlage völlige Entmächtigung, Unterwerfung unter die unentrinnbaren Gesetze der Konjunktur, Existenzunsicherheit als Korrelat der Vertragsfreiheit, Entleerung des persönlichen Lebens durch das Ringen um Existenz gegen den ständig aufsitzenden Dämon der Sorge.[r]

Vielleicht am schwersten wiegt dabei, daß die Arbeit zur Ware wird, die beliebig an jede Person und für jede Sache verkäuflich ist, daß also die Seinsbeziehung, die durch das Werk gewonnen werden kann, unmöglich gemacht wird und die ganze Werksphäre aus dem Sinn des Lebens herausfällt. Unter diesen Umständen ist natürlich die vorher betrachtete Arbeitsmechanisierung, das erzwungene Opfer des persönlichen Lebens, besonders bitter. *Die Arbeit kann weder getragen sein von der Werkfreude*[s] *noch von dem sozialen Bewußtsein, wesenhafte Güter zu produzieren.* Denn dieser Gesichtspunkt ist durch die herrschaftliche Verteilung des Konsums und durch den Geist der bloßen Warenproduktion zu Profitzwecken auch dann für den Arbeiter verhüllt, wenn er tatsächlich vorliegt.[t]

Der sozialpolitischen entspricht die sozialpädagogische Lage. In der sakralen Auffassung des Gesellschaftslebens ist die geistige Formung bedingt durch die Stufe der Mächtigkeit, auf der einer steht. Diese Formung ist begrenzt, aber konkret und aus der Lebenswirklichkeit geboren, sie deutend und ordnend. Ihr Ziel ist die Einfügung des Einzelnen in den Lebenssinn und die Lebenswirklichkeit des Ganzen. Die Grenzen des Ganzen, seine Traditionen und heiligen Symbole werden dabei nach keiner Seite überschritten. Welthafte Zusammenhänge erscheinen so wenig wie Ideale persönlicher Formung. Der Geist der Gemeinschaft trägt, gibt Sinn und Form, und begrenzt, schneidet ab von universaler Formung.

Mit der Erhebung der Persönlichkeit fallen die Grenzen der Gemeinschaft, zugleich aber die sinngebenden konkreten Formen. Die neue Form kann nur abstrakt sein, und zwar nach zwei Richtungen hin, entsprechend der Polarität von Persönlichkeit und Welt. *Die sich erhebende Persönlichkeit erklärt eben dieses, daß sie sich erhebt, für das Ziel der Persönlichkeitsformung.* Das ist formal; aber dieses Formale hat gegenüber der vorhergehenden Geisteslage ein ungeheures Pathos und hat es mit Recht. Denn es ist der Ausdruck für die Erfassung der Persönlichkeitsidee in ihrer unbeding|ten Geltung. Dieses ist der Kern und die Größe des humanistischen Persönlichkeitsideals. Darum ist es unangemessen, wenn von theologischer Seite Humanismus und Christentum in einen einfachen Gegensatz gebracht werden. Auch die Berufung auf Luthers Kampf mit Erasmus kann das nicht rechtfertigen. Das servum arbitrium ist als theologische Aussage nur sinnvoll bei dem seiner selbst mächtigen Wesen, nur dann hat es die paradoxe Tiefe, die in dem logisch widerspruchsvollen Begriff gemeint ist und die der Humanist, der nichts ist als dieses, freilich nicht verstehen kann. Aber ein seiner selbst unmächtiges Wesen hat überhaupt kein *arbitrium*; die theologische

Aussage würde ihm gegenüber nur die ganz unparadoxe Feststellung der Gebundenheit an den Naturprozeß bedeuten.[u]

Wo nun das Ideal der Persönlichkeit in dieser Weise zum Ziel der geistigen Formung gemacht wird, entsteht notwendig die Frage nach den Inhalten, in unseren Begriffen: nach dem Sein, dessen man sich bemächtigen, das man zur zentralen, geschlossenen Formung bringen soll. Die Antwort kann aber nur sein: Die Welt als universale Seinsform. Das folgt aus der Gegenüberstellung von Persönlichkeit und Welt im Akt der Persönlichkeitserhebung. So lautet denn auch die humanistische Antwort. *Es entsteht das Ideal der allseitig geformten Persönlichkeit,* das unser ganzes Bildungswesen bestimmt. So groß und bedeutungsvoll diese Durchbrechung aller grundsätzlichen Grenzen der geistigen Formung ist, so eindrucksvoll auch einzelne durch sie gestaltete Persönlichkeiten, insonderheit der deutschen Klassik[v] für uns sind, so unverkennbar ist doch die verhängnisvolle Auswirkung, die dieses Ideal sozialpädagogisch gehabt hat. Sein entscheidender, in der Sache begründeter Mangel ist der, daß die Formung der Persönlichkeit nicht aus der konkreten Wirklichkeit geboren ist, in der der einzelne steht. Infolgedessen bleibt die Formung trotz einer Fülle von Seinsübermittlung immer relativ abstrakt. *Alles interessiert, nichts geht unbedingt an.* Nichts ist imstande, mit der Kraft unbedingter Forderung Lebenssinn und Lebensrichtung zu geben. – Das hat nun die verschiedensten Auswirkungen. Zunächst die, daß diese Persönlichkeitsformung Privatbesitz einzelner oder einer Klasse wird, die die äußeren Vorbedingungen für einen solchen abstrakten und ideellen Universalismus hat. Ferner, daß es innerhalb dieser Klasse nur wenige sind, für die eine wirkliche Wesensgestaltung erreicht wird, daß die meisten diese Bildung als Bedingung zur Klassenzugehörigkeit sich aneignen, ohne daß Persönlichkeiten geformt werden. Für die eigentliche Masse aber ergibt sich, daß sie aus dieser Art Formung grundsätzlich | ausgeschlossen ist und daß sie ihre Elemente nur als Sensation oder wirkungsloses Interesse durch Film und Zeitung aus aller Welt zugeführt bekommt. Auch darin liegt noch etwas Positives;[w] denn jede Durchbrechung einer Schranke der Selbstmächtigkeit ist von der Persönlichkeitsidee her positiv zu werten, aber die Art der Verwirklichung ist fast nur zerstörerisch, löst die Persönlichkeit auf in lauter abstrakte Relationen und schafft ein allgemeines Niveau, über das sich selbst stärkere Geister nur mit Mühe erheben können und das in einem vollen Gegensatz zu dem ursprünglichen Persönlichkeitsideal steht.

Das ist das Verhängnis: *Dem Persönlichkeitsideal entspricht die Massentatsache.* Das sogenannte höchste Glück der Erdenkinder[x] bleibt ein Privileg. *Der humanistischen Formung einzelner entspricht die menschenunwürdige Deformierung der meisten.* Und auch die wenigen, die durch den Universalismus immer mehr von ihren Seinsgrundlagen losgerissen werden, verfallen notwendig einer wachsend formalen, zugespitzten, raffinierten und schließlich sich zersetzenden Formung. Ein leidenschaftlicher Wille zur Primitivität um jeden Preis bedeutet das Ende des humanistischen Ideals.[y]

So zeigt sich im Sozialpolitischen und Sozialpädagogischen das gleiche Bild: Das Persönlichkeitsideal zerbricht an Seinsentleerung und Aufkommen naturhaft zwingender Mächte, sei es im Ökonomischen, sei es im Politischen, sei es im Geistigen. Der Erhebung über die Gemeinschaft folgt der Fall unter die Gemeinschaft, unter das Naturgesetz, das soziologisch feststellbar und sozial zwingend ist. – Viele Bewegungen lehnen sich gegen diese Herrschaft auf: Sozialismus, Jugendbewegung, nationale Bewegung, um nur die wichtigsten zu nennen. Durch sie ist das Wort „Gemeinschaft" längst zu einem Programm und Schlagwort geworden. Sie alle aber scheitern ständig an der Unentrinnbarkeit der Gesetze, unter die wir durch die Katastrophe des Persönlichkeitsideals im Sozialen und Geistigen geraten sind. Entweder haben sie, wie vielfach der Sozialismus und ein machtpolitischer Nationalismus, den Geist zu ungebrochen in sich, aus dem unsere Lage geworden ist. Oder sie haben, wie die Jugendbewegung und alle romantischen Strömungen und auch die katholische Kirche, die ungeheure Größe und Unzurücknehmbarkeit der Befreiung der Persönlichkeit nicht verstanden. Zwischen beiden Abwegen geht der Weg, der in den sachlichen Zusammenhängen des sozialen Lebens die Tiefe und Seinsfülle wieder entdeckt, die an sich in ihnen liegt. Nur die Vergewaltigung ihrer Strukturen und lebendigen Tendenzen durch die herrschaftliche und schließlich naturgesetzlich beherrschte Persönlichkeit | hat dem sozialen Leben in allen Beziehungen diese Mächtigkeit und Symbolkraft unterbunden. Um ihre Befreiung und damit in ganz neuem Sinne auch um Befreiung der Persönlichkeit ringen die besten Kräfte unserer Zeit, ganz in der Stille, ganz im Vorläufigen, aber mit dem klaren Ziel neuer Einordnung der Persönlichkeit in übergreifende, tragende, geheiligte, Seinsmächtigkeit ausstrahlende Gestalten.

IV.
Persönlichkeit und Seele.

Unter Seele soll hier dasjenige Sein verstanden werden, aus dem sich unmittelbar das persönliche Zentrum erhebt. Dazu gehört natürlich auch das Leibliche – nicht insofern es Gegenstand im Raum ist, sondern insofern es unmittelbare Ausdrucks- und Existenzform des Seelischen ist. – *Die Lage ist nun die, daß überall da, wo das Persönlichkeitsideal sich durchsetzt, das seelische Sein allmählich seiner Mächtigkeit beraubt wird,* teils durch Ausschaltung und Profanisierung, teils durch Verdrängung aus dem Zentrum des Bewußtseins. Auf diese Weise wird aber die Persönlichkeit einer Überlastung ausgesetzt, die zu einem Zusammenbruch und zu einem zerstörerischen Hervorbrechen der verdrängten seelisch-vitalen Mächte führt. – Sowohl die Geschichte des Protestantismus wie auch die des Idealismus könnten von dieser Auffassung aus neu verstanden werden. Hier sind nur kurze Andeutungen möglich.

Im Katholizismus der vorreformatorischen Geisteslage sind alle Seiten des seelischen Seins in die Beziehung zum Heiligen hereingezogen. Eine überaus differenzierte Psychologie betrachtet jede seelische Regung sub specie aeterni. Die Gnadenlehre mit ihren zahlreichen Abstufungen gibt jedem Typus eine bestimmte Beziehung zum Unbedingten. Der Gedanke der Stellvertretung jedes Gliedes der Gemeinschaft für jedes andere bezieht alle inneren Mächtigkeiten unmittelbar auf das Ganze. Freilich verdunkelten diese Stufen mehr und mehr die zentrale Beziehung des einzelnen zum Unbedingten, seine persönliche, unübertragbare Verantwortung. Die unabweisliche Frage nach dem eigenen Heil wurde nicht beantwortet. Demgegenüber wendet sich die Reformation an das persönliche Zentrum, an Gewissen und Entscheidung. Sie schiebt die Stufen, die Psychologie, die Stellvertretung, die Gnaden beiseite. Sie stellt alles auf die zentrale persönliche Hinwendung zum Unbedingten, auf den Glau|ben. Das Relative, der weite Umkreis des seelischen und leiblichen Lebens[z] wird bedeutungslos und verfällt der Profanisierung.

Nun aber war der Durchbruch, der sich in Luther vollzog, hervorgewachsen aus jahrhundertelanger Kultur der seelischen Selbstbeobachtung, aus einer reichen Fülle seinshafter seelischer Mächtigkeiten. In bezug auf sie hatte die Paradoxie seiner Gotteserfahrung ihre Schärfe, ihren Sinn. Nur weil der älteste Protestantismus noch erfüllt war von jener Allseitigkeit und Unmittelbarkeit des religiösen Bewußtseins, konnte er die heroischen und doch erfüllten Persönlichkeiten des reformatorischen Zeitalters schaffen. Mit dem Schwinden dieser Unmittelbarkeit, dieser Breite und Substanz des religiös-seelischen Lebens traten Intellekt und Moral an Stelle des ursprünglichen paradoxen, durchbruchhaften Erlebens.[a]

Der heroischen Persönlichkeit des Reformationszeitalters folgte die rationale der Aufklärung und die humanistisch-romantische der Klassik. Dadurch aber wurde die Paradoxie der persönlichen Gnade zum Gesetz und zwar immer mehr zum *Gesetz der bürgerlichen Konvention.* Aus dem unbedingten Ergriffenwerden der Persönlichkeit in Gericht und Gnade wurde das allgemeinvernünftige Gesetz einer bürgerlich-christlichen Gesellschaft. Niemand aber ist imstande, den zentralen und unbedingten Anspruch des Göttlichen zu ertragen, außer im Durchbruch der Gnade.[b] Wird der Versuch gemacht, den Heroismus des Persönlichen als Dauerhaltung zu fordern, sei es von einer Kirche, sei es von einer Gesellschaft, so entsteht mit Notwendigkeit, solange diese Gemeinschaften die Kraft haben, ihre Forderung durchzusetzen, eine Verdrängung der seelisch-vitalen Kräfte und ihre heimliche Opposition. Nach einiger Zeit aber bricht dieser persönliche Zentralismus zusammen. *In diesem Zusammenbruch stehen wir in ungeheuerstem Ausmaße.* Das Überhandnehmen der psychopathischen Erscheinungen, die sich unter anderem daraus ergaben, führte zur Entdeckung der Psychoanalyse und eröffnete damit einen Weg, das psychische System der Verdrängungen zu durchschauen.[c] Schon Nietzsche und die realistische Literatur des 19. Jahrhunderts hatten die Lüge des bürgerlichen Personalismus durch Aufweis der Verdrängungen, auf denen er ruht,[d] weitgehend enthüllt. Damit war gezeigt, daß der so selbstsichere personalistische Aufbau seiner eigenen Grundforderung nicht gerecht werden konnte: Seiner selbst mächtig zu werden. *Verdrängung ist nicht Selbstbemächtigung.* Verdrängung führt zu dem Bau eines seelischen Untergrundes, der entweder zur Lüge zwingt oder zur Erstarrung führt oder sich in bürgerlich er|laubten Ventilen wie z. B. dem wirtschaftlichen Machtwillen Luft schafft, oder die Seele pathologisch zerstört, ein z. Z. häufiger Ausweg, oder schließlich – und das ist der Weg zur Rettung, den unsere letzte Entwicklung zu gehen scheint – sich offen darstellt und den systematischen Kampf gegen den ganzen Aufbau beginnt.

Es ist verständlich, daß dieser Kampf zunächst zu Auflösungserscheinungen führte, die der bürgerlichen Gesetzlichkeit rechtzugeben schienen. Dieser Übergang war unvermeidlich. Sein Ziel aber ist neue Formung; eine Formung freilich, die nicht aus dem Gesetz geboren ist – das Gesetz treibt zum Widerspruch – [e] sondern aus der Gnade. Dabei wird es notwendig sein, den Begriff der Gnade weiter zu fassen,[f] als es vom protestantischen Rechtfertigungsgedanken her geschehen ist. Nicht als dürfte das protestantische Prinzip angetastet werden, aber es muß die Stellung bekommen, die es im Neuen Testament hat und durch die es vor Vergesetzlichung geschützt wird;[g] die Stellung eines Korrektivs gegen das Gesetz. Die Substanz des religiösen Lebens aber muß alle Seiten der seelischen und vitalen Wirklichkeit in ihrer Fülle und Differenziertheit einbeziehen. In der Tiefenpsychologie findet sich gegenwärtig oft mehr wirkliches Bewußtsein um den Sinn der Gnade und darum mehr heilkräftige Seelsorge als in der kirchlichen Seelenpflege. Diese versucht immer wieder, den Menschen die religiöse Erfahrung der Reformatoren als Gesetz aufzuerlegen. Das ist einer der Hauptgründe ihrer Wirkungslosigkeit, ja ihrer Mitwirkung zum allgemeinen seelischen Zusammenbruch.[h]

In all dem wird offenbar, wie unwirklich der Begriff der geschlossenen Persönlichkeit ist. Es wird offenbar, wie sehr dieser Begriff von der Scheinformung lebt, die die Verdrängung schafft. Das bewußte, scheinbar so geschlossene Persönlichkeitsleben ist offen für die vitalen Kräfte, die aus dem allgemeinen Lebensprozesse in jedes Einzelleben dringen,[i] und die aus der Tiefe unserer eigenen lebendigen Substanz und ihrer frühesten Prägung heraus das Bewußtsein lenken und oft da die schwersten Belastungen bewirken, wo wir glauben, am freiesten zu sein.[j] – Ergänzt wird diese Erfahrung durch die Einsichten, die sich aus der Psychologie der Ichzerspaltung auch für das normale Seelenleben ergeben haben,[k] die Tatsachen der Zwiespältigkeit und Vielfältigkeit des persönlichen Zentrums. Sie waren dem Neuen Testament und der alten Kirche unter dem Begriff der Besessenheit wohlbekannt. Man stellte ihnen aber nicht die Persönlichkeit, sondern die Begnadetheit, gleichsam die Besessenheit von oben entgegen. *Zwischen Besessenheit und Begnadetheit steht jede | Persönlichkeit, offen nach beiden Seiten.* Die Persönlichkeit ist der offene Schauplatz dieses Kampfes und das Ideal der geschlossenen Persönlichkeit ist eine Täuschung. Das Persönlichkeitsideal ist ein heroischer Versuch, die Klarheit Gottes in der Welt der Zweideutigkeit zu verwirklichen, darum zerbricht es. Das Seiner-selbst-mächtig-Werden ist nur Wirklichkeit als Bemächtigtsein von der göttlichen Tiefe.

Das führt zu der Aufhebung des Begriffs der religiösen Persönlichkeit. Er ist eine harmlose Redeform, wenn er nichts weiter bezeichnen soll als einen dem religiösen Akt hingegebenen Menschen. Mit Persönlichkeitsideal hat das nichts zu tun. Auch dann nicht, wenn die religiöse Haltung das gesamte Leben eines Menschen erfüllt, wenn er homo religiosus im engeren Sinne wird, auch dann nicht, wenn er zu den Stiftern und Führern der Religion gehört oder zu ihren Heiligen. Religiöse Persönlichkeiten im prägnanten Sinne sind das alles nicht, ist weder Jesus noch Paulus, weder Augustinus noch Franziskus noch Luther.[1] Zur religiösen Persönlichkeit gehört dieses, daß die Religion als tragendes Element des Aufbaus der Persönlichkeit gewertet wird, daß also das Ziel die Persönlichkeit und ihre Entfaltung, das entscheidende Mittel die Religion ist. Die reine Form des Seiner-selbst-mächtig-Werdens unterwirft sich auch den religiösen Akt, dessen Wesen es ist, diese Form zu sprengen. Um ihn unterwerfen zu können, muß sie ihn in die Grenzen der Persönlichkeitsformung, der Humanität oder bloßen Vernunft bannen. Sie muß das Transzendente, [m]Überschwengliche[m], Formzerbrechende der Gnade abwehren. *Die religiöse Persönlichkeit ist dasjenige Sein, das seiner selbst in bezug auf das unbedingte Sein mächtig ist. In diesem Satz liegt die letzte und entscheidende Kritik des Persönlichkeitsideals;* denn es ist das Wesen des unbedingten Seins, daß wir ihm gegenüber nie und in keiner Form unserer mächtig sind.[n] Wohl aber ist das Unbedingte unser mächtig, ob wir es wollen oder nicht, zur Zerstörung oder zur Begnadigung.

Kritischer Apparat

68 a–a B und C: 1. Der Persönlichkeitsbegriff
b–b B und C: Seiendes
c B: Anm. 1: Es scheint mir wichtig zu sein, den Begriff der Macht mit Hilfe des Abstraktivums „Mächtigkeit" seiner ausschließlich soziologisch-politischen Verwendung zu entziehen und ihm seinen ursprünglich ontologischen Sinn wiederzugeben. Mächtigkeit ist die einem Seienden zukommende Seinsfülle, seine Ausdruckskraft für die schöpferischen Potenzen, die sich in ihm verwirklicht haben. – Die Benennung der schöpferischen Quelle als „Abgrund" oder „Tiefe" ist veranlaßt durch die ontologischen Prinzipien „Grund" und „Abgrund", die ich in der Religionsphilosophie [= MW/HW 4, 117–170] entfaltet habe.
d–d C: daß
e in C folgt Komma
69 f–f C: Waage
g–g B und C: anderes
h–h C: einzelnen
i–i B: einzelnen
j–j B und C: dieser
70 k in C fehlt Komma
l B: Anm. 2: Diese Bemerkungen zum Weltbegriff waren vor Heideggers Analyse des Weltbewußtseins gemacht. Der Unterschied von Heidegger scheint mir der zu sein, daß Heidegger von dem Stehen in einer Umwelt ausgeht und darum die Qualität der Welthaftigkeit dem jeweilig „zuhandenen" Umkreis des Seienden zukommt. Hier dagegen, in der Persönlichkeitsanalyse, ist die

Beziehung auf den Kreis des „Seienden überhaupt" entscheidend, weil sich die Persönlichkeit gegenüber der Totalität des Seienden als solcher konstituiert. Ist die Totalität nicht erfaßt, so bleibt das Subjekt seiner Umwelt verhaftet, und dringt nicht durch zur Selbstmächtigkeit. Es ist auch gegenwärtig zu beobachten, daß die radikale technische Sachlichkeit als Haltung korrelativ zu einer Entpersönlichung und einer Gleichgültigkeit gegen die Probleme der Welt als Welt führt. Namentlich die jüngste Generation scheint in dieser Richtung zu gehen.

m B: Anm. 3: Das Persönlichkeitsideal entstammt dem extremen „Vatertypus" der Religion, in der Antike wie in der Gegenwart. Die Abwendung von ihm ist darum zugleich Hinwendung zum „Muttertyp" des Religiösen, was als Hintergrund dieses wie aller anderen Vorträge des Buches beachtet werden möge.

n B: Anm. 4: Der Akt des Seiner-selbst-mächtig-Werdens und die Forderung, daß dieser Akt geschehe, sind ein und dasselbe. Denn hätte der Akt nicht den Charakter, gefordert zu sein, so wäre er Willkür oder Notwendigkeit. In beiden Fällen Vorgang. Erhebung zur Persönlichkeit aber ist kein Vorgang, auch kein noch so lebendiger Naturprozeß. Das bedeutet: Freiheit ist immer nur aktuell als Wesensforderung. Freiheit und Wesensforderung stehen so wenig im Gegensatz, daß sie vielmehr zwei Betrachtungen ein und desselben Sachverhaltes sind. Das Freisein des Seienden von seiner Unmittelbarkeit ist eins mit seiner Fähigkeit, die Forderung aufzunehmen, die auf Wesenserfüllung geht. Die Vitalphilosophie, die die Erhebung des Seienden zur Selbstmächtigkeit zurücknehmen will, vergißt, daß die Erhebung als Wesensforderung erfahren wird, ihre Zurücknahme also der Wesenswiderspruch wäre. Sie übersieht eben damit, daß die Selbstmächtigkeit die eigentliche, höchste Macht des Seienden ist.

o–o B und C: Dies

71 p–p B und C: Existenzurteil

q in A und B nach dem Gedankenstrich ein Komma

r B: Anm. 5: Von hier aus können die theologisch-apologetischen Diskussionen über den „persönlichen Gott" beurteilt werden. Ihr Grundfehler war, daß sie in der Sphäre der gegenständlichen Existenz verliefen, in der die positiven wie die negativen Aussagen völlig äquivalent, weil gleichmäßig unangemessen sind. Nietzsches Ausruf, daß, wenn es einen Gott gäbe, er es nicht aushielte, nicht Gott zu sein, ist gegenüber der gegenständlich existierenden absoluten Persönlichkeit eine (meist uneingestandene) Reaktion jedes Menschen. Auch diejenigen, die eine solche Reaktion als höchste Frivolität ablehnen, zeigen mit der Affektbetontheit ihrer Ablehnung, wieviel Widerstand sie in sich haben brechen müssen. Hier vor allem liegen die Wurzeln des modernen „Atheismus" – der meistens gar nicht Atheismus ist. – Die Theologie hat schon deswegen keinen Anlaß, sich auf diese Diskussion einzulassen, weil der verhandelte Persönlichkeitsbegriff (Gott als bewußtes und wollendes Seiendes) ein deteriorisiertes Produkt des 19. Jahrhunderts ist. Die alte, von einer großen ontologischen Tradition getragene Theologie hat solchen Begriff nicht verwendet. – Die im Text angedeutete Lösung spricht dem Sein in seiner Transzendenz die Qualität der Selbstmächtigkeit zu, ein Urteil, das mit der Sphäre des „es gibt" schlechterdings nichts zu tun hat.

s in C statt des Semikolon ein Komma
t–t B und C: verlorengeht
u in C fehlt Gedankenstrich
72 v–v C: unbedingten
w in C statt des Doppelpunktes ein Punkt
73 x in B und C folgt ein Doppelpunkt
74 y in C fehlt Komma
z in C folgt Komma
a B: Anm. 6: Die neuesten Bewegungen in Architektur und Kunsthandwerk verdienen die Aufmerksamkeit der Theologie. Nicht nur das Ringen um Wahrhaftigkeit, das sich in den Werken dieser Richtung zeigt, sondern auch die neue Sachmächtigkeit, die die Dinge selbst offenbaren – ohne subjektive Hinzufügungen –, muß als religiös bedeutsam anerkannt werden. Der Widerstand aller Arten subjektiver Dingvergewaltigung gegen diese Haltung zeigt, daß hier ein Angriff unternommen wird, der bis an die Wurzel unserer verzerrten Dingbeziehung geht.
b in C statt des Punktes Komma mit anschließender Kleinschreibung
c in C folgt Komma
75 d–d C: das heißt
e–e B und C: dem [Vgl. aber S. 70: ... uns alles Seiende sich gegenüberstellt.]
f in C folgt Komma
g B: Anm. 7: Vgl. dazu meinen Vortrag: „Logos und Mythos der Technik".
h in A und B fehlt Komma
76 i B: Anm. 8: In der Besiedlung der Landschaft durch den Menschen erfüllt sich die Landschaft, wenn das Haus die Tendenzen der jeweiligen Erdoberfläche in Form und Materie aufnimmt. Dagegen wird die Landschaft verwundet und der Mensch aus ihr herausgestoßen, wenn das Haus, ausschließlich vom Subjekt bestimmt, sich der Erdoberfläche entgegenstellt.
j–j B und C: unbedingt
k in C statt des Semikolon ein Komma
l B: Anm. 9: „Das Du", wie man zur Zeit sagt.
77 m in C folgt Komma
n in C fehlt Komma
o B: Anm. 10: Alle Romantik ist dadurch gekennzeichnet, daß sie diese Seite der Sache vergißt, und damit den Sinn des historischen Fortschreitens aufhebt. Sie täuscht sich dabei in der Meinung, jene Vergangenheit wiederbringen zu können ohne Preisgabe dessen, was durch den Bruch mit ihr geschaffen und nun zur Selbstverständlichkeit geworden ist, wie z. B. die Unantastbarkeit des persönlichen Lebens.
p B: Anm. 11: Dieses ist der ursprüngliche und wesenhafte Sinn des „Gottesgnadentums" des Monarchen, der freilich im Laufe der Zeit zu einer Ideologie zwecks Stützung bestimmter Machtgruppen wurde, die mit den Grundlagen des Gedankens nichts zu tun haben. Das Gottesgnadentum wurde „privatisiert".
78 q–q B und C: Gewaltsstrebungen
79 r B: Anm. 12: Vgl. dazu den Vortrag: „Klassenkampf und religiöser Sozialismus" [im vorliegenden Band Text Nr. 5].
s in B und C folgt Komma

t B: Anm. 13: Auf die Frage: Was und für wen wird zur Zeit mit den ungeheuren Produktionsmitteln produziert, die die Technik bereitstellt, braucht nicht nur pessimistisch geantwortet zu werden. Die Menge des Produzierten ist sinnvoll und kommt den meisten zugute. Aber gerade auf diese Menge kommt es dem Bewußtsein nicht an, sondern auf das, was als Überschuß berufen ist, der menschlichen Sinnerfüllung zu dienen. Und bezüglich dieser Seite der Produktion gilt das dreifache: 1. ist der Proletarier fast restlos davon ausgeschlossen, während die übrigen Klassen gestaffelt (und die höchsten Klassen in gewaltigem Ausmaß) daran teilnehmen, 2. ist der Rest, den der Proletarier erhält, das jeweilig Minderwertigste, dem der Profitcharakter der Ware am meisten aufgeprägt ist, 3. besteht im kapitalistischen System die Tendenz, dem Proletarier auch diese Restbestände zu nehmen.

80 u B: Anm. 14: Darin liegt das Recht des Erasmus gegen Luther. Wenn Prädestination einfach und direkt gegen Autonomie oder Freiheit gestellt wird, zieht man die Prädestination in die Niederung der Determinismusdebatte herab und mechanisiert, wie immer man sich entscheidet, die religiösen Kategorien.

v in C folgt Komma

81 w in C statt des Semikolon ein Komma

x J. W. Goethe, Westöstlicher Divan, Buch Suleika (Volk und Knecht und Überwinder,/ Sie gestehn, zu jeder Zeit,/ Höchstes Glück der Erdenkinder/ Sei nur die Persönlichkeit).

y B: Anm. 15: Vgl. die ausführliche Darstellung dieser Dinge in „Masse und Geist", Studien zur Soziologie der Masse, 2. Aufl. 1929 [im vorliegenden Band Text Nr. 2; eine 2. Aufl. konnte nicht nachgewiesen werden].

83 z in C folgt Komma

a B: Anm. 16: Vgl. die Durchführung dieses Gedankens in meinem Vortrag: „Rechtfertigung und Zweifel" [= MW/HW 6, 83–97].

b B: Anm. 17: Vgl. die analoge Entwicklung im gegenreformatorischen Katholizismus bis zur Entstehung der bürgerlichen Gesellschaft der französischen Revolution, dargestellt in der bedeutungsvollen Schriftenreihe von Groethuysen: „Die Entstehung der bürgerlichen Welt- und Lebensanschauung in Frankreich". 1. Bd.: „Das Bürgertum und die katholische Weltanschauung" 1927.

c B: Anm. 18: Die Einordnung der Psychoanalyse in die Oppositionsbewegungen gegen den seelischen Aufbau der bürgerlichen Gesellschaft habe ich in meiner Schrift: „Die religiöse Lage der Gegenwart" [= MW/HW 5, 27–97] versucht. Es ist kein Einwand dagegen, wenn das Begriffsmaterial, mit dem die orthodoxe Psychoanalyse arbeitet, selbst dem 19. Jahrhundert und damit dem „Geist der bürgerlichen Gesellschaft" angehört. Die Umbildung dieser Begriffe im Sinne der neuen philosophischen Entwicklung ist in vollem Gange und wird der analytischen Theorie und Praxis sehr viele anfechtbare Elemente nehmen. – Daß die Psychoanalyse eine Kampftheorie ist, genau wie der Marxismus, wird offenbar an der Funktion des Symbolbegriffs in ihr. Die Auffassung der geistigen Formen als „Symbole der Libido" beraubt diese ihrer Sachhaltigkeit und damit ihrer Macht, die seelische und soziale Situation des Bürgertums zu stützen. Vgl. dazu den Aufsatz: „Das religiöse Symbol" [= MW/HW 4, 213–228].

d in C kein Komma

84 e in C Komma nach dem Gedankenstrich

f in A und B kein Komma

g in C statt des Semikolon Doppelpunkt

h B: Anm. 19: Ich denke hier u. a. an die Wirkung des Konfirmandenunterrichts und namentlich der Konfirmationspraxis. Entweder – und das ist bei der Mehrheit der Konfirmierten der Fall – geht die religiöse Unterweisung wirkungslos vorüber, weil sie die seelische Lage nicht trifft, in der sich die Kinder befinden. Oder – und das gilt für die Ernstesten und Tiefsten unter ihnen – werden schwere seelische Verkrampfungen erzeugt, die der Bemühung der Kinder erwachsen, sich seelisch in die tradierten religiösen Spannungen hereinzusteigern. Beides ist gleich unheilvoll und führt zur Abwendung von den Kirchen, das zweite noch mehr wie das erste.

i in C kein Komma

j B: Anm. 20: Wer über diese Dinge theoretisch arbeitet oder wer praktisch auf Seelen einwirkt, dürfte an dem erschütternden und umwandelnden Erlebnis einer gelungenen Analyse nicht vorübergehen. Der Unterschied zwischen den wirklichen Motiven unseres Handelns und dem, was sich im Bewußtsein als rationales Motiv darstellt, eröffnet Ausblicke auf die christliche Erbsündenlehre, durch die sie eine überwältigende Bestätigung des in ihr eigentlich Gemeinten empfängt.

k in C statt des Komma Doppelpunkt

85 l B: Anm. 21: Vgl. den Aufsatz von K. L. Schmidt über „Die Persönlichkeitsfrage im Urchristentum“ in den Theol. Bl. Juli 1925, [Sp. 153–161].

m–m B und C: Überschwängliche

n B: Anm. 22: Erörterungen z. B. über den pädagogischen Wert der Religion im Aufbau der Persönlichkeit müssen den äußersten Widerspruch jedes wirklich religiösen Menschen erregen. Es ist entmächtigte Religion, die sich in den Dienst des Persönlichkeitsideals zwingen läßt.

The Idea and the Ideal of Personality

1. The Concept of Personality

Personality is that being which has power over itself. Every finite being has a special power, a special vitality, and a meaningful structure. It has a unique form that expresses in a unique way the creative ground of its being as well as of all being. And it has a special higher or lower place in the context of all things, according to the power it represents in the whole of reality. This power of being, of action, reaction, and expression, is given to everything with its very existence. It is its nature, that which makes it what it *is* – *this* and nothing else. The same is true of that reality out of which personality grows. In spite of the special character of this reality, it is like everything else, something given, a nature with a unique power and form. We call it “person” and attribute to it the capacity of becoming personality. Only on the basis of that kind of being which we acknowledge as a person in our social evaluations can personality develop. “Person” in this sense is not a legal concept (a corporation can be a legal person); it is a moral concept, pointing to a being which we are asked to respect as the bearer of a dignity equal to our own and which we are not permitted to use as a means for a purpose, because it is purpose in itself. This is the basis of personality, the individual human being, the person who alone among all beings has the potentiality of self-determination and, consequently, of personality.

Personality is that being which has the power of self-determination, or which is free; for to be free means to have power over one's self, not to be bound to one's given nature. This is the root of the eternal problem of freedom, that he who is free is so as *this* special individual with his special nature, law, and form to which he is subject, and which he expresses and transcends in every personal act. It is the same reality, the human individual, the person, who is bound to his nature and to | the whole of all nature and yet who controls his nature, thus being *in* it and *above* it at the same time. The depth of the problem of freedom is this cleavage in the same being; it exists and yet it is related to its existence by determining it. We can understand this only by a sharp awareness of the way in which we act and determine ourselves. The academic discussions concering the freedom of the will use concepts that are inappropriate to the act of self-determination as we experience it in every decision. They are inappropriate because, while referring to human beings, they use the pattern of a "thing with qualities." If man is considered an object and nothing more than an object, the question of freedom is answered before it is even asked. And the answer is negative, whether it is expressed in deterministic or in indeterministic terms, for indeterminism is just as far removed from the experience of self-determination as determinism is. Freedom cannot be explained in concepts taken from a reality that is the opposite of freedom. Freedom can be described only in concepts that point to the experience of actual self-determination.

Personality can also be defined as that individual being which is able to reach universality. Freedom is the power of transcending one's own given nature; but it would not be real freedom if the individual merely exchanged its peculiar nature for another one. Freedom is not the power of transmutation, and personality is not the power of a constant change of attitude, as some romanticists have believed. They surrendered the basis of all freedom, the unique person, the incomparable individuality. Through a universal empathy they were apparently able to understand everything, the remotest past and the strongest forms of life. Something of this is still effective in our historical relativism which can appreciate everything and cannot decide for anything. But the result is not freedom, it is emptiness and cynicism. It is not self-determination but loss of one's self. And the final outcome is a yearning for something definite and authoritarian, to which the romantic pseudo-freedom is sacrificed. In earlier romanticism it was the authority of the Catholic church which gave security and content; today it is any strong authoritarian system in which the romanticists of our time take refuge. But personality cannot develop on this basis. The freedom of personality is not freedom from one's individual nature for the sake of another one or none at all; it is freedom for universality on the basis of individuality. Personality is that being in which the indi|vidual is transformed by, and united with, the universal structure of being.

If we call "world" the structural unity of an infinite manifoldness, personality and world may be understood as correlative concepts. Man alone has a world, while all living beings, including man, have an environment. But man transcends any given environment in the power of the universal forms and structures of reality which make *him* a person and make the *whole of being* a world, a "cosmos." Confronting a world, man becomes a definite self; and, being a definite self, he can confront a world. This basic correlation describes the structure of the reality in which man lives, it makes him a person and a potential personality. The correlation of macrocosm and microcosm which was so important for the thinking of Greek and Renaissance philosophy expresses this interdependence of personality and the universal structure of being. Through confronting the macrocosm, the personal self becomes aware of its own character as a cosmos, and by being a microcosm the personal self is able to apprehend the macrocosm, the world as world. Human freedom is a function of this structural interdependence of self and world, of microcosm and macrocosm. Man can become a unity and totality in himself, because he faces a world that is a unity and totality. And man has a world that is a unity and totality because he is a unity and totality in himself. But, at the same time, man is a part of his world and the world is a part of him. He is both separated from and connected with his world, free from it and bound to it. As a personality, he is closed in himself, and, as having a world, he is open to everything. This tension between being "closed" and being "open" characterizes the development of every personality. The more the openness prevails, the more the personality is in danger of remaining bound to the "motherwomb" of the cosmic whole. The more the closedness prevails, the more the personality is in danger of losing its creative ground and the fulness of life. It is obvious that the danger of the Protestant humanist development of personality, especially on Calvinistic soil, is that of separation, while Catholicism, especially of the Greek Orthodox type, is in danger of losing, or never reaching, a fully developed personal life. Generally speaking, we can attribute the predominance of "openness" to the mother-type of religion (the sacramental type), while the rise of strongly "closed" | personalities is connected with the father-type of religion (the theocratic type).

The description given so far has not taken into consideration a basic element in the development of personality, namely, the unconditional demand addressing itself to every potential personality to become an actual personality. Without this element, personalities would develop in the same way as other natural processes – by accident or by necessity. The result of such a process would not be personality but merely another part of nature. The cosmos would devour its own children. Therefore, it is not left to the arbitrary decision of the individual self whether it wants to become a personality. The individual cannot escape the demand to rise above its natural basis, to be free, to become personality. Any attempt to escape this demand confirms the demand by the disintegration which the escape produces in the person. The unconditional demand to be free does not come from outside man, it is not a strange law to which he is subjected by a tyrannical god or a despotic society or a psychological mechanism; it is the expression of his own being, of the ground and aim of his existence. Personality, the possession of control over one's self, is rooted in the structure of being as being. The depth of reality is freedom, the ultimate power of being is power over itself. And the individual personality is the place within the whole of being where this becomes manifest and actual. The unconditional character of the demand to become personal is the ethical expression of the ontological structure of being itself. This is the religious foundation of the idea of personality. "Vitalistic" philosophy is wrong because it does not penetrate into the level of being in which personality is rooted. It penetrates only into the vital basis of personality but not beyond it. And philosophical "personalism" is wrong because it does not see that personality is not something given but something which has reality only in a free self-realization on the basis of a pre-personal vitality. Only in this latter way is the idea of personality established in its religious sanctity, its ethical dignity, and its ontological profundity. Every religious denial of this idea, every ethical misuse of the personal power in us and others, every ontological dissolution of the wholeness of personal existence, is demonic in its character and destructive in its consequences. The practical and theoretical acknowledgment of personality | is an intrinsic element of the Christian message and the Protestant principle.

The experience of the ultimate power and meaning of the personal is expressed in myth and dogma whenever they symbolize the unconditional, the ground and abyss of all beings, in personalistic terms. This kind of symbolism is indispensable and must be maintained against pantheistic, mystical, or naturalistic criticism, lest religion and with it our attitude toward nature, man, and society fall back to the level of a primitive-demonic pre-personalism. The danger of the personal symbol is only that its symbolic character may be forgotten and that a judgment about the depth and meaning of reality may be transformed into a judgment about a special being beside or above us, the existence and nature of which is a matter of proof or disproof. If this takes place, the ground of things itself becomes a thing, a part of the world, and, if it claims absoluteness, it becomes an idol. Facing such an idol, we may revolt and attempt to assume its place, or we may surrender our freedom and dignity as personalities.

Having established and interpreted the idea of personality in its different implications, we now confront a fundamental alternative. It is presupposed that personality is that being which has power over its own being. This leaves two possibilities for any personal life. Either the *power* of being or the power *over* being prevails. In the first case, freedom, autonomy, and self-control are weakened or lost and pre-personal elements try to conquer the personal center; but, at the same time, abundance of life, vitality, connection with all powers of being, and dynamic movement increase. Nothing is finished, nothing is subjected to a strict form, life is kept open. In the second case the fulness of life, its natural strength, is weakened or completely repressed; but, at the same time, concentration, self-control, discipline, stability, and consistency are created. Few creative possibilities remain, no "chaos" is left, life has ceased to be open. Since the second type has been promoted as the "ideal of personality", we can say that the conquest of the contemporary *ideal* of personality in the name of the eternal *idea* of personality is the aim of the following analyses.

From several possible approaches to the problem of personality we choose three basic issues that have special significance in the present cultural situation. They are: the relationship between personality and | [a]things[a], the relationship between personality and community, and the relationship between personality and soul. This third consideration is the most fundamental one, on which the two other are dependent, for "soul" in the sense in which it is used here designates the pre-personal, vital, unconscious, and collective ground out of which the personality grows. In each case we shall try to carry the analysis to the point where the religious question will become pressing – the question of the ultimate meaning of personality and its relation to the different realms of reality. And we shall ask this question with special reference to the solutions that have been offered and that should be offered by Protestantism.

II. Personality and [b]Thing[b]

The question of the relationship between personality and thing has been dealt with less frequently and less passionately than has the question of the relationship between personality and community. And yet it is an equally important problem, and it has become increasingly fateful for the man of today.

The primitive magical interpretation of reality is based on an experience of the intrinsic power of things. For the primitive man things have a kind of numinous or sacral quality. This gives them a tremendous significance for his whole existence. He feels them always as forces capable of fulfilling or destroying, of shattering or saving, his life. He approaches them with ritualistic methods. Even when he tries to use them, he is bound to their power, their wilfulness, and their protection. He is a part of them, having a limited power of his own but no superiority in principle. He himself is a smaller or greater power among a system of powers to which he must adapt himself.

All this changes when the system of powers is replaced by the correlation of self and world, of subjectivity and objectivity. Man becomes an epistemological, legal, and moral center, and things become objects of his knowledge, his work, and his use. They become "things" in the proper sense of the word – mere objects, without subjectivity, without power, of their own. They lose their numinous power, their sacral quality. They are no longer able to fulfil and to save, nor are they able to destroy and to pervert. Nothing divine and nothing demonic is left in them. They have become means for the personality and have ceased to be ends in themselves. |

The process by which things cease to be powers and become mere things has several sources. The first source to be mentioned is the religion of the Old Testament, especially of the prophets. All things are subjected to the God who is their creator. They have no power of their own; they have no sacral quality in themselves. All the numinous power is transferred to the God who alone is God. And this God is the God of righteousness, demanding of everyone the fulfilment of the law and denying to everyone any sacred power. Things are means for the fulfilment of the divine commandments, or they are mirrors of God's creative power besides which there is no other creativity. From the very beginning of Greek philosophy things are deprived of their sacral power when all power is attributed to the transcendent ground of things. In Plato the inherent power of things is in some way re-established, not in time and space but in the cosmos of eternal essences. The ideal of personality is described in terms of elevation above the real things, in terms of the intuition of their essences. The history of Greek sculpture shows the same development. A continuous process of secularization deprives the gods, men, and things of their divine-demonic substance. They become natural objects presented for aesthetic enjoyment but not for adoration or communion. Lutheran Protestantism has deprived *things* of their inherent power by making the center of the personality the place where God meets man. Things as we encounter them are "ordered by God." We simply have to accept them in obedient fulfilment of our duties and, for secular Protestantism, in using them efficiently. In Luther himself this attitude is somehow balanced by his great intuition of God's irrational acting in nature and history and by his own resistance to anything resembling law. But later, after the victory of a rational interpretation of nature, philosophy as well as theology on Lutheran soil lose this insight. The philosopher Fichte calls nature "the visible medium for the fulfilment of duty." And in the theology of Wilhelm Hermann nature appears only as the obstruction to the development of human personality. Just through its fight against nature the Christian personality becomes what it ought to be, and the belief in God is based on the support that he gives in this struggle. In Calvinism things are made powerless, in order to be subjected to the control of the Kingdom of God. They are supposed to serve its divine-human purposes after they have lost their ecstatic quality, their magic power, and their divine-|demonic fascination. Wherever remnants of an "ecstatic" attitude appear, they are considered as idolatry and are looked on with abhorrence. All this has led, on the one hand, to a strong antisacramentalism, to an extreme devaluation of things, and, on the other hand, to a most impressive elevation of domineering personalities, contemptuous of nature and things. The secular consequence of this attitude – though in a somehow moderated form – appears in modern bourgeois society and its valuation of natural science and of technical transformation of nature. Not things as such in their quality, in their hierarchy and intrinsic power, are the objects of knowledge but those elements of reality which can be calculated and used for utilitarian purposes. For the sake of their technical use things are deprived of their inherent meaning. The world as a universal machine is the myth of the modern man, and his ethos is the elevation of the personality to the mastery of this machine. These different ways of depriving things of their power in the name of the ideal of personality have merged in the present stage of industrial society and determine the spiritual outlook of our day.

A conspicuous expression of this attitude toward things is to be seen the way in which applied art uses them and shapes them. The form given to houses, furniture, and all kinds of objects of our daily use is not derived from their inherent power and practical meaning; rather, it is forced upon them from the outside. First, they exist, and then an alleged beauty is put upon them. The lines and colors of most things used for commercial manufacture do not express the true nature of the material of which they are made, nor do they express the purpose for which they are produced. They do not express anything except the bad taste of a society that is cut off from the meaning and power of things. The streets of our cities and the rooms of our houses give abundant and repulsive evidence of the violation of things in our technical civilization. In every ornament produced by this attitude, in the method of trimming things which are supposed not to be beautiful in their genuine appearance, falsehood, façade, and aesthetic betrayal are manifest. That is the necessary result of the loss of vital contact with things.

The present demand for a "new realism" is directed against this distorted subjectivity. It is significant that this demand was first made by technology, although the technical use of things had deprived them | of their inherent power more radically than anything else had. Technical products resist arbitrary shapes to a large degree. The machine piston permits no ornaments. It has its intrinsic beauty in its technical perfection. Many of the spiritual leaders in architecture and the applied arts have realized this situation, and they are trying to rediscover the inherent power and beauty of the materials they use and of the products they create. They want to unite themselves with the things, not in order to exploit them but in an attitude of devotion and in the spirit of *eros.* They are trying to create a new relationship that is based not on violation, wilfulness, and arrogance on the part of man but on his desire for community with the power of things. This trend is not confined to a few leaders. It is a large and strong movement, struggling for aesthetic honesty and a new creative dealing with the subpersonal world. The more this movement has advanced, the more it has been realized that everything has levels that transcend scientific calculability and technical usefulness. No thing, not even iron and concrete, is completely determined by its ability to serve utilitarian purposes. Everything has the power to become a symbol for the "ground of being," which it expresses in its special way. It is not merely a "thing" but a part of the universal life which, at no point, is completely deprived of freedom, of that freedom which in the personal life comes to its own.

The distortion of the relationship between personality and thing appears not only in the subjection of things to personality but also in the subjection of personality to things. Man who transforms the world into a universal machine serving his purposes has to adapt himself to the laws of the machine. The mechanized world of things draws man into itself and makes him a cog, driven by the mechanical necessities of the whole. The personality that deprives nature of its power in order to elevate itself above it becomes a powerless part of its own creation. This is not an accusation of the machine in the sense of reactionary romanticism; for the machine, like everything that participates in being, is not without an element of individual form, as its most passionate servants often say. They view and feel it sometimes as a living being, with which they have some kind of community and for which they are ready to sacrifice much – and not for merely utilitarian purposes. A new conception of the relation between man and tool, even in large-scale production, an interpretation of the mean|ing of man's control of things within a larger religious framework – all this could reduce the slavery of man to the immense machine of mass production and mass consumption. But this possibility is today prevented from realisation by forces outside the relation between personality and thing. While the machine takes from the manual worker and upon itself all purely mechanical phases of production, this achievement is largely offset by economic tendencies that are dependent on the possessors of economic power (see the later discussion of the relationship between personality and community).

Personality and thing are united in the "work" in which the power of the thing is discovered and affirmed by the personality and in which the power of the personality is imprinted on the thing. This mutual reception of the personality by the thing and of the thing by the personality means the "fulfilment" of both of them. In creative work the actual freedom of personality and the potential freedom of nature are united. The personal power of self-determination and the determined power of things meet in the form of our work. This is the ethical justification of a full devotion to work, even if it implies the surrender of a fully developed cultural personality. But a sacrifice is also demanded of things: for the sake of a higher unity in which they are forced to enter, they must be restricted in their own natural power. This sacrifice laid upon things in every human dealing with them corresponds to the sacrifice laid upon the personality in every creative work. Both have to give up some of their potential power in order to reach a higher, actual power by entering a new creation. Such considerations are especially significant for our dealing with those living beings, which, although excluded from personal existence, show in their spontaneous reactions an analogy to human self-determination. Here especially is valid what must be said generally about the relationship between personality and thing – that it is, in principle, a mutual service. The true work is a mutual fulfilment, the false work, a mutual violation of personality and thing. The "ideal of personality" in the sense in which we have to conquer it, leads to the exploitation of things and the mechanization of personality; the "idea of personality," as we have to claim it, leads to mutual fulfilment of thing and personality. |

III. Personality and Community

Subpersonal beings can be subjected and appropriated by the personality without an [c]absolute resistance[c] from their side. But personality cannot be appropriated at all. It is either destroyed as personality, namely, in its power of self-determination, or it is acknowledged and made a member of a community. The permanent resistance of very personality against any attempt to make it a thing, to appropriate it and deprive it of its self-determination, is the presupposition for the rise of personality as such. Without this resistance of the "thou" to the "ego," without the unconditional demand embodied in every person to be acknowledged as a person in theory and practice, no personal life would be possible. A person becomes aware of his own character as a person only when he is confronted by another person. Only in the community of the I and the thou can personality arise.

Community, however, transcends personality. Community has [d]a special quality[d], a power of being of its own, which is more than the mere aggregate of all the personalities in the community. [e]It has a life of its own, which can sustain personality but which can also do violence to it.[e] Because of this, a situation arises within the community which corresponds to the relationship between personality and things. In the primitive ritualistic conception of social life, the social groupings, like family, rank, neighborhood, tribe, and ritual community, have a sacral power by which the individual is absolutely subordinated to the community and by which his self-determination is swallowed up in the all-embracing unity of the group. His development into a personality is restricted and often destroyed by the community; yet the community, at the same time, gives to him its life, its fulness and depth, its meaning and content. It is not the individual but rather the tradition – the stream of life that runs through the generations, the sacred custom, the sacral law – that creates and sustains the community. The individual is protected, but only in so far as he is a member of the community. The purpose of the community is not to foster the welfare of the individual but rather to maintain and to strengthen the life of the group, including present and future. The individual is a means, and only as a part of the whole is he an end.

The rise of personality to conscious self-determination occurs when | the individual transcends his social ties and subordinations. This can happen in a variety of ways – through the unconditional demand of a religion of law that holds every individual responsible; through the rational criticism of old social structures and the rise of an autonomous culture; through the nominalistic dissolution of social and spiritual unities; through the Protestant appeal to the individual in matters of conscience; through the Calvinistic belief in individual predestination; through the democratic attempt to form a society on the basis of individual reason. In these ways personality becomes the bearer and goal of social life. It subjects the social realities to its own purposes, precisely as it does with the world of things. The sacral powers which had united the society are now secularized and deprived of their meaning. The social groups lose their power to crush and to mutilate personality, but they also lose their power to create and protect it.

A process of social disintegration starts, in which first the community and then the personality is deprived of its spiritual substance. But, since there is no vacuum in social life any more than in nature, other powers enter the space left by the disintegration of the original social unity, especially economic factors, psychological mechanisms, sociological constellations. The personality, after having undermined the community, is undermined itself, even though it be legally recognized and even though it is aware of ethical demands. The present situation gives abundant evidence of this statement.

Every community is founded on a hierarchy of social powers. According to the sacral interpretation of communal life, the socially powerful personality is the representative of the power inherent in the community itself. The power of this personality does not originate with him as an individual. It is determined by the function he performs for the whole group. This is the original meaning of the idea of the divine vocation of kings. Personal brilliance is not decisive (though it is not excluded if it does not endanger the sacred structure of the whole). The representative of power, even if not especially fitted to wield it, is protected by the "place" – in a certain sense the "sacred" place – that he keeps. The power does not have a private character, it is not created by successful competition between isolated individuals, and consequently it does not produce the opposition of other isolated individuals. Power obtained by birth or sacred succession is | silently acknowledged and symbolically expressed. (This, of course, is a structural analysis, not an empirical description. Actually there are always deviations and disturbing trends.)

The rise of personality – in the different ways mentioned above – undermines the sacred degrees of power. Person is equal to person with respect to the most significant "power," namely, that of being a person and consequently a potential personality. This implies the demand for equality in law and for the abolition of sacred privileges. Freedom in the sense of social and spiritual self-determination is fought for. Not the group but the personality is the goal of the group life. Each individual is supposed to have the same opportunity for personal development. But social power does not cease to exist; it belongs to every political structure. And, if it is not a matter of sacred hierarchies, it tends to become a matter of individual will to power. But a domination based on the struggle of strong individuals is lacking in objective responsibility and representative symbolism. The mass of people who are naturally (though not legally) excluded from any serious competition become mere objects of this kind of domination. They are subjected to it, but they do not acknowledge it inwardly. They do not feel that it represents the whole to which they belong. Such a type of social power has a private, profane, naturalistic character, but it is equally coercive for those who are dominated and for those who dominate by subjecting themselves to the rules of the power game. This form of private, objectively irresponsible domination (though exercised often by very responsible personalities) has prevailed in the latest period of Western civilization, above all in the economic field. From the economic field this form of power conquered the political realm by the increasingly powerful apparatus of public communications in press, radio, movies, etc.

This situation places a heavy compulsion upon the ruling economic group. It forces them to stake their whole personal existence on the struggle for economic survival in the universal competition, in obedience either to the laws of the market or to the monopolistic control of the market. They become parts of a dynamic natural force that drives them with or against their will and deprives them of a full human development in their personal life. The poverty of mind and spirit of many of the great economic leaders stands in a surprising contrast to the immense power that is concentrated in their hands. | Sometimes this lack of personal growth is the result of a conscious sacrifice; usually it is the consequence of a mixture between social compulsion and personal will to power.

For those who are mere objects of domination this situation means the complete loss of self-determination, it means for them the bondage to the inescapable law of the business cycle, the horror of permanent insecurity – the other side of the freedom of contract, a spiritual emptiness produced by concentration on the needs of the daily life and by the ever present demon of [f]anxiety[f]. The most significant implication of this development is the fact that labor becomes a commodity which can be bought at will and for any purpose. The relation between man and work, as described earlier, is destroyed. The work ceases to be a meaningful part of life, although it determines the whole life of the worker. The technical mechanization is especially meaningless and depressing for anyone who has not even the consciousness that he contributes to the well-being of the whole group. He cannot have this awareness under normal circumstances, since he must produce for the profit of those who are in power and since his own share in the goods produced is determined by the laws of the market or by the restrictive activity of the monopolies.

The situation in the economic and political realms has strict analogies in the educational [g]and cultural[g] realms. In a social structure of hierarchical character the spiritual form which the individual receives depends upon the degree of social power that he represents. Education shapes the personality in a concrete but limited way, according to the social place in which the individual finds himself through birth and tradition. The purpose of education in this stage of social development is to introduce the new generation into the meaning and reality of the group, its life and its symbols. The ideals determining the education are the traditional ideals of the community, and there is no attempt to go beyond to universal ideals. Autonomous personalities are not permitted to grow. It is the spirit of the group that provides [h]form and meaning[h], on the one hand, limits and exclusineness, on the other.

In the degree to which personalities rise over and against this structure of society, new cultural forms are created with a quite different character. They are no longer the expression of a concrete spiritual substance, but they try to express the human as such. They strive | toward universality according to the correlation of personality and world. In comparison with the concreteness and exclusiveness of the more collectivistic stages, the humanistic culture is abstract, even when embracing all the concreteness of the past.

There are two elements in the rise of the humanistic personality which demand consideration, the personality as such, on the one hand, and its spiritual content, on the other. The rise of personality has in itself a tremendous significance for the history of culture. It is the way in which mankind realizes the unconditional meaning and value of personality. The humanistic ideal of personality contains as its depth and permanent truth the acknowledgment of the eternal idea of personality. This is its greatness and its indestructible validity. Therefore, theology should be more careful than it usually is in its manner of confronting Christianity with humanism. This applies especially to recent revivals of the struggle between Luther and Erasmus by the neo-orthodox theology. But Luther's assertion that man's will is in bondage to demonic structures is meaningful only if man, in his essential nature, is free. Luther's (as well as Paul's and Augustine's and Aquinas') statement loses its profundity and its paradoxical character if it is identified with philosophical determinism. Only a being that has the power of self-determination can have a *servum arbitrium,* a "will in bondage," because a being without the power of self-determination has no *arbitrium* ("capacity of decision") at all. Humanism, of course, if it is nothing more than humanism, does not understand the paradox of the classical Christian doctrine (as much Catholic and Protestant teaching does not either). It does not understand that the Christian doctrine of the bondage and the liberation of man (of sin and grace) speaks of a level of experience which is not even touched by the philosophical statement of man's essential freedom. In so far as humanism has fought for *this* freedom, which makes man man and gives him the dignity of being the image of God and the microcosm, humanism is an indispensable element of Christianity.

This leads to the question of the content of the spiritual life of the autonomous personality. What are the principles of its self-determination? What content is to be received in the unity of the humanist personality? The answer can only be: the world as the universe of meaningful forms, for the self-determining personality confronts the world in its infinite possibilities of creative interrelationship. Thus the | humanistic ideal of the completely formed personality arises. Humanism has created the ideal of a personality in which, on the basis of a definite individuality, all potentialities of man's spiritual being are actualized as much as possible. And this ideal controls modern ethics, culture, and education. It has created most impressive personalities in the European Renaissance, in German classicism, in Anglo-Saxon religious humanism. But it has also developed dangerous consequences not by accident but by its very nature. The humanistic ideal of personality tends to cut the individual off from his existential roots, from the social group, its traditions and symbols. It tends to make him abstract-universal and detached from any concrete concern: everything interests, nothing affects. There is no unconditional concern, demanding, directing, and promising; there is no ultimate meaning, no spiritual center. This, of course, is the result of a long development in which the latent religious power of humanism has evaporated by secularization and naturalistic reduction.

The most disintegrating consequence of the victory of the humanistic ideal of personality is the fact that the latter can be appropriated only by a social class that has the external prerequisites for such an abstract universalism. And even within the class that is able to receive and to mediate this humanistic education, only a small élite use it for a development of their personalities, while the majority adopts the ideal only as a condition for their belonging to the ruling class and not for the sake of giving form to their personalities. But even worse is the consequence of the humanistic "ideal of personality" for the large masses of people. They participate in it only by receiving unconnected pieces of the humanistic culture through the all-powerful means of public communication and as a matter of detached interest or subjective thrill. Even this kind of adult indoctrination is not without some value. It liberates people from all kinds of narrow provincialism and open world horizons. But, on the other hand, it tends to destroy the sources of concrete experiences and individual formations. It produces a general level of normality and mediocrity above which even more intelligent and creative people rise only with great difficulty. This situation is the opposite of what the humanistic ideal of personality intended. And out of this situation the contemporary reaction against not only the ideal but also the idea of personality has grown, namely, the passionate desire for a return to the primitive level. But | now it appears in naturalistic terms as the Fascist ideal of a new tribal existence. The rise of the personality above the community is followed by a fall of the personality below the community.

Many movements revolt against this situation, for instance, socialism, the youth movement, romantic nationalism. They all fight for a new community. Indeed, "community" (the German word *Gemeinschaft* has richer connotations) has become a program and catch-word for the longing of a whole generation. But a continuous frustration of all these attempts proves the power of the structure against which they struggle: the ideal of personality, the reality of mechanized masses, the emptiness and deformation of innumerable individuals, the dominance of a universal economic machine which is the fate of the masses as well as of every single person. Some of these opposing movements were themselves too much infected by the spirit of their enemy, as was the case with socialism and political nationalism. Or they did not see the power and world-historical significance of the period the end of which they demanded and prophesied, as was the case with the youth movement and all forms of romanticism, religious and secular. The few who try to find the depth and meaning of life within and through the actual structure of our society and culture do so silently and with the consciousness of the preliminary character of everything they are doing. They are looking for a period in which the personality will again be a part of a community with a spiritual center and new powerful symbols.

IV. Personality and Soul

We shall define "soul" in this context as the vital and emotional ground from which the self-conscious center of personality arises. The body, of course, is included in this definition in so far as the body is the immediate expression and the form of the self-realization of the soul. The relation of the conscious center to the psychic foundation of the personality corresponds to the interrelation of the personality with things and community. Wherever the ideal of personality prevails, the soul is gradually deprived of its power and subjected to a rationalized and intellectualized consciousness. The vengeance of the soul for this repression is the chaotic and destructive outbreak of the repressed forces that revolt against the dictatorship of an overburdened and overvaluated self-consciousness. Both the history of Protestantism and the history of idealism give abundant evidence of this statement. |

In the pre-Reformation period all aspects of the psychic life are considered and acted upon in their relationship to the divine. A subtle psychology analyzes the hidden impulses of the human soul *sub specie aeternitatis* ("from the point of view of the eternal"). The doctrine of grace or, more exactly, of the different graces, gives to every psychological type a special ultimate meaning and moral power. The idea that every grade in the clerical and secular hierarchy has a special indispensable function for the whole removes the danger of an isolation of individuals, groups, and psychic functions. All sides of human existence are drawn into the spiritual life of the whole. It could not, however, be avoided, that the quantitative degrees and the refined system of relativities in the relationship to the ultimate should obscure the unconditional, qualitative demand of a personal, central, and total responsibility and devotion. [i]Hence the question of the salvation of the indidividual remained without an unambiguous answer.[i] In contrast to the Catholic system of psychic and social degrees, the Reformation appeals to the conscious center of the personality, to conscience and decision. It sweeps away the "graces" for the sake of the one grace, the re-establishment of the relation to God; it is not interested in mystical and ecclesiastical psychology; it does not admit the representation of one person by another in relation to God and it destroys the sacral degrees. It makes everything dependent on personal decision and faith. [j]The more inclusive aspects of the psychic and bodily life lose their religious significance and are left to secularization.[j]

The great spiritual [k]revolution[k] which occurred in Luther was the fruit of a century-long discipline of introspection and self-examination. Only on the basis of this "culture of the soul" could Luther's experience of God grow to such an explosive power. It was the basis that made the heroic and inspired personalities of the Reformation period possible. With the vanishing of the spiritual substance of the past, moral and intellectual law replaced the original experience of the Reformers and the powerful paradox of their message.

The heroic type of personality of the Reformation period was followed by the rational type in the period of the Enlightenment, by the romantic type in the beginning of the nineteenth century, and by the naturalistic type of personality since the middle of the last century. Within the Protestant, and especially in the Lutheran, churches, Luther's genuine experience was imposed as a law on every listener in | every sermon and in every hour of religious instruction. But since Luther's presupposition – the late medieval situation – no longer existed, the repetition of Luther's experience became increasingly impossible, and the doctrine of justification, which represents a breaking-through of every law, became a law itself as unrealizable as the laws of the Catholic church. This law with its moral and intellectual implications was imposed on the people. Church and society were united in enforcing it, in demanding the radicalism of the heroic age of Protestantism as the permanent attitude of everybody. This created a repression of vital forces which was very successful in the beginning. But the repression was [l]always[l] partly opposed, and it became more and more untenable until it finally broke down in the first decades of the twentieth century. The disintegration of the consciousness-centered personality is now proceeding on a terrifying scale. The immediate expression of it is the increase in mental diseases, especially in Protestant countries. Nietzsche and the great novelists of the later part of the nineteenth century and, following them, the Freudian and the other schools of depth psychology brought to light the mechanisms of repression in the bourgeois Protestant personality and the explosive re-emergence of the vital (unconscious) forces. They were prophets of things to come in the twentieth century. Through all this it became manifest that repression is not self-determination and, consequently, not a solid ground for the rise of personality. Repression produces a psychic "underground," which either drives toward dishonesty or to hardening and inflexibility or to safety valves, allowed by bourgeois society, such as unrestricted economic acquisitiveness, or, finally, to the revolutionary struggle against the repressive psychic and social systems themselves.

It was to be expected that this explosive reaction against the bourgeois conventions would lead to a large-scale disintegration, in comparison with which the former stage would seem highly desirable. This transitional period is unavoidable. But it should be regretted only if it does not lead to a new form of personal life. The new form cannot, of course, be imposed from the outside as another law. It must grow; and the power of spiritual growth is "grace." Grace in the sense in which it is used here has a larger meaning than the "forgiveness of sins" in Protestant theology. Not that a return to the half-magical idea of grace in Roman Catholicism is advocated. The Protestant principle and its criticism of sacramental demonry cannot be weakened. But "grace" | must include – as it does in the New Testament – all sides of the personal life, its vital foundation, its psychic dynamics, its individual uniqueness, and its conscious center. In depth-psychology there is frequently more awareness of the meaning of grace and, consequently, more effective "care of souls" than in the ministry of the church. The ideal of personality, in the way in which it has developed in modern Protestantism and secularism, is based on an illusion, on the illusion of "pure consciousness." There is no such thing. Unconscious psychic forces continuosly break into our conscious center and direct it just when we believe ourselves to be completely free. The dark ground of pre-personal being, which contains elements of the universal process of life as well as the life-process of the individual, is effective in every moment of our conscious existence. Whether it is repressed or not, it is real and powerful, and its manifestations show the limits of personal freedom. One of these manifestations is the stage that is called "possession," in which the personal center is "split" (the original sense of "schizophrenia") or, more exactly, the consciousness is conquered by a "destructive structure" originating in the "dark ground" of the personality – the unconscious. Under the name of "demoniacs" the possessed were well known to the New Testament and the early church. But Jesus and his disciples and followers did not overcome the stage of possession by proclaiming the ideal of personality but by embodying a "constructive structure," originating in the divine ground, that is, in grace. Grace is, so to speak, the "possession from above," overcoming the possession from below. While the latter destroys the personal center through the invasion of "darkness," the former re-establishes it by elevating the creative power of the ground into the unity of a personal life. Every personality stands beetween possession and grace, susceptible to both. Personality is the open arena of the struggle between them. The "ideal of personality" is a heroic attempt to overcome this situation, to create an autonomy of the personal life in which the demonic is excluded (the word as well as the reality) and in which the divine is not needed. But this attempt was doomed to fail. It was an illusison, as classical Christianity and present-day realism have recognized.

[m]What, then, about the concept of "religious personality"?[m] [n]The term can be used[n] if it is not meant to signify anything more than a man of religious devotion. But this has nothing to do with the ideal of personality, not even when the man's life is strongly determined by religion | or when he belongs to the founders and leaders of religion or among the saints. None of these is a "religious personality." Nor should this term be applied to Jesus or Paul, Augustine[o] or Luther. A "religious personality" in the modern sense of the word is a personality in whom religion plays an outstanding role in the building of the personality structure. Religion is thus considered as an important means for the growth of personality. The end is the development of personality, one of the means is religion. In order to "use" religion in this way, its ecstatic, transcending, divine-demonic character must be removed. Religion must be confined within the limits of pure reason or mere humanity. Possession and grace must be denied. The "religious personality" tries to determine its own relation to the unconditional. But, with respect to the unconditional, we can never in any way gain power over ourselves, because we cannot gain power over the unconditional. Religious self-determination is the negation of religion, for the unconditional determines us. This is the decisive criticism of the "ideal of personality."

Kritischer Apparat

120	a–a	E: Dingwelt
	b–b	E: Dingwelt
125	c–c	E: Widerstand der Selbstmächtigkeit
	d–d	fehlt in E
	e–e	fehlt in E
128	f–f	E: Sorge
	g–g	fehlt in E
	h–h	E: Sinn und Form
132	i–i	E: Die unabweisliche Frage nach dem eigenen Heil blieb unbeantwortet.
	j–j	E: Das Relative, der weite Umkreis
	k–k	E: Durchbruch
133	l–l	fehlt in E
134	m–m	E: Das führt zu der Aufhebung des Begriffs der religiösen Persönlichkeit.
	n–n	E: Es ist eine harmlose Redeform
135	o	E ergänzt: Franziskus

5. Klassenkampf und religiöser Sozialismus (1930)

A. (Druckvorlage) Klassenkampf und religiöser Sozialismus, in: Paul Tillich, Religiöse Verwirklichung, Furche-Verlag Berlin, 1. Aufl. 1930, 190–211 und (Anmerkungen) 299–303; 2., unveränderte Auflage Berlin o.J.[1931].

B. Class Struggle and Religious Socialism (Unveröffentlichtes Typoskript, Übersetzung von James Luther Adams ins Englische, vor 1945, PTAH, box 112: 004).

C. Klassenkampf und religiöser Sozialismus. In: GW II (1962) 175–192

D. Klassenkampf und religiöser Sozialismus. In: Paul Tillich, Für und wider den Sozialismus. Siebenstern-Taschenbuch 132. Herausgegeben von Wolf-Dieter Marsch. Siebenstern Taschenbuch Verlag München und Hamburg 1969, 25–47. – [Abdruck von C, aber mit den Anmerkungen von A].

E. The Class Struggle and Religious Socialism (Translated by James Luther Adams. Revised by Garrett E. Paul), in: Jacquelyn Ann K. Kegley [ed.], Paul Tillich On Creativity. Lanham, New York, London 1989, 95–118. Übersetzung von A.

F. La lutte des classes et le socialisme religieux, in: Paul Tillich, Christianisme et socialisme. Écrits socialistes allemands (1919–1931). Traduction de Nicole Grondin et Lucien Pelletier. Introduction de Jean Richard. Les Éditions du Cerf, Éditions Labor et Fides, Les Presses de l'Université Laval 1992, 363–388.

Zur Textgeschichte

In A hat Tillich, wie er selbst dort (S. 298) mitteilt, einen „vor der sozialistischen Studentenschaft" in Marburg 1928 und in Frankfurt 1929 gehaltenen Vortrag veröffentlicht. Das Manuskript ist nicht erhalten (freilich einige Notizen unter diesem Thema, PTAH box 112: 004).

James Luther Adams hatte mit Tillichs Zustimmung diesen Text schon vor 1945 für eine geplante Aufsatzsammlung übersetzt, die den Titel "The Protestant Era" tragen sollte. Als Adams ihm dann später die Übersetzung vorlegte, sprach Tillich sich gegen eine Veröffentlichung aus, "for its Marxist orientation might prove harmful to him" (s.o. E, Prefatory Note, S. 93). Adams zitiert ihn: "it would destroy me in this country" (James Luther Adams, Introduction: The Storm of Our Times and Stary Night, S. 18, in: James Luther Adams, Wilhelm Pauck, Roger Lincoln Shinn, eds., The Thought of Paul Tillich, San Francisco 1984, S. 1–28). Tillich befürchtete also, wegen dieses Aufsatzes als fellow traveller der amerikanischen Kommunisten verdächtigt zu werden. Immerhin hatte damals der McCarthyismus der USA auch auf die Universitäten Einfluß ausgeübt. Auch eine Überarbeitung hat Tillich – anders als bei den anderen in der Sammlung "The Protestant Era" enthaltenen Aufsätzen aus der Zeit vor 1933 – nicht vorgenommen. Doch ist er ein wichtiges Dokument seines politischen Denkens, insbesondere zum Thema „Klassenkampf", am Ende der zwanziger Jahre. Auch in die deutsche, unter dem Titel „Der Protestantismus. Idee und Wirklichkeit" 1950 erschienene Übersetzung von "The Protestant

Era" ist der Aufsatz nicht aufgenommen worden, wohl aber in Band II der GW (= C).

In dem Weihnachten 1961 geschriebenen Vorwort zu GW II nimmt Tillich Bezug auf die Unterschiede zwischen der deutschen und der amerikanischen Gesellschaft. In Amerika habe sich seine „Sicht der religiös-sozialistischen Idee entwickelt und gewandelt". Aber er fügt hinzu: „Die Wandlung, bedingt durch die total verschiedene soziologische Struktur der amerikanischen Gesellschaft, bezieht sich jedoch nicht auf die philosophischen und theologischen Prinzipien ... Diese Prinzipien sind auch jetzt entscheidend für mein sozialethisches und geschichtsphilosophisches Denken sowie für manche konkret-politische Entscheidung der Gegenwart".

D folgt C, fügt aber die Anmerkungen von A hinzu. Die historische Einleitung zum Text stammt von Karin Kretzler.

Die erste Publikation in englischer Übersetzung erschien erst 1989 (=E). Sie ist, wie die Herausgeberin berichtet, auch auf den dringenden Wunsch des Befreiungstheologen Gustavo Gutierrez erfolgt (E, S. XI und 94). Sie selbst unterstreicht die Aktualität des Textes mit folgenden Worten: "In this essay Tillich brings from the past a remarkable insight on the present day situation. He speaks of the tremendous 'speeding up of tempo,' reminiscent of Alvin Toffler's Future Shock. He pinpoints the 'constant increase in needs,' 'the manipulative attitude toward nature' and the 'ceaseless mutual antagonism of all interests in society.' And he describes the contemporary situation for many in the hauntingly apt phrase, 'Humanity forced into egocentric loneliness and surrounded by infinite emptiness.' Not only does Tillich characteristically capture the times, he provides shocking remedies, stimulating horrifying insight and hopefully creative response. He tells us we must see socialism as a genuine revelation of the human situation in our time, that we must undertake a program of critical, religious socialism which recognizes the inevitability of class struggle and discloses its demonic character. The churches, he claims, cannot withdraw into mere concern for victims of the system and times under the guise of religious neutrality but rather must undertake the prophetic mission in opposition to the social demons of our time" (S. XI).

Klassenkampf und religiöser Sozialismus

Wir behandeln das Thema:[a] „Religiöser Sozialismus" in grundsätzlicher Beziehung auf die Frage des Klassenkampfes.[1] Das ist nicht zufällig; denn die Stellung zum Klassenkampf ist der Maßstab dafür, ob ein Sozialismus, vor allem auch, ob ein religiöser Sozialismus den Anspruch auf Ernsthaftigkeit erheben darf. Oder ob er eine gutmütige aber unmaßgebliche Meinung ist über Ideale,

---

[1] Vgl. Eduard Heimann, Die sittliche Idee des Klassenkampfes [und die Entartung des Kapitalismus], [Berlin] 1926.

die einmal verwirklicht werden könnten, und Wege, die dahinführen. Klassenkampf ist eine Realität. Wer in seinen nach vorn gerichteten Gedanken an dieser Realität vorbeisieht, verfehlt mit der Tiefe der Gegenwart auch den Sinn der Zukunft. Er steht in Wahrheit außerhalb der Realität. Sofern der Sozialismus aber religiös ist und in Wahrheit ein Recht hat, sich so zu nennen, steht er zugleich jenseits der bloß tatsächlichen Lage. Er hat die Macht, kritisch zu ihr zu sein. Die Einheit von unbedingtem Ernstnehmen der tatsächlichen Lage und unbedingter Freiheit ihr gegenüber ist in dem Thema „Klassenkampf und religiöser Sozialismus" angedeutet.

Religiöser Sozialismus ist der Versuch, den Sozialismus religiös zu verstehen und aus diesem Verständnis heraus zu gestalten und zugleich das religiöse Prinzip auf die soziale Wirklichkeit zu beziehen und in ihr zur Gestalt zu bringen.[2] Religiöser Sozialismus ist also nicht etwa das hoffnungslose Unternehmen, die beiden als fertig gedachten Größen „Religion" und „Sozialismus" auf irgendeine Weise miteinander zu verbinden. Etwa so, daß man sagt, „Sozialismus ist Religion" oder so, daß man sagt, „aus Religion folgt Sozialismus" oder so, daß man ein Bündnis zwi|schen beiden als selbständigen Größen zu vermitteln sucht. Das alles kann der Bindestrich zwischen religiös und sozialistisch nicht bedeuten. Er ist das eigentlich Fragwürdige und Mißverständliche am religiösen Sozialismus. Er kann nur eine Wirklichkeit meinen, in die Religion und Sozialismus so eingehen, daß eine neue konkrete Gestalt entsteht.[3]

1. Systematische Grundlegung.

Wir beginnen mit der Betrachtung des religiösen Elementes im religiösen Sozialismus. Eine Erscheinung religiös verstehen, heißt sie verstehen als Ausdruck des menschlichen Seins schlechthin; also nicht als Ausdruck irgendeiner Beziehung, in der das menschliche Sein steht zu irgendeinem Gegenstand unter

---

[2] Zum Thema des religiösen Sozialismus vgl. die nunmehr abgeschlossen vorliegenden „Blätter für religiösen Sozialismus", herausgegeben von Karl Mennicke sowie sämtliche Schriften des Kreises dieser Blätter, also von Karl Mennicke, Eduard Heimann, Adolf Löwe, Arnold Wolfers und mir. – Vgl. insbesondere die „Grundlinien des religiösen Sozialismus" von mir (Sonderheft der Bl.), das religiös-sozialistische Tat-Heft August 1922, das erste Kairos-Buch 1926, Sozialismus aus dem Glauben. Verhandlungen der sozialistischen Tagung in Heppenheim a. B. Pfingstwoche 1928. Zürich und Leipzig 1929.

[3] Über den „Bindestrich" in religiös-sozialistisch haben in unserem Kreise vielfache Verhandlungen stattgefunden. Sie haben zu keiner Änderung geführt, offenbar, weil die Fragwürdigkeit der Situation in der Fragwürdigkeit des Begriffes zu angemessenem Ausdruck kam. Alle Versuche, den Sozialismus als religiöses oder christliches Gesetz *an und für sich* aufzufassen, haben wir als gesetzlich und sektiererhaft vom ersten Tage unserer Arbeit an nachdrücklichst abgelehnt.

oder über ihm. Wo die Religion in solchen Beziehungen gesucht wird, ist ihr tiefster Punkt nicht getroffen. Das Sein in sich, das Sein als Sein, abgesehen von jeder Qualität und Beziehung, das Sein absolut, d.h. losgelöst betrachtet, sofern es uns als solches im menschlichen Sein gegeben ist, ist der Ort religiösen Verstehens. Den Sozialismus religiös verstehen heißt also, ihn von dieser letzten Frage her verstehen, den Hebel an dem Punkt ansetzen, jenseits dessen es keinen Punkt mehr gibt: [b]Bei[b] dem Sein als solchem, angeschaut vom menschlichen Sein.

Das menschliche Sein ist die Erhebung des Seins über sich selbst oder die Erhebung des Seins zur Freiheit. Im Menschen kommt das Sein los von sich, von seiner Gebundenheit, von dem Zwang und der Dumpfheit des unmittelbaren, ungebrochenen Lebensprozesses. Im Menschen ist der Lebensprozeß gebrochen und darum frei von sich selbst und darum Geist. Frei zu sein von sich selbst, gebrochen zu sein in sich selbst, als Geist zu stehen gegen sich selbst, das ist menschliches Wesen, das ist seine Größe und seine Gefahr.[4] Denn mit der Erhebung über das Sein ist zugleich die Möglichkeit gegeben, das Sein zu verfehlen. Der Mensch hat das Sein nicht mehr unmittelbar gegenwärtig, er fragt nach ihm. Und er kann es in der Antwort verfehlen. Der Mensch hat das Sein nicht mehr unmittelbar gegenwärtig, denn er fordert es, und bei dem Versuch der | Erfüllung kann er es verfehlen. Er ist das Wesen, das mit Nicht-Sein bedroht ist, mit einem Nicht-Sein, das in einer ganz anderen, viel tieferen Schicht liegt[c] als das leibliche Nicht-Sein, als der Tod. Der Mensch hat sein Sein nur dadurch, daß er es verfehlen kann. Er ist gebrochenes Sein, aber er ist auch Freiheit vom Sein.

Erhebung des Seins über sich selbst ist Erhebung des Seins in den *Sinn.* Im Menschen kommt das Sein zum *Sinn*, es erfüllt sich im Sinn, aber es kann auch seine Erfüllung verfehlen und mit dem Sinn die Wahrheit seines Seins verlieren. Das Sein des Menschen ist Sein im Sinn, und die Bedrohung des Menschen ist die, daß er im Sinnwidrigen das Sein verfehlt. Die menschliche Freiheit, die Freiheit des Seins von sich selbst im Menschen, ist also zugleich die menschliche *Bedrohtheit.* Im Menschen ist das Sein bedroht mit Nicht-Sein. Wo Freiheit ist, ist Möglichkeit des Nicht-Seins. Und nicht nur Möglichkeit, sondern auch Wirklichkeit. Die Freiheit steht immer zwischen Sinnerfüllung und Nichterfüllung des Sinnes, zwischen Sinn und Sinnwidrigkeit. Wo aber Zwiespalt ist zwischen Sinn und Sinnwidrigkeit, zwischen Erfüllung und Nichterfüllung, da ist in Wahrheit die Nichterfüllung, die Sinnwidrigkeit herrschend. Die Freiheit

---

[4] Vgl. dazu den ersten Vortrag [des Bandes "Religiöse Verwirklichung": "Die protestantische Verkündigung und der Mensch der Gegenwart] und den in ihm entwickelten Begriff der „Grenzsituation". Die hier und dort in ähnlicher Form entwickelten Gedanken sind der Ausdruck einer religionsphilosophisch-dogmatischen Grundanschauung, deren Entfaltung ich in einem Buch „Über die Gestalt der religiösen Erkenntnis" zu geben beabsichtige.

ist in Wahrheit Unfreiheit. Das menschliche Sein steht unter dem Verhängnis, in seiner Freiheit unfrei zu sein, unfrei nämlich, die Frage zu beantworten, die Forderung zu erfüllen, die ihm gestellt ist, unfrei also, zu dem Sein zu kommen, das es in Wahrheit ist. Und doch kann der Mensch nicht zurück in das bloße Sein, in den ungebrochenen Lebensprozeß. So gern er es möchte, so häufig auch philosophisches Denken es ihm empfiehlt: es ist unmöglich. Der Bruch ist vollzogen und kann nicht rückgängig gemacht werden.[5] Der Mensch *muß* frei sein und mit der Freiheit unfrei.[6] Mensch sein heißt in diesem Verhängnis stehen müssen, frei zu sein und zugleich unfrei, frei sein zu müssen und nicht zurück zu können in das ungebrochene Sein. Das ist die menschliche Lage schlechthin, die zu allen Zeiten von jeder tieferen Schau menschlichen Wesens gesehen und gesagt ist. Das ist seine Bedrohtheit, das ist sein Verhängnis. |

Den Sozialismus als religiöse Wirklichkeit verstehen bedeutet darum: [d]Verstehen[d], inwiefern sich im Sozialismus diese Bedrohtheit des menschlichen Seins ausdrückt, inwiefern die sozialistische Wirklichkeit und der sozialistische Gedanke das Verhängnis des menschlichen Seins zur Darstellung bringen:[e] Das Verhängnis, in der Sinnerfüllung des Sinnes verlustig zu gehen, in der Freiheit unfrei zu sein.

Doch ist mit allem Gesagten das menschliche Sein noch unvollständig beschrieben. Das menschliche Sein ist nicht nur bestimmt durch das Verhängnis, den Sinn zu verfehlen. Im menschlichen Sein ist nicht nur Bedrohtheit, sondern auch *Getragenheit.* Und doch liegt hier ein prinzipieller Unterschied vor. Die Getragenheit ist nicht, wie die Bedrohtheit, unmittelbar mit dem menschlichen Sein gegeben. Sie stammt nicht aus ihm, sie stammt nicht aus der Freiheit;[f] denn die Freiheit steht unter dem Verhängnis der Unfreiheit; und sie stammt nicht aus dem unmittelbaren Lebensprozeß;[g] denn die Unmittelbarkeit ist gebrochen. Weder aus dem Sein noch aus der Freiheit stammt die Getragenheit des menschlichen Seins. Im Wechselspiel von Sein und Freiheit, im Ringen um Sinn und im Verfehlen des Sinnes ist Getragenheit nicht gegeben. Ist sie dennoch da, so kann sie nur als etwas da sein, das aus dem Jenseits dieses Widerspiels, aus dem Jenseits von Sein und Freiheit stammt. Und sie ist da. Nicht so, daß sie beschrieben werden kann als Menschliches im Menschlichen, aber so, daß auch das Menschliche nicht beschrieben werden könnte, wenn sie fehlte. Es ist unmög-

---

[5] Die Vitalphilosophie will den Bruch rückgängig machen. Sie hebt damit nicht nur den geisttragenden Menschen, sondern den Menschen überhaupt auf. Die Leistungen des der Sinnsphäre beraubten Mensch-Tieres stehen unter der vitalen Leistungskraft des wirklichen Tieres. Die einzig konsequente Haltung ist darum die Negation des Menschen. Aber von welchem Wertmaßstab aus als von einem menschlichen soll der Mensch negiert werden?

[6] Das ist der Sinn des „servum arbitrium", das nicht wie theologische und aufklärerische Gedankenlosigkeit oft behauptet hat, eine Aufhebung des arbitrium ist (die Freiheit im Sinne der Definition des Menschen), sondern die Feststellung, daß diese Freiheit Unfreiheit ist in bezug auf Erfüllung des mit ihr gesetzten Sinnes.

lich, von der Bedrohtheit zu wissen ohne ein Wissen um die Getragenheit – die Getragenheit, die aus dem Jenseits von Sein und Freiheit stammt. Die Getragenheit ist das Primäre. Erst auf ihrem Boden ist menschliches Sein mit seiner Bedrohtheit, mit seinem Verhängnis überhaupt möglich. Und doch ist dieser Boden selbst nicht mehr menschliches Sein.[7]

[7] Die dialektische Theologie glaubt von der Bedrohtheit reden zu können, ohne die Getragenheit vorauszusetzen. Sie will damit andeuten, daß die Bedrohtheit menschliche Situation, die Getragenheit göttliches Handeln ist. Aber Bedrohtheit in unbedingtem Sinn ist eben Bedrohtheit „vor Gott" und kann überhaupt nur gesehen und behauptet werden im Hinblick auf das göttliche Handeln als das Woher der Getragenheit. Das bedeutet: Eine Anthropologie, die von der unbedingten Bedrohtheit des Menschen redet, ist theologische Anthropologie und an die theologische Voraussetzung, das „unbedingte Ergriffensein" oder die Offenbarung geknüpft. – Die Frage ist nun, wie sich eine philosophische Anthropologie von dieser theologischen unterscheidet. *Ich sehe keine Möglichkeit der Unterscheidung.* Denn, wenn der Philosoph auf Grund „unbedingten Ergriffenseins" die theologische Sicht auf die menschliche Lage hat, wie kann er sich dann als Philosoph von dieser Sicht absperren? Oder will man behaupten, daß die theologische Sicht ein „Mehr" ist, das man abstreichen könnte, um die philosophische Sicht zu erhalten? Das hieße, die menschliche Lage aus Stücken zusammenzusetzen, von denen man einige herausnehmen kann, ohne die übrigen zu ändern. Aber anthropologische Schau ist Schau einer lebendigen Gestalt, nicht eines „Steinhaufens", in dem das Theologische den obersten Stein darstellt. Ist die theologische Erkenntnis des Menschen richtig, wie kann die philosophische, die eine andere Gestalt des Menschen sehen soll, auch richtig sein? Solchen Erwägungen gegenüber erscheint die naive Neben- oder Übereinanderschichtung von theologischer und philosophischer Anthropologie und überhaupt von Theologie und Philosophie fast als gedankenloses Umgehen mit Schlagworten. – Die katholische Auffassung kann für uns nicht maßgebend sein. Ihre Übereinanderschichtung von natürlicher und übernatürlicher, philosophischer und theologischer Erkenntnis läßt erstens die natürlich-philosophische Schicht nicht unverändert, sondern unterwirft sie heteronom der theologischen Sicht. Zweitens ist die natürlich-philosophische Erkenntnis orientiert an dem System des „Philosophus", d. h. des Aristoteles. Von ihm wurde in der gesamten mittelalterlichen Entwicklung angenommen, daß er – gewisse metaphysische Irrtümer abgerechnet – das Formale und Inhaltliche der Philosophie klassisch repräsentiere. Das ist aber in keiner Weise aufrechtzuerhalten. Bis in die Einzelheiten der aristotelischen Logik und Astronomie wirkt der religiöse Hintergrund der homerischen und nachhomerischen Theologie. Aristoteles repräsentiert vielleicht das autonome Denken auf dem Boden des klassischen Heidentums. Aber er repräsentiert nicht *das* autonome Denken, *die* Philosophie. – An alle Versuche, Theologie und Philosophie nebeneinander oder übereinander oder gegeneinander zu stellen, sei die Frage gerichtet: Kann es nur ein Handeln, nicht auch ein Denken aus „unbedingtem Ergriffensein", aus „Glauben" geben? Und wenn das Denken aus der „Wiedergeburt", aus dem „neuen Sein" ausgeschlossen ist, will man es den Dämonen überlassen oder will man sich an die Selbsttäuschung einer reinen Sachlichkeit des Erkennens hängen; einer Sachlichkeit, die jenseits des Ineinander von Haltung und Sache, von Seelenschicht und Sachschicht liegt, in der alles nach dem Ideal einer Additionsmaschine – nur gestört durch Konstruktionsfehler der individuellen Gehirne – zur Erkenntnis gebracht wird? Jedes Wort von Spinoza, Kant, Nietzsche zerstört solchen Spuk und stellt vor letzte theologische Entscheidungen. Was soll dann das Gerede von Theologie *oder* Philosophie?

Vom Sozialismus als religiöser Wirklichkeit reden heißt darum: [h]Verstehen[h], in welchen Formen der sozialistischen Wirklichkeit wie des sozialistischen Gedankens sich das Bewußtsein um jene Getragenheit | des menschlichen Seins ausdrückt. – *Wir stellen also dem Sozialismus gegenüber die doppelte Frage: Inwiefern drückt sich in ihm die menschliche Bedrohtheit, inwiefern die menschliche Getragenheit aus?* Diese Fragen stellen heißt, religiös vom Sozialismus reden. Die Antwort auf diese Frage ist die erste und grundlegende Aufgabe des religiösen Sozialismus.

Daß Bedrohtheit und Getragenheit sich im menschlichen Handeln und Denken ausdrücken müssen, ist selbstverständlich; denn alles menschliche Handeln und Denken ist Ausdruck menschlichen Seins, also auch der Bedrohtheit und der Getragenheit des menschlichen Seins. Diese *müssen* sich ausdrücken. Es ist nicht möglich, daß sie sich nicht ausdrücken[8]; aber ihr Ausdruck kann verschieden sein. Es gibt zwei grundlegende Möglichkeiten, in denen die Bedrohtheit und Getragenheit des menschlichen Seins sich im menschlichen Lebensprozeß darstellt. Die eine Möglichkeit ist die, daß Lebensformen geschaffen werden, in denen sich Bedrohtheit und Getragenheit unmittelbar, direkt und ausdrücklich darstellen. Solche Lebensformen sind im eigentlichen und engeren Sinne religiös. – Die andere Möglichkeit ist die, daß Lebensformen geschaffen werden, in denen sich unmittelbar und direkt nur das Widerspiel von Sein und Freiheit ausdrückt, die Bedrohtheit und Getragenheit des menschlichen Seins demgemäß im Hintergrund bleibt und nur indirekt zum Ausdruck kommt. Diese Haltung ist der Intention, der inneren Richtung nach nicht religiös. Der Intention nach ist sie „kulturell“. Da es aber keine Lebensform geben kann, in der sich nicht das menschliche Sein selbst ausdrückt, so ist auch diese Haltung ihrem objektiven Sinne nach religiös. Sie ist indirekt, mittelbar, verhüllt religiös.[9]

Wird der Sozialismus als religiöse Tatsache gewürdigt, so muß auf beide Ausdrucksmöglichkeiten geachtet werden. Maßgebend für den Sozialismus ist die zweite, indirekt-religiöse Haltung. Aber auch Wirkungen der ersten sind geschichtlich und sachlich festzustellen, | Wirklichkeiten freilich mehr negativer als positiver Art. – Mit diesen Gedanken ist die systematische Grundlage der religiösen Betrachtung des Sozialismus gelegt.

2. Geistesgeschichtliche Grundlegung.

Der Sozialismus ist keine isolierte Wirklichkeit. Er ist ein Element der gesamten abendländischen Geistes- und Gesellschaftslage. Nur aus dieser Gesamtlage kann er auch religiös verstanden werden. Wir müssen also dem systematischen Unter-

---

8 Vgl. den Aufsatz: „Über das religiöse Symbol“ [= MW/HW 4, 213–228].

9 Vgl. die ausführliche Darstellung dieser Sachverhalte in meiner „Religionsphilosophie“ [MW/HW 4, 117–170].

bau einen geistesgeschichtlichen hinzufügen.[10] Wir müssen die gegenwärtige Lage der abendländischen Gesellschaft verstehen von den gleichen Voraussetzungen aus, von denen wir an den Sozialismus herangehen. Wir hatten unterschieden eine direkt- und eine indirekt-religiöse Haltung, eine solche, in der alle Lebensformen unmittelbar darauf gerichtet sind, Bedrohtheit und Getragenheit auszudrücken, und eine solche, in der die Lebensformen auf sich selbst, auf ihren eigenen formalen Charakter gerichtet sind und nur mittelbar, vielleicht wider Willen, Bedrohtheit und Getragenheit ausdrücken. In dieser zweiten Haltung bleibt das menschliche Sein in sich selbst, in dem Widerspiel von bloßem Sein und Freiheit. Es ist berechtigt, diese Haltung humanistisch zu nennen.[11] *Humanismus ist der Versuch des Menschen, sich auf sich selbst zu stellen, in seinem eigenen Sein die Erfüllung seines Sinnes zu finden.* Damit ist zunächst nicht gesagt, daß das Bewußtsein um die Bedrohtheit und Getragenheit des menschlichen Seins verschwunden wäre. Es ist da, aber es ist als Hintergrund da; und darum kann es abklingen. Der ursprüngliche Humanismus kann aufgefaßt werden als eine Abwehrhaltung gegen religiöse Dämonie, d.h. gegen den Versuch, um des „Jenseits von Sein und Freiheit“ willen Sein und Freiheit, d.h. das menschliche Wesen zu zerbrechen. Religiöse Dämonie liegt überall da vor, wo im Namen dessen, was das menschliche Sein bedroht und trägt, menschliches Wesen zerbrochen wird. Dämonie ist Einheit von Seinsjenseitigkeit und Zerstörung.[12] Der Humanismus ist Abwehr gegen das zerstöre|rische Einbrechen des Seins-Jenseits ins Sein. Sein religiöser Hintergrund ist eben dieser, daß er die religiöse Dämonie zu bekämpfen, das menschliche Wesen als solches zu bewahren sucht. So kämpft er gegen leibliche Zerstörungen, die sakral begründet sind, wie Sklaverei, Kastenwesen, Krieg, Blutrache usw.;[i] gegen seelische Zerstörungen, die sakral begründet sind, wie die heilige Prostitution und den heiligen Rausch; gegen geistige Zerstörungen, die sakral begründet sind, wie das Zerbrechen des Wahrheitsbewußtseins um des Dogmas willen. Der Kampf gegen diese Dinge gibt dem Humanismus sein Pathos und seine religiöse Kraft. Es ist, mythisch gesprochen, ein Kampf um die Gottesebenbildlichkeit des Menschen gegen sakrale Verzerrung und Zerbrechung. Sofern nun dieser Kampf gegen religiöse Dämonie im Christentum zu seiner Höhe und zu seinem grundsätzlichen Sieg gelangt ist, muß gesagt werden, daß der Humanismus auf christlichem Hintergrund ruht. Wohl ist er vorbereitet im Griechentum und im Alten Testament, wohl sind dort Formen geschaffen worden, die der christliche Humanismus übernehmen konnte; aber er konnte es doch nur, nachdem er die dämonischen Elemente, die in allem vorchristlichen

[10] Vgl. „Die religiöse Lage der Gegenwart“ [MW/HW 5, 27–97].

[11] Diese systematische Definition von Humanismus, wie sie z. B. auch [Emil] Brunner verwendet, knüpft an den historischen Begriff an, und sucht ihn in seinem grundsätzlichen Gehalt zu erfassen, um ihn dadurch systematisch verwendbar zu machen.

[12] Vgl. meine Schrift: „Das Dämonische. Ein Beitrag zur Sinndeutung der Geschichte“ 1926 [MW/HW 5, 99–123].

Humanismus wirksam waren, ausgestoßen hatte. Darum ist der nachchristliche Humanismus eine Entwicklungsform des Christentums: [j]Er[j] ist die spezifisch christliche und darum erst vollkommene Durchführung der Autonomie, des humanistischen Versuches, das menschliche Wesen auf sich selbst zu stellen. – Es ist also eine Fehldeutung, wenn man dem christlichen Humanismus gegenüber von „modernem Heidentum" spricht. Das Wesen des Heidentums ist dämonische Gottbesessenheit, echtes Heidentum ist eine Wirklichkeit von ungeheurer religiöser Gewalt. Diese Gewalt ist auf christlichem Boden gebrochen. Es ist auf ihm nicht möglich, zum Heidentum zurückzukehren. Wohl kann das Christentum einen christlichen Humanismus aus sich heraus entwickeln und sich dabei anschließen an Formen eines heidnisch begründeten Humanismus. Aber es kann nicht selbst wieder heidnisch werden. Darum ist zu sagen: *Die gegenwärtige Wirklichkeit der abendländisch-christlichen | Völker ist beherrscht von einer Entwicklungsform des Christentums, die als christlicher Humanismus zu bezeichnen ist.*[13]

Es ist möglich, drei Grundformen dieses Humanismus zu unterscheiden. Die erste Form ist der *revolutionäre Humanismus*, wie er im 18. Jahrhundert vorliegt. In Begriffen wie Aufklärung, Vernunft, Freiheit, Autonomie usw. klingt ursprünglich die Leidenschaft des Kampfes gegen den dämonischen Zerbrechungswillen der Religion. Diese Begriffe, die für uns jetzt einen überaus nüchternen Klang haben, waren ursprünglich erfüllt von religiöser Gewalt. – Die zweite Form ist der *klassische Humanismus.* Er ist der Moment der Reife, wo der revolutionäre Abwehrkampf sich durchgesetzt hat, das menschliche Wesen aber noch erfüllt ist von den Gehalten der religiösen Periode und sich zugleich erfaßt in seiner menschlichen Form. Für die deutsche Kultur ist der klassische Humanismus anschaubar in Goethe. – Die dritte Form ist der *romantische Humanismus.* Die humanistische Form bleibt, aber man fühlt ihre Gefahr, die Gefahr des Abklingens des religiösen Hintergrundes, und man sucht dieser Gefahr zu entgehen dadurch, daß man religiöse Formen der Vergangenheit, humanistisch umgestaltet, aufzunehmen sucht. Diese Haltung ist am anschaulichsten verwirklicht in der deutschen idealistischen Philosophie.

In allen drei Formen des Humanismus ist der religiöse Hintergrund wirksam, aber er ist als *Hintergrund* wirksam. Auch der Romantik gelingt es nicht, ihn in den Vordergrund zu stellen. Und weil er Hintergrund bleibt, klingt er ab. Das menschliche Wesen, das auf sich selbst gestellt ist, saugt gleichsam das Jenseits seiner selbst in sich hinein und hebt es als Jenseits auf. Das Bewußtsein um die Bedrohtheit geht verloren und mit ihm das Bewußtsein um die Getragenheit.

---

[13] Damit ist der Begriff des Humanismus, nachdem er systematisiert ist, wieder historisiert. Diese Wendung fehlt bei [Emil] Brunner und in der ganzen dialektischen Theologie. Der systematische Begriff des Humanismus wird unhistorisch absolut gesetzt und dann wird auf ihn losgeschlagen, ohne daß das eigentlich Entscheidende, der Unterschied von heidnischem und christlichem Humanismus beachtet wird.

Der Humanismus wird profan. Dieser Prozeß ist nicht zufällig, er ist in der Gestalt des Humanismus selbst begründet. Es ist die Dialektik der indirekt-religiösen Haltung, die sich in der Entwicklung des Humanismus auswirkt. Es ist das schließliche Mißlingen des Versuches, das Jenseits von Sein und | Freiheit auf die Ebene zu ziehen, in der das Widerspiel von Sein und Freiheit stattfindet, des Versuches, das Jenseits des Menschlichen selbst zu etwas Menschlichem zu machen. Dieser Versuch endet notwendig mit der Abschließung vom Jenseits, mit der Isolierung des Menschlichen, mit der Profanität. Dieses nun ist unsere Lage, und dieses ist die Voraussetzung des Sozialismus, wie er gegenwärtig vorliegt. Wir stehen auf dem Boden eines religiös abgeklungenen Humanismus, eines Menschentums, das abgeschnitten ist von den transzendenten Bezügen. Der Mensch steht auf sich selbst. Er sucht die Erfüllung seines Sinnes in sich.

Von hier aus wird verständlich die typisch abendländische Haltung.[k] Jene Unendlichkeit der Versuche, im Endlichen seinen Sinn zu erfüllen, jene nie ruhende Dynamik des Daseins, die alle Wirklichkeit umspannt, um in ihr die Ruhe unbedingter Sinnerfüllung zu finden. Aber zu solcher Ruhe kann es nie kommen. – Die stärkste Ausdrucksform für diese Lage ist das technisch begründete, wissenschaftlich durchgebildete, politisch durchgesetzte Wirtschaftssystem des abendländischen Kapitalismus. Es ist das vollkommene Symbol des profanisierten Humanismus. Es ist seinem Wesen nach unendliche, alles ergreifende Aktivität, Unruhe, zu der keine übergeordnete Ruhe gehört. Das Leben des in dieses System eingespannten Menschen ist ein Wechsel von Spannung und Abspannung, dem keine Entspannung folgt. Alle Versuche, auf dem Wege namentlich körperlicher Erziehung Entspannungsformen zu schaffen, werden durchkreuzt von dem Gesellschaftssystem, das jeden [l]einzelnen[l] in sich hineinzwingt.[14]

Die Unruhe des auf sich selbst gestellten Menschentums zeigt sich zugleich in der ständigen Steigerung des Tempos aller Lebensäußerungen, d.h. in der Aufnahme einer übermäßigen Fülle von Lebensinhalten in einen begrenzten Zeitmoment und der damit gegebenen Entwertung jedes einzelnen Erlebnisses. Sie zeigt sich in der auf kapitalistischem Boden notwendigen ununterbrochenen Steigerung der Bedürfnisse und ihrer Befriedigungsmöglichkeiten. Sie zeigt sich in dem rein herrschaftlichen Verhältnis zur Natur und in der unend|lichen Gegenschaltung aller Interessen in der Gesellschaft. Wohl ist die Macht der religiösen Dämonie gebrochen; aber mit ihr ist auch das verloren, was in jener dämonischen Form enthalten war, die Beziehung zu einem transzendenten, unbedingt sinngebenden Prinzip, das hinweghob über die Unendlichkeit der

---

[14] Hier liegt die Grenze aller Versuche, von der Spannung und Abspannung des einzelnen Körpers aus die Gesamtstruktur des Lebens zu ändern. Neben dem Primat des Seelischen bei jeder entscheidenden auch körperlichen Wandlung haben wir zur Zeit mit einem Übergewicht des Sozialen zu tun, dessen Wirkung bis in die leiblichen Spannungsphänomene hineinreicht.

einzelnen Sinnakte und ein Ort metaphysischer Ruhe war. Durch das Abschneiden dieser Beziehung schwingt der Mensch einsam in sich selbst, umgeben von einer unendlichen Leere. In all sein Ringen um Sinn dringt ständig ein eisiger Hauch von Sinnlosigkeit, der ihn erstarren läßt. – Das ist die Lage auf dem Boden des religiös abgeklungenen christlichen Humanismus und der Herrschaft des kapitalistischen Systems.

3. Die Bedrohtheit des menschlichen Seins im Proletariat.

Der Sozialismus ist das Aufbrechen und Offenbarwerden dieser Situation in der *gesellschaftlichen* Sphäre. Es gibt noch eine Reihe anderer Punkte, an denen in anderen Sphären dieses Aufbrechen festgestellt werden kann. Zum Teil hängen sie mit dem Sozialismus zusammen, zum Teil haben sie besondere Ursachen. Der religiöse Sozialismus bemüht sich um die Zusammenschau all dieser Punkte, aber unter Anerkennung der Tatsache, daß der Sozialismus der wichtigste und am tiefsten die gegenwärtige Realität erschütternde Ort des Aufbrechens ist. *Den Sozialismus als religiöses Phänomen betrachten heißt also: ihn anschauen als Offenbarwerden der menschlichen Situation in unserer Gegenwart.*[15] Er deckt auf, was gegenwärtig ist, und er kann es in einer Tiefe aufdecken, durch die er zum Hinweis wird auf die menschliche Lage überhaupt und ihre Bedrohtheit.

Das Proletariat ist der Ort, an dem die Bedrohtheit des menschlichen Seins in der Gestalt unentrinnbarer gesellschaftlicher Bedrohtheit ständig erlebte Wirklichkeit ist. Das, wofür der Humanismus gekämpft hatte, das menschliche Wesen, zerbricht in der proletarischen Existenz.[16] Die menschliche Wesenhaftigkeit geht verloren in | diesem Bezirk des auf sich selbst gestellten Menschtums. Die Bedrohtheit der menschlichen Lage im Proletariat drückt sich aus in einer Reihe von Begriffen, die das proletarische Lebensgefühl widerspiegeln.

In erster Linie steht die Erfahrung der *Ungesichertheit,* und zwar in vielfachem Sinne. Die Sicherungsmittel, die in früheren religiös fundierten bäuerlichen oder feudalen Existenzformen vorhanden waren, fehlen dem Proletariat. Selbst in der

---

[15] Vgl. dazu „Die religiöse Lage der Gegenwart" [MW/HW 5, 27–97].

[16] Vgl. dazu wie zu dem ganzen Aufsatz das glänzend geschriebene eben erschienene Buch von Eduard Heimann, Die soziale Theorie des Kapitalismus, [Tübingen] 1929. Ich stehe nicht an, es als das Hauptwerk und die wichtigste Darstellung der bisherigen Arbeiten des Berliner Kreises der „religiösen Sozialisten" zu bezeichnen. Natürlich bedarf es der Ergänzung nach den von Heimann als theoretischem Nationalökonomen nicht berücksichtigten Seiten der Gesamtproblematik. Auch ist zu erwarten, daß die Überbetonung der liberalen Freiheitsidee Widerspruch im engsten Kreise hervorrufen wird. Abgesehen davon aber ist das Buch die beste Einführung in die Gedankenwelt, aus der heraus auch dieser Aufsatz geschrieben ist und darüber hinaus ein entscheidender Beitrag zur Weiterentwicklung des Sozialismus.

stärksten Bedrückung durch Hörigkeit und Sklaverei, also auf dem Boden religiös-gesellschaftlicher Dämonien, war mit der Bindung eine Art Sicherung gegeben. Mit der Aufhebung der Bindungen sind auch die Sicherungen verloren gegangen. Der Einzelne ist isoliert gegen den anderen. Feudal oder patriarchalisch begründete Geborgenheit ist verschwunden. Jeden Augenblick besteht die Möglichkeit, die Arbeit verlassen zu müssen, ganz auf sich selbst gestellt zu sein. Die Willkür des Vorgeordneten, namentlich niederen Ranges,[m] entscheidet über Sein und Nicht-Sein. Kaum etwas anderes drückt so wie diese Situation auf das proletarische Bewußtsein. – Dazu fehlen alle Sicherungsmittel im Geistigen. Es fehlt die Möglichkeit, die in der bürgerlichen Situation immer noch gegeben ist, in geistige Sicherungen zu flüchten. Und es fehlt endlich die Möglichkeit, durch gegenseitige Hilfe die Unsicherheit entscheidend zu beheben. Denn die Klassensituation bleibt bestehen und mit ihr die Ungesichertheit aller und damit die Unmöglichkeit, die Gesamtsituation zu ändern.[17]

Mit dem Gefühl der Ungesichertheit verbindet sich das der *Ausgestoßenheit.* Es wird das vielleicht auf dem Boden Mitteleuropas stärker empfunden als in Westeuropa, weil die Demokratie zu spät gekommen ist, um eine Aufnahme des Proletariats wenigstens in die für alle gleiche bürgerliche Situation zu ermöglichen. Im Westen wurde der Proletarier zusammen mit dem kämpfenden Bürger wenigstens grundsätzlich in die Einheit der Gesellschaft aufgenommen. Das ist weiter nach dem Osten zu nicht mehr gelungen. Und darum ist hier das Gefühl der Ausgestoßenheit aus der Einheit der Gesellschaft viel stärker. Es fehlt die innere, selbstverständ|liche Bejahung durch die anderen Schichten des Volkes. Es fehlt das Aufgenommensein in einen erosgetragenen Gemeinschaftszusammenhang. Alle humanitären Versuche bestärken nur diese Situation. Sie machen das grundsätzliche Ausgeschlossensein evident.[18] Besonders empfindlich wird dieser Tatbestand dadurch, daß der Proletarier ständig erleben muß, wie von allen durch die Gesellschaft und d.h. wesentlich durch ihn produzierten Gütern ihm immer das Schlechteste, das eigentlich Minderwertige zugeschoben wird. Das beginnt mit den Straßen, in denen er wohnt, und geht bis zur Bildung, die man ihm übermitteln will.

Der dritte Begriff, in dem der Proletarier seine Situation ausdrückt, ist der der *Hoffnungslosigkeit.* Es ist die Unmöglichkeit, sich über diese seine Existenz, in deren Mechanismus er sehr früh hereingezogen wird, irgendwann zu erheben. Er hat nichts zu verkaufen als seine Arbeitskraft, und deren Wert drückt sich im ganzen in der Negativität der proletarischen Situation aus. Durch sie kann er selbst bei günstigen Konjunkturen niemals über die proletarische Existenz hinaus

---

17 Beweis für diese wie für die folgenden Behauptungen ist die gesamte Literatur der proletarischen Selbstzeugnisse (Piechowski, Dehn usw.) sowie die Darstellung der proletarischen Situation durch alle Kenner, ganz gleich wie sie die Dinge politisch werten.

18 Dieses ist die Erfahrung aller Organe der humanitären Fürsorge, sofern sie nicht absichtlich die Augen vor der Lage verschließen.

kommen. In zahlreichen Selbstzeugnissen jüngerer Proletarier kommt die Trostlosigkeit dieser Perspektive zum Ausdruck. Das auf sich selbst gestellte Menschentum bedeutet für die größte Klasse ein hoffnungsloses Festgebundensein an das äußerste Minimum erfüllten menschlichen Lebenswillens.

All dieses zusammen führt den Proletarier schließlich zu dem Bewußtsein einer völligen *Sinnlosigkeit* seiner Existenz. In den Selbstzeugnissen namentlich der älteren Proletarier, aber auch schon verhältnismäßig früh, finden sich erschütternde Ausbrüche der Verzweiflung am Lebenssinn. Der Versuch des Menschen, sich auf sich selbst zu stellen, den Sinn im menschlichen Wesen selbst zu suchen, führt zu einem Zerbrechen des Sinnes, zu einer Verzerrung menschlichen Wesens: ⁿDasⁿ ist die proletarische Situation.

Man hat versucht, diese Situation religiös mit einem positiven Vorzeichen zu versehen, sofern darin die menschliche Bedrohtheit überhaupt aufbricht und nun die Möglichkeit gegeben ist, die kirchliche Verkündigung anzubringen. Aber dieser Gedanke ist kurzsich|tig. Sofern die kirchliche Predigt das sinngebende Jenseits zum Inhalt hat, das erheben soll über die Sinnlosigkeit der diesseitigen Situation, wird der Proletarier überhaupt nicht davon getroffen. Er kann seine Situation nicht auffassen als gottgewollt, als sinnvolles Schicksal, in das er sich fügen muß. Ein derartiges Bewußtsein ist nur möglich, wo wirklich ein statisches Schicksal als feste und unabänderliche Größe menschliches Dasein bestimmt. Beim Proletariat aber ist nichts statisch, sondern alles dynamisch. Sein Leben ist nicht bestimmt durch ein allgemeines, tragendes, im Seins-Jenseits begründetes System. Sein Schicksal ist die Isolierung, die Gegenschaltung, der Kampf. Der Klassenkampf ist das proletarische Schicksal. Daher die leidenschaftliche Ablehnung jedes Versuches, dem Proletarier die Sinnerfüllung seiner Existenz in einer transzendenten Existenz in Aussicht zu stellen.[19] Er kann gar nicht anders, als eine derartige Verkündigung für den Versuch der ihm feindlichen Klasse zu halten, ihn zu beruhigen, ihm die Leidenschaft des Klassenkampfes zu nehmen. Darin aber ist der Proletarier prinzipiell im Recht. Denn der Klassenkampf ist für ihn Wirklichkeit und Schicksal.

4. Klassenkampf und Marxismus.

Die proletarische Situation ist wesensmäßig Situation des Klassenkampfes; denn der Klassenkampf ist die klassenmäßig sich auswirkende Gegenschaltung aller Inter-

---

[19] Nicht das Transzendente an sich wird vom Proletariat instinktiv abgelehnt, wohl aber diejenige Transzendenz, die als jenseitiger Ort der Erfüllung des im Leben Unerfüllten gedacht ist. Solche Transzendenz wertet er als ideologischen Betrug. Dagegen ist sein Immanenz-Denken keineswegs eindeutig-diesseitig. Ja, es ist schon falsch, diese Kategorie dafür zu verwenden. Verwendet man sie aber, so muß man wissen, daß die Immanenz des proletarischen Zukunftsdenkens transzendiert, hinausgeht über jede empirische Denkbarkeit.

essen im System der liberalen Wirtschaft. Im Liberalismus ist die Gegenschaltung der Interessen das leitende Prinzip. Die liberale Theorie dachte dabei an das einzelne Wirtschaftssubjekt. Sie dachte nicht daran, daß in dem Augenblick Klassen entstehen mußten, wo die Gegenschaltung verbunden war auf der einen Seite mit dem Besitz der Produktionsmittel, auf der anderen Seite mit der völligen Besitzlosigkeit. In dem Augenblick, wo dieser Gegensatz in Erscheinung trat, mußte er jeden anderen an Bedeutung weit übertreffen, d.h., er mußte zum grundsätzlichen Klassenkampf werden. Die Gegenschaltung der Klassen ist mit dem Wesen des Kapitalismus unlöslich verbunden; und sie | erhält ihre Tiefe dadurch, daß sie über den Marktkampf hinausgreift und die gesamte Lebenssituation umfaßt. Klasse ist Gemeinsamkeit einer wirtschaftlich begründeten Lebenssituation, die im Gegensatz steht zu anderen auch wirtschaftlich begründeten Situationen.[20]

Der Klassenkampf ist begründet in den Naturgesetzen der liberalen Wirtschaft. Fast alle Erscheinungen des Klassenkampfes sind nichts als ein Ausdruck dieser objektiv gegebenen Situation. Jeder Einzelne wird notwendig und unentrinnbar in den Klassenkampf hineingezogen. Er geht auch nicht einseitig vom Proletariat aus. Klassenkampf wird immer zugleich von oben und von unten geführt.[21] Er ist eine polare Situation, die ständig akut ist, die in einem gegebenen System keinen Augenblick aussetzen kann. Er hat darum mit Gefühlswerten wie Klassenhaß und dergleichen zunächst gar nichts zu tun, obgleich er schwerlich ohne solche Begleiterscheinungen auftreten kann, besonders auf seiten der im Kampfe wesentlich unterdrückten Klasse. Da der Klassenkampf eine mit der Struktur des Kapitalismus gegebene Wirklichkeit ist, sind moralische Urteile über die im Klassenkampf Stehenden ein unverantwortliches oder böswilliges Anwenden von Maßstäben, die einer völlig anderen Sphäre entstammen. Gegenüber Wirklichkeiten wie dem Klassenkampf sind moralische Forderungen oder Wünsche etwa dahingehend, daß man auf ihn verzichten soll oder ihn mindern soll, lächerlich oder selber ein Kampfmittel im Klassenkampf. Man kann weder für noch gegen den Klassenkampf eintreten. Er ist eine Wirklichkeit, freilich eine dämonische Wirklichkeit, eine Wirklichkeit also, durch die jeder °einzelne° unvermeidlich gezwungen wird, an der zerstörerischen Tendenz des Systems

---

20 In dieser Definition ist das Wirtschaftliche verbunden mit den übrigen sozialen und seelischen Bezügen. Nur die Verbindung beider Elemente schafft Klasse. Bloß wirtschaftlichen Gegensatz gibt es auch, und oft mit tötlicher Schärfe innerhalb der gleichen Klasse. Der Gegensatz aber in den übrigen Sphären (etwa der zwischen Intellektuellen und Bauerntum) schafft ohne den wirtschaftlichen Gegensatz ebenfalls keine Klassen.

21 Den schlagenden Beweis dafür, daß der Klassenkampf ebenso von oben wie von unten geführt wird, hat Heimann in seiner Schrift „Die sittliche Idee des Klassenkampfes" [Berlin 1926] erbracht. Als Beweis können auch alle diejenigen Forderungen dienen, die der kapitalistischen Produktion an sich zugute kommen würden, die aber von seiten der Unternehmer abgelehnt werden, weil sie ihre Herrschaft über die Arbeiter einschränken würden, wie z. B. einzelne Forderungen der Arbeitswissenschaft.

teilzunehmen.[22] – *Der religiöse Sozialismus hat den Klassenkampf in seiner Unentrinnbarkeit zu verstehen und seinen dämonischen Charakter zu offenbaren.* Nicht kann es seine Aufgabe sein, einen Sozialismus ohne Klassenkampf zu fordern. Täte er das, so verriete er die wirkliche Situation des Proletariats, so stellte er sich außerhalb der Realität, so wäre er Utopie, die dadurch nicht besser würde, daß sie sich religiös zu begründen versuchte. |

Im Klassenkampf will das Proletariat das erreichen, was ihm vorenthalten wird, den Sinn eines menschlichen Lebens. Jeder einzelne Kampf, mag er um eine politische Einzelheit, mag er um einen Tarifvertrag gehen, ist im letzten Grunde ein Kampf um Erfüllung mit Seinsfülle und Lebenssinn. Von seinem (oft genug abgeklungenen) Hintergrund aus gesehen, ist der Kampf des Proletariats ein Kampf um die Überwindung des Dämonischen, das dem Proletarier in seiner ganzen zerstörerischen Gewalt offenbar wird, also ein Kampf um das Reich Gottes. Und durch diesen Kampf erhält das Proletariat einen Lebenssinn. Es fühlt sich als Träger des Kampfes um das Reich Gottes, es fühlt eine Art messianischer Sendung für sich und für die ganze Gesellschaft. Aus Ungesichertheit und Hoffnungslosigkeit wird es gehoben, in seiner Sinnlosigkeit wird ihm ein Sinn gegeben: pEsp ist Träger des Kampfes gegen eine Situation, in der dem Menschen der menschliche Sinn genommen wird. Die Schaffung dieses Bewußtseins war die historische Aufgabe des *Marxismus.*[23]

Der religiöse Sozialismus hat nicht die Aufgabe, den Marxismus abzulehnen, nicht einmal in seiner materialistisch-ökonomischen Form. Der Marxismus ist zuerst eine Wirklichkeit und dann erst ein Gedanke. Die Wirklichkeit des Marxismus ist die Tatsache, daß das Proletariat aus fast völligem Sinnverlust zu einem machtvollen Sinnbewußtsein durchgedrungen ist. Selbstverständlich steht hinter dieser Wirklichkeit eine Idee, eine Idee, die aus ihrer Gegenwart geboren war und darum die Kraft hatte, ihre Gegenwart umzuwandeln. Sofern die Idee sich gedanklich ausgedrückt hat, kann sie gedanklich umgestaltet, ja widerlegt werden. Aber der gedankliche Ausdruck ist nicht das Entscheidende in ihr. Die marxistische Dialektik ist gedanklicher Ausdruck. Im Hintergrund aber steht ein religiöses Schicksalsbewußtsein. Und so ist jene von nur wenigen verstandene Dialektik für Unzählige zum Symbol geworden, zum Symbol für den Glauben, daß er bestimmt ist, für ein Reich zu kämpfen, das sich mit Schicksalsnot-

---

[22] Die Schärfe dieser Formulierung entspricht der Häufigkeit und Naivität, mit der vom religiösen Sozialismus vorausgesetzt oder von ihm gefordert wird, daß er gegen den Klassenkampf einträte. Jeden, der die wirkliche Situation gesehen hat, würde die Trennung von Sozialismus und Klassenkampf, dieses alte Requisit aus der Zeit des Sozialistengesetzes komisch anmuten, wenn es nicht noch immer ein in gewissen Kreisen wirksames Mittel des Klassenkampfes von oben wäre.

[23] Vgl. dazu das in seinen empirischen Teilen hervorragende Buch von Gertrud Hermes: „Die geistige Gestalt des marxistischen Arbeiters usw.“ 1926, in dem der durchgängige Beweis der Strukturierung des strukturlosen Proletariers durch den Marxismus gegeben wird.

wendigkeit durchsetzt und das darum von keinem Widerstand gehindert werden kann. Darin liegt | Bewußtsein um Getragenheit, um Getragenheit aus einem Unbedingten, Seins-Jenseitigen. Aber dieses Bewußtsein verbindet sich mit begrifflichen Ausdrucksformen, die ihm schlechthin widersprechen. Der Marxismus hat – auf die letzte Struktur gesehen – eine des kommenden Sieges gewisse eschatologische Gemeinde geschaffen. Hier ist nicht nur verkündet worden, sondern hier ist Sein geformt, menschliches Sein, Sein von Massen, die ohne Form und Sinn dahin lebten. Und der Marxismus ist die einzige Kraft, der dieses gelungen ist. – Gerade darin zeigt sich das religiöse Element des Marxismus, daß in ihm die *Polarität* alles religiösen Denkens zu deutlichem, wenn auch nicht religiösem, sondern dialektischem Ausdruck gekommen ist: [q]Auf[q] der einen Seite die an jeden [r]einzelnen[r] gerichtete Forderung des Handelns, auf der anderen Seite der Glaube an die schicksalhafte Notwendigkeit, daß das geschieht, wofür man sich einsetzt. Naturgemäß hat es nicht an Versuchen gefehlt, die Einheit beider Elemente zu sprengen. Auf der einen Seite hat man die Dialektik verwandelt in kausale Berechnung von Naturnotwendigkeiten, auf der anderen Seite in moralische Forderungen. Weder auf die eine noch auf die andere Weise hätte eine Wirklichkeit wie der Marxismus geschaffen werden können. Beides sind rationale Abstraktionen, die die letzte religiöse Schicht des menschlichen Seins nicht treffen. Im echten Marxismus ist diese Schicht getroffen und in profaner Form zum Ausdruck gebracht.[24]

Den Sozialismus als religiöses Phänomen verstehen heißt also sehen, daß in ihm die Bedrohtheit des menschlichen Seins bis hin zur dämonischen Besessenheit einer ganzen Gesellschaft offenbar wird und daß auf der anderen Seite Elemente eines neuen Sinnglaubens, einer neuen Getragenheit eschatologischen Charakters in Wirklichkeit und Symbol hervortreten. Dieses alles aber auf dem Boden eines religiös abgeklungenen Humanismus und in den Formen eines solchen. |

5. *Die Zweideutigkeit der sozialistischen Formen.*

Der Sozialismus nimmt eine Haltung ein, die wir als indirekt-religiös charakterisiert haben. Das Religiöse ist in ihm niemals ausdrücklich gemeint. Nirgends,

---

24 Seit Engels wird die Tiefe des dialektischen Gedankens immer weniger verstanden. Der westliche Sozialismus hat ihn nie aufgenommen, sondern das ethisch-utopische Element in den Mittelpunkt gestellt. So tut es noch unser Freund De Man in seinem bekannten Buch: „ Die Psychologie des Sozialismus". Vgl. die Auseinandersetzung unseres Kreises mit ihm in „Sozialismus aus dem Glauben". – Der deutsche Sozialismus ist mehr der kausalmechanistischen Deutung der Dialektik verfallen, durch die seine Aktivität schwer gelähmt ist. Demgegenüber ist das Wiedererwachen des dynamisch-dialektischen Denkens, wie es sich z. B. bei Heimann zeigt, von größter Bedeutung für die sozialistische Theorie. – Über das Recht der religiösen Sinndeutung solcher in der Form profaner Gedanken vgl. meinen Vortrag: „Über die Idee einer Theologie der Kultur" [MW/HW 2, 69–85].

weder in der Theorie[s] noch in der Praxis, findet sich ein direkter Hinweis auf das Seins-Jenseits. Ausdrücklich religiöse Symbole werden durchweg verworfen, im besten Fall dem Privaten und der Innerlichkeit überlassen, niemals aber ausdrücklich gemeint. Daraus ergibt sich die eigentümliche Dialektik, die tiefe Zweideutigkeit, die allen Lebensäußerungen des Sozialismus anhaftet. Das gilt zunächst für die Stellung des Proletariats zur *Wissenschaft.* Das Proletariat glaubt an die Wissenschaft, und es glaubt mit unbedingter Gewißheit an die Wissenschaft des Marxismus. Nun ist Wissenschaft als solche niemals Gegenstand des Glaubens. Jede wissenschaftliche Form steht unter der Kritik und wird überwunden. Wenn der Proletarier instinktiv im Marxismus endgültige Wissenschaft sieht, so ist er ihm zum Symbol geworden, und das, woran er glaubt, ist sein Symbolgehalt, der in der wissenschaftlichen Form nur unzulänglich zum Ausdruck kommt. An das Symbol glaubt er, kann er und muß er glauben, weil es den Mythos seines Seins und von ihm aus gesehen den Mythos des menschlichen Seins überhaupt ausdrückt. Sein Wissenschaftsglaube ist also verhüllter Glaube an den Mythos, d.h. verhüllter religiöser Glaube.[25]

Das gleiche liegt in der *Politik* vor. Sie ist real, sie ist innerweltlich, sie arbeitet mit allen Mitteln politischer Taktik und Strategie. Und durch alles hindurch schwingt der Glaube, daß auf diese Weise der klassenlose Staat, das Reich der Gerechtigkeit, das Reich Gottes herbeigeführt würde. Nichts wäre törichter, als wollte man diese Haltung eindeutig auffassen und widerlegen. Jeder einzelne Schritt kann widerlegt werden, jeder einzelne Schritt kann als fehlerhaft, ja verhängnisvoll aufgewiesen werden, die tiefe Profanität und Verderbtheit alles politischen Handelns kann aufgezeigt werden, das alles ändert den Glauben nicht, daß auf diese Weise das Ziel erreicht wird. Auch die Stellung zur Partei enthält die gleiche Zwei|deutigkeit. Sie ist für den Proletarier unendlich viel mehr als eine politische Partei. Sie ist für ihn immer auch religiöse Gemeinde, in der er getragen ist, die ihn von der Sinnlosigkeit seiner Existenz befreit, die ihm eine Berufung und ein letztes unbedingtes Ziel gibt.[26]

Die gleiche Zweideutigkeit wie die Formen des Denkens und Handelns hat die letzte *Zielgebung* des Sozialismus. In der Zeit, auf dem Boden des mensch-

---

[25] Erstaunlich ist der Wissenschaftsglaube als Glaube an den Marxismus bei manchen Intellektuellen mit wissenschaftlicher Durchbildung. Bei ihnen wäre der methodisch-wissenschaftliche Zweifel das Natürliche. Offenbar aber wird der Zweifel verdrängt, weil tiefere, in unserem Sinne religiöse Schichten der Seele ihn verbieten. Daher entsteht dann jener intellektuelle Fanatismus, der dem naiven Wissenschaftsglauben des Proletariats fern liegt und sehr abstoßende Formen annehmen kann.

[26] Die sozialistische Partei könnte durchaus den Anspruch erheben, als Weltanschauungsgruppe z. B. in Schul- und Fürsorgesachen anerkannt zu werden. Es ist falsch, sie mit den übrigen politischen Parteien auf einer Ebene zu sehen (vgl. die Soziologie des Wortes „Genosse"). Andererseits verhüllt die aufgewiesene Zweideutigkeit der politischen Struktur des Sozialismus den religiös-weltanschaulichen Charakter der Partei ihr selbst und anderen.

lichen Seins, soll das Unbedingte, das letztlich Sinngebende verwirklicht werden. Das ist Utopie. Aber der Geist der Utopie greift in Wahrheit hinaus über die Zeit und über die Endlichkeit und zerbricht die endlichen Vorstellungen, in denen er sich ausdrückt. Hier liegt die tiefste und entscheidende Zweideutigkeit der sozialistischen Haltung. Man hat dem Sozialismus oft vorgeworfen, daß er seinen Zielgedanken inhaltlich nicht ausführe. Das ist rational betrachtet sicher ein Mangel. Im Geist der Utopie ist es notwendig und berechtigt, genau so berechtigt wie es ist, wenn alle höheren Religionen eine Ausmalung der Transzendenz innerlich ablehnen, auch wenn sie sie äußerlich zulassen. Auch dieser Verzicht ist ein Beweis für den religiösen Hintergrund und für die Unangemessenheit der utopischen Ausdrucksform und damit für die innere Zweideutigkeit des Sozialismus.[27] – Mit dieser Zweideutigkeit sind die großen *Gefahren* verbunden, die den Sozialismus ständig aufs schwerste bedrohen. Die eine Gefahr ist die, daß der ins Seins-Jenseitige drängende Geist infolge der Unangemessenheit seiner Ausdrucksformen geschwächt, ja zerstört wird, daß relative Erfolge unbedingte Bedeutung erlangen, daß durch vorläufige Sicherungen die Bedrohtheit des menschlichen Seins verhüllt wird. Man spricht viel von dem kleinbürgerlichen Charakter, den der Sozialismus angenommen hat und wahrscheinlich immer mehr annehmen werde.[28] Aber nicht das Bild des Kleinbürgertums ist das Entscheidende, sondern der Trieb nach vorläufigen Sicherungen, das Verebben des religiösen Schwunges, das Abklingen des ursprünglich noch so mächtig wirkenden religiösen Hintergrundes. Das ist kaum zu vermeiden, wenn das religiöse Symbol als ökonomische Wissenschaft, die reli|giöse Gemeinde als politische Partei, das religiöse Ziel als klassenloser Staat zur Darstellung kommt.

Die andere, größere Gefahr ist die der Enttäuschung. Es gibt etwas wie *metaphysische Enttäuschung,* und das gehört wesensmäßig zu jeder Utopie wie zu jeder Vergötzung irgendeiner Wirklichkeit oder Zeit. Wo immer Endliches ins Jenseitige übersteigert wird, folgt notwendig die metaphysische Enttäuschung. Sie kann zur Verzweiflung führen, endet aber für gewöhnlich in Abstumpfung, in Kompromiß und müdem Fortschrittsglauben. – Die meiste Kritik am Sozialismus wird von hier aus geübt. Wo er diesen Gefahren erlegen ist, steht er der Kritik in der Tat schutzlos offen. *Es ist die Aufgabe des religiösen Sozialismus, die Kritik am Sozialismus radikal durchzuführen, aber auf dem Boden des Sozialismus.* Seine

---

[27] Karl Mannheim unterscheidet in seinem Buche „Ideologie und Utopie" [Bonn 1929] absolute und relative Utopie. Nur die letzte hält er für politisch relevant. Aber die Frage ist, inwieweit das Absolute zum Wesen der Utopie gehört und darum die absolute Utopie die verborgene Kraft jeder relativen Utopie ist. So scheint es mir in der Tat zu liegen.

[28] Eine der wichtigsten und angreifbarsten Thesen in dem Buche von De Man. Zunächst ist es unbegründet, Saturiertheit mit Kleinbürgerlichkeit gleichzusetzen. Auch der saturierte Proletarier ist nicht Kleinbürger. Er stellt soziologisch etwas Neues dar, über dessen dynamische Kraft und Wirkungsmöglichkeit a priori gar nichts ausgesagt werden kann.

Kritik darf nicht zur Dämpfung des sozialistischen Geistes werden. Er darf nicht das leidenschaftliche Ringen des Proletariats abschwächen. Vielmehr muß er die Leidenschaft dadurch stärken, daß er sie vertieft, daß er dem Sozialismus vorhält, was eigentlich in ihm gemeint ist und daß er das Gemeinte zur kritischen Norm des Tatsächlichen macht. – Nur wenn der religiöse Sozialismus den Klassenkampf in seiner Notwendigkeit durchschaut und zugleich die dämonische Situation enthüllt, aus der er unentrinnbar folgen muß, hat er das Recht, diejenigen Impulse abzulehnen, die sich gegen einzelne Menschen richten, statt gegen die Situation als solche. Nur dann darf er die Menschen in beiden Klassen radikal trennen von der Klassensituation als solcher, darf er abwehren jede Idealisierung des Proletariers als Menschen und jede Dämonisierung des Bürgers als Menschen. Beides hat ein letztes Recht nur dann, wenn es auf dem Boden der radikalen Anerkennung und Enthüllung der Klassenkampfsituation geschieht, nicht aber von einer angeblich jenseits der Gegensätze befindlichen Stellung. Eine solche Stellung gibt es nicht. Auch die religiöse, auch die christliche Haltung gibt an und für sich im kapitalistischen System keine Position, die jenseits des Gegensatzes läge. Das ist Illusion, die in Wahrheit dem Bestehenden und | der herrschenden Klasse zugute kommt. Darum ist eine religiöseKritik am Sozialismus nur in Verbindung mit einem Ja zur Klassenkampfsituation berechtigt.[29]

6. Gläubige Sachlichkeit.

Für die religiöse Gestaltung ergibt sich aus der geschilderten Lage folgendes: Es ist zur Zeit keine religiöse Haltung innerlich berechtigt, in der sich das religiöse Prinzip nicht gleichsam horizontal, in einer Linie nach vorn auswirkt, in der nicht das Element der Weltgestaltung maßgebende Bedeutung hat. Die christliche Frömmigkeit, vor allem in ihrer lutherischen Ausprägung, hat die Linie nach vorn vernachlässigt zugunsten der Linie nach oben. Sie hat mit Recht betont, daß von jedem Raum- und Zeitpunkt aus eine unmittelbare Linie nach

---

[29] Die ständigen Hinweise auf den frommen und gütigen Unternehmer und den gierigen, ressentimenterfüllten Proletarier sind ebenso zutreffend für viele Fälle wie bedeutungslos gegenüber der gesamten Lage. Es ist in einem übergreifenden System, wie es der Kapitalismus darstellt, völlig unmöglich, durch subjektive Qualitäten seiner Dämonie zu entgehen. Der christliche Unternehmer muß bei Strafe des wirtschaftlichen Unterganges den Klassenkampf von oben mitkämpfen (einige seltene Monopolsituationen ausgenommen), und der antichristliche Proletarier muß als Klassenkämpfer von unten den antidämonischen, also christlichen Protest gegen das kapitalistische System mit erheben. – Die christliche Situation befreit niemanden aus der Gemeinsamkeit des dämonisierten Systems, das die Gesellschaft trägt, zu der er gehört. Das gedankliche (und auch da meist nur scheinbare) „Jenseits" der Klassensituation ist kein wirkliches, sondern ein ideologisches Jenseits. Dieses sollten gerade die Theologen wissen, die so leicht in abstracto von der „Gemeinschaft unter der Sünde" reden.

oben möglich ist. Sie hat aber nicht gesehen, daß die Linie nach oben ohne die Linie nach vorn, d.h. ohne den aktiven, gestaltenden Willen eine in sich schwingende Frömmigkeit schafft, daß an Stelle einer unmittelbaren Beziehung Gottes auf die Welt ein Heilsverlangen der einzelnen Seele tritt.[30] Der Proletarier ist durchaus im Recht, wenn er sich dieser Haltung entzieht, wenn er der Richtung nach oben, der die Richtung nach vorn fehlt, letzte Wahrhaftigkeit abspricht. Es ist ihm unmöglich, ein Christentum zu verstehen, das die unbedingte Forderung an den Menschen verkündet und zugleich die dämonisch zerrissene Situation des Proletariats übersieht oder gar verfestigen hilft. Ein Christentum, in das nicht die ständige Enthüllung und Bekämpfung der sozialen Dämonie aufgenommen ist, gilt ihm mit Recht als Abfall von der christlichen Idee, auch wenn es noch so sehr sich um die einzelnen Opfer der Dämonie durch Fürsorge bemüht.[31]

Ebenso aber gilt dem Sozialismus gegenüber, daß die Linie nach vorn in Enttäuschung enden muß ohne die Linie nach oben. Die Kritik des religiösen Sozialismus arbeitet ja gerade darauf hin, das utopische Element des Sozialismus zu überwinden, nicht zugunsten eines resignierten Fortschrittsdenkens, sondern zugunsten einer Aufnahme der Linie nach oben in die Linie nach vorn. Der Sozialismus | muß erkennen, daß in der Sphäre des Menschlichen Sinnerfüllung des Menschlichen nicht möglich ist. Sinnerfüllung ist nur gegeben als jeweiliges Hereinbrechen des Seins-Jenseits in das Widerspiel von Sein und Freiheit. Es ist die Bedeutung der Kairos-Idee, daß sie die Linie nach vorn mit der Linie nach oben verbindet. Die Kairos-Idee fordert den Blick nach vorn auf eine neue Wirklichkeit, aber auf eine Wirklichkeit, die nicht selbst das Jenseits ist, sondern von ihm geschaffen ist und von ihm gerichtet wird. Jede Erfüllung in der Zeit steht unter dem Nein, das über alles Zeitliche ergeht, und doch gilt es zu ringen um jeweilige Erfüllung in der Zeit. Die Fülle der Zeit sagt nicht, daß das Reich Gottes da ist, sondern daß es „nahe herbeigekommen ist", daß es gleichsam die Wirklichkeit berührt und ihr eine neue Sinnerfüllung gezeigt hat. Jede Überwindung eines Dämonischen oder,[t] was das gleiche ist, jede Erscheinung einer Gestalt der Gnade in der Wirklichkeit ist „Fülle der Zeit", ohne darum Ziel oder Ende der Zeit zu sein. Der Satz von Marx, daß mit dem klassenlosen Staat die Vorgeschichte der Menschheit abgeschlossen sei und die Geschichte beginne, ist falsch. Denn die Vorgeschichte, das ist die eigentliche Geschichte der Menschheit. Wir sind immer in der Vorgeschichte, nämlich in der Geschichte, die vor der Erscheinung des Unbedingten steht. Mit dieser Erscheinung ist nicht nur die

---

30 Die dialektische Theologie protestierte mit großer Kraft gegen jede in sich schwingende Frömmigkeit und zeigte die Beziehung Gottes zur Welt als solcher. Aber diese Beziehung blieb Gericht. Die Gnade als „unmögliche Möglichkeit" konnte nicht Gestalt werden. So blieb die lutherische Grundhaltung unverändert.

31 Darum konnte die Innere Mission trotz alles Heroismus ihrer Träger kein wirksames Zeugnis für das Christentum werden. Sie ließ die Situation, aus der das bekämpfte Unheil kommt, unverändert, ja stützte sie.

Vorgeschichte, sondern auch die Geschichte zu Ende. Das aber ist nicht mehr ein Begriff, sondern ein Mythos.

Im Gegensatz zur Utopie und im Gegensatz zu der ausschließlich nach oben gerichteten Frömmigkeit hat der religiöse Sozialismus die Aufgabe die Sache Religion und die Sache „Sozialismus" in einer solchen Tiefe zu zeigen, daß ihre Einheit offenbar wird, und darum ist seine Haltung die der *reinen oder gläubigen Sachlichkeit.* Sachlichkeit nimmt die Sache so, wie sie in sich ist, sie tut nichts hinzu, und sie nimmt nichts hinweg, sie bläht nicht auf, und sie vergewaltigt nicht. Sie ist Gehorsam gegen die innere Notwendigkeit dessen, was ist, aber sie sucht die innere Notwendigkeit in der letzten Schicht des Seins, für die sie nur den Namen hat: „Jenseits des Seins". Erst dort schaut sie den letzten unbe|dingten Sachgehalt, die Sache in ihrer eigentlichen Mächtigkeit. Eine solche Haltung ist religiös betrachtet *protestantisch.* Und darum ist der religiöse Sozialismus, ohne sich konfessionell gebunden zu wissen, geboren aus protestantischem Geist[32], aus einem Geist, der das Jenseits von Sein und Freiheit unmittelbar bezieht auf die Wirklichkeit und die Aufgaben, die sie stellt; aus einem Geist, der die Wirklichkeit nicht übersteigert und nicht vergewaltigt; aus einem Geist, der darauf verzichtet, neben die Wirklichkeit eine heilige Sphäre, ein sakramentales Gebiet zu stellen, in das er sich flüchtet, um zum Seins-Jenseits zu gelangen. Nimmt der religiöse Sozialismus diese Haltung ein, so tut er ein protestantisches Werk, so macht er an seinem Teile wieder gut, was in der Geschichte des Protestantismus gegenüber den sozialen Problemen und gegenüber dem Proletariat schlecht gemacht ist. Er stellt die protestantische Kirche vor die Frage, ob sie sich weiterhin der Aufgabe entziehen will, mit prophetischer Kraft der sozialen Dämonie unserer Zeit entgegenzutreten, oder ob sie, wie bisher einerseits sich der Opfer dieses Systems annehmen, andererseits unter dem Schein religiöser Neutralität das System als solches stützen will. Je machtvoller es dem religiösen Sozialismus gelingt, die Kirche vor diese Frage zu stellen, desto mehr ist er das, was er seinem Wesen nach sein will, und desto deutlicher erweist er sich als ein Weg protestantischer Verwirklichung.

---

32 Diese These hat immer wieder Verwunderung erregt, weil zur Zeit keine Konfession dem Sozialismus so fern steht, wie gerade die protestantische. Dennoch ist der Satz zutreffend. Denn nur der Protestantismus kann das autonome und liberale Element des Sozialismus in sich aufnehmen, wie er es auch in seiner Vergangenheit aus sich heraus gelassen hat. Und nur der Protestantismus hat die grundsätzliche Möglichkeit, sich zu wandeln, frei von jeder bestimmten soziologischen und religiösen Gestalt seiner selbst. Er hat die *Möglichkeit*, darauf kommt es hier an. Ob er daraus Wirklichkeit werden läßt, das ist die Frage, die der religiöse Sozialismus an ihn stellt.

Kritischer Apparat

C und D setzen vor die Kapitelüberschriften nicht arabische, sondern römische Ziffern. Sie schließen die Überschriften nicht mit einem Punkt ab. Im übrigen folgt D der Version C.

190	a	Doppelpunkt fehlt in C
191	b–b	in C Kleinschreibung
192	c	in A folgt Komma
193	d–d	in C Kleinschreibung
	e	in C statt des Semikolon Komma mit anschließender Kleinschreibung
	f	in C statt des Semikolon Komma
	g	in C statt des Semikolon Komma
	h–h	C: verstehen
196	i	in C statt des Semikolon Komma
	j–j	C: er
198	k	in C statt des Punktes Doppelpunkt mit anschließender Kleinschreibung
	l–l	C: einzelnen
200	m	in A fehlt Komma
201	n–n	C: das
203	o–o	C: Einzelne
204	p–p	C: es
205	qq	C: auf
	r–r	C: einzelnen
206	s	in A folgt Komma
210	t	in A fehlt Komma

6. Sozialismus (1930)

A. Sozialismus (Der Sozialismus als Grundlage und Ziel geistiger und politischer Gestaltung). (Handschrift, PTAH, box 109:003).

B. (Druckvorlage) Sozialismus. In: Neue Blätter für den Sozialismus. Zeitschrift für geistige und politische Gestaltung. 1. Jahrgang. Heft 1. Januar 1930, 1–12.

C. Sozialismus. In: GW II (1962)139–150

D. Sozialismus. In: Tillich-Auswahl. Herausgegeben von Manfred Baumotte. Mit einer Einführung von Carl Heinz Ratschow. Band 3: Der Sinn der Geschichte. Gütersloher Taschenbücher Siebenstern 428. Gütersloher Verlagshaus Gerd Mohn. Gütersloh 1980, 151–162 [Abdruck von C].

E. Le socialisme. In: Paul Tillich, Christianisme et socialisme. Écrits socialistes allemands (1919–1931). Traduction de Nicole Grondin et Lucien Pelletier. Introduction de Jean Richard. Les Éditions du Cerf, Éditions Labor et Fides, Les Presses de l'Université Laval 1992, 339–352.

Zur Textgeschichte

Die vier Jahrgänge der 1930 gegründeten und im Juni 1933 verbotenen „Neuen Blätter für den Sozialismus" mit dem Untertitel „Zeitschrift für geistige und politische Gestaltung" richteten sich, ganz anders als die von 1920 bis 1927 erschienenen „Blätter für Religiösen Sozialismus", an einen breiten Adressatenkreis und hatten ein erhebliches Echo (die Auflage stieg bis zum Verbot auf 10000 Exemplare an). Keine sozialdemokratische Zeitschrift hatte „ein auch nur annähernd vergleichbares öffentliches Echo", wie Martin Martiny in seiner Untersuchung „Die Entstehung und politische Bedeutung der ‚Neuen Blätter für den Sozialismus' und ihres Freundeskreises" (in: VhZG 1977, 373–419 [375]) feststellt. Die Redaktion der „Neuen Blätter", so Martiny, habe sich „erfolgreich um ein ungewöhnlich hohes Niveau" bemüht, und zu ihren Autoren habe eine „bedeutende Anzahl republikanischer Intellektueller" gehört.

Die Zeitschrift kann als wichtige Quelle für die letzten drei Jahre der Weimarer Republik angesehen werden. Der Grund dafür liegt darin, daß die geistig fruchtbaren Gruppen der Sozialdemokratie „offenbar noch am ehesten durch eine Beschreibung ihrer erodierenden Randzonen" zu erfassen ist, während die von der SPD geprägte Arbeiterbewegung in ihrem politischen Handeln und in ihrem geistigen Profil „weitgehend von der Tradition der Vorkriegszeit" bestimmt war (Martiny, 375).

Den entscheidenden Schritt zur Gründung der „Neuen Blätter" tat August Rathmann, der Leiter des Hofgeismarkreises der Jungsozialisten, als er im Oktober 1922 auf Anregung des preußischen Kultusministers Carl Heinz Becker eine Denkschrift über „Die Krise des deutschen Sozialismus und ihre Überwindung" vorlegte (abgedruckt als Dokument II bei M. Martiny, 396–402). Er warf darin der Führung der SPD vor, von ihr werde „fast nichts getan, das Mißverhältnis zu beseitigen, der historisch und soziologisch notwendigen Praxis eine entsprechende Theorie zu schaffen". Die Arbeit „geistig regsamerer Kreise" werde als „unbequem empfunden und nach Möglichkeit gehemmt" (397). Die Folge sei, daß die sozialistische Bewegung geistig dem Radikalismus ausgeliefert sei. So sei die äußerlich starke Front der sozialistischen Praxis „in Wahrheit ohne innere Kraft" (400). In ihrer opportunistischen Haltung könne die Führung der Partei bei ungünstigen Wahlergebnissen „geneigt sein, dem Radikalismus recht zu geben und zugunsten der marxistischen Doktrin und der Agitation auf politische, verantwortliche Arbeit zu verzichten" (400). Diese Kritik an der geistigen und politischen Immobilität der Sozialdemokratie entsprach gewiß auch Paul Tillichs Überzeugungen.

Rathmann hatte Tillich und seinen Kreis um die „Blätter für Religiösen Sozialismus" auf der „Akademischen Arbeitswoche" in der Deutschen Hochschule für Politik kennengelernt. Ihr Gesamtthema lautete: "Die gegenwärtige Lage und der religiöse Sozialismus". Tillich hatte über „Die geistige und religiöse Lage", Eduard Heimann über die volkswirtschaftliche, Alexander Rüstow über die gesellschaftliche, Adolf Löwe über die weltwirtschaftliche, Carl Mennicke über die innenpolitische und Arnold Wolfers über die weltpolitische Lage referiert. Diese Tagung führte ihn zu Tillich und zum religiösen Sozialismus (vgl. August Rathmann, Ein Arbeiterleben. Erinnerungen an Weimar und danach. Wuppertal 1983, 122–128).

Im „Politischen Rundbrief" des Hofgeismarkreises der Jungsozialisten stellte Rathmann 1926 unter der Überschrift „Gläubiger Realismus" den Kreis um Tillich vor und versuchte, ihn in das Lager der Jungsozialisten der Hofgeismarer Richtung hinüberzuziehen. Die religiösen Sozialisten sähen ihre eigentliche Aufgabe darin, so schrieb Rathmann, „den Kampf gegen die bürgerliche Welt durch die Erweckung der geistig-sittlichen Kräfte im Menschen bis ins Letzte und Tiefste zur Entscheidung zu bringen. Notwendig richtet sich dieser Kampf auch gegen das Bürgerliche in der sozialistischen Bewegung" (Politischer Rundbrief Nr. 5, Januar 1926, zit. nach Martiny, 376). Henrik de Man, der den Hofgeismarer Jungsozialisten geistig nahestand, forderte 1926 in einer Denkschrift eine neue sozialistische Zeitschrift („Jungsozialismus" sollte ihr Titel sein). In seinem Entwurf eines Einführungsartikels dieser neu zu gründenden Zeitschrift führte er aus, daß die Autoren der Zeitschrift, „obwohl sie alle der Sozialdemokratie angehören, den parteioffiziellen Marxismus nicht als wesensgemäßen Ausdruck ihres sozialistischen Wollens und Denkens anerkennen." Gemeinsam sei ihnen der Glaube, „daß der weitere Ausbau sozialistischer Denk- und Kulturinhalte eine Nachdruckverlegung von den nur rationalen Erkenntnismomenten auf die Gefühlsmomente des Ethos, von den ökonomischen Faktoren des gesellschaftlichen Geschehens auf die psychologischen, von den dialektisch-deterministischen Weltdeutungen auf die voluntaristischen erfordert" (de Man, Vorschläge zur Gestaltung der neuen Zeitschrift, Anlage: Entwurf eines Einführungsartikels, zit. nach: M. Martiny, 395). Ähnliche Pläne zur Gründung einer neuen sozialistischen Zeitschrift hatte auch der Berliner Staatsrechtslehrer Hermann Heller. Reichsminister des Inneren Carl Severing stellte finanzielle Mittel dafür in Aussicht. Alle diese Pläne standen neben-, wenn nicht gar gegeneinander. Es war Tillichs Idee und Verdienst, diese konkurrierenden Pläne zusammenzuführen. Sein Freund Fritz Klatt, ein Pädagoge, fand in Alfred Protte (Potsdam) einen Verleger, der das finanzielle Risiko eines solchen Unternehmens auf sich zu nehmen willens war. Herausgeber waren der mit Tillich befreundete Nationalökonom Eduard Heimann, Fritz Klatt und Tillich. Schriftleiter war August Rathmann. Zum Beirat gehörten 1930 Emil Blum (Habertshof), Günther Keiser (Kiel), Emil Lederer (Heidelberg), Hendrik de Man (Frankfurt a. M.), Trude Bez-Mennicke (Berlin), Heinrich Mertens (Köln), Hans Pflug (Leipzig), Adolf Reichwein (Berlin), Henry Sigerist (Leizig), Hugo Sinzheimer (Frankfurt a.M.) und Wilhelm Sollmann (Köln). 1931 wurde der Beirat um Theodor Haubach (Berlin), Carlo Mierendorff (Darmstadt), Walter Pahl (Berlin) und Erich Winkler (Gera) ergänzt, 1932 u.a. um Gustav Radbruch, Artur Rosenberg, Harald Poelchau, Marie Hirsch und Walter Dirks. Über das Ende der „Neuen Blätter für den Sozialismus" vgl. den genannten Aufsatz von M. Martiny sowie Fritz Borinski, Die „Neuen Blätter für den Sozialismus". Ein Organ der jungen Generation von 1930 bis 1933, in: August Rathmann, 173–200.

Drei Mitglieder des Beirats der Zeitschrift, Adolf Reichwein, Carlo Mierendorff und Theodor Haubach, gehörten zum Kreisauer Kreis und wurden wegen ihrer Teilnahme am Attentat gegen Hitler am 20. Juli 1944 hingerichtet.

Tillichs Aufsatz „Sozialismus" stellt den Einführungsartikel der Zeitschrift dar. Rathmann versteigt sich 1971 zu dem Urteil: „Sein programmatischer Leitaufsatz ‚Sozialismus' im ersten Heft ist nach dem ‚Kommunistischen Manifest' wohl das hervorragendste Zeugnis sozialistischen Denkens" (GW XIII, 567).

Sozialismus

1. Der Sozialismus als Wagnis

Begriffe sind lebendig, solange sie die Kraft haben, neue Inhalte aufzunehmen. Neue Inhalte aufnehmen heißt nicht, die alten abstoßen, heißt nicht, sich von den Ursprüngen losreißen, aus denen der Begriff einmal geboren ist. Neue Inhalte aufnehmen heißt vielmehr: Die Macht eines Begriffes und durch ihn hindurch die Macht seines Ursprunges daran zu erweisen, daß er jede ihm drohende Erstarrung zu durchbrechen vermag. Einen Begriff, dem solche Erstarrung nicht drohte, gibt es nicht, weil es keinen [a]Lebensprozeß[a] gibt, der nicht die Neigung hätte, sich zu verhärten. Zahlreiche Lebensvorgänge erreichen diesen Härtezustand bald. Ihre Spannungen waren nicht stark genug, um über sich selbst hinauszuführen und eben damit sich lebendig zu erhalten. Manche Lebensprozesse aber haben diese Spannung, diese Tiefe und Mächtigkeit. Sie überwinden die drohenden Erstarrungen. Sie kommen über sich selbst hinaus und erhalten eben damit sich selbst. Denn lebendig sein heißt: Über sich hinausgehen. Das gilt von allen Lebensgebieten, von den niedrigsten Lebewesen bis zu den größten geschichtlichen Gebilden. Wo Leben ist, ist eine Spannung zwischen „Einssein mit sich" und „Sichtrennen von sich". Wer diese Spannung nicht hat, wer nur eins ist mit sich, der ist tot. Und eine geschichtliche Bewegung, die nur eins ist mit sich, die sich nicht trennen kann von sich, die nicht hinausbrechen kann über sich, ist tot. –

Wer einer Bewegung verbietet, sich neue Begriffe zu schaffen, in denen sie sich ausdrückt, wer ihr verwehrt, die alten Begriffe und Lebensformen mit neuen Inhalten zu erfüllen, der bestreitet ihr das Recht, über sich hinauszugehen; er bestreitet ihr das Recht, [b]Anteil zu haben am Lebensprozeß[b]. Er macht sie zu einem starren, [c]über und gegen das Leben gestellten[c] Götzenbild, das man nicht antasten darf. Ein solches Götzenbild kann große Macht haben. Es kann Schrekken verbreiten, und es kann Rausch wirken. Und seine Priester werden alles | [d]ihm[d] tun, diese Macht zu erhalten. Aber seine innere Macht ist gebrochen, und sobald jemand den Mut und die Kraft findet, es doch anzutasten, wird seine Ohnmacht offenbar. Das Götzenbild ist eine Abstraktion ursprünglichen Lebens, die über das Leben gestellt [e]ist[e], die das Leben [f]schreckt[f] und [g]hemmt[g], die aber nicht mehr gegenwärtiges Leben ausdrückt.

Es sind Kräfte am Werk, die den vergangenen lebendigen Formen der sozialistischen Bewegung den Charakter erstarrter Götzen verleihen wollen, Kräfte, die, wie jene Götzenpriester, *einem* Bild des Sozialismus zeitlose Dauer geben möchten, die ein Geschrei über Antastung des Heiligsten erheben, wenn das Leben selbst sich in neuen Formen und Begriffen [h]darstellen[h] will. Es ist nicht nur so, wie ihnen oft von radikalen Gruppen vorgeworfen wird, daß sie damit[i] ihre eigenen [j]priesterlich-bonzenhaften Machtpositionen[j] aufrecht erhalten wollen – auch das kann mitspielen, und für marxistisch geschultes Denken ist selbstverständlich, daß es immer irgendwie mitspielt. Ebenso stark aber wirkt die menschliche Urangst vor dem Neuen, vor dem Wagnis, vor der Drohung, ins Nichts zu fallen. Sie treibt immer wieder zu Verhärtungen und Vergötzungen. Wer etwas von dieser Angst weiß, der versteht die menschlich-seelischen Hintergründe der marxistischen Orthodoxie (wie jeder[k] Orthodoxie). [l]Diese Hintergründe[l] müssen zugleich mit den wirtschaftlich-machtpolitischen Hintergründen gesehen werden. Sonst ergibt sich ein agitatorisches Zerrbild der Wirklichkeit. [m]Die Orthodoxie, auch die sozialistische, so verstehen[m], heißt sie gerechter beurteilen, als[n] verantwortungsloser Radikalismus [o]es[o] kann. Aber es heißt nicht, sie bejahen. Angst kann nie, auch nicht in dieser ihrer tiefsten Form bejaht werden. Denn sie ist das Einbruchstor für alle Arten von Verhärtung und Vergewaltigung und Schwachheit. Sie muß überwunden werden im Wagnis. Der Sozialismus muß neu gewagt werden, wie er einmal gewagt worden ist. Das Wagnis hört nicht auf, so lange Leben sein soll. Denn Leben heißt Vorstoßen ins Unbestimmte. –

[p]Wagnis ist auch das Gegenteil von opportunistischer Anpassung. Die Anpassung will ja gerade das nicht aufs Spiel setzen, was sie besitzt. Sie will es erhalten, sie will nicht das Neue. Sie fühlt, daß Neues gefordert wäre; aber sie hat nicht den Mut, es zu wagen. Und darum macht sie das Alte im Inneren starr und an der Oberfläche weich und unbestimmt. Dieses ist die klügste und hoffnungsloseste Form, nicht über sich hinauszugehen; denn sie erweckt den Schein und vermeidet die Wirklichkeit. Nicht die Politik, die immer Kampf um das jeweils

Mögliche sein muß, ist durch diese Bemerkungen getroffen, sondern die innere Haltung, die der Politik gerade die großen Möglichkeiten raubt.[p] |

Die Arbeit, die die „Neuen Blätter für den Sozialismus" sich gesetzt haben, ist[q] Vorstoßen, [r]wagende[r] Überwindung der Angst, die zur Vergötzung treibt. Wagnis unterscheidet sich sehr deutlich von Radikalismus. Im Radikalismus verbirgt sich[s] auch Angst, und sein lautestes Geschrei ist oft nichts als Übertönen der Angst. Götzenstürmerei kann Götzendienst mit umgekehrtem Vorzeichen sein. Wagen aber heißt aus den Spannungen des Gegebenen vorstoßen auf das Kommende. So auch aus den Spannungen und der inneren Fragwürdigkeit der überlieferten Begriffe vorstoßen auf neue, lösende und weiterführende Begriffe. Wer den Sozialismus wieder zum Wagnis macht, der muß auch seine Begriffe wagen. Und es ist nicht nur in der religiösen, sondern auch in der wissenschaftlichen und politischen Orthodoxie so, daß man Begriffe, die einmal mächtig geworden sind, viel schwerer neu wagt als irgendwelche andere Lebensformen. Die Orthodoxie heftet sich an den Begriff als den Ort geringster Beweglichkeit. Wieder kann die marxistische Einsicht in die Gebundenheit des Denkens an die wechselnde gesellschaftliche Lage solche Verhärtungen auflösen, und gerade aus dem Geist des Marxismus heraus [t]zum Ringen um neue Begriffe und neue Inhalte der alten[t] Begriffe treiben.

Dabei gibt es unvermeidlich ein Abweichen nach zwei Seiten. Auch der Begriff muß beides zugleich haben: Stehenbleiben in sich und Sichtrennen von sich, wenn er ein lebendiger Begriff sein soll. Bei jeder neuen Wendung besteht nun die Möglichkeit, entweder, daß er in sich stehengeblieben ist, ohne über sich hinauszugehen, oder daß er sich von sich getrennt[u] und nichts mehr mit sich, d.h. mit seinem Ursprung, zu tun hat. Beide Vorwürfe muß jeder vernehmen, – und oft als berechtigt anerkennen –, der einen Begriff wagt, der aus den Spannungen einer Begriffsbildung, ohne sie [v]verlassen zu wollen[v], vorstoßen will zu etwas Neuem. „Das ist nicht mehr Sozialismus", und „das ist nur der alte Sozialismus": zwischen diesen beiden Angriffen auf Wort und Sache muß jeder ständig hindurchgehen, der den Sozialismus wieder zum Wagnis macht. Und es ist niemals im voraus zu sagen, ob diese Angriffe im Recht sind oder nicht. Sie können recht haben; sonst wäre das Wagnis kein Wagnis. Entscheiden kann darüber keine Instanz, weder eine geistliche noch eine weltliche Hierarchie oder Demokratie. Entscheidend ist allein die Macht, mit der ein Begriff Wirklichkeit gestaltet und umgestaltet, weil er selbst aus der Wirklichkeit geboren ist. Unter diese und keine andere Entscheidung stellen wir die Begriffe von Sozialismus, die wir wagen und mit denen [w]wir, ohne das Gegebene zu überspringen, vorstoßen[w] wollen auf das Kommende[x]. |

2. *Der Sozialismus als Grundlage der Gestaltung*

Warum, so könnte gefragt werden, und wird auch von manchem unserer Freunde gefragt, *Sozialismus* als Wagnis? Warum nicht etwas anderes, warum nicht Wagnis überhaupt? – Weil wir glauben, daß der Sozialismus trotz aller Bedrohung durch Orthodoxie und Radikalismus ein Lebendiges ist, das die Kraft hat, über sich hinauszustoßen, ohne sich zu verlieren. Und weil wir glauben, daß der Sozialismus dasjenige Lebendige in der Gegenwart ist, das [y]Grundlage, Kraft[y] und Ziel der Gestaltung des Gegenwärtigen in die Zukunft sein muß. Wir glauben an die Kraft des Sozialismus – nicht auf Grund einer [z]fragwürdigen[z] wissenschaftlichen oder politischen Meinung über die gegenwärtige Lage, sondern auf Grund unbedingter Ergriffenheit von dem, was im Sozialismus [a]letztgemeint[a] ist, und auf Grund unlöslicher [b]innerlicher[b] Verbundenheit mit denen, für die der sozialistische Glaube die sinngebende Kraft ihres sonst sinnlos gemachten Daseins ist. [c]Ein so begründeter Glaube aber weiß[c], daß er in einer viel tieferen Schicht der Erkenntnis wurzelt als die längst zum Götzenbild mißbrauchte Wissenschaft, daß er – was wieder dem Sinne von Marx entspricht – in Einheit steht mit Tat und Entscheidung und eben [d]darum[d] Wagnis ist,

Die eine Wurzel unseres Glaubens an die Kraft des Sozialismus ist das unbedingte Ergriffensein von dem, was im Sozialismus [e]letztgemeint[e] ist. Das Letzt-Gemeinte ist das, was in allen Begriffen ausgedrückt werden soll und doch über alle hinausgeht, von keinem gegriffen werden kann. Darum sind alle letzten Begriffe, in die der Sozialismus seinen Sinn gelegt hat, Symbole – und nicht wissenschaftliche Marken, die man [f]beweisen und widerlegen[f] kann. Wenn Marx von klassenloser Gesellschaft [g]spricht[g] oder von der Geschichte [h]des Menschengeschlechtes[h], die auf die Vorgeschichte folgt[i], so sind das ebenso Symbole für etwas Letzt-Gemeintes, nicht direkt Auszudrückendes, wie die Forderung [j]kommender[j] Gerechtigkeit oder[k] Freiheit oder[l] Gemeinschaft in [m]anderer[m] Redeweise. Jeder dieser Begriffe meint mehr, als er unmittelbar aussagt. Er ist darum nicht widerlegt, wenn der unmittelbare Begriffsinhalt widerlegt ist. Der Begriffsinhalt wechselt, muß wechseln, mit der Gesellschafts- und Geisteslage, aus der er geboren ist. Das Letzt-Gemeinte, nie Faßbare wechselt nicht, oder besser, es ist dem Gegensatz von Wechsel und Erstarrung enthoben.

Weil dieses auch der Charakter aller echten ursprünglichen ideologisch [n]oder rationalistisch[n] unverzerrten religiösen Begriffe ist, fanden sich [o]einzelne[o] unserer Mitarbeiter vor Jahren unter dem Wahrzeichen „Religiöser Sozialismus" zusammen. Der Name begegnete einem doppelten, anscheinend unüber|windlichen Mißverständnis. Von religiöser Seite wurde er als Versuch bekämpft, die Religion in den gegenwärtigen Sozialismus aufzulösen. Und von sozialistischer Seite wurde Religion im Sinne der gegenwärtigen Kirchen verstanden und darum die Verbindung [p]von Religion und Sozialismus[p] abgelehnt. Weder das eine noch das andere sollte der Begriff religiöser Sozialismus sagen. Gesucht war ein Verständnis und eine Gestaltung des Sozialismus,[q] von dem her, was in ihm letztgemeint ist, und gesucht war eine neue konkrete [r]Verwirklichung der Religion[r] von eben daher. Wir, d.h. diejenigen unter uns, die sich zur religiös-sozialistischen Bewegung [s]rechnen[s], haben den Namen fallen lassen, um nicht die neue Sache mit den alten Mißverständnissen zu belasten. Von der Sache selbst können und werden wir nicht lassen. Eine Bewegung, die nicht die Tiefe hat, auf die letzte unbedingte Sinnfrage unseres Daseins eine Antwort zu geben, könnte nicht unser unbedingtes Ja haben. Wir meinen, daß der Sozialismus solche Antwort geben kann, und wir wollen daran arbeiten, daß diese Antwort nicht im Vorläufigen und Vorletzten stecken bleibt, sondern daß sie ein Hinweis wird auf das Letztgemeinte, „Religiöse" im Sozialismus.

An Stelle von Gerechtigkeit, Freiheit, oder wie in der Zeit nach der Revolution der übliche Begriff war, von Gemeinschaft könnte gesagt werden: *die Forderung einer Gesellschaft, in der es jedem Einzelnen und jeder Gruppe möglich ist, ihren Lebenssinn zu erfüllen,* [t]*die Forderung einer sinnerfüllten Gesellschaft*[t]. – Die Frage nach dem Lebenssinn tritt in allen Kreisen der gegenwärtigen Gesellschaft, vor allem aber im Proletariat immer mehr in den Vordergrund. Sie ist die tiefste und zugleich die umfassendste Frage: Sie enthält alle übrigen. Und die Antwort auf sie enthält [u]die Antwort auf alle einzelnen Fragen[u] in sich; sie umfaßt ebenso die materiell-ökonomische Grundlage wie das seelische Leben und die geistigen Ausdrucksformen. Und sie übersteigt dieses alles noch. Sie umfaßt den einzelnen und die Gruppe, während bei Freiheit der einzelne, bei Gemeinschaft die Gruppe [v]das Übergewicht bekommt[v]. Sie kann nicht utopisch sein; denn sie spricht nur von Möglichkeit des Lebenssinnes[w]. Sie[w] kann nicht ideologisch sein; denn der Lebenssinn kann nur aus [x]den konkreten Spannungen[x] der Gegenwart [y]erfragt[y] werden. [z]Sie kann nicht reaktionär sein, denn der Lebenssinn ist das nie Erfüllte, immer zu Erfüllende.[z] [a]Und doch ist er[a] kein blasses Ideal, sondern entweder [b]lebendige, Leben ermöglichende Wirklichkeit, oder er ist gar nichts.[b]

Wir bejahen also einen Sozialismus, der die Frage nach dem möglichen Lebenssinn aller einzelnen und aller Gruppen in der Gesellschaft in Praxis und Theorie stellt, und um ihre Ant|wort in Wirklichkeit und Gedanke ringt. Ein solcher Sozialismus ist mehr als eine [c]nur[c] politische, er ist auch mehr als eine [d]nur[d] proletarische Bewegung. Er ist eine Bewegung, die jede Seite des Lebens und jede Gruppe der Gesellschaft zu erfassen strebt. Er erhebt universalen Anspruch und kann [e]nicht zulassen, daß irgend etwas unbeansprucht danebensteht[e]. Wird er in letzter Tiefe gefaßt, so muß er auch[f] universal gefaßt werden. Er muß zur Grundlage werden können der [g]geistigen und politischen Gestaltung[g], d.h. der Gestaltung alles dessen, was gestaltet werden kann.

3. Der Sozialismus als Kraft der Gestaltung

Wird der Sozialismus in dieser Tiefe und [h]Breite[h] erfaßt, so kann sich von neuem die Frage erheben, warum dann Sozialismus, warum nicht Gestaltung überhaupt? – Weil die sozialistische Bewegung der Ort ist, in der die Erfahrung der Sinnlosigkeit des Daseins sich den für die Gegenwart entscheidenden Ausdruck geschaffen hat. Denn hinter der sozialistischen Bewegung steht das proletarische Schicksal. Und im proletarischen Schicksal bricht das [i]tiefste[i] menschliche Schicksal unabweisbar auf. [j]Hier ist die Sinnfrage[j] konkret gestellt. Sie kann nicht abgeschoben werden. Denn die Sinnlosigkeit ist jedem Moment des typisch proletarischen Lebensprozesses aufgeprägt. In den meisten übrigen Schichten gibt es Überdeckungen durch geistigen oder materiellen Besitz, durch sinnvolle Aufgaben oder lockende Ziele. Im Proletariat fehlen grundsätzlich diese Möglichkeiten, die Sinnlosigkeit des Daseins zu verhüllen. Selbst die einfachsten seelischen Erfüllungen wie Liebe, Familie, Feiertag stehen meistens in Formlosigkeit und Verzerrung. Und das alles in einer Gesamtlage der Gesellschaft, in der formal jedem einzelnen der Zugang zu allen Lebensgütern geöffnet ist, in der es keine innerlich anerkannte Stufenleiter der Lebenserfüllung gibt, in der die Unterschiede rein privaten und darum unverbindlichen, verantwortungslosen, grundsätzlich zufälligen Charakter haben.

Darum ist es töricht, den proletarischen Sozialismus von irgendeinem nichtproletarischen trennen zu wollen. Proletariat und Sozialismus gehören zusammen und bleiben zusammen, auch wenn kein einziger Proletarier repräsentativ [k]in der sozialistischen Bewegung[k] wäre, auch wenn weite nichtproletarische Kreise den Sozialismus aufgenommen hätten. Denn der Ort, aus dem ständig die realen Impulse, die Leidenschaft und selbstverständliche Hingabe für den Sozialismus hervorbrechen, ist der Ort der vollkommensten Sinnlosigkeit der Existenz, ist das Proletariat. Darum hat das Proletariat die Schlüsselsituation für die gegenwärtige Lage, wenn [l]die Frage nach einer sinnhaften[l] Gestaltung der Gesellschaft[m] gestellt | wird[n]. Es gibt keinen Ort, von dem aus sinnhafte geistige und politische Gestaltung in Angriff genommen werden könnte und der nicht mit dem Ort des Proletariats zum mindesten in engster Verbindung stünde. Nicht weil der Proletarier besser oder geeigneter ist für kommende Gestaltung: Das Gegenteil ist [o]häufig[o] der Fall. Sondern weil er da steht, wo kommende geistige und soziale Gestaltung reale, mit der Existenz selbst gesetzte Forderung ist. [p]Dabei ist durchaus folgendes möglich: Die proletarische Situation könnte sich so wandeln, daß sie nicht mehr der Ort der radikalsten Sinnlosigkeit wäre. Es könnte eine andere Schicht, z.B. die der Angestellten, an ihre Stelle rücken; und sie ist es zum Teil schon. Es gibt ganze Angestelltengruppen, die durch den Wirtschaftsmechanismus in [q]die gleiche[q] Unsicherheit [r]gestellt sind[r] wie das Proletariat, ohne dessen äußere und innere Freiheit zu haben, und die durch diese ihre Lage oft genug in Verzweiflung und äußersten Radikalismus getrieben werden. Andererseits rückt das Proletariat vielfach in Arbeitspositionen, die an Verantwortung und Ertrag denen der unteren Angestellten erheblich überlegen sind. Man spricht zur Zeit viel von dem Arbeiter, der „Kleinbürger" geworden ist und Möglichkeiten gefunden hat, die Situation äußerster Sinnlosigkeit zu überdecken. Ja, manche[s] meinen, daß diese Entwicklung notwendig und nicht unbedingt verhängnisvoll ist. Sie würde bedeuten, daß das Proletariat aufgehört hätte, Proletariat zu sein. Es läge nicht mehr „vor den Pforten"[t], durch die es zu sinnhafter Einordnung in die Gesellschaft geht[t]. Es wäre[u] eingeordnet. Dann könnten andere Schichten dort liegen, also Proletarier geworden sein und Träger des Sozialismus werden. Oder es gäbe keinen Proletarier mehr. Alle wären eingeordnet, etwa nach Art eines allgemeinen Beamtentums mit Unfreiheit und Sicherheit: So würde die Gesellschaftslage als solche nicht mehr der Ort sein, an dem die Sinnlosigkeit der

Existenz aufbräche. Vielleicht würde sie sich dann, wenn überhaupt, mehr in der seelischen als in der gesellschaftlichen Lage fühlbar machen – wie [v]schon[v] oft in der Vergangenheit. Aber dieses alles ist hypothetisch gesagt. Es geht uns in diesem geschichtlichen Augenblick nichts an, wo viele Millionen als wirkliches Proletariat in einer Lage stehen, die ihnen die Möglichkeit des Lebenssinnes nimmt und [w]wo[w] neue Schichten in die gleiche Lage gestürzt werden. Wer unter Absehen davon die Frage nach dem Lebenssinn stellt, wer sie nicht aus der Verbundenheit mit dem Ort entscheidender Sinnlosigkeit stellt, der bleibt abstrakt, ungegenwärtig, ideologisch. [x]Und zahllosen Versuchen unserer Zeit, die Sinnfrage aufzurollen, ist dieser Stempel unverkennbar aufgedrückt.[x]

Die [y]Fragestellung[y] von dem Ort der größten Sinnlosigkeit aus [z]stellen[z] heißt nicht notwendig, die Antwort eben dort | suchen, heißt nicht, das Proletariat zum Überwinder der Sinnlosigkeit und Träger des neuen Sinnes machen. Es besteht kein Anlaß, einen Messianismus des Proletariats zu verkündigen, die proletarische Lage auch positiv als den ausgezeichneten Ort für die Lösung der Sinnfrage zu bezeichnen. Damit ist vielleicht das schwierigste Problem des gegenwärtigen Sozialismus angedeutet, das völlig neuer Durcharbeitung bedarf. Die Annahme, daß eine gelingende proletarische Revolution von selbst einen sinnerfüllten Gesellschaftszustand herbeiführt, ist auf keine Weise haltbar. Daß Sinnlosigkeit durch einen politischen Umsturz sich in Sinn verwandelt, ist Wunderglaube, der keinerlei Überzeugungskraft hat. Das bedeutet nicht, daß eine proletarische Revolution unter allen Umständen abgelehnt werden soll. [a]Sie kann der unumgängliche Weg sein, auf dem sich ein innerlich längst vorbereiteter neuer Gesellschaftsaufbau verwirklicht. Es kommt nur darauf an, was verwirklicht wird.[a] [b]Und[b] das ist aus der proletarischen Situation als solcher nicht zu entnehmen. Nur eins kann [c]und muß[c] aus ihr entnommen werden: [d]Die notwendige Einordnung des Proletariats in einen sinnvollen[d] Aufbau der Gesellschaft. Und diese Einordnung muß sich das Proletariat selbst erkämpfen, denn nur [e]im Kampf[e] zeigt es und entfaltet es zugleich die Macht, die ihm zukommt, die es gewinnen und halten kann. Würde [f]ihm[f] die Einordnung in den Schoß fallen, so [g]müßte[g] sie sofort wieder verlorengehen, weil sie innerlich unbegründet wäre. – Sofern es[h] ohne Einordnung des Proletariats [i]mit Rechten und Verantwortung[i] keine sinnhafte Gesellschaft geben kann, ist der proletarische Kampf [j]– und d.h. innerhalb der kapitalistischen Wirtschaftsordnung der Klassenkampf –[j] die notwendige Voraussetzung für die Beantwortung der Sinnfrage. Insofern also ist das Proletariat nicht nur [k]der[k] Ort der sozialistischen Frage, sondern auch Träger der sozialistischen Antwort. Ohne den proletarischen Kampf keinen Sozialismus und ohne den proletarischen Sieg keine Antwort auf die Frage nach einer sinnerfüllten Gesellschaft.

Aber die Bedingung, ohne die es nicht geschehen kann, ist noch nicht die zureichende Bedingung dafür, daß es geschieht. Diese einfache logische Einsicht fehlt in vielen sozialistischen Gedankengängen. Es bleibt ja noch offen, in was das Proletariat mit der ihm eigentümlichen Mächtigkeit eingeführt werden soll. Ein Wort wie „klassenlos" hilft da nicht weiter. Denn klassenlos heißt ja nicht ungegliedert. Zur Gliederung aber gehören viele Glieder und zu einer sinnerfüllten Gesellschaft gehört die Einfügung vielfachen Sinnes. Probleme wie Kapitalismus als Wirtschaftsform, wie Planwirtschaft und freier Markt, wie Monopolismus und Staatswirtschaft sind mit einem proletarischen Siege noch nicht gelöst. Ebensowenig die Fragen der Staatsform, der Erziehung, [l]der Stellung[l] der Geistigen, | des Arbeits- und Lebensrhythmus, des Rechts, der Völkerbeziehungen. Von diesen Dingen kann man auch nicht sagen, daß sie von selbst kommen werden, wenn nur der ökonomische Unterbau geändert ist, denn sie [m]alle[m] sind ja Elemente der [n]Wirtschaftsgestaltung[n] selbst. Die Änderung der Wirtschaftsform ist schon definiert durch die Änderung all jener Momente, die zu ihr gehören, ihr also nicht nachfolgen können. Darum gibt es hier sozialistische Perspektiven, die über den unmittelbar proletarischen Kampf hinausführen und [o]aus deren Durcharbeitung[o] er unter Umständen Inhalt und Richtung [p]gewinnen kann[p]. Aber das nur, wenn [q]diese Inhalte ihrerseits[q] aus der [r]innigsten[r] Verbindung mit der proletarischen Lage und dem proletarischen Kampf gewonnen sind; wenn [s]ihr negatives Gegenbild[s] der Ort [t]radikalster[t] Sinnberaubung des Lebens ist. Und darum gilt doch in letzter Instanz: Der Sozialismus und in ihm der Kampf des Proletariats um eine sinnhafte Gesellschaft ist der Ort, von dem aus gegenwärtig die Frage nach [u]einer sinnerfüllten Gesellschaft beantwortet werden muß, und ist die Kraft, durch die gegenwärtig allein das Ringen um sinnerfüllte Gesellschaft Notwendigkeit und Kraft gewinnt.[u]

4. Der Sozialismus als [v]Gestaltungsziel[v]

Die Frage, warum für uns der Sozialismus Grundlage [w]und Kraft für die geistige und politische[w] Gestaltung sein soll, ist doppelt beantwortet: Einmal [x]um deswillen, was wir das in ihm Letztgemeinte genannt haben und[x] auf das wir mit dem Wort hinweisen: „Eine Gesellschaftsordnung, in der sinnerfülltes Leben für jeden einzelnen und für jede Gruppe möglich ist." Dann [y]um der unlöslichen Verbindung willen[y] mit dem Ort der radikalen Sinnlosigkeit, dem Proletariat, und [z]um der Überzeugung willen[z], daß es keinen Weg [a]zu dem vorgestellten Ziel[a] geben kann, ohne den siegreichen Kampf des Proletariats um sinnhafte Einordnung.

Es muß nun die Frage gestellt werden, was das Ziel der Gestaltung ist. Die Antwort kann nicht zweifelhaft sein: Der Sozialismus als Verwirklichung einer sinnerfüllten Gesellschaft, von der kein einzelner und keine Gruppe ausgeschlossen ist. Der „klassenlosen Gesellschaft" von Marx geben wir die positive Wendung „sinnerfüllte Gesellschaft", d.h. eine solche, in der [b]die Lebensmächtigkeit eines jeden Einzelnen und jeder Gruppe sich verwirklichen[b] kann. Und die selbst als Ganzes [c]ihre Macht[c] und ihren Sinn erfüllt, den nämlich, in all ihren Formen Hinweis zu sein auf [d]den unbedingten, tragenden nie direkt aussagbaren[d] Lebenssinn. Auf dem Boden der kapitalistischen Klassenspaltung | ist [e]das[e] nicht möglich. Die eine Klasse, das Proletariat, ist [f]von ihrem Lebenssinn abgeschnitten[f], und dadurch ist das Ganze verzerrt und [g]entleert[g]. Darum ist die Überwindung der kapitalistischen Klassenspaltung Grundlage jedes möglichen sinnhaften Aufbaus der Gesellschaft. Die kapitalistische Klassenspaltung aber kann nur aufgehoben werden mit dem Kapitalismus selbst. Denn sie ist sein Naturgesetz, die [h]in ihm[h] gesetzte „Dämonie, die nur mit ihm, nicht [i]auf seinem Boden[i] überwunden werden kann. Darum ist der Angriff auf den Kapitalismus (im Sinne eines wirtschaftlich begründeten Herrschaftssystems, nicht im Sinne von Marktwirtschaft) die erste und bleibende Aufgabe sozialistischer Gestaltung der Gesellschaft. Über die Methode dieses Angriffs kann im voraus nichts ausgemacht werden. Es gibt hier so wenig wie irgendwo anders eine absolute Methode, auch nicht [j]in der Form des[j] Marxismus. Den Sozialismus neu wagen heißt auch die [k]Wege zu[k] seiner Verwirklichung neu wagen. Das aber ist ein Gedanke, der in dem dialektischen Prinzip des Marxismus[l] verborgen liegt und [m]ihn selbst ständig über sich hinaustreibt[m]. Denn Dialektik ist nicht [n]Berechnung[n], sondern die Einheit von Erkenntnis und Wagnis.

Das kapitalistische Herrschaftssystem aber ist nicht isoliert, sondern eingebettet in ein umfassendes, alle [o]Äußerungen bestimmendes Lebenssystem[o]. Und nur [p]in Einheit[p] mit diesem kann es überwunden, in einen sinnerfüllten Aufbau der Gesellschaft [q]übergeführt[q] werden. Es sind bestimmte Auffassungen vom [r]Wesen des Menschen und seiner Stellung zu sich, zum anderen und zur Welt, durch die die liberal-autonome Wirtschaft ermöglicht wurde[r], wie [s]auch umgekehrt[s] mit dem Sieg dieser Wirtschaft [t]das[t] neue Verständnis des Menschen [u]sich[u] durchsetzte. Noch ist es vielfach im Sozialismus so, daß die Auffassung vom Menschen, mit der das kapitalistische System unlöslich verknüpft ist, als selbstverständlich vorausgesetzt und damit ungewollt das System gestützt wird. [v]Denn[v] an der Auffassung vom Menschen[w] hängt die Beantwortung aller Fragen nach dem Sinn der Wirtschaft und ihrer Stellung im Ganzen, nach dem, was produziert werden soll und für wen, nach dem Sinn und den Grenzen jedes Machtaufbaus [x]in Staat und Gesellschaft[x], und darüber hinaus nach dem Ziel und den Wegen der Erziehung, nach der Formung des Rechts, nach dem Rhythmus von Arbeit und Freude, nach den Symbolen der Kunst und Religion. Dieses alles und sehr vieles andere ist mit der Auffassung vom Menschen entschieden. Und es ist nicht so, als ob [y]sie[y] neben der politischen Praxis und Theorie stünde, sondern sie ist selbst immer auch Politik, wie umgekehrt jede politische Handlung und Theorie eine [z]Auffassung[z] vom Menschen [a]durchsetzt[a]. Die ältere sozialistische Entwicklung hat diese Einheit nicht deutlich genug gesehen und herausgearbeitet. Die Gründe dafür sind leicht zu entdecken: Die[b] Lage des Proletariats im Frühkapitalismus ließ jeden anderen Gesichtspunkt hinter der ökonomischen Not verschwinden. Das Menschliche ging als leidenschaftlicher | politischer Wille, als heroische Opferbereitschaft, als Hoffnung auf kommendes sinnerfülltes Leben in die politische Theorie und Praxis ein. Aber es blieb undurchgearbeitet, unbestimmt. Es erschöpfte sich vielfach in Verneinung der bürgerlichen Lebens- und Geistesformen, blieb aber in Grundlegung und Methode von ihnen abhängig. Die verhängnisvollen Konsequenzen dieser Haltung haben sich in den letzten zehn Jahren mit dem Einrücken des Sozialismus in politische und gesellschaftliche Machtstellungen vor aller Augen gezeigt. Mit dem Schwinden der Unterdrückung und des Heroismus wurde das Fehlen einer durchgearbeiteten selbständigen Auffassung vom Menschen [c]auf allen Gebieten[c] einschließlich [d]die[d] Wirtschaftstheorie und politischen Praxis offenbar. Hier ist Unendliches nachzuholen, [e]wenn[e] der Sozialismus Gestaltungsziel bleiben [f]will[f].

[g]Eine Gesellschaftsgestaltung mit den Mitteln der liberal-aufklärerischen [h]Auffassung vom Menschen[h] ist längst unmöglich geworden. Die [i]lebendigen[i] Kräfte aller Gebiete haben sich losgerissen davon. Alle drängen auf etwas Neues. Nur im Sozialismus finden die alten bürgerlichen Ideen und Lebensformen vielfach noch eine Freistätte. Sie sollte [j]ihnen[j] nicht gewährt werden; denn mit ihnen gewährt der Sozialismus dem, zu dessen Überwindung er bestimmt ist, eine Freistätte. Zugleich gibt er damit reaktionären Ideologien die Möglichkeit, sich als Neues und Kommendes anzubieten und [k]Menschen lebendiger vorwärtsdrängender Art, die innerlich zum Sozialismus gehören, für sich[k] zu gewinnen. Hier muß vollkommen umgelernt werden. Hier wird unser entschlossener unnachgiebiger Angriff einsetzen. Denn hier handelt es sich um die gefährlichste Waffe des Gegners[l]: Daß er den Sozialismus mit Elementen seiner eigenen Seelen- und Geisteshaltung durchsetzt und [m]ihm dadurch seine Durchschlagskraft nimmt[m]. Viel zu wenig hat der ältere Sozialismus gesehen, in welchem Maße er dieser Waffe schon erlegen ist. Er sah gebannt auf den Gegensatz, wie es im [n]Kampfe selbst schwer[n] anders sein kann. Er bemerkte nicht die Einheit, die während des Kampfes immer größer wurde und ihm trotz äußerer Überlegenheit die innerlich sieghafte Kraft nahm.

Damit sind die [o]Voraussetzungen[o] und die Ziele unserer Arbeit gezeigt. Alles einzelne ist Sache der Durchführung. Es ist ein gewandeltes Bild vom Sozialismus, das wir sehen. Die erste heroische Periode des Sozialismus ist abgeschlossen. Äußerlich leichter, innerlich schwerer ist die zweite gestaltende Periode. Sie muß manches wegtun, was der ersten Periode angemessen war, und vor allem: Sie muß unendlich viel Neues auf jedem Gebiet aufnehmen, durcharbeiten und verwirklichen. Darüber zu wachen, daß solche Durcharbeitung aus der letztmöglichen Tiefe und darum [p]in größtmöglicher[p] Universalität | geschehe, ist der Sinn der „Neuen Blätter [q]für den Sozialismus[q]“. Darin liegt ein Dreifaches: Erstens, daß sie kein inhaltlich fixiertes Programm haben. Ein solches steht am Ende der gestaltenden Durcharbeitung, nicht an ihrem Anfang, und auch dann mit dem Vorbehalt, den jedes Fragen vom Letzten her machen muß. Zweitens, daß es kein Gebiet gibt, das aus der Fragestellung ganz herausfallen könnte, daß darum [r]Arbeit auf[r] allen Gebieten unabweisbar ist, wie der Kreis unserer engeren und weiteren Mitarbeiter zeigt. Drittens, daß alles dies geschieht im Hinblick auf die gegenwärtige sozialistische Bewegung, die Not, aus der sie geboren ist; die proletarische Situation, den Weg, den sie gegangen ist und die Aufgabe, die ihr gestellt ist.

Kein Programm, sondern Wagnis aus der letzten Tiefe[s] und in der ganzen Breite dessen, was menschlich ist, soll der Sozialismus sein, [t]dem wir dienen als der Grundlage, der Kraft und dem Ziel sinnhafter Gestaltung des Kommenden[t].

Kritischer Apparat

1	a–a	A: Lebensvorgang
	b–b	A: am Lebensproceß Teil zu haben
	c–c	A: lebensenthobenen
2	d–d	C: um
	e–e	A: war
	f–f	A: schreckte
	g–g	A: hemmte
	h–h	A: ausdrücken
	i	in A folgt: nur
	j–j	A: priesterlich-bonzenhafte Machtposition
	k	in A folgt: nur
	l–l	A: Und sie
	m–m	A: Die Orthodoxie verstehen
	n	in A folgt: es
	o–o	fehlt in A
	p–p	fehlt in A
3	q	in A folgt: solch
	r–r	A: solch wagende
	s	in A folgt: ja
	t–t	A: zu neuer Inhalts-Erfüllung der
	u	in A folgt: ist
	v–v	A: zu verlassen
	w–w	A: wir vorstoßen
	x	in A folgt nach Komma: ohne das Gegebene zu überspringen.
4	y–y	A: Grundlage:
	z–z	A: unverbindlichen
	a–a	A: letztlich gemeint
	b–b	A: innerer
	c–c	A: Und weil es ein so begründeter Glaube ist, darum weiß er
	d–d	A: damit
	e–e	A: letztlich gemeint
	f–f	A: gebrauchen und austauschen
	g–g	fehlt in A
	h–h	fehlt in A
	i	in A folgt: spricht,
	j–j	A: der
	k	in A folgt: der
	l	in A folgt: der
	m–m	A: einer weniger geschichtlich bezogenen
	n–n	A: fehlt in A
	o–o	A: viele
5	p–p	A: des Sozialismus mit ihr
	q	Komma fehlt in A und C
	r–r	A: Formung des religiösen Lebens
	s–s	A: rechneten
	t–t	fehlt in A

u–u A: jene anderen Begriffe
v–v A: überbetont wird
w–w A: und sie
x–x A: der konkreten
y–y A: erfaßt
z–z fehlt in A
a–a A: Er ist
b–b A: lebendige Wirklichkeit oder gar nichts.
6 c–c fehlt in A
d–d fehlt in A
e–e A: nichts auslassen, was daneben hergehen könnte
f in A folgt: völlig
g–g A: "geistigen und politischen Gestaltung"
h–h A: weite
i–i fehlt in A
j–j A: Die Sinnfrage ist hier
k–k A: für den Sozialismus
l–l A: sie von der Frage der sinnhaften
m in A folgt: aus
7 n A fügt, einen Absatz bildend, ein: Diese Tatsache schlägt alle Einwände gegen den Sozialismus, der immer nur proletarischer Sozialismus ist, nieder.
o–o A: meistens
p A bildet hier einen Absatz
q–q A: der gleichen
r–r A: stehen
s in A folgt: unserer Freunde
t–t A: sinnhafter Einordnung in die Gesellschaft
u in A folgt: selbst
v–v fehlt in A
w–w fehlt in A
x–x fehlt in A
y–y A: Frage stellen
z–z fehlt in A
8 a–a fehlt in A
b–b A: Es kommt nur darauf an, welchen Inhalt sie hat und
c–c fehlt in A
d–d A: sinnvoller
e–e A: in solchem
f–f A: ihr
g–g A: würde
h in A folgt: nun
i–i fehlt in A
j–j fehlt in A
k–k fehlt in A
l–l fehlt in A
9 m–m fehlt in A
n–n A: ökonomischen Gestaltung
o–o A: die ihm

p–p A: geben können
q–q A: sie
r–r fehlt in A
s–s A: ihre Gegenperspektive
t–t A: der radikalen
u–u A: der Ermöglichung des Lebenssinns für jeden einzelnen und jede Gruppe beantwortet werden muß.
v–v A: Ziel der Gestaltung
w–w A: der geistigen und politischen
x–x A: weil wir ergriffen sind von dem [in] ihm Letztgemeinten
y–y A: weil wir unlöslich verbunden sind
z–z A: sehen
a–a A: zur sinnerfüllten Gesellschaft
b–b A: sich jedes einzelnen und jeder Gruppe Sinn erfüllen
c–c fehlt in A
d–d A: das im Sozialismus Letztgemeinte, den unbedingten, alles tragenden, nie aussagbaren
e–e A: solch Lebenssinn
f–f A: der Möglichkeit des Lebenssinns beraubt
g–g A: sinnentleert
10 h–h A: ihm
i–i A: in ihm
j–j A: der
k–k A: Methode
l in A folgt: und seiner unlöslichen Verbindung von Wirklichkeit und Theorie
m–m A: seine über ihn selbst hinaustreibende Größe ausmacht
n–n A: "Berechnung"
o–o A: Lebensvorgänge umfassendes System
p–p A: im Zusammenhang
q–q A: mitgeführt
r–r A: Menschen, die das Hervorbrechen des autonomen Wirtschaft ermöglichte
s–s A: umgekehrt sich
t–t A: jenes
u–u fehlt in A
v–v fehlt in A
w in A folgt: aber
x–x fehlt in A
y–y A: die Auffassung vom Menschen
z–z A: Anschauung
a–a A: zur Durchführung bringt
b in A folgt: wirkliche
11 c–c A: in allen Konsequenzen
d–d C: der
e–e A: will
f–f fehlt in A
g A bildet keinen Absatz
h–h A: Menschenauffassung
i–i A: gegenwärtigen

j–j A und C: ihnen; B: ihm [Druckfehler]
k–k A: lebendige, radikale Kreise damit
l A setzt Komma und fügt ein: der im Sozialismus überwunden werden soll, die Waffe, die darin besteht,
m–m A: ihn dadurch seiner Angriffskraft beraubt
n–n A: im heißen Kampfe nicht
o–o A: Hintergründe
p–p A: in der größtmöglichen
12 q–q fehlt in A
r–r A: Mitarbeit aus
s in A folgt: überhaupt
t–t A: der für uns Grundlage, Kraft und Ziel sinnhafter Gestaltung des Kommenden ist.

7. Religiöser Sozialismus (1931)

A. (Druckvorlage) Sozialismus: II. Religiöser Sozialismus. In: Die Religion in Geschichte und Gegenwart. Handwörterbuch für Theologie und Religionswissenschaft. Zweite, völlig neu bearbeitete Auflage. In Verbindung mit Alfred Bertholet, Hermann Faber und Horst Stephan herausgegeben von Hermann Gunkel und Leopold Zscharnack. Fünfter Band. S-Z. Verlag von J.C.B. Mohr (Paul Siebeck) Tübingen 1931, Sp. 637–648.

B. Religiöser Sozialismus II. In: GW II (1962) 159–174.

Zu den von Tillich für die 2. Aufl. der RGG verfaßten Artikeln vgl. Gunther Wenz in: MW/HW 1,341. – Den Artikel Sozialismus: I. Geschichtlich und systematisch schrieb Eduard Heimann (Sp. 629–637).

Religiöser Sozialismus

1. Die Verbindung von Religion und Sozialismus in dem Begriff:[a] „Religiöser Sozialismus" kann sehr verschieden aufgefaßt werden. In jeder dieser Auffassungen drückt sich ein bestimmter *Typus des Religiösen Sozialismus* aus. Für eine systematische Darstellung ist es notwendig, von vornherein den Sinn deutlich zu machen, in dem das Wort Religiöser Sozialismus gebraucht wird, und ihn gegen andersartigen Gebrauch abzugrenzen. –

a) Die primitivste und darum vielerorts durchschlagendste Form des Religiösen Sozialismus ist die *gesetzliche*. Sie behauptet, daß der Sozialismus die eindeutige Konsequenz der sittlichen Forderungen der Religion, speziell des Christentums sei: dem christlichen Liebesgebot entsprechend handeln, heißt für den Sozialismus eintreten; Durchsetzung des Sozialismus ist Erfüllung der christlichen Ethik. Namentlich im Frühstadium des Sozialismus traten derartige Anschauungen hervor. Sie sind auch jetzt noch wirksam und treten häufig als die Behauptung auf, daß Jesus der erste Sozialist war; die Befolgung seiner Lehre müsse notwendig zum Kampf für den Sozialismus führen. Der gesetzliche Typus zeigt naturgemäß sektenhafte Züge. Er hat darin recht, daß er einen ursprünglichen historischen und systematischen Zusammenhang zwischen dem Liebesgebot und der sozialistischen Idee behauptet. Er hat unrecht in der direkten, paradoxielosen Art, in der er die Verbindung herstellt. –

b) Unter *romantischer* Auffassung ist hier der Versuch verstanden, dem tatsächlichen Sozialismus eine religiöse Weihe zu geben. „Sozialismus ist Religion." Wer tief und lebendig an der sozialistischen Bewegung teil hat, an ihrer Gemeinschaft, an ihrer Persönlichkeitsformung, an ihrer Idee, an ihrem Schwung, ihrer Opferbereitschaft, ihrer Siegesgewißheit, der hat eben damit das, was in der Religion gemeint ist. Der Sozialismus ist seine Religion. Damit ist die für den Religiösen Sozialismus grundlegend wichtige Wahrheit | ausgesprochen, daß das religiöse Prinzip sich nicht auf die spezifisch religiöse Sphäre beschränkt; aber sie ist in einer Weise ausgesprochen, durch die sie unwahr wird. Das Moment radikaler Kritik, das jeder Religion gegenüber ihrer tatsächlichen Verwirklichung innewohnt, ist vergessen. Die Tiefe, von der aus die Religion jede Wirklichkeit erschüttert, ist überdeckt. Man fragt, was eigentlich mit der Benennung des Sozialismus als Religion gewonnen sei. –

c) Demgegenüber versucht der *praktisch-politische* Typ des Religiösen Sozialismus die tatsächliche sozialistische Bewegung mit den tatsächlichen Verwirklichungsformen der Religion, also mit dem kirchlichen Christentum,[b] zu vereinigen. Es kommt dabei in erster Linie auf Personalunion an, auf die Möglichkeit, als evg. oder kath. Christ Sozialist zu sein. Der Kampf dieser evangelischen und katholischen Sozialisten richtet sich darum gegen alle diejenigen Elemente des Sozialismus, die jene Personalunion unmöglich machen, und gegen die entsprechenden Elemente der Kirchen. Dieser Typus des Religiösen Sozialismus hat z. Zt. die breiteste und politisch wirksamste Vertretung. Er ist der notwendige und sinnvolle Ausdruck der konkreten Lage zahlreicher sozialistischer Protestanten und Katholiken. Seine Grenze ist die, daß er infolge seiner praktischen Orientierung nicht immer zu der grundsätzlichen Problematik durchstößt und darum nicht zu einer Wandlung beider Realitäten aus der tiefsten Schicht heraus gelangt.

d) Diese Aufgabe stellt sich der vierte Typus, der als *dialektisch* oder *dynamisch* zu bezeichnen wäre. Er sucht das statische Gegenüber der Begriffe Religion und Sozialismus zugunsten eines dialektischen Verhältnisses aufzulösen. Er bleibt nicht stehen bei den vorgefundenen empirischen Größen Religion und Sozialismus, sondern sucht sie aus ihren letzten Wurzeln heraus zu verstehen und dadurch umzugestalten. Dieser Typus des Religiösen Sozialismus ist gekennzeichnet durch grundsätzliche Arbeit an den theoretischen Problemen. Seine unmittelbar praktische Wirksamkeit ist demgegenüber gering. [c]Es[c] ist der Standort, von dem aus der folgende systematische Entwurf gegeben ist.

2. a) Der Religiöse Sozialismus ist eine Erscheinung, die auf dem Boden der spannungsreichen Verbindung von Christentum und Humanismus erwachsen ist. Er ist eine Erscheinung des *„christlichen Humanismus“*. Christlich ist ein Humanismus, in dem die allgemeinen und rationalen Formen des Menschlichen getragen sind von christlichem Gehalt. Es gibt keinen Humanismus überhaupt und darum auch keinen einfachen Gegensatz zwischen Christentum und Humanismus; wie auch der antike Humanismus nicht Humanismus überhaupt ist, sondern griechischer Humanismus, also getragen vom Gehalt griechischen Heidentums. Im Sozialismus sind also von vornherein christliche und humanistische Elemente vereinigt.

b) Und doch ist es zu schärfstem *Gegensatz zwischen Christentum und Sozialismus* gekommen. Aus zwei Gründen:[d]Einmal[d] weil der Humanismus sich von seinem religiösen Hintergrund und von seinen religiös gemeinten Ursprüngen losgelöst hat, weil er profanisierte und – da es eine leere humanistische Form nicht gibt – sich auf diesem Wege antichristlichen Gehalten öffnete. Dann, weil die christlichen Kirchen sich teils auf ihre vorhumanistischen Formen fixierten, teils in Anpassung an die humanistische Profanität zugleich von dem antichristlichen Geist, der in sie einströmte, ergriffen wurden. Dadurch kamen sie in doppeltem Sinne in Gegensatz zum Sozialismus. Sofern er humanistisch begründet ist, opponiert er gegen die orthodoxe Fixierung von vorhumanistischen Symbolen. Sofern | er christliche Elemente in sich trägt, bekämpft er den antichristlichen Gehalt, von dem die Profanität und mit ihr weithin die Kirchen erfüllt waren. Und umgekehrt erfährt er die Ablehnung durch die Kirchen einerseits wegen seiner humanistisch-profanen und antichristlichen Elemente, andererseits wegen seines Angriffs auf denjenigen Humanismus, den die Kirchen rezipiert hatten. Die Sachlage ist also sehr vieldeutig und nur einer *dialektischen Analyse* zugänglich. Jedes einfache Gegeneinander- oder Zueinanderstellen von Religion und Sozialismus versagt der Wirklichkeit gegenüber völlig.

c) Träger des christlichen Humanismus von seinen religiösen Ursprüngen bis zu seiner profan antireligiösen und antichristlichen Ausgestaltung ist die *bürgerliche Gesellschaft,* d.h.[e] eine soziale Gruppe mit bestimmten soziologischen Qualitäten, deren entscheidendes negatives Merkmal die Loslösung von den feudalhierarchischen Bindungen, deren entscheidendes positives Merkmal der Wille zur rationalen Natur- und Gesellschaftserkenntnis und -gestaltung ist. Für die grundsätzliche Haltung des Religiösen Sozialismus sind folgende Stadien der bürgerlichen Gesellschaft maßgebend: 1. ihr antidämonisch-theokratischer Hintergrund; 2. ihre Losreißung von diesem Hintergrund, Verendlichung und Profanisierung; 3. die autonom-rationale Durchführung ihres Prinzips; 4. ihre materialistische und idealistische Sinngebung; 5. die romantischen Gegenbewegungen gegen sie und deren teilweise Rezeption; 6. die revolutionären Gegenbewegungen gegen sie. – Zu den letzten gehört der Sozialismus. Es ist nun für die Geschichte, namentlich des deutschen Sozialismus, entscheidend gewesen, daß er gleichzeitig im Gegensatz gegen die idealistische Sinngebung der bürgerlichen Gesellschaft und gegen die romantische Bekämpfung des bürgerlichen Geistes seine Form fand: den *Marxismus.* Darin lag soziologisch die Ablehnung der in Deutschland verbündeten Mächte, Bürgertum und Feudalität, durch das Proletariat und religiös die Benutzung der materialistisch-revolutionären Sinngebung des Bürgertums zur Bekämpfung sowohl der idealistisch-fortschrittlichen wie der romantisch-revolutionären Auffassung der Religion. *Eines* der Elemente des bürgerlichen Geistes, das materialistisch-revolutionäre, wird vom Sozialismus aufgegriffen und gegen das andere idealistische Element gewendet, das der vorbürgerlichen Sinngebung entgegenkam. Die Aufnahme des materialistischen Elements der bürgerlichen Gesellschaft führte zu dem Kampf zwischen Religion und Sozialismus, der für die deutsche Situation bis zum Krieg und in weiten Kreisen beider Gruppen bis zur Gegenwart charakteristisch ist. Der innere Gegensatz, in dem das Christentum zum Geist der bürgerlichen Gesellschaft stand, wurde nur schwach empfunden. Idealistisch-romantische Sinndeutungen sorgten für Überdeckung der Kluft. Um so schärfer war die Ablehnung derjenigen Bewegung, die den Gegensatz unverhüllt zum Ausdruck brachte, des Sozialismus.

d) Eine *Überwindung dieses Gegensatzes* war nur möglich, sofern l. der Sozialismus sich frei machte nicht nur von der idealistischen, sondern ebenso von der materialistischen Sinngebung der bürgerlichen Gesellschaft, sofern er also den Gegensatz zu ihr tiefer und radikaler faßte, als es gemeinhin im 19. Jhd. geschehen war; 2. das Christentum sich frei machte sowohl von der romantisch-feudalen, wie von der idealistisch-bürgerlichen Form seiner Verwirklichung, sich selbst also und seine Freiheit von jeder, auch der eigenen Form, tiefer und radikaler faßte. |

e) Auf *religiöser* Seite wurde dieser Weg beschritten von dem Religiösen Sozialismus, der an die Bewegung der *Blumhardts* anknüpfte. Hier ist der Ursprung des dialektischen Typus des Religiösen Sozialismus. Für ihn ist der Gedanke entscheidend, daß es in der Religion nicht um eine besondere religiöse Sphäre, sondern um ein Handeln Gottes mit der Welt geht, daß darum die Möglichkeit besteht, in einer profanen, ja antichristlichen Erscheinung wie dem Sozialismus[f] Gottes Wirken deutlicher zu sehen als in der ausdrücklichen religiösen Sphäre der Kirche. Damit war die Möglichkeit einer Verbindung von Religion und Sozialismus gegeben, die tiefer liegt als die Schicht, in der die Gegensätze unüberwindlich sind. Auf deutschem Boden waren es vor allem theologische Erwägungen, die zur Einsicht in die innere Dialektik der Religion führten und eine theologische Begründung des Religiösen Sozialismus ermöglichten. Auf *sozialistischer* Seite haben Einwirkungen der bürgerlichen *Jugendbewegung,* die selbst in Opposition zum Geist der bürgerlichen Gesellschaft stand, in der jüngeren Generation des Sozialismus den Boden gelockert und die materialistisch verhärtete Dogmatik der offiziellen Partei erschüttert. Auch mehrte sich die Zahl *bürgerlicher Intellektueller,* die zum Sozialismus stießen und dem vergröberten bürgerlichen Geist, dem sie z. T. in der Bewegung begegneten, Widerstand entgegensetzten. Sie konnten sich dabei insofern auf Marx berufen, als dieser im dialektischen Denken ein Prinzip vertrat, das zu dem dogmatischen Materialismus des 19. Jhd.s in radikalem Gegensatz stand. Persönlichkeiten, die gleichzeitig in der beschriebenen religiösen und sozialistischen Dialektik standen, begründeten den dialektischen Typus des Religiösen Sozialismus. – Für die übrigen Typen ist eine besondere geistesgeschichtliche Zurückführung nicht erforderlich. Der *praktisch-politische* Typ hat eine selbständige theologisch-soziologische Theorie noch nicht gegeben. Teils hat er dialektische Elemente aufgenommen, teils drückt er sich – besonders in der politischen Werbung – gesetzlich aus. Der rein *gesetzliche* Typ wird nur selten und dann mehr von isolierten Einzelnen als von Gruppen vertreten. Er hat mehr geistestypologische als geistesgeschichtliche Wurzeln. Der *Religion und Sozialismus identifizierende* Typus endlich scheint in Rußland einen geistesgeschichtlich vorbereiteten Boden gefunden zu haben. Der Bolschewismus bekämpft zwar den Begriff Religion; aber er setzt sich selbst in jeder seiner Äußerungen subjektiv und objektiv an die Stelle der Religion und muß darum – sicher gegen seinen Willen – als der größte Vertreter des identifizierenden Typus verstanden werden.

3. a) Der Gegensatz von Religion und Sozialismus erscheint in erster Linie als ein Gegensatz in der *Auffassung des Menschen.* Hier ergibt sich folgende Sachlage: Soweit der Sozialismus der typisch bürgerlichen Auffassung des Menschen folgt,

und zwar ebenso in der idealistischen wie in der materialistischen Form, steht er im Gegensatz zur christlichen Anthropologie. Soweit er dagegen selbst der bürgerlichen Auffassung opponiert, vertritt er, wenn auch in starker Verhüllung, entscheidende Motive der christlichen Lehre vom Menschen. Das ist schon die Sachlage bei Feuerbach, dem der Sozialismus seine anthropologische Grundlegung verdankt. Die Lehren Feuerbachs von der Unendlichkeit der menschlichen Triebtendenzen, von der Entstehung der religiösen Ideen durch Projektion und Vergegenständlichung der Triebinhalte sind die Grundlage der marxistischen Ideologielehre. Nur setzte Marx an Stelle des Menschen überhaupt den geschichtlich bestimmten Menschen, die Klasse. Aber dieser Er|satz war doch nicht radikal. Denn um überhaupt von einer durch Klassenkampf geformten Gesellschaft reden zu können, muß der Marxismus eine allgemeine Charakteristik des Menschen voraussetzen, auf Grund deren er trotz aller Variation immer wieder zur Bildung von Klassen getrieben und schließlich über die Klassensituation hinausgetrieben wird. – Die Auffassung des Menschen, die hinter diesen Gedanken steht, erfährt durch den Religiösen Sozialismus eine dreifache Würdigung: 1. Die Beurteilung des Menschen, wie sie in der Projektions- und Ideologielehre enthalten ist, wird unbedingt bejaht. Es ist der ständige Verdacht gegen die Wunschreligion, gegen den „selbstgemachten Gott", gegen den unbewußten Gebrauch des Göttlichen im Dienste des Machtwillens: ein Protest, der jeder prophetischen Religion innewohnt, und dem die Feuerbach-Marxsche Ideologielehre einen machtvollen Ausdruck gegeben hat. Die Religion muß den *konstanten Ideologieverdacht* gegen sich selbst in sich selbst aufnehmen, und dazu kann ihr die Feuerbach-Marxsche Anthropologie dienen. 2. Die materialistische Form, in der sich beide ausdrücken, betont auf der einen Seite die Ernsthaftigkeit des antiidealistischen Protestes dieser Anthropologie und wird insofern einschließlich des Wortes *historischer Materialismus* vom Religiösen Sozialismus bejaht. Andererseits lehnt der Religiöse Sozialismus die materialistische Dogmatik als Sinngebung bürgerlicher Mechanisierung der Welt ab. 3. Das in der marxistischen Anthropologie enthaltene idealistische Moment, die Erwartung eines gewandelten, der Idee der Gerechtigkeit restlos unterworfenen Menschenwesens wird gerade aus den tiefsten Motiven der Feuerbach-Marxschen Anthropologie heraus vom Religiösen Sozialismus verworfen. Das darin enthaltene prophetische Moment dagegen, die Beziehung des menschlichen Seins auf ein transzendentes, unbedingt gültiges und erfüllendes Prinzip wird mit dem prophetisch-revolutionären Hintergrund von Bürgertum und Sozialismus bejaht. – Zusammenfassend kann gesagt werden, daß der Religiöse Sozialismus die entscheidende Intention der marxistischen Anthropologie aufnimmt und sie radikalisiert unter Abstreifung derjenigen Elemente des Marxismus, die dem bürgerlichen Materialismus oder Idealismus entnommen sind.

b) Die Anthropologie des Religiösen Sozialismus sucht eine Basis, die jenseits des Gegensatzes von materialistischer und idealistischer Auffassung des Menschen liegt. Sie geht aus von der *Einheit des Vitalen und Geistigen* im Menschen und dem gleichzeitigen *Bruch dieser Einheit,* auf dem die Bedrohtheit des menschlichen Seins beruht. Aus dem doppelten Gesichtspunkt der Einheit und des Bruches in der Einheit von Vitalem und Geistigem ergeben sich folgende Grundlinien der religiös-sozialistischen Beurteilung der Situation des Menschen an sich und in der Gesellschaft: 1. Aus der Einheit des Vitalen und Geistigen, des Seins und des Sinnes ergibt sich ein Verstehen der proletarischen Situation als *Situation radikaler menschlicher Bedrohtheit.* Der Verlust eines sinnhaft-vitalen Daseins in der typisch proletarischen Existenz bedeutet die Drohung und Wirklichkeit des Verlustes sinnhafter Existenz überhaupt. Es ist unstatthaft, von seiten der Kirche oder eines philosophischen Idealismus Kompensation für die sinnentleerte vitale Seite in einer davon unabhängigen geistigen Welt zu fordern. Das Zerbrechen des vitalen Lebenssinnes bedeutet für die proletarische Situation (von einzelnen heroischen | Ausnahmen ist hier nicht die Rede) das Zerbrechen des Lebenssinnes überhaupt. Denn der Mensch ist Einheit von Leib und Seele, und der Sinn seiner Existenz kann nicht losgelöst werden von dem Sinn seiner leibhaften Existenz. In dieser Auffassung vertritt der Religiöse Sozialismus ursprüngliche Intentionen des AT.s und NT.s. Er überwindet in gleicher Weise die idealistische wie die materialistische Isolierung der Seiten des menschlichen Seins. 2. Aus dem Bruch in der Einheit von Geistigem und Vitalem ergibt sich eine Auffassung des Menschen, die ihn in der wesentlichen, im Dasein selbst nie schwindenden Bedrohtheit sieht und darum jede *Utopie,* d.h. Erwartung einer innergeschichtlichen Vollendung ablehnt. Der mit dem Geist-Sein des Menschen gegebene Bruch in seiner Einheit (die dadurch keine Zweiheit wird) bedeutet für den Menschen als Menschen die Drohung, sein Sein und seinen Sinn zu verlieren. Und diese Drohung ist *Wirklichkeit* und bleibt Wirklichkeit, solange der Mensch Mensch ist. Darum rechnet der Religiöse Sozialismus für jeden Gesellschaftsaufbau mit diesem Menschen und zieht daraus die Konsequenzen für seine Ethik (siehe unten 5). 3. Der radikalen Bedrohtheit des Menschen als Menschen entspricht die Frage nach einer Getragenheit, die ebenso radikal ist, eben darum aber nicht der menschlichen Situation entspringen kann, sondern dem Jenseits des Menschlichen und seiner Gebrochenheit, dem Jenseits von Sein und Freiheit, von Vitalem und Geistigem. In der Beziehung des menschlichen Seins auf dieses *Jenseits von Sein und Freiheit* sieht der Religiöse Sozialismus die Wurzel des prophetisch-eschatologischen Elementes im Sozialismus (wie auch in der ursprünglichen bürgerlich-idealistischen Utopie). Weil es zum menschlichen Sein gehört, historische Zeit zu haben, d.h. bezogen zu sein auf transzendente Sinnerfüllung, stellt sich der Religiöse Sozialismus zu dem weltgestaltenden und weltumwandelnden Willen des Sozialismus, auch hier gegenüber einem kultischen Konservatismus biblischen Motiven treu.

4. a) Der Religiöse Sozialismus steht grundsätzlich auf dem Boden der von Marx gegebenen *Analyse der kapitalistischen Gesellschaft.* Das bedeutet: 1. Er erkennt an, daß die Struktur der gegenwärtigen Gesellschaft bestimmt ist durch die kapitalistische Wirtschaft, daß der Markt das strukturelle Zentrum dieser Wirtschaft und Gesellschaft ist und daß die Randgebiete des Marktes, auch wenn sie quantitativ den Markt überragen (was immer weniger der Fall ist),

strukturell sekundär sind. Das gilt für alle Arten *vorbürgerlicher* Gesellschaftsformung. Sie sind durch das Auftreten der bürgerlichen Gesellschaft antiquiert und sind für die Erkenntnis des Gegenwärtigen und die Gestaltung des Zukünftigen direkt nicht maßgebend. 2. Innerhalb der kapitalistischen Gesellschaft sieht der Religiöse Sozialismus mit Marx den notwendigen Gegensatz der Besitzer der Produktionsmittel zu denen, die auf diese Produktionsmittel angewiesen sind. Dieser Gegensatz schafft dadurch, daß er sich auf Bildung und Lebensschicksal ausdehnt, den *Klassengegensatz,* der unlöslich mit der kapitalistischen Struktur verbunden ist,[g] und an dem objektiv jeder teil hat, ob er subjektiv darum weiß oder nicht. 3. Die notwendige Folge des Klassengegensatzes ist der *Klassenkampf,* der nach Auffassung des Religiösen Sozialismus unabhängig von dem guten Willen des Einzelnen eine Strukturnotwendigkeit der kapitalistischen Gesellschaft darstellt und darum nicht unter individualistische Beurteilung gestellt werden darf. Er ist ein Verhängnis, dem sich in der liberalen Gegenschaltung der Interessen niemand entziehen kann. 4. Aus der Klassenkampf-| struktur des Kapitalismus folgt die Tendenz zur Überwindung der ihn bedingenden Gesellschaftsform. Diese Tendenz kann mit Marx in der Ökonomie wie auf allen anderen Gebieten *dialektisch* dargestellt werden. Doch bestreitet der Religiöse Sozialismus in Einheit mit den ursprünglichen Gedanken von Marx, daß Dialektik Berechnung von Notwendigkeiten ist. Er weiß, daß in der Geschichte das Schicksal sich durch Freiheit verwirklicht und daß ohne die Träger des sozialistischen Schicksals der Sozialismus nie Wirklichkeit werden kann. 5. Der Religiöse Sozialismus sieht mit Marx im *Proletariat* den schicksalhaft gegebenen Ort des Widerstandes gegen die kapitalistische Gesellschaftsstruktur. Er stellt sich darum an die Seite der proletarischen Bewegung, deren politischer Ausdruck im wesentlichen die sozialistischen Parteien sind. Der Religiöse Sozialismus ist sich jedoch bewußt, daß auch die Schicksalsstellung des Proletariats nicht Gegenstand einer Berechnung sein kann und darum verlierbar ist. 6. Die Zustimmung des Religiösen Sozialismus zu der soziologischen Analyse der kapitalistischen Gesellschaft durch Marx bedeutet nicht ohne weiteres seine Zustimmung zu seiner *ökonomischen Theorie.* Zu ihr hat der Religiöse Sozialismus als solcher überhaupt keine Stellung. Er ist nur der Überzeugung, daß die Arbeit an der Theorie und die Veränderung der Situation [h]genau[h] so über Marx hinausführen werden wie er über die bürgerliche Ökonomie hinausgeführt hat. Der Sozialismus ist weder abhängig von einer bestimmten ökonomischen Theorie noch von der Verwirklichung *einer* bestimmten Wirtschaftsform. Wesentlich ist für ihn nur das Kommen einer Wirtschaft, in der die Gegenschaltung des Kapitalismus überwunden und mit der die Möglichkeit einer *sinnerfüllten Gesellschaft* gegeben ist. Und das Gleiche, was vom Ziel gilt, gilt auch vom Weg. Es ist nicht Aufgabe des Religiösen Sozialismus, konkrete wirtschafts- und staatspolitische Aufgaben zu lösen. Wohl aber kann er indirekt durch seine Gesamthaltung Einfluß auf sie gewinnen.

b) Diese Analyse der Struktur der kapitalistischen Gesellschaft führt den Religiösen Sozialismus in Verbindung mit seinen Aussagen über die menschliche

Situation zu folgender *religionssoziologischer Deutung* der gegenwärtigen Gesellschaftslage: 1. Die bürgerliche Gesellschaft als Träger des christlichen Humanismus ist eine Entwicklungsform des Christentums, die zu den innerreligiösen Formen des Christentums in einem dialektischen Verhältnis steht. Im christlichen Humanismus ist die innerreligiöse Verwirklichung des Christentums verwandelt in eine außerreligiös-autonome. Darin liegt einerseits die Befreiung von *Dämonisierungen* der innerreligiösen Sphäre, andererseits die Entleerung von ursprünglich-religiöser Substanz und das Offenwerden für außerreligiös-profane Dämonisierungen. 2. Der Religiöse Sozialismus sieht im kapitalistischen System die zentrale Dämonisierung auf dem Boden des christlichen Humanismus und der ihn repräsentierenden bürgerlichen Gesellschaft. Dämonisch nennt der Religiöse Sozialismus das kapitalistische System einerseits wegen der in ihm vorhandenen Vereinigung von schöpferischen und zerstörerischen Kräften, anderseits wegen der *Unausweichlichkeit der Klassenkampfsituation* und ihrer Unabhängigkeit von subjektiver Sittlichkeit und Frömmigkeit. Die Wirkung des kapitalistischen Systems auf die Gesellschaft und jeden Einzelnen in ihr hat die typische Form der *Besessenheit*; sie hat dämonischen Charakter. Die Möglichkeit, daß sie sich mit anderen zum Teil ursprünglicheren Dämonien verbindet (z.B. mit dem sich ausdrücklich heidnisch gebärdenden Nationalis|mus), bedeutet keine Einschränkung seiner maßgebenden Bedeutung für die gegenwärtige Situation. 3. Der Religiöse Sozialismus hält es für die entscheidende religiöse Aufgabe gegenüber der gegenwärtigen Gesellschaft, an der *Aufdeckung und Bekämpfung der kapitalistischen Dämonie* mitzuwirken, und er stellt sich demgemäß auf die Seite des kämpfenden Proletariats, um dessen ursprüngliche Berufung für diesen Kampf er weiß. Zugleich aber weiß er, daß die Berufung des Proletariats nicht unverlierbar ist, und er richtet radikale religiöse Kritik gegen die im Sozialismus selbst sich vollziehenden Profanisierungen und Dämonisierungen. 4. Der Religiöse Sozialismus sieht in dem Kampf gegen die dämonisierte und für eine sinnerfüllte Gesellschaft einen notwendigen Ausdruck der *Erwartung des Reiches Gottes.* Er lehnt ebenso die Identifizierung des Sozialismus mit dem Reiche Gottes ab, wie die religiöse Indifferenz gegenüber den innerweltlichen Gestaltungsaufgaben. Die in der sozialistischen Dialektik enthaltene Einheit von Erwartung und Forderung des Kommenden hält er für eine begriffliche und zugleich konkret gegenwärtige Umformung der christlichen endgerichteten Spannung. Dabei ist er sich der Unsicherheit jeder konkreten Erwartung und des Abstandes jeder konkreten Verwirklichung von der letztgemeinten unbedingten Erfüllung bewußt. Er unterliegt darum nicht der grundsätzlichen Enttäuschung, die mit jeder ungebrochenen, konkreten Enderwartung notwendig verbunden ist.

5. Aus der religiösen Anthropologie und Soziologie des Religiösen Sozialismus folgen bestimmte *ethische Grundgedanken,* auf die hier nur insoweit eingegangen werden kann, als sie für die Struktur des religiös-sozialistischen Denkens wesentlich sind.

a) Für das Handeln des Einzelnen gilt l., daß die *primitiv eudämonistische* Theorie, die den möglichst hohen Lustgewinn zum sittlichen Prinzip macht, ebenso abzulehnen ist,[i] wie die *heroisch-idealistische* Theorie, die Unterwerfung unter ein abstraktes, dem Menschen jenseitiges Gesetz verlangt. Die Einheit von Sein und Sinn bedeutet eben dieses, daß schon in den unmittelbarsten Triebimpulsen Hinwendung zum Sinnhaften enthalten ist und umgekehrt in der Hinwendung zu den höchsten Sinnformen noch Triebtendenzen tragend sind. Das ist zugleich die Widerlegung eines Ideologiebegriffes, der den Menschen assoziationspsychologisch mechanisierte, in der sinnlichen Empfindung die ursprüngliche psychische Realität sieht und alles übrige darauf zurückführt, bzw. von da aus auflöst. In Wahrheit ist jede Empfindung ein nur durch schwierige Abstraktion herauszulösendes Element eines Gesamtgeschehens, in dem das Geistige in all seinen Richtungen in keinem Augenblick weggedacht werden kann. Eine sozialistische Ethik, die an diesem bürgerlich-positivistischen Gedanken festhält und sie durch idealistische Moral ergänzt, wird vom Religiösen Sozialismus als unsozialistisch abgelehnt. 2. Die Ethik des Religiösen Sozialismus ist,[j] wie seine gesamte Auffassung,[k] dynamisch. Sie kennt kein abstraktes, allgemeingültiges Wert-System, sondern einen im Seienden selbst enthaltenen *Forderungscharakter,* der je nach Art der Begegnung des Menschen mit einem Seienden gewandelt wird, der erfüllt und verfehlt werden kann, der aber immer konkret ist. Abstrakte Wertsysteme werden als Ideologien herrschender Gruppen enthüllt, die instinktiv durch den Ewigkeits- und Transzendenzcharakter, den sie ihrer Ethik zuschreiben, ihrer Herrschaft Ewigkeit geben wollen. An Stelle dessen setzt der Religiöse Sozialismus die Hingabe an den in | Dingen und Situationen lebendigen Sinn und seine Forderung. 3. Aus der Einheit von Sein und Sinn ergibt sich als *pädagogische Aufgabe* die Einführung des Einzelnen in sinnhafte Gebilde, denen er sich hingeben kann, also nicht an eine abstrakte Bildung, sondern ein konkretes Einfügen in den Sinn des Begegnenden. Voraussetzung dafür ist das Vorhandensein solcher sinnhaften Gebilde. Voraussetzung der Erziehung ist also ein sinnhafter Gesellschaftsbau mit Institutionen, die dem Einzelnen die Hingabe ermöglichen. Von hier aus erhebt sich die Kritik des Religiösen Sozialismus gegen die Sinnentleerung der menschlichen und dinglichen Beziehungen im kapitalistischen System. 4. Aus dem Wissen um die Gebrochenheit des menschlichen Seins folgt die Ablehnung jeder *utopistischen Ethik* durch den Religiösen Sozialismus. Daß der Mensch gut sei und nur die gesellschaftlichen Verhältnisse ihn schlecht machen, ist als allgemeiner Satz ebenso falsch, wie es für eine konkrete, z.B. die kapitalistische Situation relativ zutreffend sein kann. Die Bedrohtheit des menschlichen Seins wird auch in der vollkommensten Institution nicht aufgehoben. Die vitale Selbstverwirklichung jedes Seienden bedeutet immer die Möglichkeit, fremdes Sein zu vergewaltigen. Gerade, weil das Sein dynamisch ist, weil es Wagnis und nicht Mechanismus ist, steht es in dieser Möglichkeit. Die geforderte Hingabe an die Sinnforderung des Begegnenden kann verfehlt werden. Das gilt für jede Gesellschaftsordnung und ist die Grundlage für jede sozialethische und politische Theorie.

b) Der Religiöse Sozialismus lehnt die abstrakt egalitäre und anarchische Theorie des Gesellschaftsaufbaus ab. Seiner Überzeugung nach hört auch in der klassenlosen Gesellschaft *die* Geschichte nicht auf, die Marx „Vorgeschichte" nennt. Auch in ihr gibt es Spannungen der Mächtigkeit des Seienden, das sich dynamisch verwirklicht, Gewalt übt und Gewalt erfährt. Hier erhebt sich das Problem der *Macht,* an dem die sozialistische Theorie infolge ihrer liberal-anthropologischen Grundlegung fast immer vorübergegangen ist. Der Religiöse Sozialismus ist der Überzeugung, daß das Miteinander alles Seienden auch in der kommenden Gesellschaft in der Polarität von Macht und Liebe steht. Macht als Selbstverwirklichung des Einzelnen wie der Gruppe, Liebe als Hingabe an den Sinn fremder Selbstverwirklichung. Von da aus ergeben sich folgende Gesichtspunkte für das *sozialethisch-politische* Denken des Religiösen Sozialismus. 1. Der Aufbau der Gesellschaft kann nur ein Aufbau in *Schichten der Mächtigkeit* sein. Das gilt in gleicher Weise für den inneren Aufbau der Völker wie für das Verhältnis der Völker zueinander. Der Versuch, dem zu entgehen, führt, wie die Geschichte der Demokratie gezeigt hat, zu dem Auftreten verhüllter Machtgruppen, deren Macht zerstörerisch, weil verantwortungslos ist *(Kapitalherrschaft).* 2. Macht beruht grundsätzlich auf – meistens unbewußter – Anerkennung der überragenden Mächtigkeit fremden Seins. Mit der Macht ist die Möglichkeit der Vergewaltigung gegeben, die über die Anerkanntheit hinausstößt und sie untergräbt. Auf der Verwechslung von Macht und Möglichkeit der Vergewaltigung beruhen diejenigen Auffassungen, die im Gegensatz zur anarchischen Utopie den Machtgedanken isolieren und sich an ihm berauschen [1](*Faszismus*)[1]. Sie vergessen, daß mit der Hingabe an den konkreten Sinn fremden Seins das Fundament der Macht, die Anerkennung der überragenden Mächtigkeit der Träger der Macht aufgehoben ist. Die objektiven Institutionen der Macht können einer solchen | entleerten Machtgruppe noch längere Zeit die Möglichkeit der Vergewaltigung geben. Aber die wirkliche Macht ist mit der Anerkanntheit zerbrochen. – Hieraus ergibt sich die sachliche und sittliche Notwendigkeit, gegebenenfalls revolutionär vorzugehen. Der Religiöse Sozialismus lehnt darum das antirevolutionäre Dogma des Luthertums ab, wie er auch seine biblische Begründung für durchaus falsch hält. 3. Anerkennung und Hingabe an den Sinn des Anderen setzen ein übergreifendes Sinnprinzip voraus. Eine Gruppe, in der ein solches vorhanden ist, könnte als *Gemeinschaft* bezeichnet werden, sofern diesem Begriff alle subjektiven und romantischen Züge genommen werden. Die Entstehung einer sinnerfüllten Gesellschaft, in der die sinnhafte Mächtigkeit fremden Seins zur Anerkennung gelangen kann, oder, was dasselbe ist, die Entstehung einer Gemeinschaft als Einheit von Macht und Liebe ist das sozialethische Ideal des Religiösen Sozialismus. 4. Aus dem anthropologischen Grundgedanken des Religiösen Sozialismus sowie aus seiner Lehre von Mächtigkeit und Macht ergeben sich eine Fülle von Konsequenzen für die Theorie von Recht und Staat,[m] Konsequenzen, die weit hinausführen über das liberale Grundschema, das der Sozialismus vom Bürgertum ungeprüft übernommen hat. Der Religiöse Sozialismus nimmt damit Tendenzen in sich auf, die u.a. auf Nietzsche zurückgehen und z. Zt. ausschließlich von antisozialistischen Gruppen vertreten werden. Er meint, daß auf dem Boden einer tieferen Auffassung des Menschen die berechtigten

Motive, die dort zum Ausdruck kommen, vom Sozialismus aufgenommen und in entdämonisierter Form zur Durchführung gebracht werden können.

6. Die *theologische* Voraussetzung des Religiösen Sozialismus ist die radikale Anwendung des prophetisch-protestantischen Prinzips auf Religion und Christentum. Das bedeutet 1. die dialektische Stellung zu der eigenen *konfessionellen* Form des religiösen Lebens. Der konfessionelle Charakter jeder konkreten Religion wird bejaht und nicht zugunsten einer rationalen Überkonfessionalität aufgegeben. Der radikale Charakter des religiösen Prinzips verbietet jedoch einen sich selbst absolut nehmenden Konfessionalismus und schafft einen Punkt im System jeder Konfession, auf dem sie über sich hinaus ist und offen für den Sinn der anderen. Das ist freilich spezifisch protestantisch formuliert. Aber es stammt gerade aus dem Element des Protestantismus, in dem dieser nicht Konfession ist. Darum ist der Religiöse Sozialismus *konfessionell ungebunden.* Er tastet die konkrete Konfession des Einzelnen nicht an; und darum nennt er sich religiöser und nicht christlicher, katholischer, protestantischer Sozialismus. 2. Die Dialektik des religiösen Prinzips befreit von der Bindung an die religiöse Sphäre als eine gesonderte und macht offen für das *religiöse Verständnis der Profanität.* Dieser Punkt ist entscheidend für die Grundlegung des Religiösen Sozialismus. Denn von ihm aus ist es möglich, eine religiöse Analyse der profanen Formen des Sozialismus zu geben und aufzuzeigen, daß diese, abgesehen von ihrer eigentlichen Bedeutung, Ausdruck einerseits der menschlichen Situation überhaupt, andererseits einer bestimmten religions- und kirchengeschichtlichen Lage sind. Der Religiöse Sozialismus überläßt die theoretischen und praktischen Lebensformen des Sozialismus nicht der Profanität ihrer Erscheinung, sondern er dringt zu dem religiösen Charakter ihres Grundes vor. So zeigt er z.B., daß die marxistischen Grundbegriffe im Bewußtsein des sozialistischen Proletariats nicht den Charakter einer problematischen Wissenschaft, sondern eines *dogmatischen Symbols* haben, daß die Partei für ihn nicht nur eine politische Gruppe ist, der er sich aus Zweckmäßigkeitsgründen anschließt,| sondern eine Schicksalsgemeinschaft, die ihn trägt, und die darum für ihn den Charakter der *Gemeinde* hat, daß die Erwartung der klassenlosen Gesellschaft das profane Symbol für eine *religiös-eschatologische* Erwartung ist, daß bestimmte Lebensformen der sozialistischen Bewegung Ansätze zu *kultischer Gestaltung* zeigen usf. Der Religiöse Sozialismus zeigt zugleich die Zweideutigkeit dieser latent religiösen Symbole und die Gefahren, die sich aus dieser Zweideutigkeit ergeben. 3. Die umgekehrte Analyse nimmt der Religiöse Sozialismus entsprechend der Dialektik des religiösen Prinzips gegenüber der Existenz und den praktischen und theoretischen Lebensformen der *Kirche* vor. Er zeigt die Profanität, in der alle religiöse Wirklichkeit steht, eben dadurch, daß sie Wirklichkeit ist. Er geht darum Hand in Hand mit der tiefenpsychologischen und soziologischen Analyse der kirchlich-religiösen Formen, nicht, um sie dadurch aufzulösen, sondern um sie in ihrer Konkretheit und Dynamik verständlich und dadurch beweglich zu machen. Das gilt ebenso für Dogma, Ritus und Kirchenverfassung,[n] wie für die ethischen Anschauungen. In der radikalen Anerkennung der unmittelbaren Profanität dieser Formen er-

schließt sich erst der dialektische Charakter ihres religiösen Sinnes. 4. Der dialektische Charakter des religiösen Prinzips löst das Problem des Verhältnisses von Transzendenz und Weltgestaltung. Der Religiöse Sozialismus hat für die Lösung das neutestamentliche Wort „*Kairos*" benutzt. Es besagt in dieser Verwendung, daß Welt- und Gesellschaftsgestaltung unausweichlich in der Konsequenz des religiösen Prinzips liegen, daß diese Gestaltung aber nicht abstrakt und utopisch aufzufassen ist, sondern konkret und getragen von dem, was in einer Zeit sich erfüllen soll. Kairos ist immer, wo zeitliche Formen sich wandeln sollen und der ewige Sinn in zeitlicher Erfüllung neu durchbrechen will. In welchem Maße das geschieht, wie stark also eine bestimmte Zeit innerlich erschüttert ist, das entscheidet über Macht und Tiefe eines Kairos. Der Religiöse Sozialismus meint, daß die Erschütterung der bürgerlichen Gesellschaft, ihrer geistigen und gesellschaftlichen Prinzipien einen solchen Kairos darstellt. Und er sucht die Forderung, die in ihm enthalten ist, zu vernehmen und ihr zu gehorchen. 5. Das Ziel der Gestaltung aus dem Kairos ist *Theonomie.* Auch dieser Begriff folgt aus der Dialektik des religiösen Prinzips. Er enthält den Protest gegen eine angeblich sachliche, religiös indifferente Kultur. Er behauptet, daß es kulturelle Formen geben kann, die sich gegen die Erfüllung mit transzendentem Gehalt verschließen, und andere, die sich ihm öffnen, die Hinweis und zugleich Erscheinung des transzendenten Sinnes sind. Der Religiöse Sozialismus meint, daß die profanisierte bürgerliche Gesellschaft einen solchen, der Transzendenz gegenüber sich verschließenden Charakter hat, und meint, daß ihre Erschütterung und Wandlung den Weg zu einer neuen Theonomie im Gesellschafts- und Geistesleben bedeutet.

7. *a) Der Religiöse Sozialismus ist an keine soziologische Form gebunden.* Er kann getragen sein von Einzelnen, von Arbeitskreisen, von kirchen- und staatspolitischen Gruppen. Er kann sich selbständig organisieren und er kann eine Richtung in bestehenden Organisationen darstellen. Für jede seiner Verwirklichungen aber gilt: Da er um den dialektischen Charakter des religiösen Prinzips weiß, kann er keine religiöse oder politische Gruppe, auch nicht sich selbst absolut setzen. Seine Aufgabe ist es, Religion und Sozialismus in gleicher Weise zu ihrer eigenen Tiefe zu treiben und dadurch ihre letzte und zugleich konkrete Einheit aufzu|weisen und in der Wirklichkeit durchzusetzen. Er muß dazu immer zugleich an Religion und Sozialismus, an Kirche und Partei einsetzen, mit beiden verbunden und gegen beide kritisch.

b) Die Problematik des Religiösen Sozialismus ist *universal.* Er greift alle Gebiete des wirtschaftlichen, gesellschaftlichen und geistigen Lebens an und sucht sie in bezug auf das religiöse Prinzip einerseits, die gegenwärtige gesellschaftliche Wirklichkeit andererseits zu durchdringen. Er ist also keineswegs einseitig politisch oder ökonomisch orientiert. Er weiß, daß die theonome Gesellschaftsordnung, auf die er zugeht, alle Seiten menschlichen Seins in sich begreifen muß, um auch nur eine Seite ihrem Sinn gemäß zu erfüllen. Darum ist er auch an keine ökonomische Theorie oder politische Aktion gebunden. Ob die bisherige sozialistische Wirtschaftstheorie, ob besonders der Marxismus zulänglich ist, um die kommende ökonomische Entwicklung erkennbar zu machen, ist für die religiös-sozialistische Idee gleichgültig. Ob die gegenwärtigen sozialistischen Parteien die zulänglichen Träger der sozialistischen Idee sind oder bleiben werden, ist im voraus nicht zu entscheiden. Ebensowenig, ob das Proletariat dauernd der wichtigste Träger des antidämonischen Kampfes sein wird. Das bleibt offen. Ebenso auf dem Boden welcher Kirche und ob überhaupt °in° einer der gegenwärtigen Kirchen die Einigung mit dem Sozialismus sich vollziehen kann. Die Idee des Religiösen Sozialismus ist von all dem unbetroffen. Und ebenso bleibt bestehen, daß der Religiöse Sozialismus für die Gegenwart auf seiten des konkreten Sozialismus und seiner Parteien und damit auf seiten des kämpfenden Proletariats steht. Der Radikalismus des religiösen Prinzips hebt die Konkretheit der jeweiligen Situation nicht auf.

Kirchengeschichtlich betrachtet ist der Religiöse Sozialismus ein Versuch, die Radikalität und Transzendenz des Religiösen zu vereinen mit der Konkretheit eines immanenten Gestaltungswillens. Er sucht hinauszuführen 1. über einen *exklusiven Protestantismus,* der der Transzendenz des Religiösen die konkrete Gestaltung opfert; 2. über eine *humanistische Frömmigkeit,* die der konkreten Gestaltung die religiöse Radikalität opfert; 3. über eine *pietistische Innerlichkeit,* die dem *reservatum religiosum* das soziale *obligatum religiosum* opfert; 4. über einen *hierarchischen Katholizismus,* der mit Hilfe einer sakral geheiligten Ethik die konkrete Situation verrät.

Zum Schluß ist gegenüber allem hier Gesagten zu betonen, daß der Religiöse Sozialismus in den Anfängen seiner Entwicklung steht und weder theoretisch noch praktisch seine endgültige Form gefunden hat.

[Literatur:] Blätter für Religiösen Sozialismus, hrsg. von Karl Mennicke; – Schriften von P. Tillich, E. Heimann, K. Mennicke, Adolf Löwe, Arnold Wolfers.

Kritischer Apparat

Der Abdruck von A erfolgt ohne die Verweisstichwörter am Ende des Artikels. Sperrungen sind in Kursive verwandelt, die die Absätze eröffnenden arabischen Ziffern sind durch römische Ziffern ersetzt und zwischen die Abschnitte gestellt. Die Abkürzungen sind beibehalten. Die Gliederung in Vorspann zum Artikel lautet: 1. Der Begriff; – 2. Die geistesgeschichtlichen Voraussetzungen; – 3. Die rel.-anthropologische Stellung; – 4. Die rel.-soziologische Stellung; – 5. Die ethische Stellung; – 6. Die allgemein-theologische Stellung; – 7. Die praktische Haltung.

637	a	Doppelpunkt fehlt in B
638	b	in A fehlt Komma
	c–c	B: Er
	d–d	B: einmal
639	e	in B folgtt Komma
640	f	in B folgt Komma
642	g	in B folgt kein Komma

643	h–h	B: genauso
644	i	in B folgt kein Komma
	j	in B folgt kein Komma
	k	in B folgt kein Komma
645	l–l	B: Faschismus
646	m	in B folgt Doppelpunkt anstelle des Kommas
647	n	in B folgt kein Komma
648	o–o	fehlt in A

8. Protestantisches Prinzip und proletarische Situation (1931)

A. Protestantisches Prinzip und proletarische Situation. Typoskript, 28 S., von Paul Tillich handschriftlich korrigiert (PTAH, box 204).

B. (Druckvorlage) Protestantisches Prinzip und proletarische Situation. Verlag Friedrich Cohen, Bonn 1931.

C. The Protestant Principle and the Proletarian Situation. In: Paul Tillich, The Protestant Era. Translated and with a Concluding Essay by James Luther Adams. The University of Chicago Press, Chicago, Illinois 1948, 161–181.

D. Protestantisches Prinzip und proletarische Situation. In: Paul Tillich, Der Protestantismus. Prinzip und Wirklichkeit. Schriften zur Zeit, Neue Folge, hrsg. von August Rathmann. Steingrüben-Verlag Stuttgart 1950, 208–229.

E. Protestantisches Prinzip und proletarische Situation. In: GW VII (1962) 84–104.

F. Protestantisches Prinzip und proletarische Situation. In: Paul Tillich, Der Protestantismus als Kritik und Gestaltung. Siebenstern-Taschenbuch 64. Siebenstern Taschenbuch Verlag München und Hamburg 1966, 91–114. – [Abdruck von E].

Protestantisches Prinzip und proletarische Situation

I. Grundlegung

1. Daß Protestantismus und proletarische Situation nichts mit einander zu tun haben, erscheint von vielen Seiten her als selbstverständlich. Die Tatsachen sprechen fast unwiderleglich dafür: Der bald hundertjährige leidenschaftliche Kampf zwischen den Wortführern des Protestantismus und denen, die aus der proletarischen Situation heraus dachten und Forderungen stellten; die soziologische Gebundenheit der evangelischen Kirchen in Mitteleuropa an Kleinbürgertum und Feudalität, in Westeuropa und Amerika an Großbürgertum und mittlere Unternehmerschichten; das innere Widerstreben der proletarischen Massen gegen Lebens- und Lehrform des Protestantismus; das politische Bündnis der proletarischen Parteien mit der katholischen Partei und der bedingungslose Gegensatz der von protestantischen Kreisen getragenen Parteien gegen die politische Vertretung der Arbeiterschaft; [a]die neueste Verschärfung dieses Gegensatzes durch aussichtsreiche Bündnisangebote des Fascismus an die evangelischen Kirchen und die entschlossene Ablehnung desselben durch die katholischen Bischöfe[a]. In diesen Tatsachen kommt ein grundsätzlicher Gegensatz zum Ausdruck: Die proletarische Situation als Massenschicksal ist unzugänglich für einen Protestantismus, der mit seiner Botschaft den einzelnen isoliert vor die religiöse Entscheidung stellt, in der gesellschaftlich-politischen Sphäre sich selbst überläßt und die herrschenden Gewalten als gottgewollt hinnimmt – [b]oder der das Ethos

des erfolgreichen Unternehmers zum Maßstab für die Wertung Einzelner sowie ganzer Klassen und Völker macht[b].

Unüberbrückbar scheint der Gegensatz sowohl aus geschichtlichen [c]wie[c] aus prinzipiellen Gründen. Man kann ihn auch nicht dadurch abschwächen, daß man Sozialismus und proletarische Situation unterscheidet[d] und den Gegensatz daraus erklärt, daß die Deutung und Formung der proletarischen Situation | vom Sozialismus geleistet sei (wenn auch mit falschen Mitteln), aber besser und erfolgreicher vom Protestantismus hätte geleistet werden können. Dabei bleibt die Tatsache völlig unerklärt, daß es eben nicht dazu gekommen ist, daß vielmehr die sozialistische Theorie und Praxis Schicksal des Proletariats wurde und der Protestantismus in Weltenferne vom Proletariat blieb. *Sozialismus und proletarische Situation können nicht getrennt werden. Sie haben sich wechselseitig geschaffen.* Nur soviel muß zugestanden werden: Der zu einer theoretischen und praktischen Methode gefestigte Sozialismus ist nicht einfach identisch mit der proletarischen Situation. Diese könnte sich[e] gewandelt haben, [f]ohne daß die sozialistischen Methoden nachgekommen wären[f]. Das Verhältnis von Sozialismus und proletarischer Situation ist [g]spannungsreich wie jedes Verhältnis von Wirklichkeit und Formung[g]. Aber es ist darum nicht minder fest und schicksalshaft. [h]Alle Versuche, es zu lösen, führen zu unfruchtbarem ideologischem Gerede und bleiben mit geschichtlicher Notwendigkeit erfolglos.[h]

Ist auch der Ausweg abgeschnitten, Sozialismus und proletarische Situation zu trennen [i]und zu behaupten, der Protestantismus stünde zwar in Gegensatz zu der sozialistischen Deutung der proletarischen Situation, nicht aber zu dieser selbst[i], so erhebt sich die für den Protestantismus bedrohliche Konsequenz, daß *eine* menschliche Lage für ihn unzugänglich bleibt. Die Unbedingtheit und Allgemeinheit seiner Verkündigung wäre damit erledigt; *er wäre aus einem prophetischen Wort an den Menschen überhaupt zu einer religiösen Möglichkeit für bestimmte Menschengruppen geworden.* Daß fast die gesamte sozialistische Literatur und Agitation diese Überzeugung vertritt, bedarf keines Beweises. Wäre sie im Recht, so wäre das Ende des Protestantismus auch dann gekommen, wenn die evangelischen Kirchen durch die seelischen und politischen Kräfte der sie soziologisch tragenden Gruppen noch Zuwachs an Macht erringen würden. Darum ist die Frage Protestantismus und proletarische Situation die dringende Kernfrage des umfassenderen Problems Protestan|tismus und Sozialismus. Sofern der Sozialismus eine Weltanschauung ist, könnte sich der Protestantismus in eine mehr oder weniger aussichtsreiche apologetische Diskussion mit ihm einlassen. Sofern er Ausdruck der proletarischen Situation ist, stellt er den Protestantismus vor die Frage nach Sinn und Recht seines unbedingten und universalen Anspruchs.

2. Eine positive Antwort auf diese Frage kann es angesichts der Unzugänglichkeit der proletarischen Situation für den Protestantismus nur dann geben, wenn er die Möglichkeit hat, sich von sich selbst loszusagen, ohne sich selbst zu verlieren. *Nur wenn es protestantisch ist, denjenigen Protestantismus preiszugeben, für den die proletarische Situation unzugänglich bleibt, kann der unbedingte und*

universale Charakter der protestantischen Verkündigung behauptet werden. Diese Möglichkeit aber besteht. Sie ist die eigentlich protestantische Möglichkeit. [j]Sie bewirkt, daß der Protestantismus nicht *neben* die Religionen oder Konfessionen gestellt werden darf, obgleich er sich immer auch *als* Religion und Konfession verwirklicht. Aber dieses macht ihn zum Protestantismus, daß er immer auch *über* seiner religiösen und konfessionellen Wirklichkeit stehen kann, daß er nicht gebunden ist an sich. Wenn darum zwischen Protestantismus als einer in der Geschichte stehenden Religion und der Situation des Proletariats eine völlige Unangemessenheit besteht, und zwar tatsächlich wie auch grundsätzlich, so folgt daraus noch nicht, daß diese Unangemessenheit dem Protestantismus wesentlich anhängt. Denn eben ein solches „Wesen" hat der Protestantismus nicht. Für diesen Sachverhalt sind die Begriffe „Prinzip" und „Verwirklichung" bezeichnend. *Der Protestantismus hat ein Prinzip, das jenseits jeder seiner Verwirklichungen steht*[j]. [k]Und zwar nicht so, wie normativ gesehen, in jedem Wesen mehr ist als in jeder Erscheinung, sondern so, daß durch die Kraft des Prinzips das Wesen selbst sich wandelt und eben damit der platonische Gegensatz von Wesen und Erscheinung hinfällt. Protestantisches Prinzip ist der unfaßbare, lebendige Grund aller protestantischen Ver|wirklichung. Sofern das protestantische Prinzip unfaßbar ist, sträubt es sich sogar dagegen, auf Protestantismus oder Christentum oder selbst Religion festgelegt zu werden. Als unfaßbarer Grund ist es Prinzip schlechthin. Aber als Begründendes, das im Begründeten faßbar wird, ist es religiös und christlich und protestantisch. Denn nur durch diese seine Verwirklichungen hindurch kann es überhaupt gemeint und genannt werden. Protestantisches Prinzip ist also das Prinzip schlechthin, aber gesehen unter dem Aspekt des christlichen und protestantischen Protestes gegen die Erhebung eines Wirklichen zur Würde des Prinzips. Von diesem Protest aus erhält das Prinzip seinen Namen: Protestantisches Prinzip; denn es kann als unfaßbarer Grund seinen Namen von nichts anderem empfangen, als von einem Protest gegen Versuche, es als Grund zu greifen und festzulegen. Das negative Moment des Wortes protestantisch macht das Wort geeignet, Name und historische Konkretion für das Prinzip schlechthin abzugeben.[k]

Das Prinzip schlechthin, der unfaßbare Grund [l]alles Gegründeten[l] im Protestantismus und darüber hinaus –[m] im Christentum und darüber hinaus – in Religion und darüber hinaus –[m] darf nicht mit [n]der Arche der griechischen Metaphysik oder[n] dem Absoluten des deutschen Idealismus[o] verwechselt werden. [p]Die Zugangsart zu dem Grund, von dem hier gesprochen wird, ist nicht die gegenständliche Welt, auch nicht ihre mystische Auflösung, auch nicht ihre idealistische Verinnerlichung. Der Zugang ist vielmehr ein reines Ergriffensein, ein Getroffensein von dem, worin unser Wirklichsein als unser Wirklichsein gründet. Wenn die Theologie Glaube gegen Mystik und Metaphysik gestellt hat, so hat sie damit eben diese Besonderheit des Zuganges zu dem von ihr gemeinten Grunde ausdrücken wollen. Verhüllt wurde ihre Absicht immer wieder dadurch, daß sie das, was in jenem reinen Ergriffensein ergreift, als Gegenstand, als höchstes Seiendes deutete. Aber das im protestantischen Prinzip erfaßte Prinzip schlechthin ist kein jenseitiges Wirkliches, das neben dem diesseitigen Wirklichen stünde, sondern unser | Wirklichsein selbst, sofern es in seinem Grunde offenbar wird. Die Frage, ob und in welcher Form das Offenbarwerden unserer Wirklichkeit aus ihrem Grunde sich im Symbol eines höchsten Wesens ausdrükken muß, ist der Frage nach dem Prinzip gegenüber zweiter Ordnung. Das Prinzip ist der gründende Begegnungscharakter, d.h. derjenige Charakter, in dem alle Charaktere unserer Welt- und Selbstbegegnung ihren Grund haben. Daß dem gründenden Prinzip Unbedingtheit und eben damit Transzendenz zukommt, ist unmittelbar und rein formal mit diesem seinem Charakter gegeben.[p]

[q]Von diesem Prinzip, das im protestantischen Prinzip maßgebenden Ausdruck gefunden hat, wird nun behauptet, daß es der proletarischen Situation theoretisch und praktisch angemessen sei.[q] *Die Unangemessenheit des Protestantismus an die proletarische Situation muß demgemäß aus seinem Widerspruch zwischen protestantischem Prinzip und protestantischer Wirklichkeit abgeleitet werden.* Daraus ergibt sich eine doppelte Gliederung des Themas:

1.) *Die Bestätigung des protestantischen Prinzips durch die proletarische Situation.*

2.) *Die Widerlegung der protestantischen Verwirklichung durch die proletarische Situation.*

Die Forderungen, die sich an die protestantische Verwirklichung aus dem protestantischen Prinzip und der proletarischen Situation ergeben, folgen unmittelbar aus der Betrachtung selbst und bedürfen nur einer Zusammenfassung in einigen Schlußbemerkungen.

3. In den bisherigen Erörterungen ist der Begriff der proletarischen Situation vorausgesetzt. Er bedarf, ehe das Thema selbst behandelt werden kann, näherer Bestimmung. Die proletarische Situation ist nicht zu verstehen als die Situation, in der sich alle Proletarier befinden. Das wäre zu eng und zu weit. Zu eng, weil sich nicht nur Proletarier, zu weit, weil nicht alle Proletarier sich in der proletarischen Situation befinden. Gemeint ist vielmehr die typische Situation einer bestimmten Gruppe in der kapitalistischen Gesellschaft, wobei als selbst|verständlich vorausgesetzt wird, daß der Typus selten oder nie rein verwirklicht ist, daß er typische Modifikationen je nach den besonderen Umständen erfährt und daß er mit der Entwicklung des Kapitalismus selbst in Entwicklung begriffen ist. Aber diese Voraussetzungen, die für jeden [r]inhaltlich[r] soziologischen Begriff gelten, verbieten nicht die Aufstellung solcher Begriffe; sie bestimmen nur ihren methodischen Charakter. *Die proletarische Situation ist danach zu verstehen als die Situation derjenigen Klasse innerhalb des kapitalistischen Systems, deren Angehörige ausschließlich auf den freien Verkauf ihrer physischen Arbeitskraft angewiesen sind*[s] *und deren soziales Schicksal vollkommen abhängig ist von der Konjunktur des kapitalistischen Marktes.* Diese Bestimmungen setzen ein reines kapitalistisches System, [t]eine ausschließliche Angewiesenheit[t] auf den Verkauf der Arbeitskraft und eine völlige Abhängigkeit von der Konjunktur voraus. Werden diese [u]Maßstäbe[u] streng [v]verwendet[v], so wird der rein typische Charakter dessen, was als proletarische Situation bezeichnet ist, offenbar. Denn nirgends gibt es ein durch-

geführtes kapitalistisches System. Abgesehen von den Perioden des Kapitalismus selbst stehen seiner reinen Durchführung überall vor- und nachkapitalistische Hemmungen entgegen. Ebenso ist [w]die ausschließliche Angewiesenheit[w] auf den Verkauf der physischen Arbeitskraft keineswegs die häufigste Erscheinung. Entweder ist sie noch nicht da,[x] wenn auch im Begriff, sich immer mehr durchzusetzen –[y] wie bei den[z] proletarisierenden Angehörigen des Mittelstandes und der Angestelltenschaft; oder sie ist es nicht mehr ausschließlich, wie bei den gehobensten Schichten des Proletariats und der Funktionäre. Auch die völlige Abhängigkeit von der Konjunktur trifft überall da noch nicht oder nicht mehr zu, wo Reste feudaler Sicherungen vorliegen[a] oder die Sozialpolitik neue Sicherungen geschaffen hat. Logisch betrachtet ist also der Begriff der proletarischen Situation ein hervorragendes Beispiel für den repräsentativen und idealtypischen Charakter historischer Begriffe. Sachlich aber und menschlich bedarf es für seinen | Gebrauch keiner Rechtfertigung in einer Zeit, wo das Schicksal Millionen Arbeitsloser, die ihre Arbeitskraft nicht verkaufen können, sich immer mehr zum Schicksal eines Volkes, ja einer Kulturepoche auswächst. [b]– Die inhaltliche Bestimmung der proletarischen Situation kann ebenso wie die inhaltliche Erfassung des im protestantischen Prinzip Gemeinten nicht in einer abstrakten und vorlaufenden Erörterung stattfinden. Sondern der Zusammenhang beider soll sich gerade darin erweisen, daß die inhaltliche Erfassung beider durch wechselseitiges Verstehen des einen vom anderen her geschieht.[b]

II. Die Bestätigung des protestantischen Prinzips durch die proletarische Situation.

1. Das protestantische Prinzip enthält in jeder seiner Fassungen die Voraussetzung einer radikalen Negativität der menschlichen Situation. Der[c] Begriff des peccatum originis (Ursprungsverfehlung) deutet auf eine mit der menschlichen Geschichte selbst gesetzte [d]ursprüngliche Wesenswidrigkeit des menschlichen Daseins hin[d]. [e]Eine Wesenswidrigkeit, die nicht gedeutet werden darf als Unterschied von Wesen und Erscheinung und nicht durch Annäherung der Erscheinung an das Wesen aufgehoben werden kann; die aber auch nicht von der notwendigen Endlichkeit kreatürlichen Seins her verstanden und dadurch gerechtfertigt werden darf.[e] Nicht die Endlichkeit als solche begründet das Verhängnis der menschlichen Situation, [f]nicht sie begründet Schuld im Sinne des protestantischen Prinzips, sondern die wesenswidrige Selbstbehauptung eines Endlichen, die Ablehnung der ihm gesetzten Forderung, sich seiner Endlichkeit gemäß ein- und unterzuordnen und dadurch zu erfüllen.[f] *Nicht Endlichkeit, sondern* [g]*Bestimmungswidrigkeit ist das Negative*[g] *der menschlichen Situation.*– [h]Daß gerade der Mensch in dieser Situation ist, hat seinen Grund darin, daß im Menschen[h] das Seiende in die Lage kommt, sich selbst zu bestimmen und mit | der Selbstbestimmung in die Möglichkeit, sich selbst seiner Bestimmung zuwider zu bestimmen und darin schuldig zu werden. [i]Daß sie Wirklichkeit ist, kann

nicht aus der Möglichkeit abgeleitet werden. Denn die Möglichkeit ist die Selbstbestimmung des Menschen, also gerade das, was nicht im Voraus bestimmt ist. Es ist das unableitbare Faktum der Bestimmungswidrigkeit, das der menschlichen Geschichte zugrunde liegt und dessen Unableitbarkeit die Geschichte zur Geschichte macht.[i]

Diese Seite des protestantischen Prinzips erfährt nun eine radikale Bestätigung und [j]– gegenüber den gewöhnlichen theologischen Fassungen –[j] Vertiefung durch die proletarische Situation; [k]und umgekehrt wird diese erst letztlich deutbar durch das aufgewiesene Element des protestantischen Prinzips: *Die Bestimmungswidrigkeit der menschlichen Situation bricht als soziales Schicksal auf in der proletarischen Situation.* Diesem Satz kann theologisch nur da widersprochen werden, wo das Verhältnis von Gott und Welt ausschließlich als das Verhältnis von Gott und Seele gedeutet wird. Das liegt aber weder im Sinne der profetischen Verkündigung noch des protestantischen Prinzips. Die Bestimmungswidrigkeit des menschlichen Daseins drückt sich [l]in sozialen Dämonieen[l] ebenso stark [m]und[m] noch ursprünglicher aus als [o]in individuellen[o], und es gibt ebenso real und fühlbar eine Gesamtschuld wie eine Einzelschuld; beide sind nicht voneinander zu trennen.

Das proletarische Bewußtsein ist sich von Anfang an über die Bestimmungwidrigkeit einer Gesellschaftsordnung klar gewesen, in der es so etwas wie proletarische Situation[p] geben kann. [q]Es hat den Schuldcharakter dieser Gesellschaftsordnung jederzeit behauptet und sie auf menschliche Selbstbestimmung zurückgeführt; und es hat zugleich hinter aller bisherigen menschlichen Geschichte die übergreifende Bestimmungswidrigkeit der Klassenspaltung gesehen. *Die ethisch-pessimistische Beurteilung der tatsächlichen menschlichen Situation verbindet die sozialistische Wertung der proletarischen Situation und das protestantische Verständnis der all|gemein menschlichen Lage.* In dem Satz, daß in der proletarischen Situation die allgemein menschliche aufbreche, sind beide Auffassungen vereinigt. Er verlangt von dem Protestanten Anerkennung der Tatsache, daß es Lagen gibt, in denen die Bestimmungswidrigkeit des menschlichen Daseins sich primär als soziale Bestimmungswidrigkeit und soziale Schuld darstellt; und er verlangt von dem Sozialisten die Anerkennung der Tatsache, daß die proletarische Lage nicht ein beliebiger Zufall ist, sondern daß in ihr sich die Bestimmungswidrigkeit und dämonische Zerspaltenheit der Menschheit überhaupt darstellt. Diese Anerkennung folgt ebensosehr aus der Sache, der wirklichen proletarischen Situation, wie aus der Konsequenz des beiderseitigen Ansatzes: Was vom protestantischen Prinzip aus gesehen menschliche Situation ist, kann aus der proletarischen Situation –, was proletarische Situation ist, kann aus der protestantischen Beurteilung der menschlichen Situation neu verstanden werden.[q]

2. Das protestantische Prinzip richtet seine Beurteilung der menschlichen Situation gegen den ganzen Menschen. Es deutet die menschliche Bestimmungswidrigkeit nicht aus einem Dualismus zwischen Geist und [r]Leben[r], sondern spricht sein Urteil in gleicher Weise über das geistige wie über das leibliche Dasein [s]des Menschen, ja es macht diesen Unterschied gar nicht[s]. Der Leib ist

kein "Kerker", sondern ein "Tempel", und nicht der Leib streitet wider den Geist, sondern "das Fleisch", [t]d.h.[t] ebensosehr der Hochmut des Geistes, wie die Begierde des Leibes. Daraus ergibt sich, daß der Mensch in seiner Ganzheit unter der religiösen Forderung und Erfüllung steht und daß die Hilfe des Menschen am Menschen immer seine Ganzheit betreffen muß, also die leib-seelische Einheit. [u]Der Radikalismus des protestantischen Prinzips[u], das keine Seite des Menschlichen von dem Urteil der Bestimmungswidrigkeit ausnimmt, ermöglicht es ihm, den ganzen Menschen, den Menschen als Leib-Seele-Einheit, in die transzendente Beziehung aufzunehmen. [v]Dieses Moment[v] ist durch die Reformation grundsätzlich gegenüber den [w]heidnisch[w]– dualistischen Elementen des katholischen Systems [x]herausgeholt[x] worden. | Aber [y]es[y] ist im Protestantismus für die individuelle Ethik nur teilweise, für die Sozialethik noch gar nicht fruchtbar gemacht.

Die proletarische Situation [z]zwingt zu diesem Schritt[z]. Denn in ihr findet sich eine Einheit von leiblicher und seelischer Bestimmungswidrigkeit, der gegenüber jeder Versuch[a] als Frivolität erscheinen muß, [b]die Seele in die Sphäre des Heils zu erheben und den Leib dem Unheil zu überlassen[b]. Leib ist hier zu verstehen als Inbegriff der vitalen Sphäre [c]und sein Unheil als Bestimmungswidrigkeit von der primitivsten, täglich wirkenden und unabweisbaren Existenzbedrohung über die Sinnentleerung von Arbeit und Erholung bis zur Zersetzung der höchsten, vital getragenen Gemeinschaftsformen; und das als Massenschicksal von Millionen und Generationen[cd]. [e]Es muß auch diesen Tatsachen gegenüber fast als Frivolität wirken, wenn die instinktiv-materialistische Reaktion des Proletariats auf sein Schicksal zur Diskreditierung des proletarischen Kampfes benutzt wird. Es gibt einen Idealismus auf dem Boden gesicherter Existenz, den zu rühmen der Protestantismus ebensowenig Anlaß hat, wie er Anlaß hat, den proletarischen Materialismus herabzuwürdigen. Das Materialistische der proletarischen Existenz ist zunächst wirkliche Bestimmungswidrigkeit und erst in zweiter Linie gedanklich erfaßte[e]. Ernst zu nehmen ist[f] der reale Materialismus der in der proletarischen Situation offenbar werdenden menschlichen Existenz, die materialistische Theorie nur insoweit,[g] als sie diese Situation widerspiegelt. *Das protestantische Prinzip ist frei für den proletarischen Materialismus, weil es frei ist von dem bürgerlichen Idealismus.*

3. Die [h]Bestimmungswidrigkeit[h] der menschlichen Lage schließt alle Menschen unter sich zusammen. Sie ist die negative Voraussetzung für die Idee einer einheitlichen Menschheit. Es ist niemandem möglich, sich dieser Lage zu entziehen[i]. [j]Die menschliche Unfreiheit ist das Korrelat seiner Selbstbestimmung. Er, dem als Menschen Selbstbestimmung zukommt, steht in der radikalen Unfreiheit, sich seiner Bestimmung | gemäß selbst zu bestimmen. Diese Paradoxie ist der Sinn des Prädestinationsgedankens und ein entscheidendes Moment des protestantischen Prinzips. – Aber die Einsicht in die allgemein menschliche Bestimmungswidrigkeit und das unausweichliche Verhängnis des Menschlichen, in der Freiheit unfrei zu sein, hat die Reformatoren so wenig wie das Urchristentum gehindert, dieses Verhängnis konkret anzuschauen und als soziale Dämonie

unter Angriff zu stellen.[j] Die Kategorie des Allgemein-Menschlichen führte nicht weg von dem besonderen Menschlichen einer bestimmten Gesellschaftslage. [k]Die Kategorien des Allgemeinen und des Konkret-Historischen[k] stehen nicht im Widerspruch[l]. [m]Das Allgemein-Menschliche ist nirgends anders anschaubar als im Konkret-Historischen, ja es ist selbst ein Konkret-Historisches, sofern der Begriff des Menschen überhaupt erst durch das gemeinsame und unentrinnbare Verhängnis konstituiert wird.[m] Darum kennt das Urchristentum die Dämonie des römischen Staates, der niemand sich entziehen kann, weil er zugleich die Gesellschaft trägt und –[n] zerstört, indem er für Ordnung sorgt und –[o] zum Götzendienst zwingt. [p]Darum kennt Luther die Dämonie des Antichrist (Rom)[p], unter dessen Herrschaft die Christenheit steht, [q]dem sich zu unterwerfen auch er um der christlichen Einheit willen lange bereit war, und die doch das Offenbarwerden der im christlichen und protestantischen Prinzip enthaltenen Wahrheit verhindert.[q]

Die proletarische Situation zwingt den Protestantismus, [r]diese Einsicht[r] wieder zu suchen. Denn die proletarische Situation ist unentrinnbare Konsequenz der kapitalistischen Dämonie. Kein Einzelner, weder der Bürger noch der Proletarier[s], kann dem Zwang des Gegeneinander entrinnen, das mit dem Kapitalismus gesetzt ist[r] und das sich als Verhängnis des Klassenkampfes von oben und unten in jedem Augenblick darstellt. *Niemand kann* [u]*nicht Klassenkämpfer sein*[u], *so lange das System des Kapitalismus Klassenkampf und Existenz aneinander gebunden hat.* [v]*Aber niemand darf Klassenkämpfer sein wollen, weder von oben noch von unten;* denn damit, daß er es sein | will, bejaht er die Dämonie des Systems, dem er unterworfen ist. Immerhin ist es verständlich, daß das Proletariat dem Klassenkampf ein allzu positives Vorzeichen gibt. Bedeutet doch der proletarische Kampf immer auch einen Kampf gegen das System, in dem der Klassenkampf Verhängnis ist. Dieser Doppelsinn des proletarischen Klassenkampfes, *in* dem System um Erhaltung der Existenz zu kämpfen und zugleich *über* das System hinaus die Verkuppelung von Existenz und Klassenkampf zu zerreißen, gibt dem proletarischen Kampf seine Bedeutsamkeit und Dialektik. Das protestantische Prinzip, das die Unentrinnbarkeit der menschlichen Bestimmungswidrigkeit kennt und damit ihren objektiv-dämonischen und zugleich konkret-gesellschaftlichen Charakter, müßte den Protestantismus dazu treiben, die proletarische Situation zu verstehen und durch sie sein eigenes Prinzip sich neu zu erschließen.[v]

4. Der reformatorische Protestantismus stand im Kampf gegen zwei Ideologien, [w]d.h.[w] zwei [x]Überdeckungen[x] der menschlichen Situation, die katholische und die humanistische. [y]Im Katholizismus war es der Glaube an die Möglichkeit, durch eine objektiv sakramentale Sphäre und ihre soziologische Verwirklichung in der Kirche dem Menschen einen unbedrohten, gesicherten Weg aus der [z]Bestimmungswidrigkeit[z] seiner Lage anzubieten.[y] Im Humanismus war es der Versuch, den Verhängnischarakter der menschlichen Situation zu bestreiten und auf dem Boden der menschlichen Selbstbestimmung ein wesenhaftes Menschentum aufzubauen. Gegenüber beiden Ideologien, der religiösen und der

profanen, zwingt das protestantische Prinzip zur radikalen, [a]hüllenlosen[a] Anerkennung der bleibenden Situation des Menschen. Der historische Protestantismus freilich ist der Ideologisierung seines Prizips nicht entgangen. [b]Orthodoxie und Idealismus[b] entsprechen der sakramentalen und der humanistischen Form der Ideologie. In beiden ist [c]anstelle[c] des wahren der "selbstgemachte Gott" getreten. [d]Der Gott, der entweder Besitz der wahren Lehre oder Gegenstand menschlicher Selbstverwirklichung ist.[d] – [e]Es handelt sich aber hierbei – und das gibt dem Ideologie|problem den letzten Ernst – nicht nur um ein falsches Bewußtsein gegenüber der allgemein-menschlichen Lage, sondern der Ideologiecharakter drückt sich gerade darin aus, daß der "selbstgemachte Gott" die Verhüllung einer konkret-soziologischen Tendenz ist: Der feudalen (hierarchischen oder patriarchalischen) Machtposition in Katholizismus und Orthodoxie, der bürgerlichen in Humanismus und Idealismus. Es ist nicht der Selbstwille des Menschen überhaupt, der sich einen Gott macht, eine Ideologie baut, sondern es ist ein konkreter, seelisch und gesellschaftlich bedingter Machtwille. Der Angriff auf den selbstgemachten Gott (die erste und tiefste Ideologiekonzeption) war für Luther ein konkreter Angriff, nicht eine unverbindliche Aussage über menschliches Sein überhaupt; genauer: *die Aussage über die menschliche Lage im allgemeinen erhält ihre Stoßkraft und Verbindlichkeit dadurch, daß sie einem konkreten Angriff auf bestimmte, gegenwartsmächtige Erscheinungen des Allgemein-Menschlichen immanent ist.* Noch genauer: Den Charakter des Allgemein-Menschlichen erhalten diese Aussagen nicht durch einen vorausgesetzten Allgemein-Begriff des Menschen, sondern durch das Wissen um die konkrete Verbundenheit aller Menschen in der Bestimmungswidrigkeit. Damit ist der Primat der konkreten Lage ausgesprochen und die anti-ideologische Kraft des protestantischen Prinzips als eine Kraft ausgewiesen, die konkrete Ideologien enthüllt.

Damit ist zugleich der Zugang zur proletarischen Situation erschlossen. Denn sie ist ihrem Wesen nach die anti-ideologische Lage schlechthin. Nicht der Proletarier als Mensch ist von der menschlichen Tendenz ausgenommen, seinen Selbstwillen ideologisch zu überbauen. Er tut es ständig; und auch die sozialistische Theorie und Agitation hat die Neigung, dem proletarischen Kampf einen fragwürdigen ideologischen Überbau zu geben. Dem allen aber steht gegenüber die Objektivität der proletarischen Situation, an der die Ideologie zerschellen muß. Die letzte leib-seelische Not als Not einer soziologisch gleichartigen Masse (nicht als Aus|nahmefall wie Armut) [f]zerreißt[f] die ideologischen Hüllen[e]; [g]denn sie hat[g] den Maßstab für Wirklichkeit und [h]Verhüllung: die Hilfe[h]. Was nicht aus der leib-seelischen Bestimmungswidrigkeit retten kann, wird abgelehnt, ganz gleich, ob es die Dämonie des kapitalistischen Systems durch romantisch-konservative oder durch fortschrittlich-idealistische Gedanken überdeckt. [i]Hier liegt der Grund für die Hinneigung des sozialistischen Denkens zum Positivismus, und zu der Unbestechlichkeit der exakten Wissenschaften. Hier der Grund der Wirkung von Feuerbachs Religionskritik im Sozialismus.–[i] Auf dieser Grundlage werden die Kirchen mit ihren theoretischen und praktischen Symbolen abgelehnt. Sie werden als Ideologien empfunden, da sie an der proletarischen Situation vorbeigehen, [j]ganz gleich ob sie archaisch-vorbürgerlichen oder rationalbürgerlichen Charakter haben[j]. [k]Und selbst eine Theologie, die beides vermeidet, sich aber von dem konkret-proletarischen Kampf fernhält, bleibt, an der proletarischen und der in ihr aufbrechenden menschlichen Situation gemessen, Ideologie[k]. *Die proletarische Situation zwingt den Protestantismus, seinem eigenen Prinzip das kritische Element neu zu entnehmen; den konstanten Ideologieverdacht gegen sich selbst, den Verdacht gegen den selbstgemachten Gott.* Eben darum aber bedeutet die proletarische Situation eine fundamentale Bestätigung des protestantischen Prinzips.[l]

[m]5. Der Kampf gegen die Ideologie geschieht im Protestantismus aus dem Rechtfertigungsglauben, d.h. aus der Gewißheit, daß in paradoxer Überwindung der menschlichen Bestimmungswidrigkeit der Mensch zur transzendenten Erfüllung seiner Bestimmung berufen ist. Transzendente Erfüllung bedeutet hier zweierlei: Einmal eine Erfüllung, die nicht aus den Zusammenhängen menschlich-natürlichen Daseins zu entnehmen und nicht in ihnen gegenständlich aufzuweisen ist.Und es bedeutet zweitens eine *wirkliche* Erfüllung, d.h. eine Hinführung des Menschen zu seiner Bestimmung. In dieser Paradoxie: Ungreifbar und doch wirklich, transzendent und doch in der Welt, jenseits des Menschen und doch für | den Menschen, steht die positive Seite des protestantischen Prinzips. Der zusammenfassende Begriff aber, der beide Momente der Paradoxie vereinigt, ist der Begriff der *Erwartung.*[m] Erwartung ist weder Haben noch Nichthaben. Bei den greifbaren Gegenständen der Welt kann man freilich sagen, daß Erwarten schlechterdings Nichthaben und Vorwegnahme in der bloß ideellen Form der Vorstellung ist. [n]Der Gegenstand aber, um den es sich hier handelt, ist nicht in diesem Sinne Gegenstand[n]. [o]Sondern die Weise[o], ihn zu haben, und zwar die einzige Weise, ist hier die Erwartung selbst. [p]Das bedeutet: Erwartung im alltäglichen Sinne wird symbolisch für Erwartung im transzendenten Sinne[p]. Klassisch formuliert ist solche Erwartung in dem Wort vom Reiche Gottes, das nahe herbeigekommen ist. Es ist da und es ist nicht da. Das Bild der Nähe enthält die gleiche Doppelseitigkeit wie das Bild der Erwartung.[q] [r]In beiden Fällen sind die Begriffe konstitutiv für die Art, in der ihr Objekt allein gegeben sein kann. Das Transzendente im Sinne des protestantischen Prizinps ist gegeben in dem objektiven Symbol der Nähe und in dem subjektiven Symbol der Erwartung. In der Paradoxie beider Begriffe steckt das Geheimnis des Endes, das nicht ein Geheimnis verborgener Gegenstände, sondern das Geheimnis der Gegebenheit des Transzendenten ist. Das Geheimnis ist sofort entleert, wenn die Nähe, auf die sich Erwartung richtet, zu einem Besitz wird, auf den sich Feststellung richtet. Aber es wird auch entleert, wenn aus der Erwartung als Weise des Habens ein Akt des Bewußtseins wird, der ideell vorwegnimmt, ohne zu haben.[r]

Es ist charakteristisch, daß die proletarische Situation, weil sie eminent antiideologisch [s]ist[s], zugleich der Ort ausgeprägter Erwartung ist. *Erwartung ist die Form, in der das Proletariat unmittelbar [t]die Beziehung seiner Existenz zum Transzendenten (den "Sinn" seiner Existenz)[t] erlebt.* Durch die Erwartung wird die [u]Bestimmungswidrigkeit[u] der Gegenwart überhaupt erst [v]in ihrer Radikalität[v] offenbar, wie die urchristliche Erwartung den Blick öffnete für die Dämonie des Weltzustandes, gegen den sie sich erhob. Als das Proletariat sich | erhob aus frühkapitalistischer Dumpfheit und sich als Proletariat verstand, war das zugleich die Geburt [w]der[w] Erwartung, und eines geschah nicht ohne das andere. Positiv bedeutet die Erwartung des Proletariats wie Erwartung in [x]prägnantem[x] Sinne überhaupt das doppelte: Das Nicht-Haben des Erwarteten, das Stehen in der proletarischen Situation; und das vorwegnehmende Haben des Erwarteten, das Leben in der Spannung, in der das Gegenwärtige überwunden ist. Durch die Erwartung ist der Proletarier nicht mehr *nur* Proletarier. [y]Die Bestimmungswidrigkeit seiner Existenz hat in sich das Moment erhalten, als Bestimmungswidrigkeit gekennzeichnet und in einen Prozeß der Überwindung aufgenommen zu sein[y]. Das ist der fundamentale Unterschied in der proletarischen Situation vor und nach ihrer Deutung und Formung durch den Marxismus, daß vorher die Bestimmungswidrigkeit nur objektiv war, während sie nachher durch die Erwartung auch subjektiv und eben dadurch in ihrer objektiven Kraft gebrochen wurde.

Das protestantische Prinzip hat die Möglichkeit, die paradoxe Erwartungssituation des Proletariats zu verstehen und mehr noch: Sie vor einer Umbiegung zu bewahren, die [z]jede Erwartung bedroht[z], vor der *Utopie.* [a]Utopie wird aus der Erwartung[a], wenn die Erwartungshaltung ihren [b]konstitutiven[b] Charakter verliert und aufgefaßt wird als ideelle Vorwegnahme, die möglichst bald durch ein greifbares, [c]undialektisches[c] Haben zu ersetzen ist. Aber das in jeder[d] Erwartung Letztgemeinte bleibt transzendent, [e]geht[e] über die konkrete Erfüllung menschlicher Bestimmung hinaus, sowohl über die Jenseits-Utopie religiöser End-Mythen, [f]wie[f] auch über die Diesseits-Utopie profaner Zielvorstellungen. Und doch bedeutet diese Transzendenz nicht [g]Stehenlassen der bestimmungswidrigen Wirklichkeit, sondern ist die[g] ständige revolutionäre Erschütterung und Umwandlung des Vorgefundenen. So ist die proletarische Erwartung reale Wandlung der proletarischen Existenz, reale Erschütterung und Überwindung des Kapitalismus. Aber sie ist nicht und kann nicht [h]sein Herbeiführung einer unbedrohten menschlichen Existenz überhaupt. *Die Vor geschichte der Menschheit ist nie abgeschlossen. Denn menschliche Geschichte ist Geschichte in Erwartung, also Vor|geschichte.* Die Vorstellung aber einer menschlichen "Nachgeschichte" bleibt abstrakt, da der Mensch als Mensch uns nur in der Geschichte begegnet.[h]

[i]6. Die Bewegung aus der Bestimmungswidrigkeit zur erfüllten Bestimmung, also die Bewegung, die mit der Erwartung gesetzt ist, wird im Protestantismus unter die Begriffe Vorsehung und Prädestination gebracht, d.h. aus der Sphäre menschlicher Selbstbestimmung in diejenige transzendenter Notwendigkeit erhoben. Das folgt ohne weiteres aus der negativen Voraussetzung: Dem unentrinnbaren Verhängnischarakter der menschlichen Bestimmungswidrigkeit, der Unfreiheit, unter der die Selbstbestimmung steht, sich nicht bestimmungsgemäß bestimmen zu können. Es ist nun die Paradoxie des Prädestinationsgedankens, daß er genau wie der negative Gegengedanke die menschliche Freiheit und die transzendente Notwendigkeit in sich vereinigt. Wird dem Prädestinationsgedan-

ken die Paradoxie genommen, d.h. wird die menschliche Selbstbestimmung als gründend für menschliches Sein gestrichen, so entsteht ein jenseitiger Mechanismus, der menschliches Sein so wenig trifft, wie ein diesseitiger Mechanismus, dem der Mensch unterworfen sein soll. – Es ist nun interessant zu sehen, daß genau wie beim Begriff der Erwartung die Paradoxie nicht eine gedankliche Konstruktion, sondern das treffende Bild realen Verhaltens ist. Radikaler Prädestinationsglaube und höchst gespannte Aktivität finden sich lebensmäßig auf kalvinistischem Boden in vollkommener Einheit. Das Ja zur transzendenten Notwendigkeit ist zugleich ein Ja zur immanenten Freiheit.[i]

[j]Diese Paradoxie[j] spiegelt sich [k]wieder[k] in dem Bewußtsein des Proletariats um die Bewegung, in der es steht. *Es verbindet sich darin die Gewißheit von dem Kommen des Erwarteten mit dem Gefühl der Verantwortung dafür, daß es kommt.* Dieses innere Verhalten ist ursprünglicher als die Form, in die es die marxistische Dialektik gefaßt hat. Es ist das Verhalten, das in allen großen revolutio|nären Bewegungen wirksam ist: Die Gewißheit, daß es mit Schicksalsnotwendigkeit gelingen muß, spornt zu höchster Aktivität an. Immerhin ist bedeutungsvoll, daß Marx diesem Urimpuls eine streng begriffliche Formung gegeben hat, die der Dialektik. Die historische Dialektik ist schon bei Hegel als Versuch zu verstehen, die scheinbar willkürlichen Akte menschlicher Selbstbestimmung als Ausdruck einer übergreifenden sinnhaften Notwendigkeit zu erfassen. Sie ist in dieser Beziehung rationalisierter Vorsehungsgedanke. Auch in der marxistischen Dialektik steckt noch etwas von der Paradoxie des Vorsehungsglaubens, jener Einheit von übergreifender Notwendigkeit und geschichtlicher Verantwortung:[l] Der Gang des geschichtlichen, (nach Marx vorgeschichtlichen) Prozesses führt mit dialektischer (nicht mechanisch berechenbarer) Notwendigkeit zur Entstehung von Bürgertum und Proletariat, zum Sieg des Proletariats über das Bürgertum und damit zur Aufhebung der Klassengesellschaft. Diese Notwendigkeit gibt aber dem Proletariat nicht die Berechtigung, dem Prozeß zuzuschauen, sondern stellt die Forderung, durch vollen Einsatz die dialektische Notwendigkeit zu verwirklichen.

Die Berufung des Proletariats zur Überwindung der Klassengesellschaft ist kein unverlierbarer Charakter. Sie muß sich im Kampf bewähren, und nach Marx ist die Nichtbewährung des Proletariats und damit das gesellschaftliche Chaos Möglichkeit. Aber diese Möglichkeit widerspricht nicht der übergreifenden dialektischen Notwendigkeit, die zum Abschluß der Klassengeschichte der Menschheit drängt. Die Menschheit muß dann eben von vorne anfangen. [m]Das heißt: der Wechsel des Werkzeuges ändert nicht den Charakter des Geschehens. Der Berufung entspricht die mögliche Verwerfung.– Es liegt im Wesen des protestantischen Prinzips, daß es zwar eine Berufung kennt, die Berufung, die durch die christliche Tatsache und durch die daran anschließende historische Kontinuität gegeben ist. Aber diese Berufung kann nicht gedacht werden, ohne daß auch die Verwerfungsmöglichkeit z.B. des Protestantismus mitgedacht wird. *Trägt der Protestantismus das protestantische Prinzip nicht mehr, so wird er in | Kraft seines eigenen Prinzips verworfen.*[m] [n] *Und trägt das Proletariat seine Berufung zur Überwindung der kapitalistischen Dämonie nicht mehr, so wird es in Kraft seiner Berufung verworfen*[n]. Aber damit ist weder das protestantische noch das antikapitalistische Prinzip verworfen. Es schafft sich neue Träger. [o]Hätte der Protestantismus ein tieferes Wissen um die Paradoxie gehabt, so würde ihm der Zugang zur proletarischen Situation leichter geworden sein und zugleich hätte er im Sozialismus das Auseinanderbrechen der dialektischen Einheit des Berufungsbewußtseins in Berechnung einerseits und Taktik andererseits verhindern können. Der Zugang zur proletarischen Situation hätte sich ihm eröffnet und ihn zu einer besseren Deutung des proletarischen Kampfes befähigt, als sie der Sozialismus der letzten Jahrzehnte geleistet hat.[o]

7. Das protestantische Prinzip hat in sich die Überwindung des Gegensatzes von sakraler und profaner Sphäre, von Priestertum und Laientum. Protestantismus ist radikaler Laizismus. [p]Radikal heißt[p]: *Es gibt im Protestantismus nur Laien;* denn der Pfarrer ist ein Laie mit besonderem, die kirchliche Gemeinschaft betreffenden Auftrag, zu dessen Erfüllung außer einigen persönlichen Voraussetzungen eine geregelte Berufsausbildung befähigt. Nicht-Laie ist er ausschließlich durch diese Ausbildung, [q]wie jeder Nicht-Fachmann Laie genannt wird[q]. Das bedeutet aber nicht nur die Verneinung des Priestertums, sondern es bedeutet auch die Verneinung einer religiösen Sondersphäre im Handeln und Denken. [r]Die Alltäglichkeit, das Tun des Laien als Laie steht vor der Transzendenz, unmittelbar, ohne religiöse Zwischensphäre. Der Wert des „Heiligen" ist kein Sonderwert, sondern eine Qualifizierung aller Werte, d.h. der gesamten menschlichen Existenz. Vor der Radikalität dieses Gedankens, wie er oft bei Luther auftritt, schreckte und schreckt der Protestantismus immer wieder zurück. Zumal die Entstehung eines Quasi-Priestertums der Schrift und reinen Lehre hat die Trennung von Theologen und Laien wieder tief gemacht. Daran ändert nichts das oft sehr anspruchsvolle Auftreten protestantischer | Laienkreise. Denn dieses Auftreten gründet sich häufig nur scheinbar auf wirkliches Laientum. In Wahrheit auf eine gewohnte mittelmäßige Theologie zur Abwehr einer besseren, aber ungewohnten. Hier arbeitet der Laie als schlechter Theologe gegen den besseren Theologen. Wirkliches Laientum wäre Infragestellen des Theologen als Theologen, der Theologie als einer Sonderfunktion und positiv die Erhebung seiner, des Laien Alltäglichkeit und Beruf zum Ort, an dem das Traszendente erscheint.[r]

Die proletarische Situation hat radikal laienhaften Charakter. Das Proletariat hat nicht nur in sich selbst keine priesterliche Gruppe [s](im Gegensatz z.B. zu den revolutionären Bauern des Bauernkrieges)[s], sondern es hat sich in seinen radikalsten Schichten auch von jeder Form kirchlichen Priestertums getrennt. [t]Vom Standpunkt einer Religion, in der die Beziehung zur Transzendenz notwendig durch ein Priestertum vermittelt ist, bedeutet das die Verneinung des Religiösen überhaupt. Daher der tiefe, trotz aller taktischen Verbindung unüberwindliche Gegensatz zwischen Katholizismus und proletarisch-sozialistischem Denken[t]. Dem Protestantismus dagegen [u]kommt es nicht zu[u], aus dem Fehlen einer ausdrücklich religiösen Sphäre auf Ablehnung des Religiösen zu schließen.

[v]Er hat zu fragen, ob nicht in dieser ausgesprochen unpriesterlichen und doch im stärkstem Maße Gemeinschaft, ja in mancher Beziehung geradezu Gemeinde bildenden Bewegung sich Laientum in einer Form ausdrückt, die der theologischen Form zwar weltenfern liegt, die aber dennoch von der menschlichen Lage ein konkretes und höchst symbolkräftiges Zeugnis ablegt. Es war die Forderung des protestantischen Prinzips an die protestantische Kirche, zum mindesten mit dieser Möglichkeit zu rechnen und in der Profanität des proletarischen Denkens und Lebens die Beziehung zur Transzendenz aufzusuchen, anstatt die Trennung des Proletariats von der sakralen Sphäre durch das Wort von den gottentfremdeten Massen zu deuten. So etwas konnte nur geschehen, weil die Radikalität des protestantischen Laienprinzips mit seiner Überlegenheit über die sakrale Sphäre nicht mehr verstanden | wurde. Die proletarische Situation zwingt zu einer neuen Erfassung des protestantischen Prinzips, wie umgekehrt das protestantische Prinzip die proletarische Profanität auf ihren letzten Sinn interpretieren und sich der Entleerung und Verflachung der Profanität widersetzen kann.

Damit sind die wesentlichen Punkte genannt, in denen das protestantische Prinzip durch die proletarische Situation bestätigt, ja zum Teil neu entdeckt wird – wie zugleich die proletarische Situation von hier aus neu gesehen und in ihrem ungeheueren Gewicht für die Lage des Protestantismus verstanden werden kann. Dabei war es fast an keinem Punkt nötig, über die reale proletarische Situation hinauszugehen zur sozialistischen Theorie und Praxis. Nur da war es nötig, wo die Situation selbst entscheidend bestimmt ist durch den Sozialismus, also da, wo die Bejahung des Sozialismus durch das Proletariat zugleich seine Wendung aus der dumpfen, bloß objektiven Situation zu einer bewußten Haltung wurde, in der die objektive Situation erkannt und gebrochen ist. Durch diese Leistung bedeutet der Sozialismus mehr als einen theoretisch-politischen Überbau. Er ist ein entscheidendes Element der proletarischen Situation selbst. Und die protestantische Polemik gegen ihn muß wirkungslos bleiben, solange sich der Protestantismus nicht selbst wandeln läßt durch sein eigenes Prinzip und den Blick auf die proletarische Situation, von der aus er sein Prinzip neu erfassen muß.[v]

III. [w]Die Widerlegung der protestantischen Verwirklichung durch die proletarische Situation.[w]

Es ist das historische Schicksal des Protestantismus, daß er in eine Richtung getrieben und in ihr fixiert wurde, [x]die ebenso historisch verständlich wie sachlich fragwürdig, ja verhängnisvoll war, und durch die dem Protestantismus der Zugang zur proletarischen Situation fast völlig versperrt wurde[x]. Es kommt an dieser Stelle nicht darauf an, den Ursachen der geschichtlichen Entwicklung nachzugehen, sondern darauf, diejenigen | Momente aufzuweisen, in denen die antiproletarische Fixierung des Protestantismus offenkundig ist.

1. An erster Stelle ist zu nennen die Objektivierung des protestantischen Prinzips zu einem Lehrsystem mit unbedingtem Wahrheitsanspruch: Der Weg der *Orthodoxie.* Die Wirkungen, die diese im nachreformatorischen Zeitalter einsetzende Entwicklung für Charakter und Geschichte des Protestantismus bis heute gehabt hat, ist bekannt und vielfach untersucht. Es ist von unserem Verständnis des protestantischen Prinzips aus deutlich, daß damit entscheidende Momente des Prinzips preisgegeben sind: [y]Die radikale Bestimmungswidrigkeit der menschlichen Situation hat an *einem* Punkte eine Durchbrechung erfahren[y]: Die Menschheit ist in dem gegenständlichen Besitz einer Wahrheit, die mit dem Inhalt, später sogar mit dem Buchstaben einer inspirierten Schrift identisch ist und in allein richtiger Interpretation von der evangelischen Kirche gelehrt wird. Demgemäß gibt es eine im wesentlichen fixierte Lehrform, die zugleich Form der Wahrheit ist und von ihren Kennern und Verkündern [z]weitergegeben[z] wird. [a]Eine Wahrheit außerhalb der kirchlichen Lehre, die nach Form und Inhalt wesentlich von ihr differierte, gibt es nicht. Was mit solchem Anspruch auftritt, ist Gegenstand der Polemik und Apologetik, bedeutet aber keine ernsthafte Erschütterung oder Wandlung der vorgegebenen, von der Kirche vertretenen Wahrheit. Das heißt: *In der Erkenntnissphäre wird das protestantische Prinzip paralysiert durch einen sakramental-gegenständlichen Wahrheitsgedanken* und in der Konsequenz durch eine soziologische Repräsentanz dieser Wahrheit, ein Priestertum der Lehre. Der Transzendenzcharakter der Wahrheit, der ihre gegenständliche Fassung unmöglich machen und sie in die Konkretheit der geschichtlichen Situation hereinführen würde, ist verloren gegangen.[a]

Daraus ergibt sich nun die völlige Unzugänglichkeit der protestantischen Verkündigung für das Proletariat. Schon das Bürgertum hatte sich innerlich von der kirchlichen Lehre losgelöst, oft radikal, oft kompromißhaft. Aber es hatte und hat wenigstens infolge seiner historischen Bildung die Möglichkeit | zum Verstehen, zur Einfühlung, in manchen Fällen sogar zur Rückkehr. Es hatte fast immer wirkliche oder vorgegebene Achtung vor den Schöpfungen der Vergangenheit. Ganz anders das Proletariat: Es hat die bürgerlich-aufklärerische Form des Denkens übernommen; es hat keine historische Bildung; es hat weder die Fähigkeit noch die Absicht zu verstehen und sich einzufühlen; es steht in der äußersten Not und der Erwartung eines Neuen, und es hat einen Zugang nur zu den Begriffen, die einerseits der kapitalistischen Gesellschaftslage entsprechen, ihm andererseits seine Not deuten und seine Erwartung begründen. Da nun der Protestantismus sich durch die orthodoxe Fixierung dieser Möglichkeiten beraubt hatte, stößt er im Proletariat auf eine Menschengruppe, der seine Verkündigung selbst dem einfachsten Wortsinn nach unverständlich bleibt. Eine Wandlung ist hier nur möglich, wenn der Protestantismus unter Besinnung auf sein Prinzip sich befreit von der Bindung an *eine* als unbedingt fixierte Form, [b]wenn er aus der Transzendenz der Wahrheit gegenüber der menschlichen Situation die Konsequenz der Geschichtlichkeit und Konkretheit der Wahrheit zieht.[b]

[c]2. Wie für die innerkirchliche Situation so ist auch für das Verhältnis von Protestantismus und Proletariat der *Pietismus* von entscheidender Bedeutung.[c]

Die Frömmigkeit als Sache des rein innerlichen Lebens isoliert den Einzelnen, beschränkt die Beziehung Gott-Welt auf die Beziehung Gott-Seele. Das hat zur Folge, daß die Probleme der Weltgestaltung aus der religiösen Sphäre herausfallen und sich selbst überlassen bleiben. Die Innerlichkeit wird zum Schauplatz des Geschehens zwischen Gott und Mensch, nicht die soziale Sphäre. Von jedem Einzelnen geht gleichsam eine direkte Linie nach oben. Das Reich Gottes ist das Himmelreich, in das die einzelne Seele zu gelangen hofft. *Die nach vorn gerichtete eschatologische Leidenschaft des Urchristentums ist gebrochen, die soziale, weltgestaltende Seite der Reich-Gottes-Idee unsichtbar geworden.* Die soziale Sphäre ist Bewährungsort des Einzelnen. Aber ein selbständiges sachgegründetes religiöses Gewicht hat das | Handeln in der Welt nicht. Es ist selbstverständlich, daß diese Haltung den Gegensatz von Protestantismus und Proletariat außerordentlich vertiefen mußte. Denn es ist charakteristisch für das Proletariat, daß seine Leidenschaft ausschließlich nach vorn geht, daß sie getragen ist von weltgestaltendem Willen und sozialer Erwartung. Und zwar ist das nicht eine zufällige wandelbare Tendenz, sondern eine mit der Klassenkampflage unmittelbar gegebene Notwendigkeit, [d]der gegenüber alle konstituierenden Begriffe der individuellen Frömmigkeit relativ und unbedeutend werden: Eigenschicksal, eigene Schuld, selbst eigenes Sterben[d]. Es ist [e]unmöglich[e], mit der noch so eindringlichen Verkündigung dieser Dinge den Blick des Proletariats aus der Richtung nach vorn in die Richtung nach oben zu lenken. Jeder Versuch dieser Art wird als [f]Ablenkungsversuch[f] empfunden und abgewehrt. [g]Auch wenn gegenüber dem Leben des einzelnen Proletariers persönliche Verkündigung und persönliche Hilfe notwendig sind – und sie sind ja immer notwendig – so können sie doch nur dann ihr Objekt erreichen, wenn sie als Moment der nach vorn gerichteten Verkündigung und Hilfe erscheinen. *Die proletarische Situation bedeutet darum ein entscheidendes Korrektiv der protestantischen Innerlichkeitspflege.*[g]

3. Das liberale Verständnis des protestantischen Prinzips kommt dem proletarischen Bewußtsein insofern entgegen, als es von der grundsätzlich autonomen Haltung ausgeht, die auch für das proletarische Denken selbstverständliche Voraussetzung ist. Der Ernst des wissenschaftlichen Wahrheitssuchens, der die Größe der liberalen Theologie ausmacht, sichert dem Liberalismus, wie in der ganzen humanistischen Gesellschaftsschicht, so auch im Proletariat, soweit es überhaupt mit diesen Dingen in Berührung kommt, Anerkennung. [h]Und vielfache Versuche, die Person Jesu dem proletarischen Bewußtsein anzunähern, gründen sich auf das liberale Jesusbild.[h]

Und doch ist auch diese Form des Protestantismus nicht [i]– wie es wohl zeitweise die Hoffnung des Kreises um den evangelisch-sozialen Kongreß war –[i] der Weg zu einer Ver|bindung von Protestantismus und Proletariat geworden. [j]Das war und ist unmöglich, solange der Liberalismus an das humanistische Persönlichkeitsideal gebunden bleibt. Denn mit diesem Ideal ist die Ausschließung der Massen, ja erst eigentlich die Entstehung der Masse als Masse gegeben. Die Richtung auf das Transzendente, die in der proletarischen Situation möglich ist, kann nicht primär den Charakter der Persönlichkeitsformung haben. *Der*

Begriff der religiösen Persönlichkeit ist für die Arbeit im Proletariat völlig unverwendbar. Sondern die Beziehung auf das Transzendente muß in einer übergreifenden Objektivität verwurzelt sein, einer Objektivität, an der jeder, abgesehen von seinen subjektiven Möglichkeiten, in abgestufter Form teilhat. Daraus ergibt sich besonders die Unbrauchbarkeit der mit allen Formen protestantischer Verwirklichung, am meisten aber mit dem Liberalismus und seinem Persönlichkeitsideal verbundenen religiösen Überbewertung des Bewußtseins. Die Verbindung von Protestantismus und Bewußtseinspsychologie, die schon in den Anfängen der Reformation angelegt ist, wirkt sich in steigendem Maße in Orthodoxie, Pietismus und protestantischem Humanismus aus. Sie hat zur Folge, daß das religiöse Verhältnis einseitig auf die Spitze der bewußten Entscheidung gestellt wird, oder daß, wenn sich Pietismus und Romantik auf das Gefühl berufen, auch dieses zum Gegenstand bewußter innerer Erzeugung gemacht wird. Die Bewußtseinspsychologie aber isoliert den Einzelnen, nimmt den seelischen und vitalen Schichten die Beziehung auf das Religiöse, entleert und profanisiert sie zugunsten einer unerträglichen Belastung des Bewußtseins. Für die Masse der Menschen ist aber nicht das Bewußtsein der Ort, von dem aus ihre religiöse Formung möglich ist, sondern die vitalen und seelischen Schichten. Und die gegenwärtig allgemeine Flucht ins Unbewußte, ja ins Pathologische, gerade in den Kreisen der höchstgeformten Geistigkeit zeigt, daß was für die meisten gilt, irgendwie für jeden gilt: *Daß menschliches Sein mehr ist als menschliches Bewußtsein.* Jedenfalls kann die proletarische Situation religiös nur geformt | werden durch objektive Symbole, durch symbol- und formkräftige Institutionen, die alle Schichten des Menschen tragen und gestalten. Derartige Kräfte hatte viel mehr als der Protestantismus der marxistische Sozialismus. Er und nicht der Protestantismus, ja nicht einmal der Katholizismus hat das proletarische Sein insoweit geformt, als es überhaupt geformt werden konnte. – Aus diesen Gründen steht auch der Liberalismus trotz des gemeinsamen humanistischen Bodens unter dem Einwand, der sich aus der proletarischen Situation gegen die protestantische Verwirklichung erhebt.[j]

4. Durch den Wegfall der [k]sakramentalen[k] Hierarchie war der Protestantismus für seine Verwirklichung auf die weltlichen Hierarchien angewiesen. Die im Bauernkrieg getroffene Entscheidung[l] bedeutete für das Luthertum eine Fixierung dieser Notwendigkeit auf den Absolutismus und die Ablehnung demokratisch-revolutionärer Tendenzen. Auf kalvinistischem Boden entwickelten sich die Dinge anders, weil eine frühzeitige Verbindung des um seine Existenz kämpfenden Protestantismus mit dem um seine ökonomische Durchsetzung kämpfenden Bürgertum stattfand. So entstand die [m]doppelseitige, zum Teil sich widersprechende[m] Bindung des Protestantismus an die feudal-patriarchalische und die bürgerlich-liberale Gesellschaftsform;[n] [o]die erste mehr auf mitteleuropäischem, der zweite mehr auf westeuropäisch-amerikanischem Boden[o]. [p]Doch entstand durch den Sieg der bürgerlichen Gesellschaft im Deutschland des 19. Jahrhunderts und durch die Art, wie sich das Bürgertum soziologisch und kulturell mit den Resten der Feudalität verband, ein teilweiser Zusammenschluß beider Ten-

denzen, dessen negative Spitze gegen das Proletariat gekehrt war. Dazu kam das Landeskirchentum und mit ihm die Abhängigkeit der evangelischen Kirchen vom Staat und auf dem Wege über den Staat von denjenigen gesellschaftlichen Gruppen, die den Staat direkt oder indirekt beherrschten. Diese Abhängigkeit war es vor allem, die jeden Versuch einzelner weitsehender Protestanten, einen Zugang zum revolutionären Proletariat zu bahnen, von vornherein zur Aussichtslosigkeit verurteilte.[p] |

Es wird den meisten Vertretern der protestantischen Kirchen außerordentlich schwer, diese ihre soziologische Gebundenheit zu durchschauen. Sie meinen, daß offizielle oder private Neutralitätserklärungen die wirkliche Neutralität der Kirche und der sie tragenden Schichten bewirken könnten; sie verkennen die Macht der gesellschaftlichen Wirklichkeiten, die gerade im Gegensatz zu dem, was gewußt und gewollt ist, sich durchsetzen; die unmittelbar sind und unmittelbar die Existenz gestalten, das Handeln ebenso wie das Denken. So war z.B. die Behauptung, daß die Kirchen den Landarbeitern gegenüber neutral seien, eine Ideologie, ein falsches Bewußtsein, das sich für den Landarbeiter in seinem Lebensschicksal jeden Augenblick als solches enthüllte. Der Sprung zur völligen Kirchenentfremdung war darum nicht sehr groß, als der Landarbeiter zum städtischen Proletarier wurde und die Verbindung zur Kirche vollkommen zerriß. Die Chance, die dem deutschen Protestanismus nach dem [q]Krieg[q] durch die Loslösung vom Staat gegeben war, hat er bisher nicht ausgenützt. [r]Er[r] hat seine alte Verbindung mit den Gruppen beibehalten, die im Vorkriegsstaat maßgebend waren und[s] unterstützte [t]ihre Opposition gegen den Staat[t], in dem das Proletariat Machtpositionen innehatte. Die einzige Wandlung, die in dieser Beziehung stattgefunden hat, ist die Tatsache, daß die religiösen Sozialisten vorhanden sind und von den protestantischen Kirchen im großen und ganzen, wenn auch mit mancherlei Anfeindungen, ertragen werden. *Die religiösen Sozialisten haben sich zum Ziel gesetzt, den Protestantismus aus den soziologischen Gebundenheiten seiner bisherigen Entwicklung zu befreien.*

Dazu gehört auch das mit dem Staatskirchentum verbundene fast völlige Eingehen des Protestantismus in die nationalistische Ideologie. Erst als in den letzen Jahren von verschiedenen Gruppen die heidnische Grundlage des Nationalismus offen ausgesprochen wurde, begann [u]in Verbindung mit den universalprotestantischen Bestrebungen[u] ein leises Abrücken von dem "nationalen Mythos". Doch sind die [v]ursprünglichen[v] | Bindungen[w] noch so stark, daß der Protestanismus fast durchweg auf Seiten derjenigen Parteien zu finden ist, die den Namen des "Nationalen" zum Parteischlagwort gemacht haben [x]und dadurch mehr als die anderen Gruppen zu Zerstörung der nationalen Gesellschaft beitragen[x]. *Nur selten wird von protestantischer Seite durchschaut, in welchem Maße der Name [y]"nationale Gruppe"[y] ideologisch ist, d.h. die [z]unwahre[z] Verhüllung des Machtanspruches bestimmter ökonomisch-politischer Gruppen.* [a]Daß die fast restlose Unterstützung der nationalen Ideologie (nicht der nationalen Idee) durch die protestanischen Kirchen die Verbindung von Kirche und Proletariat mehr als alles andere hindert, ist bekannt und ist Gegenstand der wichtigsten Bemühungen des religiösen Sozialismus um Befreiung der protestantischen Kirchen von ihren soziologischen und ideologischen Gebundenheiten. Überhaupt muß der religiöse Sozialismus verstanden werden als ein vielseitiger, selbst noch wenig geformter Angriff auf die protestantische Verwirklichung aus dem Wissen heraus um die proletarische Situation einerseits, das protestantische Prinzip andererseits.[a]

[b]5. Aus allem Gesagten folgt, und in allem Gesagten ist schon enthalten die *eine* grundlegende, für alles entscheidende Forderung an den Protestantismus: *Sich unter dem Gewicht der proletarischen Situation für sein Prinzip gegen seine Verwirklichung zu entscheiden.* Nicht die Forderung soll gestellt werden – sie ist eine Gefahr einzelner Träger des religiösen Sozialismus –, daß sich der Protestantismus bedingungslos dem Sozialismus verschreibt; sondern dies ist die Forderung, daß er sein Handeln und Reden unter die allgemeine Kritik seines Prinzips und die konkrete, zeitgeschichtliche Kritik der proletarischen Situation stellt. Nicht soll er die gegenwärtigen Formen unmittelbar übernehmen, mit denen der Sozialismus die proletarische Bewegung erfaßt und geformt hat, aber er soll den Sozialismus als Ausdruck und Gestaltung der proletarischen Situation ernst nehmen, verstehen und dadurch an seiner Weitergestaltung mitwirken.[b] Nicht soll jeder einzelne Protestant | Sozialist werden [c]– jede gesetzliche Form des religiösen Sozialismus ist abzulehnen –[c], aber der einzelne Protestant soll wissen, daß er[d] Protestantismus, Christentum und Religion in Ideologie verwandelt, daß er dem „selbstgemachten Gott" seiner gesellschaftlichen Gruppe, seiner Klasse oder seines Volkes dient, wenn er nicht die Tatsache der proletarischen Situation für die Gestaltung des Protestantismus [e]sowie für seine eigene Frömmigkeit[e] entscheidend wichtig werden läßt. *Die proletarische Situation ist nicht eine beliebige Wirklichkeit, auf die auch Rücksicht genommen werden muß, sondern sie ist der Ort, von dem aus die Geschichte selbst den Protestantismus vor die Frage gestellt hat, ob er sein Prinzip mit bestimmten Formen seiner Verwirklichung gleichsetzen oder ob er mit seinem Prinzip sich unter die Forderung stellen will, die von der proletarischen Situation an ihn ergeht, und die einen großen, ja den größten Teil seiner gegenwärtigen Verwirklichung in Frage stellt.*

Kritischer Apparat

Da die Version F ein Abdruck der Version E ist, gelten die für E ausgewiesenen Varianten auch für F. – Die für die Gliederung verwendeten arabischen Ziffern fehlen in C, D und E.

5 a–a fehlt in C, D und E
b–b fehlt in C, D und E
c–c D, E: als auch
d in A und B fehlt Komma
6 e in C folgt: by some other historical force
in D und E folgt: durch andere geschichtliche Kräfte
f–f fehlt in C, D und E

g–g C: one of great tension
D und E übersetzen C
h–h fehlt in C, D und E
i–i fehlt in C, D und E
7 j–j C: What makes Protestantism Protestant is the fact that it transcends its own religious and confessional character, that it cannot be identified wholly with any of its particular historical forms. Thus, if there is an incongruity between Protestantism in its present status and the situation of the proletariat, it does not follow that the incongruity belongs in essence to Protestantism.
D und E übersetzen C.
k–k C: It is the critical and dynamic source of all Protestant realizations, but it is not identical with any of them. It cannot be confined by a definition. It is not exhausted by any historical religion; it is not identical with the structure of the Reformation or of early Christianity or even with a religious form at all. It transcends them as it transcends any cultural form. On the other hand, it can appear in all of them; it is a living, moving, restless power in them; and this is what it is supposed to be in a special way in historical Protestantism. The Protestant principle, in name derived from the protest of the "protestants" against decisions of the Catholic majority, contains the divine and human protest against any absolute claim made for a relative reality, even if this claim is made by a Protestant church. The Protestant principle is the judge of every religious and cultural reality, including the religion and culture which calls itself "Protestant".
D und E übersetzen C
8 l–l fehlt in C, D und E
m–m fehlt in C, D und E
n–n fehlt in C, D und E
o C fügt ein: or with the "Being" of ancient and recent philosophy
D und E übersetzen C
p–p C: It is not the highest ontological concept derived from an analysis of the whole being; it is the theological expression of the true relation between the unconditional and the conditioned or, religiously speaking, between God and man. As such, it is concerned with what theology calls "faith", namely, the state of mind in which we are grasped by the power of something unconditional which manifests itself to us as the ground and judge of our existence. The power grasping us in the state of faith is not a being beside others, not even the highest; it is not an object among objects, not even the greatest; but it is a quality of all beings and objects, the quality of pointing beyond themselves and their finite existence to the infinite, inexhaustible, and unapproachable depth of their being and meaning. The Protestant principle is the expression of this relationship. It is the guardian against the attempts of the finite and conditioned to usurp the place of the unconditional in thinking and acting. It is the prophetic judgement against religious pride, ecclesiastical arrogance, and secular self-sufficiency and their destructive consequences. The Protestant principle in this sense is not strange to the situation of the proletariat in modern society. It is, on the contrary, the exact expression of its religious significance as an outstanding example of man's situation.
D und E übersetzen C

9 q–q fehlt in C, D und E

10 r–r fehlt in C, D und E

s in A und B folgt Komma

t–t D und E: ein ausschließliches Angewiesensein

u–u C: criteria

D und E: Merkmale

v–v D und E: angewendet

w–w D und E: das ausschließliche Angewiesensein

x D und E setzen Gedankenstrich anstelle des Kommas

y D und E setzen Komma nach dem Gedankenstrich

z in D und E folgt: sich

a in A und B folgt Komma

11 b–b fehlt in C, D und E

c C ergänzt: difficult

D und E übersetzen C

d–d C: original self-contradiction in human existence, coincident with human history itself

D und E übersetzen C

e–e C: This cleavage in human nature is not to be interpreted, and thereby justified, as a necessary consequence of the finiteness of creaturely existence.

D und E übersetzen C

f–f C: nor does finitude provide the basis for guilt and its tragic consequences. Both the fateful character and the guilt of human existence are due rather to the self-assertiveness of the finite being in its pride, concupiscence, and separation from its ground.

D und E übersetzen C

g–g C: this perversion of human nature is the fateful element

h–h C: Man alone is in this situation because in him

D und E übersetzen C

12 i–i C: But the possibility of perversion does not explain its reality. For the possibility of self-contradiction is rooted in the *self*-determination of man, the direction of which cannot be determined beforehand. This basic, underivable cleavage in human existence underlies all human history and makes history what it is.

D und E übersetzen C

j–j fehlt in C, D und E

k D und E setzen Komma statt des Semikolon

l–l C: in social ... distortions

D und E: im Sozialen

m–m D und E: und doch

o–o C: in individual ... distortions

D und E: im Individuellen

p C fügt an: and the breaking-up of society into classes

D und E fügen an: und Klassenspaltung

q–q C: In this negative moral judgement about man's actual existence, the socialistic evaluation of the proletarian situation and the Protestant understanding of the universal human situation agree. The universally human reveals itself in the proletarian situation. This involves the theological recognition of the fact that

there are situations in which the perversion of man's essential nature is manifest primarily as a *social* perversion and as *social* guilt; and it involves the philosophical recognition of the fact that the proletarian situation, far from being merely a historical accident, represents a distortion of essential human nature and a demonic splitting-up of humanity in general. So the judgements derived from the Protestant principle and from the proletarian situation complete each other. The Protestant judgement becomes concrete, actual, and urgent in its application to the class situation of today; and the socialist judgement becomes universal, profound, and religiously significant if put in the frame of man's general situation.
D und E übersetzen C

13 r–r C: body
D und E: Leib

s–s C: of man
D und E übersetzen C

t–t D und E: das heißt

u–u C: The Protestant principle
D und E übersetzen C

v–v C: This biblical idea
D und E übersetzen C

w–w fehlt in C, D und E

x–x C: rediscovered
D und E: herausgestellt

14 y–y D und E: dies

z–z C: confirms the biblical doctrine
D und E übersetzen C

a C fügt ein: to save the soul and leave the body to perdition
D und E übersetzen C

b–b fehlt in C, D und E

c–c fehlt in C, D und E

d in C folgt: "Body" is to be understood here as representing the whole vital sphere. The exclusion of it from salvation in some types of Christianity is in itself perversion and guilt.

e–e C: The distorted character of the vital existence of millions and millions of proletarians in city and country is too obvious to need much decription. It is worse in some nations than in others and in some sections of a country than in others. It is worse in periods of unemployment, and it is intolerable – leading to mass explosions – in times of protracted mass unemployment. In view of these facts, it is dishonest to use the instinctively materialistic reaction of the proletariat to its fate as an excuse for discrediting the proletarian struggle. Much so-called "idealism" has its roots in the social and economic security of the upper classes; and Protestantism has just as little reason to praise this bourgeois idealism as it has to condemn proletarian materialism. The philosophical expression of the materialistic reality of the proletarian situation is of only secundary importance. The thing of primary importance is the imposed materialism in the actual life of the proletariat.
D und E übersetzen C

f D und E fügen ein: jedoch

g in A und B fehlt Komma
h–h C: basic distortion
D und E: Wesenswidrigkeit
i in C folgt: Everyone is bound to it in spite of man's essential freedom.
D und E übersetzen C
j–j C: Of course, self-determination belongs to man as man. It distinguishes him from nature. But in the power of his freedom he can contradict himself, he can estrange himself from himself. And this is not only an individual possibility but also a universal reality. Mankind universally is in the bondage of self-estrangement. Man's freedom is superseded by his servitude. This is what the Reformation emphasized against the optimistic individualism of humanists like Erasmus. It is a basic element of the prophetic and the biblical message. It is constitutive for the Protestant principle. But this realistic interpretation of human existence as a whole did not prevent the early Christians or the Reformers from attacking every concrete manifestation of the universal evil, individual as well as social.
D und E übersetzen C
15 k–k C: The "universal" and "the concretely historical"
D und E: Die Kategorie des Allgemeinen und des Konkret-Historischen
l in D und E folgt: zueinander
m–m fehlt in C, D und E
n Gedankenstrich fehlt in C, D und E
o Gedankenstrich fehlt in C, D und E
p–p C: Luther saw in the papacy in Rome the "Antichrist"
D und E übersetzen C
q–q C: and attacked it with all his prophetic wrath, although he knew he risked the unity of Christendom.
D und E übersetzen C
r–r C: a similar attitude
D und E übersetzen C
s in A und B fehlt Komma
t D und E setzen kein Komma
u–u C: can escape the permanent and essential contradictions of the capitalist system
D und E: dem Klassenkampf ausweichen
v–v C: This does not mean that anyone should or could accept the class struggle as desirable. It is the symptom of a disease, or, symbolically speaking, it is a symptom of a demonic possession in the grip of which modern society lives. Therefore, although the proletariat and its leaders urge the fight against the ruling classes, they do not favor the class struggle – which goes on anyway – they try to encourage the fight for the existence of the proletarians. And they try to do something else; they try to overcome the system as such which, by its very structure, produces the class struggle. This gives the proletarian fight both its universal significance and its dangerous dialectics. Protestantism, in the light of its own principle, should be able to understand this situation, to see its demonic implications and its divine promises.
D und E übersetzen C
16 w–w D und E: das heißt

x–x D und E: Verdeckungen

y–y C: Catholicism claims to offer a secure way of overcoming the separation of man from his divine ground through sacramental graces and ascetic exercises, the efficacy of which is guaranteed by the hierarchy and its sacramental powers.
D und E übersetzen C

z–z D und E: Wesenswidrigkeit

a–a D und E: unverhüllten

b–b C: Protestant orthodoxy and Protestant idealism
D und E übersetzen C

c–c C und D: an Stelle

d–d C: a God that is either inclosed in a set of doctrines or is believed to be accessible through morals and education.
C und D übersetzen E

e–e C: In the power the Protestant principle, Protestantism must fight not only against other ideologies but also against its own. It must reveal the "false consciousness" wherever it hides. It must show how the "man-made God" of Catholicism was in the interest of the feudal order, of which the medieval church was a part; how the ideology of Lutheranism was in the interest of the patriarchal order, with which Lutheran orthodoxy was associated; how the idealistic religion of humanistic Protestantism is in the interest of a victorious *bourgeoisie.* The creation of these ideologies – religiously speaking, idols – representing man's will to power, occurs unconsciously. It is not a conscious falsification or a political lie. If this were the case, ideologies would not be very dangerous. But they are dangerous precisely because they are unconscious and are therefore objects of belief and fanaticism. To reveal these concrete ideologies is one of the most important functions of the Protestant principle, just as it was one of the main points in the attack of the prophets on the religious and social order of their time. Theology, of course, must provide general insight into human nature, into its distorted character and its proneness to create ideologies. But this is not enough. A religious analysis of the concrete situation must unveil concrete ideologies, as Luther and the Reformers did when they unveiled the all-powerful Roman ideology.
The proletarian situation is, objectively, an outstanding instance of an ideology-unveiling situation. Subjectively, this is not always the case. Being a man, the proletarian is not exempt from the human tendency to erect an ideological superstructure over his own interests. He always does it; and, likewise, socialist theory and propaganda, in order to justify the struggle of the proletariat, tend to build up a questionable ideological superstructure. Over against this, however, stands the objective proletarian situation upon which the ideology must suffer shipwreck. The needs of man, of a sociologically homogeneous mass of men tear away the ideological mask.
D und E übersetzen C

18 f–f D und E: zerreißt

g–g C: They provide
D und E: denn sie allein haben

h–h C: what is merely ideological
D und E: für Ideologie

i–i C: This fear of ideological camouflage is the reason for the influence upon

socialism of Feuerbach's criticism of religion.
D und E übersetzen C

j–j fehlt in C, D und E

k–k C: And so also is a theology that remains aloof from the concrete proletarian struggle.
D und E übersetzen C

l in C folgt: and the most serious judgement of historical Protestantism.
D und E übersetzen C

m–m C: The Protestant principle took form in Luther's fight for justification by grace and through faith alone. "Justification" in this sense is the paradox that man, the sinner, is justified; that man the unrighteous is righteous; that man the unholy is holy, namely, in the judgement of God, which is not based on any human achievements but only on the divine, self-surrendering grace. Where this paradox of the divine-human relationship is understood and accepted, all ideologies are destroyed. Man does not have to deceive himself about himself, because he is accepted as he is, in the total perversion of his existence. But being accepted by God means also being transformed by God – not in terms of a tangible change but in terms of "anticipation."
D und E übersetzen C

19 n–n C: But the object of religious anticipation is not an empirical object.
D und E übersetzen C.

o–o C: It never and nowhere can be possessed in an empirical way. The only way
D und E übersetzen C

p–p fehlt in C, D und E

q in C folgt: – the former from the objective, the latter from the subjective, side.
D und E übersetzen C

r–r C: The paradox inherent in these concepts indicates the character of the relation of the infinite and the finite in the light of the Protestant principle and the idea of justification: possessing and not possessing at the same time. Anticipation without possession is religiously as impossible as nearness without presence; for nobody can anticipate the ultimate without being touched by it, and nobody can pronounce that the Kingdom of God is at hand who is not already drawn into it. On the other hand, nobody can have the ultimate, nothing conditioned can possess the unconditional. And nobody can localize the divine that transcends space and time.
D und E übersetzen C

s–s fehlt in C, D und E

t–t C: the meaning of its existence
D und E übersetzen C

u–u C: the inner contradiction
D und E übersetzen C

v–v fehlt in C, D und E

20 w–w C: new
D und E: neuer

x–x C: religious
D und E übersetzen C

y–y C: He becomes aware of the impossibility of his existence, and this con-

sciousness of the evil is a factor in the process of overcoming it.
D und E übersetzen C
z–z D und E: jeder Erwartung droht
a–a B: Aus der Erwartung wird Utopie.
b–b C: essential dialectical
D und E übersetzen C
c–c C: objective
D und E übersetzen C
d in C folgt: genuine
in D und E folgt: echten
e–e D und E: es geht
f–f D und E: als
g–g C: that distorted reality should be left unchanged; rather it looks forward to a
D und E übersetzen C
h–h C: involve the bringing-about of a situation that is exempt from the threat that always confronts human existence. D und E übersetzen C
21 i–i C: Christianity interprets the divine action in history and personal life through the ideas of providence and predestination. In the power of these ideas, human destiny is elevated above the uncertainties of human freedom and self-determination to a level of "transcendent necessity." Since man is in the bondage of existential self-contradiction, he is, according to Christian and Protestant teaching, unable to overcome this situation by himself. The bondage to "demonic structures" can be released only by a bondage to "divine structures." But this bondage, this "transcendent" necessity, is not causal, and even less is it mechanical necessity. It is a dependence which, far from abolishing human freedom, re-establishes it in its essential integrity. Man remains man, whether he is "possessed" or in the state of grace. He never becomes a "thing," a mere object, deprived of his psychological freedom. The unity of these two elements – empirical freedom and transcendent necessity – characterizes all symbols, indicating the relation of the unconditional to the conditioned. Neither determinism nor indeterminism is an adequate description of this relation, which is a matter of basic experience in all great representatives of religion (Isaiah, Paul, Augustine, Luther, Calvin, Mohammed). Their actual behavior and that of their followers show that the seeming contradiction between empirical freedom and transcendent necessity is not a real contradiction. Those who have emphasized most (and often in a deterministic distortion) the "unconditional dependence" on the divine, as Calvin and the Puritans did, have created the most activistic type of men in all history.
D und E übersetzen C
j–j C: The same tension
D und E übersetzen C
k–k D und E: wider
22 l D und E setzen Punkt statt Doppelpunkt
m–m C: Even if the proletariat should be replaced by some other instrument of destiny, the fundamental dialectic of history will remain unchanged in character. In Judaism and Christianity the idea of "calling" is very important as an element in the larger concept of predestination. Israel is called, so are the

disciples, so is every generation of Christians, so is very special church, so is Protestantism. But he who is called might be rejected if he does not fulfil his calling. Protestantism might miss its calling and be rejected by the judgement of its own principle.
D und E übersetzen C

23 n–n C: And if the proletariat should no longer maintain its role of overcoming the demonic structure of capitalism, it would necessarily be "rejected" by virtue of its own "calling."
D und E übersetzen C

o–o C: If Protestantism had had a deeper insight into these aspects of human history, it would have found an approach to the proletarian situation, and it would have been possible for it to give a better interpretation of the proletarian struggle than the socialists, with their hopeless mixture of mechanistic calculation of historical necessities and petty tactics, have provided.
D und E übersetzen C

p–p fehlt in C, D und E

q–q fehlt in C, D und E

r–r C: Everything is secular and every secular thing is potentially religious. The relation to the unconditional permeates every moment of the daily life and makes it holy. The "holy" is not one value beside others but a qualification, appearing in all values and in the whole of being. Protestantism has not always measured up to the greatness and the radicalism of this idea. On Protestant soil, very soon after Luther's pronouncement of the universal priesthood of all Christians, a quasi-priesthood of the orthodox doctrine arose, as arrogant as the sacramental priesthood of the Roman church. And often Protestant laymen not only have supported this claim but have also acted as the guardians of obsolete traditions, by defending with pseudo-priestly or pseudo-theological fanaticism, elements of the past which already had been rejected by prophetic or honest theological criticism. This is certainly not the proper function of the Protestant layman. He is supposed to challenge any conscious or unconscious attempt of ministers or theologians to set up a religious sphere as separate from his "secular" life and his "secular" work. He is supposed to tear down this boundary.
D und E übersetzen C

24 s–s fehlt in C, D und E

t–t C: For this reason the representatives of most of the Christian churches have challenged socialism, as anti-Christian, anti-religious, and atheistic. Political alliances between socialist and, for instance, Catholic parties cannot bridge the deep gap between the Catholic system and the socialist movements. This is true also for some Protestant churches – for instance, German Lutheranism.
D und E übersetzen C

u–u C: must raise the question as to whether
D und E: kommt es nicht zu

v–v C: Protestantism must ask whether, under the disguise of a secular theory and practice, socialism does not represent a special religious type, namely, the type that originates in Jewish prophetism and transcends the given world in the expectation of a "new earth" – symbolized as classles society, or a stage of justice and peace, or an era of perfect rationality, etc. It must also be asked,

in the light of the Protestant principle, whether the proletarian movement does not represent a kind of lay movement, which, although remote from every theological self-expression, bears witness to the human situation, its distortion and its promise. This is especially worth asking in view of the quasi-religious enthusiasm, the willingness to make every sacrifice, the tremendous forming and uniting power of the early proletarian movements. In any case, Protestantism should ask these questions and should consider an affirmative answer as a possibility. It should be open for the prophetic message which is hidden under proletarian secularism, even under its ardent attacks on the Christian churches generally and on Protestantism especially. Protestantism has the power to accept these attacks, to turn them against itself, and to transform itself according to the standard of its own principle.
These are the main respects in which the Protestant principle can find a vindication in the proletarian situation and the proletarian situation can be viewed in a new way and understood in its importance for Protestantism.
D und E übersetzen C

25 w–w C: THE FAILURE OF HISTORICAL PROTESTANTISM IN THE FACE OF THE PROLETARIAN SITUATION.
D, E: Das Versagen des historischen Protetantismus gegenüber der proletarischen Situation.

x–x C: which, although understandable in the frame of world history, does not express the possibilities of the Protetant principle and may prove ultimately disastrous.
D und E übersetzen C

26 y–y fehlt in C, D und E

z–z B: weiter gegeben

a–a C: The critical power of the Protestant principle against any papal authority, be it that of a living man or that of a written paper, was forgotten. A quasi-scaramental dignity was attributed not only to the biblical text but also to the "pure doctrine" as expressed in the Protestant creeds and the official teaching of the church. A truth beyond the biblical truth – for instance, philosophy – is not wanted. The Protestant doctrine is not subjected to the criticism of the Protestant principle.
D und E übersetzen C

27 b–b C: recognizes that truth transcends all human fixation, even the letters of a sacred book.
D und E übersetzen C

c–c C: Pietism is another factor that is of great significance for the understanding of the relation between Protestantism and the proletariat.
D und E übersetzen C

28 d–d C beginnt neuen Satz: In the face of the social situation of the proletariat, individual piety has only relative significance and even becomes unimportant. This holds even for questions like those of individual destiny, individual guilt, and even individual death.
D und E übersetzen C

e–e D und E: sehr schwer möglich

f–f C: an attempt to divert attention from the political fight
D und E übersetzen C

g–g fehlt in C, D und E

h–h fehlt in C, D und E

i–i fehlt in C, D und E

29 j–j C: So long as liberalism remains bound to the humanistic ideal of personality, it cannot influence the masses. The ideal of the religious personality is unsuited for the thinking of the proletariat. Protestantism in all its forms has emphasized the conscious religious personality, his intellectual understanding and his moral decisions. It has become a "theology of consciousness" in analogy to the Cartesian philosophy of consciousness. Even religious feeling, as emphasized by pietism and romanticism, remained in the sphere of consciousness. This had a double consequence. The personality was cut off from the vital basis of its existence. Religion was reserved for the conscious center of man. The subconscious levels remained untouched, empty, or suppressed, while the conscious side was overburdened with the continuous ultimate decisions it had to make. It is not by chance that in Protestant countries the breakdown of the conscious personality has occurred on such a large scale that the psychoanalytic return to the unconscius became a social necessity. A religion that does not appeal to the subconscious basis of all decisions is untenable in the long run and can never become a religion for the masses. The other consequence of the emphasis on the "religious personality" is the isolation of the religious individual. It was especially the Calvinistic type of Protestantism that worked in this direction, alienating the masses who need supra-individual symbols and institutions. Catholicism was much more able to satisfy this need and, consequently, to keep proletarian masses under its sway. But more successful than both the Christian churches was Marxism, whose most important function was to give the despairing, chaotic, empty masses of early capitalism symbols that grasped their unconscious as well as their consciousness, institutions that conquered the atomistic solitude of the individual within the mass, and a myth that created faith, hope, and a fighting community. Protestantism, in order to continue this trend in the future mass society, must transform itself in this point more than in any other one.
D und E übersetzen C

30 k–k C: Catholic
D und E übersetzen C

l C ergänzt: Luther's
D und E übersetzen C

m–m fehlt in C, D und E

n C ergänzt: on Lutheran soil
D und E übersetzen C

o–o C: and on Reformed soil its connection with the capitalist-liberal form of society. The former is more characteristic of central Europe and the latter of western Europe and America.
D und E übersetzen C

p–p C: But in both forms it produced an antagonism to the proletariat. This was due to the fact that after the breakdown of the episcopal power the churches of the Reformation became dependent either on the absolute state and the political groups that controlled it or on the dominant forces in the bourgeois society. This was unavoidable, but it made an appreciation of the revolutionary

proletariat by the Protestant churches practically impossible.
D und E übersetzen C

31 q–q C: World War I
D und E übersetzen C

r–r C: Lutheranism
D und E übersetzen C

s in C folgt: the church
in D und E folgt: es

t–t C: the conservative opposition to a state
D und E übersetzen C

u–u fehlt in C, D und E

v–v C: old
D und E übersetzen E

32 w in C folgt: between church and national state
D und E übersetzen C

x–x fehlt in C, D und E

y–y C: national
D und E übersetzen C

z–z C: conscious or unconscious
D und E übersetzen C

a–a C: This almost unqualified support of the "nationalistic" ideology by the Protestant churches obstructs the coming-together of the church and the proletariat.
D und E übersetzen C

b–b C: One basic demand upon Protestantism arises from what has been said above. Protestantism under the stress of the proletarian situation must decide for the Protestant principle as against historical Protestantism. The demand should not be made that Protestants subscribe unconditionally to socialism; rather the demand should be that Protestantism subject all its decisions and activities to the criterion of the Protestant principle in the face of the disturbing and transforming reality of the proletarian situation. Protestantism should take socialism seriously as an expression of the proletarian situation.
D und E übersetzen C

c–c fehlt in C, D und E

33 d in C folgt: against his will
D und E übersetzen C

e–e fehlt in C, D und E

9. Das Problem der Macht
Versuch einer philosophischen Grundlegung (1931)

A. Das Problem der Macht und die sozialistische Auffassung des Menschen. Handschrift (PTAH, box 202: 042).

B. Das Problem der Macht. Versuch einer philosophischen Grundlegung. Typoskript, 16 S. (PTAH, box 203).

C. (Druckvorlage) Das Problem der Macht. Versuch einer philosophischen Grundlegung. In: Neue Blätter für den Sozialismus. Zeitschrift für geistige und politische Gestaltung. Herausgegeben von Eduard Heimann-Hamburg. Fritz Klatt-Prerow (Darss). August Rathmann-Berlin. Paul Tillich-Frankfurt a.M. 2. Jahrgang, 1931 (Heft 4: April), 157–170.

D. The Problem of Power. Attempt at a Philosophical Interpretation. In: Paul Tillich, Interpretation of History. Part One Translated by N.A.Rasetzki, Parts Two, Three and Four Translated by Elsa L. Talmey. Charles Scribner's Sons New York. Charles Scribner's Sons. Ltd. London, 1936, 179–202.

E. Das Problem der Macht. Versuch einer philosophischen Grundlegung. In: GW II (1962) 193–208.

F. Das Problem der Macht. Versuch einer philosophischen Grundlegung. In: Paul Tillich, Für und wider den Sozialismus. Siebenstern-Taschenbuch 132. Herausgegeben von Wolf-Dieter Marsch. Siebenstern Taschenbuch Verlag München und Hamburg 1969, 67–82 (mit einer Einleitung von Karin Kretzler). – [Abdruck von D].

Zur Textgeschichte

Im ursprünglichen Nachwort zu diesem Aufsatz schrieb Tillich: „Wenn die vorliegende philosophische Erörterung ein Heft eröffnet, das dem aktuellsten politischen Problem gewidmet [ist], so liegt darin die Überzeugung: Gegen die Wahrheit kann sich auf die Dauer keine politische Macht halten. Darum hat kein Schritt auf dem Wege zur Erkenntnis mehr Aktualität als ein mit Aktualität geladener, die Wahrheit enthüllender Vorstoß" (Handschrift, PTAH, box 202:042). Heft 4 des Jahrgangs 1931 der Zeitschrift „Neue Blätter für den Sozialismus" war der Auseinandersetzung mit dem Nationalsozialismus gewidmet. Tillichs Aufsatz eröffnet das Heft nicht, fügt sich aber als philosophische Erörterung grundsätzlicher Art über das damals „aktuellste politische Problem", den Nationalsozialismus, gut ein in die Reihe der anderen Beiträge des Heftes: Eduard Heimann: Was will der Nationalsozialismus? Ein Beitrag zur soziologischen Analyse (145–154), Hermann Heller: Nationaler Sozialismus (154–156), Walther Hunzinger: Protestantismus und Nationalsozialismus (171–177), Walter Dirks: Katholizismus und Nationalsozialismus (177–181), Hermann Usener: Nationalsozialistische Kunstpolitik (181–183).

Der brutalen Gewaltideologie des Nationalsozialismus und seiner Machtanbetung, aber auch der bürgerlichen „Anti-Macht-Ideologie", wie sie besonders in der Sozialdemokratie damals Mode war, stellt Tillich eine dritte Position gegenüber, die „in der Struktur des Seins selbst" begründet ist (Tillich spricht darum von einer „Ontologie der Macht") und die der Sozialismus sich zu eigen machen soll. Im Kampf um eine gerechte Gesellschaftsordnung soll der Sozialismus „die gesellschaftliche Machtposition in ganzer Breite zu erobern suchen", aber sich immer dessen bewußt sein, „daß der Besitz der Machtapparatur den Besitz nicht garantiert, daß der Sieg erst errungen ist, wenn der Sozialismus die innere Mächtigkeit, Reife und Durchformung bekommen hat, die ihm ... die schweigende, wenn auch widerwillige Anerkennung der Gesamtgruppe verschafft" (170).

Tillich nahm diesen Aufsatz in „The Interpretation of History" aus dem Jahre 1936 auf. Über diese erste Publikation von Tillichs Aufsätzen in englischer Sprache im ganzen berichtet Gunther Wenz MW/HW 1,267f. In einem Brief an Eugen Rosenstock-Huessy vom Dezember 1935 nennt er die in diesem Band gesammelten Aufsätze „meine wichtigsten deutschen Aufsätze" (GWE VI 296). Im kritischen Apparat sind die Sinnabweichungen der amerikanischen Fassung von der deutschen Vorlage aufgeführt.

Zum Thema „Macht" hat sich Tillich in mehreren Veröffentlichungen geäußert, vgl. „Religion und Weltpolitik" (wahrscheinlich 1938/39; dort in dem Abschnitt „Der politische Weltbegriff und das Problem der Macht", posthum veröffentlicht in: GW IX 139–192 bzw. 166–177), „Love, Power, and Justice. Ontological Analyses and Ethical Applications" (1956, im vorliegenden Band Text Nr. 20), „Die Philosophie der Macht" (Berlin 1956, sowie: GW IX 205–232) sowie den Vortrag aus dem Jahre 1965 mit dem Titel „Shadow and Substance: The Price and Opportunity of Power" (posthum veröffentlicht in: Paul Tillich, Political Expectation, ed. J. L. Adams, New York 1971, 115–124).

Das Problem der Macht
Versuch einer philosophischen Grundlegung

1. [a]*Die sozialistische Auffassung vom Menschen*[a]

Jede Arbeit an der sozialistischen Ideologie muß sich die Frage stellen: welche Elemente bürgerlicher Ideologie hat der Sozialismus übernommen? Hat er es bewußt getan oder unbewußt unter dem unausweichlichen Zwang der allgemeinen[b] Situation? Und – ob bewußt oder unbewußt – ist die Übernahme von der [c]sozialistischen Voraussetzung[c] aus notwendig oder nicht, ist sie berechtigt oder nicht?

Der Sozialismus [d]hat[d] die durchgeformteste Gesellschaftstheorie geschaffen, die es gibt. Zu jeder Gesellschaftstheorie gehört eine Auffassung dessen, der vergesellschaftet ist, des Menschen. Und da der Mensch [e]in der Natur steht und auch in der[e] Natur Erscheinungen der Vergesellschaftung vorliegen, so gehört zu jeder Gesellschaftstheorie auch eine Auffassung von Natur. Beides fehlt der sozialistischen Gesellschaftslehre nicht. Aber beides ist [f]in ihr[f] nicht ausdrücklich geworden. [g]Menschen- und Naturauffassung[g] der antiidealistischen Strömungen des 19. Jahrhunderts bestimmen die sozialistische Auffassung von Natur und Mensch. Feuerbach wirkt aufs stärkste. Er gibt die anthropologische Grundlage der Ideologielehre. Und der naturphilosophische Positivismus gibt den Horizont des Weltbildes überhaupt. – Geschichtlich ist das verständlich.[h] Der Idealismus war Ausdruck eines mit feudalen Elementen durchsetzten, konservativen Bürgertums, das der Reaktion weder geistig noch politisch einen ernsthaften Widerstand entgegenzusetzen hatte, während die antiidealistischen Gedanken von den revolutionären [i]Gruppen[i] des Bürgertums getragen waren. Auf die Ideologie des revolutionären Bürgertums war der Sozialismus zunächst angewiesen. Zwar trat er sofort auch in Gegensatz zu [j]ihr[j]. Aber der Gegensatz [k]hob[k] nicht die Gemeinsamkeit der Grundlage auf. Zwar versuchte er, [l]das Bürgerliche[l] abzustreifen und das Revolutionäre zu behalten. Aber Revolution hat keine Ideologie im allgemeinen. Was der Sozialismus übernahm, war trotz [m]aller Umformung der Substanz noch bürgerlich-revolutionäre[m] Ideologie. |

Die geschichtliche Notwendigkeit, die dem entstehenden Sozialismus die Natur- und Menschenauffassung des revolutionären Bürgertums mitgab, ist keine Wesensnotwendigkeit für den Sozialismus überhaupt. Und wenn in der Gegenwart die Natur- und Menschenauffassung in entscheidenden Wandlungen begriffen ist, so entsteht für den Sozialismus die Aufgabe, sich dieser seiner [n]Hintergründe bewußt zu werden[n] und sie gegebenenfalls [o]umzugestalten[o]. Er kann die neuen Auffassungen nicht mit dem Verdacht abweisen, sie seien spätkapitalistische Ideologie. [p]Er muß, auch wenn[p] er diesen Verdacht hat, in eine Sachuntersuchung eintreten und kann erst dann seinen Verdacht als bewiesen betrachten, wenn die Sachuntersuchung die theoretische Unhaltbarkeit jener Auffassungen gezeigt hat. Gelingt der negative Nachweis nicht – und ich glaube, daß er trotz aller Ungeklärtheit der neuen Gedanken nicht gelingen kann –, so erhebt sich die positive Aufgabe, die gesellschaftlichen Strukturwandlungen aufzudecken, mit denen die Begriffswandlungen zusammenhängen, und diese Einsichten für die eigene Begriffsbildung fruchtbar zu machen.

Das Problem der Macht hat [q]Eigenschaften[q], die es für eine derartige Untersuchung als besonders geeignet erscheinen lassen. Es ist zugleich [r]aktuell[r] und grundsätzlich; es betrifft ebenso die Auffassung der Gesellschaft wie die des Menschen und der Natur. Die Stellung zu ihm enthüllt mit großer Klarheit sowohl den Horizont eines Weltbildes wie die politische Situation einer Gruppe. Außerdem hat die ständige Verwechslung von Macht und Gewalt [s]in der Beurteilung der Machtgruppen und des gesellschaftlichen Aufbaus so viel Verwirrung gestiftet[s], daß schon eine Klärung der Begriffe von erheblicher Bedeutung [t]wäre[t].

Das Folgende kann [u]wegen[u] seiner räumlichen und formalen Begrenzung nicht mehr geben als den nachdrücklichen und vielseitigen Hinweis auf das Problem, und nicht mehr erstreben als einen Appell an das denkerische Gewissen der sozialistischen Theoretiker, Versäumtes von [v]entscheidendem Gewicht[v] nachzuholen. Beide Zwecke aber werden am besten dadurch erreicht, daß eine eigene, von der üblichen nicht unerheblich abweichende Deutung der Macht zur Diskussion gestellt wird.

2. Mächtigkeit und Macht

Wenn Macht[w] als die gesicherte Möglichkeit von Gewaltausübung verstanden wird, so muß sie in dem Maße verneint werden, als die Gewalt verneint wird, [x]d.h. sie müßte vom Sozialismus radikal verneint werden[x]. Aber es ist falsch, Macht so zu verstehen. Zwar gehört zur Macht die Möglichkeit, Widerstand zu brechen, also Gewalt anzuwenden. Aber diese Möglichkeit begründet nicht den Begriff, sondern folgt aus ihm. Das Begründende des [y]Machtbegriffs[y] liegt in der [z]Struktur des Seins selbst. Und zwar des menschlichen wie des[z] vormenschlichen Seins.

Alles Lebendige[a] [b]zeigt sich in der Begegnung mit ihm als[b] Einheit von Bleiben in sich und Vorstoßen über sich hinaus. [c]Denn eben darauf beruht die Möglichkeit des Begegnens überhaupt.[c] Je größer die [d]Kraft[d] ist, über sich hinauszustoßen, ohne sich selbst zu verlieren, desto größer ist die [e]Mächtigkeit, mit der ein Lebendiges begegnet, ist seine räumliche, zeitliche und innere Spannweite[e]. Wie groß sie ist, das entscheidet[f] sich in der Begegnung [g]selbst[g], in dem wechselseitigen Vorstoßen und | Zurückweichen. Man kann [h]das Sein auffassen[h] als einen ständig wechselnden Ausgleich von Mächtigkeiten in der Begegnung[i], ja man kann sagen, daß [j]dieses die ursprüngliche Auffassung der Wirklichkeit ist, und daß die abstrakte Frage nach dem Sein erst in einer späten einmaligen Begegnungsspannung entstehen konnte. (Die Situation der griechischen Philosophie).[j]

Von diesem Gedanken aus[k] ergibt sich die Ablehnung der positivistisch-gegenständlichen Natur- und Menschenauffassung, [l]sofern sie als einzige Form wissenschaftlicher Betrachtung auftritt, und so auch vom Sozialismus unkritisch übernommen ist[l]. Dafür besteht die Möglichkeit eines Rückgriffs auf das dialektische Prinzip, wie es in den Gesellschaftsanalysen von Marx wirksam war. [m]Auch die Dialektik kennt keine auf ihr „Wesen“ festgelegten Gegenstände, sondern Funktionszusammenhänge, in denen je nach dem Moment der Entwicklung [n]das einzelne[n] etwas [o]anderes[o] „ist“[m]. [p]Sein Sein stellt sich her in der gesellschaftlichen Spannung.[pq] [r]Da aber in den gesellschaftlichen Spannungen auch allgemein menschliche und naturhafte Spannungen zur Auswirkung kommen, so darf die Gesellschaftsanalyse nicht an ihnen vorbeigehen.[r]

Ist Sein überhaupt Ausgleich von Mächtigkeitsspannungen, so ist gesellschaftliches Sein Ausgleich von Machtspannungen. Denn Macht ist Mächtigkeit in der Ebene des gesellschaftlichen Daseins. Mächtigkeit als allgemeine, Natur und Mensch umfassende Bestimmung [s]begegnet ebenso[s] in der Wucht einer ins Land einreißenden und zurückweichenden Meereswoge wie in der Entfaltungskraft eines Baumes, der [t]andere[t] überschattet, [u]bis er selbst vielleicht überschattet wird[u], wie in der überragenden Stellung eines Tieres in der Herde, [v]die ihm vielleicht bald ein anderes strittig macht[v], wie in dem Eindruck des Erwachsenen auf das kleine Kind und der gleichzeitigen Abhängigkeit des Erwachsenen von diesem[w]. Mächtigkeit hat jedes Ding[x], das auf uns vorstößt, das sich Geltung verschafft, das [y]eindringlich[y] ist – vielleicht, um im nächsten Augenblick zurückzuweichen und einem [z]eindringlicheren[z] Platz zu machen. Unsere ganze Wahrnehmungswelt ist so aufgebaut, und dieses [a]Begegnen in wechselseitiger Spannung von Mächtigkeit und Ohnmächtigkeit ist das ursprüngliche Sein der Dinge[a]. – In der gesellschaftlichen Ebene [b]ist es ebenso[b]. [c]Doch[c] kommt hier ein neues Moment hinzu: der Ausgleich der Mächtigkeitsspannung vollzieht sich nicht ohne Bewußtsein und Wille. Gesellschaftliche Mächtigkeit erweist sich in dem erfolgreichen Vorstoß des einen Willens gegen den anderen. Macht hat, wer einen solchen Ausgleich erlangen kann, daß er die Chance behält, seinen Willen durchzusetzen. Wie kann in der Gesellschaft eine solche Chance entstehen? Offenbar nicht so, daß der eine wie ein Wegelagerer den anderen bedroht,[d] ihm seinen Willen aufzwingt, sondern so, daß bestimmte Machtpositionen von der Gesellschaft | geschaffen und bestimmten einzelnen übergeben werden. Macht [e]als gesellschaftliche Erscheinung[e] hängt immer an einer von der Gesellschaft anerkannten [f]Machtposition[f], an einem Ort, in dem die Gesellschaft die ihr innewohnende Mächtigkeit zusammenfaßt und sich dadurch überhaupt erst konstituiert. Die Mächtigkeit einer Gruppe kann nur so [g]wirklich werden[g], daß sich die Gruppe einen einheitlichen, vorstoßenden und [h]eventuell[h] zurückweichenden Willen [i]schafft[i]. Der Ort, an dem das geschieht, ist die von der Gruppe [j]gesetzte[j] Machtsphäre. Nur wer direkt oder indirekt, offen oder verhüllt in sie aufgenommen ist, ist im Besitze gesellschaftlicher Macht.

Die Macht, in der die Gruppe ihre Mächtigkeit, und das heißt ja ihr Sein als Gruppe gewinnt, ist immer zugleich Macht der Gruppe und Macht über die Gruppe. Und sie ist eines nicht ohne das andere. Wäre sie nicht Macht über die Gruppe, so käme es zu keiner [k]einheitlichen Zusammenfassung[k] und darum nicht zum gesellschaftlichen Sein. Wäre sie nicht Macht der Gruppe, so [l]hätte[l] die Gruppe nicht die Machtposition [m]geschaffen[m], die Voraussetzung jeder gesellschaftlichen Macht ist.

3. Der Aufbau der [n]Gesellschaft[n]

Die von der Gruppe bereitgestellte Machtposition kann grundsätzlich ebenso von allen einzelnen (wie in der [o]konsequenten[o] Demokratie), wie von einem einzigen (wie in der konsequenten Diktatur) eingenommen werden. In der Wirklichkeit [p]kann weder das eine noch das andere ausschließlich vorkommen[p]. Auch in der vollendeten Demokratie gäbe es (abgesehen von der Frage [q]der Vertreter und der[q] Funktionäre) einzelne und Gruppen von überragender Mächtigkeit, die indirekt die eigentlichen Träger der Macht [r]wären. (Vgl.[r] die indirekte Herrschaft des Kapitals in der gegenwärtigen Demokratie.) Und in der vollendeten

Diktatur gäbe es eine den Diktator tragende, ihm zur Verfügung stehende Gruppe, die eben damit den [s]Diktator von sich selbst abhängig machen und[s] entscheidenden Anteil an der gesellschaftlichen Machtsphäre gewinnen würde. (Vgl. die Prätorianer im alten, die faschistische Partei im neuen Rom.) In jedem Falle ist es eine Gruppe innerhalb der übergeordneten Gruppe, die durch die gesellschaftliche Machtposition zur Macht gelangt, offen in der feudalen Schichtung, verhüllt in der Demokratie, offen oder verhüllt in der Diktatur. Dabei ist diese Untergruppe selbst wieder Schöpfer von Machtpositionen in sich (Führerhierarchie), die in vielen Fällen als solche in die Machtposition der [t]oberen Gruppe eintritt (Identität[t] von Parteiführer und Regierungschef).

Welches ist nun die tragende Gruppe, von der [u]ganz allgemein[u] die gesellschaftliche Machtposition ergriffen wird? Grundsätzlich diejenige, [v]in deren Mächtigkeit die Gesamtgruppe ihre eigene Mächtigkeit anschauen kann[v]. Nun steht die Mächtigkeit | der übergreifenden Gruppe nicht fest, ehe sie sich nicht in einer Machtposition zusammengefaßt hat, ehe also nicht eine Untergruppe die Macht ergriffen hat.[w] (Ein Zustand, der freilich nie wirklich ist, sondern nur als abstrakte Möglichkeit gedacht werden muß.)[w] Es ist ein und derselbe Vorgang, in dem eine [x]Gruppe[x] zu einem bestimmten Sein kommt und in dem eine [y]Untergruppe in ihr[y] die Machtposition ergreift[z]. Darauf beruht die Zweideutigkeit jeder konkreten Macht; sie kann verstanden werden als Ausdruck des Gesamtwillens einer Gruppe oder als Erzeugung dieses Willens durch die herrschende Gruppe. Für das erste sprechen Fälle, in denen ein offenbares Versagen der herrschenden [a]Schicht[a] eine andere, schon vorher an der Macht beteiligte [b]Schicht[b] zur ausschließlichen Herrschaft bringt. [c](So in der französischen Revolution.)[c] Für das zweite sprechen Fälle, wie die Unterwerfung eines Stammes durch einen fremden. (Auf solche Fälle [d]berufen[d] sich Staatstheorien wie die von Franz Oppenheimer, die [e]den Staat aus der Fremdherrschaft ableiten. Sie[e] übersehen, daß auch in dem unterworfenen Stamm schon eine Machtposition und eine durch sie mächtige Gruppe da war.) Und doch widerspricht sich beides nicht. Auch im ersten Fall wird der [f]neue[f] Wille der Gesellschaft erst [g]Wirklichkeit[g] durch die revolutionäre [h]Veränderung der Macht[h]. Und auch im zweiten Fall tritt der fremde Stamm, resp. dessen herrschende Gruppe, in eine vorgegebene Machtposition, deren mangelhafte Besetzung durch die einheimische Machtgruppe die Möglichkeit der Unterwerfung gab und sie sogar (mehr oder weniger bewußt) erwünscht sein ließ (so z.B. vielfach bei der Unterwerfung fremder Völker durch die Römer).

Aus dem unlöslichen [i]Ineinander[i] von Mächtigkeit der Gesamtgruppe und der machthabenden Untergruppe ergibt sich die Doppelstellung einer Gesellschaft zu der sie zusammenfassenden Macht: es ist das [j]Ineinander[j] von *Anerkennung* und *Forderung*. Die Anerkennung ist nur selten ausdrücklich. Gewöhnlich ist es das [k]unausdrückliche[k] Waltenlassen der Machtgruppe auf Grund des Gefühls, in ihr die eigene Mächtigkeit repräsentativ oder durch Vertretung anschauen zu können. Solche unausdrückliche Anerkennung trägt [l]jeden Staat[l]. Die parlamentarische Opposition z.B. versagt der Regierung diese unausdrückliche Anerkennung nicht. Sie bekämpft nur bestimmte Methoden der Machtverwirklichung. Das ist der Sinn der „loyalen Opposition“. Erst wenn die Opposition, wie [m]meistens[m] in Deutschland, das System als solches und mit ihm die [n]Gruppen[n], die durch das System zur Macht [o]kommen[o], angreift, entsteht eine Erschütterung der Macht. Denn nun ist die unausdrückliche Anerkennung versagt und damit der Macht die entscheidende Grundlage entzogen. Die Gesamtgruppe findet die ihr eigene Mächtigkeit in der herrschenden Gruppe nicht wieder. |

Die loyale Opposition[p] ist Vertreterin der Forderung der Gesellschaft an die machttragende Gruppe. Die Forderung geht dahin, daß die Machtposition der tragenden Gruppe [q]Lebenssinn und Seinsmächtigkeit[q] der Gesamtgruppe zum Ausdruck bringe, daß also Recht und Politik [r]eines Staates[r] der sinngemäßen Identität von [s]Gesamtsein und Gruppensein entsprechen[s]. [t]Dabei ist keineswegs die Forderung der gleichen Rechte aus dem Charakter jener Wesensforderung an die Macht zu entnehmen.[t] Es kann durchaus, wie in der Feudalzeit, als gerecht empfunden werden, daß die Träger der überragenden Mächtigkeit, in denen sich die Gesamtgruppe selbst anschaut, mit Vorrechten ausgestattet sind.[u] Erst wenn die Vernunftfähigkeit des Menschen als seine eigentliche Mächtigkeit aufgefaßt wird, folgt die Forderung der gleichen Rechte.

4. Macht, Recht und Interesse

[v]Auf diesem Boden kann sich dann die Tendenz entwickeln[v], die Macht aufzulösen zugunsten eines in sich schwingenden Rechts, an dessen Vollzug Funktionäre, aber nicht Inhaber von Macht arbeiten. Allen sozialistischen Zielvorstellungen[w] ist dieses Ideal gemeinsam. Die Frage aber ist die: [x]Gibt es formell und gibt[x] es inhaltlich ein freischwebendes Recht? [y]Die Antwort muß in beiden Fällen verneinend sein. Formell gibt es kein freischwebendes Recht, weil zum Recht die in freier Entscheidung Recht setzende und durchsetzende Macht, [z]also der Staat[z], gehört, der darum niemals in einen Verwaltungsmechanismus aufzulösen ist. Inhaltlich gibt es kein freischwebendes Recht, weil in jedem Recht sich ein konkretes Sein ausdrückt. Und zwar der Idee nach das Sein der Gesamtgruppe, der Wirklichkeit nach[a] das Sein der Einzelgruppe, in der die Gesamtgruppe sich selbst verwirklicht. Nur eine total homogene Gesamtgruppe bedürfte keiner sie vertretenden Untergruppe. Aber eine solche Homogenität ist nirgends[y] zu erwarten, wenn anders die Beschreibung zutrifft, nach der das Lebendige [b]als[b] Einheit von Bleiben in sich und Vorstoßen über sich [c]begegnet[c]. Denn jede dieser Tendenzen erfordert eine bestimmte [d]seelische[d] und soziologische Struktur, also eine besondere tragende Gruppe. Es ist charakteristisch, daß homogene Gruppen (soweit die Berichte zuverlässig sind) nur in ganz primitiven, völlig undynamischen [e]Gesellschaften[e] gefunden werden, deren Lebensprozeß [f]im wesentlichen vegetativ[f] verläuft. Die Annahme, daß nach Beseitigung des Klassengegensatzes durch die proletarische Revolution eine völlige Homogenität der

Gesellschaft eintritt, würde zu der Erwartung eines statisch-vegetativen Endstadiums [g]zwingen. Eine solche Erwartung würde freilich nicht, wie Marx meint, den Beginn, sondern das Ende der Geschichte bedeuten. Der Mensch würde in die untergeschichtliche Sphäre fallen und damit aufhören, das zu sein, was für uns konkret „Mensch" ist[g]. |

Sobald aber die Voraussetzung einer schlechthin homogenen, statisch vegetativen Gesellschaft aufgegeben ist, erhebt sich die Frage nach der [h]Art, in der eine Gruppe innerhalb der Gesellschaft die Funktion des Vorstoßens übernimmt[h]. Jeder Vorstoß einer Gruppe beruht auf „Interesse" und hat abgesehen davon keine Realität. Interesse ist hier keineswegs gleichzusetzen mit ökonomischem Interesse. Es sei denn, daß man ökonomisch so weit faßt, daß es alle Möglichkeiten menschlicher Seinserfüllung umschließt. Interesse ist gemeint als Spannung auf höhere Seinserfüllung in jedem Sinn. Und es ist nicht zu bezweifeln, daß eine gesellschaftliche Gruppe, die Träger jenes [i]Vorstoßes[i] ist, es nur ist aus dieser Spannung heraus. Das hat aber zur Folge, daß Recht und Politik [j]eines Staates[j] immer auch Ausdruck des Interesses der machttragenden Gruppe sind. Das ist mit der allgemeinen Gleichung von Sein und Mächtigkeitsspannung, von gesellschaftlichem Sein und Machtspannung gegeben und kann so wenig weggedacht werden wie die Dynamik des Lebens [k]und die Konkretheit des Geistes[k] selbst. [l]Denn nur dadurch, daß Geist Ausdruck eines Seins, also einer Macht ist, ist er konkreter, wirklicher Geist und nicht Abstraktion und ohnmächtige Utopie. Wer Macht im Sinne unserer Darlegungen verneint, muß auch den konkreten Geist verneinen, muß die Wirklichkeit auflösen in ein abstraktes Vernunftschema[l]. – Sinnlos wird [m]der Machtaufbau der Gesellschaft[m] erst in dem Augenblick, wo die von [n]einer Gesellschaft geschaffene Machtposition im Besitz einer Gruppe[n] ist, deren Interesse mit dem Interesse anderer Gruppen und damit der [o]Gesamtgesellschaft[o] in einen ausschließlichen Gegensatz geraten ist. In diesem Augenblick ist die revolutionäre Situation gegeben, d.h. das gesellschaftliche Sein[p] ist in eine existenzbegründende Entscheidung geworfen. Die Frage nach[q] dem Sein einer Gruppe ist [r]neu[r] gestellt als Frage nach der [s]Gruppe, die in ihr zur Macht kommen soll[s]. Und die Entscheidung dieser Frage geschieht notwendig in einer latenten oder manifesten Revolution.

[t] *5. Macht und Geist*[t]

Wenn der Begriff der Macht für die gesellschaftliche Machtposition in Anspruch genommen wird, so scheint ein Begriff wie „geistige Macht" seinen Sinn zu verlieren. Denn geistige Macht wirkt zwar in die Gesellschaft hinein, aber gerade nicht auf Grund einer Machtposition, sondern durch die Macht des Geistes selbst. Und zur Macht des Geistes gehört, daß sie gewaltlos wirkt; es ist für sie weder möglich noch notwendig, sich gewaltsam durchzusetzen. Denn geistige Wirkung ist Wirkung durch Freiheit.

Und doch ist es nicht angängig, eine von den gesellschaftlichen Mächten unabhängige geistige Macht zu statuieren. | Zunächst ist offenbar, daß geistige Wirklichkeiten wie die mathematische Naturwissenschaft oder die Hegelsche Philosophie deswegen Mächte sind, weil sie gesellschaftliche Wirkungen größten Stils gehabt haben, wobei zu gesellschaftlicher Wirkung ebenso die Bildung von Ideologien wie die Veränderung von Lebensformen gehört. Nun gibt es aber keine gesellschaftlichen Wirkungen, denen nicht gesellschaftliche Tendenzen Wirkungsraum geschaffen haben. Keine geistige Schöpfung kann sich durchsetzen, wenn ihr nicht „Interessen" entgegenkommen, deren symbolkräftiger Ausdruck sie ist. Max Schelers Lehre von der Ohnmacht der Ideen, sofern sie nichts sind als Ideen, hat trotz der Fragwürdigkeit ihrer Durchführung darin ihre der marxistischen Ideologielehre verwandte Wahrheit. Nur der Geist, der Ausdruck einer Lebenstendenz ist, ist lebensmächtig. Wohl können „Gedanken, die auf Taubenfüßen kommen, die Welt regieren", wohl kann der von allen gesellschaftlichen Machtpositionen ausgeschlossene Denker und Geistige überhaupt unermeßliche gesellschaftliche Wirkungen haben. Aber er kann es nur, weil in seinen Gedanken eine seelische oder gesellschaftliche Lebensrichtung sich ausdrückt, und dadurch zu Form und Wirkungsmacht gelangt.

Daraus ergibt sich, daß geistige Macht Macht im übertragenen Sinne ist. Geist ist Macht immer nur in Einheit mit Leben. Und wie nach den vorhergehenden Untersuchungen es keine Macht gibt, in der nicht das geistige Element der „Anerkennung" maßgebend ist, so gibt es auf der anderen Seite keine Wirkungsmächtigkeit des Geistes, die nicht getragen ist von einer Lebenstendenz, einem Interesse. Darum gilt: was niemals und nirgends von den mittelbaren oder unmittelbaren Trägern der gesellschaftlichen Machtposition ergriffen und in gesellschaftlich zwingende Form gebracht wird, das hat auch keine Wirkungsmächtigkeit. Es ist machtlos in jedem Sinne. Nicht, daß viele einzelne einen Gedanken nachdenken, gibt diesem Gedanken Macht, sondern daß durch diesen Gedanken zwingende Formen menschlich-gesellschaftlichen Daseins geschaffen werden. Geistige Wirkungsmächtigkeit ist abhängig von der Ausdruckskraft, die eine geistige Schöpfung für die vielleicht sehr verborgene Lebenstendenz einer Gesellschaftsgruppe hat. Was solche Ausdruckskraft nicht hat, kann geistreich oder gelehrt oder sublim sein. Wirkungsmächtigkeit und in diesem Sinne Macht kann es nicht besitzen.

Wohl ist Wahrheit die letzte, die eigentliche Macht; aber nicht als abstrakte Norm, die in die Wirklichkeit hineinstößt und sie verändert, sondern als konkreter Ausdruck letzter Tendenzen des Wirklichen. Wahrheit hat Macht nur als konkrete Wahrheit, das heißt als Wahrheit einer Lebenstendenz, soziologisch gesprochen als Wahrheit einer Gesellschaft, noch genauer als Wahrheit der innerlich mächtigen Gruppe in ihr.[t] |

6. Macht und Gewalt

In der Schaffung einer Machtposition verwirklicht eine Gesellschaft die ihr eigene Mächtigkeit; denn durch sie kommt die Gesellschaft zur Einheit [u]eines konkreten Rechtes und zur Möglichkeit einer[u] politischen Aktion. Nun ist die Einheit jeder [v]Gesellschaft bedingt[v] durch die Überwindung der der Einheit entgegenstehenden [w]Tendenzen, sowohl der Untergruppen wie des einzelnen[w]. Das zu leisten ist Aufgabe der Macht. Es wird von ihr auf doppelte Weise geleistet: zuerst und grundlegend durch den Charakter der Macht [x]selber[x], den wir Anerkanntheit genannt haben. Soweit die unausdrückliche oder ausdrückliche Anerkennung der Macht reicht, soweit reicht ihre unmittelbare Kraft, die Widerstände zu überwinden. Darüber hinaus setzt sie sich als Brechung des Widerstandes durch, als Gewalt. Praktisch sind diese beiden Momente (Überzeugung und Zwang) nicht zu trennen. In der Anerkennung jeder als noch so begründet empfundenen Rechtssetzung schwingt das Bewußtsein mit, daß sie gegebenenfalls gewaltsam durchgesetzt wird und in jeder von einer [y]anerkannten[y] Macht ausgehenden Gewalt macht sich die [z]stillschweigende[z] Anerkennung der Macht geltend und hilft, die Kraft des Widerstandes zu brechen. Dennoch muß beides grundsätzlich unterschieden werden, da es [a]mit wechselndem Übergewicht sich[a] gegenseitig durchdringt. ... Es gibt also eine Gewalt ([b]weitaus am häufigsten[b] wirksam als Gewaltdrohung), die zur Macht gehört und in ihr mitanerkannt wird. Die Tatsache, daß jeder Einzelne in sich selbst [c]dauernd[c] Untergruppen von Lebenstendenzen zugunsten [d]seines einheitlichen Lebensprozesses unterdrücken muß[d], zeigt, daß es sich[e] um ein sehr tief gelagertes Phänomen handelt, [f]durch das die utopische Gewaltablehnung widerlegt wird[f]. In jedem sinnvollen Lebensprozeß [g]eines Einzelnen und einer Gesellschaft[g] gibt es Brechung [h]widerstrebender Tendenzen um der Einheit willen[h], also Gewalt.

Sinnwidrig wird Gewalt, wo die Voraussetzung sinnhafter Macht, die unausgesprochene Anerkennung des Machtaufbaus geschwunden ist, und nun die Macht sich vermöge des ihr zur Verfügung stehenden Machtapparates halten will. Die schlimmsten Exzesse der Gewalt finden sich in Situationen, wo der Macht die innere Grundlage entzogen ist. Gewalt, die sich so von der Macht isoliert, deren Funktion sie ist, löst sich freilich [i]bald[i] auf. Denn die Gewalt lebt von der schweigenden Zustimmung zu ihr, auch bei den Betroffenen.

Auch mit der revolutionären Gewalt steht es nicht anders. Sie [j]setzt[j] voraus, daß [k]sich[k] die machttragende Gruppe [l]im Widerspruch zum Lebenssinn der Gesamtgesellschaft[l] nur noch durch den Besitz der Machtapparatur an der Macht erhält, daß die Mächtigkeit der Gesamtgruppe längst in einer anderen als der herrschenden Gruppe lebendig ist und daß darum die sinnhafte | Gewalt, diejenige, die mit der wirklichen Macht geeint ist, den Trägern der Revolution zukommt. Die wahre, auf unausgesprochener Anerkennung ruhende Macht setzt sich gewaltsam durch gegen eine nur noch durch den Besitz der Machtapparatur vorhandene Macht: das ist der Sinn der Revolution.

Freilich ist dieser Sinn nicht berechenbar. Revolutionen sind Fragen, deren Antwort nicht im voraus festliegt. [m]Es ist durchaus möglich, daß die herrschende Gruppe, obgleich sie nicht mehr eindeutiger Ausdruck des Sinnes der Gesamtgruppe ist, sich an der Macht hält, weil die revolutionäre Gruppe es noch weniger ist. (So etwa die Niederlage der Bauern im Bauernkrieg, die nicht nur in der überlegenen Machtapparatur der feudalen Gruppe, sondern auch in der zu geringen Mächtigkeit der revolutionären Gruppe begründet war.) – Darum bedeutet auch die gewaltsame Inbesitznahme der gesellschaftlichen Machtmittel noch[m] keine Entscheidung für den Sieg einer Revolution. Erst wenn es ihr gelingt, einen neuen Machtaufbau zu schaffen, dem die Kraft unausdrücklicher Anerkennung zuströmt, ist die Entscheidung für sie gefallen, sonst gegen sie. Darum ist die Auffassung durchaus verfehlt, daß die Übernahme der Machtapparatur und ihre rücksichtslose Verwendung durch die Revolution den Sieg garantiere. Die Machtapparatur muß sich[n] ständig aus den Kräften der Gesellschaft erneuern, aus personalen, materiellen und ideellen Kräften. Geschieht das nicht, so bricht sie zusammen, auch wenn ihr [o]heute[o] die technischen Mittel der gewaltsamen Machtdurchsetzung eine längere Dauer ermöglichen, als es in technisch unentwickelteren Zeiten der Fall war.

7. Macht und Menschheit

Die letzten übergreifenden Gruppen, die um der Verwirklichung [p]ihres gesellschaftlichen Seins[p] willen eine Machtposition schaffen, sind gegenwärtig die Nationalstaaten, in ihren Hauptrepräsentanten [q]als „Mächte", d.h. als umfassendste Träger gesellschaftlichen Seins gekennzeichnet[q]. Die Souveränität ist das [r]Merkmal einer Machtgruppe, die[r] nicht mehr in [s]eine übergreifende Gruppe[s] eingeht. Die Begegnung der souveränen Mächte geschieht infolgedessen ohne den Ausgleich einer [t]durch sie[t] geschaffenen Machtposition[u]. Die Begegnung vollzieht sich in einem labilen Gleichgewicht, dessen Konstellation sich ständig ändert. Da die anerkannte [v]Machtposition[v] fehlt, ist [w]willkürliche[w] Gewaltdrohung und -anwendung die grundsätzlich einzige Form der Machtdurchsetzung. [x]Die Änderung der[x] Lage ist nur möglich durch Schaffung einer übergreifenden Machtposition mit Anerkanntheit und Rechtsgebundenheit, [y]also durch Schaffung einer die Souveränität aufhebenden übernationalen staatlichen Einheit[y]. Eine solche kann sich auf doppeltem Wege entwickeln. Entweder auf dem Wege über die Mächte im Sinne der nationalen Machtstaaten. Das ist der Versuch des Völkerbundes. | [z]Oder auf dem Wege über gleichartige Gruppen in den einzelnen Mächten. Das ist der Versuch vor allem der sozialistischen Internationalen[z].

[a]Die Leistung des Völkerbundes[a] ist trotz allen Versagens die, daß er den Gedanken einer übergreifenden [b]Machtsphäre[b] gegen die [c]Souveränität[c] durchgesetzt hat; der Machtkampf der nationalen Gruppen vollzieht sich wenigstens zum Teil in der Arena einer Rechtsordnung, die der Form nach demokratisch

ist, dem Gehalt nach von einer Gruppe führender Nationen (die „Sieger im Weltkrieg") bestimmt wird. Die Tatsache der Rechtsordnung ermöglicht es, Forderungen an die maßgebende Gruppe zu stellen und darum [d]ihr als Träger[d] dieses Rechts eine, wenn auch sehr begrenzte Anerkennung zuteil werden zu lassen. Begrenzt bleiben muß diese Anerkennung, solange die nationalen Gruppen [e]geschlossen[e] gegeneinander stehen, solange also das gesellschaftliche Sein des Menschen sich in höchster Form national verwirklicht. Überwunden werden kann dieser Zustand [f]nicht oder nur in engen Grenzen[f] durch Bildung umfassenderer [g]Mächte (Paneuropa-Idee); grundsätzlich nur[g] durch Entstehung von Machtgruppen, die zu den Mächten quer liegen: das Kapital, die Intellektuellen, [h]die Kirchen, das Proletariat[h]. Da das Kapital sich zur Zeit durch den Protektionismus national abschließt, den Kirchen und Intellektuellen die gruppenschaffende Kraft realer Interessen fehlt, so bleibt für die Bildung einer quergelagerten Machtgruppe nur das Proletariat, das freilich infolge der eigenen Gespaltenheit und des Übergewichts der national gebundenen Schichten nicht so bald zum Träger eines übernationalen Machtaufbaus werden wird. – [i]Sicher ist jedenfalls, daß das Werden einer Menschheit als gesellschaftliche Realität [j](nicht nur als abstrakter Begriff)[j] nicht durch einfache Aufhebung der Mächte möglich ist, sondern nur durch Entstehung von Machtpositionen, in denen die Souveränität der nationalen Gruppen, sei es vertikal, sei es horizontal durchbrochen ist. Auch die gesellschaftliche Verwirklichung der Gruppe [k]„Menschheit"[k] ist ein Aufbau durch Machtspannungen und Schaffung einer übergreifenden Machtsphäre.[i]

8. Der Verzicht auf Macht

Wenn Mächtigkeit „Sein überhaupt", Macht „gesellschaftliches Sein überhaupt" ist, so ist das Fehlen von Mächtigkeit Aufhebung des Seins, das Fehlen von Macht Aufhebung des gesellschaftlichen Seins. Der Verzicht auf Mächtigkeit oder Macht [l]wäre[l] [m]danach[m] der Verzicht auf Sein. Ein lebendiges Wesen, das auf jeden [n]vitalen und geistigen[n] Vorstoß in Raum und Zeit verzichtet, ein Mensch, der nicht Anteil nimmt an der Macht der Gruppe, in der er steht, eine Gruppe, die sich nicht behaupten will in der verborgenen oder offenen Spannung aller Gesellschaftsgruppen, [o]haben ihre[o] Existenz aufgegeben. |

Zweifellos ist solch Verzicht möglich. Es fragt sich [p]aber[p], ob er einen positiven Sinn haben könnte oder ob er nur der Ausdruck nachlassender Lebensspannung ist, wobei unentschieden bleiben muß, was daran Zwang und was Verzicht ist. Der eindeutige positive Verzicht auf Macht müßte aus der Fülle, nicht aus der Erschöpfung [q]entspringen[q]. Er wäre dann Ausdruck nicht von Ohnmacht, sondern von höchster [r]Mächtigkeit[r]. Gäbe es eine solche Möglichkeit, so hätte durch sie das Problem der Macht eine neue Dimension bekommen. Religionen wie Christentum und Buddhismus setzen diese [s]Dimension, d.h[s]. den positiven Sinn von Verzicht auf Macht voraus. Sie können es, weil sie grundsätzlich über die Sphäre hinausgehen, in der der Aufbau der Mächtigkeiten und

Mächte liegt. Der Verzicht auf Macht bedeutet dann selbst ein Hinausgehen über diese Sphäre, die Vorwegnahme von etwas, das immer den Charakter des [t]“Hinausgehenden“[t] hat. Sofern es aber[u] in die Sphäre der Mächte eintritt, muß es, um zu existieren, selbst Macht werden. Und so entsteht jenes paradoxe und doch höchst wirkliche Gebilde der „Macht aus Verzicht auf Macht“[v]. Die Möglichkeit solcher Paradoxie ist darin begründet, daß der Sinn, der in jeder Macht stillschweigend anerkannt wird, gerade das Hinausgehen über jeden [w]greifbaren, begrenzten[w] Sinn sein kann.

Ja noch mehr: jeder Sinn *muß* ein Moment jenes Hinausgehens enthalten, um in Wahrheit Sinn zu sein, und das bedeutet: in jeder Macht ist ein Moment Verzicht auf Macht, und von diesem Moment lebt die Macht. Denn das Sein ist angelegt auf Hinausgehen über sich selbst. Der in jeder Macht enthaltene Verzicht auf Macht drückt sich zu allen Zeiten aus in dem Heiligkeitscharakter der Mächte, der nicht einfach als Ideologie wegerklärt werden kann. Selbst im Marxismus hat das Proletariat als Träger der [x]jede[x] Erfahrung übersteigenden, kommenden Erfüllung menschlichen Seins eine objektive Heiligkeitsqualität, eine „Berufung“, kraft derer es den siegreichen Kampf um die Macht führen kann. Zugleich aber ist die [y]Heiligkeit[y] der Macht die kritische Norm, [z]der sie jederzeit unterworfen ist[z]. Diese Norm ist identisch mit dem Symbol, [a]das[a] jeweilig [b]für[b] das Hinausgehen über die Sphäre des Machtaufbaus [c]steht[c]. [d]So[d] die Gerechtigkeit (nicht im juristischen, sondern im prophetischen Sinn); [e]die[e] Liebe (die im Christentum mehr ein Erwartungs- als ein Erfahrungsbegriff ist); [f]die[f] klassenlose Gesellschaft (deren Pathos die Aufhebung der Gewaltordnung ist); [g]die[g] Identität alles Seienden ([h]in der das indische Weltbewußtsein über die Machtordnung hinausgeht[h]). Diese Normen können freilich nicht mechanisch gehandhabt, sondern müssen immer von neuem gegenüber den Mächten verkündet werden. Sie werden dadurch [i]konkretisiert[i] und erfüllt mit den [j]Problemen[j] der jeweiligen Gesellschaftslage, aber sie weisen immer auch über diese[k] hinaus. |

Der ausdrückliche Verzicht auf Macht ist nur dem Menschen möglich; das Tier ist gebunden an seinen Lebensprozeß. Es [l]verwirklicht[l] seine Mächtigkeit in den Grenzen, die ihm gesetzt sind. [m]Es fragt sich[m] nun, ob für [n]menschliche Gruppen Verzicht auf Macht möglich ist[n]. Grundsätzlich ist zu antworten: diese Möglichkeit besteht, soweit eine Gruppe sich einheitlich in dem freien Entschluß zusammenfindet, Macht zu haben nur in der paradoxen Form des Verzichtes auf Macht. Eine solche Gruppe ist „Kirche“ im Wesenssinne des Wortes, d.h. eine Gemeinschaft, die in [o]ausdrücklicher und repräsentativer Weise[o] bestimmt ist durch jene transzendenten Normen, in denen sich der Verzicht auf Macht ausdrückt. Eine Kirche, die [p]dieses wirklich wäre, was sie ihrem Wesen nach ist, würde der Ort sein, an dem[p] der Machtaufbau der Gesellschaft und des Seins überhaupt innerlich [q]überschritten[q] wäre. Sie wäre die anschaubare Brechung der Ontologie der Macht.

Endlich ist zu fragen, ob ein Volk, also eine Gruppe, die zunächst nicht Kirche ist, [r]in einem[r] gemeinsamen Entschluß auf Macht verzichten, also Kirche werden [s]könnte[s]. Auch diese Möglichkeit ist grundsätzlich nicht zu verneinen.

Nur dürfte ein solcher Entschluß selbst nicht mit Hilfe des staatlichen Machtaufbaus zustandekommen. „Kirche" kann ein Volk nur werden, wenn es in einem unerwarteten geschichtlichen Augenblick als Ganzes ergriffen wird von der transzendenten Norm und um ihretwillen auf Macht verzichtet. Ein solches Ereignis würde [t]zu den großen Wendepunkten der Menschheitsgeschichte gehören, es würde[t] vielleicht „Menschheit" schaffen.

[u]*9. Folgerungen*[u]

[v]Sozialismus und Nationalsozialismus stehen darin auf gleichem Boden, daß für beide Macht definiert ist durch die Möglichkeit der Gewaltausübung. Vom Sozialismus wird daraus – wenigstens für die Zukunft und so weit als möglich auch für die Gegenwart – die Folgerung gezogen: „Macht soll nicht sein und wird einmal nicht sein; denn Gewalt soll nicht sein." Vom Nationalsozialismus wird demgegenüber die Folgerung gezogen: „Macht soll sein und wird immer sein; denn Gewalt soll sein."

Beide Folgerungen sind abzuweisen. Doch ist der sozialistischen das höhere Recht zuzugestehen. Denn sie hat, wenn auch in verhüllter Form, den Gedanken des Verzichts auf Macht in sich. Der Blick in die Zukunft, in der mit der Klassenherrschaft Macht und Gewalt aufhören, ist der, wenn auch fragwürdige Ausdruck für das Hinausgehen über die Sphäre des Machtaufbaus. Fragwürdig ist der Ausdruck, weil er das Hinausgehen über die Geschichte wieder in der Geschichte, in irgendeiner kommenden Geschichte, lokalisiert und ihm damit die echte Transzendenz nimmt. Verzicht auf Macht bedeutet | aber Hinausgehen über die Geschichte selbst, d.h. über den Aufbau des Seienden aus Mächtigkeits- und Machtspannungen.

Darin ist der Nationalsozialismus konsequenter.[w]Er sieht, daß das Sein des Seienden nicht ablösbar ist vom Mächtigsein und In-Macht-Stehen[w]. Aber er übersieht das Entscheidende: daß Macht ohne die Anerkennung, die ihr zuteil wird und ohne die Forderung, die an sie gestellt wird, nicht Macht, sondern Straßenräuberei und Vergewaltigung ist. Er will nicht eingestehen, daß die Macht einer Gruppe davon abhängig ist, daß sich in ihr das Sein einer Gesamtgruppe darstellt; er verdeckt sich, daß brutale Gewaltanwendung Kennzeichen von Ohnmacht ist. Und er vergißt endlich, daß aus der Sphäre des Verzichts auf Macht ein ständiges Gericht ausgeht über jede Macht.

Der Sozialismus muß vom Nationalsozialismus lernen, das Problem der Macht ernster zu nehmen als zuvor, sich loszusagen von der Verwechslung geschichtlichen und übergeschichtlichen Verzichts auf Macht (auch wenn diese Verwechslung agitatorisch nützlich ist), die menschlichen und damit gesellschaftlichen Möglichkeiten utopiefrei zu sehen. Wohl kann er dem Nationalsozialismus nachweisen, daß dessen Anbetung der Macht Ausdruck entmächtigter Schichten ist, die aus Ressentiment gegen ihre Ohnmacht eine brutale Gewaltideologie pflegen. Aber er muß sich auch selbst darüber klar sein, daß die bürgerlich aufklärerische Anti-Macht-Ideologie Ausdruck des verborgenen Machtwillens des Bürgertums im Gegensatz zu dem offenen, direkten Machtaufbau der feudalen Gesellschaftsordnung war. Der Sozialismus hat keinen Grund, diese Verhüllung mitzumachen. In der Überzeugung, daß sein Kampf der Kampf um die kommende gerechte Gesellschaftsordnung ist, soll er die gesellschaftliche Machtposition in ganzer Breite zu erobern suchen, dabei aber in jedem Akt dieses Ringens sich bewußt bleiben, daß der Besitz der Machtapparatur den Besitz nicht garantiert, daß der Sieg erst errungen ist, wenn der Sozialismus die innere Mächtigkeit, Reife und Durchformung bekommen hat, die ihm trotz alles lauten Widerspruchs die schweigende, wenn auch widerwillige Anerkennung der Gesamtgruppe verschafft. [x]Der Besitz oder Nichtbesitz solcher inneren Mächtigkeit ist auf die Dauer allein maßgebend für die Macht der sozialistischen Gruppen und den Sieg des Sozialismus. Innere Mächtigkeit aber kann eine Gruppe nur in dem Maße erringen, als sie sich selbst unter die Norm stellt, die als Jenseits der Macht jeder Macht Bestand und Weihe gibt.[xv]

Kritischer Apparat

D verwendet statt der arabischen Zahlen in den Kapitelüberschriften die Buchstaben A bis H, E verwendet römische Zahlen und modernisiert die Interpunktion und Orthographie (z. B. „Einzelne“ statt „einzelne“). Diese Änderungen werden im Apparat nicht berücksichtigt.

157 a–a fehlt in A
b in A folgt: geistigen
c–c A: den sozialistischen Voraussetzungen
d–d “hat geschaffen” in D: possesses
e–e A: zum mindesten oder eine Zeit noch Natur ist, und da auch in der außermenschlichen
f–f fehlt in A
g–g A: Anthropologie und Naturphilosophie
h A setzt statt Punkt Doppelpunkt
i–i A: Teilen
j–j A: ihm
k–k A und B: hebt
l–l D: the bourgeois qualities
m–m A: alles Abstreifens aber doch bürgerlich-revolutionäre
158 n–n D: re-examining its presuppositions
o–o A: preiszugeben
p–p D: Even if it harbor this suspicion, it
E: Er muß auch, wenn
q–q D: aspects
r–r D: timely
s–s A: bei Verteidigern wie Bekämpfern des Machtgedankens zu so verhängnisvollen Konsequenzen geführt

t–t A: sein könnte
u–u A: infolge
v–v A: entscheidender und verhängnisvoller Bedeutung
w in A folgt nach Komma: was meistens nicht in ausdrücklichen Untersuchungen, wohl aber fast immer im alltäglichen Gebrauch geschieht.
x–x fehlt in A
y–y A: Macht-Begriffes
z–z A: Seins-Struktur selbst und zwar in der Struktur des gesamten, auch
a in A folgt: (das Unlebendige ist uns überhaupt nicht, das Lebendige, das nicht Mensch ist, wenigstens mittelbar zugänglich)
b–b A: ist die
c–c fehlt in A
d–d A: Möglichkeit
e–e A: die Spannweite oder die Mächtigkeit eines Lebendigen
f in A folgt: ausschließlich
g–g A: mit anderen Möglichkeiten
159 h–h A: alles Sein
i in A folgt: auffassen
j–j A: Sein in ursprünglicher Auffassung nichts ist als solch Ausgleich von Mächtigkeitsspannungen.
k in A folgt: , die in der Wissenschaft und Philosophie der letzten Jahrzehnte vielfach vorbereitet sind,
l–l A: die der Sozialismus unkritisch übernommen hat.
m–m D: Dialectics also knows no objects whose essence is fixed, but only functional relationships in which the meaning of every element changes according to the moment of development.
n–n A: jedes Einzelne B: das Einzelne
o–o A: Verschiedenes
p–p D: In dialectics, being is realized in social tensions.
q in A folgt: , in der es auf einen bestimmten Ausgleich hindrängt.
r–r A: Aber in der gesellschaftlichen Spannung kommen menschliche und naturhafte Spannungen zur Auswirkung, an denen auch die Gesellschaftsanalyse nicht ohne Schaden vorbeigehen darf.
s–s A: ist ebenso anschaubar
t–t A: die übrigen verdrängt und
u–u A: um bald selbst überschattet zu werden,
v–v A: aus der es bald verdrängt wird
w in A folgt: Kind
x in A folgt: dem wir begegnen
y–y A: „eindringlich“
z–z A: Eindringlicheren
a–a A: Sich-als-Mächtig-(oder Ohnmächtig-Erweisen der Dinge ist ihr ursprüngliches Sein *vor* der abstrakt-theoretischen Feststellung, daß sie sind.
b–b A: liegen die Dinge grundsätzlich nicht anders
c–c A: Nur
d A setzt statt des Komma: und
160 e–e fehlt in A
f–f A: Macht-Position

g–g D: be born
h–h fehlt in A
i–i A: bekommt
j–j A: geschaffen
k–k D: unified combination of individual will
l–l A: würde
m–m A: schaffen
n–n A: des Staates
o–o D: complete
p–p A: gibt es weder das eine noch das andere.
q–q fehlt in A
r–r A: wären (vgl.
s–s A: einen
t–t A: Obergruppe eintreten wird (z.B. Identität
u–u fehlt in A
v–v A: deren Mächtigkeit mit der Mächtigkeit der übergreifenden Gruppe in Deckung steht.
161 w–w fehlt in A
x–x Gesellschaft
y–y A: Gruppe
z in A folgt: , in der die Gesellschaft sich konstituiert.
a–a A: Gruppe
b–b Gruppe
c–c A: (So trotz des blutigen Ernstes in der französischen Revolution und ohne solchen in der deutschen Revolution.)
d–d A: gründen
e–e fehlt in A
f–f fehlt in A
g–g A: real
h–h A: Macht-Veränderung
i–i D: intertwining
j–j D: interrelation
k–k so in A und B! C und E: ausdrückliche [Druckfehler]
C: by simply allowing the group in power to rule
l–l A: jedes politische System
m–m fehlt in A
n–n A: Gruppe
o–o A: kommt
162 p in A folgt: (in der Feudalzeit etwa der Fehde eines Feudalherrn gegen den anderen im Rahmen des Feudalsystems zu vergleichen)
q–q A: die Mächtigkeit
r–r fehlt in A
s–s A: Gesamtwillen und Gruppenwillen entspricht.
t–t D: This essential demand on the group in power does not imply the demand for equal rights of every group and every individual.
u in A folgt: Das war aber noch nicht einmal in der französischen Revolution der Fall (Beschränkung des Wahlrechts auf die Inhaber bürgerlichen Einkommens).

v–v A: Immerhin liegt hier die Tendenz vor
w in A folgt: und den meisten anarchistischen
x–x A: gibt
y–y A: Oder drückt in jedem Recht sich ein konkretes Sein aus? Wenn ja – und die vorher angedeutete Auffassung des Menschen würde dafür sprechen – entsteht die Frage: Wessen Sein ist für die Formung des Rechts maßgebend? Die Antwort könnte sein: das Sein der Gesamtgruppe! Aber das würde eine totale Homogenität der Gruppe voraussetzen. Und eine solche ist nicht
z–z fehlt in D
a D fügt hinzu: usually
b–b A: die
c–c A: ist
d–d A: psychische
e–e A: Gruppen
f–f A: stark nach Art der Vegetation
g–g A: der Gesellschaft zwingen, zu dem also, was Nietzsche unter dem Symbol des „Letzten Menschen" als Zukunftsgespenst gezeichnet hat.
163 h–h A: vorstoßenden, über sich hinausgehenden Gruppe, in der sich die Mächtigkeit der Gesamtgruppe Ausdruck schafft. –
i–i A: „Vorstoßes"
j–j fehlt in A
k–k fehlt in A. D: concreteness of culture itself
l–l fehlt in A. D: Only through being the expression of an existence, therefore of a power, is culture concrete, real culture and not an abstraction, an impotent Utopia. Whoever rejects power in the sense of our exposition, must also reject the concreteness of culture, must resolve reality into an abstract pattern of reason.
m–m A: es
n–n A: der übergreifenden Gruppe geschaffene Machtposition von einer Gruppe getragen
o–o A: übergreifenden Gruppe
p in A folgt: einer Gruppe
q in A folgt: der Mächtigkeit oder
r–r fehlt in A
s–s A: machttragenden Gruppe
163f. t–t fehlt in A und B
165 u–u A: des Rechtes und der
v–v A: Gruppe
w–w A: Tendenzen der Gruppenelemente, also der Untergruppen, der Einzelnen und der Willkür in jedem einzelnen.
x–x A: selbst
y–y A: (wenn auch unausdrücklich anerkannten)
z–z A: verborgene
a–a A: sich in verschiedenen ...[?]
b–b A: entscheidend
c–c A: ständig
d–d A: des Gesamtprocesses unterdrückt,
e in A folgt: hier

f–f A: das jede utopische Gewalt-Ablehnung widerlegt.
g–g fehlt in A
h–h A: von Widerstand
i–i A: nach kurzer Zeit
j–j A: ist Ausdruck der Voraussetzung
k–k fehlt in A
l–l A: ohne innere Grundlage sich
166 m–m A: Welches die wahre Mächtigkeit einer Gesellschaft ist, wie darum eine machttragende Gruppe aussehen muß, entscheidet sich nicht in der Revolution selbst. Und zwar so, daß die gewaltsame Inbesitznahme der gesellschaftlichen Machtmittel noch nicht die Entscheidung enthält. Erst wenn sich ein neuer Machtaufbau in der Kraft unausdrücklicher Anerkennung erhebt, ist die Entscheidung für die Revolution gefallen. Sonst
n in A folgt: selbst
o–o fehlt in A
p–p A: ihrer Mächtigkeit
q–q A: , die „Mächte" genannt.
r–r A: Symbol eines Machtaufbaus, der
s–s A: einen übergreifenden Machtaufbau
t–t A: ausdrücklichen
u in A folgt: und ohne unausdrückliche Anerkennung der Inhalt dieser Position.
v–v A: Position
w–w fehlt in A
x–x A: Eine Änderung dieser
y–y fehlt in A
167 z–z fehlt in A
a–a A und B: Seine Leistung
b–b A: Machtposition B: Machtsfäre
c–c A: Souveränitätsidee B: Souverainität
d–d A: ihnen als Trägern
e–e A: in völliger Geschlossenheit
f–f A und B: auf doppelte Weise: Entweder
g–g A und B: „Mächte" (Pan-Europa-Idee) oder
h–h A: das Proletariat, die Kirchen
i–i D: At any rate, it is certain that the growth of mankind as a social reality (not only as an abstract concept) is not possible by the simple elimination of the powers, but only by the rise of positions of power in which the sovereignty of the national groups is broken by an all-inclusive power. The social realization of the group "mankind," is possible only through the creation of an all-inclusive sphere of power and cannot escape the tensions between the total group and some supporting groups.
j–j fehlt in A
k–k A: Menschheit
l–l A: ist
m–m A: demnach C und E: danach [Druckfehler?] D: therefore
n–n fehlt in A
o–o A: hat seine
168 p–p A: nur

q–q A: spannen
r–r A und B: Macht
s–s A: Dimension und damit D: dimension E: Dimensionen, d.h.
t–t A: "Jenseits"
u in A folgt: ins "Diesseitige",
v in A folgt: (Christus, Buddha, u.s.w.)
w–w A: diesseitigen
x–x A: jede C und E: jene [Druckfehler] D: that
y–y A: "Heiligkeit"
z–z A: unter der sie jederzeit steht.
a–a A: unter dem
b–b fehlt in A
c–c A: gefaßt wird
d–d A: Als
e–e A: als die
f–f A: als die
g–g A: als die
h–h A: so im indischen Weltbewußtsein
i–i fehlt in A
j–j A: Inhalten
k in A folgt: Inhalte
l–l A: erfüllt
m–m A: Zu fragen ist
n–n A: die menschliche Gruppe eine solche Möglichkeit besteht.
o–o A: der Idee nach
p–p A: diese zu ihr gehörige Funktion wirklich erfüllte, wäre der Ort, in dem
q–q A: transcendiert
r–r A: durch einen
s–s A: kann
t–t fehlt in A
u–u A: 8. Nachwort
v–v A: Wenn die vorstehende philosophische Erörterung ein Heft eröffnet, das dem aktuellsten politischen Problem gewidmet [ist], so liegt darin die Überzeugung: Gegen die Wahrheit kann sich auf die Dauer keine politische Macht halten. Darum hat kein Schritt auf dem Wege zur Erkenntnis mehr Aktualität als ein mit Aktualität geladener, die Wahrheit enthüllender Vorstoß. Daß zeigt sich darin, daß es möglich

170 w–w D: It sees that historical existence is not to be separated from might and power.
x–x D: The power of Socialist groups and the ultimate victory of Socialism is dependent on the possession of such inner might. A group can attain inner might only to the degree that it subjects itself to the idea, which, transcending power, stabilizes and consecrates all power.

10. Zehn Thesen (1932)

A. (Druckvorlage) Zehn Thesen. In: Die Kirche und das dritte Reich. Fragen und Forderungen deutscher Theologen, I. Herausgegeben von Leopold Klotz. Leopold Klotz Verlag Gotha 1932, 126–128.

B. Zehn Thesen. In: GW XIII (1972) 177–179.

C. Dix thèses sur le national-socialisme. In: Paul Tillich, Écrits contre les nazis (1932–1935). Traduction de Lucien Pelletier. Introduction de Jean Richard. Les Éditions du Cerf, Éditions Labor et Fides, Les Presses de l'Université Laval 1994, 1–4.

Zur Textgeschichte

„In diesen Vorpfingsttagen beschäftigten sich 23 alte und junge Vertreter unserer evangelischen Kirche mit der Frage, ob und wie weit die große neue Freiheitsbewegung, die durch unser Volk geht, vor dem evangelischen Glauben bestehen kann." So heißt es im Vorwort der von vornherein auf zwei Bände angelegten Sammlung von Stellungnahmen zum Verhältnis der evangelischen Kirche zum Nationalsozialismus. Der Herausgeber, als Verleger bekannt, stellt sich als evangelischer Christ vor, der nach einigen Jahren Erfahrung als weltliches Mitglied eines Kirchenparlaments „das Vertrauen und die Liebe" zu seiner Kirche noch nicht verloren hat und sich gegen die Untergangsstimmung und die Schlagworte der Straße wehrt. Kriterium für die Auswahl der Mitarbeiter an diesem Band sollte nicht die „Berühmtheit" sein, sondern die „verschiedenen Richtungen" des evangelischen Glaubens. Im 2. Band sollte allerdings die junge Generation zu Wort kommen. Leopold Klotz hatte auch Adolf Hitler den 1. Band überreicht und ihn – wohl besorgt um die „Ausgewogenheit" des ganzen Unternehmens – um einen Beitrag für den 2. Band gebeten. Dieser ließ ihm mitteilen, er sei durch die bevorstehenden Reichstagswahlen aufs äußerste in Anspruch genommen, und beauftragte Prof. J. Stark, einen Nationalsozialisten, mit einer Stellungnahme zu den Beiträgen des 1. Bandes, die dann im 2. Band abgedruckt wurde. „Nicht einmal auf katholischer Seite", so heißt es in dieser Stellungnahme, habe er „eine derartige Anhäufung von Unkenntnis, Oberflächlichkeit, Anmaßung und heimtückischer Feindschaft gegen die deutsche Freiheitsbewegung gefunden" (S. 9). Auch Alfred Rosenberg setzte sich mit den „marxistischen Pseudotheologen", die an diesem Band mitgewirkt haben, kritisch auseinander, freilich ohne den Namen Paul Tillichs zu nennen (Nationalsozialistische Monatshefte, Juni 1932).

Am 1. Band wirkten außer Tillich u.a. Ernst Bizer, Emil Fuchs, Friedrich Heiler, Johannes Hempel, Ferdinand Kattenbusch, Reinhard Mumm, Otto Piper, Martin Rade, Karl Bernhard Ritter und Joseph Wittig mit.

Am 6. Juni waren in Berlin (die im 2. Band abgedruckten) „Zehn Richtlinien der Glaubensbewegung ‚Deutsche Christen'" der Öffentlichkeit übergeben worden.

Sie wurden auch der preußischen Kirchenleitung überreicht. Die Frage, warum diese damals nicht gegen die „Zehn Richtlinien" protestierte, ist, wie Klaus Scholder feststellt, „niemals beantwortet worden" (Die Kirchen und das Dritte Reich, Band I, Frankfurt am Main 1980, S. 265).

Zehn Thesen

1. Ein Protestantismus, der sich dem Nationalsozialismus öffnet und den Sozialismus verwirft, ist im Begriff, wieder einmal seinen Auftrag an der Welt zu verraten.

2. Scheinbar gehorsam dem Satz, daß das Reich Gottes nicht von dieser Welt ist, zeigt er sich, wie schon häufig in seiner Geschichte, gehorsam den siegreichen Gewalten und ihrer Dämonie.

3. Sofern er den Nationalsozialismus und die Blut- und Rassenideologie durch eine Lehre von der göttlichen Schöpfungsordnung rechtfertigt, gibt er seine prophetische Grundlage zugunsten eines neuen offenen oder verhüllten Heidentums preis und verrät seinen Auftrag, für den *einen* Gott und die *eine* Menschheit zu zeugen. |

4. Sofern er der kapitalistisch-feudalen Herrschaftsform, deren Schutz der Nationalsozialismus *tatsächlich* dient, die Weihe gottgewollter Autorität gibt, hilft er den Klassenkampf verewigen und verrät seinen Auftrag, gegen Vergewaltigung und für Gerechtigkeit als Maßstab jeder Gesellschaftsordnung zu zeugen.

5. Der Protestantismus ist in schwerster Gefahr, diesen für ihn auf weite Sicht verderblichen Weg zu gehen. Ihm fehlt seit seinen Anfängen eine von den weltlichen Mächten und nationalen Trennungen unabhängige tragende Gruppe. Ihm fehlt ein [a]profetisch[a] begründetes, gesellschaftskritisches Prinzip. Ihm fehlt auf lutherischem Boden der Wille, die Wirklichkeit nach dem Bilde des Reiches Gottes zu gestalten. Er ist in Deutschland soziologisch fast nur noch getragen von den Gruppen, die hinter dem Nationalsozialismus stehen, und ist dadurch ideologisch und politisch an sie gebunden.

6. Offizielle Neutralitätserklärungen der kirchlichen Instanzen ändern nichts an der tatsächlichen Haltung weitester evangelischer Kreise, Theologen und Laien. Sie werden vollends wertlos, wenn gleichzeitig kirchliche Maßnahmen gegen sozialistische Pfarrer und Gemeinden getroffen werden und Theologen, die dem heidnischen Nationalismus entgegentreten, bei der Kirche keinerlei Schutz finden.

7. Der Protestantismus hat seinen prophetisch-christlichen Charakter darin zu bewähren, daß er dem Heidentum des Hakenkreuzes das Christentum des Kreuzes entgegenstellt. Er hat zu bezeugen, daß im Kreuz die Nation, die Rasse, das Blut, die Herrschaft in ihrer Heiligkeit gebrochen und unter das Gericht gestellt sind.

8. Der Protestantismus hat seinem Wesen nach nicht die Möglichkeit, sich in einer bestimmten politischen Richtung darzustellen. Er muß die Freiheit von

sich selbst darin bewähren, daß Protestanten jeder politischen Partei angehören können, selbst denjenigen, die den Protestantismus | in seiner kirchlichen Verwirklichung bekämpfen. Er muß aber jede Partei wie überhaupt jedes menschliche, auch kirchliche Tun unter das Gericht und die Hoffnung der prophetisch-urchristlichen [b]Reichgottesverkündigung[b] stellen.

9. Auf diese Weise kann er dem politischen Wollen der im Nationalsozialismus zusammengeschlossenen Gruppen ein ihrer sozialen Not gemäßes, wahrhaftiges und gerechtes Ziel zeigen und die Bewegung befreien von den volks- und menschheitszerstörenden Dämonien, denen sie [c]heut[c] unterworfen ist.

10. Ein offenes oder verstecktes Bündnis der protestantischen Kirchen mit der nationalsozialistischen Partei zur Unterdrückung des Sozialismus und Bekämpfung des Katholizismus muß nach gegenwärtigem Machtzuwachs der Kirchen zu zukünftiger Auflösung des deutschen Protestantismus führen.

Kritischer Apparat

178 a–a B: prophetisch
179 b–b B: Reich-Gottes-Verkündigung
c–c B: heute

11. Die sozialistische Entscheidung (1933)

A. Der Geist des Sozialismus und der Kampf gegen ihn. Typoskript, 58 S. (Kopien in PTAH, PTAM).

B. (Druckvorlage) Die sozialistische Entscheidung. 1933. Die sozialistische Aktion. Heft 2. Schriftenreihe der Neuen Blätter für den Sozialismus. Alfred Protte-Verlag, Potsdam 1933.

C. The Two Roots of Political Thinking. In: Paul Tillich, The Interpretation of History. Part One Translated by N.A. Rasetzki, Parts Two, Three and Four Translated by Elsa L. Talmey. Charles Scribner's Sons New York, Charles Scribner's Sons Ltd London 1936, 203–215.

D. Die sozialistische Entscheidung. Schriften zur Zeit. Herausgegeben von August Rathmann. Bollwerk-Verlag Karl Drott Offenbach a. M. 1948. Veröffentlicht unter Zulassungs-Nr. US-W-2023 der Nachrichtenkontrolle der Militärregierung. Copyright für die Westzone by Bollwerk-Verlag Karl Drott, Offenbach a. M. Copyright für die Ostzone by Verlag Felix Meiner, Leipzig.

E. Die sozialistische Entscheidung. In: GW II (1962) 219–365.

F. Die sozialistische Entscheidung. medusa Verlag Wölk + Schmid, Berlin 1980. Mit Vorbemerkung zur Neuauflage von Klaus Heinrich. Fotomechanischer Nachdruck von D.

G. The Socialist Decision. Translated by Franklin Sherman. Harper & Row, Publishers, Inc. New York, Evanston, San Francisco, London 1977. – Nachdruck o. J.: University Press of America, Inc.

H. La décision socialiste, in: Paul Tillich, Écrits contre les nazis (1932–1935). Œuvres de Paul Tillich, sous la direction d'André Gounelle et de Jean Richard. Traduction de Lucien Pelletier. Introduction de Jean Richard. Les Éditions du Cerf, Éditions Labor et Fides, Les Presses de l'Université Laval 1994, 17–170 [Übersetzung von E].

Textgeschichte

Diese programmatische Schrift Tillichs wurde am 9. November 1932 mit dem Vorwort abgeschlossen und in einigen Exemplaren schon zu Weihnachten 1932 ausgeliefert (Schreiben von Paul Tillich an Erich Seeberg, s.u). Nach der Machtübernahme durch die Nationalsozialisten wurde sie verboten. Der gesamte Verlagsbestand wurde beschlagnahmt. Während des Krieges wurde er durch einen Bombenangriff vernichtet. So blieben nur wenige Exemplare erhalten. Besprechungen wurden nicht veröffentlicht. In Heft 12 des Jahrgangs 1932 der „Neuen Blätter für den Sozialismus" (S. 667f.) erschien allerdings folgende Besprechung durch den Autor selbst:

„Sozialistische Entscheidung ist Entscheidung d e s Sozialismus und f ü r den Sozialismus. Die Schrift wendet sich gleichzeitig an die gegenwärtigen Träger des Sozialismus und an die kommenden, die für ihn gewonnen werden sollen. Für beide werden die Probleme des Sozialismus neu durchdacht. – Aus zwei Wurzeln wird

alles politische Denken hergeleitet: aus der Bindung an den Ursprung, an das „Woher", an die tragenden Kräfte von Boden, Blut, sozialer Gruppe und Tradition; und aus der Richtung auf das „Wozu", das Geforderte, die Gerechtigkeit, durch die die Mächte des Ursprungs zugleich gebrochen und erfüllt werden. Aus der ersten Wurzel des politischen Denkens stammt die politische Romantik, deren konservative und revolutionäre Formen in ihrem Wesen und in ihrem Widerspruch ausführlich dargestellt werden. Aus der zweiten Wurzel des politischen Denkens stammen Prophetie und Autonomie und durch sie Liberalismus, Demokratie und Sozialismus. Um die gegenwärtige Situation des Sozialismus verständlich zu machen, wird das bürgerliche Prinzip entwickelt, sein innerster Kern, der Harmonieglaube, aufgewiesen und das Zerbrechen des bürgerlichen Prinzips in der Klassensituation gezeigt. Der Nachweis wird jedesmal ökonomisch-soziologisch und philosophisch in gegenseitiger Durchdringung geführt.

Von diesen Voraussetzungen aus wird nun der innere Widerstreit der proletarischen Situation und des Sozialismus aufgedeckt. Es wird gezeigt – an sechs Grundantinomien –, daß der Sozialismus ständig gezwungen ist, das bürgerliche Prinzip zu erfüllen, gegen das er kämpft, es bis in seine letzten Konsequenzen durchzusetzen, obgleich er die Voraussetzung des bürgerlichen Prinzips, den Harmonieglauben, verneint. In diese Betrachtung werden zahlreiche Einzelheiten der sozialistischen Politik, namentlich der letzten 15 Jahre, einbezogen. – Die Lösung der sozialistischen Antinomie wird in der Aufstellung eines „sozialistischen Prinzips" versucht, wobei Prinzip definiert wird als „die innere Macht der sozialistischen Bewegung, in Begriffe gefaßt". Das Prinzip umfaßt also ebenso die wirtschaftlich-gesellschaftliche wie die seelische und geistige Seite der sozialistischen Bewegung.

Mit Hilfe des so gewonnenen sozialistischen Prinzips wird versucht, zuerst eine Antwort auf die theoretischen Grundprobleme des Marxismus zu geben: historischer Materialismus und historische Dialektik. Dann werden die einzelnen Antinomien zu einer Lösung geführt, in der beide Wurzeln des politischen Denkens – die zugleich als Wurzeln menschlichen Seins überhaupt gekennzeichnet sind – zu ihrem Recht kommen; aber so, daß die Forderung der Gerechtigkeit der Macht des Ursprungs übergeordnet bleibt. Die Lösung, die bis in die Einzelheiten der sozialistischen Staats- und Kulturpolitik verfolgt wird, gibt die Möglichkeit für ein Zusammengehen des Proletariats mit den revolutionierten mittelständischen Gruppen und damit den Hinweis auf eine konkrete politische Entscheidung des Sozialismus in der Gegenwart."

Wegen seines energischen Verhaltens als Mitglied des Senats der Frankfurter Universität (nach dem Überfall von SA-Gruppen auf die Universität), nicht zuletzt aber auch wegen dieser Schrift wurde Tillich am 13. April 1933 auf Grund des Gesetzes zur Wiederherstellung des Berufsbeamtentums vom 7. April 1933 wie viele andere Frankfurter Professoren mit sofortiger Wirkung beurlaubt und am 20. Dezember 1933 entlassen.

Daß man ihn wegen seiner religiös-sozialistischen Einstellung und wegen seiner Schrift „hier beseitigt", befürchtete er, wie aus seinem Schreiben an Erich Seeberg hervorgeht, bereits im März. Erich Seeberg gegenüber charakterisierte er seine Schrift als umfassenden Versuch, „die beiden großen politischen Tendenzen, die ‚ursprungsmythische', die in der nationalen Bewegung wirkt, und die ‚profetische', die den Hintergund des Sozialismus bildet, zusammenzufassen". Es gehe ihm also darum, „einen zugleich profetischen und der deutschen Situation angemessenen Sozialismus zu schaffen". Wegen der sich gegen die Universität und ihn persönlich richtenden Angriffe bat er Seeberg um Hilfe und Vermittlung. Es sei z.B. wichtig, so schrieb er ihm, „den Sinn und die Bedeutung der religiös-sozialistischen Bewegung in den letzten Jahrzehnten verständlich [zu] machen und deutlich [zu] erklären, daß die Existenz religiös-sozialistischer Professoren unmittelbar im Interesse der Kirche liegt." Auch müsse die Kirche ein Interesse daran haben, „protestantische Theologen in philosophischen Lehrstühlen zu halten." Tillich fügt aber hinzu: „Selbstverständlich bedeutet das nicht, daß ich von meiner wirklichen Überzeugung auch nur um Haaresbreite abweichen könnte" (Tillich an E. Seeberg, 19.3.1933, Bundesarchiv Koblenz, NL E. Seeberg).

Realistischer war wohl der Rat, den Max Horkheimer ihm gegeben hatte. „Zu den Warnenden", so erinnerte sich dieser, „habe ich gehört. Ich habe ihm eines Tages im Februar 1933 eine Reihe von Stellen aus seinen Schriften vorgelesen und gesagt, ich glaubte, wenn er Deutschland nicht verließe, würden sie ihm das Leben kosten" (Werk und Wirken Paul Tillichs. Ein Gedenkbuch. Stuttgart 1967, S. 16f.).

Wie Tillich im Vorwort seiner Schrift mitteilt, ist sie aus einem an der deutschen Hochschule für Politik in Berlin im Oktober 1931 gehaltenen Vortrag hervorgegangen. Dieser sollte in ausgearbeiteter Form unter dem Titel „Der Geist des Sozialismus und der Kampf gegen ihn" im Oktober 1932 in der Reihe „Die sozialistische Aktion" im Protte-Verlag in Potsdam erscheinen (Neue Blätter für den Sozialismus, 3. Jg., 1932, S. 413 Anm.). Ein Vorabdruck daraus war der Aufsatz "Protestantismus und politische Romatik" (ebd., S. 413–422).

Die Überschrift „Der Geist des Sozialismus und der Kampf gegen ihn" tragen sowohl ein handschriftlicher Entwurf (mit einer Gliederung) (PTAH, box 113:007) als auch ein Typoskript (=A). Dem Entwurf ist folgende Gliederung vorangestellt: I. Der Geist des Sozialismus und das Proletariat. II. Der Kampf um Raum und Zeit und der Geist des Faszismus. III. Das Leben und die Frage nach dem Leben. IV. Der Geist der bürgerlichen Gesellschaft. V. Die Antinomien im Geist des Sozialismus. VI. Der Geist des Sozialismus, die Dialektik und die Erwartung.

Hier sind unschwer Aufbau und Schlüsselbegriffe der späteren, unter dem Titel „Die sozialistische Entscheidung" erschienenen Ausarbeitung zu erkennen. Das unvollendet gebliebene Typoskript (= A.) ist nicht nur eine Vorarbeit zu der für den Oktober 1932 angekündigten Schrift „Der Geist des Sozialismus und der Kampf gegen ihn", sondern der am 9. November abgeschlossenen umfassenden Ausarbeitung. So ist B. (S. 28–84) mit A. textkritisch zu vergleichen. Das Typoskript (= A.) hat folgende Gliederung: I. Der Geist des Sozialismus und die proletarische Klasse. 1. Geist und Verwirklichung. 2. Geist und Klasse. II. Der Geist der politischen Romantik. 1. Der Mythos des Ursprungs. 2. Der Bruch mit dem Ursprungsmythos und der Geist des Judentums. 3. Die Aufklärung als Voraussetzung der politischen Romantik. 4. Die Rückwendung zum Mythos des Ursprungs in der politischen Romantik. 5.

Die geistigen Ausdrucksformen der politischen Romantik und die Partei[en]. III. Der Geist der bürgerlichen Gesellschaft und die Antinomien des Sozialismus. 1. Der Geist der bürgerlichen Gesellschaft und seine Spannungen. 2. Der Sozialismus als Vollendung und Bekämpfung des bürgerlichen Prinzips. [Nicht ausgeführt:] 3. Die sozialistische Antinomik.

Die Ausarbeitung erfolgte – n a c h dem in der Schrift mehrfach erwähnten Handstreich gegen Preußen vom 20. Juli 1932 – während eines gemeinsam mit Hannah Tillich, Adolf Grimme, Karl Mannheim und Adolf Löwe in den Bergen von Sils Maria verbrachten Sommerurlaubs. So berichtet Adolf Löwe 1972 (vgl. John R. Stumme, Socialism in Theological Perspective. A Study of Paul Tillich 1918–1933 [American Academy of Religion, ed. By Mark C. Taylor], Missoula 1978, S. 48, sowie ders., in G., Introduction, S. XXIII; vgl. Hannah Tillich, From Time to Time, New York 1973, S. 147). A. nimmt – anders als B. – in keiner Weise Bezug auf den Staatsstreich, ist also vorher abgefaßt worden.

Wie Tillich im Vorwort seiner Schrift berichtet, entstammt sie „einer langjährigen Beschäftigung mit den Problemen des Sozialismus, vor allem dem gemeinsamen Ringen um sie in den Berliner und Frankfurter Freundes- und Arbeitskreisen“ (B., S. 12). Er widmete sie Eduard Heimann und dankt besonders dem religiösen Sozialisten und Nationalökonomen Adolf Löwe, ohne dessen spezielle Unterstützung er das Schlußkapitel (über „Natur und Planung in der Wirtschaftsordnung“) nicht habe schreiben können. Adolf Grimme, ebenfalls religiöser Sozialist und mit Tillich befreundet, war als preußischer Kultusminister durch den Staatsstreich vom 20. Juli 1932 abgesetzt worden. Das Reichskabinett von Papen und von Schleicher hatte die preußische Regierung Braun- Severing ihrer Ämter enthoben – angeblich aus Gründen der Staatsraison. Preußen wurde „verreichlicht“ und damit zerschlagen, „und zwar durch eben diejenigen, die den Verfassungswandel von 1918 bekämpft hatten und nun eher bereit waren, Preußen zu opfern als seine demokratische Form als mögliche Zukunft Preußens anzuerkennen“ (Karl Dietrich Bracher).

Der 20. Juli 1932, so schrieb damals August Rathmann, „wird in der deutschen Verfassungs- und Rechtsgeschichte als ‚schwarzer Tag‘ fortleben“. Die Juli-Ereignisse, so seine Schlußfolgerung, „fordern deshalb vom deutschen Sozialismus mit allem Nachdruck die gründlichste Besinnung über die seit 1918 eingeschlagene und bis zum 20. Juli geschaffene politische Linie“ (Neue Blätter für den Sozialismus, 3. Jg., 1932, S. 405). Für Tillich bedeuteten sie die „Katastrophe des sozialistischen Reformismus“. Mit dem „bürgerlichen Harmonieglauben“, so seine Folgerung, solle nun „auch in der praktischen Politik endgültig gebrochen“ werden (B., S. 92f.). Er charakterisiert den Staatstreich als Aufrichtung der bürgerlich-feudalen Herrschaft des Spätkapitalismus und deutet die Situation im Hinblick auf den Sozialismus so: „Die Erfahrung, mit welcher Schnelligkeit es möglich war, auf die militärische Gewalt gestützt, die sozialistische Durchdringung des Staatsapparates personell und sachlich rückgängig zu machen, hat den demokratisch-reformistischen Tendenzen in weiten Kreisen der Sozialdemokratie den Todesstoß gegeben“ (B., S. 121 Anm.). Im Schatten dieser Ereignisse hat Tillich die Schrift ausgearbeitet, deretwegen auch er als Universitätsprofessor entlassen wurde und Deutschland verlassen mußte.

D. enthält (S. 7–9) einen Text „Zum Geleit. Vom Herausgeber (August Rathmann)", der wegen seiner historischen und wirkungsgeschichtlichen Bedeutung hier vollständig wieder abgedruckt sei:

"Dieses Buch wurde im Jahre 1932 geschrieben. Es erschien Anfang 1933 in der Reihe „Die sozialistische Aktion", die vom Arbeitskreis der Zeitschrift „Neue Blätter für den Sozialismus" herausgegeben wurde. Es konnten nur wenige Exemplare ausgeliefert werden, dann wurde die gesamte sozialistische Literatur des Alfred Protte Verlags Potsdam beschlagnahmt und verboten. Die eingelagerten Bestände wurden im Bombenkrieg vernichtet.

„Die sozialistische Entscheidung" ist deshalb nur in einzelnen Exemplaren während der Zeit des Terrors und des Krieges gelesen worden. Aber diese gingen unter den Vertrauten von Hand zu Hand, und sie haben viel dazu beigetragen, daß sich die Gesinnungsfreunde, die sich um die „Neuen Blätter" gesammelt hatten, in unerschütterlicher Überzeugung von der endgültigen Überwindung des nazistischen Widersinnes durch eine geistig erneuerte sozialistische Bewegung in, trotz aller Verfolgungen, immer wieder neu gebildeten Widerstandsgruppen zusammenfanden. Viele der Freunde haben die nazistischen Konzentrationslager und Zuchthäuser in langen Jahren kennengelernt, anderen ist die rechtzeitige Flucht ins Ausland gelungen, einige der Besten sind in diesem Kampf gefallen.

Da mit der Neuauflage dieses Buches die Arbeit des Kreises der „Neuen Blätter" wieder sichtbar wird, sei ehrend der Freunde gedacht, deren Schicksal bekannt wurde.

Theodor Haubach
Carl Mierendorff
Adolf Reichwein
waren führend an der Vorbereitung des 20. Juli 1944 beteiligt. Haubach und Reichwein wurden hingerichtet, Mierendorff war bereits vorher einem Bombenangriff zum Opfer gefallen. Alle Drei gehörten dem Beirat der „Neuen Blätter" an.

In enger Verbindung zu den „Neuen Blättern" standen
Lothar Erdmann
Ernst von Harnack
Hermann Maaß
Adam von Trott zu Solz.

Von diesen wurde Erdmann im Konzentrationslager Sachsenhausen ermordet; die anderen Drei wurden gleichfalls als Verschworene des 20. Juli 1944 hingerichtet.

In der Emigration verstarben
Emil Lederer
Hugo Sinzheimer,
die beide dem Beirat der „Neuen Blätter" angehörten.

Der Mitbegründer und mehrjährige Mitherausgeber der „Neuen Blätter"
Fritz Klatt
erlag, geschwächt durch den steten Widerstand gegen die nazistischen Gewaltmethoden, nach Kriegsende einer schweren Erkrankung.

Diese Wenigen stehen für Viele, die gelitten haben und vernichtet wurden, weil sie kämpften gegen eine menschliche Entartung, wie sie vorher unvorstellbar war und noch jetzt selbst denen unbegreiflich ist, die sie unmittelbar erfahren mußten. Aber auch der Nationalsozialismus war nur eine – wenn auch über alle Maßen furchtbare – Episode in der kapitalistischen Epoche der Selbstentfremdung des Menschen. Und deshalb geht der Kampf weiter um die Erfüllung des Seins, um den Sinn und die Würde des menschlichen Lebens auf dieser Erde.

Im übrigen ist der Nationalsozialismus nicht schon deshalb überwunden, weil er den Krieg verloren hat. Die politische Romantik, die in ihm ihren größten Triumph erringen konnte, lebt noch in unzähligen deutschen Köpfen und sie wird in den nächsten Jahren und noch in Jahrzehnten erneut die Zuflucht der Vielen werden, die mit der harten Wirklichkeit des deutschen totalen Zusammenbruchs nicht fertig werden und keinen Weg zu einer neuen sinnvolleren Ordnung finden können.

Eine geistige Entscheidung für konservatives und romantisches Denken in der Politik ist jedoch hinfort nicht mehr möglich, nachdem Paul Tillich in diesem Buch den inneren Widerspruch der politischen Romantik aufgewiesen hat. Der Ursprungsmythos als die Grundlage dieses Denkens ist durch die unbedingte Forderung des liberalen, demokratischen und sozialistischen Denkens gebrochen und entmachtet. Liberalismus und Demokratie haben sich jedoch als Prinzipien der bürgerlichen Gesellschaft nicht durchsetzen können. Sie wurden im Kapitalismus verfälscht und abgebogen. Trotz der tiefen Erschütterung des Harmonieglaubens sucht das bürgerliche Denken heute wie ehemals einen Ausweg aus der Krise durch die Verbindung mit vorbürgerlichen Mächten.

Auch für dieses bürgerliche Denken ist eine geistige Entscheidung nicht mehr möglich, nachdem Paul Tillich die Grenze des bürgerlichen Prinzips und sein Zerbrechen im Klassenkampf aufgezeigt hat. Die Entscheidung kann nur für den Sozialismus fallen, der Ausdruck der proletarischen Situation und dessen Prinzip die Macht der proletarischen Bewegung ist. Aber der Sozialismus ist selber auch in die Entscheidung gestellt. Er hat eine partikulare und eine universale Seite und nur in dieser Einheit kann er die ihm von der Geschichte gestellte Aufgabe verwirklichen. Nach der Niederlage, die der deutsche Sozialismus durch die politische Romantik des Nationalsozialismus erlitten hat, muß er sein Wesen und seinen Weg von den Wurzeln her neu überprüfen. Der Zwiespalt zwischen kurzsichtigem Reformismus und unfruchtbarem Radikalismus ist von innen her zu überwinden. Die sozialistische Praxis muß im Einklang stehen mit der Richtung und den Kräften der geschichtlichen Bewegung. Allein der Sozialismus kann das Abendland vor dem Chaos und dem endgültigen Untergang bewahren. Geist und Tat der erneuerten sozialistischen Bewegung sind das Schicksal Deutschlands und der Welt.

Die besondere Bedeutung dieses Buches für die sozialistische Bewegung liegt darin, daß der Marxismus durch Tillich seine ursprüngliche Weite zurückgewinnt und daß in ihm das überwältigende Ethos des jungen Marx wieder lebendig wird. Der autonome Charakter der von Tillich analysierten sozialistischen Lebens- und Denkformen hat den prophetischen Gehalt des sozialistischen Prinzips bisher im wesentlichen verdeckt. Die Erkenntnis des Sozialismus als Prophetie, die Zusammenfassung der Elemente des sozialistischen Prinzips im Symbol der Erwartung geben dem sozialistischen Denken eine bis jetzt verborgene Tiefe und Wirkungskraft. Der Versuch

Tillichs, die universale Seite des Sozialismus umfassend aufzuzeigen, ist mit einer Überlegenheit durchgeführt, die das Bedürfnis der Gegenwart nach einem von überzeugenden Glaubenskräften getragenen neuen Weltbild voll zu befriedigen vermag.

Paul Tillich, der seinen philosophischen Lehrstuhl an der Universität Frankfurt a. Main 1933 aufgeben mußte und seitdem in New York lehrt, ist gegenwärtig nicht imstande, eine neue Bearbeitung der „Sozialistischen Entscheidung" vorzunehmen. Herausgeber und Verlag haben sich daher entschlossen, mit Zustimmung des Verfassers diese Neuauflage unverändert erscheinen zu lassen, da sie der Überzeugung sind, daß das deutsche Volk und vor allem die sozialistische Bewegung in der gegenwärtigen geistigen Not ein Anrecht darauf haben, dieses Buch gerade jetzt zu lesen.

Die z.T. zeitbedingten Formulierungen des Jahres 1932 können den grundsätzlichen Wert des Buches nicht beeinträchtigen; die inzwischen vergangenen 15 Jahre haben außerdem bewiesen, daß der Verfasser auch in seinen damals aktuellen Ausführungen das Rechte getroffen hat. Es mag zudem für manchen Leser von Nutzen sein, sich die Situation vor der Machtergreifung durch die Nationalsozialisten und sein eigenes Denken und Verhalten dieser Zeit erneut zu vergegenwärtigen, um dieser Stunde der Besinnung, die dem deutschen Volke nach der nazistischen Episode noch einmal gegeben ist, seine jetzige Entscheidung sehr gewissenhaft zu überlegen.

Mit der Neuausgabe dieses Buches beginnt eine neue Folge der „Schriften zur Zeit", in denen sich in der Zeit zwischen den beiden Weltkriegen zum erstenmal die jüngeren geistigen Kräfte im deutschen Sozialismus zu sammeln begannen. Der Nazismus hat den Kreis, der sich später die „Neuen Blätter" schuf, auseinandergerissen und seine Glieder, soweit sie ihn überstanden haben, über viele Länder verstreut. Aber das erarbeitete Gedankengut ging nicht verloren und der geistige und politische Gestaltungswille der Überlebenden wurde nicht gebrochen. Und so wollen die „Schriften zur Zeit" erneut ohne dogmatische Bindung die Kräfte sammeln, die, aufgeschlossen allem Lebendigen, in einer sinnlosen Zeit es wagen, der Welt im Sozialismus einen neuen Sinn zu geben.

Berlin, den 30. September 1947
A[ugust] R[athmann]."

„Die sozialistische Entscheidung" ist zusammen mit anderen Schriften zum Religiösen Sozialismus in dem Band II der GW (1962) vereint worden, der den Titel „Christentum und soziale Gestaltung" erhielt (= E.). Noch im März 1962 – Tillich hatte bereits Weihnachten 1961 das Vorwort zu diesem Band geschrieben – war ihm und August Rathmann fraglich, ob Renate Albrecht, die Herausgeberin der GW, die „sozialistische Entscheidung" überhaupt in die GW aufnehmen würde. Aus Tillichs Brief an die Herausgeberin vom 6. März 1962 geht hervor, daß August Rathmann ihm berichtet hat, daß gegen seinen Wunsch nicht nur die englischen Schriften zum Religiösen Sozialismus, sondern auch „Die sozialistische Entscheidung" in Band II „ausgelassen sind". Er sei bisher aber davon ausgegangen, daß „DIE SOZIALISTISCHE ENTSCHEIDUNG ... den Hauptteil des Bandes bilden sollte", und fragt: „Habe ich in unseren Verhandlungen etwas übersehen, oder ist Rathmann falsch informiert? Oder was habt Ihr sonst mit der Schrift vor? Ich nahm als selbstverständ-

lich an, daß sie als letzte in den Band II aufgenommen würde. Bitte, informiere mich darüber. Ich würde sonst mein Vorwort zu diesem Band zurückziehen. Rathmann vermutet, daß Ihr meine religiössozialistische Periode in eine ‚Jugendsünde' verwandeln wollt, obgleich sie in Wirklichkeit die Grundlage meines gesamten geschichtsphilosophischen Denkens ist ..." (Kopie des Briefes im PTAM). Daß die Aufnahme dieser Schrift „umstritten" war, berichtet auch Klaus Heinrich in der „Vorbemerkung zur Neuauflage" (F.).

Diese „Vorbemerkung zur Neuauflage", verfaßt von dem Berliner Religionsphilosophen Klaus Heinrich, wird als Dokument einer Tillich-Rezeption hier ebenfalls vollständig abgedruckt:

1

Nach dem Ersten Weltkrieg die Erfahrung des „Kairos": Augenblick, den es zu ergreifen gilt, Chance für erfüllte, weil verwandlungsmächtige Zeit; nach dem Zweiten Weltkrieg kein Kairos in Sicht, allenfalls – mit Tillichs nunmehr zauderndem Wort – die „heilige Leere"; 1932 jedoch, in diesem Buch, noch die „Erwartung" – als das fundamentale Symbol und zugleich historisch ganz real, daß die uns drohende „Barbarei" durch Sozialismus sich abwenden lasse. – Diese Erwartung analytisch zu begründen, mit Argumenten die zu überzeugen, die mit dem Proletariat ein Bündnis einzugehen hätten, damit sie sich erfüllt, war die erklärte Absicht des hier noch einmal vorgelegten Buches.

Kaum erschienen, Anfang 1933, ist es beschlagnahmt worden, Tillich, als einer der ersten, mußte aus Deutschland fliehen – die lange Zeit der Emigration begann, an deren Ende aus dem deutschen Theologen und Frankfurter Ordinarius für Philosophie ein Harvard Professor geworden war. Er kehrte nach Deutschland zurück nach diesem Krieg, immer wieder nach Hamburg und Berlin, zu Gastvorträgen und auch Gastsemestern, aber die Brücke schlug er jetzt von ‚drüben' in das in seiner Geschichtslosigkeit sich einrichtende geteilte Land.

Eine Wiederauflage dieses Buches, 1947 besorgt von August Rathmann, dem Mitherausgeber der „Blätter für den Sozialismus" (ihr Beirat seinerzeit hatte es herausgebracht, in der Reihe „Die sozialistische Aktion" war es erschienen, jetzt erlebte es den Nachdruck unter der kommentierenden, auf Eingriff verzichtenden Firmierung „Schriften zur Zeit") enthält eine Tafel der Personen, nunmehr Toten, die dem Unternehmen einmal nahegestanden hatten. Sie sei mit den Worten Rathmanns hier noch einmal abgedruckt, denn sie gehört zu der Geschichte nicht nur des Buches, sondern der Gefahr, vor der es warnt, die es vergeblich abzuwenden suchte, dazu.

„Theodor Haubach, Carl Mierendorff, Adolf Reichwein waren führend an der Vorbereitung des 20. Juli 1944 beteiligt. Haubach und Reichwein wurden hingerichtet, Mierendorff war bereits vorher einem Bombenangriff zum Opfer gefallen. Alle Drei gehörten dem Beirat der „Neuen Blätter" an. In enger Verbindung zu den „Neuen Blättern" standen Lothar Erdmann, Ernst von Harnack, Hermann Maaß, Adam von Trott zu Solz. Von diesen wurde Erdmann im Konzentrationslager

Sachsenhausen ermordet; die anderen Drei wurden gleichfalls als Verschworene des 20. Juli 1944 hingerichtet. In der Emigration verstarben Emil Lederer, Hugo Sinzheimer, die beide dem Beirat der „Neuen Blätter“ angehörten. Der Mitbegründer und mehrjährige Mitherausgeber der „Neuen Blätter“ Fritz Klatt erlag, geschwächt durch den steten Widerstand gegen die nazistischen Gewaltmethoden, nach Kriegsende einer schweren Erkrankung.“

2

Als ich, im Seminar von Walther Braune, das Buch kennenlernte (nach der Gründung der Freien Universität im Westen der Stadt Berlin, einer Gründung gegen Stalinismus und NS-Reaktion gleichermaßen), faszinierte die Analyse, erschreckte ihre Vergeblichkeit. Später, als die Kontinuität des bedeutenden (und fügen wir ruhig hinzu: mutigen) Denkers Tillich in Frage gestellt wurde – hatte er sich nicht von einer politischen weg zu einer unpolitischen Theologie und Philosophie, vom Expressionisten mit Hang zur Neuen Sachlichkeit zu einem abgeklärten Klassiker entwickelt? –, war die Aufnahme des Buches in die Werkausgabe erst umstritten; danach blieb es in dieser versteckt. Warum soll es jetzt noch einmal separat erscheinen?

Nicht nur die Hellsichtigkeit der Analyse vor dem Untergang, der vielleicht erst ein Auftakt war, rechtfertigt dies; nicht nur der hier erfüllte Anspruch auf ein der Realität entsprechendes Simultané von Existentialismus und historischer Erfahrung (denn was wäre diese, wenn sie nicht real unsere Existenz beträfe, und zwar gerade deren Verwandlungsmacht, und was jener, wenn wir ihn zu einem reale Ängste durch den Begriff „Angst“ kaschierenden Essentialismus machten, so wie Heideggers Existential-Ontologie dies in der Tat getan hat?); auch nicht nur sein Charakter als eines warnenden Dokuments am Ende eines Zeitalters „bürgerlichen Harmonieglaubens“, das es historisch auf den Begriff zu bringen und analytisch zu überwinden half (die Warnung hat ja nichts gefruchtet, der dokumentarische Charakter ist darum heute deutlicher denn je) – vielmehr, es ist aufmerksam zu machen auf ein zentrales Buch des Widerstands in diesem Jahrhundert, Widerstands kraft Ausarbeitung dessen, was wir heute durch museale Aufbereitung zu ersetzen trachten, „Geschichtsbewußtsein“.

Dies, in Tillichs Analyse, verbindet (oder richtiger, verbündet) den prophetischen Protest des alten Israel gegen den Kult „ungebrochener“ Ursprungsmächte mit dem sozialistischen Protest gegen eine „politische Romantik“. Sie, nachdem der bürgerliche Harmonieglaube in Klassenkämpfen zerbrochen war, hat jene Ursprünge wiederbeleben wollen, die scheinhaft ungebrochene Identität verheißen – von der Beschwörung der „Nation“ bis hin zum NS-Opferkult von „Blut“ und „Boden“ und der ihm entsprechenden, die Opfer rechtfertigenden, „ursprungsmythischen“ Ontologie. Aufklärung, dagegen aufgeboten, reichte nicht aus – sie vermochte die Opfer nicht abzuschaffen. Dazu bedarf es, über die Erkenntnis der Widersprüche und die reale Einschätzung der Machtkonstellationen hinaus (erstaunlich, wie realistisch Tillichs Einschätzungen heute, beim Wiederlesen, sind), der Einsicht in die nicht befriedig-

ten, auf Übersetzung angewiesenen Bedürfnisse – wenn anders die sozialistische Forderung, die auch eine nach „Verwirklichung" ist, nicht an ihrem inneren Widerstreit zerbrechen soll. Wie, wenn erst das Bedürfnis nach dem Ursprung in den Antrieb verwandelt werden kann, der das Diktat des Ursprungs bricht? – Das Bedürfnis, das dem „wahren" Ursprung gilt („Heimat" nennt ihn antizipatorisch der Gesprächspartner jener Zeit Ernst Bloch), das zu mobilisieren Tillichs Methode ist, seine den Techniken der Barbarei werbend entgegengehaltene in diesem Buch, ist das nach Gerechtigkeit: sie ist das Geist-Prinzip des Theologen Tillich, der den Opferdienst abschaffen will, ohne damit den Anspruch auf „seinsmächtige" Verwirklichung preiszugeben – ihr gilt die sozialistische Entscheidung als eine für den Sozialismus und, in Kritik an seinen Erscheinungsformen, in ihm.

3

Tillichs Buch, in allen seinen Analysen, stellt die Bündnisfrage. Wer das Bedürfnis nach Gerechtigkeit mobilisieren will, muß die Bündnispartner gegen den Verrat unter den sie Verratenden selber suchen, denn sie verraten auch ihr eigenes fundamentales Bedürfnis. Weil das Buch, materialiter und nicht bloß taktisch, diese Frage stellt, ist es heute wieder aktuell, in einer Zeit nicht bloß weltweit umgehender Diskreditierung – und Selbstdiskreditierung – des Sozialismus, sondern auch einer weltweit betriebenen Gespensterbeschwörung politischer Romantik inclusive der Wiederbelebung ursprungsmythischer Ontologie, auch und gerade, so als wäre dies das Unterpfand für einen neuen Idealismus, in der jüngeren und jüngsten Generation. Deren Unpolitischwerden – der Gefahr an unseren Universitäten heute, die ihrer Bürokratisierung in die Hand arbeitet – könnte dieses politische Buch eines Theologen entgegenwirken.

Es besticht, weil es nicht nur ein Plädoyer für Geschichtsbewußtsein hält, sondern in ihm, noch einmal und nicht ausgestanden, Geschichte erscheint. Es überrascht durch die argumentative Verdichtung der Diskussionen, die in es eingegangen sind – dadurch gerade ist es zu einer der wichtigsten Etappen geworden in der Entwicklung von den Kairos-Ideen des jungen Tillich zur gattungsgeschichtlichen Perspektive des theologisch-philosophischen Hauptwerks der späten „Systematic Theology", wie kaum ein anderes unterstreicht es noch im scheinbar nebensächlichsten Exkurs die Kontinuität dieses auf Diskussion angelegten Lebens. Es lehrt ein politisch und theologisch exponiertes Denken kennen, das den „wahren" Ursprung als die Forderung versteht, die mit den „wirklichen" Ursprüngen nicht abgespeist werden, allerdings ohne deren Triebmacht auch nicht verwirklicht werden kann. Es hat eine bedeutende Wirkung ausgeübt auf die Aufklärungsdebatte, die die Frankfurter Schule in Gang gesetzt hat (damals war Horkheimer der auf einen Lehrstuhl geholte Freund, Adorno der gegen die Fakultät durchgesetzte Habilitand Tillichs), auch wenn Adorno dem Verwirklichungspathos des christlichen Philosophen den erst aufzusprengenden allgemeinen „Bann", Horkheimer ihm die Schopenhauersche Resignation entgegenhielt. Es wäre heute geeignet, eingedenk gerade der Bedürfnisanalyse, die es vorlegt, die Frage nach dem Nachleben des NS als ‚Volksbewegung' kritischer (und das bedeutet, peinlicher) zu stellen, als dies den Theorien vom bloßen Krisenmanagement des Kapitalismus, die für Faschismus allgemein gültig sind, möglich ist, von den Theorien der Geschichtskatastrophe als Naturkatastrophe zu schweigen. Es ist also, wohlverstanden, ein Geschichtsbuch für die jüngere Generation, die aus ihm Nähe und Entfernung der eigenen Geschichte kennenlernen kann – und auch Nähe und Entfernung zu sich selbst, denn Selbstverwirklichung ist nicht zu haben unabhängig von der eigenen, wenn auch noch so wohl verdrängten Geschichte.

Angesichts des Erschreckens von Wiederkünften, in denen anstelle der Durcharbeitung unserer jüngsten Vergangenheit deren modisch-archivalische Wiederkehr tritt und, wenn ich richtig sehe, gerade die Opferkult-Faszination, die den Kitt für die psychische Entsprechung des NS: das Zugleich von Inbrunst und Zynismus, geliefert hat, an Boden und vielleicht auch Blut gewinnt – möge dieses Buch seine Wirkung noch vor sich haben.

Berlin, im Januar 1980

Die sozialistische Entscheidung

Vorwort

Sozialistische Entscheidung ist Entscheidung *des* Sozialismus und Entscheidung *für* den Sozialismus. Zu dieser doppelten Entscheidung soll im Folgenden aufgefordert werden. Ihr Recht soll begründet, ihr Wesen beschrieben, ihre Notwendigkeit gezeigt werden. Von zwei Gruppen wird die sozialistische Entscheidung gefordert, von denen, die heute den Sozialismus tragen, und von denen, die heute sein Gegner sind, ihn aber in Zukunft mittragen müssen. An beide wendet sich die Forderung einer sozialistischen Entscheidung: An die erste Gruppe im Sinne einer Neuentscheidung für den Sozialismus, einer neuen Sicht seines Wesens, seiner Probleme, seiner Schwierigkeiten und seiner kommenden Gestalt. Daß eine Neuentscheidung der Sozialisten für den Sozialismus nötig ist, zeigt unzweideutig sein gegenwärtiges Schicksal. Die Ursachen dieses Schicksals sollen aufgedeckt, die Möglichkeiten, es zu wenden, sollen untersucht werden. – Aber auch von den Gegnern des Sozialismus wird eine sozialistische Entscheidung verlangt. Diejenigen Gruppen vor allem, die heute schon das Wort Sozialismus in ihrem Namen führen, sollen zu einer wirklichen sozialistischen Entscheidung gebracht werden. Es soll gezeigt werden, warum sie durch ihre gegenwärtige Stellungnahme nicht nur den Sozialismus verneinen, sondern auch die Zukunft des Volkes und des Abendlandes bedrohen. Sie sollen nicht in das Proletariat eingefügt, wohl aber an seine Seite gestellt werden, damit in gemeinsamer sozialistischer Entscheidung das Todesschicksal der europäischen Völker gewendet werde. Nur die sozialistische Entscheidung kann es wenden. Darum wird zu ihr aufgerufen.

Zwar wird der Sozialismus heute nicht in dem Sinne totgesagt wie der Liberalismus. Man hätte auch erheblich weniger Recht dazu. Aber gegen eine bestimmte Form des Sozialismus – man nennt sie aus Unkenntnis und agitatorischen Gründen fälschlich „Marxismus“ – wenden sich | starke geistige und politische Kräfte der Gegenwart, besonders auf deutschem Boden. Die gesellschaftlichen Gründe dieses Kampfes sind durchsichtig und namentlich gegenüber dem Nationalsozialismus schon lange deutlich und eindrucksvoll[1] aufgewiesen. Über das Recht und Unrecht jedoch des Kampfes gegen den Sozialismus ist damit noch nichts entschieden. Er könnte sich mit Recht gegen bestimmte Formen des Sozialismus, mit Unrecht gegen das sozialistische Prinzip richten. Eben das ist die Voraussetzung, von der diese Schrift ausgeht. Sie will zeigen, was Sozialismus und was Marxismus wirklich sind. Sie setzt also voraus, daß das Bild, das der Sozialismus seinen Gegnern bietet, nicht die notwendige Form des Sozialismus, nicht der wahre, der Gesellschaftslage angemessene Ausdruck des sozialistischen Prinzips ist.

Das ist aber nicht möglich ohne den Versuch, das sozialistische Prinzip als die tragende Kraft des Sozialismus neu zu sehen und zu erfassen. Die vorliegende Schrift kämpft also nicht nur *für* den Sozialismus. Sie kämpft auch und noch mehr *um* den Sozialismus. Sie ringt um ein neues Verständnis dessen, was Sozialismus sein kann und heute sein muß. Solchen Bemühungen stellt sich schroff entgegen ein dogmatisch gebundener Sozialismus, der auf bestimmte Gedankenbahnen, ja auf eine begrenzte Anzahl von Wortverbindungen festgelegt ist und dem die Möglichkeit fehlt, Gedanken auch nur zu denken, Worte auch nur anzuhören, die zu den festgelegten Bahnen quer stehen. Gegen solche Haltung gibt es keine geistigen Waffen. Sie ist nur durch die Entwicklung der Dinge selbst zu erschüttern. Mit wissenschaftlichem Sozialismus hat sie freilich nichts zu tun, obwohl sie sich gern seines Namens bedient. Denn das erste Erfordernis wissenschaftlicher Haltung ist, die eigenen Voraussetzungen ständig von Neuem in Frage zu ziehen, fremde | Gedanken so ernst zu nehmen wie die eigenen und sie nicht von vornherein abzuwehren[2].

Entscheidend für Impuls und Durchführung der Schrift waren die politischen Ereignisse der letzten Jahre, der Rückgang des politischen Einflusses der Sozialdemokratie, die anscheinend endgültige Spaltung der proletarischen Arbeiterschaft, der Siegeslauf des Nationalsozialismus, die Konsolidierung der spätkapitalistischen Mächte auf militärischer Grundlage, die wachsende Gefährdung der außenpolitischen Lage. Diese Vorgänge verlangen gebieterisch eine grund-

---

1 Vergl. Hendrik de Man: Sozialismus und Nationalfaszismus. 1931. Alfred Protte-Verlag [Potsdam]. Günter Keiser [‚Der Nationalsozialismus, eine reaktionäre Revolution]. In: Neue Blätter für den Sozialismus. 1931. Heft 6, S. 270–277. Ferner das ganze Heft 4 von 1931.

2 Solche Haltung begegnet vor allem bei Intellektuellen, die dem Kommunismus nahestehen und vor jeder Diskussion die gegnerische Auffassung als „bürgerliche Ideologie“ verdächtigen, die aber nie gefragt haben, ob sie nicht selbst in einer Ideologie oder – einem Ressentiment befangen sind.

sätzliche Besinnung des Sozialismus auf sich selbst, vor allem auf seine unausgesprochenen Voraussetzungen. Denn mehr als alles, was er ausdrücklich sagt und tut, wirkt das Unausdrückliche, wirkt der Grund, aus dem er lebt, auf ihn selbst und auf das Bild, in dem er erscheint. Dieses Unausdrückliche ausdrücklich zu machen ist unsere Absicht, nicht um es aufzuweisen und dann stehen zu lassen, sondern um es unter die Frage nach seinem Recht vor dem Prinzip des Sozialismus und vor der gegenwärtigen Gesellschaftslage zu stellen. Eine Bewegung, die nicht mehr nach dem Recht ihrer Voraussetzungen fragt, ist erstarrt. Und keine noch so schwierige Kampflage kann den Verzicht auf solches Fragen rechtfertigen. Denn die Waffen der Gegner sind aus den Erstarrungsprodukten der sozialistischen Bewegung, nicht aus der Selbstkritik des Sozialismus geschmiedet. Man nehme ihnen die Möglichkeit, solche Waffen zu schmieden und zu schärfen, und jeder Kampf kann bestanden werden.

Drei Generationen ringen zur Zeit im Sozialismus miteinander: Eine ältere, die bis heute die geistige und politische Führung der sozialdemokratischen Partei hat; die in der Zeit des kämpfenden und fortschreitenden Sozialismus wurzelt und deren Weltanschauung durch den Positivismus des | späten 19. Jahrhunderts bestimmt ist. Ihre Ideologie gipfelt in dem Wissenschaftsglauben an die Notwendigkeit einer Entwicklung, die zur sozialistischen Gesellschaft führt. Der sozialistische Kampf ist danach selbst eine berechenbare Folge dieses berechenbaren Prozesses. Er schafft ihn nicht, sondern er ist selbst von ihm geschaffen, und Schritt für Schritt erzwingt die wirtschaftliche Entwicklung den Sieg. Auch die Rückschläge, große und kleine, stehen in dieser Notwendigkeit und beweisen nichts gegen den Endsieg.

Demgegenüber steht eine junge Generation, die die russische Revolution erlebt hat und die ungeheuren Willenskräfte sah, die in ihr lebendig wurden und gegen jede Berechnung in dem wirtschaftlich zurückgebliebensten Lande siegreich waren. Sie sah zugleich, wie in den reifen kapitalistischen Staaten sich feudale und bürgerliche Mächte neu verfestigten und den Weg zu einem Feudalkapitalismus eröffneten. Sie ist dadurch auf den Weg eines voluntaristischen, ethischen Sozialismus geführt worden, der zugleich ihrem Drang nach „sozialistischer Aktion" (der Begriff stammt aus dem jüngeren Kreis der „Neuen Blätter") besser entgegenkam. Gleichzeitig bestärkte der westliche Sozialismus vor allem durch die Schriften von Hendrik de Man[3] solche Tendenzen.

Dazwischen steht die Generation, aus deren Erfahrungen und Denkarbeit diese Schrift hervorgegangen ist. Sie hält am Marxismus fest und verteidigt ihn gegenüber dem Aktivismus der Jüngeren. Aber sie lehnt die Form ab, in der ihn die Älteren vom 19. Jahrhundert übernommen haben. Sie greift auf den wirklichen Marx [4] und einen Begriff von Dialektik zurück, in dem die Verbindung

---

3 Vor allem: Zur Psychologie des Sozialismus, [2. Aufl. Jena] 1927, und: Der Kampf um die Arbeitsfreude, [Jena] 1927, sowie sein Referat in: Sozialismus aus dem Glauben, [Zürich-Leipzig] 1929.

von Notwendigkeit und Freiheit enthalten ist. Sie gewinnt dadurch einen Blick | für die bürgerlichen Elemente, die der Sozialismus des 19. Jahrhunderts seinem Wesen zuwider angenommen hat. Und sie gelangt zu einer freien Würdigung der vorbürgerlichen Kräfte, die im Bürgertum nie verschwunden sind und zu denen der Sozialismus eine eigene Stellung erst gewinnen muß. Es ist die Last unserer Generation, daß sie eine Brücke sein muß. Und es ist die Gunst unserer Generation, daß sie noch eine Brücke sein kann, nicht nur zwischen den Generationen, sondern auch zwischen den Gruppen, die den Sozialismus tragen müssen.

Die Darstellung hält sich möglichst fern von den taktischen Fragen, die mit dem Gegensatz von Sozialdemokratie und Kommunismus zusammenhängen. Sie will grundsätzlich sein und meint, daß jener Gegensatz weniger im Grundsätzlichen als im Praktischen, im Soziologischen und im Temperament liegt. Sie ist der Überzeugung, daß eine gelingende grundsätzliche Klärung und Wandlung dem Gegensatz der sozialistischen Parteien viel an Schärfe nehmen könnte. Für den Augenblick ist freilich wenig zu erwarten, da die dogmatische Gebundenheit des Kommunismus das Eindringen neuer Gedanken und Impulse fast ausschließt. Das Schicksal des deutschen Sozialismus entscheidet sich darum auch weiterhin in der sozialdemokratischen Partei – soweit Parteien überhaupt maßgebend sein können.[5]

Ebenso hält sich die Darstellung fern von den Problemen, die Rußland aufgibt. Das ist in der Absicht begründet, aus der Situation des deutschen Sozialismus heraus das sozialistische Problem anzupacken. Zwar sind die russischen Vorgänge für jede Arbeit am Sozialismus von höchstem Interesse. Aber nicht im Sinne eines Vorbildes, dessen Lösungen übernommen werden können. Rußland erlebt gleichzeitig den Sozialismus und den Siegeszug des rationalen Prinzips. Der russische Sozialismus steht am Ende des russischen Absolutismus. Das ist entscheidend sowohl für die Beurteilung der Revolution als auch der weiteren Vor|gänge bis zur Gegenwart. An einem Punkt entspricht übrigens der russische Sozialismus ganz der Grundforderung, die in dieser Schrift erhoben wird: Proletariat und Bauerntum haben in Rußland die Revolution gemeinsam durchgeführt, und die Bauernfragen sind bis heute das wichtigste Problem der Innenpolitik der Sowjets. Aber auch in dieser wie erst recht in jeder anderen Beziehung muß der deutsche Sozialismus eigene Lösungen suchen. Der Sozialismus kann mit seiner Verwirklichung nicht auf die proletarische Weltrevolution warten. Er muß sich national durchsetzen, auch wenn das nur mit Einschränkungen möglich ist: Jede nationale sozialistische Verwirklichung bedeutet mehr für den Sozialismus in der Welt als alles utopische Reden von Weltrevolution.

---

[4] Der „wirkliche" Marx ist Marx im Zusammenhang seiner Entwicklung, also die Einheit des jüngeren und des älteren Marx. Nur wenn der eine durch den anderen gedeutet wird, ist ein wirkliches Marxverständnis möglich; s. u.

[5] Vergl. das Kapitel: „Die Ursprungskräfte der proletarischen Bewegung", S. 122.

Die vorliegende Schrift ist hervorgegangen aus einem Vortrag in der Hochschule für Politik im Oktober 1931. Die Ausarbeitung brachte so viel neues Material, zwang zur Verarbeitung so viel andrängender Gedanken, daß aus dem Vortrag ein Buch wurde. Das bedeutet aber nicht, daß die Gedankenbewegung, die in ihm einen vorläufigen Ausdruck gefunden hat, abgeschlossen ist. Sie muß weiter gehen, über das Buch hinaus, vielleicht auch im Widerspruch zu ihm. Aber eben um das zu ermöglichen, mußte ein Abschluß gemacht werden, zu dem auch politische und persönliche Gründe zwangen. – Die Gedanken entstammen einer langjährigen Beschäftigung mit den Problemen des Sozialismus, vor allem dem gemeinsamen Ringen um sie in den Berliner und Frankfurter Freundes- und Arbeitskreisen. Erwähnen möchte ich nur *Eduard Heimann,* dem das Buch gewidmet ist, und *Adolf Löwe,* dessen Hilfe ich größten Dank schuldig bin.

Während die älteren Arbeiten im Zusammenhang mit den „Blättern für religiösen Sozialismus" entstanden sind, stehen die späteren, steht vor allem diese Schrift im Zusammenhang mit den „Neuen Blättern für den Sozialismus". Durch Vermeidung des von religiöser wie von | sozialistischer Seite mit gewichtigen Gründen angefochtenen Namens „religiöser Sozialismus" – der überdies zu ständigen Verwechslungen Anlaß gab – ist es möglich, die wirkliche Stellung reiner herauszuarbeiten.[6] Daß die religiöse Wurzel der Gedanken keineswegs abgeschnitten ist, zeigt die Wahl aller zentralen Begriffe, zeigen die Abschnitte über den sozialistischen Glauben, über die Stellung des Sozialismus zu Kultur und Religion. Aber das Religiöse bleibt mehr als bisher Untergrund, aus dem die Gedanken entspringen, nicht Inhalt der Gedanken selbst. Und das entspricht durchaus unserer Lage der Religion gegenüber. Es ist das, was seinerzeit unter dem Namen „gläubiger Realismus" gefordert wurde.

Von dieser Haltung aus war es freilich unmöglich, mit einer Apokalyptik zu wetteifern, wie sie vom „Tatkreis"[a] und nahestehenden Gruppen getrieben wird und zu erstaunlichen literarischen Erfolgen geführt hat – von dem nationalsozialistischen Schrifttum gar nicht zu reden. Es kommt dem Sozialismus nicht zu, mit Visionen des Kommenden zu berauschen und dann zu enttäuschen. Er hat nüchtern zu analysieren, sich nüchtern der Haltung des Erwartenden bewußt zu werden, er hat Ideologien zu enthüllen, auch seine eigenen. Er darf Synthesen nur mit Furcht und schärfster Selbstkritik versuchen. Die Härte des proletarischen Schicksals, die Last des sozialistischen Kampfes gegen die bestehenden Mächte duldet keine Ekstasen und Verklärungen. Der Sozialismus ist auf den

---

[6] Vertreten wird der religiöse Sozialismus von dem „Bund der religiösen Sozialisten Deutschlands" mit ihrer von Georg Wünsch herausgegebenen „Zeitschrift für Religion und Sozialismus" sowie von dem „Bund der religiösen Sozialisten Österreichs" mit ihrer von Otto Bauer herausgegebenen Zeitschrift "Menschheitskämpfer". – Die „Blätter für religiösen Sozialismus" wurden von Carl Mennicke herausgegeben und erschienen in den Jahren 1920–27. Die „Neuen Blätter für den Sozialismus" erscheinen seit 1930 und werden gegenwärtig herausgegeben von Eduard Heimann, August Rathmann und Paul Tillich.

klarsten, nüchternsten Realismus angewiesen; aber auf gläubigen Realismus, Realismus der Erwartung. Von ihm aus sind die folgenden Ausfüh|rungen zu verstehen. Vielleicht werden sie dem ungläubigen Realisten ekstatisch erscheinen und dem gläubigen Idealisten schwunglos und mühselig. Das spricht aber nicht gegen ihre Wahrheit. Denn der Weg des Sozialismus ist mühselig in jedem Schritt; aber er ist siegreich, wenn er die Mühsal auf sich nimmt in sehender und wagender Erwartung.

Frankfurt-Main. Am 9. November 1932. |

Einleitung: [b]Die beiden Wurzeln des politischen Denkens [7]

1. Menschliches Sein und politisches Bewußtsein

Die Frage nach den Wurzeln einer geistigen oder gesellschaftlichen Erscheinung braucht nicht jederzeit gestellt zu werden. Sie ist überflüssig, wenn kräftiges Wachstum die Unversehrtheit der Wurzeln anzeigt. Treten aber Verbiegungen und Verkrümmungen ein, steht das Wachstum still oder beginnt das Leben abzusterben, so ist die Frage unabweislich: Wie steht es mit den Wurzeln? Das ist die Lage des Sozialismus, besonders seines stärksten Zweiges, des deutschen Sozialismus. Die politischen Ereignisse der letzten Monate haben ihn in einem Zustand tiefer Schwäche getroffen. [8] Und dieser Zustand ist nicht nur in den Ereignissen der letzten Jahre begründet. Die Gründe reichen weiter zurück, bis in die zweite Hälfte des 19. Jahrhunderts, zum Teil schon in die geschichtliche Konstellation der Ursprungszeit. Den Gründen dieser Schwächung nachzugehen ist die dringlichste Aufgabe in den kommenden Jahren der Selbstbesinnung. Sie kann nur gelöst werden durch Beantwortung der Frage nach den Wurzeln.

Sobald aber die Frage nach den Wurzeln des sozialistischen Denkens gestellt ist, ergibt sich die Notwendigkeit, weiter zu greifen. Denn der Sozialismus ist eine Gegenbewegung, und zwar im doppelten Sinn: Er ist unmittelbar eine Gegenbewegung gegen die bürgerliche Gesellschaft, und er ist mittelbar – in Einheit mit der bürgerlichen Gesellschaft – eine | Gegenbewegung gegen die feudal-patriarchalischen Gesellschaftsformen. Um den Sozialismus [c]von der Wurzel[c] her zu verstehen, ist es darum nötig, auch die Wurzeln des politischen Denkens aufzudecken, das ihm entgegensteht.

Die Wurzeln des politischen Denkens müssen im menschlichen Sein selbst aufgesucht werden. Ohne ein Bild des Menschen, seiner Kräfte und Spannungen zu

---

[7] Diejenigen Leser, denen abstrakt-philosophische Gedankengänge schwer fallen, bitte ich, die Einleitung zu überschlagen und mit der Darstellung der politischen Romantik zu beginnen. Auch das Kapitel über die marxistischen Probleme mit seinen schwierigen theoretischen Gedankengängen kann überschlagen werden, ohne daß das Verständnis des Ganzen wesentlich gestört wird.

haben, ist es nicht möglich, über die Untergründe des politischen Seins und Denkens etwas auszusagen: Ohne eine [d]Lehre vom Menschen[d] kann es keine Lehre von den politischen Richtungen geben, die mehr wäre als die Darstellung ihrer äußeren Erscheinung. Eine Lehre vom Menschen aber kann an dieser Stelle nicht erarbeitet werden. Sie ist vorausgesetzt und kann im besten Fall durch ihre Fähigkeit, das politische Denken zu durchleuchten, ein günstiges Vorurteil für sich schaffen [9].

Der Mensch ist im Unterschied von der Natur [e]ein in sich gedoppeltes Wesen[e]. Ganz gleich, wo die Natur aufhört und wo der Mensch anfängt, ganz gleich, ob es langsame Übergänge oder einen Sprung zwischen beiden gibt: Irgendwo wird der Unterschied sichtbar. Dort ein Lebensprozeß, der ganz eins ist mit sich selbst und ohne zu fragen oder zu fordern seine Natur entfaltet, gebunden an das, was er an sich und seiner Umwelt vorfindet. Hier ein Lebensprozeß, der nach sich und seiner Umwelt fragt, der an sich und seine | Umwelt Forderungen stellt, der also nicht eins ist mit sich, sondern [f]die Doppelung hat[f], in sich zu sein und zugleich sich gegenüber zu stehen, sich zu denken, von sich zu wissen. Der Mensch hat Bewußtsein von sich, oder im Verhältnis zur Natur ausgedrückt: [g]Der Mensch ist das Sein, das in sich zu selbstbewußtem Sein gedoppelt ist[g]. Der Natur fehlt diese Doppelung. Der Mensch ist also – das liegt in diesen Sätzen – nicht ein Wesen, das aus zwei selbständigen Teilen zusammengesetzt ist, etwa aus Natur und Geist, oder aus Leib und Seele, sondern er ist *ein* Sein; aber in sich, in seiner Einheit gedoppelt.

Schon diese allgemeinsten Bestimmungen haben Folgen für jede Untersuchung politischen Denkens. Sie machen es unmöglich, das politische Denken aus einer reinen Gedankenbewegung abzuleiten, aus religiös-sittlichen Forderungen oder weltanschaulichen Urteilen. Politisches Denken geht vom Menschen in seiner Einheit aus. Es wurzelt gleichzeitig [h]im Sein und Bewußtsein[h], genauer in der unlöslichen Einheit beider. *Darum ist es unmöglich, ein System politischen*

---

8 Gemeint sind vor allem die Ereignisse des Jahres 1932, in erster Linie der 20. Juli (Handstreich gegen Preußen).

9 Das Mißtrauen mancher marxistischer Theoretiker gegen eine Anthropologie hat historisch seinen Grund in der Abwendung Marxens von Feuerbach. Gegen das Feuerbachsche Bild vom „Menschen überhaupt" stellt Marx den wirklichen, gesellschafts- und klassenbestimmten Menschen. Aber auch der klassenbestimmte Mensch ist Mensch, d.h. ein Wesen, das Geschichte haben, in Gesellschaft leben, in Klassen gespalten sein kann, dem „Entmenschung", „Verdinglichung" widerfahren und das für eine Gesellschaftsordnung kämpfen kann, in der sich seine Bestimmung, ein „realer Humanismus", erfüllt. Das setzt aber Strukturen voraus, die untersucht werden müssen, weil von ihnen aus Licht auf die gesellschaftlichen Bewegungen fällt, wie umgekehrt die Auffassung des Menschen im engsten Zusammenhang mit der konkreten gesellschaftlichen Lage steht. Im Sinne dieser *wechselseitigen Erhellung von menschlichem Sein und gesellschaftlicher Lage* sind die Ausführungen des Textes gemeint. Vergl. auch S. 24, Anm. 1 [hier: Anm. 13].

Denkens zu verstehen, ohne [i]*das menschlich-gesellschaftliche Sein*[i] *aufzudecken, in dem es wurzelt,* also das Ineinander von Trieben und Interessen, von Zwängen und Strebungen, das gesellschaftliches Sein ausmacht. Ebenso unmöglich aber ist es, dieses Sein auch nur gedanklich vom Bewußtsein zu lösen, das Bewußtsein und mit ihm das politische Denken gleichsam als Nebenprodukt [j]aus dem Sein[j] hervorgehen zu lassen. *Menschliches und gesellschaftliches Sein ist in jedem seiner Elemente bis hinunter zu der primitivsten Triebregung geformt durch Bewußtsein.* Der Versuch, diesen Zusammenhang zu lösen, geht an dem ersten und wichtigsten Wesenszug des Menschen vorbei und hat darum entstellende Folgen für das Gesamtbild vom Menschen. – Der Hinweis darauf, daß es ein dem Sein unangemessenes Bewußtsein, sogenanntes „falsches Bewußtsein" gibt, beweist nichts gegen die Einheit | von Sein und Bewußtsein [10]. Denn selbst der Begriff „falsches Bewußtsein" ist nur möglich [k]und die Sache ist nur erkennbar[k], wenn es richtiges Bewußtsein gibt. Richtiges Bewußtsein aber ist seinsentspringendes und zugleich seinsbestimmendes Bewußtsein. Es ist nicht eins ohne das andere. Denn der Mensch ist Einheit in der Doppelung, und aus dieser Einheit wachsen die beiden Wurzeln, denen alles politische Denken entspringt.

Der Mensch findet sich vor; er findet sich vor, wie er seine Umwelt vorfindet und wie diese ihn und sich selbst vorfindet. Sich vorfinden aber heißt: nicht von sich selbst stammen, einen Ursprung haben, der man nicht selbst ist, oder wie das prägnante Wort von Martin Heidegger lautet: „Geworfensein". Aus dieser Lage ergibt sich die menschliche Frage nach dem „Woher". Erst spät tritt sie als philosophische Frage auf. Immer aber ist sie wirksam und findet im Mythos ihre erste und für alle Folgezeit maßgebende Antwort.

[l]Der Ursprung läßt entspringen[l]. [m]Durch Sprung entsteht ein Neues[m], das vorher nicht war und nun ein anderes, Eigenes gegenüber dem Ursprung ist. Wir finden uns zwar als Gesetzte, aber zugleich auch als Eigene. In der Spannung zwischen [n]Gesetztsein und Eigensein[n] verläuft unser Leben. Denn der Ursprung läßt uns nicht los. Ist er doch nicht etwas, das war und nicht mehr ist, nachdem wir Eigene geworden sind. [o]Vielmehr stehen wir ständig im Ursprung[o]; er trägt uns, er läßt uns in jedem Augenblick aus sich entspringen und darum hält er uns fest. Er hat uns als Neues, Eigenes hingestellt; aber er nimmt uns als solches auch wieder zurück. Schon im Geborenwerden ist das Sterbenmüssen mitgesetzt. [p]„Woher aber ihnen die Geburt ist, dahin geht auch ihr Sterben nach der Notwendigkeit", sagt das erste uns überlieferte Wort der abendländischen Philosophie[p]. In Geburt, Entfaltung und Tod verläuft unser Leben. Über das, | was mit der Geburt gesetzt ist, kommt kein Lebendiges hinaus; Entfaltung ist Wachsen und Vergehen dessen, was aus dem Ursprung kommt und zum Ursprung zurückkehrt. Der Mythos hat diesem Sachverhalt unendlich mannigfaltigen Ausdruck gegeben, je nach den Gegenständen und Vorgängen, in denen eine Men-

---

[10] Vergl. dazu das Kapitel: [Das Problem des historischen Materialismus]. S. 140.

schengruppe ihren Ursprung anschaut. Durch allen Mythos aber klingt hindurch das Gesetz des Kreislaufes von Geburt und Tod. Aller Mythos ist Ursprungsmythos, Antwort auf die Frage nach dem Woher und Ausdruck des Stehens im Ursprung und in der Gebundenheit an seine Macht. – *Das ursprungsmythische Bewußtsein ist die Wurzel alles konservativen und romantischen Denkens in der Politik.*

Aber der Mensch findet sich nicht nur vor; er weiß sich nicht nur gesetzt und zurückgerufen im Kreislauf von Geburt und Tod wie alles Lebendige. Er erfährt eine Forderung, die ihn loslöst von der einfachen Gebundenheit an das Vorgefundene, die ihn zwingt, zu der Frage nach dem „Woher“ die Frage nach dem „Wozu“ hinzuzufügen. Mit dieser Frage ist der Kreislauf grundsätzlich durchbrochen, der Mensch über die Sphäre des bloß Lebendigen erhoben. Denn die Forderung fordert etwas, was noch nicht da ist, was sein soll, was zur Erfüllung kommen soll. Ein Wesen, das eine Forderung erfährt, ist nicht mehr einfach an den Ursprung gebunden. Für den Menschen kommt es auf mehr an als auf bloße Entfaltung dessen, was schon ist. Durch die Forderung ist er gewiesen auf das, was sein soll. Und das Gesollte ist nicht mit der Entfaltung des Seienden gegeben; sonst wäre es Seiendes, nicht Gesolltes. Das bedeutet aber: Die Forderung, die über dem Menschen steht, ist unbedingt. Das Wozu ist nicht eingeschlossen in die Grenzen des Woher. Es ist ein unbedingt Neues, das jenseits des Neuen und Alten der bloßen Entfaltung liegt. Durch den Menschen soll unbedingt Neues verwirklicht werden, das ist der Sinn der Forderung, die er erfährt, die er erfahren kann, weil in ihm | das Sein gedoppelt ist. Denn er ist nicht nur ein Eigenes, [q]ein Selbst[q], sondern er hat auch ein Wissen um sich selbst und dadurch die Möglichkeit, hinauszugehen über das, was er vorfindet in sich und um sich. Dies ist die menschliche Freiheit, nicht daß er einen sogenannten freien Willen hat, sondern daß er als Mensch nicht gebunden ist an das, was er vorfindet, daß er unter einer Forderung steht, daß durch ihn unbedingt Neues werden soll. Darum ist in ihm der Kreislauf von Geburt und Tod durchbrochen, ist sein Dasein und sein Tun nicht beschlossen in bloßer Entfaltung seines Ursprungs. Wo dieses Bewußtsein sich durchsetzt, ist die Ursprungsbindung grundsätzlich gelöst, der Ursprungsmythos grundsätzlich gebrochen. – *Die Brechung des Ursprungsmythos durch die unbedingte Forderung ist die Wurzel des liberalen, demokratischen und sozialistischen Denkens in der Politik.*

Doch bleibt es nicht bei dem einfachen Gegensatz der beiden aufgewiesenen Momente des menschlichen Seins. Die Forderung, die der Mensch erfährt, ist unbedingt, aber sie ist ihm nicht fremd. Wäre sie seinem Wesen fremd, so ginge sie ihn nichts an, so könnte er sie nicht vernehmen als Forderung an ihn. Sie trifft ihn nur, weil sie sein eigenes Wesen als Forderung vor ihn hinstellt. Nur darauf beruht die Unbedingtheit, Unabweisbarkeit, mit der das Soll an den Menschen herankommt und von ihm bejaht werden muß. Ist die Forderung aber das eigene Wesen des Menschen, so ist sie im Ursprung begründet, so gehören das Woher und das Wohin nicht zwei verschiedenen Welten an. Und doch ist das Geforderte dem Ursprünglichen gegenüber ein unbedingt Neues.

Das bedeutet aber: *Der Ursprung ist zweideutig.* In ihm ist eine Spaltung zwischen wahrem und wirklichem Ursprung. *Das wirklich Ursprüngliche ist nicht das in Wahrheit Ursprüngliche.* Es ist nicht die Erfüllung dessen, was mit dem Menschen vom Ursprung her gemeint ist. Die Erfüllung des Ursprungs ist | vielmehr das, was dem Menschen als Forderung, als Soll gegenübersteht. Das Wozu des Menschen ist das, worin sich sein Woher erfüllt. Der wirkliche Ursprung wird von dem wahren Ursprung verneint; nicht schlechthin und in jeder Beziehung; denn der wirkliche Ursprung hat, damit er Wirklichkeit sein kann, teil an dem wahren Ursprung; er ist sein Ausdruck, aber er ist auch seine Verhüllung und Entstellung. Von dieser Zweideutigkeit des Ursprungs weiß das reine ursprungsmythische Bewußtsein nichts. Darum hält es an dem Ursprung fest und empfindet das Hinausgehen über ihn als Frevel [11]. Erst wenn durch die Erfahrung der unbedingten Forderung das Bewußtsein von der Ursprungsbindung gelöst ist, enthüllt sich ihm die Zweideutigkeit des Ursprungs.

Die Forderung geht auf Erfüllung des wahren Ursprungs. Nun erfährt der Mensch eine unbedingte Forderung nur vom anderen Menschen. Die Forderung ist konkret in der Begegnung von „Ich und Du". Inhalt der Forderung ist darum, daß dem „Du" gleiche Würde mit dem „Ich zugestanden wird, die Würde, frei zu sein, Träger zu sein der Erfüllung dessen, was im Ursprung gemeint ist. Die Anerkennung des Du als gleicher Würde mit dem Ich ist die Gerechtigkeit[12]. Die *Forderung, die von dem zweideutigen Ursprung losreißt, ist die Forderung der Gerechtigkeit.* Aus dem ungebrochenen Ursprung folgen Mächte, die miteinander in Spannung stehen, Herrschaft suchen und einander zerstören. Aus dem ungebrochenen Ursprung kommt Macht des Seins, Werden und Vergehen von Gewalten, die „einander Strafe und Buße zahlen für ihren Frevel nach der | Zeit-Ordnung", [r]wie es in dem schon angeführten ersten Wort der griechischen Philosophie heißt[r]. Die unbedingte Forderung hebt über diesen tragischen Kreislauf des Seins hinaus. Sie setzt der Macht und Ohnmacht des Seins die Gerechtigkeit entgegen, die aus dem Soll kommt. Und doch ist es keine bloße Entgegensetzung, denn das Soll ist Erfüllung des Seins. *Gerechtigkeit ist die wahre Macht des Seins.* In ihr ist das erfüllt, was im Ursprung gemeint ist. – Für das Verhältnis der beiden Elemente menschlichen Daseins und der beiden Wurzeln politischen Denkens ergibt sich daraus, daß die Forderung dem bloßen Ursprung, die Gerechtigkeit der bloßen Macht des Seins übergeordnet ist. Die Frage nach dem

---

11 Die Zweideutigkeit des Ursprungs wird von einer Vitalphilosophie verleugnet, wie sie Klages in seinem großen Werk „Der Geist als Widersacher der Seele" entwickelt hat. Die politischen Wirkungen dieser Philosophie zwingen den Sozialismus zur Auseinandersetzung mit ihr, s. u. S. 59.

12 Die „formale" Begründung der Gerechtigkeits-*Forderung* ist unvermeidlich, wenn ihre Unbedingtheit nicht angetastet werden soll. Daher der Kantische „Formalismus", der gültig bleibt, auch wenn das Gerechtigkeits-*Ideal* seine Erfüllung aus einer konkreten, z.B. der proletarischen Situation erhält.

Wozu ist höheren Ranges als die Frage nach dem Woher. *Der Ursprungsmythos darf nur gebrochen, enthüllt in seiner Zweideutigkeit, in das politische Denken eingehen.*

[s]*2. Betrachtung und Standpunkt*[s]

Das Verhältnis der beiden Wurzeln politischen Denkens ist keine einfache Nebenordnung. Die Forderung ist dem Ursprung übergeordnet. Darum kann eine Betrachtung der politischen Richtungen nicht von der Voraussetzung ausgehen, daß es sich in ihnen um gleichberechtigte, typisch menschliche Haltungen handelt. *Der Begriff des Typischen ist nicht anwendbar, wo Entscheidungen verlangt werden.* Das aber ist der Fall, wenn eine unbedingte Forderung gestellt ist. Ihr kann man nicht durch nebenordnende, typisierende Betrachtung gerecht werden; schon durch diese Betrachtung hat man sich ihr entzogen, hat in Wahrheit schon dem Gegner recht gegeben, mit dem man sie in angeblich neutraler Beschreibung auf gleiche Stufe stellt. Das gilt im Grunde von jedem Versuch, Geistiges zu verstehen. Dem Geist kann man nicht zuschauen; er stellt Forderungen, er fordert Entscheidungen. Niemand kann den Sozialismus verstehen, der seine Gerechtigkeitsforderung nicht als Forderung | an sich erfahren hat. *Wer nicht mit dem Geist des Sozialismus gerungen hat, kann über den Sozialismus nur von außen, d.h. in Wahrheit gar nicht reden.* – Anders steht es mit den politischen Richtungen, in denen die Ursprungsbindung Übergewicht hat. Auch sie müssen verstanden werden, auch in ihnen [t]spricht Geist zu Geist[t] und zwingt zur Entscheidung. Aber die Entscheidung soll gerade in der Richtung ergehen, daß man auf Frage und Entscheidung verzichtet und zum bloßen Sein zurückkehrt. Man bejaht das Ursprüngliche und sucht, mit seiner Hilfe das Geforderte abzuwehren. Man gebraucht zwar den Geist, aber gegen den Geist, man fragt, aber gegen das Fragen, man fordert, aber gegen das Fordern. Man sucht geistig den Geist zurückzuholen in die Gebundenheit des Seins. Das ist der innere Widerspruch der politischen Romantik in allen ihren Äußerungen. Um seinetwillen ist es grundsätzlich unmöglich, sich *geistig* für sie zu entscheiden. Solange die Ursprungsbindung ungebrochen ist, kann es zu keiner Entscheidung kommen, weil keine Wahl besteht. Ist sie aber gebrochen, so kann die Entscheidung für sie nur Aufhebung freier Entscheidung überhaupt sein. Über diesen Widerspruch kommt kein Versuch hinaus, die politische Romantik geistig zu begründen.

Die Wurzeln des politischen Denkens sind nicht wieder Gedanken, sondern menschliches Sein, also Sein, das in sich gedoppelt ist, bewußtes Sein. Das bedeutet: Politisches Denken ist notwendig Ausdruck eines politischen Seins, einer [u]Gesellschaftslage[u]. Ohne die gesellschaftlichen Realitäten zu kennen, aus denen politisches Denken hervorwächst, ist das Denken selbst nicht zu verstehen. Die [v]Wurzeln[v] des politischen Denkens können nicht zu jeder Zeit und nicht in jeder Gruppe mit gleicher Kraft wirken. Das Übergewicht der einen und der anderen Seite ist gebunden an eine bestimmte gesellschaftliche Lage, an bestimmte Gruppen und Herrschaftsformen; es ist weiter gebunden an bestimmte sozialpsychologische Strukturen, die in Wechselwirkung mit der objektiven Gesellschafts|lage stehen. Die Wirtschafts- und Herrschaftsformen einer Periode geben auf dem Wege über ihre gruppenpsychologischen Auswirkungen – von denen sie ihrerseits Rückwirkungen erfahren – den verschiedenen Elementen menschlichen Seins die jeweilig überwiegende Verwirklichungsmöglichkeit[13]. – Aus der Zusammengehörigkeit von gesellschaftlichem Sein und politischem Bewußtsein ergibt sich eine Frage, die beantwortet sein muß, ehe die Behandlung politischer, speziell sozialistischer Probleme in Angriff genommen werden kann. Wie sich zeigen wird, ist der Sozialismus unmittelbar Ausdruck der proletarischen Situation. Wie ist es dann möglich, so könnte gefragt werden, von einem Ort, der selbst nicht der proletarische ist, den Sozialismus zu kritisieren und zu begründen? Darauf ist folgendes zu antworten: Wohl ist das Bewußtsein an das Sein gebunden, aber im Sinne einer funktionellen, nicht einer biographischen Zusammengehörigkeit. Bestimmte Gedanken, ganz gleich, ob sie von Aristokraten oder Bürgern ausgesprochen waren, | hatten die Funktion, das bürgerliche Sein auszudrücken. Und gewisse Gedanken, ganz gleich, ob sie von Bürgern oder Proletariern ausgesprochen werden, haben die Funktion, proletarisches Sein auszudrücken. Die Tatsache, daß es vor allem Aristokraten waren, die die bürgerliche Gesellschaft vorbereiteten, und Bürger, die dem Proletariat das Bewußtsein seiner selbst gaben, zeigt, wie wenig es dabei auf die biographische Zuordnung ankommt. Ja, die Distanz von Sein und Bewußtsein kann geradezu die Voraussetzung für die Erhebung des Seins zum Bewußtsein werden. *Zur Erkenntnis gehört nicht nur Seinsverbundenheit, sondern auch Seinsabstand.* Darum

[13] Daraus könnte die methodische Folgerung gezogen werden, daß es richtiger sei, bei den geschichtlichen Wirklichkeiten stehen zu bleiben und auf den Aufweis der Wurzeln zu verzichten. Sie seien unerkennbar und realitätslos. Von der geschichtlichen Wirklichkeit unabhängige Urelemente menschlichen Seins gäbe es nicht. Der Mensch sei das, was er in der jeweiligen Gesellschaftslage sei, nichts darüber hinaus. Aber diese Folgerung widerspricht sich selbst, sobald sie Worte wie Mensch, Geschichte, Gesellschaftslage usw. gebraucht. Denn diese Worte sollen die gesamte Geschichte des Menschen treffen, sind also insofern nicht selbst an einen geschichtlichen Moment gebunden. – Es ist darum keineswegs nötig, von einem „ewigen Wesen" des Menschen zu reden. Wohl aber ist es nötig, den begegnenden, geschichtlichen Menschen als eine Einheit zu fassen, da sonst überhaupt nichts ausgesagt werden könnte, auch nicht über die konkreteste geschichtliche Erscheinung. Vor allem aber würde damit jede Norm aufgehoben sein. Die Leidenschaft, mit der Vertreter jenes angeblich radikal historischen Denkens Werturteile fällen, z.B. über den Kapitalismus, ja die ganze menschliche Geschichte als Geschichte von Klassenkämpfen deuten und werten, zeigt, daß das Normbewußtsein bei ihnen keineswegs erloschen ist, daß ihnen vielmehr ein Bild von menschlicher Gesellschaft vorschwebt, in der das menschliche Sein zu besserer Erfüllung kommt als in der Gegenwart. Damit aber ist, wenn auch ungewollt, ein übergeschichtliches Moment bejaht: das menschliche Sein als ein zu erfüllendes. Der Aufweis der Urelemente menschlichen Seins bedeutet also keineswegs die Aufhebung der Forderung, des Hinausgehens und der Erwartung. Denn Sein und erfülltes Sein unterscheiden sich wie Ursprung und Ziel.

ist der in seiner ursprünglichen Gruppen- und Klassenlage Erschütterte am geeignetsten, einer fremden Klassenlage das Bewußtsein ihrer selbst zu geben. Die größten Beispiele dafür sind Marx und Lenin. Sie genügen, um die Zuordnung von Gesellschaftslage und politischem Denken von vornherein aus der Sphäre des Biographischen [w]in die des Funktionellen[w] zu erheben [14].

[x]*3. Prinzip und Wirklichkeit*[x]

Für die zusammenfassende Charakteristik der politischen Gruppen ist das Wort *„Prinzip"* verwendet. Dafür sind folgende Erwägungen maßgebend gewesen: Es ist die Aufgabe des Denkens, aus einer Mannigfaltigkeit von Erscheinungen das herauszuheben, was die Gemeinsamkeit schafft und das Einzelne vom Ganzen her verständlich macht. Diese Aufgabe wird gewöhnlich mit Hilfe eines Wesensbegriffs gelöst. Das Verhältnis von Wesen und [y]Erscheinung[y] beherrscht seit Plato die abendländische Erkenntnislehre. Nun hat sich aber gezeigt, daß historischen Wirklichkeiten gegenüber die Wesenslogik unzulänglich ist.[15] Das „Wesen einer | geschichtlichen Erscheinung" ist eine leere Abstraktion, aus der die lebendige Kraft der Geschichte ausgetrieben ist. Dennoch können zusammenfassende Charakteristiken nicht entbehrt werden, wenn es sich um eine einheitliche Bewegung handelt. Der Hinweis auf die geschichtliche Kontinuität genügt nicht, da ja eine Auswahl aus der unendlichen Fülle kontinuierlich sich aneinander reihenden Geschehens gegeben werden muß. Es muß also ein anderer Weg für historische Charakterisierung gesucht werden: An Stelle des Wesensbegriffs, der aus der Naturerkenntnis abgeleitet ist, muß in Angemessenheit an den Charakter der Geschichte ein dynamischer Begriff treten. *Dynamisch ist ein Begriff, der in sich die Möglichkeit enthält, neue unerwartete Verwirklichungen eines geschichtlichen Ursprungs verständlich zu machen.* Solche Begriffe möchte ich Prinzipien nennen. Ein Prinzip enthält nicht das Abstrakt-Allgemeine einer Menge von Einzelerscheinungen, sondern es enthält die reale Möglichkeit, die Dynamis, die Macht einer geschichtlichen Wirklichkeit. Das Prinzip kann niemals aus der Menge seiner Einzelverwirklichungen abstrahiert werden, denn es steht seiner Wirklichkeit immer auch kritisch und richtend, nicht nur begründend und tragend gegenüber. Es kann keinen Widerspruch zwischen Wesen und Erscheinung, wohl aber zwischen Prinzip und Verwirklichung geben. Der Zugang zum Prinzip ist darum nicht anders möglich als durch ein Verstehen, das immer zugleich eine Entscheidung enthält. Niemand versteht z.B. das Prinzip des Protestantismus aus der Gesamtheit dessen, was von jeher im und am Protestantismus geschehen ist. Zu verstehen ist es nur auf Grund einer Entschei-

---

14 Ausführliches über das Ideologieproblem s.u. in dem Kapitel: [Das Problem des historischen Materialismus]. S. 140.

15 Vergl. vor allem die Schrift von Troeltsch über das "Wesen des Christentums" mit ihrer grundlegenden Kritik am historischen Wesensbegriff [= Was heisst "Wesen des Christentums"?, Ges. Werke. Band 2, S. 386–451].

dung, von der aus die gesamte Geschichte des Protestantismus nicht nur begriffen, sondern auch kritisiert wird. Diese Erwägung schließt sich mit der anderen zusammen, daß Geist nur in einer geistigen Entscheidung verstanden werden kann. So ist auch der Sozialismus nur zu verstehen von einem sozialistischen Prinzip her, das in einer sozialistischen Entscheidung ge|wonnen wird und von dem aus die sozialistische Wirklichkeit zugleich verstanden und gerichtet wird.

Prinzip darf nicht mit Idee, allgemeinstem Begriff oder dergleichen verwechselt werden. Prinzip ist die reale Macht, die eine geschichtliche Erscheinung trägt und ihr die Möglichkeit gibt, sich neu und doch in Kontinuität mit der Vergangenheit zu verwirklichen. Das Prinzip der politischen Romantik ist die innere Mächtigkeit der die politische Romantik tragenden Gruppen, in Begriffe gefaßt [z]und von den Wurzeln menschlich-geschichtlichen Seins her verstanden[z]. Das Prinzip des Sozialismus ist keine sozialistische Idee, sondern ist die in ihrer Dynamik erfaßte proletarische Situation[a]. [b]Prinzip ist also kein ideologischer, sondern ein die Realität beschreibender Begriff. *Prinzip ist die Macht eines geschichtlichen Seins, in Begriffe gefaßt* [b] [16]. |

Erster Teil: Die politische Romantik, ihr Prinzip und ihr Widerspruch

A. Die Voraussetzungen der politischen Romantik

1. Ursprungsmythische Mächte

Der Ursprungsmythos schaut den menschlichen Ursprung an in übermenschlichen, naturhaften Gestalten mannigfacher Art. Gemeinsam ist ihnen allen, daß sie Ausdruck der menschlichen Vater- und Mutter-Bindung sind, daß sie also mit der Macht dieser Bindung das Bewußtsein festhalten und es nicht aus ihrer Herrschaft entlassen wollen. Mythenforschung, Tiefenpsychologie, Soziologie und Ontologie haben gemeinsam und in eigentümlichem Zusammenspiel[17] diese urmenschliche Situation enthüllt. – Der Ursprung wird im mythischen Bewußtsein niemals abstrakt als Ursprung überhaupt, sondern immer konkret *in bestimmten Ursprungsmächten* angeschaut. So mannigfaltig menschliches Dasein überhaupt ist, so mannigfaltig sind seine Ursprünge, so mannigfaltig auch die im Mythos angeschauten und im Kultus vergegenwärtigten Ursprungsmächte. Doch

---

16 Vergl. meine Herausarbeitung eines protestantischen Prinzips in meinen Schriften: "Religiöse Verwirklichung", [Berlin 1930], "Protestantisches Prinzip und proletarische Situation" [Bonn 1931, im vorliegenden Band Text Nr. 8] und "Kairos" [Der Protestantismus als Kritik und Gestaltung, Zweites Buch des Kairos-Kreises. Darmstadt 1929].

17 Vergl. namentlich die Untersuchungen über das Phänomen der Angst bei Heidegger, Freud, Goldstein; die Verbindung von Psychoanalyse und Mythenforschung bei Freud und Jung; die Betrachtung des Todes bei Heidegger und Freud.

ist es möglich, einige überall maßgebende Gruppen von Ursprungsmächten, die zugleich überragende politische Bedeutung haben, zusammenzufassen.

[c]Die allgemeinste und zugleich konkreteste Macht des Ursprungs ist der *Boden.* In ihm gründet die vegetative Schicht menschlichen und allen Daseins. Er läßt aus sich hervorgehen, trägt, nährt, nimmt in sich zurück. Er bannt in den Kreislauf von Geburt und Tod. Die Bodengottheiten sind die heiligsten; sie lassen das Bewußtsein am schwersten los. Wer den Boden verloren hat, der ihn hervorbrachte, hat seinen Gott und dessen tragende Kraft verloren. Er ist elend, heimatlos, | entmächtigt. Das Bodengefühl des Bauern, des Grundherrn, das Heimatgefühl auch noch des Bewohners der landschaftsgebundenen Stadt, in letzter Ausweitung das nationale Boden- und Heimatsgefühl hat hier seine [d]Wurzel[d]. – Die Abhängigkeit[e] vom Ursprung drückt sich in doppelter Richtung aus: Als Gebundenheit an den Kreislauf des vegetativen Daseins und seine [f]ewig gleichen[f] Gesetze und zugleich [g]als Abhängigkeit von den übergreifenden Mächten, die unberechenbar Gutes und Böses spenden und denen man sich beugen muß. Die kultische Haltung gipfelt in der Erhöhung der eigenen Seinsmächtigkeit durch die göttliche in Rausch und Ekstase, zugleich aber in der Bereitschaft, im Tode die eigene Seinsmächtigkeit zugunsten der göttlichen aufzugeben. Alle diese Elemente der Bodengebundenheit wirken bis in die höchsten Kulturen nach und brechen immer wieder aus ästhetischer und politischer Rationalisierung gewaltsam hervor (Rausch, Machtwille, Selbstzerstörung)[g].

Über [h]der vegetativen[h] Form des Ursprungs, wie sie im Boden geschaut wird, [i]baut sich auf[i] die animalische, *der Ursprung des Blutes.* [j]Sie ist eine engere, bestimmtere Macht des Ursprungs[j]. Die animalische Mächtigkeit bewährt sich in der Begegnung mit fremder Macht gleicher Art, in Auswahl durch Kampf und Züchtung. Der Ursprung differenziert sich in [k]edlen[k] und gemeinen. Begriffe wie „edles Blut", „edle Rasse", „edles Geschlecht" [l]treten hier auf[l]. Der edle Ursprung ist göttlicher Ursprung im Sinne besonderer Erwählung. Je näher ein Mensch dem Ursprung, desto seinsmächtiger, desto edler ist er. Seinsmächtigkeit im animalischen Sinne ist nicht etwa brutale Kraft, sondern ist geformte Lebensfülle. Ursprungsnähe und höchste Geformtheit widersprechen sich nicht, sondern gehören zusammen. Denn zur Form kommen heißt zum Sein kommen. Darum ist die Einheit von Jugend und Form höchstes animalisches Symbol. – [m]Die animalische Seinserhöhung drückt sich aus in heroischer[m] Ekstase, in der sich Leben und Tod, Mut und Schwermut einen. Edel ist, was sich dem Tode, der Rückkehr zum Ur|sprung weiht. Aber nicht resigniert, auch nicht pflichtgemäß, sondern ekstatisch. Aus der Seinsmächtigkeit, die sich in der Todesbereitschaft bewährt, folgt unmittelbar das gesellschaftliche Übergewicht, die Herrschaftsmacht der edlen Rasse [18].

---

[18] Vergl. die entsprechende Darstellung in dem Kapitel über Herrschaft und Knechtschaft in Hegels „Phänomenologie des Geistes" B. IV A.

Zu dem Ursprung des Bodens und des Blutes kommt der Ursprung aus der *sozialen Gruppe.* Keiner dieser drei schließt den anderen aus. Und doch enthält jeder ein besonderes Moment, das überwiegt und zu Entgegensetzungen führen kann. Das gilt insbesondere von dem sozialen Ursprung. Er ist da am deutlichsten anschaubar, wo eine gewisse Loslösung vom Boden stattgefunden hat und [n]nun wie im Nomadentum[n] die soziale Gruppe für den Einzelnen das unmittelbar Tragende ist[o]. Die Einheit des Stammes [p]wird angeschaut im[p] Stammvater, [q]der Blutszusammenhang wird zum patriarchalischen Herrschaftszusammenhang[q]. Während Boden und Blutsursprung sich häufiger[r] im Muttersymbol ausdrücken, überwiegt in der sozialen Sphäre das Vatersymbol. Im Vater verbindet sich das tragende und das fordernde Moment, während in der Mutter, in Boden und Blut, das [s]unmittelbare Ursprungs-Gesetz[s] deutlicher sichtbar wird. Die Bindung an den Vater hat darum die Form der Bindung an das ursprünglich Geforderte, an die uralte Satzung, die sich vom Vater auf den Sohn forterbt. Die Ahnenreihe ist [t]sowohl[t] Ausdruck des Blutsursprungs als [u]auch[u] der Kontinuität der sozialen Gruppe und ihrer Satzung. Ekstase tritt hier auf [v]als Erfülltheit von der Macht des Gruppenursprungs und[v] als Verkündigung und Durchsetzung des Uralten gegenüber der Neuerung, der Tradition gegenüber dem Fortschritt. Häufig verbindet sich damit Ablehnung der Ekstasen der Fruchtbarkeit und des Heroismus, [w]weil durch sie[w] die sozial begründete und bestimmte Forderung des Vaters bedroht ist. Die uralte Satzung formt das Unbewußte, sie wirkt durch die Ahnenreihe, sie bannt in den Kreis der | Gruppe und ihrer patriarchalischen Herrschaft. Und doch ermöglicht der Forderungscharakter des Vaterursprungs eine Brechung des Ursprungsmythos überhaupt. [x]Noch ist es eine Möglichkeit. Noch herrscht der Ursprung. Gefordert wird Einordnung in die Gruppe. Wirklichkeit wird die Befreiung vom Ursprung erst, wenn auch der Bruch mit der sozialen Gruppe gefordert werden kann: In der Prophetie[x].

In allen drei Richtungen des Ursprungsmythos wird das Entspringende vom Ursprung her gesehen und bestimmt. Diese Beziehung des Bewußtseins auf den Ursprung wird aufrechterhalten und ausdrücklich gemacht im *Priestertum.* Es [y]deutet[y] den Ursprung als Uroffenbarung. Die in den übrigen Lebensformungen unmittelbar wirkende, gestaltende Kraft des Ursprungs wird hier in Mythos und Lebenshaltung Gegenstand besonderer Akte. Das Priestertum wahrt die heilige Tradition, wahrt und stellt wieder her die Verbindung mit den Mächten des Ursprungs. Es steht in fortdauernder besonderer Beziehung zu dem Woher menschlichen Seins. Die Ekstatik als reines Erfülltsein von den jenseitigen Mächten des Ursprungs wird gepflegt, das Offenbarte als Mysterium gehütet; die vitalen Ekstasen werden geformt, begrenzt, umgebildet, ohne jedoch verneint zu werden. Die Ausdrücklichkeit der Formgebung vom Ursprung her führt zu Ausdrücklichkeit, Bewußtheit überhaupt; die Macht des Wortes als magische, zum Teil auch schon als rationale Macht wird erfahren. Doch werden die Grenzen des ursprünglich Offenbarten grundsätzlich nicht überschritten. – Der Ausdrücklichkeit der religiösen Formgebung entspricht weiter die Tendenz zu gesellschaftlicher Besonderung. In dem Maße, in dem das Priestertum sich loslöst von den konkreten Ursprungsmächten und sich auf den Ursprung überhaupt richtet, gewinnt es soziologische Selbständigkeit als Träger der Religion, d.h. (dem Wortsinn nach) der Ursprungsverbindung. Da aber das Abstrakte aus dem Konkreten Inhalt und Fülle ziehen muß, so ist das Priestertum immer zugleich weihende und bestätigende Instanz für die übrigen Mächte | und ihre Formung, [z]die ihrerseits auf die priesterliche Bestätigung angewiesen sind[z][19].

Der Ursprung enthält in sich das Gesetz des *Kreislaufs*: Was von ihm kommt, muß zu ihm zurück. Wo der Ursprung herrscht, kann es das Neue nicht geben. Die Herrschaft des Woher macht die Ernsthaftigkeit des Wozu unmöglich. Der Kreislauf kann enger und weiter gespannt sein: er bleibt Kreislauf. Am engsten ist er in der vegetativen Sphäre, im Aufblühen, Fruchtbringen und Absterben; weiter im Animalischen, wo in der Begegnung der Mächtigkeiten, im Kampf, im Werden und Vergehen von Machtverhältnissen Geschichte wird. Noch weiter ist der Kreis im Sozialen, wo im Verhältnis des Einzelnen zur Gruppe Recht und Sittlichkeit sich formen und umformen und [a]die Frage nach dem "Wozu" sich ankündigt[a]. Aber gestellt wird sie nicht, solange [b]die Herrschaft des Vaters unangetastet ist[b]. Auch die priesterlichen Mysterien und Offenbarungen beziehen sich auf das Woher und ihre Kulte und Einweihungen auf die Rückkehr zum Ursprung[20].

Das bedeutet aber, daß hier überall die Zeit unter der *Herrschaft des Raumes* steht. In der Zeit, die als Kreislauf oder als Kreis von Kreisen[c] angeschaut wird, ist die Zeit nicht zu ihrem Wesen, ihrer eigentlichen Macht gekommen. Denn es ist ihre Macht, vorwärts zu gehen, unumkehrbar, auf das Neue, das Wozu[21]. Solange sie diese Bedeutung nicht hat, ist sie eine Modifikation des Raumes. Für alle ursprungsgebundenen Gruppen hat darum Dasein die Be|stimmung des Raum-Erhaltens und Sich-Raum-Schaffens. Der Verlust des eigenen Raumes ist Daseins-Verlust. Das gilt ebenso von der Bodengebundenheit des vegetativen Daseins und seiner soziologischen Entsprechung, dem Bauerntum, wie von der Bodenherrschaft in der animalischen Sphäre, die zwar weniger abhängig ist von dem einzelnen Boden, aber wandernd oder kämpfend doch gebunden bleibt an den Umkreis des beherrschten Bodens überhaupt, und die vor allem dem Einzelnen entsprechend seiner im Kampf bewährten Mächtigkeit seinen Daseinsraum

---

[19] Für eine von politischem Impuls getragene soziologische und religionsgeschichtliche Forschung öffnen sich – wie die kurze Kennzeichnung der Ursprungsmächte beweist – fast unbegrenzte Gebiete, die auf diese Weise höchste Aktualität gewinnen.

[20] Der Nachweis, daß die heidnischen Kulte und Einweihungen durchweg ursprungsgerichtet sind, kann hier nicht gegeben werden, ist aber leicht zu führen. „Eschatologische Sakramente" (Albert Schweitzer) treten erst später und auf dem Boden von Religionen auf, die durch Enderwartung bestimmt sind (Parsismus, Judentum, Christentum).

[21] Diese Andeutungen über das Problem Raum und Zeit müssen genügen. Sie entstammen langjährigen Bemühungen um die Probleme der Geschichtsphilosophie.

als *Stand* zuweist und ihn an diesen ständischen Raum bindet. Es gilt von der sozialen Gruppe, die den Einzelnen dadurch trägt, daß sie ihm seinen Anteil an dem sozialen Daseins-Raum garantiert und dafür die Einordnung in diesen Raum und seine Struktur von ihm fordert. In Verbindung mit dem Boden- und Herrschafts-Raum entsteht so der Familien- und der nationale Raum. [d]Ursprünglich raumgebunden ist selbst das Priestertum[d], das den gegebenen Boden-, Macht- und Sozial-Raum in seiner Besonderheit heiligt, d.h. ihm die transzendente Mächtigkeit des Ursprungs zuspricht. Der raumgebundene Kreislauf des Daseins mit seinen überkommenen Formen und Gesetzen, die gegebenen Boden- und Herrschaftsverhältnisse erfahren ihre Heiligung vom Ursprung her. Der Maßstab der Kritik ist das Ursprüngliche, auch wo der Lebensprozeß tatsächlich Neues erzwingt; es kann nur unter dem Namen des Ursprünglichen aufgenommen werden. – Ontologisch gesprochen bedeutet das: *Das Sein ist heilig*. Denn das Sein ist der Ursprung alles Seienden, und das Sein [e]gilt als[e] Kriterium alles Seienden: Seinsmächtigkeit ist höchster Maßstab. Das Sein ist sich selbst Wahrheit und Norm. Es bestimmt Gestalt und Grenzen seines Raumes. Ontologie steht auf dem Boden des Ursprungsmythos, der Raumgebundenheit. Sie muß auch die Zeit räumlich machen. Sie ist die letzte, abstrakteste Fassung des Mythos vom Ursprung[22]. |

2. Der Bruch mit dem Ursprungsmythos [f]im Judentum[f]

Der Ursprungsmythos hat notwendigerweise *polytheistische* Form. Das Nebeneinander als Grundstruktur des Raumes zwingt alles raumgebundene Dasein zu polytheistischer Mythologie. Nicht der Ursprung überhaupt, sondern der konkrete Ursprung ist heilig; denn er ist es, der trägt, der Mächtigkeit, Sein gibt. Wo der Ursprung allgemein und abstrakt geworden ist, ist der Ursprungsmythos in den Hintergrund getreten. Wo er[g] herrscht, heiligt er den bestimmten Raum, diesen Boden, dieses Geschlecht, diese soziale Gruppe, dieses Volk. [h]Daneben aber befindet sich anderer Boden, anderes Geschlecht, anderes Volk, die von *ihrem* Gott und *ihrem* Priestertum die Weihe empfangen. Und es bleibt nicht bei einem einfachen Nebeneinander. Die schöpferischen Kräfte des Ursprungs drängen über den Ort des Entspringens hinaus. Sie wollen sich andere Ursprungsmächte unterwerfen, ihren Raum erweitern; sie erheben universalen Anspruch, wollen in letzter Zielsetzung den Raum überhaupt umfassen. Das ist in doppelter Hinsicht im Ursprung selbst begründet: Der reine Ursprung, die bloße Macht des Seins, das ungebrochene Drängen zur Verwirklichung, hat in sich keine

---

22 Damit ist der Ontologie so viel Recht zugesprochen wie der Ursprungsbindung überhaupt, d.h. sie hat Recht nur, sofern sie geschichtsphilosophisch gebrochen ist. Eine abstrakte, von der Beziehung zur Geschichte losgelöste „Fundamentalontologie" ist damit ausgeschlossen.

Grenze. In der Natur ist die Grenze mit dem Ursprung gesetzt; jedes Wesen hat seinen Bereich. Zum Menschen gehört die Möglichkeit, über jeden begrenzten Bereich hinauszugehen. Seine Möglichkeit ist seine Versuchung, die Versuchung, den begrenzten Raum erweitern zu wollen zum unendlichen Raum. Dieses Streben findet seine grundsätzliche Rechtfertigung in der jenseitigen Begründung der Ursprungsmacht durch das Priestertum. Es widerspricht dem Wesen des Jenseitigen, Unbedingten, an einen endlichen, bedingten Raum gebunden zu sein. Der eigene Gott wird als der mächtigste, als der „Herrscher Himmels und der Erde“ angerufen. Der begrenzte Ursprung geht über in den unbegrenzten, ohne aufzuhören, begrenzter Ursprung zu sein; und der besondere Gott wird Weltengott, ohne | aufzuhören, besonderer Gott zu sein. Aber der Widerspruch treibt weiter: Das mythische Bewußtsein schafft übergreifende Einheiten, sucht den Polytheismus durch den[h] *Imperialismus eines Gottes,* d.h. *eines* Raumes [i]zu überwinden[i]. So kommt es zur Vereinigung von Ländern in einem kultischen Verband, zur Verschmelzung von Geschlechtern, Stämmen und Völkern in einem Herrschaftsgebilde. Und es kommt – meistens nachträglich – zu priesterlicher Mythenverschmelzung; und es kommt schließlich zu philosophischer Abstraktion: [j]In der[j] Idee einer Ganzheit des Seienden, deren logischer Imperialismus ein zutreffender Ausdruck des mythisch-politischen Imperialismus ist, mit dem er zusammenhängt. – Aber die ursprüngliche Bodengebundenheit ist stärker als die Kraft der übergreifenden Einheit. Aus dem besonderen Boden mit seiner schöpferischen Ursprünglichkeit brechen ständig Kräfte der Besonderung und zerreißen die Herrschaftseinheiten. Das Gegeneinander und die Dämonie der Zerspaltung behalten das letzte Wort auf dem Boden der Raumgebundenheit.

Gebrochen wird die Herrschaft des Raumes da, wo sie es der Tendenz nach schon ist, in der sozialen Gruppe und im Zusammenhang mit der Forderung, die dem Vatersymbol innewohnt. *Das Sein verliert seine Unmittelbarkeit durch das Soll.* Auf die Frage nach dem Soll kann nicht mit dem Hinweis auf das Sein geantwortet werden. „Das Gute ist jenseits des Seins“ (Plato). – Auf dem Boden des ungebrochenen Seins und der Heiligung des Raumes gibt es kein Soll. Das [k]ungebrochene Sein[k] hat keinen Forderungscharakter. Zwar stehen gute Seinsgestalten gegen schlechte, [l]ekstatisch erhöhte gegen normale[l], aber als *Seins*gestalt ist jede der anderen gleich. Was ist, hat darin, daß es ist, keine Unterschiede. Eine andere Norm als das Sein kann es auf dem Boden des bloßen Seins nicht geben. Die Norm aber des bloßen Seins ist Seinsmächtigkeit und ihr Gegenteil Seinsohnmacht. Das bedeutet praktisch: Das Mächtige hat | Recht; und das ist die einzig mögliche Ethik auf dem Boden des konsequenten Ursprungsmythos. Aber freilich: [m]Das[m] ist keine Ethik, sondern eine Feststellung und unbegründete Benennung des Gleichen mit den beiden Namen Macht und Recht[23]. Wo

[23] Über das Verhältnis von Macht und Recht vergl. meinen Aufsatz über: "Das Problem der Macht. Versuch einer philosophischen Grundlegung" [im vorliegenden Band Text Nr.

das raumgebundene Denken ethische Normen verwendet, ist es schon über sich hinaus, meistens ohne darum zu wissen.

Es ist die Bedeutung der *jüdischen Prophetie,* den Ursprungsmythos und die Raumbindung ausdrücklich bekämpft und überwunden zu haben. Auf dem Boden eines kräftigen sozialen Ursprungsmythos hat [n]sie[n] die soziale Forderung bis zur Sprengung der Ursprungsbindung radikalisiert. Der Gott ist frei von dem Boden, dem heiligen Land; nicht weil er fremde Länder erobert, sondern gerade weil er fremde Eroberer in das eigene Land führt, um das „Volk seines Erbes" zu strafen und der unbedingten Forderung zu unterwerfen. Das Band des Ursprunges zwischen Gott und Volk wird zerrissen, wenn das Band des Gesetzes vom Volk zerrissen wird. Das ist die Zerbrechung des Ursprungsmythos, die weltgeschichtliche Mission der jüdischen Prophetie. Mit der Zerreißung der Bodengebundenheit verlieren auch die übrigen Formen des Ursprungsmythos ihre Kraft. Die heilige Aristokratie, einschließlich des Königtums, wird um der Gerechtigkeit willen verworfen. Die Berufung auf die Volkszugehörigkeit hilft nichts gegenüber der unbedingten Forderung, um derentwillen der Volksfremde gleich, ja höher geachtet werden kann. Die priesterliche Tradition wird nicht aufgehoben, aber von der Gerechtigkeitsforderung beurteilt und in ihrem kultischen Teil entwertet. In dem Widerspruch des Propheten gegen den Priester drückt sich die Brechung des Ursprungsmythos in letzter Instanz aus [24]. |

Positiv bedeutet das die Erfassung der Zeit in ihrer wesenhaften Selbständigkeit und die *Erhebung der Zeit über den Raum.* Die Zeit bekommt eine Richtung; sie geht auf etwas zu, das nicht war, sondern sein wird und das, wenn es erreicht ist, nicht wieder verlorengeht. Die Erwartung eines „neuen Himmels und einer neuen Erde" bedeutet die Erwartung eines Seins, das der Seinsstruktur nicht unterworfen, das ontologisch nicht zu fassen ist. Das alte und das neue Sein können nicht [o]dem gleichen[o] Seinsbegriff untergeordnet werden. Das neue Sein ist wesentlich unontologisch. Es kann nicht vom Ursprünglichen abgeleitet werden. Es geht über [p]das Ursprüngliche[p] hinaus, gleichsam in einer zweiten Setzung, der Setzung des *Neuen in der Geschichte.* Dadurch [q]erscheint[q] der Ursprung selbst verändert. Er erhält den Charakter des Anfangs. Im Ursprungsmythos gibt es keinen [r]zeitlichen[r] Anfang. Aus dem Ursprung entspringt immer Seiendes und kehrt immer in ihn zurück; das Sein ist nicht der Anfang des Seienden, sondern seine ständige Wurzel. Die Prophetie verwandelt den Ursprung in den Anfang des Geschichtsprozesses: die Schöpfung, die selbst im Symbol eines geschichtlichen Aktes angeschaut wird. Dem Anfang entspricht ein

---

9] in den Neuen Blättern für den Sozialismus, 1931, Heft 4 [S. 157–170]. Dort wird gezeigt, daß keiner der beiden Begriffe vollziehbar ist, ohne daß der andere mitgedacht wird. Unmöglich ist ebenso die Auflösung des Rechts in Macht wie die Vorstellung eines machtlosen Rechts. Vgl. dazu auch die Schriften von Hermann Heller.

[24] „Ich habe Wohlgefallen an Gerechtigkeit und nicht am Opfer."

Ziel und eine „Mitte", das Ereignis, von dem aus Sinn und Richtung des Prozesses verstanden wird [25]. Dadurch wird das Nebeneinander des Raumes bedeutungslos gegenüber der Einheit der Zeitrichtung. Der Polytheismus ist gebrochen durch den Monotheismus der geschichtsmächtigen Gottheit und der geschichtstragenden Gemeinde. So konnte das Judentum zum „Volk ohne Raum" werden, ohne zu Grunde zu gehen. Es wurde zum „Volk der Zeit" und der Überwindung des Nebeneinander und Gegeneinander der Räume. [26] |

Das *Christentum* hat in schweren Kämpfen den Geist des Judentums zur eigenen Grundlage gemacht. Es hat das Alte Testament, den Schöpfungsgedanken und die geschichtlichen Begriffe übernommen und gegen den Versuch verteidigt, das christliche Ereignis ursprungsmythisch umzudeuten. Bis an die Grenze seines Unterganges als selbständige Religion geriet das Christentum in diesen Kämpfen. Schließlich aber ging es siegreich hervor und legte das Alte Testament als unverrückbares Fundament fest. – Dennoch gewann auf zwei Wegen der Ursprungsmythos Macht im [s]Christentum. Einmal[s] durch Entstehung eines christlichen Priestertums, das zahllose polytheistische und ursprungsmythische Elemente aufnahm und die urchristliche „Spannung nach vorn" in Hinwendung zum Gegebenen, zur heiligen Tradition umwandelte. Zweitens durch Eingehen des Christentums in die Völkerwelt und ihre [t]mannigfachen[t] ursprungsmythischen Lebensformen. So kehrten die von der Prophetie gebrochenen Mächte des Bodens, des Blutes, der Gruppe und des Standes wieder. Das Seinsmächtige wurde als solches im Namen des Christentums heilig gesprochen. Am schärfsten kommt das zum Ausdruck in der Bestätigung der gegebenen politisch-sozialen Machtverhältnisse und der nationalen Herrschaftsansprüche durch die christliche Kirche.

Demgegenüber bleibt es die *Funktion des jüdischen Geistes,* in Judentum und Christentum den prophetischen Protest gegen jede neu entstehende ursprungsmythische Bindung zu erheben, der Zeit, der unbedingten Forderung, dem Wozu zum Sieg zu verhelfen gegen den Raum, das bloße Sein und das Woher. Der Geist des Judentums ist darum der notwendige und ewige Feind der politischen Romantik. Der Antisemitismus ist wesentlich mit ihr gesetzt. Das Christentum aber gehört [u]seinem Prinzip nach[u] in diesem Gegensatz radikal und eindeutig auf die Seite des Judentums: | Jedes Schwanken in dieser Entscheidung ist Abfall von

[25] Zu der strengen Zusammengehörigkeit von Schöpfung und Geschichte vergl. die Geschichtsphilosophie von Friedrich Gogarten in seinem Buch „Ich glaube an den dreieinigen Gott" [Jena 1926]. – Zu dem Begriff der Mitte der Geschichte vergl. mein Buch „Religiöse Verwirklichung" Nr. 5 [S. 110 ff.).

[26] Was nicht ausschließt, daß es, besonders im europäischen Osten, ein bodengebundenes Judentum gibt, das demgemäß auch stark ursprungsmythische Züge hat, und daß der Zionismus als Versuch auftritt, einen jüdischen Raum zu gewinnen – allerdings unter Widerspruch derjenigen jüdischen Kreise, die darin eine Gefährdung der weltgeschichtlichen Aufgabe des Judentums sehen.

sich selbst, Kompromiß und Verleugnung der im „Kreuz" angeschauten Brechung aller Heiligkeit des Seins, auch des höchsten religiösen Seins. Ein Christentum, das im Bunde mit der politischen Romantik seine prophetische Grundlage preisgibt, hat sich selbst verloren [27].

Freilich darf Prophetie und Judentum nicht einfach gleichgesetzt werden. Die alttestamentliche Prophetie ist der durchgängige Kampf des „Geistes des Judentums" mit der *nationalen jüdischen Wirklichkeit.* Denn die national-jüdische Wirklichkeit ist wie die Wirklichkeit jedes Volkes von Natur heidnisch. Daher die Torheit gewisser nationalistischer Forderungen, das Alte Testament als Ausdruck fremder Nationalität zu beseitigen. Sind doch die alttestamentlichen Schriften ein fortlaufendes Zeugnis von dem Kampfe des prophetischen gegen das heidnisch-nationale Judentum. Darum und nur darum ist das Alte Testament Menschheitsbuch, weil das Besondere, Raum- und Bluts-Gebundene, Nationale als Bekämpftes in ihm vorkommt. – Es ist nun die Tragik des Judentums, daß sein historisches Schicksal [v]die Kräfte des Ursprungs nicht nur gebrochen, sondern auch häufig ganz aufgelöst hat[v] – sofern nicht neue Bodenbindungen wie im Ostjudentum Ersatz geschaffen haben. Dieses Negative, die kritische Auflösung des Ursprungsmythos [w]statt einer prophetischen[w] Umformung, gibt dem Antisemitismus und der politischen Romantik ein scheinbares Recht der Abwehr. Aber das Recht wird zum Unrecht, weil die Abwehr, statt das prophetische Element im Judentum gegen das auflösende zu stärken, [x]gerade[x] das prophetische Element bekämpft und dadurch dessen Kraft im Judentum | selbst schwächt. Das jüdische Problem kann nur gelöst werden durch entschlossene Bejahung des prophetischen Angriffs auf [y]die Herrschaft des[y] Ursprungsmythos und [z]des raumgebundenen Denkens[z]. [a]Nur so kann[a] das Heidnische der christlichen Völker und das Negativ-Kritische des Judentums gleichzeitig überwunden werden. Eine [b]*secessio judaica*[b] dagegen würde den Rückfall in die Barbarei und Dämonie einer nur raumgebundenen Existenz bedeuten.

[c]*3. Der Bruch mit dem Ursprungsmythos in der Aufklärung und die romantische Reaktion*[c]

Ursprungsgebundenheit und Enderwartung haben etwas Gemeinsames: Das Hinausgehen über das in Raum und Zeit Gegebene. Darum hebt die Enderwartung die Ursprungsgebundenheit nicht einfach auf; sie bricht ihre Herr-

---

[27] Von hier aus sind die Schriften von Hans Blüher und seine Entgegensetzung von Christentum und Judentum zu beurteilen [Secessio judaica. Philosophische Grndlegung der historischen Situation des Judentums und der antisemitischen Bewegung. Potsdam 1922; Die Erhebung Israels gegen die christlichen Güter. Hamburg/ Berlin 1931]. Dieser für die intellektuelle Selbsterfassung der politischen Romantik nicht unwichtige Schriftsteller steht in einer Linie mit den heidnisch gnostischen Bekämpfern des Alten Testaments. Ein Christentum, wie er es fordert, hätte sich schon im 2. Jhdt. in heidnische Ursprungsmythen aufgelöst und würde heute in nationale Ursprungsmythen zerfallen, wie die Theologie des „Tannenbergbundes" zeigt.

schaft, sie wandelt ihren Charakter, aber sie verneint sie nicht. Der Vater als Ursprung bleibt auch für das prophetische Bewußtsein bestehen, als Träger der Forderung, als Lenker der Geschichte und als Schöpfer des Neuen. Nicht [d]die Prophetie[d], sondern [e]erst[e] das autonome Bewußtsein reißt sich los von jeder Art Vaterbindung. [f28]

Das *autonome Bewußtsein* verdrängt die Dimension des Ursprungs, gleichsam die Tiefendimension des Seienden. Die endlichen Formen in ihrer Endlichkeit werden Gegenstand der Erkenntnis und Gestaltung. Auch das Gestaltungsziel liegt in der Endlichkeit; es kann immer weiter, unendlich | weit herausgeschoben werden; aber es durchbricht die Endlichkeit nicht. Die Erwartung richtet sich auf ein [g]Fortgeschrittenes, nicht auf das „Neue" schlechthin[g]. – *Die Verdrängung der Ursprungsdimension* geschieht gegenüber allen Mächten des Ursprungs: Der Boden wird ein zwar vorgefundenes, aber technisch [h]zu fassendes[h] Mittel der Gütererzeugung. Die unberechenbaren Momente, die aus dem allgemeinen Naturzusammenhang stammen, werden schrittweise zurückgedrängt. Die bleibende Unsicherheit wird durch Ausgleich verschiedener [i]Räume[i] mit Hilfe einer durchgeführten Verkehrstechnik gefahrlos gemacht. Der einzelne Boden bindet nicht mehr, da auf technischem Wege eine übergreifende Raumeinheit geschaffen ist. Der technische Raum, der grundsätzlich mit dem irdischen Raum eins ist, hebt das Nebeneinander und Gegeneinander auf. Die Mächtigkeit des Animalischen schwindet vor der Macht rationaler Tüchtigkeit. Die allgemeine rationale Erziehung, diese vorzüglichste Waffe der Aufklärung, durchbricht den ständischen Raum und seine Bindung. An Stelle der Gotterwähltheit des edlen Geschlechtes tritt die allen gemeinsame Vernunft. Die Traditionen halten nicht

---

[28] Merkwürdigerweise hat dieses Sich-Losreißen im Mythos selbst einen Ansatz, den man, um in der tiefenpsychologischen Symbolik zu bleiben, als „Mythos des Sohnes" bezeichnen könnte: der göttliche Sohn, der sich von dem dämonischen Vater losreißt und ihn stürzt. So besonders deutlich im Kronos-Zeus-Mythos. Oder der Sohn, der vom Vater als Mittler zwischen ihm und den Menschen gesandt wird. Er überwindet das dämonische Bild des Vaters im Bewußtsein der Menschen und ermöglicht dadurch einen Zugang zu ihm, der nicht Vernichtung für den Menschen bedeutet, sondern ihm die Möglichkeit gibt, die Furcht zu überwinden. Der Vater reißt gleichsam durch den Sohn den Menschen von sich selbst los und gibt ihm „die Freiheit der Kinder Gottes", d.h. die Freiheit vom Gesetz (vgl. die Christologie von Paulus und Luther). – Hegels Lehre von dem allgemeinen Gottmenschentum des Menschen, das in Christus angeschaut wird, knüpft an den Sohnesmythos an, verwandelt ihn aber entschlossen in autonome Philosophie (vgl. dazu die Würdigung der Mysterienreligion in meiner „Religionsphilosophie" in Dessoirs "Lehrbuch der Philosophie"). – Es ist verständlich, daß das Priestertum, unterstützt durch die Angst des menschlichen Unbewußten vor der Autonomie, dem Sohn immer wieder die Züge des Vaters gibt (der byzantinische Christus), um auf diese Weise das Bewußtsein in der Ursprungsbindung zu halten, oder daß es wenigstens den autonomen Sinn des Sohnes-Mythos als Geheimwissen zurückhält. Erst in der Aufklärung setzt sich die Autonomie gegen die gesellschaftlichen und seelischen Hemmungen durch, die ihr vom Ursprungsmythos her entgegenstehen.

stand gegenüber den Erfordernissen vernünftiger Seinsgestaltung. Die Offenbarung wandelt sich in Geschichte als „Erziehung des Menschengeschlechts". Das Priestertum wird entmächtigt durch die rationale Kritik an Wunder und Mysterien. Die Ekstasen werden verdrängt durch nüchternes Forschen und zweckmäßiges Handeln. Das Seiende wird nicht angeschaut als Ineinander undurchdringlicher Ur|phänomene, sondern als gesetzmäßiges Nacheinander analysierbarer Elemente. Wie das Denken nichts Unauflösbares, so kennt das Handeln nichts Ungestaltbares. Der Mythos des Ursprungs hat seine Macht verloren.

Prophetie und *Autonomie* haben gemeinsam, daß in ihnen der Mythos des Ursprungs gebrochen ist. Darum ist es nicht ganz sinnlos, den Geist der Prophetie – antisemitisch formuliert: das Judentum – für die Aufklärung [j]mitverantwortlich[j] zu machen. Für die deutsche Aufklärung hat das auch historisch [k]ein gewisses[k] Recht. Aber die Tatsache der griechischen Aufklärung, die Tatsache des Renaissancehumanismus und die Tatsache des Gegensatzes von Protestantismus und Humanismus zeigen, daß Prophetie und Autonomie aus verschiedenen, selbständigen Quellen hervorgehen. Religionsgeschichtlich gesprochen bleibt die Prophetie in der Vaterbindung, während die Autonomie aus ihr heraustritt. Erst im liberalen Protestantismus ist der Versuch gemacht, beides zu vereinigen. Der Versuch ist deswegen von entscheidender Bedeutung, weil sich gezeigt hat, daß sowohl Prophetie wie Autonomie in ihrer Isolierung auf die Dauer dem Ursprungsmythos wieder verfallen. Die Prophetie schlägt sich nieder in einem neuen Priestertum, das die prophetische Verkündigung zu priesterlich bindender Satzung macht. Die Autonomie für sich gerät in eine Entleerung, deren negativer Charakter der beste Nährboden für neues Aufbrechen positiven Heidentums ist.

Denn die Kräfte des Ursprungsmythos sind durch die Aufklärung zwar gebrochen, ihre Symbole und Ausdrucksformen sind zerstört, aber sie sind als Kräfte nicht ausgerottet, weder [l]als seelische noch als gesellschaftliche[l] Kräfte. – Seelisch sind es drei Mächte, die der Rationalität der Aufklärung widerstreben: *Eros, Schicksal* und *Tod.* Eros, der sich einen will mit der ursprünglichen Macht[m] des Seienden vor jeder Analyse und [n]der[n] besonders von der Jugend [o]den[o] rationalen Weltordnungen entgegengestellt wird. Schicksal, das durch alle Seins-Gestaltung und -Berechnung hindurch | sich als das Urmächtige erweist, besonders in Krisenzeiten der autonomen Geistes- und Gesellschaftslage. Tod, der als Grenze des Endlichen unentrinnbar vor die Frage des Sinnes der Endlichkeit stellt und damit über sie hinausführt. – Gesellschaftlich sind es die *alten Mächte* des Adels, Grundbesitzes, Bauerntums, Handwerks und Priestertums, die, wenn auch gebrochen und weithin der technischen Weltordnung unterworfen, so doch nicht aufgehoben sind und die, sei es direkt, sei es in der Umformung als Offiziere, Beamte und Angestellte, gegen ihre Einordnung in das rationale System mit instinktiver Abwehr reagieren. Zwar lassen sie sich schließlich wegen der sachlichen Kraft und der wirtschaftlichen Vorteile des rationalen Systems mit ihm ein; in dem Augenblick aber, wo die sachliche Kraft nachläßt und die Vorteile ins Gegenteil umschlagen, leben die instinktiven[p] Gegenkräfte mit doppelter

Gewalt wieder auf. Dazu kommen Randgebiete anderer, rational nicht durchgearbeiteter Länder und Erdteile; es kommt dazu die wesenhaft muttergebundene seelische Struktur der Frau, die ebenso sehr der prophetischen Vaterforderung wie der autonomen Erhebung gegen Vater und Mutter widerstrebt. [q]Es kommt hinzu die Jugend, die einerseits in alten Ursprungsbindungen steht, andererseits neue Ursprungskräfte revolutionärer Art mitbringt[q]. Aus dem Zusammenschluß all dieser Kräfte entspringt die politische Romantik, d.h. der Versuch, den gebrochenen Ursprungsmythos geistig und gesellschaftlich wieder herzustellen.

Die politische Romantik ist also die Gegenbewegung gegen Prophetie und Aufklärung auf dem Boden einer Geistes- und Gesellschaftslage, die durch Prophetie und Aufklärung bestimmt ist. Dadurch ist sie gezwungen, unter Voraussetzungen zu kämpfen, die sie verneint, und mit Mitteln, die sie bei ihren Gegnern angreift. Sie ist gezwungen, die ethischen Begriffe der Prophetie zu gebrauchen und sich selbst als höheres Ethos, z.B. als höhere Gerechtigkeit darzustellen, obwohl der Ursprungsmythos als solcher Ethik | ausschließt. Und sie ist gezwungen, die rationale Analyse als Mittel ihrer Begründung zu gebrauchen, z.B. historische, soziologische, psychologische Untersuchungen, und eben damit sich auf das zu berufen, dem sie als ursprungsfremd grundsätzlich mißtraut. So entstehen die Theorien der politischen Romantik, die trotz ihrer häufig geistvollen Durchführung an dem Widerspruch nicht vorbeikönnen, das Irrationale rational begründen zu müssen. Und es entsteht die Praxis der politischen Romantik, die auf dem Boden einer bewußt organisierten Gesellschaft die rationalen Organisationsformen übernehmen muß, die sie aufheben will. Der Ursprungsmythos kann nur wiederkehren – ungebrochen, wie es für ihn notwendig ist –, wenn die Gesellschaft, in der er gebrochen ist, untergeht. Ein Mittelalter war nur möglich, weil die Antike und das ganze System ihrer rationalen Welt-Erkenntnis und -Gestaltung untergegangen war. Und ein neues Mittelalter wird nur kommen, wenn die abendländische Gesellschaft ihre Aufklärung mit dem Ende ihrer Lebensmöglichkeit [r]büßen muß[r]. Nur in wenigen extremen Gedanken wagt sich die politische Romantik bis zu dieser Konsequenz vor und bejaht ein kommendes abendländisches „Fellachentum". Schreckt sie aber [s]davor[s] zurück, so gerät sie in jenen Widerspruch zwischen rationalem Gestalten-Müssen und Kampf gegen rationales Gestalten, dem sie nicht entrinnen kann und um dessentwillen sie [t]Romantik[t] ist.

[u]*B. Die Erscheinungsformen der politischen Romantik*[u]

[v]*1. Ihre konservative und ihre revolutionäre Form*[v]

[w]Politische Romantik[w] kann zwei Formen [x]annehmen[x]: Sie kann *konservativ* und [y]sie kann[y] *revolutionär* sein [29]. [z]Die beiden[z] Formen können mannigfaltige

[29] Vergl. Hans Freyer: Revolution von rechts. [Jena] 1931.

Verbindungen[a] eingehen, [b]aber auch in Gegensatz treten[b]. Die konservative Form beruht auf dem Versuch, die geistigen und gesellschaftlichen Reste | der Ursprungsbindung gegen [c]das autonome System[c] zu verteidigen, wenn möglich auch Rückbildungen zu bewirken. Sie geht von Gruppen aus, die noch nicht völlig in [d]die bürgerliche Gesellschaft[d] eingeordnet sind, vor allem also Grundbesitz, Bauerntum, Adel, Priestertum, Handwerk. Die revolutionäre Form versucht in zerstörendem Angriff gegen das rationale System den Boden für neue Ursprungsbindungen zu erobern. Sie wird getragen von denjenigen Gruppen, die in die innere Struktur des rationalen Systems eingegangen sind, ohne den Zusammenhang mit jenen Ursprungsgruppen, von denen sie herkommen, verloren zu haben; die aber nun von diesem System mit völliger Aufsaugung einerseits, mit der dem System entsprechenden Mechanisierung und Deklassierung andererseits bedroht sind. Hierher gehören vor allem die Angestellten, gewisse Beamtengruppen, diejenigen Intellektuellen, für die keine Aussicht auf [e]Einfügung in[e] das rationale System besteht, aber auch Bauern und Handwerker, die besonders stark und hoffnungslos von der Krise getroffen sind. Beide *Gruppen* können sich zu gemeinsamer Aktion zusammenfinden, haben aber zugleich innere Spannungen, die um so schärfer werden, je deutlicher die revolutionären Gruppen mit den Nachteilen des rationalen Systems auch die Vorzüge, die es für die konservativen Gruppen hat, beseitigen [f]wollen[f].

Neben dem Unterschied der konservativen und revolutionären Form der politischen Romantik – und ihn zum Teil überschneidend – findet sich der Unterschied ihrer *transzendenten* und *naturalistischen* Form. Die erste bewahrt den Ursprungsmythos in der überlieferten religiösen Gestalt und sucht von ihm her Weltbild und Gesellschaftsbau zu bestimmen. Hinter ihm stehen die Kirchen, soweit sie sich[g] mit der politischen Romantik verbunden haben, sowie kirchlich beeinflußte Gruppen altkonservativer Art. Die zweite begründet den Ursprungsmythos [h]lebensphilosophisch[h], nimmt ihm also den eigentlich mythischen Charakter, selbst wenn sie von dem neuen Mythos spricht. Hierher gehören | vor allem die Gruppen des revolutionären Typus[i]; aber auch konservative Gruppen, die stark in die bürgerliche Gesellschaft übergegangen sind, begründen ihre Forderungen [j]diesseitig[j] und naturalistisch [30]. – Schon daraus geht hervor, daß auch dieser Gegensatz kein ausschließender ist. Und das ist in der geschichtlichen Lage begründet; denn auch die transzendente Richtung kann sich der Macht der Aufklärung und ihrer Mythenkritik nicht entziehen. Und die naturalistische Richtung muß, wenn sie mit ihrer Idee des Mythos ernst macht, über das Natürlich-Immanente hinausgehen. Praktisch dagegen ist der Unterschied für die Gruppenbildung der politischen Romantik von größter Wichtigkeit.

Der Grundbegriff der konservativen Romantik ist der Begriff des *Organischen*[k], während die revolutionäre Romantik im besseren Instinkt für den Widerspruch

---

[30] Das ist einer der Gründe für die Trennung der Konservativen von den Deutschnationalen, die den religiösen Charakter der alten konservativen Idee völlig preisgegeben haben.

zwischen Organismusidee und politisch-rationalem Handeln Begriffe wie Bewegung, Aktion, Elan, Lebensdrang usw. gebraucht, also die Idee des *Dynamischen* im eigentlichen Sinne vertritt. – Der Begriff des Dynamischen ist unentbehrlich für die Bezeichnung einer bestimmten Wirklichkeitsschicht und einer an ihr orientierten, bestimmten Weltauffassung. Er sollte nur für sie gebraucht und nicht – wie es tatsächlich geschieht – hemmungslos erweitert und entleert werden. Dynamisch sollte[l] Sein genannt werden, sofern es in der Bewegung von seiner Möglichkeit zu seiner Wirklichkeit steht, das Noch-Nicht-Geformte, in dem aber die Möglichkeit und die Macht der Form liegt[31]. Dynamik würde dann eine neue Kategorie sowohl gegenüber dem Organischen | wie gegenüber dem Mechanischen sein, eine Kategorie, die der gesellschaftlichen Lage der revolutionären politischen Romantik angemessen wäre. In der Idee des Dynamischen könnte sich gleichzeitig der Wille ausdrücken, die Berechenbarkeit und den Zwang des rationalen Systems zu durchstoßen, seine Elemente einzuschmelzen und flüssig zu machen, und der Wille, sich nicht den alten, durch Ideologie des Organismusbegriffs verklärten Gestaltungen zu unterwerfen. Ursprung im Sinne der dynamischen Idee würde das Entspringen, Ursprung im Sinne der organischen Idee das Ursprüngliche bedeuten. Die revolutionäre Romantik will neu entspringen lassen, die konservative das Ursprüngliche wiederfinden. – Zahlreiche Erscheinungen im politischen und geistigen Leben der Gegenwart lassen sich von hier aus verstehen, z.B. die später zu behandelnde Strukturverwandtschaft zwischen revolutionärer Romantik und revolutionärem Sozialismus, der dynamische Charakter der modernen nichtromantischen Gestalttheorie, der Expressionismus in der Kunst, vor allem aber die politisch entscheidende Tatsache, daß die transzendenten Richtungen der politischen Romantik in starker Spannung zu der revolutionären Richtung stehen. Das Priestertum ist auf das Ursprüngliche gerichtet, auf das Entspringen nur in den Grenzen priesterlicher Bewahrung.

Die Schwierigkeiten der revolutionären Romantik sind eben darin begründet, daß es ihr auf das Entspringen und nicht auf das Ursprüngliche ankommt. Denn als politische Bewegung muß sie Ziele angeben[m]. [n]Da sie aber die Ziele weder wie die konservative Form den Traditionen der Vergangenheit noch wie der Sozialismus einer rationalen Analyse der Gegenwart entnehmen kann, so sind ihre Zielvorstellungen ungeklärt, dunkel, widerspruchsvoll, praktisch undurchführbar. Das Negative ist weitaus stärker als das Positive. Die Kraft der Bewegung liegt fast ausschließlich in der Bewegung, nicht in der Erwartung dessen, wo sie hinführen soll.[n] |

31 „Dynamisch" wird infolge der Gegenüberstellung mit „statisch" vielfach für „bewegt" gegenüber „ruhend" gebraucht. Durch solchen Gebrauch ist das Wort fast völlig entleert. Ursprünglich steckt in ihm und sollte auch jetzt noch vernehmbar sein die dynamis, die produktive Möglichkeit, die zur Wirklichkeit drängt. So ist das Wort von Aristoteles gebraucht worden. Diesen Sinn, die Bewegung von einer produktiven Möglichkeit zur Wirklichkeit, sollte es wiedergewinnen.

°2. *Ihre Rückwendung zu den Ursprungsmächten*°

[p]Beide Formen der politischen Romantik sind trotz der Unterschiede in der Zielvorstellung darin einig, daß sie zum Ursprung zurück wollen, und zwar nicht im allgemeinen, sondern zu den besonderen Ursprungsmächten, von denen sich Prophetie und bürgerliche Gesellschaft losgerissen haben. Alle politischen Forderungen sind ihrer Wurzel nach aus der Rückwendung zum Ursprung zu verstehen.[p]

Die *Rückwendung zum Boden* wird politisch wirksam in der Forderung, [q]einen Großgrundbesitz und ein Bauerntum[q] zu erhalten oder wiederherzustellen, die ökonomisch überholt sind und nur auf Kosten der gesamten Volkswirtschaft existieren können. Um des Bodenmythus und der ihn tragenden Schicht willen soll der nationale Raum von dem weltwirtschaftlichen Raum abgeschnitten und isoliert werden. Der technische Menschheitsraum soll in autarke Gruppen zerschlagen, die Möglichkeit der übergreifenden Einheit soll preisgegeben werden. Den Preis, die grundsätzliche, nicht nur krisenbedingte Herabsetzung des Lebensstandes, soll [r]vor allem[r] die nicht bodengebundene Bevölkerung bezahlen. Der Hinweis auf die Unmöglichkeit, die Massen vom heimatlichen Boden [s]ausreichend[s] zu versorgen, der Hinweis also auf die tatsächliche weltwirtschaftliche Raumeinheit schlägt[t] als rationaler Einwand gegenüber dem mythisch erregten Bewußtsein nicht durch oder wird mit dem Hinweis auf die sonst[u] bekämpfte Bevölkerungsverminderung abgetan [32].

Die *Rückwendung in der animalischen Sphäre* spielt naturgemäß [v]für die revolutionäre Romantik die Hauptrolle[v]. Blut und Rasse [w]sind ihre Kampfbegriffe[w]. Mit Hilfe einer Rassentheorie, die sich[x] wissenschaftliche Form zu geben sucht, wird die überlegene Seinsmächtigkeit der eigenen | Rasse behauptet, werden fremde Rassen und Völker im Wert herabgesetzt und wird der politische und ökonomische Herrschaftsanspruch des eigenen Volkes ideologisch gerechtfertigt. – Die leidenschaftlichsten Formen nimmt diese Blutsmythologie im Antisemitismus an, weil sich hier mit dem ökonomischen Gegensatz der Widerspruch gegen das prophetische Element verbindet, dessen Träger das Judentum ist, und das aller germanischen Blutsmythologie seit der Christianisierung ein schlechtes Gewissen bereitet. – In halbem Widerspruch zum Glauben an die edelgeborene Rasse knüpfen sich an die Rassentheorie rassenzüchterische Forderungen von sehr rationalem Charakter, ein Beweis, daß die überlegene Rasse als Realität jedenfalls entschwunden ist; sonst würde sie es nicht nötig haben, sich zum Gegenstand von Theorie und Technik zu machen.

Die bluthafte Ursprungsnähe des *weiblichen Geschlechtes* wird von der politischen Romantik benutzt, um die Frau aus der geistigen, politischen und ökono-

---

[32] Oder es wird versucht, ihn durch politische Utopien (z.B. Verbindung mit Osteuropa) zu entkräftigen. Bei wirklich konsequenten Vertretern der Autarkie des nationalen Raumes wird auch die physische Vernichtung des überschüssigen Teils der Bevölkerung, etwa im Zusammenhang mit einem kommenden Krieg, bejaht.

mischen Öffentlichkeit in die patriarchalisch gedachte Familie zurückzuholen, sie ihrer [y]politischen[y] Rechte zu berauben und das [z]Geschlechterverhältnis[z] entweder in eine altaristokratische Männerherrschaft oder eine kleinbürgerlich-gesetzliche Gebundenheit zurückzuwerfen. Freilich wird für diesen Zweck in Konsequenz des allgemeinen Widerspruchs der politischen Romantik die rationale Urteilskraft und öffentliche Aktivität der Frau aufs Nachdrücklichste in Anspruch genommen.

Die *Rückwendung zur sozialen Gruppe* drückt sich in dem aller politischen Romantik gemeinsamen Ruf nach Gemeinschaft aus. Er ist Ruf der Sehnsucht nach einer tragenden Gruppe im Gegensatz zum rationalen System mit der geistigen, wirtschaftlichen und politischen Autonomie des Einzelnen. Er ist Getragenheits- und Geborgenheits-Wille, und er schwillt um so mehr an, [a]je mehr[a] die kritische Gesellschaftslage dem Einzelnen seine Ungeborgenheit zum Bewußtsein bringt. Mit der Geborgenheitssehnsucht verbinden sich Eroskräfte, wie sie namentlich in der Jugendbewegung [b]hervor|brachen[b] und die [c]liberale[c] Gegenschaltung aller gegen alle im ökonomischen Daseinskampf zu überwinden suchten. [d]Ferner[d] verband sich damit die innere Zersetzung der „Sohnesreligion", die Sehnsucht, in Mutter- und Vaterbindung zurückzufinden. Während die Gemeinschaft als Ganzes dabei mit Muttersymbolen ausgestattet wird – sie ist das Umschließende, Tragende, das eher da ist als der Einzelne –, wird der Vater angeschaut als Einheit und Haupt der Gemeinschaft, als „Monarch" in der konservativen, als „Führer" in der revolutionären Romantik, als Träger und Verkörperung des Staates in beiden Formen. Die Sehnsucht nach dem charismatischen Führer ist die [e]naturalistische[e] Gegenform zu dem [f]religiösen[f] Glauben an den durch Gottes Gnade erwählten und getragenen Monarchen. In beiden [g]Formen[g] ist die Rückwendung zum Vatermythos der sozialen Gruppe deutlich. Und die Erhebung des Staates über die Gesellschaft in der politischen Romantik hat das gleiche Motiv. Der Staat ist der tragende und fordernde Vater im Gegensatz zur Gesellschaft, in der der Einzelne auf sich gestellt ist. Aber nicht für jeden Staat gilt das. Der demokratisch begründete, den ungestörten gesellschaftlichen Ablauf garantierende rationale Staat ist genau das Gegenteil von dem Staat als Vater und Ursprung. Er ist das abstrakte Gesetz, das den Einzelnen nicht trägt, sondern ihn einem unpersönlichen Mechanismus unterwirft. Darum verkehrt sich der Ruf nach dem starken Staat sofort in sein Gegenteil, wenn der demokratisch begründete rationale Staat seine Macht zeigt. Ihm fehlt die Weihe des Ursprungsmythos[h]. [i]Denn die[i] Heiligung des nationalen Bodens und Raums, die animalische Seinsmächtigkeit der eigenen Rasse, die heroische Opferwilligkeit des edlen Geschlechtes, all das zusammengefaßt im Mythos des nationalen, vom Führer oder Monarchen getragenen Machtstaates erfüllt erst die ursprungsmythische Staatsidee. Dieser Staat ist um seiner selbst, nicht um der Gesellschaft, nicht um aller einzelnen willen da. „Er selbst", abgesehen von den Menschen, die zu ihm gehören – das ist schon Mythos und hat Realität | nur durch die Sehnsucht, die zu dem Ursprung zurück will, [j]Sehnsucht von Massen[j], die verwundet und erschöpft [k]sind in der[k] Freiheit des rationalen Systems. – Aber auch hier zeigt sich der Widerspruch der politischen Romantik. Der Ruf nach Gemeinschaft fordert den Einzelnen auf, das zu schaffen, was ihm als Einzelnen vorausgehen soll, das Tragende, die Gemeinschaft, den Staat. Er enthält gleichsam die Forderung, vom Sohn her die Mutter zu schaffen und den Vater aus dem Nichts zu rufen. Die schwersten Enttäuschungen erfährt die politische Romantik darum immer an dieser Stelle; nirgends wird der Widerspruch [l]zwischen Sehnsucht und Wirklichkeit[l] so schmerzhaft gefühlt [m]wie hier[m].[33]

[n]*3. Ihr Kampf um die Traditionen*[n]

[o]Zwischen Ursprung und Gegenwart steht die Tradition. Es ist darum für die politische Romantik in jeder Beziehung von entscheidender Wichtigkeit, daß sie an die vorbürgerlichen Traditionen anknüpfen kann.[o]

Die Tatsache eines bald zweihundertjährigen *Abbruchs* [p]der Traditionen[p] auf den meisten Gebieten [q]ist[q] freilich nicht aus der Welt [r]zu schaffen[r]. Es bleibt der politischen Romantik nur die doppelte Möglichkeit, entweder stehengebliebene Traditionsinseln, obgleich sie in der Gesamtstruktur des Daseins sinnlos geworden sind, zu verteidigen; oder den Versuch zu machen, alte verlorene Traditionen wieder [s]aufzunehmen[s]. Aber eine Tradition, die abgebrochen ist, ist eben nicht mehr Tradition, sondern[t] literarische Erinnerung. Und der Versuch, aus literarischen Erinnerungen Tradition zu machen, ist das eigentliche, namengebende Kennzeichen der Romantik und der deutlichste Ausdruck ihres inneren Widerspruchs. – Und doch muß sie diesen Versuch machen, wenn sie sich nicht in Erwartung zukünftig neu entspringender Tradition für die | Gegenwart auf das völlige Nichts stellen will. Und das kann eine politische Bewegung nicht mehr, sobald sie Einfluß gewinnt. Sie muß Tradition suchen, die sie der Gegenwart entgegenstellt[u]. – Die Traditionen sind so differenziert wie die Ursprünge, denen sie entstammen. Boden-, Orts-, Landschafts- und Heimats-Traditionen stehen neben Bluts-, Familien-, Geschlechter- und Volks-Traditionen, Standes-, Berufs-Traditionen neben Sitten-, Rechts- und religiösen Traditionen. Überall aber bedeutet Tradition ein doppeltes, die Herleitung von einem Ursprung und die Unterwerfung unter die Autorität des Ursprungs, also eines besonderen Raumes und seiner Struktur. So gering der praktische Wert dieser Ideen gegenwärtig ist, so stark ist ihre ideologische Kraft und dadurch ihr Kampfwert gegen bestehende [v]Gestaltungen[v]. Ihr Angriff wendet sich gegen die [w]grundsätzlich[w] humanistische Erziehung aller[x], gegen den Ausgleich von Sitten und Lebensanschauungen infolge des einheitlichen Verkehrsraumes, gegen die gedankliche Autonomie jedes einzelnen und das Fehlen innerlich autoritativer Instanzen, gegen die Offenheit jedes Berufes für jeden[y] und das Fehlen des

[33] Man denke an den starken und leidenschaftlichen Gemeinschaftswillen der Jugendbewegung und sein Scheitern im Augenblick des Überganges der Jugend in die Funktionen und Mechanismen der bürgerlichen Gesellschaft.

ständischen Raumes, gegen die ausgleichenden Tendenzen der Großstadt, in der viele Lebensräume sich durchdringen und deren Ausstrahlung vermittels der Technik (Radio und Kino) auch das Land in die Raumeinheit [z]einbezieht[z]. Endlich und vor allem gegen die von jeder Sondertradition freie politische Autonomie des Einzelnen. Positiv konzentriert sich der Mythos der Tradition auf die nationale Tradition. In der Forderung, sie zu erhalten, sie durch Schaffung einer nationalen historischen Legende zu stärken, [a]sie[a] von internationalen Traditionen loszulösen, gipfelt der Mythos der Tradition, wie ihn die politische Romantik fordert und zu schaffen sich bemüht.

Freilich zeigt sich auch hier wieder der innere Widerspruch der Rückwendung zum Ursprungsmythos: Die Schöpfung einer *nationalen Tradition* muß unter den Bedingungen des großstädtischen Raumes und seiner Ausdehnung | auf das ganze Land alle Sondertraditionen überspringen, auf die es doch für den Ursprungsmythos ankommt. [b]Und[b] nichts ist traditionsloser im nationalen Sinne als dieser Kampf für die nationale Tradition. [c]Was in Deutschland wirklich überliefert ist und bis heute ungebrochen wirkt, ist der[c] Kampf der [d]verschiedenen[d] religiösen, politischen und landschaftlichen Traditionen. Ein Kampf der Traditionen kann aber, solange er noch Wirklichkeit und nicht Literatur ist, nur durch die Kämpfer tradiert werden, d.h. *nicht* als einheitliche nationale Tradition. Der Versuch, durch [e]altgermanisches Gut eine ursprungsgebundene[e] Einheit zu schaffen, ist völlig hoffnungslos, da die Germanen, sobald sie in die Geschichte eintraten, von den vorhandenen großen Traditionsströmen ergriffen und ihrer ursprünglichen Formung beraubt wurden. Zwar wirkte sich die germanische Substanz in der Aneignung und Umformung der Tradition aus, aber eine ursprünglich germanische und in diesem Sinne nationale Tradition gibt es nicht und kann nicht geschaffen werden [34].

[f]Um so wichtiger ist der Versuch, die *religiöse Tradition* zu bewahren oder wieder lebendig zu machen.[f]

[g]Das Bemühen, eine *nationalreligiöse Tradition zu* schaffen, verbindet sich bei den Extremen der politischen Romantik mit entschlossener Bekämpfung des Christentums und Konstruktion eines germanischen Heidentums.[g] Doch ist die propagandistische Wirkung dieser Gruppe gering, da ihr Ziel der christlichen Durchformung des Volkes zu offenkundig widerspricht und [h]ihre[h] Art, den Mythos zu schaffen, zu geistlos, [i]literarisch[i] und phantastisch ist, als daß sie ernsthaft wirken könnte; auch stehen keine geschlossenen Gruppen, weder priesterliche noch laienhafte, dahinter. – Sehr viel wirksamer ist die tatsächliche Ausstoßung der christlich-pro|phetischen Elemente aus dem Bewußtsein der

---

[34] Wie lächerlich sich die politische Romantik in ihren Versuchen, nationale Tradition zu schaffen, vergreift, zeigt die nationalsozialistische Kunstpolitik, die in den schlechtesten, von echter Tradition am meisten getrennten Jahrzehnten der deutschen Geistesgeschichte deutsche Tradition sucht und das wirkliche Aufbrechen archaischer Elemente im deutschen Expressionismus aus kleinbürgerlicher Sehnsucht nach Idyll und Sicherheit als undeutsch verwirft.

ursprungsmythisch [j]gebundenen[j] Massen und ihre Ersetzung durch den Glauben an das Nationale als den höchsten menschlichen Wert. Das geschieht selten ausdrücklich, obgleich *Ablehnung des Alten Testamentes* bis in die Reihen der offiziellen Vertreter des Christentums sich findet; [k]sehr häufig aber in der unausdrücklichen Weise[k] der Gleichgültigkeit gegen die kirchliche Verkündigung und der leidenschaftlichen Hingabe an die nationale Idee. Heilig ist den Menschen dieser [l]Bewegung[l] nicht, was z.B. den Menschen des Reformationszeitalters heilig war: die religiöse Wahrheit, das persönliche Heil. [m]Heilig[m] ist ihnen[n] die Nation, ihre Freiheit und ihre Macht. Die Verbeugung der nationalsozialistischen Partei vor der evangelischen Kirche hat darum nicht den Sinn, daß hier eine weltliche Bewegung den Ort [o]sucht, an dem sie sich unter das Gericht der unbedingten Forderung stellt[o], sondern sie hat den Sinn, ihr Heiliges von dem alten Heiligen bestätigen zu lassen und es dadurch für die kirchlich Gebundenen annehmbar zu machen. Der Katholizismus hat bisher diese Bestätigung versagt, der Protestantismus hat sie unter gewissen (praktisch wirkungslosen) Einschränkungen gegeben [35].

Das ist in der verschiedenen Stellung beider Kirchen zum Ursprungsmythos begründet. Der *Katholizismus* hat [p]in der Hierarchie eine soziologisch unabhängige Gruppe, die imstande ist, die religiöse Tradition vor dem Auf und Ab der geschichtlichen Bewegungen relativ unberührt zu bewahren[p]. Wie er[q] früher der Abwendung vom Ursprung [r]in der Aufklärung[r] keinen Raum gegeben hat, so macht er jetzt der Rückwendung zum Ursprung [s]in der Romantik[s] keine Zugeständnisse. Denn [t]die romantische[t] Rückwendung geht vorbei an dem[u] prophetisch durchsetzten Ursprungsmythos, | wie ihn die Kirche [v]bewahrt hat[v]. Sie schafft ihren eigenen latenten [w]oder manifesten[w] Mythos, den die Kirche ablehnen muß. Der *Protestantismus* dagegen hat keinen solchen festen Ort. Die „Schrift" ist soziologisch nicht fixiert, ein Priestertum im ursprungsmythischen Sinne gibt es grundsätzlich im Protestantismus nicht. Damit aber fehlt das Gegengewicht gegen die profanen Bewegungen, zumal der Laie im Protestantismus Priester ist und auch der Pfarrer Laie. Der Protestantismus ist darum soziologisch auf die jeweils tragenden Gruppen angewiesen, auf die Feudalität oder das Bürgertum oder die Mittelschichten – sei es auf dem Umweg über den Staat oder die Wirtschaft oder die Partei. So kommt es, daß die Verkündigung sich entweder den Forderungen der herrschenden Gruppen anpaßt oder eine Transzendenz annimmt, die die gesellschaftlichen Mächte ungehindert walten läßt und dadurch ihrem Interesse dient[x][36]. Auf diesem Wege leistet heute die evan-

---

[35] Doch ist zu erwarten, daß mit zunehmender Spannung von konservativer und revolutionärer Romantik der Protestantismus sich von der revolutionären Richtung abwenden wird, zumal wenn die sozialistischen Elemente im Nationalsozialismus ernsthaft an Bedeutung gewinnen.

[36] Das erste gilt für die älteren orthodoxen und liberalen Gruppen, das zweite für die sogenannte dialektische Theologie. Vergl. die durchgängige Bezugnahme auf sie in meinem Buch „Religiöse Verwirklichung", besonders im Anmerkungsteil. Inzwischen

gelische Kirche [y]einer Bewegung, die[y] ihrem prophetischen Charakter aufs schärfste widerspricht, ohne Wissen und Wollen die wichtigsten Dienste. [z]Der Rückwendung zum Ursprungsmythos kommt ferner zu Gute, daß die Kirchen die autonomen Elemente, die sie zeitweise walten ließen und die im Protestantismus seinem Prinzip gemäß zu entscheidender Bedeutung gelangt waren, wieder auszustoßen versuchen.[z] Der liberale Protestantismus ist an die Grenze völliger Bedeutungslosigkeit gedrängt. Der Katholizismus hat die zeitweise geduldeten freieren Gruppen[a] in die strenge kirchliche Heteronomie zurückgeholt. Soziologisch entspricht dem die Zerstörung der liberalen Form der | bürgerlichen Gesellschaft, seelisch die Erschöpfung der autonomen Kräfte und die Sehnsucht nach neuer Vater- und Mutterbindung in weitesten Kreisen [37].

Die Rückwendung zum Mythos des Ursprungs zeigt also auch in der [b]religiösen[b] Form der Rückwendung zur Uroffenbarung seine[c] Kraft. Der[d] Widerspruch freilich [e]des ungebrochenen Ursprungsmythos mit dem christlichen Prinzip läßt[e] seinen dauernden Sieg nur im Falle einer völligen Paganisierung des Christentums und Fellachisierung der christlichen Völker [f]zu[f]. Daß es dazu kommen *kann,* hat der christliche Osten, daß es trotz schwerster Katastrophe nicht dazu kommen *muß,* hat der christliche Westen gezeigt[38].

[g]*4. Ihr geistiger Ausdruck*[g]

Die realen Mächte und Strebungen der politischen Romantik sind aufgezeigt. Zu politischer Entfaltung und Wirkung können sie jedoch[h] nur kommen durch[i] geistige und politische Formung. Der politische Kampf ist ohne [j]die[j] Waffen geistiger Kritik und Programmatik nicht möglich. Darum ist es wichtig, die Waffen, ihren Sinn, ihre Schärfe und die Grenzen ihrer Kraft kennenzulernen[k].

---

hat sich die dialektische Schule im Politischen und von da aus zum Teil auch im Theologischen gespalten: Während Karl Barth sich zum Sozialismus gestellt hat und auch theologisch die neu-heidnischen Tendenzen des Nationalsozialismus angreift, ist Friedrich Gogarten zur konservativ-ständischen Form der politischen Romantik übergegangen und begründet sie theologisch: Ein Beweis der Notwendigkeit, die für jede Theologie besteht, zur innerweltlichen Konkretion zu kommen.

37 Daß man der Autonomie müde geworden ist, läßt sich in allen Gruppen und Schichten beobachten. Es ist eine der wichtigsten stimmungsmäßigen Hintergründe alles gegenwärtigen politischen Geschehens, es ist auch eine Wurzel des Antiparlamentarismus der jungen Generation.

38 Den Begriff Fellachisierung hat Spengler im „Untergang des Abendlandes" geprägt, ein Buch, dessen Bedeutung weder nach seinem ungeheuren Erfolg noch nach seinem plötzlichen Verschwinden aus dem öffentlichen Bewußtsein beurteilt werden darf. Die eine Möglichkeit europäischer Zukunft, die Marx Barbarei genannt hat, ist von ihm scharf gesehen und deutlich charakterisiert worden. Die Entstehung eines zweiten Heidentums in christlichen Formen, verbunden mit einer Entvölkerung und Verarmung Europas durch Selbstvernichtungskriege, ist eine Perspektive, die heut noch näher liegt als zur Zeit des größten Erfolges von Spenglers Buch.

Man kann die Ausdrucksformen der politischen Romantik in *Stufen* ordnen [l]nach der Angemessenheit oder Unangemessenheit[l], in der sie zu der Sache stehen, die sie aus|drücken sollen: Je ferner der Wissenschaft, je näher der mythischen Schau, desto angemessener ist der geistige Ausdruck dem Wesen der politischen Romantik. So weit die Methoden der mathematischen Naturwissenschaft unmittelbar oder mittelbar reichen, hat sie überhaupt keine Möglichkeit, sich darzustellen. In der Biologie und Anthropologie frühestens beginnen ihre Chancen, aber nur soweit es sich um philosophische Elemente in diesen Wissenschaften handelt, nicht in der Forschung selbst. Das gilt auch noch für Soziologie und Geschichte, obgleich[m] in der Geschichtsschreibung Einbruchsstellen für romantische Tendenzen vorhanden sind. In [n]den Geisteswissenschaften[n] und der Philosophie kann sich das ursprungsmythische Denken unmittelbarer ausdrücken, wenn auch noch gehemmt durch die rationale [o]wissenschaftliche[o] Form[p]. Angemessener als[q] die Philosophie ist darum die Dichtung dem ursprungsmythischen Bewußtsein. Aber sie hat eine Grenze, die sie wieder ungeeignet macht: sie drückt nur aus, was ist. [r]Sie kann auch Forderungen ausdrücken, aber sie kann nicht selbst fordern und begründen; das aber muß die politische Romantik als politische Bewegung.[r] Darum sind ihr am angemessensten geistige Ausdrucksformen, in denen Dichterisches[s] oder Wissenschaftliches mit [t]Priesterlichem oder[t] Prophetischem sich [u]eint[u], das erste der konservativen, das zweite der revolutionären Romantik entsprechend. Eine ekstatisch-revolutionär erregte Apokalyptik hat sich[v] zur Zeit als die wirksamste geistige Ausdrucksform der politischen Romantik erwiesen.

Die Kraft der politischen Romantik ist nicht ihre wissenschaftliche Begründung. Sie kann es nicht sein, da sie notwendig in Widerspruch mit sich gerät, sobald sie sich wissenschaftliche, d.h. rationale Form geben will. Sie hat darum im Gegensatz zum bürgerlichen Liberalismus und zum proletarischen Sozialismus, die beide im Rationalen wurzeln, *keine großen Theoretiker* hervorgebracht, weder in älterer Zeit noch gegenwärtig. Den auffälligen Mangel in dieser Beziehung entschuldigt die revolutionäre Romantik mit der | Unfertigkeit ihrer Bewegung, eine Entschuldigung, die viel mehr eine Bestätigung ist. Denn die großen bürgerlichen und sozialistischen Theoretiker stehen gerade am Anfang ihrer Bewegung, die wesentlich mit durch sie geschaffen wurde. Für eine antirationale Bewegung, die zum Ursprung zurück will, ist das freilich unmöglich. In ihr kann Theorie höchstens Beschreibung einer schon bestehenden, nicht Anweisung für eine noch zu schaffende Wirklichkeit sein.

Da nicht die Methoden der Forschung, sondern ihre philosophischen Voraussetzungen der politischen Romantik Zugänge zu den Einzelwissenschaften eröffnen, ist es berechtigt, zuerst die Philosophie zu kennzeichnen und dann ihre Auswirkung in den Einzelwissenschaften zu zeigen. – Der Ursprungsmythos richtet sich auf das Gegebene in seiner ursprünglichen Gestalt vor Analyse und Neugestaltung. Damit ist die *intuitive* Richtung der romantischen Philosophie vorgegeben. Von der intellektuellen Anschauung Schellings bis zur Intuition der Lebensphilosophie und Phänomenologie geht eine Linie des Protestes gegen die analytische Haltung der modernen [w]bürgerlichen[w] Philosophie. Die Anschauung im Sinne der Intuition löst nicht auf, unterwirft nicht dem Gesetz, will nicht herrschen und gestalten. Sie eint mit ihrem Gegenstand, der eben nicht Gegen-Stand ist, nicht gegenübergestellt und bearbeitet wird, sondern herangezogen und aufgenommen. Die [x]politische[x] Romantik [y]macht den[y] Versuch, [z]hinter[z] die Subjekt-Objekt-Spaltung des Seienden zurückzugehen, die Kraft der Analyse zu brechen, die ursprüngliche Einheit wiederzugewinnen, hinzunehmen, statt zu untersuchen, stehen zu lassen, statt zu entwerfen.[a]

Die revolutionäre Romantik beruft sich vielfach auf Nietzsche. Nicht mit Unrecht: Nietzsche hat den vitalen Werten, und zwar der animalischen Stufe, den höchsten Rang zugesprochen. Er hat im Kampf mit der bürgerlichen Gesellschaft seiner Zeit die meisten Symbole der politischen Romantik geschaffen. Er hat den Sieg des rationalen Systems als Sieg des „Letzten Menschen" gekennzeichnet und verspottet. | Er hat die Vernunft dem Leben untergeordnet. Er hat die soziale Revolution als Empörung und Ressentiment gegen die edle Rasse verdächtigt: kaum eine geistige Waffe der politischen Romantik, die er nicht geschmiedet oder zum mindesten geschärft hätte. Und doch ist er nicht der ihre. In leidenschaftlicher Offenheit hat er den heidnisch-antichristlichen Charakter dieser Wertungen bekannt und sie nicht ideologisch zu bemänteln, moralgerecht zu machen versucht. Er hat die nationalistische und antisemitische Form des Blutmythos verächtlich gemacht. In der Schilderung seines höchsten Typus finden sich Momente, die die animalischen Werte durchbrechen. Die härteste, klarste Erkenntnis, die rationalste Methode der Wissenschaft hat er aller romantischen Benebelung entgegengestellt. Verzicht auf Autonomie wäre für ihn undenkbar, Rückkehr zum Ursprung, zur Vater- und Mutterbindung unerträglich gewesen. Nie hätte er die ressentimentgeladenen kleinbürgerlichen Gruppen, die hinter der revolutionären politischen Romantik stehen, als Wegbereiter des Kommenden anerkannt. Nur in einem teilt er das Schicksal der politischen Romantik. Auch er ist an dem Widerspruch zerbrochen, *das* fordern zu müssen, was nicht *gefordert* werden kann, was entweder ist oder nicht ist. Es ist widersinnig, mit der Ratio das Irrationale, mit analytischen Begriffen die Intuition begründen zu wollen. Das aber ist der Zwang und der Widerspruch aller romantischen Philosophie. – Nietzsche ist für das gegenwärtige Bewußtsein in den Hintergrund gerückt. Irgendwie fühlt man, daß es gefährlich wäre, ihn zu beschwören. Statt dessen wirkt Bergson durch die „Action Française", wirken Sorel und Pareto durch den Faschiszmus, wirkt Klages durch die deutsche Jugendbewegung, wirkt die Lebensphilosophie und Phänomenologie, wirkt vor allem Spengler als Geschichtsphilosoph einer naturalistischen Form der politischen Romantik.

Und sie wirken über die Philosophie hinaus in die Wissenschaft. Der Vitalismus in der Biologie erfährt neue Stärkung, die *Organismusidee* wird zum Prinzip einer entschlossen | antiliberalen Gesellschaftslehre erhoben. Der Mensch wird vom Leib und der Lebensmächtigkeit her verstanden; eine Rassentheorie mit wissenschaftlichen Ansprüchen wird angeboten. Die Wirtschaft wird auf Urphänomene befragt, die dem verändernden Wirken des Menschen Widerstand leisten sollen. Die Kultur wird in geschlossene Kreise gebannt, und der Fortschrittsgedanke wird verpönt. Die Geschichte wird in Mythos verwandelt und der Geist als Sündenfall des Lebens beurteilt. – Damit freilich bricht der ganze Widerspruch dieses Denkens[b] hervor; denn es ist Geist, mit dem der Geist bekämpft wird, es ist als Fortschritt gemeint, daß der Fortschrittsgedanke verschwindet; der Mythos wird mit Dokumenten belegt, und die organische Gesellschaft soll durch Parteien (von partes = Teile) erzwungen werden; die edle Rasse macht sich selbst zum Gegenstand von Theorie und Praxis, und der Leib erhält seine neue Würde durch den Geist, der vor ihm abdanken will. Denkend wird das Denken und handelnd das Handeln verneint: das ist romantische Theorie und Praxis.

Weniger [c]unangemessen[c] als Wissenschaft und Philosophie ist die *Dichtung* für die politische Romantik. Dichtung fordert nicht und begründet nicht, sondern stellt hin. Was durch sie hingestellt ist, kann dann freilich mehr als jede moralische Forderung und wissenschaftliche Begründung wirken. Doch gilt auch [d]die Vorzugsstellung der Dichtung nur mit Einschränkungen[d]. Das Drama ist dem Sinn der politischen Romantik insofern unangemessen, als in ihm die Erhebung des Menschen über die ursprungsmythischen Bindungen eigentlicher Gegenstand ist. Und wenn auch der Untergang des Menschen die Übermacht der Ursprungsbindungen beweist, so beweist er doch nichts für die Forderung, in der Ursprungsbindung zu bleiben. Wo Drama lebendig ist, ist der Ursprungsmythos gebrochen. Und das Drama handelt von dem Recht und der Tragik dieses Bruches. – [e]Das Epos ist[e] zwar Gegenstand der Sehnsucht aller romantischen Epochen, niemals aber Gegenstand möglicher Verwirklichung | [f]durch sie[f]. [g]Denn es kann nur von einem Bewußtsein geschaffen werden, das noch vor der Spaltung in Subjekt und Objekt liegt. Der Roman übernimmt die Funktion des Epos auf durchrationalisiertem Boden. Aber er setzt die Distanz von den Dingen voraus, also das, was in der Rückkehr zum Ursprung überwunden werden soll. Darum kann im Roman wohl die Zersetzung der Autonomie und die Sehnsucht zum Ursprung sich unmittelbaren Ausdruck verschaffen, nicht aber kann der wiedergefundene Ursprung selbst durch die Form des Romans zu dichterischer Gestaltung kommen. – Es bleibt also nur die Lyrik als ihr unmittelbarer Ausdruck übrig.[g] [h]In erster Linie ist hier *Stefan George* zu nennen[h], dessen Anhänger schon durch die ursprungsmythische Fassung der Idee der Jüngerschaft zu politischer Romantik geneigt sind. Es kommt aber bei George das für unsere Frage sehr wichtige priesterliche Moment hinzu, der Gnadengedanke, die Esoterik [i]der[i] Erwählten, die kultisch-[j]hierarchische Haltung[j]. Freilich entgeht auch George dem Widerspruch der Romantik nicht. Die [k]priesterliche Tradition seines Kreises[k] ist keine echte Tradition. Sie ist aus dem Archaischen ins Humanistische übersetzt und hat infolgedessen archaistische Züge; die Esoterik gründet sich stärker auf Absicht und Reflektion (also exoterische Kräfte), als es echter Esoterik zukommt. Wo aber in der Georgeschule der Mythos aus der dichterischen in die wissenschaftliche Sphäre übertragen wird, entsteht der Widerspruch eines Logos, der Mythos schaffen soll.

Der Georgekreis gehört im Prinzip zum konservativen Typ der politischen Romantik, entsprechend seinen priesterlich-esoterischen Elementen. Die revolutionäre Romantik dagegen bedarf eines prophetischen Exoterismus, um zum Siege zu kommen. Es ist nun interessant zu sehen, wie die politische Romantik infolge ihrer Ablehnung echter Prophetie sich einen Ausdruck verschafft, den man [l]im Anschluß an eine ältere Literaturform[l] *apokalyptisch* nennen [m]könnte[m][39]. [n]Der Un|terschied ist freilich der, daß die moderne, profane Apokalypse in wissenschaftlicher Form auftreten muß. Nur in wissenschaftlicher Verhüllung ist der Mythos auf autonomem Boden glaubhaft. In ihr[n] aber kann er glaubhaft werden; und die politische Apokalypse kann sich als die angemessenste Ausdrucksform der politischen Romantik erweisen. Nur so, nicht durch ihren höchst fragwürdigen wissenschaftlichen [o]Inhalt[o] ist der Einfluß von Zeitschriften wie [p]“Die Tat“[p] verständlich zu machen; nur so die Bedeutung des[q] Rufes nach dem Dritten Reich, der [r]phantastische[r] Charakter fast aller Programme und Selbstdarstellungen der revolutionären Romantik. Wissenschaft und Dichtung, vereinigt zu revolutionärer Kritik und apokalyptischer Hoffnung: das ist die geistige Ausdrucksform der revolutionären Romantik und eine politische Waffe von starker, wenn auch vorübergehender [s]Wirkung[s].

[t]5. *Ihr politischer Ausdruck*[t]

[u]Der Widerspruch der politischen Romantik zeigt sich am deutlichsten in ihrer Stellung zur Partei überhaupt und zu den konkreten Parteien insbesondere.[u]

Auf dem Boden [v]der bürgerlichen Gesellschaft[v] ist die *Parteibildung* Voraussetzung für die Eroberung der politischen Macht. Partei [w]setzt autonome[w] Überzeugung und Willensbildung durch das Volk und seine verschiedenen Gruppen voraus. [x]Autonome Willensbildung aber[x] kann das ursprungsmythische Denken nicht zugestehen. Es ist heteronom und aristokratisch. Es kann also nur durch eine erzwungene Pseudomorphose (Scheingestalt) eine Partei bilden. Die konservative Form kann, wenn auch widerspruchsvoll, | so doch ohne Gefährdung als Partei auftreten, solange das politische Übergewicht der konservativen Gruppen[y] die Partei zu einer Fassade [z]macht[z], hinter der sich ganz andere autoritäre und aristokratische Kräfte durchsetzen [40]. Die revolutionäre Romantik hat diese

---

[39] Zu „Apokalyptik“ vergl. vor allem die spätjüdische Literatur dieses Namens, aber auch die neutestamentliche Apokalypse und entsprechende Literatur in der Antike und in den revolutionären Sekten des Mittelalters bis hin zur Gegenwart. Immer handelt es sich dabei um eine unmittelbar bevorstehende Weltkatastrophe, deren Herannahen und Erscheinungsformen genau beschrieben werden. Die Weissagungen des „Tatkreises“ über den Untergang der liberalen und kapitalistischen Welt haben in wissenschaftlicher Verhüllung die gleiche Struktur.

[40] Es ist durchaus konsequent, daß die Deutschnationale Partei eine Politik unterstützt, durch die sie selbst als Partei (mit allen Parteien) ausgeschaltet ist, dafür aber unmittelbar maßgebend für die politischen Entscheidungen wird.

Möglichkeit nicht. Sie muß darum die Form der Partei von innen her zerstören und (während sie die Fiktion der Partei aufrechterhält) etwas ganz anderes an ihre Stelle setzen: eine revolutionäre Kampfgruppe, die [a]sich gegenüber dem Volk als Elite fühlt[a] und durch [b]völlige Hingabe[b] dem Volk ihren politischen Willen aufzwingt. [c]In sich selbst steht sie auf Autorität und einer Rangordnung von[c] Eliten bis hin zum Führer, in dessen Verehrung der Verzicht auf Autonomie seinen stärksten, enthusiastischen Ausdruck findet. Naturgemäß kann eine solche Partei kein anderes Ziel haben, als durch ihren Sieg Partei überhaupt aufzulösen.

[d]Die antirationale, ursprungsmythische Haltung hindert die Parteien der politischen Romantik nicht, die stärkste und in ihrer revolutionären Form letzte Schutztruppe der tragenden Gruppe des rationalen Systems zu sein, des kapitalistischen Bürgertums.[d] Wie der Name Nationalsozialismus die gegenwärtig wichtigste Partei der politischen Romantik nicht hindert, alle Kraft ihres Angriffs gegen den Sozialismus zu richten, so hindern die apokalyptischen Untergangsweissagungen, die von den Intellektuellen-Gruppen der politischen Romantik über die industrielle Gesellschaft verkündigt werden, die Träger der Kapitalherrschaft nicht, die neuen antikapitalistisch gemeinten Formen des Gesellschaftsaufbaus zur Sicherung ihrer Klassenherrschaft zu benutzen. Diese eigentümlich *widerspruchsvolle Kampflage der politischen Romantik* ist gesellschaftlich und geistig aus der Gesamtlage der bürgerlichen Gesellschaft[e] verständlich: Die tragenden Gruppen namentlich der revolutionären Ro|mantik suchen ihrer drohenden völligen Entmächtigung durch [f]Widerentmächtigung[f] des aufsteigenden Proletariats zu entgehen und geraten dadurch im Klassenkampf auf die Seite der herrschenden Klasse. Umgekehrt versucht das Bürgertum in dem Maße, in dem es sich durchgesetzt hat, zur eigenen Befestigung ursprungsmythischen Tendenzen Raum zu geben und die Kapitalherrschaft auf Kosten des Proletariats zu feudalisieren. Das entscheidende Mittel für beide Zwecke ist die nationale Macht-Staats-Idee, in der sich Ursprungsmythos und kapitalistischer Imperialismus aufs beste verbinden und die übernationalen Folgen des bürgerlich-rationalen Systems durchkreuzen.

Diese Momente sind besonders auf deutschem Boden [g]wirksam[g]. Das [h]*deutsche*[h] Bürgertum hat die demokratischen Forderungen seines Prinzips niemals durchgekämpft. Es hat sie idealistisch aus der politischen Sphäre in die reine Innerlichkeit umgebogen, es hat sich geistig und gesellschaftlich den feudalen[i] Formen bis zum widerspruchslosen [j]Hereingleiten[j] in die Katastrophe des Weltkrieges angepaßt. Es hat durch Verschmelzung der militärisch-konservativen und der ökonomisch-imperialistischen Form der nationalen Idee die tragenden Gruppen der politischen Romantik für sich gewonnen. Es hat die mittleren Schichten, während es sie ökonomisch entmächtigte, durch romantisch-patriarchalische Vorstellungen getäuscht und sie von dem Selbstgefühl echter Demokratie ferngehalten. Als dann[k] die Revolution die Konsequenzen des bürgerlichen Prinzips zog, zugleich aber mit Forderungen an das Bürgertum herantrat, konnte dieses infolge seiner Verflochtenheit mit vorbürgerlichen Schichten und Gestaltungen das ursprungsmythische Denken unmittelbar in seinen Dienst stellen. Es konnte in der Anpassung so weit gehen, daß es um seiner Selbsterhaltung willen nationalistischen Autarkieforderungen zustimmte, die seinem [l]Prinzip[l] widersprechen. Es konnte auf die ihm innewohnende Dynamik zugunsten einer feudalen Stabilisierung verzichten. Es konnte sich geistig mit der ursprungsmythischen Ideologie | befreunden, sich ständisch und antiliberal gebärden, [m]es konnte[m] um der Aufrechterhaltung der Klassenherrschaft willen selbst die geistige Autonomie preisgeben. Vor allem konnte es die Empörung der mittleren Schichten, deren ökonomische Enteignung durch die Nachkriegsentwicklung jedem deutlich wurde, von sich auf das Proletariat ablenken. *Die Furcht vor der Proletarisierung wurde in Kampfwille gegen das Proletariat* [n]*umgewandelt.* Das[n] war möglich, weil das Proletariat durch die Klassenkampfsituation gezwungen war, die [o]bürgerlich-demokratischen[o] Konsequenzen des rationalen Systems[p] gegen das Bürgertum und die mit ihm verflochtenen vorbürgerlichen Schichten durchzusetzen und[q] die Kapitalherrschaft, an der jene Schichten abgestuft oder auch nur scheinbar teilnahmen, zu bekämpfen[r].[41]

[s]Der Widerspruch der politischen Romantik in ihrem gesellschaftlichen Sein und in all ihren Ausdrucksformen folgt notwendig aus ihrem Charakter als Rückwendung zum Ursprung unter der Voraussetzung und mit den Mitteln einer vom Ursprung losgelösten Gesellschaft. Darin wirkt sich | das grundsätzlich beschriebene Verhältnis der beiden menschlichen Urelemente und damit der Wurzeln des politischen Denkens aus: Der Mensch kann nicht darauf verzichten, Mensch zu sein. Er muß denken, er muß Sein ins Bewußtsein erheben, er muß hinausgehen über das Vorgegebene. Ist das aber geschehen, so gibt es kein Zurück. *Er kann nicht denkend das Denken aufheben; er kann nicht bewußt auf das Bewußtsein verzichten.* Das aber ist, von der Wurzel her verstanden, der Sinn

---

41 Doch besteht die Möglichkeit, daß diese widerspruchsvolle Konstellation sich auflöst und die revolutionäre politische Romantik in den Gruppen, die dann noch zu ihr stehen, gemeinsam mit dem Proletariat eine antikapitalistische und antifeudale Haltung einnimmt. Diese Entwicklung würde beschleunigt werden, wenn es der konservativen Form der politischen Romantik gelingen würde, sich mit Hilfe des Militärs und der Präsidialgewalt an die Stelle zu setzen, die der Nationalsozialismus erkämpfen wollte. Dafür spricht, daß die tragenden Schichten des Bürgertums in dieser Konstellation eine größere Garantie ihrer Sicherheit sehen als in der immerhin nicht unverdächtigen revolutionären Massenbewegung, die noch dazu das Wort Sozialismus in ihrem Namen trägt. Es ist erbitternd für den Nationalsozialismus zu sehen, wie ihm die Früchte seiner Anstrengungen und seines Impulses von einer Gruppe weggenommen werden, die nur durch diesen Kampf, an dem sie sich selbst nicht beteiligt hatte, zur Macht kommen konnte. Das Bürgertum läßt die revolutionäre Bewegung in dem Augenblick im Stich, wo es mit ihrer Hilfe die Macht des Sozialismus gestürzt hat. Das kann nun zur Folge haben, daß der Nationalsozialismus sich auf den zweiten Teil seines Namens besinnt und ernsthafte antikapitalistische Aktionen unternimmt. Damit wäre die Möglichkeit eines Zusammenschlusses von ursprungsnahen Gruppen und Proletariat in der kommenden Periode des Sozialismus wenigstens grundsätzlich ermöglicht. Doch sind die Dinge zu sehr im Fluß, als daß sie zu bestimmten Erwartungen berechtigten.

der politischen Romantik. Darin liegt ihr Unrecht und ihre Ohnmacht gegenüber den Mächten der bürgerlichen Gesellschaft. Ihr Recht liegt an einer anderen Stelle, als sie selbst es suchte; es liegt genau an dem Punkt, an dem auch der Sozialismus gegen die bürgerliche Gesellschaft ankämpft. Es liegt in dem Protest des Menschen gegen die entmenschlichenden Folgen des durchgeführten rationalen Systems.[s] |

[t]*Zweiter Teil:*[t]
[u]*Das Prinzip der bürgerlichen Gesellschaft und der innere Widerstreit des Sozialismus*[u]

[v]*A. Bürgerliches Prinzip und Proletariat*[v]

[w]*1. Das bürgerliche Prinzip und seine Spannungen*[w]

Die abendländische bürgerliche Gesellschaft ist aus einer doppelten Brechung der Ursprungsbindung hervorgegangen, der prophetischen und der humanistischen. Die prophetische Brechung geschah im Protestantismus, am radikalsten und folgenreichsten im Kalvinismus; die humanistische Brechung in der Aufklärung und (nach Überwindung der Gegenbewegungen) im Positivismus und Liberalismus des 19. Jahrhunderts. Im Protestantismus befreite sich das Bewußtsein von den priesterlich getragenen und bewahrten Ursprungsbindungen des Mittelalters, in der Aufklärung von der Heteronomie eines zugleich religiösen und politischen Absolutismus, wie er die Übergangszeit kennzeichnet. Der prophetische Hintergrund des bürgerlichen Geistes im Abendland drückt sich in dem aktiven, weltgestaltenden Willen aus, durch den er sich von den meisten Formen des griechischen Denkens unterscheidet. Die Schilderung der bürgerlichen Gesellschaft und ihrer weltgeschichtlichen Größe im „kommunistischen Manifest“ zeigt aufs eindringlichste die Einmaligkeit dieser Erscheinung in aller erinnerten Menschheitsgeschichte. *Die abendländische bürgerliche Gesellschaft ist der weltgeschichtliche Angriff auf Ursprungsmythos und Ursprungsbindung in allen Teilen der Erde.* Sie ist Verkündung und Verwirklichung autonomer Diesseitigkeit bis hin zu den fernsten, mythisch gebundensten Menschheitsgruppen. Und sie hat [x]in siegreicher[x] Durchsetzung ihres Prinzips eine Weltherrschaft aufgerichtet, der sich niemand auf der ganzen Erde völlig entziehen kann. Wo in der Welt Technik und Kapital | arbeiten, wirkt der Geist der abendländischen bürgerlichen Gesellschaft[42].

[42] Eine ausführliche Darstellung des Geistes der bürgerlichen Gesellschaft habe ich in meiner Schrift "Die religiöse Lage der Gegenwart" gegeben (Ullstein-Verlag, Sammlung Wege zum Wissen) [Berlin 1926, = MW/HW 5, 27–97]. Ich muß darauf verweisen, da von dem bürgerlichen Prinzip nur in knappster, der gegenwärtigen Absicht angepaßter Weise die Rede sein kann.

Ihr Prinzip ist *die radikale Auflösung aller ursprünglichen Gegebenheiten, Bindungen und Gestalten in rational zu bewältigende Elemente und die rationale Zusammenfassung dieser Elemente zu Zweckgebilden für Denken und Handeln.* Zwecksetzung tritt an Stelle von Seins-Hinnahme, Schaffung von Mitteln verdrängt Anschauung von Eigenwerten; der bürgerliche Mensch als fremde Macht entmächtigt die Eigenmächte des Daseins: er entmächtigt sie durch Unterwerfung unter seinen Zweck. Und der Weg der Entmächtigung ist Verdinglichung und Analyse. In jedem Ursprung ist ein Moment von Unbedingtheit. Das ganz Bedingte, das bloße Ding, hat kein Zeichen des Ursprungs mehr an sich. Darum ist die vollkommene Verdinglichung die vollkommene Beseitigung der Ursprungsbeziehung des Seienden, seine vollkommene Profanisierung. Der Geist der bürgerlichen Gesellschaft ist der Geist einer Menschengruppe, die nach Durchschneidung jeder Ursprungsbindung eine verdinglichte Welt ihren Zwecken unterwirft.

Die *Verdinglichung* bezieht sich ebenso auf die Natur wie auf die Gesellschaft. Die Analyse der Natur führt zu ihrer Reduktion auf ein zweckmäßiges System [y]mathematischer Funktionen[y] und Verwendung der funktional berechenbaren Elemente im Dienst technisch-wirtschaftlicher Zwecksetzung. Die Analyse der Gesellschaft führt zur Herauslösung [z]der[z] einzelnen, triebbestimmten, wollenden Menschen als [a]den Elementen, aus denen[a] jede Gesellschaft gebaut ist. Durch Berechnung des Triebmechanismus der [b]Einzelnen und der Massen[b] ist eine rationale Beherrschung[c] der gesellschaftlichen Vorgänge möglich. Auch hier also vollkommene Ver|dinglichung: Der Mensch ein psychologisch und soziologisch determiniertes Element, das vermittels berechenbarer Reaktionen bestimmten Zwecken dienstbar gemacht wird. Die Ursprungsbindungen sind in der Einzelseele wie in der Gesellschaftsgruppe durchschnitten.

[d]Die Analyse und Beherrschung von Natur und Gesellschaft setzt eine Macht voraus, die herrscht. Es entsteht die Frage: Wer kann herrschen, und wie ist Herrschaft in beiden Beziehungen möglich? Wie ist es möglich, daß der Mensch die Natur erkennt und durch Erkenntnis in Dienst nimmt? Und wie ist es möglich, daß die Gesellschaft rational aufgebaut wird? *Wer soll den Aufbau tragen, und welche Garantie besteht, daß er rational durchgeführt wird?* Voraussetzung der Frage ist, daß die Ursprungsmächte, die ungefragt die Herrschaft ausübten, ihre Macht verloren haben. In diesem Augenblick ist die Frage nach der Treffbarkeit der Natur durch das menschliche Erkennen und die Frage nach der Konstruierbarkeit der Gesellschaft durch menschliches Handeln von höchster Dringlichkeit. Es erhebt sich das [e]*Subjekt-Objekts-Problem*[e], dieser große Beweger der abendländischen Philosophie, und in strenger Korrelation damit das *Herrschaft-Freiheit-Problem,* der Beweger der bürgerlichen Politik. Zeiten, die dem Ursprungsmythos nahestehen, kennen weder die eine noch die andere Entgegensetzung. Sie leben in ursprünglicher Subjekt-Objekt-Einheit (eine Formulierung, die unvermeidlich, aber unzulänglich ist, weil sie schon von der Spaltung ausgeht); und sie leben in ursprünglich anerkannten Herrschaftsverhältnissen, die zugleich ein abgestuftes System von Freiheiten darstellen.

Auf die Fragen, die sich mit dem bürgerlichen Prinzip erheben, sind zwei Antworten möglich und gegeben worden. Die eine geht aus von dem Objekt, der Natur oder den gesellschaftlichen Produktivkräften und behauptet, daß die Natur sich dem Menschen in der sinnlichen Erfahrung so gibt, daß daraus eine für die Beherrschung zulängliche Natur|erkenntnis zustande kommt (Erkenntnislehre des Positivismus). Und sie behauptet, daß das freie Waltenlassen aller menschlichen Produktivkräfte, der geistigen (Toleranz), der ökonomischen (liberale Nationalökonomie) und der politischen (Majoritätstheorie), zu einer vernünftigen Gesellschaftsgestaltung führen muß. Sie glaubt also, daß das Seiende, sobald es sich frei von den Ursprungsmächten entfalten kann, durch eine *natürliche Harmonie* zur Seinserfüllung gelangen müsse. Hinter diesem liberalen Harmoniegedanken steht der religiöse Glaube an die Einheit und Güte der Welt. Das „laisser-faire, laisser-aller" ist ursprünglich fromm.

Die andere Antwort geht vom Subjekt aus, von der Überzeugung, daß das Waltenlassen der einzelnen Elemente von Natur und Gesellschaft niemals zu einer vernünftigen Naturerkenntnis und Gesellschaftsgestaltung führen könne. Das Subjekt ist Träger der Vernunft in dem Sinne, daß der Geist der Natur die Gesetze gibt (Kant) und daß die staatlich zentralistische Macht alle Seiten der Gesellschaft vernünftig lenkt und gestaltet, die Produktivkräfte jeder Art, die geistigen wie die wirtschaftlichen wie die politischen, zu harmonischer Wirksamkeit bringt. *Natur und Gesellschaft sind der menschlichen Vernunft zu unterwerfen.* Die Freiheit des einzelnen ist durch das übergreifende Gesetz zu beschränken. Sofern diese Tendenz nicht in ursprungsmythischer Hülle als aufgeklärter Absolutismus auftritt, sondern die liberale Voraussetzung sich zu eigen macht, kann man sie im Gegensatz zum konsequenten Liberalismus als demokratisch bezeichnen, und man kann in der gesellschaftlichen Sphäre von einer Entgegensetzung der Gleichheit gegen die Freiheit reden. Sobald man das Wort Demokratie in diesem halb antiliberalen Sinne verwendet, ist es freilich nötig, den Ton auf die zweite Silbe des Wortes zu legen, die „Herrschaft".

Denn Liberalismus und Demokratie gehören zunächst einmal aufs engste zusammen. Sie sind eines im anderen wirksam und können trotz der schärfsten Spannungen nie auseinander|fallen. In jeder noch so zentralistischen und herrschaftlichen Demokratie ist die Grundlage liberal: der einzelne ist Träger der Gewalt, der er sich unterwirft. Auf Grund seines natürlichen Rechtes bestimmt er mit, wer die übergreifende Vernunft vertreten und durchsetzen soll. Er als Einzelner ist Gegenstand einer Erziehung, die schließlich seine Freiheit und Vernunftfähigkeit zur Voraussetzung hat. Er als Träger einer unbestimmten Produktivkraft wird von der planenden Zentrale in Betracht gezogen. In einem ursprungsmythisch gebundenen System wird er weder um seine Entscheidung gefragt, noch wird er zu einer in jedem einzelnen gleich wirksamen Vernunft erzogen, noch wird er als abstrakte Produktivkraft gewertet. Das liberale, von der ursprünglichen Bindung befreiende Moment ist also auch in der herrschaftlichen Demokratie wirksam.

Umgekehrt bedarf auch der extremste Liberalismus, solange er nicht in einen utopischen Anarchismus umschlägt, einer Garantie für das ungehinderte Wirken der Produktivkräfte und die ungehinderte Entfaltung der geistigen und politischen Freiheit. Solche Garantie kann nur eine zentrale Instanz geben, die die Macht hat, innere und äußere Hemmungen der natürlichen Entfaltung abzuwehren. Wie weit diese Instanz eingreifen muß, um Störungen der natürlichen Harmonie zu beseitigen, läßt sich im voraus nicht sagen. Die Eingriffe müssen unter Umständen so weit gehen, daß das liberale Prinzip fast ausgeschaltet ist. Das geschieht besonders dann, wenn die Störungen von außen kommen, wenn die Bedrohung der Nation diktatorische Maßregeln nötig macht.

Das Ineinander von Liberalismus und Demokratie erfährt noch eine Vertiefung durch den gemeinsamen Harmonieglauben. Der Liberalismus glaubt an die natürliche Harmonie, die durch das freie Wirkenlassen der Produktivkräfte zustande kommt. Die Demokratie glaubt nicht an die *natürliche Harmonie,* aber sie glaubt an die Unterwerfbarkeit der Natur unter die Vernunft. Sie glaubt an eine *metaphysische Harmonie,* die sich im Ge|schichtsprozeß notwendig durchsetzt. Die Natur ist erkennbar und kann in den Dienst des Menschen gestellt werden, weil die Kategorien des menschlichen Geistes die strukturgebenden Elemente der Natur sind. Die Gesellschaft kann vernünftig gestaltet werden, weil das menschliche Geschlecht in einem Prozeß der Erziehung zur Vernunft steht, dessen Ziel irgendwann einmal erreicht werden muß. Dieser Harmonieglaube, sei es in der einen, sei es in der anderen Form, ist das tiefste, wenn auch vielfach überdeckte Prinzip der abendländischen Aufklärung[43]. Es ist das Prinzip, das der Aufklärung den Optimismus und der bürgerlichen Gesellschaft ihre weltgeschichtliche Kraft gegeben hat. *Jede Erschütterung des Harmonieglaubens ist eine Erschütterung des bürgerlichen Prinzips.* Das bürgerliche Prinzip kann vor dieser Erschütterung auch nicht dadurch geschützt werden, daß man den liberalen Glauben an die natürliche Harmonie preisgibt, aber den Glauben an die metaphysische, durch menschliches Handeln sich durchsetzende Harmonie aufrechterhält. Ohne ein liberales Moment ist die demokratische Fortschrittserwartung einfacher Wunderglaube. Denn die Demokratie kann ohne die liberale Voraussetzung nicht verständlich machen, wie aus der Willkür aller einzelnen sich eine Macht erheben kann, die zur Vernunft erzieht und das Vernünftige durchsetzt. Sie kann weder in der Beschreibung des Einzelmenschen noch der Gesellschaft auf den natürlichen Harmoniegedanken verzichten. Sie ist darum gezwungen, wenn sie ihn doch preisgeben will, sich auf vorbürgerliche, ursprungsgebundene Elemente zu stützen. Soziologisch gesprochen: Das in seiner ökonomisch-politischen Selbstsicherheit erschütterte Bürgertum ist entweder gezwungen, den Störungen des „laisser-faire“ durch Ursprungsmächte (politischen, vor allem nationalen Charak-

---

[43] Die Bedeutung des Harmonieglaubens für die theoretische und praktische Philosophie der Periode von der Renaissance bis zum Weltkrieg ist noch längst nicht deutlich genug gesehen und durchforscht.

ters) die Schuld an der | Erschütterung der Harmonie zu geben [44], oder es muß sich selbst durch Übergang zu vorbürgerlichen feudalen Strukturen sichern. Beide Wege werden zur Zeit beschritten, der erste nur noch in theoretischer Form von kleinen Gruppen, der zweite als der tatsächliche Weg der spätkapitalistischen Mächte.[d]

[f]*2. Die tragenden Gruppen und die Grenzen des bürgerlichen Prinzips*[f]

Aktive Träger des bürgerlichen Geistes sind diejenigen Gruppen, die durch ihre gesellschaftliche Lage dem Ursprungsmythos entfremdet sind: Die Geistigen außerhalb der priesterlichen Sphäre [g]als Vertreter der inneren[g] Autonomie, [h]die Beamten, sofern sie die übergreifende Vernunft des Staates darstellen, die höheren Angestellten, die mit dem Aufhören des kleinen Unternehmers durch die Kapitalkonzentration immer mehr an Bedeutung gewinnen, die Arbeiter, die herausgerissen aus den heimatlich-transzendenten Bindungen zu Mitteln der ökonomischen Zwecksetzung und Inhabern der „Ware Arbeitskraft" werden[h], die Großhändler, denen das Seiende Ware und dadurch Ding ist und die durch den grundsätzlich unbegrenzten Warenaustausch die Bodenverbindung verlieren[i], die [j]industriellen[j] Unternehmer als Träger der wirtschaftlichen Autonomie, die Leiter des Finanzkapitals, die eine von jeder Ursprungsbindung losgelöste Funktion in der Lenkung des Marktes haben.

Liberal ist die bürgerliche Gesellschaft in denjenigen Gruppen, die das freie Spiel der Kräfte zu ihrer Entfaltung brauchen und für die der Harmoniegedanke die Rechtfertigung ihres | uneingeschränkten ökonomischen Strebens bedeutet: also der einzelne Unternehmer in Großhandel, Industrie, Finanz. Sobald sich das Unternehmertum zu Machtgruppen zusammengeschlossen hat, ist der Harmoniegedanke nur noch Ideologie zum Schutz der Machtpositionen vor staatlichen Eingriffen und sozialistischen Begrenzungsversuchen. Nur bestimmte, weniger konzentrationsfähige Gruppen vertreten dann noch echten Liberalismus, so z.B. die verarbeitende Industrie gegenüber der Schwerindustrie, der Privatbankier gegenüber den Großbanken. In den großen Kartellen dagegen wandelt sich der paradoxe Harmoniegedanke der Aufklärung immer mehr in den feudal-ständischen Organismusgedanken der politischen Romantik: *Der Weg vom Liberalismus zur neuen Feudalität.* – Demokratische Tendenzen finden sich überall da, wo der Glaube an die natürliche Harmonie vor dem rationalen Gestaltungswillen

[44] Die jungliberale Bewegung, der auch manche Sozialisten nahestehen, erkennt das Zerbrechen des Harmonie-Prinzips nicht an, sondern macht seine mangelnde Durchführung für die entstandene Disharmonie verantwortlich. Sie übersieht, daß eben die Kräfte, die die Durchführung des liberalen Prinzips bisher verhindert haben, sie *dauernd* verhindern müssen, da es nicht zufällig dazwischen gekommene und durch sittlichen Fortschritt überwindbare Kräfte, sondern da es die Ursprungskräfte menschlichen Seins überhaupt sind, an denen die Harmonie zerbricht.

zurücktritt, d.h. bei den Beamten, die als Vertreter der übergreifenden staatlichen Einheit die Neigung haben, das freie Spiel der Kräfte und die unverantwortlichen Herrschaftsformen, die aus ihm hervorgehen, einzuschränken. Die Geistigen pflegen [k]zwar[k] um ihrer Autonomie willen [l]den Liberalismus zu bejahen[l], um ihrer wirtschaftlichen Ohnmacht willen [m]aber[m] antiliberalen Tendenzen zuzuneigen. Ihre Gegnerschaft gegen den Liberalismus kann im Zusammenhang mit dem[n] Kampf des Proletariats bis zum Verzicht auch auf die geistige Autonomie gehen, ein heute sehr häufiger Vorgang. Eindeutig antiliberal[o] ist das Proletariat, d.h. die Masse derjenigen, die in der freien Konkurrenz restlos Objekte des gesellschaftlichen Prozesses geworden sind. Als solche stehen sie zwar auf dem Boden der bürgerlichen Gesellschaft, sind aber zugleich der lebendige Widerspruch gegen sie. Ihr Kampf gegen den Liberalismus ist Kampf gegen die bürgerliche Klassenherrschaft, die mit Hilfe des Liberalismus aufgerichtet wurde. Ihr Kampf für die Demokratie ist Kampf für den gleichen Anteil aller an der gesellschaftlichen Macht und den wirtschaftlichen Erträgen. In diesem Kampf kann es dazu kommen, daß | auch das liberale Moment, das der demokratischen Ordnung innewohnt, preisgegeben wird. Aus dem Zweifel an der Möglichkeit, unter den fixierten Herrschaftsverhältnissen die Demokratie auf demokratischem Wege durchsetzen zu können, entsteht die Forderung einer vorübergehenden *proletarischen Diktatur* und damit auch eine teilweise Preisgabe der Gleichheitsidee. In dieser letzten Konsequenz begegnet sich die innerbürgerliche Opposition gegen die bürgerliche Gesellschaft mit der revolutionären Form der politischen Romantik, wie die innerbürgerliche Herausentwicklung aus der bürgerlichen Gesellschaft, die Feudalisierung, sich mit der konservativen Form der politischen Romantik begegnet [45].

Diese Spaltungen innerhalb der bürgerlichen Gesellschaft und die Übergänge zu vor- und nachbürgerlichen Strukturen sind in ihrer Existenz von Anbeginn angelegt. Ihr Prinzip ist dynamisch gestaltend, nicht statisch tragend. Es löst auf und schließt neu zusammen, aber es schafft nicht Ursprüngliches. Es setzt Geschaffenes voraus, an dem es sich auswirken kann. Die Autonomie lebt von dem Gehalt des Ursprungsmythos, den sie ins Humane umformt; [p]die industrielle Dynamik von den vorindustriellen Gebieten, die sie erobert[p]; die demokratische Herrschaft von der ursprungsgebundenen Unterwerfung unter den Staat nicht um seiner Zweckmäßigkeit, sondern um seiner Seinsmächtigkeit willen. Infolgedessen muß die bürgerliche Gesellschaft, um *sein* zu können, sich [q]von Seiendem tragen lassen[q], das nicht von ihr gestaltet, sondern [r]von ihr vorgefunden[r] ist. Sie muß sich ideologisch und gesellschaftlich mit den ursprünglich tragenden Kräften verbinden. Sie darf ihr Prinzip nicht rein durchführen, sie darf es nicht zum Weltprinzip machen[s], sondern muß es als *kritisches Prinzip* in einer Welt wirken

---

[45] So wird die Demokratie zerrieben zwischen konservativ gerichtetem Agrar- und Kapital-Feudalismus einerseits und revolutionärem Mittelstand und Proletariat andererseits.

lassen, die vorgegeben ist. Daraus erklärt sich die merkwürdige Tatsache, | daß die bürgerliche Gesellschaft in allen Ländern die extreme Durchführung ihres Prinzips abgelehnt hat. Das ist nicht einfach ideologisch zu deuten und aus den Grenzen ihrer äußeren politischen Macht zu verstehen, es liegt darin vielmehr der richtige Instinkt, daß das bürgerliche Prinzip allein das Dasein nicht tragen kann, daß es *Korrektiv, nicht Normativ* ist. So war es im Verhältnis von Prophetie und Priestertum: Die Prophetie mußte sich auf priesterliche Uroffenbarung berufen und sich priesterlich verwirklichen. So im Verhältnis von Protestantismus und Katholizismus: der Protestantismus [t]konnte nur[t] durch katholische Elemente [u]Kirche werden[u].

Unter diesem Gesetz steht auch die bürgerliche Gesellschaft. So ist zu verstehen die *Klassik* als Versuch, die ursprungsmythische Substanz aufzunehmen in autonome Form, soziologisch als Verbindung der in Bewegung geratenen feudalen Mächte mit den Vorkämpfern des bürgerlichen Prinzips. So ist zu verstehen *Idealismus* als Versuch, eine sinn- und werterfüllte Welt aus der Vernunft, der höchsten Norm des bürgerlichen Geistes, abzuleiten und die Ursprungswerte ohne Zerstörung in die Einheit eines [v]Vernunftssystems[v] aufzunehmen. Soziologisch ist er die Ersetzung des Priestertums als Bewahrer der Uroffenbarung durch die autonomen Geistigen als Entdecker der allgemeinen Vernunft. So ist zu verstehen *Historismus* als Versuch des Bürgertums, sich in echter Tradition von den ursprungsgebundenen Kulturen herzuleiten; soziologisch als Bewahrung der älteren sozialen Gruppen unter Führung des Bürgertums, psychologisch als Bewahrung der tieferen seelischen Schichten unter Führung des Bewußtseins. So ist zu verstehen die Aufrechterhaltung der *religiösen Lebensformen*, sei es als unantastbare Sitte wie in England, sei es als Problem der autonomen Vernunft wie in Deutschland, und die Ablehnung von Materialismus und Atheismus durch die siegreiche bürgerliche Gesellschaft, [w]also[w] der Versuch, sich selbst trotz der grundsätzlichen Immanenz die Weihe und Kraft der Transzendenz zu | geben; soziologisch [x]bedeutet es[x] die Aufnahme der an Uroffenbarung gebundenen Schichten in die bürgerliche Gesellschaft (mit Sicherungen allerdings gegen orthodoxe Versuche, ihren autonomen Gang zu stören), psychologisch die Spaltung des Menschen in eine Schicht rationalen Bewußtseins und vorrationalen religiösen Gefühls. So ist zu verstehen die häufige *innerbürgerliche Kritik* des bürgerlichen Prinzips, die Hinwendung zum Irrationalen, Lebendigen, zur Tiefe und zur ungebrochenen Natur. Bei keiner dieser Selbstverneinungen ist [y]freilich[y] die Verneinung radikal. Fast niemals hat sie praktische Konsequenzen; denn sie geschieht mit Hilfe [z]eben[z] des Prinzips, das verneint werden soll, der begründenden Vernunft. Aber sie ist auch nicht scheinhaft, denn sie entstammt dem Gefühl, daß ohne diese Kräfte das bürgerliche Prinzip nicht existieren kann.

So ist endlich zu verstehen der großartigste Versuch dieser Art, der *bürgerliche Nationalismus*. Die in der nationalen Idee investierten Kräfte, die durchweg ursprungsmythischen Charakter haben, werden dem Interessenkampf der nationalen bürgerlichen Wirtschaftsgruppe dienstbar gemacht. Innenpolitisch wird die Opposition gegen die Herrschaft dieser Gruppen als unnational verdächtigt[46]. Außenpolitisch wird der wirtschaftliche Kampf gegen sie als Kampf gegen die Nation gedeutet. So gelingt es dem Bürgertum, mit Hülfe der nationalen Idee innerpolitische Widerstände niederzuschlagen, vorbürgerliche, ursprungsgebundene Kräfte in seinen Dienst zu stellen, die Weltmarktskonkurrenzen abzuwehren, sei es durch politische Niederwerfung [a]der konkurrierenden Völker, sei es durch Absperrung gegen sie[a] (Imperialismus oder Autarkie). |

Man hat all diese Dinge als Ideologie, d.h. als *„falsches Bewußtsein"* des Bürgertums über sich selbst gedeutet und bekämpft. Aber es ist kein falsches Bewußtsein, sondern richtiges Bewußtsein von den Grenzen des bürgerlichen Prinzips und der Unmöglichkeit, ohne eine tragende vorbürgerliche Substanz auf sich selbst zu stehen. Aus diesem Bewußtsein, dem die Grenze jeder rein bürgerlichen Machtentfaltung seinsmäßig entspricht, gehen die geistigen und politischen Verbindungen zwischen bürgerlicher und vorbürgerlicher Welt hervor. Es drückt sich darin aus, daß immer und überall das Sein [b]maßgebender[b] ist als das Bewußtsein, das Ursprüngliche als das Gestaltete. – Romantik wird das erst in dem Augenblick, wo das bürgerliche Prinzip sich selbst aufheben will. Die politische Romantik ist wirklich falsches Bewußtsein, weil sie nicht anerkennt, was inzwischen geschehen ist: [c]Der[c] Sieg des bürgerlichen Prinzips, der nur durch Untergang, aber nicht durch Sehnsucht rückgängig zu machen ist. Ökonomisch gesprochen: In einer durchgebildeten rationalen Marktwirtschaft muß der Untergang des rationalen Marktes den Untergang der Gesellschaft herbeiführen, die von diesem Markt lebt. Der Weg vom Sein zum Bewußtsein, vom Ursprung zur Gestaltung läßt sich nicht ohne Vernichtung der Gesellschaft, die ihn gegangen ist, rückwärts gehen. Die politische Romantik ist falsches Bewußtsein, während die Verbindung von vorbürgerlichen und bürgerlichen Elementen in der ganzen Geschichte des modernen Abendlandes auf richtigem Bewußtsein über die Wirkungskraft und die Wirkungsgrenzen des bürgerlichen Prinzips beruht.

[d]*3. Radikalisierung und Zerbrechen des bürgerlichen Prinzips im Klassenkampf*[d]

In dem Maße, in dem das bürgerliche Prinzip sich auf der einen Seite mit ursprungsmythischen Kräften verbindet und in Gefahr gerät, von romantischen Reaktionen unterdrückt oder ausgestoßen zu werden, [e]entstehen[e] auf der anderen Seite | Gruppen mit dem Bestreben radikaler Durchsetzung der liberalen und demokratischen Tendenzen, die ihm innewohnen. Dieser zunächst *bürgerliche Radikalismus* greift nicht nur die romantisch-reaktionären Mächte an, von denen das Bürgertum erstickt wird, sondern auch die Lebens- und Geistesformen, in denen sich das Bürgertum bewußt mit den vorbürgerlichen Gruppen verbunden

---

46 „Man sagt Nation und meint Klassenherrschaft". Infolgedessen wird z.B. die Tatsache, daß die deutsche Sozialdemokratie seit Kriegsbeginn und vor allem seit Kriegsende die nationale Verantwortung voll auf sich genommen hat, nicht etwa begrüßt, sondern die nationale Haltung der Sozialdemokratie wird aus Gründen des Klassenkampfes von oben verdächtigt und die Tatsache selbst verdunkelt.

hat: Er versucht, den reinen Immanenzstandpunkt gegen Idealismus und stehengebliebene priesterliche Bindungen durchzusetzen. Er schreckt dabei nicht vor materialistischen Konsequenzen zurück und führt die Verdinglichung der Welt und des Menschen entschlossen durch. (Auf deutschem Boden sind Feuerbach und Strauß dafür typisch.) Er versucht, halb-feudale Herrschaftsformen, [f]die das konservative Bürgertum angenommen[f] hat oder denen es sich unterwerfen mußte, zugunsten uneingeschränkter Demokratie zu beseitigen. Das war der Sinn der bürgerlichen Revolution des Jahres 1848 in Deutschland. Er versucht, durch Erhebung des Fortschrittsgedankens zum ontologischen [g]und ethischen[g] Prinzip[h] alle Gesellschaftsschichten geistig und real von den Ursprungsbindungen [i]zu lösen[i]. Das war der Sinn der bürgerlichen Fortschrittspartei in Deutschland. Er versucht, durch radikale Aufklärungsarbeit Seelen- und Gesellschaftsschichten, die der Herrschaft des Bewußtseins noch nicht unterworfen sind, zu rationaler Bewußtheit zu führen. Das ist das Ziel der Volksaufklärung durch popularisierte [j]Wissenschaft[j]. Er sucht die nationale Idee von den machtpolitischen Elementen zu befreien, ist antimilitaristisch und pazifistisch. Das waren die Wurzeln des Kampfes der deutschen Liberalen gegen Bismarck und das preußische Militärbudget. So versucht der bürgerliche Radikalismus überall die Konsequenzen des Prinzips zu ziehen, vor denen das konservativ gewordene Bürgertum zurückschreckt. Im Fortschrittsgedanken, dem deutlichsten Symbol dieser Tendenz, findet der Harmoniegedanke im 19. Jahrhundert seine praktisch fruchtbare Verwirklichung. – Der Sozialismus geht in seinen Ursprüngen Hand in Hand mit dem bür|gerlichen Radikalismus. [k]Das Interesse an reiner[k] Durchführung des bürgerlichen Prinzips gegenüber [l]seiner Einschränkung[l] durch das herrschende Bürgertum [m]erwächst aus[m] der proletarischen Lage. Aber noch etwas anderes ergibt sich aus [n]ihr:[n] Die Erfahrung, daß der bürgerliche Harmonie- und Fortschrittsglaube in vollkommenem Widerspruch zur proletarischen Situation steht. Die liberalen Konsequenzen des bürgerlichen Prinzips führen nicht zu einer harmonischen, in stetem Fortschritt sich befriedigenden Gesellschaft, sondern zu [o]Krise[o], Klassenherrschaft und Klassenkampf[47]. Das Proletariat erfährt nicht die Harmonie, sondern [p]die *Disharmonie*[p]. Und auf Grund dieser[q] Erfahrung, in der

---

[47] Eine ausführliche Darstellung der Klassenkampfsituation kann an dieser Stelle nicht gegeben werden. Ich verweise auf meinen Vortrag: "Klassenkampf und religiöser Sozialismus" [im vorliegenden Band Text Nr. 5], erschienen in "Religiöse Verwirklichung". Vgl. vor allem Eduard Heimann: Die sittliche Idee des Klassenkampfes [und die Entartung des Kapitalismus. Hamburg 1926]. Entscheidend für das Verständnis des Klassenkampfes sind folgende beiden Gesichtspunkte: 1. Der Klassenkampf ist *immer zugleich Kampf von oben und von unten.* Das Bürgertum verhüllt den Klassenkampf, den es von oben führt, ideologisch, während das Proletariat ihn für sich und seinen Gegner enthüllt. 2. Der Klassenkampf beruht nicht auf der Willkür irgendwelcher Menschen oder Gruppen, sondern ist in der *Struktur der kapitalistischen Wirtschaft wesensmäßig begründet.* Er kann deswegen keinen Anlaß zu moralischen Vorwürfen weder nach der einen noch nach der anderen Seite hin geben.

ihm seine proletarische Existenz unmittelbar bewußt wird, trennt es sich vom bürgerlichen Radikalismus und wird zum Gegner ebenso des radikalen wie des konservativen Bürgertums.

Das liberale Moment des bürgerlichen Prinzips wird dem demokratischen untergeordnet; es wird für die Zeit der Klassenherrschaft außer Kraft gesetzt. Erst für die klassenlose Gesellschaft wird ein Ausgleich von Freiheit und Gleichheit in Aussicht genommen. Die Harmonie, an die der Liberalismus in ursprünglicher oder fortschrittlicher Form für die Gegenwart glaubt, wird an das Ende verlegt, in den Vollendungszustand [r]der Gesellschaft[r]. In der Gegenwart herrscht [s]die Disharmonie, die[s] zu tief und notwendig in der gesellschaftlichen Situation begründet ist, als daß [t]sie[t] durch Fort|schritt überwunden werden könnte. Nur durch[u] Zwangsgewalt des Ganzen gegenüber allen Einzelnen, also eine zentrale, herrschaftsmäßige Demokratie, kann der Bruch der gesellschaftlichen Einheit beseitigt werden. Das freie Spiel der Kräfte ist zu ersetzen durch *bewußte Planung*. Die auf liberalem Boden sich erhebenden unverantwortlichen Gewalten sind zu beseitigen durch eine demokratisch gegründete, verantwortliche Zentralgewalt.

[v]Damit hat der Sozialismus den Schritt von dem liberalen zum demokratischen Element des bürgerlichen Prinzips gemacht, gerät nun aber in die gleichen Schwierigkeiten wie das in seinem liberalen Fundament erschütterte Bürgertum. Wird das liberale Element ausgeschieden, so ist die Demokratie gezwungen, sich durch Rückgriff auf vorbürgerlich-feudale Mächte zu stützen. Die zentrale, planende und erziehende Vernunft muß von einer Macht getragen sein, die imstande ist, den Sozialismus zu wollen und durchzusetzen. Soweit der Sozialismus auf demokratischer Voraussetzung ruht, muß er annehmen, daß diese Macht durch freie Entscheidung aller Einzelnen, praktisch durch Mehrheitsbildung zustande kommt. Der Möglichkeit einer sozialistischen Mehrheitsbildung steht aber die Tatsache der Klassenherrschaft gegenüber. Die bürgerliche Klassenherrschaft gründet sich auf die Verbindung des Bürgertums mit den vorbürgerlichen Gruppen und schließt dadurch bei der zahlenmäßigen Begrenztheit des industriellen Proletariats eine sozialistische Mehrheitsbildung so gut wie sicher aus. Die politischen, finanziellen und geistigen Machtmittel, die der Kapitalherrschaft zur Verfügung stehen, verhindern die sozialistische Aufklärung und Erziehung der außerproletarischen Massen. Gelingt es aber, in politischen Katastrophen (verlorener Krieg, Wirtschaftskrise) die Herrschaft der bürgerlichen Gesellschaft zu erschüttern, so stehen ihr andere Mittel zu Gebote, um die Folgen des sozialistischen Einflusses aufzuheben: Wirtschaftliche Aushöhlung der sozialistisch beeinflußten Staatsmacht (Inflation), außenpolitische Druckmittel | (kapitalistische Interventionskriege), Ausspielen des Militärs gegen die bürgerliche Gewalt (Handstreich gegen Preußen), stille Opposition der mittleren und unteren Beamtenschaft (die zum großen Teil vorbürgerlichen Gruppen entstammt), vor allem aber Benutzung der nationalen Idee zur Stärkung aller in das Bürgertum aufgenommenen ursprungsnahen Mächte, auch wenn es sich dabei um scheinbar antibürgerliche revolutionäre Bewegungen handelt (Nationalsozialismus). *An der*

Tatsache der Klassenspaltung zerbricht der demokratische Harmonieglaube des Bürgertums, an der Tatsache der bürgerlichen Klassenherrschaft scheitert der demokratische Harmonieglaube des Sozialismus.

So bleibt dem Sozialismus nichts übrig, als selbst den Kampf mit Kräften zu führen, die als Ursprungskräfte zu kennzeichnen sind und durch deren Bejahung die demokratische Voraussetzung und damit das bürgerliche Prinzip preisgegeben werden. Das geschieht unter dem *symbolischen Begriff der proletarischen Diktatur.* Der Begriff ist symbolisch und zweideutig. Diktatur im strengen Sinne des Wortes gibt es nur auf dem Boden der Demokratie, ganz gleich, ob eine kleine Gruppe gleich mächtiger Aristokraten oder das ganze Volk sich einem Diktator unterwerfen. Entscheidend ist, daß die Unterwerfung freiwillig und auf begrenzte Zeit geschieht, daß der Diktator also auf demokratischem Wege eingesetzt und auf demokratischem Wege wieder zurückgezogen wird. Wo diese Voraussetzungen nicht zutreffen, kann im strengen Sinne nicht von Diktatur, sondern nur von revolutionärer Erhebung einer Machtgruppe über die bestehenden Machtgruppen gesprochen werden. Wohl mag die Absicht bestehen und in der Theorie verfochten werden, daß die siegreiche Machtgruppe (also etwa das Proletariat nach Oberwindung der Klassenherrschaft) auf seine Machtposition verzichtet, aber es ist auf keine Weise dazu gezwungen, es steht nach seinem Sieg nicht unter, sondern über der Demokratie. Es hat in dieser Situation die | gleiche Stellung wie eine militärische oder von außen eingedrungene Machtgruppe, und es steht vollkommen in seiner Macht, wie es seine Stellung ausnutzt. – Noch eine andere Zweideutigkeit enthält der Begriff Diktatur des Proletariats. Das Proletariat als Ganzes kann ja nicht die Diktatur ausüben. Die Eroberung der Macht ist nur möglich durch opferwillige Kerntruppen, die Behauptung der Macht kann nur geleistet werden durch Eliten des siegreichen Proletariats. Dadurch entsteht eine Differenzierung, die ursprungsmythischen Tendenzen Vorschub leistet und zu Feudalisierungen, wenn auch in anderer Form als der vorbürgerlichen Feudalität, führen muß.

Der Verzicht auf das demokratische Prinzip im Klassenkampf, die Notwendigkeit, die für den Sozialismus immer deutlicher wird, trotz Fehlens der Majorität seine Herrschaft aufzurichten, bringt ihn in eine schwere Spannung zwischen Gegenwart und Zukunft: der bürgerliche Harmoniegedanke ist für die Gegenwart preisgegeben. Auch der proletarische Kampf kann sich in keiner Weise auf ihn stützen. Kann aber der Sozialismus, wenn er das Zentrum des bürgerlichen Prinzips für die bisherige Wirklichkeit preisgegeben hat, das Prinzip selbst aufrecht erhalten? Ist eine Weltauffassung berechtigt, die der Welterfahrung so widerspricht, daß sie für Gegenwart und Vergangenheit auf ihre wesentliche Behauptung verzichten muß? Kann in einer Weltauffassung, die nicht an ein Wunder glaubt, von der Zukunft etwas erwartet werden, was aller bisherigen Wirklichkeitserkenntnis widerspricht? *Kann der Sozialismus Vollendung des bürgerlichen Prinzips sein, wenn er zugleich Ausdruck seiner Zerstörung ist?* Muß nicht der Kampf gegen die bürgerliche Gesellschaft das bürgerliche Prinzip selbst in Frage stellen? Enthält das sozialistische Prinzip Elemente, die über das bürgerliche Prinzip grundsätzlich hinausgehen und die der anderen Wurzel des politischen Denkens entstammen, derjenigen, aus der die politische Romantik ihre Kraft zieht? – Diese Fragen zwingen zu einer | genauen Analyse des Sozialismus in seiner gegenwärtigen Gestalt.[vw]

4. Proletariat und Sozialismus

Der Widerspruch gegen das bürgerliche Prinzip auf dem Boden des bürgerlichen Prinzips geht vom Proletariat aus. Sofern der Sozialismus Ausdruck dieses Widerspruchs ist, ist er gebunden an die Existenz des Proletariats; sofern er die proletarische Existenz und damit den Klassengegensatz aufheben will, geht er über die proletarische Situation hinaus und umfaßt die ganze Gesellschaft: *Der Sozialismus hat eine partikulare und eine universale Seite.* Beide Seiten gehören zusammen und können nicht auseinandergerissen werden. Wer nur die universale Seite in Betracht zieht, macht den Sozialismus zu einer allgemeinen ethisch-politischen Idee, für die es keine tragende Gruppe gibt. Wer den Sozialismus nur partikular betrachtet, nimmt ihm die Möglichkeit, die Klassensituation und damit die proletarische Existenz zu überwinden; er degradiert den Sozialismus zum Ressentiment einer unterdrückten Klasse. Aber der Sozialismus ist nur verständlich aus dem Ineinander seines partikularen und universalen Moments.

Der Sozialismus ist Ausdruck der proletarischen Situation. Sein Prinzip ist die Macht der proletarischen Bewegung. Diese partikulare Seite muß streng festgehalten und darf nicht idealistisch erweicht werden. Im Sozialismus hat das Proletariat sein Bewußtsein gefunden; es ist durch den Sozialismus als Proletariat konstituiert. Denn Proletariat bedeutet mehr als eine Masse von Menschen, die von dem gleichen Schicksal betroffen sind. Es bedeutet eine Klasse mit Bewußtsein um sich als Klasse. Dieses Bewußtsein aber hat ihm der Sozialismus gegeben. Die unbeantwortbare Frage, wo Proletariat anfängt und wo es aufhört, ist falsch gestellt. Der Begriff Proletariat ist kein rein empirischer Begriff, der eine bestimmte Summe von Menschen umfaßt und bestimmte | Merkmale an ihnen eindeutig definiert, sondern *Proletariat ist ein idealtypischer Begriff*, der eine soziale Struktur nach ihren maßgebenden Merkmalen kennzeichnet, ohne Rücksicht darauf, ob diese Struktur in der Erfahrung rein aufweisbar ist. Aber *Proletariat ist noch darüber hinaus ein existentieller Begriff*, d.h. ein solcher, der nicht aus dem bloß zuschauenden Bewußtsein entnommen werden. kann. Was Proletariat ist, kann nur aus dem proletarischen Kampfe und aus der Stellungnahme in diesem Kampfe verstanden werden. Proletariat ist in tiefster Schicht ein Kampfbegriff. Der proletarische Kampf aber ist der sozialistische Kampf. Und darum ist das Proletariat ebenso eine Schöpfung des Sozialismus, wie der Sozialismus eine Schöpfung des Proletariats. Beide sind in- und miteinander gesetzt. Sozialismus ist das Wissen des Proletariats um sich selbst und eben damit seine Begründung als solches. Denn die Begründung menschlich-gesellschaftlichen Seins ist immer zugleich die Begründung eines Bewußtseins, in dem das Sein sich erfüllt. Denn menschliches Sein ist bewußtes Sein.

Die strenge Wechselbeziehung von Sozialismus und Proletariat darf nicht so mißdeutet werden, als hätte es erst chaotische Massen gegeben, und dann hätte der Sozialismus diesen Massen seine Ideologie aufgedrängt. *Intellektuelle* und *Demagogen* hätten den Sozialismus in die entwurzelten Massen von außen hereingetragen. Weder Intellektuelle noch Demagogen hätten je die Möglichkeit gehabt, die sozialistische Bewegung zu schaffen, wenn der Sozialismus nicht wirklicher Ausdruck der proletarisierten Massen wäre. Intellektuelle und Demagogen können überhaupt keine Bewegung schaffen, wenn sie nicht einem Sein Ausdruck geben, das unabhängig von ihnen nach Ausdruck und Erfüllung schrie. Es ist darum unrichtig, einen proletarischen Sozialismus von einem anderen zu unterscheiden [48]. Wird der Zusammenhang von Sozialismus und Proletariat zerrissen, so hören | beide auf, das zu sein, was sie sind. Auch dann kann es Bewegungen geben, die auf eine neue Gerechtigkeitsordnung zugehen. Aber *sozialistisch* sind sie nicht. Es ist darum unmöglich, den Sozialismus, seine Wirklichkeit und sein Prinzip zu verstehen, ohne von der Lage des Proletariats auszugehen. Andererseits kann diese nicht dargestellt werden, ohne das sozialistische Selbstbewußtsein einzubeziehen, durch das sie als proletarische begründet ist. So eng ist der Zusammenhang und so grundlegend die partikulare Seite des Sozialismus.

Der Sozialismus hätte nicht die Kraft gehabt, dem Proletariat sein Selbstbewußtsein und damit seine Begründung als Proletariat zu geben, wenn ihm die andere, die universale Seite gefehlt hätte. Denn in der universalen Tendenz des Sozialismus drückt sich der Wille des Proletariats aus, über sich hinauszukommen. Nicht im Sinne eines Einzelaufstiegs zum Bürgertum, sondern im Sinne einer neuen menschlichen Seins- und Gesellschaftsform überhaupt. Der symbolische Name für diese Seinsform ist *klassenlose Gesellschaft*. Durch diesen Willen und diese Erwartung stellt sich das Proletariat in geschichtliche Zusammenhänge, die weit über seine partikulare Seinsform hinausgehen. Unmittelbar steht es auf dem Boden der bürgerlichen Kultur des christlichen Abendlandes. Es trägt in sich die religiöse und profane Geschichte des Abendlandes und ist durch sie genauso geformt wie Bürgertum und vorbürgerliche Gruppen. Dadurch ist es in Sein und Bewußtsein abgegrenzt gegen außerchristliche Möglichkeiten, wie sie z.B. in Asien verwirklicht sind. Proletariat im strengen Sinn und darum Sozialismus ist auf asiatischem Boden erst in dem Augenblick denkbar, wo der christliche Humanismus die asiatischen Völker erobert hat. Es entspricht der fortgeschrittenen Entwicklung Japans, daß sich dort eine Bewegung durchgesetzt hat, die dem europäischen Sozialismus, resp. Kommunismus am nächsten kommt. – Der christliche Humanismus als Hintergrund der proletarischen Existenz wirkt sich aus in dem Ineinander und der | Spannung der verschiedenen Elemente, die er in sich trägt: Das *Christentum* in seinen verschiedenen Epochen und Konfes-

---

48 Vgl. [Werner] Sombart: Der proletarische Sozialismus. [2 Bde., Jena 1924].

sionen, der griechische *Humanismus*, die jüdische *Prophetie*. Das sozialistische Prinzip enthält diese Elemente in sich. Es ist kein allgemein forderndes Prinzip, das der Geschichte gegenüberstünde, es ist aber auch kein speziell empirisches Prinzip, die Beschreibung einer einmaligen geschichtlichen Erscheinung, sondern es ist ein bestimmtes Prinzip, das aber zugleich menschliches Sein überhaupt ausdrückt. Es wurzelt in dem einen menschlichen Urelement, der Forderung, dem Hinausgehen, der Erwartung des Neuen: das ist seine Allgemeinheit. Es hat sich geschichtlich geformt in der jüdisch-christlichen Entwicklung bis zum christlichen Humanismus der bürgerlichen Gesellschaft, und es ist zur partikularen Verwirklichung gekommen im abendländischen Proletariat. Das universale und das partikulare Moment: menschliches Sein und proletarisches Dasein stehen also nicht unvermittelt nebeneinander. Sie sind vermittelt durch eine in die Ursprünge zurückreichende Geschichte, die über Christentum und Humanismus zum Sozialismus führt.

Trotz des Ineinander von Sozialismus und Proletariat sind Spannungen zwischen dem universalen und partikularen Moment möglich. Von seiten des universalen Momentes können Forderungen gestellt werden, die das Partikulare aufsaugen würden. Der Sozialismus würde zu einer soziologisch unverwurzelten, allgemeinen Idee werden und damit seine geschichtliche Kraft einbüßen. Das ist die Gefahr eines *Intellektuellen-Sozialismus*, wie ihn das Proletariat mit Recht jeder Zeit bekämpft hat. Denn er entstammt der bürgerlichen Situation und ihrer Gestalt politischen Denkens. Er versucht von dort aus, unter Überspringung der proletarischen Lage eine kommende Gerechtigkeitsordnung zu entwerfen. Wie auch ein solcher Entwurf benannt und gewertet werden mag: Sozialistisch ist er jedenfalls nicht. Der Kampf gegen den utopischen Sozialismus gründet sich auf den unlöslichen Zusammenhang zwischen Sozialismus und Pro|letariat, den Marx aufgewiesen hat und der durch keine universalistische Tendenz zerschnitten werden darf.

Ebensowenig aber darf um dieser Zusammengehörigkeit willen der universalistische Charakter des Sozialismus verloren gehen. Auch diese Gefahr droht seit dem Siege des Marxismus im deutschen Proletariat ständig. Sie ist zur Zeit größer als die andere und hat sich politisch verhängnisvoller ausgewirkt. Der Widerstand gegen den Marxismus in Deutschland hat unter anderen tiefer gehenden Ursachen auch die, daß Gruppen, die dem Sozialismus geneigt sind, ihn in der völligen Partikularisierung nicht bejahen können, in die er durch die Bindung an das Proletariat geraten ist. Die Heraushebung des universalen Momentes, das mit dem Willen des Proletariats gegeben ist, sich als Proletariat aufzuheben, wird dem Sozialismus starke Kräfte zuführen, die jetzt in Gegensatz zu ihm gedrängt sind. Die vorliegende Schrift kann als Versuch aufgefaßt werden, *das universale Moment des Sozialismus herauszuarbeiten, ohne das partikulare aufzugeben.*

B. *Der innere Widerstreit des Sozialismus*

Einleitung: Der innere Widerstreit der proletarischen Existenz

Das proletarische Sein steht in einem Widerstreit, der in dem Verhältnis von Proletariat und bürgerlicher Gesellschaft begründet ist. *Widerstreit ist nicht Widerspruch.* Im Widerspruch liegt das Subjektive, das Zufällige, die Willkür dessen, der sich widerspricht. Widersprüche zwingen zur Preisgabe des sich Widersprechenden. Ein echter Widerspruch, wie er z.B. in der politischen Romantik vorliegt, zwingt zur Entscheidung im Sinne des Entweder – Oder. Anders der Widerstreit. Er ist nicht im Subjekt, in Zufall und Willkür begründet, sondern in der Sache selbst. Das wird durch den Zusatz „innerer" ausgedrückt. Ein innerer Widerstreit ist ein solcher, der aus dem Gesetz der Sache | selbst kommt. Daher das griechische, durch Kant berühmt gewordene Wort „Antinomie", d.h. „Gesetzliches Gegeneinander". Ein innerer Widerstreit, eine Antinomie, kann nicht durch eine Bewegung im Subjekt beseitigt werden, durch den Verzicht auf widerspruchsvolles Denken oder Handeln. Eine Antinomie kann nur aufgelöst werden durch eine Wandlung der Struktur, aus der der innere Widerstreit notwendig hervorgeht. Die Analyse der politischen Romantik hat den Wider*spruch* aufgewiesen, an dem sie scheitern muß. Die Analyse des bürgerlichen Prinzips hat den inneren Wider*streit* des Sozialismus aufgewiesen, der nur dadurch aufgelöst werden kann, daß der Sozialismus zu einer neuen Gestalt seiner selbst kommt. Das aber ist bei dem strengen Zusammenhang zwischen Sozialismus und Proletariat nur möglich bei einer gleichzeitigen Wandlung des proletarischen Seins.

Denn zunächst ist das Proletariat reines Produkt der bürgerlichen Gesellschaft und ihrer Welt- und Gesellschaftsgestaltung. Es ist das Ergebnis der vollkommenen Verdinglichung alles Daseienden in Natur und Gesellschaft durch die Herrschaft des bürgerlichen Prinzips. Im Proletariat sind alle ursprungsmythischen Bindungen radikal aufgelöst. Der Einzelne ist ganz auf sich gestellt. Die unmittelbar tragenden Kräfte, Boden, Blut, Gruppe, Gemeinde, fehlen. Während das Bürgertum für sich auf die radikale Durchsetzung seines Prinzips verzichtet und sich mit vorbürgerlichen Mächten verbunden hat, hat es das Proletariat der Dynamik des bürgerlichen Prinzips restlos preisgegeben. Denn für das Proletariat bedeuten vorbürgerliche Sicherungen der bürgerlichen Klassenherrschaft, sei es durch religiöse, sei es durch nationale, sei es durch patriarchalische Ideologien, in keiner Weise eine Änderung seiner Klassensituation. Sie bedeuten vielmehr eine Verstärkung der Klassenherrschaft | und eine Festigung der Klassenkampflage. Sie bedeuten eine Verlangsamung der Dynamik der bürgerlichen Gesellschaft und damit eine Verzögerung der Aussichten für das Proletariat, die Klassenherrschaft niederzuwerfen. Infolgedessen ist das Proletariat gezwungen, im Klassenkampf gegen das vorbürgerliche für das bürgerliche Prinzip zu kämpfen, aber nicht, um es zu stützen, sondern um es zu zerbrechen. So kommt es zu dem Widerstreit, daß das Proletariat als Klasse innerhalb der bürgerlichen Gesellschaft von der bürgerlichen Gesellschaft lebt, gegen die es kämpft. Es muß von ihr leben. Denn seine Klassensituation ist ja gerade die, innerhalb der bürgerlichen Gesellschaft immer nur Objekt, nie Subjekt zu sein, d.h. eines eigenen Lebensprinzips beraubt zu werden [49].

Wäre diese Seite der proletarischen Existenz die einzige, so gäbe es keinen Sozialismus. Widerstandslos würde sich das Proletariat (das dann nicht im prägnanten Sinne Proletariat wäre) der Klassenherrschaft beugen. Es hätte keine Kraft in sich, nein zu sagen zu dem, wovon es lebt. Diese Kraft muß es anderswoher haben. Es muß, damit Sozialismus sein kann, dem bürgerlichen Prinzip als Ganzem widerstehen können. Das bedeutet, es muß Elemente der ersten Wurzel politischen Denkens, es muß Ursprungskräfte in sich tragen. Denn gerade mit ihrer Hilfe hat das Bürgertum seine Herrschaft stark gemacht. *Das Proletariat muß das verneinen, in dessen Kraft es das bürgerliche Prinzip bekämpft, den Ursprung; und es muß das bejahen, das es zerbrechen will, eben das bürgerliche Prinzip. Das ist der innere Widerstreit seiner Lage.* Es ist der Grund der tiefen inneren Problematik, in der jede sozialistische Lebensäußerung steht, es ist der Grund der Schwächen und Verkümmerungen vor allem auch des deutschen Sozialismus. Die proletarische Situation wäre klar und eindeutig, wenn sie nichts wäre als radikale Durchsetzung des bürgerlichen Prinzips, als vollkommene Rationalisierung des gesellschaftlichen Prozesses im Sinne des bürgerlichen Harmonieglaubens. Das aber kann sie nicht sein, denn der Klassenkampf bedeutet gerade die | geschichtliche Widerlegung des Harmonieglaubens. Das ganze bürgerliche Prinzip also muß angegriffen werden. Und wieder wäre die Lage klar und eindeutig, wenn der Angriff ungebrochen aus vorbürgerlichen, aus Ursprungskräften geführt werden könnte. Aber auch das ist unmöglich infolge des Bündnisses von Bürgertum und vorbürgerlichen Mächten, das vom Bürgertum eingegangen ist, nicht um sein Prinzip einzuschränken oder zu überwinden, sondern um es zu festigen und die Klassenherrschaft aufrecht zu erhalten. So muß das Proletariat in ständiger Zweideutigkeit mit Ursprungskräften gegen das Bündnis von bürgerlicher Gesellschaft und vorbürgerlichen Mächten kämpfen. In dieser Zweideutigkeit ist die Mühseligkeit seines Kampfes und vielleicht die Tragik seines Schicksals begründet. Eine Wendung dieser Tragik ist nur möglich, wenn es zum Bewußtsein seiner Lage geführt wird und sich in klarer Entscheidung für die Kräfte des Ursprungs, aber gegen die bürgerlich gewordenen Ursprungsmächte und gegen das bürgerliche Prinzip einsetzt. Das ist im Grunde die „sozialistische Entscheidung", die vom deutschen Sozialismus verlangt wird. Der Aufweis des inneren Widerstreits in allen Lebensäußerungen des Sozialismus wird diese Forderung rechtfertigen.

---

[49] Vergl. dazu die marxistischen Begriffe der „Entfremdung", „Entmenschlichung", „Verdinglichung".

1. Der innere Widerstreit des sozialistischen Glaubens

Der innere Widerstreit des Sozialismus, der sich aus der Antinomie des proletarischen Seins ergibt, kann zuerst aufgewiesen werden am sozialistischen Glauben. Der Sozialismus teilt den Glauben an die Rationalisierbarkeit der Welt, an die Möglichkeit, durch Dingerkenntnis und Dinggestaltung eine Wirtschafts- und Gesellschaftsordnung zu schaffen, die den natürlichen Zwecken aller Menschen angemessen ist. Da er aber nicht glaubt, daß diese Ordnung als verborgen wirkende Harmonie schon da ist, sondern daß die Disharmonie gerade aus dem Waltenlassen der Produktivkräfte im Sinne des Harmonieglaubens folgt, so muß sich sein Glaube auf eine Zukunft richten, die in vollkommenem Widerspruch zur | Gegenwart steht. Er muß den Harmonieglauben in Enderwartung umbilden. Der demokratische Fortschrittsgedanke kann ihm dabei nichts helfen. Denn der Fortschrittsglaube ist eine Formung des Harmonieglaubens. *Der Sozialismus muß, wenn er auf eine kommende harmonische Welt wartet, mit einem Sprung rechnen, der in keiner Weise aus der gegebenen Wirklichkeit verständlich gemacht werden kann.* Damit aber durchbricht der sozialistische Glaube das bürgerliche Prinzip, die Voraussetzung einer rationalen, in der Wirklichkeit selbst angelegten Weltordnung. Er enthält ein Moment der prophetischen Verkündigung, die Erwartung eines neuen Seins. Aber er gibt dieser Erwartung einen Ausdruck, der vollkommen durch das bürgerliche Prinzip bestimmt, d.h. rein immanent ist. Und er ist gezwungen, das zu tun, weil er sich dem Versuch der bürgerlichen Gesellschaft widersetzen muß, die prophetische Enderwartung rein jenseitig zu fassen und ihr damit die revolutionäre Energie zu nehmen. Im Bürgertum wird die Jenseitserwartung als antirevolutionäre Ideologie benutzt. Der Sozialismus ist gezwungen, diese Ideologie zu enthüllen, und wird dabei auf die Seite der reinen Immanenz gedrängt. In Wahrheit aber geht seine Erwartung über die Immanenz im Sinne des bürgerlichen Harmonieglaubens hinaus. Der immer wiederkehrende Wechsel von Hoffnung und Enttäuschung, von Utopie und erzwungenem Kompromiß, der die Geschichte des Sozialismus erfüllt, ist die Folge dieses seines inneren Widerstreites.

Es ist verständlich, daß Führer und Theoretiker des Sozialismus diesem Zwiespalt durch Anleihen bei dem bürgerlichen Fortschrittsglauben zu entgehen suchen. Sie geraten dadurch in jenen *Reformismus,* der die sozialistische Voraussetzung der Disharmonie preisgibt und die proletarische Bewegung zu einer rein innerbürgerlichen Angelegenheit macht [50]. Es ist bekannt, wie verhängnisvoll sich das in den | letzten vierzig Jahren der sozialistischen Bewegung ausgewirkt hat, vor allem dadurch, daß es den Zwiespalt zwischen reformistischem und

---

50 *Die Katastrophe des sozialistischen Reformismus in den Ereignissen des Jahres 1932* sollte die grundsätzliche Folge haben, daß mit dem bürgerlichen Harmonieglauben auch in der praktischen Politik endgültig gebrochen wird. Das gilt besonders auch für die Gewerkschaftsbewegung und den reformistischen Druck, den sie auf die Gesamtbewegung ausübt.

revolutionärem Sozialismus veranlaßt hat. – Wenn der *Kommunismus* in dieser Spaltung die revolutionäre Seite vertritt, so hat er das Zerbrechen des bürgerlichen Harmonieprinzips schärfer erfaßt als die Sozialdemokratie. Er glaubt in keiner Form an Fortschritt auf dem Boden der bürgerlichen Gesellschaft. Er glaubt an den Sprung, an das schlechthin Neue, das nur durch eine vollkommene Umwälzung der Gesellschaft möglich ist. Aber er glaubt daran auf dem Boden radikaler Diesseitigkeit; und in diesem Widerspruch verzehrt er sich und führt das Proletariat von einer Enttäuschung zur anderen. (Der *Bolschewismus* ist kein Gegenbeispiel, weil in Rußland der Kommunismus zugleich die Form ist, in der sich das Prinzip der Rationalität zum erstenmal auf dem Boden einer ursprungsmythischen Gesellschaftslage und mit ungebrochenen Ursprungskräften durchsetzt (s.o.). Ein Vergleich mit Gesellschaftslagen fortgeschrittenster Rationalisierung und Substanzentleerung führt zu falschen Konsequenzen.) Der Widerstreit des sozialistischen Glaubens verteilt sich in gleicher Weise auf Sozialdemokratie und Kommunismus, obgleich nicht bestritten werden kann, daß die Kraft des Glaubens im kommunistischen Lager größer ist. – Es war das Ziel des *religiösen Sozialismus*, in seiner grundsätzlichen Arbeit den Widerstreit des sozialistischen Glaubens aufzuzeigen und aufzulösen. Er bemühte sich in gleichzeitigem Anschluß an Marx und die prophetisch-urchristliche Enderwartung, den sozialistischen Glauben aus seiner Verdeckung zu befreien und zur Ausdrücklichkeit zu erheben. Nur von hier aus ist der religiöse Sozialismus zu verstehen. Wohl gibt es eine innerkirchliche, sozialistische Bewegung, deren Ziel es ist, dem sozialistischen Arbeiter einen Zugang zur Kirche zu öffnen und umgekehrt. Diese Aufgabe | ist praktisch notwendig und von erheblicher Wichtigkeit. Grundsätzlich entscheidend ist sie nicht. Religiöser Sozialismus ist der Versuch, den im Sozialismus wirkenden Glauben bewußt zu machen, seinen inneren Widerstreit aufzudecken und zu einer symbolkräftigen Lösung zu führen [51].

2. *Der innere Widerstreit der sozialistischen Menschenauffassung*

In dem Widerstreit des sozialistischen Glaubens ist enthalten als erstes und wichtigstes Element die Antinomie der sozialistischen Menschenauffassung. Der bürgerliche Begriff des Menschen ist von der Vernunft her konstruiert. Das entspricht dem bürgerlichen Prinzip mit seinem Willen zur rationalen Gestaltung der Wirklichkeit. Der Mensch wird Mensch dadurch, daß er an der allge-

---

[51] Dieser Begriff des religiösen Sozialismus ist das Ergebnis der Arbeit des Berliner Kreises religiöser Sozialisten, aus dem die „Blätter für religiösen Sozialismus“ hervorgingen. Er unterscheidet sich von der Grundauffassung des „Bundes religiöser Sozialisten“, wie sie in der „Zeitschrift für Christentum und Sozialismus“ zum Ausdruck kommt, dadurch, daß er die praktische Verbindung von Kirche und sozialistischer Bewegung gegenüber der grundsätzlichen Klärung des Verhältnisses von Religion und Sozialismus in den Hintergrund treten läßt. Er ist profaner, kirchlich weniger interessiert, als der innerkirchliche Sozialismus naturgemäß sein muß.

meinen Vernunft teil hat. *Nur* der Mensch, aber auch *jeder* Mensch hat an ihr teil. Vernunftfähigkeit ist das erste Merkmal menschlichen Seins. Die übrigen Seiten seines Wesens müssen der Vernunft unterworfen werden. Die Dinge außer uns und die eigene Natur in uns sind Herrschaftsgebiete der Vernunft. Dabei geht diejenige Schicht menschlichen Seins verloren, die man als „Mitte" bezeichnen könnte und die ursprünglicher ist als die Abstraktionen der subjektiven Vernunft einerseits, des objektiven Triebmechanismus anderseits. Diese mittlere Schicht zwischen reiner Vernunft und bloßem Stoff der Unterwerfung wird durch das bürgerliche Prinzip verdeckt. Das Bewußtsein sieht nur sich selbst und seine Objekte, aber es sieht nicht das Sein als Sein, und es sieht nicht die schöpferisch-|zerstörerischen Kräfte, von denen es in Wahrheit bestimmt ist, durch die es erhöht oder zerrissen wird. *Vom Bewußtsein aus soll das Sein, auch das menschliche Sein, gestaltet werden.* So entsteht das Bild des Menschen, der in ständigem Fortschritt Sein ins Bewußtsein erhebt, der sich immer klarer durchschaut, die Dinge analysiert und auf Grund dieser Erhellung (früher „Aufklärung" genannt) handelt: Vernunftgemäß, geordnet, auf der Höhe des „fortgeschrittensten Bewußtseins[52]".

Entsprechend der Spannung von Liberalismus und Demokratie (von Empirismus und Rationalismus in der Erkenntnistheorie) finden sich in der Menschenauffassung der Aufklärung zwei Richtungen. Die dem Liberalismus entsprechende *empiristische* Richtung setzt voraus, daß die Empfindungs- und Triebelemente vermöge eines aufweisbaren Mechanismus zu einer rationalen Formung gelangen, die dem Menschen die Möglichkeit gibt, die Dinge insoweit zu erkennen, als es für eine verständige Verhaltungsweise ihnen gegenüber nötig ist. Die unbeschriebene Tafel des menschlichen Geistes wird beschrieben durch die Empfindungsmannigfaltigkeit. Aus ihr entwickelt sich durch natürliche Harmonie eine praktisch hinlängliche Seinserkenntnis. Und die Mannigfaltigkeit des menschlichen Trieblebens führt in der Begegnung mit der Natur und mit fremdem Triebleben durch entsprechende Naturgesetze zu einem verständigen Verhalten innerhalb der Gesellschaft. So entwickelt sich ein Mensch, der eingefügt in die gesellschaftlichen Institutionen, durch Verfolgung seines eigenen Wohls das Wohl aller fördert. – Anders die rationalistische Menschenauffassung, die dem demokratischen Elemente des bürgerlichen Prinzips entspricht. Sie teilt die Erwartung nicht, daß aus dem Miteinander und Gegeneinander der Empfindungen und Triebe vernünftige Seinserkenntnis und Seinsgestaltung entspringen | kann. Die Vernunft steht für sie jenseits dieser Mannigfaltigkeit. Sie steht ihr herrschaftlich gegenüber, bekämpft und unterwirft sie. Was dort gleichsam von selbst geschieht, ist hier Ergebnis ständiger spontaner Leistung, ständiger Erfüllung logischer und moralischer Forderungen. Das menschliche Bewußtsein als zentrale Instanz schafft

---

[52] Der Gebrauch eines solchen Begriffs in der sozialistischen Diskussion zeugt wie kaum etwas Anderes für den vielfach noch ungebrochenen Fortschritts- und Harmonieglauben des Sozialismus.

sich die Welt, die es erkennt und beherrscht. Das ist nicht unmittelbar und in einem Akt möglich. Es geht nur durch [x]allmähligen[x] Fortschritt, durch schrittweise Kräftigung der zentralen Instanz, des vernünftigen Erkennens und Wollens. Darum spielt die Erziehung für dieses Denken eine entscheidende Rolle. Da auf natürlichem Wege vernünftiges Menschentum nicht erwächst, so muß die Erziehung einsetzen; die entwickeltere Vernunft muß die unentwickeltere führen und zur Reife bringen. *Alles demokratische Denken ist pädagogisches Denken.* So war es in der Aufklärung, so hat es Lessing in der „Erziehung des Menschengeschlechtes" klassisch formuliert, so ist es in der Gegenwart. In diesem Glauben aber an eine fortschreitende Erziehung des Menschengeschlechtes steckt, wenn auch verhüllt, der liberale Harmonieglaube. Es muß vorausgesetzt werden, daß Menschen und Menschheit erziehbar sind, es muß vorausgesetzt werden, daß der Erkenntnisstoff von den Erkenntniskategorien gefaßt und geformt werden, daß das Triebleben durch die sittlichen Kategorien bestimmt werden kann. Die Trennbarkeit des Stoffes durch die Form, durch die reine Vernunft, ist die Voraussetzung dieser Menschenauffassung, und diese Voraussetzung ist Harmonieglaube.

Der deutsche Sozialismus verbindet Elemente der liberalen Psychologie mit starken pädagogischen Tendenzen. Durch beide Elemente seiner Menschenauffassung gerät er in einen Widerstreit mit sich selbst. Da er den bürgerlichen Harmonieglauben nicht teilt, kann er den Menschen, der im Erkennen und Handeln durch die Vernunft bestimmt ist, nur am Ende, in der klassenlosen Gesellschaft erwarten. In der Gegenwart – wie in aller Vergangenheit –, also unter der | Herrschaft der Disharmonie, gibt es weder Gesetze, die zur natürlichen Harmonie führen, noch Bedingungen für eine wirksame Erziehung des Einzelnen und der Menschheit [53]. Diese Menschen aber, die der Voraussetzung nach nicht durch Vernunft bestimmt sind, sollen den Zustand herrschender Vernunft herbeiführen. *Der Sprung aus der Unvernunft in die Vernunft ist durch nichts vermittelt. Zwischen Wirklichkeit und Erwartung liegt ein Abgrund.* – Marx unterscheidet die Vorgeschichte der Menschheit, die bis zur klassenlosen Gesellschaft geht, von der Geschichte der Menschheit, die eben damit einsetzt. Aber wir kennen nur die Vorgeschichte. Menschliche Wirklichkeit begegnet uns in der Gestalt dessen, was er Vorgeschichte oder Geschichte von Klassenkämpfen nennt. Und der Mensch, der im Klassenkampf steht, ist ein Mensch, dessen Sein besser durch Nietzsches Lehre vom Willen zur Macht als durch Lessings Lehre von der Erziehung des Menschengeschlechtes gekennzeichnet wird. Die Frage, wie es möglich ist, daß der Wille zur Macht irgendwann zum Verzicht auf Macht wird, bleibt unbeantwortet. Aus diesem Grunde hat der Marxismus trotz seiner Utopiefeindlichkeit niemals den Verdacht eines verborgenen Utopieglaubens von sich abwehren können. Die prophetische Enderwartung ist konsequent: Sie rech-

---

[53] Die Klassenherrschaft macht eine solche Erziehung unmöglich.

net mit einem Naturwunder, das in gleicher Weise die Natur im Menschen und außerhalb des Menschen verwandelt und dadurch die Voraussetzungen für ein Reich der Gerechtigkeit schafft. Das bürgerliche Denken glaubt an eine fortschreitende Harmonie von Natur und Geist im Menschen, also an eine wachsende Loslösung des Menschen von der allgemeinen Naturgrundlage, auf der er steht, an eine Überwindung des „Willens zur Macht" in ihm. Der Sozialismus teilt weder die eine noch die andere Voraussetzung. Wenn die sozialistische Theorie sich darauf beruft, daß es die Veränderung der Gesellschaftslage ist, die den Menschen verändern wird, so geht sie an der Frage | vorbei, wie denn ohne Veränderung des Menschen eine veränderte Gesellschaftslage möglich ist. Dieser Zirkel ist undurchbrechbar und hat wichtige praktische Folgen.

Die Übernahme der bürgerlichen Menschenauffassung durch den Sozialismus und damit die Ausscheidung der „mittleren" Schicht aus der Wertung der Menschen hat z.B. die *Mißachtung der charismatischen Persönlichkeit* bewirkt, d.h. desjenigen Menschen, der durch sein Sein, seine seelisch-vitale Mitte überzeugend wirkt, ganz abgesehen von seiner rationalen Formung und Einordnung. Das Fehlen von symbolkräftigen, seinsmächtigen, Eros- und Hingabe-schaffenden Menschen im deutschen Sozialismus hat hier seinen Grund, ebenso die Tatsache, daß in scharfer Reaktion dagegen eine an Seinsmächtigkeit geringe Persönlichkeit zum Symbol und Führer der revolutionären politischen Romantik werden konnte. – Aus der gleichen Wurzel stammt der auffallende *Mangel an durchschlagenden Symbolen* im Anschauen und Handeln innerhalb der sozialistischen Bewegung. Erst in der letzten Zeit ist ein Wandel eingetreten, ohne daß freilich die Symbole schaffende Kraft ursprungsmythischer Bewegungen erreicht werden konnte. – Auch die Enttäuschung, die vielen sozialistischen Theoretikern das fälschlich sogenannte Kleinbürgertum der gehobenen Gruppen des Proletariats bereitet, hat hier seinen Grund. Sehnsucht nach Boden, Familie, tragender Gemeinschaft usw. kann nur von dem in Wahrheit bürgerlichen *Doktrinarismus* gewisser Intellektueller negativ gewertet werden [54]. |

---

[54] Vgl. die sozialpsychologischen Untersuchungen von Hendrik de Man, namentlich seine Behandlung des Problems der Verbürgerlichung. – Es ist nicht möglich, diese Dinge mit positivistischer Individual- oder Sozialpsychologie zu erledigen. Die Tatsache, daß der Sozialismus in einem ungelösten inneren Widerstreit seiner Menschenauffassung steht, ist nicht gleichbedeutend mit der Tatsache, daß er unzulängliche Psychologie getrieben hat. Die positivistische Psychologie setzt diejenige Auffassung des Menschen voraus, die durch die geschichtliche Erfahrung und das Hervorbrechen der Ursprungskräfte erschüttert ist. Sie macht den Menschen – schon durch ihren methodischen Ansatz – zu einem psychischen Mechanismus, den man (leider) nur lenken kann, wenn man Dinge wie z.B. Symbol- und Führer-Sehnsucht in Rechnung stellt, obgleich ihnen vom Standpunkt der fortgeschrittensten (d.h. positivistischen) Vernunft keine Wahrheit zukommt. Auf diese Weise wird aber keine Wandlung, sondern eine Verhärtung der bürgerlichen Menschenauffassung erreicht. Darauf beruhen meine Bedenken gegen die Art, wie Erich Fromm in seinem Aufsatz: Über Methode und Aufgabe einer analytischen Sozialpsychologie,

Und doch ist der Sozialismus gezwungen, seine Menschenauffassung und damit die bürgerliche Menschenauffassung ständig gegen das Bürgertum durchzukämpfen. Denn die vorbürgerliche Menschenauffassung, das Verständnis des Menschen vom Ursprung, von der seelisch-vitalen Mitte, hat, ganz gleich, welche Wahrheit ihm zukommt, in der Klassenherrschaft ideologische Funktion. Es dient zur Rechtfertigung herrschaftlicher Tendenzen, zur Festigung der bürgerlichen Macht gegenüber der proletarischen Bewegung, zur Behauptung eines ewig gleichen Wesens „Mensch", dem bestimmte gottgewollte Ordnungen allein angemessen wären. Im Kampf gegen diesen Mißbrauch der vorbürgerlichen Menschenauffassung zur Befestigung der Klassenherrschaft vertritt der Sozialismus das bürgerliche Prinzip gegen das Bürgertum und gegen sich selbst. Das ist der Widerstreit der sozialistischen Menschenauffassung.

3. Der innere Widerstreit der sozialistischen Gesellschaftsauffassung

Die bürgerliche Gesellschaftsauffassung rechnet mit der Entstehung eines vernünftigen Allgemeinwillens, sei es auf liberal-natürlichem Wege, sei es durch zentrale Leitung und Erziehung. Der Sozialismus hat erfahren, daß auf beiden Wegen die Herrschaft einer Klasse sich durchsetzt, die zwar den Anspruch erhebt, den vernünftigen Allgemeinwillen zu vertreten, und die auch eine entsprechende Ideologie schafft, die aber in Wahrheit ihr Klasseninteresse durchsetzt. Der | Glaube an die gesellschaftliche Harmonie zerbricht wie der Harmonieglaube überhaupt an der Klassentatsache. Nun hat das Bürgertum sich diesem Widerspruch dadurch zu entziehen versucht, daß es *bürgerliches Klasseninteresse und Interesse der Gesellschaft gleichgesetzt hat.* Das hatte gegenüber der Feudalität insofern sein Recht, als das Bürgertum in seiner Bekämpfung der feudalen Privilegien das Interesse aller einzelnen ohne Unterschied zu vertreten glaubte und bis zu einem gewissen Grad mit Recht glaubte. Solange die Klassenspaltung noch nicht sichtbar war, konnte sich „der dritte Stand" als der letzte, die gesamte Gesellschaft umfassende Stand fühlen. Es war ein Glaube an die Harmonie zwischen bürgerlichem Sein und gesellschaftlich Gesolltem, das dem Bürgertum die Gewißheit gab, den vernünftigen Allgemeinwillen zu repräsentieren.

Der Sozialismus stellt gegen den dritten Stand den „vierten Stand", das Proletariat. In ihm sieht er den Ort, an dem das Wahrheit wird, was im Bürgertum sich als Ideologie herausgestellt hat: Die Harmonie eines bestimmten Gruppeninteresses mit dem Interesse der Gesellschaft überhaupt. Das proletarische Bewußtsein ist vernünftiges Allgemeinbewußtsein. Im vierten Stand wird Wirklichkeit, was im dritten nur Absicht war, die Herrschaft der Vernunft in der

---

Zeitschrift für Sozialforschung, Jg. I, 1932, Heft 1/2, die Psychoanalyse in den Dienst des ökonomischen Materialismus stellen will. Die Forderung, auch die sublimsten ideellen Beweggründe auf ihren irdischen, libidinösen „Kern" zu „reduzieren" (S. 48), ist bürgerlich, nicht sozialistisch.

Gesellschaft. – Dieser Glaube ist verständlich aus der Stellung des Proletariats in der Gesellschaft: Das Proletariat bedarf keiner ideologischen Überdeckung einer Machtposition, denn es hat keine solche. In ihm erschließt sich die wahre Struktur der Gesellschaft, denn es ist das Opfer dieser Struktur. Sein Kampf ist Kampf für die ganze Gesellschaft, gegen den Zwiespalt, in dem sie sich selbst zerstört. – Und doch ist das alles Harmonieglaube, ist bürgerliche Gesellschaftsauffassung, nur radikaler und offener, als das Bürgertum sie zu vertreten wagte. Aber die Wirklichkeit spricht gegen die Harmonie: Um des Sozialismus willen muß das Proletariat sein Klasseninteresse gegen das bürgerliche durchkämpfen. Es muß Macht in Bewegung setzen, um die Macht überhaupt zu über|winden. Es muß den Staat als Instrument der bürgerlichen Klassenherrschaft verneinen und muß ihn zugleich erobern, um die proletarische Klassenherrschaft aufzurichten. Ziel der Eroberung des Staates ist die Beseitigung von Staat, Macht und Klasse. *In der Gegenwart wird Macht mit Macht bekämpft, damit in der Zukunft Macht auf Macht verzichten kann.* Wieder erweist sich der sozialistische Glaube als Wunderglaube: In der Menschenauffassung und in der Gesellschaftsauffassung. Das Bürgertum hat seine Macht zur Durchsetzung seiner Klassenherrschaft benutzt. Es hat die von ihm selbst ursprünglich geglaubte Harmonie von Bürgertum und Gesamtgesellschaft zerbrochen, obgleich es sie ideologisch aufrecht erhält.

Das Proletariat oder genauer die vorstoßende und machttragende Gruppe des Proletariats soll freiwillig auf die Macht verzichten, die sie erobert hat. An ihr soll sich der bürgerliche Harmonieglaube bewähren, der sich am Bürgertum nicht bewährt hat. In ihr soll sich die Macht selbst überwinden durch Vernunft. Das Proletariat hat in der verhältnismäßig kurzen Zeit seines bewußten Kampfes Erfahrungen gemacht, die geeignet sind, den Glauben an die Harmonie zwischen proletarischem Interesse und allgemeiner Vernunft zu erschüttern: Erstens hat sich aus dem Proletariat eine *Führerschaft* erhoben, deren Interesse sich sehr gegenüber den proletarischen Interessen verselbständigte und die zu einer soziologisch fixierten Machtgruppe wurde. Daraus haben sich zahlreiche Spannungen ergeben, die der Theorie von dem einheitlichen proletarischen Interesse schlechthin widersprachen. Zweitens hat sich in allen europäischen Ländern das nationale Interesse gegenüber dem Klasseninteresse als das stärkere erwiesen. *Die nationale Machtgruppe* hat sich das Proletariat unterworfen. Drittens hat besonders das deutsche Proletariat sich in zwei Gruppen gespalten, die auch ihrer soziologischen Struktur nach durchaus verschieden sind und weithin widersprechende Interessen vertreten. Vom Standpunkt der im | Kommunismus vereinigten radikal proletarisierten Massen hat das gewerkschaftlich-sozialdemokratische Proletariat bürgerlichen Charakter. Jedenfalls wird ihm das Recht bestritten, sein Interesse mit dem allgemein-proletarischen und darum auch mit dem gesellschaftlichen überhaupt gleichzusetzen. Die Tatsache der *innerproletarischen Klassenspaltung* erschüttert den sozialistischen Harmonieglauben ebenso wie die Tatsache der innerbürgerlichen Klassenspaltung den bürgerlichen Harmonieglauben zerbrochen hat. Viertens machte der deutsche Sozialismus die Erfahrung, daß die *proletarisierten Mittelschichten,* deren Interesse sie der Theorie nach ins proletarische Lager hätte führen müssen, sie gerade in den schärfsten Gegensatz zum Sozialismus trieb. Auch dadurch wurde der Glaube an die Einheit eines proletarischen Interesses und der Gleichsetzung dieses Interesses mit dem vernünftigen Allgemeinwillen erschüttert. Eine unmittelbare Folge dieses Widerstreits in der sozialistischen Gesellschaftsauffassung ist die *unsichere Stellung des Sozialismus zum Staat.* Die deutsche Nachkriegsgeschichte ist ein fortlaufender Beweis für die verhängnisvollen politischen Auswirkungen dieser Stellung bis hin zu dem fast widerstandslosen Zurückweichen vor der Reaktion. Mit der sozialdemokratischen Führerschicht war eine Gruppe zur Macht gelangt, deren Willen zur Macht dogmatisch gebrochen war. So kam es zu einem unsicheren Schwanken zwischen Machtanwendung und Verzicht auf Macht. Besonders sichtbar wurde das an der *zwiespältigen Stellung zur Wehrmacht,* die man einerseits als Stütze der staatlichen Gewalt bejahte, andererseits aus Abneigung gegen sie der Reaktion von Anfang an in die Hände spielte. Das gleiche gilt für die Besetzung der *politischen Machtpositionen,* die mit solcher Zaghaftigkeit und darum Zufälligkeit vorgenommen wurde, daß die wenigen Maßnahmen in dieser Beziehung mehr Widerstand erregten, als es eine entschlossene und durchgreifende | Machtpolitik vermocht hätte. Das alles sind Folgen des inneren Widerstreits der sozialistischen Gesellschaftsauffassung. Sobald aber der Sozialismus versucht, unter Durchbrechung des bürgerlichen Harmonieglaubens und unter Anerkennung der gesellschaftlichen Disharmonie mit Hilfe der Ursprungsmächte eine neue Gesellschaftsauffassung zu begründen und durchzusetzen, gerät er in die Schwierigkeit, die mit der proletarischen Situation gegeben ist: Der Machtgedanke und alle Konsequenzen, die er für Staatsauffassung, innere und äußere Politik hat, sind von der bürgerlichen Gesellschaft längst zur Befestigung der Klassenherrschaft übernommen worden. Das Bürgertum grenzt sein Prinzip bis aufs äußerste ein, sobald es Möglichkeiten sieht, sich mit Hülfe vorbürgerlicher Mächte und Ideologien zu sichern. Und darum steht der Sozialismus in einem notwendigen Widerspruch gegen alle Machtideologie. Er muß von sich aus das bürgerliche Prinzip gegen das Bürgertum durchkämpfen, nicht um es stehen zu lassen, sondern um es zu zerbrechen.

Unter diesen Schwierigkeiten leidet insonderheit auch die Stellung zur Staatsverfassung. Mit einer Entschlossenheit wie kaum sonstwo hat der deutsche Sozialismus hier die Konsequenzen des bürgerlichen Prinzips gezogen. Er hat die Demokratie zum konstitutiven Prinzip des Gesellschaftsaufbaus in allen kleinen und großen Gruppen gemacht, und zwar eine Demokratie, in der durch die abstrakte Wahltechnik jeder Rest von Ursprungsnähe verschwunden ist. Die Verbindung zwischen Wählern und Gewählten ist zerschnitten. Der Wahlakt ist zu einem rein mechanischen Vorgang, die Mehrheitsbildung zu einem mathematischen Exempel geworden. Es ist verhängnisvoll, daß der Sozialismus mit dieser Radikalisierung des bürgerlichen Prinzips nicht nur die Demokratie, sondern in hohem Maße auch sich selbst politisch diskreditiert hat. Verführt worden ist er zu diesem Extrem durch seinen alten Kampf gegen die bürgerlich-feudalen Hemmungen, die in der Vorkriegszeit die Demokratie einschränkten | und die

Klassenherrschaft sicherten [55]. Auch hier der innere Widerstreit, in den der Sozialismus durch die Verbindung von Bürgertum und Feudalität zum Aufbau der Klassengesellschaft getrieben ist.

4. Der innere Widerstreit der sozialistischen Kulturidee

Aus der Menschen- und Gesellschaftsauffassung des Sozialismus folgt unmittelbar die sozialistische Kultur- und Gemeinschaftsidee. Die sozialistische Kulturidee drückt sich aus in der Stellung des Sozialismus zur Religion, zur Wissenschaft, zur Erziehung, zu Geistesleben und Bildung. In allen diesen Gebieten wird der innere Widerstreit des Sozialismus sichtbar, in allen ist er voll praktischer Konsequenzen. War es in der ersten Periode der sozialistischen Bewegung möglich und durch die Art des Kampfes geboten, diese Fragen zurückzustellen, so haben sie in dem Augenblick um so größeres Gewicht bekommen, wo der Sozialismus aus einer reinen Kampfbewegung zu einer *kulturpolitisch* mitbestimmenden Macht geworden war. Der Kampf um den Sozialismus ist längst ebensosehr ein Kampf um die sozialistische Kulturidee wie um die sozialistische Wirtschaftsidee geworden. Es ist auch nicht angängig, diese Fragen zurückzustellen bis zum „Tage nach der gelungenen Revolution“. Denn zum Gelingen der Revolution gehört die fortreißende Kraft einer Erwartung, in der alle Seiten des menschlichen Seins eine neue Erfüllung finden; und zum Gelingen der Revolution gehören Menschen, deren Sein und Bewußtsein geformt ist durch die Vorwegnahme der kommenden Erfüllung.

Die religiöse Grundlage des Sozialismus, der sozialistische Glaube und seine Wurzeln im menschlichen Sein, sind aufgewiesen. *Der Sozialismus ist religiös, wenn Religion das Leben aus den menschlichen Seins|wurzeln bedeutet.* Aber dieser Begriff von Religion, den vor allem der religiöse Sozialismus als den einzig legitimen hinstellt, unterscheidet sich sehr erheblich von dem Religionsbegriff, wie ihn der Sozialismus in seinen programmatischen Erklärungen voraussetzt. Wenn das Erfurter Programm Religion für Privatsache erklärt, so ist an eine Sondersphäre menschlichen Vorstellens und Handelns gedacht, neben der noch zahlreiche andere Sphären existieren. Wird dagegen [y]von sozialistischem Glauben[y] gesprochen, so ist Religion keine Sondersphäre, sondern die alle Sphären tragende und bestimmende Kraft. – In der sozialistischen Kulturpolitik handelt es sich nicht um diesen zweiten tieferen Begriff von Religion, sondern um den ersten, der ein Sonderphänomen neben anderen kennzeichnet. Mit dem Satz, daß Re-

---

[55] Vergl. die Aufsätze über Wahlrechtsreform in: Neue Blätter für den Sozialismus, z.B. 1930, Heft 9 [Carl Mierendorff, Wahlreform oder Faschismus?, S. 410–412] und über Verfassungsreform, z.B. 1932, Heft 11 [Hermann Heller, Ziele und Grenzen einer deutschen Verfassungsreform, S. 576–580, Hans Simons; Verfassungsreform! Wie soll sie aussehen?, S. 580–588].

ligion Privatsache sei, stellt sich der Sozialismus auf die Seite der *bürgerlich-liberalen Toleranzidee.* Er wendet sich gegen die politischen Machtansprüche der Kirchen, gegen Staatskirchentum und politischen Mißbrauch der Religion. Die Religion zur Privatsache machen heißt, sie aus der Arena des politischen Kampfes herausheben und dem Einzelnen sowie der freien Vereinigung einzelner übergeben. Wie in allen Punkten, so zieht auch hierin der Sozialismus die Konsequenzen des bürgerlichen Prinzips. Die deutsche Situation gab ihm dazu reichlich Anlaß: Hegels philosophische Begründung des positiven Christentums, vor allem seine doppeldeutige Christologie, waren der wichtigste Ausdruck des Zusammenschlusses von Bürgertum und Feudalität. Sehr bald – nach dem Sturz des Hegelschen Systems – gewann das feudal-orthodoxe Element, das Hegel mit dem bürgerlich-liberalen vereinigt hatte, die Oberhand. Die Aufklärung, d.h. der geistige Kampf des revolutionären Bürgertums, wurde vergessen oder diskreditiert. Ein orthodoxes Staatskirchentum setzte sich durch, mit dessen Hülfe der bürgerlich-feudale Staat der Reaktion sich selbst Begründung und Weihe gab. In dieser Zeit liegt die Geburtsstunde des deutschen Sozialismus. Es war unvermeidlich, daß er sich mit dem | bürgerlichen Radikalismus zusammenschloß und nicht nur die zur Herrschaft gelangte Staatsreligion, sondern auch die idealistische Verbindung von Aufklärung und Orthodoxie bekämpfte. Der Sozialismus übernahm die Angriffswaffen des bürgerlichen Radikalismus, vor allem die materialistische Menschenauffassung, wie sie Feuerbach gegen Hegel vertreten hat. Seit dieser Zeit und aus dieser Kampfsituation heraus, die bis heute nachwirkt, steht die sozialistische Bewegung auf seiten des Materialismus gegen den Idealismus, auf seiten des Liberalismus gegen die Orthodoxie und lieber auf seiten des Atheismus als irgendeiner Art von autoritärer Religion. So wurde er in den schärfsten Gegensatz zu den Kirchen gedrängt; und er hielt den Widerstand bis zur Gegenwart durch, während das liberale Bürgertum nach seinem siegreichen Eindringen in Staat und Gesellschaft Frieden mit Kirche und Dogma schloß, ja unter Preisgabe seiner eigenen Geschichte den theologischen Liberalismus verriet[56]. *Der Sozialismus hielt als einzige Gruppe das bürgerliche Prinzip in Bezug auf Kirche und Religion aufrecht.* Diese Lage aber widerstreitet dem Sinn der sozialistischen Bewegung. Der sozialistische Glaube als tragender Grund des sozialistischen Denkens und Handelns wirkt sich in allem sozialistischen Tun aus. Gewöhnlich wird er nicht in den Vordergrund gerückt und zur Ausdrücklichkeit erhoben, vielfach weiß Proletariat und Führerschaft kaum um ihn und seine Bedeutung, aber er ist da, und er ist gespeist aus beiden Wurzeln des menschlichen Seins, aus Ursprungsbindung und Erwartung des Neuen. Und in beiden Richtungen geht er hinaus über das, was im bürgerlichen Prinzip gemeint ist.

---

[56] Nicht aus Überzeugung, sondern verführt durch die Sehnsucht nach Autorität und Feudalisierung – wie es sofort bereit war, seine Vergangenheit und sein Prinzip an den Nationalsozialismus zu verraten, solange dieser ihm die Klassenherrschaft zu garantieren schien.

Die Stellung des Sozialismus zur Religion hätte nie in dem Maße negativ werden können, wie sie es geworden ist, wenn der Sozialismus nicht geglaubt hätte, einen Ersatz für die | Religion zur Verfügung zu haben, *die Wissenschaft*, und zwar die Wissenschaft im Sinne des bürgerlichen Positivismus. Auch hier ist es nötig, die Stellung des Sozialismus aus der Zeit seiner Ursprünge zu verstehen. Der Siegeszug der methodischen Wissenschaft, namentlich der Naturwissenschaft, der das 17. und 18. Jahrhundert erfüllte, war durch die romantische Reaktion an der Schwelle des 19. Jahrhunderts zum Stillstand gebracht worden. Die Wiedererhebung der vorbürgerlichen Mächte in jenen Jahren bedrohte die rationale Welterkenntnis und Weltbeherrschung. Mythische Gestalten, die zwei Jahrhunderte lang aus dem Bewußtsein verdrängt waren, tauchten wieder auf und brachten die rationale Wissenschaft in Verruf. Freilich, es war nur ein kurzer Zwischenakt. Sehr schnell und sehr leidenschaftlich befreite sich die Naturwissenschaft aus den Fesseln des neuen Mythos. Hier handelte es sich um Sein oder Nichtsein des Bürgertums, und hier bewies es seine aufstrebende, sieghafte Kraft. Anders in den Geistes- und Gesellschaftswissenschaften. Auf sie kam es dem Bürgertum weniger an. Ja, es hatte ein Interesse daran, die Enthüllung der Klassensituation durch eine wissenschaftliche Analyse des Kapitalismus zu verhindern [57]. Marx leistete das in der Gesellschaftslehre, was das Bürgertum von sich aus in der Naturwissenschaft tat. Er brach den Bann der romantischen Ideologien. Der Sozialismus stellte sich, soweit es um die Naturwissenschaften ging, in die Kampffront des Bürgertums gegen die vorbürgerlichen Mächte, soweit es um die Gesellschaft ging, gleichzeitig gegen Bürgertum und vorbürgerliche Mächte. So ist zu verstehen, daß die methodische Wissenschaft von Natur und Gesellschaft vom Sozialismus als stärkste eigene Waffe betrachtet wurde. Hinzu kam, daß das Proletariat durch den Sozialismus zum erstenmal in eine innere Berührung mit der Wissenschaft | gebracht wurde, daß ihm sein Selbstbewußtsein in der Form wissenschaftlicher Begriffe geschenkt wurde. Aus dieser Ursprungssituation des Sozialismus erklärt sich sein bedingungsloser *Wissenschaftsglaube*, erklärt sich vor allem die Anbetung der Wissenschaft durch die proletarischen Massen.

Der Sozialismus bemerkte nicht, daß der Art, wie das Proletariat die Wissenschaft verehrte, alle Merkmale wirklicher wissenschaftlicher Haltung fehlten, dafür aber alle Merkmale eines religiösen Glaubens anhingen. Man bemerkte nicht, daß die wissenschaftlichen Grundbegriffe im proletarischen Bewußtsein längst Symbole und Dogmen geworden waren. Man übersah, daß im proletarischen Wissenschaftsglauben zwei Elemente in widerspruchsvoller Weise miteinander verknüpft waren: *Sozialistischer Glaube und methodische Wissenschaft.* – Aber auch

---

[57] Überall in der bürgerlichen Gesellschaft finden sich diese zwei Schichten: eine rationale, die der Durchsetzung der Klassenherrschaft dient, und eine irrationale, die ihre Sicherung und Verhüllung zu leisten hat. Die erste ist echt und gegründet, die zweite unecht und aufgesetzt. Darauf beruht die Ungestalt der „Wilhelminischen" Kultur.

wenn der Sozialismus sich dieser Sachlage bewußt gewesen wäre, hätte seine Stellung zur Wissenschaft sich nicht wesentlich geändert. Er muß das bürgerliche Prinzip, die rationale Analyse gegen ein Bürgertum vertreten, das sich mystisch und irrationalistisch gebärdete, um die revolutionären Konsequenzen einer durchgeführten Gesellschaftsanalyse nicht wirksam werden zu lassen; um sich selbst durch eine bürgerliche Geschichtslegende zu legitimieren; um Nebel zu erzeugen über dem Abgrund der Klassenspaltung. Gegenüber diesen feudal-bürgerlichen „Synthesen" muß der Sozialismus immer von neuem zur radikalen Analyse greifen, muß mit Hilfe des bürgerlichen Wissenschaftsideals das Bürgertum ideologisch enthüllen, muß auf schärfste Empirie und strengste Methode drängen, muß dem kritischen Verstand gegenüber der mystischen Intuition recht geben. So gerät er auch hier in einen Widerstreit mit sich selbst. Denn die Kraft, aus der heraus sein Bild von menschlicher Seinserfüllung und gerechter Gesellschaft entworfen ist, ist nicht die Kraft der Analyse. Es ist die Kraft ungespaltenen Seins, das über den Zwiespalt hinaus, in den es mit sich selbst geraten ist, auf neue Erfüllung drängt. Daraus er|gibt sich ein Widerstreit von großer Tiefe und wichtigen Folgen. Praktisch wird die Stellung zur Religion und Wissenschaft in der *Erziehung.* Auf die Bedeutung der Pädagogik für das bürgerlich-demokratische Denken ist schon hingewiesen. Der Sozialismus hat die Wichtigkeit der Pädagogik begriffen und sich politisch in den Dienst der antikonfessionellen und antiautoritären Pädagogik gestellt. Auch darin hat er das Erbe des Bürgertums angetreten und das bürgerliche Prinzip radikalisiert. Die Forderung einer allgemeinen Erziehung jedes einzelnen zur Vernünftigkeit und Reife wird von ihm aufgenommen und im Kampf mit allen Bildungsmonopolen durchgeführt[58]. Gegen den sehr undemokratischen Klassencharakter der bürgerlichen Pädagogik (nicht ihres Prinzips, sondern ihrer Wirklichkeit) werden Forderungen erhoben, die aus der Idee einer „Erziehung des Menschengeschlechts" folgen. Die Schwierigkeit beginnt in dem Augenblick, wo nach dem Inhalt der allgemein menschlichen Reife und Vernünftigkeit gefragt wird. Der Sozialismus weiß durch seine Einsicht in die Klassensituation und die Klassenideologie, daß die Inhalte je nach der Klassenlage durchaus verschieden sind. Er weiß, daß der Glaube der Aufklärung an eine *allgemein-menschliche Vernunft* und ihre klassische Ausprägung in der Antike zunächst ein Kampfbegriff des Bürgertums gegen die Feudalität war, dann ein Abwehrbegriff gegen das Proletariat und bloße Ideologie wurde. Nur im Widerspruch mit sich hätte der Sozialismus den Glauben an eine allgemeine Vernunft aufrecht erhalten können, nachdem er längst vor dem bürgerlichen Relativismus die Zwiespältigkeit der menschlichen Vernunft, ihre Interessen- und Gruppenbedingtheit erkannt hatte. Ebenso unmöglich aber war es

---

[58] Die gegenwärtige Lage zwingt den Sozialismus eindeutig zum Kampf gegen die von der siegreichen Reaktion erstrebte Wiederaufrichtung der Bildungs-Monopole, eben damit aber zum Kampf für das bürgerliche Prinzip, über dessen abstrakt-egalitäres Erziehungsideal er längst hinaus war.

für ihn, die vorbürgerlichen, konfessionellen und sonst ursprungsgebundenen | Erziehungsziele zu bejahen. Gegenüber den Konfessionen mußte er für die *weltliche Schule* eintreten; aber die weltliche Schule hätte er, da eine eindeutige „Weltlichkeit" nicht existiert, da bürgerliche und sozialistische „Weltlichkeit" in Widerspruch stehen, soweit als möglich in eine sozialistische Schule verwandeln müssen. Er hätte versuchen müssen, den sozialistischen Glauben zur Grundlage der Pädagogik zu machen. Davor aber scheute er sich, teils weil ihm der sozialistische Glaube nicht zum Bewußtsein gekommen war, teils weil er fürchtete, dadurch die Konfessionalisierung der Schule zu fördern, teils weil er von dem Wissenschaftsglauben nicht los war. Auch hier ein Widerstreit, dessen konkreter Ausdruck die Idee der weltlichen Schule ist, für die er kämpfen muß und an die er doch nicht glauben kann. – In der sozialistischen Erziehungsidee ist enthalten eine Stellungnahme des Sozialismus zu *Bildung und Geist*. Auch diese Stellungnahme ist antinomisch. Die bürgerliche Menschenauffassung führt zu einem Ideal geistigen Ausdrucks und menschlicher Formung, das trotz individueller Unterschiede allgemein menschlich und zeitlos gültig ist. Seine Verwirklichung gelingt mehr oder weniger, je nach der geistigen und persönlichen Kraft einzelner Menschen oder Völker. Die großen Schöpfungen, in denen sich das menschliche Sein am reinsten ausdrückt, sind Norm für alles geistige Schaffen und Mittel für alle menschliche Bildung. Eine übergreifende Vernunft drückt sich in ihnen individuell und doch allgemein, zeitlich und doch ewig gültig aus. *Der Sozialismus steht im Widerspruch zu dieser im alten Sinne humanistischen Idee.* Er bestreitet die übergreifende Vernunft; denn er kennt die unlösliche Gebundenheit jeder geistigen Schöpfung an die begrenzte menschliche Lage, aus der sie geboren ist. Er kennt vor allem klassengebundenen Geist, Geist, in dem eine besondere menschliche Kampf-, Herrschafts- oder Unterdrückungslage zum Bewußtsein ihrer selbst kommt. Geist, so verstanden, ist nicht allgemein-menschlich, sondern Aus|druck besonderen gesellschaftlichen Seins, und Bildung, so verstanden, ist nicht Übermittlung allgemeiner Kulturgüter, sondern Geformtwerden in einer bestimmten Gesellschafts- und Kampflage durch Schöpfungen, in denen sich diese besondere menschliche Möglichkeit ausdrückt oder in der Vergangenheit ausgedrückt hat.

Der Sozialismus gerät durch diese grundsätzliche Auffassung in eine schwierige Lage. Die proletarische Situation als äußerster Grad der Verdinglichung und Entleerung von Ursprungskräften macht eine selbständige sozialistische Produktion fast unmöglich. Nur in geringen Ansätzen ist sie vorhanden, und wo sie ausdrücklich verlangt wurde, wie in der Bewegung, die sich den törichten Namen „Proletkultur" gab, ist alles andere entstanden als wirkliche Schöpfungen proletarischen Geistes. So waren die sozialistischen Bildungsbestrebungen darauf angewiesen, im Kampf mit der Kulturreaktion das bürgerlich-humanistische Ideal zu verteidigen und zur Grundlage der Volksbildung zu machen. Das Bürgertum selbst hatte infolge des Bündnisses mit den vorbürgerlichen Mächten das humanistische Bildungsideal abgeschwächt und seine geistige Produktion der neuen Lage angepaßt. Den vollen Empfang dieser Bildungsgüter hatte es als Klassenprivilegium an bestimmte ökonomische Voraussetzungen gebunden. Für das Proletariat blieben die Abfallprodukte des humanistischen Ideals, ohne Tiefe, ohne mitreißende Kraft, ohne innere Beziehung zur Situation des Proletariats. So war der Sozialismus gezwungen, die bürgerliche Bildung an das Proletariat heranzubringen, dadurch aber in Widerspruch zu treten zu seiner Einsicht in die unlösliche Verbindung von Gesellschaftslage und Geistesleben, von Sein und echter Seinsformung. *Das Schicksal der Volkshochschulbewegung und aller sozialistischen Bildungsbestrebungen hat im Positiven und Negativen seine Wurzel in diesem Widerstreit, dem Widerstreit der sozialistischen Kulturidee.* |

5. Der innere Widerstreit der sozialistischen Gemeinschaftsidee

Wie der Natur, so bedeutet auch der Gemeinschaft gegenüber das bürgerliche Prinzip Auflösung in die Elemente, d.h. die Einzelnen; in der Erwartung freilich, daß die natürlichen Gesetze der Harmonie neue Gemeinschaft in einer höheren Ebene als die der Ursprungsgemeinschaften bewirken würden. – *Die sogenannte „Atomisierung" des Gemeinschaftslebens durch den Liberalismus bedeutet zunächst Anerkennung der Rechte des Einzelmenschen* im Sinne der prophetisch-humanistischen Voraussetzung, bedeutet Aufhebung von Ursprungsbindungen, die den Einzelnen vergewaltigten und zerdrückten. Vor dem Ansturm der bürgerlichen Naturrechtslehre zerbrachen nicht nur die politischen Herrschaftsformen, sondern es wurden auch alle übrigen Gemeinschaftsbindungen vorbürgerlicher Art erschüttert und zum Teil aufgelöst. Bodenbindungen wurden zerschnitten durch die Freizügigkeit, Standesbindungen durch die Aufhebung der Privilegien, Bluts- und Familienbindungen durch die Aufhebung patriarchalischer Rechte, Stammes- und Landschaftsbindungen durch die Entstehung des zentralistischen Großstaates. Die Emanzipation jedes Einzelnen von allen Vorgegebenheiten, von der Macht des ihn tragenden Ursprungs, wird soweit durchgeführt, wie es den Bedürfnissen der bürgerlichen Gesellschaft entspricht. Aber eben nur soweit. Die Verbindung mit den vorbürgerlichen Schichten, die Benutzung patriarchalischer Restbestände zur Begründung und Festigung der Kapitalherrschaft grenzte die Wirksamkeit des bürgerlichen Prinzips ein. Und die nationale Idee hob die weltbürgerlichen Konsequenzen des liberalen Ansatzes fast völlig auf. Frauen und Kinder wurden in patriarchalischer Abhängigkeit festgehalten, dem ländlichen Proletariat wurden Grundrechte verweigert, in dem [z]Geschlechterverhältnis[z] gingen bürgerliche Gesetzlichkeit und feu|dale Traditionen eine ebenso wirksame wie [a]innerlich[a] unwahre Verbindung ein[59].

---

[59] Z.B. die „doppelte Moral" ist ein typisches Produkt dieser Verbindung. Das Erschrecken des bürgerlichen Europa über die Beseitigung seiner unwahren Sexual-Moral in Rußland war nur in den seltensten Fällen in echter Besorgnis um die Gefahr eines solchen Schrittes begründet, fast immer in Sorge um die Erschütterung der bürgerlichen Konvention.

Dieser Lage gegenüber war das Proletariat schon durch sein Dasein zur Radikalisierung des bürgerlichen Prinzips gezwungen. Es ging dabei Hand in Hand mit den Resten des revolutionären Bürgertums. Das industrielle Proletariat ist seiner Struktur nach der Ort, an dem die Auflösung aller Gemeinschaftsbindungen am weitesten durchgeführt ist. Der einzelne als freier Verkäufer der Ware Arbeitskraft ist völlig auf sich gestellt. Frauen und Kinder sind in der gleichen Lage wie Männer, die Familie ist grundsätzlich aufgelöst. Der Begriff des Standes läßt sich für das Proletariat nicht anwenden. Es ist kein Stand, sondern eine Klasse. Arbeitsstätten und Arbeitsgemeinschaften binden nicht, sie lösen sich in dem Augenblick auf, wo die Konjunktur einen Wechsel erfordert. Für das Geschlechterverhältnis haben weder feudale noch bürgerlich-feudale Vorbilder Symbolkraft. Orts-, Landschafts- und Volksgemeinschaft hat grundsätzlich keine Realität für die proletarische Existenz. Diesem Sein entspricht das Bewußtsein. Die Befreiung des einzelnen aus sinnlos gewordenen Ursprungsbindungen wird mit rücksichtsloser Konsequenz gefordert. Patriarchalische Beziehungen zwischen „Herrschaft und Gesinde", zwischen Meister und Geselle, zwischen Mann und Weib, zwischen Eltern und Kindern, werden politisch und geistig angegriffen. Traditionen, z.B. kirchliche, werden, soweit sie nicht von selbst zerschnitten sind, als rückständig verdächtigt: *Denn jede Tradition und Bindung erweist sich auf dem Boden des Kapitalismus als Mittel der Klassenherrschaft.* |

Eben damit aber wird der innere Widerstreit der sozialistischen Gemeinschaftsidee offenbar: Der Sozialismus, getragen vom Proletariat und seinem Schicksal, ist Vollstrecker aller auflösenden Kräfte des bürgerlichen Prinzips. Er ist aber zugleich der Angriff auf das bürgerliche Prinzip. Er muß also der Auflösung eine Gestalt der Gemeinschaft entgegenstellen. Und er kann nicht glauben, daß aus der Befreiung jedes einzelnen naturgesetzlich die Harmonie aller folgt. In Wirklichkeit folgt der Klassengegensatz, der alle Gemeinschaften durchzieht und zerreißt. Er muß also auf Ursprungsmächte zurückgreifen, um Gemeinschaft zu ermöglichen. Sobald er das aber tut, gerät er auf [b]die[b] Seite der bürgerlich-feudalen Ideologie, deren Sinn es ist, durch Vorspiegelung ursprungsmächtiger Gemeinschaft die Klassenherrschaft zu sichern. – Das gilt besonders für die *Stellung des Sozialismus zur nationalen Idee.* In der Konsequenz des bürgerlichen Prinzips durchbricht der Sozialismus die nationalen Grenzen und vertritt ein übernationales Menschheitsideal. Er muß grundsätzlich die Menschheit der Nation überordnen und daraus die völkerrechtliche Anwendung ziehen. Zugleich aber ist der Sozialismus in seiner Verwirklichung auf die nationalen Ursprungskräfte angewiesen. Er erfährt, daß die konkrete Raum-, Bluts- und Kulturgemeinschaft trotz des Klassengegensatzes mächtiger ist als die abstrakte Schicksalsgleichheit mit dem volksfremden Proletariat. Er begreift, daß er sich national verwirklichen muß, um sich überhaupt verwirklichen zu können. Der bürgerliche Harmonieglaube ist ihm auch an diesem Punkt zerbrochen: Die Auflösung der Ursprungsbindungen führt keineswegs zur einheitlichen Menschheit, sondern zu dem Konkurrenzkampf kapitalistischer Nationen und zum imperialistischen Krieg. So wird er auf die Nation als Ursprungsmacht geworfen, der auch er sich nicht entziehen kann. *Aber die nationale Idee hatte sich als das wichtigste Machtinstrument der Kapitalherrschaft erwiesen.* So gerät der Sozialismus in den Widerstreit, welt|bürgerlich sein zu müssen gegenüber dem nationalen Imperialismus und national sein zu müssen gegenüber der weltbürgerlichen Ideologie. Aus diesem Widerstreit ist z.B. die Tatsache zu verstehen, daß die Sozialdemokratie, obgleich sie in Revolution und Bürgerkrieg, in Ruhrkampf und Inflation die nationalen Forderungen bis zur Selbstvernichtung als Partei erfüllt hat, von der sogenannten „nationalen Bewegung", die keinen Moment solche Entsagung um der Nation willen üben mußte, als unnational verdächtigt wurde. Das ist nicht nur Demagogie[60], sondern hat seinen Grund eben in jenem Widerstreit, der den Sozialismus zwingt, gegen sich selbst das bürgerliche Prinzip durchzuführen und es doch zugleich im Namen konkreter Gemeinschaftskräfte zu verneinen.

Ähnlich wie zur Nation steht der Sozialismus zu den übrigen *Gemeinschaftsformen.* Weder der Familie noch dem Stand, noch der Boden- und Ortsverbundenheit gegenüber kann der Sozialismus die auflösenden Konsequenzen des bürgerlichen Prinzips als die eigenen vertreten und muß es doch ständig tun. Er kann sich diesem Zwiespalt auch nicht mit Hilfe des Begriffes der *Solidarität* entziehen. Solidarität ist zunächst zweckbedingte Kampfgemeinschaft, also abhängig von dem Vorhandensein eines Gegners. Ist sie nicht mehr als das, so bricht sie auseinander, sobald der Gegner wegfällt, oder sie löst sich auf in innere Gegensätze. Die Geschichte der Arbeiterbewegung ist voll von Beispielen dafür. Wird Solidarität aber als Ausdruck einer Gemeinsamkeit verstanden, die auch abgesehen von einem gemeinsamen Kampf und einem gemeinsamen Gegner besteht, so ruht sie auf einem Ursprung, auf Eros und Schicksal, und ist nicht rational begründet; und es entsteht die Frage, wie eine | solche Gemeinsamkeit auf dem Boden der aufgelösten proletarischen Situation möglich ist. Die Antwort weist auf die Ursprungsmächte zurück, Familie, Nation, Religion usw. Aber diese Begriffe sind Kampfmittel in den Händen der Kapitalherrschaft geworden und können nicht ohne Weiteres gebraucht werden. So scheint jeder Ausweg abgeschnitten, hier wie bei den übrigen Antinomien des Sozialismus.

6. Der innere Widerstreit der sozialistischen Wirtschaftsidee

Der vollkommenste Ausdruck des bürgerlichen Harmonieglaubens ist die liberale Wirtschaftsidee. Hier hat das Waltenlassen aller Produktivkräfte, die

---

60 Soweit es aber Demagogie ist, hat es wahrhaft dämonischen Charakter: Die Inanspruchnahme des Namens „national" für diejenigen Gruppen, die der Kapitalherrschaft dienen – also die Zerreißung der Nation verewigen und die Ausstoßung derjenigen aus der nationalen Einheit, die sich gegen Kapitalismus und Klassenherrschaft erheben – also um die wirkliche Einheit der Nation kämpfen – das ist Dämonie im negativsten Sinne des Wortes.

Gegenschaltung aller Elemente, ihren eigentlichen Platz. *Die Marktgesetze sind die rationale Begründung des Harmonieglaubens.* Sie zeigen, wie aus dem Widerstreit die Harmonie, nämlich der höchstmögliche Vorteil aller hervorgehen muß. – An keinem Punkt setzte die sozialistische Opposition so scharf und eindeutig ein wie hier. Der wirkliche Erfolg der liberalen Wirtschaft war die Klassenherrschaft und der imperialistische Krieg, war die Krise und die völlige Lebensunsicherheit der proletarischen Massen. Um so merkwürdiger ist es, daß der Sozialismus auch hier die bürgerliche Erbschaft antreten mußte. In dem Augenblick, wo aus dem Bündnis von Bürgertum und Feudalität Hemmungen und Störungen des Marktmechanismus entstanden, mußte sich der Sozialismus auf die Seite des Liberalismus stellen. *Er mußte die Forderung bestmöglicher Versorgung möglichst vieler durch eine rational arbeitende Wirtschaft aufnehmen.* Er mußte die irrationalen Elemente auszuschalten suchen, die von einzelnen ursprungsmythisch gebundenen Gruppen, wie Großgrundbesitz, Handwerk, Bauerntum, in den Ablauf der Wirtschaft hineingeworfen wurden. Vor allem mußte er die Störung der Marktgesetze ablehnen, die aus der nationalen Idee flossen. | Er mußte sich auf die Seite des Freihandels gegen den Schutzzoll, auf [c]die[c] Seite des unabhängigen Unternehmers gegen den staatlichen Protektionismus stellen. Die gegenwärtig wirksame nationale Autarkie-Idee mit ihrem agrarpolitischen Hintergrund mußte er ablehnen. Die proletarische Situation zwingt ihn auch hier, das liberale Wirtschaftsprinzip zu radikalisieren, den Feudalisierungsversuchen, namentlich der Schwerindustrie, zu widerstreben. Mag auch im Augenblick durch die Einschränkung des liberalen Prinzips die Sicherung einer Wirtschaftsgruppe und damit auch des ihr angehörigen Proletariats erreicht werden, auf die Dauer bedeutet es eine Verschlechterung des Versorgungsstandes überhaupt und hat bald auch Rückwirkungen auf die begünstigte proletarische Gruppe. Die [d]zeitweise[d] Verbesserung der Konjunktur, z.B. einer einheimischen Gruppe, kann den Proletarier, auch wenn er davon profitiert, nicht darüber hinwegtäuschen, daß er seinen Vorsprung mit Verteuerung der Ware im eigenen Land und auf die Dauer mit Erschwerung des eigenen Absatzes durch Vergeltungsmaßregeln zu bezahlen hat. So scheint ihn alles zur Bejahung der freien Marktwirtschaft zu treiben. Zugleich aber spricht alles gegen sie. Er erfährt das Zerbrechen des liberalen Prinzips in der ungeheuren Irrationalität der Krise[61]. Er erfährt, daß die liberale Methode der Versorgung zu Zeiten höchster Verelendung führt und daß auch in der günstigsten Konjunktur der Anteil des Prole-

---

[61] Die Tatsache, daß ein ungeheurer Überfluß an Produktion, unbegrenzte Produktionsmöglichkeiten und Arbeitskräfte vorhanden sind und daß die Vorräte vernichtet, die Produktionsstätten stillgelegt, die Arbeitskräfte zum Feiern gezwungen werden – während gleichzeitig zahllose Menschen in äußerstes Elend gestoßen sind – diese Irrationalität der Krise läßt sich durch keine noch so rational zwingende Erklärung der Krise für das Bewußtsein überwinden. Die Empörung gegen diesen Widersinn ist der stärkste Antrieb zur Empörung gegen das krisenschaffende System, den Kapitalismus.

tariats an den produzierten Gütern überaus bescheiden ist im Verhältnis zum Anteil der gegnerischen Klasse. Er erfährt den Klassenkampf als eine Realität, die mit der freien Marktwirtschaft unlöslich verbunden ist und ihren Sinn als | rationalste Methode der Versorgung aufhebt. So entsteht der antiliberale Wirtschaftsgedanke des Sozialismus, die Forderung, daß die freie Verfügung über die Produktionsmittel aufgehoben, daß die krisenschaffende freie Konkurrenz durch die zentrale Planung ersetzt werde. Der Sozialismus stellt sich auf die Seite der antiliberalen Wirtschaftshaltung: Zentraler Eingriff statt freien Waltenlassens, Leitung von oben statt Glaube an die Harmonie von unten. Damit geht der Sozialismus von der liberalen zur demokratischen Seite des bürgerlichen Prinzips über. *Die Rationalität der Wirtschaft soll nicht aufgehoben, aber sie soll in die Hände des Menschen gelegt werden.* Er soll leisten, was die Natur nicht konnte, die bestmögliche Versorgung aller.

Damit erhebt sich die Frage, wer die Instanz ist, die das leisten soll, was die Naturgesetze der Wirtschaft nicht leisten konnten. Nur eine Instanz wäre dazu imstande, die mit der reinen Vernunft eins wäre, sowohl in theoretischer Überlegenheit als in unbedingter praktischer Sachlichkeit. An Stelle der Natur, die enttäuscht hat, träte der Mensch, der nicht enttäuschen dürfte. Aber warum nicht? Hier liegt das Element Harmonieglaube, das Demokratie und Liberalismus gemeinsam haben. Man glaubt an die Möglichkeit einer Harmonie zwischen zentralem, planendem Bewußtsein und vielfach zerstreutem wirtschaftlichem Sein. *Es wird ein reines ökonomisches Bewußtsein postuliert, das die Gesetze der Harmonie gibt, die in der Natur vergeblich gesucht werden.* – Es bleibt aber dunkel, woher dies reine Bewußtsein kommen soll, von welcher Machtgruppe vorausgesetzt werden kann, daß ihr Machtinteresse zugleich die reine ökonomische Vernunft repräsentiert. Ist der bürgerliche Harmonieglaube preisgegeben – und das ist ja der Fall im Sozialismus –, so kann keine solche Gruppe genannt werden. Selbst das Proletariat hat ja zahlreiche auseinanderstrebende Interessen. So scheint der Rückgriff auf Ursprungsmächte unvermeidlich. Es scheint,| als ob der Sozialismus eine Wirtschaftsleitung durch Zusammenschluß und Ausgleich der verschiedenen Machtgruppen erstreben muß. Und doch kann er es nicht, da diese Gruppen in der Klassensituation die Klassenherrschaft tragen und darum nicht als Vertreter einer übergreifenden ökonomischen Vernunft angesprochen werden können. So zeigt sich noch einmal der tiefe innere Widerstreit des Sozialismus und in ihm der Widerstreit der proletarischen Situation.

Abschluß: Die sozialistische Praxis

Die Darstellung des inneren Widerstreits des Sozialismus in all seinen Beziehungen ist nicht abstrakt und deduktiv gewonnen, sondern abgelesen aus den Spannungen des wirklichen sozialistischen Denkens und Handelns. Absichtlich ist dabei auf den Marxismus nicht ausdrücklich Bezug genommen. Soweit er in die sozialistische Wirklichkeit übergegangen ist, gilt für ihn alles, was über den inneren Widerstreit des Sozialismus gesagt ist. Soweit er über das sozialistische Durchschnittsbewußtsein hinausgeht, wird von ihm besonders zu reden sein.

Der Gegensatz von Sozialismus und Kommunismus spielt gleichfalls für den inneren Widerstreit der proletarischen Lage und damit der sozialistischen Bewegung keine Rolle. Beide Gruppen stehen in der gleichen Problematik. *Der Kommunismus entgeht dem Widerstreit so wenig wie der Sozialismus.* Seine radikalere und von stärkerer politischer Leidenschaft getragene Praxis enthüllt höchstens den inneren Widerstreit noch deutlicher. Man kann beide Parteien – nicht ausschließend, aber dem Übergewicht nach – den beiden Seiten der Antinomie zuordnen. Der Sozialismus bleibt näher bei der liberal-demokratischen Grundlage, die Bürgertum und Sozialismus gemeinsam haben. Der Kommunismus ist eher bereit, für die Gegenwart auf sie zu verzichten, weil er sie mit stärkerem Wunderglauben für die Zukunft erwartet. Er kann sich darum leichter mit | gewissen Tendenzen der revolutionären Romantik verbinden. Aber ausschließend ist der Gegensatz nicht, auch die Sozialdemokratie ist gegebenenfalls bereit, das liberale Element völlig preiszugeben, und der Kommunismus kann niemals ein ungebrochenes Ja zu der Wiederaufrichtung von Ursprungsmächten haben.

Die Praxis beider Parteien zeigt den inneren Widerstreit in Taktik und Strategie. Sie müssen unter allen Umständen – auch die Kommunisten haben das dem Nationalsozialismus gegenüber begriffen – das bürgerliche Prinzip gegen die reaktionären Kräfte der politischen Romantik verteidigen. *Sie müssen unsozialistische Maßnahmen billigen, damit die Basis für den sozialistischen Kampf erhalten bleibt.* Die Politik der deutschen Sozialdemokratie seit dem Krieg war durchweg durch diese Notwendigkeit bestimmt. Dabei hatte sie vielfach vergessen, daß die Unterstützung des bürgerlichen Prinzips durch den Sozialismus noch keinen sozialistischen Erfolg bedeutet. Sie hatte vergessen, daß das Bürgertum in dem Augenblick, wo es zu einem Bündnis mit vorbürgerlichen Mächten kommen kann, bereit ist, den Sozialismus zu verraten, obgleich es nur ihm den Sieg über die vorbürgerlichen Mächte verdankt. So erlebte die deutsche Sozialdemokratie die Enttäuschung, daß ihr von bürgerlicher Seite weder für ihre nationale Aufopferung noch für ihr entschlossenes Festhalten am bürgerlichen Prinzip Dank wurde. – Durch diese Ereignisse ist die Sozialdemokratie insofern an die Seite des Kommunismus gedrängt worden, als sie der geschlossenen bürgerlich-feudalen Front gegenübersteht. Sie hat dadurch die Freiheit gewonnen, ausschließlich Forderungen zu stellen, die aus dem sozialistischen Prinzip folgen, aber es ist ihr die Möglichkeit genommen, irgendeine Forderung durchzusetzen, eine Lage, in der der Kommunismus sich von jeher befunden hatte. Sie muß bis auf Weiteres die reaktionären Maßnahmen geschehen lassen, mit deren Hilfe der Spätkapitalismus seine bürgerlich-|feudale Herrschaft aufrichtet [62]. Sie ist mit der demokra-

---

[62] Die Erfahrung, mit welcher Schnelligkeit es möglich war, auf die militärische Gewalt gestützt, die sozialistische Durchdringung des Staatsapparates personell und sachlich rückgängig zu machen, hat den demokratisch-reformistischen Tendenzen in weiten Kreisen der Sozialdemokratie den Todesstoß gegeben.

tischen Verantwortung eine schwere Last los geworden, aber sie muß zusehen, wie die Last der Reaktion sich auf das ganze Volk und namentlich auf das Proletariat legt. Zwar hatte sich die Demokratie keineswegs als ein Mittel erwiesen, die Klassenherrschaft zu besiegen, aber sie konnte zum mindesten verhindern, daß diese Herrschaft sich feudal verfestigte. Darum war der Kampf der Sozialdemokratie für die demokratische Grundlage in der proletarischen Situation selbst begründet und hatte sein Recht und seine Notwendigkeit in ihr. Aber er zeigt auch, wie die politische Praxis des Sozialismus durch den gleichen Widerstreit bestimmt ist, der alle Seiten des Sozialismus durchzieht. Seine Überwindung ist nur möglich durch eine neue Erfassung und Durchsetzung des sozialistischen Prinzips. |

Dritter Teil: Das Prinzip des Sozialismus und die Auflösung seines inneren Widerstreits

A. Das sozialistische Prinzip und seine Wurzeln

1. Die Ursprungskräfte der proletarischen Bewegung

Der innere Widerstreit des Sozialismus ist begründet in dem inneren Widerstreit der proletarischen Situation. Eine Lösung des Widerstreites ist darum nur möglich durch Lösung des Widerstreites in der proletarischen Situation selbst. Nur wenn im Proletariat Kräfte aufweisbar sind, die über die proletarische Situation hinausgehen, ist eine Lösung der sozialistischen Antinomik möglich. Denn es wäre keine Lösung, wenn ein theoretisch formulierter Widerstreit in eine theoretisch formulierte Synthese überführt würde, ohne daß die Wirklichkeit eine entsprechende Bewegung vollzöge. Darum ist zu fragen, ob und inwieweit sich das Proletariat in einer Bewegung befindet, die als Auflösung des inneren Widerstreits seiner Situation anzusehen ist. Wenn und insoweit diese Frage positiv beantwortet werden kann, ist die Voraussetzung für eine Lösung des Widerstreits in allen Richtungen und damit einer neuen Verwirklichung des Sozialismus gegeben.

Der Widerstreit der proletarischen Situation beruht darauf, daß das Proletariat auf der einen Seite die Konsequenzen des bürgerlichen Prinzips ziehen muß, auf der anderen Seite im Gegensatz zum bürgerlichen Prinzip steht. [e]Daß[e] es also mit den Mitteln des bürgerlichen Prinzips das bürgerliche Prinzip überwinden muß. Die Notwendigkeit dieses Gegeneinander ist darin begründet, daß die proletarische Existenz der konsequente Ausdruck des bürgerlichen Prinzips ist, daß in ihm die Objektivierung, Verdinglichung, Loslösung vom Ursprung zu unverhülltem Ausdruck kommt. Es läge an sich in dieser Konsequenz, daß das Proletariat nicht anders als in bürgerlichem Geist gegen den bürgerlichen Geist reagieren kann, d.h. daß es diesem Geist unrettbar verfallen ist. |

Aber diese Konsequenz ist nicht Wirklichkeit. Wäre sie es, so wäre nicht einmal die Reaktion verständlich, die im Klassenkampf erfolgt. Das reine Ding reagiert nicht mehr gegen seine Verdinglichung. Im Proletarier aber reagiert der wirkliche Mensch, also nicht der Mensch, wie er im rationalen System vorausgesetzt wird, sondern der Mensch, der immer auch im Ursprung steht und vom Ursprung her die Kraft hat, sich gegen das völlige Abschneiden seiner Seinswurzeln zu wehren. Wie es nicht einmal in der Natur, nicht einmal in der durchgebildetsten technischen Produktion einen Gegenstand gibt, der nur Ding wäre, der nicht ein letztes Element innerer Mächtigkeit bewahrt hätte, mit dem er sich gegen die restlose Einfügung in den technischen Zusammenhang wehrt, so gibt es erst recht kein menschliches Sein, das sich restlos seiner Eigenmächtigkeit berauben ließe. *Was im Proletarier reagiert, ist das gleiche, was die politische Romantik zum ausschließlichen Prinzip von Mensch und Gesellschaft macht, der Ursprung.* Hier ist der Punkt, wo beide gemeinsam gegen das bürgerliche Prinzip stehen. Sie unterscheiden sich nur darin, daß von dieser Voraussetzung aus die politische Romantik das bürgerliche Prinzip zurücknehmen, der Sozialismus es aufnehmen will. So ist zu verstehen, daß die politische Romantik trotz des gemeinsamen Ausgangspunktes: Erhebung des Menschen gegen das entmenschlichende bürgerliche Prinzip, die Gewalt ihres Stoßes gegen den Sozialismus richtet. Das Bürgertum hat sich von vornherein seelisch und gesellschaftlich davor gehütet, die Rückverbindung zum Ursprung ganz zu durchschneiden. Es hat sein eigenes Prinzip nie konsequent durchgeführt. Das Proletariat dagegen war durch seine Lage zur Konsequenz gezwungen. Unter diesem Zwang hatte es den Ausgangspunkt seiner Bewegung, den Kampf um den Menschen, sich und den Gegnern verdeckt. Vor allem die sozialistischen Theoretiker hatten nicht verstanden, was das Bürgertum instinktiv begriffen hatte, daß das rationale, analytische Prinzip nie der tragende Grund eines individuellen | oder gesellschaftlichen Seins werden kann, sondern immer nur Korrektiv und kritische Norm. Die Schwierigkeit der sozialistischen Theorie war darin begründet, daß sie einerseits von einer völligen Verdinglichung des Proletariats sprach, d.h. die ökonomische Situation des seine Arbeitskraft verkaufenden Lohnarbeiters mit der menschlichen Situation des Proletariats gleichsetzte; daß sie andererseits diesen völlig zur Sache gewordenen Proletarier zum Vorkämpfer und Träger einer neuen Gesellschaftsordnung machte. Beides ist nicht zu vereinigen. Der Fehler liegt in der ersten Behauptung. Die ökonomische Situation ist nicht das ausreichende Mittel, die menschliche zu interpretieren. Im Gegenteil: Der Mensch im Proletarier reagiert gegen die ökonomische Situation. *Es gibt ein proletarisches Sein, das nicht verdinglicht ist und aus dem der Kampf gegen das bürgerliche Prinzip hervorbricht.* Die proletarische Bewegung ist die Reaktion des menschlichen Seins im Proletarier gegen die Drohung, durch die ökonomische Verdinglichung der restlosen menschlichen Verdinglichung zu verfallen.

Die sozialistischen Theoretiker haben in ihrem berechtigten Interesse, die proletarische Situation in ihrer ganzen Negativität zu schildern, dem Proletariat vielfach einen schlechten Dienst erwiesen. Sie haben dem Gegner reichlich

Waffen für die Behauptung geliefert, daß das Proletariat weder die Kraft hätte, einen revolutionären Kampf zu führen, noch die innere Mächtigkeit, eine neue Gesellschaft zu tragen [63]. Aber diese Behauptung verfehlt die Wirklichkeit des proletarischen Seins, wie sie in der proletarischen Bewegung sich darstellt. *Unter proletarischer Bewegung muß sehr viel mehr verstanden werden als der politische Kampf für den Sozialismus.* Mit diesem Kampf verbunden und doch nicht mit ihm eins ist die Gewerkschaftsbewegung, sind die Genossenschaften für Produktion | und Konsumption, sind die Gruppenbildungen religiöser, geistiger und pädagogischer Art, sind die inneren Differenzierungen des Proletariats, das Gegen- und Miteinander der verschiedenen proletarischen Machtgruppen und Werkgemeinschaften, ist die Gestaltung des Verhältnisses der Geschlechter und der Generationen, sind seelische Bewegungen, in denen eine Stellung zur Arbeit, zur Erholung, zur Liebe, zum Schicksal, zum Tod gesucht und gefunden wird. Hierher gehören die entscheidenden Nachwirkungen landschaftlicher und nationaler Tradition auch in der extrem verwirklichten proletarischen Situation, hierher all diejenigen Tendenzen, die man unter dem fragwürdigen Begriff der Verkleinbürgerlichung zusammenfaßt und die in Wahrheit [f]nichts[f] sind als Sehnsucht nach tragenden Ursprungskräften, hierher Gemeinschafts- und Sektenbildungen politischer und religiöser Art, die proletarische Jugendbewegung, die Formen, in denen sich der Kampftrieb Ausdruck geschaffen hat, militärische Einordnung und Wettspiel, hierher die Stellung zum Leib, zum Lebendigen und zur Landschaft, hierher vor allem der proletarische Heroismus und Opferwille. All diese Elemente aber, die noch erheblich vermehrt werden könnten, sind zwar durch Klassenlage und sozialistisches Bewußtsein gefärbt, aber sie haben zugleich eine übergreifende Bedeutung. Sie sind nicht klassengebunden, sie gehören dem uns begegnenden historischen Menschen überhaupt an. Auch das Proletariat hat diese Elemente; durch sie ist es mit den übrigen Gruppen verbunden. Die Urelemente menschlichen Seins sind in ihm wirksam, und nur weil es so ist, gibt es ein Proletariat, gibt es einen Sozialismus als Kampf um den Menschen, als Abwehr gegen seine Zerstörung durch das bürgerliche Prinzip.

Proletariat und Ursprungsbindung stehen also nicht in Gegensatz. Das proletarische Sein und die proletarische Bewegung beruhen auf Ursprungskräften, allerdings in einer Form, die durch das bürgerliche Prinzip gebrochen ist. Aus dieser Sachlage ergibt sich das sozialisti|sche Prinzip, das nur verstanden und neu erfaßt werden kann von den beiden Wurzeln des politischen Denkens aus.

2. Die Elemente des sozialistischen Prinzips

Aus den Wurzeln des politischen Denkens und ihrer konkret geschichtlichen Auswirkung in politischer Romantik und bürgerlicher Gesellschaft, aus dem Zer-

---

[63] Vgl. demgegenüber den Begriff „Dynamische Masse“ in meiner Schrift: Masse und Geist, 1922 [S. 35][im vorliegenden Band Text Nr. 2].

brechen des bürgerlichen Prinzips im Klassenkampf und aus dem inneren Widerstreit des Sozialismus ergeben sich die Elemente, die das sozialistische Prinzip aufbauen. *Es sind drei Elemente, in deren Zusammenwirken der Sozialismus gründet: die Kraft des Ursprungs, das Zerbrechen der Harmonie, die Richtung auf das Geforderte.* Im sozialistischen Prinzip findet sich ein Ja zu der Voraussetzung der politischen Romantik, der Macht des Ursprungs, ein Ja zu der Voraussetzung des bürgerlichen Prinzips, der Brechung der Ursprungsbindung durch die unbedingte Forderung, ein Nein zu dem metaphysischen Kern des bürgerlichen Prinzips, dem Harmonieglauben. Diese drei Momente sind so miteinander verbunden, daß durch das Ja zu der Voraussetzung des bürgerlichen Prinzips die Ursprungsbindung im Sinne der politischen Romantik gelöst wird und daß durch das Nein zum bürgerlichen Harmonieglauben den Ursprungskräften Raum geschaffen wird. Zusammengefaßt werden sollen die drei Momente in dem Begriff der Erwartung, der dadurch aus einem Begriff im engeren Sinne zu einem Symbol wird. *Der Sozialismus tritt mit dem Symbol der Erwartung gegen Ursprungsmythos und Harmonieglauben. Er hat Momente beider in sich, aber er geht über beide hinaus.* Die Erörterung des sozialistischen Prinzips und der in ihm liegenden Kräfte soll darum an das Symbol der Erwartung angeknüpft werden.

Durch die Zusammenfassung der drei Elemente des sozialistischen Prinzips im Symbol der Erwartung ist die soziali|stische Bewegung in einen ausdrücklichen Zusammenhang mit der prophetischen gebracht. In der Prophetie, also in derjenigen geschichtlichen Bewegung, in der die zweite Wurzel menschlichen Seins radikal erfaßt ist, findet sich gleichfalls ein Zusammenschluß der drei Momente: Die Ursprungsbindung, und zwar in vaterreligiöser Form, die Brechung der Ursprungsbindung durch die unbedingte Forderung, die Erfüllung des Ursprungs, nicht in einer harmonisch gedeuteten Gegenwart, sondern in einer verheißenen Zukunft. Das bedeutet: *Das sozialistische Prinzip ist dem Gehalt nach prophetisch,* der Sozialismus ist eine prophetische Bewegung, aber auf dem Boden einer Wirklichkeit, in der der Ursprungsmythos gebrochen und das bürgerliche Prinzip zur Herrschaft gekommen ist. *Sozialismus ist Prophetie auf dem Boden einer autonomen, auf sich selbst gestellten Welt.* Die geschichtliche Tatsache, daß der Sozialismus in Abhängigkeit von den revolutionären christlichen Sekten steht, die selbst wieder an die prophetischen Elemente des Urchristentums anknüpfen, ist eine [g]Bestätigung[g] dieser Zusammenschau. Niemand versteht den Sozialismus, der seinen prophetischen Charakter übersieht. Daß er übersehen werden kann, ist in dem autonomen Charakter der sozialistischen Lebens- und Denkformen begründet. Daß er nicht übersehen werden darf, zeigt jede tiefere Analyse dieser Formen, zeigt vor allem eine klare Erfassung des sozialistischen Prinzips.

Das sozialistische Prinzip soll zusammengefaßt werden im Symbol der Erwartung. Seine einzelnen Elemente in ihrem Sinn und ihrem Zusammenklang müssen von der Erwartung her gedeutet werden und ihrerseits der Erwartung Prägung und Fülle geben. – Was auch durch das Wort Erwartung an Vorstellungen geweckt werden mag, unzweideutig ist der Gegensatz, in dem der Begriff zu Ursprungsmythos und politischer Romantik steht. Erwartung ist Spannung, Richtung nach vorn. Erwartung richtet sich auf etwas, was nicht ist, aber sein soll, auf ein Unbedingt-Neues, das nicht war, | aber im Kommen ist. Nicht in der Entfaltung des Ursprünglichen zwischen Geburt und Tod ist die Seinserfüllung zu suchen. Die Zweideutigkeit des Ursprungs verbietet das. Ewige Gesetze, an die alles gesellschaftliche Dasein gebunden sein soll und mit deren Aufweis die politische Romantik sich theologisch rechtfertigen will, gibt es nicht. Der Mensch ist eine neue Möglichkeit gegenüber der Natur. In der Geschichte kommt die neue Möglichkeit zur Wirklichkeit. Aber weil sie in der *Geschichte* zur Wirklichkeit kommt, kann keine Gegenwart behaupten, daß sie in ihr erfüllt sei. Geschichte reißt aus jeder Gegenwart hinaus in die Zukunft. Geschichte ist Spannung auf das Kommende, konkret auf die neue Ordnung der Dinge. Auf sie wartet der Prophet, auf sie richtet sich die Spannung des Sozialismus, so rational sich diese Spannung auch ausdrücken mag. Die Geschichte weist in jedem ihrer Momente über sich hinaus. Darin und nur darin ist sie Geschichte, Spannung auf das Unbedingt-Neue.

Da die prophetische Erwartung zum Grundbestand des christlichen Glaubens gehört, so war es der politischen Romantik nicht leicht, sie völlig zu beseitigen. Namentlich die religiös gebundene konservative Romantik gerät immer wieder in Schwierigkeiten, sobald sie ihr Prinzip mit dem Christentum vereinigen will. An der Erwartung, der urchristlichen Grundhaltung, scheitert sie. Darum mußte sie den Versuch machen, das prophetische Element, ohne es zu beseitigen, umzubiegen. Das geschah und ist von jeher geschehen durch den Versuch, *die Enderwartung auf das Schicksal der Einzelseele zu beziehen* [64] und von dem historischen Schicksal, der Umwandlung der Welt, fernzuhalten. Der Einzelne erwartet unmittelbar sein Ende und seine Erfüllung als neue Kreatur. Die Bewegung des Ganzen aber wird nicht ernsthaft in die Erwartung ein|geschlossen. Die Geschichte wird wieder zu einem Kreis von Kreisen, in dem menschliches Elend und göttliche Gnade miteinander kämpfen, ohne daß etwas grundsätzlich Neues geschieht. Darum muß, folgert man, jede Erwartung, deren Inhalt Gestaltung der Wirklichkeit ist, enttäuscht werden. Im Leben des Einzelnen wie im politischen Leben walten irrationale Mächte, denen man sich unterwerfen muß, da sie aus der irrationalen Tiefe des Göttlichen selber stammen. Eine Empörung gegen solche Mächte und Obrigkeiten [3], auch wenn sie noch so zerstörerisch sind, dürfe es nicht geben [65]. Das Neue liege jenseits der Geschichte, in der Geschichte selbst sei keine Wandlung möglich. – Gegenüber dieser theologischen Recht-

---

[64] Das trifft ebenso für den Pietismus zu wie für den Versuch des deutschen Idealismus, die revolutionäre Freiheitsidee der bürgerlichen Revolution in die Innerlichkeit zu übertragen und ihr die gesellschaftlich umwandelnde Kraft zu nehmen.

[65] Typisch für diese Haltung in der Gegenwart sind die theologisch-politischen Schriften von Friedrich Gogarten: Wider die Ächtung der Autorität [Jena 1930], und seine Ethik. Sie geben die theologische Ideologie für die konservative Form der politischen Romantik.

fertigung der politischen Romantik stellt sich der Sozialismus entschlossen auf die Seite der Erwartung. Auch er kennt die Enttäuschung an der Geschichte. Auch er rechnet nicht damit, daß menschliches Sein und geschichtliche Wirklichkeit durch ein Wunder gewandelt werden. Er rechnet mit der Möglichkeit des Chaos und der Barbarei als naher oder ferner Zukunft. Dennoch verzichtet er nicht auf die Erwartung als menschliche Grundhaltung, so wenig die Prophetie trotz schwerer Enttäuschung darauf verzichtet hat. *Denn Prophetie ist nicht „Mantik", ist nicht Vorausberechnung demnächst eintretender Ereignisse.* Das Eintreffen einer bestimmten Voraussage bestätigt die Prophetie nicht, und das Nicht-Eintreffen widerlegt sie nicht. Nur das ist die Voraussetzung der prophetischen Haltung, daß die Geschichte in sich, in jedem ihrer Momente die Richtung auf das Neue, auf das Geforderte und Verheißene hat. Erwartung ist nicht subjektive Haltung. Sie hat ihren Grund im Impuls des Geschehens selbst. Sie ist gleichsam dieser Impuls, der freilich nicht vergegenständlicht und in die Utopie eines kommenden Zeitalters der Erfüllung verwandelt werden darf. *Erfüllung ist kein nur empi|rischer Begriff.* Wird er dazu gemacht, so entsteht notwendig Utopie und mit ihr jene Enttäuschung, an der alle gegenständliche Enderwartung zu Fall kommt. Ebensowenig freilich darf daraus eine gegenständliche Fixierung an das Ursprüngliche gefolgert werden, etwa im Sinne des in der politischen Romantik so beliebten Satzes, daß es nichts Neues unter der Sonne gäbe. Erwartung ist Hinausgehen. Und als solches überwindet sie ebenso eine gegenständliche Ursprungsbindung („es bleibt alles beim Alten") wie eine gegenständliche Enderwartung („irgendwann wird alles neu"). Sie ist ungegenständliche Erwartung („Das Neue bricht in das Alte ein"). Sozialismus hat prophetischen Charakter, weil er in dieser Haltung steht, aber er ist ständig bedroht, wie die prophetische Haltung aller Zeiten, nach der einen oder anderen Seite ins Gegenständliche [h]abzugleiten[h]. Die sozialistische Bewegung bezeugt ebenso deutlich die prophetische Grundhaltung wie das ständige Abgleiten von ihr in Resignation oder Utopie.

3. *Erwartung und Tat*

Sofern die Erwartung auf das Neue gerichtet ist, enthält sie zwei Momente, die in einer eigentümlichen und folgenschweren Spannung stehen. Das Erwartete ist das, was kommen wird und sofern es kommen *wird,* unabhängig ist von menschlichem Tun. Und das Erwartete ist das, was kommen *soll,* das Geforderte, und sofern es gefordert ist, nur zu verwirklichen durch menschliches Tun. In der Spannung dieser beiden scheinbar einander widersprechenden Elemente liegt die Tiefe des sozialistischen Prinzips. Aus dieser Spannung ergeben sich die theoretisch schwierigsten und praktisch wichtigsten Folgen. Sie entspricht genau dem prophetischen Charakter des Sozialismus. Der Prophet ist immer zugleich derjenige, der fordert und der verheißt. Was er verkündet, ist der fordernde Wille Gottes, aber nicht im Sinne einer allgemeinen überzeitlichen Moral, sondern im | Zusammenhang mit dem konkreten gegenwärtigen Geschehen. Der Prophet ist ganz und gar verbunden mit einer einmaligen Situation, die so nicht wiederkehrt, deren Forderungen so nicht wiederholt werden können, deren Sinn auf eine Erfüllung drängt, die einmalig ist. Die Forderung des Propheten geht auf das, worauf die Wirklichkeit selbst angelegt ist, worauf ein bestimmtes Geschehen hinzielt, was durch eine Konstellation gewiesen ist, was verwirklicht, aber auch verfehlt werden kann. *Dieses Ineinander von Forderung und Verheißung charakterisiert alle prophetische Erwartung. Es ist maßgebend auch für die sozialistische Erwartung und kennzeichnet sie unzweideutig als prophetisch*[66]. Namentlich für die marxistische Deutung des Sozialismus gilt das (s.u.).

Daß die Erwartung Erwartung von Gefordertem ist, grenzt sie ab gegen ein passives Warten, das eben nicht Erwartung ist. In Erwartung liegt auch sprachlich mehr als Warten im Sinne untätigen Zuschauens. Erwartung schließt das Handeln ein. Nur handelnde Erwartung hat Realität. Abgesehen vom Handeln wäre Erwartung belanglose Theorie. – Auch auf dem Boden ursprungsmythischen Bewußtseins wird gefordert und gehandelt. Aber die Forderung hat einen anderen Charakter als in der prophetisch-sozialistischen Haltung. Auf ursprungsmythischem Boden zielt alle Forderung auf Bewahrung des Ursprungs, zielt alles Handeln auf Verwirklichung dessen, was im Kreislauf vom Ursprung zum Ursprung zurück | verwirklicht werden kann. Die Forderung richtet sich nicht auf das Neue, nicht auf das, was jenseits des Ursprungs steht. Sie bestätigt den Ursprung, aber sie geht nicht über ihn hinaus. Sie bestätigt die Ursprungsmächte, die feudalen und priesterlichen Gewalten. – Demgegenüber stellt die prophetisch-sozialistische Forderung jede Macht, „Hohes und Niedriges", unter ihre Kritik. Da sie über das Ursprüngliche hinausgeht, ist sie unabhängig von jeder vorgegebenen Seinsmächtigkeit. Das ist der tiefere Sinn des „Egalitären", der *Gleichheitsforderung,* in Prophetie und Sozialismus. Die Unausweichbarkeit der Forderung, die an jeden ergeht, gleicht jeden dem anderen an. Das, was er hat, die Fülle seines Seins, die Mächtigkeit seiner Ausstrahlung, wird bedeutungslos vor der Unbedingtheit der Forderung. Darum besteht die extreme Möglichkeit, in äußerster Seinsminderung menschliches Sein zu erfüllen; daher die prophetisch-christliche Wertung der Niedrigkeit. Aus dem gleichen Grunde folgt andererseits die Forderung, jeden Menschen dieser seiner Bestimmung gemäß zu behandeln, ihm die Fülle von Sein zukommen zu lassen, ohne die

---

66 Der Begriff des Prophetischen, der hier verwendet ist, enthält die wesentliche Struktur der alttestamentlichen Prophetie in ihren Höhepunkten. Es ist überraschend, mit welcher Gleichmäßigkeit diese Struktur in der Geschichte überall da wiederkehrt, wo die Haltung der Erwartung maßgebend ist. Auch die Erscheinung des „falschen Propheten" kehrt regelmäßig wieder. Gemeint ist nicht jemand, dessen Voraussagen unzutreffend sind, sondern jemand, der „Heil verkündet, wo kein Heil ist", nämlich in einer Ursprungsgruppe, die unter Umgehung der Gerechtigkeitsforderung Bestand und Macht erwartet. *Die Verkünder eines ungebrochenen Nationalismus fallen unter die Kategorie des „falschen Propheten".*

seine Menschlichkeit normalerweise zertreten wird. Das Ideal allgemeiner angemessener Seinserfüllung und der extreme Fall höchster Seinsminderung schließen sich nicht aus, sondern ein.

Aus diesem Grunde kämpft die Prophetie gegen die Bedrückung des Armen durch den Mächtigen und bedroht um solcher Ungerechtigkeit willen das ganze Volk mit Untergang. *Aus diesem Grunde kämpft Marx gegen Verdinglichung des Menschen und für einen realen Humanismus.* Aus diesem Grunde betrachtet der Sozialismus die proletarische Situation als die Krisis der bürgerlichen Gesellschaft und als die Widerlegung der politischen Romantik. Dieser Kampf gegen Unterdrückung und Ausbeutung schließt keineswegs die Möglichkeit aus, im einzelnen Fall das Opfer auch der Existenz zu verlangen, aber es schließt allerdings das Recht aus, ungerechte Herr|schaft durch Ideologien zu rechtfertigen, in denen die Situation des Armen und des Proletariers verklärt wird[67].

4. Erwartung und Ursprung

In der Erwartung verbinden sich Ursprung und Ziel in doppelter Weise: Das Ziel ist Erfüllung des im Ursprung Gemeinten, und dem Ursprung entstammt die Kraft, durch die das Ziel verwirklicht wird. Beide Seiten sind von gleicher Bedeutung für die sozialistische Bewegung. Aus der ersten ergibt sich der Inhalt der sozialistischen Erwartung, aus der zweiten der Weg zu ihrer Erfüllung.

Der Zusammenhang von Ursprung und Erwartung ist ein gemeinsames Merkmal aller Arten der Erwartung, der mythischen, der prophetischen und der rationalen. Er ist so tief in der Sache begründet, daß er sich auch da durchsetzt, wo man ihn zerreißen will. Denn eine Forderung, die nichts mit dem Sein zu tun hat, an das sie ergeht, hat keinen Rechtsgrund, geht den nicht an, der sie vernehmen soll; und eine Verheißung, die keine Erfüllung des Seienden enthält, dem sie gegeben ist, kann von ihm nicht verstanden und nicht bejaht werden. Sie hat nichts mit ihm zu tun. Gefordert und verheißen werden kann nur, was dem Erfüllung bringt, an den sich Forderung und Verheißung wenden. Beide setzen also Unerfülltheit voraus. Im Mythos wird die Unerfülltheit angeschaut als Verlust einer ursprünglichen Vollendung, die wiedergewonnen werden soll. Auf dem Boden des begrifflichen Denkens ist das Unerfüllte das Zufällige, Unwesentliche, dem gegenüber sich das Wesen stufenweise durch|setzen wird.

---

[67] Es ist bezeichnend für unsere Lage, daß diese Dinge, die selbstverständlich sein sollten, ausdrücklich gesagt werden müssen. Schuld daran ist auf der einen Seite die Selbstdarstellung des Sozialismus durch pseudomarxistisches Denken, das in übersteigertem Ökonomismus den bei Marx so entscheidenden, humanen Sinn des Sozialismus außer acht läßt. Auf der anderen Seite ist schuld die Polemik der politischen Romantik, die in übersteigertem Politizismus die christliche Wertung des Einzelmenschen in Vergessenheit gebracht hat. Hinzu kommt auf beiden Seiten weitgehende Unkenntnis über den Charakter des Prophetischen im Judentum wie im Sozialismus.

Daß Mythos und Ratio hier von dem gleichen Motiv zehren, zeigt sich darin, daß die Ratio selbst zum Mythos greift: Wenn z.B. Rousseau und Marx von einem Urkommunismus reden und damit den Inhalt ihrer Erwartung ebenso in die geschichtliche Vergangenheit verlegen, wie der Mythos sie in der vorgeschichtlichen Urzeit anschaut. – *Aus dieser Entsprechung von „Urzeit" und „Endzeit" folgt, daß das Erwartete die Züge des Ursprungs haben muß, wenn auch verändert durch die dazwischen gekommene Bewegung der Geschichte.* Jedenfalls kann der Ursprung in der Erfüllung nicht ausgelöscht sein. Das gilt auch für den Sozialismus und seine Erwartung. Sie ist nicht gerichtet auf ein ursprungsloses Sein im Sinne des bürgerlichen Prinzips. Sie ist nicht gerichtet auf einen Zustand, in dem vom Bewußtsein aus das Sein aufgehoben und neu gesetzt ist, sondern sie ist auf Erfüllung des Seins gerichtet. Sie will das Sein in seiner wahren Macht, mit seinen Besonderungen, seinen Spannungen und seinen Eroskräften. Freilich nicht so, wie es vorgefunden wird vor jeder Frage und Forderung, nicht so, wie es ungebrochen herrscht und menschliches Bewußtsein und menschliche Gesellschaft knechtet. Das Sein kommt zu seiner Erfüllung nur durch die Aufhebung seiner unmittelbaren Macht. Das ist der Kern der prophetischen und der sozialistischen Forderung, das ist der Angriff, in dem beide jederzeit gegen die Mächte des unerfüllten Ursprungs stehen. In der Erfüllung kehrt der Ursprung wieder, aber als das Neue, das gewandelt ist durch die Forderung, unter der es steht. Durch diesen Zusammenhang ist das bürgerliche Prinzip im sozialistischen aufgehoben. Den Ursprungsmächten ist ihr Recht und ihre Grenze angewiesen. Es ist die Möglichkeit gegeben, den inneren Widerstreit des Sozialismus zu lösen.

Ursprung und Erfüllung sind zweitens dadurch verknüpft, daß aus dem Ursprung die Kraft zur Erfüllung stammt. Die reine Forderung, die sich aus einem Jenseits des Seins an das Sein wen|det, hat in sich keine Kraft. *Die Forderung kann das Leben nicht bewegen, wenn das Leben sich nicht selbst in der Richtung des Geforderten bewegt. Ein Sozialismus der bloßen moralischen Forderung schafft* [i]*Utopieen*[i] *und ist ohnmächtig gegenüber den Mächten der Gesellschaft.* Nur wenn das Sein sich selbst auf seine Erfüllung zu bewegt, kann von Verheißung und darum von Erwartung gesprochen werden. Auch in dieser Beziehung sind Mythos und begriffliches Denken einig. Der Mythos spricht von einer Leitung des Geschehens durch die Ursprungsmächte. Auf jüdisch-christlichem Boden wird dafür das Symbol der „Vorsehung" verwendet, dessen Sinn die Einheit von Sein und Sollen ist. Der Vorsehungsgedanke drückt die Zuversicht aus, daß das, was ist, nicht vollkommen fern steht dem, was sein soll, daß trotz aller Unerfülltheit des Seins das Sein sich in Richtung seiner eigenen Erfüllung bewegt. Wenn man vom Vorsehungsgedanken die kindliche Mythik und die kindische Entstellung fernhält, in die er vielfach geraten ist, so besagt er, daß das Woher und das Wohin nicht auseinanderfallen, daß der tragende Ursprung die Verwirklichung dessen gewährleistet, was über ihn hinausführt und worin er doch zu seiner Erfüllung kommt. – Das gleiche ist ausgedrückt in *Hegels Geschichtsphilosophie.* Sie ist Vorsehungsglaube in rationaler Form. Mit Heftigkeit hat Hegel sich gegen ein Fordern gewendet, das dem Sein fremd bleibt, gegen eine Moral, die das Leben vergewaltigt, gegen einen Willen zur Weltverbesserung, der die Tiefe des Geschehens nicht kennt. Hegel selbst hat seinen Gedanken dadurch verdorben, daß er eine bestimmte Gestalt des Seins als greifbare Erfüllung des Seins gedeutet hat. Dadurch wurde in Widerspruch zu dem Ansatz seines Denkens eine geistige und gesellschaftliche Gestalt der Geschichte mit dem Ziel der Erwartung gleichgesetzt. Diese Gestalt, der preußische Staat nach den Freiheitskriegen, und seine religiöse, rechtliche und philosophische Deutung stehen nicht mehr unter der | der Forderung. In ihr ist Sein und Sollen eins geworden. Damit ist aber der Nerv ebenso des religiösen Vorsehungsgedankens wie der Hegelschen Dialektik durchschnitten. Das Soll ist verschlungen vom Sein, die Mächte des Ursprungs haben sich der Forderung entzogen, die konservative Form der politischen Romantik hat gesiegt.

Marx erlebte und verkündete die Unerfülltheit des Seins, des gleichen Seins, in dem Hegel die Erfüllung gesehen hatte. Die proletarische Situation offenbarte ihm, was Hegel nicht erkannt hatte, den Zwiespalt des feudal-bürgerlichen Systems, dessen Philosoph Hegel gewesen war. Marx stellte das System unter das Nein und unter die Forderung der Gerechtigkeit. Er gab der Erwartung das Recht wieder, das sie in Prophetie und Vorsehungsglauben und auch im Ansatz der Hegelschen Dialektik hat. Marx ging nicht einfach über Hegel zur Aufklärung, zu Moral und Utopie zurück. Er lehnte Utopismus und Weltverbesserung mit der gleichen Energie ab wie Hegel. Auch bei ihm muß das Sein sich in der Richtung auf das Geforderte bewegen, damit die Forderung nicht abstrakt und ohnmächtig bleiben soll. In seiner Analyse der kapitalistischen Gesellschaft wird diese Grundvoraussetzung konkret angewendet und mit wissenschaftlichen Methoden durchgeführt: Die Struktur des Kapitalismus selbst treibt zum Umschlag in den Sozialismus, treibt zur klassenlosen Gesellschaft. *Die sozialistische Forderung wird vom Sein selbst bestätigt.* Die Kräfte des proletarischen Kampfes, die Empörung ursprünglichen Menschentums im Proletarier gegen seine Klassensituation treiben zur sozialistischen Gesellschaft. Aus der Analyse des Seins selbst erwächst dem Sozialismus die Verheißung. Marx hat diese Gedanken in rein ökonomischen Analysen vorgetragen. Er hat in seiner späteren Zeit auf die Seite des Menschlichen, ohne die das Ökonomische eine reine Abstraktion ist, nicht mehr Bezug genommen. Aber sie bleibt stillschweigende Voraussetzung. Die Erwartung eines realen Humanismus, wie er es früher nannte, d.h. eines erfüllten menschlichen Seins, treibt ihn zu jeder seiner | wissenschaftlichen Untersuchungen und politischen Äußerungen. – Die Fragen, die sich weiter aus dem Zusammenschluß von Sein und Sollen bei Marx ergeben, sind unten zu behandeln. Entscheidend für das sozialistische Prinzip ist der Zusammenschluß selbst. Denn er bedeutet die zweite und wichtigste Verbindung von Ursprung und Ziel. Er vor allem macht die sozialistische Erwartung zur Erwartung im eigentlichen Sinne.

5. Der prophetische und der rationale Charakter der Erwartung

Der Sozialismus ist eine prophetische Bewegung auf dem Boden von Autonomie und Rationalität. Die prophetische Substanz drückt sich rational aus, im Erkennen wie im Handeln. Diese Verbindung ist für den Sozialismus wesentlich. Es ist seine Einzigartigkeit, seine Tiefe und seine Gefahr. Inwiefern es seine Gefahr ist, hat die Darstellung des inneren Widerstreits des Sozialismus gezeigt. Es ist aber auch seine Tiefe, der Ausdruck der Gegenwärtigkeit und Wahrhaftigkeit des Sozialismus – im Unterschied von der spielerischen Selbstverleugnung der Autonomie und Rationalität in der politischen Romantik[68]. – Aus der Verbindung von prophetischer Substanz und rationaler Form im Sozialismus ergeben sich Fragen in einer doppelten Richtung. Die eine betrifft das Ziel, die andere den Weg des Sozialismus. Sofern die Erwartung prophetischen Charakter hat, geht sie über den bekannten, berechenbaren und gestaltbaren Zusammenhang des Seins hinaus. Sie geht auf eine neue Schöpfung, ein Ganz-Anderes. Sofern die Erwartung rationalen Charakter hat, bleibt sie in dem erkennbaren Seinszusammenhang. Auch sie will ein Anderes, aber nicht ein „Ganz-Anderes". Das Kommende steht für sie in ungebrochenem Zusammenhang | mit dem Gegenwärtigen. *Die prophetische Erwartung ist jenseitig, die rationale diesseitig.* – Der entsprechende Gegensatz findet sich in der Frage des Weges. Sofern die Erwartung prophetisch ist, rechnet sie mit dem Unberechenbaren, das aus den Zusammenhängen des Seins nicht erkannt werden kann. Sofern die Erwartung rational ist, sucht sie das Unberechenbare auszuschalten, die Schicksalsmächte als aufweisbare und lenkbare Kausalreihen zu enthüllen. *Die prophetische Erwartung kennt grundsätzlich unerfaßbare, die rationale vorläufig unerfaßte Faktoren des Geschehens.* – Die Spannung beider Momente ist unbestreitbar und geschichtlich wirksam. Aber sie ist kein Gegensatz. Das sozialistische Denken und Handeln ist die Wirklichkeit dieser Spannung, die nur dann zum Gegensatz wird, wenn die lebendige Bewegung erstarrt. Das sozialistische Prinzip hat größere Weite, als daß die Spannung von prophetischer und rationaler Erwartung es zerreißen könnte. Das wirkliche menschliche Sein steht jenseits dieses Gegensatzes. *Menschliche Erwartung ist immer zugleich jenseitig und diesseitig, genauer: der Gegensatz existiert für die Erwartung nicht.* Jede Analyse prophetischer Enderwartung zeigt das deutlich: Die kommende Ordnung der Dinge wird in historischer Kontinuität mit der Gegenwart gesehen; sie ist diesseitig. Aber die Begriffe, mit denen das Kommende beschrieben wird, setzen eine völlige Umwandlung der Gegenwart, die Aufhebung der Naturgesetze voraus; das Diesseitige ist in Wahrheit jenseitig. Oder das Kommende wird von der Gegenwart durch eine Weltkatastrophe ge-

---

[68] Für die Art, wie gewisse Intellektuelle, deren Existenz ganz auf Autonomie und Rationalität beruht, mit den Mitteln der Autonomie die Autonomie und mit den Mitteln der Ratio die Ratio wegwerfen, sind allein Begriffe wie Snobismus oder Ressentiment angemessen.

trennt; es ist jenseitig. Aber die Bilder, in denen es beschrieben wird, sind dem Material der Erfahrung entnommen; das Jenseitige ist in Wahrheit diesseitig. Das gleiche Schweben kann man an den Inhalten der sozialistischen Erwartung aufzeigen. Sie erscheinen völlig diesseitig: Gleichheit, Freiheit, Bedürfnisbefriedigung usw. Analysiert man aber den Inhalt der sozialistischen Enderwartung ge|nauer, so findet man, daß er eine radikale Wandlung der Menschennatur voraussetzt und in letzter Konsequenz – da die menschliche Natur ständig aus der Natur überhaupt hervorwächst – eine Wandlung der Natur und ihrer Gesetze. – Ebenso steht es mit den Gegensatz von Unberechenbarem und noch zu Berechnendem. Die Prophetie, die deutlich mit dem Wunder rechnet, weist dennoch auf alle historischen, politischen und sozialen Faktoren hin, die notwendig zu einem Ereignis treiben müssen. Ähnlich paradox ist das unbeirrbare Festhalten an der sozialistischen Erwartung bei gleichzeitiger Einsicht in den ständigen Wandel aller berechenbaren Faktoren, die bald günstig, bald ungünstig für den Sozialismus sind. Die Wirklichkeit lebendiger Erwartung steht immer und überall vor der abstrakten Spaltung in ihre Momente. So ist es in der Prophetie, so auch im Sozialismus. Die „klassenlose Gesellschaft" ist im sozialistischen Lebensgefühl ebenso deutlich jenseitiges Symbol wie diesseitiger Gegenstand, besser: sie ist keins von beiden, sondern sie hat in sich das Hin und Her, das Schweben und Oszillieren des wirklichen Lebens. *Prophetische wie sozialistische Erwartung sind ein Zeugnis des Lebens über seine grundsätzliche Offenheit, sind ein Protest des Lebens gegen falsche Jenseitsbegriffe, die notwendig falsche Diesseitsbegriffe gegen sich hervorrufen*[69]. – Das gleiche gilt von der Anschauung des Geschehens und der Faktoren, die es bestimmen. „Historische Dialektik" ist ebenso deutlich ein Symbol wie ein rationaler Begriff. In ihm schwingt ebenso sichtbar der Hintergrund transzendenten Schicksals wie der Vordergrund geschichtsanalytischer Untersuchung und geschichtsgestaltender Politik. Eins beschränkt das andere nicht. | Die schärfste rationale Analyse hat nicht außer sich, sondern in sich selbst ein Element, das ihr unzugänglich ist, nicht weil es zu kompliziert ist, sondern weil es nicht ihr Gegenstand werden kann; und der stärkste prophetische Vorsehungsglaube hat niemals darauf verzichtet, die wirkliche geschichtliche Lage bis ins Einzelne zu analysieren und ihre Faktoren aufzuweisen. Lebendiges Geschichtsbewußtsein, wie es im Sozialismus vorliegt, steht in dieser Einheit. Der handelnde Mensch setzt sie in jedem Augenblick voraus. Nur ein kategorial verengtes Denken reißt beides auseinander. Die Spannung des prophetischen und des rationalen Elementes im Sozialismus ist kein Wider-

---

[69] Das „Jenseits", gegen das der Sozialismus, und die „Hinterwelt", gegen die Nietzsche kämpft, sind genau so wie das „Diesseits", das sie ihm gegenüberstellen, Produkte eines objektivierenden Denkens, das dem Sinn der mythischen Symbole nicht gerecht werden kann. Die gegenwärtige Philosophie, die wieder bereit ist, die Phänomene selbst sprechen zu lassen, hat Möglichkeiten, die Wirklichkeit unvoreingenommen auf den Sinn solcher mythischen Symbole zu befragen.

spruch, sondern der echte Ausdruck der lebendigen Erwartung, die sein Wesen ausmacht.

Das sozialistische Prinzip, dessen Darstellung nunmehr abgeschlossen ist, ist begrifflicher Ausdruck der inneren Macht der sozialistischen Bewegung. Es ist die „Dynamis" des Sozialismus, in Begriffe gefaßt und zu einem Symbol zusammengeschlossen. Darum und nur darum hat es lösende Kraft gegenüber dem Widerstreit des Sozialismus. Ehe jedoch seine Kraft an den einzelnen Antinomien erprobt wird, muß von dem Verhältnis die Rede sein, in der unsere Fassung des sozialistischen Prinzips zu der grundlegenden Selbsterfassung der sozialistischen Bewegung, zum Marxismus, steht.

B. Sozialistisches Prinzip und marxistische Probleme

1. Das Problem des historischen Materialismus

Der Marxismus war die Weise, in der das Proletariat sich als Proletariat erfaßte und eben damit konstituierte. Im Marxismus gewann die proletarische Bewegung ihr sozialistisches Selbstbewußtsein. Es ist darum kein Zufall, daß die politische Romantik der Gegenwart ihren Kampf gegen die proletarische Bewegung als Kampf gegen den Marxismus führt. Ihr kommt dabei zu Hilfe, daß der Marxismus selbst Wandlungen durchgemacht hat, die nicht nur sein Bild | im allgemeinen Bewußtsein verzerrt, sondern ihn auch wirklich in den inneren Widerstreit des Sozialismus hereingerissen haben. Jeder Versuch, das sozialistische Prinzip in seinem Wesen und seinen Folgen zu erfassen, muß darum im Zusammenhang mit dem ersten und grundlegenden Versuch begrifflicher Durchdringung des Sozialismus vorgenommen werden. Unter der Hand ist das schon in allem Vorhergehenden geschehen. Es sei jetzt noch einmal und ausdrücklich versucht. Dabei soll an zwei Probleme angeknüpft werden, die als die Zentralprobleme des Marxismus zu bezeichnen sind, der historische Materialismus und die historische Dialektik.

Das Wort Materialismus hat seit dem Auftreten des metaphysischen Materialismus gegen Ende des 19. Jahrhunderts einen Klang erhalten, der dem Marxismus ebensowenig entspricht, wie der Vorwurf materialistischer Gesinnung die proletarische Bewegung trifft[70]. Weder der metaphysische noch der moralische Gebrauch des Wortes trifft die Sache, um die es bei Marx geht. Materialistische

---

[70] Es ist erfreulich festzustellen, daß wenigstens in der protestantischen Theologie sich die Erkenntnis Bahn bricht, daß der bürgerliche Idealismus religiös um nichts höher zu werten ist als der proletarische Materialismus, daß er im Gegenteil als Ideologie und Herstellung „selbstgemachter Götter" die wirkliche menschliche Situation verdeckt. Vergl. dazu die neue und positive Würdigung Feuerbachs in der „Dialektischen Theologie" [Karl Barth, Ludwig Feuerbach. In: Zwischen den Zeiten, Jg. 5, 1927, S. 10–40].

Geschichtsauffassung ist ein Begriff, der nur zu verstehen ist, wenn man zunächst seinen negativen und dann erst seinen positiven Begriff feststellt. Denn er ist ein Kampfbegriff. Er ist entstanden im Gegensatz zur idealistischen Geschichtsauffassung und hat die Aufgabe, den historischen Idealismus zu enthüllen. Während die idealistische Geschichtsauffassung in der Geschichte eine sie lenkende Vernunft annimmt, versucht der historische Materialismus unter Verzicht auf solche Deutung, die realen Ursachen des historischen Prozesses aufzuweisen. Er findet als letzte Ursache die menschliche Natur und ihre Triebbestimmtheit. Aber er faßt die menschliche Natur nicht wie Feuerbach als ein allgemeines, übergeschichtliches Wesen, | sondern als eine geschichtliche Wirklichkeit, die in unlöslichem Zusammenhang steht mit der jeweiligen Wirtschafts- und Gesellschaftslage. *Materie der Geschichte im Sinne der materialistischen Geschichtsauffassung sind demnach die Menschen, die ihre Bedürfnisse in gemeinsamer Produktion zu befriedigen suchen.* Über den Charakter der Bedürfnisse und infolgedessen über die Richtung der gemeinsamen Produktion können allgemeine Aussagen nur insoweit gemacht werden, als eine bestimmte Auffassung vom Menschen vorliegt. Denn je nach dem Bild des Menschen, das eine Theorie bewußt oder unbewußt mitbringt, gestalten sich die Aussagen über Richtung und Art seines Produktionswillens. Doch muß jede Lehre vom Menschen damit rechnen, daß die unmittelbar vitalen Bedürfnisse, von denen die Existenz des Menschen als solche abhängt, im Durchschnitt vordringlich sind. Wäre es anders, so wäre die Erhaltung des Menschengeschlechts bis zur Gegenwart unerklärlich. Will man die Feststellung der Vordringlichkeit dieser grundlegenden Gruppe von Bedürfnissen materialistisch nennen, so müßte jede die Wirklichkeit treffende Menschen- und Geschichtsauffassung materialistisch genannt werden. Materialistisch im Sinne einer unwahren und dogmatischen Auffassung ist aber erst eine Lehre, die bestreitet, daß in vielen Einzelfällen die Vordringlichkeit der unmittelbar vitalen Bedürfnisse aufgehoben ist, und die nicht erkennt, daß auch die dringendsten Bedürfnisse gefärbt sind durch die Konstellation mit allen anderen und durch die besondere geschichtliche Lage, in der diese Konstellation geworden ist. Es ist darum nicht richtig zu sagen, daß der Mensch seiner untersten Schicht nach Tier ist und dann alles andere sich auf dieser Schicht aufbaut. So strukturlos und mechanistisch ist menschliches Sein nicht. *Der Mensch ist immer Mensch, auch in der Art, wie seine vitalsten Bedürfnisse sich äußern,* welche besondere Richtung sie annehmen, wie sie im ganzen menschlichen Sein stehen. Der Mensch, der gesellschaftlich pro|duzierende Mensch, ist die Materie aller Geschichte. [j]Aber[j] eben der wirkliche Mensch und nicht jene Ungestalt, nicht jenes Gebilde aus Tierheit und Geistigkeit, das weder in dem einen noch in dem anderen menschliche Züge zeigt. Historischer Materialismus hat also nichts mit einer materialistischen Lehre vom Menschen zu tun. Er behauptet nur, daß nicht eine übergreifende Vernunft, sondern der gesellschaftlich produzierende Mensch Materie der Geschichte ist.

Aber der Begriff der materialistischen Geschichtsauffassung greift noch weiter. Er behauptet ein Primat der Wirtschaft über die anderen menschlichen

Funktionen. Er macht den ökonomischen Prozeß zum grundlegenden Faktor der geschichtlichen Entwicklung. Die berühmte Lehre von dem Unter-Überbau-Verhältnis zwischen Wirtschaft und Geist bestätigt diese Auffassung und gibt ihr die Wirkungskraft eines plastischen Bildes. Materialistische Geschichtsauffassung ist unter diesem Gesichtspunkt ökonomische Geschichtsauffassung. *Materialismus ist Ökonomismus.* – Kaum ein anderer Gedanke hat dem Marxismus so scharfe Gegnerschaft eingetragen wie dieser. Schien er doch ein Angriff auf alle sogenannten höheren Werte, auf das Eigenrecht von Liebe und Wahrheit, von Gerechtigkeit und Hingabe zu sein. Das System der bürgerlichen, ja aller Kultur und Religion schien durch diesen Begriff in Frage gestellt. – Auch hier muß unterschieden werden zwischen dem ursprünglichen, überwiegend negativen Sinn des Begriffs und seiner positiven Durchführung mit den Mitteln des bürgerlichen Denkens. Die Verzerrung, die der Gedanke durch die unangemessene Art seiner Durchführung erlitten hat, ist freilich auch durch Marx selbst und vor allem durch Engels mitverschuldet. Je deutlicher aber zur Zeit das Bild des jungen Marx wird[k], um so deutlicher kommt auch Sinn und Absicht seiner Lehre heraus. Es ist völlig abwegig, das Bild vom Unterbau-Überbau so zu deuten, als ob eine selbständige Größe „Geist" von einer selbständigen Größe „Wirt|schaft" ursächlich abhängig wäre. Abgesehen davon, daß das Verhältnis von Ursache und Wirkung sowohl dem Bild wie der Sache nach unangemessen ist, muß schon die Aufstellung zweier selbständiger Größen „Wirtschaft" und „Geist" als Ungedanke abgelehnt werden. Wirtschaft ist kein Ding; sie kann, abgesehen von Richtung und Qualität der Bedürfnisse, von Produktionstechnik und gesellschaftlichen Produktionsverhältnissen, von Richtung und Intensität der Produktion auch nicht einmal gedacht werden. Wirtschaft ist eine komplexe, unendlich vielfältige Wirklichkeit. *Alle Seiten menschlichen Seins müssen mitgedacht werden, wenn Wirtschaft gedacht werden soll.* Man kann sie nicht isolieren und sie zur Ursache dessen machen, was zu ihr selbst gehört und ohne das sie nicht gedacht werden kann. – Ebenso unmöglich ist es, den Geist als eine selbständige Größe zu fassen und ihn dann zu einer Wirkung der Wirtschaft zu machen. Auch dieser Gedanke ist in sich unmöglich. *Geist ist nie etwas für sich, sondern immer Geist von etwas, Geist eines Seins, das in ihm zu sich selbst kommt.* Marx hat diesen Zusammenhang von Sein und Bewußtsein am deutlichsten gesehen. Gerade aber diese Einheit geht verloren, wenn das Sein als die Ursache gefaßt wird, aus der der Geist als Wirkung hervorgeht. Weder dieses Sein noch diesen Geist gibt es. – Darum ist auch das Bild der Spiegelung unzulänglich, das Verhältnis von Sein und Bewußtsein, von Wirtschaft und Geist zu verdeutlichen. Wer das Bild verwendet, nimmt an, daß es ein Sein gäbe, das unabhängig von der Spiegelung das wäre, was es ist. Wohl ist der Mensch unabhängig von dem physikalischen Spiegel, in dem er sein Bild sieht. Aber menschliches Sein ist nicht unabhängig von menschlichem Bewußtsein. Menschliches Sein ist immer von Anfang an gedoppeltes Sein, Einheit von Sein und Bewußtsein. *Gesellschaftliches Sein abgesehen vom gesellschaftlichen Bewußtsein ist | ein sinnloser Gedanke,* denn das Sein von Gesellschaft ist an Bewußtsein gebunden.

Es ist für den Sozialismus ein grundlegendes theoretisches Erfordernis, die Frage nach dem Verhältnis von Sein und Bewußtsein, von Wirtschaft und geistiger Formenwelt aus den primitiven Verzerrungen zu befreien, durch die ihr Sinn in Unsinn verkehrt ist, und mit dem Impuls, den Marx gegeben hat, neu an die Dinge heranzugehen. Dabei ist vor allem die polemische Bedeutung zu klären, die der *Ideologiebegriff* für Marx hatte und den er auch dann nicht verlieren darf, wenn man ihn zum Anlaß nimmt, das Problem Sein und Bewußtsein grundsätzlich zu untersuchen. Die allgemeine Seinsgebundenheit des Bewußtseins hindert nicht, daß in bestimmten gesellschaftlichen Situationen ein spezifisch falsches Bewußtsein auftritt, eine Unangemessenheit überlieferter Begriffe und Symbole an eine neue geschichtliche Wirklichkeit[71]. Da aber geschichtliche Wirklichkeit Wirklichkeit des ganzen Menschen, auch seiner Gedanken bedeutet, so kann falsches Bewußtsein in einer Gesellschaft nur auftreten, wenn auch richtiges da ist, nämlich Bewußtsein, das in Einheit steht mit dem neuen Sein, ja dieses überhaupt erst ermöglicht. *Falsches Bewußtsein ist nichts anderes als der Selbstbehauptungswille alter gesellschaftlicher Strukturen, die von neuen bedrängt und zersetzt werden.* Richtig und falsch heißt hier also übereinstimmend oder nicht übereinstimmend mit den tragenden Strukturen einer Gesellschaftsordnung. Der Marxismus hat aufgedeckt, in welchem Maße das Bürgertum sich selbst seine wahre Struktur verhüllt hat. Der Haß der bürgerlichen Gesellschaft gegen [1]die Aufdeckung des Kapitalismus ist darum notwenig und natürlich[1], wenn auch nicht gerechtfertigt.

Doch bedarf es einer Einschränkung zügellosen Enthüllungswillens, wie er sich vielfach an den Marxismus angeschlossen | hat. Ideologisch im Sinne von falschem Bewußtsein ist eine Symbolwelt nur, wenn ihr keine realen Strukturen entsprechen. Nun hat die Analyse der bürgerlichen Gesellschaft gezeigt, daß das Bürgertum wirklich von bürgerlichen Mächten gestützt ist, daß das bürgerliche Prinzip Korrektiv und Unruhe der vorbürgerlichen Welt ist, sie aber nicht einfach aufgehoben hat. *Daraus ergibt sich, daß es unbegründet ist, alle vorbürgerlichen Elemente im Bürgertum als falsches Bewußtsein zu denunzieren.* Auch die Begriffe und Symbole der revolutionären politischen Romantik sind so nicht zu bewältigen. Ihre allgemeine Verwerfung als Ideologie und falsches Bewußtsein bestimmter mittelständischer Gruppen trifft nicht die Wurzel ihres Erfolges. Echte Bedeutung und ideologischer Mißbrauch können sich in höchst komplizierter Weise durchdringen. Es können ursprungsmythische Kräfte in den Dienst der bürgerlichen Gesellschaft gestellt werden, es können Gedanken und Symbole, die aus dem Ursprungsmythos stammen, in einer Weise gebraucht werden, die ihrem Sinn schlechterdings widerspricht. Sie sind dann nicht selbst ideologisch, aber ihre Verwendung im Dienst der bürgerlichen Gesellschaft gibt ihnen eine ideologische Funktion.

---

71 Vergl. den Kampf um das Buch von Karl Mannheim: Ideologie und Utopie [Bonn 1929, 2. Aufl., ebd. 1930, 3., vermehrte Aufl. Frankfurt 1952].

Unbedingt erfolgreich war dagegen die Verwendung des Ideologieverdachtes gegenüber dem bürgerlichen Harmonieglauben, sofern dieser zur Verhüllung der proletarischen Lage benutzt wurde. Der Aufweis der Disharmonie in der bürgerlichen Gesellschaft, *die Enthüllung der Klassensituation, war die größte und erfolgreichste Leistung der marxistischen Ideologielehre.* Durch sie wurde das sozialistische Prinzip zu allererst erfaßt, wurde das Wissen des Proletariats um sich selbst geschaffen, wurde der proletarische Kampf zu weltgeschichtlicher Bedeutung erhoben. Die materialistische Geschichtsauffassung gehört darum wesenhaft und untrennbar zum Sozialismus, solange er im Kampf steht mit der bürgerlichen Gesellschaft. | Aber auch darüber hinaus behält sie ihre Gültigkeit. *Der Sozialismus hat ständig Anlaß, sich selbst unter den Verdacht der Ideologie zu stellen.* Überall da, wo er im Widerspruch mit sich selbst den bürgerlichen Harmoniegedanken aufgenommen hat, wo er in Illusionen lebt und sich seine eigenen Spannungen verdeckt, bedarf er einer gegen sich selbst gerichteten Ideologielehre[72]. Das sozialistische Prinzip hat mit der Kraft, den Widerstreit des Sozialismus zu lösen, auch die Kraft, die Probleme des historischen Materialismus weiterzuführen und die Ideologie neu zu begründen. Die Art, in der das zu geschehen hat, ist vor allem abhängig von der neuen Menschenauffassung des Sozialismus.

2. *Das Problem der historischen Dialektik*

Das zweite Problem, das der Marxismus unserer Betrachtung stellt, ist die historische Dialektik. An ihr besonders entscheidet sich das Verhältnis von Marxismus und proletarischer Bewegung, denn die historische Dialektik gibt die Theorie der Bewegung. In der Darstellung des sozialistischen Prinzips ist die Einheit von Sein und Sollen, von Bewegung der Geschichte und Forderung an das Handeln, aufgewiesen worden. Es ist auch gezeigt worden, wie die lebendige Erwartung beide Momente in sich trägt und über dem Gegensatz steht, in den die Anwendung unangemessener Kategorien führt. Aber das Problem, das diese Spannung aufgibt, ist damit nicht gelöst. Die Theorie der historischen Dialektik ist ein Versuch der Lösung, dessen ungeheure praktische Auswirkung in der sozialistischen Bewegung zu einer grundsätzlichen Stellungnahme zwingt.

Zwei Fragen sind es, die gestellt werden müssen. Zunächst die Frage nach dem Charakter jener Bewegung des Seins, | mit der die Forderung in Übereinstimmung bleiben muß. Zweitens die Frage nach dem Verhältnis des menschlichen Handelns zu dieser Bewegung des Seins. Man kann das Problem abgekürzt als die Frage nach dem Verhältnis von Notwendigkeit und Freiheit in der Ver-

---

[72] Der instinktive Widerstand gegen diese Forderung in manchen sozialistischen Intellektuellen- und Funktionärsgruppen ist trotz ihrer ständigen Verwendung des Ideologiebegriffs nicht geringer als der bürgerliche Widerstand gegen die Enthüllung der bürgerlichen Ideologie.

wirklichung des Sozialismus bezeichnen. Man muß sich dann nur hüten, einen bestimmten Begriff von Notwendigkeit oder Freiheit mitzubringen und sich dadurch von vornherein das Verständnis der historischen Dialektik zu verbauen.

In der Prophetie, bei Hegel und bei Marx findet sich der eigentümliche Gedanke, daß die Geschichte auf ihr Ziel gleichsam *hinter dem Rücken der Träger des geschichtlichen Handelns* zugeht. Die Bewegungen in der Völkerwelt, deren Träger von Jahve nichts wissen, stehen dennoch unter seiner Leitung und haben ihren Sinn in dem, was sie für Israel bedeuten. Selbst die Vernichtung der politischen Existenz Israels durch die Weltmächte ist eine Wirkung Jahves um der Forderung und Verheißung willen, die dem Volk gegeben ist. Die heidnischen Völker müssen den Willen Jahves erfüllen, ohne, ja gegen ihr Wissen und Wollen. Schließlich dienen sie damit wider Willen sich selbst, denn durch Israel soll die Einheit des Menschengeschlechtes geschaffen werden, auf die alle Geschichte zugeht. – Hegel lehrt, daß durch die Leidenschaften, vor allem der großen geschichtlichen Persönlichkeiten, sich ohne Wissen und Willen ihrer Träger der Sinn der Geschichte erfüllt. Es ist die List der Vernunft, daß sie sich der Leidenschaften bedient, um sich selbst zu verwirklichen. Die Leidenschaft mag den Einzelnen und die Völker scheinbar willkürlich treiben; in Wahrheit dienen sie der Vernunft der Geschichte. – Nach Marx führt die Bewegung der kapitalistischen Wirtschaft im Widerspruch zum Wissen und Wollen ihrer Träger zum Umschlag in die klassenlose Gesellschaft. Jeder einzelne Akt kapitalistischen Wirtschaftswillens, jede technische Verbesserung, jede Kapital- und Betriebskonzentration dient zwar unmittelbar dem ka|pitalistischen Wettbewerb, aber mittelbar der Aufhebung des Kapitalismus. Auch nach Marx also verwirklicht sich die sittliche Vernunft durch einen Prozeß, der im Widerspruch zu dem steht, was seine Träger wollen. – In allen drei Fällen bewegt sich das Sein auf das Gesollte zu, ohne daß die Forderung vom bewußten menschlichen Handeln vertreten wird, weithin im Gegensatz zu allem menschlichen Wissen und Wollen.

Welcher Art ist die Notwendigkeit, die sich hinter dem Rücken menschlicher Willkür durchsetzt? Auf dem Boden einer verdinglichten Welt kann Notwendigkeit nur die Bedeutung von *Kausalgesetzlichkeit und Berechenbarkeit* haben. Wird Marx und die historische Dialektik von hier aus gedeutet, so entsteht jene Spielart des Marxismus, die am Ende des 19. Jahrhunderts und darüber hinaus wirksam war und die mehr als alles andere die Kraft des sozialistischen Handelns gebrochen hat. Einer berechenbaren Notwendigkeit gegenüber kann man sich eben nur berechnend verhalten, Voraussagen machen, Bestätigungen einziehen, den Fortschrittsmesser genau beobachten und Eintragungen über den festgestellten Stand der Entwicklung machen: Tätigkeiten, denen sich besonders marxistische Intellektuelle gern widmen. Dabei ergab sich dann, daß die Voraussagen in bezug auf die technische Organisation des Kapitalismus, auf Konjunktur und Krisen im hohen Maße zutrafen, daß aber der für den Sozialismus entscheidende Faktor, die menschliche Reaktion auf diese Entwicklung, völlig falsch beurteilt wurde. Proletariat, Bürgertum und politische Romantik verhielten sich anders, als es der primitiven Menschenauffassung jener Theoretiker entsprochen hätte. Es ging wie ein Erschrecken durch die Vertreter der sozialistischen Theorie. Die gelegentliche Bemerkung von Marx, daß nicht nur der Sozialismus, sondern auch die Barbarei am Ende der kapitalistischen Entwicklung stehen könne, wurde zu einem dogmatischen Ort erster Ordnung erhoben. |

Notwendigkeit und Berechenbarkeit der Geschichte, auch der kapitalistischen Entwicklung, wurden fragwürdig. Das menschliche Handeln wurde zum maßgebenden Faktor gemacht. An Stelle der Notwendigkeit trat die Freiheit. Die Motive des ethischen Sozialismus, die im westlichen Sozialismus immer stärker gewirkt hatten, verdeckten die marxistische Grundlage. Jugendliche Impulse empörten sich gegen die Haltung des Zuschauens. Politische Leidenschaft befreite sich aus den Fesseln theoretischer Betrachtung. Man wagte wieder, Forderungen an die Wirklichkeit zu stellen, für die man in der Wirklichkeit selber keinen Ansatz aufweisen konnte. Die utopische Form des Sozialismus begann neue Macht zu gewinnen. [m]Und[m] mit dem Utopismus die Willkür und Zufälligkeit des Forderns, die Hinneigung zu romantischen Elementen, die Selbstüberschätzung des Denkens und Wollens einzelner, die Fremdheit gegenüber der Bewegung der Massen[73]. – Auf diese Weise verfehlte man den dialektischen Ansatz ebenso völlig wie vorher durch die Lehre von der Notwendigkeit. Man bewegte sich in Gegensätzen, die beide gleich weit von der Wirklichkeit entfernt sind. Die Notwendigkeitslehre betrachtete Mensch und Geschichte unter dem Modell eines Dinges mit Eigenschaften und geriet damit in unauflösliche Widersprüche: Wo die Wirklichkeit als Ding angeschaut wird, ist die Freiheit ausgeschlossen, denn Ding ist das allseitig Bedingte. Freiheit aber hat Unbedingtheit in sich. Andererseits mußte man die Freiheit bejahen um der Forderung willen, auf die im politischen Kampf keinen Augenblick verzichtet werden konnte. Der Widerspruch kann nur aufgelöst, *die Dialektik nur verstanden werden, wenn auf das Modell des Dinges verzichtet wird.* Menschliches Sein und Geschichte müssen in ihrer wirklichen Erscheinung aufgefaßt werden, dürfen nicht durch die Ding-Abstraktion, die für | bestimmte Zwecke notwendig ist, niemals aber die ganze Wirklichkeit trifft, verstellt werden. Das Bild von Mensch und Geschichte, das dann entsteht und das nicht durch eine vorgegebene Kategorie verfälscht ist, sieht anders aus: Geschichte ist nicht zu berechnen, sie hat in sich die Möglichkeit des Neuen. Aber ihr Weg ist auch nicht abhängig von dem Zufall freien menschlichen Handelns. Sie hat in sich eine Richtung, einen Impuls. *Sie geht immer und überall den Weg von der Ursprungsbindung zur Enderfüllung.* Aber sie geht diesen Weg durch menschliches *Handeln.* Ginge sie am menschlichen Handeln vorbei, so könnte es nie eine Erfüllung geben, denn abgesehen vom menschlichen Handeln ist das Sein weder erfüllt noch unerfüllt, es steht noch unterhalb jenes Gegensatzes. Seinserfüllung ist erfülltes, der Forderung *gemäßes* menschli-

[73] Das gilt besonders für eine gewisse voreilige Art, die „Querverbindung“ zwischen Sozialismus und revolutionärer Romantik unter Übergehung der proletarischen Bewegung herstellen zu wollen.

ches Handeln, und kein Wunder und kein Naturprozeß kann das Sein erfüllen am menschlichen Handeln vorbei. – Aber auch das Umgekehrte "gilt". Seinserfüllung ist nicht abhängig von menschlicher Willkür. Sie ist der innere Sinn und die Richtung jedes einzelnen geschichtlichen Ablaufs. Sie ist der Impuls der Geschichte in jedem ihrer Momente. Daraus folgt wieder nicht, daß man die Geschichte deuten kann als einen objektiven Prozeß, in dem mit Notwendigkeit das Ziel erreicht wird, das dann irgendeinmal in Raum und Zeit vorzufinden wäre. Das ist Utopismus, und solche Geschichtsdeutung ist in all ihren Teilen utopisch. Der Impuls der Geschichte kann nicht in eine Abfolge äußerer Vorgänge verwandelt werden. Was vorgeht, widerspricht dem Impuls ebensooft, wie es ihm entspricht. *Es gibt keine Universalgeschichte als Theodizee, als Nachweis siegreicher Durchsetzung des Gesollten im Seienden.*

Die historische Dialektik, die Einheit von Seinsbewegung und Forderung, kann also nicht den Sinn haben, das menschliche Handeln, also auch den Kampf um den Sozialismus abhängig zu machen von bestimmten Feststellungen über die | gesellschaftliche Lage der Gegenwart, über Kräfteverteilung, wirtschaftliche Tendenzen und voraussichtlichen Sieg dieser oder jener Gruppe. Sozialistisches Handeln hat in sich die Gewißheit, mit Sinn und Impuls der Geschichte übereinzustimmen. Denn es geht auf Erfüllung des Ursprungs im Ziel unter den Voraussetzungen der gegenwärtigen Lage. Es ist die prophetische Bewegung der Gegenwart, diejenige Bewegung also, die sich unter die Forderung der Gerechtigkeit stellt. Aufgabe der Theorie kann es nur sein, dies sowohl nach der grundsätzlichen Seite, wie es hier geschehen ist, als auch nach der tatsächlichen Seite, wie es Marx versucht hat, zu entwickeln. Es ist nicht bedeutungslos zu wissen, daß das menschliche Sein selbst die Unterordnung des Ursprungs unter die Forderung verlangt. Und es ist nicht bedeutungslos, die Kräfte zu kennen, die in der gegenwärtigen kapitalistischen Gesellschaft den Sozialismus erzwingen, wenn anders die Barbarei vermieden werden soll. Das ist nicht nur taktisch wichtig, um ein Handeln auf Grund richtiger Bewertung der menschlichen und geschichtlichen Faktoren zu ermöglichen – das wäre noch undialektisch gedacht –, sondern es ist notwendig, weil nur ein Handeln Erfolg haben kann, das mit dem Sein in Übereinstimmung geht, und weil nur eine Forderung siegreiche Leidenschaft erwecken und bewahren kann, die mit der Gewißheit verbunden ist, daß die Wirklichkeit selbst für sie kämpft. Es war die ungeheure Bedeutung des Marxismus für den proletarischen Kampf, daß er ihm diese Gewißheit gab; sie wird auch in keiner Weise dadurch abgeschwächt, daß die Drohung des anderen Ausganges, des Chaos und der Barbarei, daneben steht. Der Vulgärmarxismus hat diese Kraft vergeudet, weil er aus der Dialektik eine ständig sich wandelnde und ständig enttäuschende Berechnung gemacht hat, und der ethische Sozialismus kann diese Kraft nie wecken, weil er eine Forderung erhebt, die über dem Sein steht und nicht eins geht mit dem Impuls der Geschichte. |

Noch eine Vertiefung, die auch schon bei Marx vorgebildet ist, muß dieser Gedankengang erfahren. Es könnte scheinen, als ob die Erkenntnis menschlichen Seins, der Geschichte und der gegenwärtigen Bewegung in reiner, vom

Handeln losgelöster Betrachtung gewonnen würde. So ist es aber nicht. Das Verhältnis geht nicht einseitig vom Erkennen zum Handeln, sondern ebenso vom Handeln zum Erkennen. *Nicht von jedem beliebigen Ort in der Geschichte kann der Zusammenhang menschlichen Seins, geschichtlicher Wirklichkeit und sozialistischer Forderung erkannt werden.* Es gibt zur Zeit einen bevorzugten Ort dafür, die proletarische Situation; denn in ihr sind die Ideologien durchschaut, zwangsweise durchschaut, mit dem Bürgertum und politische Romantik die Klassenlage überdecken können. Das Proletariat kann nichts überdecken. Denn es steht auf der negativen Seite der Gesellschaft. Unmittelbar erfährt es durch sein eigenes Dasein die Ungerechtigkeit der Gesellschaftsordnung. Unmittelbar reagiert es dagegen, und unmittelbar steht es in der Erwartung, erfährt es die Spannung auf die neue Ordnung der Dinge, auf die Gerechtigkeit. Was an jedem anderen Ort nur durch Reflexion und darum zufällig geschieht, das geschieht hier notwendig und ohne rationale Begründung. Was an anderen Orten immer nur einzelne vermögen, die Gesellschaftsideologie zu durchschauen, das geschieht hier den Massen ohne ihr Tun, durch ihr bloßes Dasein. Die natürlichen Triebreaktionen selbst drängen zur Gerechtigkeit. Darum ist auf proletarischem Boden die Entscheidung für den Sozialismus mehr als an jedem anderen Ort dem Zufall enthoben. Sie wächst unmittelbar hervor aus der geschichtlichen Konkretion. Sie ist gleichsam der Forderungscharakter dieser Situation selbst. Darum hat Marx mit Recht sozialistisches Erkennen und Handeln in eine ursprüngliche Verbindung mit dem Proletariat gebracht. Daß hier ein Ort ist, an dem der Sozialismus mit dialektischer Notwendigkeit aus dem Sein selbst hervorwächst, ist der Ansatzpunkt für seinen | Aufweis der historischen Dialektik überhaupt. So schließen sich Sein und Sollen noch einmal in einer konkreten menschlichen Situation zusammen. Sozialistische Forderung und geschichtliches Sein sind eins im Erkennen und Handeln des Proletariats. Zugleich aber erschließt sich in solchem Denken und Handeln eine Struktur menschlichen Seins selbst und erweist den Sozialismus als das entscheidende Anliegen der abendländischen Menschheit überhaupt.

3. Kritik des dogmatischen Marxismus

Die vorgetragene Deutung und Weiterführung der marxistischen Probleme sowie die vertretene Gesamtauffassung des Sozialismus müssen verteidigt werden gegen gewisse Formen eines dogmatischen Marxismus, der die Fragen und Begriffe, die hier verwendet sind, vor jeder Prüfung ablehnt. Für ihn sind die Probleme Mensch und Gesellschaft, Kultur und Erziehung, sind die Fragen nach Erwartung und Forderung überflüssige oder schädliche Ideologie. Er fordert für die Zeit vor der Revolution vom Theoretiker eine Analyse der jeweiligen gesellschaftlichen Lage und vom Praktiker (zu denen auch der Theoretiker gehören muß) revolutionäres Handeln. Die übrigen Fragen würden nach der siegreichen Revolution verschwinden oder sich von selbst beantworten. Es liegt in dieser Haltung eine Kraft, die suggestiv wirken kann, besonders dann, wenn sie verbunden ist mit einer entschlossenen und opferwilligen revolutionären Praxis. Sie wirkt besonders überzeugend, wenn unter Ablehnung der niemals abschließbaren theoretischen Diskussion die Anerkennung einiger weniger Dogmen und im übrigen Praxis gefordert wird. Die Wirkung des Kommunismus, besonders auf jüngere Intellektuelle, beruht auf dieser entschiedenen und im Grunde untheoretischen Haltung.

Aber die Geschichte der deutschen kommunistischen Partei zeigt, daß es zum mindesten in Deutschland so nicht geht. Die dogmatische Grundlegung ist zu schwach, um eine er|folgreiche Praxis zu tragen. Sie ist theoretisch nicht durchschlagend und praktisch nicht wegweisend. Das Abschneiden dringender theoretischer Fragen und die dogmatische Verengung und Verhärtung kann zwar äußerlich die Geschlossenheit einer Gruppe vermehren, muß sie aber innerlich schwächen und auf falsche Wege treiben. – Darum bemüht sich unsere Arbeit um die Frage, was Analysen der gegenwärtigen Gesellschaft praktisch bedeuten können, welchen Grad von Berechenbarkeit geschichtliche Prozesse haben, wie die sozialistische Praxis aussehen soll, wie der Mensch beschaffen ist, mit dem die Revolution zu rechnen hat, der proletarische, der bürgerliche und der vorbürgerliche. Darum wird die Frage gestellt, welches die wirklichen Impulse der sozialistischen Bewegung und auch der Gegenbewegungen sind, woher sie ihre Kraft nehmen und wodurch sie schwach werden. Darum wird nach der Bedeutung gefragt, die die Erwartung im proletarischen Kampf spielt, positiv durch die seelischen Kräfte, die sie weckt, negativ durch die seelische Schwächung, die jede enttäuschte Erwartung zur Folge hat. *In all dem ist die Absicht wirksam, den Marxismus aus der dogmatischen Enge, in die er bei den Epigonen geraten ist, wieder in die Breite zu stellen, die er bei dem jungen Marx hatte* und die der „Marx des Kapitals" nicht grundsätzlich, sondern nur um der Arbeitsbeschränkung willen verlassen hat [74] – womit er freilich seinen dogmatisch gebundenen Nachfolgern einen bequemen Vorwand gab, die Fülle seiner älteren Probleme beiseitezulegen. In diesen Problemen aber stecken die Voraussetzungen für jede einzelne Behauptung des ökonomischen Marxismus. Daß diese Voraussetzungen ununtersucht übernommen oder durch Primitivisierung verdorben wurden, hat das Schicksal des deutschen Sozialismus weithin bestimmt. Bis in jede Einzelheit kann man den Zusammen|hang aufweisen, in dem das sozialistische Handeln auf deutschem Boden mit der ungeprüften Übernahme der bei Marx selbst unausgesprochenen Voraussetzungen seiner ökonomischen Analyse steht. Das gilt für die Sache selbst, und es gilt für das Zerrbild, das die politische Romantik vom Marxismus gezeichnet hat und mit dem sie einen außerordentlichen und politisch verderblichen Eindruck machen konnte. An diesem Zerrbild ist vor allem der dogmatische Marxismus schuld, nicht oder nur in geringem Maße Marx selbst.

---

[74] Vergl. dazu die neue gefundene Schrift: Nationalökonomie und Philosophie, u.a. herausgegeben [von Siegfried Landshut] in „Karl Marx, der historische Materialismus", 2 Bde. 1932. Alfred Kröner Verlag [Leipzig]. Dazu die Aufsätze von Konrad Hebel und I. P. Mayer in: Neue Blätter für den Sozialismus, 1932, Heft 9 [S. 465–481].

Es ist eine alte Erfahrung, daß der Dogmatiker nichts mehr scheut als die Aussprache über die unausdrücklichen Voraussetzungen seines Dogmas. Er sucht ihr dadurch zu entgehen, daß er dem Gegner das Recht bestreitet, überhaupt in eine Aussprache einzutreten, oder daß er das Aussprechen schon als eine Stellungnahme wertet, die sich gegen ihn richtet. So lehnt der Orthodoxe die Aussprache über die Voraussetzungen seines Glaubens, der Okkultist die Aussprache über die Voraussetzungen seines Schauens ab; denn ein Sprechen, das nicht auf der Grundlage des Glaubens oder des Schauens geschehe, hätte die Sache gar nicht zur Verfügung, von der gesprochen werden soll. Nach der gleichen Methode lehnt der dogmatische Marxist die Aussprache über die Voraussetzungen seiner Dogmen ab. Er verdächtigt die Gegenargumente als bürgerliche Ideologie, ohne den geringsten Verdacht zu haben, daß er selber sich ideologisch verfangen könne. Er vertagt die Entscheidung auf den Tag, wo die siegreiche Revolution ihm recht gegeben hat. Mit der Forderung, sich der Revolution – und das heißt praktisch, sich dem dogmatischen Marxismus – zur Verfügung zu stellen, wird das Gespräch abgebrochen; d.h. der dogmatische Marxismus fordert wie jedes dogmatisch gebundene System einen radikalen Sprung. Wer ihn nicht macht, kann nicht über das System urteilen, wer ihn gemacht hat, urteilt nicht mehr darüber. |

C. Auflösung des inneren Widerstreits des Sozialismus durch Entfaltung des sozialistischen Prinzips

Einleitung: Das Proletariat und die Gruppen der revolutionären Romantik

Das sozialistische Prinzip hat die Kraft, den inneren Widerstreit des Sozialismus aufzulösen. Wie aber der Widerstreit des Sozialismus in dem Widerstreit der proletarischen Situation begründet ist, so kann die Auflösung nur in einer Auflösung des Widerstreits der proletarischen Situation begründet sein. Das sozialistische Prinzip hat die Kraft, die sozialistischen Antinomien aufzulösen, nur dann und nur insoweit, als in ihm Kräfte der proletarischen Bewegung zum Ausdruck kommen, in denen das Proletariat seine eigene Antinomik überwindet. Der Grund des inneren Widerstreites der proletarischen Situation ist die Doppelstellung des Proletariats zur bürgerlichen Gesellschaft, die Notwendigkeit, das bürgerliche Prinzip zugleich zu erfüllen und zu bekämpfen. Dabei ergab sich die Unmöglichkeit, das bürgerliche Prinzip durch sich selbst zu überwinden. Da jeder Angriff auf seinem Boden und mit seinen Waffen geschah, so bedeutete er in Wahrheit eine Festigung des Angegriffenen. Erschwert wurde die Lage dadurch, daß vorbürgerliche Kräfte, mit denen der Angriff hätte geschehen können, vom Bürgertum längst in Anspruch genommen waren und darum für das Proletariat als Verbündete seines Angriffs nicht mehr in Frage kamen. Und doch kann der Angriff nur mit den Kräften des Ursprungs geschehen. *Was sich im Proletariat seelisch als Ursprungskraft gegen die Verdinglichung durch das bürgerliche Prinzip empört, das muß sich gleichzeitig gesellschaftlich als ursprungsnahe Gruppe gegen die Herrschaft des Bürgertums empören.* Seelische und gesellschaftliche Schichten entsprechen sich, und nur wenn die seelischen Ursprungsschichten im Proletariat zu einer Verbindung führen mit den gesellschaftlichen Ur|sprungsschichten im Volk, kann zur Zeit der Sozialismus verwirklicht werden. Eine solche Verbindung war solange unmöglich, als die ursprungsnahen vorbürgerlichen Gruppen mit dem Bürgertum zur Aufrechterhaltung der Klassenherrschaft verbunden waren und dadurch das Proletariat seinerseits gezwungen war, das bürgerliche Prinzip zu radikalisieren.

Solange diese Lage andauerte, hat der Sozialismus vergeblich versucht, mit Bauerntum, Handwerk, Beamten ein Bündnis gegen die Kapitalherrschaft zu erreichen. Er hat auf Grund seiner partikularen proletarischen Bindung den Sinn der, wenn auch noch so gelockerten, Ursprungsbindung in jenen Gruppen nicht erfaßt. Die sozialistische Theorie hat infolgedessen dauernd Richtiges und Falsches vermengt. Sie hat richtig gesehen, daß die Einbeziehung jener Gruppen in den sozialistischen Kampf nur möglich ist, wenn sie durch das rationale System aus der ungebrochenen Ursprungsbindung gelöst sind. Falsch ist dagegen die Forderung, daß jene Gruppen wirklich proletarisiert werden müssen im Sinne eines völligen Eingehens in die Klassensituation des Proletariats. Das ist bisher nicht geschehen, und es besteht keine Sicherheit, daß es je geschehen wird. *Es kann* geschehen; es sprechen wichtige Anzeichen, namentlich die Rationalisierung der Landwirtschaft, dafür, daß es geschieht. Wenn es °geschähe°, wäre ein einheitlicher proletarischer Angriff auf den Kapitalismus möglich. Und die proletarischen Ursprungskräfte würden durch die neu hinzutretenden, eben noch vorbürgerlichen Massen gewaltig gestärkt werden. Aber es kann auch anders kommen; dafür spricht vieles in der unmittelbaren Gegenwart. Wohl ist es möglich und zum Teil schon wirklich, daß diese Gruppen in ihrem Realeinkommen unter das Durchschnittsniveau des industriellen Proletariats sinken. Aber mit der Einkommenshöhe ist die gesellschaftliche und seelische Struktur noch nicht eindeutig bestimmt[75]. Die Frage, ob der | Sieg des Sozialismus durch eine allgemeine Proletarisierung aller nichtbürgerlichen Gruppen des Volkes hindurchgehen wird, muß offen gelassen werden. Sie ist zur Zeit nicht entscheidbar. *Sicher aber ist, daß gegenwärtig nicht auf die allgemeine Proletarisierung gewartet*

---

[75] Die Lehre vom „wahren Interesse" des Mittelstandes war ein Ausdruck jenes falschen Materialismus, der das Interesse durch die Quantität des Einkommens eindeutig bestimmt sein läßt. Wohl ist das Einkommen ein entscheidender Faktor, aber eben nur *einer.* Ein anderer ist die Art des Einkommens und die gesellschaftliche Lage, in der es erworben wird. Die Annahme, daß die mittleren Gruppen das proletarische Interesse unmittelbar als das eigene „wahre" Interesse empfinden könnten, war materialistischer Dogmatismus.

werden darf, sondern die Verbindung des revolutionären Proletariats mit den revolutionären Gruppen der politischen Romantik angestrebt werden muß.

Denn das ist das Neue und Wichtige der gegenwärtigen Lage, daß die ursprungsnahen Gruppen weithin in Opposition gegen die bürgerliche Gesellschaft geraten sind. Es ist die Funktion des Nationalsozialismus, daß er diese Revolutionierung mit Mitteln durchgeführt hat, die dem ursprungsnahen Sein jener Gruppen entsprach. Voraussetzung des Gelingens war freilich die Erschütterung der Verbindung von Bürgertum und vorbürgerlichen Mächten, in der sich beide gegenseitig stützten und auf Kosten des Proletariats die Klassenherrschaft aufrecht erhielten. Durch Weltkrieg, Inflation und Weltwirtschaftskrise war das Bürgertum gezwungen, die Kosten seiner Herrschaft auch den Mittelschichten aufzubürden. Sie wurden nicht mehr nur als Einzelne, sondern auch als Gruppen hineingerissen in die Krisensituation des Kapitalismus. Die Vorteile, die ihnen der Kapitalismus zeitweise gewährt hatte, Einordnung und Aufstiegsmöglichkeit als Angestellte und mittlere Beamte, starke Sicherungen gegen Arbeitslosigkeit, die Verwaltung und Verzinsung des Sparkapitals, die erhebliche Nachfrage vor allem nach Produkten der bäuerlichen Veredelungswirtschaft, all das ging in Krieg, Inflation und Krise verloren. Dadurch ist eine neue Situation für den Sozialismus geschaffen. Es ist nicht nur demagogisch | zu verstehen, daß die revolutionäre Bewegung der mittleren Schichten sich sozialistisch nennt. Sie hat wirkliche „Erwartung". Das Symbol des dritten Reiches z.B. enthält nicht nur die Vorstellung eines dritten deutschen Kaiserreiches, sondern die Magie der Dreizahl bringt diese Vorstellung in Verbindung mit den uralten Erwartungen eines dritten Zeitalters. Freilich ist der Inhalt dieser Erwartung der ungebrochene Ursprung, entsprechend dem inneren Widerspruch der politischen Romantik überhaupt. Dadurch ist die Bewegung jederzeit in Gefahr, von der konservativen Form der politischen Romantik aufgesogen und wieder in den Dienst der Klassenherrschaft zurückgeführt zu werden. Die Gefahr ist um so größer, als namentlich ihr Führer darauf hinzuarbeiten scheint. Geschieht es, so ist eine Verwirklichung des Sozialismus auf deutschem Boden ausgeschlossen, solange nicht durch wirtschaftliche oder politische Katastrophen neue Bewegungen einsetzen. Da die sozialistische Erwartung keine Voraussagen enthält, so ist von ihr aus eine Entscheidung in der einen oder anderen Richtung nicht möglich. Sie ist für beides offen. Sie ist nicht auf Proletarisierung der mittleren Schichten angewiesen, sondern kann auch mit ihnen in Verbindung kommen, wenn die eigentliche Proletarisierung nicht eintritt. Diese Möglichkeit auszunützen, für die das sozialistische Prinzip die Grundlage gibt, gehört zu der heute und hier geforderten sozialistischen Entscheidung[76].

---

[76] Selbst auf dem Boden der konservativen Form der politischen Romantik versuchte eine kleine Gruppe, sich von der Verbindung mit Bürgertum und Klassenherrschaft loszulösen. Es sind die Volkskonservativen, die aber, wie ihr politischer Mißerfolg gezeigt hat, keine realen gesellschaftlichen Kräfte hinter sich haben und nur in der geistigen Sphäre von Bedeutung für den sozialistischen Kampf sind.

1. Ursprung und Ziel in der Zukunftserwartung

Im sozialistischen Prinzip ist der innere Widerstreit des sozialistischen Glaubens gelöst. Er war darin begründet, daß der Sozialismus die bürgerliche Weltauffassung aufnahm | und radikalisierte, aber ohne ihren tragenden Gedanken, den Harmonieglauben. Dadurch war der Sozialismus gezwungen, für die Zukunft mit einer Wirklichkeit zu rechnen, die aus der gegebenen Wirklichkeit in keiner Weise verständlich gemacht werden kann. Er mußte mit einem absoluten Sprung rechnen und geriet dadurch in die Nähe eines Wunderglaubens, der seiner Voraussetzung durchaus widersprach. – Durch das sozialistische Prinzip bekommt die sozialistische Erwartung einen Inhalt, in dem sich ihr innerer Widerstreit auflöst. Was erwartet wird, ist nicht der vollkommene Widerspruch zu dem, was ist, sondern es ist der wahre Sinn des Ursprungs. Das Geforderte ist nicht eine abstrakte Norm der Gerechtigkeit jenseits des Ursprungs, sondern es ist die Erfüllung des Ursprungs selbst.

Klassenlose Gesellschaft bedeutet also nicht Gesellschaft ohne Macht des Ursprungs. Auch in der Gesellschaft, die der Sozialismus schaffen will, wirken der Boden, das Blut, die Gruppe. Auch in ihr gelten Traditionen und allgemeine, jedem verständliche Symbole. Auch in ihr wirken Glaube und Hingabe. Eben diese Kräfte sind es, die gegenwärtig der Klassenherrschaft widerstehen, im Proletariat wie bei den revolutionären Ursprungsgruppen, und durch die allein die klassenlose Gesellschaft verwirklicht werden kann. Denn nur was im Kampf um die klassenlose Gesellschaft sich als siegreiche Macht bewährt, hat in der klassenlosen Gesellschaft tragende Bedeutung. Weg und Ziel fallen nicht auseinander, wie Wunderglaube und Utopismus es meinen. – So kann z.B. ohne vorstoßende, radikal opferwillige Gruppen und ohne einzelne von überragender Mächtigkeit der Sozialismus den gesellschaftlichen Sieg nicht erringen. Die innere Differenzierung der sozialistischen Bewegung, die Bildung von Vortrupps und Führern, ist darum nur vom Standpunkt eines dem bürgerlichen Prinzip verfallenen abstrakten Sozialismus aus zu bedauern [77]. Für die wirkliche sozialistische | Bewegung hängt alles davon ab, daß und in welcher Mächtigkeit es geschieht. – So sind auch die Differenzierungen innerhalb der Arbeiterschaft, die Fortgeschrittenheit einzelner gewerkschaftlicher Gruppen, die nationalen und landschaftlichen Besonderungen des Proletariats, nicht notwendig eine Gefährdung der sozialistischen Bewegung. In diesen Differenzierungen arbeiten sich die tragenden Kräfte der sozialistischen Bewegung und damit der klassenlosen Gesellschaft heraus. *Es bereitet sich die Struktur der klassenlosen Gesellschaft vor.* Welche Stelle die Gruppen der revolutionären politischen Romantik in dieser Struktur einneh-

---

[77] Man könnte hier an den faszistischen Elite-Begriff denken. Er ist aber nicht an sich – sondern durch seinen Mißbrauch im Faszismus für den Sozialismus unbrauchbar geworden. Er wird dort im Sinne eines ungebrochenen Ursprungsmythos verwendet: die Elite steht nicht unter der Gerechtigkeitsforderung, sondern ist Trägerin eines bürgerlichklassenbegründeten Feudalismus.

men, hängt einmal davon ab, daß sie überhaupt als solche in sie eingehen und nicht durch die radikale Proletarisierung hindurch müssen. Gehen sie als ursprungsnahe Gruppen ein, so kann die bleibende Spannung zwischen ihnen und dem Proletariat wie in Rußland zu fruchtbaren politischen Entwicklungen führen.

Durch dieses Verständnis seiner selbst befreit sich der sozialistische Glaube aus der Antinomie zwischen radikalem Gegenwartspessimismus und radikalem Zukunftsoptimismus, zwischen rationaler Weltbetrachtung und höchst irrationalem Wunderglauben. Der Glaube an eine natürliche Harmonie im Sinne des bürgerlichen Prinzips freilich bleibt ausgeschlossen. Das Gegeneinander der Ursprungsmächte kann nie aufhören; und mit dem Gegeneinander die Gefahr von Gewalt und von Vergewaltigung. Der Raum und sein Nebeneinander wird nicht aufgehoben, soll nicht aufgehoben werden. Was aber der Sozialismus überwinden und für eine unübersehbare Strecke menschlicher Geschichte beseitigen kann, ist das Ja zu den Ursprungsmächten in ihrem bloßen Sein, und was er durchsetzen kann, ist die Forderung der Gerechtigkeit gegenüber dem, was ist, was Macht hat. Der sozialistische Glaube ist gleich weit entfernt von dem Pessimismus eines | konservativen Luthertums, das sich den bestehenden dämonischen Mächten widerstandslos unterwirft, wie er entfernt ist von dem Optimismus des bürgerlichen Prinzips, das an eine natürlich sich durchsetzende Harmonie glaubt.

Aus diesem Grunde muß der Sozialismus wenigstens grundsätzlich auch über den Sozialismus und seine mögliche Durchsetzung einer kommenden Gesellschaftsordnung hinausblicken. Der Sozialismus ist für den Sozialismus nicht das Ende. Der sozialistische Glaube ist zwar geschichtlich abhängig von der prophetischen Erwartung des tausendjährigen Reichs, aber er geht über die utopische Form hinaus, die dieser Glaube unter der Herrschaft des bürgerlichen Prinzips angenommen hat. Besonders an diesem Punkt hat die Bemühung des religiösen Sozialismus um die Durchdringung und Reinigung des sozialistischen Glaubens eingesetzt. Er hat durch die Idee des „Kairos" die Grenzen, aber auch Recht und Sinn der konkreten Erwartung deutlich zu machen versucht [78]. An einem bestimmten, für eine einmalige Zeitlage gültigen Erwartungsinhalt kommt die Erwartung überhaupt, die Erwartung als menschliche Haltung, zur Existenz. *Die Erwartung ist immer zugleich konkret gebunden und übergreifend über jede Konkretheit.* Sie hat einen Inhalt, der abhängig ist von der geistigen und gesellschaftlichen Gruppe, die sie trägt, und sie geht über diesen Inhalt hinaus. Es ist die Lebendigkeit und Tiefe des sozialistischen Glaubens, daß er diese Spannung deutlich und gefahrvoll in sich trägt. Denn die gefahrvollste menschliche Haltung ist die Erwartung.

---

[78] Vergl. den vor mir herausgegebenen Band: Kairos. Zur Geisteslage und Geisteswendung. [Darmstadt] 1926.

2. *Sein und Bewußtsein im Bild des Menschen*

Die Antinomie der sozialistischen Menschenauffassung war darin begründet, daß der Sozialismus den Menschen von der Vernunft her konstruierte, daß er die Herrschaft der Ver|nunft, sei es auf liberalem, sei es auf demokratischem Wege erwartete, zugleich aber den Harmoniegedanken, auf dem diese Erwartung beruht, preisgegeben hatte. So war er gezwungen, einen Sprung aus der gegenwärtigen Unvernunft in die zukünftige Vernunft anzunehmen. Verhängnisvoll wurde dieser Widerstreit besonders für die Beurteilung der Menschen, die den Sozialismus tragen sollen, aber auch der Gegner, die ihn bekämpfen. Das sozialistische Prinzip löst die Antinomie durch Aufweis der Ursprungskräfte im menschlichen Sein. Der erste Schritt zu einer neuen sozialistischen Menschenauffassung ist die *Beseitigung der primitiven Triebpsychologie,* auf die der Vulgärmarxismus seine Zukunftsberechnungen aufbaute. Die Meinung, daß menschliches Sein als Mechanismus aufgefaßt werden könnte, dessen bewegende Kraft elementare Lust- und Unlustreaktionen wären, führte zu jener mechanischen Konstruktion, nach der infolge wachsender Verelendung bei immer größeren proletarisierten Massen eine radikale, die Revolution erzwingende Unlustreaktion eintreten müßte. Vollends primitiv und wirklichkeitsfern war die weitere, dem liberalen Harmonieglauben entnommene Meinung, daß nach dem Sieg der Revolution eine allgemeine, gleichartige Befriedigung der Bedürfnisse eintreten könnte. – Der Mensch ist kein Mechanismus, der durch elementare Lust- und Unlustreaktionen bestimmt ist. Diese Vorstellung ist ein äußerstes Produkt bürgerlicher Verdinglichung, gedanklich und real. Ein Mensch, auf den diese Vorstellung zuträfe, wäre ein Ding und kein Mensch. Er wäre wirklich nichts mehr als das, was er im bürgerlichen System sein soll, ein Teil der Ware Arbeitskraft, ein Maschinenteil in dem Mechanismus der Produktion. Wäre dieses Bild des Menschen, insonderheit des Proletariers zutreffend, so gäbe es keine proletarische Bewegung, keinen Sozialismus. Und soweit das Bild zutrifft, soweit es der Klassenherrschaft gelungen ist, Menschen zu Dingen zu machen, gibt es zwar berechenbare Unlustreaktionen *gegen* augenblickliche übermäßige Bedrückung, gibt es | aber keinen Sozialismus, keine Kräfte, die ihn erkämpfen und tragen können. Denn der Sozialismus ist gerade die Gegenbewegung gegen die Verdinglichung des Menschen, gegen die Tendenz des Kapitalismus, ihn zu einem seelischen Mechanismus mit berechenbarer Lust- und Unlustreaktion zu machen. *Die sozialistische Menschenauffassung hat ein Menschenbild in der Theorie vertreten, gegen dessen praktische Verwirklichung die ganze sozialistische Bewegung gerichtet ist: Den Menschen, der Ding geworden ist.*

Der Sozialismus muß den Menschen verstehen von der seelisch-vitalen Mitte aus: Nicht im Sinne einer Vitalphilosophie, die dem Menschen das eigentlich Menschliche nimmt, die Doppelung des Seins im Bewußtsein, sondern im Sinne des sozialistischen Prinzips, also der Unterordnung des Ursprungs unter die Forderung. Auch in dem so verstandenen Menschen gibt es Mechanismen. Es ist für jede Psychologie wie auch für jede politische Praxis notwendig, diese Mechanismen zu kennen und mit ihnen zu rechnen. Aber dadurch, daß sich an einem Lebendigen Mechanismen abspielen, wird es nicht selbst zu einem Mechanismus. Hier liegt der grundlegende Fehler der dinglichen Weltauffassung, der sich auch der Sozialismus trotz seines Protestes gegen sie nicht entzogen hat. – Die Einsicht in die Unzulänglichkeiten der älteren sozialistischen Menschenauffassung hat gegenwärtig vielerorts zu einer *Verbindung von Marxismus und Psychoanalyse* geführt[79]. Man versucht, durch eine tiefere und kompliziertere Psychologie die Fehler der älteren Menschenauffassung zu beseitigen. Diese Versuche sind wichtig und begrüßenswert. Aber die Psychoanalyse hat ein doppeltes Gesicht. Sie ist einerseits in das 19. Jahrhundert gewendet und arbeitet mit Begriffen und Vorstellungen, die der mechanisch-dinglichen Weltauffassung des bürgerlichen Prinzips | gemäß sind. Wird diese Seite der psychoanalytischen Forschung in den Mittelpunkt gestellt, so ergibt sich zwar eine Verbesserung, aber keine grundsätzliche Wandlung der vulgär-marxistischen Menschenauffassung. *Die Triebpsychologie wird verfeinert, aber die Auffassung* des *Menschen nicht verändert.* Die Psychoanalyse hat aber noch ein anderes Gesicht. Sie entthront das Bewußtsein und erschüttert den Glauben an seine Herrschaft. Sie weist die Kräfte der seelisch-vitalen Mitte auf, die das Bewußtsein auch da bestimmen, wo es glaubt, bei sich selbst zu sein und in Freiheit entscheiden zu können. Sie eröffnet Zugänge zu Schichten, deren Aufdeckung die mechanistische Psychologie grundsätzlich erschüttert. Vor allem weist sie auf Zusammenhänge zwischen vitalem Sein und geistigen Formen, die der marxistischen Geschichtsauffassung in ihrem echten, bürgerlich nicht verdorbenem Sinn entgegenkommt. Die Dinge sind hier im Fluß. Wichtig ist, daß mit der Wendung zur Psychoanalyse auch im radikalmarxistischen Lager das Ringen um eine neue Menschenauffassung beginnt.

Wird der Mensch von der vital-seelischen Mitte aus verstanden, so ergeben sich eine Reihe wichtiger Konsequenzen für die Beurteilung der proletarischen Bewegung und ihrer Gegenbewegungen. Zunächst wird eine anthropologische Grundlage für den marxistischen Gedanken gegeben, daß das Ende des Kapitalismus nicht nur der Sozialismus, sondern auch die Barbarei sein kann. Auch wenn der ökonomische Mechanismus so verläuft, wie es die marxistische Theorie meint – und da er als prinzipiell technisches Gebilde ein wirklicher Mechanismus ist, so ist er weithin zu berechnen –, ist noch nichts über die menschliche Reaktion, weder über die des Proletariats noch über die der übrigen Gruppen ausgemacht. Auch eine Kenntnis aller bisherigen Faktoren ökonomischer und psychologischer Art würde darüber nichts ausmachen können. Denn es ist das Wesen des Ursprungs, Ursprüngliches zu setzen, das weiter Ursprüng|liches setzt usw. Da das Lebendige und mit ihm der Mensch im Ursprung steht, so ist er nicht durch eine fixierte Menge dinglicher Faktoren bestimmt, deren gegenwärtige und künftige Konstellation berechenbar wäre. Zwar hat der Positivismus

---

[79] Vergl. den schon zitierten Aufsatz von [Erich] Fromm in der Zeitschrift für Sozialforschung, sowie die Schriften von Bernfeld.

Recht, wenn er es ablehnt, sich die Feststellung gesetzesmäßiger Zusammenhänge und das Erschließen der Zukunft aus ihnen durch Hinweis auf die Grenzen des Erkennens, auf Intuition und Irrationalität verbieten zu lassen. *Die methodische Forderung rationaler Analyse muß unangetastet bleiben.* Auf ihr beruht weithin die geforderte Brechung des Ursprungsmythos. Aber er hat Unrecht, wenn er aus einer methodischen Forderung eine ontologische These macht, wenn er das Sein selbst in ein dingliches Zusammen dinglicher und berechenbarer Elemente verwandelt. Für eine solche Behauptung gibt es keine Begründung. Sie widerspricht sich selbst und der Wirklichkeit[80].

Weiter hat die veränderte Menschenauffassung zur Folge eine neue Theorie der Bedürfnisse. Da in der zentralen Schicht menschlichen Seins (die wir die „mittlere" genannt haben) alle Richtungen menschlichen Vorstoßens in die Wirklichkeit begründet sind, also alle Bedürfnisse ihre Wurzel haben, so ist es nicht möglich, bestimmte Bedürfnisse zu isolieren und von ihnen aus die übrigen abzuleiten. Wohl muß die Vordringlichkeit der daseinserhaltenden Tendenzen im Durchschnitt des Lebendigen anerkannt werden, aber aktuell wird diese Vordringlichkeit nur in Situationen der Lebensbedrohung. Der wirkliche Lebensprozeß weiß in der Mehrheit der Fälle von dieser Vordringlichkeit nichts. Er ist erfüllt von einem Ineinander vitaler, erotischer, ästhetischer, religiöser Triebe, die in vielen Fällen (vgl. die Hingabe bis zum Tod im kämpfenden Proletariat) zu einem Übergewicht | der sogenannten geistigen über die lebenserhaltenden Tendenzen führt. Aber schon diese Formulierung ist fragwürdig, denn der Wille zur Erhaltung des Lebens richtet sich ja in vielen Fällen gar nicht auf „Leben um jeden Preis", sondern auf ein bestimmt qualifiziertes Leben, z.B. Leben in Freiheit. Und selbst die grundlegenden Bedürfnisse wie Hunger und Durst sind in sich komplex. Abgesehen von extremen Fällen dringendster Not, in denen der Mensch unter die Grenze menschlicher Bewußtheit gerät, ist auch das Bedürfnis nach Nahrung, Kleidung usw. unendlich differenziert und bestimmt durch vitale, ästhetische, erotische Momente, deren Zusammenwirken selbst in den Sphären primitivster Bedürfnisbefriedigung radikale Wandlungen erzwingt. Eine bessere *Theorie der Bedürfnisse* würde sowohl die Wandlungen und Differenzierungen im Proletariat selbst, als auch die Ablehnung der proletarischen Existenzformen durch die wirtschaftlich oft tiefer stehenden mittleren Schichten verständlich machen. (Symbol des „Stehkragenproletariers" nicht nur als Dokument von Unvernunft, sondern auch als Ausdruck realer und berechtigter Tendenzen menschlichen Seins.) Die weiteren Folgen der gewandelten Menschenauffassung werden sich bei der Betrachtung der übrigen Antinomien zeigen. Es wird sich dabei zeigen, von wie grundlegender Bedeutung eine neue Menschenauffassung für alle Seiten der sozialistischen Theorie und Praxis ist. Man kann mit Recht

---

80 Wir bejahen also den *methodischen* Positivismus und lehnen den *metaphysischen* ab. Wie weit wir mit dem Aufweis dinglich-bestimmbarer Faktoren gelangen, läßt sich nicht im Voraus sagen. Wohl aber läßt sich sagen, daß das dingliche Denken als *Denken* selbst nicht dinglich sein kann, sondern Dingsetzend, ursprüngliche „Synthesis" ist.

sagen, daß die Abhängigkeit des Sozialismus vom bürgerlichen Prinzip in der Menschenauffassung für seine Entwicklung am verhängnisvollsten geworden ist. Die entschlossene Wendung an diesem Punkt gehört in erster Linie zu der sozialistischen Entscheidung, in der wir stehen.

Auf einen Punkt sei noch an dieser Stelle hingewiesen: Die Herrschaft des Bewußtseins, wie sie dem bürgerlichen Prinzip entspricht. Die Aufklärungsarbeit, die der Sozialismus am Proletariat geleistet hat und die er an den mittleren Schichten vergeblich versucht hat, ist entscheidend gewesen für die Selbsterfassung des Proletariats als Proletariat, für die geistige Überle|genheit selbst des einfachen Proletariers über die meisten seiner bürgerlichen und vorbürgerlichen Gegner, für die entschlossene und disziplinierte Art, in der er den Klassenkampf geführt hat. Aber diese Aufklärung hat auch andere, negative Folgen gehabt. Es gelang nicht, den *Unterschied zwischen den Sachen selbst und ihrem ideologischen Mißbrauch* deutlich zu machen. Die Mächte und Symbole des Ursprungs wurden bekämpft wegen des Mißbrauchs, der im Dienste der Klassenherrschaft mit ihnen getrieben wurde. Es wurde aber versäumt, ihren ursprünglichen, echten Gebrauch und ihre Bedeutung für menschliches Sein und kommende Gesellschaft aufzuzeigen. Auf diese Weise entstand jene Ursprungsfremdheit, die das Proletariat äußerlich kennzeichnet und die doch im Widerspruch steht zu seinem Kampf gegen die Verdinglichung. Denn die proletarische Bewegung erhält ihre Kampfkraft nicht von der Aufklärung des einzelnen Proletariers, sondern von dem, was an Ursprünglichem hinter den rationalen Formen steht, in denen sie sich ausdrückt. Nicht die vollkommenste Aufklärung, das sogenannte fortgeschrittenste Bewußtsein, bewegt die Geschichte, sondern das Bewußtsein, dessen Kräfte aus der Fülle und Tiefe des Seins strömen, die es ans Licht hebt. Solche Kräfte fehlen der sozialistischen Intelligenz vielfach, und darum wirkt der sehr hohe Grad von Aufklärung, die erstaunliche Fortgeschrittenheit ihres Bewußtseins weder symbolkräftig noch geschichtsbildend. Dem übermäßigen Einfluß solcher Elemente im Sozialismus muß durch Befreiung der Ursprungskräfte im Proletariat und durch Aufnahme außerproletarischer Ursprungskräfte begegnet werden. Voraussetzung dafür ist freilich eine andere Auffassung vom Menschen, als sie der Sozialismus im Widerspruch zu seinem Prinzip vom Bürgertum übernommen hat.

3. Macht und Recht im Aufbau der Gesellschaft

Die politisch unmittelbar wichtigste Antinomie, die der Gesellschaft, wirkt sich aus in dem widerspruchsvollen,| innerlich unsicheren Verhältnis des Sozialismus zu Macht und Staat: einerseits die Notwendigkeit, beide zu verneinen im Sinne des radikal durchgeführten rationalen Prinzips, andererseits sie zu bejahen um der Verwirklichung des Sozialismus willen. An diesem Punkt muß der Sozialismus die für ihn schwerste, aber politisch wichtigste Wendung vollziehen. Er muß sich zu einem positiven Verständnis der Macht [p]durchringen[p] und von da aus zu einer neuen Theorie des Staates.

Eine Theorie der Macht, die dem sozialistischen Prinzip entspricht, muß ausgehen von dem Verhältnis, in dem die Macht zum Ursprung und Ziel menschlichen Seins steht[81]. Macht hängt mit mögen, vermögen zusammen. Wer die Macht hat, vermag sich gegenüber den seiner Macht Unterworfenen durchzusetzen. Zur Macht gehört eine relativ dauernde Möglichkeit, sich durchzusetzen. Die erste Frage ist demnach: Worauf gründet sich ein solches Vermögen, eine solche fixierte Möglichkeit? Welches ist der tragende Grund der Macht? – Die Möglichkeit gesellschaftlicher Macht ist darin begründet, daß ein einheitlicher Wille in der Gesellschaft geschaffen werden muß. Ein einheitlicher Wille aber kommt auf keine andere Weise zustande als durch eine tragende Gruppe oder von ihr herausgestellte Einzelpersönlichkeiten, die die Einheit zugleich repräsentieren und durchsetzen. *Macht ist also die verwirklichte gesellschaftliche Einheit.* Die auseinanderstrebenden Tendenzen werden von der Instanz, die Macht hat, zusammengehalten; widerstrebende Kräfte werden unterworfen. Ein einheitlicher Wille vieler wird geschaffen. – Diese allgemeine Voraussetzung gesellschaftlicher Macht enthält aber noch nicht die Gründe, warum eine bestimmte Gruppe die Macht ausübt oder den Träger der Macht stellt. Das ist nur zu verstehen aus der gesellschaftlichen Überlegenheit dieser Gruppe. Ihre Überlegenheit kann sich verschieden äußern: magisch, militärisch, wirtschaftlich, geistig | usw. Immer aber hat die machttragende Gruppe überlegene Qualitäten, um derentwillen man sich ihr unterwirft. Die Unterwerfung kann ausdrücklich sein, den Charakter überzeugter Zustimmung haben, sie kann, wie es weitaus am häufigsten der Fall ist, unausdrücklich sein, den Charakter einer schweigenden Zustimmung haben. Sie kann auch unwillig sein, ohne doch aufzuhören. Das tritt ein, wenn man sich einer Macht unterwirft, der gegenüber weder eine ausdrückliche noch eine unausdrückliche Zustimmung uneingeschränkt möglich ist und die man doch walten läßt, um die Einheit des gesellschaftlichen Willens nicht zu gefährden. Es ist die Form der „loyalen Opposition", die immer noch Zustimmung zur Herrschaft der machttragenden Gruppe, wenn auch eingeschränkt durch die Kritik, enthält.

Voraussetzung dafür ist, daß die Kritik an der machttragenden Gruppe nicht zur Entziehung auch der eingeschränkten Zustimmung führt, was gleichbedeutend mit der Revolution ist. In der Revolution ist die Situation der Macht überhaupt aufgehoben, denn die Möglichkeit, die die herrschende Gruppe hatte, sich durchzusetzen, ist fraglich geworden. Es wird über sie im Machtkampf entschieden. – *Zu jeder bestehenden Macht gehört also die Zustimmung derer, die ihr unterworfen sind. Hört die Zustimmung auf, so hört die Macht auf, und es beginnt der Kampf um ihre Neubegründung.* Die machttragende Gruppe hat in diesem Kampf die Möglichkeit, noch längere oder kürzere Zeit durch ihre

---

[81] Vergl. meinen Aufsatz: Das Problem der Macht. Versuch einer philosophischen Grundlegung, in: Neue Blätter für den Sozialismus 1931, Heft 4 [S. 157–170] [im vorliegenden Band Text Nr. 9].

Machtapparate Gewalt zu üben. Aber [q]solange[q] das in einer revolutionären Situation geschieht, ist es nicht mehr Ausübung wirklicher Macht, sondern eine Phase im Kampf um die Macht. In „Macht" liegt die ruhige Sicherheit, sich durchsetzen zu können, wobei die Anwendung der Gewalt nur als letzte Möglichkeit im Hintergrund steht. Eine Macht, die den Hintergrund in den Vordergrund ziehen muß, die sich nur noch durch Gewaltanwendung hält, hat aufgehört, Macht zu sein. Sie ist eine der um Macht kämpfenden | Gruppen geworden; das Vermögen sich durchzusetzen, ist in Frage gestellt; es kann wiederkehren, aber es kann auch aufhören. Wohl kann eine Macht Gewalt üben, wohl kann durch Gewalt eine Macht aufgerichtet werden, wenn sie nachträglich die gesellschaftliche Zustimmung findet; wohl kann eine Macht, der die Zustimmung entzogen ist, sich noch einige Zeit durch Gewalt aufrecht erhalten. Niemals aber ist die Macht auf Gewalt gegründet, sondern immer auf Zustimmung, ausdrückliche, unausdrückliche oder gebrochene.

Die Zustimmung wird gegeben, weil den Zustimmenden die Ausübung der Macht, d.h. die Art, wie der einheitliche Wille ausgerichtet wird, als gerecht erscheint. *Gerecht erscheint eine Machtausübung dann, wenn alle Glieder der Gesellschaft anerkennen können, daß in dem Willen des Ganzen ihr eigener Wille enthalten ist.* Es ist keineswegs nötig, daß er sich uneingeschränkt durchsetzt. Es kann durchaus als gerecht empfunden werden, daß in dem einheitlichen Willen der Wille der einzelnen Gruppe, auch der eigenen, mit dem Willen anderer Gruppen ausgeglichen ist. Erst wenn der einheitliche, von der tragenden Macht durchgesetzte Wille als reiner Widerspruch gegenüber dem Willen einzelner Gruppen empfunden wird, erscheint er als ungerecht. Dieser Gruppe wird nicht ihr Recht. Sie muß der Macht ihre Zustimmung entziehen. Sie muß die Macht als Macht aufzuheben versuchen. Sie kann es aber nur durch eigene Macht. Um eigene Macht zu haben, muß sie Qualitäten zeigen, die von den übrigen gesellschaftlichen Gruppen anerkannt werden und um derentwillen sie bereit wären, sich der neuen Gruppe zu unterwerfen, ihr eine, wenn auch vielleicht eingeschränkte, Zustimmung zu geben. *Die revolutionäre Gruppe muß von dem Volk als Trägerin übergreifender Gerechtigkeit empfunden werden. Nur dann hat sie Chancen, im Kampf mit der machttragenden Gruppe zu siegen.* Ist das nicht der Fall, so kann sie zwar durch | einen Handstreich die Machtapparatur in die Hand bekommen, aber Macht begründen kann sie nicht. – Nicht notwendig ist, daß die Zustimmung der übrigen Gruppen den Charakter der Ausdrücklichkeit hat. Wohl aber ist nötig, daß ununterbrochen starke menschliche Kräfte sich der Macht zur Verfügung stellen und die Gegenkräfte entweder ihre schweigende Zustimmung geben oder loyale Opposition treiben. Geschieht das nicht, so tritt an Stelle der Macht wieder der Zustand des Kampfes um die Macht. Daraus folgt, daß im Kampf der Mächte in letzter Instanz die Gerechtigkeit Ausschlag gibt, nicht ein absolutes und abstraktes Recht, sondern das konkrete Recht, das jeweilig von einer Gesellschaft und ihren einzelnen Gruppen als *ihr* Recht empfunden wird. In diesem Sinne ist alle Macht auf Recht gegründet.

Durch die Verbindung von Gerechtigkeitsideal und machttragender Gruppe scheint die Gerechtigkeit den Mächten des Ursprungs preisgegeben zu sein, das Sollen scheint unterzugehen im Sein, das Wozu im Woher. So ist es aber nicht. Gerechtigkeit hat übergreifenden Charakter. Sie ist zwar gebunden an konkrete gesellschaftliche Mächte. Aber sie hört darum nicht auf, Forderung zu sein. Das entspricht den beiden Elementen, die im menschlichen Sein aufgewiesen sind, und es entspricht dem Prinzip des Sozialismus: Das Soll ist Erfüllung eines Seins. *Gerechtigkeit ist kein abstraktes Ideal, das über dem Sein steht, sondern Erfüllung eines ursprünglichen* ʳ*Seins,* Erfüllungʳ dessen, was in seinem Ursprung gemeint ist. Nicht an die wirklichen Ursprungsmächte und ihre Zweideutigkeit ist Gerechtigkeit gebunden. Wäre sie das, so wäre sie in der Tat untergegangen im bloßen Sein. Sie ist gebunden an den wahren Ursprung, den sie erfüllt, aber konkret erfüllt. Darum drängt Gerechtigkeit über jede Gesellschaftslage hinaus. Denn in jeder Wirklichkeit ist die Zweideutigkeit des Ursprungs enthalten. Es ist der Sinn der prophetischen Bewegungen einer Zeit, diese Zweideutigkeiten zu enthüllen und für | eine bessere Gerechtigkeit zu kämpfen. Aber dieser Kampf kann nur geführt werden durch eine Gruppe, die die neue Gerechtigkeit tragen und durchsetzen kann. Eben das ist die Lage des Proletariats. Die klassenlose Gesellschaft ist *seine* Gerechtigkeit, aber sie ist zugleich die Gerechtigkeit überhaupt, die auf dem Boden des Kapitalismus gegen den Kapitalismus gestellt werden muß. Weil *es seine* Gerechtigkeit ist und insoweit sie es ist, ist es die Macht, die tragend sein muß in einer Gesellschaft, die sich diesem Gerechtigkeitsideal unterwirft. *Der Sozialismus hat keinen Grund, die Utopie einer machtlosen Gesellschaft aufzunehmen, die in der Konsequenz des bürgerlichen Prinzips liegt und auf dem Glauben an die natürliche Harmonie beruht.* Wohl aber muß er die Macht, die er erringt und bewahrt, als Verwirklichung *der* Gerechtigkeit zu *dieser* Zeit und in *dieser* Lage der Gesellschaft verstehen. So erweist sich das Problem der Macht als das Problem der konkreten Gerechtigkeit.[82]

Auf diesem Verhältnis von Macht und Gerechtigkeit beruht der Aufbau des Staates. So notwendig es ist, den bürgerlichen Staat als Klassenstaat abzulehnen, und so wenig die vorbürgerlichen staatlichen Einrichtungen für die Gegenwart maßgebend sein können, so verkehrt ist es, den Begriff des Staates aus dem Mißbrauch seiner Macht im Klassenstaat zu gewinnen und darum seine Auflösung in gesellschaftliche Funktionen für die klassenlose Gesellschaft in Aussicht zu nehmen. Einheitliche gesellschaftliche Funktionen gibt es nur durch einheitliche Willensbildung, und da diese nicht der natürlichen Harmonie überlassen

---

[82] Die Entgegensetzung von Macht und Recht beruht auf einer abstrakten Gerechtigkeitsidee und einer Verwechslung von Macht und Gewalt. Die konkrete Fassung der Gerechtigkeit hebt die Entgegensetzung auf und macht eins vom andern abhängig. Im geschichtlichen Leben bleibt die Spannung von Macht und Recht. Der Macht gegenüber, die Gewalt wird, erhebt sich die allgemeine Forderung der Gerechtigkeit. Aber in diesem Widerspruch haben weder Macht noch Recht ihre Wahrheit.

werden kann, nur durch | Macht. Es kommt also alles darauf an, wie der Machtaufbau zu gestalten ist, damit eine möglichst hohe Chance gegeben ist, daß es zu wirklicher, d.h. gerechter Macht kommt. – Die Demokratie meint, sie könne einen Aufbau der Gesellschaft leisten, ohne daß Machtgruppen maßgebend sind. Die Macht gehöre allen und werde übertragen an die Beauftragten der Mehrheit. Aber der Mehrheitsgedanke enthält ein dialektisches Moment, das über die Demokratie hinausdrängt: Die Art nämlich, wie Mehrheit zustande kommt. Es besteht die Möglichkeit, daß die Demokratie formal durchgeführt, real von der herrschenden Gruppe aufgehoben wird. So ist es im Klassenstaat. Von hier aus gesehen kann die Forderung einer „Diktatur des Proletariats“ als Aufhebung der Scheindemokratie verstanden werden, hinter der sich die bürgerliche Klassenherrschaft versteckt. Die Erfahrungen mit der bürgerlichen Demokratie bestätigen also den Gedanken, daß es ohne Machtgruppe keinen Gesellschaftsaufbau gibt. Der Unterschied der Demokratie von vorbürgerlichen Staatsformen ist nur der, daß in ihr die Machtgruppen unverantwortlich, wenn auch eingeschränkt herrschen, in vordemokratischen Zuständen verantwortlich, dafür uneingeschränkt. Für den Sozialismus ergibt sich daraus die Forderung, die den Sozialismus tragenden Gruppen als Machtgruppen verantwortlich herauszustellen, sie aber gleichzeitig der demokratischen Kontrolle zu unterwerfen; Verantwortung und Beschränkung müssen verbunden werden.

Das demokratische Prinzip ist in erster Linie *Korrektiv.* Es kann auf demokratischem Wege nicht entschieden werden, welche Gruppe zur gesellschaftlichen Macht berufen ist. Das entscheidet sich unter der Hand durch die reale Bedeutung einer Gruppe für die Gesellschaft. Wohl aber ist es möglich und notwendig, die realen Mächte unter die Kritik der Gerechtigkeitsforderung zu stellen, nicht in einer abstrakten Weise, sondern so, daß allen Gruppen die Möglichkeit gegeben sein muß, ihrer Gerechtigkeitsforderung Geltung zu verschaffen. Möglich aber ist das nur durch die Demokratie. Darin liegt | ihr Recht, ihre bleibende Bedeutung auch nach dem Zerbrechen des bürgerlichen Prinzips, darin liegt ihr prophetisches Element. Darum muß jede Bewegung, die zum Ursprung zurück will, die Demokratie ablehnen. Erleichtert wird das dem ursprungsgebundenen politischen Denken durch den Versuch der Demokratie, sich zum konstitutiven Prinzip zu machen. Das aber kann sie nicht sein. Sie kann nicht aufbauen; denn zu jedem Aufbau gehören Ursprungskräfte. Aber sie kann dem Aufbau die Richtung geben. Sie kann ausgleichen, kritisieren, Ungerechtigkeit enthüllen, Machtmißbrauch bekämpfen. *In der Spannung zwischen Ursprungskräften, die den Aufbau der Gesellschaft tragen, und dem demokratischen Korrektiv, das sie unter die Forderung der Gerechtigkeit stellt, muß sich der Aufbau des sozialistischen Staates vollziehen.*

Für die sozialistische Theorie und Praxis ergeben sich aus diesen Gedanken über Macht und Staat wichtige Folgerungen. Für die Theorie, soweit sie Deutung der Geschichte ist, folgt die Warnung, die gegenwärtige innerbürgerliche Situation nicht in die Vergangenheit zurückzuverlegen. Die älteren Herrschaftsformen dürfen nicht als Klassenherrschaft gedeutet werden, besonders dann nicht, wenn man das Klassenbewußtsein zu einem Merkmal der Klasse macht. *Die vorbürgerlichen Herrschaftsformen dürfen nicht an einem abstrakt-naturrechtlichen Gerechtigkeitsideal gemessen werden, sondern an dem Gerechtigkeitsideal, das ihnen selbst zugrunde lag.* Auch die unteren Schichten haben niemals (oder nur in seltenen Fällen sektenhaft-utopischer Bewegungen) die Herrschaft der machttragenden Gruppen an etwas anderem gemessen als an dem Ideal, das diese Gruppen selber vertraten, z.B. an dem patriarchalischen Gerechtigkeitsideal. So gingen die Forderungen der Bauern im deutschen Bauernkrieg nicht weiter, als es dem Sinne des feudalen Systems selber entsprach. Sie richteten sich gegen die Un|gerechtigkeiten, die im Rahmen dieses Systems gegen seinen ursprünglichen Sinn entstanden waren. Erst unter der Herrschaft des bürgerlichen Prinzips erhebt sich eine neue, im absoluten Naturrecht[83] begründete Gerechtigkeitsforderung. Das Proletariat nimmt seiner Situation entsprechend das naturrechtliche Ideal des Bürgertums auf und sucht es durchzukämpfen. Bei diesem Kampf geschieht es nun, daß das Proletariat nicht nur auf den Widerstand derer stößt, die die Ungerechtigkeit aufrecht erhalten wollen, die Vertreter der bürgerlichen Klassenherrschaft, sondern auch auf andere Gerechtigkeitsideale, die von den vorbürgerlichen Gruppen vertreten werden. Zugleich macht es die Erfahrung, daß das absolute Naturrechtsideal nirgends im Ernst zu Grunde gelegt wird, ja daß es nicht einmal in der proletarischen Bewegung selbst zur Durchführung gelangen kann. Daraus folgt für den Sozialismus die Aufgabe, um ein neues, weder bürgerliches noch vorbürgerliches Gerechtigkeitsideal zu ringen, wobei eine ernsthafte Begegnung mit den vorbürgerlichen revolutionierten Schichten von wesentlicher Bedeutung sein kann.

Für die Theorie der Revolution ist wichtig, daß die Erringung gesellschaftlicher Macht immer den Besitz von Qualitäten voraussetzt, um derentwillen sich die übrigen Gruppen der machttragenden Gruppe unterwerfen. Die Entstehung solcher Qualitäten ist darum ein ebenso notwendiger revolutionärer Vorgang wie die Eroberung der Machtapparatur. Er vollzieht sich unsichtbar, langsam, in ständigem Ringen in der Gruppe selbst und in ihrer Begegnung mit den anderen. Daß der Reformismus diesen Vorgang als revolutionär anerkannte, war sein berechtigter Kern. Sein Fehler war, daß er dabei die Vorbereitung des anderen Vorganges, der Übernahme der Machtapparatur, versäumte. Infolgedessen konnte die so|zialdemokratische Partei, als ihr die Macht in weitem Umfange in den Schoß fiel, sie nicht so anwenden und festigen, wie es der inneren Macht der sozialistischen Bewegung entsprochen hätte.

---

[83] Absolutes Naturrecht ist das Recht, das nach stoischer, von vielen Kirchenvätern übernommener Lehre im Urstand (Goldenes Zeitalter, Paradies) galt, das auf Gleichheit und Freiheit jedes einzelnen beruhte und mit dem Verluste des Urstandes verloren ging. Für die Gegenwart gilt höchstens ein relatives Naturrecht. Vergl. [Ernst] Troeltsch, Gesammelte Schriften, Band I, [Die Soziallehren der christlichen Kirchen und Gruppen, Tübingen 1919].

Die Wertung der Demokratie als Korrektiv, nicht als Konstitutiv des Gesellschaftsaufbaus hat zur Folge, daß der Sozialismus die Demokratie auf der einen Seite einschränken, auf der anderen Seite radikalisieren muß. Er muß sie einschränken in den Gebieten, die tägliche, konkrete, sachkundige Entscheidungen verlangen, die eine Fähigkeit selbständiger Machtausübung voraussetzen. Die Demokratie darf nicht ein Mechanismus sein, der ständig in Bewegung gesetzt wird. Sie darf nur da in Funktion treten, wo grundsätzliche Entscheidungen zu treffen sind, vor allem aber da, wo die Machtausübung durch die herrschenden Gruppen ein Korrektiv um der Gerechtigkeit willen verlangt. Von den rechtlichen Formen, in denen sich diese *mehr korrektive als konstitutive Demokratie* darstellen muß, kann hier nicht gesprochen werden. Jedenfalls haben sie nichts zu tun mit den bürgerlich-feudalen Versuchen einer Reaktion im antidemokratisch-autoritären Sinn. Überwinden kann der Sozialismus solche Versuche nur in dem Maße, in dem er sich von der Bindung an das bürgerliche Prinzip befreit und beiden Momenten seines Prinzips gerecht wird, dem Ursprung und dem Ziel.

4. Symbol und Begriff im Wachsen der Kultur

Der innere Widerstreit der sozialistischen Kulturidee ist in dem Augenblick auflösbar, wo der Sozialismus die Folgerungen aus seinem Prinzip zieht, wo er die Bedeutung des Ursprungs für die Stellung zu Religion und Wissenschaft, Erziehung und Bildung begreift. Geschieht das aber, so muß er seine Kulturpolitik einer durchgängigen und scharfen Selbstkritik unterziehen.

Das gilt zunächst für seine Stellung zu Religion und Konfession. So berechtigt es ist, daß der Sozialismus auch weiter|hin den kulturpolitischen Einfluß der Konfessionen in ihrer gegenwärtigen Struktur einzuschränken versucht, so unberechtigt ist die Privatisierung der Religion im Sinne der liberalen Toleranzidee. Der Sozialismus hat den Konfessionen gegenüber eine doppelte Aufgabe. *Zuerst hat er in ihnen selbst die sozialistische Idee zu vertreten*[84]. Er hat das prophetische Element, das in ihm wirkt und auf dem alle Konfessionen der jüdisch-christlichen Entwicklung beruhen, in diesen selbst zur Geltung zu bringen. Er hat ihnen zu zeigen, daß sie die Haltung der Erwartung, in der sie selbst einmal standen, zugunsten ursprungsmythischer Kräfte eingeschränkt, ja verraten haben. *Er hat das Prophetische in ihnen gegen das Priesterliche zu stärken.* Diesen Versuch hat der „religiöse Sozialismus" gemacht. Dabei hat er auf protestantischem Boden wichtige Anfangserfolge errungen, während er im Katholizismus

[84] Nicht aus den Kirchen heraus, sondern in sie hinein muß der Sozialismus gehen; nicht um sie als Mittel des rein politischen Kampfes zu benutzen, wie es der Nationalsozialismus getan hat, sondern um sie zu ihrem eigenen Prinzip zurückzuführen und dadurch die Ursprungskräfte, die in ihnen bewahrt sind, aus der konfessionellen Erstarrung zu befreien und in die sozialistische Gesellschaft einströmen zu lassen.

bisher erfolglos geblieben ist. Das Übergewicht des Priesterlichen im Katholizismus erklärt diese Sachlage. Überraschend ist nur, daß sie in vollem Gegensatz steht zu der taktischen Situation, die den Sozialismus an die Seite – nicht der katholischen Kirche, wohl aber des Zentrums – drängt und ihn dadurch in Widerspruch zu der überwiegenden Mehrheit der Protestanten bringt, obgleich sein Prinzip dem protestantischen Prinzip sehr viel näher steht als dem katholischen. Der Protestantismus hat die Möglichkeit, unter dem neutestamentlichen Begriff des „Kairos" das sozialistische Prinzip in sich aufzunehmen[85]. Für den Katholizismus scheint diese Möglichkeit wenigstens zur Zeit nicht zu bestehen. – Eine solche innerkonfessionelle, vor allem innerprotestantische Arbeit des Sozialismus kann zur Folge haben, daß aus der Verbindung | von Christentum und Sozialismus eine geschichtliche Form des Christentums hervorgeht, in der die Gegensätze religiös und profan, konfessionell und weltlich keinen Sinn mehr haben[86]. – Damit es dazu komme, ist es aber weiter nötig, daß der Sozialismus sich auf sich selbst und seinen Glauben besinnt. Diese Funktion hat er bisher der *Freidenkerbewegung* überlassen. Gegenwärtig scheint er sich mehr von ihr zu distanzieren. Mit Recht: Denn die Freidenkerbewegung ist ein rein bürgerliches Produkt; sie ist der Versuch, die religiöse Ursprungsbindung mit Mitteln wiederherzustellen, durch deren Gebrauch sie immer mehr durchschnitten wird. Daher die religiöse Ohnmacht dieser Bewegung, der gegenüber auch die mythisch gebundensten Konfessionen sich als religiös mächtig erweisen[87]. Aus dieser Erfahrung müßte sich für den Sozialismus die Bedeutung der religiösen Tradition erschließen. *Nur aus den Spannungen religiöser Tradition ist von jeher neues religiöses Leben hervorgebrochen.* Das ist der Sinn konfessioneller Bewahrung der religiösen Ursprungskräfte in einer Zeit, die durch Autonomie und Verdinglichung bestimmt ist. *Das sozialistische Prinzip ermöglicht es dem Sozialismus, sich selbst von der Wurzel her und das heißt religiös zu verstehen und von dem prophetischen Element in ihm selbst die Verbindung mit den prophetischen Elementen der abendländischen Religionsgeschichte wieder aufzunehmen.*

Eine solche Wendung wäre um so nötiger, als der sozialistische Wissenschaftsglaube allerorten erschüttert ist. *Wissenschaft als Religionsersatz findet sich nur bei solchen, die niemals an dem wirklichen Leben der Wissenschaft teilgenommen haben,*

---

[85] Vergl. dazu die schon zitierten Schriften: Kairos I u. II [=. Zur Geisteslage und Geisteswendung. Darmstadt 1926. Protestantismus als Kritik und Gestaltung. Darmstadt 1929], Protestantisches Prinzip und proletarische Situation.[Bonn 1931][im vorliegenden Band Text Nr. 8].

[86] Zur Aufhebung dieser Gegensätze vgl. meine Schriften: „Religionsphilosophie" in Dessoirs „Lehrbuch der Philosophie" [= MW/HW 4, 117–170] und „Religiöse Verwirklichung" [Berlin 1930, 2. Aufl. o. J.= 1931].

[87] Über Freidenker vergl. den betreffenden Artikel in: Die Religion in Geschichte und Gegenwart.[Hrsg. v. H. Gunkel u. L. Zscharnack. 2. Aufl. 2. Bd. Tübingen 1928]. Dort auch Literatur-Angaben.

für die infolgedessen vorläufige Ergebnisse der wissenschaft|lichen Forschung dogmatischen Charakter gewinnen konnten. Wissenschaftsdogmen finden sich zahlreich im sozialistischen Proletariat, scheinbar in der Funktion von wissenschaftlichen Ergebnissen, in Wahrheit in der Funktion von Glaubenssätzen, in denen sich der sozialistische Glaube entfaltet hat. Das bringt die Gefahr mit sich, daß mit fortschreitender Arbeit und dem Durchdringen neuer wissenschaftlicher Auffassungen nicht nur die begriffliche Form, sondern auch der symbolische Gehalt, also der sozialistische Glaube selbst erschüttert wird. Es ist von größter Wichtigkeit, daß die sozialistische Führerschaft so schnell wie möglich über diese Sachlage orientiert wird und sich die Aufgabe stellt, den bedrohten, mit Recht bedrohten Wissenschaftsglauben der Massen aufzulösen und den sozialistischen Glauben selbst in neuer, symbolkräftiger Form auszudrücken. Es ist wahrscheinlich, daß solche Symbole nicht ganz außerhalb der Tradition der religiösen Symbolsprache stehen werden. Zugleich werden sie anknüpfen müssen an die profane Sprache, sofern diese zu symbolkräftigen Worten durchgedrungen ist. *Nur in einem Zusammenklang von religiöser und profaner Symbolik kann die kommende Symbolsprache sich entwickeln.* Darum muß die Aufgabe der sozialistischen Bewegung, neue Symbole zu suchen, Hand in Hand mit der ebenso dringenden kirchlichen Aufgabe erfüllt werden, die religiöse Symbolsprache der Vergangenheit in das profane Bewußtsein der Gegenwart zu übersetzen.[88] Daraus folgt die Stellungnahme zur Erziehung im Sinne des sozialistischen Prinzips. Das „Weltliche", dieser Kampfbegriff gegen erstarrten, politisch mächtigen Konfessionalismus, ist zu überwinden zugunsten eines prophetisch-sozialistischen Glaubens. Nur so ist eine Grundlage für sozialistische Pädagogik zu schaffen. Der Protest zahlreicher sozialistischer Mütter gegen religionslose Erziehung und weltliche Schule | beruht nicht auf mangelhafter Aufklärung und rückschrittlichem Bewußtsein, sondern auf instinktivem Wissen der Mütter um die tragenden Kräfte des Ursprungs. Viele sozialistische Eltern stehen infolgedessen in schwerem Konflikt zwischen der von der Partei geforderten weltlichen Schule, die sie ablehnen müssen, und der auch von ihnen nicht gewollten orthodoxen, dem Sozialismus feindlichen Konfessionsschule. Gewöhnlich wählen sie die zweite als das kleinere Übel. Aus diesem pädagogischen Konflikt kann nur eine Schule führen, in der Ursprung und prophetische Forderung in lebendiger Spannung und in praktischem Ausgleich stehen.

Zu diesem Schritt wird die sozialistische Pädagogik gezwungen sein, sobald sie den Glauben an die Symbolkraft wissenschaftlicher Begriffe aufgegeben hat. Das wird ihr freilich schwer gemacht durch die romantische Wissenschaftsverdunkelung, deren Schlagworten gegenüber die Forderung klarer und reinlicher Analyse unter allen Umständen recht behält. Aber der Sozialismus braucht

---

[88] Es ist die Pflicht der protestantischen Theologie der Gegenwart, das zu versuchen. Sie kann es freilich nur, wenn sie unter Durchbrechung der „priesterlichen" Bewahrungstendenzen sich radikal auf ihre prophetische Grundlage stellt.

sich das Gesetz seines Denkens von den Gegnern nicht vorschreiben zu lassen[89]. *Er kann die Vernebelung der rationalen Erkenntnismethoden in voller Schärfe ablehnen und doch um die Grenzen der Lebensbedeutung des Erkennens wissen.* Die tatsächliche sozialistische Bewegung und die politischen Vorgänge im gegnerischen Lager sind ein ständiger Beweis für die Macht der Symbole, seien es Personen, seien es Handlungen, seien es Zeichen. Sie haben sich in allen Gruppen, auch im Proletariat, gegenüber jedem Begriff und jeder Beweisführung als überlegen erwiesen. Auch das ist nicht mangelhafter Fortschritt im Bewußtsein, sondern das berechtigte Gefühl für die Unfähigkeit des Be|griffs, die Ganzheit einer lebendigen Größe zu fassen, und für die Fähigkeit des Symbols, die Macht des Seins auszudrücken. Symbole aber gehören auch zum Ursprünglichen. In dem Maße, in dem Symbole von unmittelbarer Kraft vorhanden sind, gewinnt die sozialistische Erziehung die Möglichkeit, das zu tun, was das Wesen der Erziehung ausmacht, einzufügen in tragende Gruppen der Gemeinschaft.

Erziehen ist einfügendes Handeln. Damit aber eingefügt werden kann, muß etwas da sein, in das eingefügt wird. Auf dem Boden des bürgerlichen Prinzips sind alle ursprünglichen Mächte und Gestalten aufgelöst. Es kann infolgedessen entsprechend der rationalen wissenschaftlichen Grundhaltung nur durch Einfügung in das Abstraktum „Menschliche Möglichkeit überhaupt" eingefügt werden, d.h., es kann überhaupt nicht eingefügt werden: Daher dann die Erziehung durch Mitteilung von Erkenntnissen, losgelöst von der realen Situation des Zöglings. Das ist noch erträglich bei einer radikal durchgeführten humanistischen Erziehung, die bis zu den höchsten Formen der humanistischen Bildung führt. Es ist unerträglich, wenn nur geringe Bruchstücke und Abfallprodukte des Humanismus übermittelt werden können. Die sozialistische Erziehungsidee muß also unter Verzicht auf ihre pseudohumanistische bürgerliche Grundlage den Versuch machen, einzufügen in konkrete Gruppen und ihre tragenden Symbole, konkret gesprochen, in die sozialistische Bewegung, ihre Einrichtungen und ihre Symbolik. Zu einem Konflikt mit der allgemeinen nationalen Pädagogik kann es dabei nur insoweit kommen, als diese Ausdruck und Verhüllung der bürgerlichen Klassenherrschaft ist. Soweit sie das ist, muß der Sozialismus denselben leidenschaftlichen Kampf gegen die staatliche Erziehungsidee führen, den die alten Konfessionen jederzeit zu führen bereit waren, wenn die staatliche Erziehung ihre Substanz in Frage stellte[90]. |

[89] Sein notwendiger Kampf gegen Intuitionismus, Organizismus Wissenschafts-Diskreditierung, Verherrlichung der „Action", Verdächtigung der Ratio usw. – wie sie namentlich bei ressentimentgeladenen Intellektuellen beliebt sind – darf ihn nicht zur Wiederaufnahme des Götzendienstes der Wissenschaft führen, der wesentlich zum bürgerlichen, nicht zum sozialistischen Zeitalter gehört.

[90] Die Verwechslung von sozialistischer und liberal-humanistischer Erziehungs-Idee ist für den auffälligen Mangel an einer wirklich sozialistischen Pädagogik verantwortlich zu machen. Erzieherische Kraft hat darum der Sozialismus nur durch Einfügung in die sozialistische Bewegung den Erwachsenen gegenüber bewiesen, hier allerdings in hohem Maße. Vergl. Gertrud Hermes.

Mit diesen Bemerkungen ist schon die Frage des *sozialistischen Bildungsideals* beantwortet. Bildungskraft im Sinne eines ursprungsbewußten Sozialismus haben nur diejenigen geistigen Schöpfungen, in denen die sozialistische Bewegung sich selbst, ihren Sinn, ihre Vergangenheit und ihre mögliche Zukunft deuten kann, und zwar im universalen wie im partikularen Sinne. Das bedeutet keine Einschränkung des Materials, mit dem die humanistische Bildungsidee arbeitete, aber es bedeutet, daß dies Material unter einem konkreten Gesichtspunkt, von einem bestimmten Handeln aus verstanden und der Bildung zugrunde gelegt wird. Die abstrakte Bildung durch das „Menschliche überhaupt" (in Wirklichkeit Bürgerlich-Menschliche) wird überwunden durch eine ausdrücklich-konkrete, nämlich sozialistische Bildungsidee[91]. – In dem Maße, in dem der Sozialismus die Ursprungskräfte wieder zur Entfaltung bringt, werden auch seine kulturschöpferischen Kräfte lebendig werden. Die Grenzen einer proletarischen Kultur können nur überwunden werden durch eine universale sozialistische Kultur. Die weitgehende Verdinglichung, in die das Proletariat durch die Klassenherrschaft geraten ist, muß überwunden sein, wenn es zu einer sozialistischen Kultur kommen soll. Denn alle geistige Produktion und alle Kultur lebt von den Mächten des Ursprungs auch dann, wenn es ihr Sinn ist, die Ursprungsmächte zu brechen und der unbedingten Forderung zu unterwerfen. Das Symbol ist nicht die Beseitigung des Begriffs. Der Begriff kann selbst Symbol werden und ist es in der Geschichte in größtem Maßstabe geworden. Und das Symbol kann die begriffliche Durchdringung der Wirklichkeit in sich enthalten und ausdrücken. Das Symbol schafft keine Heteronomie, muß sie nicht schaffen und darf sie im Sozialismus nicht schaffen. Das richtet sich sowohl gegen den neuen Mythos,| wie ihn der Faszismus hervorbringen will, um mit seiner Hilfe die rationale Kritik zu bannen, als auch gegen die dogmatische Geltung wissenschaftlicher Begriffe, die, zu Symbolen erhoben, heteronom wirken, wie im Bolschewismus. Der Sozialismus ist auf Autonomie geworfen. Aber es steht mit der Autonomie des Geistigen wie mit der Demokratie des Politischen, wie mit dem bürgerlichen Prinzip überhaupt. Es ist Korrektiv, nicht Konstitutiv. Wird es zum Konstitutiv gemacht, so entsteht die im Griechentum typisch vorgelebte Tragik der sich selbst auflösenden Autonomie. Dadurch, daß die Autonomie jede ihrer Satzungen unter die radikale Frage stellt, löst sie sich selbst in dem Augenblick auf, wo die Ursprungskräfte geschwunden sind, aus denen positive Antworten hervorgehen können. *Die Ratio kann von sich aus weder gründen noch aufbauen. Aber sie ist die Richterin jeder Grundlegung und jedes Aufbaus.* Es darf ihr nichts entzogen werden, auch das heiligste Symbol steht unter ihrer Kritik. Ob diese Kritik zur Zerstörung oder zur Neuschaffung des Symbols führt, hängt nicht von der Ratio, sondern von der Kraft des Symbols ab, der Ratio Seinsschichten zu erschließen, die ihr verdeckt waren. Man kann Symbole nicht dadurch schützen,

---

[91] Vergl. meine Schrift: Masse und Geist (vor allem den Aufsatz: Masse und Bildung) [im vorliegenden Band Text Nr. 2].

daß man Schonungstafeln zur Abwehr der rationalen Kritik aufstellt. Entweder schützen sie sich selbst, oder sie sind kraftlos geworden; und dann ist es an der Zeit, sie zu beseitigen. Denn jedes Symbol steht in der Zweideutigkeit des Ursprungs und ist darum der prophetischen und rationalen Kritik unterworfen. Die Kultur kann nicht dadurch „gerettet" werden, daß man der entfesselten Ratio Einhalt gebietet, sondern daß das Sein, von dem sie lebt, sich als stärker [s]beweist[s] – nicht indem es sie unterdrückt, sondern indem es ihr seine innere Unendlichkeit erschließt und sie dadurch zugleich trägt und einordnet. |

5. Eros und Zweck im Leben der Gemeinschaft

Zu erheblichen Schwierigkeiten hat der innere Widerstreit der sozialistischen Gemeinschaftsidee geführt. Die Auflösung aller Gemeinschaftsbindungen in der proletarischen Existenz bestimmt das proletarische Bewußtsein und nimmt ihm die Möglichkeit, die noch vorhandenen Gemeinschaftsbindungen zu würdigen. Die reaktionären Kräfte, die sich der Familien und Volksgemeinschaft bemächtigt haben, zwingen das Proletariat ständig zu einer Protesthaltung, die ihrem eigenen Willen zu neuer Gemeinschaft widerspricht.

Aus dem sozialistischen Prinzip ergibt sich für die *nationale Idee* folgendes: Unbeirrt durch das ideologische Gerede von Volksgemeinschaft hat der Sozialismus mit Entschlossenheit und Rücksichtslosigkeit den bürgerlichen Mißbrauch der nationalen Idee zu enthüllen, zu zeigen, daß Klassenherrschaft im Innern und wirtschaftlicher Imperialismus nach außen durch die nationale Idee gerechtfertigt und geschützt werden sollen. Auch gegenwärtig ist ein großer, wenn nicht der größte Teil des selbstzerstörerischen Nationalismus der europäischen Völker aus solchen Kräften abzuleiten. *Aber auch hier gilt, daß Mißbrauch nur werden kann, was vorher echten Gebrauch hatte.* Auch die nationale Idee läßt sich nicht durch Hinweis auf ihren Mißbrauch auflösen. Sie ist ursprungsmächtig und hat darum Anspruch auf Erfüllung, nicht auf ungebrochene Bestätigung, aber auch nicht auf Zersetzung. Boden, Blut, Tradition, soziale Gruppe, alle Ursprungsmächte sind in der Nation vereinigt. Die Prophetie knüpft darum an das Volk an, nicht um es in seinem unmittelbaren Selbstgefühl zu bestätigen (wie es die „falsche Prophetie" tut), aber auch nicht, um es zugunsten eines unmittelbaren Überganges in die Menschheit aufzulösen, wie es das Weltbürgertum tut, sondern um es zugleich zu brechen und zu bestätigen. *Die Prophetie geht immer auf die Menschheit, aber sie geht immer aus vom Volk* gerade darin die Einheit von Ursprung und Ziel bewährend, die für sie typisch ist. |

Für den Sozialismus ergibt sich daraus die Stellung zum Volk, in die er schon durch seine Geschichte, wenn auch zum Teil wider Willen und darum mit innerer Unsicherheit, gedrängt worden ist: *Er muß beim Volk anknüpfen, um in ihm den Sozialismus durchzukämpfen.* Er muß um dieser Berufung willen das Volk bejahen und mit dem Volk auch die Machtspannungen der Völker. Zugleich aber muß er das ungebrochene Absolutheitsbewußtsein des einzelnen Volkes in jedem einzelnen Volk brechen. Er muß den Machtspannungen der

Völker die übergreifende Idee der Menschheit als Ziel gegenüberstellen. Konkret bedeutet das: Er muß im Sinne des prophetischen Charakters seiner Erwartung das Volk, dem er angehört und das er zum Sozialismus führen will, unter die unbedingte Forderung der Gerechtigkeit stellen, der Gerechtigkeit im Inneren und nach außen. Er muß mit aller realen Macht, die ihm zu Gebote steht, verhindern, daß um der nationalen Machtentfaltung willen Recht verletzt werde, innenpolitisch und außenpolitisch. Er muß alles unterstützen, was der Bildung eines übergreifenden Rechtsbewußtseins dienen kann, auch wenn es vorläufig noch von imperialistischen Machtgruppen mißbraucht wird, wie z.B. den Völkerbund. *Der Sozialismus muß das Volk tiefer bejahen, als der Nationalismus es kann.* Der Nationalismus als ursprungsmythische Bewegung treibt das Volk notwendigerweise in den Kreislauf von Geburt, Entfaltung und Tod. Der Nationalismus kann dem Volk ein Imperium verschaffen, aber er kann das Volk nicht an die Zeitlinie binden und damit aus dem Kreislauf von Geburt und Tod herausheben. Der Sozialismus vollzieht den Dienst an den christlichen Völkern, auf den die christlichen Kirchen, wenn auch nicht formell, so doch in vielen ihrer tragenden Gruppen und Führer tatsächlich verzichtet haben: *Die Völker durch Unterwerfung unter die prophetische Forderung dem Gesetz des Todes zu entheben.* Darum dient allein die Prophetie in Wahrheit dem Volk. Sie ist die legitime | Vertreterin der nationalen Idee. Und wie die Prophetie, so der Sozialismus.

Der Sozialismus hat auf deutschem Boden die Emanzipation der Frau, ihre – wenigstens theoretisch – fast völlige rechtliche Gleichstellung durchgesetzt. Er vollstreckte damit das Erbe des Liberalismus und wurde zugleich den wirtschaftlichen Notwendigkeiten gerecht. Und doch hat die Frau im politischen Leben diese Befreiung benutzt, um sich überwiegend gegen den Sozialismus zu stellen, und gerade die Frauen sind es, mit deren Hilfe die politische Romantik die Entrechtung der Frau durchzuführen sucht. Das war möglich, weil die im liberalen Sinne befreite Frau nicht, wie es der bürgerliche Harmonieglaube meinte, unmittelbar zu höherer Seinserfüllung gelangt, sondern zunächst in eine Lage gerät, die in Analogie zu der Klassenlage steht, in die der befreite Proletarier geworfen wurde. Die ökonomische Kraft der Frau erweist sich in der freien Konkurrenz durchschnittlich als die schwächere, und die seelische Kraft der Frau zeigt einen tiefen Gegensatz zu den mechanischen Formen der rationalisierten Wirtschaft[92]. *Die mit der Bestimmung zu Eros und Mutterschaft gegebenen Ursprungskräfte der Frau lassen sich nicht einfach in das vom Manne in extremster*

---

92 Das kann nicht durch den Hinweis auf die zahlreichen Einzelfälle weiblicher Höchstleistungen in wirtschaftlichen, staatlichen und geistigen Berufen widerlegt werden. Maßgebend ist die Masse der berufstätigen Frauen in den Mittelschichten und im Proletariat, die jederzeit bereit sind, unter Opfern persönlicher und wirtschaftlicher Art in die Familie überzugehen oder zum mindesten ursprungsnähere Funktionen zu übernehmen, als sie die Berufe in ihrer Mehrzahl gewähren können.

Einseitigkeit geschaffene rationale System einfügen. Eine Gruppenbewegung der Frau gegen diese Tendenz des bürgerlichen Prinzips müßte vom Sozialismus ebenso unterstützt werden wie die proletarische Bewegung gegen die Klassenherrschaft. Daß eine solche Bewegung nichts zu tun hätte mit den zum Teil lächerlichen Versuchen der politischen Romantik, den neuen Typus der Frau in geistiger, körperlicher, erotischer und rechtlicher Beziehung zurückzunehmen, ist selbstverständlich. Die Wieder|kehr des männlichen Patriarchalismus kann auf keine Weise vom Sozialismus geduldet werden. Vor allem muß er sich aufs äußerste wehren gegen jeden Versuch, die Unmenschlichkeiten der doppelten Moral, der Ächtung des unehelichen Kindes, der hemmungslosen Kinderzeugung wieder einzuführen. Der Gefahr dieser Reaktion kann er nur dadurch entgehen, daß er die Ursprungskräfte der Frau im sozialistischen Kampf gerade an den Stellen einsetzt, wo es auf Erweckung der Ursprungskräfte im Sinne des sozialistischen Prinzips ankommt, vor allem im Kultur- und Gemeinschaftsleben. Das sind nur Beispiele: Eine durchgeführte *sozialistische Sozialethik* gehört zu den drängendsten Aufgaben, die sozialistische Theorie und Praxis in den nächsten Jahren zu leisten hat.

6. Natur und Planung in der Wirtschaftsordnung

Die Antinomie der sozialistischen Wirtschaftsidee war darin begründet, daß der Sozialismus gegenüber den Hemmungen der Wirtschaftsrationalität sich auf die Seite der liberalen Idee stellen und gleichzeitig gegenüber den Wirkungen des Kapitalismus zentrale Planung bejahen mußte. Damit war er aber vor die Frage gestellt, wer Träger der zentralen Planung sein kann, wie ein Ort reiner wirtschaftlicher Vernunft gefunden werden soll.

Die Frage ist durch die gegebene Theorie des Gesellschaftsaufbaues grundsätzlich gelöst: Einen Ort reiner wirtschaftlicher Vernunft gibt es so wenig wie eine abstrakte Demokratie und ein abstraktes Recht. Auch die Wirtschaft ist Ausdruck einer konkreten, durch bestimmte Gruppen maßgebend beeinflußten gesellschaftlichen Situation. Was produziert werden soll, mit welchem Aufwand seelischer und gesellschaftlicher Kräfte, in welchem Maße und in welcher Form der technische Fortschritt zugelassen wird, welcher Grad weltwirtschaftlicher Verflechtung notwendig oder erträglich erscheint – das alles sind keine Probleme reiner wirtschaftlicher Vernunft. In ihrer Beantwortung drückt sich vielmehr | konkretes menschliches Sein, drücken sich Ursprungskräfte und Zielsetzungen der tragenden gesellschaftlichen Gruppen aus. Erst auf dieser Grundlage, in diesem Rahmen hat die reine ökonomische Theorie ihr Recht – eben damit aber auch ihre Grenzen. Die konsequente liberale Theorie will sich solche Grenzen nicht gefallen lassen, sie will den Lebensprozeß selbst der ökonomischen Vernunft unterordnen, wie die radikale Demokratie den Staat zur Funktion einer abstrakten Rechtsidee machen will. *Zur Wirklichkeit kommt aber nur ein konkretes Recht und eine konkrete Wirtschaftsform, in denen die jeweilig maßgebenden produktiven Kräfte einer Gesellschaft ihren Ausdruck finden.* Für das Bürgertum war die liberale Idee als Kampfbegriff gegenüber dem Absolutismus wirklicher Ausdruck seiner produktiven Kräfte. Sie war die angemessene Idee der wirtschaftlich und politisch tragfähigsten Gruppe ihrer Zeit. Sie wurde aber von dieser Gruppe selbst in dem Augenblick eingeschränkt, wo die wesentlichen Hindernisse für die Entfaltung der Produktivkräfte beseitigt waren und es sich um den positiven Wirtschaftsaufbau in den einzelnen Ländern handelte. – Der Liberalismus hat die Gesetzlichkeit des wirklichen ökonomischen Prozesses entdeckt, aber es ist ebenso unmöglich, von diesen Gesetzen aus die Wirklichkeit der Wirtschaft aufzubauen, wie es unmöglich ist, von den physikalischen Gesetzen aus die raum-zeitliche Welt aufzubauen. In Natur und Wirtschaft ist der Aufbau ursprungsbedingt. Was der rationalen Analyse offen ist, sind die Gesetzmäßigkeiten, nach denen sich jeder Aufbau vollziehen muß und die in der Wirtschaft auch der technisch-rationalen Leitung zugänglich sind. Für den Sozialismus ergibt sich daraus als erste Forderung, daß er die realen Aufbaukräfte der sozialistischen Wirtschaft und den konkreten Wirtschaftswillen, der in ihnen steckt, erkennt und bejaht. Es ist der Wirtschaftswille der den Sozialismus tragenden Gruppe, vor allem also des Proletariats, der Richtung und Form der sozialistischen Wirtschaft bestimmt. |

An vier Punkten kann das deutlich gemacht werden: An der Bedürfnisfrage, an der Stellung zum technischen Fortschritt, an der Stellung zur Arbeit, an dem Verhältnis der 'ursprungsgebundenen' Wirtschaft zur Weltwirtschaft. Erst wenn in diesen Beziehungen ein Wirtschaftswille herausgearbeitet ist, kann die Frage ihrer technisch-ökonomischen Durchführung gestellt werden.

In der bürgerlichen Gesellschaft ist der ökonomische Bedarf begründet in einer eigentümlichen Mischung von traditionellen Bedürfnissen und solchen, die durch die Möglichkeit ihrer Befriedigung überhaupt erst geschaffen sind. Da aber auch die traditionellen Bedürfnisse nur ihrer Substanz nach statisch sind (Nahrung, Kleidung, Wohnung), ihrer Form nach veränderlich, so entsteht von beiden Seiten her eine starke Neigung zu Wandlung und Steigerung der Bedürfnisse, wodurch die Voraussicht des ökonomischen Bedarfs sehr erschwert wird. Denn die natürliche Feststellung, die durch die Nachfrage auf dem Markt geschieht, findet angesichts der Vielschichtigkeit der Produktionsstufen meist erst nachträglich statt, wenn die Stärke und Richtung der Nachfrage für die Produktionsgestaltung nicht mehr wirksam werden können. Dadurch entsteht ein Teil der Fehlinvestitionen, die zu dauernden Störungen führen und zum Wesen der freien Marktwirtschaft gehören. Im Sozialismus fällt die unbegrenzte Möglichkeit, Bedürfnisse zu erwecken, fort: Erstens, weil über das Kapital zur Schaffung von Produktionsmöglichkeiten zentral entschieden wird nach dem Maßstab der *wirklich vorhandenen Bedürfnisse* und der Dringlichkeit, die sie für das Bewußtsein der Gesellschaft haben. Zweitens, weil die Angleichung aller Einkommen eine erhebliche *Standardisierung der Bedürfnisse* zur Folge haben muß. Drittens, weil sich durch stärkere Aufnahme von "ursprungnahen" Gruppen im Sozialismus *Bedürfnistraditionen* herausstellen werden, die eine Feststellung der Bedürfnisrichtung möglich machen. Der Mensch, der der Versuchung unbegrenzter Möglichkeiten von Bedürfnisbefriedigung erlegen | ist und in völlige Unsicherheit, Planlosigkeit und Grenzenlosigkeit der Bedürfnisrichtung und Bedürfnisbewertung hereingeraten ist, der Mensch also, der ein Knecht seiner eigenen Möglichkeit geworden ist, wird durch den Sozialismus zu einer Unterordnung der Möglichkeit unter die Wirklichkeit gelangen: *Nicht das mögliche Bedürfnis wird das wirkliche schaffen, sondern das wirkliche wird sich der Möglichkeit bedienen, die die Technik gibt, es zu befriedigen.* Es bedarf also keiner Bedürfnisdiktatur, sondern nur einer Feststellung der wirklichen Bedürfnisse und im Konfliktsfall einer Weisung durch die zentrale Instanz, die bei gleichstarker Nachfrage für das gesellschaftlich höher bewertete Bedürfnis entscheidet. Damit ist auch schon über die Stellung ᵛzu demᵛ technischen Fortschritt entschieden. Der technische Fortschritt als solcher ist Ausdruck der menschlichen Möglichkeit, über alles Vorgegebene hinauszugehen zum Entworfenen. Diese in sich unendliche Möglichkeit hat das Abendland seit den Utopien der Renaissance und den Entdeckungen der mathematischen Naturwissenschaft systematisch in Wirklichkeit umgesetzt. Das ist die weltgeschichtliche Leistung der bürgerlichen Gesellschaft. Sie hat die Massen aus der dumpfen Gebundenheit und oft untermenschlichen Verhaftung an die Natur zur Beherrschung der Natur geführt. Aber sie hat es in einer Form getan, die in wachsendem Maße Unheil gebracht und zu heftigen antitechnischen Reaktionen geführt hat. *Durch den Mißbrauch der technischen Möglichkeiten in der kapitalistischen Gesellschaft sind die Kräfte der antitechnischen Romantik aufgeweckt worden* [93]. Der Konkurrenzkampf zwang den einzelnen Unternehmer oder die einzelne Unternehmergruppe, ihre technischen Produktionsmittel in einem Ausmaße zu | verbessern, die Produktionsmethoden so weit zu rationalisieren, daß auf der einen Seite ständig große Arbeitermassen aus dem Arbeitsprozeß ausgeschieden wurden, auf der anderen Seite der Markt nicht aufnahmefähig war gerade für diejenigen Güter, die mit dem vorhandenen Apparat produziert werden konnten, nicht einmal für einen Bruchteil dessen, was unter dem Zwang der Ausnutzung der investierten Kapitalien produziert werden mußte. Die technische Rationalisierung auf dem Boden der freien Konkurrenz erwies sich dadurch als Hauptfaktor der Krise. Sie führte zu dem widersinnigen Resultat, daß bei höchst gesteigerter, fast unbegrenzter Produktionsmöglichkeit eine ungeheure Verelendung, die Unmöglichkeit der Bedürfnisbefriedigung in nie gekanntem Maße eintrat.

---

93 Auf die zahlreiche Literatur, in der über Technisierung und Mechanisierung des Lebens geklagt wird, braucht nicht ausdrücklich hingewiesen zu werden. Sie entspricht einer weit verbreiteten Stimmung. Das Fatale daran ist, daß nie die Frage erhoben wird, ob nicht die *mangelhafte* ökonomische Rationalisierung die entscheidende Ursache für die zerstörerischen Wirkungen der technischen Rationalisierung ist, daß also nicht die Ratio, sondern ihre mangelhafte Anwendung gegenüber den wirtschaftlichen Machtpositionen, ihre Unterdrückung in der gesellschaftlichen Sphäre, die Wurzel der Übel ist, für die man die Ratio an sich verantwortlich macht.

Für den Sozialismus folgt daraus, daß die Rationalisierung durch zentrale Maßnahmen der ökonomischen Aufnahmefähigkeit des Marktes angepaßt, daß die aus der Konkurrenz folgende technische Fehlrationalisierung unmöglich gemacht werden muß. Es ist nicht zu befürchten, daß dadurch der wirtschaftlich mögliche technische Fortschritt gestört wird, jedenfalls nicht mehr als im kapitalistischen System selbst, wo ständig um des Profitinteresses willen gesellschaftlich wertvolle Erfindungen unterdrückt und vernichtet werden, ganz abgesehen von der periodischen Selbstaufhebung des technischen Fortschritts in der Krise. Auch der technische Fortschritt gehört zu den Konsequenzen des bürgerlichen Prinzips, die in sich selbst abstrakt sind und nur durch Einfügung in die realen Möglichkeiten des Lebensprozesses sinnvoll verwirklicht werden können. Der technische Fortschritt hat in sich die unendliche Möglichkeit. Was davon jeweils Wirklichkeit werden kann, kann nicht er selbst und darf nicht kapitalistische Willkür entscheiden. Entscheiden | muß der gesellschaftliche Wille, wie er sich in dem Ineinander von realer, marktmäßig festzustellender Bedürfnistradition und den Entscheidungen der zentralen Instanz darstellt.

Wie die Marktgesetze, wie die technische Möglichkeit, so muß auch die Arbeit in den Lebensprozeß des Menschen und der Gesellschaft eingefügt werden. Ihr muß in der sozialistischen Gesellschaft die Herrschaft entzogen werden, die sie heute in der Form eines grenzenlosen Arbeitszwanges in Abwechslung mit einem völligen Arbeitsverbot ausübt; und zwar mit Notwendigkeit ausübt, auf Grund der Naturgesetze der freien Wirtschaft. – Freilich gibt es einen vom Ursprung gesetzten natürlichen Arbeitszwang, der auf keine Weise zu beseitigen ist. Es gibt Arbeiten, die weniger die volle Befriedigung in sich haben als andere; auch das kann nicht geändert werden. Und das Moment „stumpfmachender Mühe", das auch der befriedigendsten Arbeit anhaftet, sollte nicht durch Romantik und ideologische Verklärung der Arbeit verdeckt werden. Es ist durchaus töricht zu sagen, daß Arbeit Religion sei. Sozialistischer Glaube rechnet mit der Arbeit und ihrer Last, wie er mit allen Gegebenheiten der Natur rechnet; aber er macht daraus nicht, wie manche Theologen es wollen, die Rechtfertigung einer sinnlosen Arbeitsknechtschaft, wie sie durch die kapitalistische Konkurrenz über alle verhängt ist, die in ihr stehen. Er romantisiert auch nicht die vorkapitalistischen, vortechnischen Arbeitsformen. *Er bejaht die Entlastung des Menschen von jeder rein mechanischen Funktion durch die Maschine.* Er will den Sinn der Arbeit erfüllen durch eine Ordnung, in der das Arbeitsziel, die Arbeitsform und das Arbeitsverhältnis so beschaffen sind, daß die Arbeit dem Menschen dient und ihn nicht zerstört.

Das *Arbeitsziel* ist auf sozialistischem Boden Befriedigung derjenigen Bedürfnisse, die in einer durchorganisierten, zentral kontrollierten Wirtschaft ohne Konjunktur und Krise befriedigt werden können, auch wenn der Stachel der unbegrenzten Gewinnmöglichkeit und die Peitsche der wirtschaft|lichen Todesandrohung fehlen. Es ist möglich, daß auf diese Weise weniger produziert wird. Es ist aber auch möglich, daß der Wegfall all der Zerstörungen und Produktionshemmungen, die aus der Krise und dem imperialistischen Krieg stammen, den

Ausfall reichlich ausgleicht. Und das ist nach den letzten Kriegs- und Krisenerfahrungen das Wahrscheinliche. Aber auch wenn wirklich eine Produktionssenkung eintreten würde, so wäre sie ein geringer Preis für die Unterordnung der Wirtschaft unter den Menschen. – Die *Arbeitsform* ist in der sozialistischen Wirtschaft dadurch neu zu gestalten, daß dem Arbeiter das Verständnis für den Gesamtprozeß der Produktion erschlossen wird, an dem er beteiligt ist. Dadurch wird die schädliche Wirkung der Spezialisierung des Arbeitsprozesses eingeschränkt werden. Vor allem aber ist es in einem zentral kontrollierten Produktionsprozeß möglich, die rein mechanischen Elemente der Arbeit der Maschine zu übertragen, da der privatwirtschaftliche Gesichtspunkt, daß Arbeitskräfte oft billiger sind als Maschinen, grundsätzlich wegfallen würde. Eine so verbesserte Arbeitsform könnte *Lebenssinn und Arbeitssinn* zwar nicht zur Deckung bringen – das ist nie möglich –, aber doch aus der unerträglichen Spannung herausheben, in der sie zur Zeit stehen. – Was endlich das *Arbeitsverhältnis* betrifft, so ist für den Arbeitnehmer die sozialistische Ordnung Befreiung vom Dienst am fremden Profit und Arbeit für die Gemeinschaft, zu der er selbst als tragendes Glied gehört, für den Arbeitgeber Befreiung von dem Zwang des grenzenlosen Konkurrenzkampfes und seine Einordnung in die gemeinsame Produktion – unter Umständen an leitender Stelle – sowie die *Ersetzung* des *Profits, der im Konkurrenzkampf erbeutet wird, durch die Prämie, die im Wettstreit gewonnen wird.* Für beide aber bedeutet der Sozialismus die Aufhebung des Klassengegensatzes und damit der Vergiftung des gesamten Arbeitslebens durch das zwangsweise Gegeneinander der In|teressen in der bloß zwangsweisen Einheit des Arbeitsprozesses[94].

Das sozialistische Prinzip enthält auch die Möglichkeit, das heut besonders aktuelle Problem des Verhältnisses von nationaler Wirtschaft und Weltwirtschaft zu lösen. *Autarkie der nationalen Wirtschaft bedeutet ursprungsmythische Bindung der Produktion an einen begrenzten Raum um der absoluten Souveränität dieses Raumes willen.* Aber kein Raum ist souverän. Der weltwirtschaftliche Austausch überwindet durch sich selbst die wirtschaftliche Selbständigkeit ursprungsgebundener Räume. Er ist Bahnbrecher für die überräumliche Einheit der Menschheit, für ihre gemeinsame Angewiesenheit an die vorwärts drängende Zeit. Darum bejaht die prophetische Haltung die übernationalen Horizonte, auch in der Form des Wirtschaftsaustausches. Sie schützt den „Fremdling" um der gleichen unbedingten Forderung willen, der der Volksgenosse und der Fremde, der das eigene und das fremde Volk unterstellt sind: Um der Forderung der Gerechtigkeit willen. – Austausch aber ist nur möglich von einer Basis, einem

---

[94] Zu diesem Kapitel vgl. die Schriften von Eduard Heimann, außer den großen Arbeiten: Die soziale Theorie des Kapitalismus, und: Kapitalismus und Sozialismus [Potsdam 1931], vor allem: Die sozialistische Wirtschafts- und Arbeitsordnung (Heft 1 dieser Reihe) [Potsdam 1932], wo die wirtschaftstheoretische Realisierbarkeit unserer Forderungen nachgewiesen wird.

Boden, einer Wirtschaftstradition aus. Wenn die Autarkiebewegung einen Sinn haben soll, so kann es nur der sein, einen gesicherten Boden für den weltwirtschaftlichen Austausch zu schaffen und das Aufgesogenwerden in die Weltwirtschaft zu verhindern. Denn die Wendung zur Zeit bedeutet nicht Aufhebung des Raumes. Der Raum aber hat Realität nur in den einzelnen Räumen und ihren besonderen Ursprungskräften, die auch dann bejaht werden müssen, wenn sie unter rein ökonomischen Gesichtspunkten für die Weltproduktion entbehrlich wären. Ihr Schutz muß dann freilich zugleich die Wandlung ihrer Struktur im Sinne dessen sein, was sie wirklich im rationalen und weltwirtschaftlichen Produktionsprozeß | bedeuten können, nicht die Erhaltung einer veralteten Struktur um den Preis ökonomischer Opfer, die National- und Weltwirtschaft tragen müssen. Denn das Ziel sozialistischer Wirtschaftsordnung ist die *Einheit des weltwirtschaftlichen Raumes* und eine rationale Ausnutzung der fast unbegrenzten irdischen Produktionsmöglichkeiten im Dienst der Menschheit und aller ihrer Gruppen.

Es ist nun zu fragen: Welche Möglichkeiten für eine solche Gestaltung bieten die ökonomischen Gesetze? Die Antwort gibt die sozialistische Ökonomik; sie hat sie in Einheit mit den realen Entwicklungstendenzen der Gegenwart schon gegeben. *In die Hand der Gesellschaft* – und das heißt der tragenden Gruppen des Gesellschaftsaufbaus – *sind zu legen die ökonomischen Machtpositionen des heutigen privaten Großeigentums: Großgrundbesitz, Schwerindustrie, Großbetrieb in der Verarbeitung, Bankwesen, Außenhandel.* Von ihnen aus läßt sich der Gesamtprozeß der Produktion im Sinne des sozialistischen Prinzips leiten. Von ihnen aus läßt sich das Problem der ökonomischen Rationalisierung so lösen, daß die zerstörenden Wirkungen der technischen Rationalisierung aufgehoben und ins Gegenteil gewandelt werden. Dabei ist es grundsätzlich möglich, *den freien Markt zu erhalten,* auf dem die Bedürfnisse angemeldet werden und von dessen Forderungen aus über Produktionsrichtung und Preisbildung entschieden wird – allerdings in den Grenzen der zentralen Planung. Das bedeutet weiter, daß in denjenigen Produktionsformen, die keine Herrschaftsposition in der Gesellschaft begründen, die freie Wirtschaft aufrechterhalten werden und eine Bürokratisierung der Gesamtwirtschaft vermieden werden kann. Wo Bürokratisierung unvermeidlich ist, hat sie sich durch die spätkapitalistische Entwicklung längst selbst eingestellt. – Auch in der Frage der sozialistischen Wirtschaftsidee erweist sich also die grundlegende Bedeutung des sozialistischen Prinzips, die Brechung | des bürgerlichen Harmonieglaubens und die Vereinigung von Natur und Planung im Wirtschaftsaufbau[95].

[95] Dieses Kapitel hätte nicht ohne die spezielle Unterstützung Adolf Loewes geschrieben werden können. Vergl. auch seinen Aufsatz: Der Sinn der Weltwirtschaftskrise, in: Neue Blätter für den Sozialismus, 1931, Heft 2 [S. 49–61].

Schluß: Die Zukunft des Sozialismus

Das sozialistische Prinzip hat die Kraft, die sozialistischen Antinomien zu lösen; es ist nicht nur dem bürgerlichen, sondern auch dem romantischen Prinzip überlegen. Es allein hat die Kraft, dem Abendland eine Zukunft zu schaffen. Das Zerbrechen des bürgerlichen Prinzips wird in jeder Krise des Kapitalismus offenkundiger. Der Glaube an den Harmoniegedanken in jeder Form ist im Erlöschen; die Wirklichkeit hat ihn widerlegt. Die konservative Form der politischen Romantik hat kein neues, der Gesellschaftslage gemäßes Prinzip. Sie kann auf militärischer Grundlage für eine begrenzte Zeit die Macht gewinnen. Für die Dauer kann sie sich nicht durchsetzen. Die revolutionäre Form der politischen Romantik aber hat nur die Möglichkeit, in die konservative überzugehen (und das um so mehr, je durchschlagender ihr Sieg ist) –, oder sozialistisch zu werden, die spezifisch romantischen Elemente abzustreifen und ihre ursprungsmythischen Kräfte in die prophetische Bewegung der Gegenwart, den Sozialismus, einzuordnen. Die unbedingte Überlegenheit des sozialistischen Prinzips gibt freilich keine Gewähr des Sieges der sozialistischen Bewegung. Es bleibt, wie Marx gesehen hat, die andere Möglichkeit, das Chaos. Wenn in den Auseinandersetzungen zwischen Bürgertum und politischer Romantik das bürgerliche Prinzip noch einmal einen vollen Sieg erringen sollte, so würde mit der steigenden Furchtbarkeit der Krisen das Chaos fast unvermeidlich werden. Siegt aber die politische Romantik und mit ihr der kriegerische Nationalismus, so ist der Selbstvernichtungskampf der europäischen Völker unvermeidlich. *Die Ret|tung der europäischen Gesellschaft vor der Rückkehr in die Barbarei ist in die Hand des Sozialismus gegeben.* Nur er kann bewirken, daß die unbegrenzten Möglichkeiten technischer Weltbeherrschung, die die bürgerliche Periode geschaffen hat, in der Gewalt des Menschen bleiben und von ihm in den Dienst des Menschen gestellt werden. Nur er kann verhindern, daß diese Möglichkeiten zu Mitteln der Selbstvernichtung ihrer selbst und der Gesellschaft werden, durch die sie der Natur abgerungen sind.

Der erstberufene Träger des Sozialismus ist das industrielle Proletariat. *Es hat noch immer die Schlüsselstellung der gegenwärtigen gesellschaftlichen Lage, weil es am eindeutigsten auf ihrer negativen Seite steht*; und es wird sie haben, solange das bürgerlich-kapitalistische System sich hält. Denn vor der Tatsache der Klassenspaltung verliert jede andere gesellschaftliche Tatsache an Gewicht. Jede Gruppe wird hineingerissen in die Gestalt des Gegeneinander, die zum bürgerlich-liberalen System gehört. Das Proletariat ist durch seine Existenz auf den Sozialismus geworfen, es kann sich nicht auch anders stellen, solange und soweit es Proletariat ist.

Und doch muß der Satz bestritten werden, daß der Sieg des Sozialismus allein vom Proletariat erkämpft werden könne. Sicherlich nicht ohne das Proletariat. Es ist die Bedingung, ohne die kein Sozialismus möglich ist. Aber es ist – wenigstens zur Zeit – nicht die zureichende Bedingung. Denn das Proletariat erfährt durch eben die Situation, durch die es auf den Sozialismus geworfen ist, auch die Grenzen der Kraft, ihn allein zu tragen. *Er ist durch die gegenwärtige Lage angewiesen auf die ursprungsnahen Kräfte. Ohne sie kann der Sozialismus zur Zeit nicht siegen.* Von dieser Verbindung hängt darum die Zukunft des Sozialismus und damit das Schicksal Deutschlands und der europäischen Menschheit ab. Ob | sie zustande kommt, ob sie durch Proletarisierung fast aller Schichten überflüssig wird, darüber entscheidet die innere Entwicklung der kapitalistischen Gesellschaft, d.h., es entscheiden in unlöslicher Einheit die wirtschaftlichen Gesetze und die Menschen, durch die hindurch sie sich vollziehen. Weil die Gesetze mitbestimmen, ist die Zukunft des Abendlandes nicht schlechthin undurchsichtig; weil sie allein durch menschliches Handeln hindurch mitbestimmen, ist jede eindeutige Berechnung ausgeschlossen. Weil das menschliche Handeln mitbestimmt, kann in der Zukunft des Abendlandes ebenso der Sozialismus wie die Barbarei stehen. Weil das menschliche Handeln nur im Rahmen der wirtschaftlichen und gesellschaftlichen Gesetze Freiheit hat, gibt es außer jener Alternative grundsätzlich keine dritte Möglichkeit.

Daß viele ursprungsmythische Gruppen zur Zeit durch die Wirtschaftskrise revolutioniert sind, daß sie gegen den Kapitalismus anrennen und die bürgerliche Mitte aufgelöst haben, ist das stärkste positive Anzeichen für den Sieg des Sozialismus. Daß sie es tun im Banne eines ungebrochenen Nationalismus und mit geistiger und materieller Unterstützung gewisser Gruppen des klassenkämpfenden Bürgertums, ist die stärkste Gefahr für den Sozialismus. Nicht nur weil er dadurch von außen her in die Verteidigung gedrängt wird und revolutionäre Kräfte an die politische Romantik abgibt, sondern auch weil er sich in der Abwehr der politischen Romantik auf seine bürgerlichen Elemente zurückdrängen läßt. Siegen aber kann er nur durch Abstoßung dieser Elemente, da sie ihn in den inneren Widerstreit führen, in dem er zerrieben zu werden droht. Siegen kann er nur durch sein Prinzip, in dem Ursprungskräfte und prophetische Erwartung geeint sind. Die Führung aber muß die Erwartung haben. In ihr erst erhebt sich menschliches Sein zur Menschlichkeit. Nur unter ihrer Führung kann menschliches Sein, menschliche Gesellschaft zur Erfüllung kommen. Die Herrschaft des Ursprungsmythos bedeutet Herrschaft der Gewalt und des Todes. *Nur die Erwartung kann den Tod über|winden, mit dem das neue Aufbrechen des Ursprungsmythos das Abendland bedroht. Erwartung aber ist das Symbol des Sozialismus.*

Kritischer Apparat

Der Abdruck erfolgt nach B, wobei die damalige, insbesondere Tillich'sche Orthographie (z.B.: Hülfe, heut; Großschreibung nach Doppelpunkt) beibehalten wird. Nur offensichtliche Druckfehler in Orthographie und Zeichensetzung werden stillschweigend korrigiert. E paßt den Text durchgehend in Orthographie und Zeichensetzung den später geltenden Regeln an. Diese Änderungen werden hier nicht dokumentiert.

13 a Der „Tatkreis“ war der Kreis der Mitarbeiter der Zeitschrift TAT (Hans Zehrer, Ferdinand Friedrich Zimmerman = Ferdinand Fried, Giselher Wirsing, Ernst Wilhelm Eschmann). Er strebte eine „autoritäre Synthese von Nationalismus und Sozialismus ..., mit Planwirtschaft und einem ständisch gegliederten Nationalstaat“ an (Christoph H. Werth, Sozialismus und Nation: die deutsche Ideologiediskussion zwischen 1918 und 1945. Opladen 1996, S. 143). Zum „Tatkreis“ vgl. auch ebd., S. 143–169.

15 b Beginn des Vergleichs mit C

16 c–c C: from the beginning

d–d C: theory of man

e–e C: a creature with an internal duality

17 f–f C: is divided

g–g C: man is the being who is dualized so that he has himself at the same time as subject and object.

h–h C: in the pure being and in the self-conscious being of man

i–i C: human reality

j–j C: of social and economic realities

18 k–k fehlt in C

l–l C: The origin is creative.

m–m C: Creation produces something new

n–n C: dependence on the origin that has produced us and the independence of it through individuality and freedom

o–o C: It gives us existence again and again.

p–p fehlt in C

20 q–q fehlt in C

22 r–r C: the first known words of Greek philosophy

s–s C: A. Observation and decision

23 t–t C: mind and meaning are considered

u–u C: special historical and social situation

v–v C: principles

25 w–w C: to the objective sphere

x–x C: B. Principle and reality

y–y C: existence

27 z–z fehlt in C

a in C folgt nach Komma: interpreted in dynamic concepts on the basis of a socialist decision.

b–b fehlt in C.– Ende des Vergleichs mit C.

28 c Beginn des Vergleichs mit A.

29 d–d A: Wurzeln

e in A folgt: des Entsprungenen

f–f A: festen

g–g A: in der Ekstase der Fruchtbarkeit und des Todes, in denen der Ursprung sich als Grund und Abgrund zugleich erweist. Auch diese Seite der Bodengebundenheit wirkt in den höchsten Kulturen nach, wenn auch aus der religiösen in die ästhetisch-gesellige oder politische Sfäre übertragen.

h–h A: die vegetative

i–i A: führt hinaus

j–j A: Er betrifft den Menschen, sofern er der animalischen Sfäre angehört und

umfaßt eine engere bestimmtere Macht des Ursprungs.
k–k A: edlem
l–l fehlt in A
m–m A: Die Ursprungsgebundenheit dieser Sfäre zeigt sich gleichfalls in doppelter Richtung: in der edlen Form der Lebensbewegung und in der heroischen
30 n–n fehlt in A
o in A folgt nach Komma: wie im Nomadentum.
p–p A: ist der
q–q A: wobei aber nicht der Blutzusammenhang, sondern der patriarchalische Herrschafts-zusammenhang entscheidend ist. Die animalische Seite ist zurückgedrängt zugunsten der sozialen.
r in A folgt: und deutlicher
s–s A: unmittelbar natürliche Gesetz
t–t A: weniger
u–u fehlt in A
v–v fehlt in A
w–w A: durch die
31 x–x A: Ja, der Forderungscharakter ist schon selbst eine Brechung; denn was gefordert ist, ist noch nicht da, ist nicht ursprüngliches Sein.
y–y A: vertritt
32 z–z fehlt in A
a–a A: Grundlage für die Frage nach dem Wozu gelegt wird.
b–b A: das „Kehrt wieder, Menschenkinder“ die Herrschaft des Vaters als Ursprung bestätigt.
33 c in A folgt nach Komma: als „Peri-Hodos“
d–d A: und es gilt endlich vom
e–e A: ist
34 f–f A: und der Geist des Judentums
g in A folgt: aber
h–h A: Das abstrakte Bewusstsein, dass auch andere Boden, andere Geschlechter, andere Gruppen und Völker Heiligkeit in Anspruch nehmen, bleibt ohne Folgen für das raum-gebundene Dasein. Es wird als Bewusstsein nicht konkret. Folgenreicher ist etwas anderes: Der Ursprung als das, was selbst nicht wieder entspringt, hat den Charakter des Unbedingten. Der einzelne Ursprung aber, auf den es im Ursprungsmythos ankommt, ist als einzelner bedingt, also nicht Ur-Sprung. Dieser Widerspruch treibt das mythische Bewusstsein zur Schaffung übergreifender Einheiten, zur Überwindung des
35 i–i fehlt in A
j–j A: durch die
k–k A: Sein selbst als solches
l–l fehlt in A
36 m–m A: Es
n–n A: es
37 o–o A: gemeinsam dem
p–p A: den Ursprung
q–q A: aber wird
r–r fehlt in A
38 s–s E: Christentum: einmal

	t–t	A: mannichfaltigen
	u–u	A: seiner Vergangenheit und seinem Wesen [nach]
39	v–v	A: seine heidnische Substanz aufgelöst und ins Negative ihrer selbst gekehrt hat
	w–w	A: ohne die Kraft prophetischer
	x–x	A: in Wahrheit
40	y–y	A: den
	z–z	A: das raumgebundene Denken
	a–a	A: Dadurch könnte
	b–b	vgl. die Schrift von Hans Blüher, Secessio judaica. Philosophische Grundlegung der historischen Situation des Judentums und der antisemitischen Bewegung. Potsdam1922.
	c–c	A: 3. Die Aufklärung als Voraussetzung der politischen Romantik.
	d–d	A: das Prophetische
	e–e	fehlt in A
	f	in A folgt nach Komma: sowohl im Sinne des Ursprungsmythos als auch im Sinne der Enderwartung. Religionsgeschichtlich gesprochen, ist es der *Mythos des Sohnes,* der sich gegen den Vater erhebt, ihn stürzt und ein Reich freier Menschlichkeit und Diesseitigkeit aufrichtet. Der Sohnestyp, zu dem auch der „Mittler" gehört, ist der inner-mythische Ausdruck für den Willen zur Autonomie. Es ist verständlich, daß das Priestertum, unterstützt durch die Angst des menschlichen Unbewussten vor der Autonomie, dem Sohn immer wieder die Züge des Vaters gibt (der byzantinische Christus) und auf diese Weise das Bewusstsein in der Ursprungsbindung hält – oder dass es wenigstens den autonomen Sinn des Sohnesmythos als Geheimwissen zurückhält. Erst in der Aufklärung setzt sich die Autonomie gegen die gesellschaftlichen und seelischen Hemmungen durch, die ihr vom Ursprungsmythos her entgegenstehen.
41	g–g	A: besseres, nicht auf ein „neues"
	h–h	A: umgeformtes
	i–i	A: Gebiete
42	j–j	A: verantwortlich
	k–k	A: sein
	l–l	A: die seelischen noch die gesellschaftlichen
	m	in A folgt: der Seinsmächtigkeit
	n–n	fehlt in A
	o–o	fehlt in A
43	p	in A folgt: ursprünglichen
	q–q	fehlt in A
44	r–r	A: gebüßt hat
	s–s	A: vor dieser Konsequenz
	t–t	A: romantisch
	u–u	A: 4. Die Rückwendung zum Mythos des Ursprungs in der politischen Romantik
	v–v	fehlt in A
	w–w	A: Die Rückwendung zum Mythos des Ursprungs
	x–x	A: haben
	y–y	fehlt in A
	z–z	A: Beide

	a	in A folgt: und Gegensätze
	b–b	fehlt in A
45	c–c	A: die rationalen Angriffe
	d–d	A: das rationale System
	e–e	A: Rezeption durch
	f–f	A: soll[en]
	g	in A folgt: in Widerspruch zu ihren profetischen Elementen
	h–h	A: lebens- oder naturimmanent
46	i	in A folgt nach Komma: so weit sie sich mit dem rationalen System enger verbunden haben;
	j–j	A: immanent
	k	A und B: Semikolon statt Komma
	l	in A folgt: in Anknüpfung an den aristotelischen Sprachgebrauch
47	m	in A folgt nach Komma: und die Kampfgemeinschaft mit der konservativen Richtung zwingt sie zur Einigung auf Ziele, die dem Ursprünglichen im Sinne des Überlieferten und der organischen Idee angehören. Darum sind die Zielvorstellungen der konservativen und revolutionären Romantik so ähnlich.
	n–n	fehlt in A
48	o–o	fehlt in A
	p–p	fehlt in A
	q–q	A: ein Bauerntum und einen Grundbesitz
	r–r	fehlt in A
	s–s	fehlt in A
	t	in A folgt: entweder
	u	in A folgt: von dieser Seite
	v–v	A: in der revolutionären Romantik die wichtigste Rolle
	w–w	A: werden ihre Hauptkampfbegriffe
	x	in A folgt: im Unterschied zum echten ursprünglichen Rassengefühl eine
49	y–y	A: demokratischen
	z–z	B und D: Geschlechtsverhältnis A und E: Geschlechterverhältnis
	a–a	A: als
	b–b	A: hervorgebrochen sind
50	c–c	A: rationale
	d–d	A: Endlich
	e–e	A: immanent-naturalistisch
	f–f	A: transzendent-religiösen
	g–g	fehlt in A
	h	in A folgt: Denn dazu gehören die übrigen Elemente des Ursprungsmythos.
	i–i	A: Die
51	j–j	fehlt in A
	k–k	A: durch die
	l–l	fehlt in A
	m–m	fehlt in A. In A folgt: Mit der Rückwendung zur sozialen Gruppe im Sinne des Ursprungsmythos verbindet sich die *Rückwendung zur Tradition.*
	n–n	fehlt in A
	o–o	fehlt in A
	p–p	fehlt in A
	q–q	A: kann

	r–r	A: geschafft werden
	s–s	A: aufzuheben [Fehler]
	t	in A folgt: höchstens
52	u	in A folgt: Und sie gerät, wenn sie ernst damit macht, in eine Willkür der Auswahl, durch die sie von ihren eigenen Voraussetzungen aus ad absurdum geführt wird, wie z. B. die nationalsozialistische Kunstpolitik.
	v–v	A: Gestaltung
	w–w	A: einheitliche
	x	in A folgt Gruppen
	y	in A folgt: Einzelnen
	z–z	A: einbeziehen
	a–a	fehlt in A
53	b–b	fehlt in A
	c–c	A: Vor allem aber ist in Deutschland die wirkliche Tradition in Wahrheit ein
	d–d	A: verschiedensten
	e–e	A: urgermanisches Blut eine ursprüngliche
	f–f	fehlt in A
	g–g	A: Die Rückwendung zur *Uroffenbarung* wird von den heidnischen Extremen der politischen Romantik in entschlossener Abwendung vom Christentum und Konstruktion eines germanischen Heidentums versucht.
	h–h	A: die
	i–i	fehlt in A
54	j–j	A: erregten
	k–k	A: fast immer aber in den unausdrücklichen Formen
	l–l	A: Gruppe
	m–m	A: Unbedingt heilig
	n	in A folgt: nur
	o–o	A: ihrer Grenze und ihres Geistes sucht
	p–p	A: durch priesterliche Bewahrung seiner Uroffenbarung, in der christlich-profetische und heidnische Elemente verbunden sind, einen festen Ort gegenüber den geschichtlichen Bewegungen, soziologisch dargestellt in der Hierarchie.
	q	in A folgt: darum
	r–r	A: in sich
	s–s	fehlt in A
	t–t	A: diese
	u	in A folgt: priesterlich bewahrten und
55	v–v	A: trägt
	w–w	fehlt in A
	x–x	in A folgt: Dabei kann es geschehen und ist geschehen und geschieht heute wieder, daß diese Mächte sich, ohne daß die Kirche es merkt, einen eigenen Mythos schaffen, der an wirklicher Bedeutung die kirchliche Verkündigung weit übertrifft.
	y–y	A: dem heidnischen Ursprungsmythos, der
	z–z	A: Endlich ist nicht zu verkennen, daß beide Kirchen die Tendenz haben, die autonomen Elemente, die sie zeitweise walten ließen und die im Protestantismus seinem Prinzip gemäß zu entscheidender Bedeutung gelangt waren, wieder ausstoßen.

a in A folgt: abgestoßen oder

56 b–b A: kirchlichen

c in A folgt: siegreiche

d in A folgt: innere

e in A nach Komma: in der der ungebrochene Ursprungsmythos zu dem profetisch-christlichen und protestantischen Prinzip steht, macht

f–f A: möglich

g–g A: 5. Die geistigen Ausdrucksformen der politischen Romantik und die Parteien

h in A folgt: ebenso wie die realen Mächte und Strebungen des Sozialismus

i in A folgt: Selbsterfassung und

j–j A: diese

k in A folgt: Mit ihnen wird heut der Kampf gegen den Sozialismus geführt.

l–l in A folgt nach Punkt: Je nach der Ferne oder Nähe,

57 m in A folgt: hier vor allem

n–n A: der normativen Geist[eswissenschaft]

o–o fehlt in A

p in A folgt nach Komma: die der Philosophie wesentlich ist und durch die sie sich aus den Ursprungsbindungen befreit hat.

q in A folgt: selbst

r–r in A nach Komma: sie fordert und begründet nicht, was sein soll, und das muß die politische Romantik, sofern sie politisch sein soll.

s in A folgt: mit Priesterlichem

t–t fehlt in A

u–u A: einigt

v in A folgt: darum

58 w–w fehlt in A

x–x A: konservative

y–y A: ist ein

z–z A: vor

a in A folgt: Die revolutionäre Romantik will zerstören und neu schaffen, aber nicht durch Analyse und Synthese, sondern durch die Kraft des neu entdeckten Lebens, durch Aktion und Violence.

60 b in A folgt: grotesk

c–c A: mit Widerspruch behaftet

d–d A: das für die politische Romantik nur mit Einschränkung

e–e A: Da das Epos

61 f–f A: ist, bleibt nur die Lyrik als unmittelbarer Ausdruck der politischen Romantik übrig. Sie aber in zahlreichen Formen.

g–g fehlt in A

h–h A: Am wichtigsten für sie ist in der Gegenwart Stefan George geworden,

i–i A: des

j–j A: hieratische

k–k A: kultische Tradition

l–l A: statt profetisch

m–m A: müßte.

n–n A: Apokalypse ist die Enthüllung kommender Ereignisse und gehört darum als untergeordnetes Moment zum Profetischen; aber nur als untergeordnetes; zuerst und vor allem ist der Profet Verkünder der göttlichen Forderung, die sich gegen das Volk richtet, an das sie ergeht. Der Apokalyptiker dagegen enthüllt Kommendes, unmittelbar Bevorstehendes, um über die Gegenwart zu trösten. Seine Gerichtsbotschaft bleibt abstrakt. Die Welt besteht aus Bösem und Gutem, die im Gericht geschieden werden. Ein konkreter Angriff auf die Hörer der Apokalypse, auf das Besondere ihrer Lage ergeht nicht. Sie haben darum die Möglichkeit, sich zu den Guten zu rechnen, wenn nicht individuell, so doch jedenfalls sozial. – – – Die moderne, profane Apokalypse muss notwendigerweise in halbwissenschaftlicher Form auftreten. Nur in dieser Verhüllung ist der Mythos auf autonomem Boden glaubhaft. So

62 o–o A: Gehalt
p–p zum „Tatkreis“ siehe oben S. 13 Anm. a
q in A folgt: apokalyptischen
r–r A: fantastisch apokalyptische
s–s A: Kraft
t–t fehlt in A
u–u fehlt in A
v–v A: des rationalen Systems
w–w A: aber setzt Anerkennung autonomer
x–x A: Solche Anerkennung
63 y in A folgt: und demgemäß die Art der Parteibildung
z–z A: machen kann
a–a A: gegenüber dem übrigen Volk eine Elite sein soll
b–b A: Hingabe der ganzen Existenz
c–c A: Sie selbst ist in sich gegründet auf Autorität und Auswahl höherer
d–d A: Es ist nicht verwunderlich, dass im Zusammenhang mit diesem Widerspruch die politische Lage der romantischen Parteien höchst widerspruchsvoll ist. Die stärkste und in ihrer revolutionären Form letzte Schutztruppe der tragenden Gruppe des rationalen Systems zu sein, des kapitalistischen Bürgertums.
e in A folgt: ohne weiteres
64 f–f so A, B, D, E, F [„Widerentmächtigung“ i.S. von „Gegen-Entmächtigung“]
g–g A: schon immer wirksam gewesen
h–h fehlt in A
i in A folgt: und gesellschaftlichen
j–j E: Hineingleiten
k in A folgt: proletarische
l–l A: seinem Wesen schlechthin
65 m–m fehlt in A
n–n A: umgewandelt und das
o–o A: einerseits die demokratischen
p in A folgt nach Komma: im Geiste des Bürgertums,
q in A folgt: andererseits
r in A folgt: Diese Doppelfront, in die das deutsche Proletariat durch die Feudalisierung der bürgerlichen Gesellschaft hineingedrängt ist, gibt dem Kampf, den es zu kämpfen hat, die ganze Schwere und Bedeutung für die Zukunft.
66 s–s fehlt in A

67 t–t A: III
u–u A: Der Geist der bürgerlichen Gesellschaft und die Antinomien des Sozialismus
v–v fehlt in A
w–w A: 1. Der Geist der bürgerlichen Gesellschaft und seine Spannungen.
x–x A: durch siegreiche
68 y–y fehlt in A
z–z A: des
a–a A: das Element, an dem B und D: den Elementen, aus dem E: den Elementen, aus denen
b–b A: einzelnen Massen
c in A folgt: auch
69 d–d A: Aber dieses scheinbar eindeutige Prinzip der bürgerlichen Gesellschaft enthüllt sich in seiner Durchführung als spannungsreich und zweideutig. Der Gegensatz von Herrschendem und Beherrschtem, von Subjekt und Objekt bricht in die harmonische Einheit des rationalen Systems. So war es von Anfang an. Das Subjekt-Objektsproblem, der große Beweger der abendländischen Philosophie steht in strenger Korrelation mit dem Herrschafts-Knechtschaftsproblem, dem Beweger der bürgerlichen Politik. Zeiten, die dem Ursprungsmythos nahestehen, kennen weder das eine noch das andere Problem. Sie leben in der ursprünglichen Subjekt-Objektseinheit (eine Formulierung, die unzulänglich ist, weil sie schon von der Spaltung ausgeht); und sie leben in ursprünglichen anerkannten Über- und Unterordnungsverhältnissen, bei denen nur die Frage ist, wer den vorgegebenen höheren Ort einnehmen, nicht ob es einen solchen Ort geben soll.
Ist die Spaltung eingetreten, so ergeben sich grundsätzlich zwei Möglichkeiten, die liberale und die demokratische, die als Freiheit und Gleichheit zwar zusammengeschlossen werden können, wie in der Erklärung der Menschenrechte, an sich aber in entscheidender Spannung stehen. Das liberale Prinzip hat zunächst den negativen Sinn, die Ursprungsbindungen aufzulösen und die Elemente auf sich selbst zu stellen. Aber es hat darüber hinaus einen positiven Sinn, es behauptet eine der Natur innewohnende Harmonie, die ohne Zutun des Subjekts in Natur und Gesellschaft für zweckvolles Zusammenstimmen der Elemente sorgt (grösste Beispiele: Die Monadenlehre von Leibnitz und die liberale Ökonomie). In diesem Glauben an die natürliche Harmonie steckt überdies ein Moment Ursprungsmythos, ein profanisierter Vorsehungsglaube, der dem bürgerlichen Prinzip an und für sich widerspricht. Das „Laisser faire, laisser aller" ist seinem ursprünglichen Sinn nach fromm.
Die andere Möglichkeit ist die demokratische. Sie hat gleichfalls die Befreiung des Einzelnen von den Ursprungsbindungen zur Voraussetzung. Das gleiche Recht aller hebt jeden ursprünglichen Mächtigkeitsunterschied grundsätzlich auf. Dieses liberale Moment gehört zu jeder Form demokratischen Denkens. Positiv aber geht die Demokratie vom Subjekt aus. Sie hypostasiert die Vernunft nicht in den Dingen, sondern fordert Unterwerfung der Dinge unter die menschliche Vernunft. Sie setzt also ursprüngliche Disharmonie voraus. Ist entschlossener vom Ursprung losgelöst, von dessen tragender Kraft auch nicht einmal im Sinne einer verborgenen Harmonie etwas erwartet wird. Dafür ist sie auf Unterwerfung aller einzelnen Elemente unter die Herrschaft einer

übergreifenden Vernunft gerichtet. Eines Restes von Harmonieglauben bedarf freilich auch die Demokratie, sofern sie die Erwartung hegt, dass ein solcher vernünftiger Allgemeinwille (Rousseau, eine volonté generale) zustande kommen kann. Auf diese Weise kann sich die demokratische Idee von der liberalen sehr weit entfernen, die Träger und Durchsetzer der Allgemeinvernunft können die Freiheit des einzelnen aufs äusserste einschränken. Eine tiefgehende Spannung zwischen Freiheit und Gleichheit, liberaler und demokratischer Idee kann entstehen.

e–e so auch A. D und E: Subjekt-Objekt-Problem. [Tillich wählt bei Wortzusammensetzungen gern den Genitiv (Analogien: Kriegserklärung, Mehrheitsbildung)]

73 f–f fehlt in A

g–g in A folgt nach Komma: Träger der geistigen

h–h fehlt in A

i in A folgt nach Komma: die Beamten, sofern sie die übergreifende Vernunft des Staates darstellen

j–j fehlt in A

74 k–k fehlt in A

l–l A: dem Liberalismus

m–m fehlt in A

n in A folgt: antiliberalen

o in A folgt: und demokratisch

75 p–p A: der dynamische Markt lebt von den statischen Randgebieten, die er erobert;

q–q A: mit Seiendem verbinden

r–r A: ihr vorgegeben

s in A folgt: – schon in dem Harmoniegedanken zeigte sich das –,

76 t–t A: mußte sich

u–u A: verkirchlichen

v–v E: Vernunftsystems

w–w in A folgt nach Punkt (statt Komma): Darin liegt

77 x–x fehlt in A

y–y fehlt in A

z–z fehlt in A

a–a fehlt in A (Schreibfehler)

78 b–b A: älter

c–c E: den

d–d A: 2. *Der Sozialismus als Vollendung und Bekämpfung des bürgerlichen Prinzips.*

e–e A: schafft es sich

79 f–f A: mit denen sich das konservative Bürgertum

g–g fehlt in A

h in A folgt: des Seins selbst

i–i A: loszulösen

j–j A: Wissenschaften

80 k–k A: Der Wille zur reinen

l–l A: der tatsächlichen Entmächtigung dieses Prinzips

m–m A: entspricht

n–n A: der Lage des Proletariats

o–o fehlt in A

p–p A: den Zwiespalt
q in A folgt: seiner
r–r fehlt in A
s–s A: der Zwiespalt, der
t–t A: er
81 u in A folgt: eine
81–84 v–v A: Es entsteht nun die Frage nach dem Fundament dieser Gewalt. Alle Arten ursprungsmythischer Begründung der Macht sind auf dem Boden radikaler Durchführung des bürgerlichen Prinzips unmöglich; ebenso die liberale Form der Herrschaftsbegründung: die Benutzung der mehr oder weniger durchgeführten Demokratie von den tragenden Mächten der Wirtschaft. Nur auf eine vollkommen durchgeführte demokratische Willensäusserung aller Einzelnen, praktisch also auf die Mehrheitsbildung durch freie unbeeinflusste Entscheidung jedes Staatsbürgers kann sich die Herrschaft gründen. Darin aber ist noch ein Rest liberalen Harmonieglaubens wirksam. Die Erwartung, dass nach Beseitigung aller herrschaftlichen Willensbeeinflussung ein vernünftiger Allgemeinwille sich bilden könne, ist ein Glaube, der völlig auf den logischen und religiösen Elementen des Harmonieglaubens beruht. Nun aber gilt für die Gegenwart, d.h. für die Zeit der Klassenherrschaft diese Voraussetzung nicht. Die Verbindung des Bürgertums mit den vorbürgerlichen Gruppen schliesst bei der zahlenmässigen Begrenztheit des Proletariats eine sozialistische Mehrheitsbildung so gut wie sicher aus. Für die sozialistische Politik bleiben unter diesen Umständen nur zwei Möglichkeiten; entweder sie muss den unwahrscheinlichen Glücksfall einer solchen Mehrheitsbildung abwarten oder gar, wie es in der mechanischen Verelendungstheorie geschieht, als wahrscheinlich berechnen und kann inzwischen durch Koalition mit radikaleren bürgerlichen Gruppen einige sozialistische Forderungen durchsetzen. Oder sie muss auch diesen letzten Rest von liberalem Harmonieglauben beseitigen und mit dem liberalen auch das teilweise an ihn gebundene demokratische Prinzip preisgeben. Sie muss zur Diktatur greifen. — Diktatur gibt es nur auf dem Boden von Demokratie. So lange das Bewusstsein ursprungsmythisch gebunden ist, kann es zwar Despoten geben, aber nicht Diktatoren. Zum Begriff der Diktatur gehört der zeitweilige Verzicht auf Demokratie, der freiwillige oder der erzwungene. Eben damit aber auch der Gedanke, dass Demokratie das eigentliche Gesollte und das bleibende Ziel ist. Erst wenn eine Diktatur sich durch Feudalisierung ursprungsmythisch begründet, gibt sie ihre demokratische Basis preis, hört aber damit auf, Diktatur zu sein. — Mit der zeitweiligen Preisgabe der Demokratie zugunsten der Diktatur scheint der Sozialismus in vollständigem Widerspruch zum bürgerlichen Prinzip geraten zu sein, oder, was das gleiche bedeutet, in die revolutionäre Form der ursprungsmythischen Haltung übergegangen zu sein. Aber das trifft nicht zu. Die Diktatur, auf die die revolutionäre Form der politischen Romantik hinarbeitet, ist begründet im Führerglauben und hat zum Ziel die Aufhebung auch der demokratischen Grundlage der Diktatur, die Feudalisierung und damit die Rückkehr zu vorbürgerlichen Gesellschaftsformen. Die Diktatur dagegen, auf die vor allem der kommunistische Flügel des Sozialismus hinarbeitet, ist begründet in Eroberung des rationalen Machtapparates und hat zum Ziel die Ermöglichung einer wirklichen Demokratie unter Einschluss starker liberaler Elemente.

Der Sozialismus kämpft also, sei es in der sozialistisch erwartenden, sei es in der kommunistisch-angreifenden Form, für das radikal durchgeführte bürgerliche Prinzip. Aber im Sinne eines Zielzustandes der Gesellschaft. Was der Liberalismus für die Gegenwart voraussetzt, wird in die Zukunft verlegt, eine Welt- und Gesellschaftsgestaltung diesseitiger humanistischer Formung, liberal und demokratisch. Die Harmonie, auch diejenige zwischen Freiheit und Gleichheit, also zwischen Liberalismus und Demokratie steht am Ende. In der Gegenwart herrschen Widerspruch und Klassenspaltung, Widerspruch auch zwischen Liberalismus und Demokratie. Darum muss zuerst das liberale durch das demokratische Element unterworfen und dann das demokratische durch das diktatorische Gegenprinzip gebrochen werden. Dadurch gerät der Sozialismus in eine schwere Spannung zwischen Gegenwart und Zukunft. Wenn der bürgerliche Harmoniegedanke, der Glaube an die fortschreitende Weltgestaltung durch freies Waltenlassen der Kräfte für die Massen der Menschen zu der Enttäuschung geführt hat, die in der Klassenspaltung sich gründet, wenn der bürgerliche Glaube an einen vernünftigen Allgemeinwillen, der sich auf demokratischem Wege herstellen muss, gleichfalls zerbrochen ist, so entsteht die Frage: ist eine Weltauffassung berechtigt, die der Welterfahrung so widerspricht, dass sie für die Gegenwart auf ihre wesentlichen Behauptungen verzichten muss, dass sie ihr Prinzip einem neuen durch Abbruch des Gegenwärtigen eintretenden Weltzustand zuordnen muss? Kann in einer Weltauffassung, die nicht an ein Wunder glaubt, die entschlossen diesseitig ist, von der Zukunft etwas erwartet werden, was der Gegenwart und der sich in ihr erfüllenden Vergangenheit widerspricht? Muss nicht der Kampf gegen die bürgerliche Gesellschaft das bürgerliche Prinzip selbst in Frage ziehen und liegt nicht vielleicht darin das wenn auch begrenzte Recht der Ideologien der politischen Romantik? Es wäre nicht so, wenn die Radikal-Liberalen recht hätten, die auch heute das liberale Harmonieprinzip vertreten und meinen, dass nur die machtpolitische Durchkreuzung der reinen liberalen Tendenzen zu dem Zwiespalt der Gesellschaft geführt hätten. Hätten sie recht, so würde nicht eine sozialistische, sondern eine radikal-liberale Politik der proletarischen Lage angemessen sein. Aber ebenso die Geschichte wie die Einsicht in menschliches Sein wie die proletarische Erfahrung gibt ihnen unrecht. Das bürgerliche Prinzip hat niemals anders existiert denn als kritisches und dynamisches Korrektiv. Das freie Waltenlassen der Mächte bedeutet immer das Entstehen von Schichtungen grösserer oder geringerer Macht, bedeutet in der Wirklichkeit der kapitalistischen Wirtschaft das Entstehen von Klassenherrschaft und Imperialismus. Das Proletariat tut recht, der Utopie eines durchgeführten bürgerlichen Liberalismus eine Absage zu geben, den ideologischen Charakter dse Harmonieglaubens für die Gegenwart zu enthüllen und die Durchführung des bürgerlichen Prinzips (vielleicht unter entscheidenden Wandlungen) in der Zukunft zu sehen. Welche Konsequenzen das für den Sozialismus hat, wird am deutlichsten durch den Aufweis der Antinomien, in die er durch seine doppelseitige Stellung zum bürgerlichen Prinzip notwendigerweise geraten ist.

w Ende des Vergleichs mit A
96 x–x E: allmählichen
105 y–y B: von sozialistischen D: von sozialistischem E: vom sozialistischen
112 z–z B: Geschlechtsverhältnis

113 a–a B: innerliche
114 b–b fehlt in B
117 c–c fehlt in B
d–d E: zeitweilige
122 e–e E: – daß
125 f–f E: nichts anderes
127 g–g B und D: Betätigung [Druckfehler]
130 h–h B: abzuleiten [Druckfehler]
135 i–i D und E: Utopien
143 j–j E: – aber
k Karl Marx, Der historische Materialismus. Die Frühschriften. Hrsg. von S(iegfried) Landshut und J(akob) P(eter) Mayer. Bd. 1: unter Mitwirkung von Friedrich Salomon. 2 Bde. Leipzig (Kröner) 1932.
145 l–l B und D: die Aufdeckung Kapitalismus ist darum notwendig und natürlich
E: den Marxismus ist daher natürlich
150 m–m E nach Semikolon: und
151 n–n E: gilt:
158 o–o B: geschehe [Druckfehler] D und E: geschähe
170 p–p B: durchdringen [Druckfehler] D und E: durchringen
171 q–q B: so lange
173 r–r B und D: Seins. Erfüllung
185 s–s E: erweist
191 t–t E: ursprunggebundenen
u–u D: unsprungnahen, E: ursprungsnahen
192 v–v E: zum

12. The Totalitarian State and the Claims of Church (1934)

A. Der totale Staat und der Anspruch der Kirchen. Typoskript (Vorlage für B und C, z. Zt. nicht auffindbar).

B. (Druckvorlage) The Totalitarian State and the Claims of Church. In: Social Research. An International Quarterly of Political and Social Science (New York). Vol. one, no. 4, 1934, 405–433.

C. Der totale Staat und der Anspruch der Kirchen. In: GW X (1968) 121–145.

Zur Textgeschichte

Im Vorwort zur ersten Nummer der 1934 von der Graduate Faculty of Political and Social Science der New York School for Social Research in New York gegründeten und herausgegebenen Zeitschrift Social Research beschrieb Alvin Johnson, Direktor der New School for Social Research, die Bedingungen, unter denen diese neue Zeitschrift gegründet worden war, wie folgt: „Political revolution on the European continent had expelled from their usual orbits of activity scores and hundreds of the ablest scholars, to whom the scientific world had turned for light upon the problems that harass the whole of mankind. These scholars, representing collectively an important fraction of the world's thinking power, had been divorced from their customary avenues of expression. Magazines published in their countries of origin, if not formally closed to them, were practically closed. Nothing could be natural than the emergence of a new organ of publication at the New School, where the largest organic grouping of continental scholars abroad has been established as a Graduate Faculty of Political and Social Science." Zum Herausgeberkreis gehörten in der Hauptsache Wissenschaftler, die schon 1933 Deutschland hatten verlassen müssen: Karl Brandt, Arnold Brecht, Gerhard Colm, Arthur Feiler, Eduard Heimann, Emil Lederer, Hans Speier, Max Wertheimer und Frieda Wunderlich. Sie lehrten an der Graduate Faculty of Political and Social Science. Die meisten Beiträge der Zeitschrift, die bis 1945 existierte, stammten von ihnen. Eduard Heimann gehörte – wie Tillich – vorher zu den Herausgebern der „Neuen Blätter für den Sozialismus", Hans Speier zu den Autoren der „Neuen Blätter". In ihren Beiträgen behandelten sie vorrangig die politische und soziale Situation in Europa, vor allem in Deutschland.

Hintergrund des Aufsatzes von Paul Tillich ist die Auseinandersetzung zwischen der evangelischen Kirche und dem nationalsozialistischen Staat in Deutschland seit dem „Maulkorberlaß" des Reichsbischofs Ludwig Müller vom 4. Januar 1934. Das Stichwort „Freikirche", das Tillich aufgreift, fällt auch in dem abgehörten Telefongespräch Martin Niemöllers, das auf der verunglückten Zusammenkunft von Vertretern des Pfarrernotbundes mit Adolf Hitler und Hermann Göring am 25. Januar eine wichtige Rolle spielte. Bald danach fanden verschiedene freie Synoden statt, schließlich trat am 30. und 31. Mai 1934 in Barmen die 1. Bekenntnissynode der Deutschen Evangelischen Kirche zusammen. Die von ihr beschlossene Theologische Erklärung verwirft in der 5. These die Lehre, „als solle und könne der Staat über seinen besonderen Auftrag hinaus die einzige und totale Ordnung menschlichen Lebens werden." Tillich erwähnt in seinem Aufsatz auch die am 9. August von der Nationalsynode unter dem Reichsbischof beschlossene Einführung des Diensteides von Pfarrern auf den Führer. – In einem Brief an Max Horkheimer vom August 1934 hatte er diesen Beschluß unmißverständlich kommentiert: „Die evangelischen Pfarrer sind jetzt aufgefordert worden, das Opfer an den Römischen Kaiser zu bringen, um deswillen die alten Christen verfolgt wurden, den Hitler-Müller-Eid. Wenn sie sich weigern, ist die protestantische Kirche gerettet; wenn nicht, ist sie verloren" (Max Horkheimer, Gesammelte Schriften, Bd. 15: Briefwechsel 1913–1936. Frankfurt a. M. 1995, S. 195).

In seiner Auseinandersetzung mit Emanuel Hirsch (Die Theologie des Kairos und die gegenwärtige geistige Lage. Offener Brief an Emanuel Hirsch. In: Theologische Blätter, 13. Jg., 1934, Sp. 305–328) bezieht sich Tillich auf seinen hier abgedruckten Aufsatz. In seinem „Offenen Brief" schreibt er unter dem Datum vom 1. Oktober 1934: „Du schilderst mit begeisterter Zustimmung den Totalitätsanspruch des von Dir als ideal gesehenen Staates ... Mir ist Deine Zustimmung besonders interessant, weil ich gerade an einem Aufsatz arbeite, in dem ich die Entstehung der Idee des totalen Staates in Ost- und Mitteleuropa aus der spätkapitalistischen Krisensituation (geistig, gesellschaftlich und ökonomisch) in Ländern ohne alt-demokratische Durchformung verständlich zu machen suche, nämlich aus der Notwendigkeit der ‚Reintegration' der in wachsendem Maße desintegrierten Massen. Vor allem ist mir wichtig, daß auch Du meinst, für eine solche totale Durchformung müsse eine Weltanschauung die Grundlage geben; ich sage dafür, weniger intellektualistisch und dem gegenwärtigen Sprachgebrauch angemessener: ein Mythos. Sobald das aber eingesehen ist (...), entsteht eine Reihe schwerer Probleme" (Sp. 324f.).

Wie Renate Albrecht in GW X 313 mitteilt, hat ihr für die Edition ein „deutsches Original" vorgelegen. Ein Exemplar dieses Originals konnte ich bisher leider nicht ausfindig machen. Immerhin haben wir aber in C den – wie üblich – orthographisch leicht überarbeiteten Abdruck des deutschen Originals. Die Druckvorlage B ist demnach eine Übersetzung. Es leuchtet ein, daß Tillich im Jahre 1934 zunächst in deutscher Sprache schrieb und daß dieser Aufsatz für die Veröffentlichung ins Englische übersetzt wurde.

The Totalitarian State and the Claims of Church

I. The Idea of a Totalitarian State

1

In every historical event there are certain inherent structural forces which are characteristic of a definite condition of society. Every historical event also involves accidents, natural occurrences, the activities of particular individuals and the influence of external historical happenings. In so far as an event is determined by inherent structural necessities it is capable of being traced and interpreted. In so far as it is dependent on chance it can only be established and described. The attempt will be made in the following presentation to deduce the idea of the totalitarian state and its practical application, particularly in Germany, from the structural necessities of contemporary social conditions and to interpret them in their wider historical relationships. This does not mean, however, that the occurrence of these events and the manner in which they took place were altogether independent of a surprising succession of chance events. I do maintain, however, and I think I shall demonstrate it, that certain inherent structural forces have found theoretical expression in the idea of the totalitarian state and practical realization in the attempts to bring such a state into being.

Structural laws and their resulting historical necessities seem the more general and vague the more the framework in which they appear is extended. And the scope allowed for concrete realization is greater. On the other hand they are more individual and definite and of narrower scope when the framework is smaller. Consideration from both wider and more restricted viewpoints is necessary when dealing with historical knowledge, particularly when con|cerned with a contemporary idea which lays claim to universal applicability. From a wider point of view such an idea appears to possess fundamental significance as well as the character of necessity and historical world significance. At closer range, however, its fundamental significance becomes diminished and it takes on the character of a transitory and chance phenomenon. For the contemporary observer there is no certain assurance as to what perspective, what appraisal of significance or what admixture of necessity and chance are appropriate. He is obliged to paint into his historical picture as much of the coloring of "necessity" as he possibly can. Enough of chance still remains. Such a procedure is made necessary not only by the manner in which the idea of the totalitarian state arose but also by its conflict with the church and the claims of the church. This conflict is so fundamental and touches upon such old basic problems of Christian life that it calls for a consideration of the problem in its widest aspects. The church is being opposed by tendencies such as have not arisen since the conflict with the Roman Empire. Even if the struggle is to be fought out on German territory alone it is still of such general and fundamental significance for self-conscious Christianity that it can be solved only from the standpoint of a general explanation of the condition of present day society.

Although it is [a]impossible[a] to limit precisely the scope of the question, it is nevertheless inevitable in an article such as this that the author will have to restrict himself to mere indications of many questions. Some of the material which is only briefly touched upon here is developed at greater length elsewhere. I refer the reader especially to my book, [b]*The Religious Situation of the Present*[b], and to my article, [c]"The Religious Situation in Germany Today,"[c] published in *Religion and Life.*

There are three groups of tendencies from which arose the idea of the totalitarian state and the attempts to bring it into being. The first and most comprehensive group is concerned with the world situation of late capitalism. The second and intermediate group has reference to the postwar situation in Eastern and Central | Europe, and the third and most limited group applies only to the German situation.

2

The world situation of late capitalism presents the following picture: the interconnection between all parts of the earth, which has been brought about by capitalist expansion, has resulted in a general and mutual interdependence [d]in both economic and political spheres[d]. It is the era of world wars and world crises. The political and economic system of the world is so [e]interrelated[e] that any injury to one part is bound to exert a detrimental effect upon the whole structure. Efforts for economic security and peace, therefore, are the common concern of all interrelated nations. At the same time and in a peculiarly contrasting way, however, all attempts at effecting such security upon the foundations of late capitalism are doomed to failure. For the physiognomy of the world reveals a second aspect: the constantly diminishing latitude for the development of capitalist dynamics forces every national group to intensify its own political and economic aspirations and thus aggravate political conflicts and economic crises. The present world system is fundamentally fluid and cannot achieve any stability on the basis of its own peculiar structure. The menace to our historical existence has loomed up tremendously in the epoch of late capitalism.

There are two ways of meeting this menace: either a radical amalgamation or a radical separation of the interconnected parts. The first attempt, which has long been tried in vain and which has not as yet been entirely given up, was directed toward political and economic amalgamation. This attempt may be considered as having failed. Hand in hand with this failure came the opposing tendency, which has led to growing economic isolation and to the aggressiveness of one political group against another. With this development the evaluation of the nation as a closed and economically self-sufficient political entity has made enormous progress. The belief in the armed and powerful nation as the last | stronghold of historical existence seems to be the result of the failure of the forces of amalgamation.

The effects of the world situation with respect to the special social groups are similar. The general insecurity of proletarian existence becomes aggravated by long periods of unemployment. And a new social group emerges, in which the negative aspects of the proletarian fate become multiplied. The exclusion from employment removes the last vestige of the meaning which work, even in the service of profits, can give. Of even greater importance is the threat of decline in social prestige and of economic proletarization through overproduction and crises which confronts the commercial middle class, the groups of lower officials, clerks and peasants. Lastly even the ruling capitalist group exhibits an inner sense of insecurity which expresses itself in a feeling of bad conscience and in tendencies toward the suppression of competition and toward the utilization of state aid. The proletarian movements, when the threat to historical existence was first experienced, made the attempt to meet this threat by the elimination of class rule and by a supernational organization of political and economic groups. The newly threatened middle class groups have chosen the opposite course. They look to the national state for the security of their political existence, to measures of the national state for security of their economic existence, and to the winning over of the power of the national state for the purpose of establishing the security of their social privileges and class domination. They reject all supernational political or economic amalgamation such as was envisaged by the proletariat or even by the liberal bourgeoisie. The remnants of the feudal classes – the nobility, the hierarchy, the military and the upper bureaucracy – are, naturally, favorably disposed to this movement. The support of a large section of the new class of permanently unemployed may be explained in part by their opposition to those elements of the working classes which are relatively secure and partly by their own desperate position which drives them into the arms of any movement which promises immediate salvation. The same applies to the youth among these threat|ened groups, who feel themselves robbed of their future. For all these classes the only security against the social threats and against the consequences of the world situation seems to lie in a strong national state, independent of the outside world and capable of independent action within the state.

This economic and political danger corresponds to a spiritual and psychical disintegration of the masses such as may only rarely be observed in history. The dissolving force of bourgeois society as regards inner security of either individual or social life, customs and morals, tradition and authority, faith and church has often been described. It has led to the mass disintegration of the proletariat; it has destroyed the effective forces of bourgeois society itself and now it has made wide inroads into the border groups of bourgeois capitalism, into the stagnating groups within the capitalist nations and also into the pre-capitalistic nations. Following the disintegration of the proletariat came an ever increasing disintegration of all groups as well as of all peoples linked with the capitalist system. This has resulted in making reintegration the central problem of late capitalism. Reintegration includes political and economic security as well as spiritual and social security, and also concerns the entire world which is enmeshed in one way or another in the late capitalistic scheme. The menace to historical existence, the growing disintegration and the yearning for security and new integration are everywhere apparent. In some instances it is the World War, in others the world crisis, which is most responsible for the latent feeling of insecurity and which has raised the question of possible security. In some cases disintegration has received its impetus from the religious secularism engendered by the propaganda of enlightenment among the masses and in others from the dissolution of forms of life through changes in social stratification. Often it is the product of all these factors. In all cases, however, the national state is looked to for a solution. The roots of the national state, it is true, are found in the anti-feudal bourgeois Enlightenment, but it has undergone a fundamental structural transformation in relation to general capitalistic developments. It | is at present much more in the service of all those tendencies which are in opposition to bourgeois democracy. Even where a communist world organization of economy and politics has been aimed at, the first and at present the only form of realization is the national state, as evidenced by the Russian example. Where a liberal world organization is attempted, as in the case of the League of Nations, final recourse is also more and more to the concentration of national political and economic forces. Such concentration, however, means that the national state must make itself as independent of the outside world as possible and internally must be prepared to act so that the program for security and reintegration may not be endangered by forces of disintegration. The fundamental liberal principles and constitutional rights, such as the separation of legislative, executive and judicial powers, the protection of private rights before the law and in social and economic life, the freedom of public criticism, political party struggles and economic class struggles, the wide latitude for conflicting ideologies, all these principles are considered as disintegrating forces which limit governmental freedom of action. The limitation of these rights and liberties may even appear inevitable in order to guarantee security and reintegration of the whole. Although the idea of a totalitarian state is not yet implied by these conditions they do present the first general and decisive prerequisite for its emergence. This is what will here be called "concentration of the national state."

3

The idea of a totalitarian state could never have arisen without the more limited anti-democratic tendencies appearing in Eastern and Central Europe. The peculiar position of these countries during the postwar period introduced a new element into the conception of the state. This was the idea that concentration of the national state is possible only in an anti-democratic and authoritarian form. Even in countries with older democratic foundations there was an increase in the authority of the state in relation to national concentration. Special powers were delegated to the government,| national truces served to restrict internal political battles, the constitution was adapted to the needs of the current situation [f]and other measures of the kind were adopted[f]. Fundamentally, however, the democratic basis in these countries has thus far been questioned only by small and relatively uninfluential groups. In Eastern and Central Europe the case was different. Here the anti-democratic attitude became elevated to a theoretical principle. At the same time the idea of national concentration assumed a more militant character. Inner concentration was, no doubt, hastened thereby but at the same time (in the dialectic used above) it increased the insecurity of the world situation and thus brought the desire for national security and reintegration to an inner contradiction, [g]the consequences of which may be seen in the increasing danger of war[g].

The militant nationalism of Eastern and Central Europe is based upon three factors. The first is the establishment between the Baltic and Adriatic Seas of new national states whose first historical task is the consolidation of their national security. The second factor is the will of the nations defeated in the World War to regain their position of political power, wholly regardless of whether this power is to be used for war or not. The third factor is the dissatisfaction of certain of the victorious nations with their success, which was far below the national aspirations aroused during the war. The influence of this ever increasing militant nationalism upon the conception of the state is very apparent. Only authoritarian concentration of all forces and the ejection of all resisting tendencies provide a guaranty for the effectiveness of a militant nationalism. Only such a militant nationalism can secure the thorough and potentially military organization of an entire nation.

Militant nationalism receives support from the anti-democratic content of the culture of Eastern and Central Europe. Peoples like those of Russia and its border states never experienced democracy. They either maintained the feudal absolutist tradition or immediately established Bolshevist rule. In Central Europe the bourgeoisie, which remained in political and military dependence upon the feudal classes, was very ready to sacrifice democracy and sub|ordinate itself to a new and purely authoritarian form of government, in order to ward off the threat of socialism. When the danger of a proletarian dictatorship after the Russian model seemed to be imminent an alliance was quickly effected between the remnants of the old feudal ruling classes and the traditionally subservient middle class. Militant bands, consisting of the unemployed and the youth, were formed and in this way the state of national concentration was turned into a militantly nationalistic and authoritarian state. It is obvious that the fundamental liberal rights and constitutional principles, above all the right of public criticism, were not only temporarily restricted but were either entirely or partially abolished. Of course all this is more characteristic of the general tendencies than of their actual realization. There are exceptions such as Czechoslovakia and there are weaker countertendencies to the authoritarian principle, such as the structure of the Communist party in Russia or the limitations upon the autocratic tendencies imposed by the bourgeoisie and peasants in the [h]succession states[h]. In these regions above all, the third element, the totalitarian state, is absent in theory, practice or both. In Germany alone are found both the theory and practice of the totalitarian state.

4

The widespread tendency toward national concentration of the state emerged from the insecurity and disintegration of the world situation during the period of late capitalism. In Eastern and Central Europe it assumed the character of a militant national and authoritarian state. It reached its fruition in Germany with the theoretical and practical realization of the idea of the totalitarian state. There have been instances of state intervention, particularly in the spheres of economic and social life, even in the older democratic countries.[i] They were, however, neither fundamental nor totalitarian in character. The totalitarian tendency is very much stronger in the militantly nationalist and authoritarian state. Fascism has taken over not only those spheres, such as radio, press and film, which it deems necessary for the security of its authority;| it has also imposed a censorship upon certain aspects of scientific learning, it has set up definite restrictions in education and it has subjected, ideologically at least if not practically, all economic life to its authority. Even leisure time, to a certain extent, has been appropriated. But neither in Austria nor in Italy has there ever been a claim to a totalitarian state. In Russia the totalitarian state has been more effectively realized than even in Germany. Economic life, culture and education are all equally subject to state centralization. The motivating force behind this subordination, however, is not the state but the individual and the full development of his collectivistic activities. This is due to the special situation in Russia, which has set for itself the task of assimilating the rational technological culture of the past centuries of European civilization, and making it the foundation of economic life, education and culture, without accepting Western capitalism. The totalitarian character of the Soviet state, therefore, is to be understood on the one hand as a bulwark against the penetration of bourgeois-capitalist elements and, on the other hand, as the education of an entire continent in communistic enlightenment. Every step forward in this educational process means essentially a strengthening of the critical, anti-authoritarian and anti-totalitarian forces among the people. Thus the more successful it is in the realization of its goal the closer does the totalitarian state come to digging its own grave. This corresponds precisely to the theories of Marx and Lenin on the state. According to them the state as a form of political power is ultimately to be dissolved into a free and self-administering society.

The totalitarian dogma as developed in Germany represents a complete contrast. Although it has not been carried out in practice as radically as in Russia it has taken on a much more fundamental significance. Only here has the idea been systematized as a theory, because the disintegration of late capitalism has advanced farthest in Germany and therefore has aroused more intense passions, and because of the traditional Prussian-German political thought, which received its strongest expression in the formulations of the older and earlier organological school but which was also echoed in the | writings of Hegel. Out of the interaction of both factors has come the dogma of the totalitarian state.

The assertion that disintegration has advanced farthest in Germany does not apply to the almost heroic attempts of various individuals and parties during the republic to battle for security and reintegration even at the risk of personal and political self-sacrifice. It refers much more to the fact that Germany manifested more acutely all the factors in the threat to traditional society as revealed in the world system of late capitalism in general and in Central Europe in particular. The reasons are quite evident. One of the most important, particularly from a psychological point of view, was the Treaty of Versailles. In addition there were the internal political, economic, social and cultural factors which are rooted in the particular structure of Germany. These have been reenforced by the peculiar destiny of the German people, a destiny which reveals both greatness and tragedy. For Germany has experienced the age-old contradictions of Western history in a fundamentally more acute form and at the expense of its own unity. Only in the light of these facts can one understand Prussian political mysticism. Ever since the Reformation and the Peasant War, above all since the close of the Thirty Years' War, the unified religious, social and cultural foundations, which in other nations made possible extensive limitations of state influence, were completely lacking in Germany. Only the state seemed able to assure the security and integration of all vital forces in the nation. Thus the organological school raised the state to an independent reality above all individuals and Hegel included the entire social and moral life within its scope. In Hegel's own system the power of the state was regulated by strong corrective forces which sprang from his bourgeois conceptions of freedom. After the discarding of these correctives and the complete triumph of the organological concept the way was prepared for the elaboration of the idea of the totalitarian state. A hundred years after Hegel's death this step was made possible by the new political and social conditions.

In view of the fact that the world crisis is to be understood pri|marily as an outcome of the world economic situation of late capitalism, the totalitarian state found it necessary above all to become master of the economic sphere. Such was the case in Russia even without the totalitarian theory. Although the subordination of economic life to the state was given clear theoretical enunciation, its realization met with the resistance of the capitalistic leaders and of the tendency of general economic development toward the emergence of a semi-feudal and monopolistic ruling class. A very patent gap in the totalitarian system thus remained, which has been covered up to some extent by emergency economic measures of the state. It is impossible at this time to predict what the permanent effects of this gap will be upon the totalitarian state: whether it will become wider, and disrupt the entire system, or narrower, and strengthen it. The claims of the totalitarian state upon the cultural spheres, education, science, art and social life were correspondingly greater. A presupposition for this was the suppression of all the fundamental rights of the individual, the concentration of all powers in the hands of a person responsible to no one and supreme even in matters of law, and the rejection of all constitutional correctives. Thus was provided the most extreme reenforcement to the totalitarian factor. Even the leadership principle, in its original sense, was subordinate to this tendency. In charismatic leadership there is something unique and non-institutional; there is a sort of dependence upon the free inner as well as the external recognition of those who are led. But as soon as the leader transfers his personal authority to the authority of his office the interrelationship between the leader and his following is lost even if there is an attempt to maintain it. The original restricted power of personal authority becomes transformed into a derived but unlimited power of the authority of office.

5

The concentration of all spheres of life within the unlimited authority of the national state is possible only when founded upon a world view which has the inherent power of encompassing man's | entire being and driving him on to unconditional self-surrender. Such a world view is religious in character and finds expression in a myth.[1j] The more unconditional and more inclusive the claims of the state are, the more fundamental and powerful must be the myth which is the foundation of such claims. In an older democratic society national concentration requires little of this mythical element in order to make itself effective. As in the case of the United States, any threat to its historical existence is sufficient to bring about the use of rational measures to effect security and reintegration. The question as to the permanence of the effects of such measures belongs to the future and upon its answer depends the destiny of these nations. The authoritarian state, however, requires a more powerful foundation, especially when it deprives the individual of his fundamental rights. In many instances, as in Austria and other [k]succession states[k], the development of a militant nationalism, is sufficient to reenforce the authority of the old secular and ecclesiastical hierarchies without the need of a new myth. When the totalitarian tendencies are more powerful new myths are required in order to provide the basis for the struggle and for reconstruction. In Italy, for example, there is the myth of the Roman Empire, which is used for this totalitarian purpose. In accordance with the purely political character of this myth, however, it leaves the religious life entirely free and, as for education, it is able to come to an understanding with the church. In Russia the more powerful totalitarian tendency is bound up with the influences of deeper mythical forces. Marxist dogma, it is true, is considered a science. The mythical quality of the dogma, however, cannot be disputed. It is invested with the force of dogma and is not permitted to

---

1 The ideas of myth and mythology are used here, as in other instances, not in the sense of creations of the imagination but rather in the sense of real but conditional forces which have been elevated to the rank of absolute sanctity. The myth, therefore, possesses reality, but it also transcends reality in passing over into enthusiasm and mysticism.

be questioned and, with its eschatological enthusiasm and expectation of a world of justice, it has released the tremendous energies which brought about the revolution and the defense and | reconstruction of the Soviet state. [l]The totalitarian claims[l] of the Russian state rest upon the myth of social justice, which, in the form of a rational doctrine provides a foundation for the entire life of the Russian people.

The basic conceptions of the totalitarian state, as revealed in the German situation, are tied up with the strongest and most conscious elaboration of the myth. A series of intimately related mythical ideas have come to exercise a great influence and a national mythology [m]has developed centering around the myth of "the nation" *(Volk)*. Revolving around this idea are other myths such as those of blood, territory, race, state, leadership, etc.[m]

The mystical character of the myth of the nation is clearly to be seen in the work of the leading theologian of the German-Christian movement, [n]Emanuel Hirsch *(Die gegenwärtige geistige Lage*, Göttingen 1934).[n] [o]Hirsch[o] speaks of the nation in essence *(Volkstum)* as the "mysterious sovereign" *(verborgener Souverain)* whose ends all state activity must serve. The [p]nation[p] is to be founded upon the "mystery of the blood covenant" and the state authority upon the blood relationship of leaders and followers. The individual member of the nation has no real existence outside of this union of blood. His historical existence is based entirely upon his membership in the national group and his actions must follow the will of the "mysterious sovereign," which becomes manifest through the leader. His goal must be the realization of whatever is best for the creative and determining forces in the nation. The triumph of this myth and the reality from which it proceeds over all opposing forces represent the "sacred hour" of the nation, which must be experienced with enthusiasm and unconditional surrender. It is the "fullness of time," in the religious sense of the term. "Even the harshest measures of the state," even the resolution of the entire life within the state, is necessary and sacred if it serves the purposes of the nation, the "mysterious sovereign." He is not God, but he is an immediate revelation of God.

This is the totalitarian state, born out of insecurity of historical existence during the epoch of late capitalism and designed, through | national concentration, to create security and reintegration. It arises in Central Europe where liberal rights and democratic tendencies have been displaced by a militant nationalism and an old feudal authoritarianism. In Germany, where disintegration and insecurity have become most palpable, it receives theoretical elaboration, is nourished and suffused with the powers of myth and carried into effect with passion and unscrupulous consistency. It has received mystic consecration and stands, not merely as the earthly representative of God, as Hegel conceived it, but actually as God on earth. A God or a Demon! Whether it is a god or a demon is determined by its relation to the Christian church. Does and can the totalitarian state stop short of the church? Must it not clash with the claims of the church and become involved in a life and death struggle with the church, irrespective of whether its leaders desire it or not?

II. The Claims of the Church and Its Conflict with the Totalitarian State

1

The claim of the church is based upon the absolute character of its teaching. Its gospel consists of proclaiming God in the sense of the first commandment: "I am the Lord thy God, thou shalt have no other gods before me." Every word of the Old and New Testaments is a further development of these words. The whole Bible is concerned with the divinity of God as opposed to any human claims. This is revealed in the words to Abraham: "Get thee out of thy country and from thy kindred and from thy father's house unto the land that I will show thee"; in the prophetic tirades against the pagan national gods and the religious nationalism of the false prophets of Judah; in the proclaiming of the Kingdom of God, embracing all peoples and destroying all the national world empires; in the crucifixion of Christ and its interpretation by the Apostle Paul as a judgment passed upon every human force and agency, every nation and religion which arrogates unto itself the | power of God; in the words of Jesus: "Thou shalt love the Lord thy God with all thy heart and with all thy soul and with all thy mind and with all thy strength," and proceeding from this, "Thou shalt love thy neighbor as thyself." In this respect there is no difference between the Old and the New Testaments. In the Old Testament the claims of God wage a battle for a people and with a people until this people is destroyed. The Old Testament, therefore, is not a national Jewish book but a record of the struggle of God against the national aspirations of Judaism; a struggle not in behalf of another national claim but rather for the triumph of God over any and every national pretension. The New Testament takes for granted the experiences of Jewish history and the idea that a nation cannot belong to God as a nation. The community of Christ, which is the true Israel, is therefore not a group of superior people of a superior race, but an assembly of all nations and religions. They are called by divine will, "through Grace alone," and therefore never sure of not being cast asde as a visible church as were the chosen people. This principle is strikingly revealed in all periods of church history. It appears with the Church Fathers who waged successfully the first battle for the Old Testament and thus prevented the dissolution of Christianity into a Pagan-Gnostic movement such as that desired by present day German pagans. Athanasius battled against the Arian interpretation of Jesus as a heroic demigod, an idea very familiar in the sermons of the German Christians. In Augustine it appears in his struggle against the belief that humanity has remained essentially untainted[q] and in his forceful conception of the historical battle of the Kingdom of God against the Satanic kingdoms of the earth. Luther showed the same principle in his assertion of the sovereign rights of God to dispense grace, independently of any religious, spiritual or vital powers. Calvin showed it in his passion for the glory of God before which all human glories pale into insignificance and in his subjection of all peoples to the unity of the Kingdom of God which is to descend upon earth. This point has never been seriously questioned in principle in Christianity. Therefore [r]in Germany | Christians of all confessions[r] have joined in a common opposition when this cardinal principle of their gospel, the supremacy of God, has been laid open to question by placing other gods beside Him.

2

The claim of the church is based on the claim of God as proclaimed by the church. It is not identical with it, however, for the Kingdom of God and the church are not one. [s]The church proclaims the coming of the Kingdom of God[s] but it comes not only in the church. [t]The church points the way to the Kingdom of God[t] but the church may also serve to hide it. Various possibilities proceed from this dialectic relationship which emphasize the proximity or distance of the one to the other. The most dogmatic assertion of the identity of the Kingdom of God with the church is found in the Roman Catholic church; the separation of the two is expressed most clearly in genuine Lutheranism. Various gradations exist between these two positions. Of these we will here concern ourselves with the Greek Orthodox church and with Calvinism. A decisive factor in the relation of church and state consists in how far a church lays claim not only to the inner life of man but also to his external and social life, and how far it thus assumes a character similar to that of a state.

Roman Catholicism, with its political organization and its hierarchic structure, goes farthest beyond the immediate religious life. Grounded in Thomistic social ethics and aided by the political power of its followers in various states, it aspires to spiritual leadership in all aspects of life relevant to religion – therefore in all spiritual, social and communal life and its legal and political forms. It leaves in the hands of the state the immediate exercise of power for the ordering of life but it cannot concede to the state the determination of the content of human life. For the content of life is unconditionally subject to the claims of God and the church is responsible for its realization. The church, therefore, makes unconditional claims upon education and considers it a question which involves the very existence of the church. Despite its formal | recognition of the supremacy of the state in education, it inevitably penetrates the content of this education.

In the case of the Greek Catholic church, particularly in Russia, the situation differs in the respect that there never was a political hierarchy. In contrast to Protestantism, too, there was no active communal life. A religious and political title to leadership or a direct influence upon the religiously relevant spheres of life could not, therefore, come about. The Russian church was united with the state in the person of the Czar, and when this point of union was destroyed the church as an organism collapsed. The Russian Christians, however, lay claim to the sacred traditional cult and to the power to exercise and order this system of rites. On this point no compromise with the scientific dogmas of Bolshevism is possible.

Calvinism lays no claim to the absolutism of the church as such, but rather to the Will of God, proclaimed by the church and found in the Scriptures. This pertains not only to the inner life of the individual but also to the life of society. Thus Calvinism has set up norms not only for the doctrines of the church but also for its organization. Hence the struggle for the divinely ordained church organization and for the public influence of the church. Hence also the feeling that the Kingdom of God is progressively realized by the Christianization of society through the preaching and teaching of the church.

Early Lutheranism espoused no definite and divinely ordained constitution or social order. Any constitution was tolerated which permitted the unrestricted propagation of the pure doctrine through word and sacrament. Lutheranism thus can subordinate itself to any social order or political structure without attempting to exercise any direct critical influence. Only indirectly, by virtue of the fact that office holders are Christians, does Lutheranism attempt to infuse Christian spirit into those secular phases of life which are of religious consequence (cf. the social legislation of Bismarck). It is only through this separation of political from private morality, a fact which is historically understandable but | in its ultimate effects quite disastrous, that one can explain that absence of public criticism of state activities which seems so incomprehensible to Anglo-Saxon Calvinism. It is this too which explains the silence of the Lutheran church on the boycott against the Jews, but which also explains the passionate struggle against the application of the Aryan clause within the church. The severely anti-clerical and anti-religious currents in the revolutionary labor movement in Germany are also explained by the absence of public political criticism on the part of the Lutheran church. The failure of the religious socialist movement, which attempted to widen the horizon of Lutheranism by going back to genuine Christian and particularly Augustinian traditions, is also largely attributable to this Lutheran separation between private and political morality. It is not altogether unfair when early Lutheranism is charged with adopting Machiavellian social ethics.[u]

The conclusion derived from these considerations may be briefly summarized as follows: [v]all churches must claim the right to preach without hindrance and to realize within the church the divinity of God and his unconditioned supremacy in the world.[v] The Catholic church deduces from this the demand that the hierarchically constituted church should direct the entire religiously relevant life of the people. The ultimate consequence of his demand is the mediaeval belief – and it has never yet been given up – that every political hierarchy must subordinate itself to the spiritual and priestly authority. The Greek church demands freedom for the preservation, exercise and interpretation of the traditional system of cults, with complete indifference to political and social problems. Calvinism demands the right to a freely elected church organization and the possibility of free exercise of influence by the church upon public life and the political decisions through which public life is formed. Lutheranism lays claim only to the unrestricted propagation of the pure doctrine and is inclined to leave all constitutional and administrative matters to the state.

All churches thus lay claim to one thing in common: to place man before the presence of God – whether it be through priestly | mediation, through cult and sacrament, through proclaiming God's will in the world, or through the preaching of true doctrine. For this goal they lay claim to man's deepest experience and to all aspects of his existence. So long as they are what they are, churches, they cannot give up this claim.

3

The Christian churches have no inherent reason for resisting national concentration in itself. Although from the standpoint of the expectation of the Kingdom of God they must welcome all tendencies toward uniting the forces of humanity, they still cannot overlook the danger to the historical position of the nations and the break up of the forces that united them. They must, therefore, affirm and support every attempt at historical security and reintegration, therefore also the concentration of the national state in so far as it serves this purpose. But their task to keep alive the feeling of both an original and a future unity of mankind still remains.

One should not expect any resistance on the part of the churches to the anti-democratic and anti-liberal position of the militantly nationalistic and authoritarian state. The ecclesiastical hierarchies are at all times ready to renew their old alliance with the political hierarchies if it means the strengthening of the authority of both and an extension of church influence. This is revealed most patently in the alliance of the spiritual and the secular reactionary forces in Austria. The churches do, indeed, surrender many and often very decisive aspects of the claims which they are in duty bound to assert, above all in reference to social justice and the unity of mankind. This is a part of their general culpability, which has always caused the emergence of passionate opposition based on the very principles of the church. These ever recurring phenomena show the willingness of the churches to accept compromises with the ruling state power whenever it is agreeable to them.

The circumstances under which they reject compromise must therefore be very much more serious. Such circumstances arise when the state intervenes in the church itself or else in those | spheres which the church is convinced will have to remain subject to the church. The actual occurrence of such intervention or the belief by the church that such intervention is taking place naturally depends upon the general complex of historical events. In Italy, despite strong totalitarian tendencies, the state was able to establish an accord with the church by not making any claims upon factors of [w]ultimate and external importance.[w]

In Russia, on the other hand, there were serious conflicts. Marxist dogma, which is the foundation of contemporary Russian society, contains two elements. One is what we have termed the myth of social justice. With the substance of this myth the church has no controversy. On the contrary, it would be in duty bound to fuse this substance with its own doctrines after having removed the mythical-utopian elements of it. The church could and would have to give meaning to this substance and refashion it from the standpoint of the expectation of the Kingdom of God. A conflict on this question is possible only where the church, in contradiction to its mission, has become so intimately allied with definite social groups that it supports their struggle against the demand for social justice, or else when it feels bound to raise objections to the demonic methods of the revolutionary struggle. Neither of these conditions has led to the present day conflict. It is rather the second element of Marxist dogma which is responsible for this conflict. This is the [x]anti-religious[x] form in which, [y]for certain historical reasons[y], Marxism developed in Germany and was taken over in Russia. The claim of the state to fashion the entire life of man in this spirit inevitably clashed with the mystical and ritualistic tradition of the Russian Orthodox church and, despite the complete political passivity of the church, led to the attempt to eliminate it from any position of influence. It is true that the struggle has been carried on chiefly by the independent Godless movement rather than by the state itself. The state measures, however, have resulted in such a far reaching debilitation of the church that in many ways it has already been proclaimed dead. It is not dead, however. Its inner existence is threatened, but less by terroristic acts than by the | [z]atheistic education[z] imparted to the youth. The struggle against the Russian church is to a great extent a struggle against the Russian Middle Ages. This accounts for the weakness of the Russian church, which is in a position similar to that of the Roman Catholic church during the French Revolution. But just as the Catholic church was ultimately able to assert itself against bourgeois atheism, so it may be expected that the Russian church will also assert itself against the proletarian atheism. The claims of the totalitarian state upon those parts of the human soul that are outside the technical and political realm will have to be surrendered here as in the former instance. And the churches in their turn will be forced to surrender their mediaeval claims. This problem, already settled in Western Europe, is the basis of the conflict between state and church in Russia.

4

The situation is quite different in Germany. Here there is no mediaevalism to conquer. There may be rather, as one often hears said, the dawn of a new middle ages. Problems are emerging which have not arisen since the beginning of the Christian Middle Ages. Since the triumph over ancient paganism and the Christianization of the Germanic tribes there has never been any independent non-Christian myth which gave the state unconditioned sway and which was made the foundation for the totality of life. This has now occurred in Germany, and with it has come a host of problems. The totalitarian claim of the state upon man clashed with the unconditional claim which God makes upon him. The myth of the German nation and empire confronted the message of the people and Kingdom of God; the myth of blood, the community of sacrament which transcends blood relationship; the unconditional tie of the individual to his nationality, the requirement to be able to leave homeland and father's house for the sake of God; the disparagement of the individual, the doctrine of the absolute value of the human soul; the leadership of the national state, the sovereign claims of Christ; the coordination of the spirit,| the directing judgment of the Spirit of God; the consecration of the present, the hope of the future. The destiny of both the totalitarian state and the German churches, with either their possible union or their fundamental irreconcilability, is involved in the conflict between these opposing currents.

Every created reality has its value as creation, but its worth is derived not from itself but from the creative foundation from which it springs. It is finite and transitory but it becomes blasphemous when it aspires to be infinite and unconditioned like God. Everything finite is guilty of such aspiration.[a] This is true not only for the individual but also for all powers and creations of nature and history. It is also true of races, peoples, states, leaders and their followers. They can be elevated to the state of unconditioned worth only by wanton contradiction of their finite character. They attain to this state, however[b], as soon as they are spoken of, experienced and acted for, as if they were gods. The way in which this myth of the nation is propagated and the resulting activities are indications of such a tendency to attribute an absolute character to a conditioned being. If the expression "Myth of the Twentieth Century"[c] is to be taken as seriously as it wants to be taken then it elevates the nation to divine dignity and the believers in this myth cannot but draw the practical consequences from it. The simultaneous recognition of Christianity may mean only that the Christian tradition as a whole is too deeply rooted in national consciousness to be eradicated; but it must subordinate itself to the criticism of the new myth, that is, it must either be set aside, transformed or changed.

This has been attempted in various ways, such as the subordination of education to the propagation of the new myth, the rise of a frankly pagan religious movement which aspires to recognition as an independent church, or, above all, the attempt of the new mythical tendencies to penetrate into the old church organizations. Such manifestations reveal the earnestness and zeal with which the consciousness of the new myth determines the thought and acts of its adherents. The individual points of conflict between the new | myth and Christianity are unimportant so far as concerns the general mythical position. Nevertheless they are symptoms of great interest. There is above all the attack upon the Jewish prophetic ideal of piety and upon the use of the Old Testament as a book of religious instruction for the German people. There is also the supremacy in the national church of blood relationship over community of sacrament. Or there is the attempt to displace the highest Christian values of humility, love and hope by the supreme pagan virtues of courage, power and enthusiasm, and thus to transform the New Testament image of Christ into that of a heroic figure. There is further the division of truth and justice into as many truths and ideas of justice as there are national spirits and corresponding national states. This accounts for the rejection of the prophetic transcendental criticism of state measures in so far as they serve the ends of one's own nation – for the nation is the "mysterious sovereign" and the final norm. There is no doubt that this idea stands in sharp contrast to the ideas of the New Testament, according to which all "mysterious sovereign," angels and powers, have been vanquished and brought together in the cross of Christ. The new myth contradicts the unconditioned character of unconditioned beings and thus the mission of the church and the claims which it cannot surrender. This myth, however, is the basis of the totalitarian claim of the state.

5

[d]The idea of totality[d] contains a mythical factor within itself. Only that which is absolute can lay claim to totality. Were it not unconditioned it would have something else whereby it is conditioned; it would have to concede a sphere alongside of its own sphere and would thus have to circumscribe its totalitarian claims. Since a mere juxtaposition of spheres destroys the unity of man and the world, there is the quest for a third and higher entity to which both spheres are subordinated.[e] The conflict between the totalitarian state and the church can only be understood in the light of this dialectic of conditioned and unconditioned. |

The state attempts to avert the conflict in two ways: first, directly, by separating the spheres, and second, by inner assimilation of the spheres of the church. The first way is the official state method, the second is the ecclesiastical political method. The first method is formally applied to all churches, the second only to the evangelical [f]state churches[f]. The state has always declared that the churches, i.e. dogma and ritual, were to remain free from state intervention, that public education was to be based on positive Christianity and that all atheistic propaganda was to be forbidden. The concessions in the concordat with Rome go much farther in some points, such as in the education of priests, than any other government has gone. The magnitude of the movement back to the churches seems to show that there is a strong, even though unofficial, political pressure behind it. The church organizations, in so far as they serve ritualistic purposes, are not suppressed. The Aryan paragraph has not been enforced in specific Catholic schools and hospitals. There seems to be a wide latitude of independent activity which the state has allowed to the churches, particularly to the Catholic church. The state thus seems to have effectually limited its totalitarian claims. It is also no doubt true that the churches would be ready to utilize for their own purposes the strengthening of their influence upon the people, the elimination of anti-clerical propaganda and the anti-liberal authoritarianism had not the fundamental opposition to the new myth deprived of their value all the elements of community.

It is impossible to isolate the dogmatic and ritualistic spheres and place them beyond the sphere of real life. There are aspects of life which are further removed from religious claims than others. Man's technical activities in all fields, including the political, have no direct relation to religion. They are subject only to the laws of utility. But every use points to a higher use for which it is but a means, and they all point to an ultimate goal which is an unconditioned and determining principle. From this standpoint the transcendent claim, religiously speaking, infuses divine necessity into all worldly spheres. For this reason all advances made by the | state to the church are of no avail if these spheres, the most remote as well as the nearest, are subordinated to another determining principle; if, with its separation of spheres, it keeps the church and its claims far from the realities of life.

The sphere in which, up to a certain degree, all other spheres come together is that of the education of the youth, both in and out of school. It means but little to the church that it is accorded a far reaching influence on education if on the other hand the education by the state, and that means education based on the new myth, not only is imparted to the entire youth, but, with unlimited effectiveness, is made the necessary condition for all success in the life of the state. Those brought up in the spirit of church education, thus become stigmatized as second rank citizens according to the new ideal image of a German man. It is evident that all other compromises become illusory in this light and that a struggle must break forth in which there cannot be any real compromise for the church.

There are inevitable sources of conflict from another side. The system of the totalitarian state and that of the Catholic church are both systems of unconditioned authority. It is, however, impossible for two unconditioned authorities to exist together without both becoming conditioned. For that reason each one must attempt to undermine the other. Symbolic of the situation is the fact that the fundamental book of the new myth has been placed on the Papal Index and that the sale of a defense of the Old Testament by a bishop[g] has been suppressed by the party. This indicates that in the spiritual realm too a separation of spheres is impossible of realization as soon as there is a question of basic world views. A further symptom is the fact that the filling of all important posts of cultural instruction is now dependent not only upon the scientific institutions themselves but also upon a cultural commission of the party, which is under the influence of the propagator of the new myths. This is also a public confession of the impossibility of separating the spheres of interest.

Since it is impossible to deprive the churches of their own world | view and since no man can subscribe to two genuine world views, both of which provide the whole of he world and life with a meaningful principle, the individual finds himself forced to make a decision.

[h]In the spheres of practical life this opposition has down to the present been of little consequence. This was due mainly to the fact that the conservative forces in the church were in accord with such anti-liberal measures of the state as involved the fundamental rights of the citizen. Also in Austria there were no conflicts on these matters. The limits of toleration of the church were reached

when the right and the duty of the church to dispense divine grace through intercession and sacrament to those excluded by the state from its community and from life could not always be exercised. The restriction of this last human right in some cases has deepened the internal tension and sharply illuminated the contrast between the two world views.[h]

6

The situation is quite different in the Protestant churches. [i]Here there was also the possibility of indirect subordination of the church through inner ecclesiastical movements.[i] The lay character of Protestantism, its democratic structure, the fundamental indifference of Lutheranism to questions of church constitution together with a profound and justifiable dissatisfaction with the rigidity and the aloofness of the official church circles, all made it possible to effect successfully a coordination of the church during the first period of the new regime. But the too rapid triumph was ominous. As soon as the new myth was made the regulating principle of church, gospel in many places within the church and as soon as the attempt was made to transfer the race dogma and the authoritarian principle of leadership to the church, resistance arose. It became increasingly consolidated and has now taken on the form of a church within a church supported by world Protestantism.

It must always be emphasized in this connection that it is never | a question of political resistance to the state. Not only do the repeated professions of loyalty of the opposition leaders testify to this fact; it is also deducible from the essential character of Lutheranism. The Lutheran church, which has determined the character of Protestant Germany, has always left the extra-religious phases of life in the hands of the state, so that the church was confronted with the growing danger of disappearing from public consciousness. Every semblance of meddling in political affairs has always been avoided on the part of Protestantism in so far as it is a question of political matters only. The external constitution and the whole legal and administrative side of ecclesiastical life has, since the Reformation, been left by Lutheranism in the hands of the state, so that even now there would have been no difficulty in effecting an agreement concerning changes in the constitution and amalgamation of the state churches of Germany, had not the new myth brought on the break. The more evident this background of the ecclesiastical policy of the group of the Reichsbishop became, the deeper became the abyss between the two.

In this situation the oath demanded from every church minister appeared [j]as a symbol[j]. This oath meant, first, subjection to the church rule of the Reichsbishop. In the second place, the relationship between this subordination and the oath of loyalty to the state was made so close that rejection of the former would appear as disloyalty to the state. Third, the ecclesiastical oath was sustained by the state oath. This action of the Reichsbishop's synods has strengthened among many of the opposition clergy the determination for resistance even to martyrdom. This is very understandable in the light of church history. For that demand of an oath is reminiscent of the demand made upon the Christians of the early church to sacrifice to the emperor, in so far as it involves [k]according recognition as a sacred power to the state.[k] The early struggle was a tragic one: tragic because the existence of the Roman integration to the world seemed to hinge on the recognition of its sanctity. The almost unlimited toleration of the Roman state, which was far removed from totalitarian tendencies, became | limited the moment it and its emperor myth were exposed to contradiction. The almost boundless loyalty of the early Christians to the Roman state came to an end when another myth which demanded subordination came to vie with the gospel of one God and His revelation on the cross. It is undoubtedly true that the contemporary situation has not reached the acute stage of the early church period. The destruction of the pagan myth by centuries of martyrdom in the Christian church is an irrevocable fact which is also an obstacle to the pagan tendencies of today. But there are possibilities which can lead to an analogous situation. The contradiction of principles is present and it must have its effect even if there is the desire to avoid the struggle. It is inevitable as long as the state, on the basis of its determining myth, makes claim to an absolute and totalitarian character. Where the struggle is concerned with unconditioned and totalitarian principles, the separation of spheres is illusory. This is proved by the church struggle.

From the standpoint of the churches and their claim the conflict can be solved only if the new myth is overthrown and with it the totalitarian idea. National feeling and state, authority and leadership can be affirmed only within limits which recognize the unconditioned character of the absolute or, religiously expressed, the godly character of God, who tolerates no other gods beside Him. Within these limits the church can and should affirm them and desires to do so. What is beyond these limits the church must reject. It cannot put itself and its gospel at the disposal of the totalitarian state as its determining myth. There is no identity of political and ecclesiastical activity in Christian countries whereby the state may lay claim to the unconditioned character of church gospel and be able to make it effective by means of its own force, such as power, organization and technological methods. The contrast between divine and human reality must always express itself by distinguishing between a church which, although not absolute itself, gives evidence of the absolute and a state which has the task of regulating the finite and social sphere, and which therefore has no right to a claim of absolute or totalitarian character. |

7

It is difficult to make any predictions regarding the outcome of the struggle. Perhaps the totalitarian system will be dissolved from within with the strengthening of the feudal capitalist tendencies and thus the churches will receive their necessary freedom of scope. Perhaps a church under the Reichsbishop will arise which will give free play to the new myth and which will be constructed on an authoritarian basis, more after the Catholic than the Protestant fashion, while the Protestant opposition will be organized into a free church. The danger of such a free church will be, as it is already, that, in order to defend itself successfully, it will have to clothe itself in the mail coat of dogmatic orthodoxy. Even in this narrow form orthodox Protestantism, like Catholicism which is socially pressed in another way, will break down the totalitarian system. The idea of the totalitarian state will founder upon the Christian church and gospel which will destroy the new myth.

These circumstances are of fundamental significance, since the events in Germany are to be understood only through the world situation of late capitalism. The internally concentrated and authoritarian national state, which always seeks to encompass new fields of life, lies within the compass of the general world situation. Development has progressed farthest in Germany where the totalitarian state was conceived and to a great extent realized. But in Germany too it has found its limitations. Security and reintegration at the price of a myth which destroys the force of the Christian gospel is no reintegration but the deepest disintegration – in the individual, in the nation and among the nations. For it replaces the God, who alone is God, by many conflicting gods. It rends the individual consciousness and it tears apart both the nation and humanity. The twentieth century will go to its destruction if the myth of the twentieth century triumphs. The struggle of the churches for their own claims is at the same time a struggle for genuine foundations of real historical reintegration.

Kritischer Apparat

406 a–a C: möglich
b–b Die religiöse Lage der Gegenwart. Berlin 1926 [= MW/HW 5, 27–97], engl. (übersetzt von H. Richard Niebuhr): New York 1932.
c–c Religion in Life (New York), vol. III, No. 2, 1934, S. 163–173, deutsch in: GW XIII 227–238.
407 d–d C: sowohl wirtschaftlich wie politisch; und politisch, weil wirtschaftlich
e–e C: geschlossen
411 f–f C: usw.
g–g fehlt in C
412 h–h C: Rand- und Nachfolgestaaten
i C ergänzt: im Zusammenhang mit der nationalstaatlichen Konzentration
416 j Fußnote/Endnote fehlt in C
k–k C: Nachfolge- und Randstaaten
417 l–l C: Der totale, wenn auch nicht grundsätzlich gemeinte
m–m C: deren Kern der Mythos des Blutes, des Bodens, der Rasse, des Staates, des Führertums usw. ist. Mythos und Mythologie bedeuten hier wie in anderen Fällen nicht willkürliche Erdichtung, sondern Erhebung realer, aber bedingter Mächte zum Range der Unbedingtheit und Heiligkeit. Es ist im Mythos also Realität, aber es ist in ihm auch Übersteigen der Realität, Enthusiasmus und Mystik.

n–n C setzt folgende Fußnote: Emanuel Hirsch: Die gegenwärtige geistige Lage. In: Theol. Blätter, Jg. 13, Nr. 11, 1934 [richtig: Göttingen 1934].
o–o C: Er
p–p C: wirkliche Volk
419 q C ergänzt: (wie es im Sinne der gegenwärtigen Rassen- und Blutmythologie liegt)
r–r C: die christlichen Kirchen
420 s–s C: In der Kirche ist das Reich Gottes im Kommen.
t–t C: Die Kirche ist Hinweis auf das Reich Gottes.
422 u Vgl. Ernst Troeltsch, Die Soziallehren der christlichen Kirchen und Gruppen (Gesammelte Schriften, 1. Band), Tübingen 1912, S. 536f. Anm. 246 und 247 (mit Hinweis auf Friedrich Julius Stahl und Otto v. Bismarck).
v–v C in Kursivschrift
424 w–w C: letzte persönliche und geschichtliche Sinngebung
x–x C: rationalistisch-antireligiöse
y–y C: infolge eines geschichtlichen Verhängnisses
425 z–z C: Erziehung in den atheistischen Formen der abendländischen Aufklärung
426 a in C folgt: Es steht in gemeinsamer, unentrinnbarer Schuldverhaftung. Es sucht sich dem Anspruch Gottes auf Anerkennung seiner Unbedingtheit zu entziehen, und darum steht es nicht nur in der Vergänglichkeit, sondern auch im Gericht und bedarf der Errettung.
b in C folgt: sobald sie Gegenstand des Mythos (im ursprünglichen Sinn des Wortes Mythos) geworden sind, d.h.
c Alfred Rosenberg, Der Mythos des 20. Jahrhunderts. München 1930.
427 d–d C: Der Begriff der Totalität, der nicht dadurch aufgehoben werden kann, daß man das Wort aus taktischen Gründen zurücknimmt,
e in C folgt nach Doppelpunkt: ein in Wahrheit Unbedingtes, demgegenüber der Staat und was er außer sich ließe, bedingt wäre.
428 f–f C: Landeskirchen
429 g Gemeint ist die von Michael Faulhaber, Erzbischof von München und Freising, verfaßte Schrift: Judentum, Christentum, Germanentum. Adventspredigten 1933. München 1934.
430 h–h fehlt in C
i–i C: Hier war außer dem Weg der Sphärentrennung der Weg indirekter Unterwerfung der Kirche möglich.
431 j–j C: unüberbrückbar
k–k C: die Anerkennung des Staates und seines Mythos und der von ihm unterstützten priesterlichen Autorität als ein Unbedingtes.

13. Marx and the Prophetic Tradition (1935)

A. Profetische und marxistische Geschichtsdeutung. Typoskript, 15 S. (PTAM, Kopie).

B. (Druckvorlage) Marx and the Prophetic Tradition (Translated by Alida Chanler Bohn). In: Radical Religion. A Quarterly devoted to Christianity and Radical Social Change. Volume I, Autumn 1935, Number 1, S. 21–29.

C. Prophetische und marxistische Geschichtsdeutung. In: GW VI (1963) 97–108.

Zur Textgeschichte

A ist die Vorlage für die in B publizierte Übersetzung. Da die Übersetzung im Herbst 1935 erschienen ist, muß die Zeitangabe von Renate Albrecht für die Entstehung des Textes („zwischen 1934 und 1936", vgl. GW XIV, 1. Aufl., S. 42) entsprechend korrigiert werden. Daß die Version B eine Übersetzung aus dem deutschen Typoskript (A) darstellt und nicht umgekehrt, ist sicher. Möglicherweise hat Tillich das deutsche Manuskript geringfügig korrigiert und z.B. im ersten Satz die Worte „im Marxismus" hinzugesetzt. Die Übersetzung ist grammatisch und stilistisch weniger differenziert als die deutsche Originalfassung. Renate Albrecht hat für C die Version A zugrundegelegt, sie aber orthographisch, an einigen Stellen auch stilistisch überarbeitet (vgl. den kritischen Apparat).

In einem Brief vom Dezember 1935 kündigt Tillich Eugen Rosenstock-Huessy an, Arnold Wolfers werde ihm, Rosenstock-Huessy, eine der vielen Arbeiten übergeben, „die ich in diesen Monaten gemacht habe, die mir wichtigste über christliche und marxistische Anthropologie, Diskussionsgrundlage für das wissenschaftliche Vorbereitungskomitee der 1937 Oxford Weltkirchenkonferenz" (EGW VI 296). René Tautmann hält diesen Text für identisch mit dem Aufsatz „Marx and the Prophetic Tradition". Somit sei dieser Aufsatz „wahrscheinlich als Vorbereitung auf die Weltkirchenkonferenz in Oxford 1937" geschrieben worden (EGW VI 297). Doch hier liegt eine Verwechslung vor. Tillich meint vielmehr seine (bisher unveröffentlichte) Arbeit „The Christian and the Marxist View of Man" (mit dem Vermerk „Universal Christian Council for Life and Work. Research Document. Confidential ! December 1935"; sie befindet sich im PTAH, box 402:017).

Der Aufsatz erschien im ersten Heft der neu gegründeten und von Reinhold Niebuhr herausgegebenen Zeitschrift „Radical Religion". Tillich wird in ihr als „at present Lecturer in the Philosophy of Religion and in Systematic Theology at Union Theological Seminary" vorgestellt. Im Editorial gibt Reinhold Niebuhr eine Verhältnisbestimmung von Christentum und Marxismus. Die Generallinie der Zeitschrift sieht er darin angedeutet, daß der Kreis, als desssen Organ die Zeitschrift herausgegeben wird, sich „The Fellowship of Socialist Christians" (F.S.C.) nennt und damit den üblichen Begriff „Christian Socialists" bzw. „Religiöse Sozialisten" ändert. Der Name „Socialist Christians" meine zweierlei: „One is that we conceive our primary loyalty to be to Christianity and our primary task to help divorce the Christian religion from its too intimate embrace with bourgeois society and a capitalistic culture. The second is that we do not want to be politically divisive when acting as socialists. In the world of politics we are not a particular brand of socialists. We may have a different world view and different ultimate presuppositions about life than pure Marxians have. But we agree with them on certain very important political objectives. We believe that a capitalistic society is destroying itself and yet that it must be destroyed, lest it reduce, in the delirium of its disintegration, our whole civilization to barbarism. We believe that the social ownership of the means of production is the only basis of health and justice for a technical age. We believe that such a society can be established only through a social struggle and that in that struggle we ought to be on the side of the workingman. In these things we can support socialism wholeheartedly. If we qualify the consistency of Marxian determinism and the optimism of Marxian utopianism we do so without apology to the socialist cause because we believe that these errors of Marxism complicate its political problem and imperil its political success" (S. 5).

In dem oben erwähnten Brief an Rosenstock-Huessy bezeichnet Tillich die neue Zeitschrift „Radical Religion", deren Heft 1 mit seinem Aufsatz er ihm zusenden ließ, als „Fortsetzung der Blätter für den Religiösen Sozialismus" (S. 296).

Marx and the Prophetic Tradition

1.

It has often been noticed that [a]far-reaching[a] analogies exist[b], between Marxism and Old Testament prophecy. Religious socialism in Europe has always declared that the spirit of prophecy has found a powerful, though religiously inadequate expression [c]in Marxism[c], this spirit of prophecy having [d]practically[d] died out of the Christian churches. This may partly be explained by the Judaism of Karl Marx, which gave him access through tradition and race to the spirit of prophecy, which could not be shaken either by his humanism or by his philosophical materialism. Besides this, it can be shown that in the humanist tradition itself exist rationally transformed elements of prophecy. Western European and American liberalism, as expressed in the rights of man, combines religious elements growing out of prophetic sects with philosophical elements taken over from stoicism and Epicureanism. And in spite of his struggle against a liberal economy [e](capitalism)[e] Marx remains dependent upon this liberalism, both in his ethics and in his sociology, and particularly in his personal pathos. Finally there is an important though [f]partial[f] dependence [g]upon the spirit in prophecy[g] in Marx's position as a disciple of Hegel, and of German idealism. Reference is here made particularly to the idea of there being three stages in history, the present era being the beginning of the third stage. [h]Enlightened idealism is[h] using this idea in many ways. Its roots lie in the prophetic-apocalyptic interpretation of history, in that form given to it [i]by the Book of Revelations of St. John[i]: The [j]relationship between here and hereafter as regards the Day of Judgment[j], the doctrine of the thousand-year kingdom of Christ on earth preceding the final catastrophe. [k]The hope of revolutionary movements[k] has continually taken fire from this doctrine, throughout the dark ages and the middle ages, Abbot Joachim von Floris gave form to this Christian philosophy of history when he announced, in the twelfth century, the immediate approach of the dawn of the third stage in history: after the synagogue era of the Father, and the [l]church[l] era of the Son, would soon follow the third era of the Holy Ghost, under the leadership of some new monastic order. This third era would be one in which each individual is guided directly by the Spirit, and ecclesiastical authority would lose its meaning, as foretold by the prophet Joel. It is known that radical Franciscans took this prophecy to mean that their monastic order was to carry the new authority, bound up with the ideal of poverty, and used as a weapon in their battle with papal authority. These ideas acquired political importance in connection with the religious-social [m]movement[m] of the Reformation: the peasant revolts, the Baptist and similar movements, especially in their powerful British and American development. In the age of enlightenment [n](reason)[n], this | doctrine of spiritual guidance for every Christian individual became a doctrine of the immanence of reason in each human individual. The spirit was rationally interpreted, and the third era identified with the age of enlightenment. But the pathos of Joachim's prophecy remained, and resounds powerfully through the writings of Lessing's "The Cradle of the Human Race," which definitely refers to that prophecy, made in the middle ages. With the development of German idealism's philosophy of history, and in conjunction with Rousseau's critique of culture, the idea of the third stage in history became the inheritance of European socialism. Marx expressed it in his famous phrase, that the prelude to the history of humanity would close with the victory of the proletarian class, and true history would then begin.[o]

2.

More important than the historical proof of the dependence of Marxism upon ideas of prophecy, is the study of structural analogies between both these forms of historical interpretation.[p] The very fact of historical approach is in itself an analogy between Marxism and prophetic literature. [q]Not every philosophy of life is oriented historically.[q] On the contrary, the historical approach is the exception, and is found in its true form only in the Jewish-Christian tradition. The difference can best be shown by comparison with Greek conceptions of history and era. Greek philosophy, which may be considered as a rational outcome of Greek religion, conceives the circle as the symbol [r]of completion and perfection[r]. Not history, with its directed, forward-striving line of direction, with all the accidents and unexpectedness [s]that is revealed therein[s] – but the Universe of stars, with the eternal balance of their circling, their necessity and computability, is closest [t]to Mount Olympus[t]. [u]The gods[u] themselves, and all things [v]pertaining to them[v], stand outside history. The existence of things, their true nature, their form is eternal, untouched by Time, lifted above becoming and waning. History can neither add nor take away from the nature of things. That which appears to become or to wane, in struggle and history, is an outcome of Being, is appearance, not reality. Things are only real in so far as they partake of eternal Being, but in so far as they are merely a reflection of form, an incomplete expression of form, they are unreal. All being, therefore, contains both eternal and temporal aspects, reality and appearance, perfection and imperfection, side by side at all times. The approach to eternal perfection is independent of all that happens in history. At any time, in any place, the soul may rise from imperfection towards perfection. Redemption is in no way bound up with history.

It is quite otherwise in the realm of historical [w]interpretation of life[w]: instead of the true and the false, we have now the good and the evil. Not steps towards complete realization rising one above the other, but periods of struggle between good and evil follow one another. Not that existence is incomplete, but that the will is bad. The Godlike can be achieved, not by rising above existence, but by deciding for the good within existence, in space and time. Existence must not be deserted, but created. Thus history becomes the battlefield of good and evil. Every individual must decide on which side he wants | to fight, and even indecision becomes a decision, namely for evil. Though good will triumph in the end, yet the conflict is long-drawn-out. None may anticipate the victory. Each is bound during his era to a certain rank in the battle. It is impossible to escape this struggle by fleeing from unreality into reality in order to become one with God. The necessary attitude of mankind is not one of union but of expectation, not one of mysticism but one of hope. It follows that man feels himself bound to the historical group which carries on the fight for the Godlike: the people, the church, the community, the prophet, or the intermediaries chosen as the tools of holy history. Redemption and history are bound together, and redemption itself has another meaning than it has in Greece and in mysticism.[x]

It no longer means the release of the individual out of imperfect existence, but rather the conquest and extermination of evil from all existence. It is not a melting unison with the Eternal One, but a realization of the kingdom of God; that is, diversity united through justice and love.

That is a rough outline of the contrast between historical and non-historical thinking. It is known that in spite of the prophetic origins of Christianity, both points of view existed within the Christian church, and that in the effort to unite them the historical [y]viewpoint[y] was often suppressed. The revolutionary power of the historical interpretation of life has often been represented only by sects in conflict with the church, and in modern times often only by secular, political-social movements. These were and are in the right, as opposed to a church which has practically, in spite of the weight of tradition, sunk into being non-historical, and this in spite of the fact that the church has theoretically upheld the [z]expectation[z] and therefore the decisive principle, of historical thinking. In the long run the Christian church cannot leave the representation of the prophetic spirit to alien and antagonistic movements. It cannot sever itself from its prophetic roots, which are equally important, both in the Old and in the New Testament.

3.

The prophetic interpretation of history combines two elements which, in the course of evolution, were sometimes united and sometimes in opposition to each other: the transcendent and the immanent principle of historical interpretation. When the transcendental principle is paramount, the origin and goal of history lie beyond human affairs in a divine-demonic reality which transcends earthly life. When the immanent principle wins out, this transcendence is merely a background for historical fact. In the foreground stand human affairs and the expectation of an earthly, sociological fulfillment. Yet this opposition is never exclusive, since transcendent history always penetrates immanence, and it gives meaning and dynamic power to that immanence.

Historically speaking, the most effective representation of the purely transcendental attitude is found in the teachings of [a]the Persian[a], Zoroaster. It has important bearings upon late-Jewish and New Testament Apocalyptics, through the close relationship between Hebrew and Persian culture, having in this manner affected all Christian history, both church and secular. It is not altogether correct to consider the Persian religion as purely dualistic. It is | true that the opposition between the good and the evil God, which characterizes the whole of religious thought and life, indicates a dualism more definitive than in any other religious history known to us. But the disharmony is nevertheless softened by the fact that the eventual victory of light, of the good God, is taught, and with this teaching final weight is given to the positive principle. On the other hand, the disharmony is sufficiently great to force historical conceptions of thought, since these depend upon the acceptance of a fundamental dualism of principles, whose conflict supplies the dynamics of history. The stages of this conflict produce the structure, in six periods of a thousand years each, of the course of history. The appearance of Zoroaster introduces the final period, at whose end a "man from above" will come, and separate the good from the evil, destroying the evil in a world conflagration. In this fore-ordained order is history unfolded, and yet thus only, because humanity, guided by the influence of higher spiritual beings, [b]takes part[b] in this conflict between good and evil.

There is no doubt that Daniel's vision, of the "Man" coming before the face of God, and to whom, after he destroys the kingdom of this world and the

"Beast," is given power over the eternal kingdom of God, – is dependent at least for its form upon Persian religion.

The [c]type of immanent historical thought[c] is found in Egyptian religion. Honoring the ruling Pharaoh, as a son of God, made possible the expectation of a Messiah who would transform present evil into good. Prophecies of this kind, foretelling the coming of a child of God who would bring salvation, are found in Egypt. A few [d]of the Hebrew psalms[d] appear from their style to depend upon these prophecies. The connection between the messianic expectation and the house of David appears to betray a real influence of Egyptian thought, which was also applied by poets of Augustinian times, with a bearing upon the Roman emperors. Thus it came about that historical interpretation acquired a definitely political character. Bad political and social conditions are the occasion for the appearance of such prophecies. It is a political personality, whether dynastic ruler or chosen leader, who creates the turning-point. The day of salvation itself is a time of peace and social justice, made possible through the world-conquest of the chosen leader and race.

If we now look upon Jewish prophecy, we find in it a remarkable oscillation between both points of view. At first the immanent-political principle seems to be paramount: the Prince of Peace is a king of the house of David. He conquers the enemies of Israel; Jerusalem becomes the religious-political center of the world, swords are beaten into plowshares. Justice and universal prosperity reign. Nor is it solely in the future that the historic-political aspect is in evidence, but also in the past: an unbroken line of historic-legendary personalities are the bearer of the historical movement, through which the salvation of humanity is being prepared: Noah, Abraham, Jacob, Moses, the Judges, David. The chosen race is the tool of historical salvation, since its historical destiny becomes the focus of historical interpretation of all other races as well as for itself ... And yet the immanence of this course of history is shot through with transcendent ele|ments: the race is founded and built up upon an uninterrupted series of miracles, an alliance between God and race is presupposed. Punishments are God's interventions, even when He uses an alien race to chastise His own. The Prince of Peace is [e]the Son of God[e], even though he be born of a[f] woman: his deeds are miracles, the victory which he wins is God's victory over the powers of evil. The peace which he brings is not only a human, but also a natural peace, a Peace of Nature, therefore a miracle which alters the very structure of life. It is also a miracle that every single person is given the[g] knowledge of God, and therewith religious authority comes to an end. From all of this it can be seen that the historical interpretation, as found in Amos or Isaiah, belongs to neither of the two types: it is political, but its politics are lifted into the sphere of miracles.

It is known that towards the end of the pre-Christian era, transcendence, in the form of the so-called Apocalypse (revelation of past and future course of history) gained control in certain Jewish circles, under the influence of Persian thought on the one hand, and of portentous political developments on the other. Further, it is known that the conflict between the political interpretation of the kingdom of God with the religious interpretation of transcendence of the kingdom and of the Messiah played an important role in the Gospels, and that Jesus invariably took the transcendent position. Finally, it is known that both tendencies are united in the Book of Revelations, through the placing of the final catastrophe after a thousand-year reign of Jesus upon the earth. It has already been pointed out that this doctrine is of importance for revolutionary movements in the Western world. It must be added that Augustine laid the logical basis for a conservative historical interpretation, [h]by identifying the thousand-year kingdom of God on earth with the reign of the Christian church of his time, and the rule of Jesus with papal hierarchy[h]. The [i]religious and secular history[i] of the Western world has developed through this conflict between the ideas of Augustine and those of Joachim.

4.

A comparison between Marxist and prophetic historical interpretation demands, first of all, that we ascertain the fundamental difference between the two: it consists in the fact that Marxism has grown up in an environment of enlightenment, of Western humanism and rationalism; while prophecy, even when representing the [j]sociological[j] type [k](immanence)[k], never has lost, nor could[l] lose, its connection with transcendence. This contrast immeasurably increases the difficulties in the way of making a comparison, for it follows that the prophetic elements in Marxism express themselves only indirectly, concealed beneath rationalistic form, and conversely, that the political-revolutionary aspects of prophecy need continual protection from [m]burial beneath[m] the transcendent aspects. The task is, then, to reveal both the latent transcendence in Marxism, and the, if not latent, yet easily concealed immanence, existing in prophecy.

Marxism undoubtedly presents an extreme case of historical thinking, and in this particular it [n]resembles prophecy[n]. The dualism which gives dynamic force to the course of history is clear: abstractly speaking, it is the contradiction be|tween productive power and conditions of production; concretely stated, it is the opposition of the temporarily submerged and the temporarily ruling class. "All past history has been the history of class war."[o] This sentence yields, regardless of its historical accuracy, a principle of interpretation, whose dynamic power is no less than that of the contradiction between the godlike and the devilish, or between the chosen race and the heathen.

But it is not alone in dynamic force, as such, that prophecy and Marxism may be compared, but also in the type of conflict exemplified in both cases. We are dealing in both cases with a struggle for justice. [p]A cult of public worship[p] based upon, or growing out of, social coercion, is rejected by the prophets, just as a civilization that grows out of the exploitation of one class by another is fought by Marxism. The prophets hold as unjust the economics of large landowners who crowd the small householders off their own property, just as for Marxism [q]the acquisition of large acres of farm-land under one controlling family (Kulak)[q] is the chief cause of social exploitation. The usury of interest-rates which holds the economically weak in complete subjection, the dishonoring of womanhood through religiously consecrated prostitution, the class justice with its double standard, depending upon to which class the plaintiff belongs, the luxuries of the upper classes at the expense of the lower classes' labor returns, all these things are found in surprising agreement in the prophetic as in the Marxist critique of the times.

But the opposition between justice and injustice lies one layer deeper. Faith in a nationally-bound God [r](religious nationalism)[r], gives the race and its leaders the trust that in spite of injustice within, Israel is safe against outside attacks. It is the function of "false prophets" to proclaim national welfare when national catastrophe threatens, and threatens just because God calls in the alien conquerors to punish the people for their iniquities. God is ready to sacrifice His people [s]on account of its sins (injustice)[s]. This prophetic idea stands in direct opposition to that religious nationalism which characterizes [t]the philosophy of life of heathen (non-Jewish) races[t]. The God that is bound up with His nation is, according to the prophetic conception, a self-appointed God, intended to give to national conquest a religious consecration. Priests serving such a God are idolatrous, prophets who proclaim national welfare in his name are false prophets. The true prophet is against both, and is persecuted by both, in the name of nationalism. This is the deepest root of prophetic monotheism and of the necessarily bound-up universalism: the God of Israel is [u]the God of all the earth[u], because He is willing to sacrifice even Israel for the sake of Justice.

Marxism exhibits a clear analogy to this attitude, in its criticism of ideological nationalism and imperialism. According to Marxist interpretation, such ideology is identical with the creation of self-appointed gods. Ideologies, in the specific sense of the word, (there a also an uncritical use of the word, meaning any system of ideas) are ideas formulated in the interest of the will-to-power of a certain group, and in defense of the [v]injustices[v] hereby engendered. The revealing of nationalism as the ideology of a particular power-group belongs to those things in which prophetic and | Marxist sociological criticism agree in every way.

And yet both prophecy and Marxism recognize the idea of election: the promise to Israel is not annulled by the threat of catastrophe. However, it is not Israel as a nation, the natural Israel, [w]which[w] inherits the promise, but the "Holy Remnant," which truly practices justice, and which does not permit itself to be misled by the heathen, or by false prophets. In the course of development ever new separations of this remnant from the national group take place, until finally Christian prophecy frees itself entirely from Judaism, carrying the promise over to a community chosen out of all races. It is here important to realize that this election is bound up with political disenfranchisement, with suffering and persecution; that the holy remnant, the inner kernel, consists of the poor, the despised, and the despoiled. The most complete expression of this relationship between the elect and human-political weakness is found in the fifty-third chapter of the prophet Isaiah.

Now it cannot be overlooked that Marxism, with its faith in the historical election of the proletariat, shows an entirely analogous frame of mind. The situation of utter emptiness, the most radical and defenceless form of exploitation, as it existed amongst the proletariat of early capitalism, contains within itself the [x]challenge[x] to conquer class society. Not because of any moral quality of the proletariat, but because of its historical destiny, which qualifies it to see reality free of ideologies [y](rationalizations)[y], and to fight for a universal realization of justice, without exploitation or imperialism. It is true that here, also, [z]election[z] includes possible rejection. The proletariat may fail. It is also true regarding the proletariat, that the historical mission narrows down more and more to particular groups: the party, a vanguard within the party, a group of leaders; and that the true proletariat extends far beyond the actual, from every level fellow-workers thrust forward to fight for justice; while the actual proletariat is subject to the laws of mass psychology, which threaten to annul its messianic qualities. Religious socialism has, in conscious conformity with the experiences of Old Testament prophecy, stressed this thought, and directed criticism against the false prophets and presumptuous priests of the Marxist movement.

Which leads to a final analogy concerning the course of history. History, in the light of prophetic thought, stands on the one hand under divine decree, which makes itself felt in spite of all human opposition; on the other hand, it is accomplished through human actions, which are free [a]to take a stand[a] for or against the import of occurances. Men are both the bearers, and the antagonists, of divine decree. Freedom and necessity are interwoven. Marx expresses this fundamental truth in the doctrine of historical dialectic. A historical situation is said to be dialectic when it produces within itself, from inner structural necessity, contradictions which lead on to some [b]new[b] situation, in which these contradictions can be resolved. The pointing-out that such inner structural necessity exists in capitalism is the greatest scientific service of Marx. But without human intervention, these structural necessities remain unfulfilled tendencies. Hence the call which Marx directs towards the prole|tariat, to realize that which, dialectically speaking, is necessary, and which corresponds to the decrees of history. Should the proletariat not accept the challenge, the decree remains unfulfilled, and developments begin again from the beginning, to arrive again at the same goal. Whoever destroys this union between dialectic necessity and human freedom, misses the import of our historical existence. He is Utopian, if he expects everything of human freedom; he is fatalist, if he rests inactive upon necessity, and depends upon the automatic fulfillment of structural laws. Dialectic necessity is fulfilled by means of human freedom, [c]and not otherwise. Just as divine decree is not fulfilled without the co-operation of the "people of God."[c]

Regarding the periods of history, Marxism contains intimations of a prehistoric era, which is inadequately described as primitive communism, and of which little more can be said, than that it preceded the age of class war. Next comes the era of class war, which includes all past history, and which is overthrown by classless society, with whose entry the prelude to history comes to an end, and human history, namely the history of humanity truly become human, begins. Between these three periods lie two catastrophes: the first, corresponding to the fall of man, is the conquest of agricultural stock by warlike huntsmen, and the founding of the state as a measure of class control. The second catastrophe, corresponding to the arrival of the thousand-year kingdom, is the nullifying of any sort of class control, through the proletarian revolution. The present time stands immediately before this catastrophe. The third stage, the realization of the humanity of mankind, has approached. The second period, that of the self-alienization of mankind through class distinctions, is about to destroy itself. No word need be said about the analogy of these thoughts with the prophetic scheme of historical interpretation.

But it is necessary to speak about the future hope of Marxism as such, and its relationship to the prophetic faith. Marx has refused all depiction of final conditions as Utopian. But in the symbol of a classless society lies a moment which has kindled the passionate hopes of millions, because it is itself Utopian, in the sense that all prophetic proclamations are so. It oscillates between immanence and transcendence. It is intended to be pure immanence; but the presuppositions of its fulfillment transcend the possibilities of immanence, just as in the old prophecies: the transformation of human nature, not alone in individuals, but in social groups, not only singly, but in all groups, and the transformation not alone of human nature, but of all nature, is the presupposition of the fulfillment of hopes expressed either in the symbol of the thousand year reign, or of the classless society. The difficulty of such a [d]realization of hopes[d] increases with such realistic critical faculty as that found in the Christian teaching of universal sin, and in the so-called materialistic interpretation of history found in Marxism. The opinion of Marx, that there can be no social realization of ideals without a group interest to carry it, places Marxism before the alternatives, either to accept the miracle of a [e]unification (coordination)[e] of the interests of all groups, and of all individuals in the classless society, or to presuppose the miracle of the transformation of human | nature, through which the dependence of the idea upon interest would be resolved. Both miracles transcend all experimental truth, [f]just as[f] the prophetic [g]proclamations[g] reach beyond experience, with the thought of the banishment or destruction of the principle of evil in Kingdom Come.

Thus the comparison of prophetic with Marxist historical interpretation leads to a double criticism: first of the one-sided immanence of Marxism, in a self-contradiction it has to transcend, as soon as it seeks to take its future hopes seriously; then of a Christianity which has so completely lost the prophetic spirit of its origins, that this spirit had to find expression in a consciously anti-Christian movement. The demands growing out of this double criticism reach beyond the limits of this article.

Kritischer Apparat

21 a–a fehlt in A und C

b in A und C folgt nach Komma: die zu einer historischen und systematischen Untersuchung reizen.

c–c fehlt in A

d–d A und C: fast ganz

e–e fehlt in A und C

f–f A und C: sehr vermittelte

g–g A: vom Profetismus C: vom Prophetismus

h–h A und C: Aufklärung und Idealismus haben

i–i A: in der Offenbarung Johannes

j–j A und C: Verbindung einer diesseitigen mit einer jenseitigen Enderwartung

k–k A und C: die revolutionäre, antihierarchische Hoffnung auf eine bessere Verwirklichung der christlichen Idee in Kirche und Gesellschaft

l–l A und C: hierarchische Kirche

m–m A und C: Bewegungen

n–n fehlt in A und C

22 o Karl Marx über die bürgerliche Gesellschaft: „Mit dieser Gesellschaftsform schließt daher die Vorgeschichte der menschlichen Gesellschaft ab" (Zur Kritik der Politischen Ökonomie, Vorwort; MEW 13, S. 9).

p in A und C beginnt der Satz: Dabei ist zunächst festzustellen, daß

q–q A und C: Nicht jede Weltdeutung ist an der Geschichte interessiert.

r–r A und C: des vollkommenen Seins

s–s A und C: das sie hervorbringt

t–t A und C: dem Göttlichen

u–u A und C: Das Göttliche

v–v A und C: sofern sie am Göttlichen teilhaben.

w–w A und C: Weltauffassung

23 x in A und C kein neuer Absatz

y–y A und C: Element

z–z A und C: Enderwartung

a–a fehlt in A und C

24 b–b A und C: eingreift

c–c A und C: immanente Typus

d–d A und C: der jüdischen Königspsalmen

25 e–e A und C: ein göttliches Kind

f A und C fügen an: irdischen

g A und C fügen an: unmittelbare

h–h A: durch die Deutung des tausendjährigen Reiches auf die gegenwärtige Kirche und die Deutung der Herrschaft Jesu auf die Hierarchie
C: durch die Anwendung der Idee des tausendjährigen Reiches auf die gegenwärtige Kirche und der Herrschaft Jesu auf die Hierarchie

i–i A und C: christliche und profane Geschichtsdeutung

j–j A und C: politisch-sozialen

k–k fehlt in A und C

l A und C fügen an: ihrem Wesen nach

m–m A und C: Überdeckung durch
n–n A und C: mit der Profetie/Prophetie auf gleichem Boden steht
26 o Karl Marx: „Die Geschichte aller bisherigen Gesellschaft ist die Geschichte von Klassenkämpfen" (Manifest der kommunistischen Partei).
p–p A und C: Kultus und Gottesdienst
q–q A und C: die großagrarische Bodensperre
r–r fehlt in A und C
s–s A und C: um seiner Ungerechtigkeit willen
t–t A und C: die heidnische Weltanschauung
u–u A und C: der Weltengott
v–v C: Ungerechtigkeit
27 w–w A: was C: das
x–x A und C: Berufung
y–y fehlt in A und C
z–z A und C Verheißung
a–a A: zu stellen C: einzusetzen
b–b fehlt in A und C
28 c–c A nach Komma: sonst nicht. Wie der göttliche Ratschluß nicht ohne „das Volk Gottes" zur Erfüllung kommt.
C nach Komma: wie auch der göttliche Ratschluß nicht ohne „das Volk Gottes" zur Erfüllung kommt.
d–d A und C: Erwartung
e–e A und C: Gleichschaltung
f–f A: wie C: wie auch
g–g A und C: Verkündigung

14. Freedom in the Period of Transformation (1940)

A. FREEDOM in the PERIOD of TRANSFORMATION (Typoskript, Durchschlag, 31 S., PTAH box 514:005; Exemplar im Max-Horkheimer-Archiv Frankfurt am Main, Sign. I 24.376–406, mit vielen handschriftlichen Korrekturen Paul Tillichs und dem Vermerk „Bitte bald zurück! Paulus").

B. (Druckvorlage) Freedom in the Period of Transformation. In: Freedom: Its Meaning. Planned and edited by Ruth Nanda Anshen. New York: Hartcourt, Brace and Company 1940, S. 123–144.

C. Freiheit im Zeitalter des Umbruchs. In: GW X (1968) 181–201.

D. Freiheit im Zeitalter des Umbruchs. In: Paul Tillich, Für und wider den Sozialismus. Siebenstern-Taschenbuch 132. Herausgegeben von Wolf-Dieter Marsch. Siebenstern Taschenbuch Verlag München und Hamburg 1969, S. 69–115 (mit einer Einleitung von Karin Kretzler, S. 94f.).

Textgeschichte

Ruth Nanda Anshen, Schülerin von Alfred North Whitehead, Schriftstellerin und Herausgeberin mehrerer Buchreihen, z.B. der „Science of Culture Series", deren erster Band den Titel „Freedom: Its Meaning" trägt (s.o., B), und ihr Ehemann, der Naturwissenschaftler Ralph Brodsky, war mit der Familie Tillich eng befreundet. In ihrem New Yorker Salon trafen sich Intellektuelle und Emigranten aus Europa, unter ihnen auch Tillich, zu Gesprächen und Vorträgen. Sie brachten Tillich mit Persönlichkeiten außerhalb des Union Theological Seminary zusammen.

Der von Anshen herausgegebene Sammelband „Freedom: Its Meaning" enthält über 40 Beiträge namhafter Autoren, so u.a. von Benedetto Croce, Alfred North Whitehead, Thomas Mann, Étienne Gilson, Bertrand Russell, John Dewey, Albert Einstein und Max Wertheimer. Paul Tillich war das Thema also vorgegeben. Ein hektographiertes Typoskript übersandte er Max Horkheimer, vermutlich auch den anderen Freunden aus der Frankfurter Zeit (Friedrich Pollock, Adolph Löwe), die ihrerseits sich mit keinem Beitrag an dem Band beteiligten.

Wie in keiner seiner anderen Schriften befaßt sich Tillich in diesem Beitrag mit der Freiheitsthematik. Es gibt für ihn keine „Freiheit jenseits der Geschichte", die der äußeren, geschichtlichen Freiheit dichotomisch gegenüberzustellen wäre. Andererseits ist die geschichtliche Freiheit nicht notwendig politische Freiheit. Geschichtliche Freiheit ist „Freiheit zu sinnerfüllender schöpferischer Tätigkeit", „Freiheit zu autonomer schöpferischer Tätigkeit" und „Freiheit zu Selbst-erfüllender schöpferischer Tätigkeit". Diesen drei Freiheiten steht eine dreifache Bedrohung gegenüber: durch die selbstzerstörerischen Tendenzen der spätkapitalistischen Wirtschaft, durch die entmenschlichende Wirkung des Nationalismus und durch die zersetzende Wirkung der technischen Zivilisation. Tillich sieht zwei Wege, wie das humanum gerettet werden kann: den religiösen Weg, der im Wissen um die essentielle Natur des Menschen besteht, und den revolutionären geschichtlichen Weg, den Weg des Widerstandes, der „Esoterik der politischen Avantgarde".

Freedom in the Period of Transformation[1]

[b]*I*[b]

The question of the quality of freedom in a special historical period has meaning only if freedom is subject to historical change. Such an assumption, however, is difficult. Of course, every historical period creates different forms, institutions, and ideas in which freedom is realized. This kind of change is so obvious that it need not be mentioned. But the problem is whether the historical change of the forms of freedom also entails an essential change in the nature of freedom. Furthermore, if freedom is considered to be an essential, perhaps the most essential, characteristic of man, a change in the very nature of freedom would involve a change in the very nature of man. It would mean that man not only has history but that human nature as such, the very essential character of humanity, is subject to history and to historical transformation. Is such an assertion tenable?

In order to answer this question we must first understand the unique nature of freedom. [c]Freedom has an ambiguity in its very nature[c] by which it is distinguished from every other reality. Everything except freedom is determined by its own nature. Its actualization follows its nature by necessity. But it is the nature of freedom to determine itself. Freedom is the possibility of transcending its nature. This utterly dialectical character of the nature of freedom makes the doctrine of freedom | both fascinating and dangerous. A philosophy which ignores the fundamental ambiguity in the nature of freedom is a philosophical attack on freedom; and in being an attack on freedom it is an attack on humanity. For freedom makes man man. Even those who deny it presuppose it. Even those who attack humanity by attacking freedom can do so only in the very name of humanity and freedom. In the act of deciding against freedom one is a witness for it, since one's decision pretends to be true, and this means that it is not dependent on one's individual or social nature, but on objective norms which one is able to accept or reject. This situation has been darkened by the traditional problem of the "freedom of will," a problem which cannot be solved because the form of the question itself is fallacious. Man and not a section of man is free.

From this it follows that it is impossible to formulate a definition of human nature in the ordinary sense of "definition." For man has the possibility of changing the nature which has been defined in such a definition. Man is able to break through the limitations of every definition of man, except that definition which refers to man's ability to change his nature. Therefore all definitions of human nature and freedom which try to establish a human nature or a nature of freedom above history are impossible. Man's historical existence makes them

---

[1] The term "transformation is taken form Karl Mannheim's book Man in the Period of transformation.[a]

impossible. Nonhistorical definitions of the nature of man deprive man of his freedom, namely, of his power to determine his nature in history and to become something new through history. Consequently, if we attempt to formulate a definition of man we should say: Man is that being who is able to determine his being in freedom through history. And if we attempt to formulate a definition of freedom we should say: Freedom is that faculty of man by which he is able to determine his being through history. And if we attempt to formulate a definition of history we should say: History is that happening through which man determines his own being, including his freedom.

Freedom is the condition of history, and history is the condition of freedom; they are mutually interdependent. There is no history without freedom. There are natural processes, going on with natural necessity. Denying freedom of history means mak|ing history a natural process, depriving it of its uniqueness and its meaning. Conversely, there is no freedom besides history. Freedom which has ceased to be the power of determining itself in history has ceased to be freedom, and men who have lost this power have lost their full humanity. They are dehumanized. They have mere ideology, designed to cover the lack of real freedom in the interest of enslaving groups if "freedom above history" is praised. Freedom must *appear* in history, must *embody* itself in history, or it is not freedom.

II

If man is that being who determines his being in freedom through history, only those can be called men who possess this freedom and participate in the self-determination of man through history. Ancient political philosophy agrees with this view: man is he who is free, and free is he who participates in the self-determination of the historical group to which he belongs. Citizenship, freedom, and humanity are identical.

The slave is a "human being" but not "man" in the full sense of the word because he is not free. The decision as to whether someone is a god or a human being or an animal depends on fate. And whether a human being is *man* in the full sense of the word or is excluded from full humanity is a matter of destiny. Freedom is a quality of human nature and, at the same time, a fact of historical destiny. These two aspects can contradict each other. He who is free by nature can become a slave by destiny. This was [d]a very practical philosophy[d]: the entire social system and the entire foreign policy of classical Greece were dependent on this idea. It was the justification of slavery, and it was the justification of the contempt for the "barbarians." For, man is he who is free; free is he who is citizen; citizen is he who is Greek; consequently the Greek citizen alone is man in the full sense of the word. Outside of Greece are human beings. The Greeks alone represent humanity. In this attitude the one great solution of the problem "freedom and history" is given.

The later ancient development, represented by Stoicism and Epicureanism, brought about another solution. When the politi|cal self-determination of the

Greeks was destroyed by Alexander and the Romans and many of the Greek citizens became slaves of the conquerors, the historical element in the concept of freedom became weakened. Freedom was considered a natural characteristic of man generally which cannot be lost by fate, although fate excludes the majority of men from political self-determination. The Epicureans even suggested that freedom can be maintained only through retirement into a completely private life. But at the same time the Roman emperors, influenced by Stoic philosophy, extended freedom and Roman citizenship more and more, to the point that it became a kind of universal citizenship. Those who were considered essentially free as human beings should receive historical freedom as Roman citizens. Stoicism tried to approximate freedom by destiny and freedom by nature. But this, of course, did not mean the political self-determination for the overwhelming majority of people. The government was in the hands of a few. A nonpolitical citizenship developed, implying equality before the law and the acknowledgment that all human beings have a natural claim to become man in the full sense.

Even less political was the Christian idea of freedom. Political freedom was considered as irrelevant to the state of being a Christian, and that means to having the "freedom of the Children of God." This freedom is the only possible fulfillment of man's natural freedom. It is the liberation from man's transcendent servitude, from the servitude under sin, guilt, and demonic powers. Political freedom cannot provide this liberation and political enslavement cannot prevent it. It is a work of God and of God alone. But even this transcendent freedom has historical implications. The work of God is realized in history, in Christ and in the Church, that is (as the original Greek word indicates), in the "assembly," namely, the "assembly of God" which replaces the city-assemblies of importance and dignity. Therefore freedom and active "citizenship" in the assembly of God are identical. The free citizen of the Greek city state is replaced by the free member of the universal Church. And the Church is not only a mystical body, it is also a historical community. He who belongs to it as a true Christian has not only | transcendent freedom but also historical freedom. For as a member of the Church, he participates in determining history, not directly but indirectly, through the regenerating power of the Christians in all secular communities. As a member of the Church he is equal to any other member even if the hierarchical order excludes him from leading functions within the Church.

In this respect Protestantism carries through the original Christian impulses. It puts the layman, not only before God, but also in the actual life of the Church, on an equal basis with the minister, or more exactly, it makes the minister a layman and the layman a minister, giving the actual freedom of determining the history of the Church to every member. So the hierarchical limitations of historical freedom in Catholicism are overcome in Protestantism. Freedom before God involves historical freedom, although within the boundaries of the Church.

Further development removed even this limitation. Freedom before God, which was originally freedom from guilt by salvation, became more and more identified with the natural freedom of every human being, the freedom of self-determination through history. The "rational" man of Stoicism and the "saved man" of Christianity were merged into each other. The democratic doctrine of freedom emerged. Modern democracy combines the classic ideal of political freedom [e]as the actualization of natural freedom[e] with the Stoic doctrine of freedom as the [f]general[f] character of human beings and with the religious universalism of the Christian idea of freedom. It implies elements of all of these and makes something new of their combination. This comes out very clearly in a document such as the Bill of Rights. In the democratic constitutions the identity of natural and political freedom is apparently complete. The freedom of man cannot be separated from his freedom to determine his historical fate politically. Every human being, that is, everyone who has reason, is naturally and, consequently, politically free. He belongs to those who determine the nature of man and the nature of freedom by determining human history in political acts. Those who are deprived of their democratic rights are deprived of the human characteristic to be free.

From this the life-and-death struggle for the "rights of | man" in many countries, the religious enthusiasm for democracy, for instance, in the United States, the unrestricted affirmation of democracy by the churches in some democratic countries, are comprehensible. This struggle is felt as the struggle for essential humanity, for the maintenance of man as man against the distortions of humanity and human freedom. The World War as a "crusade for democracy" was a consequence of this kind of thinking; it was a consequence of the radical identification of natural and political freedom and of both of these with the freedom before God.

It is doubtful whether the present war will create the same ideology. It may be that the criticism of these identifications during the period between the two wars has destroyed the possibility of their revival.

This survey shows that the interdependence of natural and political freedom always has been acknowledged, directly or indirectly; it further shows that there is a trend in history to enlarge the realm of political freedom towards its full identification with natural freedom or towards universal democracy. The fact that man is free by nature makes him restless until he has become free in history.

But this trend is contradicted by another which idealizes the aristocratic and hierarchical systems of the past and tries drastically to limit those who are free to determine history by political actions. Political freedom shall be reserved to a comparatively small number of leaders, to the so-called élite, to privileged classes, to educated persons, to landowners, to military or bureaucratic powers. In these theories, of which the élite doctrine is the most recent expression, and all kinds of fascism its most important application, a condition is established beyond natural freedom on which political freedom shall depend. Political self-determination is permitted only to those who have superiority in natural gifts, heredity, tradition, environment, in brief, in historical fate. Freedom needs something beyond freedom in order to become political reality. The democratic identification of natural and political freedom is denied. As in some religious doctrines transcendent predestination determines the eternal fulfillment or the eternal destruction of | man, so in these doctrines historical predestination decides whether a human being is destined to be a man in the full sense of humanity or not. The consequence of this doctrine is that the natural freedom of the majority of men never becomes actual as political freedom. And this has led in all human history to a dehumanization of the masses, to a situation in which the natural freedom of man is destroyed by the lack of historical freedom. Nevertheless, this theory has arisen again and again. It has not only been powerful in the past, before the democratic development began, but it became powerful again at the very moment when the democratic idea of freedom seemed to be victorious all over the world. And it is pathetic to see that not only ruling groups and new "élite" supported this tendency but that the masses themselves helped to destroy their own political freedom. The democratic identification of natural and political freedom seems to be inadequate to human nature.

Religion as well as idealism very often has supported this view by making a strong distinction between external and internal freedom, and by laying every religious and ethical emphasis on the internal freedom which everyone is able to maintain, even as a slave. Free is he who acts as a moral personality or as a saved child of God, even if he is in chains. "Freedom in chains" is possible in every political system, in democracy as well as in tyranny. Only the interior freedom is ultimately significant. One can live under a bill of rights or in a totalitarian and collectivistic system, one can be free in both of them, one can be free in chains and without chains. There is no historical circumstance in which one could not develop one's natural freedom to full humanity.

And arguments from the historical and political realm are added to these religious and ethical arguments. It is emphasized and it cannot be doubted that human history is shaped in a much more profound way by nonpolitical men than by any kind of politician. There are innumerable proofs of this. These proofs exist not only among those who are considered the great creative men in human culture but in every man who participates in shaping human history. Political creativity is a special | gift, embodied in a few people who under favorable conditions become political leaders and who determine history in their special way. But it is as much nonsense to demand that everyone participate in political creativity as it would be to demand that everyone participate in mathematical or musical creativity. Therefore political responsibility should be reserved for those who are able to carry it. And it is by no means a deprivation of freedom and full humanity if the large majority of people are excluded from political self-determination.

These arguments must be taken very seriously. They establish a simple identification of natural and political freedom, such as modern democracy has assumed to be impossible. *The freedom of historical self-determination is not identical with the freedom of political self-determination.* There is a direct relationship between them but not a simple identity. Political self-determination is a special and extremely important section of historical self-determination; but historical self-determination goes far beyond it. Historical freedom is not bound to a system of voting, of majority, parliamentary representation. It is not bound to democratic institutions in the technical sense of the word. But historical freedom is bound to a realm of free creativity by which history is shaped and transformed. They are not excluded from full humanity who are excluded from participation in direct political activity, but only those who are excluded from any realm of creative freedom and, therefore, from historical self-determination. If this is taken for granted, if the distinction between historical and political freedom is established, the aristocratic and idealistic arguments can be answered in this way: Man's natural freedom, his complete humanity, does not exist except in different forms of historical freedom. Any attempt of religion and idealism to restrain freedom to the so-called "inner freedom" must be rejected. Inner freedom cannot even be imagined without historical freedom. Of course, the "free man in chains" may represent human freedom better than a mass of voters. But in order to represent freedom he must have experienced freedom, he must have lived under a political system which makes freedom a subject of possible experience. There is a political suppression which dehu|manizes nations and generations in such a way that not even the free man in chains can be found. The freedom in chains is dependent upon the experience of the freedom without chains. Even the freedom of the "Children of God" is a meaningless phrase if freedom never has been a subject of historical experience. As the religious and idealistic language is derived from the concrete language of daily life which gives the realistic basis for even the highest and most removed symbols, so the experience, expressed in these symbols, must keep its roots in the concrete experiences in which they first appeared. Inner freedom without historical freedom is an abstraction which, taken for a reality, surrenders historical freedom and, finally, destroys itself.

III

Historical freedom is not political freedom. But the question is whether historical freedom is possible without political freedom and, if not, what kind of political freedom is necessary to guarantee historical freedom. In order to answer these questions we must qualify the nature of historical freedom. Freedom exists only if there is a realm of free creativity, a realm within which everyone is able to determine history and to transform human nature through history.

Creative freedom has three [g]conditions[g]: Freedom for *meaningful* creativity, freedom for *autonomous* creativity, freedom for *self-fulfilling* creativity.

The first condition is the freedom for meaningful creativity, that is, the freedom to decide about the meaning and purposes of one's creative actions. No one has historical freedom who acts for a purpose, the meaning of which he denies. It is not necessary that he himself discover and set up that purpose, but it is necessary that he agree with it. If he does not agree with it and must work for it in order to maintain his physical existence, he is enslaved. Large masses of people are enslaved in this way. They are not enslaved because they are working for the profit of someone else. One can work for the profit of another without losing one's freedom, if the meaning and the purpose are accepted and the other elements of freedom are | guaranteed. And one can work for one's own profit and feel at every moment the meaninglessness of one's work. Working for oneself can be the slavery of toiling for infinite profit and infinite economic power without any meaningful purpose beyond this. It is more than a nice phrase when socialists emphasize that the salvation from capitalism is not only the salvation of the exploited masses but also the salvation of the exploiting rulers who are deprived of this freedom of meaningful creativity by the tyrannical laws of competition. No romantic glorification of the freedom of competition should conceal the dehumanizing and enslaving consequences it can entail. The important question is not whether man works for himself or for someone else or for the group to which he belongs. The problem is whether his work is supported by the freedom of meaningful creativity, the first condition of historical freedom.

The second condition is the freedom for autonomous creativity (autonomous in the traditional and only meaningful sense of following the laws embodied in things themselves without any encroachment [h]either by authorities or by one's accidental nature[h]), that is, the freedom to follow the objective demands involved in the nature of one's work, unrestrained by heteronomous demands coming from outside. Every creative work has its structural necessities which follow from its special nature. An artist, for instance, has the freedom for autonomous creativity only if he is free to follow the structural demands, first of his material, second of the forms of his art, and third of the special style he represents. In the same way the scholar must be able to follow the methodological demands of his material without restriction by religious or political powers. And the technical worker must be able to follow the principle of the greatest effect with the smallest means and must not be obliged to suppress or to disturb creative possibilities under the urge of political interests. Wherever this freedom is denied, man is deprived of his self-determination through history. He is enslaved and dehumanized. A judge who is not able to follow his judgment about the law and the special case to be judged has no freedom. He becomes a dehumanized tool of political tyr|anny. He has lost his historical freedom by losing his autonomous creativity.

The third condition of historical freedom is the freedom for self-fulfilling creativity. Freedom is destroyed if the vital power and joy which belong to creativity are lost. The freedom of the self-determination of human nature through history cannot be separated from self-fulfillment in the sense of the Greek word *eudaimonia*. *Eudaimonia*, or happiness, is that stage of man in which the potentialities of his nature are fully actualized. *Eudaimonia* is self-fulfillment. It is distinguished, although not entirely separated, from *hedone*, pleasure, which is a secondary consequence but not an essential element of happiness. Ordinarily it [i]should be connected[i] with happiness but it can be lacking. Happiness is possible even in pain and suffering. But pleasure alone can never create happiness. The fact that in the course of occidental thought the Greek principle of *eudaimonia* has been confused with the principle of *hedone*, that happiness and pleasure have not been strictly distinguished, that Christian ethics denied not only pleasure but also happiness in the sense of *eudaimonia*, has greatly disturbed personal as well as social ethics in the ancient and modern world. When socialism demanded happiness for everyone, the foes of socialism attacked it as the establishment of the pleasure principle and used the religious or idealistic arguments against the pleasure principle as arguments against socialism. And since creative self-fulfillment is essential for human nature, the process of the dehumanization of the masses in industrial society was supported by this kind of argumentation. Freedom of self-fulfillment cannot be maintained if the joy and the vital courage of creativity are destroyed. There is no historical freedom if the vital condition of creativity is undermined by insecurity, anxiety, fear, and suppression of the most vital impulses by the lack of means to satisfy them. There is no historical freedom if happiness through creative self-determination is extinguished by a social structure and technical procedures which make man a part of a machine or a quantity of working power, to be bought and to be sold. This means that freedom is dependent not only on political forms but also on a social structure in which the | self-fulfilling creativity or the creative happiness of everyone is guaranteed [j]in order that complete fulfillment of man and society may be achieved[j].

Summing up we can say: Human nature demands the freedom of historical self-determination. Historical self-determination demands a realm of creative freedom. Creative freedom presupposes the freedom of meaningful creativity, the freedom of autonomous creativity, the freedom of self-fulfilling creativity.

Political freedom is a status of human society in which the historical freedom of human self-determination is guaranteed to everyone by political institutions. Political freedom is the guardian of historical freedom. A political system is free in the measure in which it is able to guarantee and to promote the free creativity of everyone in determining human history. The question whether in a political system freedom is embodied cannot be answered by the legal character of its constitution and its laws. Legal and constitutional freedom does not necessarily imply historical freedom. The form of freedom does not necessarily involve the content of freedom. Democracy is that system which from the legal and constitutional points of view embodies more freedom than any other political system. The participation of everyone in the government in voting and the equal right of everyone before the law are the strongest expressions of the will to freedom which can be imagined in a world in which government and power cannot be avoided. But even such a system can become a tool for suppressing free creativity. The very dialectical history of liberalism, the system which bears the name of liberty, shows clearly that the constitutional form alone is not able to guarantee historical freedom. It may be necessary to transform the legal form of liberty into something which appears to be a strong restriction of freedom in order to save historical freedom. This is the present situation in all countries in which liberalism has become predominant![k]*And this is the reason why we face a long and catastrophic period of transformation in which constitutional freedom probably will be doomed to a tremendous extent and in which historical freedom, free creativity, and the right of man to determine his own nature | through history will be, and even is at present, utterly endangered.*[k]

Facing this situation, we must ask ourselves how far historical freedom is dependent on constitutional liberties. If it were entirely dependent, no hope would be left for the salvation of historical freedom in the period of transformation. But there *is* such hope because historical freedom is not identical with a special form of political liberty and consequently with a special form of constitution and law. There were situations in human history in which historical freedom was comparatively safe in authoritarian systems. Monarchy, for example, in some cases can balance the contrasting class interests better than highly developed forms of democratic capitalism. This is possible but not necessary. And monarchy always has the disadvantage that the lack of constitutional correctives may lead to an arbitrary use of power by which the largest number of people are excluded from the realm of historical self-determination. From this point of view democracy provides more guarantees against the abuse of governmental power. But on the other hand it makes a situation possible in which private groups, without public responsibility, control the masses by their economic power to such an extent that historical freedom is doomed, under cover of democracy. Therefore neither an authoritarian system in itself nor democracy in itself can offer a guarantee for historical freedom. No system in itself can do this. Nevertheless, a "synthetic system" in which a strong, uniting, and determining governmental power is checked by democratic correctives must be considered as the ideal form of political freedom.

But there is not much probability that such a system will be the outcome of our present situation. It seems to be an inescapable law of human history that the historical existence of the ideal form of political freedom is only a favorable accident, a chance which sometimes occurs but which has a very transitory character. *Historical freedom, guaranteed by an ideal form of political freedom, is as rare as all great things in human history.* Therefore our actual task is to find a way in which man's historical self-determination is saved in the period of transformation. This period which in economic terms is a period of | mass collectivism, in intellectual terms a period of heteronomy, in political terms a period of unrestricted authority, affords no opportunity for an ideal constellation. Freedom in this period must have the character of "in spite of," namely, meaningful creativity in spite of superimposed purposes; autonomous creativity in spite of collectivistic authority; self-fulfilling creativity in spite of destructive social conditions. How is this possible, if it is possible at all?

It is my task to analyze the present economic, sociological, and intellectual conditions which inescapably lead either to another creative period of history or to chaos and the rebarbarization of large sections of mankind. There are three interdependent reasons for this development: first the self-destructive tendencies in the economic structure of later capitalism; second the dehumanizing force of an all-controlling nationalism; third the disintegrating power of a mechanized and secularized technical civilization. Each of these causes would be strong enough to enforce a fundamental transformation of the structure of human life. Together they are irresistible. It could be said that every period in history is a period of "transformation." This is true if transformation is used in the superficial sense of mere change, but if it is used in the sense of a fundamental structural disintegration in all realms of human life, it must be applied emphatically to our period. It is a transformation through catastrophes and revolutions but it is more than catastrophe and revolution. Something really new is forthcoming, something new which can be utterly creative but which also can mean the end of any creativity in many parts of the world. It is not necessary to argue further for this interpretation of the present situation. The arguments for it are known to everyone and have become cheap slogans, used and abused in daily life. Things which some decades or even years ago were treated as esoteric wisdom, venturing prophecy, and audacious radicalism, have become normal articles, bought and sold at every market. Cassandra's prophecies, voiced through Spengler's[1] mouth, have become a matter of routine for newspaper editorials. But even so, what was true as esoteric wisdom is still true as exoteric talk. A period of transformation, in the most radical sense of the term, has be | gun; we are in the midst of it, asking whether its outcome for our generation and for those following will be creation or chaos.

What is the place of freedom in this stage of society?

First, what is the place of the freedom of meaningful creativity in spite of purposes forced upon individuals and groups by foreign powers or by the trend of the historical development? An outstanding example of the former is the subjection of the industrial masses to the arbitrary purposes of the economic rulers, while the destruction of the middle classes and their proletarization is an important example of the latter. In both cases people are deprived of their freedom of meaningful creativity, of historical self-determination and consequently of their full humanity. The period of transformation will increase the loss of meaningful creativity. A few people – economic or political leaders, civil or military dictators, newspaper, radio, or movie czars, members of the inner cabinet in so-called democracies – will determine the purposes of hundreds of millions of people. The concentration of power which is rooted in a mass society, its technical means and its social and national contrasts will make meaningful creativity more and more difficult and even impossible. Very often, of course, the subjection to foreign purposes is voluntary and requires no coercion. The subjection can be outspoken or silent, it can express itself in noisy praise or in silent acceptance of the purposes established by the ruling group. As long as this is the case the freedom of meaningful creativity is not lost. But in a system in which democratic outlets are lacking, a situation must unavoidably arise in which the purposes of the ruling group and of the ruled masses become opposed to each other. In such a situation, meaningful creativity is severely endangered. There are only two ways to maintain it, the religious and the revolutionary, and both must be adopted at the same time. The religious way can save the consciousness of man's essential freedom, of his humanity and dignity, even in an epoch in which the process of dehumanization has gone very far and historical freedom has almost disappeared. The religious question is the question of the ultimate meaning of life, expressed in religious or in philosophical terms. Whether the consciousness of man's natural freedom is saved | in Christian or in Stoic concepts, whether the "freedom of the Children of God" or the "freedom of the wise man" is the symbol in the name of which humanity is maintained – if it is maintained – does not depend upon the religious way alone.[m] If historical freedom disappeared completely, man's essential freedom would perish in spite of faith and heroism. But there is a way in which historical freedom can be maintained even in a period of its suppression: the way of revolutionary resistance. This does not necessarily mean actual revolution. Generations of revolutionaries may wait for it in vain. But it *does* mean the way towards revolution, it *does* mean latent resistance before and manifest resistance when "the day" comes. In the period of the suppression of historical freedom the revolutionary attitude is the refuge for meaningful creativity and humanity.[n]

The second question is: What is the place of the freedom of autonomous creativity in spite of collectivistic authority, forced upon every realm of life by totalitarian claims? There is no doubt that the period of transformation, at least in its first part, must lead to collectivistic and authoritarian systems with more or less totalitarian claims. The example, laid down by the Fascists, and – on the basis of the opposite principle – by the Soviets, will be followed (although with important moderations) by the democracies. The tremendous task of a fundamental transformation of the world, politically and socially, will permit no other way. The consequences for the freedom of historical self-determination, especially for the freedom of autonomous creativity, will be very grave. An outstanding example of what will happen is the suppression of the freedom of the universities and of many other institutions of science and learning in the totalitarian countries.[o] Men are deprived of their right, and in the long run of their ability, to ask for the objective structure of reality and to act in accordance with their knowledge of things. A process of deterioration in all realms of cultural creativity is initiated, which finally endangers the totalitarian systems themselves.

How can the freedom of autonomous creativity, the second condition for historical freedom, be saved in such a situation? Two answers, again, must be given, a suprahistorical one on the | one hand, and an historical one on the other. These are of vital importance in considering the problem of freedom. Starting with the second we suggest: *In a totalitarian period the freedom of autonomous creativity can exist only in an esoteric form.* In order to explain this proposition it is necessary to mention the different types of esoterism and to ask what bearing they may have on cultural creativity in the period of transformation. There is a *natural* esoterism which always has existed and always will exist because it is rooted in the differentiation of human abilities. This natural esoterism is entirely compatible with the most liberal management of intellectual freedom. The esoterism of higher mathematics or of the knowledge of foreign languages or of the work of the physicians or industrial leaders is not exclusive in principle; it is a natural, not an intentional, esoterism. Everyone who is able to understand the material is a potential member of the esoteric group, which is not a group in any sociological sense. There are no protective measures to safeguard this kind of esoterism because it is protected by its very nature.

Another kind of esoterism is just the opposite of the first; it is entirely *artificial* and is not grounded in the material itself. It can be found in groups which create a mystery around themselves in order to be more attractive or in order to maintain exclusiveness and social prestige. Ruling classes often protect themselves by esoterism of this kind in order to keep down the controlled classes. Religious and nonreligious sectarians use esoterism as a means to enhance their own self-consciousness and their esteem by those excluded. Priests, scholars, physicians, sometimes abuse the natural esoterism, implied in the difficulty of their material, by augmenting this difficulty artificially in order to increase the superiority and exclusiveness of their profession.

The third type is the *mystical* esoterism. It is rooted in the fact that some religious and psychological experiences are impossible without strict preparations. In this instance, mystical esoterism is related to natural esoterism. But since the initiation into the mystery group is often dependent on some more or less arbitrary rules, the mystical is related to the artificial | esoterism. In many cases it is difficult to draw the line between the two.

The fourth type of esoterism is the *educational*. It is rooted in the idea that not everything can be said to everyone at every moment, that some things can be said only at the right time and in the right place, and some things cannot be said at all to some people. There is a truth which ceases to be truth if it comes to people who necessarily misunderstand and abuse it. This is the reason why educational esoterism is used practically by every educator at all times and can never be omitted. Even the most autonomous method in education must adapt itself to the different degrees of maturity in the object of education. The fact that many educators intensify educational esoterism in order to enhance their authority over their pupils does not refute the essentiality of educational esoterism.

Very close to educational esoterism, and to a certain degree identical with it, is the fifth type, the *political* esoterism. We exclude from this term all kinds of revolutionary movements which are forced to conceal themselves in order to escape persecution by the ruling powers. In such "catacomb groups" esoterism of the mentioned types may develop. But the fact of flight from persecution is not esoterism in itself.[p]

Political esoterism is the attempt to keep in some kind of seclusion knowledge or ideas which are considered to be dangerous for a political and social system. The problem, faced by every government, even the most democratic, is: How much truth and how much error can be admitted, without dangerous consequences for the group, as a matter of public knowledge and public discussion? Truth is dangerous for people who are not able to understand the whole truth, namely, the totality of implications in a special truth. Therefore the pronouncement of a special truth can lead to actions that contradict the whole truth and entail destructive consequences. The danger of error is obvious. But the difficulty is that there is no truth without possible and even unavoidable error. Truth lives in the process of finding truth, and this process involves error, often extremely dangerous error. If everyone participates in the process of finding the truth, it can happen that the masses are grasped | by an error strong enough to destroy a whole system of life. In former centuries natural esoterism prevented the uneducated masses from participating in political, social, and intellectual decisions. The problem of esoterism was actual only for narrow groups. And even within the small stratum of educated people, only esoteric groups were allowed or allowed themselves to discuss the fundamental problems of religious and political life. Public discussion of these problems involved the danger of inquisition and condemnation by Church and State. In the later Middle Ages the doctrine of the "double truth" was an attempt to enlarge the esoteric groups without surrendering the principle of esoterism. First with the rise of Protestantism and enlightenment, esoterism as such broke down. Liberalism, supported by the new means of mass education – newspapers, popular magazines, radio, movies, etc. – narrowed down more and more even the realms of natural esoterism. Today esoterism in every form seems to have disappeared. But actually it has not. Those who control mass education and mass propaganda are protected by a new type of esoterism – the esoterism of political power without public responsibility. It was easy for the totalitarian systems to take over this esoterism and to apply it to the dictatorial form of government.[q]

Dictatorial esoterism is determined by the political interests of the ruling group. It can and must admit some freedom of autonomous creativity within the limits of this interest. But it can never go beyond these limits. Therefore, dictatorial esoterism necessarily creates revolutionary esoterism. Not the fact that it has to conceal itself makes it esoteric, but the fact that only small groups are able to participate in the creation of something which is able to stand the test of the future. Only people with courage and patience, vision and rationality, at the same time, can constitute this "esoterism of political vanguards." It seems that these groups will be the main bearers of the freedom of autonomous creativity in the period of transformation. It would be necessary that they remain esoteric even if there were no persecution, because the ʳdistortionʳ of truth into slogans while the generation of a truth is still going on destroys its creative power completely. But at the same time it is obvious | that esoterism is not purpose in itself for these groups. Revolutionary esoterism, as directed against hidden or manifest dictators, has the tendency to make itself unnecessary by creating a fundamental conformity on the basis of which free discussion and the freedom of autonomous creativity are possible. The aim of revolutionary esoterism is democratic exoterism.

People who belong to the political vanguard need a faith that cannot be destroyed, either by force from without or by skepticism from within. Everyone who belongs to such a group needs a realm in which he is beyond his own skepticism and his own weakness. This realm is not necessarily a special religious doctrine or a special philosophical principle. It is faith and heroism with respect to truth in whatever terms truth may be expressed. In some epochs it is not a disadvantage that only people who are willing to stand sacrifice and persecution are able to maintain truth and autonomous creativity. The creative spirit, after a period of practically unlimited freedom, may need the hardships of suppression and persecution in order to become more serious, profound, and vital than it was in a period of safe and unhindered self-expression. Nevertheless, the freedom of autonomous creativity and self-determination must be the final aim of revolutionary esoterism.

Finally we ask: What is the place of the freedom of self-fulfilling creativity in spite of the destructive social conditions that will prevail in the period of transformation? These conditions are unavoidable because of the heavy losses connected with radical changes, because of the catastrophes inescapably resulting from these changes, and because of the pressure, exercised by the dictators, those hidden as well as those manifest, on all groups of people. There is and there will be a tremendous amount of suffering and destruction of vital power in large masses. Self-fulfilling creativity will become more and more the reservation of a few leading groups while all the others must toil as parts of a mechanism, unable to reach happiness in their work and continuously threatened by insecurity through the possible loss of work. How can the freedom of self-fulfilling creativity, how can happiness, be saved in such a situation? Again two answers must be given. It is the greatness of reli|gion and the reason for its power over the human mind in all periods of history that it can provide a happiness of a different type, called, by religion itself, "blessedness." Religion as well as those who attack it has very often distorted the meaning of blessedness by interpreting it as the promise of a happy life after death! But this is only its mythological expression. Its real meaning is the presence of blessedness in a situation of deepest distress and in the extinction of normal happiness. The religious concept of "eternal life" points to a freedom of self-fulfilling creativity which is dependent on an ultimate source of happiness beyond the contrasts of normal happiness and normal unhappiness. Therefore religion and philosophy as far as they maintain the idea of "eternal life," as present in the temporal and transitory existence, are able to give the first answer to the "quest for happiness." It is an answer which in some situations of human life, and certainly in many situations in the period of transformation, will appear as a mere paradox. It is a paradox, but nevertheless it is true and witnessed by philosophers and prophets.

But the suprahistorical[s] answer alone is not sufficient. It must be completed by an historical answer. Happiness as a paradox alone is impossible. It must also become an actuality. How is this possible in the period of transformation? It is possible only if the transformation is taken in a revolutionary sense. The happiness which cannot be drawn from the present reality must and can be drawn from the anticipation of a future reality. *Freedom of self-fulfilling creativity in the period of transformation can be saved only through anticipating creativity.* There is a happiness of anticipation without which the life of the masses would be utterly meaningless and desperate. It is probably the greatest achievement of the socialist movements in the nineteenth and twentieth centuries that they have provided "happiness by anticipation" for those who struggled with them for a new order of life. Today the active power of these movements is almost broken. But it does not follow that the creative impulse is broken! It can be renewed in small groups which are able to anticipate future fulfillment, to struggle for its realization, and to maintain happiness by anticipation. Although the | weapon of these groups in the period of transformation is not aggression but resistance, it implies creativity, self-fulfilling creativity by anticipation.

Many aspects of the problem of freedom are not even mentioned in this essay. The problem of national freedom in a world which becomes narrower every day and urgently needs some form of supernational unity is not considered. The freedom of economic liberalism is only implicitly considered. Its breakdown in all countries is one of the three fundamental causes for the period of transformation. No utopian description of the freedom after the period of transformation is given. The possibility that this "after" will be the "chaos" has prevented such an attempt.

Our question was: How can freedom be saved in a period in which it is becoming more and more a matter of defense and retreat. A tyrannical collectivism denies man's essential freedom. But freedom, historical freedom, must be saved if humanity is to be saved. Servitude is dehumanization. What we have tried to show is the way in which freedom can be saved in the coming period. It is a narrow one, not spectacular, but [t]profound[t].

Kritischer Apparat

A ist offensichtlich keine Übersetzung aus dem Deutschen, sondern von Tillich direkt in englischer Sprache verfaßt worden. Der Text weist zahlreiche stilistische Unebenheiten auf, die in B beseitigt sind und hier nicht dokumentiert werden. Lediglich sachlich erhebliche Varianten in A werden mitgeteilt. Kursiv gedruckte Stellen der Vorlage (B) sind in C und D getilgt.

123 a Die Titelangabe ist ungenau. Tillich meint Karl Mannheims Buch *Mensch und Gesellschaft im Zeitalter des Umbaus,* Leiden 1935, bzw. die erweiterte, englische und amerikanische Ausgabe *Man and Society in an Age of Reconstruction. Studies in Modern Social Structure.* London und New York 1940 (Übersetzung dieser verbesserten und erweiterten Ausgabe: *Mensch und Gesellschaft im Zeitalter des Umbaus.* Darmstadt 1958). – Den Begriff „Transformation" verdankt Tillich also nicht dem von ihm genannten Buch Mannheims.

b–b in A Kapiteleinteilung in arabischen Ziffern, in B fehlt an dieser Stelle die römische Ziffer (Druckfehler).

c–c C: Der Natur der Freiheit ist eine Zweideutigkeit eigen

125 d–d C: eine für die Praxis sehr wichtige philosophische Einsicht

127 e–e fehlt in C und D

f–f C und D: natürlicher

131 g–g C und D: Richtungen

132 h–h C und D: durch Autoritäten

133 i–i C und D: ist verbunden

134 j–j fehlt in A

k–k in A gesperrt und in Großbuchstaben geschrieben

136 l Oswald Spengler, Der Untergang des Abendlandes. Umrisse einer Morphologie der Weltgeschichte. 1. Band: Gestalt und Wirklichkeit. München 1918, 2. Band: Welthistorische Perspektiven. München 1922.

138 m in A folgt: The religious way alone is not sufficient to do so.

n in A folgt, gestrichen: But this attitude is hard and in the long run impossible without a great faith and a great heroism. Without them the desillusions and frustrations of the revolutionary struggle can not be endured. The two ways must be taken simultaneously. – The question was: how can freedom be maintained in the period of transformation, how can meaningful creativity be maintained during a period of tyranny and suppression: By faithful heroism on the one hand, by revolutionary resistance on the other hand.

o in A folgt, gestrichen: The totalitarian claim goes far beyond this special realm. It tries to control poetry and music, painting and architecture, family life and friendship, education and religion. It deprives the individuals of their right

140 p C und D bilden keinen neuen Absatz

141 q in A folgt, gestrichen: But the necessity of making decisions obliges the controling group to admit within itself some freedom of autonomous creativity in order to maintain the power of the group under changing conditions. The lack to do so and to enlarge the esoteric circle has catastrophical consequences as the recent events have shown.

r–r A: distortion (handschriftlich von Tillich), B: dictation [Lesefehler]. C und D folgen B und übersetzen: „..., wenn diese Wahrheit in Schlagworten ausgegeben wird".

143 s in A folgt nach Komma: transcendent

144 t–t C und D: gangbar

15. Marxism and Christian Socialism (1942)

A. (Druckvorlage) Marxism and Christian Socialism. In: Christianity and Society. A Quarterly devoted to Christianity and Social Reconstruction. Published by the Fellowship of Socialist Christians. Editor: Reinhold Niebuhr. Editorial Board: Eduard Heimann, Clifford Stanley, Richard Day, A.T. Mollegen, Winnifred Wygal, Harry Bone, Rose Terlin, Arnold Nash. Vol. 7, Spring 1942, Number 2, S. 13–18.

B. Marxism and Christian Socialism. In: Paul Tillich, The Protestant Era. Translated and with a Concluding Essay by James Luther Adams. The University of Chicago Press, Chicago, Illinois, 1948, S. 253–260.

C. Marxismus und christlicher Sozialismus. In: Paul Tillich, Der Protestantismus. Prinzip und Wirklichkeit. Schriften zur Zeit, Neue Folge, hrsg. von August Rathmann. Steingrüben-Verlag Stuttgart 1950, 304–313.

D. Marxismus und Religiöser Sozialismus. In: GW XIII (1972) 303–312.

E. Marxismus und religiöser Sozialismus. In: Tillich-Auswahl. Herausgegeben von Manfred Baumotte. Mit einer Einführung von Carl Heinz Ratschow. Band 3: Der Sinn der Geschichte. Gütersloher Taschenbücher Siebenstern 428. Gütersloh: Gütersloher Verlagshaus Gerd Mohn. Gütersloh 1980, 221–229 [Abdruck von D].

Textgeschichte

„The Fellowship of Socialist Christians" hielt am 29. 1.1942 in Riverside Church, New York, eine ganztägige Tagung ab. Vormittags fand ein Symposium über die Frage statt: „In What Sense Are Socialist Christians still Marxists?" Paul Tillich, A.T. Mollegen, Eduard Heimann, Richard Day und Reinhold Niebuhr beteiligten sich mit Beiträgen zum Thema. Nachmittags referierte R.H.Tawney von der London School of Economics über das Thema „Justice in a War Economy". Die Diskussionen am Abend galten der Frage: What Are Christians to Say and to Do in a Warring Nation?

Tillichs Vortrag wurde in der Zeitschrift des Fellowship veröffentlicht, ebenso auch Heimanns Vortrag „Socialist Christians Reconsider Marxism and War" (S. 19–24). Beide Beiträge belegen die schwierige Stellung des Religiösen Sozialismus und des Marxismus in den USA und die Auseinandersetzungen darüber im Fellowship of Socialist Christians, nachdem Reinhold Niebuhr sich vom Marxismus losgesagt und sich zur Demokratie als der eigentlich christlichen Regierungsform hingewandt hatte. Tillichs und Heimanns Vorträge müssen auf dem Hintergrund dieser internen Debatte verstanden werden.

Tillich unterscheidet hinsichtlich des Marxismus zwischen bleibenden und veralteten Elementen, zwischen Methode und Resultaten, zwischen Prinzip und geschichtlichen Formen. Wie der Protestantismus seien auch der Marxismus und der Religiöse Sozialismus „klassische Typen", die nicht preiszugeben seien. „They have an inifinite, inexhaustible meaning because they represent a lasting type of spiritual possibilities"

(S. 18). Er betont das prophetische Element des Religiösen Sozialismus und das reservatum religiosum, wie 1934 gegen Emanuel Hirsch, wenn er vor falscher Versöhnung warnt: „Religious Socialism ... must not become another ideological justification of the present democracies, nor must it become a progressive idealism and a system of autonomous harmony" (S. 18).

Eduard Heimann trug demgegenüber eine politisch-empirische Kritik des Marxismus vor, in die er auch die Politik der Sowjetunion, insbesondere den Pakt zwischen Hitler und Stalin, einbezog. Er hielt Tillich entgegen: „Hence Marxians, rescued by Hitler's attack on the Soviet from the moral confusion of their pact with him, are thrown, at the same time, into utter confusion theoretically. They are forced to make this decisive hour of history, a policy for which there is no guidance in the Marxian doctrine. Is this the moment for Socialist Christians to proclaim themselves Marxists?" (S. 24). Heimann fragt aber auch, ob die bekannten Einwände gegen den Marxismus lediglich, wie Tillich es sehe, „limitations" seien, die sich beseitigen lassen, oder ob diese „limitations are the essence, removal of which would invalidate the entire philosophy" (S. 21). Es sei logisch durchaus möglich, z.B. die rein innergeschichtliche Transzendenz des Marxismus durch eine übergeschichtliche Transzendenz zu ersetzen. Dadurch werde dann die sozialistische Revolution zu einem Wendepunkt neben vielen anderen, sie verliere damit ihren absoluten Charakter. Aber Heimann bezweifelt, ob dies dann noch Marxismus sei. Seine Kritik an Tillichs Konzept läßt sich in der Frage zusammenfassen: „But is this still Marxism?" Diese Frage lasse sich nur bejahen, wenn man die Methode des Marxismus im Blick habe, also seine prophetische Kritik und seine dialektisch-analytische Kraft, nicht aber seine Ergebnisse und seine Praxis. „To Paul Tillich the purified and formalized method of Marxism is ‚an eternal principle of human existence' like prophecy, Platonism, Protestantism. What matters is the method of prophetic criticism, of dialectical analysis, of sociological economics, 'not the special results of Marx and even less the distorted forms of dogmatic Marxism'" (S. 22). Zur Kontroverse zwischen Tillich und Heimann vgl. auch Eduard Heimann, Paul Tillich's Doctrine of Religious Socialism, in: The Theology of Paul Tillich. Edited by Charles W. Kegley and Robert W. Bretall (LLTh Vol. I). New York 1961, S. 312–325.

Tillich hat seinen Aufsatz, abgesehen von geringen sprachlichen Verbesserungen, unverändert in „The Protestant Era" aufgenommen. In der Einleitung bezeichnet er den Religiösen Sozialismus ausdrücklich nicht als eine Partei, sondern als „spiritual power trying to be effective in as many parties as possible", die auf der Linken ebensoviele Sympathisanten und Gegner habe wie auf der Rechten. Sie richte sich gegen jede Form von Reaktion, „whether it be a semifeudal reaction as in Germany; a bourgeois status quo policy as in this country; or the clerical reaction that threatens to develop in large sections of postwar Europe" (S. XVIII).

Die Übersetzung in C und D hält sich eng und ohne Zusatz an die Vorlage A und B. D ändert den Titel „christlicher Sozialismus" in „religiöser Sozialismus". E ist unveränderter Abdruck von D.

Marxism and [a]Christian[a] Socialism

Marxism never has been accepted indiscriminately and without a serious criticism [b]by the Religious-Socialist movements[b]. A large part of the [c]theoretical foundation[c] of Religious Socialism was dedicated to a thorough discussion of the doctrines of Marx and the Marxians. The result of these discussions, [d]in[d] most cases, was partly a rejection, partly an acceptance and an essential transformation of the Marxist teachings by leading Religious Socialists. Has this situation changed? Has the gap between Christianity and Marxism deepened, either because Marxism has lost its significance and its power to interpret the present world, or because Christianity has developed in an entirely divergent direction? There are, indeed, elements in Marxism which have become obsolete, and there are developments in Christianity which tend to disrupt any connection between it and the ideas of Marx and his followers. But this does not mean that all elements in Marxism have lost their significance and that the entire Christian theology has turned against Marxism. On the contrary – it seems to me that important elements of the Marxist method of thinking are merged with theological thought to such a degree that they are not recognized any more as taken over from Marxism. This is especially true of the realistic and pessimistic interpretation of the human situation by [e]neosupernaturalism[e] and dialectical theology. In order to come to a decision about this question we [f]must first[f] remember why and in which respect Marxism was appreciated and criticized by Religious Socialism.

I. *The Theological Appreciation of Marxism.*

The main reason for the theological appreciation of Marxism is a striking structural analogy between the prophetic and the Marxian interpretation of history. This has often been carried through [g]– also in this magazine –[g] and needs only to be mentioned. Both, prophetism and Marxism are historical interpretations of history, that is, interpretations in which history has a meaning [h]of its own[h] and is not only a continuation of the general natural process or a place of preparation for the [i]supra-natural[i]. History has an aim [j]towards[j] which it is [k]running[k] and the fulfilment of which is the meaning of every historical [l]act[l]. And since history has an end, it also has a beginning and an [m]acme[m], a point where its meaning becomes visible and in the light of which an interpretation of history becomes possible. Both prophetism and Marxism regard the fight between good and evil forces as the main content of history, describing the evil forces mainly as the forces of injustice, and envisaging the ultimate victory of justice. This interpretation creates in both cases an eschatological mood, a tension of expectation, a directedness [n]towards[n] the future which is entirely lacking in all kinds of sacramental and mystical religion. Both prophetism and Marxism attack the | existing order of society and personal piety as the expression of a universal evil in a special period. They passionately challenge concrete forms of injustice, threatening those responsible for it, especially [o]the[o] ruling groups, with the judgment of history and imminent destruction as the inescapable consequence of social injustice. Both prophetism and Marxism believe that the transition from the present stage of history into the stage of fulfilment will occur in a catastrophe or in a series of [p]catastrophic[p] events, the end of which will be the establishment of a kingdom of peace and justice and the symptoms of which are already recognizable [q]for the divinatory[q] or analytic spirit. The feeling that the [r]catastrophic[r] coming of the "new" is "at hand" is strong in [s]them[s]. Both prophetism and Marxism believe that certain minority groups within a selected nation or class are the real bearers of the historical destiny, that through their action the meaning of history is carried into reality. The free ations of these groups are considered as the instruments of the historical destiny. Freedom and historical destiny are not contradictory for prophetic and Marxist thinking. Mechanistic necessity, as well as accidental contingency of the process of history, is denied by both [t]of them[t]. Prophetic, as well as genuine Marxist, dialectics are above the level of this alternative.

The structural analogy between [u]Prophetism[u] and Marxism is not confined to their interpretations of history. It also refers to main elements in their doctrines of man. This is true not only of the prophetic but also [v]of[v] the Christian doctrine of man generally. Man is not what he ought to be,[w] his true being and his real existence contradict each other. Man is fallen, if not from an original actual goodness, at least from a stage of undeveloped innocence. He is estranged from himself and his true humanity, he has been dehumanized, he has become an object, a means of profit, a quantity of working power – according to Marx. He is estranged from his divine destiny, he has lost the true dignity of his being, the image of God, he is separated from his fellow man by pride, cupidity, and [x]will to power[x] – according to Christianity. Christianity and Marxism agree that the nature of man cannot be determined from above history, that man's historical existence is decisive for every doctrine of man. And they agree that the nature of man cannot be determined by the characteristics of the individual man. Man is a social being, and his evil as well as his good are dependent on his social existence. Perdition and salvation are universal and historical. The individual as a individual cannot escape the former and cannot reach the latter. He is a part of a fallen world [y]– whether the fall is expressed in religious or sociological terms; and he can become a part of a new world [z]– whether this new world is conceived of in terms of a [a]supra-historical[a] or an [b]infra-historical[b] transformation. From this [c]it[c] follows that the idea of the truth in both, Christianity and Marxism, lies beyond the separation of theory and practice. The truth must be "done" in order to be recognized. Without a transformation of reality no true knowledge of reality is possible. The situation of knowing is decisive for [d]one's[d] ability or inability to know. Only the "spiritual man" can judge everything, according to Paul, and only the man who participates in the struggle of the "elected group" against the class-society is able to understand the true character of being.| [e]Or, expressed[e] in more concrete terms, the [f]Church[f] or the fighting proletariat [g]are the places[g] where truth has the greatest chance to be accepted. [h]In all the other spheres the general distortion of our historical existence makes it difficult[h], if not impossible, to find a true insight into the human situation and through it into being itself. The fate of self-deception or – as Marx called it – of the production of ideologies is inescapable, except in the selected groups, [i]which[i] are predominantly composed of people in ultimate anxiety, despair, and meaninglessness. On the boundary of all human possibilities the new possibility arises and gains power. If all ideological veils are torn down and [j]self-deception is no longer possible[j], truth can appear and can be acted upon. And it is revealed only in the measure in which it is acted upon. The protest of the reformers against the "self-made" gods or idols and the protest of Marx against the self-made ideas or ideologies challenge the same spiritual danger of man in his present existence: to make the truth a means of religious pride or political will to power. In all these points Christianity and Marxism are united in their opposition to a [k]"pelagian"[k] or "harmonistic" optimism with respect to the nature of man.

II.
The Theological Criticism of Marxism.

The basic difference between Religious Socialism and Marxism is rooted in their different [l]attitude[l] to the idea of transcendence. There is a kind of transcendence in [m]Marxism: The[m] limits of the present possibilities of human nature are transcended by the expectation of a coming stage of justice. A kind of miracle in the transition from the present to the future stage of mankind is presupposed [n]– at least implicitly. And it is obvious that Marxism draws a great deal of its psychological power from this element of transcendence and faith. But this transcendence is not the absolute transcendence of Christianity. It remains in time and space, in history and politics. It is dependent on immanent processes. It transcends the present time, but not time as such. It does not know eternity breaking into time, shaking, turning, and transforming the temporal. Marxism never reaches this transcendence. It is suspicious of it. Religion, because of its supratemporal nature, is considered to be an ideology, i.e., a system of ideas and symbols which have no basis in reality but which are invented for the sake of making the misery of the disherited classes more bearable to them and, consequently, for the sake of breaking their revolutionary impulse by a mystical opiate. This is the theory of religion in original, as well as in late, Marxism. Obviously, this theory had to be criticized sharply by Religious Socialism. Religions of this type are distortions of what religion essentially is. This distortion is always possible and has often become a historical power in the sense in which Marxism describes it. But such a description does not fit the prophetic religion and its fight against the demonic powers of history and of the personal life. And even the "sacramental" element in religion is not simply ideology. It is also the basis of the prophetic element because only in the power of the Holy [o]that[o] is present can the Holy [p]of the[p] future be expected and realized. In any case, Religious Socialism follows the Christian and all great religious messages in affirming the transcendent, invisible, and eternal character of the ultimate fulfilment of history and human life. History | is fulfilled above history, not within history.

From this follow some basic differences between Religious Socialism and Marxism. Although Marx had fought against what he called "utopian Socialism", he himself and, even more, his followers did not escape dangerous elements of utopianism themselves. They did not expect, of course, that the class situation could be changed by persuasion of the ruling classes, but they did expect that the economic process, in unity with the revolutionary impulse of the proletarian classes, would create the fulfilment of history,[q] the classless society in which the main evils of the earlier mankind, of its "prehistory" as Marx called it, would be overcome. Religious Socialism, on the contrary, has always maintained that the demonic forces of injustice, pride, and will to power never will be eradicated from the historical scene, although special manifestations of it, as capitalism and nationalism, might be conquered. Therefore, Religious Socialism turned the anti-ideological criticism as much against itself and against all the other socialist and Marxist groups as against the enemies of socialism. The sharpest criticism of the socialist movement comes from Religious Socialism, while the lack of such a self-criticism, for instance, in the social-democratic parties, contributed much to their catastrophes. For the same reason, Religious Socialism, contrary to Marxism, [r]upholds[r] the importance of the personal life and its transformation for the revolutionary movement. The personal shortcomings of the leaders of the socialist groups and the lack of a profound education and discipline in the vanguards of the movement [s]are[s] due to the immanentist attitude of Marxism, to its overemphasis on the institutional, and [t]to[t] its lack of understanding of personal factors. For Religious Socialism the corrupted human situation has deeper roots than mere historical and sociological structures. It is rooted in the depth of the human heart. And in the same way the regeneration of mankind is not possible through institutional and political changes alone, but [u]at the same time[u] changes in the personal attitude [v]towards life in many people are needed.[v] Therefore, for Religious Socialism the [w]turning point[w] of history is not the rise of the proletariat but the appearance of a new meaning and power of life in the [x]Divine[x] self-manifestation. These differences are of a tremendous importance.[y] But they do not [z]exclude[z] the inclusion of basic elements of the Marxist doctrines of history and man by prophetic Christianity.

III.
Religious Socialism and Scientific Marxism.

Religious Socialists have accepted many of the scientific results of the Marxian analysis of society, especially of economics, because they have found them to be true. And they have maintained and still maintain Marxist theories, as far as they can do so on scientific grounds. They were and are, at the same time, hospitable to any criticism of Marxist ideas as soon as such criticism seems to be demanded by the progress of scientific knowledge. Religious Socialism rejects any dogmatism with respect to the Marxist principles. It subjects them to the criteria of every scientific procedure and beyond this, to the methodical suspicion that they might have become ideologies themselves. But Religious Socialism rejects dogmatic [a]Anti-Marxism[a] as well as dogmatic Marxism | and subjects the scientific attack on the Marxian doctrines not only to scientific criteria but also to the suspicion of being an ideological escape. Especially in the present situation, in which Marx is pushed more and more into the background, [b]the question of ideological Anti-Marxism has increased[b] in importance.

There are, above all, some philosophical principles in Marxism which can and must be maintained by Religious Socialism as discoveries of lasting significance, provided that their corrupted forms are recognized as such and rejected. The demand [c]for[c] the unity of theory and practice or, in more recent terms, [d]for[d] "existential thinking" is a lasting insight that Marx has discovered in his fight against theoretical idealism and materialism. But the distortion of this insight into a skeptical relativism, according to which all thinking is only the expression of a special kind of being (psychological or sociological), must be considered not only as a corruption but also as the negation of existential thinking. In the same way it must be acknowledged by Religious Socialism that Marx is right in emphasizing the material reproduction [e]of mankind[e] as the foundation of the whole historical process. But the distortion of this insight into a mechanistic economics or into a metaphysical materialism must be rejected. The economic sphere is itself a complex sphere, to which all other spheres essentially contribute, so that they cannot be derived from it, although they can never be separated from it. The dialectical method must be accepted as a method of describing the movements of life and history in their inner tensions, contrasts, and [f]contradictions[f] and in their trend [g]towards[g] more embracing unities. But the distortion of the dialectical method into a universal mechanism of calculable processes has nothing to do with reality and with the original meaning of this method. There are dialectical elements in all life and [h]in[h] every historical totality, namely, elements belonging to [i]a[i] given structure which drive beyond this structure. These structures can be described only in dialectical terms but not at all in terms of mechanical necessity. Existential thinking, historical materialism, and the dialectical method are achievements which never should be [j]lost[j] in Religious Socialism.

The same is true of several sociological and economic principles of scientific Marxism. Marx's method of analyzing economic phenomena is a sociological method:[k] It takes into consideration, in every moment, the human and social factors and denies the [l]escapist[l] attitude of formal economics which [m]hides[m] the fact that economic action is human action. The recognition of this situation is the second highly important methodological contribution of Marxism. On the basis of this method Marxism has given that analysis of the contradictions of capitalistic society, [n]which was the main stroke against the harmonistic beliefs of liberal bourgeoism[n]. Marx himself and most of his followers confined their analysis to the contrast of "capital" and "labor." In the last decades it has become obvious that there are many more contradictory elements in the later stage of capitalism and that the revolutionary vanguard is no longer identical with the proletariat or advanced groups within it. It has become [o]visible[o] that the lower [p]middle classes[p] and [q]bureaucracy[q] in state and business will play a much greater role than Marx [r]ever[r] anticipated. But all this does not invalidate the main point in his [s]analysis: The[s] insight into the contradic|tions in the structure of capitalism. On the contrary, this insight has been deepened and confirmed by the catastrophes of the present world. Any [t]neoliberal[t] attempt to [u]re-establish[u] a harmonistic interpretation of capitalistic society must be rejected by Religious Socialism. It is an obvious fact that, partly under the influence of Marxism, the economy of free competition has been restricted to a great extent by the increasing power of labor,[v] by frequent and radical interferences of the state in all countries,[w] by the general trend [x]towards[x] state capitalism and the rise of a centralizing [y]bureaucracy[y]. But this transformation, although [z]transforming[z] the anticipations of Marx, is, at the same time, the confirmation of his basic vision. Nobody can understand the character of the present world revolution who [a]has not been prepared[a] for it by the Marxian analysis of bourgeois society, its contradictions and its [b]necessary[b] trends. [c]It is an experience which can be made daily[c] that people who are lacking in Marxian education, directly or indirectly, are utterly confused by the rise of Communism and Fascism and by the present world catastrophe. They simply cannot understand the trends in the former structure of society, which with dialectical (not mechanical) necessity, have brought about the present situation. They explain it as the result of bad accidents created by bad men. Religious Socialism, with the tool of the Marxian analysis of society brought up to date, is able to give a meaning to the present world [d]revolution[d].

IV.
Marxism as a Lasting Principle and Religious Socialism.

It is understandable that ideas can become an element of the general consciousness to such a degree that their original significance is forgotten. Much of what they had to say and which was surprising in the beginning [e]has become[e] natural. Other parts have become antiquated; and so the whole system of ideas seems to belong to the past. A theory of social processes which has partly changed the actual processes may seem to have become wrong just because it was right at the time it appeared. But there are other spiritual creations, the effects of which are not exhausted by their historical successes. They have an infinite, inexhaustible meaning because they represent a lasting type of spiritual [f]possibilities[f]. Such types are Prophetism, Platonism and Protestantism. Such types also are Religious Socialism and Marxism. They return again and again in different shapes, based on their original, classical appearance. Therefore, we must go back to their classical form, and we must reshape them in the light of actual experience. But we cannot dismiss them as merely forms of past history. They would return against our will. We cannot discuss Marxism as a movement of the past as long as we espouse the prophetic spirit as Religious Socialists. Religious Socialism, if it is to keep any meaning and power, must not become another ideological justification of the present democracies, nor must it become a [g]progressive[g] idealism and a system of autonomous harmony. The breakdown of these ideas has created the present situation. Religious Socialism, in the spirit of prophetism and with the methods of Marxism, is able to understand and to transcend the world of today.

Kritischer Apparat

A schreibt durchgehend "Religious Socialism", B: "religious socialism", C: "religiöser Sozialismus", D: "Religiöser Sozialismus". Die Zeichensetzung in A ist fehlerhaft; die Korrektur erfolgt nach B.

13 a–a D: Religiöser
E: religiöser
b–b C: von der Bewegung des religiösen Sozialismus
c–c C: der theoretischen Grundlagen
D: der Grundlagendiskussion
d–d A: in the
e–e A: first must
f–f A: Neosupranaturalism
g–g fehlt in B, C, D, E. Gemeint ist Tillichs Aufsatz *Marx and the Prophetic Tradition*, in: Radical Religion, vol. 1, 1934, S. 21–29 [im vorliegenden Band Text Nr. 13].
h–h C: in sich D: an sich
i–i A: supranatural
j–j B: toward
k–k B: moving
l–l B: event
m–m B: a center
C, D und E folgen B
n–n B. toward
14 o–o fehlt in A
p–p A: catastrophical
q–q B: to the divining
r–r A: catastrophical
s–s B: both of them
t–t fehlt in B

u–u B: prophetism
v–v fehlt in A
w in B statt Komma Semikolon
x–x B: will-to-power
y in B Komma statt Gedankenstrich
z in B Komma statt Gedankenstrich
a–a A: suprahistorical
b–b A: infrahistorical
c–c fehlt in A
d–d A: his
15 e–e B: Expressed
f–f B: church
g–g B: is the place
h–h A: In all the other sphere the general distortion of our historical existence, it is difficult
C, D und E: In allen anderen Sphären macht die Verfehlung unserer historischen Existenz es schwierig
i–i A: who
j–j A: no self-deception is possible any more
k–k B: "Pelagian"
l–l B: attitudes
m–m B: Marxism, i.e., the
n in B Komma statt Gedankenstrich
o–o A: which
p–p B: that is
16 q in B folgt statt Komma Gedankenstrich
r–r fehlt in A [Druckfehler]
s–s A: is
t–t fehlt in A
u–u B: it also requires
v–v B: of many people toward life. C, D und E folgen B.
w–w B: turning-point
x–x B: divine
y in B statt Punkt Semikolon mit anschließender Kleinschreibung
z–z B: prevent
a–a B: anti-Marxism
17 b–b B: has the question of ideological anti-Marxism increased
c–c A: of
d–d A: of
e–e fehlt in B. D, D und E folgen A: der Menschheit ...
f–f A: contraditions [Druckfehler]
g–g B: toward
h–h fehlt in A
i–i fehlt in A
j–j C, D und E: preisgegeben
k in B statt des Doppelpunktes Semikolon mit anschließender Kleinschreibung
l–l A: escapistic
m–m A: hide

n–n B: which, more than anything else, has destroyed the harmonistic beliefs of bourgeois liberalism. C, D und E folgen A.
o–o B: evident
p–p A: middle-classes
q–q A: the burocracy
r–r fehlt in B
s–s B: analysis, i.e., the
18 t–t A: neo-liberalistic
u–u A: reestablish
v in B statt des Kommas Semikolon
w in B statt des Kommas Semikolon
x–x B: toward
y–y A: burocracy
z–z B: invalidating some of
C, D und E: zunichte macht
a–a A: was not prepared
b–b B: decisive
C, D und E: notwendigen inneren
c–c B: Every day one may experience the fact
d–d B: transformation
C, D und E: Umwandlung
e–e B: becomes
f–f B: possibility
g–g A: progressivistic

16. Man and Society in Religious Socialism (1943)

A. (Druckvorlage) Man and Society in Religious Socialism. In: Christianity and Society. A Quarterly devoted to Christianity and Social Reconstruction. Published by the Fellowship of Socialist Christians, Vol 8, No. 4 (Fall), New York 1943, 10–21.

B. Mensch und Gesellschaft im religiösen Sozialismus. – Typoskript, 21 S., PTAM. Übersetzung von A ins Deutsche (durch Walter M. Mosse). – Kopie in: August Rathmann, Zum hundersten Geburtstag Eduard Heimann 1889–1967, Paul Tillich 1886–1965. Vorwort von Gert Hummel. Als Ms. gedruckt Mönkeberg 1985.

C. Mensch und Gesellschaft im religiösen Sozialismus. In: Erdmann Sturm (Hrsg.), Theodor W. Adorno contra Paul Tillich. Eine bisher unveröffentlichte Tillich-Kritik Adornos aus dem Jahre 1944, in: Zeitschrift für Neuere Theologiegeschichte/Journal for the History of Modern Theology, 3. Bd., Berlin und New York 1996, 251–299, hier: 259–277. Abdruck von B.

Zur Textgeschichte

Tillich hat den nachstehenden Text während der Arbeitswoche des „National Council of Religion in Higher Education" (3.–7.9.1943) in der Haverford School in Haverford/Pennsylvania vorgetragen und danach in der von Reinhold Niebuhr herausgegebenen Zeitschrift „Christianity and Society" veröffentlicht. Der Aufsatz „stellt nach zehn Jahren der Emigration seine erste umfassende Wiederaufnahme jener Thematik dar, die ihn seit dem Ende des Ersten Weltkrieges ... zutiefst umgetrieben hat und wirksam sein ließ. Dabei läßt sich deutlich erkennen, wie Tillich im Abstand von der damaligen Situation und seinem unmittelbaren Verflochtensein in diese das Anliegen des Religiösen Sozialismus auf die wesentliche, geistigen Strukturen konzentriert, um so dessen bleibenden Gehalt aufzuzeigen und ihn für seine neue Umgebung mit ihren andersartigen Voraussetzungen fruchtbar zu machen ... Es ist nicht zu verkennen, daß in diesem Aufsatz Kernstücke von Tillichs Anthropologie, Soziologie und Geschichtsverständnis enthalten sind, welche später in den drei Bänden der systematischen Theologie zu voller Entfaltung kommen. Insofern macht er so etwas wie einen Angelpunkt in Tillichs wissenschaftlicher Entwicklung offenbar" (Gert Hummel, Vorwort zu B).

Theodor W. Adorno, der seit 1929 bei Paul Tillich in Frankfurt am Main Philosophie studiert und sich 1931 mit einer Arbeit über Kierkegaard habilitiert hatte, hat Tillichs Aufsatz bald nach dessen Erscheinen einer harten Kritik unterzogen („Entwurf contra Paulum", vgl. C). Er sandte seinen „Entwurf" zusammen mit einem Schreiben vom 17.2.1944 an Max Horkheimer, der ihn überarbeiten sollte. Gegen Tillichs „unvermittelte Identifizierung der vernünftigen Gesellschaft mit dem Reich Gottes" müsse noch etwas hinzugefügt werden. Im übrigen sei sein „Entwurf" gemäßigter als die ursprüngliche Version. Von einer Stellungnahme Horkheimers zu Adornos „Entwurf" ist nichts bekannt. Horkheimer hat sich aber offensichtlich

Adornos Auseinandersetzung mit Tillich nicht angeschlossen, obwohl er Adornos Tillich-Kritik nur zustimmen konnte. So hat Tillich von Adornos „Entwurf", so scheint es, keine Kenntnis erhalten.

Die tiefe Differenz zwischen Tillichs anthropologisch fundiertem Religiösem Sozialismus und der Kritischen Theorie Horkheimers und Adornos zeigt sich eindrücklich gerade in diesen beiden Texten. Aus Adornos Sicht war die Kluft, die an diesem Punkt zwischen ihnen bestand, unüberbrückbar. Kritik erntete Tillichs Aufsatz aber auch durch Eugen Rosenstock-Huessy (vgl. Tillichs Brief an ihn vom 25. März 1944, EGW VI 297f.).

Nachdem August Rathmann 1950 Tillichs Aufsatzsammlung „Der Protestantismus. Prinzip und Wirklichkeit" herausgegeben hatte, sollte in einem weiteren Band nach dem Wunsch Tillichs auch der nachstehende Aufsatz in deutscher Übersetzung veröffentlicht werden. Am 1.11.1949 schrieb er an Rathmann: „Ich habe auch eine Übersetzung unter dem Titel ‚Mensch und Gesellschaft im religiösen Sozialismus', von Dr. Mosse, dem Schwager von Panofsky, der hier in Union Theological Seminary arbeitet. Sie ist im ganzen und großen ordentlich, nur am Anfang müßte der Text etwas für Ihre Zwecke zurechtgestutzt werden. Ich würde das Ihnen oder einem Ihrer Mitarbeiter überlassen". Der geplante Band ist dann nicht zustandegekommen. Der Aufsatz selbst hätte später z.B. in Band II der GW („Christentum und soziale Gestaltung") seinen Platz gehabt. Daß er in die GW überhaupt nicht aufgenommen wurde, begründete Renate Albrecht mit „Textmängeln" (GW XIV, 1. Aufl., 227 und 137). Tillich selbst bedauerte in einem Schreiben an Renate Albrecht, daß sie gegen seinen Willen die „englischen Schriften zum religiösen Sozialismus" nicht in Band II der GW aufgenommen habe, und teilte ihr in diesem Zusammenhang Rathmanns (und sicher auch seine eigene) Vermutung mit, „daß Ihr meine religiössozialistische Periode in eine ‚Jugendsünde' verwandeln wollt, obgleich sie in Wirklichkeit die Grundlage meines gesamten geschichtsphilosophischen Denkens ist" (6. März 1962, Kopie im PTAM).

Man and Society in Religious Socialism

Introduction: Definition of the Problem

Religious Socialism in the form in which it has developed in Central Europe after the first world war is not a party movement. It had and has followers in different parties, from the Young-Conservatives in Germany and Great Britain to the independent sympathizers of Communism, and in every party between them. On the other hand, Religious Socialism is not a mere religious or philosophical theory although it gave important impulses to theology and philosophy, especially in the realms of the interpretation of history and the doctrine of man. It is not a mere theory because it implies a political faith and a political will and is supported by all kinds of people, most of them neither theological nor philosophical, many of them extremely suspicious of traditional theology or philosophy. Religious Socialism is a *movement* which tries to carry into reality some principles, ideas, and demands, in the most different groups, parties, and social levels and in the most different situations and activities.

The political faith of Religious Socialism, in its most general formulation, is *firstly* the conviction that the bourgeois period of history is coming to a catastrophic end and that a new fundamentally different period is at hand, and will be born in the pains of world wars and revolutions in the midst of which we live. The faith of Religious Socialism is *secondly* the conviction that the period to come will have a character for which the word "socialism" is a somehow old fashioned term and which, perhaps, better could be called a new collectivism, based on social planning. Religious had *thirdly* the conviction that without the acceptance of a religious foundation and the symbols expressing it no system of a planned society can escape a speedy self-destruction: whereby the religion, presupposed, is rooted in the prophetic Christian tradition which alone of all world religions takes history and social justice seriously. This faith implies some principles and has produced some concequences the explanation of which could be done only a series of papers on Religious Socialism as such. This is not our task today. We are discussing the doctrine of man in its relation to society with respect to the demands of the coming social reconstruction; and I have been asked to develop the contribution to this task which might be derived from the thought of Religious Socialism. This implies that the faith itself is presupposed in my present day discussion.

Religious Socialism, in consequence of its religious foundation, was always conscious of the necessity of a doctrine of man. And if it had not been conscious of it its socialistic and religious foes would have made it [a]immediately[a] conscious. And if the attack of the foes has not brought the necessity to the at|tention of the Religious Socialism an inner tension in most of its earlier leaders would have shown it to them. I can speak about this tension, not only in my own name but also in the name of some other members of this movement. We came to Religious Socialism against our will; we do not like it, we often confess that we would not be able to live in the world it expects. But we are forced to see not only its inescapable coming but also its spiritual and moral justification. We do not like it; nevertheless we cannot look away from it; on the contrary we must fight for it, although mostly on the losing side; first in Germany, [b]now[b] in many other countries. And if we are on the winning side it would be for us the destruction of many great traditions which still lived in the former period of bourgeois society and now are doomed like the glory of the old European cities. This very personal, although not individual, conflict reveals contrasts in the nature of man and has compelled us to ask the question of man as man.

There are four main groups of problems in which the doctrine of man has a special bearing on the theory an practice of Religious Socialism: 1) *The question of man's permanent and his variable nature*, the basic problem without the solution of which no doctrine of man can even be conceived of. 2) The question of the *historical* distortion and perfection of human nature, usually called the question of "Utopianism" in the discussion of which the movement of Religious Socialism originates. 3) The question of *man's creative freedom within society*, i.e., the question of the individual within the collective, the most controversial problem in the present political discussion. 4) The question of *the spiritual and material forces in man's historical* existence; a group of problems each of which could head a special chapter and which are all rooted in the fundamental discord about the relation between the material and the spiritual forces in human nature.

It happened that although these four groups of problems were envisaged for my paper long ago, they came up one after the other in the discussions of this group, so that my duty as consultant to sum up the main points of these discussions coincides happily with the original plan of my paper.

I. The question of man's permanent and of his variable nature.

The answer to this question decides about the possibility of a doctrine of man. The attempt to state a "nature of man" which transcends all possible variations of human nature has been attacked from different sides. Two of them can be dismissed by a merely logical operation. The first is the belief that individual men or mankind as a whole can reach a suprahuman, "angelic" stage and that it is impossible to limit the nature of man to the "pre-angelic" stage known to us. In naturalistic terms a warning against any limitation of human possibilities was given by Nietzsche and his biological followers who envisage an evolution of man to a higher and qualitatively different organic being. In the opposite direction it is often said that you cannot distinguish man from animals and, consequently, are unable to give a specific definition of human nature; the difference is only quantitative. The argument against the first challenge is that in the moment in which that superhuman or angelic being has become a fixed genus which reproduces itself in every individual, it would become senseless to call it man. There may be such a jump from man to angel or superman. This does | not exclude the possibility of a doctrine of man. And to those who deny a clear distinction between animal and man we answer: It is the matter of logical decision of which characteristics we assert that they constitute a new genus. If, for instance, we say that we call man that being which can communicate through universals, and if amongst the assumed animals beings of such a character were found we would call them men.

Much heavier are the protests against a doctrine of man from the side of descriptive anthropology and above all from Marxist sociology. The protest of the former group is based on the deep impression made by the variety of cultures on the scientific observer. But it is easy to argue that the very concepts of "culture" and "anthropology" presuppose the concept of a being which is able to have culture and, for this reason, is the subject of a special science. The Marxians of today fight a more existential struggle against a doctrine of man. They believe with Marx that man is that being which has to reproduce himself by material activity; and they do not want any limit to be set to this activity. They state that those who have developed a doctrine of man, Christians and naturalists, have done so in order to show that no revolutionary action will essentially improve the happiness and goodness of mankind, and that, therefore, political conservatism is the wisest form of politics, not only in the interest of the ruling but also of the ruled classes. Sometimes these Marxists use Christian arguments. They say that the present society is distorted to such a degree that the true and essential picture of man is entirely obscured. As Karl Barth and his followers say that we do not know anything about the true nature of man because the image of God is destroyed and only on the basis of salvation we can know something of it, so these Marxians say that not before the day of the successful revolution can a doctrine of man be written. Only in the new social order we shall know which possibilities are in man.

But even these Barthians and Marxists always speak and act as if they had a doctrine of man. Man could not call himself a sinner and in need of salvation if he had no knowledge at all about what he ought to be, that is about his essential goodness. And Marx could not talk permanently about the dehumanization in early capitalism without a vague picture of a really human society. They all have a doctrine of man. They do not want to confess it for reasons of political or religious strategy. It has made the Barthians fanatical and the Marxians ignorant about the human beings with whom they had to work.

If the Marxians and many American pragmatists say that a doctrine of man is impossible they refer to the changes produced by man's historical [c]self-reproduction[c]. But in stating this they indicate their own doctrine of man: Man is that being which is able to have historical change. Every historical change presupposes one thing: a being which has history. Neither animals nor angels have history. Therefore we must say that *those* characteristics constitute man's permanent nature which make his historical variations and transformations possible. Against this could be said that "in some way" nature also has history. But it has history just "in some way," namely, in a different way from the way of man. And the way of man is so different, that it is only a confusion to use the same word "history" for man and nature. The difference is obvious: Man not only *has* history but he also knows | that he has history. And his knowledge gives that quality to his history, which makes it *real* history, namely, events in which freedom and decisions are effective. Only he who can know that he has history, has history in a significant sense of the word. This is the reason for the double meaning of the word history: It designates the event and the record at the same time. Genuine history is recorded history.

In knowing history man is *above* history, although, on the other hand, he is in history. This structure accompanies every historical situation. It is always present, for it is the permanent condition of man's historical existence. The structure which enables man to transcend any given reality and to reproduce himself in innumerable varieties and transformations, this structure is omnipresent in all these changes. And since it is omnipresent it is knowable. There is, of course, always the danger, the tragically inescapable danger, that we see the permanent structure through the broken glass of our historical finitude. But in this respect the doctrine of man shares the fate of all human activities: They cannot escape finitude, error, and tragedy.

The analysis of man, having and knowing history, leads to a structure of man's being for which I want to use a more [d]abbreviating[d] than explanatory phrase, in which a great number of ideas and observations are summed up: *The structure of man is the structure of "finite freedom."* It is wrong to say that man has finite freedom; this would presuppose another definition of man's being. Man is finite freedom. This is his structure. And everything human is included in this structure, all his relations to man, world, and God. Man is not infinite freedom as we say God is. Nor is he finite neccessity as we say nature is. Man in freedom, but freedom in unity with finitude. The whole doctrine of man is a description of such an astonishing and unique structure as that of finite freedom.

Several years ago (in Keuka) I have tried to develop a doctrine of man, centered around the concepts of freedom and finiteness, without using the term "finite freedom."[e] I was reluctant to do this once more in the same group, and so I suggested the title of this paper. It is an attempt to relate the doctrine of man as finite freedom to the immensely actual problems of the coming social order. This, of course, involves many references to the picture of man indicated in the words "finite freedom," it changes and emends former interpretations of finite freedom, and it shows its practical significance for the political decisions which are at hand.

Religious Socialism wants to give criteria for the construction of the future society. Its ultimate criterion is the nature of man; and therefore the basic structure of man's being: [f]finite freedom[f]. With this presupposition in mind we are now approaching the three realms of problems in which the doctrine of man is decisive for social reconstruction.

II. The question of historical distortion and perfection of human nature

The story of the rise of Religious Socialism in Germany gives [g]implicitly[g] an introduction into the problems of Utopianism. In Germany, after the first world war there was a deep gap between the revolutionary masses of the workers and the predominantly Lutheran churches. The socialists lived in a horizontal line, believing in the future and feeling the evil present as a preliminary stage which will be overcome by | reform or by revolution. German churches lived in a vertical line, not believing that any future will be essentially better than the present and feeling that the evils of the present, especially the social evils, are a permanent destiny of sinful mankind. Religious Socialism tried to bridge this gap which had tremendous consequences for recent German history. It was a way into unknown land, and it demanded a new interpretation of history and even more urgently, a new doctrine of man. Although the situation in this country is different the problem put before American theological and philosophical thought is so similar, that a type of Religious (Christian) Socialism [h]has developed[h] in the United States which is deeply influenced by the German type. In difference from Germany, American Protestantism has cultivated within itself strong elements of moral and social Utopianism and is partly responsible for the attitude of resignation and cynicism which naturally followed the profound disappointment, the unavoidable consequent of every utopian belief.

The question of utopianism, i.e., the question of the distortion and perfection of human nature, must be answered in the light of a doctrine of man in which [i]human[i] freedom and human finiteness are understood as the two poles in the structure of man's being.

Freedom is the possibility of transcending a given situation. Man is free, for instance, from history in so far as he knows history, thus transcending the immediate temporal process by which he is driven from the past to the future. Man is free from his own necessity in so far as he knows it [j]and is, in this respect, not in it[j]. In knowing the given, man produces something new beyond the given; he does this continuously. [k]He is never identical with a given situation, he is the essentially unsatisfied being. Producing something new in a creative act[k]. It is a new beginning or, as Nietzsche has called the child, "A wheel rolling by itself."[l] Creation, as producing something new, has infinite consequences. It changes the whole of things. It transforms the face of the cosmos. The traces of our life days cannot be lost in eternity, as Goethe's "Faust" says.[m] The freedom of creativity or of transcending the given is infinite in its implications. But man is finite. And if that which is finite acts in an infinite way it becomes tragic. The tragic is the finite, exercising an infinite freedom. This is the reason why God, in the paradise story, forbids man to gain the knowledge of "powers," the useful ones and the dangerous ones. Man is able to make this step towards knowledge. He is free, he can actualize his freedom and become creative. He can change the cosmos of created nature and continue the divine creativity, becoming "like God" in this respect. The serpent did not lie! But the serpent did not say that finite creativity includes tragedy. The finite actions of man cannot stand their infinite consequences. We must decide, but in order to decide rightly we must know the infinite meaning of every finite decision and we must not only know it, we must also be in harmony with it. So God says what the serpent concealed: That the actualization of finite freedom means tragedy, the curse over man and his world.

Finite freedom as the structure of man's being excludes all kinds of Utopianism, revolutionary as well as progressivistic, because finite freedom includes tragedy. The tragic includes the two elements of the guilty and the inescapable: in this the Greek tragedians and the Augustinian doctrine of man | agreed. They never denied that man is free; but they asserted that man's freedom is united with tragic necessity, because it is finite. They rejected the doctrines of the rationalists and magicians of their time, that finitude can disappear by progress or revolution or ecstasy. They rejected alliance of mystics and rationalists which we find again and again in church history.

But the doctrine of finite freedom shows also the way to action. Every act of freedom is finite but as a creative act it also has infinite significance. It has although finite and tragic the full weight of the participation in divine creativity. This feeling alone can overcome the trend towards resignation and cynicism which is the shadow of Utopianism. Christians and Marxists agree in the idea of an intermediary period between now and the ultimate fulfilment. The Christians call it the period between the first and the second coming of Christ, the Marxists the period between the revolution and the disappearance of the state. But actually the transition soon becomes fixed and prevented from change by interests vested in it. Then a new revolution follows producing a new "transition." History is a series of transitions, and whatever we do we are working for a transition. The perfect never appears. This basic idea of Religious Socialism has been – and still is – seriously attacked from a revolutionary point of view. It is said that such a broken belief cannot create the impulse which is needed for all great things. Revolutions, religious as well as secular, speak of the imminent coming of the fulfilment thus producing a tremendous amount of enthusiasm and unrestricted devotion. Is it humanly possible to act without such utopian beliefs? It is possible only if we learn to realize the infinite meaning a finite act may have. If this is experienced the transitory character of whatever we achieve does not prevent it from being only vehicle of an infinite meaning. For such an infinite meaning is lacking if we do not act; and this act of not acting is not less but more tragic in its consequences than the creative venturing, even if it is frustrated.

We could not act, however, in this sober and, at the same time, radical way, if we expected to participate in the external achievements of our actions. No dying soldier or revolutionary fighter could sacrifice himself for a future from which he is excluded, if he did not identify his finite existence with the infinity in which he participates by his finite act of self-sacrifice. It is a profound mystery that so many people made this sacrifice without any belief in a personal immortality. Man is able to act without Utopianism because he is able to realize the infinite meaning of a creative act to which he gives his finite existence. This is the greatest expression of his freedom. He transcends his own givenness and, consequently, everything which is given to him. This is the defense of Religious Socialism against the challenge that it breaks the active enthusiasm by fighting against Utopianism.

III. The question of man's creative freedom within society.

Social groups are not organic or personal beings. They are personalized by analogy, but this analogy is not only vague but also dangerous, because it hides the power structure of every social group and asks for free decisions of a group which can be asked only of those who act for the group. This refers to the most collectivistic groups as much as to liberal ones. Every group consists of individuals. Of course, the existence of | these individuals can have more the character of we-existence or more of ego-existence. And certainly, the we-existence is earlier, although not higher, the ego-existence is the result of necessary and extremely significant moral and tragic catastrophes. But whether the one or the other type is predominant, it is always the individual person who decides and acts and not a mythological collective which is dressed up as a person.

Every society of human beings presupposes the basic structure of man and consequently his creative freedom. Creative freedom can express itself in all utterances of man's life, in personal relations, in relations to himself, in pleasure, in work. If in a society the creative freedom is fully used according to the inclination and ability of every individual, freedom in the basic "anthropological" sense is realized. Politics can be one of the realms in which individuals actualize creative freedom. But the question is: Is political freedom in the sense of participation in political creativity necessary for everybody? And do the restriction of civil liberties guaranteeing this participation contradict man's nature as the embodiment of finite freedom?

An historical survey shows that civil liberties in the modern sense of the word were lacking or extremely restricted by far in the greatest part of human history in past and present. The great Asiatic cultures had no concept of an universal participation in political decisions. Their doctrines of man did not include the essentiality of political activities; on the contrary, in many instances they pointed to the opposite. Christianity, although emphasizing the infinite value of every individual, did neither in its early nor in its medieval development demand the participation of every member of the Church in political creativity. Neither slavery nor serfdom seemed to exclude full humanity in the sense of the "glorious freedom of the children of God."[n] Early Protestantism did not change this attitude, neither in Luther, nor in Calvin. Both of them stressed the duty of civil obedience more than the scholastics had done.

Another stream of thought originated in Greece. Only the free citizen is a free man. Women, children, slaves are not men in the full sense of the word, and consequently, cannot be members of the city assembly (ekklesia – church) in which the political decisions are made. According to Aristotle only the free man, he who participates in politics, is able to reach the highest form of human existence, the theoretical or intuitive life. When the Greek philosophers became Roman slaves, this attitude could not be maintained. The life of theory or mystical intuitions is open to people under any social condition. The philosophical slave can reach full humanity – as later on the Christian slave. When the Stoic emperors enlarged the group of those who can receive Roman citizenship they followed their doctrine of the natural rights of man. But they did not include the right of political activity for everybody.

Modern democracies made this step beyond their Stoic predecessors. But they made it very cautiously, excluding women, youth, people without landed property, without a certain income, from active participation in politics. And when these restrictions were removed the party machines and the bureaucracies arose to such a power that the political influence of the average citizen was again reduced to a few decisions, prepared by the hidden or manifest rulers. This situation | will become obvious, the more centralized planning and the centralized use of the large scale means of public communication become necessary.

If participation in political decisions is demanded in the name of man's essential nature, this demand must be understood in a way which is not identical with the present so called "democratic procedures." They are an attempt – partly successful, partly unsuccessful – to institutionalize the genuine demand for political self-determination, implied in man's essential freedom. This freedom demands the participation of every individual in "historical self-determination." Historical self-determination is the activity of man by which he influences the conditions of his creative activity. This has been done in innumerable forms at all times and on all spaces: in the workshop, the guild, and the professional union, in the village administration and the larger regional bodies, in the clan and the big family-councils, in the "soviets" and "cells," in the peasant-collectives, in the secret associations and revolutionary movements. It must be stated that the participation in these forms of historical self-determination gave the average individual often more political influence and occasion to political creativity than the technical participation in the voting machinery of the mass-democraties. From this, it follows that, anthropologically speaking, historical self-determination is based on man's essential nature and that its negation necessarily leads to dehumanization, namely, destruction of the structure of creative freedom; but that special forms by which historical self-determination is guaranteed are dependent on the historical situation and that the over-emphasis on a special democratic procedure may spell the doom of democracy and of historical self-determination – as the example of the German Republic has proved.

Man's nature, namely, the structure of creative freedom, includes one basic equality: The equal claim to be acknowledged as person, namely, as individual embodiment of creative freedom with all the consequences derived from it, above all the equal right of everybody to actualize his creativity, although in the limits of his finitude which are different for each individual; and the equality before the law to which the individual is subjected and which, as a positive law, is different according to the different historical conditions of the different law-creating groups. But no difference in positive law changes the natural equality wich underlies every law, man's dignity as person or as the embodiment of finite freedom. This is the ultimate criterion of justice. Justice as the principle of social equality does not demand equality in political or economic power. It does not demand the chance for everybody to get everywhere. Any absolute egalitarianism is denied by the element of finitude in human nature which is expressed in the accidental character of his existence. But justice demands by natural law, namely, by the "law" or essential structure of human nature, that no accidental difference as age, (sex, race, intelligence, strength, birth, etc.) prevail against man's essential equality. And from this follows for the social reconstruction, as demanded by Religious Socialism, that such inequalities in power, political (Fascism) as well as economic (monopolistic capitalism) and in possibilities (class-determined education) are conquered which have resulted in dehumanization, i.e., the destruction of man's creative freedom. Religious Socialism interprets °the pre|sent catastrophical event° as reactions of man's creative freedom against social systems which have brought about this destruction, first by a dehumanizing economic and then by a dehumanizing political inequality.

Freedom implies an element of insecurity. Without it no freedom can be imagined, except the infinite or divine freedom. But man's freedom is finite. Liberalism, the system of political freedom, has demanded and created insecurity in order to guarantee freedom. Without risks no actual freedom, and without insecurity no risk. Liberalism is right in this assumption: And a doctrine of man as the embodiment of finite freedom is "liberal" in this respect. But liberalism has paved the way for another type of insecurity, an insecurity which contradicts man's essential freedom and destroys it in the long run: the insecurity about getting a chance to risk something. This insecurity about being admitted to acts of creative freedom (with the risks implied in them) is the main anthropological problem of our present social situation. Freedom and equality were the purposes or at least slogans of the bourgeois revolution. "Security" has already become the catchword of the present revolutionary transformation of human society. It is not the security of non-action which is demanded but the security of being enabled to act creatively. Not the "brave new world"[p] is demanded, but the security that everybody is admitted to creative insecurity. The lack of such a security is the reason for the overwhelming power of anxiety (Angst) in the souls of our contemporaries. There is essential anxiety implied in finitude and especially in finite freedom. This anxiety cannot be overcome except in a complete unity with the infinite – "beyond tragedy."[q] It is the anxiety of the finite which acts infinitely significant without controlling the infinite implications of his action. But there is another anxiety, the trait of our time, which is anxious about being admitted to significant activity and always in fear that it will be excluded from it, for instance by the meaninglessness of permanent unemployment. Two levels must be distinguished in present day anxiety: the essential anxiety of finite freedom, the fear of the tragedy of finite freedom; and the accidental anxiety of our present social order, which is rooted in the threat of being prevented from any actualization of finite freedom and of being thrown into the horror of meaninglessness. Religious Socialism does not believe that anxiety and insecurity can be removed from a being which is finite freedom and has historical self-determination. But Religious Socialism *does* believe that the present state of social anxiety and insecurity is a basic threat not only to the freedom and self-determination of the individual but also to the life of the social group.

If the question of the individual within the social group is asked, some distinctions in the concept of individuality should be made before any answer is given. There are three different concepts of individuality which usually are confused with each other when "individualism" is attacked or defended. The *religious* concept of the individual, emphasizing the infinite significance of every single bearer of finite freedom; the *cultural* concept of the individual, emphasizing the uniqueness of every single bearer of creative freedom; the *rational* concept of the individual, emphasizing the equality of every single bearer of free decisions, with every other one. These three concepts are not exclusive, and each of them is an immed|iate consequence of the doctrine of man as the embodiment of finite freedom. But it is possible to emphasize the one over against the other, and all of them are open to distortion. This distortion becomes unavoidable when the essential interdependence between individuality and community is neglected. Then the religious concept of individuality is distorted into the eternal *metaphysical loneliness* of the doctrine of double predestination (which by no means can be reconciled with the experience of the interdependence of guilt and grace). And the cultural concept of individuality is distorted into the self-fulfilling *humanist personality* which tries to become the embodiment of all creative values and actually loses all values by an "aristocratic" detachment from the concrete demands of the community. And the rational concept of individuality is distorted into the *atomistic separation* of every rational ⸢monad⸣ from the other one whereby only common interests may produce a kind of preliminary cooperation.

Religious Socialism fights against these distortions which became the main sources of social and personal disintegration in the later stages of bourgeois development. In its earlier stages strong social forces prevented the individualistic disintegration of society, medieval remnants in Europe counteracting the dangers of cultural individualism; new forms of common sense-conformism in the Anglo-Saxon countries, counteracting the dangers of rational individualism. When these dangers became obvious and social disintegration imperiled a large group of nations, strong anti-individualistic movements started and reduced, when successful, the creative freedom of most individuals to a minimum. Dehumanization was used as a means to stop dehumanization: the "Fascist" way. The problem put before Religious Socialism and its doctrine of man by these developments is: Can a new type of individualism, i.e., affirmation of creative freedom – arises which is naturally integrated in the coming form of a more collectivistic society? Will, for instance, the kind of work cooperation which has appeared in Russia, and, under the impulse of the war, in Great Britain, be able to produce a fourth type of individuality which by its very nature is less open to individualistic distortion than the other types, at least for a long period to come? Is a new type of individual creativity, different from both the cultural one and the national one (though based on the religious one) in the making, perhaps to be called "work individuality"? It is already possible to meet people who have developed this pattern in their character structure and who may be the model of a more collectivistic future.

IV. The spiritual and the material forces in man's historical existence.

Which are the forces to bring about the new stage of history envisaged by Religious Socialism and subjected to its criteria? This question is as much as the three other main questions dependent on an interpretation of human nature. Finite freedom is freedom on the basis of necessity. This is the presupposition of any meaningful solution of the problem of historical dialecties. Freedom is able to create only in unity with the necessity in which it is rooted. Human freedom is finite, dependent on the concrete accidental situation, its "trends" or "structural necessities." Of course, structural necessity is not mechanical necessity. There is only a limited space for mechanisms in history: spontaneity and freedom are effective in every his|torical event. But denying mechanical necessity is not denying structural necessity, i.e., trends, tendencies, chances which determine the limits between which freedom may act. Historical dialectics is the attempt to describe such structural necessities and to derive from their analysis the general directions for action. Historical dialectics in this sense continues the prophetic interpretation of the "signs of the times", which itself is in the line of the ancient art of oracles (which in its non-commercialized, genuine form was a unity of political and moral demand.) Religious Socialism has gained a new understanding of this meaning of historical dialectics which has been lost in Christianity as well as in Marxism. Christianity in its moralistic transformation has suppressed the consequences of the classical Christian doctrine of man and its emphasis on the [s]bondage of the will – finiteness[s], tragedy, and structural necessity in personal and social life. Instead of that it has accepted the idealistic principle: You can what you will. The "men of good will" are the forces which will bring about the next and nearly perfect stage of history. In opposition to this "idealistic" freedom without finitude a depraved historical "materialism" pronounced a finitude without freedom. It considered the historical process as a calculable mechanism so that the future can be expected without any radical action. Its coming is necessary, and nothing can be done about it. Neither can those who dislike its coming prevent it, nor can those who like its coming speed it. Calculation replaces action. This was the doctrine which spelled the doom of the German [t]Social[t] democracy. The psychological attitude corresponding with this understanding of historical dialectics is a union of waiting and acting. The symbolic expression of this attitude is the New Testament announcement that the Kingdom of God is "at hand." "At hand" means near, not yet present and no more in an indefinite future. It demands acting and waiting at the same time. This is the attitude of every wise psychotherapist who has to wait for the right moment as if no acting were possible and to act as if every moment were the right one. Historical and personal dialectics demand the same attitude which is based on human nature, namely, the structure of finite freedom, the key to the problem of "dialectical processes."

It is also the key to the question of the "favoured place" for historical understanding and action. From the doctrine of finite freedom follows immediately that the place of the mere observer is not the favoured place for analyzing and transforming history. The observer may see many facts, but he cannot "understand" them because he is not within the realm of decisions in which the facts receive their "existential" meaning. He tries to trespass human finiteness by gaining a stand above our historical existence; but in doing so he loses the meaning of history. This is the attitude of a large group of social scientists who try to determine history from the point of view of the observer and who, actually, become the tools of undiscovered and unaccepted social forces. Equally removed from the favoured place of historical understanding and acting are the mere activists, those who always decide, but without freedom from the finite demands of the daily changing situation. They are within the situation and its finitude. But they have sacrificed their freedom. They act and act and never stop. They become mechanized in terms of stimulus and response without the creative intermission, in which new | possibilities appear and the necessity of a given situation is transcended. This is the attitude of the political "practician" who knows how to handle any given situation but who knows nothing about the meaning and the limits of this situation. While the "observer" cannot determine history because he is detached from it, the "activist" cannot determine history because he is enslaved by it. The former neglects the finitude, the latter the freedom of man's historical existence. The "prophetic" spirit transcends history within history, united finiteness with freedom.

This spirit can appear only where the self-secluding finitude of man's existence is liberated by internal or external events of a catastrophic character. The favoured place for historical understanding and acting is "broken finitude," namely, a finitude which is opened for the infinite by suffering. Every finite reality, by tragic necessity, tries to elevate itself to infinite significance. As long as this is attempted the finite creates an "ideology" by which it rationalizes its own given finitude and all its limitations and distortions. This "escape from freedom" (Fromm[u]), namely, from the freedom of self-transcendence, makes creative knowledge and action completely impossible. The "ideological lie" – just because it is not a conscious lie – keeps the truth about our personal and historical existence in darkness. Men, individuals as well as social groups, would not tolerate its discovery. The favoured place of historical understanding and acting, therefore, is the place where ideology and rationalization have become impossible, where finiteness is broken in its claim to maintain itself, where necessity is opened for creative freedom. In this sense the Greek tragedy was a religious way of destroying human ideologies. The tragic event breaks the unconscious pride of a finite being. In the great prophets it is the punished and ruined nation which is elected as the bearer of future history. Its nationalistic ideologies are broken. In the message of Christ it is the poor, the meek, the sorrowful and persecuted who are favoured for recognizing and entering the Kingdom of God. In Marx's vision of the present world it is the proletariat which has the favoured place for truth and action because it is at the edge of complete dehumanization, where no more ideology is possible. Religious Socialism also asks the question of the "favoured place" or of the "liberated finitude" without being able to identify it with a special sociological group. Religious Socialism is inclined to believe that "broken" people in all groups are the "favoured place" in our present historical situation.

Finiteness is a meaningful concept only in its polar relation to infinity. In defining man by the structure of finite freedom we have defined him religiously by implication. It is not our intention to make this implication explicit. Sometimes this must be done; sometimes it is more adequate to point indirectly to the religious foundation of a doctrine of man and history. Nevertheless, in every statement of this paper the religious background was transparent – at least for those who know the connotations of words like freedom and finitude. The man whose structure is finite freedom is the man who by its very nature inescapably is related to the infinite. This last assertion is the first one in significance for Religious Socialism.[v]

Kritischer Apparat

10	a–a	fehlt in B und C
11	b–b	B, C: dann
12	c–c	B, C: Selbstdarstellung
13	d–d	A: abbrevating [Druckfehler]
	e	Tillich bezieht sich auf seinen Aufsatz The Conception of Man in Existential Philosophy, in: JR 19, 1939, 201–215.
	f–f	fehlt in B und C
	g–g	A: implicity [Druckfehler]
14	h–h	B, C: sich entwickelt
	i–i	fehlt in B und C
	j–j	B und C: und in dieser Hinsicht ist er nicht in ihr.
	k–k	fehlt in B und C
	l	Nietzsche, Also sprach Zarathustra (Von Kind und Ehe): „Einen höheren Leib sollst du schaffen, eine erste Bewegung, ein aus sich rollendes Rad, einen Schaffenden sollst du schaffen“ (Kritische Studienausgabe, Berlin/New York [dtv/de Gruyter] 1980, Band 4, 90).
	m	„Es kann die Spur von meinen Erdetagen/ Nicht in Äonen untergehn“ (Faust, 2. Teil, 5. Akt = 11583f.).
16	n	Röm 8, 21
17	o–o	B, C: die gegenwärtigen Katastrophengeschehnisse
18	p	Aldous Huxley, Brave New World. A Novel. Garden City, New York 1932.
	q	Beyond Tragedy, Titel eines Buches von Reinhold Niebuhr, New York 1937, deutsch: Jenseits der Tragödie. Betrachtungen zur christlichen Deutung der Geschichte, München 1947.
19	r–r	A: nomade [Druckfehler], B, C: Nomade [Übersetzung von A].
20	s–s	A: bondage of the will-finiteness B, C: Gebundenheit des Endlichen [Überset-

zungsfehler, weil Walter M. Mosse Trennstrich als Bindestrich verstand]

t–t fehlt in B und C

21 u Erich Fromm, Escape from Freedom, New York 1941; Die Furcht vor der Freiheit, ins Deutsche übers. von Rudolf Frank, Zürich 1945.

22 v Anmerkung in A: This paper was presented by Dr. Tillich in the Philosophy Group, of the National Council on Religion in Higher Education.

17. Programm für ein demokratisches Deutschland (1944)

Die deutsche Fassung:

A 1. Erster Entwurf, handschriftl. von Paul Tillich, 10 S., unvollständig, beginnend mit: „Die drei Weltmächte, die für das Schicksal Europas und Deutschlands entscheidend sind ...“ [s. u. Anlage 1]

A 2. Zweiter („neuer“) Entwurf, handschriftl. von Paul Tillich, 15 S., beginnend mit: „Die Vereinigten Nationen haben sich unter Führung der Weltmächte zu gemeinsamer Vorbereitung des Wiederaufbaus der Welt zusammengefunden“ [s. u. Anlage 2]; masch.-schriftl. Abschrift, 5 S., mit handschriftlichen Korrekturen Paul Tillichs.

A 3. Dritter Entwurf, handschriftl. von Paul Tillich, 17 S., beginnend mit: „Das Ende des Europäischen Krieges ist in die Nähe gerückt ...“; masch.-schriftl. Abschrift, 6 S., mit zahlreichen handschriftl. Korrekturen Paul Tillichs. – Übersetzung ins Englische in Tillichs Handschrift, 12 S., und deren Abschrift in Maschinenschrift.

A 4. Vierter Entwurf, handschriftl. von Paul Tillich, 17 S., beginnend mit: „Der militärische und politische Verlauf des Krieges hat gezeigt ...“ Typoskript, 4 S., mit angehefteter englischsprachiger Unterzeichnerliste = Version B .

B. (Druckvorlage) Typoskript, hektographiert, 4 S., ohne Überschrift, mit angehefteter englisch-sprachiger Unterzeichnerliste = Vorlage für die publizierten Versionen C, D, E.

C. [Programm für ein demokratisches Deutschland] In: New Yorker Staats-Zeitung und Herold vom 3. Mai 1944.

D. [Programm für ein demokratisches Deutschland] In: Rochester Abendpost vom 4. Mai 1944 [mit einigen Auslassungen].

E. [Programm für ein demokratisches Deutschland] In: The German American vom 15. Mai 1944, S. 3f. – Auf S. 1 angekündigt als: The Declaration Of The Council For A Democratic Germany.

F. Programm für ein demokratisches Deutschland. In: GW XIII (1972) 313–318.

G. Deklaration, mit der der Council for a Democratic Germany am 3. Mai 1944 an die Öffentlichkeit trat, in: Ursula Langkau-Alex, Thomas M. Ruprecht (Hg.), Was soll aus Deutschland werden? Der Council for a Democratic Germany in New York 1944–1945. Aufsätze und Dokumente (Quellen und Studien zur Sozialgeschichte. Herausgegeben vom Internationalen Institut für Sozialgeschichte, Amsterdam, Band 15). Campus Verlag Frankfurt/New York 1995, S. 155–163.

Die englische Fassung:

A. engl.: Declaration. Typoskript, 7 S., beginnend mit: „The military and political course of the war ...“

B. engl.: A Declaration Of The Council For A Democratic Germany. Typoskript in verschiedenen Aufmachungen, 6 S. bzw. 4 S., Datum: April 1944, beginnned mit: "Only through cooperation ..." = Vorlage für die publizierte Version C engl. – Einige der Exemplare mit masch.-schriftl.Korrekturen, die in C engl. nicht übernommen wurden.

C. engl.: Program for a Democratic Germany. In: Christianity and Crisis (New York), vol. IV, no 8, vom 15. Mai 1944, S. 3–5. – Als doppelt gefaltetes Blatt nachgedruckt.

D. engl.: Programm des Council for a Democratic Germany. In: Mit dem Gesicht nach Deutschland. Eine Dokumentation über die sozialdemokratische Emigration. Aus dem Nachlaß von Friedrich Stampfer ergänzt durch andere Überlieferungen. Herausgegeben im Auftrage der Kommission für Geschichte des Parlamentarismus und der politischen Parteien von Erich Matthias. Bearbeitet von Werner Link. Droste Verlag Düsseldorf 1968, S. 649–652 (Nr. 163). – Abdruck von C engl.

E. engl.: Program for a Democratic Germany. In: Paul Tillich, Theology of Peace. Edited and introduced by Ronald H. Stone. Westminster/Knox Press, Louisville, Kentucky 1990, S. 105–110.– Abdruck von C.

[Die hier genannten Handschriften und Typoskripte befinden sich in Harvard University Cambridge, Mass., Houghton Library, Council for a Democratic Germany, Records and Papers, 1943–1945, Sign. Bms Germ 135.]

Zur Textgeschichte

Nach Bekanntwerden der Gründung des Nationalkomitees Freies Deutschland (NKFD) in Moskau im Juli 1943 wandte sich Paul Hagen (alias Karl B. Frank), Vertreter der sozialistischen Neu Beginnen-Gruppe in den USA und Research Director der Friends of German Freedom (FGF), an den Schriftsteller Thomas Mann mit dem Vorschlag, in den USA als Gegengewicht zu dem Moskauer Nationalkomitee einen überparteilichen Zusammenschluß der deutschen Emigranten zu organisieren. Hatte das kommunistische Moskauer Komitee sich vorwiegend an die Soldaten der deutschen Wehrmacht gerichtet und kein Interesse an dem Aufbau eines freiheitlich-demokratischen Deutschland gezeigt, so wollten die Friends of German Freedom nach dem Sieg über Deutschland dessen militärische Besetzung und Demokratisierung. Einer ihrer Wortführer war Reinhold Niebuhr. Thomas Mann war zunächst durchaus positiv eingestellt zu einer überparteilichen Sammlung der politischen Kräfte der deutschen Flüchtlinge, wollte aber selbst keine Führungsrolle in einem solchen Komitee übernehmen. Im November 1943 kam mehrmals in seinem New Yorker Hotelzimmer eine Anzahl prominenter Emigranten zusammen, um die Gründung eines solchen Komitees vorzubereiten, die er die „Tillich-Leute" nannte, darunter außer Paul Tillich der schon genannte Paul Hagen, Paul Hertz, Hans Staudinger und Carl Zuckmayer, später auch Bertolt Brecht (vgl. Thomas Mann, Tagebücher 1940–1943. Hg. von Peter de Mendelssohn. Frankfurt am Main 1982, Eintragungen vom 11. August, 4., 15. und 19. November 1943). Aus diesen Zusammenkünf-

ten stammen die ersten beiden Entwürfe einer Erklärung (A 1 und 2), die dann noch weiter überarbeitet wurde, bis sie am 3. Mai 1944 in deutscher und englischer Sprache veröffentlicht wurde. Alle diese Entwürfe stammen von Paul Tillich. Zu den Unterzeichnern gehörten Bertolt Brecht und Heinrich Mann, nicht aber Thomas Mann. Zu Bertolt Brechts Engagement für die Erklärung vgl. seinen Brief an Paul Tillich vom April 1944 (Bertolt Brecht, Briefe, hrsg. von Günter Glaeser, Frankfurt am Main 1981, Nr. 482).

Paul Tillich hatte in einer am 21. November 1938 im Madison Square Garden in New York gehaltenen Rede sein bisheriges Schweigen gebrochen. Unter Bezugnahme auf das Pogrom vom 9. November („Reichskristallnacht") rief er die deutschen Lutheraner zu einer eindeutigen Entscheidung im Geiste Martin Luthers gegen den Nationalsozialismus auf: „You must see that the spirit of Luther lives today not in those who compromise again and again only to be disillusioned but in the uncompromising spirit of such a man like Martin Niemöller, over whose fate the Christian churches are incidentally greatly concerned ..." (Paul Tillich, The Meaning of Anti-Semitism, S. 58, in: Paul Tillich, Theology of Peace, ed by Ronald H. Stone, Louisville 1990, S. 57–61). Nur der könne für das wahre Deutschland sprechen, der kompromißlos Nein zum gewalttätigen Deutschland gesagt habe. Im gleichen Jahre hatte er – in Zusammenarbeit mit Eduard Heimann, Max Horkheimer, Adolph Lowe, Thomas Mann, Reinhold Niebuhr, Hans Staudinger und anderen – Thesen zur Standortbestimmung der deutschen Emigranten vorgelegt („Die politische und geistige Aufgabe der deutschen Emigration", GW XIII 200–216). Darin lehnte er politische Aktionsprogramme für den Fall der Rückkehr nach Deutschland als unrealistisch ab. Als besondere Chance für die Emigration erkannte er ihr Schicksal, „zwischen die Räume" gestellt und „aus der Kontinuität einer zeitlichen Entwicklung herausgerissen" zu sein. Nach der Proklamation der Atlantic-Charta (14.8.1941), in der u.a. die politische Selbstbestimmung der Völker sowie die internationale wirtschaftliche Zusammenarbeit von Siegern und Besiegten als Friedensziele herausgestellt wurden, antwortete Tillich in einer kritischen Stellungnahme zu den Kriegszielen (War Aims, deutsch in: GW XIII 254–269), in der er die Schaffung eines die Souveränität der Einzelstaaten aufgebenden europäischen Staatenbundes (eine „föderative Union") forderte, wolle man die Vernichtung Europas in einem 3. Weltkrieg verhindern. Ebenso wichtig war ihm aber auch die Einsicht, daß die innere Ordnung der Staaten nicht mehr dem freien Spiel der Kräfte bzw. dem „Glauben an die ausgleichende Kraft der Marktgesetze" überlassen werden kann und daß ein neues Prinzip – jedenfalls für den europäischen Staatenbund – gelten muß, ein Prinzip, das „die schöpferische Freiheit der Einzelperson" garantiert, „indem es sie vor Ausbeutung, Unsicherheit und Verzweiflung befreit und davor schützt" (GW XIII 263). Das Versäumnis, nach dem 1. Weltkrieg eine neue politische und gesellschaftliche Ordnung zu schaffen, war ihm Warnung und Herausforderung zugleich. Hatte Thomas Mann sich seit dem Herbst 1940 in 25 Radiosendungen über die BBC an die Deutschen gewandt, so setzte nun Tillich ab Frühjahr 1942 über die Voice of America diese Ansprachen an die Deutschen fort (EGW III: An meine deutschen Freunde. Die politischen Reden während des zweiten Weltkrieges über die „Stimme

Amerikas", hrsg. von Karin Schäfer-Kretzler, Stuttgart 1973). So lag es nahe, daß nach der Absage Thomas Manns Bertolt Brecht als Sprecher der Exilschriftsteller versuchte, Paul Tillich als Vorsitzenden des Komitees zu gewinnen, worin aber z. B. der Schriftsteller Hans Sahl, einst Kommunist und jetzt Antikommunist, die Erledigung einer kommunistischen Auftragsarbeit und den Beweis für den prokommunistischen Kurs des Komitees sah (vgl. Hans Sahl, Das Exil im Exil. Memoiren eines Moralisten II, Darmstadt 1990, S. 150f.). Dies zeigt das Mißtrauen, das viele Emigranten dem Komitee entgegenbrachten.

Tillich ließ sich von Brecht überreden und übernahm die Leitung des Komitees, das sich am 3. Mai 1944 als Council for a Democratic Germany mit der von Tillich formulierten Deklaration einem ausgewählten Kreis amerikanischer Politiker und Journalisten vorstellte. 57 prominente amerikanische Intellektuelle, unter ihnen John C. Bennet, John Dewey und Reinhold Niebuhr, unterstützten die Gründung des Council mit einer Empfehlungserklärung.

Die Deklaration des Council vom 3. Mai 1944 forderte als Vorbedingung einer Lösung der deutschen Frage die Vernichtung des Nationalsozialismus, seiner Träger und ihre völlige politische, soziale und wirtschaftliche Entmachtung durch Auflösung des Großgrundbesitzes und der Großindustrie und Beseitigung des Militarismus und der ihn tragenden Gruppen. Ein entwaffnetes Deutschland müsse aber „zusammen mit den übrigen europäischen Völkern in den Rahmen eines europäischen Sicherheitssystems eingefügt" werden. Die Prinzipien der Atlantic-Charta sollen auch für Deutschland gelten. Die Deklaration wandte sich gegen Pläne zur „Verelendung" und „Versklavung" wie zur politischen und wirtschaftlichen Aufteilung Deutschlands. Deutschland als Wirtschaftsmacht müsse aber in „ein einheitliches europäisches System" eingeordnet werden, durch das „die wirtschaftliche Zusammenarbeit der europäischen Völker ermöglicht und die Bedeutung der politischen Grenzen herabgemindert" würden. Das deutsche Volk müsse sich selbst innerlich vom Nationalsozialismus befreien und eine „innerlich gesicherte Demokratie" aufbauen. Ihm müsse die Möglichkeit gegeben werden, seine „geistigen und kulturellen Kräfte in Freiheit zu entwickeln".

In der Rede, die Tillich als Chairman auf der Gründungsversammlung am 17. Juni 1944 hielt (GW XIII 318–322), beschrieb er offen das Problem, das die Arbeit des Council von Anfang an und bleibend belastete: die Zusammensetzung. Tillichs Stichwort für die Lösung dieses Problems lautete: Balance. Man habe darauf geachtet, so betonte er, daß „sogenannte Bürgerliche, Persönlichkeiten, die dem Zentrum, der Sozialdemokratie, der Neubeginnen-Gruppe, dem Kommunismus nahestanden, sowie Parteilose in angemessener Proportion im Council vertreten sind" (319). Die Balance war also nicht das Spiegelbild der deutschen Emigration, sondern sie sollte "die zu erwartenden Kräfte eines demokratischen Wiederaufbaus in Deutschland abbilden" (319). Aber erinnerte dieser Wunsch nicht an die politischen Konstellationen der Weimarer Republik, abzüglich der politischen Rechten?

Ablehnung und Skepsis gegenüber dem Council und seinem Programm waren unübersehbar. Tillichs Freunde und Kollegen von der New School of Social Research, Eduard Heimann und Adolph Lowe z. B., distanzierten sich ebenso wie der Kreis um Max Horkheimer und sein Institute for Social Research (allerdings unterschrieb auch Friedrich Pollock). Der Vorstand der SPD im Exil (SOPADE) sah im Council eine kommunistische Tarnorganisation und betrachtete allein die German Labor Delegation als legitime Vertretung des Demokratischen Sozialismus im Sinne der SPD und der deutschen Gewerkschaftsbewegung. Im übrigen entsprach die Deklaration des Council wohl kaum den Vorstellungen der Alliierten über die künftige Besatzungsregierung in Deutschland und die Aufteilung Deutschlands in Zonen. Die Konferenzen von Jalta und Potsdam bedeuteten faktisch das Ende der Arbeit des Council.

Literatur über den Council und Paul Tillich: Claus-Dieter Krohn, Der Council for a Democratic Germany, in: Ursula Langkau-Alex, Thomas M. Ruprecht (Hg.), Was soll aus Deutschland werden? Der Council for a Democratic Germany in New York 1944–1945. Aufsätze und Dokumente. Frankfurt/ New York 1995, S. 17–48; Ursula Langkau-Alex und Thomas M. Ruprecht, Council for a Democratic Germany: Übersicht über Komitees, Ausschüsse und deren Zusammensetzung, ebd., S. 270–277.

Programm für ein demokratisches Deutschland

Der militärische und politische Verlauf des Krieges hat gezeigt, daß der Wiederaufbau Europas – nach der notwendigen und unvermeidlichen Niederlage Hitler-Deutschlands – nur durch eine Zusammenarbeit der Westmächte und Rußlands geleistet werden kann. Jeder Versuch einer einseitigen Neuordnung Europas, sei es von Osten, sei es von Westen, würde zu Konflikten führen, die gleich verhängnisvoll für Europa wie für die übrige Welt wären. Einig in dieser Beurteilung der europäischen Lage haben sich Persönlichkeiten aus verschiedenen Berufen, Gruppen und Richtungen – [a]die als Gegner des Nationalsozialismus von Deutschland nach Amerika gekommen sind[a] – zusammengeschlossen, um zu der Frage der Zukunft Deutschlands im Rahmen der Lösung der europäischen Frage Stellung zu nehmen.[b]

Die Unterzeichner der folgenden Erklärung sind sich bewußt, daß sie keinen formellen Auftrag vom deutschen Volk erhalten haben. Sie meinen aber, in ihrer Zusammensetzung Kräfte und Tendenzen zu verkörpern, die für den Aufbau eines neuen Deutschlands im Rahmen Europas und der Welt unentbehrlich sein werden. Sie fühlen sich darum verpflichtet – wesentlich auch im Interesse des amerikanischen Volkes und seiner Verbündeten – in einer Zeit, in der das deutsche Volk nicht für sich selbst sprechen kann, ein Wort über die Zukunft Deutschlands zu sagen. Sie tun das in voller Unabhängigkeit, wie sie in den Vereinigten Staaten gewährleistet ist. [c]Alle Unterzeichner haben von Anfang an den Nationalsozialismus bekämpft, allen haben sich durch ihren Aufenthalt in nichtdeutschen Ländern, ob sie Bürgerrechte in ihnen erworben haben oder nicht, neue und weitere Ausblicke für ihr politisches Denken eröffnet.[c]

I

Die Lösung des deutschen Problems ist ein Teil der Lösung des europäischen Problems. Die berechtigten Ansprüche aller europäischen Nationen auf Wiederherstellung und Sicherheit müssen erfüllt werden, Maßnahmen, die die Wiederholung eines europäischen Krieges unmöglich machen, müssen getroffen werden, wenn die Neugestaltung Europas und eine Lösung des deutschen Problems in Angriff genommen wird. Es ist unvermeidlich, daß das deutsche Volk die Folgen des von Hitler verschuldeten Krieges tragen muß. Und doch kann niemand bezweifeln, daß es ohne eine [d]gerechte[d] Lösung der deutschen Frage keine dauerhafte Lösung der europäischen Frage gibt.

Die Vorbedingung jeder Lösung ist die Besiegung des Nationalsozialismus, die Vernichtung seiner [e]Träger[e] und die Ausrottung seines Geistes in Deutschland und in jedem anderen Land. Das muß geschehen während der Kämpfe um die Befreiung Europas, [f]in Erhebung der Deutschen gegen die Nationalsozialisten[f], durch Verfolgung der dann noch vorhandenen Kriegsverbrecher. Darüber hinaus aber müssen die Gruppen, die die Träger des deutschen Imperialismus waren und die für die Auslieferung der Macht an den Nationalsozialismus verantwortlich sind, ihrer politischen, sozialen und wirtschaftlichen Machtstellung entkleidet | werden. Das gilt in besonderem Maße für den Großgrundbesitz, die Großindustrie und die Militärkaste, [g]deren Zusammenwirken[g] das deutsche Schicksal wieder und wieder unheilvoll bestimmt hat. Wenn das deutsche Volk die Auflösung des Großgrundbesitzes, die Kontrolle der Großindustrie, die Beseitigung des Militarismus und die Ausschaltung der von diesen Gruppen abhängigen Beamten, Richter und Erzieher durchzuführen sucht – um endlich eine ständige Bedrohung seiner politischen Existenz zu beseitigen – so darf es nicht von außen daran gehindert werden.

Ein entwaffnetes Deutschland muß zusammen mit den übrigen europäischen Völkern in den Rahmen eines [h]europäischen[h] Sicherheitssystems eingefügt werden. Es ist eine selbstverständliche Forderung, daß Deutschland alle eroberten Gebiete zurückgibt und die angerichteten Schäden durch Sachleistungen bis an die Grenzen seiner Kräfte wiedergutmacht. Es darf aber nicht vergessen werden, daß die Massen der deutschen Nazigegner [i]die ersten waren, die sich der Nationalsozialismus unterworfen hat[i], daß sie den Krieg, [j]der auch sie mit immer größerer Härte trifft[j], nicht gewollt haben, und daß sie durch ihren wachsenden [k]– obwohl von außen her wenig sichtbaren –[k] Widerstand die Nazis zu ständiger Vermehrung ihres innerdeutschen Terrorapparates und zur Festlegung starker militärischer Kräfte zwingen. Maßnahmen, die zu einer Versklavung Deutschlands und Verelendung der großen Mehrheit seiner Bewohner führen würden, können daher nicht als [l]gerecht[l] anerkannt werden. Es sollte außerdem bedacht werden, daß die Aufgabe der Prinzipien der Atlantic Charter in *einem* entscheidenden Fall ihre allgemeine Aufgabe bedeutet.

Es wäre verhängnisvoll für die Zukunft Europas, wenn Deutschland politisch und ökonomisch zerrissen würde. Das würde einen fruchtbaren Nährboden für pan-germanistische Bewegungen schaffen. Es würde Deutschland der Möglichkeit berauben, seine Zukunft verantwortlich zu gestalten, es würde die größte nationalsozialistische Irredenta aller Zeiten schaffen, und es würde wertvolle Kräfte anderer Völker in der Niederhaltung dieser Irredenta erschöpfen.

II

Es ist für die wirtschaftliche Zukunft Europas und der Welt notwendig, daß die deutsche Produktivkraft erhalten bleibt. Würde sie zerstört, [m]so würde die Produktion und die Konsumption aller europäischen Länder heruntergedrückt[m] und ein Wirtschaftsaustausch zwischen anderen Kontinenten und Europa zum großen Teil verhindert werden. Es würden außerdem Millionen von Deutschen dauernd arbeitslos gemacht und zu einer unfreiwillig parasitären Existenz verdammt werden. Dadurch würde in der Mitte Europas ein ständiger Unruheherd entstehen.

Die deutsche Produktivkraft muß in ein einheitliches europäisches System der Produktion und Konsumption eingeordnet werden. Durch ein solches System würde die wirtschaftliche Zusammenarbeit der europäischen Völker ermöglicht und die Bedeutung der politischen Grenzen herabgemindert werden. Deutschlands wirtschaftliche Vormachtstellung und die Gefahr einer deutschen Wiederaufrüstung würden durch gesamteuropäische Planung und Kontrolle beseitigt werden. Nur dann könnte Deutschland die Pflicht der sachlichen Wiedergutmachung in weitem Maße erfüllen und wäre, zusammen mit dem übrigen Europa, vor den Gefahren der Verelendung geschützt. |

III

Für die Entwicklung Deutschlands zu einer vom Volk bejahten Demokratie ist es erforderlich, daß die militärischen und zivilen Repräsentanten der [n]Vereinten[n] Nationen die künftigen Träger einer solchen Demokratie von vornherein gewähren lassen. Es ist weiter erforderlich, daß alle diejenigen ausgeschlossen werden, die für den Aufstieg des [o]Nationalsozialismus[o] mit verantwortlich sind, auch wenn sie anfängliche Vorteile bieten. Dafür müssen alle diejenigen einbezogen werden, die dem Nationalsozialismus widerstanden haben, die Unbekannten [p]der Untergrundbewegung[p], der Gestapogefängnisse und Konzentrationslager, [q]Gewerkschafter[q] und Arbeiter aus der Arbeiterbewegung, die Widerstandskreise der Kirchen und Intellektuellen, des Mittelstandes in Stadt und Land und einzelne Persönlichkeiten, die zu keiner dieser Gruppen gehören. Auf sie muß sich die künftige deutsche Demokratie stützen. Mit ihrer Hilfe muß die Bildung einer unabhängigen Regierung vorbereitet, müssen Garantien der Rechtssicherheit und die Grundrechte der Deutschen ohne Verzug in Kraft gesetzt werden. Die Aufhebung der Rassengesetze muß sofort erfolgen, ebenso wie die Wiederherstellung der religiösen und wissenschaftlichen Freiheiten. Die Presse-, Versammlungs- und [r]Vereinigungs-Freiheit[r] muß wieder eingeführt werden. Dem Neubau der Arbeiterbewegung dürfen keine Hindernisse in den Weg gelegt werden. Die von den Nationalsozialisten geschaffenen Einrichtungen müssen beseitigt, die von ihnen beseitigten sozialen und demokratischen Einrichtungen müssen neu geschaffen werden.

Wenn das deutsche Volk es unternimmt, durch eine Massenbewegung den Nationalsozialismus in seinen Wurzeln auszurotten und den Boden für eine künftige, innerlich gesicherte Demokratie zu errichten, so sollte ein solches Ereignis von den [s]Vereinten[s] Nationen begrüßt, keinesfalls aber erschwert oder verhindert werden. Nur wenn das deutsche Volk durch eine solche Bewegung sich selbst vom Nationalsozialismus befreit, ist es ganz frei. Der Sieg der [t]Vereinten[t] Nationen kann und muß die äußere Macht des Nationalsozialismus über das deutsche Volk brechen; aber nur das deutsche Volk selbst kann sich innerlich von ihm befreien. – Darum sollte dem deutschen Volk ein [u]Frieden[u] gegeben werden, den es trotz aller Lasten, die er bringen wird, [v]als gerecht empfinden kann[v]. Es muß die innere und äußere Möglichkeit geschaffen werden, daß Deutschland [w]eine Regierung durch das Volk und für das Volk[w] entwickelt und aufrechterhält.

IV

Die Erziehung des deutschen Volkes zur Demokratie kann nur im Zusammenhang mit seinem geschichtlichen Erleben erfolgen. Es sind Anzeichen da, daß eine solche Entwicklung schon im Gange ist. Sie finden sich in der älteren Generation, die immer nur in begrenztem Maße vom Nationalsozialismus erfaßt war. [x]Sie finden sich bei den Jüngsten, die vielfach gegen den Geist des Nationalsozialismus rebellieren.[x] Sie finden sich in geringerem Maße in der Generation, die den Nationalsozialismus getragen hat und die jetzt für ihn auf den Schlachtfeldern verblutet. Aber auch in ihr fehlt der Widerstand nicht. Es ist sicher, daß alle diese Ansätze durch die Katastrophe und Ausrottung des Nationalsozialismus zur Entfaltung kommen werden. |

Gleichzeitig mit dieser Erziehung des deutschen Volkes durch das historische Geschehen muß die deutsche Jugend durch solche [y]Deutsche[y] erzogen werden, die den Sinn dieses Geschehens begriffen haben. Eine Erziehung durch Ausländer ist psychologisch unmöglich. Wohl aber ist es dringend erwünscht, daß der kulturelle Austausch zwischen Deutschland und den übrigen Ländern bald und in weitem Umfange wieder aufgenommen wird. – Die für das geistige Leben [z]wichtigen Einrichtungen[z] wie Universitäten, Schulen, Lehrbücher, öffentliche Bibliotheken, Theater, Kinos usw. müssen von allem gereinigt werden, das den Stempel des Nationalsozialismus trägt oder zu ihm geführt hat. Das gilt von Personen wie von Sachen. Es muß dem deutschen Volk die Möglichkeit gegeben werden, seine geistigen und kulturellen Kräfte in Freiheit zu entwickeln.

Aufs Nachdrücklichste muß betont werden, daß keine Erziehung einen Sinn hat, deren Ideale von den gesellschaftlichen Verhältnissen Lügen gestraft werden. Demokratische Erziehungsideen ohne Versuche demokratischer Verwirklichung erregen Widerstand und Zynismus. Voraussetzung jeder erfolgreichen Erziehung des deutschen Volkes und in Sonderheit der deutschen Jugend zu Demokratie und Völkergemeinschaft ist eine Gesellschaftsordnung, die allen soziale Sicherheit und Möglichkeiten sinnvollen Lebens gewährt.

Die Unterzeichneten sind sich einig in der Überzeugung, daß das Ziel der europäischen Gestaltung nicht sein kann, das deutsche Volk niederzuhalten, sondern daß das Ziel sein muß, ein erneuertes, demokratisches Deutschland vor den Kräften innerer und äußerer Reaktion zu schützen. Das muß unmittelbar nach dem Aufhören der Feindseligkeiten beginnen. Eine innerlich gesicherte deutsche Demokratie ist der deutsche Beitrag für den Frieden Europas und der Welt.

Unterschriften

COUNCIL FOR A DEMOCRATIC GERMANY[2]

Organizing Committee

Provisional Chairman Paul Tillich, professor, Union Theological Seminary, New York – S. Aufhäuser, former member of Reichstag and president of the Federation of White Collar Workers' Unions – Dr. Horst Baerensprung, former County Governor and Police President, Magdeburg – Professor Friedrich Baerwald, formerly in the German Ministry of Labor, now Fordham University – Dr. Felix Boenheim, former Director of Hufeland Hospital, Berlin – Bertolt Brecht, author of "Drei Groschen Opera" – Dr. Hermann Budzislawski, former editor „Die Welt-Bühne" – Rev. Frederick J. Forell, formerly Breslau, pastor Second Presbyterian Church, New York – Dr. Kurt Glaser, formerly City Council of Chemnitz, Saxony – Albert C. Grzesinski, former Minister of State and Prussian Minister of the Interior – Paul Hagen, Research Director, American Friends of German Freedom – Dr. Paul Hertz, former member German Reichstag – Hans E. Hirschfeld, former head of Ministerial Department, Prussia – Joseph Kaskel, editorial representative, „Deutsche Blätter", published in Chile – Professor Julius E. Lips, former professor University of Cologne and Director of the Rautenstrauch-Joest Museum – Professor Alfons A. Nehring, formerly professor of philology University of Würzburg, now at Fordham University – Dr. Otto Pfeiffenberger, lawyer at Mannheim – Albert H. Schreiner, writer – Jakob Walcher, former Trade Unionist

***

Signers of the Declaration

Friedrich George Alexan, writer – Hans Apel, economist – Maximilian Beck, former editor of the „Philosophische Hefte" – Elisabeth Bergner, actress – Ernst Bloch, writer – Gerhard Bry, economist – Henry A. Cassirer, writer – Carl Cohen, instructor Harvard University – Paul Czinner, film director – Georg Dietrich, former member of the Reichstag – Hermann Duncker, economist – Lion Feuchtwanger, writer – Minna Flake, physician – Kate Frankenthal, M.D., former member of the Prussian Diet and of the Berlin City Council – Walter Friedländer, former head of the Welfare Department of the City of Berlin, now University of California – Alexander Granach, actor – Professor E.J. Gumbel, former professor University of Heidelberg, now New School for Social Research, New York – Ludwig Hacke, former editor of the „Volkszeitung", Plauen in Vogtland – Ernst Haase, physician – Elisabeth Hauptmann, writer – Fritz Haussmann, Dr. of jurisprudence – Hans von Hentig, former professor of law, University of Bonn, now professor University of Iowa – F.A. Hermens, professor Notre Dame University – Oscar Homolka, actor – Leopold Jessner, former director-general of State Theaters of Prussia – Marie Juchacz, former member of the Reichstag – Alfred Kantorowicz, writer – Robert Keller, former secretary of the Social Democratic Party in Halle – Emil Kirschmann, former member of the Reichstag – Fritz Kortner, actor – Richard Kroner, former professor Kiel University, now Union Theological Seminary, New York – Helmut Kuhn, former professor University Berlin, professor University of North Carolina – Max Liebl, theater director – Peter Lorre, actor – Heinrich Mann, author – Hans Marchwitza, writer – Siegfried Marck, former professor University of Breslau, now professor Y.M.C.A. College Chicago – Walter Marseille, psychologist – Henry E. Muller, editor – Karl Nierendorf, editor and art dealer – Albert Norden, writer – Karl Obermann, writer – K.O. Paetel, former editor of the monthly „Die sozialistische Nation" – Erwin Piscator, theater director, now New School for Social Research, New York – Hans Richter, professor City College, New York – Werner Richter, former head of the Educational Department of the Prussian government – Maximilian Scheer, editor – Hans Scherber, chairman of the German American Congress for Democracy, Detroit, Michigan – Erich Schmidt, former secretary German Labor Youth Movement, Berlin – Dr. Paul Schwarz, former German Consul-General, New York – Dr. Ludwig Eduard Saenger, former director Health Insurance Dental Clinic, Berlin – Willy Snell, former executive secretary Federation of Engineers, Technicians, Architects and Chemists, Berlin, now chairman of the German American Congress for Democracy, Chicago – Günther Stern, writer – Fritz Sternberg, economist and writer – Wolfgang Stresemann, conductor – Veit Valentin, former professor University of Freiburg, now Fletcher School of Law and Diplomacy – Walther Victor, writer – Berthold Viertel, writer – Heinrich H. Waechter, architect – Elisabeth Waechter, teacher – Martin Wagner, former Commissioner of City Planning, city of Berlin, now professor of regional planning at Harvard University – Herbert Weichmann, former head of the press department of the Prussian government – Albert Wollenberger, graduate student at Harvard University – Otto Zoff, writer – Friderike M. Zweig, writer –

Kritischer Apparat

Berücksichtigt werden die Abweichungen in E von der Druckvorlage B sowie die Version C engl, nicht jedoch die späteren Versionen.

a–a	fehlt in C engl
b	in C engl folgt hier der letzte Satz des folgenden Abschnitts von B
c–c	dieser Satz wird in C engl zum letzten Satz des 1. Abschnitts (vgl. b)
d–d	C engl: creative
e–e	C engl: those who brought Nazism to power
f–f	C engl: by the coming liquidation of the Nazism by the Germans themselves
g–g	C engl: whose political concepts and influence
h–h	C engl: international
i–i	C engl: the first victims of Nationalsocialism
j–j	fehlt in C engl
k–k	fehlt in C engl
l–l	C engl: unwise and unjust
m–m	C engl: the economic conditions would become hopelessly depressed in all countries of Europe
n–n	E: Vereinigten
o–o	E: Nationalismus
p–p	fehlt in C engl
q–q	E: Gewerkschaftler
r–r	E: Vereinigungsfreiheit
s–s	E: Vereinigten
t–t	E: Vereinigten
u–u	E: Friede
v–v	C engl: which is constructive and gives them hope for the future
w–w	C engl: a government of the people, by the people, and for the people
x–x	C engl: They are to be found even among those who have been educated under the Nazi system.
y–y	C engl: German democrats
z–z	B: wichtige Einrichtung [Schreibfehler]

Anlage 1: Erster Entwurf, handschriftl. von Paul Tillich

1. Die drei Weltmächte, die für das Schicksal Europas und Deutschlands entscheidend sind, haben sich zu gemeinsamem Handeln in der Vorbereitung und Durchführung des Wiederaufbaus der Welt zusammengeschlossen. Die völlige Niederlage Deutschlands ist eine Gewißheit, seitdem auf der Moskauer Konferenz die Gefahr eines Sonderfriedens mit Deutschland beseitigt ist. Das Ende des Europäischen Krieges ist in die Nähe gerückt und das Planen für die Stadien, die vom Zusammenbruch der Axismächte bis zum Abschluß des Frie-

dens führen, ist eine Aufgabe der Stunde geworden, eine Teilaufgabe der Kriegsführung selbst.

2. In diesem Augenblick haben sich Persönlichkeiten aus verschiedenen politischen Gruppen und Richtungen der deutschen Emigration in den Vereinigten Staaten vereinigt, um eine Erklärung abzugeben. Die Unterzeichner dieser Erklärung sind sich bewußt, daß sie weder das deutsche Volk als Ganzes noch einzelne Gruppen in ihm vertreten können. Sie glauben aber, daß sie in einer Zeit, wo das deutsche Volk nicht für sich selbst sprechen kann, ein Wort über die Zukunft Deutschlands sagen sollen. Sie glauben um so mehr dazu berechtigt zu sein, als ihre Erfahrungen in nicht-deutschen Ländern, die für manche von ihnen eine neue Heimat geworden sind, ihnen die Welthorizonte eröffnet haben, in denen heut jedes politische Denken geschehen muß.

3. Es ist unsere feste Überzeugung, daß die Besiegung und Ausrottung des Nationalsozialismus, seiner Träger und seiner Ideen die erste Bedingung für die Zukunft Deutschlands und Europas und für den Frieden der Welt ist. Das schließt nicht nur die Bestrafung der Nationalsozialisten ein, sondern auch die politische Entmächtigung, wirtschaftliche Enteigung und soziale Entmächtigung derjenigen Schichten der deutschen Gesellschaft, die dem Nationalsozialismus zur Macht verholfen haben, z. B. weite Kreise des Großgrundbesitzes, der Großindustrie, (der höheren Beamtenschaft), des Militärs. Das Bündnis der drei Gruppen war verantwortlich. Zu diesem Zweck Großgrundbesitz zerschlagen.

4. Die Unterdrückung des deutschen Volkes durch die Nazis, insonderheit in der bevorstehenden schlimmsten Terrorperiode, die Kriegsopfer, die Niederlage und ihre Folgen legen eine Last auf alle Deutschen, die als der gerechte Ausgleich dafür angesehen werden muß, daß das deutsche Volk sich zum Werkzeug der nationalsozialistischen Verbrechen hat machen lassen. Es muß auch anerkannt werden, daß die übrige Welt das Recht und die Pflicht hat, sich durch Entwaffnung und andere Maßnahmen gegen eine Wiederholung deutscher Angriffe zu sichern. Es darf aber nicht vergessen werden, daß die deutschen Massen die ersten Opfer Hitlers waren und daß Maßnahmen zu ihrer endgültigen Verelendung dem Geiste widersprechen würden, in dem dieser Krieg seitens der Vereinigten Nationen geführt wird.

5. Es wäre verhängnisvoll, nicht nur für die soziale und seelische Wiedergeburt des deutschen Volkes, sondern auch für die Zukunft Europas und die Ruhe der Welt, wenn Deutschland in verschiedene souveräne Staaten zerrissen würde. Eine solche Maßnahme würde die größte Irredenta aller Zeiten schaffen und die konstruktiven Kräfte der maßgebenden Völker auf die negative Aufgabe lenken, diese Irridenta niederzuhalten.

6. Nicht nur für die physische Existenz der deutschen Massen, sondern auch für die Wirtschaftsentwicklung Europas und der Welt ist es entscheidend, daß die deutsche Produktivkraft erhalten bleibt. Werden die Quellen dieser Produktivkraft verschüttet, so ist ein Menschenexport aus Deutschland in die umliegenden Länder unvermeidlich, der auf den Arbeitsmarkt der anderen Länder drükken und die von den Nationalsozialisten eingeführte Sklavenarbeit zu einer

Dauereinrichtung machen würde. Gleichzeitig würde die Produktion und Konsumption aller Europäischen Länder heruntergehen und Exportmöglichkeiten nach Europa vernichtet werden.

7. Wenn die deutsche Produktivkraft, statt zerstört zu werden, in ein Europäisches System der Produktion und Konsumption eingeordnet würde, wären eine Reihe schwieriger Nachkriegsprobleme gelöst. Die wirtschaftliche Grundlage für eine Zusammenarbeit der europäischen Völker wäre gegeben, Deutschland hätte die Möglichkeit, an dem Wiederaufbau der von den Nazis ausgeraubten und ruinierten Länder teilzunehmen, der Lebensstand aller Europäischen Völker würde gehoben werden, und in Deutschland selbst würden die Massen durch ein gewisses Maß wirtschaftlicher Sicherheit von einer Verherrlichung der Nazi-Vergangenheit abgehalten werden.

8. Es ist unbedingt erforderlich, daß die Vereinigten Nationen durch ihre militärischen und civilen Repräsentanten nur mit denjenigen Gruppen in Deutschland zusammenarbeiten, die eine Garantie für eine machtvolle deutsche Demokratie und die völlige Einfügung Deutschlands in die übergreifenden politischen und wirtschaftlichen Einheiten garantieren. Das schließt alle die aus, die den Nationalsozialisten Vorschub geleistet haben – auch wenn die Zusammenarbeit mit ihnen den Vertretern der Vereinigten Nationen bequem wäre. Und es schließt ein Angestellte, Bauern, Arbeiter, Gewerkschaftsführer, Beamte und Politiker, Geistliche, Intellektuelle, soweit sie dem Nationalsozialismus widerstanden haben, auch wenn die Zusammenarbeit mit ihnen den Vertretern der Vereinigten Nationen nicht bequem wäre.

9. Der Aufbau eines demokratischen Deutschland schließt die Notwendigkeit ein, die Arbeiterbewegung wiederaufzubauen, die Rassengesetze aufzuheben und alle Rassenpropaganda in Rede, Druck und Unterricht unmöglich zu machen, den Kirchen die geraubten Güter und eine unabhängige Verfassung wiederzugeben, die Rechtssicherheit im Rechtsstaat herzustellen, die Garantie der Menschenrechte zum obersten Grundsatz der Verfassung zu machen, und die Wahl einer unabhängigen allein vom Vertrauen des Volkes getragenen Regierung zu ermöglichen.

10. Das deutsche Volk ist durch das Schicksal der letzten Jahre umgeformt worden. Erziehung darüber hinaus kann nicht durch Vertreter der Sieger, sondern nur durch Deutsche geschehen, die den Sinn des deutschen Schicksals und die Notwendigkeit einer deutschen Wiedergeburt begriffen haben. Voraussetzung jeder derartigen Erziehung ist die Existence einer Gesellschaftsordnung, die dem einzelnen Deutschen wirtschaftliche Sicherheit und Hoffnung für die Zukunft gibt. Ein wesentliches Mittel solcher Erziehung ist das Zusammenleben von Deutschen, insonderheit deutscher Jugend, mit Menschen anderer Völker und Kulturkreise.

11. Jeder Versuch des deutschen Volkes, durch eine Massenbewegung den Nationalsozialismus zu beseitigen, sollte von den Vereinigten Nationen begrüßt und unterstützt, keineswegs aber erschwert oder gar verhindert werden. In jedem Falle aber sollte dem deutschen Volk ein Frieden gegeben werden, den es als

gerecht anerkennen und den es zu wahren gewillt sein kann. Wird dem deutschen Volk ... [Fortsetzung fehlt]

Anlage 2: Zweiter („neuer") Entwurf, handschriftl. von Paul Tillich

Die Vereinigten Nationen haben sich unter Führung der Weltmächte zu gemeinsamer Vorbereitung des Wiederaufbaus der Welt zusammengefunden. Die Hoffnung der Nationalsozialisten auf einen Sonderfrieden ist auf der Moskauer Konferenz begraben worden. Die völlige Niederlage Deutschlands und das Ende des Europäischen Krieges ist in die Nähe gerückt. Das Planen für die Stadien vom Zusammenbruch der Axismächte bis zum Abschluß des Friedens ist eine Aufgabe der Stunde und eine Teilaufgabe der Kriegsführung selbst geworden.

In diesem Augenblick haben sich Persönlichkeiten aus verschiedenen Gruppen und Richtungen der deutschen Emigration in den Vereinigten Staaten zusammengeschlossen und geben eine Erklärung ab. Die Unterzeichner dieser Erklärung sind sich bewußt, daß sie keinen formellen Auftrag von dem deutschen Volk erhalten haben. Sie sind aber in ihrer Zusammensetzung ein Spiegelbild der politischen, sozialen und geistigen Kräfte, die ein demokratisches Deutschland tragen müssen. Sie glauben darum, daß sie in einer Zeit, wo das deutsche Volk nicht für sich selbst sprechen kann, ein Wort über die Zukunft Deutschlands sagen sollen. Sie tun das in völliger Unabhängigkeit von Regierungen und politischen Komitees, eine Unabhängigkeit, die zur Zeit in den Vereinigten Staaten gewährleistet ist. Die Unterzeichner glauben zu einer solchen Erklärung auch dadurch berufen und verpflichtet zu sein, daß ihre Erfahrung in nichtdeutschen Ländern – die für manche von ihnen eine neue Heimat geworden sind – ihnen den Welthorizont eröffnet hat, der heut für jedes politische Denken maßgebend sein muß.

I.

Die erste Bedingung für die Zukunft Deutschlands und Europas und den Frieden der Welt ist die Besiegung und Ausrottung des Nationalsozialismus und seiner Träger. Soweit das nicht während des Kampfes um die Befreiung Europas und während der Erhebung des deutschen Volkes gegen den nationalsozialistischen Terror von selbst geschieht, muß es durch ausdrückliche Verfolgung der übriggebliebenen Kriegsverbrecher geschehen. Darüber hinaus müssen Großgrundbesitz, Großindustrie und Militär, deren Bündnis für die verhängnisvolle Wendung der deutschen Geschichte und für das Aufkommen des Nationalsozialismus verantwortlich ist, ihrer politischen, sozialen und wirtschaftlichen Macht beraubt werden. Es muß gefordert werden, daß der Großgrundbesitz enteignet, die Großindustrie öffentlicher Kontrolle unterworfen und der Bestand einer Militärkaste unmöglich gemacht wird.

Die Vereinigten Nationen sind berechtigt und verpflichtet, sich durch Entwaffnung Deutschlands und militärische Überwachung gegen die Wiederholung deutscher Angriffe zu sichern. Es ist auch selbstverständlich, daß alle notwendigen Hilfsaktionen zuerst den von Deutschland ausgeraubten und ausgehungerten Völkern zu Gute kommen müssen. Es darf aber nicht vergessen werden, daß die deutschen Massen die ersten Opfer des Nationalsozialismus waren, daß sie durch den bestehenden und ständig wachsenden Naziterror jeder Möglichkeit eines Widerstandes beraubt sind und daß die Schrecken eines Krieges, in den sie widerwillig hereingetrieben sind, sie mit immer größerer Gewalt treffen. Maßnahmen zur dauernden Verelendung dieser Massen würden dem Geiste widersprechen, in dem der Krieg von den Vereinigten Nationen geführt wird.

Insbesondere wäre es verhängnisvoll nicht nur für die Wiedergeburt des deutschen Volkes, sondern auch für die Zukunft Europas und die Ruhe aller übrigen Völker, wenn Deutschland in verschiedene souveräne Staaten zerrissen würde. Eine Aufteilung Deutschlands würde die größte Irredenta aller Zeiten schaffen und die konstruktiven Kräfte der maßgebenden Völker auf die negative Aufgabe lenken, diese Irredenta niederzuhalten.

II.

Nicht nur für die physische Existenz der Massen des deutschen Volkes, sondern auch für die Wirtschaftsentwicklung Europas und der Welt ist es notwendig, daß die deutsche Produktivkraft erhalten bleibt. Wird sie zerstört, so ist ein dauernder Menschenexport aus Deutschland unvermeidlich. Ein schwerer Druck auf den Arbeitsmarkt der anderen Länder und die Verewigung der von den Nationalsozialisten eingeführten Sklavenarbeit würden die unmittelbare Folge sein. Außerdem würde die Zerstörung der deutschen Produktivkraft die Produktion und Konsumption aller Europäischen Länder heruntersetzen und Exportmöglichkeiten der übrigen Kontinente nach Europa vernichten.

Wird dagegen die deutsche Produktivkraft in ein Europäisches System kontrollierter Produktion und Konsumption eingeordnet, so wären damit eine Reihe schwieriger Nachkriegsprobleme gelöst: Die wirtschaftliche Grundlage für eine Zusammenarbeit der Europäischen Völker wäre gegeben, Deutschland hätte die Möglichkeit, die Ehrenpflicht der Wiedergutmachung in vollem Maße zu erfüllen, die Gefahr heimlicher Aufrüstung wäre auf ein Mindestmaß herabgedrückt, der Lebensstand aller Europäischen Völker würde sich schnell heben, und in Deutschland würde eine gewisse wirtschaftliche Sicherheit die Massen davor bewahren, in eine Verherrlichung der nationalsozialistischen Vergangenheit zu verfallen.

III.

Damit auf den Trümmern der nationalsozialistischen Diktatur sich ein demokratisches Deutschland erheben kann, ist es unbedingt erforderlich, daß die Vereinigten Nationen durch ihre militärischen und civilen Repräsentanten von Anfang an nur mit denjenigen Gruppen in Deutschland zusammenarbeiten, die Träger einer deutschen Demokratie sein können. Das schließt alle die Gruppen aus, die für den Aufstieg des Nationalsozialismus mitverantwortlich sind, auch wenn die Zusammenarbeit mit ihnen anfängliche Vorteile zu bieten scheint. Es schließt weiter diejenigen aus, die die Errichtung einer Parteidiktatur oder die Wiederherstellung reaktionärer Autoritäten erstreben. Statt dessen müssen die Vereinigten Nationen mit Einzelpersönlichkeiten und Gruppen zusammenarbeiten, die dem Nationalsozialismus widerstanden haben und aus deren Mitte sich demokratische Verwaltungen und Regierungen entwickeln können. Das trifft vor allem zu auf die frühere Arbeiterbewegung, ihre Gewerkschaftler und Politiker, es trifft zu auf viele mittlere und untere Beamte, auf die Mehrheit der Geistlichen aller Konfessionen, auf wichtige Intelektuelle und auf zahlreiche Bauern und Landarbeiter.

Der Aufbau eines demokratischen Deutschland mit Hülfe dieser Kräfte schließt ein: die Wiederherstellung des Rechtsstaates und der Rechtssicherheit, die Garantie der Menschenrechte als obersten Grundsatz der Verfassung, die Wahl einer allseitig unabhängigen, allein vom Vertrauen des Volkes getragenen Regierung, den Wiederaufbau der Arbeiterbewegung und die Sicherstellung der Kirchen, den Schutz der religiösen und kulturellen Freiheit, die Aufhebung der Rassengesetze und die radikale Beseitigung auch jeder versteckten Rassenpropaganda, die endgültige Zerstörung des deutschen Militarismus.

Jeder Versuch des deutschen Volkes, durch eine Massenbewegug den Nationalsozialismus in seinen Wurzeln auszurotten, und den Neubau eines demokratischen Deutschland zu ermöglichen, sollte von den Vereinigten Nationen begrüßt, keineswegs aber erschwert oder gar verhindert werden. In jedem Falle aber sollte dem deutschen Volk aber ein Friede gegeben werden, den es, so schwer er auch sein mag, als gerecht anerkennen kann, und der der deutschen Demokratie die Möglichkeit gibt, sich zu entwickeln und an der Macht zu halten. Wird Deutschland ein solcher Friede versagt, so bleibt es ein Herd zukünftiger Unruhen.

IV.

Das deutsche Volk ist durch das Schicksal der letzten Jahre geistig umgeformt worden. Die ältere Generation war immer nur in begrenztem Maße von den nationalsozialistischen Ideen erfaßt. In der jüngsten deutschen Jugend sind Zeichen von Rebellion gegen den Geist des Nationalsozialismus. Die Generation, die den Nationalsozialismus getragen hat, ist zum Teil auf den Schlachtfeldern gefallen und wird mit der Ausrottung des Nationalsozialismus selbst ausgerottet oder unterdrückt werden. In diesem geschichtlichen Prozeß geschieht die grundlegende Erziehung des deutschen Volkes. Darüber hinaus kann eine Erziehung der Deutschen nicht durch Vertreter der Sieger, sondern nur durch Deutsche geschehen, die den Sinn des deutschen Schicksals und die Notwendigkeit einer deutschen Wiedergeburt begriffen haben.

Voraussetzung jeder erfolgreichen Erziehung der deutschen Jugend im Geiste der demokratischen und menschheitlichen Ideale ist die Existenz einer Gesellschaftsordnung, die dem einzelnen Deutschen die wirtschaftliche Sicherheit und Hoffnung für die Zukunft gibt. Ein wesentliches Mittel solcher Erziehung ist das Zusammenleben der deutschen Jugend mit der Jugend anderer Völker und Kulturkreise. Und eine notwendige Bedingung der geistigen Wiedergeburt Deutschlands ist die Beseitigung oder Umformung aller für das geistliche Leben wichtigen Einrichtungen, insofern sie durch den Nationalsozialismus geschaffen oder geprägt sind.

Diese Erklärung richtet sich an die deutschen Emigranten und fordert sie auf, sich ihr anzuschließen und sich für die Mitarbeit an ihrer Verwirklichung bereitzuhalten. Die Erklärung richtet sich an die Vereinigten Nationen, um sie zu überzeugen, daß ihren eigenen Ideen und Interessen mit der Verwirklichung dieser Forderungen am besten gedient ist. Die Erklärung richtet sich an die Deutschen in Deutschland, insonderheit an die deutsche Jugend, und fordert sie auf, sich im Vertrauen auf die in ihr ausgesprochenen Ziele vom Nationalsozialismus zu trennen.

Wir wollen ein lebensfähiges, demokratisches Deutschland, das aufgenommen ist in die Einheit der Völker.

Begleitbrief:

Anbei der neue Entwurf. Er berücksichtigt *jede* Anregung, die während der Aussprache gemacht ist. Der Aufbau als solcher ist sichtbarer gemacht worden. An einigen Stellen sind klärende Zusätze gemacht. Wo die Aussprache verschiedene Betonungen zutage gebracht hat, mußte das Gefühl des Verfassers den Ausschlag geben. An einer Stelle ist die eigene Formulierung vorsichtiger als die gewünschte (deutsche Großindustrie).

Ich bitte um möglichst schnelle und möglichst *leserliche* Kritik. Prof. Paul Tillich. 99 Claremont Avenue. New York 27. N.Y.

18. Beyond Religious Socialism

Seventh Article on 'How My Mind Has Changed in the Last Decade' (1949)

A. (Druckvorlage) Beyond Religious Socialism. Seventh Article on 'How My Mind Has Changed in the Last Decade'. In: The Christian Century (Chicago). Vol. 66, No. 24, June 15, 1949, 732–733.

Zur Textgeschichte

Tillichs nicht in die GW aufgenommener Aufsatz ist der 7. Beitrag einer neunteiligen Serie der Wochenzeitschrift „The Christian Century" zum Thema „How My Mind Has Changed in the Last Decade". Sie wurde eröffnet durch Karl Barths Aufsatz (ebd., 298–300. 333–334). Die anderen Autoren dieser Reihe waren Nels F.S. Ferré, Buell G. Gallagher, Walter M. Horton, Fulton Oursler, Georges A. Barrois, Emil Brunner und Philipp S. Bernstein. Das Thema war Tillich also vorgegeben. Die Überschrift stammt, worauf hinzuweisen Tillich großen Wert legte, nicht von ihm selbst, sondern von der Redaktion (vgl. den Brief Tillichs an August Rathmann vom 8.8.1961, in: August Rathmann. Ein Arbeiterleben. Erinnerungen an Weimar und danach, Wuppertal 1983, S. 271).

Tillich hatte im Jahr zuvor in derselben Zeitschrift den Aufsatz „How Much Truth Is In Karl Marx?" veröffentlicht (vol. 65, No. 36, 1948, S. 906–908, in deutscher Übersetzung: Wieviel Wahrheit findet sich bei Karl Marx? In: GW XII [1971] 265–272). Im gleichen Jahr hatte er die Gegenwart als Zeit eines „geistigen Leergewordenseins" zu verstehen versucht (Das geistige Vakuum, in: Das sozialistische Jahrhundert, 2. Jg., 1948, S. 303–305). Dieses Vakuum, wenn es ausgehalten und nicht mit vorschnellen Lösungen zugeschüttet wird, kann – Tillich zufolge – der Raum für ein neues geistiges Zentrum werden („sacred void"). Sein erster Besuch in Deutschland nach dem Krieg, aber auch die geistige Situation in den Vereinigten Staaten nach dem 2. Weltkrieg bestätigten ihn in dieser Sicht der Gegenwart als einer Zeit ohne Kairos.

In seinem Beitrag „Existentialism and Religious Socialism" (in: Christianity and Society, vol. 15, No. 1, 1949/50, 8–11) betont er die Übereinstimmungen zwischen Kierkegaard und Marx bzw. zwischen modernem Existentialismus (bes. Jean-Paul Sartre) und Religiösem Sozialismus. Beide sehen den Menschen in seiner Endlichkeit und Entfremdung. Ohne von einem Kairos zu sprechen, grenzt er den Religiösen Sozialismus vom existentiellen Denken Karl Marx' aber in folgender Weise ab: "Religious Socialism, although realizing in unity with prophetic religion the relation of truth to an extreme boundary situation, cannot identify the general human boundary situation with the extreme position of the proletariat, nor universal truth with the proletarian truth. It does not deny that in a special situation the proletariat and its interpreters are most significant for existential truth, but it adds that ultimately it is the community of the 'New Being,' the spiritual (not the empirical) Church, which represents universal truth on an existential basis. This opens the possibility that Religious Socialism might dismiss itself in the name of its determining principle" (ebd., S. 10).

Im Mai 1948 hatte sich der „Fellowship of Socialist Christians" (unter Reinhold Niebuhr) in „Frontier Fellowship" umbenannt. Dies bedeute aber, so heißt es in einem Kommentar des „Fellowship" dazu, „no shift in principles, but that it would give us an opportunity to express our position without being confused with the kind of socialism which has become irrelevant in the United States" (The Second Focus of the Fllowship, in: Christianity and Society, vol. 15. No. 1, 1949/50, S. 19). Gleichwohl blieb im Frontier Fellowship umstritten, ob und in welchem Maße die sozialistische Theorie zwischen der christlichen Botschaft und der aktuellen Situation vermitteln könne. Auf der Herbstkonferenz (17./18. 10. 1949) setzten Paul Tillich, Eduard Heimann und Reinhold Niebuhr in dieser Frage unterschiedliche Akzente, wie aus ihren dort vorgelegten Thesen hervorgeht (ebd., S. 19–22). Wir geben sie hier vollständig wieder:

I.

The second focus of the Fellowship still is in some way Socialism; the question is what elements of the Socialist tradition speak to our present situation, and what word having symbolic power can be found to express this emphasis. It may be significant that Religious Socialists (the European predecessor and analogue of our group) understood the word Socialism in a much wider sense than it has had in this country. Socialism was the symbol of a profound cultural rebirth based on a radical change of bourgeois-liberal-competitive society into a more proletarian-collective-united society, a new society transformed in all realms. Socialism in this sense implied attitudes towards science, philosophy, art, medicine, education, liturgical reform, architecture, etc., as well as towards economics and politics. It represented a comprehensive vision of a creative and meaningful society in which the destructive implications of modern industrial technology would be minimized or overcome.

Since Socialism never has had either this meaning or this symbolic power in our country, the word can be dropped as a matter of expediency. However, the broad cultural orientation of the Religious Socialists can be and ought to be taken seriously. In fact, there was among the original insights of this movement a concept which could give our group a second focus.

One of the terms Religious Socialists took over from the early Marx was Verdinglichung – making men into things, dehumanization. This concept is particularly relevant to the fundamental problem of our time, which is the question of the relation between creative freedom and community. Dehumanization is a grim reality in our day. We have seen how the Nazis made men into subjectless objects. We see the Russian Communists dehumanizing people – the trial confessions are a case in point. These are obvious examples. Less obvious is the fact that our own culture fosters dehumanization. We are being culturally and psychologically conditioned to fit into a system dominated by monopolistic industrial and financial power. And beyond this, machine technology itself fosters trends toward standardization, impersonality, and the stifling of creative freedom.

The philosophical movement which has attacked dehumanization most vehemently is existentialism. During the nineteenth century Kierkegaard represented the individualistic side, Marx the sociological. Recent forms of of existentialism have been decidedly individualistic. Our socialist background, however, teaches us that creative freedom is not possible as an individual element in society. It is possible only in a community whose basic structures promote a creative relationship between the individual person and society. Today, therefore, we need the analogue of Marx's analysis of and fight against dehumanization, a "social existentialism."

Some contemporary movements in Europe take the problem of creative freedom and community very seriously. One of them is Neo-Liberalism, which stresses creative freedom and not community. Another position is that known as the Third Way, which is not much more than traditional Socialism at present, but which is searching for new insights and new ideas. Concentrating on the specific problem of dehumanization in all of its ramifications, groups like ours should do what these European groups already are trying to do, namely, create something which perhaps could be called "Neo-Socialism."

Paul Tillich

II.

Love and justice, if interpreted as purely personal virtues, rebound impotent from the institutions of collective life, which hold power over the human soul. Hence our Christian interest in institutions directly. But are we purely pragmatists, examining and reforming institutions piecemeal, or are we pragmatic socialists, believing that there are in our institutional system structural dislocations (primarily private financial controls) which are dangerous to the economic stability and the social justice of democracy? This latter would be a socialist approach, however undogmatic we may be in applying it.

In its true and original meaning socialism, deriving from society, is as opposed to statism – total political power, as it is opposed to economism – private financial power or its dialectical opposite, proletarian class power. In Marxism, "dialectical" economism becomes a religion of redemption and "proletarian" statism becomes its historical instrument. The final "withering away of the state" into a stateless socialism is a utopian after-thought, and it is perverted because the society of this socialism is made over by the preceding totalitarian state in its own image.

If socialism is to replace present private financial controls, it need not go beyond the sphere of strategic industrial and financial enterprises. In order to keep away from statism, socialism requires a variety of forms (nationalized, municipal, autonomous like TVA or BBC, producers' and consumers' cooperatives) working in a market which is regulated by a few public monopolies (such as credit and steel) with a view to steadying investment and employment. Under this system, by following a deliberate long-range policy which would temporarily shorten the supplies and raise the prices of credit and steel, ruinous fluctuations of the business cycle could be prevented, while at the same time the movement of free economic units in the market would not be disturbed. (Britain and Norway)

The big problem of a socialist economy is psychological. Capitalism uses "the stick and the carrot" as incentives. Can socialism abolish the stick by guarenteeing employment and income, and rely on the carrot alone? Freedom is self-responsibility; it must include the freedom to starve for reasons of personal incompetence and laziness, although certainly not for reasons beyond one's control as in capitalism. Free services, such as those offered in the British health scheme, may be impossible. Token payments must force the public to be economical with these privileges.

The philosophical problem of socialism is to find a foundation for the liberty and dignity of the person which is independent from and superior to institutional policy. The economic interpretation of history says that mankind will achieve its highest destiny through the unification of industry, replacing its private piecemeal operation; and it says that such a unification of industry requires and forces a completely homogeneous, collective, rational interest, in which individual liberties are submerged as irrational. This interpretation is not true. On the contrary, personal liberty must be rooted in religious plane and imposed on society, economics, and the state as a limitation of their institutions. It is among the fundamental rights which justice owes every member of the community.

Eduard Heimann

III.

The elimination of the word "socialist" from the name of our Fellowship was indicative of the whole spiritual climate of our era, not only in America, but also in Europe, where the name socialist has more political significance than here.

Negatively we were forced to drop the name because socialism is too intimately identified with Marxism. Though all of us are indebted at various points to Marx, it is obvious to most of us that modern Stalinism is not merely a corruption of Marxism but a natural consequence of Marxist illusions. Marx certainly did not intend the modern police state, but he did intend the dictatorship of the proletariat. He wrongly assumed that its power would be short-lived because he foolishly thought that all human egotism was rooted in the institution of property and imagined that the abolition of this institution would gradually prompt such socialized conduct in all men that the state would wither away. I think it becomes increasingly clear that the intolerable political mistakes of Marxism are derived from the errors of Marxism as a false political religion, promising man redemption from all evil.

We can of course still be socialists even though we are not pure Marxists. We must, in fact, be socialists in the sense that we must regard the socialization of property as one method of bringing great economic power under the control of the community. But we cannot be socialists in the sense that we regard the socialization of property as a panacea for every problem of injustice. Insofar as we have come to the conclusion that the socialization of all property must inevitably lead to a too powerful state apperatus, we can obviously no longer be socialists in the dogmatic sense.

In giving up Marxist illusions there is, of course, a danger that we also sacrifice some of the truth which Marxism has taught our culture and our Christian faith. I should like to emphasize two Marxist insights which must distinguish the spirituality of such a fellowship as ours. One is an emphasis upon the social character of human existence and the consequent social dimension of man's redemption. We live in communities and are communal creatures. We must, with classical Christianity, insist upon the reality of the dimension of human existence which transcends the social and political substance of man's life. But we must also reject every secular and Christian individualism which denies and destroys the social substance of human existence; and we must also reject every Christian pietism which promises man "salvation" without reference to the collective fate in which he is involved with all his fellows. Any plan of salvation, for instance, which absolves a Christian from responsibility for seeking justice in the national community and from seeking to give a nascent global community a tolerable peace, must be anathema for us.

Secondly, we must take the political and economic structure of a community seriously and reject the kind of moralism which believes that it is possible to be indifferent to the problem of structure so long as "good" men operate the systems and structures.

Thirdly, we must recognize that, although the "class struggle" is infinitely more complex than Marxism assumed, there is such a struggle. We must, in other words, reject the illusion that any human society is or can be a simple harmony of all interests. We must strive for harmony partly through adequate moral and spiritual resources and partly by achieving the best possible political, judical, and eco nomic structures for minimizing conflict and enlarging the areas of human cooperation.

The recognition of the class struggle means that we also understand the ideological taint in all human conceptions of justice and therefore resist both secular and religious sentimentalism which imagines that there is some easy way of achieving complete transcendence over self-interest. These are negative points of distinction from individualistic, quiestistic, moralistic and spiritualistic interpretations of the Christian faith. Positively we must be concerned with the organization of economic and political power so that the structures of society will guarentee the maximum of both freedom and community. This requires that we free ourselves of dogmas and slogans which have solved this problem too simply.

Furthermore, we must be concerned, as Paul Tillich rightly asserts, with the dehumanization of life and the vulgarization of culture which derives directly from the technical character of modern society without reference to its special social organization. We must face the perils which come from industrialism per se, no matter what kind of socialist or capitalist organization society may have.

Reinhold Niebuhr

Beyond Religious Socialism

Seventh Article on 'How My Mind Has Changed in the Last Decade'

It was not a dramatic change of mind that I experienced during the past decade – such a change is hardly to be expected in the sixth decade of one's life – but a slow, often unconscious, always effective transformation in various respects. One of these changes arose from the fact that the past ten years belong to the fifteen that I have lived in this country and that they were consequently years of continuing adaptation to the ways and thoughts of America.

I

The summer of 1948, when I returned to Germany for the first time since 1933, gave me a clear test of the amount of adaptation I have undergone. The change has been first of all a change in my mode of expression. The English language has worked on me what my German friends and former students considered a miracle: it has made me understandable. No Anglicisms occurred in the innumerable speeches I delivered, but the spirit of the English language dominated every sentence – the spirit of clarity, soberness and concreteness. This forced itself upon me, often against my natural inclinations. It taught me to avoid the accumulation of substantives to which German is prone and to use verbs instead. It forbade the ambiguities in which, because of its origin in medieval mystical literature, German philosophical language so often indulges. It prohibited the use of logically unsharp or incomplete propositions. It pricked my conscience when I dwelt too long in abstractions. All this was very well received by my German audiences and was felt as my most impressive change of mind.

Reporting in Germany on the state of theology in the U.S.A. I said that America, while still following Europe's lead in historical and systematic theology, is far ahead of it in ethics. I could say this because I had become increasingly aware that ethics is an integral element of systematic theology, and that I had much to learn in social as well as individual ethics from American thought and reality. In social ethics I was partly prepared by my work as a "religious socialist" in Germany. But only slowly did I realize the central importance social ethics has in American theology and come to appreciate the abundant and advanced treatment it has received.

While in my first years in the United States I was surprised and worried by the tremendous emphasis put on the question of pacifism – a question that seemed to me of minor importance and often the result of confused thinking – I presently discovered that all theological problems were implicit in this problem. When therefore, in the years before, during and after the Second World War, the pacifist ideology was shattered in large numbers of people, I understood that this was an indication of a new attitude toward the doctrine of man and toward the whole of Christianity. And this change in the mind of others made it easier for me to feel at home in the theological work of this country.

When I first came to America, in 1933, I was labeled a "neo-orthodox" or a "neo-supernaturalist." This was certainly incorrect, but I must admit that some of my early utterances before American audiences could have created such an impression. My task in the thirties was to give my students and other listeners an account of my theological, philosophical and political ideas as they had developed during the critical years from 1914 to 1933. I brought with me from Germany the "theology of crisis," the "philosophy of existence" and "religious socialism," and I tried to interpret these to my classes and readers. In all three of these fields – the theological, the philosophical and the political – my thinking has undergone changes, partly because of personal experiences and insights, partly because of the social and cultural transformations these years have witnessed.

II

Most obvious of the changes on the world stage is the political one – from the uncertainties of the thirties to the establishment in the forties of a world-splitting dualism, in reality as well as in ideology. While before the Second World War there was some ground for hope that the religious-socialist spirit, penetrating into East and West alike, though in different forms, would mitigate the contrast and prevent the conflict between them, no such hope has a foundation today. The expectation we had cherished after the First World War that a *kairos*, a "fulfillment of time," was at hand, has been twice shaken, first by the victory of fascism and then by the situation after its military defeat. |

I do not doubt that the basic conceptions of religious socialism are valid, that they point to the political and cultural way of life by which alone Europe can be built up. But I am *not* sure that the adoption of religious-socialist principles is a possibility in any foreseeable future. Instead of a creative *kairos*, I see a vacuum which can be made creative only if it is accepted and endured and, rejecting all kinds of premature solutions, is transformed into a deepening "sacred void" of waiting. This view naturally implies a decrease of my participation in political activities. My change of mind in this connection was also influenced by the complete breakdown of a serious political attempt I made during the war to bridge the gap between East and West with respect to the organization of post-war Germany.

It has been said that the repudiation of civil liberties and the rights of man in the Communist-dominated countries means the disillusionment of liberals all over the world. This is certainly true of those who had more illusions than my religious-socialist understanding of man ever allowed me to entertain. But it cannot be denied that this widespread repudiation of human rights had a depressing effect also on those who, like myself, without being utopian, saw the dawn of a new creative era in a moment which actually presaged a deeper darkness.

III

To turn now to philosophy: "Existentialism" was familiar to me long before the name came into general use. The reading of Kierkegaard in my student years, the thorough study of Schelling's later works, the passionate devotion to Nietzsche during the First World War, the encounter with Marx (especially with his early philosophical writings), and finally my own religious-socialist attempts at an existential interpretation of history – all had prepared me for more recent existential philosophy as developed by Heidegger, Jaspers and Sartre. In spite of the fact that existentialism has become fashionable and has been dangerously popularized, I have been confirmed in my conviction of its basic truth and its adequacy to our present condition. The basic truth of this philosophy, as I see it, is its perception of the "finite freedom" of man, and consequently of his situation as always perilous, ambiguous and tragic. Existentialism gains its special significance for our time from its insight into the immense increase in anxiety, danger and conflict produced in personal and social life by the present "destructive structure" of human affairs.

On this point existential philosophy has allied itself with therapeutic or depth psychology. Only through the late war and its aftermath has it become manifest that psychic illness – the inability to use one's finite freedom creatively – is more widespread in this country than any other disease. At the same time depth psychology has removed what remnants of the 19th century mechanistic world view still remained, and has come to understand the sociological, ontological and even theological implications of phenomena like anxiety, guilt and compulsion neurosis. Out of this new cooperation of ontology and psychology (including social psychology) a doctrine of man has developed which has already exercised considerable influence in all cultural realms, especially in theology.

It was partly under this influence that I elaborated my theological system (I am not afraid of that word) during the past decade. Continuous thinking about the possibility of uniting the religious power of so-called neo-orthodox theology with the duty of every theology to address itself to the contemporary mind has resulted in the conception of a "method of correlation" – correlation, that is, between existential questions and theological answers. The human situation, as interpreted in existential philosophy and the psychology and sociology related to it, posits the question; the divine revelation, as interpreted in the symbols of classical theology, gives the answer. The answer, of course, must be reinterpreted in the light of the question, as the question must be formulated in the light of the answer.

IV

In this way, it seems to me, it is possible to avoid two contradictory errors in theology, the supernaturalistic and the naturalistic. The first makes revelation a rock falling into history from above, to be accepted obediently without preparation or adequacy to human nature. The second replaces revelation by a structure of rational thought derived from and judged by human nature. The method of correlation, by overcoming the conflict of supernaturalism and naturalism, shows a way out of the blind alley in which the discussion between fundamentalism or neo-orthodoxy on the one hand, and theological humanism or liberalism on the other, is caught.

In the course of this mediating attempt it became increasingly clear to me that one achievement of so-called liberal theology has to be defended with great religious, ethical and scientific passion; namely, the right and duty of philological-historical criticism of the biblical literature without any condition except integrity of research and scientific honesty. Any dogmatic interference with this work would drive us into new or old superstitions – myths and symbols not understood as myths and symbols – and, since this cannot be done without the unconscious suppression of sounder knowledge, to fanaticism. The power of this neo-biblicism is obvious in continental Europe, but it can already be felt in this country also, and even among old-fashioned liberals.

Looking at the past decade of my life I see no dramatic changes of mind but a slow development of my convictions in the direction of greater clarity and certainty. Above all I have come to realize that a few great and lasting things are decisive for the human mind, and that to cling to them is more important than to look for dramatic changes.

19. Politische Bedeutung der Utopie im Leben der Völker (1951)

A. (Druckvorlage) Politische Bedeutung der Utopie im Leben der Völker. Vorträge von D.D. Paul Tillich. Schriftenreihe der Deutschen Hochschule für Politik Berlin. Gebrüder Weiss Verlag, Berlin 1951.

B. Die politische Bedeutung der Utopie im Leben der Völker. In: GW VI (1963) 157–210.

C. Die politische Bedeutung der Utopie. In: Paul Tillich, Für und wider den Sozialismus. Herausgegeben von Wolf-Dieter Marsch. Siebenstern-Taschenbuch 132. Siebenstern-Taschenbuch Verlag München und Hamburg 1969, S. 133–184 (bearbeitet von Karin Kretzler, von der auch die historische Einleitung [S. 134f.] stammt).

D. The Political Meaning of Utopia. In: Paul Tillich, Political Expectation. Harper & Row, Publishers. New York, Evanston, San Francisco, London 1971, 125–180 (übersetzt von William R. Crout, Walter Bense und James L. Adams).

Zur Textgeschichte

Die Erstveröffentlichung (= A.) erfolgte bereits 1951 (die Angabe „1953" in B. S. 212 sowie in D. S. IV muß korrigiert werden). Tillich hielt die vier Vorlesungen auf Einladung der Deutschen Hochschule für Politik in Berlin im Frühsommer 1951. In seinen einleitenden Worten nahm er Bezug auf seine einstige Lehrtätigkeit an dieser Hochschule, „voll von Hoffnungen und Glauben an eine gute Zukunft im Inneren, in all unseren Vorlesungen".

In der Einleitung zur Erstveröffentlichung (= A.) schreibt Otto Suhr, der damalige Direktor der 1949 wiedererrichteten Hochschule und spätere Regierende Bürgermeister: „Das ungewöhnliche Interesse und der nachhaltige Einfluß, den diese Vorlesungen durch Themenführung, Gedankenreichtum und Persönlichkeit des Vortragenden fanden, machten ihre Drucklegung erwünscht. Sie sind, da kein Manuskript vorlag, hier wortgetreu, so wie sie gesprochen wurden, wiedergegeben, mit freundlicher Erlaubnis des Verfassers, ohne daß er jedoch die Möglichkeit einer Durchsicht hatte. Gerade aber durch diese leichte Form der Rede ergab sich die unmittelbare, lebendigere Hinführung des Lesers zu den oft weitgespannten schwierigen Gedankengängen, so daß der starke Eindruck der Hörer festgehalten ist."

Tillich hat die Vorträge ohne Manuskript gehalten, wohl gestützt auf Stichworte. Die sprachlich-stilistischen Mängel, Amerikanismen, Abschweifungen usw. sind offenkundig. Gleichwohl ist dieser gesprochene Text aus dem Jahre 1951 für diese Edition der maßgebliche Text.

Renate Albrecht gibt über die Edition in GW VI 212 folgende Auskunft: „Auf Wunsch des Autors werden die Stenogramme hier veröffentlicht, da zum gleichen Thema keine schriftlichen Äußerungen vorliegen. Da der Autor selbst nicht in der Lage war, die Manuskripte druckreif zu bearbeiten, beauftragte er den Herausgeber

[= Renate Albrecht], unter Verzicht auf stärkere Eingriffe in die Gedankenführung sprachliche Glättungen vorzunehmen". Die Version B ist ein Kompromiß zwischen dem Original (A.) und einem gut lesbaren Text, der einen erheblichen Eingriff in Stil und Diktion der Vorlage dargestellt hätte. Der Text hat Tillich zur Prüfung nicht vorgelegen.

Karin Kretzler hat für ihre Edition (C.) diesen stärkeren Eingriff in den Text gewagt. So ist durch sprachliche Straffungen und vor allem Präzisierungen ein m. E. vortrefflicher Text entstanden, der allerdings erheblich vom Original abweicht. Die ersten fünf Abschnitte (S. 135f.) sind eine von Tillich selbst geschriebene Neufassung, deren handschriftliches Original verschollen zu sein scheint.– Den Übersetzern ins Englische (D.) hat die Version C. offensichtlich nicht vorgelegen; sie folgen der Version B.

[a]Politische Bedeutung der Utopie im Leben der Völker[a]

[b]*1. Die Wurzel der Utopie im menschlichen Sein*

Wenn man so das Wort Utopie im gewöhnlichen täglichen Sprachgebrauch hört und benutzt, dann kann man oft auf den Gedanken kommen, daß, wenn etwas als Utopie gekennzeichnet ist, es als Unsinn gekennzeichnet ist, und für viele Menschen ist *Utopie* und *Unsinn* nicht sehr viel unterschieden. Es ist eine phantastische Vorstellung von Dingen, die niemals Wirklichkeit werden. Es ist etwas, was man sich nicht leisten kann, wenn man ein Realpolitiker ist, wie das schöne Wort der Bismarckära heißt. Nun, die Tatsache, daß eine so große Versammlung sich gefunden hat, um vier Abende über das Problem der Utopie zu debattieren, und die Tatsache, daß die Leitung der Hochschule für Politik diesen Begriff für würdig gehalten hat, ihre Räume und ihre Möglichkeiten für ein solches Thema zur Verfügung zu stellen, zeigt, daß Utopie etwas anderes sein muß als Unsinn. Wenn aber Utopie etwas anderes ist als wertlose Phantasien, dann muß sie eine Grundlage haben in der *Struktur des Menschen* selbst. Nur das, was in der Struktur des Menschen eine Grundlage hat, hat letzthin Bedeutsamkeit. Wenn es das nicht hätte, dann könnte es betrachtet werden als zum Beispiel die Projektion individueller Wünsche, es könnte betrachtet werden als ein soziologisches Phänomen, das in gewissen Zeiten gültig ist, in anderen nicht. Es könnte als etwas Vorübergehendes und zu Beseitigendes betrachtet werden, als etwas, das dem Ernst der Realpolitik widerspricht und infolgedessen als schädlich vernichtet werden muß. Wenn es aber nicht so ist, wenn es zum Sein des Menschen gehört, in utopischen Formen zu denken, dann liegen die Dinge anders, dann ist Utopie nicht etwas, was man beseitigen kann, sondern etwas, was da ist, solange der Mensch da ist. Und ich glaube, daß dies der Fall ist.

Ich glaube, daß man aufweisen kann, daß Utopie ein Fundament im Sein des Menschen hat und, da das Sein repräsentativ ist für Sein überhaupt, daß Utopie *ein Fundament im Sein überhaupt* hat. Darum halte ich es für wichtig, obgleich vielleicht überraschend für manche | von Ihnen, daß ich eine Betrachtung eines politischen Begriffes mit einer Betrachtung derjenigen Seiten des Menschen beginne, die notwendigerweise und wesensmäßig die Bildung von Utopien veranlassen. Das soll nicht bedeuten, daß ich heute ausschließlich ontologisch oder in dem tieferen Sinne des Wortes anthropologisch rede. Ich will überall politische Beziehungen aufdecken, aber die grundlegende Linie des Gedankens heute soll sich um den Menschen als Menschen drehen und heute in acht Tagen um den Menschen als geschichtliches Wesen, und das sind die beiden Fundamentalanalysen, um die wir uns bemühen müssen, um nicht dogmatisch politisch oder agitatorisch über Politik und Utopie zu reden. Ernsthaft über eine Sache reden heißt: aus einer Wurzel heraus. Und die Wurzel aller Dinge liegt letztlich im Wesen des Menschen und im Grund des Seins, soweit er sich dem Menschen offenbart. Darum sollen die ersten Gedankenreihen handeln von derjenigen Seite des Menschen, die für Utopie verantwortlich ist und für die ich das Wort „endliche Freiheit" gebrauchen möchte.

Die Kombination der beiden Worte Endlichkeit und Freiheit, diese Kombination von Worten hat natürlich eine Fülle von ontologischen und anthropologischen Hintergründen, auf die ich nicht alle eingehen kann. Ich würde, wenn ich gefragt würde: „Wie definierst du ‚Mensch' in zwei Worten?", sagen: als *endliche Freiheit.* Ich glaube, daß, wenn diese beiden Worte kombiniert sind, die Position des Menschen als Menschen gefaßt und richtig zum Ausdruck gebracht ist. Darum ein paar Worte über diese beiden Begriffe, die hier kombiniert sind, Freiheit und Endlichkeit.

Freiheit ist hier nicht gemeint in irgendeinem Sinne der Debatte zwischen Determinismus und Indeterminismus, zwischen der Lehre von der Willensfreiheit und von der Willensunfreiheit oder umgekehrt. Ich halte diese Debatte für obsolet, für etwas, was man nicht mehr debattieren sollte, weil es deutlich ist, daß sie aus Voraussetzungen kommt, die von vornherein die Entscheidung für den Determinismus unvermeidlich machen und Indeterminismus in einen Protest verwandeln, ohne wirklich Erkenntnis zu geben. Was ich meine mit Freiheit, ist etwas völlig anderes – was in unserer unmittelbaren Erfahrung, in dem Gewahrwerden eines jeden von Ihnen selbst enthalten ist, nämlich zwei Dinge: Das eine, daß der Mensch imstande ist, als Ganzheit zu handeln, als Selbst aus der Ganzheit seines Seins heraus, und daß nur, wenn er das kann, er das Phänomen erlebt, für das alle Sprachen Freiheit oder analoge Worte gefunden haben. Das ist nicht eine Sache, die abhängig ist von einer Lösung des Determinismus|-Indeterminismus-Problems, sondern ein Phänomen, dessen wir gewahr sind, wenn wir unabhängig von aller voreingenommenen Theorie auf uns selber sehen. Und dann finden wir, daß wir unfrei sind in dem Maße, in dem wir Teiltendenzen in uns finden, und frei in dem Maße, in dem wir aus der Ganzheit heraus handeln.[b] Das ist das eine, was ich mit dem Begriff der Freiheit meine. Das andere ist das *Haben von Möglichkeiten.* Ein Freund von mir, der Neurologe Goldstein, hat einmal gesagt: "Der Mensch ist *das Wesen, das die*

Möglichkeit hat", ohne zu sagen, wofür, und das ist gerade das Gute an dieser Definition. Der Mensch hat nicht die Möglichkeit zu etwas Bestimmtem, sondern im Unterschied zu allen anderen Wesen hat er die „Möglichkeit", er ist das Wesen, das imstande ist, über das Gegebene hinauszugehen, und zwar unbegrenzt. Es gibt nichts Gegebenes, über das der Mensch nicht grundsätzlich hinausgehen könnte. Daß er es faktisch nicht kann, ist das Problem der Endlichkeit. Aber er hat die Möglichkeit; und das Haben der Möglichkeit ist das, was den Begriff der Freiheit auf der anderen Seite definiert und was nötig ist, um zu verstehen, was im Begriff der Utopie enthalten ist.

Wenn ich nun frage: „Warum ist Unfreiheit so entmenschlichend? Warum kämpfen wir für Freiheit und verteidigen sie?", dann müssen wir eine Antwort geben, die wieder zurückgehen muß in dies Fundamentale des Menschseins, und von daher die Antwort ableiten. Es ist nicht, daß wir bestimmter Möglichkeiten beraubt sind, was uns die *Unfreiheit* als *entmenschlichend* empfinden läßt, sondern es ist dies, daß wir nicht mehr aus der Ganzheit reagieren können; und da liegt der Grund, warum der *Kampf für die Freiheit ein Kampf für den Menschen ist und nicht für etwas am Menschen.* Der Mensch, der nicht mehr aus der Zentriertheit, aus der Ganzheit, aus dem, worin alle Elemente seines Seins zu letzter Entscheidung zusammenkommen, handeln kann, hat aufgehört, ein Mensch im wahren Sinne des Wortes zu sein. Er ist entmenschlicht; und es ist sehr wichtig, sich klar zu werden, daß hier der [c]Begriff[c] der Entmenschlichung durch Unfreiheit einsetzt. Es ist nicht der Punkt, daß uns Möglichkeiten geraubt werden, daß wir nicht reisen können, gehen können (viele Kranke können nicht gehen ...) oder daß wir nicht alles sagen können, was wir sagen wollen (wo kann man das? [d]Man kann das nicht einmal in der Familie[d]). Aber die Frage ist: Sind wir imstande, aus der Ganzheit heraus zu reagieren? Und wenn das nicht mehr möglich ist, [e]wenn unser zentrales Ich in ein Ding ver|wandelt ist, das nicht mehr als zentral reagieren kann[e], dann ist der Prozeß der Entmenschlichung eingetreten. Und darum glaube ich, daß hier einer der fundamentalsten Begriffe verwurzelt ist in einer ontologischen Schau.

Über den *Begriff der Möglichkeit* noch etwas. Der Begriff der Möglichkeit ist identisch mit dem Begriff der *Versuchung.* Möglichkeit ist Versuchung. Nun, im einzelnen ist das klar, im einzelnen Menschenleben. Daß der Mensch versucht werden kann, ist das wahrhaft Menschliche an ihm. Darum wird er unmittelbar, nachdem er aufgetreten ist als Mensch, versucht, das heißt, es wird an ihn, der die Möglichkeit hat, appelliert. Die Schlange versucht nicht sich selber, sie tut, was sie muß, sie ist schlau und verwirklicht ihre Schlauheit – ich spreche im Mythos selbstverständlich. Sie versucht nicht die Bäume, die Tiere oder Gott, aber den Menschen. Das heißt, der Mensch ist der, der die Möglichkeit hat, und Versuchung ist der Appell an die Möglichkeit. Aber zugleich ist dieser Appell der Ausdruck dafür, daß der Mensch wahrhaft Mensch ist. Ohne die Versuchlichkeit würde er aufhören, wahrhaft Mensch zu sein.

Lassen Sie mich das gleich aufs Politische übertragen. Wir haben im Politischen genau das gleiche Phänomen. Sie kennen das berühmte Wort, daß Macht den verdirbt, der die Macht hat. Sie kennen es nicht nur, Sie haben es erlebt. Warum verdirbt Macht? *Macht verdirbt,* weil Macht definiert werden kann als „die-Möglichkeit-haben" im konkreten praktischen Sinn. Das, was im Menschen ontologisch seine Natur ausmacht – daß er die Möglichkeit hat –, wird nun in einem Wesen oder einer Gruppe, die die Macht hat, zur konkreten Möglichkeit; und darum ist das Politische eine potenzierte Stelle der Versuchung. Darin liegt auch die *Würde des Politischen,* genau wie im Menschen in der Versuchlichkeit die Würde liegt und die Gefahr. Würde und Gefahr sind immer Korrelate.

Das ist die eine Seite, auf die ich hinweisen wollte. Die Freiheit ist aber endlich; und damit komme ich auf die andere Seite. Der Mensch ist endliche Freiheit. Was bedeutet diese *Endlichkeit?* Diese Endlichkeit bedeutet, daß er, wenn er seine Möglichkeit verwirklicht auf Grund einer Ganzheitsreaktion, auf Grund der Freiheit also, daß er dann bedroht ist, und zwar *bedroht durch Nichtsein.* Denn Endlichkeit heißt Mischung von Sein und Nichtsein. Wir alle stehen in jedem Augenblick in der Situation dieser Mischung von Sein und Nichtsein. Das Nichtsein ist nicht etwas, auf das wir blicken können [f]als außerhalb von uns[f]. Wir sind ja in jedem Augenblick im Nichtsein ebensosehr wie im Sein, in jedem Augenblick | in einer Situation der Bedrohtheit. Wir brauchen nicht nur an den Tod zu denken, an alle die Zufälle, die dazu führen, sondern auch an dasjenige Nichtsein, was sich als Irrtum und Schuld erweist. Das heißt, als endliche Wesen ist *unsere Freiheit, über alles hinauszugehen,* Möglichkeiten zu verwirklichen, *zugleich unsere Bedrohtheit.*

Lassen Sie mich auch hier wieder hinübergehen zu der *Bedrohtheit der politischen Existenz.* Die politische Existenz ist genauso als menschliche Existenz in der Situation der Bedrohtheit durch Nichtsein. Gibt es eine unbedrohte Existenz? Nun, gelegentlich haben Kirchen behauptet, daß, da sie religiös fundiert sind, sie eine unpolitische unbedrohte Existenz haben – das ewige Rom als Beispiel – oder in ähnlicher Weise oder etwas bescheidener hat Toynbee die Idee gehabt, daß diejenigen christlichen Völker, die abhängig von der christlich-anglikanischen Linie der Religion, also einer gewissen Synthese von Protestantismus und Katholizismus sind, eine Garantie haben, daß ihre politische Existenz unbedroht ist. Und andere haben auf dem Gedanken der Rassenüberlegenheit oder ideologischer Überlegenheit ähnliche Gedanken aufgebaut. In jedem Fall ist die eine Seite von endlicher Freiheit dabei verlorengegangen, die zum Menschen gehört, nämlich die Seite der Endlichkeit, die Seite des Nichtseins, und darum ist, wie die Geschichte gezeigt hat und auch den Kirchen und selbst der christlichen Kultur gegenüber zeigen wird, die politische Existenz notwendig und unvermeidlich eine bedrohte Existenz. Sie ist wie alles Menschliche mit Nichtsein gemischt.

Wenn wir von diesen Voraussetzungen ausgehen, dann können wir verstehen, daß diese endliche Freiheit, die der Mensch ist, sich in zwei Elementen ausdrückt, die in jedem Augenblick zu ihm gehören, nämlich eine immer labile *Balance von Angst und Mut.* Das menschliche Sein auf Grund des Nichtseins, der Endlichkeit, der Bedrohtheit ist in jedem Augenblick in Angst, und das menschliche Sein bejaht sich selbst, nimmt die Angst auf sich, und was das bedeutet, hat gerade diese Stadt erfahren, ist Ihnen allen ja bekannt.[g] Es nimmt sie auf sich, wirft sie nicht weg, versucht nicht, den Blick abzuwenden, sondern tut das, was das Wort Mut bedeutet, nämlich das Ja zum Sein trotz der Bedrohtheit durch das Nichtsein.

Die politische Existenz hat den gleichen Charakter; sie hat den Charakter von Angst und Mut in bezug auf Gegenwart und auf Zukunft. Lassen Sie mich hier wieder auf die Begriffe eingehen und sie ins Politische wenden. | *Angst ist ein ontologischer Begriff,* das heißt, er besagt nicht etwas, was zufällig ist, was man haben kann und nicht haben kann, was man überwinden kann und nicht überwinden kann. Sondern Angst ist ein anderes Wort für Endlichkeit. Angst ist Endlichkeit von innen gesehen, und da wir endlich sind, so ist Angst ein Phänomen, [h]das[h] nicht etwa durch Trompetenschall beseitigt werden kann, [i]das[i] auch nicht wie neurotische Angst durch Psychoanalyse beseitigt werden kann, [j]das[j] auch nicht wie die Angst der Schuld durch Vergebung beseitigt werden kann, sondern es ist eine Angst, die nichts anderes bedeutet, als daß *wir* [k]*unserer*[k] Endlichkeit gewahr werden. Wir werden [l]ihrer[l] gewahr in Momenten. Man ist nicht immer in Angst, aber die Angst ist immer da, genau wie das Nichtsein und wie die Endlichkeit da ist. Es ist ungeheuer wichtig, daß wir diese Angst bejahen und nicht verneinen. Nichts ist gefährlicher, auch politisch [m]gefährlicher[m], als zu glauben, daß man der Angst ausweichen könne dadurch, daß man sich von ihr abwendet. *Es gibt nur einen Weg,* und wie dieser Weg möglich ist, darüber würde ich von der Religion her etwas zu sagen haben: nämlich, *die Angst auf sich nehmen.* Wenn man die Angst auf sich nimmt, sagt man nicht, man ist ohne Angst. Der Tapfere ist nicht ohne Angst, sondern nimmt seine Angst auf sich. Der nicht seiner selbst voll bewußte Mensch mag in gewissen Augenblicken ohne Angst sein – so wie der Feldwebel, der dem Intellektuellen sagte: „Sie haben ja Angst!" und dem dann der Intellektuelle antwortete: „Wenn Herr Feldwebel soviel Angst hätten wie ich, wäre er längst davongelaufen." Mut ist nicht das Fehlen der Angst, sondern Mut ist das Aufsichnehmen der Angst, nämlich das Blicken auf das Nichts und trotzdem Ja sagen zu dem Seinsgrund, aus dem man kommt.

Wenn man das nicht tut, dann entsteht das Phänomen der neurotischen Angst. *Die neurotische Angst* ist ein Resultat des Nichtaufsichnehmens der ontologischen Angst, der Angst, mit der wir alle eins sind, die identisch mit unserer Endlichkeit ist. Diese Angst, von der ich rede, diese ontologische Angst wird, wenn sie sich auf die Gegenwart bezieht, zum *Sicherungswillen,* und aus dem Sicherungswillen entsteht die Aggression gegen die Bedrohtheit. Nun, das ist eines der Urphänomene des Politischen. Die Angst hat die Weltkriege produziert durch den Sicherungswillen und die Aggressivität, die damit verbunden ist. Die Angst als Ursache des Sicherungswillens hat notwendigerweise die Konsequenz, das, was sie vermeiden will, durch den Weg, auf dem sie es vermeiden will, zu pro|duzieren. Das erleben wir in weltweitem Maßstab, in einer Weise wie nie zuvor.

Darum ist das Phänomen der Angst von einer so fundamentalen Bedeutung für alles Politische und hat als Konsequenz in der Innenpolitik – und das kann man speziell in Amerika jetzt erleben – den Sicherungswillen, der zur Vergangenheit zurückdrängt, der dem, was als Gefahr in der Zukunft bedroht, dadurch begegnen will, daß er sich in der Vergangenheit fixiert. Sehr viel von dem, was als Sicherungswillen innerhalb aller politischen Gruppen und Bewegungen vorliegt, ist ein Produkt der Angst, die zurückgeht, die in den Modi der Zeit die Vergangenheit wählt, weil sie aus der Vergangenheit heraus, die sie ja überlebt hat, Sicherungen zu finden glaubt, die unbedroht sind. Auch darin liegt ein gewisser Mut. Sicherungswille ist nicht einfach etwas, was negiert werden muß. Es ist *eine Form des Mutes, sich zu sichern.* Die Frage ist nur, ob die andere Seite, die Dimension der Zukunft, dabei nicht vergessen ist.

Damit komme ich auf eine andere Kategorie, die der *Erwartung,* und diese Kategorie führt uns nun unmittelbar an das Problem der Utopie. *In der Erwartung ist beides, Angst und Mut,* aber nun nicht in bezug *auf Vergangenheit,* sondern *auf Zukunft.* Erwartung rechnet mit Erfüllung der Möglichkeiten, die ja das menschliche Wesen ausmachen, in der Zukunft, Möglichkeiten, die nicht erfüllt waren, unendlichen Möglichkeiten wegen der unendlichen Fähigkeit des Menschen, über jede bedingte Situation hinauszugehen, und der Mensch hat den Mut – er ist, wie Nietzsche mit Recht sagt, „das mutigste Tier“[n] –, weil er vorwärtsgeht in der Erwartung, die über das Gegebene dem Zukünftigen entgegenläuft.

Aber nun lassen Sie mich etwas sagen über die *Angst und Erwartung.* Die Erwartung schließt eine doppelte Angst in sich. Die eine Angst ist die, daß, wenn man aus der Vergangenheit in die Zukunft läuft, wenn man das, was konservativ sich bewahrt hat, aufgibt, daß man dann auch die Sicherung verliert – und kein Leben kann ohne die Sicherung leben –, und wenn man dann zurückwill, entsteht eine andere Angst, nämlich die Angst, seine Möglichkeiten zu verlieren.

Diese doppelte Angst kann man an der *Psychologie der Unschuld* klarmachen. Die Unschuld, wenn Sie zum Beispiel als das klarste und Ihnen allen bekannte Beispiel die Unschuld vor der sexuellen Erfahrung nehmen, diese Unschuld ist charakterisiert durch eine doppelte Form der | Angst. Auf der einen Seite die Angst, vorwärtszugehen, die Angst, das, was in der Erwartung steht mit allem Unheimlichen und Unbekannten, nicht erreichen zu können, die Angst, die nicht weiß, was geschieht, wenn die Sicherung der Unschuld aufgegeben wird, und auf der anderen Seite die Angst, unschuldig zu bleiben und damit seine Möglichkeit zu verlieren, die Angst, die vorwärtstreibt hinaus über die Unschuld. Und zwischen diesen beiden Ängsten steht die Unschuld, und in diesem Moment entscheidet sie sich aus dieser Angst heraus, und wenn sie sich entscheidet, ist sie nicht mehr unschuldig, auch dann, wenn sie sich für die Unschuld entscheidet, weil sie dann nicht mehr unmittelbar ist, sondern Resultat einer bewußten Entscheidung geworden ist. Das ist etwas von der menschlichen Situation in bezug auf die Zukunft, und das ist im Politischen genau das gleiche.

Jeder von uns auf allen Gebieten des Lebens, besonders denen, die zentral im Politischen zusammenlaufen, steht vor der Frage, inwieweit er aus den Sicherungen, die aus der Vergangenheit gegeben sind, aus den Institutionen, in denen wir leben, inwieweit er darüber hinausgehen soll und kann. Wir haben die Angst, daß, wenn wir es nicht tun, wir die Möglichkeiten verlieren und in einem Gefängnis bleiben, das durch die Vergangenheit um uns geschlagen ist und von dem wir fühlen, daß neue Möglichkeiten offen sind, die wir versäumen. Das andere ist die *Angst der Revolution,* die jeder haben sollte. Hier auch würde ich sagen: Der Mut des Revolutionisten, der berufsmäßigen Revolutionäre, ist genau wie der des Feldwebels, der seine Angst nicht auf sich nimmt, weil er noch nicht zum Menschen durchgedrungen ist. Aber es gibt ein revolutionäres Pathos, das dieses Risiko auf sich nimmt und Mut hat, Ja zu sagen trotz des drohenden Nichtseins und trotz des Entzugs der Sicherung, die aus der Vergangenheit vorlag.

Das war ein Versuch, ein bißchen hineinzugraben in menschliche Fundamente, die bei uns allen anklingen, von denen wir nur zu reden brauchen, um zu sagen: Ja, es ist so. Das sind Dinge, die nicht deduziert sind in Form einer abstrakten Ontologie, sondern Dinge, die das menschliche Sein ausmachen, die wir in jedem Moment in uns sehen und um uns, im Politischen in ihrer explosiven und schöpferischen Wirklichkeit. Es ist gut, wenn manchmal eine Stimme zu uns spricht: Seht einmal auf diese Wurzel, wo das alles herkommt. Woher habt ihr euren Mut? Was ist der richtige Mut? Es ist soviel mit diesem Wort gesündigt worden, aber Mut ist im Deutschen verwandt mit Gemüt, es ist ein Zentralbegriff, nicht eine ein|zelne Tugend. Die Möglichkeit des Lebens, Ja zu sagen zu seinem Leben, geht weit über einen einzelnen Begriff hinaus, und dasselbe ist mit Angst. Sie ist ein Grundphänomen, kein spezielles Phänomen, und hat unendliche Variationen, sie kann neurotisch, schuldhaft, tragisch werden, aber bleibt immer Angst, und was das für die politische Situation bedeutet, ist unermeßlich. Die Anwendung würde eine Unendlichkeit von Analysen zur Folge haben können. Aber ich muß jetzt zu etwas anderem kommen.

Wir haben gesprochen von der Vergangenheit, aus der heraus wir unsere Sicherungen haben, und der Zukunft, in der wir diese Sicherungen aufgeben, und von dem Hin und Her zwischen konservativ und revolutionär, zwischen diesen beiden Formen von Angst und Mut. Denn beide sind real auf Grund der menschlichen Phänomene Angst und Mut. Nun möchte ich fragen: Wenn wir vorangehen in die Zukunft, wenn wir versuchen, unsere Möglichkeiten zu verwirklichen, was liegt dann vor uns, wie sieht das Bild aus, auf das wir hingehen?

Und darum möchte ich jetzt von den *Idealbildungen* reden, die sich aus diesem Vorlaufen in Form der Erwartung ergeben, die nun einen merkwürdigen Charakter haben, nämlich, daß sie nicht einfach in die Zukunft hineinprojiziert sind, sondern daß sie sich genauso in der Zukunft wie in der Vergangenheit finden. Es ist eine der wichtigsten Einsichten in das Wesen der Utopie, daß *jede Utopie* sich *ein Fundament in der Vergangenheit* schafft, daß es rückgewandte genauso wie vorwärtsgewandte Utopien gibt, d. h. daß das, was man in der Zukunft voraussieht als das Ideale, zugleich das ist, was man als „einst" in der Vergangenheit träumt oder als das, von dem man herkommt und zu dem man zurück will. Es ist eins der erstaunlichsten Phänomene des menschlichen Denkens, in der Symbolsetzung im Religiösen, im Mythischen, Politischen, Ästhetischen, überall, daß Vergangenheit und Zukunft Korrelate sind, daß die Vergangenheit des Ursprungs und die Zukunft des Zieles sich entsprechen. Woher kommt das? Es kommt wieder aus dem Sicherungswillen. Das, was in die Zukunft hineingeht, das, was erwartet wird als das Vollendete in der Zukunft, wird gesehen als schon einmal vorhanden in der Vergangenheit, als das, was dem Wesen des Menschen entspricht; und Wesen ist in der deutschen Sprache mit „gewesen“ verbunden. Es ist eine der tiefsten Einsichten der deutschen Sprache, die Aristoteles, der sie auch hatte, mit dem sehr schwierigen Begriff τὸ τί ἦν εἶναι, das, was immer schon war, ausgedrückt hat,| nämlich daß das Wesen dasjenige ist, von dem wir herkommen und was immer schon gewesen ist.

Daraus ergibt sich das *Phänomen der rückgewandten Utopie,* °das° wir in allen Mythologien aller Völker und vielfach in der Philosophie haben. „Die Träume vom besseren Leben“, wie ein Manuskript von Ernst Bloch heißt, sind zunächst einmal rückgewandte Träume und *dann auch vorwärtsgewandte Träume.* Oder anders ausgedrückt, das Recht, das bessere Leben in der Zukunft zu träumen, wird abgeleitet von der Tatsache, daß diese Träume einmal Wirklichkeit waren. Ich brauche nur ein paar Namen zu nennen, um das deutlich zu machen: Der stoische Begriff des goldenen Zeitalters, das in der Vergangenheit liegt und das nach dem Weltbrand wiederkommen wird; die indischen Gedanken von den verschiedenen Perioden, nach denen wir jetzt in der schlechtesten sind, aber die Wiederkehr der ursprünglichen Weltperiode unmittelbar bevorsteht; im Christentum das Symbol des Paradieses, das verloren ist und das in ähnlichen Symbolen im letzten Buch der Bibel am Ende der Tage als wiederhergestellt gedacht wird; die Rousseau'schen Ideen von dem ursprünglichen reinen Naturzustand, der durch die Kultur verdorben ist, zu dem man zurückgehen muß; die Utopie des ursprünglichen Kommunismus, der allerdings nur gelegentlich und sehr vorsichtig von Marx selbst erwähnt wird, aber von anderen mehr ausführlich durchgeführt worden ist und die Grundlage ist für die klassenlose Gesellschaft der Zukunft; und dann die unzähligen anderen Mythen, auf die ich gar nicht Rücksicht zu nehmen brauche, weil sie alle mit derselben *Struktur der Urzeit und Endzeit* sich entsprechen.

Der tiefste Grund dafür ist, daß man in der Urzeit das Wesen sieht, daß man glaubt, daß das menschliche Wesen oder das Wesen des Seins als solches in der Urzeit verwirklicht war, daß es verlorengegangen ist, daß wir jetzt im Widerspruch dazu stehen und daß es wiederhergestellt werden kann. Als Philosoph würde ich sagen, daß hier der ontologische Unterschied von *Essenz und Existenz,* von *Wesen und Wirklichkeit* projiziert ist in die zeitliche Dimension. Das Wesen ist aufgefaßt als das „Gewesene“, als das, was einmal „gewest“ hat, wo es noch nicht den Unterschied von Wesen und Existenz gab. Dann kam die Existenz, der Fall, und diese Existenz ist nun das Gegenteil, das Zerreißen, Negieren dessen, was ursprünglich als Wesen Wirklichkeit war. Daraus ergibt sich, daß in der weitaus überwiegenden Zahl dieser Utopien ein | *Dreitakt* sich findet: ursprüngliche Verwirklichung, nämlich Verwirklichung des Wesens, Herausfallen aus dieser ursprünglichen Verwirklichung, nämlich der gegenwärtige Zustand, und Wiederherstellung als Erwartung, [p]in dem[p] [q]das, was herausgefallen war, woraus man gefallen ist[q], nun wieder verwirklicht wird. Einer der charakteristischen Züge dieses Dreitaktes ist folgender: Diejenigen, die diese Symbolik gebrauchen, haben fast durchweg das Bewußtsein, daß das Äußerste des Abfalls in ihrer Periode, in dem Moment, in dem sie leben, erreicht ist. *Es ist jedesmal das letzte Zeitalter, aus dem die Utopie geboren wird.* Charakteristisch und vielleicht die beste Formel, die dafür gegeben worden ist, ist Joachim de Fiores Gedanke, daß wir im Zeitalter der vollendeten Sündhaftigkeit leben; Augustins Gedanke, daß die Weltreiche mit dem letzten, dem großen römischen Reich, das er als Römer liebte, zu Ende gekommen sind und nun nur noch ein Reich bevorsteht, nämlich das Reich Gottes, das in gewisser Weise in der Kirche Wirklichkeit wird, aber endgültig erst nach der Geschichte verwirklicht werden wird; dasselbe in Indien, wo es immer die letzte Periode ist, in der der Theologe sich befindet, der von den Zeitaltern spricht; in Griechenland, wo die Stoiker vom letzten, vom eisernen Zeitalter reden, dem schlechten; im Marxismus, wo der Klassen-Gegensatz, der durch die ganze Geschichte geht, nun zu einem Punkt gekommen ist, wo der Umbruch unvermeidlich geworden ist, weil sonst die menschliche Situation nicht mehr zu retten ist; in den biologisch-faschistischen Ideologien, wo der Verfall, die décadence (Nietzsche), zu einem Punkt gekommen ist, der nicht mehr überschritten werden kann und wo der Gegenschlag erfolgen muß. Das heißt der Dreitakt ist zentriert auf den Moment, in dem die Umkehr unmittelbar bevorsteht. Das ist eines der Charakteristika für alles utopische Denken.

Aber nun möchte ich noch, ehe wir zu einer Diskussion dieser Materie kommen, einige Bemerkungen machen über *Typen,* in denen man sich die Wiederherstellung aus der vollendeten Abgefallenheit vorstellen kann. Zunächst zwei Typen, in denen die *Wiederherstellung als unmöglich* aufgefaßt wird, und zwar aus zwei Gründen:

Der erste ist der klassische theologische, wo der Abfall zur Folge hat, daß die Wirklichkeit unter dämonische tragische Mächte gefallen ist, wie wir sie analog auch in der Psychologie haben – Zwangsstrukturen, gegen die der Patient nichts machen kann, der Mensch als Mensch nichts machen kann, sodaß innerhalb der Geschichte eine Befreiung davon im onto|logischen Sinn unmöglich wird. Es ist der Gedanke des gebundenen Willens, der Unfreiheit im religiösen Sinn, den Luther gegen Erasmus und Augustin gegen Pelagius durchgekämpft haben. Die Idee, daß die Abfallssituation eine solche ist, daß die Mächte, die in der Abfallssituation regieren, die dämonischen Mächte – „dämonisch" zu übersetzen mit „Struktur der Destruktion" –, daß diese Mächte nicht überwunden werden können in der Geschichte selbst.

Die andere verwandte und doch so verschiedene Form, in der man eine Wiederherstellung und damit jede Form der Utopie für unmöglich hält, sind diejenigen existentialistischen Denker, die – im Unterschied von den Existentialisten des 19. Jahrhunderts wie Kierkegaard, Nietzsche, Marx und die Diltheyschule, Bergson und andere – kein Positivum gegenüber der negativen Analyse einzusetzen haben. Ich denke naturgemäß an Heidegger und Sartre und eine gewisse Richtung des amerikanischen Pragmatismus und Naturalismus. Da ist die Idee diese, daß keine Wiederherstellung möglich ist, weil es ja keine „Essenz" gibt, kein Wesen des Menschen, von dem man abgefallen ist, weil der Mensch so ist, daß das, was wir Abfall nennen, der wirkliche Mensch ist und daß es Abfall zu nennen von vornherein ein philosophischer Fehler ist. Wenn Sartre sagt: „Die Essenz des Menschen ist seine Existenz", ist das ein Wort, das so folgenschwer ist – wenn man es verstanden hätte und es nicht so abstrakt wäre, wodurch es ungefährlich ist – wie kaum das Wort von Nietzsche, daß Gott tot ist in der modernen Kultur. Beide sagen, daß das Gebiet der übergreifenden Werte, der wahren und guten Struktur des Seins, nicht mehr existiert. Das war es, was Nietzsche meinte, wenn er das sagte (darum ist er gewissermaßen der Vater der Existenzphilosophie), daß Gott tot ist. Das ist nicht der kindische Gedanke eines törichten Atheismus (so albern kann man Nietzsche nicht interpretieren). Es bedeutet, daß das System der Werte, das im Gottesgedanken seine Wurzel hatte, zerbrochen ist und daß infolgedessen der Mensch aus sich heraus, aus seiner Existenz, neue Werte schaffen muß, die aber keine gültigen Werte sind und letztlich ohne Kriterium bleiben. Dasselbe ist, was Sartre sagte, daß die Essenz des Menschen seine Existenz ist, das heißt, daß in jedem Moment, in dem er existiert, er sich das schafft, was er als Essenz haben will, aber kein Übergeordnetes vorliegt, aus dem die Existenz des Menschen kritisiert werden könnte. Das bedeutet, daß es keine Utopie mehr geben kann; und bei den Existentialisten und | bei all denen, die ihnen ähnlich sind, werden Sie ein völliges Fehlen der Utopie da bemerken, wo diese Sätze radikal ernst genommen sind.

Nietzsche selber, der zum 19. Jahrhundert gehört, hat noch nicht die Konsequenz gezogen. Im Widerspruch zu seiner eigenen Auffassung hat er eine Art biologischen Essentialismus gemacht und hat damit soviel Unheil angerichtet, [r]wie er an der Wahrheit in seinem eigenen Denken vorbeigetroffen hat[r]. Das ist längst bekannt, muß aber erwähnt werden, weil es große politische Folgen gehabt hat. Auf alle Fälle, diese beiden Richtungen, das klassische Christentum und der radikale Existentialismus des 20. Jahrhunderts, sind darin einig, daß die *Möglichkeit einer Utopie nicht gegeben ist, weil der Wesensbegriff preisgegeben ist.* Mir ist manchmal aufgefallen, was einige vielleicht wundern wird, wie ähnlich in dieser Beziehung Barthsche und Sartresche Formulierungen sind – [s]sicherlich lieben sie sich beide nicht sehr, und beide würden es übelnehmen, wenn ich es ihnen mitteilte[s]. Trotzdem ist es wahr, und in dem Sinne kann man Barth in die Linie der existentialistischen Theologie einreihen, nämlich einer Theologie, die die humanistische Lehre, daß der Mensch in seiner Essenz auch im Fall vorhanden ist, wenn auch korrumpiert, wenn auch widerspruchsvoll, aufhebt. Beide sind im Grunde antihumanistisch, [t]trotzdem Sartre ein Buch geschrieben hat, darin er sich schwächlich rechtfertigen will: L'existentialisme est un humanisme.[u]

Er ist es nicht, und genau dasselbe hat von der theologischen Seite die Barthsche Richtung da, wo sie radikal durchgeführt ist, auch getan. Wenn ich Barth hier genannt habe, möchte ich doch seinem Genius eine Verbeugung machen: Er hat den Vorzug, wirklich kein Barthianer zu sein. Wenn man seine Geschichte der protestantischen Theologie[v] liest, worin er in Wirklichkeit eine Philosophie der Kunst und mehr gibt, sieht man, daß er ein Humanist ist. Aber er darf es nicht wahrhaben. Politisch liegt etwas vor, worin diese beiden Extreme sich nicht nur berühren, sondern gewissermaßen identisch sind.[t]

Wenn man das Wort *Humanismus,* das so mißbraucht wird, in seiner Größe und Bedeutsamkeit wiederherstellt, kann man sagen: Humanismus ist der Glaube daran, daß der Mensch vom Wesen determiniert ist, das nicht schlechthin verlorengegangen ist und das gegenüber der Existenz als Urteil und Norm auch in den größten Verirrungen der Existenz fortbesteht. Jede Politik muß notwendig zerstörerisch sein, die diese Lehre vom Wesen des Menschen nicht hat.

Und damit ist schon ein Wort für die Utopie gesprochen. Aus dem Glauben an das Wesen des Menschen, an das, „was immer schon gewesen ist", geht ja hervor die Norm, die, als Bild in die Zukunft projiziert, die Utopie abgibt. Das heißt, wir haben zwei Richtungen, eine radikal theologische und eine radikal antitheologisch-existentialistische, von denen man sagen kann, daß, wenn sie das Wesen des Menschen aufgegeben haben gegenüber der Existenz – die eine als Resultat des Falles, die andere als das immer bleibende Wesen des Menschen –, daß unter diesen Umständen eine politische Utopie und daher Normen politischen Handelns überhaupt unmöglich geworden sind. Darin liegt nach meiner Empfindung die größte Gefahr dieser beiden Richtungen, politisch gesehen. Wenn es unmöglich ist, vom Wesen des Menschen her Normen zu geben, dann kann man nur mit Barth diese Normen geben in einer absoluten Offenbarungstheologie.

Auf der anderen Seite haben wir die Pragmatisten und Existentialisten, und da möchte ich von Amerika her etwas erzählen. Nämlich, da gibt es auch keine Normen. Die Normen sind die praktischen Werkzeuge, die wir in jedem Moment anwenden und die, wenn sie nicht mehr brauchbar sind, weggeworfen werden. So im Pragmatismus, der dem Existentialismus sehr verwandt ist. Es kam sehr oft eine Debatte auf zwischen diesem Pragmatismus und mir oder ähnlichen Vertretern eines kritischen Humanismus. Und dann ergab sich folgendes: Wenn dieser amerikanische Pragmatist konsequent war, würde er genauso ohne ethische, in diesem Falle politische, Normen sein, wie es der Existentialismus war, wie es letztlich im Nazismus sich ausdrückte, wo die Norm mit einer biologischen Realität, der Nation nämlich, identisch war und die übergreifenden kritischen Normen verlorengehen. Aber das geschieht in Amerika nicht. Warum nicht? Ich hatte eine Debatte mit John Dewey, gleich am Anfang, als ich noch recht stotterte. Ich sagte: Wie kannst du der Kritik ausweichen, daß du keine Normen, z. B. gegen den Nazismus, hast (und Dewey ist ein Vorkämpfer für den Humanismus gegen alles Totalitäre usw.)? Wie steht das zu deiner pragmatistischen Werkzeuglehre, wo ist das Kriterium? Da konnte er nicht antworten und war im Grunde genommen mehr oder weniger einverstanden, als ich sagte: Diese Normen stammen noch aus der noch unzerbrochenen Tradition des angelsächsischen Humanismus. Das heißt, die glückliche Inkonsequenz der Angelsachsen hat sie vor dem europäischen Schicksal bewahrt; wäre sie nicht dagewesen, wäre es zu einer ähnlichen Zerstörung der Normen, des Wesens und damit echter Utopiebildung ge|kommen. Das sind die beiden Richtungen, von denen ich sagte, daß sie das Wesen ausschalten und damit die Utopie unmöglich machen.

Dann gibt es zwei andere, nämlich die Möglichkeit einer innergeschichtlichen Wiederherstellung durch einen *radikalen Umschwung* aus der vollendeten Sündhaftigkeit, aus dem Tiefpunkt in einen Höhepunkt. Das ist sehr interessant, daß hier auch wieder das Christliche und das Humanistische, das Säkulare, in derselben Linie gehen. Wir haben im christlichen Denken die Idee des tausendjährigen Reiches, einen der schicksalhaftesten und folgenreichsten Gedanken der christlichen Entwicklung, den Gedanken, von dem wahrscheinlich letztlich alle modern westlichen Utopien abstammen. Was bedeutet er? Die tausend Jahre sind natürlich symbolische Zahlen – sie liegen aber vor dem letzten Ende, das heißt *in* der Geschichte, und sie bedeuten, daß irgendwann einmal in der Geschichte die [w]Erfüllung menschlicher Erwartung[w] gegeben sein wird. Und mit dieser Erwartung hat die Geschichte der christlichen Sekten einen ununterbrochenen Angriff auf die augustinische Haltung gemacht, die der Barthschen sehr ähnlich ist, nämlich, daß das letzte Zeitalter nicht vor uns liegt (das ist nämlich das absolute Ende), sondern, wie Augustin sagt: Die „tausend Jahre" [x]sind[x] die gegenwärtige Herrschaft der Kirche. Aber die christlichen Sekten von den Montanisten bis zum radikalen Kommunismus bilden eine ununterbrochene Bewegung von Gruppen, die glauben, daß eine *Dialektik* eintritt, daß, nachdem das tiefste Nein erreicht ist, die vollendete Sündhaftigkeit, die industrielle Klassengesellschaft, daß dann in diesem Moment der große Umschwung kommt und daß wir dann *in* der Geschichte etwas verwirklichen. In dieser dialektischen Auffassung – revolutionär-dialektisch sollte man sie nennen – ist die Dialektik der logische Ausdruck für historisches Schicksal. Es ist ein historisches Schicksal, das in die größte Tiefe führt und aus dieser tiefsten Tiefe die Auferstehung herbeiführt, nämlich die Verwirklichung des Menschen aus der Tiefe der Entmenschlichung heraus. Das ist die revolutionäre Richtung und [y]die Richtung[y] aller Revolutionen der westlichen Welt. In dieser westlichen Welt sind die innerkirchlichen Revolutionen, die zum Teil sehr radikal waren (Mönchtum, später der Protestantismus, die radikalen Sekten der Reformationszeit), die Revolution der bürgerlichen Gesellschaft gegen die feudale Gesellschaft, die Revolutionen des 19. und 20. Jahrhunderts, alle diese Revolutionen sind begründet in dem Glauben, daß das Wesen des Menschen in der Geschichte durch ein historisches Schicksal wiederhergestellt werden kann, durch den | Gegensatz der äußersten Tiefe und der letzten Höhe; daher die ungeheure revolutionäre Spannung dieser Menschen.

Dann gibt es eine zweite Form, die gemäßigte Utopie, das ist die *Utopie des Fortschrittsgedankens* der bürgerlichen Gesellschaft. Der Augenblick, in dem diese

Revolution siegt – zum Beispiel der Sieg der bürgerlichen Revolution im 18. Jahrhundert, dann im ganzen Europa im 19. Jahrhundert –, hat zur Folge gehabt, daß diese bürgerliche Gesellschaft, die einmal aus dem Gedanken der Utopie hervorgegangen ist, nicht mehr wußte, was damit zu machen ist. Es ist ja erreicht, die bürgerliche Gesellschaft herrscht ja, die Prinzipien, die im Kampf als radikale Prinzipien gegen die feudale Gesellschaft geschleudert wurden, sind ja da, real. Dann kommt, weil man das Schema, aus dem man geboren ist, nicht so leicht aufgeben kann, die gemäßigte Utopie, die Utopie des Fortschrittsgedankens, wo langsam Schritt für Schritt ein Fortschritt stattfindet – manchmal eine Annäherung, von der man glaubt, daß sie eine vollkommene sein wird, manchmal eine Annäherung, von der man glaubt, daß sie nie zum Ziele kommen wird (neukantianische Schule). Diese Utopie ist deswegen so gefährlich gewesen in den letzten Jahrzehnten, weil sie so gemäßigt ist und so tiefe Wurzeln in der Praxis von uns allen hat.

Sie alle sind nur deswegen hier, weil Sie die utopische Hoffnung haben, daß dieser Abend Sie in einer ganz kleinen Beziehung über das fortschreiten lassen wird, was vorher in Ihrem Bewußtsein war. Das schließt eine Art von praktischem Fortschrittsglauben in sich, und so ist es mit allem unserem Handeln. Und dieser praktische Fortschrittsglaube hat möglicherweise die Konsequenz, daß man daraus ein Weltgesetz des Fortschritts macht, das an und für sich durch die Weltgeschichte geht: „Better and better“ – dieses amerikanische Wort ist der plastischste Ausdruck dafür. *Fortschritt ist moderierte Utopie, die ihrer selbst nicht mehr gewiß ist, aber sich auch nicht selbst aufgeben kann.* Damit haben wir es zu tun, und diese Moderation ist besonders gefährlich – sie ist in besonderer Weise geeignet, den Unterschied zwischen dem, was der Mensch wesenhaft ist, und [z]dem[z], was er in der Existenz ist, zu verhüllen und auf diese Weise einen Optimismus zu produzieren, der den realen Dingen der Welt fremd ist. Das Resultat war (ich will nur ein deutsches und ein Schlagwort dafür gebrauchen, Goethes: Wer immer strebend sich bemüht, den können wir erlösen): Erlösung ist ein Resultat strebenden Bemühens. Goethe war zu groß, das so zu ver|stehen, aber sein Wort könnte so ausgedeutet werden. Die andere Ausdeutung, die in Amerika gemacht wird, kommt von der Verkündigung des Engels bei der Geburt Christi: „Den Menschen ein Wohlgefallen“. Der englische Text sagt: „Den Menschen guten Willens“. Dieser Begriff ist eine der phantastischsten Utopien, die ich erlebt habe. Immer wieder und wieder sieht man den Glauben daran, daß über kurz oder lang viele Menschen guten Willens – und wir gehören natürlich zu ihnen – auf die Dauer die Sache in die Hand bekommen werden und daß dann der Frieden auf Erden verwirklicht ist. Was für Konsequenzen das gehabt hat[a] und welche furchtbare Enttäuschung [b]die Folge war[b], darüber will ich das nächste Mal mehr sagen. Sie können sicher sein, daß heute in den akademischen Instituten Amerikas eine Woge dessen, was die Amerikaner „cynicism“ nennen, geht, was als eine Art gelangweilter überlegener Indifferenz gegenüber allen Inhalten und allen Normen sich breit macht. Ich sage das hier, um die Bedeutsamkeit dieser progressivistischen Utopie Ihnen deutlich zu machen.

2. *Geschichtliches und ungeschichtliches Denken*

Der bisherige Gedankengang war folgender: Das Problem der Utopie muß behandelt werden zunächst einmal als eine Analyse des menschlichen Seins. Der Mensch, so hatten wir gesehen, ist dasjenige Wesen, das die Möglichkeit hat. Aus der Möglichkeit kommt die Angst, und die Angst macht sich bemerkbar in zwei Richtungen. Die eine Richtung: Nicht zu verwirklichen, was möglich ist, sondern zu sichern, was gegeben ist – der rückgewandte, konservative und im Falle des Kampfes gegen den Fortschritt reaktionäre Wille; und auf der anderen Seite die Angst, Möglichkeiten zu verlieren, nicht zu verwirklichen, was sein könnte, die Erwartung, die zu dem fortschreitenden und unter Umständen revolutionären Typus des menschlichen Denkens und Handelns führt. Auf dieser Grundlage der [c]gesamtmenschlichen[c] Betrachtung haben wir dann gesagt, daß der Begriff der Utopie davon abhängig ist, daß der Mensch einen Unterschied macht zwischen dem, was er wesensmäßig sein sollte und sein könnte, und dem, was er in der Existenz, das heißt in Wirklichkeit ist. Wir hatten dann gesehen, daß dieser Gegensatz sich darin ausdrückt, daß der Mensch sein wahres Wesen als Vergangenheit in eine Idealzeit, in eine mythische Vergangenheit projiziert als Paradies, als engelgleiches Dasein, als goldenes Zeitalter, als erstes | Zeitalter in einer Entwicklung, als Zeitalter der Unschuld und so fort, und daß dies Wesensbild, das der Mensch von sich macht und in die Vergangenheit projiziert, nun das Kriterium wird, das er gegen die Wirklichkeit wendet, in der er steht, mit dem er die Wirklichkeit [d]verneint[d], in der er steht, und aus dem heraus er ein Idealbild schafft von dem, was er sein könnte, weil er es ja einmal gewesen ist. Ich hatte hingedeutet auf die Beziehung der deutschen Worte „Wesen" und „gewesen". Das, was des Menschen Wesen ist, ist angeschaut als das, was gewesen ist, nun aber nicht mehr ist. Dann hatten wir an verschiedenen Idealbildern angeknüpft, hatten unterschieden zwei Gruppen – die, die Ja sagt zu einer Utopie, und die, die Nein sagt zu einer Utopie. Unter denen, die Nein sagen, haben wir unterschieden die Existentialisten und die pessimistische Form des protestantischen Christentums. Wir hatten in einer etwas paradoxen Zuspitzung den typischen radikalen Protestanten Karl Barth in diesem Punkt verglichen mit dem typischen radikalen Existentialisten Sartre. Und dann im Gegensatz dazu die beiden Formen der Utopie, die revolutionäre, die in Form eines Ja und Nein, eines Zustandes der vollendeten Sündhaftigkeit, aus dem das Vollkommene geboren wird, revolutionär den Umschwung erwartet; und dann die Haltung der siegreichen Revolution, die keinen radikalen Umschwung mehr braucht, sondern auf der Grundlage des Sieges fortschrittlich Schritt für Schritt das Ideal erreichen will. Diese letzten Betrachtungen haben uns unmittelbar an die Schwelle derjenigen Betrachtung geführt, die ich heute machen will, nämlich der Frage nach dem Sinn der Geschichte im Verhältnis zum Begriff der Utopie.

Das Thema, wie ich es in der ersten Stunde diktierte, war: *Geschichtliches und ungeschichtliches Denken und die Funktion der Utopie.* Lassen Sie mich zunächst einige Gedanken äußern über ungeschichtliches Denken, das heißt ein Verständnis der Geschichte, das nicht aus der Geschichte, sondern aus etwas anderem als Geschichte geboren ist und das infolgedessen der Geschichte kein Eigenstehen, keine Selbständigkeit gibt, sie abhängig macht [e]von anderen und dadurch auflöst in anderes[e]. Um den Begriffsgegensatz des ungeschichtlichen und geschichtlichen Denkens zu verstehen, müssen wir wieder hineintauchen in die menschliche Situation, die in diesem Falle zugleich die Situation alles Existierenden ist, nämlich die *Unterworfenheit des Menschen unter die sogenannten Kategorien,* die Formen des Anschauens und Denkens, die als Raum und | Zeit für jedes Dasein in jedem Augenblick eine entscheidende Rolle spielen und die darum immer im Zentrum des philosophischen Denkens gestanden haben.

Die Frage ist: Welche Kategorie, Raum oder Zeit, ist überwiegend, ist bestimmend in einer Lebenshaltung? Es gibt Lebenshaltungen, die vom Raum determiniert sind, und es gibt Lebenshaltungen, die von der Zeit determiniert sind, und die Frage des geschichtlichen und ungeschichtlichen Denkens ist die Frage: Wie verhalten sie sich zueinander, für welche von beiden können oder müssen wir uns entscheiden ? *Ungeschichtliches Denken* ist ein Denken, wo *der Raum der Zeit überlegen* ist, wo die Zeit dem Raum untergeordnet und eingeordnet wird. Sie alle wissen aus der Physik, der modernen Physik, daß in ihr die Zeit, symbolisiert durch das Zeichen t, eine der vier Dimensionen des Raumes geworden ist, eines der interessantesten Symbole für die Unterordnung der Zeit unter den Raum.

Welches sind die Weltanschauungen, in denen der Raum der Zeit übergeordnet wird? Ich möchte zwei oder besser drei unterscheiden. Die erste ist die, die über die Natur hinausgeht zu dem Grund des Seins und von da aus die Zeit dem Raum unterwirft, es ist die klassische *Mystik in Indien und Europa.* In der klassischen Mystik ist dasjenige, was dem Zeitfluß entnommen ist, das wahrhaft Wirkliche, und alles, was wirklich ist, kommt aus diesem göttlichen Grund, aus diesem Grund des reinen Seins, des Abgrundes des Seins, und es mag interessant sein, hier das Symbol [f]„Grund“[f] zu deuten. Das Wort Grund, das oft mit Abgrund verbunden ist, weil es ja ein unergründlicher Grund ist, in dem das Sein ruht, ist ein räumliches Bild, und eine Philosophie, die vom Grund und Abgrund spricht, ist eben damit charakterisiert als eine Philosophie und eine Religion, in der der Raum – und nicht der wirkliche Raum, nicht unser Raum, sondern das Räumliche als solches – das höchste Symbol abgibt, und das ist charakteristisch für die Mystik. In der Mystik ist es die Dimension der Tiefe, aus der heraus alles verstanden wird, in die alles versinkt und aus der alles kommt. Die Zeit ist gleichsam ein Oberflächengekräusel auf der Oberfläche dieses Ozeans, und darum ist diese Weltauffassung wesensmäßig ungeschichtlich. Das Interessante ist dies, daß wir eine Weltauffassung hier vor uns haben, in der die Geschichte nichts bedeutet. Wir haben das in Indien, dem typisch ungeschichtlichen Land, das keine Erinnerung an die Geschichte hat, das keine Chroniken, keine historische Erinnerung hat, das immer | direkt verbunden ist in jedem Moment mit dem Grund des Seins, mit der Dimension der Tiefe, mit dem abgründlichen Raum, in dem Brahman, das reine Sein, alle Gestalten aus sich hervornimmt und in sich zurücktut. Dasselbe im Abendland im Neuplatonismus, wo in gleicher Weise der einzelne und die Seele, die Rückkehr des einzelnen, entscheidend ist und die Geschichte nichts bedeutet, weil unter jeder geschichtlichen Bedingung der einzelne gleich fern ist von dem Einen, von dem er abgefallen ist und zu dem zurückzukehren er sich sehnt. Es ist ein rein vertikales Denken, die Horizontale ist ohne jede Bedeutsamkeit.

Aber nicht das ist interessant, sondern interessant im Zusammenhang mit unserem Thema ist, daß – obgleich eine solche Weltauffassung vorliegt, obgleich das Denken fundamental ungeschichtlich ist – es nun doch dem Wesen des Menschen nicht entrinnt: der Bindung an die Zeit, der Frage nach der Zukunft, der Angst um das Gewesene und das Zukünftige. Das zeigt sich zum Beispiel darin, daß es in Indien eine Geschichtsphilosophie gibt, die letztlich abhängig ist von der Lehre vom Brahman, dem Prinzip alles Seins, das zugleich das Innerste jeder einzelnen Seele und jedes einzelnen Dinges ist, das einen Rhythmus produziert, einen Rhythmus des Einatmens und Ausatmens. Wenn Brahman ausatmet, entsteht eine Welt, wenn er einatmet, geht diese Welt zugrunde. Ich sage: Brahman, nicht: Brahma, nicht: ein Gott Brahma (der ist selbst nur ein Gott, der aus- und eingeatmet wird, wie alle Götter). Die Götter sind da nicht mehr als die Menschen in Indien. Sondern Brahman ist das Urprinzip, der Abgrund des Seins selbst, das Eine. Wenn das sich entfaltet im Bild des Ausatmens, dann entsteht die Wirklichkeit, und wenn es sich zusammenzieht im Bild des Einatmens, dann hört die Wirklichkeit auf. Damit entstehen Weltperioden, *Weltperioden des Werdens und Vergehens,* und in diesen Weltperioden hat das indische Denken trotz seiner Ungeschichtlichkeit *dem utopischen Denken seinen Tribut* gezahlt; es konnte ihm nicht ganz entgehen, weil es im Wesen des Menschen liegt. Der Gedanke ist ganz [g]dem[g] ähnlich, wie wir ihn bei den Stoikern gleich sehen werden. Unmittelbar nach dem Ausatmen, nach dem Moment, in dem die Welt beginnt, ist eine Periode der Einheit aller Wesenheiten, des Friedens, des Wachstums, des Schöpferischen, des Geistigen, eine Periode, die man in ähnlichen Worten wie denen des goldenen Zeitalters oder des Paradieses bezeichnet. Jetzt lebt man, wie in all diesen Utopien, in der letzten Periode. Stück für Stück sind die wesenhaften Dinge der ersten Periode verlorengegangen. Jetzt ist nicht | nur die Menschheit, sondern auch die Natur krank geworden, und es kommt ein Moment, wo dies Ganze zugrundegehen wird, wobei verschiedene Theorien aufgestellt sind, die aber alle das gleiche haben: Die Tiefe der Verderbnis ist das Ende einer Weltperiode, der eine neue folgt. Ich wiederhole: Das Wichtige daran ist, daß die Unentrinnbarkeit des utopischen Denkens sich in diesen Gedankengängen selbst auf indischem Boden, dem Boden der ungeschichtlichen Mystik, gezeigt hat. Es ist, wenn wir es so formulieren wollen, eine *zurückgewandte Utopie,* eine Utopie, die in der Vergangenheit liegt. Die Geschichte ist nicht Fortschritt, sondern Deteriorisation, Verderbnis, Korruption, Desintegration – lauter negative Worte. Die Utopie liegt in der Vergangenheit und nicht in der Zukunft, und wenn Sie bedenken, daß dies das Lebensgefühl nicht nur der großen asketischen, mystisch begründeten Religionen ist und war, sondern auch das der klassischen Griechen, soweit sie durch Stoiker und andere repräsentiert sind, wird sofort klar, was für ein außerordentliches Faktum es ist, daß für unsere Kultur der Fortschrittsgedanke das Selbstverständliche geworden ist und seine Erschütterung nur mit den größten historischen Erschütterungen, die vielleicht die Geschichte gesehen hat, denen des 20. Jahrhunderts, geschehen ist.

Die andere Form des ungeschichtlichen Denkens ist der *Naturalismus.* Während die eine die Übernatur sozusagen oder besser den Grund der Natur zur Basis des nichtgeschichtlichen Denkens machte, macht die andere die *ewige Wiederkehr,* wie man sie in der Natur beobachten kann oder beobachten zu können glaubt, zur Grundlage für die Verneinung irgendwelcher Bedeutsamkeit der Geschichte. Das Symbol, das in der griechischen Philosophie und nicht nur bei den Stoikern maßgebend ist für das Verständnis der Welt und des Geschehens, ist das des Kreises, und der Kreis ist ein Raumsymbol, er kehrt in sich selber zurück, er geht nicht vorwärts wie die Zeit. Das heißt, auch im naturalistischen Denken der Griechen ist die Zeit dem Raum unterworfen. Die stoische Lehre vom Weltbrand ist ganz ähnlich wie die Lehre vom Einatmen des Brahman. Nach einer unbegrenzt langen, unübersehbaren Periode kommt die Welt, das heißt, diese Ordnung der Dinge (der Kosmos, denn Kosmos heißt Ordnung), zu einem Ende, und eine andere Ordnung der Dinge folgt. Und diese Periode ist von zwei Weltbränden eingegrenzt, wobei man Brand nicht zu physikalisch nehmen muß, sondern als Symbol für die selbstverzehrende Kraft des Seins. Das – was immer das Feuer zu einem Symbol in der | Philosophie gemacht hat – ist das, was im Sichselbstverzehren zur Vollendung kommt und sich zugleich verzehrt. Diese Weltbrände begrenzen eine Weltperiode, die auch in Perioden verläuft und vielfach mit Metallen bezeichnet wird, auch nicht physikalisch, sondern symbolisch zu nehmen, als Werte: golden, silbern, eisern, tönern oder derartig – wobei auch wieder die gegenwärtige Periode die letzte Periode ist. Es ist interessant, daß auf der Höhe der modernen Kultur, auf einer der höchsten Höhen der Bildung und des Gedankens, Nietzsche diese stoischen Gedanken wiederholt hat und die Lehre von der ewigen Wiederkehr als seine größte Offenbarung aufgefaßt hat, die ihm in der Nähe jenes Steins in Sils-Maria, wo ich oft andächtig gesessen habe, zuteil wurde und die für ihn eine Weltanschauung ist, mit der es ihm gelingt, der gesamten christlichen Weltanschauung absolut zu widersprechen.

Wenn wir das sehen, würden wir denken: Wie kann hier Utopie entstehen? Und doch entsteht sie in beiden Fällen. In der Stoa ist es wie bei den Indern eine rückgewandte Utopie, es ist das goldene Zeitalter, das vergangen ist und das nie wiederkommt, denn nach dem Weltbrand sind es ja nicht wir, die etwas erleben, es ist ja nicht die gleiche Geschichte. Und daraus folgt der *tragische Charakter der spätantiken Weltanschauung,* für den die Stoa der vollkommene Ausdruck ist nach dem großen Ausdruck der klassischen Zeit, den die Tragiker ihr gegeben haben. Es ist eine Weltanschauung, nach der in der Geschichte nichts Erlösendes geschehen kann, sondern in der die Geschichte vorwärtsgeht, schlechter und schlechter, und nur der einzelne mutige Stoiker sich erhebt über das Weltgeschehen und sich eint mit der ewigen Vernunft, dem göttlichen Logos, der erhaben ist über alle

Welt. Es ist eine tragisch-heroische Weltanschauung, wie die ganze griechische Weltanschauung, und es ist rückgewandte Utopie, genau wie in Indien. Aber vielleicht noch interessanter oder zumindest bemerkenswerter ist die Lösung, die Nietzsche versucht hat, der Versuch, beide Dinge zu vereinigen, auf der einen Seite den griechischen Gedanken des ewigen Kreislaufes, der eine tragische Herrschaft des Raumes über die Zeit andeutet, und auf der anderen Seite ein unerhört dynamisches, vorwärtsdrängendes Denken und Fühlen, das ihn voraussehen und vorwegnehmen läßt in völlig utopischer Weise das Kommen des großen Mittags, das Kommen des Menschen, der auf den Menschen folgt, der nur noch scheinbar Mensch heißt. Und das ist der Sinn des Übermenschen, eine neue Selbstverwirklichung des Lebens, die über | alles hinausgeht, was bisher da war. Denken Sie diese ungeheure Spannung, die bei logischer Analyse von Nietzsche als Widerspruch definiert werden kann, die aber jeder solchen kleinlichen Analyse des Widerspruchs weit gewachsen ist, weil sie in Wirklichkeit menschliche Elemente symbolisch zum Ausdruck bringt und in einer originalen Sprache, halb poetisch, halb philosophisch, so zum Ausdruck bringt, daß diese Symbole fortgewirkt und Geschichte geschaffen haben, was von widerspruchslosen Systemen von Professoren der Philosophie nicht immer gesagt werden kann.

Die dritte Gruppe ist der *Existentialismus,* über den ich auch an anderer Stelle gesprochen habe und den ich sehr viel ernster nehme als diejenigen, die ihn mit einigen paradoxen Gedanken des französischen Existentialisten Sartre identifizieren. Im Existentialismus ist weder ein Kreis noch eine vorwärtsdrängende Linie da, sondern ein Punkt, und dieser Punkt ist das, was die Existentialisten Freiheit nennen. Der einzelne, der in absoluter Einzelheit seinem Tod entgegensieht, der auf sich selbst zurückgeworfen ist und von da aus seinen Punkt zu einem begrenzten Kreis erweitert, seiner Ganzheit, und in dieser Erfahrung steht, aber zur Geschichte keine essentielle Beziehung hat, der *freie einzelne* in der Existentialphilosophie geht genau bis zu seinem Tod, aber die Geschichte geht über seinen Tod hinaus. Weil er nur bis zu seinem Tod geht und dann zurückblickt auf sich selbst und sich als Ganzes erlebt, ist er wesenhaft ungeschichtlich und außergeschichtlich. Interessanterweise kommt das besonders deutlich zum Ausdruck in einem Begriff von Heidegger, der anscheinend das Gegenteil beweist, nämlich dem *Begriff der Geschichtlichkeit.* Heidegger hat den Menschen von der ganzen realen Geschichte abstrahiert, ihn auf sich gestellt, ihn in seine Isolierung hineingeworfen, und aus dieser ganzen Geschichte hat er einen abstrakten Begriff herausgehoben, nämlich den des Geschichte-haben-Könnens, der Geschichtlichkeit. Das ist, was den Menschen zum Menschen macht, und dieser Gedanke ist nun gerade die Negation jeder Realbeziehung zur Geschichte.

Ich möchte aber hier eine Bemerkung machen, die sozusagen unter dem Strich gemacht werden muß, für die, die Heideggers letzte Veröffentlichungen gelesen haben: Da entsteht plötzlich etwas anderes. *Heidegger* gewinnt eine *Beziehung zur Geschichte,* nämlich zunächst zur Geschichte der Philosophie, und es mag sein, daß er eines Tages darüber hinauskommt. Er spricht jetzt schon von der Sprache als | dem „Haus des Seins“[h], und die Sprache hat ja Geschichte, und wenn in der Sprache das Sein sich selbst offenbart, würde damit Geschichte eine neue Bedeutung für ihn gewinnen. Und vielleicht könnte man darüber hinausgehen und wie bei den anderen Gruppen eine heimliche Utopie auch bei den Existentialisten feststellen, nämlich die *Utopie der Offenbarung des reinen Seins,* die er erwartet wie ein Prophet, der auf den verborgenen heiligen Berg schaut, den er das „Sein selbst" nennt im Unterschied von allem Seienden und von dem er eine Offenbarung erwartet. Wenn sie käme, würde das Zeitalter der Metaphysik abgeschlossen sein, das heißt das Zeitalter, in dem der Mensch sich an die Seinsgestalten hält anstatt an das reine Sein, und wenn er sich an das reine Sein hält – weiter kann dieser Satz nicht gebildet werden zur Zeit. Diese heimliche Utopie der Existentialisten zeigt, wie selbst diese radikale außergeschichtliche Form des Denkens schließlich der Geschichte verfällt, und ich glaube, daß ein Stückchen von Sartres Teilnahme an der Bewegung des Widerstandes damit zu tun hat, daß er doch sah, daß der Begriff der absoluten Freiheit des einzelnen irgendwie zusammenhängt mit der sozialen und politischen Freiheit, und daß es unmöglich ist, die eine vollkommen durchzuführen ohne die andere. Das heißt, die menschliche Realität und in diesem Falle die historische Situation hat ihn herausgerissen in ein geschichtliches Denken, das seinen Prinzipien widersprach. Er würde vielleicht antworten: „Die Teilnahme am Widerstand war etwas, was Handeln bedeutet, und Handeln ist ja menschliche Selbstverwirklichung; aber es kommt nicht darauf an, was gehandelt wird; ich hätte auch das Gegenteil machen können." Aber niemand würde es ihm glauben; er hätte es nicht machen können. Und wenn das so ist, dann ist ein Element von geschichtlicher Bezogenheit da und vielleicht sogar von Utopie, nämlich die Erwartung, daß durch seinen Kampf für die Freiheit der Entscheidung im einzelnen das System der Objektivierung und der Autoritäten allgemein einmal überwunden werden wird.

Damit bin ich am Ende der drei Gruppen des ungeschichtlichen Denkens. Ich wiederhole: Der entscheidende Beweis, den ich führen wollte, war nicht die Aufzählung der Gruppen, sondern daß ich zu zeigen versuchte, daß in jeder von ihnen ein Element der Utopie steckt, das nicht verneint werden kann, auch von denen [i]nicht[i], die ungeschichtlich denken.

Nun im Gegensatz Richtungen, in denen die Geschichte aus der Geschichte heraus verstanden wird und nicht aus dem, was der Natur zugrunde liegt,| oder aus der Natur selbst mit ihrer Wiederholung oder dem isolierten einzelnen. Wenn geschichtliches Denken möglich sein soll, so muß die *Zeit über den Raum gesiegt* haben, und das ist, was im geschichtlichen Zeitbegriff der Fall ist. *Historische Zeit* ist die Zeit, die unabwendbar und unrückwendbar, unwiederholbar nach vorn läuft, die auf das Neue zugeht. Heidegger hat hier hingewiesen auf den tiefen Sinn, der im deutschen Wort *zeitigen* steckt, das von Zeit abgeleitet ist und das bedeutet, daß die Zeit aus sich heraus das Neue schafft, das Neue zeitigt. Es ist wieder interessant, eine andere Ableitung von Zeit, nämlich vom englischen „time", damit zu vergleichen, das englische „timing", das heißt: den richtigen Augenblick abpassen. Aber im richtigen Augenblick ist alles gegeben, und es wird nichts Neues geschaffen. Und das ist der Unterschied zwischen einer

Weltanschauung, die letztlich von der technischen Vernunft dirigiert ist und die infolgedessen das technisch Richtige in der richtigen Zeit tut, und einer romantischen Weltauffassung, die in jedem Zeitmoment das Schöpferische sehen möchte. Das bedeutet nicht, daß ich die eine gegen die andere abwerte, aber der Begriff des Zeitigens, der mit dem Begriff des Neuen verbunden ist, ist von überragender Bedeutung für die Geschichtsphilosophie.

Der *Sieg der Zeit* über den Raum ist nicht der Sieg abstrakter Begriffe in der Philosophie, sondern ein weltgeschichtlicher Sieg. Der Sieg der Zeit ist vor allem und grundlegend der *Sieg über den Polytheismus* und alle seine säkularen Formen, deren wichtigste und verheerendste der Nationalismus ist. Polytheismus in der religiösen Form oder Polytheismus in der säkularen Form, das heißt: Nationalismus, hat einen Charakter, der deutlich die Merkmale der Überlegenheit des Raumes zeigt. Was ist denn Polytheismus ? Sicher nicht die Annahme vieler Götter, wo dann jemand kommt und sagt: „Nein, nicht viele Götter, sondern ein Gott". Das ist eine lächerliche Auffassung von größten weltgeschichtlichen Anschauungen, die heute wie früher immer vorhanden sind. Polytheismus ist die Absolutsetzung eines Raumes neben anderen Räumen, neben denen er steht. Dieser Gott, der diesen Raum oder diese Wertsphäre regiert, ist der absolute Gott; aber die anderen machen denselben Anspruch, und das ist das Verheerende, Zerspaltende und dämonisch Zerstörende des Polytheismus. Die Vielzahl ist an und für sich gleichgültig, und die Einzahl ist genauso gleichgültig. Es ist kein Zahlenrätsel, wenn man von Gott spricht, und es ist kein Trick mit Zahlen, wenn man den Gottesgedanken beschrei|ben will, sondern es ist die Frage von Raum und Zeit, die dahinter steht: Ist ein begrenzter Raum würdig, einen absoluten Anspruch zu erheben? Ist Athene würdig, den Mars auszuschließen, ist Zeus würdig, Aphrodite auszuschließen, ist Apoll, das größte Beispiel im Griechischen, würdig, Dionysos auszuschließen? Das ist Polytheismus; das heißt die Seinserfahrung, die Seinsbegegnung, die in diesen Göttern symbolisiert ist, deren Realität ich nie bezweifelt habe, diese Seinsbegegnung in diesen Mächten des Seins, in diesen Göttern ist verderblich, wenn sie eine Begegnung mit Räumen ist, die absoluten Anspruch erheben, jeder gegen den anderen. Wenden Sie das auf den säkularisierten Polytheismus, zum Beispiel auf den Nationalismus, an – der ist nur ein Beispiel, es gibt Familienbeziehungen, die den gleichen Charakter haben, es gibt einen Familienabsolutismus, der sich sogar altruistisch nennt und der nichts ist als polytheistische Anbetung des Raumes, nämlich des Raumes dieser Familie. Das ist zwar verhängnisvoll, aber nicht so wie der Nationalismus. Der ist der moderne Polytheismus, gegen den wir genauso zu kämpfen haben wie die alten Propheten gegen den alten. Das heißt, wir haben die Partei der Zeit zu nehmen gegen die Partei des Raumes.

Was geschieht, wenn wir das tun? Dann entsteht eine merkwürdige Doppelheit. Auf der einen Seite sind damit alle Einzelräume zusammengeschlossen, sie verlieren ihre selbständige Bedeutung, sind ʲhineingerissenʲ in einen zeitlichen Prozeß, der für sie alle gleich gültig ist, und auf der anderen Seite entsteht ein universaler Kampf, ein Kampf zwischen Prinzipien, der durch alle Räume hindurchgeht und aus dem die Geschichte ihre Dynamik, ihr unendliches Interesse, ihre Leidenschaft und ihre reale Bedeutung gewinnt und mit der Geschichte die Erwartung und die Utopie. Dazu verschiedene *Beispiele geschichtlichen Denkens.* Die erste Form, in der in der Religionsgeschichte dies geschichtliche Denken auftrat mit den beiden Charakteren, daß alle Räume zusammengefaßt sind und daß ein universaler Kampf sie alle durchzieht, der Kampf derselben beiden Prinzipien, die nicht raumgebunden sind, haben wir im alten *Persien* in der Religion des Zoroaster oder Zarathustra (beide Namen sind bezeugt) in der das gute und das böse Prinzip weltumfassend miteinander kämpfen, und da haben wir eine Deutung der Geschichte in Tausenden von Jahren (tausend Jahre sind gewöhnlich auch in der Bibel noch Symbol für große Zeitperioden). Und am Ende steht das Heraufkommen eines Zustandes, in dem die eine Seite unterliegt, das, was als das Böse, das Dunkle bezeichnet wird,| Ahriman, und die lichte, gute Seite siegt, Ormuzd, der Gott des Lichtes, und in dem die negativen Elemente vernichtet werden, die Utopie Wirklichkeit geworden ist und nun das Dämonische gebannt ist. Auf wie lange? Das weiß die persische Religion nicht und (das ist sehr wichtig) das zeigt, daß in ihr noch ein letzter Rest möglichen Kreislaufdenkens vorliegt, das noch nicht völlig überwunden ist. Immerhin ist dies in der Geschichte der Religionen die erste, von der wir wissen, daß sie kosmisches, weltgeschichtliches Denken geschaffen hat, und sie ist für uns wichtig, weil sie auf das zweite große Gebiet, von dem wir reden müssen, Israel, in den Spätperioden eingewirkt hat und die Grundlage neutestamentlicher Gedanken geworden ist. Auch im Kampf der Propheten gegen den Polytheismus in Israel haben wir den Kampf Jahwes mit denselben feindlichen Prinzipien, die vielfach mit der Nation symbolisiert werden, auch mit Israel als Nation selbst, da es ständig unter dem Gericht steht, weil es sich als Nation absolut setzen will, anstatt als Gemeinde Gottes. Hier finden wir auch wieder die Utopien des Alten Testaments, die als Friedensutopien erscheinen. Wir haben denselben Gedanken in der Kirche: der *Christ* und der *Antichrist,* die Kirche des Christus und die Gemeinde des Antichristen, die miteinander kämpfen und mit verschiedenen Wirklichkeiten gleichgesetzt werden, gelegentlich mit der wirklichen Kirche auf der einen Seite, dem Staate oder den Imperien auf der anderen Seite. Auf alle Fälle eine Einheit und ein Kampf und ein Ende, das tausendjährige Reich, und das heißt, das, was aller Geschichte jenseitig ist.

Wir haben denselben Gedanken im *revolutionären Bürgertum des 18. Jahrhunderts,* wo aus Sektenbewegungen heraus der Gedanke entsteht, daß Vernunft und Unvernunft in der Weltgeschichte miteinander kämpfen, daß langsam die Vernunft siegt, daß das Zeitalter der Vernunft gekommen ist und daß alle jetzt durch Erziehung und politische Umwälzung zur Vernunft gebracht werden. Die Utopie liegt vor uns in der Revolution, in der die Reste der unterdrückenden autoritären Unvernunft beseitigt werden und die Demokratie gegenwärtig wird als ein System der Vernunft jedes einzelnen.

Dann in den *proletarischen Bewegungen,* wo wir auch die Einheit durch die ganze Welt haben (Kommunistisches Manifest, Aufruf an die Proletarier aller

Länder), und auf der anderen Seite haben wir den Kampf der Klassen, der die Geschichte macht, und die Utopie der klassenlosen Gesellschaft, die vor uns liegt. |

In all diesen Gedankengängen hat der Raum aufgehört, eine Rolle zu spielen. Die Zeit bedeutet alles. Aber der Mensch lebt doch im Raum, und so entsteht ein Problem, das ich hier nur andeuten möchte, das weite geschichtliche Bedeutung gefunden hat. Für Israel ist es ja nicht das raumlose Reich, was sie erwarteten, sondern Palästina, der Berg Zion, zu dem alle Völker kommen. Was dieses Raumelement bedeutet, das haben wir in der zionistischen Bewegung und der Erfüllung ihrer Sehnsucht gesehen und den ungeheuren Problemen, die sich daraus für die jüdische Wirklichkeit ergeben. Alle die Juden, die ich kenne, die der Parole gefolgt sind, daß Israel das Volk der Zeit ist und daher an keinen Raum gebunden und in allen Räumen ohne Raum steht, sind in größter Sorge, daß eine neue Raumgebundenheit aus der zionistischen Bewegung entstehen wird, eine Raumgebundenheit, die sich dann nationalistisch, das heißt polytheistisch äußern wird und gegen die die Prophetie wieder in Vollmacht sich wenden muß. Die Zionisten sagen demgegenüber – das ist etwas, was ich gelernt habe durch die Ereignisse der letzten Jahrzehnte –, daß ein Sein in der Zeit ja kein Sein ist, daß im Begriff der Gegenwart, das heißt des wirklichen Seins, ja Raum und Zeit miteinander verbunden sind, daß ich, um zu sein, *nicht nur Zeit, sondern auch Raum* haben muß, daß infolgedessen die Forderung, einen Raum zu haben, ebenso natürlich ist, wie die Forderung, Volk der Zeit zu sein, prophetisch diese Natürlichkeit transzendiert, darüber hinausgeht. Die Spannung dieser beiden Elemente war immer und ist heute mehr denn je das Problem des Judentums und auch des Christentums.

Damit komme ich auf *Rom.* Dort haben wir nicht nur den Gedanken des zeitlichen Vorwärtsgehens, sondern auch das heilige Zentrum des Raumes, von dem das Reich Gottes, soweit es in der Kirche repräsentiert ist, ausstrahlt, dirigiert wird und in dem es seinen Platz findet. Hier wieder war es der protestantische Protest, der diese Raumgebundenheit aufhob und unräumliche Gruppen in allen Ländern schuf, die sich gegen den Raum empörten und mit prophetischem Pathos sich der Zeit unterwarfen, die aber dann, wenn sie historisch wirklich wurden, doch wieder das Bedürfnis hatten, einen Raum zu finden. Und das scheint mir das Problem der ökumenischen Bewegung zu sein, daß man etwa Genf oder irgendeinen Ort (nicht weil der Boden heilig ist, sondern weil dann ein Zentrum möglich ist), einen Raum wieder fixiert und dann wieder Protest gegen diese Einheit des Protestantismus hervorgeht. |

Ich will nur erinnern, wie wichtig das Problem des Raumes ist, daß zwei große Kulturländer ihre Länder *Länder der Mitte* genannt haben: die Griechen und die Chinesen. In den ersten Kapiteln von Aristoteles' Politik wird die absolute Bedeutung der griechischen Kultur räumlich beschrieben: In den vier Himmelsrichtungen sind Barbaren oder klimatische Verhältnisse, die es unmöglich machen, daß da eine Kultur blüht. Daher ist Griechenland die kultivierte Mitte und China das Land der Mitte. In einem wundervollen Gedicht (ich weiß im Augenblick nicht, von wem) wird in Form eines Selbstgespräches des chinesischen Kaisers, das tief metaphysisch ist, gesagt, wie er sich als Mitte alles Seins fühlt, nicht als Individuum, sondern als der Ort der Mitte.

Das ist das Problem Raum und Zeit. *Der Raum* wird vertrieben, *läßt sich* aber *nicht ganz vertreiben,* nicht einmal in Israel, nicht einmal in der Kirche und, wie wir heute sehen, nicht einmal im Proletariat. Auch da, wenigstens in der einen Form der proletarischen Revolution, hat sich eine räumliche Mitte gebildet, Moskau, die genau die Funktion hat wie die anderen Räume, nämlich den protestantischen Protest, aus dem diese Bewegung ursprünglich entstanden ist, zu hindern und zu fixieren durch eine letzte Raumgebundenheit.

Ich will nun zum Schluß zu einigen Betrachtungen kommen über den Charakter der Zeit, die ich als *historische Zeit* beschrieben habe. Diese Zeit ist eine *Einheit* genau in dem Sinn, in dem wir vom Raum als einer Einheit gesprochen haben, und hat eine *Mitte,* genau wie wir von der Mitte des Raumes gesprochen haben. Aber diese Zeit, die eine Mitte hat, ist nun etwas ganz anderes als der Raum, der eine Mitte hat. Die Mitte der Zeit ist derjenige Ort, in dem der Sinn des Zeitprozesses objektiv sich verwirklicht hat in einem Moment und sich so verwirklicht hat, daß von ihm aus nicht nur der Sinn des Ganzen, sondern auch rückwärts der Anfang und vorwärts das Ende bestimmt werden. So entstehen dann von der Mitte her rückwärts- und vorwärtsgewandte Utopien. Lassen Sie mich das an Beispielen klarmachen. Denken wir an *Israel.* Die Mitte seiner Geschichte ist zweifellos der Auszug aus Ägypten, der gesamte jüdische Kultus zentriert in dieser Mitte, von daher gewinnt die Geschichte ihren Sinn. Es ist der Augenblick, in dem Israel getrennt ist von dem fremden Raum und seinen eigenen Raum zu suchen hat. Aber von da aus wird der Anfang bestimmt, nämlich die erste, die symbolische Persönlichkeit, in der dasselbe schon geschehen ist, nämlich Abraham, der | dadurch charakterisiert ist, daß er aus einem geschlossenen kultischen Raum herausgerufen wird in etwas, das räumlich nicht definiert wird, „in ein Land, das ich dir zeigen will" – ein schwebender Begriff, der zeigt, wie das Räumliche durch das Zeitliche abgelöst wird, auch wenn es wieder Raum findet. Auch das Ende wird von da aus bestimmt, in dem Augenblick, wo alle Völker sich von nationalen Bindungen loslösen und zum Punkt kommen, wo der vom Raum losgelöste Gott doch einen Raum hat, nämlich den Berg Zion, zu dem die Völker zurückkehren und wo der König des Friedens regiert – eine Fülle von Symbolen, in der die Unvermeidlichkeit des Räumlichen doch nicht die absolute Herrschaft des Zeitlichen überwunden hat (mit bestimmtem Anfang und Ende).

Genauso in *Rom.* In Rom war die Mitte zeitweise der Beginn der Republik, das Ende des Königtums, und später war die Mitte das augusteische Friedensreich. Der Anfang war die Gründung Roms, und das Ende ist der Zustand, wie ihn die Stoiker voraussahen, in dem das römische Gesetz alle Länder regiert und nicht nur äußerliche, sondern auch innerliche Gerechtigkeit schafft. (Sie wissen, daß die stoischen Kaiser die Emanzipation der Frauen und der Fremden und schließlich der Sklaven durchsetzten.)

Wir können viele andere Beispiele dafür geben. Jedes Volk hat in dem Sinne eine Mitte, von der aus es sich geschichtsphilosophisch orientiert, seinen Anfang und sein Ende setzt. Wir haben es auch im *Christentum,* wo die Mitte zweifellos gegeben ist in der Erscheinung des Christus, wo der Anfang ein doppelter ist, zurückkehrt zu dem mythischen Moment des Falles, aus dem die Geschichte entsteht, und dann mit den Juden zu Abraham, und die Zukunft ist auch doppelt, der Sturz der tausend Jahre, das letzte Ende, der Weltbrand, [k]dem[k] die ewige Aufrichtung des Gottesreiches entgegengesetzt wird. Sie haben hier eine Geschichtsgliederung, die von der Mitte ausgeht und auch im einzelnen durchgegliedert werden kann.

In der Geschichte entsteht das *Neue.* Was ist das Neue? In einer Beziehung ist das Neue die Wiederherstellung des Alten. Aber dies ist nicht eine einfache Wiederherstellung, sondern die Erhebung des Alten zu etwas Neuem, zu einer *neuen Schöpfung,* und das ist der tiefste Grund aller Utopie. Der Begriff des Neuen hat nun in der modernen Prozeßphilosophie, der Philosophie des Werdens, eine Bedeutung gewonnen, die weit über das hinausgeht, was ich eben gesagt habe. Männer wie Bergson und Whitehead und vor ihnen Schelling haben versucht, die natürliche Zeit und ihr un|endliches Weitergehen zu verbinden mit der historischen Zeit und ihrem Fortschreiten von einem Neuen zu einem anderen Neuen, aber sie haben es getan ohne Anfang, Mitte und Ende. Und das gibt Anlaß zu der Frage: Wie stehen wir hier im Verhältnis zum Problem der Utopie? Die Antwort kann nur sein, daß damit *die Utopie verloren*gegangen ist. Wir haben keine Utopie in Bergson, wir haben den élan vital, die dynamische schöpferische Kraft des Lebens, die weitergeht. Bergson hat sogar von Gott, der für ihn der Grund des Lebensprozesses ist, ausgesagt, daß er nur in bezug auf das Vergangene bestimmt werden kann, daß aber in bezug auf das Zukünftige Gott selbst offen ist und sozusagen nicht weiß, was die Zukunft sein wird. In Whitehead haben wir dieselben Gedanken, [l]einen[l] Prozeß, in dem unendliche Möglichkeiten immer neu verwirklicht werden, in dem also der vitale Prozeß unendlich weitergeht ohne den Gedanken eines Abfalles, den Gedanken des Bildes einer Utopie, eines Zukünftigen oder Vergangenen, das dem Gegenwärtigen gegenübersteht.[m] Die einzige Form, in der etwas Letztes bei Whitehead vorliegt, ist seine Idee, daß jedes Schöpferische sozusagen in die Ewigkeit hineinschafft und dort aufgehoben ist, eine Bereicherung des Göttlichen über das hinaus, was im Göttlichen da war. Aber das ist ohne Begrenzung, kann weiter und weitergehen, und eine Utopie gibt es auf dieser Basis nicht. Das Gleiche gilt für Bergson, bei dem das Festhalten des Vorhandenen eine ähnliche Rolle spielt.

Damit bin ich am Ende der Diskussion der verschiedenen Haltungen. In diesen verschiedenen philosophischen Richtungen haben wir erst in der letzten Richtung eine Weltauffassung gefunden, wo die Utopie soweit reduziert ist, daß von ihr nichts mehr übrigbleibt als eine ewige Bejahung dessen, was wertvoll in der Geschichte ist. Von einem Fortschritt im eigentlichen Sinn ist in beiden Fällen keine Rede, und auch in der pragmatischen Philosophie ist der Fortschritt im Wachstum ein Gedanke, der nicht im utopischen Sinn zum vollkommenen

Wachstum fortgeführt ist. Die Wachstumsphilosophie weiß, daß mit jedem Wachstum auch ein Verlust verbunden ist. Das ist eine Weltauffassung ohne Utopie. Ist es eine realistischere Auffassung als die vielen Weltauffassungen mit Utopie?

3. Religiöse und säkulare Utopie

Wir haben in der ersten Vorlesung über Mensch und Utopie gesprochen, in der zweiten Vorlesung über Geschichte und Utopie. Wir haben die ver|schiedenen Geschichtsauffassungen das letzte Mal behandelt und gesehen, daß in jeder Geschichtsauffassung utopische Elemente vorhanden sind, weil es ja zum Wesen des Menschen gehört, utopisch etwas über sich hinauszusetzen. Wir hatten auch gesehen, daß unter allen die prophetische Geschichtsauffassung diejenige ist, die am stärksten dem utopischen Denken naheliegt. Wir hatten aber in keiner Weise bisher, weder in der ersten noch in der zweiten Vorlesung und der Debatte, über die Inhalte der Utopie gesprochen, über das, was nun eigentlich in der Utopie gemeint ist und gedacht wird.

Wir hatten nicht einmal davon gesprochen, wo das Wort Utopie herkommt. Nun, für alle, die Griechisch können, ist es offenbar, daß das Wort von den beiden griechischen Wörtern οὐ (kein) und τόπος (Ort) kommt, das, *was keinen Ort hat,* das, wofür es noch nicht oder nicht mehr einen Platz in der Wirklichkeit gibt, das, was man nirgends finden kann, auch wenn man zu den entferntesten Inseln fährt, und wenn man, wie manche Utopien im Märchenstil es ausdrücken, „selige Inseln“ sucht, man findet sie nicht, diese Utopien haben keinen Ort. Das Wort Utopie ist bekanntgeworden durch die Schrift „Utopia“ von Thomas Morus, dem englischen Kanzler und Philosophen, und ist seitdem ein lobendes Wort oder ein Schimpfwort und zur Zeit mehr ein Schimpfwort als ein lobendes Wort. Wenn etwas keinen Ort hat, so heißt das, es hat *keine Gegenwart;* denn Gegenwart ist der Punkt, wo Raum und Zeit eins sind. Nur das, was Raum hat, nur das, was einen Platz hat, ist in Wahrheit gegenwärtig. Das Wort Gegenwart, das, was gegenübersteht, drückt diese Vereinigung von Raum und Zeit deutlich aus. Wenn wir darum von Utopie sprechen, so sprechen wir von etwas, was schon durch diese Namensgebung gekennzeichnet ist als das, was keinen Raum und keine Zeit hat, was keine Gegenwart hat, was als Erinnerung aus der Vergangenheit kommt und was eine Vorwegnahme von dem ist, was in der Zukunft kommen mag.

Und nun fragen wir heute zum erstenmal: Was ist das, *was sind die Inhalte* des utopischen Bewußtseins, gibt es bestimmte Formen des utopischen Bewußtseins, gibt es bestimmte Inhalte, bestimmte Typen? Und das ist der Fall, und ich möchte mit Ihnen heute über einige Formen der Utopie und ihre geschichtliche Bedeutung sprechen. Das *Prinzip* aller Utopien ist die *Negation des Negativen,* die Vorstellung eines Zustandes als etwas, was einmal | Gegenwart war oder wieder einmal Gegenwart sein wird, in dem das Negative der Existenz negiert ist, in dem es noch nicht real war oder in dem es nicht mehr real ist. Das setzt voraus, daß der gegenwärtige Zustand, der Zustand, der einen τόπος, einen Ort hat, der, in dem wir leben, bestimmt ist durch Negativitäten, durch Formen des [n]Nichtseins[n]. Genau das ist der Punkt, an dem das Problem der Utopie ansetzen muß, wo wir entdecken können, welche grundsätzlichen Typen der Utopien denkbar sind und wirklich geworden sind.

Wir können sagen, daß es zwei negative Fundamentalerfahrungen gibt, [o]die die Gegenwart bestimmen, die Existenz nach dem Ende der Utopie und vor dem Kommen der Utopie, das heißt die wirkliche Existenz in dem, was wir für gewöhnlich die geschichtliche Zeit nennen[o]. Diese beiden Negativitäten sind auf der einen Seite die *Endlichkeit,* die Mischung von Sein und Nichtsein, und auf der anderen Seite die *Entfremdung,* der Widerspruch zwischen dem, was wir wesensmäßig sind, und was wir wirklich sind. Und diese Entfremdung wird doppelt erlebt, als *Schuld* und als *Sinnlosigkeit.* Diese Elemente des Negativen sind in der Erfahrung eines jeden von uns in jedem Augenblick gegenwärtig. Sie haben ihren Ort, sie sind nicht utopisch, sondern sie sind real und scheinen jede Utopie in das Land der phantasievollen Wünsche zu bannen. Diese Endlichkeiten erscheinen nicht getrennt, sie erscheinen fast immer in einheitlichen Bildern.

Wenn zum Beispiel der Paradiesmythos beschrieben wird, sei es in nicht-biblischer, sei es in biblischer Form, dann ist folgendes sein Inhalt: Es gibt im Paradies, im goldenen Zeitalter, im Urstand oder wie immer es genannt wird, weder Leiden noch Tod, [p]weder[p] die Endlichkeit, die als Leid unser Schicksal ist und die von anderem Endlichen kommt oder von den Grenzen, die unsere eigene Endlichkeit bedeuten, [q]noch[q] den Tod, die absolute Grenze, die der totale Ausdruck unserer Endlichkeit ist. Die Endlichkeit ist aufgehoben. Aber es gibt wohl keinen Mythos, in dem das Paradies, der Urstand, so vorgestellt wird, daß der Mensch natürlicherweise jenseits der Endlichkeit steht. Der Mensch ist nicht natürlich der Endlichkeit enthoben, sondern er ist der Endlichkeit enthoben dadurch, daß er teilnimmt an einem Leben, das in sich unendlich ist, was gewöhnlich als das Leben der Götter symbolisiert wird (ich komme darauf zurück). Weiter gibt es im Paradies keine Trennung von Mensch und Natur. Der Mensch lebt in einer solchen Einheit mit der Natur, daß er in sie hineinschaut und daß er darum im|stande ist, Tieren und Pflanzen Namen zu geben. Das ist ein merkwürdiger und interessanter Mythos, er bedeutet zweierlei. Er bedeutet auf der einen Seite, daß der Mensch mit der *Natur verbunden* ist, so daß er um sie weiß – denn den Namen wissen heißt ja, um das Wesen einer Sache wissen. Das bedeutete es wenigstens in einer Zeit, in der Worte noch Ausdruck von Wirklichkeit waren und nicht nur soziale Verständigungsmittel. Aber das Wort ist zugleich magische Macht; wer den Namen weiß, der hat Macht über den, dessen Namen er weiß. So daß der Naturmythos beides ausdrückt, die Einheit von Mensch und Natur, die Fähigkeit, den Namen zu wissen, zu wissen, was in den Dingen vor sich geht, aber zugleich *magische Herrschaft* auszuüben. Es gibt auch keine Trennung von Mensch und Mensch im Paradies und im goldenen Zeitalter, die Einheit der Gemeinschaft ist vorhanden. Und all das ist möglich, weil im Paradiese keine Trennung von dem Grund der Schöpfung, von dem schöpferischen Grund vorliegt, weil die Welt und der Mensch noch im Grunde stehen, sich noch nicht von ihm losgerissen haben oder, wie es in einer anderen Terminologie gesagt werden könnte, noch in der Unschuld stehen, noch keine Entfremdung erfahren haben von dem Grund, aus dem sie kommen. Infolgedessen existiert im Paradies, im Urzustand, im goldenen Zeitalter noch nicht der Zweifel, der ja voraussetzt, daß eine Trennung stattgefunden hat, noch nicht die Sinnlosigkeit als Erlebnis, die ja voraussetzt, daß der Grund des Sinnes nicht mehr gegenwärtig ist. Ich wollte damit zeigen, daß alle Formen der Negativität in dem Mythos des Urstandes, das heißt in der zurückgewandten Utopie, real sind, und in derselben Weise wird die vorwärtsgerichtete Utopie, der Mythos des Endstandes gegenüber dem Urstand in gleicher Weise in allen Beziehungen als Überwindung der Endlichkeit aufgefaßt.

Nun lassen Sie mich an einige dieser Utopiesymbole gehen, ihren Sinn, soweit es möglich ist, verständlich machen und sie von gewissen oberflächlichen Vorstellungen zu befreien suchen und damit eine der größten und wichtigsten Mächte im Lebensprozeß des einzelnen und der Völker beschreiben. Ich fange an mit der *Utopie der Überwindung des Todes,* derjenigen Wirklichkeit, in der die Endlichkeit absolut manifest ist. Es ist der *Unsterblichkeitsmythos* in seinen verschiedenen Variationen, dem wir näherkommen müssen. Die Utopie des Nichtsterbenmüssens im Anfang und des Das-Sterben-Überwundenhabens am Ende, der Unsterblichkeitsmythos, wie ich schon anfangs andeutete,| ist darin tiefsinniger als vieles philosophische Gerede über die Unsterblichkeit der Seele, daß er gerade etwas derartiges nicht behauptet, sondern daß er behauptet, wie es in der alttestamentlichen Geschichte heißt, daß wir vom Staube genommen sind und zum Staube zurückkehren, daß es essentiell ist, dem Wesen angehörig, daß das endliche Wesen endlich ist, das heißt sterblich. Darum schreibt die Paradiesgeschichte keine Geschichte von einer natürlichen Unsterblichkeit, und fast alle Mythen haben denselben Charakter. Das Leben, das den Tod überwindet, wird in der Paradiesgeschichte abgeleitet vom Essen der göttlichen Speise vom Baum des Lebens, derjenigen Speise, die die Götter unsterblich macht – ein Symbol für eine Seinsart, die dem Grund des Seins zugehört, dem Sein selbst, das jenseits der Zeit steht. Nur wer an der Götterspeise teilhat, ist unsterblich, und darum werden Adam und Eva aus dem Paradies vertrieben, weil die Götter nicht wollen, daß, nachdem sie das Wissen erlangt haben, das heißt die magische Macht über die guten und bösen Kräfte der Wirklichkeit, sie nun auch noch an der Ewigkeit des göttlichen Seins teilhaben. Wenn man diesen Gedanken verstanden hat, dann weiß man, was die Alte Kirche tat, wenn sie das Abendmahl als das φάρμακον ἀθανασίας, die Medizin der Unsterblichkeit, bezeichnet hat. Der Gedanke ist völlig klar im Zusammenhang dieser Deutung der Paradiesgeschichte. Das Essen des neuen Seins, der neuen Realität des göttlichen Leibes Christi – im mystischen Sinn selbstverständlich – ist genau das gleiche, was im Paradies das Essen vom Baum des Lebens war. Im Abendmahl wird wieder real, was im Paradies verlorengegangen war. Freilich wird es nur fragmentarisch real, weil ja der sterbliche Leib eine Selbständigkeit erlangt hat, die es ihm unmöglich macht, durch das Abendmahl unsterblich zu werden. Aber ein anderer unsterblicher Leib wird geboren durch das Abendmahl, das heißt das Paradies der Vergangenheit beginnt, sich wiederherzustellen, die Teilnahme am göttlichen Sein und damit die Überwindung der natürlichen Endlichkeit und Sterblichkeit. Wir sollten diese Gedanken sehr viel ernster nehmen, als wir tun, weil das ein ganz anderes Verständnis für den Unsterblichkeitsmythos geben würde. Nicht natürliche Unsterblichkeit, sondern verlorene und wiederhergestellte Teilnahme am Ewigen, das ist die Lehre, die aus diesem Gedanken herausentwickelt werden könnte. In der platonischen Schule hat sich eine andere Art des Unsterblichkeitsgedankens entwickelt, der problematisch in Plato selber ist. Sokrates im „Phaidon" behandelt die Beweise für die Unsterblichkeit der Seele halb ernsthaft, halb ironisch. Die Gewißheit, die er hat, ist nicht auf die Beweise gegrün|det, sondern auf die Möglichkeit, sein wahres Sein zu behaupten, die innere Freiheit zu bewahren gegenüber dem aufgezwungenen Sterbenmüssen. Es ist auch hier nicht, wie es in vielen modernen Religionsphilosophien und auch in alten Religionsphilosophien war, der Gedanke, daß eine unzerstörbare Substanz rational bewiesen werden kann; sondern bei Plato liegt noch das Grunderlebnis vor, nämlich, daß in Sokrates eine Realität, ein Mut, eine Selbstbejahung vorliegt, die nicht Mut zu unendlicher Fortdauer ist, sondern der Mut, das wahre Wesen, das Wesen des λογικόν, als sinnvoll, als wesenhaft zu behaupten. Hier auch sollten wir wieder klar sehen, daß der Gedanke der einfachen Fortdauer einer unsterblichen Substanz etwas ist, was man nicht einmal aus Plato ableiten kann und was auf alle Fälle nicht aus dem Christentum abgeleitet werden kann.

Der Gedanke der [r]Fortdauer, der Unsterblichkeit,[r] als natürliche Begabung des Menschen ist ein Gedanke, der besonders in der religiösen Kultur von Amerika heute zu einem der wichtigsten Restbestände der großen religiösen Tradition gehört. Es ist nicht zu gefährlich, in Amerika den Gottesgedanken in Zweifel zu ziehen; das erträgt man gegebenenfalls. Aber den Unsterblichkeitsgedanken in Zweifel zu ziehen, ist etwas, was an die Wurzel eines Glaubens geht, der als rationalisierte Form des Platonismus eine Art christlicher Selbständigkeit erreicht hat, wo die Paradoxie, das Ungeheure des Gedankens, daß das Endliche am Ewigen teilhaben kann, verlorengegangen ist und an Stelle dessen eine Vorstellung getreten ist, die aber sehr tief gewurzelt ist und mit starkem Lebenswillen bejaht wird: die Vorstellung einer individuellen Fortdauer über den Tod hinaus in Formen, die sich von denen des Lebens nicht sehr unterscheiden. Nehmen wir an, daß Fortdauer über unseren Tod hinaus gedacht werden könnte, sagen wir in anthroposophischem oder okkultem Mythos, so würde damit das Problem der Endlichkeit auch nicht gelöst sein. Endlichkeit würde nur in ihrer Dauer verlängert werden, [s]aber das Problem der Endlichkeit ist in keiner Weise damit gelöst.[s]

Eine der Konsequenzen dieses Gedankens der unsterblichen Fortdauer – [t]als Unsterblichkeitsmythos, als Utopie, als Nichtsterbenmüssen[t] – trat mir entgegen in einer Diskussion, die ich mit einem sehr repräsentativen Vertreter dieser Art amerikanischer Theologie hatte und wo die Utopie, die dieser Theologe entwikkelte, ungefähr so aussah: Selbstverständlich leben wir fort als verantwortliche Persönlichkeiten und als Individuum; den Leib sind | wir glücklich los, die Natur sind wir auch los, aber die einzelne unsterbliche Seele arbeitet an sich und den anderen, so wie sie es in einer guten christlichen Gemeinde hier schon tat, nur ohne die Hemmungen, die hier noch vorhanden sind. Es war eine einfache Fortsetzung der puritanischen Werkethik und puritanischen Selbstüberwindungsethik ins Unendliche, und das war identifiziert mit Ewigkeit, mit Überwindung des Todes. Demgegenüber mußte ich feststellen, daß erst einmal das nicht christlich ist, denn da gibt es den Gedanken der Auferstehung, der das Leibliche einschließt und die Teilnahme des Universums einschließlich der Natur an dem Gedanken der Vollendung. Mit anderen Worten: In dieser Utopie war eine eindeutige Projektion eines Bildes des vollkommenen Menschen, ohne Leib, ohne Natur, als reiner Träger eines puritanischen Ethos.

In der Aufklärung nimmt die Utopie der Unsterblichkeit eine andere Form an. Am schönsten ist das ausgedrückt bei *Lessing* in seiner „Erziehung des Menschengeschlechts", wo der Gedanke der *Reinkarnation* benutzt wird, und zwar aus Gründen, die sehr eindeutig sind. Wie können Menschen, die heute sterben, die vor hunderttausend Jahren gestorben sind, die dem Wesen des Menschen so unendlich fernliegen, in das Reich Gottes, das Reich der Vernunft eingehen? Die Antwort ist: Sie müssen durch die Geschichte der Menschheit hindurchgehen. Wenn sie aber gestorben sind, müssen sie wiederkehren. So entsteht das merkwürdige Bild, daß auf der höchsten Höhe der Aufklärung die mythische Idee der Reinkarnation wiederkehrt, und der Gedanke ist, daß die Reinkarnationsstadien Stufen der Reifung bedeuten, die schließlich zu einem Reich der Vernunft führen. Wenn solche Gedanken wie Reinkarnation sowohl im Abendland bei einem Mann wie Lessing und zugleich im buddhistischen Mythos vorkommen, dann können Sie daraus entnehmen, wie verschieden Utopiebildungen sind. Für den Buddhismus ist die Reinkarnation, das Wiederkehren des Menschen in einen neuen Leib oder in einen tierischen Leib, der große Fluch, über den man hinauskommen muß. Die Utopie ist das Ende dieser Situation. Für den aufgeklärten Abendländer wird derselbe Gedanke aus dem Negativen ins absolut Positive gekehrt, und das Ziel ist ein Reich der Vernunft, in dem jeder einzelne zur Reife gekommen ist.

Und nun die christliche Utopie. Die *christliche Utopie* ist ausgedrückt zum Beispiel in den paulinischen Worten, daß am Ende Gott alles für alle oder alles in allem sein wird und daß infolgedessen das Universum eingeschlossen ist und daß es wieder vereinigt ist auf dem Grund, aus dem es | kam, und daß darum Persönlichkeit, Leiblichkeit, Gemeinschaft und Natur, alles Wirkliche wieder zusammengefaßt sind in dieser Einheit. "Das sind verschiedene Formen der Unsterblichkeitsutopie."

Und nun eine andere, die *Entfremdungsutopie*. Zunächst bedeutet Entfremdung die Entfremdung des Menschen von der Natur. Diese Entfremdung ist etwas, unter dem wir alle leiden; wir haben Sehnsucht nach der Natur, wir wissen, daß die Natur uns fremd bleibt. Jeder Baum, auch wenn wir als Biologen ihn genau kennen, wenn wir alles über ihn wissen, was Wissenschaft sagen kann, ist ein Phänomen, das fremd aufwächst und fremd stirbt. Was er für sich ist, wissen wir nicht. Wir können ihn als Ding analysieren, aber was er ist, ist ein Rätsel und bleibt ein Rätsel. Diese *Entfremdung von der Natur,* die zur Feindschaft der Natur führt – denken Sie an die Feindschaft zwischen Schlange und Mensch im Paradiesmythos, die sofort einsetzt in dem Augenblick, wo die Versuchung kommt, wird als überwunden gedacht, und zwar auf zwei möglichen Wegen: in der Religion durch das Wunder der Erneuerung, des neuen Seins, der Wiedergeburt – Jesaja und seine Beschreibung des Naturfriedens, des Friedens zwischen Mensch und Natur und Natur und Natur, ein notwendiges Element aller Utopien, ein Element, das wir überall finden, in der Fabel klingt es überall durch. Aber es wird oft nicht als magisch verwirklicht gedacht, durch ein Wunder magischer Art, sondern es wird verwirklicht gedacht durch das, was man bildlich auch Wunder genannt hat: nämlich das Wunder der Technik. Das ist der Hintergrund der *technischen Utopie.* Der reale Sinn der technischen Utopie ist nicht, daß wir bessere Werkzeuge machen können (das ist eine angenehme Konsequenz, die manchmal auch unangenehm ist), sondern daß wir auf diese Weise uns die Natur aneignen in einer Form, die die Entfremdung aufhebt. Aber diese Aneignung ist ja zugleich eine Verschärfung der Entfremdung dadurch, daß wir [v]alle Natur in den Dingen verwandeln[v], daß wir die Einheit mit der Natur dadurch erreichen, daß wir die Natur verändern, zu Dingen, zu Werkzeugen, zu Mitteln machen und uns unterordnen. Die Leidenschaft für die technische Utopie kann vielleicht im gegenwärtigen Europa nicht mehr verstanden werden. Ich werde es nie vergessen, wie einer der Chicagoer Theologen, den ich kurz nach meiner Ankunft in Amerika, etwa 1934, besuchte, mich in seinem Studierzimmer empfing, indem er fragte: „Wissen Sie, was das Reich Gottes ist?" Und ich stammelte irgendetwas. Dann führte er mich zu seinem Schreib|tisch, knipste seine Schreibtischlampe an und sagte: „Das ist das Reich Gottes" – das heißt die Technik, die es dem Menschen ermöglicht, die Natur sich anzueignen. Nur wenn man das verstanden und gesehen hat und wenn man diesen Glauben und seine Leidenschaft kennt, kann man verstehen, was der Zusammenbruch dieser Utopie bedeutet in dem Moment, in dem die Technik zur Vollendung gekommen war, die Atombombe zu produzieren und somit die Grundlage der Zerstörung der menschlichen Gesellschaft zu legen – ich weiß nicht, wie weit es bekannt ist, daß unmittelbar nach dem Abwerfen der drei ersten Atombomben, der ersten versuchsweisen und der beiden anderen, eine Reaktion der führenden Atomphysiker einsetzte, die so stark war, daß man sagen kann, daß heute in den führenden Kreisen der Physiker die *technische Utopie zerbrochen* ist. Die Möglichkeit, auf diese Weise sich wieder mit der Natur zu vereinigen und auf diese Weise das Reich Gottes herzustellen, ist zerbrochen. In Thomas Mores „Utopia" und in einigen anderen Utopien derselben Zeit, der Renaissance, das heißt des Beginns der modernen Entwicklung der mathematischen Naturwissenschaft, ist die technische Beherrschung der Welt die Grundlage für den Umbau der Gesellschaft und die Verwirklichung des menschlichen Wesens, und viele von den

Dingen, die die Technik realisiert hat, sind in diesen Utopien vorweggenommen. Aber nicht das macht sie zu Utopien – das macht sie zu Weissagungen –, sondern Utopien sind sie, weil im Zusammenhang mit der technischen Realisierung zugleich die Verwirklichung des Wesens des Menschen gegenüber den Negativitäten der Natur gedacht war. Und darum bedeutet das Zusammenbrechen dieser Form der Utopie etwas, dessen Bedeutsamkeit gar nicht hoch genug eingeschätzt werden kann. Und wenn ich in anderem Zusammenhang und wohl auch hier von der Angstsituation in der amerikanischen Welt gesprochen habe, dann ist das eines der Motive, die in dieser Richtung gewirkt haben. [w]Als der[w] Glaube an die Utopie, der den Schwung gab für das immer „Besser-und-Besser-Werden", wie die Formel heißt, für das Vorwärtsgehen, weil man ja das Technische wirklich immer verbessern kann, und der Glaube, daß durch die Verbesserung jedes technischen Gebildes die Menschen sich besser realisieren – als dieser Glaube zusammenbrach, brach unendlich viel mehr zusammen, als wir uns hier vorstellen können. [x]Auf europäischem Boden war die Wiedervereinigung mit der Natur charakteristischerweise im großen und ganzen eine Angelegenheit der Dichtung.[x] Gerade weil wir nicht wissen, was das Wesen der Natur ist, weil wir entfremdet sind, dich|ten wir die Einheit mit der Natur. Und das war auf unserem Boden geschehen durch Gedanken wie romantische „Natursichtigkeit", die von Klages[y] und der Stefan-George-Schule oder von dem Naturforscher Dacqué[z] ausgesprochen sind, die auch die Sehnsucht ausdrücken, wieder zur Natur zurückzukommen, die aber den Weg nicht technisch, sondern mystisch sich dachten. Auch diese Mystik hat ja ihr Urteil dadurch erhalten, daß die Verbindung mit dem Boden zu einem Symbol grauenhaftester politischer Aktivität gemacht wurde.

Eines der wichtigsten Elemente in der Utopie, die Sie noch in unseren Kirchenliedern verfolgen können, ist die Überwindung der Krankheit, das Heilen, das heißt das Überwinden der Entfremdung. All das, was Krankheit produziert, wird überwunden: die Elemente unseres Leibes, und die Dinge, die von außen kommen, zum Beispiel die Infektionen. Diese *Utopie des Geheiltseins* ist eine der größten Kräfte in der Geschichte der Menschheit und der Völker. Das Heil ist gemeint als Realität und als Symbol. Der Sinn der Heilungsgeschichten Jesu ist nicht primär ein christologischer, um zu zeigen, was für eine göttliche Kraft er hatte, sondern primär ist, wie die Evangelien es sehr deutlich machen, der Sinn der Heilungsgeschichten ein Hinweis darauf, daß die erwartete Utopie, die Wiedergeburt des Seins, des Universums, im Begriff ist zu kommen. Wenn wir diese Heilungsgeschichten nicht so sehr als Mirakelgeschichten oder als Beweis für eine christologische These gebrauchen würden, sondern als das, als was sie gemeint waren: daß in jeder Heilung das kommende Reich Gottes, die kommende Utopie, schon vorweggenommen ist, schon seine Gegenwart angezeigt ist, dann würden diese Geschichten eine neue und große Bedeutung für uns gewinnen und gerade im Zusammenhang damit, daß das Problem des Heilens für uns in einem ganz anderen Maße als früher zu einem metaphysischen, zu einem universalen Problem geworden ist. Wir sind wieder daran erinnert worden, daß

„Heil" ja heilen heißt und daß „salvation", das Wort für Erlösung in den romanischen Sprachen, heilmachen, ganzmachen heißt, und zwar bezieht sich das auf Körper und Seele. Wie die Evangelien fast überall zeigen, daß, wenn dämonische Kräfte überwunden werden, die auch die körperliche Zerstörung bewirken, daß, wenn sie vertrieben sind, das neue Sein die Ganzheit des Körperlichen ermöglicht. In diesem Sinne gehört zur Utopie die Heilung, und das Symbol des Arztes oder des Heilers, desjenigen, der heilt, ist ein eschatologisches und damit ein utopisches Symbol erster Ordnung. |

In der naturalistischen Aufklärungsphilosophie im Zusammenhang mit dem Glauben an das technische Handeln ist mir von einem marxistischen, aber keineswegs stalinistischen Freund, einem bedeutenden Philosophen, einmal gesagt worden, daß die Lehre von der Endlichkeit dadurch überwunden sei, daß ja im Zusammenhang einer besseren Gesellschaft Heilungsprozesse eintreten werden, die wir heute noch gar nicht absehen können, die Krankheit unnötig machen und die den Tod unbegrenzt hinausschieben können, und das Entscheidende war das Wort „unbegrenzt". Wenn es nämlich nur etwas ist, ein bißchen, wie es faktisch ist, um mindestens ein Menschenalter ..., so ändert das ja grundsätzlich nichts an der Ontologie der Endlichkeit. Endlich ist endlich, ob 30 oder 60 Jahre als Durchschnittsleben. Aber seine Idee war, daß dies nur ein Anfang ist und daß das Heilen fortgeführt werden könnte in einer unbegrenzten Weise und damit der Tod sozusagen abgeschafft wird durch Technik anstatt durch Sakrament. Interessant ist folgendes, was wir uns dabei überlegen müssen, ähnlich wie bei dem Zusammenbruch der technischen Utopie im allgemeinen. Ökonomisch kann das Heil mehr Unheil als die Krankheit bedeuten – das fand ich in Gesprächen mit Indern, die wir oft Gelegenheit haben in Amerika zu sehen. In Indien bedeutet die amerikanische Hilfe, besonders in der Medizin, daß die unendliche Sterblichkeit der Inder reduziert werden kann; daher warnen uns die indischen Führer immer wieder, daß, wenn wir das tun, ein unermeßliches Elend das Resultat ist, weil das Land nicht imstande ist, die Bevölkerungszahl zu tragen, die sich dann entwickeln würde. Und der Altersaufbau, der sich in Ländern wie Amerika entwickelt, ist ein Problem, das auch zeigt, daß [a]jene[a] immanente, diesseitige Utopie zweideutig ist.

Und ich möchte noch wagen, etwas anzudeuten, was aus der Psychologie kommt, obgleich es gefährlich ist, es zu sagen: die Frage, ob eine vom Technischen her bestimmte Entwicklung des Heilens notwendig utopisch bejaht werden kann. Die tiefer sehenden Psychologen oder Tiefenpsychologen wissen, daß *Krankheit eine positive Funktion* hat und daß Neurose, Verkleinerung der Lebensbasis, in dieser Verkleinerung eine schöpferische Funktion haben kann, die das nur Gesunde nicht haben kann. Und dadurch entwickelt sich langsam ein Problem, das ich heute nur andeute und dann in der letzten Stunde direkt behandeln will, nämlich das Verhältnis der innergeschichtlichen und übergeschichtlichen Utopie. All die Symbole, die ich nannte, sind gültig für beide. [b]Wenn Sie an das | Markus-Evangelium denken, das älteste, in dem ungefähr 50% aller Berichte Heilungsberichte sind – das wird von den Pfarrern im allgemeinen übersehen, weil sie damit nichts anfangen können; aber sie können damit nichts anfangen, weil sie sie entweder als Mirakelgeschichten nehmen oder symbolisch-geistig interpretieren und das ganze ungeheure Problem der Heillosigkeit, der Zerspaltung und des Ganzwerdens nicht mehr verstehen.[b]

Die letzte Seite, die ich vorher in der Analyse des Paradieses genannt hatte, war die *soziale Utopie,* die Negation derjenigen Übel, die aus der sozialen Struktur kommen. Und ich glaube, daß, als ich aufgefordert wurde, über Utopie zu sprechen, es vornehmlich diese Utopien waren, an die man gedacht hatte. Aber darin liegt schon gleich ein Fehler: Die *soziale Utopie kann niemals isoliert von den anderen Phänomenen der Entfremdung und der Endlichkeit* behandelt werden. Wird sie das, so wird sie zu einer rein phantastischen Utopie, zu einer gefährlichen Ideologie, und die Resultate sind dann so, daß in dem Augenblick, in dem diese Utopie verwirklicht ist, ein Gegenstoß einsetzt, nämlich eine Negativität, die schlimmer ist als irgendeines der Dinge, die überwunden worden sind. Manchmal sage ich, daß nicht die biblischen Symbole oder mythischen Symbole (denn sie finden sich überall in der Religionsgeschichte) von einer Wiedervereinigung der Natur in sich, des Menschen mit der Natur und des Menschen mit dem Menschen, als ein einziger Akt gesehen, daß nicht diese unrealistisch sind, weil sie phantastisch klingen, sondern unrealistisch sind diejenigen Utopien, die die soziale Sphäre isolieren von der Natur, von dem einzelnen Menschen, von der Verbindung mit dem Universum, und die dann innerhalb der Menschensphäre etwas erwarten, was nur sinnvoll ist, wenn es in Einheit mit einer universalen Ganzmachung oder Heilung erwartet wird. Ich glaube, daß die Propheten mit ihren Symbolen des Naturfriedens und des Menschenfriedens als Einheit realistischer waren als die Pazifisten und Sozialisten, die einen Menschenfrieden erwarten ohne einen Naturfrieden, weil der Mensch ja zugleich Natur ist. Und wenn die Natur als solche nicht fähig ist, befriedet zu werden, wie kann dann die soziale Struktur befriedet werden? Das ist eine Vorbemerkung, die nicht etwa bedeutet, daß ich nun den Mythos wörtlich nehmen möchte. Das Wort Mythos hoffentlich bewahrt mich davor, Symbole in Gegenstände zu verwandeln. Aber wir müssen Symbole verstehen und können es, und so kön|nen wir verstehen, daß Mythen realistischer sein können als scheinbar unmythische Utopien, die in die Geschichte projiziert werden. Was in der sozialen Struktur als negativ erscheint, ist die Machtstruktur. Die Machtstruktur ist notwendig. Jedes Lebendige ist in jedem Moment durch beides bestimmt, *Macht und Liebe,* das heißt ein Stehen auf sich selbst und eine Vereinigung mit dem anderen, und einer übergreifenden Einheit, in der Macht und Liebe gleichzeitig vorhanden sind, die als Gerechtigkeit sie zusammenhält. Macht kann nicht weggedacht werden von Liebe, und darum haben alle Theologien, heidnische wie christliche, den Göttern Macht zuerteilt, und im Christentum ist Gott Macht und Liebe und nicht nur Liebe, wie schlechte sentimentale Theologie gesagt hat. Wenn das Göttliche Macht ist, kann Macht nicht schlecht sein. Es ist also nicht die Machtstruktur der Gesellschaft, die in der Utopie verneint wird, sondern es ist die *Herrschaftsstruktur,* die als entfremdete Herrschaftsstruktur in unserer Gegenwart, in der Existenz nach dem Urstand und vor dem Endstand, überall real ist. Entfremdete Herrschaftsstruktur, das ist das, was in der sozialen Utopie verneint wird, weil es die Realität unserer Existenz ist.

Und zwar hat *die entfremdete Herrschaftsstruktur* zwei Seiten, eine mehr innere und eine mehr äußere. Die eine ist *Autorität*, und die andere ist *Ausbeutung*. Die gegenwärtige Gesellschaftsstruktur – und damit meine ich nicht die von 1950, sondern auch die von 100 000 vor Christus und nach Christus, wenn es so etwas geben sollte, das, was ich meine, ist das, was vor dem Endstand und nach dem Urstand Gegenwart ist – [c]setzt Autorität voraus. Und das wiederum setzt voraus[c], daß der einzelne seine Unmittelbarkeit zum Grund des Seins verloren hat und daß es einige wenige oder einige Gruppen gibt, die dieser Einheit näherstehen. Darum in allen alten Kulturen der Primat des Priestertums, weil man von den Priestern voraussetzt, daß sie dem Grund des Seins näherstehen und dadurch der Wahrheit und dadurch Autorität haben, die die anderen nicht haben können. Daraus folgt die andere Seite, nämlich die Benutzung der Massen durch diese wenigen, die diese Autorität repräsentieren, das, was wir in der soziologischen Sprache Ausbeutung nennen; das heißt das Benutzen von Arbeitserträgen der anderen unter dem Vorwand, daß es dem Aufbau der Macht dient, zum Aufbau der entfremdeten Herrschaft. Das kann durch einzelne, durch Despoten geschehen oder kann und geschieht wohl immer durch Klassen, die imstande sind, die Situation der menschlichen Existenz | zu benutzen, um solche Autorität und solche Ausbeutung auszuüben. Darum ist die soziale Utopie immer doppelt, nämlich sowohl Überwindung der Autorität wie Überwindung der Ausbeutung, und es ist interessant, wie das durch die ganze Geschichte geht. – Erst noch einiges über die Utopien.[d]Die[d]Weissagung von *Joel*, die für die Erklärung des Pfingstereignisses oder, sagen wir, für die Konzipierung der Interpretation entscheidend gewesen ist, nämlich daß jeder einzelne den Geist Gottes direkt hat, daß Knechte und Mägde weissagen werden, weil der Geist Gottes unmittelbar auf ihnen ruht[e]– diese Weissagung der Utopie ist eines der Fundamente aller antiautoritären Entwicklung; denn Geist ist immer das Antiautoritäre in der Kirche und darum von der Kirche mit Verdacht betrachtet zugunsten der Hierarchie und des Amtes. Aus diesen Gedanken wurde im Mittelalter in der berühmten Utopie des *Joachim von Floris* der Gedanke eines dritten Zeitalters, das des heiligen Geistes nach dem Zeitalter des Vaters und des Sohnes, und in diesem dritten Zeitalter wird jeder einzelne in mönchischer Existenz leben und unmittelbar die geistige Wirklichkeit haben und damit unabhängig sein von irgendeiner Hierarchie. Es war, wenn Sie es soziologisch betrachten, eine Revolte des Mönchtums gegen die Hierarchie. Aber darin drückt sich ein tiefer ontologischer Gedanke aus, der Gedanke der Unmittelbarkeit; jeder einzelne ist direkt, unmittelbar zu Gott, das heißt hat seinen Geist. Diese Utopie wurde wirksam in der spätfranziskanischen Bewegung des endenden 13. Jahrhunderts bei den sogenannten franziskanischen *Spiritualen*, die sich als den Orden bezeichneten, in dem die Weissagung des Joel Wirklichkeit wurde, und von da aus die Hierarchie angriffen.

Aus den Entwicklungen, die von da ausgingen, wurde die *revolutionäre bürgerliche Gesellschaft* des 17. und 18. Jahrhunderts, die schließlich in der französischen Revolution und im deutschen klassischen Denken und Dichten ihren Ausdruck fand. Überall in diesen Dingen haben wir die Utopie des dritten Zeitalters, des Zeitalters, das ursprünglich als Zeitalter des Geistes, das heißt der Unmittelbarkeit, konzipiert war, das dann als Zeitalter der Vernunft konzipiert wird.

Die Unmittelbarkeit des Geistes geht immer in die Geschichte, in die Unmittelbarkeit der vernünftigen Struktur des menschlichen Bewußtseins über, und so auch in dieser Entwicklung. Der Aufklärungsglaube an die Autonomie ist die Utopie, die von Joel über Joachim von Floris und die Franziskaner und die Sekten des Mittelalters und der Reformation[f] | schließlich zur bürgerlichen Revolution führte. Damit ist Autorität überflüssig geworden, denn nun ist es möglich, daß jeder einzelne unmittelbar gelehrt ist, und aus der Unmittelbarkeit seiner Relation zur Vernunft oder zum Göttlichen – das ist in der Aufklärung gleich – kommt dann die Möglichkeit einer demokratischen Gesellschaft, in der es Autoritäten nicht mehr gibt. Diese Entwicklung der Utopie hat eine außerordentliche geschichtliche Bedeutung. Das Antiautoritäre, das in ihr steckt, steckt irgendwie in den meisten von uns, nicht in allen, aber wir alle verstehen, wenn Erich Fromm in seinen Schriften und in seiner Praxis *rationale* und *irrationale Autorität* unterscheidet und mit irrationaler Autorität psychologische oder psychopathologische Unterwerfung unter gegebene Autoritäten aufdeckt und mit rationaler Autorität das meint, was in diesem Moment stattfindet: Wenn einige von Ihnen, die davon weniger wissen, mir zuhören, aber zugleich mir, wenn ich aufgehört habe zu sprechen, widersprechen – sonst wäre es einfach Suggestion ...

Die andere Seite ist die Ausbeutung, die in der Autorität irgendwie begründet ist. Gegen die Ausbeutung haben die utopischen Gedanken zwei Linien eingenommen, die eine ist die *politisch-egalitäre,* und die andere die *politisch-organische,* oder die stoische und die augustinische Form des Urstandes. Die stoische ist egalitär: Alle sind gleich, alle sind frei, alle nehmen teil an der ursprünglichen Vernunft. Daraus entwickelt sich dann die Utopie, daß es wieder einmal so sein wird wie im goldenen Zeitalter. Daher kommt alles, was als egalitäre Demokratie sich durchgesetzt hat. Die andere sagt, daß auch im [g]Urstand[g] Differenzen sind und daß daher der Machtaufbau organisch sein muß, aber so, daß jeder an jedem teilhat wie im Organismus und keine entfremdete Herrschaft stattfindet wie im Urstand. Im ersten Fall diejenigen Ideen, die schließlich zum Anarchismus führen, im zweiten Fall diejenigen Ideen, die schließlich zu einem organizistischen Denken mit all seinen Gefahren der Reaktion und des falschen Konservativismus führen.

Lassen Sie mich noch ein paar Worte sagen über die anderen Utopien, die Utopie der *Rückkehr zu dem Grund,* von dem wir entfremdet sind. Diese kann verschiedene Formen annehmen, kann die Form des Übergehens in das Eine annehmen, wie es in gewissen Formen der Mystik, aller nichtchristlichen Mystik, besonders in der indischen Form des Nirwana ist – das keineswegs ein Nichtsein ist, sondern das Erfüllt|sein des Individuellen mit dem Allgemeinen, dem Grund des Seins, so daß das Individuelle verschwindet wie der Tropfen Wasser im Wasserkrug. Das ist nicht die christliche, die abendländische Utopie. Ich hatte gezeigt, daß dieser Utopie ein völlig anderes Geschichtbewußtsein entspricht, daß es eine ganz andere Utopie ist, die wir z. B. in Augustin haben – den Gedanken einer *Wiederherstellung der Einheit mit dem Grund des Seins* dadurch, daß wir Gott anschauen, aber doch ihn anschauen, von ihm unterschieden bleiben in einer Weise, in der das Dynamische des Lebens überwunden ist nach dem griechischen Vorbilde durch das intuitive Anschauen ... In der Reich-Gottes-Idee der Propheten sind die individuellen Realitäten erhalten, Persönlichkeit und Gemeinschaft bleiben, aber sie bleiben als etwas, was wiederhergestellt ist in dem Grund, aus dem es gekommen ist und das deswegen die Einzelheit bejaht und nicht verneint und den Liebesgedanken als eine Ewigkeitsstruktur ermöglicht, denn Liebe schließt beides ein, nämlich die Trennung des Liebenden und des Geliebten und die Wiedervereinigung. Ohne Trennung keine Wiedervereinigung und ohne Wiedervereinigung keine Liebe. Das ist die dem christlichen Denken von der jüdischen Prophetie her bis zum Protestantismus adäquateste Form der Utopie. Utopie heißt auch hier: Es ist dasjenige Prinzip, von dem aus die Realitäten beurteilt werden. Es ist eine andere Utopie als die immanente, das Reich der Vernunft und der Demokratie und der klassenlosen, das heißt ausbeutungslosen Gesellschaft. Aber die Frage, die nun stehenbleibt und die ich an das Ende der Vorlesung stellen möchte, ist: Wie steht es mit dem Problem der immanenten und transzendenten Utopie? Oder, um diese Worte zu vermeiden: Wie steht es mit einer Utopie, die in der Geschichte erfüllt wird, und einer, die auf das Übergeschichtliche sieht, und wenn beides bejaht werden muß – und ich glaube, es muß bejaht werden –, wie verhalten sich dann diese beiden Formen der Utopie zueinander?

4. Kritik und Rechtfertigung der Utopie

Lassen Sie mich den Gang der gesamten Vorlesung für diese letzte Vorlesung kurz zusammenfassen. In der ersten Stunde arbeiteten wir das Thema aus, daß Menschsein heißt: Utopie haben. Die Utopie ist verwurzelt im Menschsein selbst. In der zweiten Vorlesung fanden wir, daß Geschichte verstehen, das heißt geschichtliches Bewußtsein und Aktivität haben | bedeutet: Utopie an den Anfang und an das Ende stellen, und in der dritten Vorlesung fanden wir, daß alle Utopien Negation der Negation sind, Verneinung dessen, was negativ ist in der menschlichen Existenz. Aus diesen drei Grundlagen ergibt sich nun das, wo ich Sie hinführen wollte, nämlich eine Beurteilung des Sinnes und der Bedeutung der Utopie. Und zwar will ich das in drei Schritten tun:

1. die Positivität der Utopie;
2. die Negativität der Utopie und
3. die Transzendenz der Utopie.

Fangen wir an mit dem ersten, der *Positivität der Utopie.* Und das erste, was da gesagt werden muß, ist, daß die Utopie Wahrheit ist. Wir müssen von der *Wahrheit der Utopie* reden. Warum ist sie wahr? Weil sie das Wesen des Menschen, nämlich das innere Ziel seiner Existenz ausdrückt. Sie zeigt das, was der Mensch wesenhaft ist, nämlich das, wozu er wesenhaft da ist. Jede Utopie ist ein solches Aufweisen dessen, was der Mensch als inneres Ziel, als innere Erfüllung in sich und vor sich hat und haben soll. In Wiederholung eines Gedankens, den ich das letztemal ausgesprochen habe und der vielleicht nicht ganz verstanden war, möchte ich sagen, daß das sowohl für das personale wie für das soziale Dasein des Menschen gilt und daß es unmöglich ist, das eine ohne das andere zu verstehen. Die soziale Utopie verliert ihre Wahrheit, wenn sie nicht zugleich Utopie in bezug auf das Personale ist, und die personale Utopie verliert ihre Wahrheit, wenn sie nicht zugleich Utopie in bezug auf das Soziale ist.

Ich hatte als Beispiel die Utopien des Heilens herangezogen und bin damit auf etwas gekommen, was überaus aktuell ist in der gegenwärtigen medizinischen Diskussion über das Heilen, nämlich dies, daß geistige Störungen nicht überwunden werden können ausschließlich vom einzelnen und der Erfüllung seines inneren Sinnes, wenn nicht zugleich die Gesellschaft den Rahmen gibt, in dem eine solche Erfüllung sich halten kann. Ich möchte dafür das Wort eines Neurologen und Analytikers zitieren, der mir eines Tages verzweifelt sagte: „Da sind Menschen, die ich geheilt habe, aber ich schicke sie zurück in die soziale Struktur, in der wir leben, und ich weiß, sie werden zurückkehren und wieder um meine Hilfe bitten." Und umgekehrt ist es unmöglich, das Soziale zu verstehen ohne das Individuelle als innere Erfüllung und inneres Ziel des Menschen. Und das ist die Tra|gödie der revolutionären Bewegungen der letzten hundert Jahre, die alle innerlich und manchmal auch äußerlich daran gescheitert sind, daß sie das Heilen der Gesellschaft ohne gleichzeitiges Heilen einzelner, die die Gesellschaft tragen, in Aussicht nahmen und daran scheiterten. Das war es, worauf ich hinweisen wollte, und was es bedeutet, daß die Utopien im Individuellen und die Utopien im Sozialen nicht auseinandergerissen werden dürfen. Ein guter Teil der Tragik unserer Situation beruht darauf, daß sie nicht in ihrer Einheit gesehen werden. Wenn Utopie Wahrheit ist, dann folgt daraus, daß die Verneinung der Utopie, sei es in zynischer, sei es in philosophisch negativer Weise, unwahr ist. Zynische Negation der Utopie hat nicht die Wahrheit in sich, die die Utopie in sich hat. Das ist das erste, was wir positiv über die Utopie sagen müssen.

Das zweite, was wir positiv über sie sagen müssen, ist die *Fruchtbarkeit der Utopie,* und sofort wird Wahrheit und Fruchtbarkeit in eine enge Beziehung gesetzt. Die Utopie eröffnet Möglichkeiten, die abgesehen von der utopischen Vorwegnahme verborgen bleiben würden. Jede Utopie ist eine *Vorwegnahme,* und manches, was die Utopien vorweggenommen haben, hat sich als reale Möglichkeit gezeigt. Ohne die vorwegnehmende Phantasie würden in der Menschheitsgeschichte zahllose Möglichkeiten unrealisiert geblieben sein. Wo keine vorwegnehmende Utopie Möglichkeiten eröffnet, da finden wir eine *Gegenwartsverfallenheit,* da finden wir, daß nicht nur in einzelnen, sondern in ganzen Kulturen

Selbstverwirklichung menschlicher Möglichkeiten unterdrückt bleibt und nicht zur Verwirklichung kommen kann. Menschen ohne Utopie für sich selbst bleiben der Gegenwart verfallen, Kulturen ohne Utopie für sich selbst bleiben gebunden an die Gegenwart und fallen schnell in die Vergangenheit, da Gegenwart nur leben kann aus der Spannung zwischen Vergangenheit und Zukunft. Das ist die Fruchtbarkeit der Utopie, das Eröffnen von Möglichkeiten.

Und das dritte Positive, was ich sagen möchte, ist die *Macht der Utopie*, daß die Utopie imstande ist, das Gegebene umzugestalten. Wenn wir an die großen utopischen Bewegungen denken, wird das unmittelbar sichtbar. Das Judentum ist vielleicht die wichtigste utopische Bewegung der Menschheitsgeschichte, es hat die gesamte Menschheit direkt und indirekt in eine andere Sphäre erhoben auf der Basis einer Utopie von der kommenden Herrschaft Gottes. Die bürgerliche Gesellschaft mit ihrer Utopie des Vernunftstaates, des dritten Zeitalters, hat die fernsten Winkel | der Erdoberfläche direkt und indirekt revolutioniert und hat die gesamte vorbürgerliche Existenz fragwürdig und durchweg letztlich unmöglich gemacht. Der Marxismus hat in gleicher Weise in seiner Utopie von der klassenlosen Gesellschaft die eine Hälfte der Welt direkt und die andere Hälfte indirekt revolutioniert und umgestaltet. Das sind nur drei Beispiele, die zeigen, was die Macht der Utopie ist. In allen drei Fällen handelt es sich um Utopie, das heißt um etwas, was keine Gegenwart, weil keinen Platz hat – οὐ τόπος, ohne einen Platz –, aber diese Utopie, die nirgendwo ist, hat sich als das Mächtigste gegenüber dem, was ist, bewährt. Die Wurzel ihrer Macht – und damit kommen wir auf die erste Vorlesung zurück – ist die wesenhafte oder ontologische Unzufriedenheit des Menschen in allen Richtungen seines Seins. Keine Utopie hätte Macht, wenn sie ausschließlich ökonomisch oder ausschließlich geistig oder ausschließlich religiös wäre, und es sind auch nicht, wie eine falsche Analyse uns wissen lassen wollte, die untersten Gruppen der Seinsmächtigkeit in der Gesellschaft, die die eigentlichen Träger der Utopie sind, weil sie unzufrieden sind, sondern es sind diejenigen, die in der Spannung zwischen Sicherung und Vorwärtsgehen sich für das Vorwärtsgehen entschieden haben und dann oft die Hilfe der Massen der Unzufriedenen bekommen, sie aber gebrauchen zu ihrem Sieg und vielleicht zuletzt von ihnen verschlungen werden. Aber auf alle Fälle ist es eine Erfahrung der Geschichte, daß die Träger der Utopie niemals diejenigen sind, die auf der untersten ökonomischen Stufe stehen und deren Unzufriedenheit grundsätzlich ökonomisch und sonst nichts ist. Sondern es sind die, die seinsmächtig genug sind, vorwärtsgehen zu können. Ich denke an die französische Revolution, wo das Proletariat Hilfestellung leistete, aber das hochgebildete Bürgertum die Revolution machte. Man denke an die franziskanische Revolution, wo es die fortgeschrittensten Formen des Mönchordens waren, die gegen die Kirche revolutionierten. Man denke an Marx' Analyse der Avantgarden, derer, die innerhalb des Proletariats und zum Teil von außerhalb des Proletariats die eigentlichen Träger der Utopie sind. Das heißt die Macht der Utopie ist die *Macht des Menschen in seiner Ganzheit*, der imstande ist, herauszugehen auf Grund der Unzufriedenheit, der ontologischen Unzufriedenheit in allen Richtungen des Seins, wo das Ökonomische genauso eine Rolle spielt wie das andere. Das sind die Träger der Utopie, in ihnen ist die Macht der Utopie, die Wirklichkeit umgestaltet, verankert. Soviel über die Positivität der Utopie, das Ja, das wir zu ihr haben müssen. |

Und nun die *Negativität der Utopie.* Wenn ich vorher von der Wahrheit der Utopie gesprochen hatte, so spreche ich jetzt von der Unwahrheit der Utopie. Beides sind wahre Aussagen. Die Unwahrheit der Utopie ist, daß sie die Endlichkeit und die Entfremdung des Menschen vergißt, daß sie vergißt, daß der Mensch als endlicher Sein und Nichtsein vereinigt, und daß sie vergißt, daß der Mensch unter den Bedingungen der Existenz immer von seinem wahren Wesen entfremdet ist und daß es darum unmöglich ist, dies wahre Wesen als das wirkliche anzusehen und damit zu rechnen. Ich denke z. B. an das Menschenbild des Fortschritts, das Menschenbild, das zwar die Endlichkeit des einzelnen zugibt, wenigstens für dieses Leben, ihm einen Fortschritt nach dem Leben oft zugestehend, aber vergessend, daß die Endlichkeit auch in einem „nach dem Leben" sich in jedem Moment äußern würde, sofern es sich nicht um Ewigkeit, sondern endlose Fortsetzung der Endlichkeit handelt.

[h]Es wird nicht verstanden, daß der Mensch von dem Wesen, das vorausgesetzt wird in der Utopie, abgefallen ist. Ich meine das nicht als mythisches Ereignis der Vergangenheit, sondern als eine exakte Beschreibung seines gegenwärtigen Standes.[h] Die Unwahrheit der Utopie ist ihr falsches Menschenbild, und darum kann man die Utopie, sofern sie auf dieser Unwahrheit ihres Denkens und ihres Handelns baut, nur damit angreifen, daß man ihr zeigt, daß der Mensch, den sie voraussetzt, zwar der unentfremdete Mensch ist, daß es aber gerade ihre eigene Behauptung ist, daß der entfremdete Mensch aus der Entfremdung zurückgeführt werden soll – durch wen? – auch durch entfremdete Menschen? Wieso ist dann die Entfremdung aufgehoben? Und wenn man sagt: überhaupt nicht durch Menschen, sondern durch notwendige ökonomische oder andere Prozesse, dann ist ja das Verstehen dieser Prozesse selbst wieder ein menschlicher Akt. Auch wenn man sagt, daß Freiheit das Wissen der Notwendigkeit ist, ist dies Wissen ja dem Nichtwissen gegenüberstehend, und eine Entscheidung zwischen beiden muß möglich sein, und wo Entscheidung, da ist Freiheit. Diese Phrase, daß Freiheit das Wissen um die Notwendigkeit ist, verhüllt, aber offenbart nicht, denn in ihr ist nicht verstanden, was Wissen heißt, nämlich jenseits der Notwendigkeit an der Wahrheit selber teilnehmen oder ihr widersprechen können, und das setzen wir in jedem Moment voraus. An dieser Stelle liegt die Unwahrheit der Utopie. Nicht, daß sie in der Zukunft etwas Phantastisches sich ausmalt, das ist nebensächlich, sondern das Wesentliche ist, daß sie ein falsches Menschenbild | voraussetzt, entgegen ihrer eigenen Voraussetzung. Denn wir hatten gesehen, daß fast alle Utopien von der vollendeten Sündhaftigkeit der Gegenwart oder einer Gesellschaftsgruppe oder eines Volkes oder einer Religion reden und dann darüber hinausführen wollen, aber nicht sagen, wie das möglich ist, wenn die Entfremdung radikal ist. Das ist der innerste Kern, warum Utopie Unwahrheit ist, während sie auf der anderen Seite Wahrheit ist.

Und das zweite, wo ich wieder eine Negation der Position gegenüberstelle, ist die *Unfruchtbarkeit der Utopie* neben und gegen ihre Fruchtbarkeit. Die Fruchtbarkeit der Utopie war das Finden von Möglichkeiten, die nur durch das Vorstoßen in das Unbegrenzte der Möglichkeiten geschehen kann. Die Unfruchtbarkeit der Utopie ist, daß sie die Unmöglichkeiten nicht als Unmöglichkeiten oder als Oszillieren zwischen Möglichkeit und Unmöglichkeit sieht, sondern sie beschreibt als reale Möglichkeiten und kommt damit in die reinen Wunschprojektionen, die zwar mit dem [i]wirklichen[i], aber nicht mit dem [j]wesenhaften[j] Menschen etwas zu tun haben – [k]Wünsche von den kleinsten Wünschen der Kinder bis zu den phantastischen Wünschen der Märchen, die Unmöglichkeiten als Realitäten nehmen[k]. Das ist die Unfruchtbarkeit der Utopie, und darum haben Theologen und auch philosophische Politiker wie Marx sich gegen das Ausmalen der Utopien mit Recht gewendet und haben die Inhalte der Utopie abhängig gemacht von den Möglichkeiten, die sich als Möglichkeiten inzwischen zeigten, ohne die Realitäten zu überspringen. Sie haben sich dagegen gewehrt, die Utopie als Schlaraffenland zu beschreiben, weil das Schlaraffenland zwar Utopie für all die ist, die Aktivität als Negativität empfinden, aber eben damit für solche, die schon von dem Wesenhaften des Menschen abgefallen sind. Und daraus entsteht dann die Phantastik solcher Utopien. Sie entsprechen nicht wesenhaften Möglichkeiten, sondern phantastisch aufgebauschten Wünschen ihrer Existenz, die in sich selbst der Überwindung bedarf. Das ist die Unfruchtbarkeit der Utopie neben ihrer Fruchtbarkeit.

Und das dritte ist die *Ohnmacht der Utopie* neben ihrer Macht. Die Ohnmacht der Utopie ist, daß sie unvermeidlich aus den Gründen, die ich nannte, aus ihrer Unwahrheit und Unfruchtbarkeit, zur *Enttäuschung* führt. Diese Enttäuschung muß aus dem Psychologischen ins Metaphysische erhoben werden. Es ist eine metaphysische Enttäuschung, die wir erlebt haben wieder und wieder, und darum so tiefgehend, daß sie | die Menschen im Innersten zerrüttet hat. Die Enttäuschung ist eine notwendige Folge der Verwechslung des zweideutigen Vorläufigen mit dem eindeutigen Endgültigen. Wir leben aber vorlaufend in die Zukunft immer im Vorläufigen und damit im Zweideutigen. Der Übergang wird fixiert als endgültig, und daraus ergibt sich die Enttäuschung. [l]Denn das, was als endgültig in der Utopie gemeint war, ist ja im Übergang nicht enthalten.[l] Das ergibt dann zwei Konsequenzen, die beide auf Grund der Ohnmacht der Utopie zerstörerisch wirken. Das eine ist, daß diejenigen, die enttäuscht sind – ich möchte es hier aussprechen, weil es eine der traurigsten, sachlich und menschlich problematischsten Erfahrungen der amerikanischen Existenz und, wie ich glaube zu wissen, auch weithin der abendländischen Existenz und darüber hinaus ist –, daß diejenigen, besonders unter den Intelligenzschichten, die sich einmal in ihrem Leben einer Utopie nicht in Form des Vorläufigen, sondern des Endgültigen und darum endgültig hingegeben haben und dann zu lernen hatten, daß es sich um ein Vorläufiges und Zweideutiges und gelegentlich eindeutig Dämonisches handelte, daß die dann *Fanatiker gegen ihre eigene Vergangenheit* wurden. Die ganze Klasse dieser Menschen stellt heutzutage eine der tragischsten

Gruppen innerhalb der menschlichen Gesellschaft dar und in gewisser Weise eine der gefährlichsten, weil sie ihren Fanatismus gegen sich selbst notwendig übertragen auf jeden, der an diesem Fanatismus nicht teilnimmt und den sie darum als heimlichen Freund dessen auffassen, gegen das ihr Fanatismus sich richtet. Das ist die eine Seite, und vielleicht kann man es hier nicht ausreichend ermessen, bis zu welchem Grade diese Zerstörung innerhalb der Intelligenzschicht sich auswirkt in der Gesamtheit der Bewegung der Intelligenz, der Bewegung der Politik. Es ist eine der schwersten Folgen der Ohnmacht der Utopie.

Das ist die eine Seite, und die andere Seite ist, daß diejenigen, die in der Utopie stehen, die das Utopische noch bejahen und die innerhalb der Bejahung des Utopischen die Macht haben, es aufrechtzuerhalten trotz seiner Vorläufigkeit und Zweideutigkeit, der Enttäuschung vorbeugen müssen, um sich zu halten, das heißt *Terror* anwenden müssen. Der Terror ist ein Ausdruck, ein Gefühl für den Enttäuschungscharakter einer verwirklichten Utopie. Mit dem Terror wird die Enttäuschung von politischer Auswirkung ferngehalten. [m]Und das ist die andere Seite, die wir haben und die genauso verständlich ist wie die erste Folge.[m] |

Mit anderen Worten, die Ohnmacht der Utopie wird zu einer dämonischen Macht in der Gesellschaft durch die Enttäuschung und durch die Reaktion gegen mögliche Enttäuschung. Es ist wie im Physikalischen und wie überall im Seelischen: Ein leerer Raum bleibt nie leer. Wenn ein Dämon ausgetrieben ist, und der Raum bleibt leer, kommen sieben neue Dämonen. Wenn eine Utopie die Vorläufigkeit absolutsetzt, dann entsteht Enttäuschung, und in diesen leeren Raum der Enttäuschung dringen dann die Dämonen, mit denen wir heute zu kämpfen haben, [n]besonders an diesem Platz[n].

Das ist die Negativität der Utopie, die ebenso real ist wie die Positivität der Utopie. Meinen Sie nicht, daß ich, weil ich die Negativität nach der Positivität nenne, sie als das letzte Wort betrachte. Das Positive bleibt, aber das Negative macht seine Macht geltend, und das führt mich zum Dritten, zu der *Transzendenz der Utopie.* Alles Lebendige geht über sich hinaus, es transzendiert sich selbst. In dem Augenblick, wo es das nicht mehr tut, wo es zum Zweck äußerer oder innerer Sicherungen bei sich stehen bleibt, in dem Augenblick, wo es das Experiment des Lebens nicht mehr machen will, verliert es das Leben. Nur wo das Leben riskiert wird, eingesetzt wird und möglicherweise verloren wird im Hinausgehen über sich selbst, nur da kann es gewonnen werden. Diese allgemeine Regel, dieses allgemeine Urgesetz oder diese ontologische Struktur, wie ich es nenne, des Seins selbst, daß es über sich hinausgeht, obgleich es sich selbst erhalten will, im Hinausgehen bei sich selbst bleiben will und sich selbst bewahren will, während es über sich hinausgeht, diese Struktur gilt auch für die Utopie. [o]Die Utopie schwebt darum immer und notwendig zwischen Möglichkeit und Unmöglichkeit.[o] Denn was jenseits der Wirklichkeit steht, was noch nicht Wirklichkeit geworden ist, steht ja noch jenseits der Entscheidung, ob es möglich oder unmöglich ist, und darum ist jede Utopie ein *Schweben zwischen Möglichkeit und Unmöglichkeit.* Wenn wir nun an das denken, was ich über die Negativität der Utopie gesagt habe, dann entsteht die Frage: Kann man nicht aus dieser Gesamtsituation, in der die Utopie steht, hinausgehen? Kann man nicht ihre Negativität dadurch überwinden, daß man nicht nur ein Stückchen hinausgeht, sondern daß man radikal hinausgeht? Und radikal hinausgehen heißt nicht: in der Linie des Horizontalen, des Immerweitergehens, hinausgehen, sondern heißt: in der Linie des Vertikalen hinausgehen, über die ganze Sphäre des Hinausgehens hinausgehen. Die Frage entsteht nach einer Möglichkeit, die Struktur von Selbstbewahrung und Selbsttranszendenz als | solche zu transzendieren, über sie hinauszugehen, sie zu überschreiten in der Richtung nach oben oder besser in der Dimension, die nach oben und unten zugleich geht, aus der Linie und aus der Ebene hinaus. Das ist keine theoretische Frage, sondern das kann aufgewiesen werden an der geschichtlichen Entwicklung der Kultur, aus der die meisten Utopien kommen.

Wenn wir auf die prophetische Linie sehen, dann finden wir in den großen Propheten des Alten Testaments ein merkwürdiges Hin und Her, eine Zweideutigkeit in bezug auf das teilweise Hinausgehen, das, was wir Utopie im politischen und sozialen Sinn nennen können, und das radikale Hinausgehen, das Einbrechen von etwas, das die gesamte horizontale Linie durchbricht, des Göttlichen. In den prophetischen Texten ist beides miteinander. Sie sind politisch, sozial, ökonomisch, geistig; alle diese Elemente sind da, und sie sind zugleich über alles hinausgehend, was aus der Geschichte selber verständlich gemacht werden kann. Sie haben ein apokalyptisches Element in sich, [p]das über die Welt hinausgeht[p], und es ist das Reizvolle in den Beschreibungen – sagen wir – des Tierfriedens und des Menschenfriedens in einem Propheten wie Jesaja, diese Doppelheit zu sehen, in der das Natürliche und das Wunderbare gemischt und vereint ist. Aber wie alle Utopien [q]der vertikalen Linie[q], so brachten auch die prophetischen Utopien dem Volke, in dem sie geboren waren, ständig von neuem jene metaphysische Enttäuschung, von der ich sprach, die bis in die Tiefen geht und ähnlich zerrüttende Konsequenzen hatte wie die Enttäuschung über gegenwärtige Utopien. Und dann wurde der nächste Schritt gemacht, den wir für gewöhnlich apokalyptisch nennen, das heißt enthüllend, nämlich der visionär enthüllt, was nicht innerhalb der Geschichte, sondern im Gegensatz zur Geschichte von oben her als eine neue Schöpfung sich ereignen wird. Hier ist eine zweite Stufe, eine transzendente Stufe des Apokalyptischen, die über die politischen sozialen Elemente hinausgeht, ohne sie zu verneinen. Wenn wir zum christlichen Endgedanken kommen, wie er im Neuen Testament vorliegt, so ist er noch einen Schritt weitergegangen. Die sozialen Dinge sind verschwunden. Was da ist, ist das jenseitige Reich, das beschrieben wird in Farben mystischer oder [r]liebeshafter[r] Vereinigung mit dem Göttlichen. Und dann die vierte Stufe, wo schon das Wort Utopie nicht mehr angewandt werden kann, die mystische Form des Christentums und die Mystik überhaupt, wo die jenseitige Erfüllung alle endlichen Elemente auslöscht und darum nicht eigentlich Erfüllung, sondern Negation ist.

[s]Wenn wir diese vier Stufen anschauen, dann haben wir in der ersten die Oszilla|tion zwischen dem Politischen und dem Transzendentreligiösen. Wir

haben im Zweiten, Apokalyptischen, die Transzendenz des göttlichen Eingreifens, aber noch etwas, was in der Welt geschieht, was die Welt verwandelt, was das Ende eines Äons ist. Wir haben im dritten eine transzendente Idee, in der die Erde erlöst ist oder in vollkommener Weise umgewandelt ist. Aber noch bleibt eins übrig in der christlichen Form, nämlich das Symbol des Reiches Gottes, und Reich ist ja ein soziales, politisches Symbol. Und dann kommen wir zur Mystik, wo alle politischen Symbole verschwinden und wo das erreicht ist, was über die Utopie hinausführt, eben damit aber aus Persönlichkeit und Gemeinschaft, aus Geschichte und Gestaltung herausführt.[s]

Wenn wir diese vier Stufen ansehen und fragen: Was haben sie bedeutet für die Geschichte?, dann finden wir, daß sie, je näher sie dem Politischen waren, desto mehr die negativen und positiven Charakteristika jeder Utopie gezeigt haben: ihre Wahrheit, ihre Fruchtbarkeit und ihre Macht – und zugleich ihre Unwahrheit, ihre Unfruchtbarkeit und ihre Ohnmacht. Je näher wir der mystischen Negation aller Utopie kommen, desto weniger ist das Politische real und das Soziale real, desto weniger ist darum ausgesagt über das wahre Wesen des Menschen und desto geringer ist die Gefahr der metaphysischen Enttäuschung mit allen ihren Folgen.

Und darum könnte jemand sagen: Geben wir alle Utopie auf, geben wir nicht nur die prophetische Utopie auf und ihre säkularen Folgeerscheinungen, geben wir auch die eschatologische, die apokalyptische Utopie, die noch an der Erde haftet und am Politischen und Sozialen, gehen wir über zur christlichen Utopie, falls wir uns nicht dem Jenseits des Utopischen, der mystischen Einswerdung verschreiben. Es gibt vielleicht Menschen, die infolge großer metaphysischer Enttäuschung in einem Zeitalter diesen Weg gehen, und es ist historisch, was ich aufgezeigt habe, dieser Weg gegangen worden auf Grund der Enttäuschung.

Aber wenn wir diesen Weg gehen, wenn wir die Utopie mehr und mehr ins Transzendente erheben und aus der Horizontalen ins Vertikale, dann entsteht die Gefahr, und zwar unausbleiblich, daß die Wahrheit und die Fruchtbarkeit und die Macht der Utopie geopfert wird. Das kann geschehen in Form eines reaktionären religiösen Konservativismus, der in der utopischen Enttäuschung die Utopie in ihrer Wahrheit mißversteht, sie verneint und ihr entgegen die Bejahung des Gegenwärtigen, die Bindung, die Verfallenheit ans Gegenwärtige im Politischen predigt. Das kann sich | verbinden mit einer rein transzendenten Vision der Erfüllung des Menschen. Aber es verliert dann die Macht über die Geschichte. Wir fanden so etwas vor nach dem ersten Weltkrieg im Luthertum, das diese konservative transzendente Form der Utopie gegen jeden Versuch einer Änderung der Realität stellte. Wir fanden es in gewissen Formen der Transzendentaltheologie, der Theologie, die mit der Offenbarung, die hereinbricht in die Wirklichkeit, jede wirkliche Änderung der Wirklichkeit verneint. Wir finden es aber auch in der halb religiösen, halb antireligiösen Haltung gewisser Existentialisten, die den Gedanken einer Utopie ablehnen für den Gedanken einer absoluten Freiheit des Individuellen, ohne vorwärtszugehen. Das ist das, was geschieht, wenn die Utopie verneint wird, wenn sie nicht als wahr gesehen wird, wenn ihre Fruchtbarkeit übersehen wird und wenn ihre Macht dadurch unterhöhlt wird. Die Folgen sind, wie wir aus der Geschichte wissen, außerordentlich. Der religiöse Transzendentalismus, der die Utopie verneint, hat ganze Völker, teilweise auch das deutsche Volk, zu einer Passivität gegenüber geschichtsveränderndem und wirklichkeitsgestaltendem Handeln verurteilt, die zur Folge hatte, daß dann die revolutionär-utopischen Gewalten sich mit ungeheurer Macht dagegenstellten und, wie jetzt fast überall in der Welt, davon leben, daß Religionen in ihrem innersten Kern entweder ganz jenseits aller Utopie sind, wie die großen mystischen Religionen des Orients, oder zumindest eine transzendente Utopie haben, in der das Politische ausgeschaltet ist. Wo das der Fall ist, ist die aggressive Utopie eine fast unwiderstehliche Macht in dem Moment, wo Erschütterungen ökonomischer, politischer, geistiger Art die ruhenden Kräfte der Abwehr gegen die Utopie geschwächt haben und nun die Utopie revolutionär hereinbricht.

Das ist ein Stück der Analyse großer Teile der Menschheit in der Gegenwart. Nun lassen Sie mich zum Schluß einen kurzen Versuch machen, zu formulieren, wie auf der Grundlage dieser drei Dinge, der Positivität, der Negativität und der Transzendenz der Utopie, wir uns zur *Utopie stellen* müssen. Das Problem ist für meine Generation lebendig gewesen, als wir aus dem ersten Weltkrieg zurückkamen und in Deutschland[t] ein transzendent-utopisches Luthertum mit einer ausschließlich immanenten Utopie, dem diesseitigen utopischen Sozialismus, in einem schweren Konflikt stand.

Der Sozialismus hatte die Revolution gewonnen, weil die Kräfte des Konservativen durch den Krieg zerstört oder zerrüttet waren. Demgegenüber | hatte das Luthertum, das heißt der weitaus überwiegende Teil der protestantischen Frömmigkeit in Deutschland, sich in eine ablehnende, verstimmte, negative Haltung gegenüber der horizontalen Utopie gestellt und der Utopie vorgeworfen, daß sie Utopie ist im Sinne der Unwahrheit der Utopie. In diesem Moment war das Problem Politik und Religion aus der Abstraktheit herausgehoben und war für uns konkret gestellt, ganz konkret für die Situation nach dem ersten Weltkrieg. Zwei Dinge standen fest für uns auf Grund des Kriegserlebnisses und eigenen Nachdenkens. Das eine war, daß die Utopie des bloßen Vorwärtsgehens die menschliche Situation in ihrer Endlichkeit und Entfremdung nicht begreift und daß sie deswegen notwendigerweise zu metaphysischer Enttäuschung führen muß. Und die andere Wahrheit stand fest für uns, daß eine Religion, deren Utopie ausschließlich transzendent ist, nicht ein Ausdruck des neuen Seins sein kann, von dem die christliche Botschaft das Zeugnis ist. Das waren die beiden festen Punkte, von denen wir ausgingen, und auf Grund dieser beiden festen Punkte, dieser beiden klaren Negationen, versuchten wir nun zu verstehen, was Utopie bedeuten kann auf Grund ihrer Wahrheit, ihrer Fruchtbarkeit und ihrer Macht, ohne zu verfallen ihrer Unwahrheit, ihrer Unfruchtbarkeit und ihrer Ohnmacht und der metaphysischen Enttäuschung, die aus dieser Ohnmacht folgt. Und die Antwort war, daß in der horizontalen Linie etwas geschehen kann, etwas Neues, eine Verwirklichung hier und jetzt, unter diesen Umständen, unter diesen Bedingungen, mit diesen Möglichkeiten, und daß wir vorwärts gehen müssen, um diese Möglichkeiten zu sehen und sie in die Wirklichkeit überzuführen. Es war der Gedanke der „Stunde der Erfüllung" von Möglichkeiten, die vorher nicht zur Erfüllung kommen konnten. In der Beziehung bejahten wir den Gedanken der Utopie: Die Wesenhaftigkeit des Menschen fordert eine neue Ordnung, und diese neue Ordnung kann geboren werden in diesem geschichtlichen Moment für eine geschichtliche Periode. Das war die eine Seite, und darin widersprachen wir der transzendenten Theologie des Luthertums. Auf der anderen Seite sagten wir: Diese Ordnung ist eine vorläufige und darum eine zweideutige, und darum dürfe sie sich nicht absolut setzen. – Dann kamen die Dinge, die dann so grauenvoll gefolgt sind, der Terror und der Fanatismus gegen sich selbst. Diese beiden Dinge zeigen, daß jede Utopie, wenn sie verwirklicht wird, als verwirklichte innerhalb der Existenz steht und darum vorläufig und zweideutig bleibt. Man hat uns gesagt, daß, wenn wir solch eine Gedankenbildung, für die wir oft das griechische Wort *Kairos* gebrauchten – die rechte Zeit, die | Stunde der Erfüllung, die gekommen ist, die vorher nicht da war und nachher nicht mehr sein wird –, aussprachen, wir damit die revolutionären Kräfte der diesseitigen Utopie schwächten. Denn ich habe immer gesagt: Die Kraft, die Macht einer Bewegung, einer Utopie beruht darauf, daß sie unbedingten Glauben fordern kann und fordern muß; und wenn sie ihn nicht erhält, ist sie nicht fähig, sich zu verwirklichen. Das war vielleicht das schwerste Problem dieser Gedankenbildung und das Problem, für das es keine vollkommene Lösung gibt. Aber es gibt eine letztliche Lösung, wenn auch keine vollkommene. Man kann für jede Wirklichkeit unter gewissen Bedingungen einen Fanatismus produzieren, der götzendienerisch etwas Endliches absolut setzt. Diese Möglichkeit ist immer gegeben, weil die Menschen um der Sicherung ihrer Existenz willen nichts mehr lieben, als sich einem Endlichen ganz hingeben zu können, und wenn sie es tun, dann entwickelt sich aus dieser vollkommenen Hingabe eine Fülle kämpferischer Kräfte, der Wille zum Märtyrertum, die Bereitschaft zu völliger Unterordnung, vor allem das, was man Ideokratie nennen kann, die Herrschaft einer Idee, die göttliche Kraft bekommen hat, die einen Gott ersetzt und daher nicht mehr unter Zweifel stehen darf und daher Unbedingtheit fordert. Das ist eine Möglichkeit, und die Kräfte, die dadurch erweckt werden, dürfen nicht unterschätzt werden. Es sind große Kräfte, aber die Frage ist: Sollen wir um dieser fanatischen Möglichkeit, dieser götzendienerischen Möglichkeit willen solche Kräfte unangegriffen lassen, sollen wir sie ihren Weg gehen lassen? Für eine Zeit sind sie uns weit überlegen, aber dann kommt der Moment, wo sich zeigt, daß es eine endliche Form ist, die sich unendlich nimmt und sich absolut gesetzt hat und dann an andere endliche Formen stößt und in diesem Zusammenstoßen zerbricht. Das scheint mir eine unausweichliche Konsequenz zu sein, und darum stehen wir hier vor der Wahl, die Kräfte des Fanatismus nicht zu benutzen und doch eine unbedingte Hingebung an das in der Stunde Notwendige zu verlangen, eine Hingebung, die weiß, daß das, wofür man sich hingibt, zweideutig und vorläufig ist, und die es darum nicht anbetet, sondern beurteilt und, wenn es nötig ist, verwirft, die aber im Moment des Handelns imstande ist, ein ganzes Ja dazu zu sagen. Das ist nicht nur im sozialen Leben so, sondern in jedem Moment unseres eigenen Lebens, wo wir einer Sache oder einer Person uns hingeben, [u]wie in jedem Liebesverhältnis[u]. Wenn wir es götzendienerisch tun, dann kommt die metaphysische Enttäuschung. Dann stößt das Endliche, das absolut gesetzt ist, an unser eigenes Endliches und scheitert daran. Wenn wir aber Ja zu etwas sagen, dessen Endlichkeit | wir zugleich wissen, dann ist die Wahrheit der Utopie auf unserer Seite, und diese Wahrheit wird zuletzt triumphieren. Ich weiß, wie schwer das ist, ich weiß das aus den Verhandlungen in jenen Jahren zwischen den Weltkriegen, in denen immer wieder von utopischer Seite uns vorgeworfen wurde, daß wir die Kräfte des Kampfes unterhöhlten dadurch, daß wir das Prinzip der letzten Kritik in Anwendung brachten. Ich glaube, die Geschichte hat uns recht gegeben.

Das ist das eine, was wir als Antwort gaben und was ich auch heute als Antwort gebe, wenn auch die konkrete Situation sich weitgehend geändert hat. Das andere bezieht sich auf das Verhältnis von transzendenter und immanenter Utopie oder besser vielleicht, weil diese Worte so viele falsche Nebenbedeutungen haben, von vertikaler und horizontaler Utopie. Man muß den *Gedanken zweier Ordnungen* im Sinn behalten, die eine Ordnung, die in der horizontalen Ebene liegt, die Ordnung der Endlichkeit, ihrer Möglichkeiten und Unmöglichkeiten, ihres Risikos, ihres Erfolges und ihres Scheiterns; und dann eine andere Ordnung (wo das Wort schon nur noch symbolisch verwendet werden kann), eine Ordnung, für die die säkularen und religiösen Utopien vielleicht Symbole haben wie Reich Gottes, das Reich der Himmel, das Reich der Gerechtigkeit, die Vollendung und so fort, wobei daran gedacht werden muß, daß, was immer diese Symbole bedeuten mögen, wir sie nicht ausmalen können, nicht im geringsten Sinn. Wir wissen, daß kein gegenständlicher Begriff eine sinnvolle Aussage über sie ergeben kann. Aber wir wissen um diese zweite Ordnung, weil beide Ordnungen gegenseitig aneinander teilnehmen. Die vertikale Ordnung nimmt teil an der horizontalen Ordnung: In dem, was in der Geschichte geschieht, verwirklicht sich das Reich Gottes. Es verwirklicht sich und wird zugleich bekämpft, unterdrückt, ausgestoßen. Es ist das kämpfende Reich Gottes in der Geschichte, das nicht enttäuschen kann, weil es an keinem Ort der Geschichte ein utopisches Stehen verheißt, was aber immer wieder da ist in neuen Verwirklichungen und der Wahrheit der Utopie immer recht gibt. Diese gegenseitige Teilnahme ist die Lösung des Problems der Utopie. Ein Reich Gottes, das nicht teilnimmt an der Geschichte, an der utopischen Verwirklichung in der Zeit, ist kein Reich Gottes, sondern im besten Fall eine mystische Auslöschung dessen, was Reich sein kann, nämlich Reichtum, Fülle, Mannigfaltigkeit, Individualität. Und auf der anderen Seite: Ein Reich Gottes, das nichts ist als der geschichtliche Prozeß, produziert jene Utopie des Fortschrittes oder | der Revolution, deren katastrophaler Zusammenbruch die metaphysische Enttäuschung produziert.

In der Lehre von den zwei Ordnungen haben wir beide Elemente: das, worin die Erfüllung allein gesehen werden kann, aber gerade da können wir sie nicht sehen, sondern können nur auf sie hinweisen, und das, worin sie sich verwirklicht, in Raum und Zeit, aber gerade sich nicht verwirklicht, sondern immer nur vorwegnehmend, fragmentarisch, in dieser Stunde, in dieser Form da ist. Das war die doppelte Antwort. Und auch hier möchte ich sagen: Alle Erscheinungen seit Ende des ersten Weltkrieges, als diese Ideen konzipiert wurden, haben ihnen recht gegeben, und sie scheinen mir auch heute die Lösung zu sein. Ob man heute in dem Sinn von einem Kairos reden kann, [v]wie es nach dem ersten Weltkrieg zweifellos in Deutschland möglich war und weit über die [w]Grenzen[w] Deutschlands gehört worden ist[v], darüber zu urteilen steht wohl jemandem nicht zu, der nun schon aus jener Periode in eine neue hereinragt. Meinem persönlichsten Gefühl würde es entsprechen zu sagen: Es ist eine Periode, in der der Kairos, die rechte Zeit der Verwirklichung, weit vor uns liegt in Unsichtbarkeit und ein Hohlraum, ein unerfüllter Raum, ein *Vakuum* um uns ist. Aber ich möchte Sie bitten, [x]das nur als ganz persönlichen Ausdruck zu nehmen[x], wenn ich die Situation nach den beiden Weltkriegen hier wie in Amerika miteinander vergleiche. [y]Das ist nicht wichtig.[y] [z]Wichtig sind die Prinzipien, die aus dieser wie aus jener Situation folgen. Wie immer wir die Situation beschreiben, wichtig ist die Idee[z], die die Utopie in ihrer Unwahrheit überwindet und in ihrer Wahrheit behält, oder, wie ich es vielleicht sagen könnte als Zusammenfassung der ganzen Vorlesung: *der Geist der Utopie, der die Utopie überwindet.*

Kritischer Apparat

Die Druckvorlage (Version A) geht nicht auf ein Manuskript oder Typoskript Tillichs zurück, sondern auf einen frei gehaltenen Vortrag, der offensichtlich durch Tonband oder stenographisch aufgenommen wurde. Der Text von A wird hier ungekürzt wiedergegeben. Der Wortbestand wird beibehalten. Nur wo zum Verständnis notwendig, wird der Text korrigiert; der ursprüngliche Text wird in diesem Falle im Apparat mitgeteilt. Der Charakter der mündlichen Rede ist also beibehalten. Freilich werden die fehlerhafte Orthographie, Zeichensetzung und Gliederung von A für den vorliegenden Abdruck korrigiert. Die in B und C vorliegenden zahlreichen stilistischen Änderungen werden nicht berücksichtigt, da sie weder auf Tillich zurückgehen noch ihm vorgelegt wurden; wo sie zum Verständnis des Texte von A hilfreich sind oder inhaltlich von A abweichen, werden sie mitgeteilt.

6 a–a B: Die politische Bedeutung der Utopie im Leben der Völker
C: Die politische Bedeutung der Utopie

6–8 b-b C (S. 135f.) bietet folgende von Tillich selbst geschriebene Neufassung:
I Die Wurzel der Utopie im menschlichen Leben
Im gewöhnlichen Sprachgebrauch hat Utopie den Sinn von Illusion und Torheit. Der Utopist wird als Narr angesehen und vom „Realpolitiker“ verachtet. Offenbar aber kann Utopie auch noch einen anderen Sinn haben; sonst würde sich nicht diese große und hochintelligente Versammlung eingefunden haben, um an vier Abenden mit mir das Problem der Utopie zu diskutieren. Und sicher hätte die Hochschule für Politik ihre Räume nicht für eine solche

Diskussion zur Verfügung gestellt, wenn sie die Utopie nicht für ein wichtiges politisches Phänomen halten würde.– Utopie ist mehr als Illusion von Toren und für Toren. Sie ist eine geschichtsbildende Kraft. Das aber kann sie nur sein, weil ihre Wurzeln tief in die Struktur des menschlichen Seins selbst hinabreichen. Nichts hat grundlegende Bedeutung für den Menschen, was nicht im Grunde seines Seins angelegt ist. Wäre Utopie nichts als die Projektion zufälliger Wünsche besonderer sozialer Gruppen in eine erhoffte Zukunft, so wäre sie – infolge der notwendigen Enttäuschung ihrer Erwartungen – politisch und psychologisch gefährlich. Der Politiker wie der Psychologe müßten den Geist der Utopie bekämpfen, und zwar um der sozialen und der seelischen Gesundheit willen.

So ist es aber nicht. Die Utopie hat Wurzeln im Sein des Menschen und, in gewissem Sinne, im Sein überhaupt. Darum ist es begründet, eine Betrachtung des Sinnes von Utopie mit einer Betrachtung der menschlichen Natur zu beginnen. Es gibt etwas im Menschen, das die Schöpfung utopischer Ideale notwendig macht. Der Geist der Utopie folgt aus dem Wesen des Menschen und nicht aus einer Verirrung in seiner Existenz. So fern daher auch die folgenden Gedanken von praktischer Politik zu sein scheinen, letztlich liegen sie, bewußt oder unbewußt, jeder Konzipierung politischer Ideen zu Grunde. Meine Behauptung also ist, daß der Mensch seiner Natur nach Utopien schafft und daß – da sich in der menschlichen Natur die Natur des Seins selbst offenbart – die Utopie im Sein selbst verwurzelt ist. Das macht es notwendig, obgleich es für manche überraschend sein mag, die Betrachtung des politischen Begriffs „Utopie“ mit einer Betrachtung über das Wesen des Menschen zu beginnen. Und zwar will ich zuerst eine allgemeine Bestimmung dessen geben, was den Menschen als Menschen charakterisiert, und dann eine mehr spezielle Bestimmung dessen versuchen, was ihn zum geschichtstragenden Wesen macht. Auf Grund dieser Bestimmungen können wir von Utopie reden, ohne in die oberflächliche Ablehnung aller Utopie oder in eine dogmatische Verteidigung einer bestimmten Utopie abzugleiten.

Wenn wir nach der menschlichen Natur fragen, insofern sie Utopie möglich macht, können wir den Menschen betrachten als das Wesen, das durch endliche Freiheit charakterisiert ist. Der Mensch, so könnte man zugespitzt sagen, *ist* „endliche Freiheit“. Er hat sie nicht nur, er ist sie; alles in ihm ist ein Element oder eine Folge dieses Grundcharakters. Jeder der beiden Begriffe, die in der Formel „endliche Freiheit“ vereint sind, bietet zahllose Probleme für Wissenschaft, Philosophie und Theologie; beide sind Gegenstand menschlichen Denkens seit frühesten Zeiten; in jedem von ihnen ist das Geheimnis des Wirklichen in besonderer Weise ausgedrückt, als erkanntes und zugleich bleibendes Geheimnis. Ihre Verbindung hebt das Geheimnis nicht auf, aber es stellt eine Beziehung her, die für das Verständnis des Menschen von grundlegender Bedeutung ist.

Zunächst einiges zur Freiheit! Für unsere Frage hat der alte Streit zwischen den Deterministen und den Indeterministen keine Bedeutung, ganz abgesehen davon, daß er, wie ich glaube, längst überholt ist und durch eine exakte Beschreibung der Phänomene Freiheit und Unfreiheit ersetzt werden muß. Wenn man eine solche Beschreibung versucht, findet man in der unmittelbaren Erfahrung zwei Phänomene, die etwa so charakterisiert werden können:

zuerst und grundlegend – der Mensch hat ein personhaftes Zentrum, das es ihm möglicht, aus diesem Zentrum heraus, das alle Elemente seines Sein in sich schließt, zu denken und zu handeln. Der Mensch weiß auch um die andere Möglichkeit, nämlich daß er nicht aus dem Zentrum heraus handelt, sondern daß einzelne Elemente seines Lebens das Zentrum erobern, die übrigen Elemente zu unterwerfen suchen und auf diese Weise zur Desintegration der Persönlichkeit treiben. Unter der Herrschaft solcher isolierten Elemente seines Seins – wie Angst, Begierden, Leidenschaften – fühlt sich der Mensch unfrei und getrieben. Wir sind unfrei in dem Maße, in dem Teiltendenzen in uns herrschen, und frei in dem Maße, in dem wir aus der Ganzheit unseres Seins heraus handeln.

c–c C: Prozeß

d–d fehlt in C

e–e fehlt in C

9 f–f C: als ob es außerhalb von uns wäre.

10 g gemeint ist die sowjetische Blockade Berlins, die nach dem Widerstand der Westmächte und der West-Berliner im Mai 1949 aufgehoben wurde.

h–h A: was

i–i A: was

j–j A: was

11 k–k A: unsere

l–l A: sie

m–m A: gefährlich

12 n F. Nietzsche, Also sprach Zarathustra III (Vom Gesicht und Räthsel, 1).

15 o–o A: was

16 p–p A: indem

q–q A: was herausgefallen war, woraus man gefallen ist.

18 r–r A (interpretiert): wie er auch in seinem eigenen Denken die Wahrheit verfehlt hat.

s–s fehlt in C

t–t fehlt in B, C

u Jean-Paul Sartre, L'existentialisme et un humanisme. Paris 1946. Deutsche Ausgabe: Ist der Existentialismus ein Humanismus? Zürich 1947.

v Karl Barth, Die protestantische Theologie im 19. Jahrundert. Ihre Vorgeschichte und ihre Geschichte. Zürich 1946.

20 w–w A: Erwartung menschlicher Erfüllung

x–x A: ist

y–y fehlt in A, ergänzt durch den Herausgeber

21 z–z fehlt in A, ergänzt durch den Herausgeber

22 a in A folgt: und für die gesamte Haltung jetzt

b–b fehlt in A, ergänzt durch den Herausgeber

c–c C (interpretiert): phänomenologischen

23 d–d A: vermeint [Druckfehler]

e–e A: und dadurch auflöst von anderen und in anderes

24 f–f fehlt in A, vom Herausgeber ergänzt

25 g–g fehlt in A, vom Herausgeber ergänzt

29 h „Die Sprache ist das Haus des Seins" (Martin Heidegger, Platons Lehre von der Wahrheit. Mit einem Brief über den „Humanismus". Bern 1947, S. 53).

i–i fehlt in A, vom Herausgeber ergänzt
31 j–j A: herausgerissen
35 k–k A: und dem
36 l–l A: ein
m Alfred North Whitehead, Process and Reality. An Essay in Cosmology (Part V, ch. II: God and the World), New York 1929.
38 n–n A: Nichtsseins
o–o C (interpretiert): die die Gegenwart, das heißt die wirkliche Existenz, das, was wir für gewöhnlich die geschichtliche Zeit nennen, bestimmen.
p–p fehlt in A, ergänzt vom Herausgeber
q–q A: und
41 r–r A: Fortdauer der Unsterblichkeit
B, C (interpretieren): Unsterblichkeit als Fortdauer
s–s fehlt in B, C
t–t fehlt in B, C
43 u–u fehlt in B, C
v–v C (interpretiert): die Natur verändern
44 w–w A: der
x–x A: Wenn auf europäischem Boden die Wiedervereinigung mit der Natur gedacht wurde oder besser gedichtet wurde – – – charakteristischerweise ist das im großen und ganzen eine Angelegenheit der Dichtung.
45 y Ludwig Klages, Der Geist als Widersacher der Seele, 2 Bde. Leipzig 1929.
z Edgar Daqué, Natur und Seele. Ein Beitrag zur magischen Weltlehre. München 1926; Natur und Erlösung. Aufsätze. München 1933; Das verlorene Paradies. Zur Seelengeschichte des Menschen. München 1938.
46 a–a C: jede
b–b fehlt in B, C
48 c–c A: Autorität setzt voraus,
49 d–d A: In der
e Joel 3, 1–5; vgl. Apg 2, 17f.
f in A folgt: und
50 g–g A: Urzustand
55 h–h fehlt in B, C
56 i–i A: wesenhaften
j–j A: wirklichen
k–k fehlt in B, C
57 l–l fehlt in B, C
m–m fehlt in B, C
58 n–n fehlt in C
o–o fehlt in B, C
59 p–p fehlt in B, C
q–q fehlt in B, C
r–r C: liebender
s–s fehlt in B, C
61 t in A folgt: auf der einen Seite
63 u–u fehlt in B, C
65 v–v fehlt in B, C
w–w A: Grenze

x–x A: das nicht als mehr zu nehmen, sondern als ganz persönlichen Ausdruck
y–y fehlt in B, C
z–z A: Wichtig sind die Prinzipien, die aus dieser wie aus jener Situation folgen, wie immer wir die Situation beschreiben, ist die Idee

20. Love, Power, and Justice. Ontological Analyses and Ethical Applications (1954)

A. Lowe, Power, and Justice. Manuskript Paul Tillichs für die Firth Lectures in Nottingham, England (1951), und die Sprunt Lectures in Richmond, Virginia (1953) (PTAH, box 501).

B. Love, Power, and Justice. Sprunt Lectures 1953, Union Theological Seminary in Virginia, Richmond, Virginia (The Paul Tillich Audio Tape Collection, Tape 3 – Tape 9, UTS in Virginia, Richmond Virginia).

C. Love, Power, and Justice. Typoskript: Abschrift von A, mit handschriftl. Korrekturen und Ergänzungen von Paul Tillich und Unbekannt (PTAH, box 501).

D. Love, Power, and Justice. Typoskript: Abschrift von C, vom Verlagslektor stilistisch leicht überarbeitet, von Paul Tillich nicht mehr korrigiert, Vorlage für E (PTAH, box 501).

E. (Druckvorlage) Love, Power, and Justice. Ontological Analyses and Ethical Applications. Given as Firth Lectures in Nottingham, England and as Sprunt Lectures in Richmond, Virginia. Oxford University Press London, New York, Toronto 1954.

F. Liebe, Macht, Gerechtigkeit. Deutsche Übersetzung von Gertie Siemsen und Gertraut Stöber. Verlag J. C. B. Mohr (Paul Siebeck), Tübingen 1955.

G. Liebe, Macht, Gerechtigkeit. Deutsche Übersetzung von Renate Albrecht. In: GW XI (1969) 141–225.

Die Übersetzungen ins Niederländische (1956), Japanische (1957), Französische (1964), Portugiesische (1968), Katalanische (1969), Spanische (1970) folgen E.

Zur Textgeschichte

Wie Tillich im Vorwort mitteilt, enthält das Buch die Vorlesungen, die er im Mai 1951 an der Universität Nottingham im Rahmen des Firth-Memorial-Lectureship gehalten hat. Gemäß der Satzung der Stiftung sollte Tillich eine oder mehrere Vorlesungen halten „on some aspect of the Christian Faith in relation to contemporary problems". Er hat sodann für die Christian Gauss Foundation in Princeton in einem Seminar das gleiche Thema behandelt und im Jahre 1953 am Union Theological Seminary in Virginia, Richmond, als Sprunt-Lecturer die Vorlesung wiederholt. Die Tonbandaufnahme dieser Vorlesung in Richmond ist erhalten (= B). Vorhanden ist aber auch das in Nottingham und Richmond benutzte Vorlesungsmanuskript (= A). Für die Veröffentlichung wurde das Vorlesungsmanuskript von Tillich und geringfügig auch vom Verlagslektor überarbeitet. Bei den Abschriften des Manuskripts haben sich allerdings Fehler eingeschlichen, die Tillich offensichtlich nicht bemerkt hat und die in die Version E und die auf ihr basierenden Übersetzungen eingegangen sind. Sie werden in der hier vorliegenden Edition nach A und B korrigiert und im kritischen Apparat entsprechend vermerkt.

Es existieren zwei deutsche Übersetzungen. Die erste (1955) – sie stammt von Gertie Siemsen und Gertraut Stöber – hat Tillich seiner Schwester Elisabeth Seeberger gewidmet. Für die Aufnahme in die GW hat Renate Albrecht die Übersetzung neu bearbeitet. Es sei, so begründet sie die Neuübersetzung, „eine neue Methode des Übersetzens entwickelt worden, die in ständiger Fühlung und Zusammenarbeit mit dem Autor entstand" (GW XI S. 9). An der Übersetzung selbst hat Tillich nicht mitgewirkt (sie erschien erst 1969), ebenso wohl auch nicht an der ersten Übersetzung. Die zweite Übersetzung ist zweifellos flüssiger und freier, aber auch ungenauer als die erste. Die Abweichungen von E, aber auch andere Akzentsetzungen sind im kritischen Apparat dokumentiert.

Tillich hat 1952 in einem Rundfunkvortrag im „Third Program" der USA die Vorträge von Nottingham zusammengefaßt (Handschrift, 22 S., PTAH, box 501/2). Eine Zusammenfassung Tillichs in deutscher Sprache existiert nicht, wohl aber eine handschriftliche Vortragsgliederung mit dem Titel „Macht, Liebe und Gerechtigkeit" (9 S., PTAH, box 204). Sie scheint, da sie vom Begriff der Macht bzw. der Seinsmächtigkeit und nicht vom Begriff der Liebe ausgeht, älter zu sein als das Manuskript A. Im Vordergrund steht zunächst das Sein als Seinsmächtigkeit in der Polarität von Macht und Gerechtigkeit. Die Liebe ist „eins mit der Macht und Gerechtigkeit, aber so, daß Liebe die innere Ekstase des Lebens ausdrückt, die Teilnahme an der göttlichen Seligkeit (dem Inneren der Mächtigkeit)" (S. 4).

Die vorliegende Edition bietet eine korrigierte Fassung der Version E (ohne das Sach- und Namensregister).

Love, Power, and Justice
[a]Ontological Analyses and Ethical Applications[a]

[b]*Preface*

This book contains the lectures I gave first in Nottingham, England, when the Firth Foundation asked me to deliver the first series of Firth Lectures, and to take as my subject the problems of Love, Power, and Justice. In spite of some hesitation on my part, rooted in the almost insuperable difficulty of dealing with such large problems in only six lectures, I finally accepted. For I realized that one cannot work constructively in theology, philosophy, and ethics without encountering at every step the concepts which constitute the subject of these lectures: Love, Power, and Justice.

A second step on my way to the publication of this book was the request of the Christian Gauss Foundation in Princeton, U.S.A., to direct a seminar on the concepts of Love, Power, and Justice with a highly selective group of professors, advanced students, and other intellectual leaders. The criticism I received on this occasion was very helpful when it came to the third step on the way to the publication of this book.

The third step was the request of the Sprunt Foundation in the Union Theological Seminary, Richmond, Virginia, to give seven Sprunt Lectures about the subject of my Firth Lectures. [c]Since it was a kind of emergency situation – the originally designated lecturer[d] was | prevented from coming – the University of Nottingham agreed that as I rewrote the lectures, correcting and enlarging their original form, I should be free to use them in accepting the invitation of the Sprunt Foundation. The difficulty connected with this task surpassed almost everything I have experienced within my academic career.[c] The only way out was to limit my scope to a basic ontological analysis of the three concepts and to some applications of the concepts, elaborated through this procedure. [e]The last three chapters give such applications, while the preceding three attempt an ontological analysis of each of the three concepts, showing their common root in the nature of being itself. The first chapter is a critical introduction to the problem raised by the confused state of the dissension concerning love, power, and justice.[e]

The lectures out of which this book has grown carry the weight of two important Lecture Foundations, the Firth Foundation and the Sprunt Foundation, a weight almost too heavy for one lecturer and one series of lectures. I want to thank both Foundations for the honour of being their lecturer as well as for the welcome occasion and the wholesome compulsion to deal with all the problems of these lectures in a more direct and systematic way than I had ever done before.

P. T.
New York
April 1953[b] |

I

[f]*Problems, Confusions, Method*[f]

[g]*Intrinsic problems of love, power, and justice*[g]

One cannot work constructively in theology or philosophy without encountering at every step the concepts which constitute the subject of these lectures, love, power, and justice. They appear in decisive places in the doctrine of man, in psychology and sociology, they are central in ethics and jurisprudence, they determine political theory and educational method, they cannot be avoided even in mental and bodily medicine. Each of the three concepts in itself and all three in their relation to each other are universally significant. Therefore it is necessary, though almost impossible, to make them the subject of a special inquiry. It is necessary because no analysis and no synthesis in any of the spheres in which they appear can avoid referring to them in a significant and often in a decisive way. Yet it is almost impossible because nobody is an expert in all the realms in which the three concepts play an outstanding role. Therefore one must ask whether there is a root meaning in each of these concepts, determining their use in the different situations to which they are applied. Such a basic meaning would precede in logical validity the variety of meanings which could be | derived from it. Therefore the search for the basic meaning of love, power, and justice individually must be our first task, and it must be carried out as a part of the search for the basic meaning of all those concepts [h]which are universally present in man's cognitive encounter with his world[hi]. Traditionally they are called principles, structural elements, and categories of being. Their elaboration is the work of ontology. Ontology is the way in which the root meaning of all principles and also of the three concepts of our subject can be found. It is the way which I intend to take in this and the subsequent chapters. Ontologically we shall ask for the root meaning of love and of power and of justice. And if we do so, we may discover not only their particular meanings but also their structural relation to each other and to being as such. If we could achieve this task, we would be able to judge the many ways in which the intrinsic problems as well as the mutual relations of the three concepts have been defined. And we would be able to give ourselves a more basic [j]description[j] of their mutual relationship.

It is, however, not only the variety of meanings in which the concepts of love, power, and justice are used; it is also the confused state of the discussion of each of them and the even more confused state of the discussion of their mutual relations which puts an almost insuperable hurdle before us. Nevertheless, we must try, and we must first survey [k]the problems and | confusions[k] which we shall encounter at every step of our inquiry.

It is unusual to take the word 'confusion' into the title of a chapter. But if one has to write about love, power, and justice the unusual becomes natural. The warning and the help of the semanticist is perhaps in no realm so much needed as in the jungle of ambiguities which has grown up through the lack of conceptual control and the abundance of emotional drive in the sphere which is circumscribed by love, power, and justice. The confusions are partly intrinsic and partly relational.[l]

In spite of all the misuses to which the word love is subjected, in literature and daily life, it has not lost its emotional power. It elicits a feeling of warmth, of passion, of happiness, of fulfilment, whenever it is used. It brings to mind past [m]or present[m] or anticipated occasions of loving or being loved. Its root meaning, therefore, seems to be an emotional state which like all emotions cannot be defined, but which must be described in its qualities and expressions and is not a matter of intention or demand but of happening or gift. If this were so, love could be kept within the sphere of affections, and it could be discussed as one affection among others – as it was, for instance, by Spinoza. But it is significant that Spinoza, when he comes to his final statements about the nature of the | divine substance and about the many ways in which man participates in it, speaks of man's intellectual love towards God as the love with which God loves himself: In other words, he elevates love out of the emotional into the ontological realm. And it is well known that from Empedocles and Plato to Augustine and Pico, to Hegel and Schelling, to Existentialism and depth psychology, love has played a central ontological role.

There is another interpretation of love which is neither emotional nor ontological but ethical. In one of the determining documents of Judaism, Christianity and all Western civilization, the word love is combined with the imperative 'thou shalt'. The Great Commandment demands of everyone the total love of God and the love of one's neighbour according to the measure of man's natural self affirmation. If love is [n]emotion[n], how can it be demanded? [o]Emotions cannot be commanded.[o] We cannot demand them of ourselves. If we try, something artificial is produced which shows the traits of what had to be suppressed in its production. Repentance, intentionally produced, hides self-complacency in perversion. Love, intentionally produced, shows indifference or hostility in perversion. This means: love as an emotion cannot be commanded. Either love is something other than emotion or the Great Commandment is meaningless. There must be something at the basis of love as emotion which justifies both | its ethical and its ontological interpretation. And it may well be that the ethical nature of love is dependent on its ontological nature, and that the ontological nature of love gets its qualifications by its ethical character. But if all this is valid – and we shall try to show that it is valid – the question arises as to how these interpretations of love are related to the fact that love appears in the shape of the most passionate of emotions.

This question, however, cannot be answered without considering another set of problems, which is not only extremely important in itself, but which also has come into the foreground of theological and ethical interest in the last decades. It is the question of the qualities of love. In the public discussion which centers around the distinction between *eros* and *agape* (the earthly and the heavenly love in Renaissance symbolism), the qualities of love are called types of love, and in extreme cases one even denies that the same word 'love' should be applied to these contradictory types. But I have learned, while elaborating these lectures, that there are not types but [p]qualifications[p] of love, since the different qualities are present, [q]by efficiency or deficiency[q], in every act of love. This insight, however, does not make the distinction of the qualities of love less important. If, as I shall suggest, one has to distinguish the *libido*, the *philia*, the *eros*, the *agape* qualities of love one must ask: how are they related to each other? What is meant if one speaks of love [r]without qualification[r]? | Which quality of love is adequate to the Great Commandment? Which to its emotional quality?

Whenever the word 'love' is used one also speaks of self love. How is self love related to the qualities of love, to its ontological and to its ethical character? First of all one must ask whether self-love is a meaningful concept at all. Considering that love presupposes a separation of the loving subject and the loved object, is there such a separation in the structure of self consciousness? I am very doubtful about using the term 'self love', and if it is used, about using it in any except a metaphorical sense. Besides this terminological question, one must ask how the different qualities of love are related to what is metaphorically called self love, and how it is related to the ethical and to the ontological nature of love.

This survey of the [s]problems and confusions[s], connected with the use of the term 'love' is equalled by a survey of the [t]confusions and problems[t] connected with the public discussion of the concept of power. [u]I may tell an anecdote which has more symbolic than analytical meaning. I have been warned not to announce a lecture on 'Love, Power, and Justice' in the United States, because power would be understood as the product of the electrical power companies, and justice as the fight against the policy of the Federal Government to provide for cheap electrical power by the regulation of rivers according to the pattern of the Tennessee | Valley Authority. Power in the sense presupposed by this story is electrical power. In the same way[u] the term 'power' can be applied to all physical causes although theoretical physic has got rid of this anthropomorphic symbol and has replaced it by mathematical equations. But even present-day physics speaks of power fields in order to describe the basic structure of the material world. This is at least an indication of the significance the term 'power' has even in the most abstract analysis of physical occurrences.

Physicists are usually conscious of the fact that they use an anthropomorphic metaphor when they use the term 'power'. Power is a sociological category and from there it is transferred to nature (just as is law, as we shall see later). But the term 'metaphor' does not solve the problem. We must ask, how is it possible that both physics and social science use the same word, 'power'? There must be a point of identity between the structure of the social and the structure of the physical world. And this identity must be manifest in the common use of the term 'power'. There is, however, only one way of discovering the root meaning of power, namely to ask about its ontological foundation. And this, of course, is one of the purposes of these lectures.

Within the social realm the meaning of power is burdened by another ambiguity, the relation of power and force. This duality is almost exclusively restricted to the human sphere. For only in man, that is in the | being whose nature is finite freedom, the distinction of power and force is meaningful. One speaks of 'power politics', and one often does so with moral indignation. But this is the consequence of mere confusion. Politics and power politics are one and the same thing. There are no politics without power, neither in a democracy nor in a dictatorship. Politics and power politics point to the same reality. It does not matter which term you are using. Unfortunately, however, the term 'power politics' is used for a special type of politics, namely that in which power is separated from justice and love, and is identified with compulsion. This confusion is possible because there is indeed a compulsory element in the actuality of power. But this is only one element, and if power is reduced to it and loses the form of justice and the substance of love, it destroys itself and the politics based on it. Only penetration into the ontological roots of power can overcome the ambiguities in the relation of power and compulsion.

If power is distinguished from compulsion the question arises whether there is a power which is neither physical nor psychological, but spiritual. Compulsion uses both physical and psychological means in order to exercise power, most conspicuously in the terror methods of dictatorships. No compulsion at all is presupposed in spiritual power. Nevertheless, one assumes that spiritual power is the greatest, that it is the [v]ultimate[v] power. One does so whenever one says that God | is Spirit. The question then is, how does spiritual power work, how is it related to physical and psychological power, and how is it related to the compulsory element of power?

For hundreds of years people have discussed the meaning of the third of our concepts: justice. Since earliest times justice has been symbolized in myth and poetry, in sculpture and architecture. Nevertheless, its meaning is not unambiguous. On the contrary, its legal meaning seems to be contradicted by its ethical one, and both the legal and the ethical meaning seem to be in conflict with its religious meaning. Legal justice, moral righteousness, and religious justification seem to struggle with each other. Aristotle speaks of justice as a proportion, both in distribution and retribution. This raises several problems. First, one must ask whether the terms 'distributive' and 'retributive justice' constitute a valid distinction. Distributive justice gives goods to everybody according to his just claim; and his just claim is determined by his social status, which is partly dependent on the status he has received by historical destiny in universe and society, and partly by his own merits in actualizing his status and its potentialities. Retributive justice takes place if he diminishes his status and its just claims by not fulfilling its potentialities or by acting against the social or cosmic order in which his status is rooted. Retributive justice then appears as punishment and produces the problem of the meaning of punishment and its relation to justice. Is punishment a purpose in itself, determined by retributive justice, or is it the negative implication of distributive justice and determined by it? Only an ontological consideration of justice can lead towards an answer. The same is true of | the meaning of justice as proportion. The term 'proportional justice' implies degrees of justified claims. It presupposes a hierarchy of standing and claims for a just distribution. On the other hand, the word justice' implies an element of equality. How is the hierarchical element in proportional justice related to the equalitarian element in it? The question becomes even more difficult if we consider the fact that the status of a being in universe and society is subject to continuous changes. The dynamic character of life seems to exclude the concept of a just claim; it seems to undercut even the idea of proportional justice. Is there a type of justice which transcends and restricts the kind of justice described by Aristotle? Can perhaps the proportional element be taken into a dynamic-creative type of justice? This again demands assumptions about the relation of the static to the dynamic character of being; it demands ontological assumptions.

None of the three concepts, love, power, and justice can be defined, described and understood in their varied meanings without an ontological analysis of their root meanings. None of the confusions and ambiguities in | the use of the three concepts can be removed, none of the problems intrinsic in them can be solved without an answer to the question: How are love, power, and justice rooted in the nature of being [w]as such[w]?

Relational problems of love, power, and justice

The ambiguities in the meaning of love, power, and justice have confusing consequences and produce new problems as soon as the relation of the three concepts to each other is considered. Love and power are often contrasted in such a way that love is identified with a resignation of power and power with a denial of love. Powerless love and loveless power are contrasted. [x]This, of course, is unavoidable if love is understood from its emotional side and power from its compulsory side. But such an understanding is error and confusion. It was this misinterpretation which induced the philosopher of the 'will-to-power' (i.e. Nietzsche) to reject radically the Christian idea of love. And it is the same misinterpretation which induces Christian theologians to reject Nietzsche's philosophy of the 'will-to-power' in the name of the Christian idea of love. In both cases an ontology of love is missing and in the second case power is identified with social compulsion. In the same period the theological school which has been created by Albrecht Ritschl dominated the field of Protestant theology. The anti-metaphysical bias of this | school caused it to contrast the love of God with His power in such a way that the power actually disappeared and God became identified with love in its ethical meaning. The consequence was an ethical theism which neglected almost completely the divine mystery and majesty. God as the power of being was discarded as a pagan invasion. The trinitarian symbolism was dissolved. The kingdom of God was reduced to the ideal of an ethical community. Nature was excluded because power was excluded. And power was excluded because the question of being was excluded. For if the question of being is asked and concepts like love and power are seen in the light of the ontological question, the unity of their root meanings can become visible. Yet most important are the problems in social ethic which result from the confrontation of love and power. One could say that constructive social ethics are impossible as long as power is looked at with distrust and love is reduced to its emotional or ethical quality.[x] Such a division leads to a rejection of or indifference to the political realm on the side of religion. And it leads to the separation of the political from the religious and the ethical and to the politics of mere compulsion on the political side. Constructive social ethics presuppose that one is aware of the element of love in structures of power and of the element of power without which love becomes chaotic surrender. It is the ontological | analysis of love and power which must produce this awareness.

[y]The problems and confusions[y] which characterize the discussion of love in its relation to power, characterize equally the discussion of love in its relation to justice. One does not usually contrast love with justice in the way in which one contrasts love with power. But it is commonly accepted that love adds something to justice that justice cannot do by itself. Justice, one says, demands that an inherited fortune is distributed in equal parts amongst those who have the same legal claim. But love may induce one of the heirs to surrender his right to one of the other heirs. In this case he acts in a way which is not demanded by justice,

but which may be demanded by love. Love transcends justice. This seems rather evident, but it is not! If justice is not limited to proportional distribution, the act of resignation might have been an act of non-proportional justice, or it might have been an act of injustice against oneself, as in the first act of Shakespeare's *King Lear*, [z]when Lear surrenders all his powers to his daughters.[z] The relation of love to justice cannot be understood in terms of an addition to justice which does not change its character. Only an ontology of justice can describe the true relation of the root concepts. Another example supports this view. A man may say to another: 'I know your criminal deed and, according to the demand of | justice, I should bring you to trial, but because of my Christian love I let you go.' Through this leniency, which is wrongly identified with love, a person may be driven towards a thoroughly criminal career. This means that he has received neither justice nor love, but injustice, covered by sentimentality. He might have been saved by having been brought to trial after his first fall. In this case the act of being just would have been the act of love. In classical theology the tension between love and justice is symbolized in the doctrine of atonement as developed by Anselm of Canterbury. According to Anselm, God Himself must find a way to escape the consequences of His retributive justice which conflicts with His merciful love. He is subject to the law of justice which is given by Himself. And this law would cause the eternal death of all men in spite of His desire to save man according to His love. The solution is the undeserved, substitutional death of the God-man, Jesus Christ. In spite of its theological weakness this remained the predominant doctrine in Western Christianity because of its psychological power. It implies the ontological insight, which it explicitly contradicts, that ultimately love must satisfy justice in order to be real love, and that justice must be elevated into unity with love in order to avoid the injustice of eternal destruction. But this is not manifest in the legal[a] form in which the doctrine is developed.

Another point in which the impossibility of the | 'theory of addition' of love and justice becomes visible is the relation of love and justice to the concrete situation. Justice is expressed in principles and laws none of which can ever reach the uniqueness of the concrete situation. Every decision which is based on the abstract formulation of justice alone is, essentially and inescapably unjust. Justice can be reached only if both the demand of the universal law and the demand of the particular situation are accepted and made effective for the concrete situation. But it is love which creates participation in the concrete situation. It would be completely wrong to say that love must be added to justice if the uniqueness of the situation is to be reached. For this would mean that justice as such is impossible. Actually the situation shows that justice is just because of the love which is implicit in it. But this can be understood fully only in the context of an ontological analysis of the root meanings of both love and justice.

The weight of the problems and the dangerous character of the confusions is equally obvious when we finally confront power and justice. It is in this realm of problems that the relation of law and order to justice and of all of them to power is discussed and more often confused than illuminated. The first question is: Who gives the law in which justice is supposed to be expressed? To give a law is the basic manifestation of power. But if a group which has power gives | laws, how are they related to justice? Are they not simply the expression of the will to power of this group? The Marxist theory of the State asserts that the laws of the State are tools which give social control to a ruling group. The origin of its power may be military invasion or it may be socio-economic stratification. In both cases justice is possible only if the State has withered away and has been replaced by an administration without political power. The justice of the ruling class is injustice and, if defended, ideology. The laws it gives preserve a social order, and as long as there is no alternative social order, the laws of the ruling classes are better than chaos.[b] The more cynical representatives of this theory interpret justice exclusively as a function of power and in no way as [c]its judge[c]. They accept the Marxist analysis without the Marxist expectation, and reduce justice completely to a function of power. In reaction against this removal of justice as an ultimate principle a theory has been developed which tries to separate justice from power completely and to establish it as a self-contained system of valid judgements. Justice is an absolute, without any relation to structures of power. The positive law, derived from the principles of the natural or rational law, does not express what is, but it demands what should be. Irrespective of power it commands and expects obedience because of its intrinsic validity. It does not express but it judges power. The contrast of these | two theories about the relation of power to justice reveals the difficulty of the problem and the necessity of an ontological research into the root meanings of power and justice.

As announced before, I have led you into a jungle of problems and confusions, and, at every point, I have indicated the way out; namely, the ontological analysis of love, power, and justice. The nature of this method will be discussed in the following chapter in connexion with an attempt to give an ontological interpretation of the meaning of love. |

II
Being and Love

The ontological question

All problems of love, power, and justice[d] drive us to an ontological analysis. The confusions cannot be cleared up, nor can the problems be solved without an answer to the question: In what way is each of these concepts rooted in being-itself? And the question of being-itself is the ontological question. It is, therefore, appropriate that, before dealing with the ontological roots of each of our concepts, we ask: What does 'root' in this sense mean? What is the 'root-meaning' of a concept? How is the ontological question to be raised and how can it be answered?

Ontology is the elaboration of the 'logos' of the 'on', in English of the 'rational word' which grasps 'being as such'. It is hard for the modern mind to understand the Latin *esse-ipsum*, being-itself, or the Greek ὂν ᾗ ὄν, being-in-so-far-as-it-is-being. We all are nominalists by birth. And as nominalists we are inclined to dissolve our world into things. But this inclination is an historical accident and not an essential necessity. The concern of the so-called realists of the Middle Ages was to maintain the validity of the universals as genuine expressions of being. It is however not realism to which | I want you to turn from the naive nominalism in which the modern world lives, but I want you to turn to something older than both nominalism and realism: to the philosophy which asks the question of being before the split into universal essences and particular contents. This philosophy is older than any other. It is the most powerful element in all great philosophies of the past, and it has come into its own in the important philosophical attempts of our period. It is the philosophy which asks the question: What does it mean that something *is*? What are the characteristics of everything that participates in being? And this is the question of ontology.

Ontology does not try to describe the nature of beings, either in their universal, generic qualities, or in their individual, historical manifestations. It does not ask about stars and plants, animals and men. It does not ask about events and those who act within these events. This is the task of scientific analysis and historical description. But ontology asks the simple and infinitely difficult question: What does it mean *to be*? What are the structures, common to everything that is, to everything that participates in being? One cannot avoid this question by denying that there are such common structures. One cannot deny that being is one and that the qualities and elements of being constitute a texture of connected and conflicting forces. This texture is one, in so far as it *is* and gives the power of | being to each of its qualities and elements. It is one but it is neither a dead identity nor a repetitious sameness. It is one in the manifoldness of its texture. Ontology is the attempt to describe this texture, to reveal its hidden nature through the word which belongs to being and in which being comes to itself. Yet let us not make a mistake: ontology does not describe the infinite variety of beings, living and dead, subhuman and human. Ontology characterizes the texture of being itself, which is effective in everything that is, in all beings, living and dead, subhuman and human. Ontology precedes every other cognitive approach to reality. It precedes all sciences, not always historically, but always [e]in logical dignity and basic analysis[e]. One does not need to look back at past centuries or far-removed parts of the world to discover the primacy of the ontological question. The best method for discovering it to-day is a careful analysis of the writings of leading anti-ontological philosophers or of anti-[f]philosophical[f] scientists and historians. One will easily discover that on almost every page of the writings of these men a certain number of basic ontological concepts are used, but surreptitiously and therefore often wrongly.[g] One cannot escape ontology if one wants to know! For knowing means [h]recognizing something as being[h]. And being is an infinitely involved texture, to be described by the never-ending task of ontology. |

It is decisive for our purpose in these chapters to notice that the early philosophers, when they tried to speak in terms of the logos about the nature of being, could not do it without using words like love, power, and justice or synonyms for them. Our triad of terms points to a trinity of structures in being itself. Love, power, and justice are metaphysically speaking as old as being itself. They precede everything that is, and they cannot be derived from anything that is. They have ontological dignity. And before having received ontological dignity they had mythological meaning. They were gods before they became rational qualities of being. The substance of their mythological meaning is reflected in their ontological significance. Dike, the goddess of justice, receives Parmenides when he is introduced into truth itself. For there is no truth without the form of truth, namely justice. And being-itself according to the same philosopher, is kept within the bondage of eternal laws. The *logos* of being is the power which keeps the world going and the city alive, according to Heraclitus, and Mind is the divine power which swings the wheel of being, according to Xenophanes. According to Empedocles, it is hate and love, separation, and reunion which determine the movements of the elements. Love, power, and justice are ever repeated subjects of ontology. There is hardly a leading philosopher who does not put them into the very foundations of his thought. In Plato we find the | doctrine of *eros* as the power which drives to the union with the true and the good itself. In his interpretation of the ideas as the essences of everything, he sees them as the 'powers of being'. And justice for him is not a special virtue, but the uniting form of the individual and the social body. In Aristotle we find the doctrine of the universal *eros* which drives everything towards the highest form, the pure actuality which moves the world not as a cause (*kinoumenon*) but as the object of love (*eromenon*). And the movement he describes is a movement from the potential to the actual, from *dynamis* to *energeia*, two concepts which include the concept of power. In the line of thought which leads from Augustine to Boehme, Schelling, and Schopenhauer it is the half symbolic use of the concept 'will' in which the element of power is preserved, while the emphasis on the *logos* of being in all of them preserves the element of justice, and the ontology of love in Augustine and all his followers shows the primacy of love in relation to power and justice. It is well known to the students of Hegel that he started in his early fragments as a philosopher of love, and it can be said without exaggeration that Hegel's dialectical scheme is an abstraction from his concrete intuition into the nature of love as separation and reunion. It should also be mentioned that in the recent psychotherapeutic literature the relation between power-drive and love is in the foreground of interest. Love has been more and | more acknowledged as the answer to the question implied in anxiety and neurosis.

The historical survey shows the basic ontological significance of the triad of concepts we have to discuss. Now the question of method arises: How is ontology distinguished from what has been called metaphysics? The answer is that ontology is the foundation of metaphysics, but not metaphysics itself: Ontology asks the question of being, i.e. of something that is present [i]to everybody[i] at every moment. It is never 'speculative' in the (unjustified) bad sense of the word, but it is always descriptive, describing the structures which are presupposed in any encounter with reality. Ontology is descriptive, not speculative. It tries to find out which the basic structures of being are. And being is given [j]to everybody[j] who is and who therefore participates in being-itself. Ontology, in this sense, is analytical. It analyses the encountered reality, trying to find the structural elements which enable a being to participate in being. It separates those elements of the real which are generic or particular from those elements which are constitutive for everything that is and therefore are universal. It leaves the former to the special sciences or to metaphysical [k]constructions[k], it elaborates the latter through critical analysis. Obviously this task is an infinite one, because the encounter with reality is inexhaustible and always reveals qualities of being, the ontological foundation of which must be investigated. | Secondly, one must ask: Is there a way of verifying ontological judgements? There is certainly not an experimental way, but there is an experiential way. It is the way of an intelligent recognition of the basic ontological structures within the encountered reality,[l] [m]including the process of encountering itself[m]. The only answer, but a sufficient answer, which can be given to the question of ontological verification is the appeal [n]to intelligent recognition[n]. For the following analysis this appeal is made. Finally, the question of a method cannot be answered before the method is applied successfully or unsuccessfully. Method and content cannot be separated.

An ontology of love

All problems concerning the relation of love to power and justice, individually as well as socially, become insoluble if love is basically understood as emotion. Love would be a sentimental addition to power and justice, ultimately irrelevant, unable to change either the laws of justice or the structures of power. Most of the pitfalls in social ethics, political theory, and education are due to a misunderstanding of the ontological character of love. On the other hand, if love is understood in its ontological nature, its relation to justice and power is seen in a light which reveals the basic unity of the three concepts and the conditioned character of its conflicts. |

Life is being in actuality and love is the moving power of life. In these two sentences the ontological nature of love is expressed. They say that being is not actual without the love which drives everything that is towards everything else that is. In man's experience of love the nature of life becomes manifest. Love is the drive towards the [o]unity[o] of the separated. Reunion presupposes separation of that which belongs essentially together. It would, however, be wrong to give to separation the same [p]ontological ultimacy[p] as to reunion. For separation presupposes an original unity. Unity embraces itself and separation, just as being comprises itself and non-being. It is impossible to unite that which is *essentially* separated. Without an ultimate belongingness no union of one thing with another can be conceived. The absolutely strange cannot enter into a communion.

But the estranged is striving for reunion. In the loving joy about the 'other one' the joy about one's own self-fulfilment by the other is also present. That which is absolutely strange to me cannot add to my self-fulfilment; it can only destroy me if it touches the sphere of my being. [q]Therefore love cannot be described as the union of the strange but as the reunion of the estranged. Estrangement presupposes original oneness. Love manifests its greatest power there where it overcomes the greatest separation. And the greatest separation is the separation of self from self. Every self is self-related and a complete self is completely self-related. | It is an independent *centre*, indivisible and impenetrable, and therefore is rightly called an individual.[q]

The [r]separation of a completely individualized being[r] from any other completely individualized being is itself complete. The centre of [s]a completely individualized being[s] cannot be entered by any other individualized being, and it cannot be made into a mere part of [t]a higher unity[t]. Even as a part it is indivisible and it is as such more than a part. Love reunites that which is self-centred and individual.[u] The power of love is not something which is added to an otherwise finished process, but life has love in itself as one of its constitutive elements. It is the fulfilment and the triumph of love that it is able to reunite the most radically separated beings, namely individual persons. The individual person is both most separated and the bearer of the most powerful love.

We have rejected the attempt to restrict love to its emotional element. But there is no love without the emotional element, and it would be a poor analysis of love which did not take this element into consideration. The question is only how to relate it to the ontological definition of love. One can say that love as an emotion is the anticipation of the reunion which takes place in every love-relation. Love, like all emotions, is an expression of the total participation of the being which is in an emotional state. In the moment in which one is in love the fulfilment of the desire for reunion is | anticipated and the happiness of this reunion is experienced in imagination. This means that the emotional element in love does not precede the others ontologically but that the ontologically founded movement to the other one expresses itself in emotional ways. Love is a passion: this assertion implies that there is a passive element in love, namely the state of being driven towards reunion. Infinite passion for God as described by Kierkegaard is, no less than the sexual passion, a consequence of the objective situation, namely of the state of separation of those who belong together and are driven towards each other in love.

The ontology of love is tested by the experience of love fulfilled. There is a profound ambiguity about this experience. Fulfilled love is, at the same time, extreme happiness and the end of happiness. The separation is overcome. But without the separation there is no love and no life. It is the superiority of the person-to-person relationship that it preserves the separation of the self-centred self, and nevertheless actualizes their reunion in love. The highest form of love and that form of it which distinguishes Eastern and Western cultures is the love which preserves the individual who is both the subject and the object of love. In the loving person-to-person relationship Christianity manifests its superiority to any other religious tradition.

The ontology of love leads to the basic assertion that love is one. This contradicts the main trend in the | recent discussions of the nature of love. They were useful in so far as they directed the attention to the different qualities of love. But they were and are misleading in so far as they consider the differences of qualities as differences of types. The error was not that one distinguished the qualities of love – on the contrary, *more* distinctions should have been made in what was often comprehended under the name *eros*. The error was that one did not start with an understanding of love as one. Such an understanding, of course, would have led to an ontological analysis. For only the relation of love to being as such can reveal its fundamental character.

If love in all its forms is the drive towards the reunion of the separated, the different qualities of the one nature of love become understandable. Traditionally *epithymia* ('desire') is considered the lowest quality of love. It is identified with the desire to sensual self-fulfilment. There is a strong interest on the part of philosophical and theological moralists in establishing a complete gap between this quality and those which are supposed to be higher and essentially different. On the other hand, there is a tendency on the naturalist side to reduce all the other qualities of love to the *epithymia* quality. A solution of this problem is only possible in the light of the ontological interpretation of love. First of all it must be said that *libido* – to use the Latin word – is misunderstood if it is defined as the desire for pleasure. This hedonistic definition is, like hedonism generally, | based on a wrong psychology which itself is the consequence of a wrong ontology. Man strives to reunite himself with that to which he belongs and from which he is separated. And this is true not only of man but of all living beings. They desire food, movement, growth, participation in a group, sexual union, etc. The fulfilment of these desires is accompanied by pleasure. But it is not the pleasure as such which is desired, but the union with that which fulfills the desire. Certainly, fulfilled desire is pleasure, and unfulfilled desire is pain. But it is a distortion of the actual processes of life if one derives from these facts the pain-pleasure principle in the sense that life essentially consists of fleeing from pain and striving for pleasure. Whenever this happens life is corrupted. Only a perverted life follows the pain-pleasure principle. Unperverted life strives for that of which it is in want, it strives for union with that which is separated from it, though it belongs to it. This analysis should remove the prejudice towards libido, and it can give criteria for the partial acceptance, partial rejection of Freud's libido theory. In so far as Freud describes libido as the desire of the individual to get rid of his tensions, he has described the perverted form of libido. And he has acknowledged this implicitly (though not intentionally) by deriving the death-instinct from the infinite, never fulfilled libido. Freud describes man's libido in its perverted, self-estranged stage. But his description, in which he joins | many Puritans (old and new ones who would be embarrassed by this alliance) misses the meaning of libido as the normal drive towards vital self-fulfilment. In the light of this analysis it is justified to say that *epithymia* is a quality which is not lacking in any love relation. To this extent the naturalists are right. But they are wrong if they interpret libido or *epithymia* as the striving for pleasure for the sake of pleasure.

The attempts to establish an absolute contrast between *agape* and *eros* usually presuppose an identification of *eros* and *epithymia*. Certainly, there is *epithymia* in every *eros*. But *eros* transcends *epithymia*. It strives for a union with that which is a bearer of values because of the values it embodies. This refers to the beauty we find in nature, to the beautiful and the true in culture, and to the mystical union with that which is the source of the beautiful and the true. Love drives towards union with the forms of nature and culture and with the divine sources of both. This *eros* is united with *epithymia* if *epithymia* is the desire for vital self-fulfilment and not for the pleasure resulting from this union. This valuation of *eros* is attacked from two sides. Love as *eros* is depreciated by those theologians who depreciate culture and by those who deny a mystical element in man's relation to God. But it is a rather self-defying attitude if somebody depreciates culture and does it in terms of culture, if he, e.g., uses millennia of linguistic culture in order to express his rejection of culture. | Without the *eros* towards truth, theology would not exist, and without the *eros* towards the beautiful no ritual expressions would exist. Even more serious is the rejection of the *eros* quality of love with respect to God. The consequence of this rejection is that love towards God becomes an impossible concept to be replaced by obedience to God. But obedience is not love. It can be the opposite of love. Without the desire of man to be reunited with his origin, the love towards God becomes a meaningless word.

The *eros* quality of love is in a polar way related to what could be called the *philia* quality of love. While *eros* represents the transpersonal pole, *philia* represents the personal pole. Neither of them is possible without the other. There is *eros* quality in *philia*. And there is *philia* quality in *eros*. They are in a polar way inter dependent. This implies that without the radical separation of the self-centred self neither the creative nor the religious *eros* is possible. Beings without a personal centre are without *eros*, although they are not without *epithymia*. He who cannot relate himself as an 'I' to a 'thou' cannot relate himself to the true and the good and to the ground of being in which they are rooted. He who cannot love the friend cannot love the artistic expression of ultimate reality. Kierkegaard's stages of the aesthetical and the ethical and the religious are not stages but qualities which appear in structural interdependence. Conversely, *philia* is dependent on | *eros*. Concepts like participation and communion point to the *eros* quality in every *philia* relation. It is the desire to unite with a power of being which is [v]both most separated and most understandable[v] and which radiates possibilities and realities of the good and the true in the manifestation of its incomparable individuality. But *eros* and *philia* are not only united in the individual relation. They are also united in the communion of social groups. In families, and national groups, the desire for participation is directed towards the power of being which is embodied in the group, even if special relations of the *philia* type are lacking. The very fact that such groups consist of individuals with whom an I-thou relation is potentially given, distinguishes the *eros* within a group from the *eros* which is effective, e.g. in artistic creations. Love as *philia* presupposes some amount of familiarity with the object of love. For this reason Aristotle asserted that *philia* is possible only between equals. This is true if 'equal' is defined in a sufficiently large way and not in terms of an esoteric group.

As we have already indicated, *eros* as well as *philia* contains an element of *epithymia*. This is most obvious in those cases in which a *philia* and *eros* relation is united with sexual attraction or fulfilment. But it is true not only in these cases. It is always true. In this respect depth psychology has discovered a side of human existence which should not be covered again by | idealistic or moralistic fears and postulates. The *appetitus* of every being to fulfill itself through union with other beings is universal and underlies the *eros* as well as the *philia* quality of love. There is an element of libido even in the most spiritualized friendship and in the most ascetic mysticism. A saint without libido would cease to be a creature. But there is no such saint.

Up to this point the quality of love which dominates the New Testament, the *agape* quality, has been disregarded. This has been done not because *agape* is the last and highest form of love, but because *agape* enters from another dimension into the whole of life and into all qualities of love. One could call *agape* the depth of love or love in relation to the ground of life. One could say that in *agape* ultimate reality manifests itself and transforms life and love. *Agape* is love cutting into love, just as revelation is reason cutting into reason and the Word of God is the Word cutting into all words. This, however, is the subject of the last chapter.

[W]At this point we must answer the questions raised in the first chapter about the concept of self love. If love is the drive towards the reunion of the separated, it is hard to speak meaningfully of self-love. For within the unity of self-consciousness there is no real separation, comparable to the separation of a self-centred being from all other beings. Certainly the completely self-centred being, man, is self-centred only because his self is split into a self which is subject and a self | which is object. But there is neither separation in this structure, nor the desire for reunion. Self-love is a metaphor, and it should not be treated as a concept. The lack of conceptual clarity in the concept of self love is manifest in the fact that the term is used in three different and partly contradictory senses. It is used in the sense of natural self affirmation (e.g. loving one's neighbour as oneself). It is used in the sense of selfishness (e.g. the desire to draw all things into oneself). It is used in the sense of self acceptance (e.g. the affirmation of oneself in the way in which one is affirmed by God). It would be an important step towards semantic clarification if the term 'self-love' were completely removed and replaced by self-affirmation, selfishness, and self-acceptance according to the context.[W] |

III
Being and Power

Being as the power of being

We have [x]described[x] the function of ontology as the never-ending task of describing the texture of being-as-being or as that in which everything that is participates. However, the question arises whether one cannot say something more fundamental about being than to elaborate the categories and polarities which constitute its texture. The answer is No and Yes. The answer is No, because being cannot be defined. For in every definition being is presupposed. The answer is Yes, because being can be characterized by concepts which [y]depend on it, but which[y] point to it in a metaphorical way. The question as to which concepts are able to perform this function can only be answered through trials which must be tested by the [z]power they have to make man's encounter with reality understandable[z]. The concept I suggest for a fundamental description of being as being is one within our triad of concepts, namely the concept of power. In the discussion of the nature of ontology and the significance of the concepts of love, power, and justice for past ontologies, I have already shown that the concept of power plays an important role in the description of ultimate reality. In | the Aristotelian as well as in the Augustinian tradition concepts containing the element of power are used for the sake of a fundamental characterization of being-as-being. Most conspicuous in this respect is Nietzsche's philosophy of life [a]as will to power[a]. In an ontological discussion of power like that in which we are engaged, it is necessary to give a short interpretation of his concept of will to power. I feel confirmed in my understanding by the profound analysis of Nietzsche's concept by Martin Heidegger in his book, *Holzwege*[b] *(Forest Roads).* Nietzsche's 'will to power' means neither will nor power, if taken in the ordinary sense of the words. He does not speak of the psychological function called will, although the will to power may become manifest in conscious acts of man, e.g. in the self-control exercised by the commanding will. But basically the will to power in Nietzsche is, as it was in Schopenhauer, a designation of the dynamic self-affirmation of life. It is, like all concepts describing ultimate reality, both literal and metaphorical. The same is true of the meaning of power in the concept 'will to power'. It is not the sociological function of power which is meant, although sociological power is included as one of the manifestations of ontological power. Sociological power, namely the chance to carry through one's will against social resistance, is not the content of the will to power. [c]The latter[c] is the drive of everything living to realize itself with increasing intensity and extensity. | The will to power is not the will of men to attain power over men, but it is the self-affirmation of life in its self-transcending dynamics, overcoming internal and external resistance. This interpretation of Nietzsche's 'will to power' easily leads to a systematic ontology of power.

We started this chapter with the question: What can we say fundamentally about the nature of being? And the answer was: Nothing in terms of definition, but something in terms of metaphorical indication. And we suggested the concept of power for this purpose: Being is the power of being! Power, however, presupposes, even in the metaphorical use of the word, something over which it proves its power. We spoke of the dynamic self-affirmation of life overcoming internal and external resistance. But, we must ask, what can resist the power of being, if everything that is participates in it? Where is the ontological place [d]of that which the power of being is able to overcome, if all possible places are established by the power of being[d]? What can that be which tries to negate being and is negated by it? There is only one answer possible: That which is conquered by the power of being is non-being. It is an old answer, given in the myth long before the dawn of philosophy, repeated in rational terms by philosophers in all cultures and centuries, brought to a renewed attention in our time by the leading Existentialist philosophers. However, if one | tries to restate this answer one must be aware that one has touched at the basic mystery of existence and that one has no chance to explain the riddle of non-being in terms which [e]do not bear[e] in themselves the scars of non-being, namely the language of the paradox. Nobody can fail to ask the question: How can non-being have the power to resist being? Does it not appear in such a statement as a part of being itself, and if so, [f]is it not swallowed up into being[f], so that the metaphor 'power of being' becomes meaningless? It is understandable that the analytic logic of our time becomes impatient if such language is used and speaks of meaningless sentences. But if it becomes impatient with present-day ontology it must become impatient with all ontology and reject the works of almost all philosophers of past and present. And that is what logical positivists have done. But such a procedure does not defeat philosophers of the past. It defeats those who try to defeat [g]them[g].

The answer to the question how non-being can resist the power of being, can only be that non-being is not [h]foreign[h] to being, but that it is that quality of being by which everything that participates in being is negated. Non-being is the [i]negation of being within being itself[i]. Each of these words is, of course, used metaphorically. But metaphorical language can be true language, pointing to something that is both revealed and hidden [j]in[j] this language. Being which includes non-being is | finite being. 'Finite' means carrying within one's being the destiny not to be. It designates a limited power of being, limited between a beginning and an end, between non-being before and non-being after[k]. This, however, is only a part of the answer. The other part must explain why in the balance of being and non-being, being prevails. The answer is both logical and existential. Logically (and linguistically) it is obvious that non-being is possible only as the negation of being. Being logically precedes non-being. That which is and comes to an end logically precedes the end. The negative 'lives' by the positive which it negates. But these answers, evident as they are, do not satisfy the question of the prevalence of being over non-being. Could one not speak of a balance in which neither prevails? To this only an existential answer is possible.

It is what one has called the answer of faith or courage. Courage, and that in faith which is courage, affirms the ultimate prevalence of being over non-being. It affirms the presence of the infinite in everything finite. And a theology which is based on such a courage tries to show that, as non-being is dependent on the being it negates, so the awareness of finitude presupposes a place above finitude from which the finite is seen as finite. But the act in which this place is occupied is courage and not reasoning.

Every being affirms its own being. Its life is its self-affirmation – even if its self-affirmation has the form of | self-surrender. Every being resists the negation against itself. The self-affirmation of a being is correlate to the power of being it embodies. It is greater in man than in animals and in some men greater than in others. A life process is the more powerful, the more non-being it can include in its self-affirmation, without being destroyed by it. The neurotic can include only a little non-being, the average man a limited amount, the creative man a large amount, God – symbolically speaking – an infinite amount. The self-affirmation of a being in spite of non-being is the expression of its power of being. Here we are at the roots of the concept of power. Power is the possibility of self-affirmation in spite of internal and external negation. It is the possibility of overcoming non-being. Human power is the possibility of man to overcome non-being [l]within the limits of his finitude, divine power is the possibility of God to overcome non-being[l] infinitely.

In several places in the history of philosophy, notably in the Platonic school, degrees of being have been spoken of. This concept is difficult and highly controversial. It appears to be meaningless if being is identified with existence in time and space. There are no degrees in existing, but an either-or. If, however, being is described as the power of being, the idea of degrees of being loses its difficulty. There are, certainly, degrees in the power of being, namely in the power of taking non-being into one's own self-affirmation. |

A phenomenology of power

If there are degrees in the power of being, the question arises: Where does the power of being become manifest and how can it be measured? The answer is that the power [m]of being[m] becomes manifest only in the process in which it actualizes its power. In this process its power appears and can be measured. Power is real only in its actualization, in the encounter with other bearers of power and in the ever-changing balance which is the result of these encounters. Life is the dynamic actualization of being. It is not a system of solutions which could be deduced from a basic vision of life. Nothing can be deduced in a life process, nothing is determined *a priori*, nothing is final except those structures which make the dynamics of life possible. Life includes continuous decisions, not necessarily conscious decisions, but decisions which occur in the encounter between power and power. Every encounter of somebody who represents a power of being with somebody else who represents another power of being leads to a decision about the amount of power embodied in each of them. These decisions cannot be deduced *a priori*. Life is tentative. Everybody and everything has chances and must take risks, because his and its power of being remains hidden if actual encounters do not reveal it.

The typical forms in which powers of being encounter each other are a fascinating subject of | phenomenological descriptions: life, e.g. in a human individual, transcends itself. It pushes forward, it runs ahead, and it encounters life in another human individual which also pushes forward, or which withdraws or which stands and resists. In each case another constellation of powers is the result. One draws another power into oneself and is either strengthened or weakened by it. One throws the [n]foreign[n] power of being out or assimilates it completely. One transforms the resisting powers or one adapts oneself to them. One is [o]absorbed[o] by them and loses one's own power of being, one grows together with them and increases their and one's own power of being. These processes are going on in every moment of life, in all relations of all beings. They go on between those powers of being which we call nature, between man and nature, between man and man, between individuals and groups, between groups and groups.

In Sartre's analyses of the encounter of man with man (in his book, *L' Être et le Néant*[p]) he shows the power struggle [q]taking place[q] in the accidental look of a man at another man, as well as in the most complex forms of love relations. In these examples the continuous struggle of power of being with power of being is described in a way[r] which does not need to take into consideration hostilities, neuroses, or pacifist ideologies. It is simply a description of life processes which occur in 'heaven' as well as in 'hell.' They belong to the structure of | being. This vision of life is confirmed by the work of Toynbee, *A Study of History*[s], where he uses a phenomenology of power-relations for the interpretation of all important historical movements. Categories such as challenge, reaction, withdrawal, return, belong to a phenomenology of encounters. And it is not only the encounter of groups with groups, it is also the encounter of groups with nature for which he develops his phenomenology of relations. In the works of the historians and depth-psychologists we find the material for a complete phenomenology of power relations.

Toynbee's example leads to an analysis of the relation of the power of being in an individual to the power of being in a group. According to the polarity of individualization and participation which characterizes being itself, everything real is an individual power of being within an embracing whole. Within the whole of power the individual can gain or lose [t]his[t] power of being. Whether the one or the other happens is never decided *a priori*, but is a matter of continuous concrete decisions. A child, in his early years, has power of being only within the embracing power of being which is called 'family'. But at a certain moment most children have the tendency to withdraw from the family unity to themselves and their self-realization. They feel that participation in the family life means a loss of their individual power of being. So they withdraw, mostly internally, sometimes also externally. They want to increase their | power of being which, they feel, is being reduced within the group. But it may happen that after a certain time they return to the family because they feel that without the power of being of the group their own power of being is severely endangered. And again, after a certain time they may realize that they have surrendered too much to the group and that this self-surrender not only weakens their own being but also that of the group to whose power they have surrendered. Again they withdraw and the conflict continues.[u]

The problem implied in this situation is sharpened by the 'hierarchical' structure of life. The more centred a being is the more power of being is embodied in it. The completely centred, self-related and [v]self-aware[v] being, man, has the greatest power of being. He has a world, not only an environment, and with it infinite potentialities of self-realization. His centredness makes him the master of his world. But where there is centredness there is a hierarchical structure of power. The nearer to the centre an element is, the more it participates in the power of the whole. The ancient parable of the revolt of the members of the body against the stomach and the answer of the stomach, [w]that without its central position all other members would starve[w], shows the decisive importance of the centre [x]for the power of being[x] for every part.[y] Centred structures are present not only in the organic but also in the inorganic realm, notably in the atomic and subatomic | elements of matter. And even the most egalitarian societies have centres of power and decision, in which the large majority of the people participate only indirectly and in degrees. These centres are strengthened in the moment in which the fullest development of power by a social group is [z]demanded[z], in emergency situations. [a]The need for an acting centre makes even an egalitarian group hierarchical.[a]

The centre of power is only the centre of the whole as long as it does not degrade its own centrality by using it for particular purposes. In the moment in which the representatives of the centre use the power of the whole for their particular self-realization they cease to be the actual centre, and the whole being, without a centre, disintegrates. Certainly, it is possible for a ruling group to force its will upon the whole, even if its will is not the expression of the whole. But this is possible only for a limited time. Finally, the loss of the power of the whole, through internal or external causes, is unavoidable.

Power and compulsion

This leads to the all-decisive question of the relation of power to force and compulsion. As shown in our first lecture, the confusion of these concepts has prevented a meaningful doctrine of power, especially in the social and political field. Our understanding of power as the power of being is the first step in removing | this inhibition. But more is needed, because the disturbing question must be answered whether there is power without force and compulsion. If this question had to be answered negatively, would that not mean that the equation of power with compulsion is not confusion but realism?

The term 'force' points both to the strength a thing has in itself and to the way in which it has effects on other things. It forces them into a movement or behaviour without using their own active support. Of course, no thing can be forced into something which contradicts its nature. If this is attempted, the thing in question is destroyed and, perhaps, remade into something else. In this sense there is an ultimate limit to any application of force.[b] That which is forced must preserve its identity. Otherwise it is not forced but destroyed. In the realm of physics things are forced to move or to behave in a way which is determined by their own potentialities and by the force effective upon them. The result is calculable and represents a balance of the different powers which are working in the direction of the result.

In the realm of living beings the same possibilities and the same limits of force are given. But there is a difference from the inorganic realm. As long as a living being is not transformed into a mechanism it reacts spontaneously, supporting or resisting the forces working on it. And one cannot transform a living being | into a complete mechanism, without removing its centre and this means without destroying it as a living unity. One can mechanize most of its reactions, but there are always sub-centres which react spontaneously as long as the being is alive and not transferred into the realm of merely chemical processes as they occur in dead bodies. Spontaneity means that a reaction is elicited but not forced by a stimulus and consequently that it is not calculable. For a 'holistic' reaction always works through the centre, which is not calculable, because it is indivisible, constituting an individual being.

To the degree to which force in living beings needs the support of spontaneity, one could speak more adequately of compulsion or coercion. This is certainly necessary in the encounters between human beings. For in these words, 'compulsion' or 'coercion', a psychological resistance is indicated which must be overcome. And this is what power has to do if dealing with men.

Power actualizes itself through force and compulsion. But power is neither the one nor the other. It is being, actualizing itself over against the threat of non-being. It uses and abuses compulsion in order to overcome this threat. It uses and abuses force in order to actualize itself. But it is neither the one nor the other.

Therefore the question of power and compulsion must be answered in the following way: Power needs compulsion. But its use of compulsion is only effective | if it is an expression of the actual power relation. If compulsion trespasses this limit it becomes self-defying and undercuts the power which it is supposed to preserve. It is not compulsion which is bad, but a compulsion which does not express the power of being in the name of which it is applied. Power needs compulsion, but compulsion needs the criterion which is implied in the actual power relation. The social and political consequences of this analysis will be developed later.

The ontological unity of love and power

If in every actualization of power compulsion is implied, how can power be united with love? All those who want to remove power for the sake of love ask this question, implying a negative answer. If power needs force and compulsion for its actualization, does it exclude love?

The ontological answer to this most urgent practical question follows from our analyses of love and power. The power of being is its possibility to affirm itself against the non-being within it and against it. The power of a being is the greater the more non-being is taken into its self-affirmation. The power of being is not dead identity but the dynamic process in which it separates itself from itself and returns to itself. The more conquered separation there is the more power there is. The process in which the separated is reunited is love.| The more reuniting love there is, the more conquered non-being there is, the more power of being there is. Love is the foundation, not the negation, of power. Whether one says that being has non-being in itself or whether one says that being separates itself from itself and reunites itself with itself, does not make any difference. The basic formula of power and the basic formula of love are identical: Separation and Reunion or Being taking Non-Being into itself.

From this ultimate unity of power and love the question can be answered: How can the compulsory element of power be united with love? Nobody felt the weight of this question more than Luther, who had to combine his highly spiritual ethics of love with his highly realistic politics of absolutistic power. Luther answered with the statement that compulsion is the strange work of love. Sweetness, self-surrender and mercy are, according to him, the proper work of love, bitterness, killing, and condemnation are its strange work, but both are works of love. What he meant could be expressed in the statement that it is the strange work of love to destroy what is against love. This, however, presupposes the unity of love and power. Love, in order to exercise its proper works, namely charity and forgiveness, must provide for a place on which this can be done, through its strange work of judging and punishing. In order to destroy what is against love, love must be united with power, and not | only with power, but also with compulsory power.

This latter demand posits a new question: If love is united with the compulsory element of power, where are the limits of this union? Where does compulsion conflict with love? It conflicts with love when it prevents the aim of love, namely the reunion of the separated. Love, through compulsory power, must destroy what is against love. But love cannot destroy him who acts against love. Even when destroying his work it does not destroy him. [c]It tries to save and fulfill him by destroying in him what is against love.[c] The criterion is: Everything that makes reunion impossible is against love. We read that in the Middle Ages, during the trial and execution of a mass murderer, the relatives of the murdered ones fell on their knees and prayed for his soul. The destruction of his bodily existence was not felt as a negation, but as an affirmation of love. It made the reunion of the radically separated soul of the criminal with himself and with the souls of his natural enemies possible. The opposite sory is that of present-day totalitarian forms of the exercise of power, in which the victims are transformed into things by fatigue, drugs, and other means and nobody, not even relatives and friends, are allowed to participate in their destruction, which is intended as a destruction of their whole being without reuniting love.

Perhaps there is one point which Luther has not seen clearly enough, namely that love's strange work, the | compulsory element of power, is not only the strange but also the tragic aspect of love. It represents a price which must be paid for the reunion of the separated. And beyond this, Luther certainly has not emphasized sufficiently that love's strange work can be used by those in power as a means, not for reuniting the estranged, but for keeping themselves in power. The question, how this distortion of the doctrine of love's strange work can be prohibited, has not been asked by him. Therefore he has often been accused of a Machiavellian cynicism with respect to power. This is certainly, subjectively speaking, wrong. But it is not completely wrong with respect to the consequences of Luther's doctrine.

The question is: If love and power are united and if compulsion is inescapable in every actualization of power, how can love be united with power? The answer is the subject of the chapter on the ontology of justice.

[d]We have discussed the term 'self-love' and have suggested its complete removal. One does not speak of self-power, but one uses the term 'self-control' in the sense of power over oneself. Again we ask: Does the structure of self-relatedness admit something like power of the self over the self? The question must be decided in the same way as it has been decided in the case of self-love.[e] The term is metaphorical. There is no self which fights against another self, with which, on the | other hand, it is identical. The power of the self is its self-centredness. Self-control is the preservation of this centredness against disruptive tendencies, coming from the elements which constitute the centre: One could say that a struggle is going on between these elements, each of them trying to determine the centre. But such a struggle presupposes that there is a centred self within which the conflict of drives can occur. The centre precedes logically every element which tries to determine it. Power over oneself is the power of the self over the forces which constitute it and each of which tries to determine it. We must, however, ask: How can a centre (a symbol taken from geometry) have power besides the power of the elements of which it is the centre? The answer is, that it has not such independent power but that its power is the power of a stabilized balance of the elements which are centred in it. The stabilized balance of its constitutive elements is the power of the centre. In this balance some elements prevail, others are subordinated but not ineffective. Self-control is the activity of the centred self in preserving and strengthening the established balance against disruptive tendencies. This can be done by the exclusion from the centre of many elements which are present in the self. It also can be done by a union of many elements in the centre without the exclusion of most of them.

Whether self-control is exercised in the former or in the latter way decides about the ethical | meaning of self-control, the former way for a more puritan, the latter for a more romantic ethics. But the basic structure is the same in both cases: self-centredness implies the power which the self exercises through a stable balance of its constituent elements over each of these elements. In this sense every self is a power structure.[d] |

IV
Being and Justice

Justice as the [f]form of being[f]

Actualized being or life unites dynamics with form. Everything real has a form, be it an atom, be it the human mind. That which has no form has no being. At the same time, everything real drives beyond itself. It is not satisfied with the form in which it finds itself. It urges towards a more embracing, ultimately to the all-embracing form. Everything wants to grow. It wants to increase its power of being in forms which include and conquer more non-being. Metaphorically speaking, one could say that the molecule wants to become a crystal, the crystal a cell, the cell a centre of cells, the plant animal, the animal man, the man god, the weak strong, the isolated participating, the imperfect perfect, and so on! In this drive it can happen that a being, when transcending itself loses itself. It can happen that it destroys its given form without attaining a new form, thus annihilating itself. Life meets this threat by creating forms of growth. The self-transcendence of a being occurs in forms which determine the process of self-transcendence. But this determination is never complete. If it were, one could not speak of self-transcendence. One would have to speak of [g]self-| expression[g]. The incompleteness of the laws of growth produces a risk in everything living. In transcending itself a being may fulfill and it may destroy itself. One could call this the risk of creativity. Symbolically, one could say that even God, in creating, took the risk upon Himself that creation would turn into [h]destruction[h].

[i]In the vision in which Parmenides receives the answer to the philosophical [j]question[j], it is *dike*, the goddess of justice, who introduces him into the truth about being. Justice is not a social category far removed from ontological inquiries, but it is a category without which no ontology is possible. In the poetic fragment of Parmenides we have an archaic ontology of justice. Heraclitus, in his words about the *logos*, the law which determines the [k]movement[k] of the *kosmos*, applies the concept of the *logos* both to the laws of nature and to the laws of the city. According to Plato, justice is the uniting [l]function[l] in the individual man and in the social group. It is the embracing form in both cases. Their power of being depends on it. In Stoicism it is the same *logos* which works as physical law in nature and as moral law [m]in the human mind[m]. It judges as principle of

justice all positive laws. It gave the Roman Stoics criteria for the formulation and administration of the Roman law. It was seen in its absolute, cosmic validity, whatever the consequences of its execution may be.[n] Whenever the ontological foundation of justice was removed, and a positivistic interpretation of law was | tried, no criteria against arbitrary tyranny or utilitarian relativism were left. In the fight of Socrates with the Sophists this was the decisive point: In the defense of the 'rights of man' against cynicism and dictatorship, the same fight is going on to-day. It can be won only by a new foundation of natural law and justice. A glimpse at the Old Testament shows that in spite of the unmetaphysical character of prophetic thinking, the principle of justice they pronounce governs not only Israel, but also mankind and nature. In later Judaism the law is hypostasized in the eternal realm. Only its manifestation is temporal. This implies that it is the [o]form of being[o] which is valid for everything in every period. Obedience to it gives power of being. Disobedience involves self-destruction.

If justice is the form in which the power of being actualizes itself, justice must be adequate to the dynamics of power (as discussed before). It must be able to give form [p]to the encounters of being with being[p]. The problem of "[q]justice in encounter[q]" is given with the fact that it is impossible to say before the encounter happens how the power relation will be within the encounter. Many possibilities are given in every moment. Each of these possibilities demands a special form. A wrong, unjust, power relation may destroy life. In every act of justice daring is necessary and risk is unavoidable. There are no principles which could be applied mechanically and which would guarantee that justice is done. | Nevertheless there are principles of justice expressing the form of being in its universal and [r]unchanging[r] character.

Principles of justice

On the basis of an ontology of love it is obvious that love is the principle of justice. If life as the actuality of being is essentially the drive towards the reunion of the separated, it follows that the justice of being is the form which is adequate to this movement. The further principles to be derived from the basic principle mediate between it and the concrete situation in which the risk of justice is demanded. There are four principles which perform this mediation.

The first principle is that of adequacy, namely the adequacy of the form to the content. There is a complaint, as old as human laws, that laws which were adequate in the past are still in force, although inadequate in the present. They do not give the form in which creative encounters [s]of power with power[s] are possible and a definite power of being results. [t]They[t] prevent such encounters from becoming creative, or, in terms of the ontology of love, from reuniting the separated. Laws, governing the family structure of another period or its economic relations, may destroy families and disrupt the [u]class unity[u] [v]of this period[v]. The possibility for such discrepancies between law and [w]actual encounter[w] is based on the fact that the forms | which once expressed the power of being, have a tendency towards self-continuation beyond the point of their adequacy. This is so even in nature, as the remnants of former biological stages in later stages of development show. It is confirmed by the conservatism of institutions in man's cultural and social existence. In both cases it is the risk of self-transcendence which keeps life in the bondage of tested institutions. But the price paid for the safety in the old form is paid in terms of injustice. And injustice in terms of the inadequacy of the form ultimately undermines safety, so that the price was paid in vain.

The second principle of justice is that of equality. It is implicit in every law, in so far as the law is equally valid for the equals. But the question is: Who are the equals? In what sense is equality meant? In Plato's *Republic*, the central concern of which is the idea of justice, a large group of human beings, i.e. the slaves, are excluded from full humanity and the corresponding justice. Amongst the three groups who are equals as citizens and as such fully human, great inequalities do exist with respect to their claims for distributive justice. Christianity has reduced the fundamental inequality of the ancient world, namely that between human beings with full humanity and those with limited humanity. There is ultimate equality between all men in the view of God and His justice is equally offered to all of them. Hierarchy and aristocracy are irrelevant | [x]for the ultimate relation[x]. But they are very relevant for the inner human relations. Slavery was not abolished in the early Church and the medieval order was feudal, establishing qualifications of justice according to the claim for justice of each grade of social standing. The principle of equality was restricted to the equals within the same ontological degree, inside and outside the human society. [y]Justice[y] is based on a cosmic hierarchy. It is the form in which this hierarchy actualizes itself.

The principle of equality can be understood in the opposite way. It can be applied democratically to every human being. If this is done, one points to the possession of reason in everyone who deserves the name 'man'. It is their potential rationality which makes all men equal. This potentiality must be actualized if real equality is to be created. But in the process of actualization innumerable differences appear, differences in the given nature of the individual, differences in his given social opportunity, differences in his given creativity, differences in all sides of his power of being. These differences entail differences in his social power and consequently in his claim for distributive justice. But these differences are [z]functional and not ontological[z], as in the systems of hierarchical thinking. They are not unchangeable. Nevertheless they prevent an egalitarian system of society. [a]Actually there is no egalitarian structure in any society.[a]

The relation of equality and justice depends on the | power of being in a man and his corresponding intrinsic claim for justice. The definition of this claim is rather diverse. It is [b]one thing[b] if he is posited on a grade of a hierarchical stairway and he expects to receive the justice which fits his grade. It is [b]another[b] if he is considered a unique and incomparable individual and he expects a special justice which is adapted to his particular power of being. It is [b]still another[b] if he is considered a potential bearer of reason and he expects the justice which is claimed by his dignity as a rational being in different states of development. In all these cases equality is present, but [c]a qualified equality, never an egalitarian one.[c]

[d]Equality is usually combined with freedom in the philosophical and political discussion of justice. It is the most difficult and most indefinite concept in the realm of our problems. Its ontological basis is the polarity of freedom and destiny which man experiences in his self-awareness. This polarity creates man's rational structure and therefore his claim to equality. Freedom as a principle of justice is not the problem of the traditional (and rather obsolete) question of the freedom of the will. Every solution of this question, including the best solution, namely its dismissal as a possible question,[d] can be accepted in the context of the present discussion. What is decisive is only that man is considered as a deliberating, deciding, responsible person. Therefore one had probably better speak of the principle of personality as a principle of justice. The content of this principle is the demand to treat every person as a person. Justice is always violated if men are dealt with as if they were things. This has been called 'reification' (*Verdinglichung)* or 'objectivation' (*Vergegenständlichung*). In any case it contradicts the justice of being, the intrinsic claim of every person to be considered a person. This claim includes and circumscribes the relation of freedom to justice. Freedom can mean the inner superiority of the person [e]over enslaving conditions in the external world[e]. The Stoic slave and the Christian | slave were equal in their independence of the social conditions which contradicted external freedom but which were not necessarily in conflict with their spiritual freedom, [f]with their persons[f] and with their claim to be considered as persons. The Stoic participates in the justice of the universe and its rational structure; the Christian expects the justice of the Kingdom of God. An enslavement of the personal centre is not implied in one's social destiny. Spiritual freedom is possible even 'in chains'. In contrast to this ideal of nonpolitical spiritual freedom, liberalism tries to remove the enslaving conditions. The transition from the one to the other idea of freedom is the awareness that there are social conditions which prevent spiritual freedom either generally or for the great majority of people.[g] This was the argument of the revolutionary Anabaptists in the Reformation period.[h] It was the argument of many social reformers in all periods of Christianity, and it was the argument of humanistic[i] and religious socialists[j] in our time.[k] But more than this is involved in the liberal fight for political freedom. 'Liberty' is considered to be an essential principle of justice because the freedom of political and cultural self-determination is seen as an essential element of personal existence. Slavery in all forms contradicts justice even if both the master and the slave can participate in transcendent freedom. This liberal doctrine of justice is an exception in the total history of mankind, and it is today | receding in influence. Does our ontological analysis give an answer to the question of freedom in liberalism? And is there an answer to the previous question of the aristocratic and the democratic idea of equality in connexion with it?

The ontology of love gives the answer. If justice is the form of the reunion of the separated, it must include both the separation without which there is no love and the reunion in which love is actualized. This is the reason why frequently the principle of fraternity or solidarity or comradeship or, more adequately, community has been added to the principles of equality and liberty. This addition has, however, been rejected in the name of a formal concept of justice, and under the assumption that community is an emotional principle adding nothing essential to the rational concept of justice – on the contrary, endangering its strictness. The decision of all these interwoven problems is dependent on the two remaining subjects of this chapter: the qualities of justice and the relationship of justice to power and love.

[l]*Levels*[l] *of justice*

We spoke several times about distributive justice, a concept taken from Aristotle, who distinguishes it from retributive justice. In order to discuss this distinction we must see it within the larger context in which the different [m]levels[m] of justice appear. |

The basis of justice is the intrinsic claim for justice of everything that has being. [n]The intrinsic claim[n] of a tree is different from the intrinsic claim of a person. The claims for justice based on the different forms in which the power of being actualizes itself are different. But they are just claims if they are adequate to the power of being on which they are based. [op]Justice is first of all a claim raised silently or vocally by a being on the basis of its power of being. It is an intrinsic claim, expressing the form in which a thing or a person is actualized. [q]If this claim is uttered by him who makes it, it may be adequate to [r]his intrinsic claim[r] or it may not be. Whether oneself or others give voice to one's intrinsic claim for justice, [s]the voice can be just and it can be unjust[s]. One of the injustices in the transformation of the [t]intrinsic claim for justice[t] into practical judgements is the suppression of the dynamic element in the actualization of being. The opposite injustice is the denial of the static structure within which the dynamic element can be effective.[qu]

The second form of justice is the [v]tributive or proportional[v] justice. It appears as [w]distributive, attributive, retributive[w] justice, giving to everything proportionally to what it deserves, positively or negatively. It is a calculating justice, measuring the power of being of all things in terms of what shall be given to them or of what shall be withheld from them. I have called this form of justice tributive because it decides about the | tribute a thing or a person ought to receive according to his special powers of being. Tribute is given by conquered nations to the rulers of the victorious nations. It is given to outstanding persons or groups by grateful adherents. It is given to representatives of power as a symbol of the acknowledgment of their function by those who are subject to their power. Attributive justice attributes to beings what they are and can claim to be. Distributive justice gives to any being the proportion of goods which is due to him; retributive justice does the same, but in negative terms, in terms of deprivation of goods or active punishment. This latter consideration makes it clear that there is no essential difference between distributive and retributive justice. Both of them are proportional and can be measured in quantitative terms. In the realm of law and law-enforcement the tributive form of justice is the norm. But there are some exceptions, and they point to a third form of justice.

I suggest that this third form be called transforming or creative justice. It is based on the fact to which I have already referred that the intrinsic justice is dynamic. As such it cannot be defined in definite terms, and therefore the tributive justice is never adequate to it because it calculates in fixed proportions. One never knows *a priori* what the outcome of an encounter of power with power will be. If one judges such an encounter and its outcome according to previous power proportions, one | is necessarily unjust, even if one is legally right. Examples of this situation are a matter of daily experience. They include all trespasses of the positive law in the name of a superior law which is not yet formulated and valid. They include struggles for power which are in conflict with indefinite or obsolete rules, [x]and the outcome of which is an increase in the power of being in both the victor and the conquered[x]. They include all those events in which justice demands the resignation of justice, an act without which no human relation and no human group could last. More exactly one should speak of the resignation of proportional justice for the sake of creative justice. What is the criterion of creative justice? In order to answer this question one must ask which is the ultimate intrinsic claim for justice in a being? The answer is: [y]Fulfilment[y] within the unity of universal fulfilment. The religious symbol for this is the kingdom of God.

The classical expression of the third form of justice is given in the Biblical literature of both Testaments. It is not quite right to say that justice in the Bible is the negation of proportional justice. There are innumerable places in both Testaments where the symbol of the judge is applied to God or the Christ; and there are other places where the injustice of human judges is exposed and more seriously condemned than almost any other sin. Nevertheless, the main emphasis goes in another direction. The *zadikim*, the just ones, are those who | subject themselves to the divine orders according to which everything in nature and history is created and moves. But this subjection is not the acceptance of commandments as such, but it is the loving obedience to him who is the source of the law. Therefore, the concept of the *zadik* unites subjection to the law with piety towards him who gives the law. Under the personalistic terminology of the Old Testament a profound awareness of the ontological character of the law is hidden. In later Judaism it came into the open and helped to prepare the ontological interpretation of Christ as the Logos in the early Church. As in its application to man, so in its application to God [z]justice[z] means more than proportional justice. It means creative justice and is expressed in the divine grace which forgives in order to reunite. God is not bound to the given proportion between merit and tribute. He can creatively change the proportion, and does it in order to fulfill those who according to proportional justice would be excluded from fulfillment. Therefore the divine justice can appear as plain injustice. In the paradox of the 'justification by grace through faith' as stated by Paul, the divine justice is manifest in the divine act which justifies him who is unjust. This, like every act of forgiveness, can only be understood through the idea of creative justice. And creative justice is the form of reuniting love. |

The ontological unity of justice, power, and love

Justice was defined as the form in which power of being actualizes itself in the [a]encounter of power with power[a]. Justice is immanent in power, since there is no power of being without its adequate form. But whenever power of being encounters power of being, compulsion cannot be avoided. The question then is: What is the relation of justice to the compulsory element of power? The answer must be: it is not compulsion which is unjust, but a compulsion which destroys the object of compulsion instead of working towards its fulfilment. If the totalitarian State dehumanizes those for the sake of whom it enforces its laws, [b]their power of being as persons[b] is dissolved and their intrinsic claim is denied. It is not compulsion which violates justice, but a compulsion which disregards [c]the intrinsic claim of a being to be acknowledged as what it is within the context of all beings[c]. It may well be that a compulsion which prevents the punishment of a law-breaker destroys his power of being and violates his claim to be reduced in his power of being according to proportional justice. This is the truth in Hegel's formula that the criminal has a right to punishment. [d]A power structure in which compulsion works against the intrinsic justice of its elements is not strengthened but weakened. The unacknowledged, justified claims, although suppressed, do not disappear. They are | effective against the whole in which they are suppressed and they may ultimately destroy a power structure which is neither able to accept them as participants, nor able to throw them out as strange bodies. The intrinsic claim in everything that is cannot be violated without violating the violator. This is equally true of biological, psychological, and of sociological structures of power. The mental power of a human being, e.g., can express itself in three forms. It can suppress elements which belong to it, as special desires or hopes or ideas. In this case the suppressed elements remain and turn the mind against itself, driving it towards disintegration. Or the mental power of a human being can receive resisting elements which belong to it, [e]elevating them into unity with the whole[e]. Or the mental power can throw them out radically as foreign bodies whose claim to belong to the whole is successfully rejected. In the second and the third case the human mind exercises justice in opposite directions towards the resisting elements. In the first case it violates the intrinsic claim of a being and endangers itself. This psychological example is also valid for biological and sociological structures of power and will be discussed in one of the following chapters.[d]

As in power, [f]justice is immanent in love[f]. A love of any type, and love as a whole if it does not include justice, is chaotic self-surrender, destroying him who loves as well as him who accepts such love. Love is the | drive for reunion of the separated. It presupposes that there is something to be reunited, something relatively independent that stands upon itself: Sometimes the love of complete self-surrender has been praised and called the fulfilment of love. But the question is: What kind of self-surrender is it and what is it that it surrenders? If a self whose power of being is weakened or vanishing surrenders, his surrender is worth nothing. He is a self which has not received from himself the justice to which he is entitled, according to his intrinsic claim for justice. The surrender of such an emaciated self is not genuine love because it extinguishes and does not unite what is estranged. The love of this kind is the desire to annihilate one's responsible and creative self for the sake of the participation in another self which by the assumed act of love is made responsible for himself and oneself. The chaotic self-surrender does not give justice to the other one, because he who surrenders did not give justice to himself. It is justice to oneself to affirm one's own power of being and to accept the claim for justice which is implied in this power. Without this justice there is no reuniting love, because there is nothing to unite.

[g]This leads to the question of justice towards oneself, a question which is analogous to the questions of self-love and self-control. In both cases we spoke of a metaphorical use of the term. We must do so also in the case of justice towards oneself. There is no | independent self which could decide about the claim for justice by another self with which it happens to be identical. But there is a definite sense in which one can speak of justice towards oneself, namely in the sense that the deciding centre is just towards the elements of which it is the centre. Justice towards oneself in this sense decides, e.g. that the puritan form of self-control is unjust because it excludes elements of the self which have a just claim to be admitted to the general balance of strivings. Repression is injustice against oneself, and it has the consequence of all injustice: it is self-destructive because of the resistance of the elements which are excluded. This, however, does not mean that the chaotic admittance of all strivings to the central decision is a demand of the justice towards oneself. It may be highly unjust, in so far as it makes a balanced centre impossible and dissolves the self into a process of disconnected impulses. This is the danger of the romantic or open type of self-control. It can become as unjust towards oneself as the puritan or closed type of self-control. To be just towards oneself means to actualize as many potentialities as possible without losing oneself in disruption and chaos.[g]

This is a warning not to be unjust towards oneself in the relation of love. For this is always also an injustice towards him who accepts the injustice which we exercise towards ourselves. He is prevented from being just because he is forced [h]to abuse by being abused[h]. |

Love does not do more than justice demands, but love is the ultimate principle of justice. Love reunites; justice preserves what is to be united. It is the form in which and through which love performs its work.[i] Justice in its ultimate meaning is creative justice, [j]and creative justice is[j] the form of reuniting love. |

V
The Unity of Justice, Love, and Power in Personal Relations

Ontology and ethics

In the first four chapters I have tried to lay the ontological foundations on which the ethical structures discussed in the last three chapters are supposed to be built. [k]But this analogy, taken from architecture, is only partly adequate.[k] There is no real separation between substructure and superstructure: One cannot discuss the ontological foundations of love, power, and justice without presupposing their ethical functions, and one cannot discuss their ethical functions without referring constantly to their ontological foundations.

Ethics is the science of man's moral [l]existence[l], asking for the roots of the moral imperative, the criteria of its validity, the sources of its contents, the forces of its realization. [m]The answer to each of these questions is directly or indirectly dependent on a doctrine of being. The roots of the moral imperative, the criteria of its validity, the sources of its contents, the forces of its realization, all this can be elaborated only in terms of an analysis of man's being and [n]universal being[nm]. There is no answer in ethics without an explicit or implicit assertion about the nature of being. |

The most important attempt to make ethics independent of ontology was the philosophy of values. But if ever a philosophy was dated, it was the theory of values as it appeared before the middle of the nineteenth century.[o] The reasons for its appearance and its dominating position are obvious. After the so-called breakdown of classical German philosophy, especially of Hegel's system, the interpretation of nature and man was delivered into the hands of a mechanistic science and a materialistic ontology. Ethics was considered as a problem in biology, psychology, and sociology. Every 'ought-to-be' was transformed into an 'is', every norm into a fact, every idea [p]into[p] an ideology. In this situation responsible philosophers looked for a way of giving philosophical validity to those elements in reality on which human dignity and the meaning of existence depend. They found the way which was called the doctrine of values. Values, they argued, practical as well as theoretical, [q]have a standing of their own[q]. They are not dependent on the order of being, as understood by naturalism. [r]Since the ontology of their time was materialistic they rejected any attempt to give an ontological foundation to the realm of values[r]. The good, the beautiful, the true are beyond being. They have the character of 'ought to be', but not of 'is'. This was an ingenious way to save the validity of ethical norms, without interfering with reality as seen by [s]reductionist[s] naturalism. But the way was blocked from | both sides. From the side of science the allied forces of biology, psychology, and sociology refused to set the values free from the hold they had upon them, [t]and believed themselves to have with scientific right. They tried to prove that biological, psychological, and sociological laws are sufficient to explain the establishment of values, individually as well as socially[t]. Values, they concluded, are valuations. Not their validity, but their rise, growth, and fall, must be explained. The deeper they dug into the dynamics of life, the more evidence for their thesis was collected. The safety gap between being and value seemed to disappear. Values are expressions of existence unable to judge existence from a place beyond it. The resistance of value-philosophy against this threat became increasingly weaker.

But even more decisive was the attack from the opposite side, namely an analysis of the nature of values itself. Values demand to be actualized in existence and through existence. The question then arises: How is this possible, if there is no ontological participation of values in existence, but an unbridgeable gap between them? How can a commandment coming from beyond existence have any influence on existence? [u]This question is completely unanswerable if existence is described in terms of mechanical necessity. [v]But even if freedom is affirmed (an ontological interference with scientific determinism for the sake of the value theory) | the question remains[u]: How can commandments coming from beyond existence possess obligation for existing beings with whose being they have no essential relationship?[v] Again the value theory was unable to answer. These questions could not be silenced any longer: What is the ontological foundation for values? How are what have been called values rooted in being itself? And even more, is it meaningful to maintain the value theory at all? Is it not more adequate to inquire into the structures of reality on which ethics are based? In other words, does not the value theory itself demand that it be replaced by ontology?

But even if one accepts this criticism of the value theory, one may try to escape the ontological alternative by suggesting other alternatives. The first of them is the pragmatic one. [w]Ethical norms, pragmatism argues, are the objectivation of human experiences. They establish rules describing the pragmatically most adequate behaviour. But one asks immediately: Adequate to what? Every situation is ambiguous in its ethical aspect and admits different answers to the question of adequacy. The pragmatic escape from ontology (conscious ontology, for an unconscious ontology is always present) is barred by the question of the criteria of pragmatic adequacy. The second, somehow opposite alternative is the theological one.[w] Ethical norms are given by God. This is the basis of their validity. This solution seems to account for [x]that quality of ethical | experience for which neither pragmatism nor value theory have an explanation[x], the unconditional character of the moral imperative. But does the theological alternative avoid ontology? There are two possibilities of interpreting it: The one I would call heteronomous, the other I would call theonomous. The first understands the moral commandments as expressions of a divine will, which is sovereign and without criteria. It cannot be measured in terms of adequacy to human nature.

[y]It must be obeyed as it is given through revelation[y]. But the question then is: Why should anyone obey the commandments of this divine lawgiver? How are they distinguished from commands given by a human tyrant? He is stronger than I am. He can destroy me. But is not that destruction more to be feared which would follow the submission of one's personality centre to a strange will? Would not this be just the denial of the moral imperative? The other way of the theological foundation of the moral imperative is the theonomous one. It avoids the destructiveness of the heteronomous way. But just for this reason it becomes ontological. It asserts (in agreement with the predominant trend of classical theology) [z]that the law given by God is man's essential nature[z], put against him as law. If man were not estranged from himself, if his essential nature were not distorted in his actual existence, no law would stand against him. The law is not strange to man. It is natural law. It | represents his true nature from which he is estranged. Every valid ethical commandment is an expression of man's essential relation to himself, to others and to the universe. This alone makes it obligatory and its denial self-destructive. This alone accounts for the unconditional form of the moral imperative, however questionable and conditioned the contents may be. The theonomous solution leads inescapably to ontological problems. If God is not seen as a strange and arbitrary lawgiver, if His authority is not heteronomous but theonomous, ontological presuppositions are accepted. Theonomous ethics include ontology. And they also verify the ontological foundations on which they rest. The ontological statements about the nature of love, power, and justice are verified if they are able to solve the otherwise insoluble problems of the ethics of love, power, and justice. To show that this is the case we must consider the ethical functions of love, power, and justice in the spheres of personal relations, of social institutions and of the holy. In the first sphere, justice is leading, in the second sphere, power, and in the third sphere, love. But all three principles are effective in each sphere. [a]And the sphere of the holy is a quality in the other spheres, and only in some respects a sphere, of its own. So we shall speak first of justice, love, and power in human relations, then of power, justice, and love in social institutions, then of love, power, and justice in relation to the holy.[a] |

Justice in personal encounters

Man becomes man in personal encounters. Only by meeting a 'thou' does man realize that he is an 'ego'. No natural object within the whole universe can do this to him. Man can transcend himself in all directions in knowledge and control. He can use everything for his purposes. He is limited only by his finitude. But these limits can be reduced infinitely. Nobody can say where the final limits of human power lie. In his encounter with the universe, man is able to transcend any imaginable limit. But there is a limit for man which is definite and which he always encounters, the other man. The other one, the 'thou', is like a wall which cannot be removed or penetrated or used. He who tries to do so, destroys himself. The 'thou' demands by his very existence to be acknowledged as a 'thou' for an 'ego' and 'as an 'ego' for himself. This is the claim which is implied in his being. Man can refuse to listen to the intrinsic claim of the other one. He can disregard his demand for justice. He can remove or use him. He can try to transform him into a manageable object, a thing, a tool. But in doing so he meets the resistance of him who has the claim to be acknowledged as an ego. And this resistance forces him either to meet the other one as an ego or to give up his own ego-quality. Injustice against the other one is always injustice against oneself. The master who treats the slave not as an ego | but as a thing endangers his own quality as an ego. The slave by his very existence hurts the master as much as he is hurt by him. The external inequality is balanced by the destruction of the ego-quality of the master.

This leads to the question whether the 'Golden Rule'[b] can be considered as the principle of justice in personal [c]encounters[c]. It is used even by Jesus. And it is certainly an expression of practical wisdom to do to people what one wants to have done by them! But it is not the criterion of justice in personal encounters. For it may well be that one wants to receive benefits which contradict the justice towards oneself and which would contradict equally the justice towards the other one, if he received them. They are unjust if given and unjust if received. [d]We should reject them if they are offered to us and the others should reject them if we are asked for them.[d] This is comparatively easy if things are demanded or given that are obviously evil. But it is difficult if we feel obliged to fulfill what seems to be a just claim, a claim we ourselves would make. Nevertheless we hesitate. We are suspicious of the others as we would be of ourselves; we suspect that behind the manifest meaning of the demand something else is hidden that should be rejected, an unconscious hostility, the desire to dominate, the will to exploit, the instinct of self-destruction. In all these cases the justice in a person-to-person encounter cannot be defined in terms of the 'Golden Rule'. |

We have discovered the absolutely valid formal principle of justice in every personal encounter, namely the acknowledgment of the other person as a person. But we have tried in vain to derive contents for this formal principle from the 'Golden Rule'. The question then is: Are there other ways to discover such contents? A seemingly incontestable answer is: The cultural process gives the contents; they are provided by human experience, embodied in laws, [e]traditions[e], authorities as well as the individual conscience. He who follows those rules and decides under the guidance of his conscience, has a solid foundation for justice in personal encounters. Mankind is never without a treasury of ethical wisdom which prevents its self-destruction and which, in religious terminology, is based on universal revelation. Since justice is the form of the power of being, the being of mankind could not have lasted for one moment without structures of justice in the encounter of man with man. Most of the daily encounters between human beings are determined by these sources of justice. In some cases law, tradition, and authority are predominant, in others the individual conscience. This is an important difference and can lead to tragic conflicts, as classically described in

Sophocles' Antigone. But it is not decisive for our problems. For objective rules and individual conscience are interdependent. Laws, traditions, and authorities have been established as sources of justice through decisions[f] in which the | individual conscience was involved. And on the other hand, the individual conscience has been shaped by processes in which laws, traditions, and authorities have been internalized, and have become rules of justice which make external compulsion unnecessary. In a somehow paradoxical way one could say: Law is externalized conscience; conscience is internalized law. Rules of justice are created by the interplay of law and conscience.

Is it possible to transcend this situation? Is there a way, other than the interplay of law and conscience, to get contents for the justice of person-to-person encounter? The only answer left is the classical theory of natural law, the belief that it is possible to discover structures of human relations which are universally, unchangeably, and concretely valid. The Ten Commandments are considered by classical theology as statements of the natural law and so are their interpretations in the Sermon on the Mount. [g]The Roman Church adds the ecclesiastical interpretation of both. It does not deny that [h]the rules of justice[h] are natural laws. But because awareness of them is ineffective and distorted, the Church must restate them. But they remain natural law and they are, in principle, rationally recognizable.[g] In our analysis of equality and freedom, two basic tenets of the natural law theory, we have tried to show that in the moment in which these principles are used for concrete decisions they become [i]indefinite[i], changing, relative. This holds | true of all contents of the natural law. They are like the principles which are supposed to control the sexual relations – historically conditioned and often in flagrant conflict with the [j]intrinsic justice of these relations[j]. The natural law theory cannot answer the questions of the contents of justice. And it is possible to show that this question cannot be answered at all in terms of justice alone. The question of the content of justice drives to the principles of love and power.

The unity of justice and love in personal encounters

Justice as proportional justice cannot fulfill the quest implied in a concrete situation, but love can. One should never say that love's work starts where the work of justice ends. For love [k]shows[k] what is just in the concrete situation. Nothing is more false than to say to somebody: since I love you and you love me, I don't need to get justice from you or you from me, for love eliminates the need for justice. Such language is used by people who want to avoid the obligations which are connected with justice. It is said by tyrannical rulers to their subjects and by tyrannical parents to their children. And even if they do not say it, they act accordingly. It is a clever way of trying to escape the responsibility and the self-restriction demanded by justice. Often, the love which supposedly transcends justice is nothing more than an emotional outburst of[d] self-surrender,| alternating with emotional outbursts of hostility.

Therefore it is false to say: Love gives what justice cannot give; love drives to a self-surrender which is beyond the demand of justice. [m]There is much self-surrender which is the demand of proportional justice, e.g. death for a cause on which one's own existence depends. But there are other kinds of self-surrender which are not demanded by proportional justice. They are demanded by love. However, if they are demanded by love they are demanded by creative justice. For the creative element in justice is love.[m]

Love, in this respect, has the same relation to justice which revelation has to reason. And this is not an accidental analogy. It is rooted in the nature of both revelation and love. Both of them transcend the rational norm without destroying it. Both of them have an 'ecstatic element'. Love in some of its expressions, e.g. in those which Paul gives in I Cor. xiii can be called justice in ecstasy, as revelation can be called reason in ecstasy. This also is confirmed by Paul when he derives both revelatory experiences and the working of love from the divine spirit.[n] And as revelation does not give additional information in the realm where cognitive reason decides, so love does not drive to additional acts [o]in the realm where practical reason decides[o]. Both give another dimension to reason, revelation to cognitive reason, love to practical reason. Neither of them denies that to which it gives the | dimensions of depth, namely to reason. As revelation does not contradict the structures of cognitive reason (otherwise revelation could not be received), so love does not contradict justice (otherwise it could not be actualized). This consideration points to something we have to deal with in the last chapter, namely the dependence of the whole realm of moral action on the [p]presence of the Spiritual power[p].

The relation of justice to love in personal encounters can adequately be described through three functions of creative justice, namely, listening, giving, forgiving. In none of them does love do more than justice demands, but in each of them love recognizes what justice demands. In order to know what is just in a person-to-person encounter, love listens. It is its first task to listen. No human relation, especially no intimate one, is possible without mutual listening. Reproaches, reactions, defences may be justified in terms of proportional justice. But perhaps they would prove to be unjust if there were more mutual listening. All things and all men, so to speak, call on us with small or loud voices. They want us to listen, they want us to understand their intrinsic claims, their justice of being. They want justice from us. But we can give it to them only through the love which listens.

Love in its attempt to see what is in the other person is by no means irrational. It uses all possible means to penetrate into the dark places of his motives and | inhibitions. It uses, for example, the tools provided by depth psychology which give unexpected possibilities of discovering the intrinsic claims of a human being. Through it we have learned that human expressions can mean something quite different from what they seem or are intended to mean. They seem to be aggressive, but what they express may be love, inhibited by shyness. They seem to be sweet and submissive and they are actually symptoms of hostility.

Words, well meant, but uttered improperly, may produce in reaction complete injustice. Listening love is the first step to justice in person-to-person encounters. And it has also a function in encounters with living nature and nature generally. But if we tried to pursue the problem of human justice [q]and injustice[q] towards nature, a large new field of inquiry would be opened, too large for our present task and too much in need of references to art and poetry for an ontological analysis.

The second function of creative justice in personal encounters is giving. It belongs to the right of everyone whom we encounter to demand something from us, at least that even in the most impersonal relations the other one is acknowledged as a person. But this minimum of giving drives toward a maximum – including possible self-sacrifice if the occasion demands it. Giving is an expression of creative justice if it serves the purpose of reuniting love. It is obvious that under this criterion it may mean the demand to resist and to restrain and to | deprive. Here again psychological wisdom can help to do what appears to be the opposite of giving love. Creative justice includes the possibility of sacrificing the other one in his existence, though not in his being as a person.

The third and most paradoxical form in which justice is united with love is forgiving. Their unity is indicated in the Pauline term: justification by grace. Justification literally means: making just, and it means in the context of Paul's and Luther's doctrine to accept as just him who is unjust. Nothing seems to contradict more the idea of justice than this doctrine, and everybody who has pronounced it has been accused of promoting injustice and amorality. It seems to be utterly unjust to declare him who is unjust, just. But nothing less than this is what has been called the good news in Christian preaching. And nothing less than this is the fulfilment of justice. For it is the only way of reuniting those who are estranged by guilt. Without reconciliation there is no reunion. Forgiving love is the only way of fulfilling the intrinsic claim in every being, namely its claim to be reaccepted into the unity to which it belongs. Creative justice demands that this claim be accepted and that he be accepted who is unacceptable in terms of proportional justice. In accepting him into the unity of forgiveness, love exposes both the acknowledged break with justice on his side with all its implicit consequences and the claim inherent in him to be *declared* just and to be *made* just by reunion. |

The unity of justice and power in personal encounters

In any encounter of man with man, power is active, the power of the personal radiation, expressed in language and gestures, in the glance of the eye and the sound of the voice, in face and figure and movement, expressed in what one is personally and what one represents socially. Every encounter, whether friendly or hostile, whether benevolent or indifferent, is in some way, unconsciously or consciously, a struggle of [r]power with power[r]. In this struggle decisions are made continuously about the relative power of being, actualized in all those who are involved in the struggle. Creative justice does not deny these encounters and the conflicts implicit in them. For this is the price which must be paid for the creativity of life. Such struggles start in the life of an individual in the moment of his conception and go on up to the moment of his last breath. They permeate his relations to everything and everybody he encounters. [s]Justice is the form in which these struggles lead to ever-changing decisions about the power of being in each of the struggling beings.[s] The impression given by this picture, the truth of which can hardly be denied, is the complete dependence of justice in personal encounters on the power relation between person and person. But this impression is false because it does not take into consideration that every being which enters the struggle of power with | power has already a definite power of being. It is a plant and not a stone, a beast and not a tree, a man and not a dog, a female and not a male. These and innumerable other qualities are given before the struggle in the personal encounter starts and they are the basis for the intrinsic claim for justice, which every being has. But this claim has a large margin of indefiniteness, rooted in the dynamic side of every power of being. And it is this undefined element in the power of a being about which new decisions are always made

[t]This of course is also the source of all injustice. If the new decisions destroy the essential claim of a being, they are unjust. It is not unjust that in the struggle between power and power one of the beings involved shows a superior power of being.[t] The manifestation of this fact is not unjust but creative. But injustice occurs if in this struggle the superior power uses its power for the reduction or destruction of the inferior power. This can happen in all forms of personal encounters. Most frequent are those forms in which the personal encounter occurs within the frame of an institutional structure and the preservation and growth of the institution gives the pretext for unjust compulsion.

There is unjust psychological compulsion in family relations, in educational relations and in all other authority relations. It often happens that parents who look at a young child with an especially severe or angry | expression become responsible for a life-long abnormal anxiety of the child. It feels rejected and loses any self-assurance concerning the power and justice of its own being. Its just claims are repressed or transformed into unjust ones, e.g. unconscious destructiveness against itself or against others. This, on the other hand, gives the parents a feeling of being resisted or avoided by the child. Their intrinsic claim as parents is not fulfilled either. Authority can, besides its external compulsory power, exercise a psychological compulsion which conflicts with the justice of-person-to-person encounters. Here the large problem arises as to whether there is a type of authority which is, by its very nature, unjust, and another one which is by its very nature just. This seems to be the case: there is 'authority in principle' and there is 'authority in fact'. Authority in principle means that a person has authority by the place he occupies and that he is beyond criticism because of this place. So – to give the most famous example – the Pope as Pope is ultimate authority for every Catholic believer. Thus, the Bible as Bible is ultimate authority for every orthodox Protestant. Thus, the dictator as dictator is ultimate authority in a totalitarian system. Thus, parents are authority for infants and try to remain in this place for ever. So teachers become authorities for pupils without trying to liberate the pupils from their authority. All this 'authority in principle' is unjust authority. It disregards the intrinsic claim of | human beings to become responsible for ultimate decisions. Quite different is the 'authority in fact' which is exercised as well as accepted by each of us in every moment. It is an expression of the mutual dependence of all of us on each other ; it is an expression of the finite and fragmentary character of our being, of the limits of our power to stand by ourselves. For this reason it is a just authority.

This situation is mirrored in our educational system. One must ask whether education for adjustment is not injustice because it prevents the intrinsic claim for independence from ever coming to the surface. [u]One must ask whether adjustment is not a method of overpowering and therefore essentially injustice. The answer must be that education for adjustment is just in so far as it is a way of giving a form to the individual. It is unjust in so far as it inhibits the individual from creating new forms.[u]

[v]At the end of this chapter I want to point to the fact that a large part of the Existentialist revolt in the creative culture of the last one hundred years is an attempt to provide justice for the individual and to support his intrinsic claim to transcend adjustment by creativity.[v] |

VI

The Unity of Power, Justice, and Love in Group Relations

The fifth chapter dealt with justice, love, and power in human relations. It was always the relation of man to man which we analysed in its different forms and problems. But no human relation exists in an empty space. There is always a social structure behind it. Therefore we must first speak about:

Structures of power in nature and society

In the analysis of power, it was the power of the individual being in his relation to other individual beings which we tried to understand. This was not possible without references to embracing wholes which give or refuse justice to the individual and which establish rules of just behaviour, such as traditions, customs, and laws. But it was not the life of the groups as such in which we were interested. Now we must turn our attention to this most actual realm.

Structures of power are always centred in inorganic beings like crystals, molecules, atoms, as well as in organic beings. In the latter ones the centredness increases and reaches in man the state of self-consciousness. Then a new centred structure appears; the social | group, or, as it is called if it has a manifest centre, a social organism. An organism is the more developed and has a greater power of being, the more different elements are united around an acting centre. Therefore, man produces the richest, most universal and most powerful social organisms.[w] But the individuals who constitute this organism are each independent centres for themselves, and so they can resist the unity of the social organism to which they belong. And here the limits of the analogy between biological and social organisms becomes visible. In a biological organism the parts are nothing without the whole to which they belong. This is not the case in social organisms. The destiny of an individual who is separated from the group to which he belongs may be miserable but the separation is not necessarily fatal. The fate of a limb which is cut off from the living organism to which it belongs is decay. In this sense no human group is an organism in the biological sense. [x]Neither is the family the cell of a quasi-biological organism, nor is the nation something like a biological organism.[x]

This statement is politically significant. Those who like to speak of social organisms do it usually with a reactionary tendency. They want to keep dissenting groups in conformity and they use for this purpose [y]biological[y] metaphors in a literal sense. Prussian conservatism and Roman Catholic family glorification agree at this point. But the individual person is not a | limb of a body; he is an ultimate, independent reality, with both personal and social functions. The individual man is a social being, but the society does not create the individual. They are interdependent.

This decides also against the widespread method of personifying a group. A State has often been described as a person who has emotions, thoughts, intentions, decisions like an individual person. But there is a difference which makes all this impossible: the social organism does not have an organic centre, in which the whole being is united so that central deliberations and decisions are possible. The centre of a social group is those who represent it, the rulers or the parliaments, or those who have the real power behind the scene without being official representatives. The analogy has been driven to the point where the representative centres of social power are equated with the deliberating and deciding centre of a personality. But this is what one could call 'a deception of the metaphor'. The analogy can be carried through metaphorically but not properly. For the deciding centre of a group is always a part of the group. It is not the group which decides, but those who have the power to speak for the group and force their decisions upon all the members of the group. And they may do this without the (at least) silent consent of the group. The importance of this analysis is visible whenever one makes a group responsible for what the deciding centre has forced upon the | group. This gives a solution to the painful question of the moral guilt of a nation (e.g. Nazi Germany). It is never the nation which is directly guilty for what is done by the nation. It is always the ruling group. But all individuals in a nation are [z]responsible[z] for the existence of the ruling group.[a] Not many individuals in Germany are directly guilty of Nazi atrocities. But all of them are responsible for the acceptance of a government which was willing and able to do such things. Those who represent the power of a social group are a representative but not an actual centre. A group is not a person.

Nevertheless it has a structure of power. It is centred. Therefore social power is hierarchical power, power in degrees. Social power, centred and therefore hierarchical, has many forms in which it can appear. It can appear in the control of a society by a feudal group, a military caste, a high bureaucracy, an economic upper class, a priestly hierarchy, an individual ruler with or without constitutional restrictions, the ruling committees of a parliament, a revolutionary vanguard.

The ruling group shares the tensions of power, especially the tension between power by acknowledgment and power by enforcement. Both are always present, and no power structure can stand if one of them is lacking. The silent acknowledgment of the people appears when they reflect: 'Those who represent us represent us by divine order[b] or by historical destiny.[c] | No question can be raised about it. No criticism is allowed.' Or: 'Those who represent us are chosen by us: now we must accept them as long as they are in legal power, even if they misuse it, otherwise the system as such with the chances it gives to us also would fall down.' The ruling group is safe as long as this kind of acknowledgment is subconscious or half-conscious – metaphorically speaking, silent. Danger for the system appears if the acknowledgment becomes conscious and [d]doubt must be suppressed[d]. Then the moment may come when the suppression no longer works and a revolutionary situation develops. It is noticeable that even in such a situation the law is valid that power has centred or hierarchical character: the bearers of the revolutionary situation are a small group of people who have decided to withdraw acknowledgment. Marx has called them, with a militaristic image, the vanguard. They are the centre of power in a revolutionary situation, the objects of severest suppression in the prerevolutionary stage, the ruling group. in the postrevolutionary stage.

For enforcement is the other side of the hierarchical power structure. It also works well as long as it works silently in the overwhelming majority of the group. This is done by internalized law, a smooth administration and a conformistic attitude. But this is an ideal case and depends on many favourable factors (e.g. in England). Usually the compulsory element is | much stronger. There is an easy deception in the mind of idealists about the situation. They experience the small number of enforcing officials in a big city. and that even this small number has to do actual enforcement only occasionally. So they feel the absence of enforcement more than its presence. But most enforcement is done by the threat of enforcement, if it is a real threat. Examples for this can be increased indefinitely even with respect to the best educated citizen (taxes). You cannot remove silent acknowledgment and you cannot remove manifest enforcement from any structure of power.

The ruling minority in a social group are both objects of the silent acknowledgment by the majority and the [e]agents[e] of the enforcement of the law against the willfulness of any member of the group. This latter position produces all the problems which disturb and possibly ruin a social organism. The situation would be simple, if the law the ruling group is supposed to represent and to enforce were unambiguous. But actually it is burdened with all the ambiguities of justice. An archaic acknowledgment of this fact is the idea that the ruler is above the law, because it is his function to make decisions where the law necessarily remains indefinite. Although modern constitutions [f]avoid an open expression of such a translegal position[f], they cannot exclude actions of the ruling group which follow the same principle. And this position 'above the | law' is neither in ancient nor in modern times a denial of the law. On the contrary, it is meant as a way of making the application of the law possible. The law must be given in a creative act, and it is given by members of the ruling group. It must be applied to the concrete situation in a daring decision, and the decision is made by members of the ruling group. It must be changed in a foreseeing risk; and the risk is taken by members of the ruling group. This analysis shows that those who are in power always do two things: they express the power and justice of being of the whole group; and, at the same time, they express the power and the claim for justice of themselves as the ruling group. This situation has induced Christian as well as Marxist anarchists to accept the ideal of a society without a power structure. But being without a power structure means being without a [g]centre of action[g]. It means an agglomeration of individuals without a united power of being and without a uniting form of justice. A State-like organization cannot be avoided, and if it is given, no checks and balances, not even those of the American Constitution, can prevent the ruling groups from expressing their own power and justice of being in the justice and power of the whole group. Those who belong to the ruling group pay a price for it and have a justification for it. They pay the price of identifying their own destiny with the destiny of the whole group. The power of being of the group constitutes their own | power of being. They stand and fall with it. And they have the justification that they are acknowledged by the whole group in whatever constitutional terms this may be expressed. They cannot exist if the whole group definitely withdraws its acknowledgment. They can prolong their power by physical and psychological compulsion, but not for ever.

The silent acknowledgment received by a ruling group from the whole group cannot be understood without an element which is derived neither from justice nor from power but from love, namely from love under guidance of its *eros* and *philia* qualities. It is the experience of community within the group. Every social group is a community, potentially and actually; and the ruling minority not only expresses the power and justice of being of the group, it also expresses the communal spirit of the group, its ideals and valuations. Every organism, natural as well as social, is a power of being and a bearer of an intrinsic claim for justice because it is based on some form of reuniting love. It removes as organism the separatedness of some parts of the world.[h] The cell of a living body, the members of a family, the citizens of a nation, are examples.[i] This communal self-affirmation, on the human level, is called the spirit of the group. The spirit of the group is expressed in all its utterances, in its laws and institutions, in its symbols and myths, in its ethical and cultural forms. It is normally represented by | the ruling classes. And this very fact is perhaps the most solid foundation of their power. Every member of the group sees in the members of the ruling minority the incarnation of those ideals which he affirms when he affirms the group to which he belongs. This incarnation may be a king or a bishop, a big landowner or a big business man, a union leader or a revolutionary hero. Therefore every ruling minority preserves and presents and propagates those symbols in which the spirit of the group is expressed. They guarantee the permanence of a power structure more than the strictest methods of enforcement. They guarantee what I have called the silent acknowledgment of the ruling group by the whole group. In this way, the power and justice of being in a social group is dependent on the spirit of the community, and this means on the uniting love which creates and sustains the community.

Power, justice, and love in the encounter of social groups

In our description of the encounter of power of being with power of being we have limited our task to the encounter of individuals with individuals. We must now extend our description to the encounter of social groups with social groups. If we do so we find the same marks of power encounters, the pushing ahead and withdrawing, the absorbing and throwing out, the amalgamation and separation. This is unavoidable.| For every power group experiences growth and disintegration. It tries to transcend itself and to preserve itself at the same time. Nothing is determined a priori. It is a matter of trial, risk, and decision. And this trial has elements of intrinsic power united with compulsion whether the group or their representatives want it or not. These encounters are the basic material of history. In them man's political destiny is decided. What is their character? The basis of all power of a social group is the space it must provide for itself. Being means having space or, more exactly, providing space for oneself. This is the reason for the tremendous importance of geographical space and the fight for its possession by all power groups. Our time gives a striking example for this fact. In the necessity of having space the Zionist fight is rooted. Israel lost its [j]independent[j] power of being and often its power of being altogether, when it lost its space. Now it has its space and has shown a rather strong power of being. But perhaps something is lost: the intimate relation to time which made Israel the elected nation and which belongs to the problem of the[k] resignation of power.

The struggle about space is not simply the attempt to remove another group from a given space. The real purpose is to draw this space into a larger power field, to deprive it of a centre of its own. If this happens, it is not the individual power of being which has changed, but the way in which the individual participates in the | centre, in which way he influences the law and the spiritual substance of the new, larger power organization.

It is, however, not only geographical space which gives power and being to a social organism. It is also the radiation of power into the larger space of mankind. One of these radiations which enlarge one's own space without reducing that of others is economic expansion. Another one is technical expansion or the spread of science and civilization. In none of these cases is a preceding calculation possible. Every factor is changing, the number of the population, the productive power, new discoveries, movements, emigration, competition, the rise of new countries, the disintegration of old ones. History, so to speak, tries what will be its next constellation. And in these trials nations and empires are sacrificed, and others are called into existence. The power of being of each political power group is measured by its encounter with the power of being of other power groups.

But now we must remember that power is never only physical force, but it is also the power of symbols and ideas in which the life of a social group expresses itself. The consciousness of such a spiritual substance *can* become, and in the most important cases of history *does* become, the feeling of a special vocation. If we look at European history we find a series of expressions of such a vocational consciousness, and we find | tremendous historical consequences following from it. In an indistinguishable unity of power drive and vocational consciousness the Romans subjected the Mediterranean world to the Roman law and the order of the Roman empire, based on this law. In the same way Alexander brought Greek culture to nations which were subjected in terms of both arms and language. Considering the fact that these two imperial drives in their amalgamation created the *oikoumene*, the condition and frame of the spread of Christianity, we cannot say that their vocational consciousness was wrong. The same must be said about the medieval German Empire, which, on the basis of the power drives of the Germanic tribes and the vocational consciousness of the Germanic kings, created the structure for the united Christian body with all the glory of medieval religion and culture. After the end of the Middle Ages the European nations combined power drives with vocational consciousness of different character. Spain's world-conquering imperialism was united with the fanatical belief in being the divine tool of the Counter-Reformation. England's vocational consciousness was rooted partly in the Calvinistic idea of world politics for the preservation of pure Christianity, partly in a Christian-humanistic feeling of responsibility for the colonial countries and for a solid balance of power between the civilized nations. This was inseparably united with an economic and political power drive and produced the largest Empire of all | times and almost eighty years of European peace. The vocational consciousness of France was based on its cultural superiority in the seventeenth and eighteenth centuries. Modern Germany was under the impact of the so-called *Real-Politik*, without a vocational consciousness. Her ideology was the struggle for *Lebensraum*, partly in competition with the colonial nations and therefore in conflict with them. Hitler's use of an obviously absurd vocational idea, that of Nordic blood, was artificially imposed and only reluctantly accepted, because there was no genuine vocational symbol. To-day two great imperialistic systems fight with each other in terms of both force and vocational consciousness: Russia and America. The Russian vocational consciousness was based on its religious feeling that it had a mission towards the West, namely, to save the disintegrating Western civilization through Eastern mystical Christianity. This was the claim of the Slavophile movement in the nineteenth century. Present-day Russia has a similar missionary consciousness towards the West and at the same time towards the Far East. Her power drive, which in the official counter-propaganda appears as the desire for world domination, is not understandable without her fanatical vocational consciousness, which must be compared with that of all other imperialistic movements. America's vocational consciousness has been called 'the American dream', namely [l]the dream of a fulfilled eschatology, of the possibility[l] to establish | the [m]earthly form of the[m] kingdom of God by a new beginning. The old forms of oppressive power were left behind and a new start was made. In the Constitution and the living democracy (both are quasi-religious concepts in the United States) the will is embodied to actualize what is felt as the American vocation. This was originally meant for America alone. Now it is meant explicitly for one-half of the world and implicitly for the whole world. The actual power drive working together with this vocational feeling is still rather limited. But the historical situation increases it more and more. And it is already justified to speak of half-conscious American imperialism.

Vocational consciousness expresses itself in laws.[n] In these laws both justice and love are actual. The justice of the empires is not only ideology or rationalization.[o] The empires not only subject, they also unite. And in so far as they are able to do this, they are not without love. Therefore those who are subjected acknowledge silently that they have become participants of a superior power of being and meaning.[p] If this acknowledgment vanishes because the uniting power of the empire, its strength, and its vocational idea vanish, the empire comes to an end. Its power of being disintegrates and external attacks only execute what is already decided.

The present decrease in national sovereignty, the rise of embracing power groups, and the split of the world into two all-embracing systems of political | power raises naturally the problem [q]of a united mankind.[q] What can be derived from our analysis of power, justice, and love for this question?

There are three answers to this question. The first one does not recognize the inescapable character of the recent developments towards larger organisms of power and expects a return to a number of relatively independent power centres, perhaps not national but continental. The second answer seeks for the solution in a world state, created by a kind of federal union of the present main powers and by their subjection to a central authority in which all groups participate. The third answer expects that one of the great powers will develop into a world centre, ruling the other nations through liberal methods and in democratic forms![r] The first answer is a matter of [s]foresight[s]. It belongs to the movement of social organisms that the centralizing tendency is always balanced by a decentralizing one. The question is: Which tendency determines the present situation? The technical union of the world favours centralization, but there are other, above all psychological, factors which may prevail.[t] The second answer, the expectation of the world state, contradicts the analysis of power as we have given it. A power centre which unites strength with vocational consciousness cannot subject itself to an artificial authority without both of them. The presupposition for a political world unity | is the presence of a spiritual unity expressed in symbols and myths. Nothing like this exists to-day. And before it does exist a world state has no power to create silent acknowledgment.[u] The most probable answer seems to be the third one. It may well be that after the period of world history [v]which is characterized by world wars a period follows[v] which is characterized by the rise of *one* power structure to universal power, with a minimum of suppression, the law and the justice and the uniting love which are embodied in this power will become the universal power of mankind. [w]But even then the kingdom of God has not come upon us.[w] For even then disintegration and revolution are not excluded. New centres of power may appear, first underground, then openly, driving towards separation from or towards radical transformation of the whole. They may develop a vocational consciousness of their own.

Then the power struggle starts again and the period of the fulfilled world empire will be as limited as the Augustan period of peace was. [x]Can uniting love never unite mankind? Can mankind never[x] become as a whole a structure of power and a source of universal justice? With this question we have left the realm of history and approach the question of love, power, and justice in their relation to that which is ultimate. |

VII
The Unity of Love, Power, and Justice [y]in the Ultimate Relation[y]

The first four chapters have developed the main thesis of this book directly. They have tried to show that without ontological foundation neither love nor power nor justice can be adequately interpreted. The two following chapters have confirmed this thesis indirectly by applying the results of the ontological analysis to the problem of justice in personal relations and to the problem of power in group relations. If in this way the ontological character of love, power, and justice is established the question of their theological character immediately arises. For the ontological and the theological are in one point identical: both deal with being as being. The first assertion to be made about God is that He is being-itself.

The theological question has already entered our discussion at several points. It has been anticipated by the description of life as separation and reunion, or as love. Such a description of life is strictly analogous to the trinitarian interpretation of the living God. In his Son, God separates Himself from Himself and in the Spirit He reunites Himself with Himself. This, of course, is a symbolic way of speaking, but it reminds | Christians always of the truth that God is not dead identity but the living ground of everything that has life. Beyond this, we referred to the *agape* quality of love as that which is emphasized in the New Testament. We spoke of the divine justice, both in its natural aspect, according to which everything has its intrinsic claim for justice, and in the aspect of forgiving and reuniting justice. We referred to man's resistance against reuniting love, his estrangement from himself, from other beings, and from the ground of his being. And we protested against a doctrine of God in which God is made powerless; for being must be described as the power of being.

All this shows that no discussion of concepts like love, power, and justice, is possible without touching, the dimension of ultimate concern, the dimension of the holy.

[z]But there is a profounder reason for the necessity of reaching into this dimension. It was our task to show that essentially, in their created nature, love, power, and justice are united. This, however, was not possible without showing that in existence they are separated and conflicting. This leads to the question: How can their essential unity be re-established? The answer is obvious: Through the manifestation of the ground in which they are united. Love, power, and justice are one in the divine ground, they shall become one in human existence. The holy in which they are united | [a]shall become holy reality[a] in time and space. How and in which sense is this possible?[z]

God as the source of love, power, and justice

The basic assertion about the relation of God to love, power, and justice is made, if one says that God is being itself. For being itself, according to our ontological analysis, implies love as well as power and justice. God is the basic and universal symbol for what concerns us ultimately. As being-itself He is ultimate reality, the really real, the ground and abyss of everything that is real. As the God, with whom I have a person-to-person encounter, [b]He is the subject of all the symbolic statements in which I express my ultimate concern.[b] Everything we say about being-itself, the ground and abyss of being, must be symbolic. It is taken out of the material of our finite reality and applied to that [c]which transcends the finite infinitely[c]. Therefore it cannot be used in its literal sense. To say anything about God in the literal sense of the words used means to say something false about Him. The symbolic in relation to God is not less true than the literal, but it is the only true way of speaking about God.

This refers also to the three ideas we are discussing. If we speak of God as loving or, more emphatically, of God as being love, we use our experience of love and our analysis of life as the material which alone we can | use. But we also know that if we apply it to God we throw it into the mystery of the divine [d]depth[d], where it is transformed without being lost. It is still love, but it is now divine love. This does not mean that a higher being has in a fuller sense what we call love, but it does mean that our love is rooted in the divine life, i.e. in something which transcends our life infinitely in being and meaning.

The same we must say of the divine power. It is applied to God symbolically. We experience power in physical acts as well as in the ability to carry through our will against contradicting wills. This experience is the material we use[e] when we speak of the divine power. We speak of His omnipotence and we address Him as the Almighty. Literally taken, this would mean that God is a highest being, who can do what He wants to do, the implication being that there are a lot of things which He does not want to do, a concept which leads into a fog of absurd [f]imaginations[f]. The real meaning of almightiness is that God is the power of being in everything that is, transcending every special power infinitely but acting at the same time as [g]its[g] creative ground.[h] In the religious experience the power of God provokes the feeling of being in the hand of a power which cannot be conquered by any other power, in ontological terms, which is the infinite resistance against non-being and the eternal victory over it. To participate in this resistance and this victory is felt as | the way to overcome the threat of non-being which is the destiny of everything finite.[i] In every prayer to the almighty God, power is seen in the light of the divine power. It is seen as ultimate reality.

Justice is applied to God equally in an ultimate and therefore symbolic sense. God is symbolized as the righteous judge who judges according to the law He has given. This is the material taken out of our experience.[j] It also must be thrown into the mystery of the divine life and in it both preserved and transformed. It has become a true symbol of the relation of the ground of being to that which is grounded in it, especially to man. The divine law is beyond the alternative of natural and positive law. It is the structure of reality and of everything in it, including the structure of the human mind. In so far as it is this, it is natural law, the law of continuous creation, the justice of being in everything. At the same time it is positive law, posited by God in His freedom which is not dependent on any given structure outside Him. In so far as it is natural law, we can understand the law in nature and mankind and formulate it deductively. In so far as it is positive law we have to accept what is given to us empirically and we have to observe it inductively. Both sides are rooted in God's relation to the justice in things.[k]

To see love, power, and justice as true symbols of the divine life, means to see their ultimate unity. Unity is not identity. An element of separation is presupposed | when we speak of unity. There are present, in the symbolic application of our three concepts to God, also some symbols of tension.

The first is the tension between love and power. The exclamation has been and will be repeated in numerably: How can an all-powerful God who is, at the same time the God of love, allow such misery? Either He has not sufficient love or He has not sufficient power. As an emotional outburst this question is very understandable. As a theoretical formulation it is rather poor. If God had produced a world in which physical and moral evil were impossible, the creatures would not have had the independence [l]of God[l] which is presupposed in the experience of reuniting love. The world would have become a paradise of dreaming innocence, an infant's paradise, but neither love, nor power nor justice would have become real. Actualization of one's potentialities includes, unavoidably, estrangement; estrangement from one's essential being, so that we may find it again in maturity. Only a God who is like a foolish mother, who is so afraid about the well-being of her child that she keeps him in a state of enforced innocence and enforced [m]participation in her own life[m], could have kept the creatures in the prison of a dreaming paradise. And, as in the case of the mother, this would have been hidden hostility and not love. And it would not have been power either. The power of God is that He overcomes estrangement, not that | He prevents it; that He takes it, symbolically speaking, upon Himself, not that He remains in a dead identity with Himself. This is the meaning of the age-old symbol of the god participating in creaturely suffering, a symbol which in Christianity was applied to the interpretation of the Cross of Him who was said to be the Christ. This is the unity of love and power in the depth of reality itself, power not only in its creative element but also in its compulsory element and the destruction and suffering connected with it. These considerations give theology a key to the eternal problem of theodicy, the problem of the relation of the divine love and the divine power to non-being, namely to death, guilt, and meaninglessness. The ontological unity of love and power is this key which certainly does not open up the mystery of being but which can replace some rusty keys to misleading doors.

While the tension between love and power refers basically to creation, the tension between love and justice[n] refer basically to salvation. The analysis of transforming justice as an expression of creative love makes it unnecessary for me to reject the ordinary contrast between proportional justice and super-added love. In this sense, there can be no conflict between justice and love in God. But in another sense there could be, in a sense which is very similar to that in which love and power have been contrasted. Love destroys, as its strange work, what is against love. It | does so according to the justice without which it would be [o]chaotic[o] surrender of the power of being. Love, at the same time, as its own work, saves through forgiveness that which is against love. It does so according to the justifying paradox without which it would be a legal mechanism. How can these two works of love be one? They are one because love does not enforce salvation. If it did it would commit a double injustice. It would disregard the claim of every person to be treated not as a thing but as a centred, deciding, free, and responsible self. Since God is love and His love is one with His power, He has not the power to force somebody into His salvation. He would contradict Himself. And this God cannot do. At the same time such an act would disregard the strange work of love, namely the destruction of what destroys love.[p] It would violate the unconditioned character of love and with it the divine majesty. Love must destroy what is against love, but not him who is the bearer of that which is against love. For as a creature, he remains a power of being or a creation of love. But the unity of his will is destroyed, he is thrown into a conflict with himself, the name of which is despair, mythologically speaking, hell. Dante was right when he called even Hell a creation of the divine love. The hell of despair is the strange work that love does within us in order to open us up for its own work, justification of him who is unjust. But even despair does not make us into a | mechanism. It is a test of our freedom and personal dignity, even in relation to God. The Cross of Christ is the symbol of the divine love, participating in the destruction[q] into which it throws him who acts against love: This is the meaning of atonement.

Love, power, and justice are one in God. But we must ask: What do love, power, and justice do within an estranged world?[r]

Love, power, and justice in the [s]holy community[s]

Love, power, and justice are united in God and they are united in the new creation of God in the world. Man is estranged from the ground of his being, from himself and from his world. But he is still man. He cannot completely cut the tie with his creative ground, he is still a centred person and in this sense united with himself. He still participates in his world. In other words: The reuniting love, the power of resisting non-being, and the creative justice are still active in him. Life is not unambiguously good. Then it would not be life but only the possibility of life. And life is not unambiguously evil. Then non-being would have conquered being. But life is ambiguous in all its expressions. It is ambiguous also with respect to love, power, and justice. We have touched on this fact in many places in our previous discussions. We must now consider it in the light of the new creation within the | world of estrangement, which I suggest calling the holy community.

In an anticipating summary I would say: in the holy community the *agape* quality of love cuts into the *libido*, *eros*, and *philia* qualities of love and elevates them beyond [t]the ambiguities of their self-centredness[t]. In the holy community the spiritual power, by surrendering compulsion, elevates power beyond the ambiguities of its dynamic realization. In the holy community justification by grace elevates justice beyond the ambiguities of its abstract and calculating nature. This means that in the holy community love, power, and justice in their ontological structure are affirmed but that their estranged and ambiguous reality is transformed into a manifestation of their unity [u]within the divine life[u].

Let us first consider the ambiguities of love and the work of love as *agape* in the holy community. Libido is good in itself! We have defended it against Freud's depreciation of what he described as the infinite libidinous drive with its ensuing dissatisfection and death instinct. We have accepted this as the description in estrangement, but not of libido in its creative meaning. Without libido life would not move beyond itself. The Bible knows this as well as recent depth psychology, and we should be grateful that our new insights into the deeper levels of human nature have rediscovered the Biblical realism which was covered by several | strata of idealistic and moralistic self-deception about man. Biblical realism knows both that libido belongs to man's created goodness and that it is distorted and ambiguous in the state of man's estrangement. Libido has become unlimited and has fallen under the tyranny of the pleasure principle. It uses the other being not as an object of reunion but as a tool for gaining pleasure out of him. Sexual desire is not evil as desire, and the breaking of conventional laws is not evil as the breaking of conventional laws, but sexual desire and sexual autonomy are evil if they bypass the centre of the other person – in other words, if they are not united with the two other qualities of love, and if they are not under the ultimate criterion of the *agape* quality of love. *Agape* seeks the other one in his centre. *Agape* sees him as God sees him. *Agape* elevates libido into the divine unity of love, power, and justice.

The same is true *eros*. We have, following Plato, defined *eros* as the driving force in all cultural creativity and in all [v]mysticism[v]. As such *eros* has the greatness of a divine-human power. It participates in creation and in the natural goodness of everything created. But it also participates in the ambiguities of life. The *eros* quality of love can be confused with the libido quality and be drawn into its ambiguities. Witness for this is the fact that the New Testament could not use the word *eros* any more because of its predominantly sexual connotations.[w] And even the mystical *eros* can express | itself in symbols which are not only taken from the sexual life but which draw the love to God to an openly ascetic, hiddenly sexual level. But more is involved when we speak of the ambiguity of the *eros* quality of love. It is the aesthetic detachment which can take hold of our relation to culture and makes *eros* ambiguous. We have learned this especially from Kierkegaard. His aesthetic stage of man's spiritual development is not a stage but a universal quality of love exposed to the dangers Kierkegaard describes. The ambiguity of cultural *eros* is its detachment from the realities which it expresses and consequently the disappearing of existential participation and ultimate responsibility. The wings of *eros* become wings of escape. Culture is irresponsibly enjoyed. It has not received the justice which it can demand. *Agape* cuts into the detached safety of a merely aesthetic *eros*. It does not deny the longing toward the good and the true and its divine source, but it prevents it from becoming an aesthetic enjoyment without ultimate seriousness. *Agape* makes the cultural *eros* responsible and the mystical *eros* personal.

The ambiguities of the *philia* quality of love appeared already in its first description as person-to-person love between equals. However large the group of equals may be, the *philia* quality of love establishes preferential love. Some are preferred, the majority are excluded. This is obvious not only in intimate relations as family and friendship, but also in the innumerable forms of | sympathetic person-to-person encounters. The implicit or[x] explicit rejection of all those who are not admitted to such a preferential relation is negative compulsion and can be as cruel as any [y]positive[y] compulsion. But such a rejection of others is tragically unavoidable. Nobody can escape the necessity to exercise it. There are special forms of love with *philia* quality which the psychoanalyst Erich Fromm has called symbiotic relation and which make this tragic necessity rather clear. If the one partner of a *philia*-relation is used by the other one either for the sake of masochistic dependence or of sadistic domination or of both in interdependence, something which seemed to be friendship of highest quality is in reality compulsion without justice.[z] Again, *agape* does not deny the preferential love of the *philia* quality, but it purifies it from a subpersonal bondage, and it elevates the preferential love into universal love. The preferences of friendship are not negated, but they do not exclude, in a kind of aristocratic self-separation, all the others. Not everybody is a friend, but everybody is affirmed as a person. *Agape* cuts through the separation of equals and unequals, of sympathy and antipathy, of friendship and indifference, of desire and disgust. It needs no sympathy in order to love; it loves what it has to reject in terms of *philia*. *Agape* loves in everybody and through everybody love itself.

What *agape* does to the ambiguities of love, Spiritual power does to the ambiguities of natural power. The | ambiguities of power are rooted in the dynamic character and the compulsory implications of power. Spiritual power is not the conquest of these ambiguities by resignation of power, because this would mean resignation of being. It would be the[a] attempt to annihilate oneself in order to escape guilt. Spiritual power is not the denial of [b]power dynamics[b]. In many stories about the working of the Spiritual power bodily effects are mentioned, like elevation, removal from one place to the other, shock, and horror. There are always psychological effects visible. Spirit is power, grasping and moving out of the dimension of the ultimate. It is not identical with the realm of ideas or meanings.[c] It is dynamic power, overcoming resistance. Then what is its difference from the other forms of power? The Spiritual power works neither through bodily nor through psychological compulsion. It works through man's [d]total personality, and this means, through him as finite freedom. It does not remove his freedom, but it makes his freedom free from the compulsory elements which limit it. The Spiritual power gives a centre to the whole personality, a centre which transcends the whole personality and, consequently, is independent of any of its elements. And this is ultimately the only way of uniting the personality with itself.[d] If this happens man's natural or social power of being becomes irrelevant. He may keep them, he may resign some of them or even of all of them. The Spiritual | power works through them or it works through the surrender of them. He may exercise Spiritual power through words or thought, through what he is and what he does, or through the surrender of them or through the sacrifice of himself. In all these forms he can change reality by [e]attaining[e] levels of being which are ordinarily hidden. This is the power which elevates the holy community above the ambiguities of power.

I do not need to say much about the relation of grace and justice. The act of forgiving has been mentioned in connexion with the encounter of person and person. Mutual forgiveness is the fulfillment of creative justice. But mutual forgiveness is justice only if it is based on reuniting love, in justification by grace. Only God can[f] forgive, because in Him alone love and justice are completely united. The ethics of forgiveness are rooted in the message of divine forgiveness. Otherwise they are delivered to the ambiguities of justice, oscillating between legalism and sentimentality. In the holy community this ambiguity is conquered.

[g]*Agape* conquers the ambiguities of love, Spiritual power conquers the ambiguities of power, grace conquers the ambiguities of justice. This is true not only of the the encounters of man with man, but also in the encounter of man with himself. Man can love himself in terms of self-acceptance only if he is certain that he is accepted. Otherwise his self-acceptance is self-complacency and arbitrariness. Only in the light and in the | power of the 'love from above' can he love himself. This implies the answer to the question of man's [h]justice[h] towards himself. He can be just towards himself only in so far as ultimate justice is done to him, namely the condemning, forgiving, and giving judgement of 'justification'. The condemning element in justification makes self-complacency impossible, the forgiving element saves from self-condemnation and despair, the giving element provides for a Spiritual centre which unites the elements of our personal self and makes power over oneself possible.

Justice, power, and love towards oneself is rooted in the justice, power, and love which we receive from that which transcends us and affirms us. The relation to ourselves is a function of our relation to God.[g]

The last question put before us has been asked at the end of the chapter on the relation between social power groups. It was the question of the reunion of mankind in terms of love, power, and justice. No answer could be given on the level of political organization. Is there an answer out of the relation to the ultimate?

It is the merit of pacifism that, in spite of its theological shortcomings, it has kept this question alive in modern Christianity. Without it the Churches probably would have forgotten the torturing seriousness of any religious affirmation of war. On the other hand, pacifism has usually [i]restricted[i] a much larger problem of human existence to the question of war. But there | are other questions of equal seriousness in the same sphere. One of them is the question of armed conflicts within a power group, always going on potentially in the use of police and armed forces for the preservation of order, sometimes coming into the open in revolutionary wars. If successful, they are later on called 'glorious revolutions'. Does the union of mankind mean that not only national but also revolutionary wars are excluded? And if so, has the dynamics of life come to an end; and does this mean that life itself has come to an end?

One can ask the same question with respect to the dynamics of the economic life. Even in a static society such as that of the Middle Ages, the economic dynamics were important and had tremendous historical consequences. One should remain aware of the fact that often more destruction and suffering is produced by economic than by military battles. Should the economic dynamics be stopped and a static world system of production and consumption be introduced? If this were so the whole technical process would also have to be stopped, life in most realms would have to be organized in ever repeated processes. Every disturbance would have to be avoided. Again the dynamics of life and with it life itself would have come to an end.

Let us assume for a moment that this were possible. Under an unchangeable central authority all encounters of power with power are regulated. Nothing is risked, | [j]nothing[j] decided. Life has ceased to transcend itself: Creativity has come to an end. The history of man would be finished, post-history would have started. Mankind would be a flock of blessed animals without dissatisfaction, without drive into the future. The horrors and sufferings of the historical period would be remembered as the dark ages of mankind. And then it might happen that one or the other of these blessed men would feel a longing for these past ages, their misery and their greatness, and would force a new beginning of history upon the rest.

This [k]image will[k] show that a world without the dynamics of power and the tragedy of life and history is not the Kingdom of God, is not the fulfilment of man and his world. Fulfilment is bound to eternity and no imagination can reach the eternal. But fragmentary anticipations are possible. [l]The Church itself is such a fragmentary anticipation. And there are groups and movements, which although they do not belong to the manifest Church, represent something we may call a 'latent Church'. But neither the manifest nor the latent Church is the Kingdom of God.[l]

[m]Many problems connected with the all-embracing subject of [n]this book[n] have not been mentioned at all. Others have been touched on only briefly, and others have been treated rather inadequately. However, I hope that the [o]preceding chapters[o] have proved one thing: that the problems of love, power, and justice | categorically demand an ontological foundation and a theological view in order to be saved from the vague talk, idealism, and cynicism with which they are usually treated. Man cannot solve any of his great problems if he does not see them in the light of his own being and of being-itself.[m]

Kritischer Apparat

	a–a	fehlt in A, B, C, D, F, G
V	b–b	fehlt in A, B, C, D, G
	c–c	fehlt in F
	d	Emil Brunner, wie Tillich in der Begrüßungsrede mitteilt.
VI	e–e	fehlt in F
1	f–f	F: Sprachliche Wirrungen G: Probleme und Mißverständnisse
	g–g	F: Die Problematik der Begriffe an sich G: Die innere Problematik der Begriffe
2	h–h	G: ohne die der Mensch sein Wesen nicht denkend erfassen kann
	i	B ergänzt: we call them ontological principles
	j–j	G: Vorstellung
3	k–k	F: die sprachlichen Wirrungen
	l	G bildet keinen Absatz

m–m fehlt in G
4 n–n G: nur Gefühl
o–o fehlt in G
5 p–p G: Abwandlungen
q–q F: – und sei es in der Form des Mangels –
r–r G: ohne jede nähere Bestimmung
6 s–s F: sprachliche Wirrungen
t–t F: Sprachverwirrungen
u–u fehlt in F und G
8 v–v F, G: absolute
11/12 w–w B: itself
x–x fehlt in B
13 y–y F: Die sprachlichen Wirrungen
z–z fehlt in A, B, C. Vom Verlagslektor (E) eingefügt. – B fügt ein: where we have the classical form of injustice against oneself which finally becomes injustice against everybody else. – F und G bilden Absatz.
14 a B fügt ein: Anselmian
16 b B fügt ein: They give not justice but they bring at least order and as long as a just order is possible an unjust order is better than chaos.
c–c B: the judge of power
18 d B fügt ein: the intrinsic ones of each of these concepts and the problems of their mutual relations,
20 e–e F: an logischer Würde und fundamentaler Bedeutung
G: an logischem Gewicht und grundlegender Bedeutung
f–f B: ontological
g B fügt ein: I was surprised to discover this, for instance, in the writings of John Dewey.
h–h F: etwas von der Gesamtheit des Seienden zuzuordnen.
G: etwas als Seiendes zu erfassen.
23 i–i F: für jede Wirklichkeit G: in allem und jedem
j–j F, G: allem, was ist
k–k F, G: intuitions
24 l B fügt ein: note the word recognition: we know all about our being, but we do not know about it consciously. If we know consciously about it, we recognize something we always have known and that is what ontology tries to do; it points to something which we know because it is in us.
m–m fehlt in B
n–n F: hinzusehen und einsichtig anzuschauen.
25 o–o A, B, C: reunion F, G: Einheit
p–p F: ontologischer Rang G: ontologische Endgültigkeit
q–q A, B, C: Therefore it is adequate to say that love is the drive towards reunion of the separated. This implies that there is no love except between beings with an independent centre. Separation in the ontological sense is no spatial or temporal separation but it is the establishment of separated centres of being which as centred cannot be devided and rightly are called individuals.
26 r–r G: eines Wesens, das die höchste Stufe der Vereinzelung erreicht hat
s–s G: eines völlig individualisierten Seienden
t–t F: einer höheren Macht G: einer machtvolleren Einheit

u B fügt ein: May I make a note here about the word self-centred ? I have experienced that the [...?] if they hear the word "self", see the devil. But the self is the greatest creation of God and selfhood means self-centredness. This is a structural concept. Only if there are self-centred beings they also can be selfish beings which is a negative moral valuation. But do not devaluate self-centredness which means the image of God because there is a distortion of self-centredness into selfishness. That is a very important thing because every word in which the term self or ego appears, after a certain time, becomes abused in terms of moral devaluating judgements. And that means that for an ontological description of what man really is nothing is left, but we cannot do it without the word "self-centred". Man is a completely self-centred being which is expressed in the fact that he has a self-consciousness.

32 v–v G: zugleich unendlich getrennt und doch wieder ganz nahe.

34 w–w A, B: A diagram representing our discussion of the ontology of love would have to express the ontological root meaning of love as the drive towards reunion of the separated and the epithymia or libido quality of every form of love which follows from it. The diagram, further, would have to express the bifurcation of the qualities of love into the eros and the philia quality. Finally, the diagram had to show the transcendent, judging, and transforming power of the agape quality of love which inspite of the vertical dimension out of which it comes always enters into a union with the other qualities for love is one.

[Der gedruckte Text (E) ist von Tillich handschriftlich in C (anstelle des Textes von A und B) formuliert worden.]

35 x–x A, B: defined

y–y fehlt in A, B

z–z A: illuminating power they have
B: illuminating or darkening power they have

36 a–a B: which itself ultimately lies in the Augustinian-Scotistic line of the tradition. Nietzsche put the concept of will to power into the centre of his thinking.

b Nietzsches Wort „Gott ist tot“, in: Martin Heidegger, Holzwege. Frankfurt am Main 1950, S. 193–247.

c–c A, B: But it

37 d–d F: was die Macht überwinden kann, wenn jeder mögliche Ort von der Macht zu sein geschaffen ist?
G: was von der Macht des Seins überwunden werden kann, wenn alles Seiende erst durch diese Macht seinen Standort zugewiesen erhält?

38 e–e A, B: carry out

f–f F: wird es nicht vom Sein verschlungen?
G: geht es nicht gänzlich im Sein auf?

g–g in A unterstrichen, in B betont

h–h A, B: strange

i–i A, ursprünglich formuliert und dann gestrichen: immanent threat of being against itself.

j–j in A unterstrichen, in B betont

39 k in A folgt, ursprünglich formuliert und dann gestrichen: Therefore one could conclude that being, carrying within itself non-being is finite being.

40 l–l ergänzt nach A und B. Versehentlich bei der Abschrift weggelassen (Para-

blepsis), wodurch ein Text entstanden ist, der in allen weiteren Versionen und Übersetzungen tradiert wurde und erhebliche Interpretationsprobleme bereitete.

41 m–m fehlen in A und B, von Tillich in C eingefügt

42 n–n A, B: strange

o–o A, B: taken in

p Jean-Paul Sartre, L'être et le néant, essai d'ontologie phénoménologique. Paris 1943.

q–q A, B: happening

r B fügt ein: which is convincing in itself and

43 s Arnold Joseph Toynbee, A Study of History, vol. 1–12. London 1934–1961.

t–t ergänzt nach A, B; in C irrtümlich weggelassen, D, E, F, G folgen C.

44 u in A folgt, gestrichen: All educational groups, family, school and church must deal with this problem. And in order to do so they must acknowledge the ambiguity of all. An education which cannot create a balance between the independent power of being of an individual and the embracing power of being of the group to which he belongs is a failure.

v–v A, B: self-conscious

w–w fehlt in A und B

x–x G: für die Existenz

y F bildet Absatz

45 z–z A, B: requested

a–a G: Die Notwendigkeit des Vorhandenseins einer zentralen Instanz, die Entscheidungen zu treffen vermag, gibt selbst einer auf dem Prinzip der Gleichheit aufgebauten Gesellschaft eine hierarchische Struktur.

46 b A setzt statt des Punktes einen Doppelpunkt

50 c–c fehlt in F

51/52 d–d fehlt in A, B; in C handschriftlich angefügt

e F bildet Absatz

54 f–f F, G: Form des Seienden

g–g G: Selbstbekundung

55 h–h G: Selbstzerstörung

i A und B fügen ein: The ideal unity between dynamics and form which may or may not be actualized could be called with the term (nur in B: which I now want to introduce with fear and trembling, namely the term) „the justice of being." It seems to me that this concept not only must be introduced into the present inquiry, but that it must be put into the centre of any ontology of justice. Social justice (nur in B: of which we always think when we use the term justice) is one of the consequences of the justice of being, but it is not the basic meaning of justice.
The term „justice of being" appears less paradoxical if seen in the light of Greek philosophy (nur in B: to which I have already referred in the first lecture).

j–j G: Frage nach der Wahrheit

k–k G: Leben

l–l G: Kraft

m–m fehlt in G

n G bildet Absatz

56 o–o F, G: Form des Seins

p–p G: den zwischenmenschlichen Beziehungen

q–q G: Gerechtigkeit in der Begegnung von Seinsmächtigkeit mit Seinsmächtigkeit

57 r–r G: ewigen

s–s fehlt in G

t–t G: überholte Gesetze

u–u G: Struktur der Gesellschaft

v–v G: heute

w–w G: konkreter Situation

59 x–x G: für die Beziehung zum Letzten

y–y G: die Gerechtigkeit jener Zeit

z–z F: funktionell und nicht ontologisch G: geschichtlich und nicht ontologisch bedingt

a–a G: Tatsächlich gibt es auch kein System, in dem das Gleichheitsprinzip restlos verwirklicht ist.

60 b–b [dreimal] A, B: different

c–c G: eine abgewandelte, keine starre Gleichheit

d–d Eingefügt nach A und B. – Handschrift S. 17 wurde beim Abschreiben (C) übersehen, von Tillich nicht bemerkt. C geht von S. 16 auf S. 18 der Handschrift über und beginnt dann zusammenhanglos: can be accepted in the context. Tillich vervollständigt den Satz in C: Every solution of the problem of man's freedom can be ... Durch die irrtümliche Weglassung von S. 17 der Handschrift ist der Sinnzusammenhang unklar. In der vorliegenden Edition ist S. 17 der Handschrift eingefügt – wie auch in B. – Der Fehler in Version C wird in allen folgenden Versionen und Übersetzungen tradiert.

e–e F: über die versklavenden Bedingungen der äußeren Welt. G: über die Versklavung ..., in die er [sic!] durch äußere Umstände geraten ist.

61 f–f fehlt in G

g B fügt ein: The exceptions of those who are free even in chains cannot give the criterion to deal with the masses of people who are not able to elevate themselves over their social bondage to spiritual freedom.

h B fügt ein: They did not fight – if you read Thomas Müntzer, the enemy of Luther and one of the most fertile writers of this whole group, then you find that he does not say: my proletarians in the small Saxonian towns must have more to eat – of course, he said that, too – but he said: They must have *first of all* more time because otherwise they are not able to hear and even less to read the Bible. That means: they are excluded – and that was the actual situation, of course – from any ability to elevate over the social situation into a spiritual freedom, and for this reason, he and his followers fought the revolutionary war in which they perished.

i B fügt ein: – like Marx –

j B fügt ein: like the movement to which I belonged in Germany before Hitler came.

k B fügt ein: We did not argue that the workers need more wages but we argued that the whole structure of society has to be changed and that those who are under conditions which make spiritual life impossible must brought into conditions which make it possible.

62 l–l A, B: Qualities F: Dimensionen G: Bedeutungsschichten

m–mA, B: qualities F: Dimensionen G: Bedeutungsschichten

63 n–n G: Der wesensgemäße Anspruch

o B fügt ein: When I first thought about these problems I was living in an old castle in the middle of Windsor Park in England and I was shown to five hundred years old trees each of which has a history in the files of this castle. I saw their justice of being with my eyes every day when I awoke. This was a great experience in context with what I want to say here. They grew in two directions, upwards and sidewards in a tremendous development of power, real power of being, visible in these trees, not as great as in the big trees I have seen here, in California, but anyhow for Europe something very astonishing. And then I saw that every justice of being has a limit. These old trees all had some large branches at the top which were dry. This means: here the limit was reached. The power of being could not be formed in a way which transcended the limit of the intrinsic justice of being of this tree. Now we can apply this for many human relations. In any case I wanted to say this because

p A und B fügen ein: It is unusual to speak of a justice of being inspite of what philosophers have said about the ontological character of justice. Ordinarily the term justice is either restricted to human relations or, at least, to judgements which express what *ought* to be and not what *is*. (nur B: and here I used justice for something what *is* and not for what *ought* to be.) But one can justify the latter sense by the classical doctrine that judgements must have a fundamentum in re, a foundation in reality. The judgements do not come from outside, they are rooted in a structure of reality. As things are emerged in the forms which appear in theoretical judgements, so they are immerged in forms which appear in practical judgements. The justice of being is the form in which the things stand and are open for practical judgements, for judgements which express what they are in active relation to other beings.

q–q in A in Klammern gesetzt, fehlt in B

r–r A, B: the justice of being

s–s G: in keinem dieser Fälle ist die Berechtigung des Anspruchs verbürgt.

t–t A, B: justice of being

u A fügt an: The balance of the dynamic with the static element in judgements of justice makes them adequate to the justice of being which contains this balance.

v–v G: "zumessende" oder "abwägende"

w–w G: "austeilende" oder "ausgleichende"

65 x–x G: die schließlich Siegern wie auch Besiegten zukommen

y–y G: Selbsterfüllung

66 z–z G: wahre Gerechtigkeit

67 a–a G: Begegnung von Seiendem

b–b G: ihre Person

c–c G: den inneren Anspruch eines Seienden auf Entfaltung seines Wesens im Zusammenhang mit allem Lebendigen in der Welt.

67/68 d–din A in Klammern gesetzt, fehlt in B

e–e G: und so mit dem Ganzen zu einer höheren Einheit verschmolzen

f–f G: so ist sie auch ein notwendiger Zug der Liebe

69/70 g–g fehlt in A und B

h–h G: Böses zu tun, indem er selbst Böses an sich zuläßt.

71 i A und B fügen an: Justice is received if the claim implied in the justice of

being is fulfilled.
j–j fehlt in A und B
72 k–k fehlt in G
l–l G: Verhalten
m–m fehlt in B
n–n G: Struktur der Welt
73 o B fügt ein: Now, this last sentence needs defense and it needs defense against one of the predominant philosophical attitudes and theories, namely the theory of values, and what I have to do, now, in terms of a defense of all these lectures is to say something about the theory of values and something which the representatives of this theory perhaps do not like to hear.
p–p B: was accused of being
q–q F: haben eine vom Sein unabhängige Gültigkeitssphäre
G: seien eigene Wesenheiten
r–r in A in Klammern gesetzt, fehlt in B. A und C: values; D: value [Abschreibfehler]; E: value; F und G: Werte
s–s fehlt in G
74 t–t in A in Klammern gesetzt, fehlt in B
u–u in A in Klammern gesetzt, fehlt in B
74/75 v–v F: wie ist dies möglich, wenn es keine ontologische Partizipation der Werte an der Existenz gibt, sondern ein unüberbrückbarer Abgrund zwischen ihnen liegt? Wie kann ein von jenseits der Existenz kommendes Gebot irgendeinen Einfluß auf die Existenz haben? Diese Frage kann überhaupt nicht beantwortet werden, wenn die Existenz als der Bereich verstanden wird, in dem mechanische Notwendigkeit herrscht. Aber selbst wenn man um der Werttheorie willen in den wissenschaftlichen Determinismus einbricht und die Existenz von Freiheit behauptet, so bleibt doch die Frage: wie können Gebote, die von jenseits der Existenz kommen, verpflichtenden Charakter für existierende Wesen haben, zu deren Sein sie keine essentielle Beziehung haben?
G: Wie kann ein von jenseits der Existenz kommendes Gebot irgendeinen Einfluß auf sie haben? Auf diese Frage gibt es in der Tat keine Antwort, wenn die Existenz ausschließlich unter dem Gesichtspunkt mechanischer Notwendigkeit gesehen wird. Aber selbst wenn man um der Werttheorie willen den naturwissenschaftlichen Determinismus mit ontologischen Waffen bekämpft und die Möglichkeit der Freiheit bejaht, bleibt doch die Frage bestehen, wie Gebote, die von jenseits der Existenz kommen, verpflichtenden Charakter für Wesen haben können, zu deren Sein sie in keiner wesentlichen Beziehung stehen.
w–w in A in Klammern, gesetzt, fehlt in B
x–x in A in Klammern gesetzt, fehlt in B
76 y–y G: Man muß ihm in der Form gehorchen, wie er uns durch Offenbarung vermittelt wurde.
z–z G: daß Gottes Gesetz im Einklang mit der eigentlichen Natur des Menschen steht.
77 a–a in A in Klammern gesetzt, fehlt in B
79 b G fügt hinzu: der Bibel (Matth 7, 12)
c–c G: Beziehungen
d–d korrigiert nach A und B. Alle späteren Versionen folgen C: We should reject

them if we are asked for them [Abschreibfehler]

80 e–e korrigiert nach A und B. C und alle weiteren Versionen: tradition

f B ergänzt: of the past

81 g–g in A in Klammern gesetzt, fehlt in B

h–h korrigiert nach A und B. C und alle weiteren Versionen: they

i–i A, B: dynamic

82 j–j A: justice of being B: justice of being and the intrinsic justice of those concerns

k–k A, B: creates

l B fügt ein: what I yesterday called chaotic, I could also call it disordered

83 m–m in A in Klammern gesetzt, fehlt in B

n B fügt ein: And the divine spirit is always the ecstatic presence of God.

o–o A, B: of justice

84 p–p G: Mitwirkung der Macht des göttlichen Geistes

85 q–q fehlt in G

87 r–r A, B: power of being with power of being

s–s in A in Klammern gesetzt, fehlt in B

88 t–t fehlt in B

90 u–u A, B: Whether adjustment is not a method of being induced into a system in which one gets *enough* freedom for not becoming a revolutionary, but *not* enough freedom to become creative.

In B folgt: Behind these difficult sentences is some kind of negative experience. This principle of adjustment in education is accepted very universally, especially in this country. But adjustment can mean two very different things, can mean giving the younger generation a form which is always necessary and can mean preventing it from creating new forms (and this is very often the implication of it). There is something in it which is expressed in my sentence: giving them enough freedom for not becoming a revolutionary but not enough to become creative. Now, what does it mean? It means that in special periods no children in the whole world have as much freedom as children in this country, in the schools and in the houses of their parents. This freedom, however, is moving in a frame-work which is so strong without authoritarian pressure that after a few years of exercising this freedom the children are adjusted to the pattern of life so fully that revolutionary impulses are comparatively rare and disappear easily. This is a very important educational question, namely the question: to what degree does this very refined system of adjustment which gives enough freedom to prevent people from becoming opposition, revolutionary, and at the same time adapt them to the given pattern, how dangerous is this and how can it be overcome if it is dangerous? I put this as a question. I believe that it includes under the pretext of great justice fundamental injustice.

v–v A: At the end of this lecture I may point to the fact that a large part of the Existentialist revolt in the last 100 years is an attempt to provide justice to the individual and his claim to creativity. Negatively the Existentialist attack is carried by justice, positively it cannot provide for justice, because it does not know love.

B: In connection with this, I want to finish this lecture by pointing to the fact that a large part of the Existentialist revolt of the last one hundred years is an attempt to provide justice to the individual and to his claim to creativity. Negatively, the Existentialist attack is carried by justice, for instance, against what is going on in connection with the adjustment type of education in the large ways and methods of public communication in which every individual from birth to death is always in every moment directly or indirectly subjected to the influences of advertisement, radio, movie, newspaper, television and so on. This means again patternisation (that means subjecting people to a pattern) and the education of adjustment is just the fundamental step to all this. Now I ask: is Existentialism right if it, since Kierkegaard up to Sartre, tries to overcome this situation, tries to revolt in the name of creative individual, is not this the intrinsic claim of every man to participate in divine creativity, to be creative by himself? I believe that the attack of Existentialism is justified. But positively seen, it has not yet shown, as Existentialism, and probably it never can show that it is able to provide for justice by itself – for one reason: because it does not know love.

92 w B fügt ein: One could say that the social organisms produced by some animals, for instance ants, are more solid, more organized in a definite sense, and in this sense have more power of being, but they are narrower, they have not the innumerable possibilities, the infinite richness of social organisms which consists of individuals.

x–x G: Das gilt sowohl für die Familie wie für ein Volk.

y–y A, B: organological

94 z–z G: mitverantwortlich

a B fügt ein: I want to draw your attention to this important distinction between actual guilt and ultimate responsibility. The actual guilt is in the ruling group, the ultimate responsibility is in everybody.

b B fügt ein: that's Lutheran

c B fügt ein: that's positivism

95 d–d G: Zweifel an der Rechtmäßigkeit der Herrschaft laut werden

96 e–e A, B: subjects

f–f G: nichts über eine solche rechtsschöpferische Befugnis aussagen

97 g–g G: handlungsfähige Mitte

98 h A und B fügen ein: If these parts affirm their own being they affirm the being of the group to which they belong.

i B fügt ein: We cannot affirm our own being without affirming our being *in* this family even if we are separated from it, *in* this nation even if we are critical of it.

100 j–j fehlt in G

k B fügt ein: spiritual

103 l–l fehlt in C und in den weiteren Versionen [Abschreibfehler in C, korrigiert nach A und B]

104 m–m fehlt in G

n A und B fügen ein: which are expressions of the leading idea [in C von Tillich gestrichen]

o B fügt ein: of the will to power

p B fügt ein: This was, for a long time, the case with the Austro-Hungarian monarchy which did a tremendous job in preventing Europe from balcanisation. And if in the name of an ideology of freedom it was destroyed the balcanisation of Europe started. But this was possible only because within in this monarchy already something else had happened.

105 q–q G: ob und wie die Menschheit politisch geeint werden kann.
r G bildet Absatz
s–s B: forseeing judgement
t B fügt ein: and work for decentralization. G bildet Absatz.
106 u B fügt ein: and that means no power of being. G bildet Absatz.
v–v fehlt in C und in den weiteren Versionen [Abschreibfehler in C]
w–w G: Aber auch dann wird das Reich Gottes noch nicht verwirklicht sein.
x–x A, B: So uniting love never can unite mankind; it never can
107 y–y F: in der Sphäre des Heiligen G: in der Beziehung zum Unbedingten
108 z–z fehlt in A und B, von Tillich in C eingefügt
109 a–a G: soll sich verwirklichen
b–b F: ist er Gegenstand aller symbolischen Aussagen, die das zum Ausdruck bringen, was mich unbedingt angeht.
G: ist er das Du, auf das sich alle symbolischen Aussagen beziehen, die das zum Ausdruck bringen, was mich unbedingt angeht.
c–c G: was das Endliche transzendiert
110 d–d A, B: ground
e B fügt ein: and must use
f–f G: Hirngespinste
g–g B: everything's
h B fügt ein: This was the definition Luther as well as Calvin gave to the almightiness of God.
111 i B fügt ein: which is *our* destiny
j B fügt ein: and the only one we can use
k B fügt ein: And these both sides are the two main wings of most philosophical enterprises, the one (often called the mystical realism in the Middle Ages or the Idealism in other periods) and the other which is called nominalism in the Middle Ages, positivism in our period. Both have a justification in the relationship of God to the justice in things: on the one hand we can see the essences, intuitively and deductively, on the other we must have the humility to observe what the freedom of God has done in creating and directing the world.
112 l–l fehlt in G
m–m G: Abhängigkeit von ihr
113 n B fügt ein: in God
114 o–o B: disordered, self-denying
p A und B fügen ein: And this would leave love being attacked without an reaction of love [in C von Tillich gestrichen]
115 q A und B fügen ein: and conquering
r A und B fügen ein: in the power of their divine origine [in C von Tillich gestrichen]
s–s G: Geistgemeinschaft
116 t–t B: their ambiguities
u–u G: im Schoße des göttlichen Lebens
117 v–v B: mystical union
w B fügt ein: in a sexually disrupted period
119 x B fügt ein: sometimes inescapable
y–y so auch A, B, C, D. Das Wort "positive" fehlt in E und den folgenden

Versionen.

z B fügt ein: and rejection is demanded

120 a B fügt ein: familiar

b–b G: die Dynamik in der Entfaltung der Macht

c B fügt ein: or what formerly was called values

d–d A, B: essential bondage to that which is ultimate and unconditional, through his relation to God. (B: The spiritual power actualizes man's essential relation to God.) It hits vertically the ultimate possibility of man and in doing so it moves man as a whole. This is what we call being grasped by the Spiritual power.

121 e–e A, B, C: hitting

f B fügt ein: ultimately

121/122 g–g A, B: And here alone the answer is also given to the ambiguities of what is called self-love as in all these relations grace does not deny the natural self-affirmation of the power of one's own being and one's own intrinsic claim for justice. But grace tries to destroy the distortion of this natural self-affirmation, namely selfishness. And, finally, grace gives us the courage (B: the greatest of all possible forms of courage) to accept ourselves, although it shows us, that we are unacceptable. It can do so because it includes the message that we *are* accepted. All three stages have been called self-love. Neither of them should be called so. But we should know that justification elevates our natural self-affirmation out of its selfish distortion and its moral ambiguities into the courage to accept oneself as being accepted.

122 h–h C: being just

i–i A, B: limited

124 j–j E ist korrigiert nach A, B, C, D. – E: everything decided F: alles ist bereits entschieden G: alles ist im voraus entschieden

k–k A, B: imagination shall C: image shall

l–l A, B: and it is a real possibility that sometimes will happen to mankind what has happened (B: sometimes) to nations in great moments of their history, the ecstatic experience of a unity of love which made, for *one* moment, the nation into a holy community (B: – for *one* moment only). To work for this possibility is the highest task of a politics which is based on a theological understanding of Love, Power, and Justice.

C (handschriftl.): It sometimes happens to a nation what is the essence of the Church: It can become a holy community. In great moments the ecstatic experience of a unity which normally is hidden or distorted grasps a whole nation (cf. England in 1940). It might well be that such moments will happen in a future mankind. But they are never more than transitory moments: Under the condition of existence mankind and Church cannot be identical except in an ecstatic, transitory experience. These moments were decisive for the history of nations, they may become decisive also for the history of mankind. But they do not bring the kingdom of God.

m–m A, B: This is the end of the whole series of lecture. Many problems connected with the all embracing subject of these lectures have not been mentioned at all. Others have been touched on only shortly, and others have been treated rather inadequately. However, I hope that the lectures as they were given have proved one thing that the problems of Love, Power and Justice categorically demand an ontological foundation and a theological view in order to be saved from the vague talk, idealism or cynicism with which they are usually treated. Man can not solve any of his great problems if he does not see them in the light of his own being and this implies of being itself. This to show was my purpose. And I want to express once more my gratefulness to the Sprunt (gestrichen: Firth) Foundation and to the Union Theological Seminary Richmond (gestrichen: the University of Nottingham) that they have given me through their invitation and their splendid hospitality the welcome occasion and the wholesome compulsion to deal with the problems of this lectureship in a more direct and systematic way than I ever have done before.

n–n A, B, C: these lectures

o–o A, B, C: the lectures

21. Morality and Beyond (1963)

Textgeschichte

„Morality and Beyond" besteht aus einer Einleitung und fünf Kapiteln, von denen das 4. und 5. Kapitel bereits zuvor veröffentlicht worden waren. So ist die Textgeschichte dieses Bandes nicht einheitlich.

Von Introduction, I. The Religious Dimension of the Moral Imperative, II. The Religious Source of the Moral Demands, III. The Religious Element in the Moral Motivation existieren folgende Versionen:

A. Introduction: (Entwurf: handschriftl. und Typoskript; endgültige Fassung: handschriftl. und Typoskript); 1. The Religious Dimension of the Moral Imperative: Handschrift 43 S., Typoskript 8 S., handschriftl. von Paul Tillich leicht korrigiert; 2. The Religious Source of the Moral Demands: Handschrift 37 S., Abschrift der Handschrift als Typoskript-Durchschlag, 16 S., ohne Korrekturen; 3. The Religious Element in the Moral Motivation: Handschrift 40 S., Abschrift der Handschrift als Typoskript-Durchschlag, 16 S., ohne Korrekturen.

[PTAH box 507/13–15; die stilistischen Überarbeitungen stammen von Elizabeth Wood; sie sind für die Kapitel 2 und 3 handschriftl. nicht erhalten, aber in die Version B eingegangen.]

B. (Druckvorlage) Paul Tillich, Morality and Beyond. Religious Perspectives, planned and edited by Ruth Nanda Anshen, Volume Nine. Harper & Row Publishers, New York and Evanston 1963. S. 13–64. Seitenidentische Nachdrucke: Routledge and Kegan Paul, London 1964; First Harper Torchbook Edition 1966; Westminster John Knox Press Louisville, Kentucky 1995 (Library of Theological Ethics, Foreword by William Schweiker).

C. Das religiöse Fundament des moralischen Handelns. In: GW III (1965) 13–70. Von der Übersetzung des 1. Kap. ins Deutsche existiert ein Typoskript von Renate Albrecht mit zahlreichen handschriftl. Korrekturen von Paul Tillich (PTAM). Die Korrekturen werden, soweit sie von Paul Tillich stammen, im kritischen Apparat gekennzeichnet: [PT].

Von IV. The Transmoral Conscience existieren folgende Versionen:

A. Conscience in Western Thought and the Idea of a Transmoral Conscience. Typoskript, 16 S., von Paul Tillich handschriftl. korrigiert.

B. Conscience in Western Thought. In: Crozer Quarterly, Vol. XXII, October 1945, No. 4, S. 289–300.

C. The Transmoral Conscience. In: Paul Tillich, The Protestant Era. Translated and with a Concluding Essay by James Luther Adams. The University of Chicago Press, Chicago, Illinois 1948. S. 136–149.

D. Das transmoralische Gewissen. In: Paul Tillich, Der Protestantismus. Prinzip und Wirklichkeit. Schriften zur Zeit, Neue Folge, hrsg. von August Rathmann. Steingrüben-Verlag Stuttgart 1950. S. 181–195.

E. (Druckvorlage) The Transmoral Conscience. In: Paul Tillich, Morality and Beyond. Religious Perspectives, planned and edited by Ruth Nanda Anshen, Volume Nine. Harper & Row Publishers, New York and Evanston 1963. S. 65–81. Seitenidentische Nachdrucke: Routledge and Kegan Paul, London 1964; First Harper Torchbook Edition 1966; Westminster John Knox Press Louisville, Kentucky 1995 (Library of Theological Ethics, Foreword by William Schweiker).

F. Das transmoralische Gewissen. Typoskript von Renate Albrecht, 23 S., mit umfangreichen handschriftl. Korrekturen Paul Tillichs (PTAM). Die Korrekturen werden, soweit sie von Paul Tillich stammen, im kritischen Apparat gekennzeichnet: [PT].

G. Das transmoralische Gewissen. In: GW III (1965) 56–70.

Von V. Ethics in a Changing World existieren folgende Versionen:

A. Ethics in a Changing World. In: University of Pennsylvania Bicentennial Conference: Religion in the Modern World. By Jacques Maritain, Joseph L. Hromádka, William J. McGarry, John A. Ryan, Paul J. Tillich, Robert L. Calhoun, Charles W. Gilkey, Reinhold Niebuhr, Rufus M. Jones, Robert E. L. Strider, John A. Mackay, Henry St. George Tucker, Morris S. Lazaron, Henry Noble MacCracken, George Nauman Shuster. University of Pennsylvania Press, Philadelphia 1941. S. 51–61. Seitenidentischer Nachdruck: Kennikat Press, Inc. Port Washington, N.Y., 1969.

B. Ethics in a Changing World. In: Paul Tillich, The Protestant Era. Translated and with a Concluding Essay by James Luther Adams. The University of Chicago Press, Chicago Illinois 1948. S. 150–160.

C. Ethik in einer sich wandelnden Welt. In: Paul Tillich, Der Protestantismus. Prinzip und Wirklichkeit. Schriften zur Zeit, Neue Folge, hrsg. von August Rathmann. Steingrüben-Verlag Stuttgart 1950. S. 196–207.

D. (Druckvorlage) Ethics in a Changing World. In: Paul Tillich, Morality and Beyond. Religious Perspectives, planned and edited by Ruth Nanda Anshen, Volume Nine. Harper & Row, Publishers New York and Evanston 1963 sowie Routledge and Kegan Paul, London 1964. Seitenidentisch: First Harper Torchbook Edition 1966 sowie Westminster John Knox Press Louisville, Kentucky 1995 (Library of Theological Ethics, Foreword by William Schweiker). S. 82–95.

E. Ethik in einer sich wandelnden Welt. In: GW III (1965) 70–81.

Die ersten drei Kapitel von „Morality and Beyond" sind, wie Tillich in der Einleitung mitteilt, ursprünglich unter dem Titel „Religious Principles of Moral Action" 1959 als Jacob Ziskind Memorial Lectures am Dartmund College, Hanover, N. H., vorgetragen worden. Die in Version A genannten Handschriften der Kapteil I bis III sind Überarbeitungen des ursprünglichen Vorlesungsmanuskripte zum Zwecke der Veröffentlichung. Kapitel IV und V waren bereits 1945 bzw. 1941 veröffentlicht worden, beide ein zweites Mal in der Aufsatzsammlung „The Protestant Era" von 1948. Unsere Druckvorlage für alle fünf Kapitel ist die in „Morality and Beyond" vorliegende Version.

Renate Albrecht hat die Übersetzung von "Morality and Beyond" mit Tillichs Hilfe angefertigt und in GW III ("Das religiöse Fundament des moralischen Handelns. Schriften zur Ethik und zum Menschenbild") veröffentlicht. Auch der Titel "Morality and Beyond" lautet in der Übersetzung – wohl mit Tillichs Zustimmung – "Das religiöse Fundament des moralischen Handelns". Tillichs intensive Mitarbeit an der Übersetzung ist in GW XIV² S. 48f. dokumentiert. Für die vorliegende Edition stand eine Kopie der handschriftlichen Korrekturen Tillichs zu den Kapiteln I und IV zur Verfügung, leider nicht zu den anderen Teilen der Schrift. Die in GW XIV² S. 48f. genannten zahlreichen Belege für Tillichs Mitarbeit an der Übersetzung scheinen nicht mehr zu existieren. Einige Fragen von Renate Albrecht bezüglich des „roten Fadens" in den Kapiteln I bis III sind von Tillich schriftlich beantwortet worden (abgedruckt in GW III 81–83).

Introduction

[a]Theological ethics is an element of systematic theology, present in each of its parts. As a matter of expediency, it is often treated separately in lectures and studies because of the immensity of the material to be covered and the justified desire, on the scholar's part, to deal with particular problems comprehensively. The problem to be discussed in the following five chapters is the age-old question of how the moral is related to the religious.

It is urgent to raise this question again in view of the present character both of the church's preaching and of philosophical ethics. The latter either shares the general retreat of analytical philosophy into logical and semantic problems or continues the discussion of value theory (which in itself is a retreat from ontological inquiry), or else it undermines the possibility of ethical norms by pure pragmatism or pure existentialism, although this assumption of purity is a delusion.

More important, however, is the state of preaching and teaching in the church, both Catholic and Protestant, and most conspicuously in Protestantism. The gospel (*euangelion*, "good news"), the message of reconciliation and reunion with God as the Ground and Aim of our being has been transformed into a multiplicity of laws, partly doctrinal and partly ethical. The moral "yoke" that Jesus wished to make easy has only been made heavier, and the message of grace has largely been lost, despite the numerous liturgical prayers for the forgiveness of sins. They do not express the vision that appears in | Paul's Letters and John's Gospel, or is expressed in the seventh petition of the Lord's Prayer – [b]"save us from the evil one"[b] – namely, the image of a demonic power ruling the universe and driving man into separation from God and into hostility against Him. The prayers for forgiveness have, for many people, only the function of relieving the uneasy conscience produced by trespasses against traditional and often absurd rules of behavior, mostly of a prohibitive character. But they do not express the great paradox, that there is a reunion with the eternal "Ground of our being" without "right" action on our part, without our being "good people," or the "people of good will." Therefore, despite liturgical formulae, hymns, and the reading of lessons from the Pauline Epistles, the message of grace has been lost. Grace as the power of accepting the person who is unacceptable, and of healing the person who is mortally sick, has disappeared behind the preaching of the religious and moral law.

It is understandable that people, in view of this graceless moralism, turn to secular ethics. But when they find nothing more than the logical analysis of ethical theory, they turn easily to a cynical relativism or to a totalitarian absolutism in ethics, each often a consequence of the other. The question implicit in this situation is: Can we point to something that transcends both graceless moralism and normless relativism in ethical theory and moral action?

The response of Christianity is the message that a new reality has appeared with the coming of the Christ, a power of being in which we can participate, and out of which true thought and right action can follow, however fragmentarily. We find analogous affirmations in other religions and even in secular movements of an implicitly religious character, such as nationalism, socialism, and liberal humanism. Being precedes action in everything that is, including man, although in man as the bearer of freedom, previous action also de|termines present being. This answer stands in opposition to both moral legalism and amoral lawlessness. It affirms morality and points beyond it to its religious foundation.

"Religious principles of moral action" is the subject matter of the first three chapters of this volume, which form a kind of unity, and were originally delivered under the same title as the Jacob Ziskind Memorial Lectures at Dartmouth College. The last two chapters, taken from my book *The Protestant Era*, discuss decisive consequences of the basic analysis – Chapter IV demonstrating the liberation of the moral conscience by its transmoral foundation, and Chapter V the possibility of conquering ethical relativism through the united principles of *agape* ("love") and *kairos* ("the right moment"). I am grateful to the University of Chicago Press for granting me permission to reprint these two chapters.

The manner in which this book has come into existence accounts for some repetition and for occasional incompleteness. Despite these limitations, it is my hope that the study will help to remove the obsolete conflict between reason-determined ethics and faith-determined ethics. It attempts to do so by showing that the religious principles dwell within the principles of moral action. If morality is intrinsically religious, as religion is intrinsically ethical, neither is dependent on the other, and neither can be substituted for the other.

[c]I am deeply grateful to Mrs. Elizabeth Wood who has again improved my English style as she did for the three volumes of my sermons.[c]

This book is dedicated to Reinhold Niebuhr, after thirty years of friendship and dialogue. The tension between the ethical, which he has represented, and the ontological, for which I have stood, has proved to be an important door by which to enter into the mysteries of theology and life.[d]

Not forgotten is the decisive role he played in bringing my family and myself to the United States shortly after the Nazis | came to power and forced me to leave Germany in 1933. Ever since, we have worked together in mutual support, criticism, and *agape*.

[e]Paul Tillich
East Hampton, Long Island
July 1963[ea] |

I
The Religious Dimension of the Moral Imperative

In the first three chapters of this book, the immanence of the religious in the moral shall be considered from three directions. The first chapter deals with the religious *dimension* of the moral imperative, the second with the religious [f]*source*[f] of the moral demands, and the third with [g]the religious *element* in moral motivation.[g]

To understand the meaning of the phrase "moral imperative," we must distinguish the three basic functions of the human spirit: morality, culture, and religion. When we call them functions of man's "spirit," we point to the dynamic unity of body and mind, of vitality and rationality, of the conscious and the unconscious, of the emotional and the intellectual. In every function of the human spirit the whole person is involved, and not merely one part or one element. As I have often insisted, we must revive the term "spirit" as designating a natural quality of man. It cannot be replaced by "mind" because "mind" is overweighted by its intellectual aspect.

None of the three functions of the spirit ever appears in isolation from the other two. They must be distinguished, nonetheless, because they are able to relate to each other in many different ways. Most concisely, we might say: morality is the constitution of the bearer of the spirit, [h]the centered person[h];| culture points to the creativity of the spirit and also to the totality of its creations; and religion is [i]the self-transcendence of the spirit toward what is ultimate and unconditioned in being and meaning[i].

[j]The first of these functions is our direct and primary subject. But in order to deal with it adequately we must continually refer to the other two.[j] This presents a difficulty hardly to be resolved in an essay such as this, and only overcome within a system that comprises the whole of man's interpretation of himself and the meaning of his life (which I undertook to develop in my *Systematic Theology*). The present study must presuppose but cannot develop such an interpretation[k]; however, we must refer to it, and derive from it a possible solution of the problem at hand – "the religious principles of moral action."

[l]The moral act establishes man as a person, and as a bearer of the spirit.[l] It is the unconditional character of the moral imperative that gives ultimate seriousness both to culture and to religion. Without it culture would deteriorate

into an aesthetic or utilitarian enterprise, and religion into an emotional distortion of mysticism. It was the prophetic [m]message[m], as recorded in the Old Testament, that contrasted the moral imperative, in terms of the demand for justice, with both the culture and the religion of its time. [n]The message is one of ultimate seriousness and has no equivalent in any other religion. The seriousness of Christianity depends upon it, as does also any ultimate seriousness in Western culture[n]. Science and the arts, politics, education – all become empty and self-destructive if, in their creation, the moral imperative is disregarded. The imperative exhibits itself in scientific and artistic honesty to the extent of self-sacrifice; in one's commitment to humanity and justice in social relations and political actions; and in the love of one toward the other, as a consequence of experiencing the divine love. These are examples | which demonstrate that, without the immanence of the moral imperative, both culture and religion disintegrate [o]because of lack of ultimate seriousness[o].

The moral imperative is the command to become what one potentially is, a *person* within a community of persons. Only man, in the limit of our experience, can become a person, because only man is a completely centered self, having himself as a self in the face of a world to which he belongs and from which he is, at the same time, separated. This dual relation to his world, belongingness and separation, makes it possible for him to ask questions and find answers, to receive and make demands. As a centered self and individual, man can respond in knowledge and action to the stimuli that reach him from the world to which he belongs; but because he also confronts his world, and in this sense is free from it, he can respond "responsibly," namely, after deliberation and decision rather than through a determined compulsion. This is his greatness, but also his danger: it enables him to act *against* the moral demand. He can surrender to the disintegrating forces which tend to control the personal center and to destroy its unity.[p] But before we pursue this line of thought, we must consider more thoroughly some of our concepts up to this point.

Man has a world, namely, a structured whole of innumerable parts, a *cosmos*, as the Greeks called it, because of its structured character [q]which makes it accessible to man[q] through acts of creative receiving and transforming. Having a world is more than having environment. Of course, man, like any other being, has environment; but in contrast to the higher animals, for example, he is not bound to it. He can transcend it [r]in any direction[r], in imagination, thought and action (e.g., social utopias or ontological concepts or space exploration). Man has "world" through every part of his environment. His encounter with any of the objects surrounding him is always | an encounter with the universe manifest in a particular object. Man never encounters *this* tree only as *this* tree, but also as *tree*, one of many trees, as an example of the species tree (in itself a special manifestation of the universal power of being).

Such an encounter presupposes freedom from the particular, and the ability to see the universal within the particular. The manifestation of this freedom is language. Language lives in universals. It is one and the same thing to have world, to transcend environment, and to speak in concepts and meaningful propositions. All this constitutes man's essential freedom and is the presupposition of man's experience of the moral imperative.

The moral imperative is the demand to become actually what one is essentially and therefore potentially. [s]It[s] is the power of man's being, given to him by nature, which he shall actualize in time and space. His true being shall become his actual being – this is the moral imperative. And since his true being is the being of a person [t]in a community of persons[t], the moral imperative has this content: to become a person. Every moral act is an act in which an individual self establishes itself as a person[u].

Therefore, a moral act is not an act in obedience to an external law, human or divine. It is the inner law of our true being, of our essential or created nature, which demands that we actualize what follows from it. And an antimoral act is not the transgression of one or several precisely circumscribed commands, but an act that contradicts the self-realization of the person as a person and drives toward disintegration. It disrupts the [v]centeredness[v] of the person by giving predominance [w]to partial trends[w], passions, desires, fears, and anxieties. The central control is weakened, often almost removed. And when this happens, and [x]other partial trends also aspire to predominance[x], the self is split, and the conflicting trends make it their battlefield. The "will," in the sense of a self that acts | from the centered totality of its being, is enslaved. Freedom is replaced by compulsion. Deliberation and decision, the hallmarks of freedom, become mere façades for overwhelming drives that predetermine the decision. The voice of man's essential being is silenced, step by step; and his disintegrating self, his depersonalization, shows the nature of the antimoral act and, [y]by contrast[y], the nature of the moral act.

The moral act as the self-actualization of the centered self or the constitution of the person as a person, has analogies in the realm of all living beings, including man from the biological point of view. The analogy to [z]the diminution or loss of centeredness in man[z] is the psychosomatic phenomenon of disease. In disease, some processes that are necessary elements in the whole of a life process take an independent course and endanger the functioning of the whole. The cancerous growth of parts of the body is the most illuminating analogy to what happens in the centered self when particular trends conquer the center and [a]destroy the unity of balanced trends[a]. The analogy between the antimoral act and bodily disease is in many (somehow in all) cases more than an analogy. Both are expressions of the universal ambiguity of life, according to which the processes of self-integration are continuously combated by movements toward disintegration. For the ethical problem this means that the moral act is always a victory over disintegrating forces and that its aim is the actualization of man as a [b]centered[b] and therefore free person.

[c]At this point a short semantic remark seems necessary. In this study I use the terms "morality" "morals," and "moral" throughout most of the text. And sometimes the term "ethical" appears. There would be no confusion if, as I now

suggest, we defined ethics as the "science of the moral." But this is not a generally accepted definition, [d]the chief reason being that the word "moral," through historical accidents, has received several distorting connotations[d]. Since the eighteenth century,| at least in Europe, it has carried the implication of "moralism" [e]in the sense of graceless legalistic ethics[e]. And in the United States, it has, under the influence of Puritanism, taken on a sexual signification: to be "amoral" means to be sexually lawless, or at least to deny conventional sex ethics. Because of these two connotations, one has tried to replace "moral" by "ethical." Were this generally accepted, however, the term "ethical" would soon acquire the connotation of "moral", and there would be no change. Therefore, I recommend that "ethical" be reserved for the *theory* of morals, and that the term "moral" and its derivatives be purged of those associations, [f]and used to describe the moral act itself in its fundamental significance[f].

[g]We have discussed the nature of the moral act, its all-permeating character, and its immanence in the other two chief functions of man's spirit – the cultural and the religious.[g] We must now ask: what is the religious dimension of the moral imperative, [h]and (in Chapter II) what is the relation of cultural creativity to morality?[h]

[i]In answer to the [j]first[j] question, we can say: the religious dimension of the moral imperative is its unconditional character. This, of course, leads to a subsequent question: why is the moral imperative unconditional, and in which respects can one call it so, and in which not? In our daily life we use innumerable imperatives; but most of them are conditional: "you ought to leave *now*, if you wish to catch your plane." But perhaps you prefer to stay, even though you miss the plane. This obviously is a conditional imperative. However, [k]if getting to the plane should be a matter of life and death, as, for example[k], in the case of a physician who must immediately operate upon a patient, the conditional imperative becomes unconditional. To miss the plane through negligence would then be an antimoral act, and would affect the person of the physician in a disintegrating manner. [l]We might com|pare the disintegrating effect that the failure to save a drowning woman has on the main character in Camus' *The Fall*.[l]

There are many cases in which conditional imperatives have some bearing on an unconditional imperative. [m]The missing of the plane might also arouse anxiety in those who expect the arrival of a friend.[m] And there are cases in which several imperatives compete for supreme validity, and in which the decision is a moral risk. But despite these [n]"mixed"[n] cases, the moral imperative in itself is, as Immanuel Kant called it, "categorical" rather than "hypothetical," or as I would say, unconditional as opposed to conditional.

[o]We may ask, however, [p]whether a moral decision can stand under an unconditional imperative if the decision is a moral risk – the "risk" implying that it might prove to be the wrong decision[p]. The answer to this question is that the unconditional character [q]does not refer to the content, but to the form of the moral decision[q]. Whichever side of a moral alternative might be chosen, [r]however great the risk in a bold decision may be, if it be a moral decision it is dependent

only on the pure "ought to be" of the moral imperative[r]. [s]And should anyone be in doubt as to which of several possible acts conforms to the moral imperative, he should be reminded that each of them might be justified in a particular situation[s], but that whatever he chooses must be done with the consciousness of standing under an unconditional imperative. The doubt concerning the justice of a moral act does not contradict the [t]certainty of its ultimate seriousness.[t]

The assertion of the intrinsically religious character of the moral imperative can be criticized from different points of view. [u]Theology can strongly affirm the unconditioned character of the moral imperative, but deny that this character makes it religious. Moral commands, one argues then, are religious because they are divine commandments.[u] They are ultimately serious because they express the "Will of God." | This alone makes them unconditional. God could have willed differently, and we must open our eyes to His revelation in order to know what His Will actually is. Such an argument, of course, would exclude any kind of secular ethics. Not only the content but also the unconditional character of the moral imperative would have to be sanctioned by a divine command, and conserved in [v]holy[v] traditions or sacred books.

[w]I maintain, however, that the term "Will of God" can and must be understood differently. It is not an external will imposed upon us, an arbitrary law laid down by a heavenly tyrant, who is strange to our essential nature and therefore whom we resist justifiably from the point of view of our nature. The "Will of God" for us is precisely our essential being with all its potentialities, our created nature declared as "very good" by God, as, in terms of the Creation myth, He "saw everything that he made." For us the "Will of God" is manifest in our essential being; and only because of this can we accept the moral imperative as valid. It is not a strange law that demands our obedience, but the "silent voice" of our own nature as man, and as man with an individual character.

But we must go one further step. We can say: to fulfill ones own nature is certainly a moral demand intrinsic in one's being. But why is it an unconditional imperative? Do I not have the right to leave my potentialities unfulfilled, to remain less than a person, to contradict my essential goodness, and thus to destroy myself? As a being that has the freedom of self-contradiction, I should have the right to this possibility, and to waste myself. The moral imperative is unconditional only if I choose to affirm my own essential nature, and *this* is a condition! The answer to this argument is the experience that has been expressed in the doctrine of the infinite value of every human soul in the view of the Eternal. It is not an external prohibition against self-destruction, bodily, psychologically, or morally – that we experience in | states of despair, but the silent voice of our own being which denies us the right to self-destruction. It is the awareness of our belonging to a dimension that transcends our own finite freedom and our ability to affirm or to negate ourselves. So I maintain my basic assertion that the unconditional character of the moral imperative is its religious quality. No religious heteronomy, subjection to external commands, is implied if we maintain the immanence of religion in the moral command.

The intrinsically religious character of the moral imperative is indirectly denied by the philosophy of values. Its representatives think in terms of a hierarchy of values, in which the value of the holy may or may not find a place; when it does, it is often on the top of this pyramid, above the moral, legal, social, political, and economic values. For our problem, this means first of all that [x]values[x] lie above and below each other and that there can be no immanence of one within another. The [y]value[y] of the holy, for example, cannot be immanent in the value of the good, and conversely. The relationship is external and may lead [z]to the elimination of one or the other[z] – most frequently, in this case, the [a]value of the holy[a].

A second character of the value theory has a considerable bearing on our problem. The establishment of values and their relationships presupposes a valuating subject, and the question arises: how can values that are relative to a valuating individual or group (e.g., [b]pleasure values[b]) be separated from values that are valid by their very nature [c]regardless of personal or social attitudes?[c] If there are such "absolute values" ([d]absolute in the sense of being independent of a valuating subject[d]), what is the source of their absoluteness, how can they be discovered, how are they related to reality, and what is their ontological standing? These questions lead unavoidably to a situation that the value theory by its very nature tries to avoid – namely, a doctrine of being, an ontology. For values have reality only if they are rooted in reality. Their validity | is an expression of their ontological foundation. *Being precedes value*, but value fulfills being. Therefore, the value theory, in its search for absolute values, is thrown back upon the ontological question of the source of values in being.

A third way in which the religious dimension of the moral imperative is questioned can be described as the attempt, with the help of psychological and sociological explanations, to deny the unconditional character of the moral altogether. The psychological impact of realities like the demanding and threatening parents, or of doctrines like that of the commanding and punishing God, evokes the feeling of something unconditionally serious from which there is no escape and with which there can be no compromise.

[e]The same argument can be strengthened by sociological considerations. For example, one can derive, like Nietzsche, the shaping of the conscience of the masses from centuries of pressure exercised by the ruling groups, who did not hesitate to employ all, even the most cruel, tools of suppression – military, legal, educational, psychological. From generation to generation this pressure produced an increasing internalization of commands, namely, the sense of standing under an inner unconditional command, an absolute moral imperative.

This type of argument seems convincing. But it is circular because it presupposes what it tries to prove – the identity of two qualitatively different structures. In the one case, persons and groups are bound by traditions, conventions, and authorities, subjection to which is demanded by the conscience, which may be weak or strong, compromising or insistent, healthy or compulsory, reasonable or fanatic. Psychological or sociological explanations of such states of mind are fully justified. Nothing that happens in the mind should be exempt from psychological or sociological exploration and explanation. But within this structure of causation, another is manifest – what | we might call the "structure of meaning" or, to use a famous medieval term revived by modern phenomenology, the structure of "intentionality" or the noetic structure (from *nous*, "mind"). This structure would be evident, for example, should a mathematician, psychologically and sociologically conditioned like everyone else, discover a new mathematical proposition: The validity of this proposition is independent of the series of conditions which made the discovery possible. In a similar way, the meaning of the unconditional in being and in what ought-to-be appears within the psychological and sociological processes which make its appearance possible. But its validity is not dependent on the structure in which it appears. Psychological and sociological pressures may provide occasion for the appearance of such structures; but they cannot produce the meaning of the unconditional. However strong the pressures be, they are themselves conditioned, and it is possible to contradict them and to be liberated from them, as, for example, from the father-image or from the socially produced conscience. This is not possible with regard to the unconditional character of the moral imperative. One can, of course, discard every particular content for the sake of another, but one cannot discard the moral imperative itself without the self-destruction of one's essential nature and one's eternal relationship. For these reasons, the attempts to undercut the unconditional character of the moral imperative by psychological and sociological arguments must fail.

There is, however, a more fundamental question, raised and thoroughly discussed by the ancient ethical philosophers, namely, the question of the moral aim. We have called it "becoming a person within a community of persons," and we have indicated that the centered person is the bearer of the spirit, its creativity, and its self-transcendence. Insofar as it is the moral aim to constitute and preserve the person with these potentialities, we can say that the moral imperative | demands the actualization of man's created potentiality. But now the question arises: is this an unconditional demand? The answer depends on the idea of man's intrinsic aim, of the *telos* for which he is created. If the aim implies something above finitude and transitoriness, the fulfillment of this aim is infinitely significant, or unconditional in its seriousness. When Plato said that the *telos* of man is "to become as much as possible similar to the God," such a *telos* gives unconditional character to the moral imperative. If, however, the *telos* is, as in the hedonistic school, the greatest possible amount of pleasure to be derived from life, no unconditional imperative is at work, but merely the very much conditioned advice to calculate well what amount of pain must be suffered in order to attain to the greatest possible amount of pleasure. Between these two extremes of the definition of man's inner *telos* are several definitions which set a finite aim according to the formulation, but in which something unconditional with respect to the moral imperative shines through. This is true of utilitarianism, in which the moral imperative demands work for "the greatest happiness of the greatest number." Here pleasure is replaced by "happiness," and above all, it is not the individual happiness, but that of the many, which is the aim. And the happiness of the many is not possible without self-restraint in the individual's search for happiness. Therefore, a demand appears that cannot be derived from the merely natural trends of the individual, a demand that implies the acceptance of the other person as a person, and an unconditional element besides, whether acknowledged or not.

The Epicureans deal with the problems of the *telos* and the moral imperative from another angle. They also use the term "happiness," but for them happiness consists in the life of the spirit in community with friends, and in the creative participation in the cognitive and aesthetic values of their culture. The relationship to friends as well as to cultural creativity demands | unconditional subjection to the norms and structures of friendship, knowledge, and beauty.

Nearest to Plato's definition of the human telos is Aristotle's thought that man's highest aim is participation in the eternal divine self-intuition[f]. This state can be fully reached only by entering the eternal life above finite life. This does not mean that the individual has immortality but that, within time, he can participate in eternity through the "theoretical" life, the life of intuition. Wherever this state of participation is reached, there is *eudaimonia*, fulfillment under the guidance of a "good daimon," a half-divine power. To reach this goal is an unconditional imperative. And since the practical virtues are the precondition for fulfillment through [g]participation in the divine[g], they also have unconditional validity.

We have used the Greek word *eudaimonia* [h](badly translated as "happiness")[h] in order to point out the moral aim as described in several ethical schools. *Eudaimonia* belongs to those words that have suffered a marked deterioration in meaning. Most responsible for this process were the Stoic and Christian polemics against Epicureanism, which often unjustly confused Epicureanism with hedonism. The word in itself means fulfillment with divine help, and consequent happiness. This happiness does not exclude pleasure, but the pleasure is not the aim, nor is happiness itself the aim. It is the companion of fulfillment, reached together with it. If we derogate this concept of *eudaimonia*, we must also derogate the Christian hope for eternal blessedness. For, even though the Calvinist names the glory of God as the aim of his life, he experiences blessedness in fulfilling this aim and serving the glory of God. The same, of course, is true of *theosis* ("becoming Godlike"), *fruitio Dei* ("enjoying the intuition of the divine life"), or working for and participating in the "Kingdom of God" described as the aim of the individual man, of mankind, and the universe. |

Happiness or blessedness as the [i]emotional[i] awareness of fulfillment is not in conflict with the unconditional, and therefore religious, character of the moral imperative. A conflict exists only when the function of self-transcendence in man's spirit is denied, and man is seen as totally imprisoned in his finitude. But this diminution of man to a finite process has rather rarely occurred in the history of thought. Even highly secularized philosophers were conscious of the function of self-transcendence in man's spirit, and consequently of the dimension of the unconditional or the religious dimension.

There are two concepts in the preceding discussion that have been frequently used without having been thoroughly discussed. The one is "conscience," the channel through which the unconditional character of the moral imperative is experienced, and the other is the term "religious" (in the title and in many other parts of this chapter). [j]The concept of conscience will be fully discussed in Chapter IV[j]. Regarding the concept of religion (which I have developed in much of my work), I can restrict myself to the following summary: the fundamental concept of religion is the state of being grasped by an ultimate concern, by an infinite interest, by something one takes unconditionally seriously. It is in view of this concept that we have formulated the main proposition of this chapter, namely, that there is a religious dimension in the moral imperative itself. Derived from the fundamental concept of religion is the traditional concept that religion is a particular expression, in symbols of thought and action, of such ultimate concern within a social group as, for example, a church. If the moral imperative were derived from religion in the traditional sense of the word, secular ethics would have to sever any ties with religion, for it rejects direct dependence on any particular religion. If, however, the religious element is intrinsic to the moral imperative, no conflict is necessary. |

II
The Religious [k]Source[k] of the Moral Demands

The first chapter avoided any detailed statement concerning the content of the moral imperative. It restricted itself to a discussion of the unconditional character of morality, whatever the moral demand might be, and however determined by historical and personal conditions. Its unconditional character was considered as its religious quality.

[l]Undoubtedly the question of the ethical content – the question of what one must do – has already and persistently arisen in the minds of many readers. This question was not left totally unanswered; but the answer – that we must become what we essentially are, *persons* is so formal that it does not offer any concrete advice. Yet such advice is necessary for the life of man. So also are principles, which are at the same time abstract and concrete, so that support for moral decisions can be derived from them. Are there such principles of moral action? If so, how can they be related to the ever changing conditions of existence? Is not ethical relativism the only possible answer, even in view of the unconditional character of the moral imperative?

The first problem of this chapter is to consider the positive aspects and the limitations of ethical relativism. For relativism is the predominant ethical theory and, in many respects, also a widespread moral practice. The facts that support this theory | are obvious. The pronounced difference between primitive and modern ethics and between Western and Eastern, feudal and bourgeois, liberal-humanist and neo-collectivist morality, and the difference in ethical attitudes to the same event in the same locality by diverse social strata, diverse religious groups, and diverse generations strongly support ethical relativism.

For a certain time anthropologists dealing with primitive cultures were the champions of ethical relativism. Ever since the eighteenth century, anthropological research has shown a particular interest in the ethics of primitive man. His morality was supposed to demonstrate the conditioning of our own ethical ideas, whether feudal or bourgeois, Christian or humanist. Particular laws pertaining, for example, to killing, stealing, lying, and so forth, in one culture were compared with corresponding but different (and sometimes contradicting) laws in another culture, and the conclusion was drawn that there is no common ground in ethical thought among separated cultures. Ethics, according to this view, is culturally conditioned, and therefore ethics of different cultures are as different as the cultures themselves. In both cultural anthropology and popular understanding, such concepts are still widespread despite the fact that a sharp reaction has arisen against the primitive character of this method. We have learned (partly through the insight that a living reality is a structural unity, a *Gestalt*, and not a mechanical composite) that cultures are wholes, and that we cannot compare parts of them with parts of others, but must understand the significance of the particulars in the light of the whole. Then we may discover that the contrast of ethical demands in separated cultures is not a contradiction, but a different expression of a common fundamental principle. Ignorance of this insight has produced much naive relativism in popular thought and unfortunately also among scholars when they unintentionally | become philosophers. The method of structural analysis is a warning against a primitive use of the "primitives" in the argument for ethical relativism.

A positive and constructive criticism of the relativistic theories is embodied in the doctrine of the natural moral law. It is a very old, famous, and still rather vital theory that man by nature (in Christianity by creation) has an awareness of the universally valid moral norms. To every man this awareness is potentially given, even though actually [m]distorted[m] by culture, education, and his existential estrangement from his true being. This classical theory of natural law has only an indirect relation to the concept of physical laws, the laws of nature in the ordinary sense of the word. Natural law in our context is the law of moral reason or, as Kant calls it, "practical reason." For Stoic thought it has a common source with the physical laws in the divine *logos*, who is creatively present both in the laws of nature and in the natural moral laws of the human mind. Christianity accepted the Stoic doctrine, and most systems of religious thought have developed similar concepts. It is a general and unavoidable human problem, present in the quest for truth as well as in the demand for justice.

Its background is the awareness man has of the gap between what he essentially is, and therefore ought to be, and what he actually is, a consciousness of estrangement from and contradiction of his essential being. The emphasis on this estrangement by some radical Protestant thinkers has induced them to reject the theory of natural law completely. Man has totally lost what he essentially – or by creation – is. There is no knowledge of his true nature in him, unless it be given him by divine revelation. The revelation through man's created nature is veiled by his separation from God. A new revelatory experience is necessary, such as that which inspired the Mosaic law or the Sermon on the Mount.

But there is *self-deception* in every denial of the natural | moral law. For those who deny it must admit that a divinely revealed moral law cannot contradict the divinely created human nature. It can only be a restatement of the law that is embodied in man's essential nature. And after having conceded this, these critics must go one step further toward affirming the doctrine of natural law. Man's essential nature cannot be lost as long as man is man. It can be distorted in the process of actualization, but it cannot disappear. The very statement that man is estranged from his created nature presupposes an experience of the abyss between what he essentially is and what he existentially is. Even a weak or misled conscience is still a conscience, namely, the silent voice of man's own essential nature, judging his actual being.

To defend the natural law theory against its religious critics is also to attack the nominalistic rejection of the idea of universal moral norms and its attempt to explain all ethical demands as expressions of social needs or of political power structures. If this were possible (which it is not), the concept of "man's essential nature" would have to be eliminated, and the experience of the conflict between what man essentially is and what he existentially is would have to be explained away. Undoubtedly, the concrete formulation of moral commands and their interpretation in ethical systems are largely conditioned by the social situation. But in all the varieties of cultures and religions and, consequently, of ethical systems, some basic norms appear. They are rooted in man's essential nature and ultimately in the structure of being itself. Their elaboration is the task of a developed theory of natural law. And here it might be added that such a theory underlies not only all ethical systems, but also all systems of "law" in the sense of jurisprudence.

The discussion of relativism has shown that basic ethical norms must unite an absolute element and a relative element. They must be universally valid and, at the same time, adapt|able to the concrete situation. This tension appears conspicuously in the contrast between the Roman Catholic and a possible Protestant theory of natural law. The Roman Catholic theory asserts that it is possible to derive a considerable number of particular demands from certain universal principles through rational deduction. Such demands, if reached by sound methods of reasoning, are valid for all times and all situations. No revelatory event is necessary in order to discover them, and no change of the historical conditions can undercut their validity. There is, however, a point of uncertainty: those who analyze and deduce are human beings and, consequently, open to errors and distortions: Therefore, the church must decide what is the real natural law. Only the supranatural can confirm the validity of the natural, although the natural is true in itself. In this way the Catholic church has developed a system of natural moral laws which can be established and defended rationally, but which requires, because of human error, supranatural sanction by the church. The discussions regarding admissible methods of birth control or the educational authority of parents are actual examples.

Quite different is the Protestant attitude. Not much of a theory of natural law has been developed. This was partly due to the fact that Protestant biblicism attempted to derive ethical demands directly from the Bible, Calvinism particularly from the Old Testament. Another cause was the general Protestant distrust of reason, an implication of the doctrine of man's depravity in all parts of his nature, in mind as well as in body, in reason as well as in instincts. (The misleading term "total depravity" does not mean complete depravity, but estrangement from one's true being in *all* parts of one's actual being.) Finally, the Protestant principle denies that there can be any human institution, including a church with its doctrines and ethical demands, above the dynamics | of history. A system of unchangeable laws of concrete morality contradicts the creative powers in life and spirit, and it contradicts the transforming work of the divine Spirit within and outside the church. Protestantism can accept the element of relativity in ethics and can develop with its help a dynamic doctrine of the natural moral law.

This, however, cannot be done without an answer to the question: is there a religious source of the moral demands? If so, how is it related to the formal answer given before, that the moral imperative demands that man become actually what he is essentially, a person within a community of persons? What does this mean concretely? What norms of moral action are implied in this demand? It will be necessary to answer these questions in sequence, and to build, step by step, a structure of moral action that embodies both the absolute and the relative, the static and the dynamic, the religious and the secular elements of ethical thought and moral experience.

First, let us examine the phrase "within a community of persons." Contemporary ethical theory has strongly emphasized the person-to-person encounter as the experiential root of morality. The decisive reason for this is the basic difference between the encounter of a person with another person and his encounter with nonpersonal realities (Martin Buber's ego-thou as opposed to ego-it). In the second case, man's encounter with nature outside him, for example, there is no limit in dealing with it. Man can make it into an object, dissect it, analyze it, or construct something new, a technical product, out of its parts or elements. Man can subject nature, progressively and almost limitlessly in all directions, to his knowledge and his action. The only limit is man's own finitude. But no one can actually establish this limit. Before it is reached nothing can resist man's cognitive and technical attack on nonpersonal reality. Nothing can resist man's will to transform it into an object and to use it for his purpose. |

There is, however, a limit here and now in the ego-thou encounter. The limit is the other person. This seems a simple and obvious statement. But it is not so simple when we ask: where do we encounter a person? The answer – in every human being – is helpful only if we define living beings as human, if they are, according to their psychophysical structure, potential persons. This definition would include all degrees of the actualization of human potentiality, from the newborn child to the mature, wise man. But it does not determine which groups within the psychophysical species, human race, *have* the personal potential. Throughout human history this has been (and still is in some respects) undecided. Slaves, women, enemies, and special races were considered as objects with limited or unacknowledged humanity. And often children, the sick and old, the mentally abnormal and criminals were treated as mere objects, even though they belonged to a group whose personal potential was acknowledged, because they had not yet actualized or no longer were able to actualize their personal potential. This uncertainty with respect to beings who can be encountered as persons shows that the attempt to escape the relativities of history in the moral realm by formalizing the first principle cannot be successful. In the very moment the principle must be applied, traditions, conventions, and authorities, on the one hand, and criticism, decisions, and personal risk, on the other, determine the ethical demands.

Nevertheless, there are indications that man's essential nature makes itself heard in the midst of these uncertainties. Christianity, although it did not liberate slaves, gave them the status of potential persons by conceiving them as equal in their relation to God. And the Stoics, who achieved more than Christianity for political emancipation, did so in the name of the universal logos in which every human being participates. Both movements, and even earlier legislators | who limited the arbitrary mistreatment of slaves, must have been aware of the fact that he who turns a human being (in the psychophysical sense) into a mere object suffers distortion of his own personal center. The same, of course, is true of the man who treats a woman as a mere object, or of a parent who deals with his child as though it were a thing, or of a tyrant who attempts to transform his subjects into tools for his purposes. They all become depersonalized themselves. Popular enlightenment in regard to these relationships has enlarged the circle of those considered potential persons. The circle in principle includes all human beings, although in reality it never does, even where the all-inclusive principle has been accepted, as, for example, in the racial conflict.

This discussion has led us to the deepest roots of what is usually called justice. All the implications of the idea of justice, especially the various forms of equality and liberty, are applications of the imperative to acknowledge every potential person as a person. Here, too, is the point at which every legal system of justice depends on some interpretation, consciously or unconsciously, of the moral idea of justice.

There is, however, a limit to the formulation of the moral principle of justice thus far. The acknowledgment of somebody as a person remains an external act that can be performed with legal detachment or cool objectivity. It can achieve justice without creating a relationship. Under many conditions this is the only way of actualizing justice, especially in encounters of social groups. But mere objectivity never occurs between human beings. [n]Accompanying "pure" detachment is always an element of involvement.[n] In the encounter of person with person within a community of persons, "community" also expresses involvement because it implies mutual participation, and, by participation, union. And the desire for union of the separated (which is ultimately *re*-union) is | love. All communions are embodiments of love, the urge for participation in the other one. [o]Justice is taken into love[o] if the acknowledgment of the other person as person is not detached but involved. In this way, love becomes the ultimate moral principle, including justice and transcending it at the same time.

However, at this point it is necessary to combat several misinterpretations of the principle of love. First, it must be emphasized that if love takes justice into itself, justice is not diminished but enhanced. It has become creative justice in the sense of the Old and New Testament concepts of the *Zedaquah* and *Dikaiosyne* of God that both judges and saves. The frequent cry of Jews who have suffered immeasurable injustice through two millennia of church history – "We do not want love, we want justice" – is based on a misunderstanding of the biblical idea of love. Love, in the sense of *agape*, contains justice in itself as its unconditional element and as its weapon against its own sentimentalization. It is regrettable that Christianity has often concealed its unwillingness to do justice, or to fight for it, by setting off love against justice, and performing works of love in the sense of "charity" instead of battling for the removal of social injustice.

One of the reasons for this misunderstanding of love is the identification of love with emotion. Love, like every human experience, of course includes an emotional element, and this can in the case of love prove to be overwhelmingly strong. But this element is not the whole of love. Above all, love as *agape* is far removed from pity, although it can have elements of pity within a particular situation. Nietzsche's attack on the Christian idea of love is caused by this confusion. But it should serve to warn the Christian church to demonstrate in teaching, preaching, and liturgy the: unconditional demand for justice in the very nature of *agape*. (I believe it would be | salutary if the word "love" in the sense of *agape* could be avoided for a long time, and the word *agape* introduced into modern language.),

Agape is a quality of love, that quality which expresses the self-transcendence [p]or[p] the religious element in love. If love is the ultimate norm of all moral demands, its *agape* quality points to the transcendent source of the content of the moral imperative. For *agape* transcends the finite possibilities of man. Paul indicates this in his great hymn to love (I Corinthians 13) when he describes *agape* as the highest work of the divine Spirit, and as an element of the eternal life, even beyond faith and hope.

Agape as the self-transcending element of love is not separated from the other elements that usually are described as *epithymia* – the *libido* quality of love, *philia* – the friendship quality of love, and *eros* – the mystical quality of love. In all of them what we have called "the urge toward the reunion of the separated" is effective, and all of them stand under the judgment of agape. For love is one, even if one of its qualities predominates. None of the qualities is ever completely absent. There is, for example, the compassion element of *philia* and *eros* in *agape*, and there is the *agape* quality in genuine compassion (a fact important for the dialogue between Christianity and Buddhism). It is this *agape* element that prevents participation in the other one from becoming mere identification with him, as compassion prevents *agape* from becoming a detached act of mere obedience to the "law of love." And there is *eros* in *agape*, and *agape* in *eros*, a fact that permitted Christianity to receive into itself the *eros* – created classical culture, both rational and mystical. It is the *agape* element in *eros* that prevents culture from becoming a nonserious, merely transitory entertainment, just as eros prevents agape from becoming a moralistic turning away from the creative potentialities in nature and man toward an exclusive | commitment to a God who can only be feared or obeyed, but not loved. For without eros toward the ultimate good there is no love toward God. Even the libidinous quality of love is always present in the highest forms of *eros*, *philia*, and *agape*. Man is a multidimensional unity and not a composite of parts.[1] Therefore, all elements of man's being participate in every moral decision and action.

On this basis we may judge asceticism in the light of the principle of *agape*. First, nothing created is bad in itself. Matter is not an antidivine principle from which the "soul" has to be liberated. The desire for union with material reality through the senses is an expression of love as *libido*. And in *libido*, elements of *eros*, *philia*, and *agape* are present, as *libido* is present in them. As in all other instances, the problem is how much *agape* is effective in the *libido* drives of love – in the desire for food, drink, sex, and aesthetic enjoyment. If the *libido* quality overpowers the *agape* element, and with it also the *eros* and *philia* elements, resistance in the name of *agape* is necessary and, under some conditions, partial or total asceticism with respect to things that are in themselves good. This "disciplinary" asceticism is quite different from the "ontological" asceticism which avoids things because of the material element in them. The former is affirmed by *agape*, the latter rejected by it.

This distinction applies also to the ecstatic element of religion which has a definite psychosomatic dimension in unity with its spiritual dimension. The union of these two factors characterizes every genuine ecstasy, including every serious prayer that reaches to the divine Presence. ¶The *libido* element in love prevents *agape* from becoming a rational | calculation of how to give the best possible help to others, as the *agape* element in love prevents *libido* from running wild and destroying the centered person, and with it the power of *eros* and *philia*.

Love is one. Its different qualities belong to each other, although they may become isolated and antagonistic toward each other. Decisive in all situations is

---

1 These ideas are fully elaborated in the first section of the third volume of my Systematic Theology (Chicago: University of Chicago Press, 1963), under the heading, "Life and the Spirit."

agape, because it is united with justice and transcends the finite limits of human love. Therefore, in any conflict of the qualities of love, *agape* is the determining element. Only on this basis can love be called the ultimate source of moral demands. If love is understood in this way a second answer to the question of religion and morality is provided. The first was the unconditional character of the moral imperative. The second is the transcendent character of the ultimate source of moral demands – love under the dominance of *agape*. This again demonstrates that morality has a religious quality even when independent of any system of ethics that belongs to a religion in the narrower sense of the word.

In calling love the source of moral norms we have answered the first question of this chapter, namely, that of the relativity of ethics. For love is both absolute and relative by its very nature. An unchanging principle, it nevertheless always changes in its concrete application. It "listens" to the particular situation. Abstract justice cannot do this; but justice taken into love and becoming "creative justice" or *agape* can do so. *Agape* acts in relation to the concrete demands of the situation – its conditions, its possible consequences, the inner status of the people involved, their hidden motives, their limiting complexes, and their unconscious desires and anxieties. Love perceives all these – and more deeply the stronger the *agape* element is. [r](In line with this thought we might interject that the discovery of the psychology of the unconscious was a work not only of creative *eros*, but | also of creative justice or *agape*, in spite of the antireligious bias of many representatives of the psychoanalytic movement.)[r]

Christian theology has dealt with the problem of the concrete moral decision in terms of the doctrine of the divine Spirit. The "Spiritual Presence," the presence of the divine Ground of Being toward and in the human spirit, opens man's eyes and ears to the moral demand implicit in the concrete situation. Tables of laws can never wholly apply to the unique situation. This is true of the Ten Commandments as well as of the demands of the Sermon on the Mount and the moral prescriptions in the Epistles of Paul. "The letter kills" not only because it judges him who cannot fulfill the law, but because it suppresses the creative potentialities of the unique moment which never was before and never will come again. The Spirit, on the contrary, opens the mind to these potentialities and determines the decisions of love in a particular situation. In this way the problem of the absolute and the relative character of the moral demands is solved in principle. Love, as the ultimate principle of morality, is always the same. Love entering the unique situation, in the power of the Spirit, is [s]always different[s]. Therefore love liberates us from the bondage to absolute ethical traditions, to conventional morals, and to authorities that claim to know the right decision perhaps without having listened to the demand of the unique moment. [t]The Spirit[t] is the Spirit of newness. It breaks the prison of any absolute moral law, even when vested with the authority of a sacred tradition. Love can reject as well as utilize every moral tradition, and it always scrutinizes the validity of a moral convention. But love itself cannot question itself and it cannot be questioned by anything else.

The problem of this chapter – the religious source of the moral demands – has so far been answered in three statements concerning the ultimate principle of ethical norms. The first | statement referred to the idea of justice, the affirmation of every person as a person. The second described love, taking justice into itself, as the ultimate principle of moral demands. And the third pointed to the dependence of moral demands on the concrete situation in its uniqueness.

There is, however, one unanswered question, namely, what is the function of the formulated laws for moral action? They appear abundantly in sacred texts that consecrate them and provide them with an almost unconditional validity. We must now ask: what is their significance within the structure developed up to this point? The answer lies in the word "wisdom." They represent the wisdom of the past about man, his relation to others and to himself, his predicament in temporal existence, and the *telos* or inner aim of his being. Wisdom, in the later centuries of the ancient world, became (like *logos*) a divine power, mediating between God and the world and between God and man. It was (again like *logos*) a principle of the divine self-manifestation in nature and history. According to the [u]book of Job[u], God made the world while looking at "Wisdom" which was beside Him. In history it has inspired men and showed them the right way; it has had revelatory power and it became embodied in Jesus as the Christ. Wisdom, in this sense, is the source of the tables of laws in many religions and cultures. From the point of view of man, revelations, mediated by wisdom, are the result of both accumulated experience and revelatory visions. As such, they are of tremendous weight, but do not possess unconditional validity. They guide the conscience in concrete situations, but none of them, taken as law, has absolute validity. Even the Ten Commandments express not only man's essential nature but also the wisdom and the limitations of an early feudal culture. Certainly there is risk in deviating from the wisdom embodied in a concrete tradition. But there is | also risk in accepting a tradition without questioning it. The former is an external and an internal risk, the latter only an internal risk. The former brings isolation and attack, the latter safety and praise. But accepting or trespassing traditional morals is spiritually justified only if done with self-scrutiny, often in the pain of a split conscience, and with the courage to decide even when the risk of error is involved. (See Chapter IV.)

Most human beings follow the guidance of the moral tradition when they obey the moral imperative. Everyone needs such guidance for his daily life and its innumerable large and small ethical questions. A considerable amount of moral habit is necessary in order to fulfill the demands of an average existence. Therefore, the tables of laws, which are commandments of the divine-human wisdom of all generations, are gifts of grace, although they can become destructive when elevated to absolute validity and substituted for *agape* and its power to listen to the voice of the "now."

One might ask: is love also the ultimate principle for social ethics? And we must answer affirmatively, because the encounter of social groups is an encounter in which reunion of the separated is the *telos*, just as it is in the person-to-person encounter. But there is a decisive difference. Social groups are power groups with no personal center. They have a changing organizational center in terms of their government. But they have no personal center. This means that there are great differences in the way love is effective in social ethics. Any attempt to identify the problems of personal ethics and social ethics (as does legalistic pacifism, for example) ignores the reality of power in the social realm, and so confuses the organizational centeredness of a historical group with the personal centeredness of a person. A discussion of the problems indicated by this statement requires the development of a philosophy of | power. This we cannot do within the framework of the present study.[2]

To summarize the thesis of this chapter: the religious source of the moral demands is love under the domination of its *agape* quality, in unity with the imperative of justice to acknowledge every being with personal potential as a person, being guided by the divine-human wisdom embodied in the moral laws of the past, listening to the concrete situation, and acting courageously on the basis of these principles.

Out of such decisions in the power of love new insights would grow. And they might transform the given tables of laws into something more adequate for our situation as a whole as well as for innumerable individual situations. Should this occur, love as the ultimate principle of the moral demands would be powerfully vindicated. |

III
The Religious Element in Moral Motivation

After having discovered its religious dimension in the unconditional character of the moral imperative, and the religious source of the moral demands under the dominance of *agape*, we now must ask whether there is a religious element in the process of moral motivation.

The question leads immediately to the concept of law. The unconditional moral imperative confronts us as the sacred moral law. [v]It appears as the only justifiable motivation.[v] Any other motivation would seem to introduce conditions that violate the unconditional character of morality. This is the basic point of view of Kant's rigoristic (not Puritan or Pietist) ethical theory. It would reduce the religious element in morality to the unconditional character of the moral imperative. We have already trespassed against this restriction with respect to the source of the ethical demands by establishing love as this source, without surrendering the formal strictness of the Kantian principles. We must now do likewise with respect to moral motivation.

As the linguistic form itself indicates, the moral imperative has the form of a commandment and, if generalized, a law. We have discussed the term "law" in

---

2 But I have developed such a philosophy in my volume *Love, Power and Justice.*

connection with the natural laws of morals, and distinguished it from the physical laws of nature. This difference extensively influences the | problem of moral motivation: the moral law is experienced as law only because man is estranged from the structural law of his essential being, namely, to become a centered person. This law belongs to him. It is his nature. And it would never become a commanding law if he did not try to break through it. But [w]if[w] he is estranged from it, [x]if[x] he contradicts it in his existence, it becomes law for him. And since all human beings share this predicament, they all stand under the law. And even love becomes law for them – "Thou shalt love. ..." If love determined our being, if it were a structural law with which we were one, it could not become a law that commands or an expression of the moral imperative. It would be an expression of our being, one with it, and not standing in opposition to it.

We can use this understanding of the law as a key to two biblical stories of great symbolic power – one, the temptation of Adam, and the other, the temptation of the Christ. In the story of the Fall, God forbids Adam to eat from the tree of knowledge (which is also power). We ask: why is this prohibition necessary? If Adam had been one with his true being, the negative command would not have been necessary. But as a man, he had the freedom to contradict his true being. In his condition of temptation he had not yet done so, but the tendency was in him, which means that he was already separated from the natural unity with God. The law appeared when the first symptoms of separation appeared, and the innocence of the created state of being in God was shaken. The law was a warning, a summoning back to original innocence. But by this very fact the innocence was no longer innocence. Neither was it guilt. It was on the boundary line of both, and the name of this boundary line is "desire."

This analysis of innocence, desire, and law can also be applied to one of the most problematic stories of the Gospels, the story of the temptations of Jesus. Some theologians deny | the seriousness of the temptations; others affirm it, but are not aware of the consequences of their affirmation. In declaring with the New Testament and most classical theology the seriousness of the temptations of Jesus, we must acknowledge that they are expressions of his true humanity. They should have protected his image against the seemingly irrepressible Monophysitic trends in all Christian churches – that is, against the theological error strongly supported by popular piety, which is to see in Jesus a god, walking on earth. But if the temptations of Jesus are taken seriously, the question arises whether their seriousness presupposes a separation from that unity with God that determines his whole life and makes him the selected "Son." The question can be answered by reference to the Adam story. Serious temptation presupposes desire for that by which one is tempted. Jesus, like Adam, stood between innocence and guilt, on the boundary line of existence where the commanding law appears. And Jesus quotes commanding words from the Old Testament against Satan.

With this insight into the two different meanings of law, law as structure and law as the demand to actualize this structure, we approach the question: has the law in the second sense a motivating power for the fulfillment of the moral imperative and its concrete demands? The answer, like the answer to the question of the ultimate principle of the content of morality, must be developed along several levels. For it is complex, representing the profoundest tensions in religious experience and in the history of Christianity.

The general question is: can the commanding law, which presupposes the contrast between our essential and our actual being, motivate us to transform ourselves in the direction of reuniting the actual with the essential? The first logically consistent answer: it *cannot*! For the very existence of the commanding law is based on that split. The law (in the following sections used only in the sense of the commanding | law) is an expression of man's estrangement from his true nature. How would it then be able to overcome this estrangement? This logically unavoidable answer is also the psychologically experienced answer: The command to be good does not make us good. It may indeed drive us toward evil!

Let us consider this answer in several realms of experience. Most contemporary is the psychotherapeutic discovery that the least effective way of treating a person under a destructive compulsion – alcoholism, for example – is to direct him in terms of a moral command, "Don't drink any more!" No psychoanalyst worthy of his profession would commit this destructive error. The law, as stated by the analyst, would produce a tremendous resistance in the patient, and justly so. The patient would withdraw to his freedom to contradict himself, even though he might then destroy himself. The patient, in this action, defends a decisive element in human freedom. Psychoanalysts who (according to the latest fashion) begin to moralize to their patients, however cautiously, should remember that it is precisely the pathological loss of power to respond to moral commands that makes these persons patients. Most analysts are still conscious of this, preserving one of the deepest insights of psychotherapy, namely, that the law cannot break compulsions, that the "thou shalt" does not liberate. Instead of encountering the law, the patient encounters acceptance on the part of the effective analyst. He is accepted in the state in which he is, and he is not told to change his state before becoming acceptable. In some cases, especially in pre-analytic counseling, the acceptance can express itself in a description by the counselor of how he himself was or still remains in a similar predicament, so that he ceases to be merely the subject and the patient merely the object, in the healer-patient relationship.

One has accused psychotherapy of permissiveness. In particular cases this criticism is just – formerly, even more so. But | so far as the method is concerned, this permissiveness is a result of a simple confusion between acceptance and permission. [y]In the analytic situation there is neither command nor permission, but acceptance and healing.[y] If the power of the compulsion is broken, a counseling exchange between the healer and the healed may take place, and the question may arise as to what the patient should do with his newly regained freedom. Only then should the problems of morality, its content, and its motivation come into focus, and the analyst may become a friend or a [z]priest[z] to the patient. But then the further question for both of them must be raised whether the moral law, appealing to their freedom, has motivating power, or whether it is powerless without a religious element in it – the religious element being an acceptance that transcends the psychotherapeutic distinction between the healer and healed.

Another relationship in which the question of the motivating power of the law is decisive is the educational one, first within the family, and then in the school and any other situation where an educational element is implied. There are many problems connected with the motivating power of the law in the educational realm. First, it is necessary to distinguish between demands based on authority and demands based on rationality. The distinction is rarely absolute because there is always authority behind educational demands; and this authority always claims to be rational. Nevertheless, it makes a great difference to the child, if he can understand a parental order as adequate to the situation, or if he feels it as a mere exercise of incomprehensible authority. In either case the child may resist. But in the first, the resistance is not rebellious; it is a primitive form of self-affirmation, weakened by a subconscious acknowledgment that the order was justified. Then the essential nature of the child is partly united with the content of the command, and to the degree to which it is united, the order proves not to be a strange | law imposed by adult authority, but an expression of the demand of a practical situation, such as the necessary regulation of hours at home and in school. Therefore, it is of great importance to the educational process to help the child to understand the objective validity of the orders he receives.

If this is not accomplished, or if the orders themselves are more the expressions of willful authority than of the situation, the child is driven toward a genuine rebellion, and three things can happen: the rebellion may succeed and a creative independence develop; or the rebellion may succeed externally but fail internally, and rebelliousness as a character trait may result; or the rebellion may fail externally and internally, leaving a broken, submissive character. These examples show the problem of the law in a realm where it is almost daily experienced, and where parents, teachers, and even philosophers of education, have concluded that the law should be removed altogether and replaced by a kind of organized permissiveness. This, however, has led to consequences in which the "dialectics of the law" are patently manifest. After a certain time (usually in later adolescence), the majority of children become well-adapted conformists, albeit on a superficial level. Those among them who feel this superficiality as emptiness complain that they never had to face the law seriously and remained without guidance to their own essential nature and its potentialities. In view of this situation one must agree with the apostle who was most critical of the commanding law – Paul – that "the law is good," for it expresses the created goodness of man, which man must face because he is estranged from it.

The reference to Paul leads to the realm in which the problem of moral motivation and, consequently, of the motivating power of the law, has been experienced and discussed most thoroughly and most profoundly in religion and theology. It is not the general question of the religious element | in the moral motivation that concerns us at this moment, but the attitude toward the law in some of the greatest religious men. Their experience is not restricted to religion in the narrower sense of the word, but is typical of human experience generally. There is no text in theology, philosophy, and psychology that deals more profoundly with the problem of the law than the seventh chapter of Paul's Letter to the Romans. He praises the law as "holy in itself" and the commandment as "holy and just and good." He calls it "spiritual." In his "inmost self" he "delights in the law of God," he is "subject to God's law as a rational being." Without the law he would "never have become acquainted with sin." This is one facet of Paul's evaluation of the law: the law is the expression of what man essentially is and therefore ought to be, but what he actually is *not*, as the law shows to him.

[a]The other side of Paul's evaluation of the law is based on his experience that the law commands us to do the good that we cannot do because we are estranged from it and under a power that contradicts our true being: "Clearly, it is no longer I who am the agent, but sin that has its lodging in me." But the law does more than show us our essential nature and our estrangement from it. The law awakens the sleeping sin: "In the absence of law, sin is a dead thing"; "When the commandment came sin sprang to life"; "Through the commandment, sin became more sinful than ever." It is obvious that Paul does not consider the law as a power of moral motivation. He was, on the basis of his own experience, aware of the fact that the commanding law produces "all kinds of wrong desires," but does not motivate the conquest of these desires and the reunion of his actual will with his essential will: "What I do is the wrong which is against my will."

Paul's experience is independent of the religious framework in which it appears. A humanist with insight into his spiritual predicament could fully agree with it. Actually, however, and | not by chance, the problem of the law as motivating power appeared again in its profundity and explosive power in the Protestant Reformation. All Reformers fought the idea that man's "good works," his fulfillment of the law, could be a contributing factor in salvation, or the acceptance of man by God. Not the fulfillment of commandments (which is impossible in the state of separation from God), but the acceptance of the message that we are accepted, is the motive of moral action. Nevertheless, the Reformers maintained a threefold use of the law – first, in its legal function as the principle of the positive law, the law of the nations; second, in its power to awaken our conscience to the fact that our actual existence contradicts our essential being, that we are estranged from ourselves; and third, in its function as a mirror of what is good and bad in Christian life. Luther denied and Calvin affirmed the third function of the law. But all the Reformers denied its power of moral motivation.

Again it was a personal experience, namely, that of Luther, that led to the rediscovery of Paul's experience and its theological implications. The depth to which Luther felt the ambiguity of the law emerges in expressions of hate, not only against the law itself, but also against the image of God who lays down a law nobody can fulfill and who punishes those who trespass against it. The shaking anxiety produced by this thought, and the hidden hatred against God, break out in Luther repeatedly, even in his later period. In such a state of mind, man is not able to recognize the law as the expression of his own essential being; he feels it as a strange and tyrannical command. But as with Paul, this is not Luther's sole evaluation of the law. The interpretation of the Ten Commandments in Luther's *Small Catechism* demonstrates that he is able to see in the law the right expression of man's relation to God and man in such a way that the right relation to God – love and fear – provides the moral motivation. Beyond this,| his interpretation indicates, as for every table of laws, a particular situation – in this case the paternalistic kind of rural society in which he lived. (Cf. Chapter II.)

The ambiguity of the commanding law, as experienced by Luther, was the decisive problem for the entire period of the Reformation. The emphasis was different in different Reformers, but the basic answer was the same. The enormous tension produced by this ambiguity, however, slowly receded, and Protestantism became to a large extent a religion of the law, doctrinal as well as moral.

All systems, determined by the law, whether religious or secular, are systems of compromise. This is true of groups as well as of individuals; and it is true of the great majority of human beings and human situations in all periods. This happens because the moral law becomes embodied in state law, conventional rules, and educational principles (with or without the support of a particular religion), and exercises motivating power through tradition, public opinion, personal habit, and the threats and promises, connected with all of them. In this way the commanding law has the power to produce moral action [b]in[b] an institutionalized form. It is, generally speaking, what the Reformers called the "first use of the law ", its power to produce "civil justice," since obedience to the laws makes the existence of society possible. From the point of view of the unconditional moral imperative, and love as the ultimate principle of moral commands, these methods of motivating moral action are compromises, unavoidable in view of the human predicament, but far removed from the true nature of the moral. This is true not only because of the universal human estrangement, the struggle between man's essential and existential nature, the ambiguity of good and evil in every life process, the mixture of moral and amoral motives in every moral act, but also because social institutions as well as personal habits have an almost irresistible tendency | to perpetuate themselves in disregard of the demands of creative justice in a new situation or under unique conditions, both in the communal and in the individual life. To summarize: the law provides moral motivation if morality becomes a thread within a texture of premoral forces and motives.

To acknowledge this aspect of man's predicament is an act of humility, demanded by honest self-evaluation. But this demand is not fulfilled by most people. They evaluate their highly ambiguous moral achievements as sufficiently perfect, morally speaking; and there are even some who evaluate them as expressions of the nearly perfect or most perfect moral fulfillment. They consider themselves as "moral men," or as "men of good will," and look down on those who are "immoral men" or who at least do not belong to the selected group of the "men of good will." They do not see the ambiguity of their goodness and the mixture of their motives. They are not hypocritical, but self-assured in their high moral standing. They do not feel that they need forgiveness, either in Christian or in humanist terms. They defend the motivating power of the moral law, pointing to themselves as examples.

But some of these "moral men" and some of the "immoral men" are, at some point, grasped by the unconditional seriousness of the moral imperative, and they then recognize its deep opposition to them, even to the best qualities in them. This experience unites Paul the "righteous Pharisee," and Augustine the "sinner," and Luther the "ascetic monk." They took the moral imperative without compromise and without self-deception, and concluded that the "naked" moral law has no motivating power. They looked for something that had the power, and they found it in the religious element which they called "grace," a word that requires much interpretation to become an answer also for us.

[c]But before discussing grace as the power of moral motiva|tion, I should like to recall two concepts which belong together and represent the highest levels that Greek humanism reached in solving the question of moral motivation, and which remain decisive for the amalgamation of the moral with the cultural.

One is classically expressed by Socrates when he speaks of the knowing of the good, which creates the doing of the good. The question, of course, is: what kind of knowledge can create moral action? It is immediately clear that it cannot be the detached knowledge of prescientific or scientific inquiry, nor can it be the practical knowledge of the day-to-day handling of things and people, even if such knowledge is elevated to the level of technical expertise or psychological skill, for any of this can be used for the performance of the most antimoral actions. (Our most flagrant modern example of this is the Nazi system.) Since we cannot assume, unlike some of his critics, [d]that Socrates was cognizant of this danger[d], we must search for another kind of knowledge he might have had in mind. Perhaps we approximate it when we use the modern term "insight." If Socrates did mean "insight," he stands in line with his great predecessors – for example, Heraclitus and Parmenides. Heraclitus' attack against those who are "fools" is not a criticism of the unsophisticated, but of those not subject to the power of the *logos*, the universal law of things and mind, the source of the physical and moral laws. Those who are not grasped by the *logos* are fools, and he directs his prophetic-philosophical wrath against them. In this way he established the idea of the wise man who unites knowledge with personal involvement in the universal *logos*, an idea which became of immense practical significance in the humanist-religious philosophy of the Stoics. Wisdom became the leading virtue in the later ancient world, combining cognition and morality.

Knowledge of the character of wisdom cannot be considered | as functioning in one direction only, as the cause of moral action, because it is in itself partly a result of moral action. Since one must be good in order to be wise, goodness is not a consequence of wisdom. The Socratic assertion, therefore, that knowledge creates virtue must be interpreted as knowledge in which the whole person is involved (insight). That is, a cognitive act which is united with a moral act can cause further moral acts (and further cognition).

It is worthwhile to look, in addition to the Heraclitean-Stoic tradition, to that of Parmenides and the Gospel of John. In the philosophical poem about being and nonbeing, Parmenides describes the visionary experience in which the goddess of justice (!) opens his eyes to the true way of asking the ultimate questions. He derives his insight from a kind of revelatory act which takes away his blindness to the truth, and guides him not to a better method of research (although this is an important consequence of his insight), but to a way of life as a whole. In the Fourth Gospel we also find passages in which truth is being. Jesus says, "I *am* the truth." There are others which state that truth can be done, those who do the truth will recognize the truth. Here the gap [e]between the cognitive and the moral[e] is conquered, and again it is obvious that this kind of insight cannot precede the moral act and motivate it, since it is itself partly a moral act.

A modern analogy to these ideas is provided by the psychotherapeutic experience. It clearly shows the difference between detached knowledge and participating insight. No one is helped in his personal problems by a thorough knowledge of the psychoanalytic literature. On the contrary, the analyst knows that a patient who claims to have insight into his own pathological state on the basis of such knowledge deceives himself, and often sets up an almost insuperable resistance against gaining true insight about himself. Only he who enters the healing process with his whole being, cognitive as well as | moral, and therefore with emotional attachment to the process and its different elements, has a chance of gaining healing. But this cannot occur without a "walk through hell," the suffering implicit in the awareness of the dark, ordinarily repressed elements in our being. Here also, the moral chance is only partly an effect of insight, as insight itself is partly an effect of the moral will to be liberated.

There is another concept by which classical Greek humanism attempted to answer the question of moral motivation. It is the concept of *eros* as used by Plato. In the second chapter we defined it as the mystical quality of love. This description of *eros* depends both on Plato's use of the word in the *Symposium* and on the reintroduction of the word into Christian mysticism by Dionysios the Areopagite. *Eros* for Plato is a mediating power, elevating the human mind out of existential bondage into the realm of pure essences, and finally to the essence of all essences – the idea of the good that is, at the same time, the idea of the beautiful and the true. As in the other examples of Greek tradition, the moral and the cognitive are not separate. *Eros* provides both insight and moral motivation, and there is a third element, the aesthetic desire for the beautiful which is implied in the good. This goal can be attained by *eros* as a divine-human power that transcends the moral command without denying it. *Eros* is the transmoral motivation for moral action.

To be impelled by *eros* can also be described as being grasped by that toward which *eros* drives. And thus we return to the principle of love, as discussed in the second chapter. It is one of the qualities of love that concerns us here – the mystical, the drive toward reunion with essential being in everything, ultimately with the good as the principle of being and knowing (in Platonic terms). Love in all its qualities drives toward reunion. *Eros*, as distinct from *philia* and *libido*, drives toward reunion with things and persons in their | essential goodness and with the good itself. For mystical theology, God and the good itself are identical; therefore the love toward the good itself is, in religious language, love toward God. This love can be symbolized in two ways: in Plato it is the divine-human power of *eros* that elevates the mind to the divine; and in Aristotle, it is the power of the divine that attracts every finite thing and produces by this attraction the movement of the stars, the universe, and the human mind.

According to both formulations it is not the moral imperative in its commanding majesty and strangeness that is morally motivating, but the driving or attracting power of that which is the goal of the moral command – the good. The Greeks were aware of the fact that the moral realm, in the sense of personal and communal justice, does not furnish moral motivation unless it is understood as a station on the way to something ultimate in being and meaning – the divine. And the aim of everything finite is to participate in the life of the divine. The moral stage is a station on the way, and the motivation for it depends on the motivation for the transmoral aim, the participation in the divine life, as Aristotle expresses it both rationally and symbolically. These are the forms in which Greek humanism and its ethical thought expressed, in mystical religious terms, the transmoral motivation of morality.

Again I should like to point out a contemporary analogy in the realm of therapeutic psychology. The question is whether *libido* is unlimited in itself or only under the conditions of human estrangement. Our line of thought decides for the latter (as opposed to Freud and his doctrine of the essential necessity of cultural uneasiness and the death-drive). The difference is that essential *libido* (toward food or sex, for example) is concretely directed to a particular object and is satisfied in the union with it, while existentially distorted *libido* is directed to the pleasure which may be derived from the relation to any encountered object. This drives existential | *libido* boundlessly from object to object, while the essential *libido* is fulfilled if union with a particular object is achieved. This distinguishes the lover from the "Don Juan," and *agape* directed *libido* from undirected *libido*. The moral imperative cannot be obeyed by a repression of *libido*, but only by the power of *agape* to control *libido* and to take it into itself as an element.

Eros is a divine-human power. It cannot be produced at will. It has the character of *charis*, *gratia*, "*grace*" – that which is given without prior merit and makes graceful him to whom it is given. It is useful to remember the origins of the word "grace," because it plays an immense role in Christian religion and theology, and its meaning and relevance have become incomprehensible for most contemporaries both inside and outside the church. Graces are divine gifts, independent of human merit, but dependent on the human readiness to receive them. And the readiness itself is the first gift of grace, which can be either preserved or lost.

Theology has distinguished between "common" grace that works in all realms of life and in all human relations, and the special grace bestowed upon those who are grasped by the new reality that has appeared in the Christ. In both respects, the problem of moral motivation is decisive. What common and special grace accomplish is to create a state of reunion in which the cleavage between our true and our actual being is fragmentarily overcome, and the rule of the commanding law is broken.

Where there is grace there is no command and no struggle to obey the command. This is true of all realms of life. He who has the grace of loving a thing, a task, a person, or an idea does not need to be asked to love, whatever quality of love may be predominant in his love. A reunion of something separated has already taken place, and with it a partial fulfillment of the moral imperative. As a gift of grace, it is not | produced by one's will and one's endeavor. One simply receives it. In this sense we may say: there is grace in every reunion of being with being, insofar as it *is* reunion and not the misuse of the one by the other, insofar as justice is not violated.

Elements of grace permeate everyone's life. One could also call them healing powers that overcome the split between what we essentially are and what we actually are, and with this split the estrangement of life from life and the hidden or open hostility of life against life. Whenever elements of grace appear, the moral command is fulfilled. What was demanded, now is given. But what was given can be lost. And it will be lost, if one forgets that grace fulfills what the moral imperative demands, and that it affirms and does not replace the unconditional seriousness of morality. Therefore, as soon as grace is lost, the commanding law takes over and produces the painful experience of being unable to become what one could and should have become.

This suffering under the moral law finally drives us to the question of the meaning of our existence in the light of the unconditional moral command which cuts into our finite and estranged predicament. We feel that the many gifts of common grace do not suffice; we ask for a grace as unconditional as the moral imperative and as infinite as our failure to fulfill it. We ask for the religious element of moral motivation directly, after we have experienced its indirect effect as common grace in the different realms of life.

The Christian message is above all a message of grace. There is no religion without this element. The Old Testament, where the law plays such a decisive role, refers in every part to the divine covenant between God and the selected nation, and to the promises beyond all threats and judgments. We might cite similar examples from many other religions. But Christianity, particularly under the impact of the Protestant Re|formation, has emphasized the idea of grace more than any other religion. The concept of grace in Christian thought contains a polarity between the element of forgiveness and the element of fulfillment. The former can be expressed as the forgiveness of sins or – in a paradoxical phrase – the acceptance of the unacceptable. The latter can be described as the gift of the Spirit or the infusion of love controlled by agape. The former conquers the pain of morally unfulfilled existence, and the latter grants the blessedness of an at least fragmentary fulfillment. Neither is possible without the other, for only he who is grasped by the Spirit can accept the tremendous paradox that he is accepted. Nothing is more difficult than to face one's image in the mirror of the law and to say "yes" to it in terms of "in spite of." It demands much grace to reach this state. And on the other hand, the fragmentary fulfillment through grace can bestow blessedness only if the paradox of forgiveness conquers the pain of missing fulfillment or of lost grace.

Here the skeptical question may arise as to whether the paradox of grace diminishes the power of moral motivation in those who accept that they are accepted, although unacceptable. It is a very old question, used against Paul as well as against Augustine, against Luther as well as against Calvin, and against the Reformation as a whole by the humanists and the evangelical radicals. It is a justified question insofar as it points to the possibility of converting the paradox of grace into a cover for lawlessness. But the question is not justified in principle, because it shows that one has not understood that the courage to accept the unacceptable is a work of grace, a creation of the Spiritual power. Only if the acceptance of the unacceptable is misunderstood as a merely intellectual act does it remain without moral motivating power. Orthodoxy (in contrast to the early Luther) is largely responsible for this intellectual dis|tortion of the paradox of acceptance of the unacceptable and, consequently, for the attacks on the Pauline principles in the name of morality.

The question of moral motivation can be answered only transmorally. For the law demands, but cannot forgive; it judges, but cannot accept. Therefore, forgiveness and acceptance, the conditions of the fulfillment of the law, must come from something above the law, or more precisely, from something in which the split between our essential being and our existence is overcome and healing power has appeared. It is the center of the Christian message that this conquest took place in the Christ, in whom a new reality beyond the cleavage appeared. It is therefore a moralistic distortion of Christianity to interpret the so-called "teachings of Jesus" as another law, heavier than the law of Moses. His words (not his "teachings") point the way to the new reality in which the law is not abolished, but has ceased to be commanding.

The first three chapters of this volume have sought to demonstrate that the relation of religion and morality is not an external one, but that the religious dimension, source, and motivation are implicit in all morality, acknowledged or not. Morality does not depend on any concrete religion; it is religious in its very essence. The unconditional character of the moral imperative, love as the ultimate source of the moral commands, and grace as the power of moral motivation are the concepts through which the question of the relation of religion and morality is fundamentally answered. |

IV
The Transmoral Conscience

[a]In this chapter I shall discuss the transmoral conscience[a]. The[b] theologian Richard Rothe, in *Christian Ethics*, has made the suggestion that the word "conscience" be excluded from all scientific treatment of ethics, since its connotations are so manifold and contradictory that the term can no longer be usefully defined. If we look not only at the popular use of the word, with its complete lack of clarity, but also at its confused history, this desperate advice is understandable. Understandable as it may be, we should not follow it, for the word "conscience" points to a definite reality which, in spite of its complexity, can and must be described adequately. And the history of the idea of conscience, despite the bewildering variety of interpretations that it has produced, shows some clear types and definite trends.

[c]The complexity of the phenomenon called "conscience" becomes apparent as soon as we look at the manifold problems it has given to human thought; man always and everywhere demonstrates something like a conscience, but its contents are subject to a continuous change. What is the relation between the form and the content of conscience? Conscience points to an [d]objective structure of demands that make themselves perceivable through it, and represents, at the same time, the most subjective self-interpretation of personal life[d]. What is the relation between the objective and the subjective sides of conscience? Conscience is an ethical concept, but it has a | basic significance for religion. What is the relation between the ethical and the religious meaning of conscience? Conscience has many different functions; it is good or bad, commanding or warning, [e]elevating[e] or condemning, battling or indifferent. Which of these functions are basic, which derived? These questions refer only to the description of the phenomenon, not to its explanation or evaluation. They show its complex character and the reason for its confused history.

[f]The concept of conscience is a creation of the Greek and Roman spirit. Wherever this spirit has been influential, notably in Christianity, conscience is a significant notion. The basic Greek word *syneidenai* ("knowing with," i.e., with oneself; "being witness of oneself") was common in popular language long before the philosophers utilized it. It described the act of observing oneself, often as judging oneself. In philosophical terminology it received the meaning of "self-consciousness" (for instance, in Stoicism, the derived substantives *syneidesis*, *synesis*). Philo of Alexandria, under the influence of the Old Testament, stressed the ethical self-observation in *syneidesis* and attributed to it the function of *elenchos*, that is, accusation and [g]conviction[g]. The Roman language, following the popular Greek usage, united the theoretical and practical emphasis, in the word *conscientia*, while philosophers like Cicero and Seneca admitted it to the ethical sphere and interpreted it as the trial of oneself, in accusation as well as in defense. In modern languages the theoretical and the practical aspects are usually expressed by different words. English distinguishes *consciousness* from

conscience; German, *Bewusstsein* from *Gewissen*; French, *connaissance* from *conscience* (although the latter word is also used for the theoretical aspect).

The [h]development of the reality[h] as well as of the concept of conscience [i]is connected with[i] the breakdown of primitive conformism in a situation [j]that forces the individual to face himself as such[j]. In the sphere of an unbroken [k]we-conscious|ness[k], no individual conscience can [l]appear[l]. [m]Cultural phenomena[m] such as Greek tragedy, with its emphasis on personal guilt and personal purification, or in later Judaism, the stress upon personal responsibility before God, prepared for the rise of conscience by creating a definite ego-consciousness. The self, says a modern philosopher, has been discovered by sin. The merely [n]logical[n] self-consciousness does not have such a power. Without practical knowledge about oneself, produced by the experience of law and guilt, no practical self-consciousness [o]and[o] no conscience could have developed. Predominantly theoretical types of mentality lack a mature self. Even Nietzsche, who attacks more passionately than anyone the judging conscience, derives the birth of the "inner man" from its appearance. In pointing to the subpersonal character of guilt and punishment in primitive cultures, he praises the discovery of the conscience as the elevation of mankind to a higher level. The fact that self and conscience are dependent on the experience of personal guilt explains the prevalence of the "bad conscience" in reality, literature, and theory. It supports the assertion that the uneasy, accusing, and judging conscience is the original phenomenon; that good conscience is only the absence of bad conscience; and that the demanding and warning conscience is only the anticipation of it. Since ego-self and conscience grow in mutual dependence, and since the self discovers itself in the experience of a split between what it is and what it ought to be, the basic character of the conscience – the consciousness of guilt – is obvious.

Shakespeare, in King Richard III, Act V, Scene 3 gives a classic expression of the relationship of individual self-consciousness, guilt, and conscience:

> Oh coward conscience, how dost thou afflict me! ...
> What! do I fear myself? There's none else by.
> Richard loves Richard; that is, *I am I.* |
> Is there a murderer here? No. Yes, I am.
> Then fly. What, from myself? Great reason why,
> Lest I revenge. What, *myself upon myself?*
> Alack, I love myself. Wherefore? For any good
> That I myself have done unto myself?
> O, no! alas, I rather hate myself. ...
> My conscience hath a thousand several tongues,
> ... crying all, Guilty! guilty.

In the next moment, however, Richard immerses himself in the [p]we-consciousness[p] of the battle, dismissing self and conscience:

> ... conscience is a word that cowards use. ...
> Our strong arms be our conscience, swords our law.
> March on, *join* bravely, let us to 't pell-mell;
> If not to heaven, then *hand in hand* to hell.

[q]While the Old Testament describes the experience but not the notion of conscience (Adam, Cain, David, Job), the New Testament, especially Paul, has the word and the reality. Through the influence of Paul (who in this case, as in others, introduced elements of Hellenistic ethics into Christianity) conscience has become a common concept to the Christian nations, [r]in their religious as well as secular periods[r].

Conscience, in the New Testament, has religious significance only indirectly. It has primarily an ethical meaning. The acceptance of the gospel, for instance, is not a demand of the conscience[s]. It does not give laws, but it accuses and condemns him who has not fulfilled the law. Consequently, it is considered to be not a special quality of Christians but an element of human nature generally. In Romans 2:14–15, Paul expresses this [t]very strongly[t]: "When Gentiles who have no law obey instinctively the Laws requirements, they are a law to themselves, even though they have no law; they exhibit the effect of the Law written on their hearts, their conscience bears them witness, as their moral convictions accuse or, it may be, defend them" (Moffatt). |

[u]According to these words, the conscience witnesses to the law (either the Mosaic or the natural law), but it does not contain the law. Therefore its judgment can be wrong. Paul speaks of a "weak[v] conscience" when describing the [w]narrow and timid[w] attitude of Christians who are afraid to buy meat in the market because it might have been used for sacrifices in pagan cults. Paul criticizes such attitudes. But he emphasizes that even an erring conscience must be obeyed, and he warns those who are strong[x] in their conscience not to induce, by their example, those who are weak to do things that would give them an [y]uneasy[y] conscience. No higher estimation of the conscience as guide is possible. Paul does not say that we must follow it because it is right, but because disobedience to it means the loss of salvation (Romans 14). We can lose our salvation even when we do something objectively right, if we do it with an [z]uneasy[z] conscience. The unity and [a]consistency[a] of the moral personality are more important than its subjection to a truth that endangers this unity.

In principle, Christianity has always maintained the Pauline doctrine of conscience, the unconditional moral responsibility of the individual person. Aquinas and Luther agree on this point. Aquinas states that he must disobey the command of a superior to whom he has made a vow of obedience if the superior asks something against his conscience. And Luther's famous insistence, before the emperor in Worms, that it is not right to do something against the conscience (in this case to recant a theological insight) is based on the traditional Christian doctrine of conscience. But neither in Paul nor in Aquinas or Luther is the conscience a religious [b]source[b]. They all keep the authority of conscience within the ethical sphere. Luther's refusal to recant his doctrine of justification is an expression of his conscientiousness as a doctor of theology. He declares that he would recant if refuted by arguments | taken from Scripture or reason, the positive *source* and the negative criterion of theology. But he does not say – as has been often stated by liberal Protestants – that his conscience is the source of his doctrine. There is no "religion of conscience" either in the New Testament or in classical Christianity before the sectarian movements of the Reformation period.

In the New Testament the relation of the moral conscience to faith as the foundation of the religious life is dealt with in only two connections. In Hebrews 9:9 ritual religion is criticized because "gifts and sacrifices ... [c]cannot possibly make the conscience of the worshiper perfect[c]." Therefore, the writer continues, "Let us draw near with a true heart, in absolute assurance of faith, our hearts sprinkled clean from a bad conscience." Only perfect salvation can give the moral status from which a good conscience follows. But the "assurance of faith" is not a matter of conscience. The other link between faith and conscience is given in the criticism of heresy. Heresy entails an unclean conscience because it involves a moral distortion. In I Timothy 1:19 and 4:2 libertines and ascetics, both representatives of pagan dualistic morals, are rejected. Against them the writer says: "Hold to faith and a good conscience. Certain individuals have [d]scouted[d] the good conscience and thus come to grief over their faith." They are "seared in conscience." The judgment that one cannot be a heretic with a good conscience has been accepted by the church. The moral implications of heresy were always emphasized, although not always rightly. Heresy is not an error in judgment or a difference in experience, but a demonic possession, splitting the moral self and producing a bad conscience. On this basis the church waged its war against the heretics of all periods.

[e]Scholasticism raised the question: according to what norms does the conscience judge, and how are these norms recog|nized by it? The answer was given [f]in terms of the artificial (or distorted)[f] word *synteresis*, [g]i.e., a perfection of our reason that leads us toward the recognition of the good[g]. [h]It has immediate and infallible evidence[h], being a [i]spark[i] of the divine light in us, the uncreated light in the depth of the soul, as the Franciscans asserted; the created light of our intuitive intellect, as the Dominicans said. The basic principles given by the *synteresis* are: (1) The good must be done; the evil must be avoided. (2) Every being must live [j]according to nature[j]. (3) Every being strives toward happiness. Conscience is the practical judgment that applies these principles to the concrete situation. [k]It is *syllogismus practicus.*[k] We are obliged to follow our conscience whether the syllogismus is correct or not. We are, of course, responsible for not knowing the good. But we are not allowed to act against our conscience, even if it is objectively correct to do so. Man has an infallible knowledge of the moral principles, the natural law, through *synteresis*; but he has a conscience that is able to fall into error in every concrete decision.

[l]In order to prevent dangerous errors, the authorities of the church give advice to the Christian, especially in connection with the confession in the sacrament of penance. *Summae de casibus conscientiae* (collections [m]concerning cases of conscience[m]) were given [n]to the priests[n]. In this way the conscience became more and more dependent on the authority of the church. The immediate knowledge of the good was denied to the layman. The Jesuits removed [o]the *synteresis*, and

with it any direct contact between God and man[o], replacing it by the ecclesiastical, and especially the Jesuit, adviser. But the adviser had the choice from among different authorities, since the opinion of each of them was equally probable. Heteronomy and probabilism destroyed [p]the autonomous, self-assured conscience[p].

In spite of these distortions, the medieval [q]development[q] | performed a tremendous task in educating and refining the conscience of the European people generally, and the monastic and semimonastic groups in particular. The depth and breadth of bad conscience in the later Middle Ages is the result of this education and the soil for new interpretations of the meaning and functions of conscience.

Turning [r]to the "sectarian" understanding of conscience[r], we find the Franciscan idea [s]of the immediate knowledge of the natural law in the depth of the human soul[s]. But two new elements supported and transformed this tradition: the so called "German mysticism," with its emphasis on the divine spark in the human soul, and the "spiritual enthusiasm" awakened by the Reformation, with its emphasis on the individual possession of the Spirit. Thomas Muenzer and [t]all his sectarian followers[t] taught that the divine Spirit speaks to us out of the depth of our own soul. *We* are not speaking to ourselves, but God within us. "Out of the abyss of the heart which is from the living God," wrote Muenzer, we receive the truth if we are opened to it by suffering. Since the [u]enthusiasts[u] understood this divine voice within us in a very concrete sense, they identified it with the conscience. In this way conscience became a source of religious insight and not simply a judge of moral actions. The conscience as the expression of the inward light has a revealing character.

But the question arose immediately: what is the content of such a revelation through conscience? Luther asked Muenzer, and Cromwell asked Fox: what is the difference between practical reason and the inward light? Both of them could answer: the ecstatic character of the divine Spirit! But they could be asked again: what bearing has the ecstatic form of revelation on its content? And then the answer was difficult. Muenzer referred to practical decisions in his daily life, made under the inspiration of the Spirit; and Fox developed an ethics of unconditional honesty, bourgeois righteousness, and | pacifism. It was easy to ask again whether reasonableness and obedience to the natural moral law could not produce the same results. The "revealing conscience" is a union of mysticism with moral rationality. But it does not reveal anything beyond biblical and genuine Christian tradition.

[v]An important result arising from this transformation of the concept of conscience is the idea of tolerance and its victory in the liberal era. The quest for "freedom of conscience" does not refer to the concrete ethical decision, but to the religious authority of the inward light that expresses itself through the individual conscience. And since the inward light could hardly be distinguished from practical reason, freedom of conscience meant, actually, the freedom to follow one's autonomous reason, not only in ethics, but also in religion. The "religion

of conscience" and the consequent idea of tolerance are not a result of the Reformation, but of sectarian spiritualism and mysticism.

[w]The modern philosophical interpretation of conscience follows three main lines: an emotional-aesthetic line, an abstract-formalistic line, and a rational-idealistic line. Secularizing the sectarian belief in the revealing power of conscience, Shaftesbury interprets it as the emotional reaction to the harmony between self-relatedness and relatedness to others, in all beings and in the universe as a whole. The principle of ethical action is the balance [x]between the [y]affects[y] of benevolence and the [y]affects[y] of selfishness as indicated by conscience[x]. Conscience works better and more accurately, the more the taste for the universe and its harmony is developed. The [z]educated[z] conscience has a perfect [a]ethical taste[a]. Not harmony with the universe but sympathy with the other man is the basis of conscience, according to Hume and Adam Smith; we identify ourselves with the other man and take his approval or disapproval of our action as our own judgment. This, of course, presupposes a hidden harmony between individuals and the possibility | of a mutual feeling of identification. It presupposes a universal principle of harmony in which individuals participate and which reveals itself to [b]the conscience[b].

The emotional-harmonistic interpretation of conscience has often led to a replacement of ethical by aesthetic principles. The attitude of late aristocracy, high *bourgeoisie*, and bohemianism at the end of the last century was characterized by the elevation of good taste to be the ultimate judge in moral affairs, corresponding to the replacement of religion by the arts in these groups. It was an attempt to reach a transmoral conscience but it did not reach even a moral one, and it was swept away by the revolutionary morality and immorality of the twentieth century.

The second method of interpreting conscience philosophically is the abstract-formalistic one. It was most clearly stated by Kant, and it was introduced into theology by Ritschl. Kant wanted to maintain the unconditional character of the moral demand against all emotional relativism, against fear and pleasure motives, as well as against divine and human authorities. But in doing so he was driven to a complete formalism. Conscience is the consciousness of the "categorical (unconditional) imperative," but it is not the consciousness of a special content of this imperative. "Conscience is a consciousness which itself is a duty." It is a duty to have a conscience, to be conscientious. The content, according to Ritschl, is dependent on the special vocation, a special historical time and space. Only conscientiousness is always demanded. This corresponds to the Protestant, especially the Lutheran, evaluation of work. It is the expression of the activistic element of the *bourgeoisie* and is identical with the bourgeois adaptation to the technical and psychological demands of the economic system. Duty is what serves bourgeois production. This is the hidden meaning even of the philosophy of the "absolute ego" in Fichte, who describes conscience as the | certainty of the pure duty [c]that is independent of anything besides its transcendent freedom[c]. [d]In the moment when transcendent freedom comes down to action it is transformed [e]into[e] obedience to a well-calculated system of economic services[d]. It is understandable that this loss of a concrete direction of conscientiousness paved the way for immoral contents when they were commanded, for instance, by a totalitarian state.

Against the aesthetic-emotional as well as the authoritarian form of determining the conscience, attempts were made in modern philosophy to have rationality and contents united. The most influential of these attempts is the common-sense theory of Thomas Reid and the Scottish school, i.e., the moral sense is common to everybody, being a natural endowment of human nature (like the *synteresis* of the scholastics). Decisive for practical ethics is Hutcheson's theory of the sense of benevolence toward others. This theory adequately expresses the reality of British (and to a degree, American) conformism and natural benevolence in a society where the converging tendencies still prevail over the diverging ones, and in which a secularized Christian morality is still dominant.

Another attempt to find rational contents for the conscience was made by Hegel. He distinguishes the formal and the true conscience. About the first he says, [f]"Conscience is the infinite formal certainty of oneself – it expresses the absolute right of the subjective self-consciousness – namely, to know within and out of itself what law and duty are, and to acknowledge nothing except what it knows in this way as the good."[f] But this subjectivity is fallible and may turn into error and guilt. Therefore, it needs content in order to become the true conscience. This content is the reality of family, society, and state. With the state (as the organization of historical reason) the formal conscience is transformed into the true conscience. It is a mistake to link these ideas historically to the totalitarian use of the state and the pagan distortion of conscience | by national socialism. Hegel was a rationalist, not a positivist. His idea of the state unites Christian-conservative and bourgeois-liberal elements. His famous, though rarely understood, idea of the state as the "god on earth" is based on the identification of the state with the church as the "body of Christ," expressed in secular terms. The conscience that is determined by the state in this sense is determined not by bureaucratic orders but by the life of a half-religious, half-secular organism – the counterpart of the Christian-rationalistic common sense of the Anglo-Saxon society.

[g]While the Scottish solution is largely dependent on the social attitude of Western Christianity and Hegel's solution on Lutheran Protestantism, the spirit of Catholicism has received a new philosophical expression in recent philosophical developments, of which I take Max Scheler as a representative. In his doctrine of conscience, Scheler opposes the popular conception of conscience as the "voice of God." He calls this, as well as the quest for "freedom of conscience," a principle of chaos.[h] Instead of freedom of conscience, he demands subjection to authority as the only way of experiencing the intuitive evidence for moral principles. It is impossible to reach such evidence without personal experience, and it is impossible to have such an experience without acting under the guidance of an authority that is based on former experience. In this respect, ethical (we could say "existential") experience is different from theoretical (i.e., "detached") expe-

rience. Although this completely fits the situation of the Catholic, it is not meant as the establishment of external authority. "All authority is concerned only with the good which is universally evident, never with that which is individually evident."[i] Ethical authority is based on general ethical evidence. But does such a general ethical evidence exist? Or is philosophical ethics bound to be either general and abstract or to be concrete and dependent on changing historical conditions? And if this | is the alternative, can the problem of conscience be answered at all in terms of *moral* conscience?

[j]A conscience may be called "transmoral" if it judges not in obedience to a moral law, but according to its participation in a reality that transcends the sphere of moral commands. A transmoral conscience does not deny the moral realm, but is driven beyond it by the unbearable tensions of the sphere of law.

It was Luther who derived a new concept of conscience from the experience of justification through faith; neither Paul nor Augustine did so. Luther's experience grew out of the monastic scrutiny of conscience and the threat of the ultimate judgment, which he felt in its full depth and horror. Experiences like these he called *Anfechtungen*, that is, "tempting attacks," stemming from Satan as the tool of the divine wrath. These attacks are the most terrible thing a human being can experience. They create an incredible *Angst* ("dread"), a feeling of being enclosed in a narrow place from which there is no escape. (*Angst*, he rightly pointed out, is derived from *angustiae*, "narrows.") "Thou drivest me from the surface of the earth," he cries to God in despair, even in hate. Luther describes this situation in many different ways. He compares the horrified conscience that tries to flee and cannot escape, with a goose that, pursued by the wolf, does not use its wings, as ordinarily, but its feet, and is caught. Or he tells us how the moving of dry leaves frightens him as the expression of the wrath of God. His conscience confirms the divine wrath and judgment. God says to him, "Thou canst not judge differently about thyself." Such experiences are not dependent on special sins. The self, as such, is sinful before any act; it is separated from God, unwilling to love Him.

If in this way bad conscience is deepened into a state of absolute despair, it can be conquered only by the acceptance of God's self-sacrificing love as visible in the picture of Jesus as | the Christ. God, so to speak, subjects Himself to the consequences of His wrath, taking them upon Himself, thus reestablishing unity with us. The sinner is accepted as just in spite of his sinfulness. The wrath of God does not frighten us any longer; a joyful conscience arises as much *above* the moral realm as the desperate conscience was *below* the moral realm. "Justification by grace," in Luther's sense, means the creation of a "transmoral" conscience. While God is the accuser in the *Anfechtung* and our heart tries to excuse itself, in the "justification" our heart accuses us and God defends us against ourselves. In psychological terms this means: insofar as we look at ourselves, we must experience a desperate conscience; insofar as we look at the power of a new creation beyond ourselves, we can attain a joyful conscience. Not because of our moral perfection, but in spite of our moral imperfection, we are fighting and triumphing on the side of God. As in Dürer's famous painting, "Knight, Death, and the Devil," the knight goes through the narrows in the attitude of victorious defiance of dread and temptation.

An analogy to this "triumphant conscience," as developed by Luther personally as well as theologically, appeared in the [k]enthusiastic philosophy[k] of Giordano Bruno. The moral conscience is overcome by the "heroic affect" toward the universe and the surrender to its infinity and inexhaustible creativity. Participation in the creativity of life universal liberates the moral conscience, the bad as well as the good. Man, standing in the center of being, is bound to transform life as it is into higher life. He takes upon himself the tragic consequences, connected with the destructive side of finite creativity, and must not try to escape them for the sake of a good moral conscience.

While in Bruno the transmoral conscience is based on a mystical naturalism, Nietzsche's transmoralism is a consequence of his dramatic-tragic naturalism. Nietzsche belongs to those | empiricists who have tried to analyze the genesis of moral conscience in such a way that its autonomy is destroyed – Hobbes and Helvetius, on the ground of a materialistic metaphysics; Mandeville and Bentham, on the ground of a utilitarian psychology; Darwin and Freud, on the ground of an evolutionary naturalism – all have denied any objective validity to the voice of conscience, according to their rejection of any universal natural (rational) law. Nietzsche carried these ideas further, as the title and the content of *Genealogy of Morals* show. He says, "The bad conscience is a sickness, but it is a sickness as pregnancy is one."[l] It is a creative sickness. Mankind had to be domesticated, and this has been done by its conquerors and ruling classes. It was in the interest of these classes to suppress by severe punishments the natural instincts of aggressiveness, will to power, destruction, cruelty, revolution. They succeeded in suppressing these trends. But they did not succeed in eradicating them. So the aggressive instincts became internalized and transformed into self-destructive tendencies. Man has turned against himself in self-punishment; he is separated from his animal past from which he had derived strength, joy, and creativity. But he cannot prevent his instincts from remaining alive. They require permanent acts of suppression, the result of which is the bad conscience, a great thing in man's evolution, an ugly thing if compared with man's real aim.

[m]Nietzsche describes this aim in terms which remind one of Luther's descriptions of the transmoral conscience: "Once in a stronger period than our morbid, desperate present, he must appear, the man of the great love and the great contempt, the creative spirit who does now allow his driving strength to be turned to a transcendent world."[n] Nietzsche calls him the man "who is strong through wars and victories, who needs conquest, adventure, danger, even pain."[o] This man is "beyond good and evil" in the moral sense. At the same time, he is | good in the metaphysical (or mystical) sense that he is in unity with life universal. He has a transmoral conscience, not on the basis of a paradoxical unity with God (such as Luther has), but on the basis of an enthusiastic unity with life in its creative and destructive power.

Recent "existential" philosophy has developed a doctrine of transmoral conscience that follows the general lines of Luther, Bruno, and Nietzsche. Heidegger, the main representative of existential philosophy, says, "The call of conscience has the character of the demand that man in his finitude actualize his genuine potentialities, and this means an appeal to become guilty."[p] Conscience summons us to ourselves, calling us back from the talk of the market and the conventional behavior of the masses. It has no special demands; it speaks to us in the "mode of silence."[q] It tells us only to act and to become guilty by acting, for every action is unscrupulous. He who acts experiences the call of conscience and, at the same time, has the experience of contradicting his conscience, of being guilty. "Existence as such is guilty."[r] Only self-deception can give. a good moral conscience, since it is impossible not to act and since every action implies guilt. We must act, and the attitude in which we can act is "resoluteness." Resoluteness transcends the moral conscience, its arguments and prohibitions. It determines a situation instead of being determined by it. *The good, transmoral conscience consists in the acceptance of the bad, moral conscience*, which is unavoidable whenever decisions are made and acts are performed.

The way from Luther's to Heidegger's idea of a transmoral conscience was a dangerous one. "Transmoral" can mean the re-establishment of morality from a point above morality, or it can mean the destruction of morality from a point below morality. The empiricists from Hobbes to Freud have analyzed moral conscience, but they have not destroyed it. Either they were dependent in their concrete ethics on Anglo-Saxon | common sense; or they identified utility with the social conventions of a well-established *bourgeoisie*; or they cultivated a high sense of conscientiousness, in scientific honesty as well as in the fulfillment of duties; or they did not dare, unconsciously or consciously, to draw the radical moral consequences of their dissolution of the conscience. In Nietzsche and Heidegger none of these inhibitions is left. But it is not without *some* justification that these names are connected with the antimoral movements of fascism or national socialism. Even Luther has been linked with them, as have Machiavelli and Bruno.

[s]This raises the questions: is the idea of a transmoral conscience tenable? Or is it so dangerous that it cannot be maintained? But if the idea must be dismissed, religion as well as analytic psychotherapy would also have to be dismissed. For in both of them, the moral conscience is transcendent – in religion by the acceptance of the divine grace that breaks through the realm of law and creates a joyful conscience, and in depth psychology by the acceptance of one's own conflicts when looking at them and suffering under their ugliness without an attempt to suppress them and to hide them from oneself. Indeed, it is impossible *not* to transcend the moral conscience because it is impossible to unite a *sensitive* and a *good* conscience. Those who have a sensitive conscience cannot escape the question of the transmoral conscience. The moral conscience drives beyond the sphere in which it is valid to the sphere from which it must receive its conditional [t]validity[t]. |

V
Ethics in a Changing World

"Changing World" in the title of [a]this chapter[a] does not mean the general change implied in everything that exists. Neither does it mean the continuous change involved more fundamentally with history than with nature. But it points to the fact that we are living in a historical period, characterized by a radical and revolutionary transformation of one historical era into [b]another[b]. Nobody can doubt this fact seriously, and nobody who has even a minimum of historical [c]understanding[c] would do so after what has occurred during [d]recent years[d]. We are in the midst of a world revolution [e]affecting[e] every section of human existence, forcing upon us a new interpretation of life and the world.

[f]What about ethics in this connection? Does it represent a realm above change? Is it [g]suprahistorical[g] in its foundation, its values, and its commands? Or does it follow the stream of historical becoming, and will it be transformed as rapidly as the other realms of life are transformed in our days? If the latter [h]be true[h], [i]what[i] authority, [j]what [j] power of shaping human life [k]remains in it [k]? Can the unconditional claim with which every moral demand imposes itself on human conscience be maintained if the contents of the demand are different in every period of history? But if the former be the case – if ethics constitutes a realm above history, immovable and uncon|cerned by historical change – how can it influence man, living in history and transformed by history? Would it not remain a strange body within the context of human experience, separated from it in untouchable remoteness, [l]perhaps worthy of[l] awe but without actual influence on the life-process?

[m]In order to answer these questions and [n]to make them pertinent[n] to our present situation, I intend to deal, first, with some solutions [o]that have already appeared[o] in the history of human thought, and are still of [p]great[p] actual importance; second, I [q]wish[q] to give my own solution; and, third, I will try to apply this solution to the present world-situation by giving some practical examples.

[r]There are three great types of life and thought representing three different solutions of the problem of ethics in historical change: first, the static supranaturalistic solution, represented by the Roman Catholic church and [s]expressed[s] in the ethics of Thomas Aquinas; second, the dynamic-naturalistic solution, represented by the National Socialist movement and [t]expressed[t] in the ethics of the philosophers of life; third, the [u]rationalistic-progressive[u] solution, represented by [v]Anglo-Saxon common sense[v] and [w]expressed[w] in the ethics of the philosophers of reason.

[xy]With tremendous psychological power the static supranaturalistic solution maintains[y] the eternal and immovable character of the ethical norms and commands. Philosophy and theology co-operate in this direction. The world is conceived as a system of eternal structures, preformed in the divine mind, which are substance and essence of everything and [z]which[z] establish the norms and laws for man's personal and social practice. Philosophy discovers these structures and

laws, and revelation confirms and amends them. [a]Revelation[a] adds some [b]superstructures of its own that are[b] new and higher laws, but equally eternal and immovable. Both the natural and the supranatural structures together form a hierarchy of powers and values [c]that[c] control nature and are supposed to control | human activities. The church, itself a hierarchical system, teaches this system, educates for it, fights for its political realization, and defends it against new systems. But in so doing the church cannot disregard the actual situation and[d] historical changes. The church must adapt its ethical system to new problems and new demands. The Catholic church [e]has been[e] able to do [f]just this, admirably[f], for centuries, and the living authority of the Pope is still a marvelous instrument for achieving adaptations without losing its immovable basis.

[g]Nevertheless, it is obvious that the Catholic church did not fully succeed in dealing with the [h]presuppositions and demands of the bourgeois era[h]. Protestantism and the Enlightenment created new systems of ethics [i]standing in opposition to the supposedly eternal system of the medieval church[i]. And when the church tried to [j]proceed[j] with the scream of the rising *bourgeoisie*, as, for [k]example[k], in the moral preachings of seventeenth- and eighteenth-century Jesuitism and in the teachings of nineteenth-century modernism, [l]either it[l] lost its seriousness and authority or it gave the [m]unhappy[m] impression of [n]rearguard action[n] in which every position [o]is[o] defended as long as possible and then surrendered. And the important utterances of the Holy See during the nineteenth century [p]concerning[p] social and political problems presuppose, in order to be applicable, the unbroken unity and authority of the Christian church, which no longer [q]exist[q]. Therefore, they did not [r]at all influence[r] the spirit of modern ethics and the [s]direction[s] of bourgeois society. The price paid by the static supranaturalistic answer to our question has been the loss of a determining influence on the changing world of the last centuries.

The opposite solution, represented by national socialism, was prepared for in two main ways – by the [t]Continental vitalistic philosophy[t] and by Anglo-American positivism and pragmatism, the latter being only a different form of the [u]vitalistic philosophy[u]. National Socialism has used and abused the | philosophical motives of the [v]Continental[v] philosophy of life, especially of Nietzsche, Pareto, and Sorel. [w]Philosophy must express life in its changing forms and trends[w]. Truth, according to Nietzsche, is [x]that lie which is useful for [y]particular species of being[yx]. Values are produced and withdrawn in the dynamic process of life – biologically [z]speaking[z], by the strongest kind of living beings; [a]sociologically [b]speaking[b], by the new élite[a]; [c]and[c] politically [d]speaking[d], by the eruptive violence of a revolutionary group. [e]Change, being the [f]chief[f] character of life, is also the [g]chief[g] character of ethics. There are no independent norms above life, no criteria by which power [h]can[h] be judged, no standards for a good life. Good life is strong life, or violent life, or the life of a ruling aristocracy, or the life of conquering race. This implies that the individual, instead of being guided by the ethical norms [i]that[i] are manifest in his conscience, is obliged to merge his conscience [j]with[j] the group conscience. He must co-ordinate his standards with the group standards, as represented by the leaders of the group. The dynamic-naturalistic type of [k]answer to[k] the question of ethics in a changing world has a primitive-tribal character. It is, historically speaking, at the same time the most recent and the most ancient of all solutions of the ethical problem.

I have mentioned Anglo-Saxon positivism and pragmatism in this [l]connection. It is an[l] important task of this [m]chapter[m] to make it clear that pragmatism and [n]vitalistic philosophy[n] belong to the same type of ethical dynamism. [o]When pragmatism speaks of experience, it surrenders[o] the criteria of truth and the good no less than does [p]vitalistic philosophy[p]. There are for it no norms above the dynamic process of experience, [q]that is, of experienced life[q]. The question [r]of what[r] kind of life creates ethical experience and [s]what[s] the standards of a true ethical experience [t]are[t] is not answered and cannot be answered within the context of pragmatic thought. Therefore, the pragmatists and the positivists take their refuge in an ethical instinct, that is supposed to lead to an | ethical common sense. This refuge is secure so long as there is a society with a strong common belief and conventional morals maintained by the leading groups of society. [u]Such was the situation[u] in the acme of the bourgeois development, for instance, in the Victorian era. [v]But it was no longer effective[v] when the harmony of a satisfied society slowly [w]dissolved[w], and dissatisfied groups, masses, and nations asked for a new order of life. The ethical instinct of those groups was [x]very[x] different from the ethical instincts of the [y]ascendant[y] Victorian *bourgeoisie*, and the refuge [z]in[z] ethical instinct [a]and[a] common sense became ineffective. Pragmatism and positivism were unable to face this threat, because, in their basic ideas, they agree with the principles of the philosophy of life.

[b]The intellectual defense of Anglo-Saxon civilization against fascist ideologies is extremely weak. Common-sense philosophy and pragmatism are not able to provide criteria against the dynamic irrationalism of the new movements; and they are not able to awaken the moral power of resistance [c]necessary[c] for the maintenance of the humanistic values [d]embodied in [e]Western[e] and Anglo-Saxon civilization[d]. [f]It is not positivism and pragmatism, but the remnants of the rationalistic-progressive solution of the ethical problem on which the future of that civilization is based. The solution is the most natural one for undisturbed bourgeois thought and is still deeply rooted in the subconscious of contemporary philosophers as well as of [g]laymen[g].

[h]There are, according to this point of view, some eternal principles, the natural law of morals, but without the supranatural sanction [i]claimed for it[i] in the Catholic system. These principles, as embodied in the Bill of Rights, are like stars [j]that[j] always remain [k]remote[k] from every human realization but [l]that[l], like stars, show the direction in which mankind must go. Once discovered, they cannot disappear [m]again[m], although | their theoretical and practical realization is always in [n]process[n] [o]toward[o] a higher perfection. In this way they are adaptable to every human situation.

[p]Is this the solution of the problem of ethics in a changing world? In some ways it is, in some ways not. It indicates the direction in which the solution

must be sought. [q]There[q] must be something immovable in the ethical principle, the criterion and standard of all ethical change. There must be a power of change within the ethical principle itself. And both must be united. But the [r]rationalistic-progressive[r] solution is far from reaching this unity. It establishes some principles, [s]such[s] as freedom and equality, in the name of the absolute natural law to be found in nature and human reason at any time [t]and[t] in any place. Mankind is supposed to realize these principles, theoretically and practically, in a process of approximation. It is the same natural law, the same principles [u]that always have been[u] more or less known, more or less received in reality. "More or less" points to a quantitative difference, [v]not[v] to a qualitative change, not to new creations in the ethical realm. Ethics in a changing world changes only quantitatively, [w]that is[w], [x]as far as progress or regression with respect to their realization is concerned. More or less freedom and more or less equality are admitted, but not a new freedom or a new equality.[x]

[yz]But[z] the principles on which the [a]progressive-rationalistic[a] solution is based represent a special pattern, a special type of freedom and equality, that of the later ancient [b]and[b] that of the modern bourgeois period. They do not represent principles [c]comprehensive[c] enough to embrace all periods and creative enough to bring new embodiments of themselves. They are not eternal enough to be ultimate principles and not temporal enough to fit a changing world. Therefore, as the Catholic system was not able to adapt itself seriously to the modern period of bourgeois growth, so the bourgeois-progressive | rationalism was not able to face the breakdown of the bourgeois world. Supranatural and rational absolutism in ethics both proved to be unable to adapt themselves to a fundamental change in the historical situation.

[d]Is there a possible solution beyond the alternative of an absolutism [e]that[e] breaks down in every radical change of history and a relativism that makes change itself the ultimate principle? [f]I believe[f] [g]that there is[g], and I think it is implied in the basis of Christian ethics, namely, in the principle of love in the sense of the Greek word *agape*. This is not said [h]in terms of an apology[h] for Christianity, but [i]under the impetus[i] of the actual problem in our present world-situation. Love, *agape*, offers a principle of ethics that maintains an eternal, unchangeable element, but makes its realization dependent on continuous acts of a creative intuition. Love is above law, and also above the natural law in Stoicism and the supranatural law in Catholicism. [j]We[j] *can* express it as a law; [k]we[k] can say as Jesus and the apostles did, "Thou shalt love." But in doing so, [l]we[l] know that this is a paradoxical way of speaking, indicating that the ultimate principle of ethics, which, on the one hand, is an unconditional command, [m]is[m], on the other hand, [n]the[n] power breaking through all commands. And just this [o]ambiguous[o] character of love enables it to be the solution of the question of ethics in a changing world.

[p]If [q]we[q] look at the principles of natural law as embodied in the Bill of Rights, [r]we will discover[r] that, taken as the concrete embodiments of the principle of love in a special situation, they are great and true and powerful; they

represent love by establishing freedom and equal rights against willfulness and suppression and [s]the[s] destruction of the dignity of human beings. But, taken as eternal laws and applied legalistically to different situations – for [t]example[t], [u]the[u] early Middle Ages, or the decay and transformation of economic capitalism – these principles become bad ideologies used for the maintenance | of decaying institutions and powers. This is [v]why Paul and Luther struggled so profoundly[v] against the "Law," and [w]why they insisted[w] on the [x]deadening[x] consequences of the law and the vivifying power of love. *Love alone can transform itself according to the concrete demands of every individual and social situation without losing its eternity and dignity and unconditional validity.* Love can adapt itself to every phase of a changing world.

[y]I [z]should[z] like to introduce at this [a]point[a] another Greek word, *kairos*, "the right time." This word, used in [b]everyday[b] Greek, [c]received[c] an emphatic meaning in the language of the New Testament, designating the fulfillment of time in the appearance of the Christ. It has been reinterpreted by German religious socialism in the sense of a special gift and a special task, breaking from [d]eternity[d] into history at a special time. *Kairos* in this sense is the historical moment [e]when[e] something new, eternally important, manifests itself in temporal forms, in the potentialities and tasks of a special period. It is the power of the prophetic spirit in all periods of history to pronounce the coming of such a *kairos*, to discover its meaning, and to express the criticism of what is given and the hope for what is to come.

[f]All great changes in history are accompanied by a strong consciousness of a *kairos* at hand. Therefore, ethics in a changing world must be understood as ethics of the *kairos*. [g]The [h]answer to the demand[h] for ethics in a changing World is ethics determined by the *kairos*[g]. But only love is able to appear in every *kairos*. Law is not able, because law is the attempt to impose [i]what[i] belonged to a special time on all times. An ideal [j]that[j] appeared at the right time and [k]was[k] valid for this time is [l]now[l] considered to be the ideal for history as a whole, as that form of life in which history shall find its end. The outcome of this attitude [m]is inevitably[m] disillusionment and the rise of ethical [n]libertarianism[n] and relativism. This is the point [o]at[o] | which the dynamic-naturalistic solution, [p]despite[p] its destructive consequences, was [q]in the right[q], and still [r]battles rightly[r] against Catholic and bourgeois ethics. Or, expressed in terms of church history, this is the point [s]at[s] which Luther [t]was[t] right [u]in his opposition to Aquinas[u] and Calvin. Love, realizing itself from *kairos* to *kairos*, creates an ethics that is beyond the [v]alternatives[v] of absolute and relative ethics.

[w]This solution[x] [y]can be clarified by some concrete[y] examples. [z]Let us consider the idea of equality, one of the foundations of [a]rationalistic-progressive[a] ethics. In the light of the principle of love, and in the perspective of the idea of *kairos*, the following [b]can be said[b]: love implies equality in some respect. He who loves and he who is loved are equal [c]to[c] each other [d]insofar[d] as they are worthy of love, the one for the other. [e]However, nothing but precisely[e] this principle of equality is implied – *essentially* implied – in love. Everything else is [f]a[f] historical embodi-

ment of that principle in different situations, with love and the distortion of love at the same time. Looking at a Greek city-state, we discover that there is a political equality [g]among[g] individuals [h]in[h] a special group, and to a certain extent among all those who are free; but there is an absolute inequality between the free and the [i]slave[i]. Love is not manifest as *the* principle; but since it [j]is potentially[j] the principle, it is effective even in the religion and culture of Apollo and Dionysus. It is effective in the kind of equality [k]that[k] the city-state gives to those who belong to it, excluding slaves and barbarians. Love is effective even in this restricted equality, but [l]it is[l] a restricted, distorted love – love [m]within[m] the boundaries of national [n]pride and racial discrimination[n]. The central *kairos* in which love [o]becomes[o] manifest as what it really is [p]has[p] not yet appeared.

[qr]Nor did it appear in the period of the universal Roman empire, when Stoicism[r] extended equality to all human beings | – men and women, children and slaves. [s]Here[s] the principle of love [t]broke[t] through the limitations of national [u]and social arrogance[u], but it [v]did[v] so [w]as a universal, rational law, and not as love[w]. [x]Stoic[x] equality is universal, but cool and abstract, without the warmth and the [y]communal[y] element of the limited equality in the city-state. At its best, it is participation in Roman citizenship and [z]implies the possibility of a man's becoming wise[z]. [a]In the Christian [b]message[ba], love [c]becomes[c] manifest in its universality, [d]and[d], at the same time, in its concreteness: the "neighbor" is the immediate object of love, and [e]everyone[e] can become "neighbor." All inequalities between [f]men[f] are overcome [g]insofar as men[g] are potential children of God. But this did not lead Christianity to the Stoic idea of equality. Not even the inequality between lord and slave was attacked, except in the realm of [h]the Christian community[h]. Later, not the totalitarian but the hierarchical principle was supported by the Christian church [i]in accord with[i] late ancient and medieval [j]society[j]. The social and psychological inequalities of the feudal order did not seem to contradict the element of equality implied in the principle of love. On the contrary, the mutual interdependence of all the degrees of the hierarchy, the solidarity of all the members of a medieval city, and the patriarchalistic care of the feudal lords for the "people," were considered [k]the[k] highest form of equality demanded by the principle of love.

[l]In bourgeois liberalism, equality was again interpreted in terms of the general natural law, the law of reason and humanity. Equality became equality before the law and the demand for equal economic [m]opportunities[m]. This was in [n]accord[n] with the principle of love over against the tyranny and injustice into which the older system had developed. But in the measure by which the equal [o]opportunity[o] of everybody became a mere ideology to cover the exclusive [p]opportunity[p] of a few,| the liberal idea of equality became a contradiction of love. A new idea of equality [q]arose, conceiving[q] the equal security of everyone, even [r]at the sacrifice of much political equality[r]. One must not condemn the collectivistic and authoritarian forms of equality [s]just[s] because they [t]negate[t] equality's liberal and democratic forms. Love may demand a transformation in [u]this[u] *kairos*. A new creative realization of the element of equality as implied in the principle of love

may be brought about in our period. It will be good [v]insofar[v] as it is in better [w]accord[w] with the demands of love in our special situation than [x]were the feudal and liberal forms[x]. It will be bad [y]insofar as it will become[y] a distortion and contradiction of love[z]. For love is eternal, although it creates something new in each *kairos*.

I could refer to many [a]other[a] ethical problems in order to [b]demonstrate[b] their double dependence on the principle of love, on the one hand, and on the changing *kairos*, on the other[c]. For [d]example[d], I could point to the evaluation of work and activism in the different periods of history and their relation to leisure and meditation. It is obvious that [e]a[e] coming collectivism will reduce the emphasis on work and activism considerably by restraining the principle of competition. As the struggle against some forms of feudal and ecclesiastical leisure and meditative life was a demand for love in the period of the decaying Middle Ages, and [f]occurred at the time when mankind began to control nature[f], so it is now a demand of love and[g] *kairos* that leisure and meditation return [h]in terms[h] of a new [i]more[i] collectivistic structure of society over against a self-destructive adoration of work and activism.

[j]Other examples are the problems[j] of asceticism and wordliness, of self-control and self-expression, of discipline and creativity, in their relation to each other. Both sides [k]of these contrasts[k] follow from the principle of love. The negation of the [l]first aspect[l] would prevent the self-surrender implied in love: the negation of the [m]second[m] would destroy any | subject [n]worthy of love[n]. It depends on the *kairos* as to which of these [o]aspects[o], in which form and in which balance with the other, is emphasized. For our present [p]stage[p], neither the supranatural asceticism of the Catholic system nor the rational self-control of bourgeois society, nor the naturalistic war-and-state discipline of fascism can [q]provide[q] the solution. And the same is true of feudal [r]eroticism[r], of bourgeois aestheticism, and of the fascist [s]idolatry[s] of vitality. Another solution is demanded by love and by[t] *kairos*.

[uv]Psychoanalysis provides some elements of the solution[v], although mere psychotherapeutic psychology is not able to create by itself a new system of ethics. Other elements of the solution are [w]suggested[w] by the rediscovery of the classical meaning of *eros*, and by the different attempts to [x]relate[x] it to *agape*. [y]Educational[y] movements and [z]criticism[z] of the bourgeois ideal of the family have contributed a great deal. But everything is in motion, and the criterion of the final solution is the measure [a]by which *eros*, on the one hand, and self-control, on the [b]other[ba], are shaped by love.

A final question must be answered. If love is the principle of ethics, and if *kairos* is the [c]manner[c] of its embodiment in concrete contents, how can a permanent uncertainty, a continous criticism [d]which destroys[d] the seriousness of the ethical demand, be avoided? Is not law and are not institutions necessary in order to maintain the actual ethical process? Indeed, law and institutions are [e]required[e]. They are [f]required[f] by love itself. For [g]every[g] individual, even the most creative, needs given structures [h]that[h] embody the experience and wisdom of the past, [i]that[i] liberate him from the necessity of having to make innumerable decisions on his own, and [j]that[j] show him a meaningful way to [k]act in most situations[k]. [l]On[l] this point Catholicism was superior in love both to Protestantism and to liberalism. And this is the reason why the younger generation in many countries eagerly [m]demands[m] laws and institutions | [n]to[n] relieve them [o]of their[o] unbearable burden of [p]having to make[p] continuous ultimate decisions[q]. No [r]system of ethics can ever[r] become an actual power without laws and institutions. Luther, in his great emphasis on the creativity of love, forgot this [s]necessity[s]. This is one of the reasons why the moral education of the [t]masses in Germany[t] is less thorough than in the Calvinistic countries. On the other hand, there is [u]a greater[u] readiness for a *kairos* in Germany than [v]there is[v] in the more [w]thoroughly[w] educated and [x]normalized[x] Western nations. Love demands laws and institutions, but love is always able to break through them in a new *kairos*, and to create new laws and new systems of ethics.

I [y]have not mentioned[y] the word "justice" [z]in this chapter[z]. It [a]would be[a] misleading in the present discussion because it is generally understood in the sense of the abstract natural law of Stoicism and rationalism. As such, it is either empty [b]or is[b] the concrete law of a special period, and [c]is thus[c] without universal validity. [d]If justice is taken concretely, it means the laws and institutions in which love is embodied in a special situation[d]. The Platonic ideal of justice was the concrete harmony of the city-state. In Israel, justice was the pious obedience to the commands of God. In medieval feudalism, it was the form of mutual responsibility of all [e]levels[e] of the hierarchy to each other. [f]The liberal idea of justice was the abolition of[f] formal privileges and [g]the introduction[g] of legal equality. [h]In the more collectivistic society of the future[h], justice will be the system of laws and forms by which a sufficient security of the whole, and of all members, will be [i]developed and maintained[i]. [j]It follows, then[j], that justice is the secondary and derived principle, while love, actualized from *kairos* to *kairos*, is the creative and basic principle.

I have given no definition of love. This is impossible because there is no higher principle by which it [k]can[k] be defined. | It is life itself in its actual unity. The forms and structures in which love embodies itself are the forms and structures in which life is possible, in which life overcomes its self-destructive forces. And this is the meaning of ethics: [l]the expression[l] of the ways in which love embodies itself, and life is maintained and saved.

Kritischer Apparat

Introduction, I. The Religious Dimension of the Moral Imperative; II. The Religious Source of the Moral Demands; III. The Religious Element in Moral Motivation:

Die Abweichungen zwischen A und B sind sprachlich-stilistischer Art, wie Tillich in der Einleitung sagt ("... improved my English style"); sie werden hier nicht berücksicht.

13–16 a–a Entwurf (handschriftl. und Typoskript):
This book is a collection of lectures dealing with fundamental problems of ethics. The first three lectures are a unity delivered several times in colleges and completely rewritten for the book. Their original title was *Religious Principles of Moral Action.* The fourth and fifth chapters are taken from the book *The Protestant Era;* they deal with problems of ethical theory which are intimately related to those of the first three chapters and corraborate them in several directions.
Two problems are in the center of all discussions of the present book, the relation of religion to morality and the question of ethical relativism. The two groups of questions are interrelated: for it is not possible to solve the conflict between the unconditional character of the moral imperative and the conditioned character of the moral content without reference to the religious source of all moral contents, "love" in the sense of "agape." In American Protestantism in which Puritan and even more so Revivalist moralism plays such a tremendous role, ministers must be reminded of the fact that for Jesus, Paul and John there are no particular moral commands besides the "law of love" and that, therefore, they have not only the right but also the duty to interpret agape not in terms of conventional (today often called "suburban") ethics, but in terms of relating the principle of love to the ever changing and always unique moral situations with wisdom and empathy.
Equally important, practically as well as theoretically, is the question of the relation of religion and morality in principle. One of the most frequent arguments against religion says morality can stand upon itself and does not need religious support, neither for its validity, nor for ist content, nor for its motivation. This would be true, if the relation were thought of as an external dependance of morality on a particular religion, its table of commands, and its threats and promises. Every part of the present book tries to show, that religion in the sense of the experience of the unconditional in meaning and being is implicit in morality itself, so that the question, whether morality is dependant on religion or whether it needs religion becomes meaningless. Morality cannot even be defined without the dimension of the unconditional in the moral imperative, and it cannot be imagined without the common grace, the healing power in history which does what the law cannot do, namely to produce its own fulfilment.
In this line of thought the book points to the largely forgotten idea of Paul, Augustine and the Reformers concerning the meaning and the limits of the moral law; and it points to the paradoxical fact that Protestantism had to be reminded of its own principle by the psycho-analytical movement, namely that not the law but the acceptance of the unacceptable is "the good news" of Christianity. – This is also the meaning of the title of the book *Morality and Beyond,* i. e. morality being affirmed by being transcended.

14 b–b fehlt in C

15 c–c fehlt in C

d Absatzbildung fehlt in C

16 e–e fehlt in C

17 f–f C: Ursprung [PT]

g–g C: das religiöse Element in der *Motivation* zum moralischen Handeln.

h–h C: des geschlossenen oder centrierten Selbst, der Person [PT]

18 i–i C: das Selbst-Transzendieren des menschlichen Geistes in Richtung auf das, was das Letzte und Unbedingte in Sein und Sinn ist. [PT]

j–j C: Moralität ist der Gegenstand unseres ersten Kapitels. Aber wir können nicht in angemessener Weise von Moralität handeln, ohne ständig auf Kultur und Religion Bezug zu nehmen.

k C fügt hinzu: und Selbstdeutung

l–l fehlt in C

m–m C: Wort [PT]

n–n C: Die Verkündigung der Gerechtigkeit war von einem unbedingten Ernst getragen, wie wir ihn kaum in einer anderen Religion wiederfinden. Auf ihm beruht der Ernst der christlichen Botschaft und alles dessen, was letzten Ernst innerhalb der christlichen Kultur zeigt. [PT]

19 o–o fehlt in C [PT]

p C fügt ein: Er kann desintegrieren. [PT]

q–q C: durch den sie dem Menschen zugänglich ist [PT]

r–r C: in Richtung auf „Welt" [PT]

20 s–s C: Person-sein [PT]

t–t fehlt in C [PT]

u C fügt hinzu: und gleichzeitig den desintegrierenden Tendenzen Widerstand leistet. Denn nur die integrierte Person erfüllt die Möglichkeiten des Personseins. [PT]

v–v C: Integriertheit [PT]

w–w C: partikularen Trieben [PT]

x–x C: verschiedene Trieb-Elemente um die Vorherrschaft kämpfen [PT]

21 y–y C: und damit indirekt auch [PT]

z–z C: Desintegration der Person in unterpersönlichen Lebensprozessen [PT]

a–a C: das Gleichgewicht zerstören und die Einheit bedrohen [PT]

b–b C: integrierten [PT]

c C setzt den folgenden Abschnitt als Fußnote

d–d C: „Moralität" wird hier nicht nur wie bei Kant für das sittliche Bewußtsein des Einzelnen gebraucht, sondern steht als Titel für das Gesamtgebiet aller Phänomene, die durch die moralische Funktion konstituiert werden. Sofern von der spezifischen Moralität bestimmter sozialer Gruppen die Rede ist, gebrauche ich das Wort „Moral" (z. B. die „Moral der Primitiven"). Das Wort „moralisch" hat durch die geschichtliche Entwicklung mehrere entstellende Nebenbedeutungen erhalten.

22 e–e C: und bedeutete daher vorwiegend ein Verhalten des Menschen, das der unbedingten Forderung des moralischen Gesetzes gemäß ist.

f–f fehlt in C

g–g fehlt in C

h–h fehlt in C [PT]

i Absatzbildung fehlt in C

j–j fehlt in C

k–k fehlt in C

l–l fehlt in C [PT]

23 m–m fehlt in C

n–n fehlt in C [PT]

o Absatzbildung fehlt in C
p–p C: ob Imperative, zwischen denen zu entscheiden ein Wagnis ist, überhaupt „unbedingt" genannt werden können.
q–q C: bezieht sich nicht auf den Inhalt, sondern auf die Form der moralischen Entscheidung als moralischer Entscheidung [PT]
r–r C: ich erfahre den moralischen Imperativ immer in derselben [PT: der] Form des reinen „Du sollst" [PT]
s–s C: Trotzdem bleibt die moralische Entscheidung Wagnis, und derjenige, der sich entscheiden muß, bleibt im Zweifel, welcher von den verschiedenen möglichen Akten den moralischen Imperativ erfüllt. Denn jeder der möglichen Akte kann in einer bestimmten Situation der rechte Akt sein.
t–t C: Der Gewißheit unbedingten Ernstes innerhalb der Entscheidung [PT]
u–u C: Manche, Theologen, die den unbedingten Charakter des moralischen Imperativs durchaus bejahen, werden [PT: mögen] bestreiten, daß er aus diesem Grunde religiös sei. Religiös seien ethische Forderungen nur dann, wenn sie göttliche Gebote sind [PT]
24 v–v C: kirchlichen [PT]
w Absatzbildung fehlt in C
25 x–x C: Wert-Gebiete [PT]
y–y C: Wert-Gebiet [PT]
z–z C: zu Konflikten und zur Eliminierung des einen oder anderen Wert-Gebietes [PT]
a–a C: zur Eliminierung des Heiligen
b–b C: Werte des Angenehmen oder Nützlichen [PT]
c–c C: unabhängig von einem wertenden Subjekt [PT]
d–d fehlt in C
26 e Absatzbildung fehlt in C
29 f in C folgt: „noesis noeseos"
g–g C: dieses telos
h–h fehlt in C
30 i–i fehlt in C
j–j fehlt in C
31 k–k C: Ursprung [PT]
l Absatzbildung fehlt in C
33 m–m C: verdunkelt und entstellt
38 n–n C: Die „reine" Distanz ist immer begleitet von einem Element der Partizipation.
39 o–o C: Gerechtigkeit ist nicht das letzte Prinzip der Gemeinschaft. Sie ist in die Liebe aufgenommen,
40 p–p B: of [Druckfehler] C: oder
41 q Absatzbildung fehlt in C
42 r–r fehlt in C
43 s–s C: wandelbar, da sie sich der jeweiligen Situation anpaßt.
t–t C: Der göttliche Geist
44 u–u C: Buch der Sprüche
47 v–v C: Die Heiligkeit des Gesetzes scheint die einzig berechtigte Motivation zum moralischen Handeln zu sein.
48 w–w C: weil

x–x C: weil
51 y–y C: Statt von Gesetzlichkeit und ihrem Gegenteil, dem moralischen „laisser faire", sollte man in bezug auf die Psychotherapie von Annahme und Heilung sprechen.
z–z C: Seelsorger
53 a Absatzbildung fehlt in C
55 b–b A, Handschrift: not directly but only indirectly and in
A, Typoskript: in
56 c Absatzbildung fehlt in C
57 d–d C: daß Sokrates sich dieser Gefahr nicht bewußt war.
58 e–e C: zwischen dem erkennenden und dem moralischen Akt

IV The Transmoral Conscience
Zu den Versionen A bis G vgl. die Textgeschichte des Kapitels IV. Sprachlich-stilistische Abweichungen in den Versionen A, B, C, E sowie D, F, G werden nicht berücksichtigt, wohl aber Ergänzungen und Änderungen, die inhaltlich von Bedeutung sein können.
65 a–a fehlt in A, B, C, D, F, G
b in A, B, C folgt: famous
c keine Absatzbildung in A, B, C, D
d–d F, G: Struktur objektiver Forderungen hin, die durch das Gewissen wahrnehmbar werden und zugleich eine höchst subjektive Deutung des persönlichen Lebens zulassen. [PT]
66 e–e F, G: es lobt [PT]
f A, B, C, D, F, G beginnen Abschnitt I. The Rise of Conscience/ Die Entstehung des Gewissens
g–g F, G: Überführung [PT]
h–h F, G: Entstehung sowohl des Phänomens [PT]
i–i F, G: war ermöglicht durch
j–j A, B, C: in which the individual is thrown upon itself
D: In welcher das Individuum auf sich selbst geworfen ist
F, G: die das Individuum zwingt, sich als Individuum zu erleben [PT]
k–k F, G: Kollektiv-Bewußtsein [PT]
67 l–l B: appeal [Druckfehler]
m–m A, B, C: Events D: Ereignisse F, G: Erscheinungen [PT]
n–n F, G: theoretische [PT]
o–o F, G ersetzen „und" durch Komma [PT]
68 p–p F, G: Kollektivbewußtsein [PT]
q A, B, C, D, F, G bilden Abschnitt II Conscience in the Biblical Literature/ Das Gewissen in der Bibel
r–r F, G: im religiösen wie im profanen Gebrauch [Übersetzung Carl Heinz Ratschow/ PT]
s F, G fügen ein: das gleiche gilt von der Annahme des mosaischen Gesetzes oder der Bergpredigt [PT]
t–t fehlt in F, G [PT]
69 u keine Absatzbildung bei A, B, C, D, F, G
v F, G ergänzen: das heißt traditionsgebundenen, ängstlich-konformistischen [PT]

w–w fehlt in F, G [PT]
x F, G ergänzen: das heißt frei und autonom [PT]
y–y F, G: beunruhigtes [PT]
z–z F, G: schlechten [PT]
a–a F, G: Konsequenz A, B: consistence
b–b F, G: Instanz [Übersetzung Carl Heinz Ratschow/PT]
70 c–c F, G: können nicht vollkommener machen, nach dem Zeugnis des Gewissens, den der in dieser Weise Gottesdienst tut.
d–d kein Druckfehler [gegen Grace Kalí, in: North American Paul Tillich Society Newsletter vol. XXII, no. 4, 1996, S. 2]
e A, B, C, D, F, G beginnen Abschnitt III The Interpretation of Conscience in Medieval and Sectarian Theology/ Die Auffassung des Gewissens in der mittelalterlichen und in der Sektentheologie
71 f–f D: im Sinne des gekünstelten (oder verzerrten)
F, G: mit Hilfe des künstlich erfundenen (oder korrupten) [PT]
g–g D: das heißt einer Vervollkommnung unserer Vernunft, die uns zur Erkenntnis des Guten hinleitet
F, G: das heißt einer Qualität unserer Vernunft, die uns die Erkenntnis des Guten ermöglicht [PT]
h–h D: Sie gibt unmittelbares und unfehlbares Zeugnis
F, G: Sie kann unmittelbares und unfehlbares Zeugnis geben [PT]
i–i D: Funke F, G: Ausdruck [PT]
j–j D: der Natur gemäßt D, G: seiner Natur gemäß [PT]
k–k F, G: Das Gewissen übt einen syllogismus practicus aus. [PT]
l keine Absatzbildung in A, B, C, D, F, G
m–m A, B: about individual cases of conscience
n–n D, F, G: von den Priestern [Übersetzungsfehler, von PT nicht bemerkt]
o–o D: die synteresis und damit jeden unmittelbaren Kontakt zwischen Gott und Mensch
F, G: die Idee der synteresis und damit jedes autonome Element in der Ethik
p–p F, G: die Autonomie des Gewissens [PT]
72 q–q F, G: Ethik [PT]
r–r D, F, G: Dem Verständnis des Gewissens unter den Spiritualisten
s–s D: der unmittelbaren Kenntnis des Naturgesetzes in der Tiefe der menschlichen Seele
F, G: des unmittelbaren Wissens um die Normen des Naturrechts, die in der Tiefe der menschlichen Seele verwurzelt sind. [PT]
t–t F, G: seine Anhänger [PT]
u–u F, G: Spiritualisten [PT]
73 v keine Absatzbildung in A, B, C, D, F, G
w A, B, C, D, F, G beginnen Abschnitt IV Modern Philosophical Doctrines of the Conscience/ Moderne philosophische Lehren vom Gewissen
x–x F, G: zwischen den guten, universal gültigen und den schlechten, selbstsüchtigen Absichten, ein Unterschied, der vom Gewissen aufgezeigt wird. [PT]
y–y A: affects B, C: effects [Druckfehler]
z–z F, G: durchgeformte [PT]
a–a F, G: sittliches Gefühl
74 b–b A, B: their conscience as the divine ground to the conscience of the mystics

75 c–c F, G: das von nichts außer dem Gebot freier Selbstverwirklichung des reinen „Ich" bestimmt ist [PT]

d–d F, G: In dem Augenblick jedoch, in dem die transzendente Freiheit konkretes Handeln wird, entsteht Gehorsam gegenüber einem wohlberechneten System ökonomischer Dienste.

e–e A, B: into immanent

f–f Hegel, Grundlinien der Philosophie des Rechts, § 137: Das Gewissen ist „die unendliche formelle Gewißheit seiner selbst, die eben darum zugleich als die Gewißheit *dieses* Subjekts ist. Das *Gewissen* drückt die absolute Berechtigung des subjektiven Selbstbewußtseins aus, nämlich *in sich* und *aus sich* selbst zu wissen, was Recht und Pflicht ist, und nichts anzuerkennen, als was es so als das Gute weiß ..." (Hegel, Theorie Werkausgabe, Frankfurt a. M., Bd. 7, S. 255).

76 g keine Absatzbildung in A, B, C, D, F, G

h Max Scheler, Der Formalismus in der Ethik und die materiale Wertethik. Neuer Versuch zur Grundlegung eines ethischen Personalismus. 2. Aufl. Halle a. d. Saale 1921: „so *muß* das Prinzip der ‚Gewissensfreiheit' allerdings auch zum Prinzip der ‚Anarchie in den sittlichen Fragen' werden ..." (S. 334f.).

i „Alle Autorität hat es nur mit dem *allgemeingültig* einsichtig Guten zu tun, niemals mit dem *individualgültig* einsichtig Guten" (Max Scheler, ebd., S. 340).

77 j A, B, C, D, F, G beginnen Abschnitt V The Idea of a Transmoral Conscience/ Die Idee eines transmoralischen Gewissens

78 k–k F, G: ekstatischen Ethik [PT]

79 l F. Nietzsche, Zur Genealogie der Moral, Zweite Abhandlung: „Schuld", „schlechtes Gewissen" und Verwandtes, Nr. 19: „Es ist eine Krankheit, das schlechte Gewissen, das unterliegt keinem Zweifel, aber eine Krankheit, wie Schwangerschaft eine Krankheit ist."

m Keine Absatzbildung in A, B, C, D, F, G

n F. Nietzsche, ebd., Nr. 24: „Aber irgendwann, in einer stärkeren Zeit, als diese morsche, selbstzweiflerische Gegenwart ist, muß er uns doch kommen, der *erlösende* Mensch der großen Liebe und Verachtung, der schöpferische Geist, den seine drängende Kraft aus allem Abseits und Jenseits immer wieder wegtreibt".

o F. Nietzsche, ebd., Nr. 24: „... durch Kriege und Siege gekräftigt, denen die Eroberung, das Abenteuer, die Gefahr, der Schmerz sogar zum Bedürfnis geworden ist."

80 p M. Heidegger, Sein und Zeit, Tübingen 1960, S. 287: „Der Anruf ist ein vorrufender Rückruf, *vor*: in die Möglichkeit, selbst das geworfene Seiende, das es ist, existierend zu übernehmen, *zurück*: in die Geworfenheit, um sie als den nichtigen Grund zu verstehen, den es in die Existenz aufzunehmen hat. Der vorrufende Rückruf des Gewissens gibt dem Dasein zu verstehen, daß es – nichtiger Grund seines nichtigen Entwurfs in der Möglichkeit seines Seins stehend – aus der Verlorenheit in das Man sich zu ihm selbst zurückholen soll, das heißt *schuldig ist*."

q M. Heidegger, ebd., S 273.

r M. Heidegger, ebd., S. 285: „Das Dasein ist als solches schuldig."

81 s Keine Absatzbildung in A, B, C, D, F, G

	t–t	F, G: Geltung [PT]
V		Ethics in a Changing World
		Zu den Versionen A bis E vgl. die Textgeschichte des Kap. V.
82	a–a	A: my paper E: dieses Aufsatzes
	b–b	A, B: another one
	c–c	A: judgement
	d–d	A: the last few months
	e–e	A: concerning
	f	A, B, C, E bilden keinen Absatz
	g–g	A: super-historical
	h–h	A, B: be the case
	i–i	A: which
	j–j	A: which
	k–k	A, B: is left to it
83	l–l	A: subject perhaps to
	m	A, B, C, E bilden keinen Absatz
	n–n	A, B: to refer them
	o–o	A, B: appearing E: erscheinen
	p–p	A, B: tremendous
	q–q	A, B: want
	r	A und B geben folgende Kapiteleinteilung: I
	s–s	E: fixiert
	t–t	E: fixiert
	u–u	A: progressive-rationalistic
	v–v	A: bourgeois democracy
	w–w	E: fixiert
	x	A und B bilden keinen Absatz
	y–y	A: The static supra-naturalistic solution maintains, strongly and with a tremendous psychological power.
	z–z	fehlt in A
	a–a	A, B: and revelation
	b–b	A: of its own: superstructures
	c–c	A, B: which
84	d	in A und B folgt: the
	e–e	A: was
	f–f	A, B: so in an admirable way
	g	A, B, C, E bilden keinen Absatz
	h–h	A: bourgeois era, its presuppositions and demands
	i–i	A: besides, and against the supposedly eternal system of the medieval Church.
	j–j	A, B: go
	k–k	A, B: instance
	l–l	A: it either
	m–m	A, B: bad
	n–n	A, B: a fight of retreat
	o–o	A: is B: was
	p–p	A: to the
	q–q	A: exists
	r–r	A, B: influence at all

s–s A: road
t–t A: continental philosophy of life
u–u A: philosophy of life
85 v–v fehlt in E
w–w fehlt in E
x–x E: diejenige Form des Irrtums, durch die ein lebendiges Wesen sich selber verwirklicht.
y–y A: a special genus of beings B: a particular species of beings
z–z A: spoken
a–a fehlt in E
b–b A: spoken
c–c fehlt in A und B
d–d A: spoken
e E bildet Absatz
f–f A, B: main
g–g A, B: main
h–h A, B: could
i–i A, B: which
j–j A, B: into
k–k A: answering
l–l A: connection, and it is perhaps an
m–m A, B: paper
n–n A: philosophy of life
o–o A: Pragmatism, in speaking of experience, surrenders
p–p A: the philosophy of life
q–q A: experienced life B: namely, of experienced life
r–r A: which
s–s A: which are
t–t fehlt in A
86 u–u A: so it was
v–v A: But it did not work any more B: But it no longer worked
w–w A, B: disappeared
x–x A, B: much
y–y A: victorious
z–z A: to
a–a A: and to
b A, B, E bilden keinen Absatz
c–c A, B: which is needed
d–d fehlt in E
e–e A: the „Western"
f E bildet Absatz
g–g A: men of practice
h A, B, E bilden keinen Absatz
i–i A: it obtains
j–j A, B: which
k–k A, B: far remote
l–l A, B: which
m–m A: any more

87 n–n A, B: a process
o–o A: towards
p A bildet keinen Absatz
q–q A, B: And there
r–r A: rational-progressive
s–s fehlt in A
t–t fehlt in A
u–u A, B: which always are
v–v A: but not
w–w A, B: namely
x–x E: Sie nähert sich der Verwirklichung ihrer Prinzipien oder entfernt sich von ihnen; sie schafft mehr oder weniger Freiheit, mehr oder weniger Gleichheit, aber keine neue Freiheit und keine neue Gleichheit.
y A, B, E bilden keinen Absatz
z–z fehlt in A
a–a E: rationalistisch-fortschrittliche
b–b A, B: or
c–c A: large
88 d A, B, E bilden Kapitel II
e–e A: which
f–f A, B: I think
g–g A: it is
h–h A, B: in an apologetic interest
i–i A, B: it is said under the urge
j–j A, B: You
k–k A, B: you
l–l A, B: you
m–m fehlt in A
n–n A: is the
o–o E: zweifache
p A, B, E bilden keinen Absatz
q–q A, B: you
r–r A, B: you will find
s–s A, B: against the
t–t A, B: instance
u–u B: to the
89 v–v A, B: the reason for the extremely profound struggle of Paul and Luther
w–w A, B: for their insistence
x–x A, B: mortifying
y A bildet keinen Absatz
z–z fehlt in A und B
a–a A, B: place
b–b A, B: common
c–c A, B: has received
d–d A: internity
e–e A, B: in which
f A, B, E bilden keinen Absatz
g–g fehlt in E

h–h A: solution of the question
i–i A, B: something which
j–j A, B: which has
k–k A, B: is
l–l fehlt in A und B
m–m A, B: necessarily is
n–n A, B: libertinism
o–o A, B: in
90 p–p A, B: in spite of
q–q A, B: right
r–r A, B: is right
s–s A, B: in
t–t A, B: is
u–u A, B: against Thomas
v–v A, B: alternative
w A, B, E bilden Kapitel III
x in A folgt: now
y–y A, B: may be explained and made more concrete by some
z A, B, E bilden Absatz
a–a A: rational-progressive
b–b A: statements can be made
c–c A, B: for
d–d A, B: as far
e–e A, B: But nothing else than just
f–f fehlt in A
g–g A, B: between the
h–h A, B: within
i–i A, B: slaves
j–j A, B: potentially is
k–k fehlt in A
l–l fehlt in A
m–m A: in
n–n A: eros and political law.
o–o A, B: has become
p–p A, B: had
q A, B, E bilden keinen Absatz
r–r A: And it had not appeared either, when Stoicism in the period of the universal Roman Empire B: Nor had it appeared when Stoicism in the period of the universal Roman Empire
91 s–s A, B: In these ideas
t–t A, B: breaks
u–u A, B: eros and law
v–v A, B: does
w–w A: not as love, but as universal law without eros.
x–x A, B: The stoic
y–y A: erotic
z–z A, B: in the possibility of becoming a wise man.
a–a C, E: Im Christusgeschehen

b–b A, B: event
c–c A, B: has become
d–d A, B: but
e–e A, B: everybody
f–f A: man
g–g A: as far as they B: in so far as men
h–h A, B: faith and love
i–i A, B: according to the late
j–j A, B: situation
k–k A, B: as the
l A, B, E bilden keinen Absatz
m–m A, B: chances
n–n A, B: accordance
o–o A, B: chance
p–p A, B: chance
92 q–q A, B: has risen, the meaning of which is
r–r A, B: if much political equality must be sacrificed.
s–s fehlt in A B: only
t–t A, B: are the negation of its
u–u A, B: our
v–v A, B: as far
w–w A: accordance
x–x A, B: than the liberal and feudal forms were.
y–y A, B: as far as it is
z A fügt an: as it actually is
a–a A: more
b–b A, B: show
c A, B fügen an: hand
d–d A, B: instance
e–e A, B: the
f–f A: in the moment in which mankind started its control over nature and its general rise to a higher standard of technical civilization B: in the moment in which mankind started its control over nature
g A und B fügen an: of our
h–h A, B: on the basis
i–i fehlt in A und B
j–j A: Another example is the problem
k–k fehlt in A und B
l–l A: first B: first side
m–m A: second B: second side
93 n–n A, B: worth being loved
o–o A, B: sides
p–p A, B: situation
q–q A, B: five
r–r E: Erosgedanken
s–s A, B: adoration
t A, B fügen an: our
u A, B bilden keinen Absatz

v–v A, B: Some elements of the solution are provided by psychoanalysis
w–w A: brought upon B: brought about
x–x A: refer
y–y A, B: The educational
z–z A, B: the criticism
a–a E: in dem beide Seiten der eben behandelten Gegensätze
b–b A, B: other hand
c–c A, B: way
d–d A: destroying
e–e A, B: demanded
f–f A, B: demanded
g–g A: the individual, every
h–h A: which
i–i A: which
j–j A: which
k–k A; B: of acting in most cases.
l–l A, B: In
m–m A, B: demand
94 n–n A, B: able to
o–o A, B: from their
p–p fehlt in A und B
q A, B fügen an: of their own
r–r A, B: ethics ever can
s–s A, B: need
t–t A, B: German masses
u–u A, B: more
v–v fehlt in A
w–w A, B: highly
x–x A: shaped
y–y A: did not mention
z–z fehlt in A und B
a–a A: has become
b–b A: or B: or it is
c–c fehlt in A
d–d fehlt in E
e–e A, B: degrees
f–f in A folgt auf Semikolon: in liberalism the laws abolishing
in C folgt auf Semikolon: in liberalism it was the laws abolishing
g–g A, B: introducing
h–h A: In the coming collectivism
i–i A, B: maintained and developed.
j–j A, B: From this it follows
k–k A, B: could
95 l–l A, B: to express